「婦人雑誌」がつくる大正・昭和の女性像

第8巻

セクシュアリティ・身体3

［監修］岩見照代

「婦人雑誌」がつくる大正・昭和の女性像　刊行にあたって

本シリーズの前身である、『時代が求めた「女性像」第Ⅰ期』では、女性のライフイベントに則した言説を中心に、どのように〈女の身体〉が表象され、作られてきたかを、単行本を中心に集成し、第Ⅱ期目は、よりミクロな視点をもつ新聞や雑誌の時評を集めた書籍も採録した。そのとき痛感したのは、〈無名〉の女性の生身の声が、いかに多く埋もれていたかということであった。

本シリーズは、当時多くの発行部数をもち、「四大婦人雑誌」と謳われていた『主婦之友』・『婦人公論』・『婦人倶楽部』・『婦人画報』に加え、キリスト教系の特色ある『婦人之友』の五誌から、一人一人の〈発話〉に寄りそうことができるように、「身の上相談」、「座談会」、「読者の手記」などを中心に、テーマ別に構成したものである。

読者一人一人が相互作用しあう場である、「身の上相談」と「手記」は、恋愛、友情、結婚の手ほどき、また打ち明けにくかった性の悩みや、夫婦関係、嫁姑問題、教育、子育て、職場問題、そして美容相談など、衣食住もふくめた生活のすべてにかかわるものである。ここには、普通の人々のもっている哲学や知恵が、多岐にわたって表現されている。既成の思考、規範や制度、また行動様式までが、ゆるやかだが質的に変化し、習慣化していく過程がみてとれるにちがいない。「読者の声」の巻には、従来の読者調査だけではわかりにくかった、在住地や職業が書かれた「愛読者からの便り」、「懸賞当選者の発表」などを多数収録した。男性読者が結構いたことにも驚かれるだろう。

また本シリーズには、戦時下から戦後にまたがる時期のものを多く採録した。ここからは、国家総動員体制が、いかに人びとを日常生活の隈々から〈再編〉していったか、そして戦後すぐに、打って変わって一億総懺悔する〈国民〉という、「マス」ではとらえきれない〈ひとりのひと〉が、たちあらわれてくるだろう。

「思想のにない手が、私たちの一人一人だということ。思想は、ひとりひとりの考えを通して自発的にたてられた場合にのみ、思想としての強さをもつ」(「発刊のことば」(第二次「思想の科学」『芽』一九五三年一月)。このように「ひとりひとり」の哲学をすくいあげようとしていた「思想の科学」は、方法論的な自覚にもとづき早くから「身の上相談」に注目していた。現在も多くのメディアで取り上げられる「身の上相談」だが、その分析は、「ひとりひとり」の思想性をさぐりあてるための格好の〈素材〉である。

これまで個別に読まれることの多かった「座談会」だが、テーマ毎に、そして各雑誌を横並びに読むことで、論者たちの〈素顔〉だけでなく、複層する時代の様相を具体的にとらえなおすことができるはずである。

本シリーズは、文化研究における〈雑誌〉分析の一助となることはいうまでもなく、現実の中で生きる〝生身のひとりひとり〟を通して、「日本文化のカキネをやぶる」(『芽』、同前)ものとして、大いに活用が期待されるものである。

監修　岩見照代

凡例

・本シリーズは、四大婦人雑誌（『主婦之友』・『婦人公論』・『婦人倶楽部』・『婦人画報』）を中心に、掲載された文章をテーマ別にセレクト・集成し、大正・昭和の女性像がどのように形作られていったかを検証する。各巻のテーマおよび配本は以下の通りである。

第1回　第1巻〜第5巻「恋愛・結婚」
第2回　第6巻〜第9巻「セクシュアリティ・身体」
第3回　第10巻〜第11巻「美容・服飾・流行」／第12巻〜第15巻「生活・家庭」
第4回　第16巻〜第17巻「読者の声」／第18巻〜第21巻「社会・時代」
第5回　第22巻〜第24巻「職業」／第25巻〜第26巻「教育」
第6回　第27巻〜第30巻「女性と戦争」

・各作品は無修正を原則としたが、寸法に関しては製作の都合上、適宜、縮小・拡大を行った。

・本文中に見られる現在使用する事が好ましくない用語については、歴史的文献である事に鑑み、原本のまま掲載した。

・一部、著作権継承者不明の文章がございます。お心当たりの方は弊社編集部までお問い合わせいただけますようお願いいたします。

目次

「夫婦生活の悩みを語る匿名打明け相談会」　今田芳子、石井孝一郎、畠山秀子、岡村悦子 ほか
『主婦之友』昭和9年1月1日　3
「良人の留守勝な家庭の妻の座談会」　石田三代子、島羽節子、山本操、木村郁代　『主婦之友』昭和9年1月1日　15
「実話　貞操を奪はれた私が更生するまで」　桑原梢、大木有利恵、中川静枝　『婦人画報』昭和9年3月1日　23
「貞操を疑はれた妻の告白」　野村正子、鎌田とし子　『主婦之友』昭和9年6月1日　29
「座談会　青年男女の交際に就て」　池田圭太郎、岩田満寿夫、西村伊作、原信子 ほか　『婦人画報』昭和9年6月1日　35
「同性心中の許婚者愛子」　宇留木浩　『婦人公論』昭和9年6月1日　45
「実話　少女の日の誘惑」　牛田みどり、志津明枝、藤田恵子　『婦人公論』昭和9年7月1日　53
「どん底の貞操」　山本岸子　『婦人公論』昭和9年7月1日　64
「『どん底の貞操』を批判する」　赤松明子、奥むめお　『婦人公論』昭和9年7月1日　82
「実話　同性の愛情に悩む」　鬼頭弘江、金沢幸江、牧里葵子　『婦人画報』昭和9年7月1日　85
「人気作家の『現代女性』座談会」　大下宇陀児、加藤武雄、三上於菟吉、吉屋信子 ほか
『婦人倶楽部』昭和9年9月1日　90
「座談会　現代令嬢気質を語る」　早見君子、西村伊作、中島要子 ほか　『婦人画報』昭和9年10月1日　106
「座談会　女性の教育と職業と結婚の問題を中心に家族会議」　富本憲吉氏一家、良子、奥村博史、平塚明子氏一家

ほか　『婦人画報』昭和9年11月1日　113
「命がけで貞操を守つた婦人の経験」　大木こずゑ、蒔野蝶子　『主婦之友』昭和9年12月1日　122
「男ごころの裏おもて座談会」　長田幹彦、年郎、鏑木いと、田中みゆき　ほか　『婦人倶楽部』昭和9年12月1日　130
「徳富蘇峰先生と吉屋信子女史の女性問答」　徳富蘇峰、吉屋信子　『婦人倶楽部』昭和10年3月1日　145
「娘の恋愛・同性愛と母」　吉田絃二郎　『婦人公論』昭和10年3月1日　159
「同性愛死未遂のいきさつ」　中野榮太郎　『婦人公論』昭和10年3月1日　164
「男装の麗人・増田富美子の死を選ぶまで」　西條エリ子　『婦人公論』昭和10年3月1日　171
「富美ちやん強く生きませう」　上山絹子　『婦人公論』昭和10年3月1日　182
「家族円卓会議」　本間久雄氏一家、小川未明氏令嬢・鈴枝、大木千枝子、酒井恭子　『婦人画報』昭和10年4月1日　186
「短い感想―家族円卓会議について」　中條百合子　『婦人画報』昭和10年4月1日　193
「死から甦りて女にかへる日の告白」　増田富美子　『婦人公論』昭和10年4月1日　194
「手記を読みて富美子さんに望む」　河崎なつ　『婦人公論』昭和10年4月1日　210
「女にかへる日の告白・批判」　黒井とし、中村静子、羽山圭子、無名尼、西條エリ子　『婦人公論』昭和10年5月1日　214
「女中さんの貞操を護れ!!」　及川常平、大和俊子、蒲池すま子、竹内茂代、山田わか　『主婦之友』昭和10年6月1日　227
「婚期の青年が『妻にしたい女性』を語る座談会」　今井千秋、石川義夫、田村泰次郎　ほか　『婦人倶楽部』昭和10年6月1日　238

「結婚前に処女を失つた場合」　竹内茂代　『婦人画報』昭和10年7月1日　249
「座談会　令嬢群の待合襲撃　藝者衆との一問一答」　中島要子、大迫倫子、大矢美子、奥田靖子 ほか
『婦人画報』昭和10年8月1日　252
「女心は女にしかわからない密談事　吉屋女史を囲んで令嬢達の座談会」
吉屋信子、大藪喜美子、坂本米子、森久江 ほか　『婦人画報』昭和10年9月1日　264
「奥様軍のカフェー突撃挺身隊」　山田わか、井出ひろ子、麻生なつ子、吉川正雄　『主婦之友』昭和10年12月1日　272
「ダンスホールを密偵するの記」　婦人記者　『主婦之友』昭和11年1月1日　285
「女学生の行状を密偵する記」　本誌記者　『主婦之友』昭和11年2月1日　296
「再びとり返せぬ若き日の過に泣く私」　川崎久恵、野村夏子　『婦人倶楽部』昭和11年2月1日　304
「令嬢の語る私の矛盾」　小山恭子、小島洋子、村山喜誉子　『婦人画報』昭和11年3月1日　310
「世間ばなし」　阿部真之助、阿部光子、大泉和子、大木伴子、北川よし江　『婦人画報』昭和11年4月1日　312
「特輯・秘密の姉妹」　湊千三子、水原桂子、北原由美子、伊地知ゆき、植村敏子　『婦人公論』昭和11年4月1日　322
「身の上相談に表はれた性の悩み」　大田武夫　『婦人画報』昭和11年5月1日　339
「嬢さん小嬢さん放談会」　河井治子、中村フジ、中村恒子、内野照子、川瀬美子 ほか　『婦人画報』昭和11年7月1日　345
「夏にある女の危機を護る会」　鈴木賀一郎、尾後貫荘太郎、渡辺和十郎、長谷川瀏 ほか
『婦人公論』昭和11年7月1日　352
「迷信の悲劇」　星野雪子、細川花江、佐野たま子、高島米峰　『婦人公論』昭和11年7月1日　367

「性の問題」　S・T子、岡麻耶子、坂上よし子、大島千代、鈴木甚吉　『婦人公論』昭和11年7月1日　371
「特殊問題」　狩野北江、山谷ヨシ子、吉山美子、福島貞子　『婦人公論』昭和11年7月1日　374
「多勢の女を誘惑した男の懺悔」　倉本英範　『主婦之友』昭和11年8月1日　378
「青春懇談会」　岡邦雄、新居好子、新居みち子、小城ルネ ほか　『婦人画報』昭和11年8月1日　386
「夕涼放談会」　田辺孝次、林芙美子、佐藤美子、藤川栄子、武藤叟　『婦人画報』昭和11年8月1日　394
「死を選んだ姉と妹」　二村四郎　『婦人公論』昭和11年10月1日　402
「死の手記」　森幸六　『婦人公論』昭和11年10月1日　409
「娘ごころの秘密」　森田たま　『婦人公論』昭和11年10月1日　419
「『ひとのみち』教祖に貞操を蹂躙された少女の父は語る」　本誌特派記者　『主婦之友』昭和11年11月1日　426
「産科医と産婆さんの座談会」　山田尚允、石崎仲三郎、渡辺ふみ、政所たか子　『婦人倶楽部』昭和11年11月1日　436

「婦人雑誌」がつくる大正・昭和の女性像

第8巻

セクシュアリティ・身体3

（右上）青柳有美氏

夫《ふう》婦《ふ》生《せい》活《くわつ》の　—悩《なや》みを語《かた》る匿《とく》

▲昭和八年十一月二十二日
▲丸ノ内會館において開會

◎御《ご》出《しゆつ》席《せき》の方々《かた／＼》（イロハ順）

▲今《いま》田《だ》芳《よし》子《こ》夫《ふ》人《じん》（お年二十二、今年の秋に御結婚。御主人は日本橋區の某銀行にお勤めの商學士。）

▲石《いし》井《ゐ》孝《かう》一郎《らう》氏《し》（お年三十一、下谷區に有名なお菓子屋の若主人。二年前に御結婚。お子樣お一人。）

▲畠《はたけ》山《やま》秀《ひで》子《こ》夫《ふ》人《じん》（お年二十八、雜貨店を御主人と共同經營。五年前に御結婚。お子樣お二人。）

▲岡《をか》村《むら》悦《えつ》子《こ》夫《ふ》人《じん》（お年二十五、御主人は某百貨店にお勤め。三年前に御結婚。お子樣なし。）

▲勝《かつ》野《の》幸《ゆき》子《こ》夫《ふ》人《じん》（お年三十一、赤坂區に大きな洋服店を御主人が經營。七年前に御結婚。お子樣お三人。）

▲竹《たけ》内《うち》茂《しげ》代《よ》夫《ふ》人《じん》（醫學博士）

▲靑《あを》柳《やぎ》有《いう》美《び》氏《し》（人情大家）

▲佐《さ》竹《たけ》喜志《し》男氏（お年三十四、農林省にお勤め。四年前に御結婚。お子樣なし。）

（左上）竹内茂代女史

名《めい》打《うち》明《あ》け相《さう》談《だん》會《くわい》

記者　お忙《いそが》しい中《なか》を、お集《あつま》りいたゞきまして、誠《まこと》に有難《ありがた》く存《ぞん》じます。實《じつ》は、私《わたくし》どもの生活《せいくわつ》に最《もつと》も大事《だいじ》な夫婦間《ふうふかん》の現實問題《げんじつもんだい》、いろ〱あることゝ存《ぞん》じますが、今夜《こんや》は特《とく》に、ありのまゝの御體驗《ごたいけん》を皆樣《みなさま》から伺《うかゞ》ひまして、青柳先生《あをやぎせんせい》と竹内先生《たけうちせんせい》から、充分《じふぶん》に御意見《ごいけん》を拜聽《はいちやう》するといふ、お互《たがひ》に相談《さうだん》しあふ打明《うちあ》けの會《くわい》を開《ひら》きたいのでございます。

勝野　（やゝ昂奮《かうふん》の面持《おももち》）聴《き》いて頂《いたゞ》きたいことも、隨分《ずゐぶん》ありますけれど、名前《なまへ》を出《だ》しては、とても打明《うちあ》けられませんね。

夫人方　（殆《ほとん》ど一齊《せい》に）さうでございますわ！

記者　それでは、竹内先生《たけうちせんせい》と青柳先生《あをやぎせんせい》と御相談役《ごさうだんやく》のお二方《ふたかた》の他《ほか》は、殘念《ざんねん》でございますが、匿名《とくめい》にお願《ねが》ひいたしませうか。

佐竹　匿名《とくめい》に同意《どうい》です。充分《じふぶん》に言《い》へるから。

石井　匿名《とくめい》なら、私《わたくし》は今夜《こんや》、御婦人方《ごふじんがた》に、うんと聴《き》いて頂《いたゞ》きたいことがあります。

畠山　私《わたくし》どもでも、申上《まをしあ》げたいことが、いろ〱ございますわ。

青柳　（微笑《びせう》）匿名《とくめい》の方《はう》が徹底《てつてい》しますね。

記者　それでは、兩先生《りやうせんせい》の他《ほか》は誌上匿名《しじやうとくめい》といふことに、お寫眞《しやしん》も今夜《こんや》は特《とく》に遠慮《ゑんりよ》いたしますから、充分《じふぶん》にお話《はな》しを願《ねが》ひます。

表《へう》面《めん》圓《ゑん》滿《まん》て無《む》神《しん》經《けい》症《しやう》

佐竹　では、言《い》ひませう！　告白《こくはく》すると、僕《ぼく》は結婚《けつこん》四年《ねん》になりますが、まだ家内《かない》といふものに興味《きようみ》がない、全然《ぜんぜん》ないと言つてもいゝのです。この點《てん》、非常《ひじやう》に不滿《ふまん》でゐます。

岡村　あの、失禮《しつれい》ですけれど、奥樣《おくさま》の方《はう》には…？

佐竹　家内《かない》は、それで平氣《へいき》なんですね。夫婦生《ふうふせい》活《くわつ》はかういふものだと思《おも》つてるらしい。だから、僕《ぼく》の方《はう》は、なほ不滿《ふまん》です。

石井　それでは、圓滿《ゑんまん》に行《ゆ》かないでせうね。

佐竹　表面《へうめん》は圓滿《ゑんまん》です。だが、家内《かない》は無神經《むしんけい》らしいし、僕《ぼく》は不滿《ふまん》ですから、ついその、他《ほか》の方面《はうめん》に興味《きようみ》をもちます。自分《じぶん》でも變《へん》ですが、家内《かない》の他《ほか》だと、これはまた異常《いじやう》に興味《きようみ》があるので、こんなのは、竹内先生《たけうちせんせい》、病的《びやうてき》なのでせうか。

竹内　あなたも御病氣《ごびやうき》でなく、奥様《おくさま》も恐《おそ》らく無《む》神經《しんけい》ではないのでせう。今仰《いまおつ》しやるやうな實《じつ》例《れい》は、世間《せけん》には非常《ひじやう》に多《おほ》いのですが、あなたは、初《はじ》めに、奥様《おくさま》を、おいぢめになつたのではありませんか。

佐竹　別《べつ》に、……いぢめもしなかつたのですが、家内《かない》は、ヽヽヽヽヽヽヽヽヽ、實際《じつさい》、心配《しんぱい》しました。

竹内　さうでせうとも。ヽヽヽヽヽヽヽヽヽヽヽヽヽヽヽ。でも、「それは、自分《じぶん》の唯一人《たゞひとり》の良人《をつと》に獻《さゝ》げる尊《たふと》いものとして、新郎《しんらう》に見《まみ》えるもので、しかし、そのヽヽいふものは、長《なが》く持《も》つてゐてはいけない。」といふやうに、一日前《にちまへ》くらゐに敎《をし》へられて嫁《ゆ》きますと、その方《かた》はほんたうに、幸《しあはせ》に行《ゆ》く筈《はず》です。それが貴方《あなた》は、今《いま》でも奥様《おくさま》に、その時《とき》のやうな思《おも》ひをあたへはしないかと、心配《しんぱい》なさるのぢやありませんか。

兩方忍耐《りやうはうにんたい》が第《だい》一秘訣《ひけつ》

佐竹　心配《しんぱい》はしません。もう四年《ねん》になりますから。しかし、ひどく心《しん》配《ぱい》させた第《だい》一印象《いんしやう》が、初《はじ》めから習《しふ》慣的《くわんてき》に、今《いま》でも殘《のこ》つてゐるのは事《じ》實《じつ》です。

竹内　それです。その初《はじ》めての第《だい》一印象《いんしやう》が心理的《しんりてき》に邪魔《じやま》をしてゐるから、奥様《おくさま》に興味《きようみ》をおもちにならない。「愛《あい》してゐながら興味《きようみ》がない」といふのは、方々《はうばう》にある實例《じつれい》です。そして他《ほか》の方面《はうめん》へ興味《きようみ》を求《もと》めてみる。これは奥様《おくさま》も實《じつ》に不幸《ふかう》なことですから、貴方《あなた》から努《ど》力《りよく》し、忍耐《にんたい》し、指導《しだう》してあげるのが、まづ何《なに》よりの義務《ぎむ》です。

岡村　良人《をつと》が忍耐《にんたい》してくれなければ、何《なん》でも成《な》立《た》ちませんわ。その點《てん》、私《わたし》の主人《しゆじん》など、まるで忍耐《にんたい》などは、ないんですもの。私《わたし》も（微苦笑《びくせう》して）ほんたうに不幸《ふかう》だと思《おも》ひますのよ。

竹内　さういふ不幸《ふかう》のために、どれだけ多勢《おほぜい》の奥様《おくさま》が泣《な》いてらつしやるか、解《わか》らないほど方《はう》方《ばう》にあります。が、また、その不幸《ふかう》を知《し》らずにすましてる奥様《おくさま》もあります。ですから、豫《よ》備《び》の知識《ちしき》をあたへるのは、男性《だんせい》の方《はう》にも必要《ひつえう》なのです。無智《むち》な旦那様《だんなさま》にあつては、かなひ

僕は結婚四年になりますが、まだ家内といふものに興味がない。全ないと言つてもいゝのです。この點、非常に不滿でゐます。（佐竹氏談）

ませんな

畠山 無智《むち》で野蠻《やばん》ですわ！ どこまでも人《ひと》をお人形《にんぎやう》のやうに扱《あつか》つて……

勝野 （頷《うなづ》いて）全《まつた》くですわ、横暴《わうばう》ですわ！

石井 いや、どうも男《をとこ》の方《はう》が、形勢不利《けいせいふり》ですけれど、私《わたし》の體驗《たいけん》では、充分《じふぶん》なものが得《え》ないから、グン／＼男《をとこ》らしく振舞《ふるま》ふやうになるのです。それを野蠻《やばん》とか横暴《わうばう》だとか言《い》はれるんでせう。

意地がきたないのですね。よそのお料理を摘むと、その結果が恐いと知つてゐながら、それでも摘んでみるといふ人が、かなり多いやうです。（竹内女史談）

畠山 いゝえ、力づよく愛《あい》されるのは、根本《こんぽん》の望《のぞ》みだと思《おも》ひますわ。けれど、ほんたうに愛《あい》があるなら、自分《じぶん》の妻《つま》を、人形《にんぎやう》や奴隷《どれい》のやうに扱《あつか》ふことはないと思《おも》ひますの。

佐竹 僕《ぼく》は、何《なに》も奴隷《どれい》のやうな取扱《とりあつか》ひはしません。だが、家内《かない》に張合《はりあひ》がないから興味《きようみ》がない。青柳先生《あをやぎせんせい》、男性横暴《だんせいわうばう》說《せつ》は、どんなものでせう？

青柳 （微笑《びせう》）ハゝア、さういへば、婦《ふ》人《じん》にもそれのあるものが、必《かなら》ずしも少《すく》くはないのです。

石井 さうです／＼。私《わたし》の家内《かない》も、どうかするとそれを發揮《はつき》します。とても！

青柳 それが、一般的に言《い》つて、今《いま》**の女性《ぢよせい》には、「忍《しの》ぶ」といふ美徳《びとく》が、どうも失《うしな》はれてきてゐますね。**男《だん》性《せい》の横暴《わうばう》も、女性《ぢよせい》の忍耐《にんたい》でもつて、ほどよく緩和《くわんわ》される、そこから圓《ゑん》滿《まん》に進《すゝ》む道《みち》が、だん／＼に樂《たの》しく開《ひら》けて行《ゆ》くものだが、……どうも**忍耐《にんたい》が足《た》りない。**

竹内 まことに御同意《ごどうい》に存《ぞん》じます。「忍《しの》ぶ」といふ美徳《びとく》を近代《きんだい》のお若《わか》い方々《かたがた》は罪惡《ざいあく》のやうに思《おも》つてゐますが、實《じつ》に良《よ》くない傾向《けいかう》です。忍《しの》ぶことをしませんから、結婚《けつこん》の翌朝《よくあさ》に逃《に》げだすなどゝ、それが新聞《しんぶん》に書《か》かれて、恥《はづか》しい目《め》に會《あ》ふのです。

今田 （面羞《おもはゆ》く小聲《こごゑ》に）あたくしの主人《しゆじん》は、結婚《けつこん》して四日《か》間《かん》も、まるであたくしに、そこにゐるかとも、いはないほどでしたの。

佐竹 フウム、それアまた素《す》晴《ばら》しく忍耐《にんたい》されたものですね。

一同 （驚異的《きやういてき》に今田夫人《いまだふじん》を見《み》る）

食《た》べられない果物《くだもの》

今田 （いよ／＼小聲《こごゑ》に）あたくし、主人《しゆじん》が四日《か》間《かん》も、だまつてをりますから、たうとう泣《な》きだしてしまひましたの。眞劍《しんけん》でしたわ。思《おも》ひ**きつて、「どうなさいましたの？」**ゝ、ゝゝゝゝゝゝゝゝゝゝゝゝゝゝゝゝゝ、「ゝゝ、ゝゝゝゝゝ、ゝゝゝゝゝゝゝゝゝゝゝゝゝゝゝ。」ゝゝゝゝゝゝゝゝゝゝ、あたくし、ホゝゝゝ、まあ好《よ》かつたと思《おも》つて、嬉《うれ》し泣《な》きになつちまつて……

佐竹 なるほど、質問《しつもん》なさつたのが、好《よ》かつた

7　「夫婦生活の悩みを語る匿名打明け相談会」　今田芳子、石井孝一郎、畠山秀子、岡村悦子ほか　『主婦之友』昭和9年1月1日

のですね。うつかりすると、解消事《かいせうじ》件《けん》が起《お》きるところだ、そんなことが動機《どうき》でもつて。

石井　質問《しつもん》なさつたのは、賢明《けんめい》な處置《しよち》でしたね。私《わたし》など一度《ど》も、家内《かない》に質問《しつもん》された覺《おぼ》えがありません。

竹内　羞《はづか》しがらずに、何《なん》でも旦那様《だんなさま》に打明《うちあ》けて相談《さうだん》なさるのが、惱《なや》みをなくする第《だい》一の捷徑《ちかみち》です。で、（今田夫人《いまだふじん》に）その後《ご》は何《なん》ともおありになりません？

今田　えゝ、今《いま》でも先《ま》づ相談《さうだん》してくれますの。

竹内　それはお珍《めづら》しい。それこそ、模範的《もはんてき》の旦《だん》那《な》様《さま》ですね。

佐竹　僕《ぼく》だつて時々《ときどき》は相談《さうだん》しますよ。ところがその時《とき》、相談《さうだん》に乘《の》つてくれないと、全《まつた》く腹《はら》が立《た》つ！　實《じつ》に癪《しやく》です。

竹内　その時《とき》ほど、男性《だんせい》の憤慨《ふんがい》することはないと、よく方々《はうばう》で聽《き》かされますよ。

佐竹　食《く》ひたいから「その果物《くだもの》を食《く》はせろ」と、言《い》ふ人《ひと》に向《むか》つて、ところが、果物《くだもの》をもつてるくせに、「食《く》はせない」と言《い》ふ人《ひと》があつたら、どうします。「よし、それなら、勝手《かつて》にしやがれ！　他所《よそ》の果物《くだもの》を食《く》つてくるぞ。」といふ氣《き》になる人《ひと》があつても、無理《むり》でないではないでせうか。

勝野　でも、ほんたうに食《た》べさせたくない時《とき》でありませう。

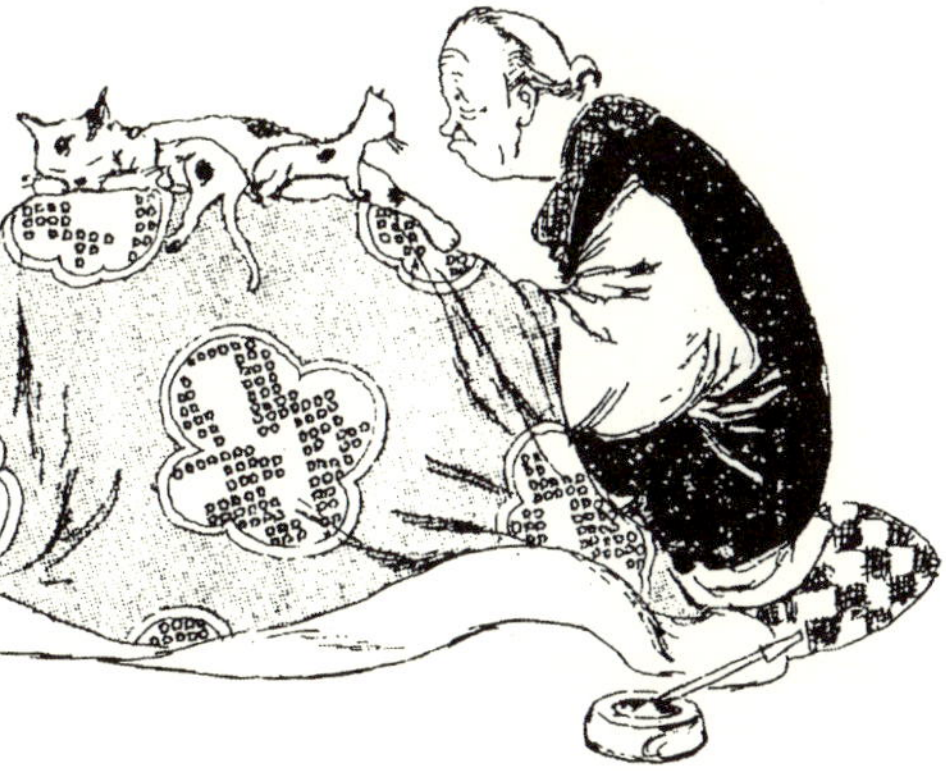

子供のない人こそ慘めです。欲しい〳〵と思つてゐるうちに、年がよつて出來なくなると、もうその悲しさは、泣くにも泣けないと申します。（竹内女史談）

畠山　私《わたくし》、それは、手《て》をだして食《た》べたがつてるのに、「いけません」と言《い》ひますと、誰《たれ》だつて、怒《おこ》りませう。だから、お夕飯《ゆふはん》の時《とき》くらゐに前《まへ》もつて、「今日《けふ》は果物《くだもの》が、切《き》れてゐますのよ。」といふ風《ふう》に、やさしくお斷《ことわ》りしておきますの。

岡村　いゝことを伺《うかが》ひました。私《わたくし》もこれからさうしませう。

佐竹　さういふ態度《たいど》は、あんまり好《よ》くないと思《おも》ひますよ。そんなの僕《ぼく》は、厭《いや》ですね。青柳先生《あをやぎせんせい》、男性《だんせい》が、他所《よそ》のものに手《て》を出《だ》すといふのは、自然《しぜん》の本能《ほんのう》なので、種族《しゆぞく》の繁殖《はんしよく》の本能《ほんのう》ぢやないでせうか？

妻《つま》の涙《なみだ》こそ尊《たふと》きもの

青柳　男性《だんせい》の浮氣《うはき》といふものは、むしろ遊戯《いうぎ》ですな。「遊戯本能《いうぎほんのう》」と私《わたし》は言《い》ふのです。たとへば、家《うち》で御飯《ごはん》をお腹《なか》いつぱいに食《た》べてる、それで好《い》い筈《はず》だが、よその綺麗《きれい》な珍《めづら》しい料理《れうり》を見《み》ると、ちよつと遊戯本能《いうぎほんのう》で摘《つま》んでみたくなる。そして摘《つま》む。

畠山　遊戯《いうぎ》などゝいつて、それで妻《つま》は默《だま》つてゐられませんわ。

竹内　男《をとこ》は意地《いぢ》がきたないのですね。よそのお料理《れうり》を摘《つま》むと、その結果《けつくわ》が恐《こは》いと知《し》つてゐな

がら、それでも摘《つま》んでみるといふ人《ひと》が、かなり多《おほ》いやうです。

靑柳　そこが遊戯《いうぎ》本能《ほんのう》の「本能《ほんのう》」たる所以《ゆゑん》です。しかし、この本能《ほんのう》を抑《おさ》へて、妻《つま》に心配《しんぱい》をかけない良人《をつと》もある。そこが夫婦間《ふうふかん》の情愛《じやうあい》であり、愛《あい》が深《ふか》ければ遊戯《いうぎ》本能《ほんのう》は家《うち》で滿《み》たされる。それには併《しか》し、奥様《おくさま》の微妙《びめう》なものが、絶對《ぜつたい》に必《ひつ》要《えう》です。「遊戯《いうぎ》などゝは怪《け》しからん」と、柳眉《りうび》を逆《さか》だてゝ妬《や》いてみたところが、家《うち》での遊戯《いうぎ》を工夫《くふう》しなければ、たゞ妬《や》いて襟首《えりくび》をとつて振廻《ふりまは》しても始《はじ》まらない。良人《をつと》の遊《あそ》びは妬《や》いても止らないから。

岡村　お友《とも》だちの御家庭《ごかてい》を見《み》ますと、奥様《おくさま》のシツカリしてらつしやらないお宅《たく》の旦那様《だんなさま》が、お遊《あそ》びになるやうですわ。

佐竹　すると、僕《ぼく》の女房《にようばう》も、ボンクラだから、それを知《し》らないのかな？　そのくせ、妬《や》かないのかと思《おも》ふと、なあに心《こころ》の中《なか》では凄《すご》く妬《や》いてるんです。

石井　奥《おく》さんは愛《あい》があるから妬《や》くのですよ。

佐竹　それだのに、わざと平氣《へいき》な顔《かほ》をしてるから、どうも張合《はりあひ》がない。こんな忍耐《にんたい》は、良人《をつと》を増長《ぞうちやう》させますね。

畠山　私《わたくし》、主人《しゆじん》が夜晩《よるおそ》く歸《かへ》つてきて、本當《ほんたう》に用事《ようじ》があつたのか、遊《あそ》んできたのか、一目《ひとめ》見《み》れば分《わか》りますわ。

岡村　ほんたうね、そのとほりですわ。

畠山　（乘出《のりだ》して）遊《あそ》んできた時《とき》は、ギユウ〳〵と取《と》つちめてやるのに限《かぎ》りますわね。こなひだも夜《よる》二時《に》すぎに歸《かへ》つてくるんですもの、私《わたし》癪にさはつて、先《さき》に寢《ね》ちまひましたのよ。でも、口惜《くや》しくて眠《ねむ》れませんから、床《とこ》の中《なか》で目《め》をさましてましたわ。すると、圓《えん》タクで歸《かへ》つ

9 「夫婦生活の悩みを語る匿名打明け相談会」 今田芳子、石井孝一郎、畠山秀子、岡村悦子ほか 『主婦之友』昭和9年1月1日

てきて、おつりが無《な》いと運轉手《うんてんしゆ》が言《い》つてるんですの。主人《しゆじん》は私《わたし》を起《おこ》すのも氣《き》が退《ひ》けるんですか、グズ〳〵して門《もん》の外《そと》に弱《よわ》つてゐるんですの。

勝野 それで何《ど》うなさいまして？

畠山 仕方《しかた》がないから起《お》きて行《い》つて、お錢《かね》の細《こま》いのを渡《わた》すと、「お前《まへ》に限《かぎ》る」とか、「感謝《かんしや》する」とか、とてもお世辭《せじ》を言《い》ふんでしよ。私《わたくし》、口惜《くや》しくつて、それからギユウ〳〵取《と》つちめて泣《な》きましたわ！

佐竹 ほんとに、泣《な》いたんですか。それとも、技巧《ぎかう》ですか。

畠山 アラ、ほんとに泣《な》きましたわ。

佐竹 泣《な》かれたら僕《ぼく》なんか、堪《たま》らなく同情《どうじやう》しますね。石井《いしゐ》さん、どうです？

石井 (微笑《びせう》)グン〳〵取《と》つちめられるだけぢや、こちらも腹《はら》が立《た》つて、およそ駄目《だめ》ですね。私《わたし》も泣《な》かれたら、それは、「すまない、すまなかつた。」と、同情《どうじやう》もすれば、以後《いご》も愼《つゝし》みます。

畠山 實際《じつさい》に愼《つゝし》む旦那樣《だんなさま》ですと、それは好《よ》うございますけれど、(眉《まゆ》をひそめて)私《わたくし》、産兒制限《さんじせいげん》をしまして、それから主人《しゆじん》が遊《あそ》びだしましたの。ちやんと相談《さうだん》して、制限《せいげん》したんですのに。竹内先生《たけうちせんせい》、かういふのは何《ど》うしたものでございませう？

僅か五年くらゐで厭きるのは、まだ〳〵奥の院へ行つてゐない證據ですよ。健全な夫婦には停滯がない筈で、十年してなほ新發見をすることがあります。(青柳先生談)

惱《なや》める産《さん》兒《じ》制《せい》限《げん》

竹村 さう、制限《せいげん》して成功《せいこう》なさいましたか。

畠山 いゝえ、今《いま》もう二人《ふたり》生《うま》れてゐまして、

竹内 一時《じ》的《てき》の制限《せいげん》に、完全《くわんぜん》な方法《はうはふ》は、今《いま》のところ先《ま》づあまりありません。それに、旺盛《わうせい》な力《ちから》はどんな事《こと》をしても、抑《おさ》へられるものではありません。それを、「生《うま》れはしないか、生《うま》れはしないか」と、いつも心配《しんぱい》なさるのぢやありませんか。

畠山 それはもう、(深刻《しんこく》な表情《へうじやう》)とても心配《しんぱい》しながらなものですから、私《わたくし》、神經衰弱《しんけいすゐじやく》のやうになつてゐますの。

竹内 いけませんね、それです。その心配《しんぱい》のために充分《じうぶん》なことは得《え》られないでせうし、御主人《ごしゆじん》の方《はう》でも不滿《ふまん》でせうから、遊《あそ》びにも行《ゆ》くといふことになります。斷然《だんぜん》制限《せいげん》をお廢《や》めになるんですね。

畠山 でも、この上《うへ》また生《うま》れますと、困《こま》りますから。

竹内 いゝえ、お若《わか》い方《かた》の、産兒制限《さんじせいげん》は、私《わたくし》、不贊成《ふさんせい》です。旺盛《わうせい》な時《とき》でないと、立派《りつぱ》な子供《こども》はまづ生《うま》れにくい。四十すぎると、育兒《いくじ》の苦勞《くらう》に堪《た》へる體力《たいりよく》も弱《よわ》つてゐますし、生《うま》れる子供《こども》も、多《おほ》くは強《つよ》くない。それに高年初産《かうねんしよさん》ですと、とかく故障《こしやう》の多《おほ》いものです。「若《わか》いうちに生《うま》れると、困《こま》るから。」と、

仰《おつ》しやる方《かた》が、かなり多《おほ》いのですけれど、親《おや》は自分《じぶん》の食《た》べるものを半分割《はんぶんさ》いても、子供《こども》を育《そだ》てるものです。これは私《わたくし》の持論《ぢろん》ですけれど、一夫婦《ふうふ》に五人《にん》は生《う》んで頂《いただ》きたい。それを若《わか》い旺盛《わうせい》な方《かた》が制限《せいげん》なさつては、丈夫《ぢやうぶ》な好《い》い子供《こども》が少《すく》くなつて、國家《こくか》といふ上《うへ》から見《み》ても、歎《なげ》くべきことです。

佐竹 だが、實際《じつさい》に生活難《せいくわつなん》の人《ひと》が、五人《にん》も生《う》んでは、それこそ困《こま》りますよ。

竹内 ですから、結婚後《けつこんご》に或《あ》る一定《てい》の年限《ねんげん》がすぎても子供《こども》の無《な》い人《ひと》から、税金《ぜいきん》を收《をさ》めさせ、一方、收入《しうにふ》が少《すく》くて、子供《こども》の多《おほ》い人《ひと》を、國家《こくか》が補助《ほじよ》するやうにする——これを何時《いつ》も言《い》ふのですけれど……

岡村 私《わたくし》は、主人《しゆじん》に言《い》はれまして、日廻《ひまは》りを計算《けいさん》して制限《せいげん》してゐますの。でも、子供《こども》が欲《ほ》しくて〳〵、デパートで玩具《おもちや》を見《み》ますと、すぐ買《か》つて行《ゆ》きたいと思《おも》ひますわ。

竹内 いけませんね、御主人《ごしゆじん》におつしやつて早《はや》くお拵《こしら》へにならないと、子供《こども》のない人《ひと》こそ慘《みじ》めです。欲《ほ》しい〳〵と思《おも》つてるうちに、年《とし》がよつて出來《でき》なくなると、もうその悲《かな》しさは、「泣《な》くにも泣《な》けない」と申《まを》しますよ。

岡村 (後悔《こうくわい》の色《いろ》)まあ、そんなでせうか——では、私《わたくし》、主人《しゆじん》にさう申《まを》しますわ。でも、前《まへ》から「子供《こども》なんかいらない」と言《い》つてますの。

今田 良人《たく》も「今《いま》から欲《ほ》しくない」と、いつも申《まを》しますわ。

佐竹 いや、僕《ぼく》もまだなんですが、欲《ほ》しくないやうで欲《ほ》しいのが、子供《こども》ですよ。別《べつ》に制限法《せいげんはふ》もしないんですが、竹内先生《たけうちせんせい》、どうして出來《でき》ないんでせう？ 大《おほ》いに努力《どりよく》することもあるんですが。

11 「夫婦生活の悩みを語る匿名打明け相談会」 今田芳子、石井孝一郎、畠山秀子、岡村悦子ほか 『主婦之友』昭和9年1月1日

夫婦《ふうふ》お互《たがひ》の新《しん》發《はつ》見《けん》

竹内 不妊《ふにん》の原因《げんいん》は、いろ〳〵あります。醫者《いしや》に診《み》せても、健全《けんぜん》で何《なん》ともない御夫《ごふう》婦《ふ》にお子《こ》さんが無《な》いのは、平生《へいぜい》に餘《あま》り頭《あたま》を使《つか》ひすぎる人《ひと》、それから榮養《えいやう》の好《い》い人《ひと》などが、却《かへつ》て妊娠《にんしん》なさらないやうです。

佐竹 すると、暢氣《のんき》にしてゝ貧弱《ひんじやく》な物《もの》を食《た》べてると、子供《こども》の生《うま》れる可能性《かのうせい》が多《おほ》いわけですね。

勝野 「貧乏者《びんぼふもの》の子澤山《こだくさん》」と、昔《むかし》から言《い》ひますわ。(一同笑《どうわら》ふ)

石井 では、有閑夫人《いうかんふじん》に子供《こども》がないのは、榮養《えいやう》が好《い》いからかしら?

佐竹 もう一《ひと》つの理由《りいう》は、良人《をつと》が満足《まんぞく》をあたへないからでせうね。

石井 だから、良人《をつと》の忍耐《にんたい》と方法《はうはふ》は、いかにも必要《ひつえう》ですが、私《わたし》など、それが手《て》に入《はひ》つた、と思《おも》ふのは、つい近頃《ちかごろ》のことでして、結婚《けつこん》の當時《たうじ》など、たゞもうむやみに進《すゝ》んだゞけでした。青柳先生《あをやぎせんせい》、これは誰《だれ》でも、さういふものでせう?

青柳 さう。それで好《い》いのですな。早《はや》くからそれを覺えてしまふと、かへつて倦怠《けんたい》を招《まね》き易《やす》い。およそ、さういふことは孜々努力してゐるうちに、おのづから會得《ゑとく》すべきものです。だから、無理《むり》にそれを試《こゝろ》みようとするのは、殊《こと》に新婚當時《しんこんたうじ》に良《よ》くない。(腕《うで》を拱《く》まれて)結《けつ》婚は夫婦生活の一の鳥居を潜つたので、まだ二の鳥居《とりゐ》もあれば、三の鳥居《とりゐ》もある。「ここらが奥《おく》の院《ゐん》だらう」と、思《おも》つてゐると、どうして、まだ〳〵奥《おく》の方《はう》に、なほ深《ふか》い奥《おく》の院《ゐん》がある、といつた風《ふう》で、「こゝが終《をは》りだ」といふことはないものです。

茶の間の三十分間が、平凡でも大切ですな。奥さんの本營が茶の間です。そこへ旦那さんを歡迎するのが、本當の賢夫人ですよ。(青柳先生談)

勝野 (眼《め》を輝《かゞや》かして)仰《おつ》しやるとほりでございますわ。

青柳 ですから、一の鳥居《とりゐ》や二の鳥居《とりゐ》邊《あた》りにウロ〳〵してゐて「これが最後《さいご》か、つまらない」などゝ、諦《あきら》めてしまつたり、自棄《やけ》になつたり、投出《なげだ》してしまふのは、到底《たうてい》夫婦生活《ふうふせいくわつ》の成功者《せいこうしや》たる資格《しかく》なしですな。

畠山 私《わたくし》、結婚生活《けつこんせいくわつ》五年《ねん》ですけれど、何《なん》だかもう厭《いや》な氣《き》が、時々《ときぐ》にしますの。小《ちい》さいのが二人《ふたり》ゐますから、それでまあ、毎《まい》日《にち》慰《なぐさ》められてゐますけれど。

青柳 それでは御主人《ごしゆじん》が、お氣《き》の毒《どく》ですな。母《はゝ》である方《かた》は同時《どうじ》に奥様《おくさま》なのですから、僅《わづ》か五年《ねん》くらゐで厭《あ》きるのは、まだ〳〵奥《おく》の院《ゐん》へ行《い》つてない證據《しようこ》ですよ。健全《けんぜん》な夫婦生活《ふうふせいくわつ》には停滯《ていたい》がない筈《はず》で、十年《ねん》してなほ新發見《しんはつけん》をすることがある。夫婦《ふうふ》お互《たがひ》に發《はつ》見《けん》しあふのですな。この新發見《しんはつけん》には、限《かぎ》りな

く深い興味《きようみ》が、汲めども〳〵湧《わ》いてくる。

佐竹　さうなると愉快《ゆくわい》でせうなあ。（一同笑ふ）

岡村　でも、新發見《しんはつけん》をしましても、だん〳〵古《ふる》くなつてきます。

勝野　さうして厭《あ》いてきますわね。

齊柳　厭《あ》いて停滯《ていたい》したと思《おも》ふのは、今《いま》まで奥《おく》の院《ゐん》へ眞直《まつすぐ》に面白《おもしろ》く行《い》つてゐたものが、ちよつと暫《しば》く傍路《わきみち》へそれてゐるんですな。そこを諦《あきら》めずに努力《どりよく》して行《ゆ》くと、きつとまた新發見《しんはつけん》をして、甦《よみがへ》つたやうに愉快《ゆくわい》に行《ゆ》けるものですよ。それには、何《ど》うしても、夫婦《ふうふ》の共同工作《きようどうこうさく》で新しい道《みち》を開《ひら》いて行《ゆ》かねば駄目《だめ》です。

今田　（小聲《こごゑ》に）その「共同工作《きようどうこうさく》」といふのが、あたくし、むづかしいと思《おも》ひますのよ。竹内先生《たけうちせんせい》！（訴《うつた》へるやうに）なんだか私《あたくし》、だめなんですもの。

結《けつ》婚《こん》生《せい》活《くわつ》者《しや》の特《とく》權《けん》

竹内　「にぶい」とおつしやる原因《げんいん》を、除去《とりさ》つてしまふためには、まづ、「もの丶相違《さうゐ》」といふことを、お考《かんが》へにならなければいけませんでせうね。

今田　いつも相談《さうだん》してくれるんですけれど、どういふものか……

竹内　あなたからも、御遠慮《ごゑんりよ》なしに、さうならなければ――

石井　家内《かない》からさういふ風《ふう》に出《で》られると、全《まつた》く和ぎますね、和合《わがふ》の捷徑ですね。

佐竹　エッ、どんなことを相談《さうだん》するんです。どういふ機會《チヤンス》に？

石井　機會《チヤンス》なんか、どこにだつて、茶間《ちやのま》でもいいですよ。

佐竹　わるくないですね、長火鉢《ながひばち》の前《まへ》の情調《じやうてう》！

青柳 茶間《ちやのま》の三十分間《ぷんかん》が、平凡《へいぼん》でも大切《たいせつ》ですな。奥《おく》さんの本營《ほんえい》が茶間《ちやのま》です。そこへ旦那《だんな》さんを歡迎《かんげい》するのが、本當《ほんたう》の賢夫人《けんぷじん》ですよ。いつでも歡迎するやうに、溫《あた》かい、魅力《みりよく》のある、來《こ》ずにはゐられない茶《ちや》間《のま》を、いつでも用意《ようい》しておくのが肝要《かんえう》であります。

畠山 まあ、本當《ほんたう》に！ それくらゐの費用《ひよう》は何《なん》でもございませんわね。

岡村 ホヽヽ、長火《ながひ》鉢《ばち》の前《まへ》の賢夫人《けんぷじん》ですのね、やつてみますわ！

佐竹 少《すく》なくとも惡《わる》い氣《き》もちはしないですね あの情調《じやうてう》は……

青柳 いや、家《うち》の長火鉢《ながひばち》、家《うち》の茶間《ちやのま》ですよ、他所《よそ》のぢやない。（一同笑《どうわら》ふ）

佐竹 大丈夫《だいぢやうぶ》です。これから家《うち》の長火鉢《ながひばち》へ突進《とつしん》します。しかし、青柳先生《あをやぎせんせい》、ほんたうに和合《わがふ》してる夫婦《ふうふ》といふものは、どんなところで自覺《じかく》するもんですかね。

青柳 それこそ自分《じぶん》で覺るべきですな。

佐竹 けれど、「かういふことがあれば、夫婦愛《ふうふあい》が滿《み》たされてゐる證據《しようこ》だ。」といふ、つまり、具體的《ぐたいてき》なところを伺《うかが》ひたいんです。僕《ぼく》は試《ため》してみたいのですから。

青柳 それなら、マリイ・ストープスが、「結婚《マリツヂ》愛《ラヴ》」の中《なか》に、かういふことを書《か》いてゐます。少《すこ》し長《なが》いですが、「聖《せい》なるつとめが充分《じゆうぶん》に成《な》しとげられると、大なる恩惠《おんけい》の一《ひと》つである睡眠《すゐみん》が、夫婦《ふうふ》の上《うへ》に落《お》ちるものである。この睡眠《すゐみん》によつて、精神《せいしん》は恍惚《くわうこつ》たる世界《せかい》から忘却《ばうきやく》の國《くに》へ、直《す》ぐに導《みちび》かれ、肉體《にくたい》は睡眠《すゐみん》の中《うち》に元氣《げんき》を回復《くわいふく》し、朝《あさ》になれば、更生《かうせい》された精神《せいしん》と肉體《にくたい》とをもつて、夫婦《ふうふ》はお互《たがひ》に微笑《びせう》し、感謝《かんしや》して、一日《にち》の務《つとめ》につくべきである。こゝに人生《じんせい》の平和《へいわ》があり、結婚生活者《けつこんせいくわつしや》の特權《とくけん》がある。」と、かう言《い》ふのです。

石井 なるほど、「朝《あさ》になれば、お互《たがひ》に微笑《びせう》し感謝《かんしや》して」ですね。

奥《おく》の院《ゐん》への努力《どりよく》

石井 私《わたし》も、これからは、睡眠《すゐみん》を心掛《こゝろが》けますが、しかし、竹内《たけうち》先生《せんせい》、醫學《いがく》上からいつて、どうしても圓《ゑん》滿《まん》に行《ゆ》かない夫婦《ふうふ》があるものでせう？

竹内 それは、ある程《てい》度《ど》まで運命《うんめい》ですね。

石井 「運命《うんめい》」とおつしやいますと？

竹内 つまり、解剖的《かいばうてき》關係《くわんけい》です。

佐竹 さうですか、解《わか》りました。「彼《かれ》は、よくまあ、あんな女房《にようばう》にがまんしてるもんだ。」とか、「あの夫人《ふじん》は、あんな主人《しゆじん》のどこが、いつたい好《い》いのかしら？」とか、不思議《ふしぎ》に思《おも》はれることがあるのは、そこなんですね。

竹内 さうですよ、これはかりは、運命《うんめい》ですから、その運命《うんめい》に從《したが》ふべきです。けれども、決《けつ》して悲觀《ひくわん》することなしに、たとひ不運《ふうん》でも、それを補《おぎな》つて行《ゆ》くのが、それこそ眞實《しんじつ》の愛情《あいじやう》です。

勝野 むづかしうございますわ！

竹内 「むづかしい」と言《い》つて、すてゝおいては、なほ難《むづか》しくなつて、悩《なや》みはとれません。ですから、どこまでも、眞實《しんじつ》の情愛《じやうあい》を捧《さゝ》げあつて努力《どりよく》するこそ、ほんたうの夫婦《ふうふ》です。どんなに初《はじ》めから圓滿《ゑんまん》な御《ご》夫婦《ふうふ》でも、努力《どりよく》なしに、夫婦《ふうふ》の道《みち》は完成《くわんせい》しません。青柳先生《あをやぎせんせい》がおつしやつたやうに、奥《おく》の院《ゐん》に行《ゆ》くまでには、幾《いく》つも幾《いく》つも鳥居《とりゐ》を通《とほ》り越《こ》して行《ゆ》くのです。

記者 まことに私《わたくし》どもの參考《さんかう》になるお話《はなし》、有《いう》益《えき》な暗示《あんじ》に富《と》むお話《はなし》を伺《うかが》ひまして、有難《ありがた》うございました。

良人の留守勝《るすがち》な
家庭《かてい》の妻《つま》の座談會《ざだんくわい》
留守《るす》を守《まも》る妻《つま》の苦心《くしん》と心得《こゝろえ》發表《はつぺう》!!!

出席者
（いろは順）

海軍××研究所技師　石田三郎(假名)氏夫人　石田三代子
神宮皇學館教授　鳥羽正雄氏夫人　鳥羽節子
日本郵船山形丸一等運轉士　山本兵助氏夫人　山本操《みさを》
陸軍步兵中佐　木村秀夫(假名)氏夫人　木村郁代

(石田夫人)

(鳥羽夫人)

(山本夫人)

記者　今日《こんにち》は皆様《みなさま》、お忙《いそが》しいところをよくこそお集《あつま》りくださいました。甚《はなは》だ不躾《ぶしつけ》ですが、今日《こんにち》は少《すこ》し立《た》ち入《い》つたことまで伺《うかゞ》はして頂《いたゞ》きたいと思《おも》ひまして、わざとお人數《にんずう》も少《すくな》くいたしました。御都合《ごつがふ》のわるいところは、後《あと》で必《かなら》ず削除《さくぢよ》しますし、お名前《なまへ》も、御希望《ごきばう》では假名《かめい》にいたしますから、どうぞ御遠慮《ごゑんりよ》のないところを、打開《うちあ》けて頂《いたゞ》きたう存《ぞん》じます。

鳥羽　そんなにおつしやられると、却《かへつ》て何《なん》だか極惡《きまりわる》いやうな氣《き》がいたしますね。（笑聲）

記者　どうぞ、あまり固《かた》くならないで、グッと寛《くつろ》いでください。先《ま》づ第《だい》一に、皆様《みなさま》の自己紹介《じこせうかい》からはじめて頂《いたゞ》きませうか。いろは順《じゆん》で、石田《いしだ》さんの奥様《おくさま》からどうぞ……

石田　どうも、改《あらた》まつて名乘《なの》りを擧《あ》げるほどの者《もの》でもございません。主人《しゆじん》は海軍省關係《かいぐんしやうくわんけい》の技《ぎ》術者《じゆつしや》でございます。どんな技術《ぎじゆつ》か、それは詳《くは》しくは申上《まをしあ》げられませんから、どうぞ御勘辨《ごかんべん》くださいませ。

記者　軍機《ぐんき》の祕密《ひみつ》・・といふわけですね。（笑聲）

石田　はあ、まあそんなことですわ。で、今年《ことし》の十月中旬《ちゆうじゆん》から、十ヶ月《げつ》あまりの豫定《よてい》で、歐洲《おうしう》と米國《べいこく》に、技術見學《ぎじゆつけんがく》のために派遣《はけん》されました。

現在《げんざい》は歐洲《おうしう》、殊《こと》に獨逸《ドイツ》に多《おほ》く滯在《たいざい》してゐるやうでございます。

島羽　では、御主人《ごしゆじん》がお留守《るす》になさいますのは、これが初《はじ》めてゞすか？

石田　はあ、十ケ月《げつ》もの長《なが》い留守《るす》は、これが初《はじ》めてゞすが、二ケ月《げつ》くらゐ離《はな》れて暮《くら》したことは、前《まへ》にもございました。十日《か》や二週間《しうかん》の出張旅行《しゆつちやうりよかう》は、ちよい／＼いたしてをります。

島羽　では、お留守《るす》には相當《さうたう》にお馴《な》れになつてゐられるわけでございますね。

記者　ですから、今日《けふ》の座談會《ざだんくわい》に御出席《ごしゆつせき》の資格《しかく》がおありになるわけなんですよ。（笑聲）

家族《かぞく》は東京《とうきやう》に殘《のこ》して

島羽　お次《つぎ》は私《わたくし》の番《ばん》でございますね。私《わたくし》の主人《しゆじん》は、三重縣《みへけん》の宇治山田市《うぢやまだし》、皆様御存《みなさまごぞん》じでせう、伊勢大神宮様《いせだいじんぐうさま》のお膝下《ひざもと》です……あそこの、神宮皇學館《じんぐうくわうがくくわん》に、教授《けうじゆ》の職《しよく》を奉《ほう》じてをります。従《したが》つて、東京《とうきやう》に住《す》んでゐる私共《わたくしども》とは、いつも離《はな》れ／＼の生活《せいくわつ》をしてゐるわけでございます。

記者　どうして、そんなに離《はな》れ／＼の生活《せいくわつ》をなすつていらつしやるんですか？

島羽　それは主人《しゆじん》が、家庭《かてい》だけは東京《とうきやう》に持《も》つてゐたいと申《まを》しますので……どうも宇治山田《うぢやまだ》のやうな、平和《へいわ》な田舎町《ゐなかまち》に住《す》んでゐると、氣持《きもち》がのんびりしてしまつて、日進月歩《につしんげつぽ》の世界《せかい》から取《と》り殘《のこ》されさうな氣《き》がして、心細《こゝろぼそ》くて仕方《しかた》がないから、せめて家庭《かてい》だけは、東京《とうきやう》に持《も》つてゐたいと申《まを》しますので……

記者　東京《とうきやう》に住《す》み慣《な》れた人《ひと》が、田舎《ゐなか》で暫《しばら》く暮《くら》してみると、たしかにそんな氣《き》がしますね。殊《こと》に島羽《とば》さんの旦那様《だんなさま》は、學者《がくしや》でいらつしやるのですから、よけいにそんな氣《き》がなされるのでせう。

島羽　それに、も一《ひと》つ、農林省《のうりんしやう》の囑託《しよくたく》になつて、山林資料《さんりんしれう》の研究《けんきう》をいたしてをります關係上《くわんけいじやう》、どうしても、東京《とうきやう》にちよい／＼出《で》て來《こ》ねばならぬ用事《ようじ》がございますので、そのためにも、東京《とうきやう》に家《うち》のある方《はう》が、何《なに》かにつけて便利《べんり》なものですから……

記者　地方《ちはう》の大學《だいがく》や専門學校《せんもんがくかう》の先生方《せんせいがた》の中《なか》には東京《とうきやう》にお家《うち》のある方《かた》が少《すく》なくないやうですね。

島羽　はあ、主人《しゆじん》の同僚《どうれう》のお方《かた》の中《なか》にも、御家族《ごかぞく》は東京《とうきやう》に殘《のこ》してゐられる方《かた》が、おありになるさうです。お子供《こども》さんの學校《がくかう》の都合《つがふ》や何《なに》かで、そんな不便《ふべん》な、離《はな》れ〴〵の生活《せいくわつ》を餘儀《よぎ》なくしてゐられる方《かた》は、澤山《たくさん》おありになると思《おも》ひます。

一番《ばん》ひどい船乘《ふなのり》家業《かげふ》

記者　では、お次《つぎ》に山本《やまもと》さん、どうぞ……

山本　私《わたくし》は、今日《けふ》の座談會《ざだんくわい》に出席《しゆつせき》さして頂《いたゞ》く資格《しかく》の點《てん》から申《まを》しましたら、多分《たぶん》、第《だい》一等《とう》かも知《し》れませんわ。（笑聲）何《なに》しろ船乘《ふなのり》といふ商賣《しやうばい》は、一年中《ねんぢゆう》、殆《ほとん》ど家《うち》にゐることがないくらゐですから……

記者　實際《じつさい》、船員《せんゐん》の方《かた》は大變《たいへん》ですね。

山本　私《わたくし》共《ども》の主人《しゆじん》なども、半年《はんとし》に一度《ど》か二度《ど》くらゐ、横濱《よこはま》に歸《かへ》つてまゐりまして、せいぜい二週間《しうかん》も碇泊《ていはく》してゐるのは、よい方《はう》でございます。

石田　横濱碇泊中《よこはまていはくちう》は、ずつとお家《うち》にゐられるのですか？

山本　どういたしまして……毎日船《まいにちふね》に出勤《しゆつきん》して、働《はたら》かなくてはなりません。また宿直當番《しゆくちよくたうばん》の日《ひ》は、家《うち》に歸《かへ》ることはできませんから、二週間《しうかん》のお休《やす》み中《ちう》で、ほんとに家《うち》で寢起《ねお》きしますのは、一週間《しうかん》くらゐのものです。

記者　海軍《かいぐん》の軍人《ぐんじん》さんも、やはり、御同様《ごどうやう》でせうね。

山本　いゝえ、海軍《かいぐん》の軍人《ぐんじん》さんは、軍港《ぐんかう》に碇泊《ていはく》中《ちう》は、毎日《まいにち》お家《うち》から通勤《つうきん》することがおできになるのですから、船員《せんゐん》よりは、家庭的《かていてき》に惠《めぐ》まれてゐられると思《おも》ひます。船員《せんゐん》はひどいときになると、一ヶ年《ねん》を通《つう》じて、家《うち》にゐるのは七日《か》か八日《か》くらゐのことさへあります。船乘家業《ふなのりかげふ》の人《ひと》で、一年中《ねんぢゆう》に八十日《か》も家《うち》にゐられる方《かた》は、非常《ひじやう》にいゝ方《はう》です。

申《まを》し遲《おく》れましたが、私《わたくし》共《ども》の主人《しゆじん》は、日本《にほん》郵船《いうせん》の山形丸《やまがたまる》に乘組《のりく》んで、南米航路《なんべいかうろ》に從事《じゆうじ》してをります。

結婚《けつこん》十年《ねん》で同棲《どうせい》半年《はんねん》

記者　では最後《さいご》に、木村《きむら》さんの奥様《おくさま》、どうぞ自《じ》己《こ》紹介《せうかい》をお願《ねが》ひいたします。

木村　陸軍《りくぐん》の軍人《ぐんじん》は、平時《へいじ》ですと、そんなに長《なが》く、家《うち》を留守《るす》にするやうなことはございません。五日《か》や十日《か》、家《うち》を開《あ》けることは、ちよいちよいございますけれど……

記者　木村《きむら》さんの旦那様《だんなさま》は、たしか滿洲國《まんしうこく》へお出《いで》になつてゐられるんでしたね。

木村　はあ、二ヶ月《げつ》ほど前《まへ》に、あちらに參《まゐ》りました。多分《たぶん》、二三年《ねん》は歸《かへ》れないだらうと思《おも》ひます。

私《わたくし》の存《ぞん》じてをります海軍中佐《かいぐんちうさ》の方《かた》の奥様《おくさま》は、結婚後《けつこんご》十年《ねん》になるが、御主人《ごしゆじん》と一緒《しよ》に暮《くら》したのは、延《の》べ日數《にちすう》にして、せい〴〵半年《はんとし》ぐらゐのものかも知《し》れない、と、笑《わら》つてお話《はな》しになつてゐられましたが、それに較《くら》べますと、陸軍《りくぐん》の軍人《ぐんじん》は、まだ〳〵家庭的《かていてき》に惠《めぐ》まれてゐるものと思《おも》ひます。

父親《ちゝおや》と母親《はゝおや》の二役《ふたやく》を

記者　これで、皆様《みなさま》の自己紹介《じこせうかい》が濟《す》みましたから、これからいよ〳〵本題《ほんだい》に入《はひ》らして頂《いたゞ》きます。別《べつ》に順序《じゆんじよ》を設《まう》けませんで、皆様《みなさま》のお氣附《きつき》になつた點《てん》を、一《ひと》つ〳〵話題《わだい》にして行《ゆ》きたいと思《おも》ひます。

島羽　私《わたくし》は主人《しゆじん》が留守《るす》でも、それほど淋《さび》しいとは思《おも》ひませんが、たゞいつも氣《き》になりますことは、小《ちひ》な子供達《こどもたち》に、父親《ちゝおや》の不在勝《ふざいがち》といふ事實《じじつ》が、どんなふうに影響《えいきやう》するものか、それだけでございます。

木村　ほんとでございますね。私《わたくし》共《ども》もやはりそれが一番心配《ばんしんぱい》です。

島羽　父親《ちゝおや》のゐない家庭《かてい》に育《そだ》つと、子供《こども》は、どうしても意氣地《いくぢ》なくなるさうでございますかね、そんなことにならないやうに、いつも心《こゝろ》掛《が》けてをります。男《をとこ》の子《こ》は勿論《もちろん》ですが、女《をんな》の子《こ》でも、意氣地《いくぢ》なしに育《そだ》て上《あ》げたら、それこそ形《かた》なしですからね。

石田　男《をとこ》の子《こ》は、少《すこ》し生意氣《なまいき》になると、女親《をんなおや》を馬鹿《ばか》にするやうになるさうですが、さうなつてしまつたら、家庭教育《かていけういく》はできませんね。

木村　ですから私《わたくし》は、母親《はゝおや》になつたり、父親《ちゝおや》になつたり、一人二役《いちにんふたやく》の使《つか》ひ分《わ》けをしてゐますが、このお芝居《しばゐ》は、なか／＼骨《ほね》の折《を》れるものです。

山本　私《わたくし》もやはり、さうして一人二役《いちにんふたやく》を勤《つと》めてをりますが、たゞ一《ひと》つ困《こま》りますことは、主人《しゆじん》が家《うち》にゐてくれますときは、私《わたくし》が子供《こども》を叱《しか》りますと、後《あと》で父親《ちゝおや》が子供《こども》をなだめてくれますし、父親《ちゝおや》が叱《しか》りますと、後《あと》で私《わたくし》がなだめてやることができたのですが、父親《ちゝおや》がゐませんと、叱《しか》れば叱《しか》りつぱなしで、そのまゝ抛《はふ》つておかなくてはなりませんので、なんだか可哀《かはい》さうな氣《き》がしてなりません。

鳥羽　私《わたくし》もその經驗《けいけん》がございます。殊《こと》に私《わたくし》のところの主人《しゆじん》は子煩惱《こぼんなう》ですから、主人《しゆじん》がゐてくれると、子供達《こどもたち》はどんなにいゝか知《し》れないだらうと思《おも》ひます。

山本　女親《をんなおや》だけの家庭《かてい》は、どうしても嚴格《げんかく》になりすぎて、却《かへ》つて子供《こども》の教育《けういく》に失敗《しつぱい》するやうですね。そんな生《い》きた實例《じつれい》を、私《わたくし》はいくらも知《し》つてゐます。

石田　家庭教育《かていけういく》を歌《うた》つた古歌《こか》に『父《ちゝ》は照《て》り母《はゝ》は涙《なみだ》の雨《あめ》となり同《おな》じ惠《めぐ》みに育《そだ》つ撫子《なでしこ》』といふのがありますが、ほんとに子供《こども》の教育《けういく》には、父《ちゝ》と母《はゝ》とが揃《そろ》つてゐないと、どうしても滿足《まんぞく》に行かないやうでございますね。

19　「良人の留守勝な家庭の妻の座談会」 石田三代子、島羽節子、山本操、木村郁代 『主婦之友』 昭和9年1月1日

島羽　私《わたくし》のところは、東京《とうきやう》と宇治山田《うぢやまだ》で、二三日もあれば手紙《てがみ》の往復《わうふく》ができますので、子供《こども》の躾《しつ》けのことなどで、少《すこ》しでも相談《さうだん》したいことがあれば、すぐに手紙《てがみ》を出《だ》すことにしてゐます。

記者　すぐ御返事《ごへんじ》くださいますか？

島羽　子煩惱《こぼんなう》な主人《しゆじん》ですから、子供《こども》のことですと、何《なに》を措《お》いても返事《へんじ》をくれますので、その點《てん》は惠《めぐ》まれてゐると思《おも》ひます。

手紙《てがみ》の往復《わうふく》を盛《さかん》に

記者　手紙《てがみ》のことで想《おも》ひ出《だ》しましたが、皆様《みなさま》の旦那様方《だんなさまがた》は、御旅行先《ごりよかうさき》から、お手紙《てがみ》をくださいますか？

山本　私《わたくし》のところなどは、極《ご》くたまにしか手紙《てがみ》はくれません。結婚當座《けつこんたうざ》の一二年《ねん》は、これでも、港々《みなとみなと》からエハガキくらゐくれましたし、こちらからも、一週間隔《しうかんおき》くらゐには、他愛《たわい》もない便《たよ》りを出《だ》したものですが、そんな熱《ねつ》もだんだんなくなつて、今日《こんにち》では、文通《ぶんつう》をしますのは、よくよくのときだけでございます。もう結婚《けつこん》して八年《ねん》になるんですもの……お互《たがひ》に冷淡《れいたん》になつたのでせうね。（笑聲）

記者　冷淡《れいたん》になられたのではないでせう。お互《たがひ》の氣心《きごころ》がよくわかつて、すつかり信用《しんよう》なすつていらつしやるからでせう。

山本　さあ、そんなのだつたら、いゝんですけれど……（笑聲）

記者　島羽《とば》さんは、きつと頻繁《ひんぱん》に御文通《ごぶんつう》なすつてゐられるでせう。

島羽　さうですね。主《しゆ》として、子供《こども》のことに就《つ》いて、こちらからはなるべく筆《ふで》まめに知《し》らせてやるやうにしてゐます。

木村　私共《わたくしども》の主人《しゆじん》は、至《いた》つて筆不精《ふでぶしやう》な人《ひと》ですから、一ヶ月《げつ》くらゐの旅行《りよかう》をいたしましても、留守宅《るすたく》に手紙《てがみ》をくれるやうなことは、殆《ほとん》どありませんでしたが、今度《こんど》の滿洲行《まんしうゆき》には、途中《とちゆう》瀬戸内海《せとないかい》あたりから、六人《にん》の子供達《こどもたち》に、それぞれエハガキをくれましたし、あちらに着《つ》いてからも、ときどき手紙《てがみ》をくれますので、家《か》内中《ないぢゆう》大喜《おほよろこ》びでございます。

記者　勿論《もちろん》、こちらからも、お便《たよ》りはなさいますでせうね。

木村　はあ、子供達《こどもたち》にも、できるだけ手紙《てがみ》を出《だ》させるやうにしてゐます。それに長男《ちやうなん》は、下手《へた》な寫眞機《しやしんき》いぢりもいたしますので、兄弟達《きやうだいたち》の近況《きんきやう》や、庭《には》の草花《くさばな》の寫眞《しやしん》などを寫《うつ》しては、送《おく》つてやるやうにしてゐます。

島羽　それはよろしうございますね。お寫眞《しやしん》ですと、手紙《てがみ》なんかよりも、ずつとはつきりと近況《きんきやう》を傳《つた》へることができるのですから……

木村　それに私《わたくし》は、家の畑に出來《でき》た野菜《やさい》や果物《くだもの》で、ジャムや佃煮《つくだに》を拵《こしら》へて、主人《しゆじん》に送《おく》つてやりますが、これは何《なに》よりも喜《よろこ》ばれます。

一番《ばん》氣《き》にかゝるのは

記者　御主人《ごしゆじん》がお留守《るす》で、一番困《ばんこま》ること、一番《ばん》心配《しんぱい》なことは、どんなことですか？

山本　主人《しゆじん》がゐなくても、別《べつ》に大《たい》して困《こま》ることもございませんが、一番怖《ばんこは》いのは、泥坊《どろばう》と押賣《おしうり》だけです。

木村　宅《たく》などは、大《おほ》きな子供《こども》が多勢《おほぜい》ゐますので、その點《てん》は安心《あんしん》でございます。たゞいつも氣《き》になりますのは、主人《しゆじん》の留守《るす》に、子供《こども》が病《や》まなければいゝが……といふことゝ、上《うへ》の子供達《こどもたち》が、變《へん》な流行思想《りうかうしさう》にかぶれはしないか……といふ心配《しんぱい》だけです。

記者　お子様《こさま》が大《おほ》きくなられると、その方《はう》の御心配《ごしんぱい》が大變《たいへん》でございますね。

島羽　私《わたくし》は何《なに》よりも、主人《しゆじん》の健康《けんかう》が一番氣《ばんき》がかりです。もともとあまり丈夫《ぢやうぶ》な體質《たいしつ》でもございませんし、それに本《ほん》を讀《よ》みはじめると、

夢中《むちう》になつてしまふ人《ひと》ですから、離《はな》れて暮《くら》してゐますと、それだけが一番心配《ばんしんぱい》です。

木村 私共《わたくしども》の主人《しゆじん》は、身體《からだ》が非常《ひじやう》に丈夫《ぢやうぶ》で、それに人《ひと》一倍《ばい》の衛生家《ゑいせいか》で、健康《けんかう》に害《がい》のあるやうなことは、決《けつ》していたしませんから、その點《てん》は割《わり》に安心《あんしん》でございます。

旅先《たびさき》の良人《をつと》の品行《ひんかう》は

記者 山本《やまもと》さん、お宅様《たくさま》のやうに、船乘《ふなのり》の御職業《ごしよくげふ》は、心配《しんぱい》が多《おほ》くはございませんか。雨《あめ》につけ、風《かぜ》につけて……

山本 初《はじ》めのうちは、ほんとに心配《しんぱい》で、少《すこ》しでも風《かぜ》の強《つよ》い夜《よる》などは、氣《き》になつて眠《ねむ》れなかつたものでした。でも今《いま》はもう、平氣《へいき》ですわ。たゞ先日《せんじつ》の屋島丸《やしままる》のやうな、沈沒騒《ちんぼつさわ》ぎがありますと、ちよつと氣《き》になりますけれど……

記者 これは少《すこ》し立《た》ち入《い》つたお話《はなし》ですが、昔《むかし》の人《ひと》は『旅《たび》の恥《はぢ》は掻《か》き捨《す》て』などゝ申《まう》しまして、旅行《りよかう》に出《で》ると不品行《ふひんかう》の限《かぎ》りを盡《つく》したものださうですが、さうした素行上《そかうじやう》のことに就《つい》て、別《べつ》に奥様方《おくさまがた》は御心配《ごしんぱい》なさいませんか。

島羽 その方《はう》は、お蔭様《かげさま》で、全《まつた》く安心《あんしん》でございます。何《なに》しろ主人《しゆじん》は、暇《ひま》さへあれば書物《しよもつ》に齧《かじ》りついてゐるのが道樂《だうらく》で、いつも頭腦《づなう》を使《つか》つてゐるせゐかその方面《はうめん》の慾望《よくばう》は全《まつた》く起《おこ》らないらしうございますので……

石田 學者《がくしや》の方《かた》は、素《そ》行上《かうじやう》の心配《しんぱい》は、さほどございませんね。

記者 山本《やまもと》さん、如何《いかが》ですか？

山本 船乘《ふなのり》は、その點《てん》最《もつと》も信用《しんよう》がなさゝうですね。（笑聲）船員《マドロス》は『港々《みなとみなと》に女《をんな》あり』といふ式《しき》で、到《いた》るところで不品行《ふひんかう》をしてゐるやうに思《おも》はれてゐます。事實《じじつ》そんな人《ひと》が少《すく》なくないでせうが、それは多《おほ》く獨身《どくしん》の船員《せんゐん》ださうです。家庭《かてい》を持《も》つてゐる者《もの》は、いくらなんでも、そんなに馬鹿《ばか》げたことはしないさうです。

木村 さうでせうね。家庭《かてい》を持《も》つてゐれば、どうしても責任《せきにん》がありますからね。

山本 尤《もつと》も私《わたくし》は、家庭《かてい》を忘《わす》れない程度《ていど》の遊《あそ》びなら、大目《おほめ》に見《み》てやるだけの覺悟《かくご》は、かねがね定《さだ》めてをりますけれど……（笑聲） 遊《あそ》ぶのはやはりその人《ひと》の性格《せいかく》によるらしうございますね。女房《にようばう》が許《ゆる》したからといつて、ハメを外《はづ》して遊《あそ》ぶやうなこともなさゝうですわ。

記者 そりやさうでせう。船乘《ふなのり》でなくたつて、遊《あそ》ぶ人《ひと》は遊《あそ》びますし、どんなに嚴重《げんぢう》な監視《かんし》の眼《め》を光《ひか》らしてゐても、道樂《だうらく》をする人《ひと》はしますから、やはり、性格《せいかく》によりますね。

石田 奥様《おくさま》が怖《こは》くて道樂《だうらく》をしないといふ旦那樣《だんなさま》も、ないことはないでせうけれど、そんなことで、餘儀《よぎ》なく品行方正《ひんかうはうせい》を守《まも》つてゐるなんて、頼《たよ》りないことですわね。（笑聲）

木村 良人《をつと》に馬鹿《ばか》にされてはいけないでせうけ

21　「良人の留守勝な家庭の妻の座談会」　石田三代子、鳥羽節子、山本操、木村郁代　『主婦之友』昭和９年１月１日

れと、監視《かんし》するやうな態度《たいど》も、よくないと思《おも》ひますね。

鳥羽　お互《たがひ》に信《しん》じ合《あ》はなくては駄目《だめ》ですね。疑《うたが》つてゐたら、限《かぎ》りがありませんもの……

山本　ほんとですわ。疑《うたが》ひの目《め》を以《もつ》て見《み》たら、どんなにでも疑《うたが》へるんですもの……疑心暗鬼《ぎしんあんき》で、あれこれと思《おも》ひ悩《なや》むなんか、結局《けつきよく》、自分《じぶん》の損《そん》ですから、私《わたくし》は決《けつ》して疑《うたが》はないことにしてゐます。自惚《うぬぼ》れでもいゝから、『主人《しゆじん》だけは大丈夫《だいぢやうぶ》だ。』と、樂觀《らくくわん》してゐたいのです。その方《はう》が、こちらの氣持《きもち》も樂《らく》ですから……

鳥羽　それといふのも、御主人《ごしゆじん》が信《しん》ずるに足《た》るお人柄《ひとがら》だからですわ。信《しん》じようと思《おも》つても、信《しん》じられないやうな人《ひと》だと、困《こま》りますね。

山本　主人《しゆじん》は、私《わたくし》がやきもちも妬《や》かず、寛大《くわんだい》すぎるのが、物足《ものた》りないと見《み》えて、『どうも、お前一人《まへひとり》では、日本《にほん》に歸《かへ》つても張合《はりあひ》がないから、第二號《だいがう》でも拵《こしら》へようかな。』などゝ申《まを》します。（笑聲）

木村　奥様《おくさま》の前《まへ》で、そんな御冗談《ごじやうだん》をおつしやれるやうな旦那様《だんなさま》なら、野放《のばな》しにしてお置《お》きになつても、大丈夫《だいぢやうぶ》ですよ。

留《る》守《す》居《ゐ》の妻《つま》の品《ひん》行《かう》は

記者　御主人《ごしゆじん》が長《なが》らく家《うち》を留守《るす》にしてゐるやうなとき、奥様《おくさま》の身《み》の上《うへ》にいろ〳〵な間違《まちが》ひが起《おこ》るといふことを、よく聞《き》きますが……

木村　それは、私《わたくし》のやうに子供《こども》が六人《にん》もあるお婆《ばあ》さんには、間違《まちが》ひの起《おこ》りやうもございませんが、お若《わか》い奥様方《おくさまがた》ですと、どんなことで間違《まちが》はないものでもありませんね。

石田　これも、やはり、その人《ひと》の性格《せいかく》によりませうね。御主人《ごしゆじん》と一緒《しよ》に暮《くら》してゐても、間違《まちが》ふ方《かた》は間違《まちが》ふのですから……

山本　詮《せん》じつめれば『性格《せいかく》』でせうが、女《をんな》は弱《よわ》いものですから、境遇《きやうぐう》によつて、どうにでも性格《せいかく》は變化《へんくわ》させられます。ですから、できることなら、そんな危險《きけん》な境遇《きやうぐう》には、近《ちか》づかない方《はう》がいゝと思《おも》ひます。

　御主人《ごしゆじん》が旅行《りよかう》なさるときは、事情《じじやう》が許《ゆる》すなら、奥様《おくさま》も御一緒《ごいつしよ》にお出《で》かけになるのが、よくはないかと思《おも》ひます。その意味《いみ》で、鳥羽《とば》さんの奥様《おくさま》も、ぜひ、宇治山田《うぢやまだ》へお出《い》でになつて、御主人《ごしゆじん》の身《み》の廻《まは》りの面倒《めんだう》を見《み》てお上《あ》げになるやうに、お勸《すゝ》めしたいのです。

鳥羽　實《じつ》は私《わたくし》、弟《おとうと》が近《ちか》いうちにお嫁《よめ》を迎《むか》へますので、さうしたら、邪魔《じやま》にされないうちに、こちらを引《ひ》き拂《はら》つて、宇治山田《うぢやまだ》に行くつもりにしてをります。（笑聲）

木村　さうなさいませ。鳥羽《とば》さんはお二人《ふたり》ともまだお若《わか》いのですから、心配《しんぱい》ですわ。（笑聲）

山本　これは横濱《よこはま》ではございませんが、或《あ》る港町《みなとまち》に、海員《かいゐん》の家族《かぞく》の人々《ひとびと》のクラブみたいなものがあるさうです。私《わたくし》の知合《しりあひ》の奥様《おくさま》も、勸《すゝ》められて入會《にふくわい》したさうですが、どうもそのクラブの氣風《きふう》が、よくないさうです。

　その筈《はず》ですよ。主人《しゆじん》は何月何日《なんぐわつなんにち》までは絶對《ぜつたい》に歸《かへ》つて來《こ》ないことがわかつてゐますし、主人《しゆじん》のお給金《きふきん》は、毎月《まいつき》きちん〳〵と家族《かぞく》の人《ひと》に渡《わた》されるのですから。まるで、有閑《いうかん》マダムのクラブみたいになつてゐるさうです。

記者　それでは、自然《しぜん》、いろんな間違《まちが》ひが起《おこ》るでせうね。

山本　えゝ、ちよい〳〵起《おこ》るさうです。それで、その奥様《おくさま》は、大變《たいへん》滾《こぼ》していらつしやいましたが、クラブに入《はい》らないと、仲間外《なかまはづ》れみたいに扱《あつか》はれるので、仕方《しかた》なしに、名前《なまへ》だけの會員《くわいゐん》になつていらつしやいます。

良人《をつと》の留《る》守《す》の活用法《くわつようはふ》

石田　主人《しゆじん》が留守《るす》になると、主婦《しゆふ》の仕事《しごと》は非常《ひじやう》に少《すく》なくなりますね。暫《しばら》くの間《あひだ》は、何《なに》もする・

とがなくて、ボカンとしてゐましたわ。で、私《わたくし》は、折角《せつかく》の暇《ひま》を活用《くわつよう》しなくては嘘《うそ》だと思《おも》ひまして、洋服裁縫《やうふくさいほう》のお稽古《けいこ》を始《はじ》めました。主人《しゆじん》が旅行《りよかう》から歸《かへ》りますまでに、何《なん》とかその方《はう》の形《かた》をつけておきたいと思《おも》つてゐます。

木村 それは結構《けつこう》なお考《かんが》へですね。とにかく、暇《ひま》で、手持無沙汰《てもちぶさた》でゐるのが、間違《まちが》ひを起《おこ》す因《もと》ですからね。

山本 海員《かいゐん》の奥様《おくさま》の方《かた》で、美容師《びようし》や結髪師《けつぱつし》になつて働《はたら》いてゐられる方《かた》もあります。これは、どうかすると、御主人《ごしゆじん》より收入《しうにふ》が多《おほ》くなる方《かた》もあるさうです。とにかく、船《ふね》に乗《の》る人《ひと》は、早《はや》く陸《をか》に上《あが》りたいと、それぱかりを希望《きばう》してゐるのですから、夫婦共稼《ふうふともかせ》ぎでお金《かね》を貯《た》めるのは、大變結構《たいへんけつこう》だと思《おも》ひます。

中《なか》には、カフェーなどに働《はたら》いてゐる方《かた》もありますが、これは、出入《でい》りするお客様《きやくさま》がお客様《きやくさま》ですから、ときどき間違《まちが》ひが起《おこ》つて、思《おも》ひがけない悲劇《ひげき》に終《をは》ることもあるさうです。

記者 さうでせうね。良人《をつと》の留守《るす》を、遊《あそ》んでゐても仕方《しかた》がないといふ、殊勝《しゆしよう》な心《こゝろ》がけで、働《はたら》く氣《き》になるのでせうが、そんな間違《まちが》ひを起《おこ》したのでは、結局《けつきよく》、心盡《こゝろづく》しも水《みづ》の泡《あわ》ですね。働《はたら》く場合《ばあひ》には、なるべく危險《きけん》のない仕事《しごと》を選《えら》ぶことですね。

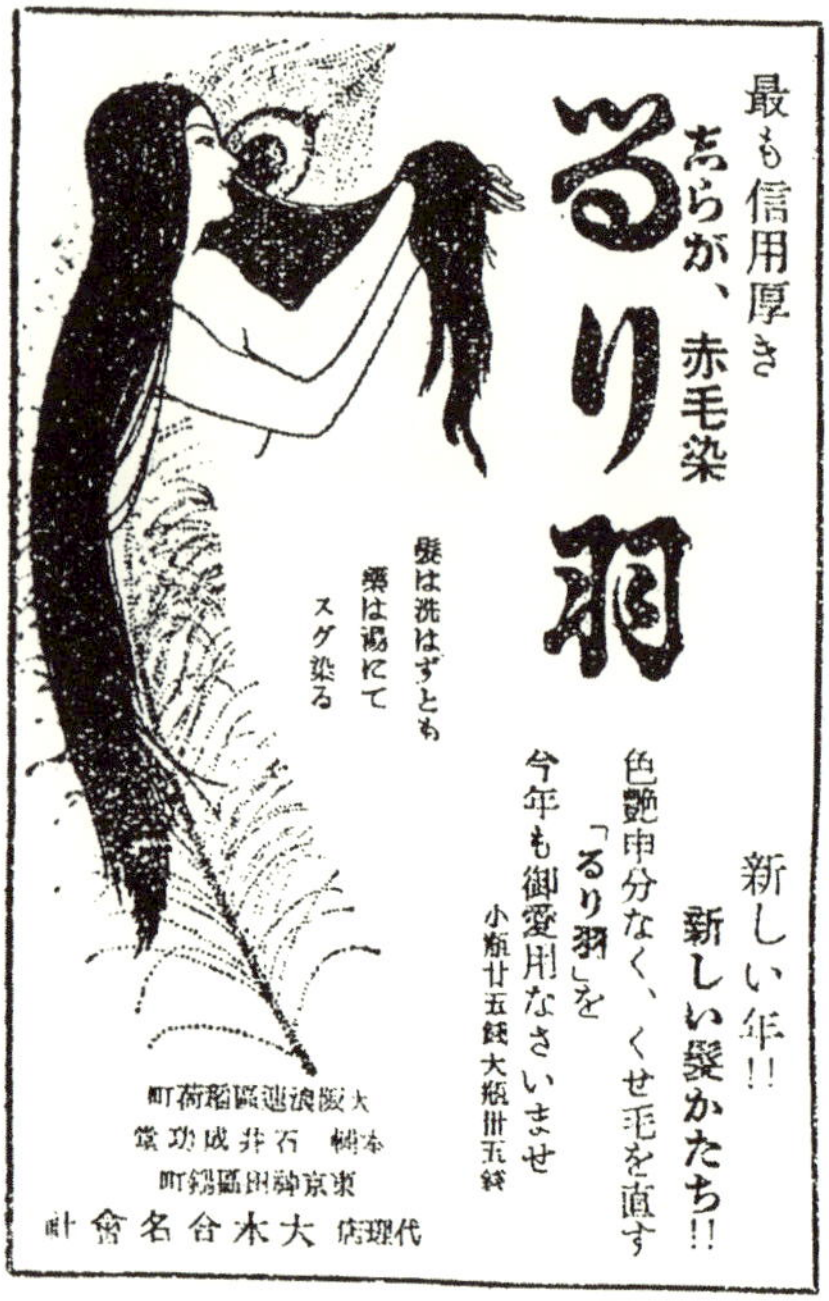
最も信用厚き
ちらが、赤毛染
るり羽
髪は洗はずとも
藥は湯にて
スグ染る
新しい年!!
新しい髪かたち!!
色艶申分なく、くせ毛を直す
「るり羽」を
今年も御愛用なさいませ
小瓶廿五錢 大瓶卅五錢
大阪浪速區稲荷町
本舗 石井成功堂
東京神田區錦町
代理店 大木合名會社

良人《をつと》に遲《おく》れること勿《なか》れ

石田 も一《ひと》つ、いつも考《かんが》へてゐることですが、留守《るす》を守《まも》つてゐる私達《わたくしたち》は、良人《をつと》が旅行《りよかう》から歸《かへ》つて來《き》た場合《ばあひ》に、失望《しつばう》を感《かん》じないだけの修業《しゆげふ》をしておく必要《ひつえう》が、ありはしないだらうかといふことです。

記者 修業《しゆげふ》・・・・と申《まを》しますと？

石田 旅行《りよかう》をしますと、どんな人《ひと》でも、いろいろな、新《あたら》しい、變《かは》つたものを、見《み》たり聞《き》いたりして、大《おほ》いに知識《ちしき》を廣《ひろ》めて歸《かへ》るわけですから、そのとき妻《つま》が、分《わか》れたときの舊態依然《きうたいいぜん》として、一歩《ほ》も進《すゝ》んでゐなければ、良人《をつと》との間《あひだ》の教養《けうやう》や知識《ちしき》の差《さ》が非常《ひじやう》に大《おほ》きくなつて、話《はなし》も合《あ》はなければ、趣味《しゆみ》も合《あ》はず、自然《しぜん》、良人《をつと》に失望《しつばう》を與《あた》へることになりはしないでせうか？

木村 それは、たしかにございますね。ですから、良人《をつと》の留守《るす》は、時間《じかん》のやりくりも割合《わりあひ》に自由《じいう》なのですから、何《なん》とか都合《つがふ》して、良人《をつと》に遲《おく》れないやうに勉強《べんきやう》して、見聞《けんぶん》を廣《ひろ》めておく必要《ひつえう》が、たしかにございますね。

山本 それは、私共《わたくしども》のやうな海員《かいゐん》の家庭《かてい》でさへ、痛切《つうせつ》に感《かん》じてゐることです。それを考《かんが》へると、良人《をつと》の留守《るす》の間《ま》も、ぼんやりしてはゐられませんね。

記者 どうも種々《いろ〳〵》有益《いうえき》なお話《はなし》を、有難《ありがた》うございました。

では、これで閉會《へいくわい》にいたします。

23 「実話　貞操を奪はれた私が更生するまで」 桑原梢、大木有利恵、中川静枝 『婦人画報』 昭和9年3月1日

貞操は再び還る

桑原　梢

女性の喜びも悲しみも、貞操と切り離しては考へられない。貞操はあなたを試し、苦しめ、幸福にする。貴女は人の世の荒波と戰ふ前に先づ貞操と戰はねばならぬ。貞操との戰ひに勝つた者にこそ榮冠は與へられる。

祖父母《そふぼ》の隠居所《いんきよしよ》に建《た》てられた三間《ま》ばかりの茶亭風《さていふう》の家《いへ》に引籠《ひきこも》つて篠田《しのだ》は高文《かうぶん》の受検準備《じゆけんじゆんび》をしてゐました。篠田《しのだ》は私《わたし》の兄《あに》と同級生《どうきふせい》で、私《わたし》の兄《あに》と小學校《せうがくかう》から中學校《ちうがくかう》まで首席《しゆせき》を爭《あらそ》つた秀才《しうさい》でした。兄《あに》は口《くち》を極《きは》めて篠田《しのだ》を褒《ほ》めてゐました。その感化《かんくわ》もあつて私《わたし》は篠田《しのだ》に好意《かうい》をもつてゐました。その好意《かうい》はいつか戀《こひ》にまですゝんでゐたのです。淡《あは》い戀《こひ》の二夏《ふたなつ》が過《す》ぎて、彼《かれ》が二十五、私《わたし》が二十二の夏《なつ》でした。パッと立《た》つた私《わたし》たち二人《ふたり》の噂《うはさ》に、私《わたし》の胸《むね》は寧《むし》ろ喜《よろこ》びにふるへたのでした。

『梢《こずゑ》さん、僕《ぼく》たちのこといろ〳〵噂《うはさ》がたつてるつてね』

『噂《うはさ》したい人《ひと》にはさしておけばいいぢやないの?』

『でも、噂《うはさ》は本當《ほんたう》なの、嘘《うそ》?』

私《わたし》はパッと顔《かほ》を赧《あか》らめたのでした。

——知《し》つてらつしやるくせに……

あまり篠田《しのだ》の邪魔《じやま》をしてはいけないと思《おも》ひながらも、私《わたし》の訪《おとづ》れる度數《どすう》は繁《しげ》くなるばかりでした。

『梢《こずゑ》さん、手《て》を借《か》してごらん……』

よくあるてです。握《にぎ》られた私《わたし》の手《て》の神《しん》經《けい》は異様《いやう》な喜《よろこ》びの感《かん》じを受《う》けるのでした。

『は、、梢《こずゑ》さんは二度《ど》結婚《けつこん》するな……』

『嘘《うそ》ッ!』

と私《わたし》はおこつて手《て》をひきました。

『借《か》してごらん』

『いや！』

『借《か》してごらん……』

『いや……』

『借《か》して……』

『いや……』

その三度目《どめ》の『いや――』を言《い》つたときには、手《て》どころか、私《わたし》の體全體《からだぜんたい》が、小《こ》鳥《とり》のやうに顫《ふる》へながら彼《かれ》の腕《うで》の中《なか》にあつたのでした。

『梢《こずゑ》さん、僕《ぼく》は感謝《かんしや》する、僕《ぼく》はうれしい！』

怒濤《どたう》のやうな情熱《じやうねつ》の中《なか》でたゞ私《わたし》は夢中《むちう》に何《なに》かに縋《すが》りついてゐました。

『……』

私《わたし》は口《くち》を閉《ひら》いて何《なに》かを叫《さけ》ばうとした。だが熱《あつ》い空氣《くうき》が聲《こゑ》を防《ふさ》いだ。光《ひかり》の槍《やり》のやうなものが脳脊髄《なうせきずゐ》に閃《ひら》めいたと思《おも》ふと、私《わたし》の全身《ぜんしん》はぐん／＼と地《ち》の底深《そこふか》く沈《しづ》んでゆくやうな氣《き》がした…………。

信《しん》ずるものに與《あた》へた貞操《ていさう》でした。でも、それが奪《うば》はれたことにならうとは！

その翌々日《よく／＼じつ》、篠田《しのだ》は私《わたし》に一本《ぽん》の手紙《てがみ》を殘《のこ》したまゝ京都《きやうと》に出《で》てしまつたのでした。

――梢《こずゑ》さん、私《わたし》は大《おほ》きな過失《くわしつ》を犯《おか》してしまひました……冒《ぼう》頭《とう》の一行《ぎやう》を讀《よ》んだだけで、私《わたし》は冷《つめ》たい暗《あん》黒《こく》の中《なか》に落《お》ちてしまひました。兄《あに》の歸郷《ききやう》によつて、私《わたし》の陥《おちい》つた立場《たちば》はあまりにも判然《はんぜん》と自分自身《じぶんじしん》に見《み》せつけられたのでした。篠田《しのだ》が京都《きやうと》で一家《か》を構《かま》へて結婚生活《けつこんせいくわつ》をしてゐるのを知《し》つてゐるのは私《わたし》の兄《あに》だけでした。

噂《うはさ》は更《さら》に進展《しんてん》して、私《わたし》は身《み》の置《お》き所《どころ》もなく毎日《まいにち》泣《な》き暮《く》らすばかりでした。私《わたし》は兄《あに》に一切《さい》を打《う》ちあけました。兄《あに》は殘骸《ざんがい》のやうな私《わたし》を連《つ》れて自分《じぶん》のゐる京都《きやうと》に行《ゆ》きました。兄《あに》も篠田《しのだ》も京都帝大《きやうとていだい》でした。篠田《しのだ》のゐる同《おな》じ京都《きやうと》にゐることはつらいのでしたが、外《ほか》に身寄《みよ》りもない私《わたし》には仕方《しかた》のないことでした。私《わたし》は兄《あに》と共《とも》にＳ町《まち》に一戸《こ》を構《かま》へました。そしてこの身《み》を少《すこ》しでも清《きよ》らかに、傷《きず》の癒《い》えるのを待《ま》つのでした。でも兄《あに》の留守《るす》の間《あひだ》は、心《こゝろ》も沈《しづ》んで、涙《なみだ》がとめどなく流《なが》れるのでした。あれ程明《ほどあか》るかつた處女時代《しよぢよじだい》の心《こゝろ》。あれ程希望《ほどきばう》にみちてゐた青春《せいしゆん》、それに今《いま》はもう戀《こひ》する資格《しかく》もなく、人《ひと》に嫁はれる資格《しかく》もない。それを思《おも》ふと悲痛《ひつう》の泣《な》き聲《こゑ》が喉《のど》を裂《さ》いて出《で》るのでした。篠田《しのだ》を呪《のろ》ふ心《こゝろ》が夜叉《やしや》のやうな角《つの》をもたげるのでした。一生結婚《しやうけつこん》はすまい！と堅《かた》く決心《けつしん》したのでした。そして職業婦《しよくげふふ》人《じん》として身《み》を立《た》てる準備《じゆんび》を初《はじ》めたのでした。誰《だれ》でも直《す》ぐ思《おも》ひつくのがタイピストです。私《わたし》もタイプの學校《がくかう》に通《かよ》ひ始《はじ》めたのでした。

私《わたし》の受《う》けた傷《きず》、そこから血《ち》をふき出《だ》し、膿《うみ》をふき出《だ》すことはもうなくなつた。新《あた》らしい肉《にく》がそこを埋《う》めはするが、その傷《きず》痕《あと》はまざまざと殘《のこ》つてゐます。それも忘《わす》れる日《ひ》が多《おほ》くなつた。一年半《ねんはん》が過《す》ぎました。古典《こてん》の都《みやこ》の春秋《はるあき》は私《わたし》を幾分《いくぶん》なごやかにしてくれたのでした。醫學部眼科《いがくぶがんくわ》を卒《そつ》

25　「実話　貞操を奪はれた私が更生するまで」　桑原梢、大木有利恵、中川静枝　『婦人画報』
昭和9年3月1日

業《げふ》した兄《あに》は、つづけて研究室《けんきうしつ》に殘《のこ》ることになりました。

ある日《ひ》、嵐山《あらしやま》に人出《ひとで》の多《おほ》い櫻《さくら》の頃《ころ》でした。

『梢《こずゑ》、相談《さうだん》があるんだが……』

と兄《あに》は眞面目《まじめ》に切《き》り出《だ》しました。

『お前《まへ》は今《いま》でも、篠田《しのだ》を怨《うら》んでゐるか？　いや、怨《うら》んでゐるにきまつてゐる。今頃《いまごろ》こんなことを言《い》ふとお前《まへ》はびつくりするだらうが、僕《ぼく》は篠田《しのだ》とあれからずつと交際《かうさい》してゐたのだ』

私《わたし》は吃驚《びつくり》して兄《あに》を見《み》つめました。

『青春《せいしゆん》の過《あやまち》はあり勝《がち》なことだ。篠田《しのだ》の結婚《けつこん》も過《あやま》ちだつたのだ。それは彼自身《かれじしん》が腰ミロ《しりくち》にしてゐたのだ。あれ以來《いらい》篠田《しのだ》はその女《をんな》と別《わか》れてしまつてゐるのだ。そして一心《しん》に勉強《べんきやう》してゐる。今《いま》は法科《はふくわ》の研究室《けんきうしつ》にゐるんだが……』

私《わたし》の心《こころ》は意外《いぐわい》な事實《じじつ》に惑亂《わくらん》するばかりでした。

『あいつは一日《にち》として、お前《まへ》のことを忘《わす》れたことは無《な》いといふのだ……』

私《わたし》の兩眼《りやうがん》からは、涙《なみだ》が湧《わ》き溢《あふ》れたのでした。

『篠田《しのだ》はお前《まへ》への過失《くわしつ》を過失《くわしつ》でなくしたいといふのだ。勿論《もちろん》篠田《しのだ》の體《からだ》は清淨《せいじやう》ではない。けれども現在《げんざい》の篠田《しのだ》の心《こころ》は美《うつ》くしいと思《おも》ふのだ。これは兄《あに》が保證《ほしよう》する。どうだね、是非《ぜひ》、篠田《しのだ》と結婚《けつこん》してくれないか？』

私《わたし》は逆流《ぎやくりう》の中《なか》に投《な》げこまれたやうなものでした。

次《つぎ》の日《ひ》、兄《あに》との話《はな》し合《あひ》で、篠田《しのだ》がたゞひとりたづねて來《き》ました。

一年半《ねんはん》ぶりの彼《かれ》、怨《うら》みに怨《うら》んだ彼《かれ》！

その怨《うら》み多《おほ》い彼《かれ》の中《なか》に私《わたし》は身《み》を投《な》げて泣《な》いたのでした。

『すみませんでした』

『いいえ、いいえ、そんなことは！』と言《い》ひたくて、それも涙《なみだ》に遮《さへぎ》られるのでした。

今《いま》は――勿論幸福《もちろんかうふく》で、彼《かれ》との間《あひだ》に女《をんな》の子《こ》が生《うま》れたばかりです。

母の手に抱かれて

大木有利恵

母一人娘一人《はゝひとりむすめひとり》の、そして僅《わづ》かばかりの父《ちゝ》の遺産《ゐさん》での佗《わび》しい生活《せいくわつ》。どうやら女學《ぢよがく》校《かう》を卒業《そつげふ》させて貰《もら》つて、私《わたし》は働《はたら》かなければなりませんでした。どうにかして、母《はゝ》の今迄《いままで》の苦勞《くらう》に報《むく》いたかつたのです。と、同時《どうじ》に『母《はゝ》のために働《はたら》く』と云《い》ふ言葉《ことは》から受《う》ける誇《ほこ》りが私《わたし》の胸《むね》に渦卷《うづま》いてゐました。

三月《ぐわつ》、女學校卒業《ぢよがくかうそつげふ》。四月《しぐわつ》から職業婦人《しよくげふふじん》。勤《つと》め先《さき》は丸《まる》の內《うち》の某《ばう》ビルディング內《ない》の小《ちひ》さな會社《くわいしや》の事務《じむ》。そして、月給《げつきふ》三十五圓《ゑん》。別《べつ》にこれと云《い》つて、たいした仕事《しごと》をするんではなかつたんですけれど、それでも順調《じゆんてう》にこゝまで來《き》たと云《い》ふ悦《よろこ》びに私《わたし》は溢《あふ》れてゐたのです。

浮《う》き／＼した一ケ月《げつ》の後《のち》、私《わたし》はもう社《しや》長《ちやう》の親戚《しんせき》とか云《い》ふ會社《くわいしや》の青年幹部《せいねんかんぶ》と戀《こひ》に落《お》ちて――いゝえ、それは私《わたし》にとつては戀《こひ》であつたのですけれど、その青年《せいねん》Kにとつてはたゞの遊戯《いうぎ》だつたのを後《あと》で知《し》りました――結婚《けつこん》の約束《やくそく》さへしてゐました。

『なんて淺薄《あさはか》なひと!!』

どなただつてさう御考《おかんが》へでせうけれど、私《わたし》にしてみれば學校《がつかう》を出《で》たばかりだし、すぐ就職出《しうしよくで》來た悦《よろこ》びに心《こころ》が浮《う》き立《た》つて、その上入社早々《うへにふしやさうさう》の社內《しやない》でなにからなにまでも親切《しんせつ》にされたのでしたから。

なにもこゝで申譯《まうしわけ》けしようと云《い》ふのぢやありません。たゞ私《わたし》が通《とほ》つて來《き》た道《みち》と、その常時《たうじ》の氣持《きもち》だけを申上《まうしあ》げるだけ。

Kと私《わたし》との幸福《かうふく》な戀《こひ》の日《ひ》が四ケ月《げつ》も續《つゞ》いた頃《ころ》、突然《とつぜん》Kの結婚《けつこん》。私《わたし》は完全《くわんぜん》に一枚《まい》の紙《かみ》のやうにもみくちやにされて、Kから捨《す》てられたわけです。

『此頃顏色《このごろかほいろ》が惡《わる》いが……』

さう氣遣《きづか》つて呉《く》れる母親《はゝおや》にさへ私《わたし》は、罵《のゝし》りの聲《こゑ》を打《う》つ付《つ》けたい位《くらゐ》に惱《なや》みました。思《おも》ひ詰《つ》めてゆく時《とき》、『死《し》』より他《ほか》に私《わたし》の道《みち》はない。そんな氣《き》がして、幾度私《いくたびわたし》は自殺《じさつ》への道《みち》を辿《たど》つたことでせう。けれども、いつもたつた一人《ひとり》の母《はゝ》の姿《すがた》が私《わたし》の決心《けつしん》をにぶらしてしまひました。

『私《わたし》には死《し》ねない!!』

私《わたし》は救《すく》ひを求《もと》めて、街《まち》から街《まち》を彷徨《はうくわう》しました。ある時《とき》は教會《けうくわい》の扉《ドア》を叩《たゝ》きました。又《また》ある時《とき》はお寺《てら》の法話《はふわ》に耳《みゝ》を傾《かたむ》けま

した。

けれどもそれが、なにになつたでせう。私《わたし》は結局宗教《けつきよくしうけう》では救《すく》はれなかつたのです。

『にくいＫ、私《わたし》は精神的《せいしんてき》にも肉體的《にくたいてき》にももう汚《けが》れてゐる……』

そして、私《わたし》の思《おも》ひは亂《みだ》れてゆき、どうにでもなれと云《い》つた太々《ふてぶて》しい感情《かんじやう》が、私《わたし》の心《こゝろ》を捕《とら》えてしまひました。

もう、母《はゝ》のこともなにも念頭《ねんとう》になく、それからの私《わたし》の生活《せいくわつ》は完全《くわんぜん》に沒落《ぼつらく》してゆきました。

『男《をとこ》つて男《をとこ》を全部《ぜんぶ》支配《しはい》してやる。Ｋに出《で》會《あ》つたら必《かなら》ず復讐《ふくしう》してやる……』

なるたけ男《をとこ》に接觸《せつしよく》出來《でき》るやうに、女給《ぢよきふ》からダンサーと私《わたし》は職業《しよくげふ》を渡《わた》り歩《ある》いては、Ｋのやうな男《をとこ》はきつとカフェーやホールに來《こ》ない筈《はず》はない。そして、いつか一度《ど》は必《かなら》ず出會《であ》ふに違《ちが》ひないＫに對《たい》する復讐《ふくしう》を豫想《よさう》してゐました。

酒《さけ》の味《あぢ》を覺《おぼ》え、煙草《たばこ》を横《よこ》ちよに喫《す》つて、タンカの一つも切《き》るやうになると、男《をとこ》つて妙《めう》なものです。一角《ひとかど》の姐御《あねご》のやうに扱《あつか》つて、人氣《にんき》が湧《わ》いて來《く》るものです。

そして、どん／＼と客《きやく》がつくのです。無《む》軌《き》道的《どうてき》な華《はな》やかな生活《せいくわつ》。そんな中《なか》でもＫに對《たい》する復讐《ふくしう》は、私《わたし》の心《こゝろ》から消《き》え去《さ》つたことは一寸《ちよつと》でもなかつたのでした。

華《はな》やかなネオンの影に酒《さけ》を酌《つ》ぐ時《とき》、ジャズに合《あは》せてステップを踏《ふ》む時《とき》、いつも私《わたし》の眼《め》はＫの姿《すがた》を求《もと》めてゐました。

ある夜《よ》のこと——五色《しき》に輝《かゞや》くワルツの照明《せうめい》がもとの明《あか》るさに返《かへ》つた時《とき》、私《わたし》はホールの入口《いりぐち》にＫの姿《すがた》を見《み》かけました。

一瞬《しゆん》、私《わたし》の身内《みうち》にゾッとした感情《かんじやう》が走《はし》りました。と同時《どうじ》に、私《わたし》の足《あし》はＫの方《はう》につゝかゝるやうにそゝくさと進《すゝ》んでゐました。片手《かたて》には何時《いつ》の間《ま》に抜《ぬ》き取《と》つたのか、一本《ぽん》のヘヤーピンを確《しつか》と握《にぎ》つて。

その時《とき》私《わたし》には、Ｋの姿《すがた》が一つの黒《くろ》い物體《ぶつたい》のやうに見《み》えました。私《わたし》はその物體《ぶつたい》に飛《と》びかゝつたと思《おも》ひました。と同時《どうじ》に、なにか大勢《おほぜい》の人々《ひと／″＼》が馳付《はせつ》けたやうでした。でも、私《わたし》は自分《じぶん》の念《おも》ひを突《つ》き通《とほ》すことは出來《でき》なかつたのです。

それからのことは、當時《たうじ》の新聞《しんぶん》を御覧《ごらん》なすつた方《かた》は御存知《ごぞんぢ》のことでせう。『不良《ふりやう》ダンサーの暴行《ばうかう》、叶《かな》はざる戀《こひ》の恨《うら》み』と云《い》ふ見出《みだし》で書《か》かれてゐましたから。

『ながいものにはまかれろ』よく、そんなことを云《い》ひますね。實際《じつさい》、世《よ》の中《なか》のことなんてさうだと思《おも》ひました。

あれだけ私《わたし》に恥辱《ちじよく》を與《あた》へたＫで、そのＫに私《わたし》が長《なが》い間《あひだ》の恨《うら》みを晴《は》らさうとしたのにも關《かゝは》らず、矢張《やは》り惡《わる》く云《い》はれるのは私《わたし》でした。こんな馬鹿《ばか》なことがあつてよいものでせうか。

その夜《よ》、私《わたし》は警察《けいさつ》の留置場《りうちぢやう》で、まんぢ

りともしない一夜《や》を明《あ》かしました。凍《い》てつくやうな寒氣《さむけ》が、何處《どこ》からともなく毛布《まうふ》を被《かぶ》つた私《わたし》の體《からだ》に突《つ》き刺《さ》さつて來《き》ました。同室《どうしつ》の人《ひと》の寢息《ねいき》が、妙《めう》に私《わたし》の胸《むね》をゆすぶつて　ともすれば私《わたし》の涙《なみだ》を誘《さそ》ひました。

留置場《りうちぢやう》の一夜《や》。そして夜明《よあ》け。高《たか》い窓《まど》から僅《わづ》かな空《そら》が見《み》えて、街《まち》の夜明《よあ》けの騒音《さうおん》が響《ひゞ》いて來《き》ました。起《お》き出《で》た男《をとこ》の留置人《りうちにん》の眼《め》が、一齊《せい》に私《わたし》に向《むか》つて來《き》ます。

『嫌《いや》だ／＼』

見上《みあ》げた高《たか》い窓《まど》の框《かまち》で、雀《すゞめ》が一羽《は》チュンチュンと鳴《な》いてゐました。侘《わび》しい留置場《りうちぢやう》。

それから、やがて――

『お母《かあ》さんが引《ひ》き取《と》りに來《き》たから……』

さうして、調室《しらべしつ》に出《だ》された私《わたし》は、もう完全《くわんぜん》に昔《むかし》の有利惠《ゆりゑ》に還《かへ》つてゐました。

『母《はゝ》』あれ以來《いらい》心《こゝろ》の何處《どこ》かの隅《すみ》に置《お》き忘《わす》れてゐた母《はゝ》――私《わたし》の心配《しんぱい》のためにこんなにも白髪《しらが》と皺《しは》の增《ふ》へてしまつた母《はゝ》――

『お母《かあ》さん濟《す》みません、許《ゆる》して下《くだ》さい！』

さう叫《さけ》んで縋《すが》りついた私《わたし》を、母《はゝ》は無言《むごん》で力強《ちからづよ》く胸《むね》にかき抱《いだ》いて呉《く》れました。母性《ぼせい》の勝利《しようり》。たしかに勝利《しようり》です。

『なぜ初《はじ》めつからお母《かあ》さんに相談《さうだん》しなかつたのかしら……』

今《いま》、淋《さび》しいけれど、何處《どこ》かに曖味《あたゝかみ》のある母《はゝ》と私《わたし》とのたつた二人《ふたり》の家庭《かてい》に還《かへ》つて、私《わたし》の頭腦《づなう》に浮《うか》んで來《く》る言葉《ことば》はこれです。

母《はゝ》にさへ相談《さうだん》すれば、か弱《よわ》い女《をんな》の力《ちから》でも、母性《ぼせい》の强《つよ》さでどんなにでも私《わたし》を救《すく》つて下《くだ》すつたものをと、泌《し》み／＼と考《かんが》へられるのです。

このペンを執《と》る机《つくゑ》の傍《そば》で、母《はゝ》は私《わたし》の着物《きもの》を裁《た》つのに餘念《よねん》ありません。

『ネ、お母《かあ》さん、お母《かあ》さんのこと書《か》いてもよくつて……』

と云《い》ふ私《わたし》の言葉《ことば》に、

『……』

母《はゝ》は無言《むごん》の微笑《ほゝゑ》みに、何處《どこ》か安堵《あんど》の色《いろ》を浮《うか》べて、私《わたし》のペンの動《うご》きを老眼鏡《らうがんきやう》の中《なか》からヂッと見守《みまも》つて呉《く》れました。

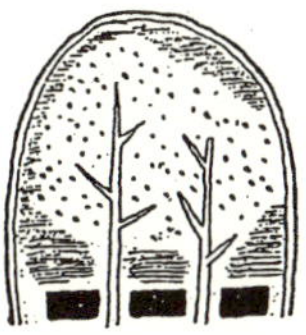

すべては忘却の彼方に

中川静枝

――ひどい風《かぜ》の吹《ふ》く日《ひ》でした。

郊外散歩《かうぐわいさんぽ》といふTの申出《まうしで》にあまり氣《き》は進《すゝ》まなかつたのですが、二人《ふたり》で歩《ある》いて居《を》ればといふ氣持《きもち》にもなつて、風《かぜ》を押《お》して出《で》かけたのです。朝《あさ》から歩《ある》きまわつてばかり居《ゐ》ましたので、相當疲《さうたうつか》れが出《で》て參《まゐ》りました。いつもなら優《やさ》しく言葉《ことば》をかけて慰《なぐさ》めて呉《く》れる彼《かれ》なのに今日《けふ》に限《かぎ》つて一言《ひとこと》も口《くち》を利《き》いてくれません。

夕方町《ゆふがたまち》に歸《かへ》つて來《き》ましたけれど、相變《あひかは》らず默《だま》つてばかり、妾《わたし》はほんとに泣《な》きだしたい樣《やう》な氣持《きもち》を抑《おさ》へて、ぼんやりと暗《くら》い町《まち》を彼《かれ》の後《あと》について歩《ある》きました。

『どうせ一緒《しよ》になる二人《ふたり》なんだから、構《かま》はないだらう、ね』

突然彼《とつぜんかれ》が立止《たちどま》つて、私《わたし》の肩《かた》を抱《いだ》く樣《やう》にしながら引寄《ひきよ》せました。

『構《かま》はないつて？』

何處《どこ》かいつものTと變《かは》つた口調《くてう》や態度《たいど》なので、思《おも》はずかう聞《き》きかへしますと、

『そんなこと聞《き》きつこなし、お互《たがひ》に子供《こども》ぢやアないんだから、ね、分《わか》つてるぢやないの』

Tが何《なに》を私《わたし》に求《もと》めてゐるか、今迄《いままで》もしやと思《おも》つてゐたことが判然分《はつきりわか》つて參《まゐ》りました。

結婚《けつこん》する迄《まで》は二人《ふたり》とも身體《からだ》だけは淸《きよ》くありたいと願《ねが》つてゐました私《わたし》は、

『だつてTさん、そんなこと……結婚《けつこん》する迄《まで》はお互《たがひ》に……』

と、彼《かれ》をなだめて見《み》ましたが、いつかな聞《き》き入《い》れません。そして果《はて》は私《わたし》の愛《あい》が足《た》りないのだ、私《わたし》が彼《かれ》を愛《あい》してゐない證據《しようこ》だと申《まう》します。

『君《きみ》の樣《やう》な考《かんが》へ方《かた》は古《ふる》いよ。お互《たがひ》が愛《あい》し合《あ》つてゐるんなら、別《べつ》に考《かんが》へる問題《もんだい》ぢやないよ。靜《しづ》ちやんらしくもないなア』

『だ、だつて、こればつかしは……』

――風《かぜ》のひどい夜《よる》でした。

强《つよ》く言《い》ひ張《は》りましたものの、所詮愛《しよせんあい》するものには弱《よわ》い女《をんな》の私《わたし》でした。そして、その夜《よ》低《ひく》くたれこんだ空《そら》から吹《ふ》き下《おろ》す風《かぜ》が、私《わたし》の十八の夢《ゆめ》を、歸《かへ》らない遠《とほ》い所《ところ》へ運《はこ》び去《さ》つて了《しま》つたので御座《ござ》います。

私《わたし》の身體《からだ》を自由《じいう》にしたTは、それから急《きふ》によそ／＼しくなつて、私《わたし》にかくれる樣《やう》にして昨年《さくねん》の秋《あき》、他《ほか》の人《ひと》と結婚致《けつこんいた》しま

した。すべてを捧《さゝ》げた私《わたし》に『すまなかつた』の一片《ぺん》の手紙《てがみ》をくれただけで……。

すまなかつた！

たつたこの一言《ひとこと》で生命《せいめい》より貴《たふと》い女《をんな》の貞《てい》操《さう》が償《つぐな》はれるものでせうか。青《あを》い空《そら》に描《ゑが》いてゐた私《わたし》の虹《にじ》の夢《ゆめ》は、それから根《ね》こそぎうちくだかれて、いくら洗《あら》つても消《き》えない、悲《かな》しい烙印《やきいん》の影《かげ》では、あの暗《くら》い泥《どろ》沼《ぬま》の様《やう》な氣持《きもち》が巣喰《すく》ひ始《はじ》めました。

腹立《はらだ》たしさ、口惜《くや》しさ、そして泣《な》いても泣《な》いても泣《な》き切《き》れない涙《なみだ》の乾《かわ》いた後《あと》に待《ま》つてゐたものは、絶望《ぜつばう》と自棄《じき》の二道《ふたみち》で御座《ござ》いました。

墮落《だらく》する位《くらゐ》なら一層《そう》死《し》んだ方《はう》がまだいいと幾度《いくど》となく冷《つめた》い鐵路《てつろ》の傍《そば》をさまよひ歩《ある》いた事《こと》で御座《ござ》いませう。悲《かな》しい諦《あきら》めと涙《なみだ》の幾月《いくつき》、併《しか》し人生《じんせい》は泣《な》いてゐてもキリがないと、幸《さいは》ひ女學校《ぢよがくかう》時代《じだい》から洋裁《やうさい》に趣味《しゆみ》を持《も》つてゐましたので、思《おも》ひ切《き》つて洋裁《やうさい》をやることに致《いた》しました。

申上《まうしあ》げる迄《まで》もなく洋裁《やうさい》を一生《しやう》懸命《けんめい》やれば、傷《きづつ》いた私《わたし》の心《こゝろ》も幾《いく》分《ぶん》は和《やは》らぐだらうと思《おも》つたので御座《ござ》いますが、そこは何《なん》と申《まう》しましても女《をんな》、お友達《ともだち》の愉快《ゆくわい》さうな態度《たいど》を見《み》たり結婚《けつこん》のお話等《はなしなど》を伺《うかゞ》ひますと、始《はじ》めの中《うち》は矢張《やは》り掴《つか》み所《どころ》のない淋《さび》しさが胸《むね》にこみ上《あ》げて參《まゐ》りました。

いつそのこと洋裁《やうさい》なんて止《や》め様《やう》かとも思《おも》つた程《ほど》で御座《ござ》います。併《しか》しこれではいけない、これは未《ま》だ自分《じぶん》の努力《どりよく》が足《た》りないからだと、弱《よわ》い自分《じぶん》の心《こゝろ》を勵《はげ》まして、毎日《まいにち》かゝさず洋裁《やうさい》を習《なら》ひに銀座《ぎんざ》迄《まで》通《かよ》ひつめました。所《ところ》がどうでせうか、一ケ月《げつ》二ケ月《げつ》と經《た》つ中《うち》に、洋裁《やうさい》そのものに次第《しだい》に興味《きようみ》が出《で》て來《き》たのです。下手《へた》なりでも自《じ》分《ぶん》で洋服《やうふく》の二着《ちやく》三着《ちやく》と作《つく》つて行《ゆ》きます中《うち》に今迄《いままで》に感《かん》じたことのない、何《なん》と申《まう》しますか、働《はたら》くことの喜《よろこ》び、曲《まが》りなりにも自《じ》分《ぶん》で仕上《しあ》げたといふ喜《よろこ》びが湧《わ》いて參《まゐ》りました。

働《はたら》いてをれば私《わたし》は朗《ほが》らかです。

いゝものさしを持《も》つて居《を》れば、新《あた》らしいデザインに夢中《むちう》で昔《むかし》の暗《くら》い影《かげ》は消《き》えて了《しま》ひます。

明《あか》るい氣持《きもち》の皆樣《みなさま》に交《まじ》つて、私《わたし》は昔《むかし》の明《あか》るさをとりかへした樣《やう》な氣持《きもち》が致《いた》します。

風《かぜ》の便《たよ》りに聞《き》きますと、Kは結婚《けつこん》した女《をんな》の人《ひと》とは一年《ねん》もたゝぬ中《うち》に別《わか》れて、又新《またあた》らしい女《をんな》へと走《はし》り、會社《くわいしや》の方《はう》もやめさゝれたといふ話《はなし》で御座《ござ》います。

併《しか》し今《いま》の私《わたし》にはKとの騒《さや》きは遠《とほ》い悪夢《あくむ》とだけしか、思《おも》はれません。二人《ふたり》の歩《あゆ》んで行《ゆ》く路《みち》はもう遠《とほ》く離《はな》れて、私《わたし》の新《あた》らしい道《みち》には新《あた》らしい力《ちから》が芽生《めば》えて居《を》ります。

——風《かぜ》の吹《ふ》く日《ひ》は昔《むかし》の傷手《いたで》に泣《な》き濡《ぬ》れてゐた私《わたし》でしたのに、此頃《このごろ》は向《むか》ひ風《かぜ》に顔《かほ》を向《む》ける生《うま》れ變《かは》つた私《わたし》になりました。

絶望《ぜつばう》から更生《かうせい》へ——併《しか》しそれにしてももしあの時《とき》私《わたし》の心《こゝろ》が打負《うちま》かされて恐《おそ》ろしい路《みち》を辿《たど》つてゐたらと、過《す》ぎし日《ひ》を振返《ふりかへ》つて感慨無量《かんがいむりやう》で御座《ござ》います。

29　「貞操を疑はれた妻の告白」　野村正子、鎌田とし子　『主婦之友』昭和9年6月1日

貞《てい》操《さう》を疑《うたが》は

〔1〕寫眞《しやしん》一枚《まい》から生《う》まれた子《こ》まで疑《うたが》られた經驗《けいけん》

野《の》村《むら》正《まさ》子《こ》（東京）

私の田舎《ゐなか》は、名古屋市《なごやし》に程近《ほどちか》いS町《エスまち》でございます。丁度《ちやうど》四年前《ねんまへ》の一月《げつ》に、現在《げんざい》の良人《をつと》K《ケイ》と結婚《けつこん》いたしました。

誰《だれ》もが一度《ど》は經驗《けいけん》する、あの樂《たの》しい、幸福《かうふく》そのものゝやうな新婚生活《しんこんせいくわつ》の半年《はんとし》が過《す》ぎて、その年《とし》の七月《ぐわつ》のこと、主人《しゆじん》は社用《しやよう》で、二週間《しうかん》ほど旅行《りよかう》することになりましたが、東京《とうきやう》でたつた一人《ひとり》の留守生活《るすせいくわつ》も淋《さび》しいので、二人《ふたり》で相談《さうだん》のうへ、丁度《ちやうど》海水浴《かいすゐよく》季節《きせつ》でもあつたので、私《わたくし》は二週間《しうかん》を里《さと》で過《す》ごすことになりました。で、新妻《にひづま》の身《み》も誇《ほこ》らしく、久《ひさ》しぶりで里《さと》へ歸《かへ》り、兩親《りやうしん》と樂《たの》しい十數日《すうじつ》を送《おく》つたのでございます。

△　△

夏も終《をは》つて十月初旬《ぐわつしよじゆん》の、或《あ》る土曜日《どえうび》のことでした。晩《ばん》の料理《れうり》の買物《かひもの》をすませて歸《かへ》ると、留守《るす》の間《あひだ》に歸宅《きたく》してゐた主人《しゆじん》が、何《なに》か異樣《いやう》な鋭《するど》い眼《め》でぐつと睨《にら》んだきり、默《だま》つてゐる顏《かほ》が、常《つね》と變《かは》つた、あまりの恐《おそ》ろしげなのに、急《きふ》に不安《ふあん》を覺《おぼ》えて、

『何《なに》かあつたんですの？

れた妻《つま》の告《こく》白《はく》

御氣分《ごきぶん》でもお惡《わる》いんですか。』と申《まを》しますと、『自分《じぶん》の胸《むね》に訊《き》いてみるがいゝ。このざまは一體《たい》何《なん》だ、賣女《はいた》!』

あまりの言葉《ことば》に、我《われ》と我《わ》が耳《みゝ》を疑《うたが》ひつゝ、投《な》げられた一通《つう》の手紙《てがみ》を見《み》ると、裏《うら》にはたゞ「インデアン」と、惡戯《いたづら》めかしく書《か》いてあるだけ。何《なに》が何《なに》やら解《わか》らぬながら、急《せ》き込《こ》んで讀《よ》んで見《み》ると、「久《ひさ》しぶりで逢《あ》つたM《エム》さんと樂《たの》しい夏《なつ》を送《おく》ることができて、こんな嬉《うれ》しいことはない。」と、夏《なつ》の華《はなや》かな樣子《やうす》を綴《つゞ》り「あのときの寫眞《しやしん》を同封《どうふう》する。」と、私《わたくし》と從兄《いとこ》が海水着《かいすゐぎ》一枚《まい》で、竝《なら》んでゐる寫眞《しやしん》が添《そ》へてありました。

△　△

從兄《こ》は、その年《とし》大學《だいがく》を卒《そつ》業《げふ》した薄給《はつきふ》サラリーマン、里《さと》へ遊《あそ》びに來《き》て偶然《ぐうぜん》一緒《しよ》になり、妹《いもうと》や弟《おとうと》ともぐ\海《うみ》で遊《あそ》んで、寫眞《しやしん》はそのときに撮《と》つたものなのです。

あまりの誤解《ごかい》に、可笑《をか》しくなつて微笑《ほゝゑ》みながら、從兄《いとこ》のことについて說明《せつめい》しましたが、主人《しゆじん》は、根《ね》が一本氣《ほんき》の氣性《きしやう》だけに、なかく\信《しん》じてくれず、辯解《べんかい》すればするほど、疑《うたが》ひは增《ま》すばかり。犯《おか》した罪《つみ》の報《むく》いなら、どんな罰《ばつ》でも喜《よろこ》んで受《う》けませうが、身《み》に覺《おぼ》えのない濡衣《ぬれぎぬ》の不貞《ふてい》呼《よば》はりに、悲《かな》しいやら口惜《くや》しいやら、氣《き》も狂《くる》はんばかりに申《まを》し開《ひら》きましたが、『さういふ人がありながら、なぜ僕《ぼく》と結婚《けつこん》したんだ。一體《たい》お前《まへ》は、ほんたうに處女《しよぢよ》だつたのか。』と、あまりの情《なさけ》なさに、私《わたくし》は、もう身《み》の潔白《けつぱく》を主張《しゆちやう》するのも忘《わす》れて、聲《こゑ》をあげて泣《な》くばかりでした。

それからといふものは、朝夕《あさゆふ》の挨拶《あいさつ》も冷《ひや》かに、夕《ゆふ》食《しよく》の心《こゝろ》をこめた料理《れうり》を前《まへ》に涙《なみだ》ぐんだまゝ、夜中《よなか》の十二時《じ》、一時《じ》までも主人《しゆじん》の歸《かへ》りを待《ま》つのは、珍《めづら》しいことではなくなりました。お酒《さけ》は一滴《てき》も飮《の》めなかつた主人《しゆじん》でしたのに、夜遲《よるおそ》く酒氣《しゆき》を帶《お》びて歸《かへ》ります。心配《しんぱい》して注意《ちうい》すれば、二言目《ふたことめ》には『お前《まへ》にそんなことを言《い》ふ資格《しかく》があるか。誰《だれ》がこんなにしたのだ。』と申《まを》します。昨日《きのふ》までの感謝《かんしや》に充《み》ちた樂《たの》しい生活《せいくわつ》は、跡形《あとかた》もなく失《う》せて、砂《すな》を嚙《か》むやうな遣《や》る瀨《せ》ない毎日《まいにち》、思《おも》へば何《なん》といふ口惜《くや》しい、運命《うんめい》の惡戯《いたづら》でせうか。

△　△　△

人妻《つま》たる身《み》が、他《た》の若《わか》き男性《だんせい》と寫眞《しやしん》を撮《と》るなどゝいふことは、無論《むろん》いけないには違《ちが》ひありませんが、當時《たうじ》廿一歳《さい》の私《わたくし》には、さして惡《わる》いとも思《おも》はれなかつたのです。

筆《ふで》にも口《くち》にも表《あらは》せない、苦《くる》しい涙《なみだ》の日《ひ》が過《す》ぎ行《ゆ》くうちに、幸《かう》か不幸《ふかう》か、私《わたくし》は自分《じぶん》の體《からだ》に、もう一《ひと》つの生命《せいめい》を宿《やど》してゐることに氣《き》がつきました。良人《をつと》の冷《つめた》い態度《たいど》を氣遣《きづか》ひつゝ、嬉《うれ》しいやうな悲《かな》しいやうな幾月《いくつき》かゞ過《す》ぎて行《ゆ》きました。

他所《よそ》の奧樣《おくさま》が、優《やさ》しい御主人《ごしゆじん》にいたはられながら、赤《あか》ちやんの買物《かひもの》などをしてゐるのを見《み》るにつけ、たつた一人《ひとり》で、私生兒《しせいじ》でゞもあるかのやうに、小《ちひ》さくなつて支度《したく》をしなければならない私《わたくし》でした。兩親《りやうしん》の反對《はんたい》を說《と》き伏《ふ》せて戀愛結婚《れんあいけつこん》をした私《わたくし》だけに、死《し》んでも里《さと》には泣言《なきごと》など申《まを》されず、せめては我子《わがこ》の顏《かほ》でも見《み》たら、頑固《ぐわんこ》な主人《しゆじん》も、この濡衣《ぬれぎぬ》を晴《は》らしてくれやうと、それを樂《たの》しみに、曇《くも》る涙《なみだ》を拭《ぬぐ》ひつゝ、赤《あか》ちやんの着物《きもの》を縫《ぬ》つてゐました。

△　△　△

併し、すべては無駄《むだ》でした。玉《たま》のやうな男《をとこ》の子《こ》を産《う》みましたが、『誰《だれ》の子《こ》だかわかるもんか。』と言《い》つたきり、抱《だ》かうともいたしません。あまりのことに、『あなたッ、あんまりです。坊《ばう》やは、坊《ばう》やはあなたの子《こ》です。坊《ばう》やに罪《つみ》はありません。』と、恥《はぢ》も外聞《ぐわいぶん》も忘《わす》れて泣《な》き叫《さけ》ぶ私《わたくし》に、プイと言葉《ことば》もなく出《で》て行《ゆ》く良人《をつと》でした。

坊《ばう》やが可哀《かあい》さうで〱たまりません。いつそ二人《ふたり》で死《し》なう、死《し》を以《もつ》て身《み》の潔白《けつぱく》を示《しめ》さうと、私《わたくし》は決心《けつしん》しました。が、丸々《まろく》と肥《ふと》つて、良人《をつと》にそつくりの坊《ばう》やの顏《かほ》を見《み》ると、今母子《いまおやこ》が死《し》んだらこの汚名《をめい》は誰《だれ》が晴《は》らしてくれる。この尊《たふと》い坊《ばう》やの生命《せいめい》を殺《ころ》す權利《けんり》が、私《わたくし》のどこにある、眞心《まごころ》は、いつかは通《つう》じるに違《ちが》ひない――と、何《なに》物《もの》かゞ私《わたくし》に囁《さゝや》きます。そして、にこ〱と、無心《むしん》に見上《みあ》げる坊《ばう》やの瞳《ひとみ》の清《きよ》らかさ。さうだ、自分《じぶん》はこの坊《ばう》やのために、強《つよ》く生《い》きなければならぬと、私《わたくし》は心《こゝろ》に誓《ちか》ひました。

△　△　△

月日《ひ》の經《た》つのは早《はや》く、それから一年後《ねんご》の十一月《ぐわつ》のこと、日曜《にちえう》でしたので主人《しゆじん》も家《うち》にをりました。玄關《げんくわん》に訪《おとな》ふ聲《こゑ》に出《で》て見《み》ると、田舍《ゐなか》の從兄《いとこ》と若《わか》い婦人《ふじん》とが、にこやかに立《た》つてゐます。驚《おどろ》いて、『まあ』と言《い》つたまゝ立《た》つてゐると、主人《しゆじん》が出《で》て來《き》て座敷《ざしき》に通《とほ》しました。

從兄《いとこ》は主人《しゆじん》に初對面《しよたいめん》の挨拶《あいさつ》を述《の》べ、今度《こんど》會社《くわいしや》から選《えら》ばれて東京《とうきやう》へ榮轉《えいてん》して來《き》たこと、里《さと》の兩親《りやうしん》が私《わたくし》の出產《しゆつさん》を大變《たいへん》喜《よろこ》んで、お祝《いはひ》やらお土產《みやげ》やらを賴《たの》まれたことなどを言《い》つて、持《も》つて來《き》た包《つゝみ》を出《だ》し、最近結婚《さいきんけつこん》した妻《つま》を紹介《せうかい》したりして、『併《しか》し早《はや》いものだ。惡戲《いたづら》っ子《こ》のM《エム》さんが、もうお母《かあ》さんになるなんて、はッはッはッ。』と言《い》へば、『ほんたうに、男《をとこ》の子《こ》は男親《をとこおや》にと申《まを》しますけれど、お父樣《とうさま》にそつくりですわね。』『全《まつた》く、僕等《ぼくら》も早《はや》く、あやかりたいものだね。はッはゝゝゝ。』『おほゝゝゝ。』といふ從兄夫婦《いとこふうふ》の會話《くわいわ》を耳《みゝ》にして、私《わたくし》は嬉《うれ》しさに泣《な》き出《だ》さんばかりでした。何《なに》かと言葉《ことば》を合《あは》せてゐましたが、主人《しゆじん》が非常《ひじやう》に周章《あわ》てゝゐたことは隱《かく》し切《き》れませんでした。

△　△　△

主人《じん》は、從兄夫婦《いとこふうふ》の歸《かへ》つた後《のち》、坊《ばう》やの指《ゆび》を、默《だま》つて物珍《ものめづ》らしさうにいぢつてゐましたが、急《きふ》に我慢《がまん》できなくなつたかのやうに、坊《ばう》やを抱《だ》きしめて、『坊《ばう》や、父《とう》ちやんは馬鹿《ばか》だつた。許《ゆる》しておくれ、な、坊《ばう》や。』と大粒《おほつぶ》な涙《なみだ》をこぼしながら頰《ほゝ》ずりするのを見《み》て、私《わたくし》は思《おも》はず主人《しゆじん》の膝《ひざ》に泣《な》き伏《ふ》してしまひました。

『M子《エムこ》、どんなにか僕《ぼく》を恨《うら》んだらうね。申譯《まをしわけ》ない、許《ゆる》してくれ。』

『いゝえ、私《わたし》の不注意《ふちうい》からですわ。』と、私《わたくし》はあまりの嬉《うれ》しさに、これまでの切《せつ》なさも忘《わす》れてたゞもう泣《な》くばかりでした。（賞）

〔2〕

良人《をつと》から姦婦《かんぷ》の濡衣《ぬれぎぬ》を着《き》せられた悲《かな》しい想出《おもひで》

鎌《かま》田《た》とし子《こ》（宮城）

昭和《わ》二年《ねん》に二十一歳《さい》で結婚《けつこん》して、二年目《ねんめ》には長男《ちやうなん》を惠《めぐ》まれ、家庭《かてい》は、いやが上《うへ》にも幸福《かうふく》に包《つゝ》まれてをりましたが、長男《ちやうなん》が三歳《さい》の秋《あき》、忌《いまは》しい姦婦《かんぷ》の濡衣《ぬれぎぬ》を着《き》せられて、一ケ年《ねん》を泣《な》き暮《くら》さねばなりませんでした。

忘《わす》れもせぬ昭和《せうわ》五年《ねん》の九月《ぐわつ》、秋蠶《あきご》を掃立《はきた》てゝ間《ま》もなくのこと、良人《をつと》は後備召集《こうびせうしふ》で、S《エス》市《し》の歩《ほ》兵聯隊《へいれんたい》へ四週間《しうかん》の勤務《きんむ》を命《めい》ぜられました。

折柄《をりから》、村《むら》の養蠶組合《やうさんくみあひ》では、春蠶《はるこ》が毎戸《まいこ》に亘《わた》つて不當《ふあた》りだつたので、せめて秋蠶《あきご》だけでも良好《りやうかう》な結果《けつくわ》を得《え》たいと、養蠶《やうさん》の先生《せんせい》をお呼《よ》びして、戸毎《ここと》に巡廻《じゆんくわい》して、指導《しだう》して頂《いたゞ》くことに決定《けつてい》し、良人《をつと》が入隊後《にふたいご》二日目《かめ》に、組合長《くみあひちやう》の案内《あんない》で、私《わたくし》方《かた》へもおいでくださいました。

お會《あ》ひして見《み》ると、里《さと》の兄《あに》の學友《がくいう》で、二三度《ど》お目《め》にかゝつたことのある方《かた》なので、兩親《りやうしん》や組合長《くみあひちやう》にもそのことを話《はな》し、結局先生《けつきよくせんせい》は、宅《たく》の離室《はなれ》に下宿《げしゆく》なさることになりました。

秋蠶《あきご》とはいへ、種紙《たねがみ》十枚《まい》の掃立《はきたて》で、日《ひ》に増《ま》し殖《ふ》える蠶《かひこ》には、とても私一人《わたくしひとり》では働《はたら》き切《き》れないので、從妹《いとこ》にも手傳《てつだ》つて貰《もら》ひ、日夜《にちや》寢食《しんしよく》を忘《わす》れて、先生《せんせい》の御《ご》指《し》導通《だうどほ》り飼育《しいく》しましたところ、蠶座《さんざ》三百枚《まい》といふ、極《きは》めて大《おほ》がゝりな飼育《しいく》にも拘《かゝは》らず、結果《けつくわ》は上々《じやうじやう》で、最高價格《さいかうかかく》で賣却《ばいきやく》され、激《はげ》しい殘暑《ざんしよ》のため一般《ぱん》に不成績《ふせいせき》だつた村《むら》の中《うち》で、たゞ獨《ひと》り私宅《わたくしたく》だけが非常《ひじやう》な好成績《かうせいせき》でしたので、同業者《どうげふしや》に嫉《ねた》まれるやうな有樣《ありさま》でした。先生《せんせい》は、村《むら》の人達《ひとたち》が指導《しだう》通《どほ》りにやつてくれぬからだと、非常《ひじやう》に殘念《ざんねん》がつて郷里《きやうり》へお歸《かへ》りになりました。

△　△　△

四週間《しうかん》の勤務《きんむ》を終《をは》つて、良人《をつと》は無事《ぶじ》に歸《かへ》つてまゐりました。幸福《かうふく》な一週間《しうかん》が過《す》ぎた或《あ》る日《ひ》、良人《をつと》は何時《いつ》になく憂鬱《いううつ》な顏《かほ》をして外出先《ぐわいしゆつさき》から歸《かへ》つてまゐりました。心配《しんぱい》して訊《たづ》ねても、一言《ひとこと》も話《はな》してくれません。結婚後《けつこんご》一度《ど》もかうした態度《たいど》をとられたことがないので、何《なに》やら不吉《ふきつ》な豫感《よかん》に襲《おそ》はれました。

夜《よる》、床《とこ》に就《つ》いてからも、ぢつと私《わたくし》を見《み》つめる怒《いかり》の色《いろ》に、思《おも》はず『どうしたのですか。』と訊《たづ》ねると、今《いま》まで聞《き》いたこともない鋭《するど》い聲《こゑ》で、

『お前《まへ》の良心《りやうしん》に訊《き》いてみたらいゝだらう。』

私《わたくし》は吃驚《びつくり》して『まあ何《なん》のことですか。』

『白《しら》ばつくれるな。知《し》らないなら話《はな》してやる。』

と、聲《こゑ》を震《ふる》はせながら話《はな》すことを聽《き》いて、私《わたくし》

はあまりのことに、泣《な》くにも泣《な》けない氣持《きもち》で、頓《とみ》には言葉《ことば》も出《で》ませんでした。それは、先生《せんせい》と

私《わたくし》が、良人《をつと》の留守《るす》の間《あひだ》に醜關係《しうくわんけい》を結《むす》んでゐたといふのです。そしてそれは、村《むら》のお婆《ばあ》さん達《たち》が養蠶《やうさん》の當《あた》らなかつた腹立《はらだ》ちまぎれに、村《むら》の居《ゐ》酒屋《さかや》でやけ酒《ざけ》を飲《の》みながら、大當《おほあた》りだつた私《わたくし》の惡口雜言《あくこうざふごん》をしてゐるところへ、良人《をつと》が通《とほ》りかかつたので、無理矢理《むりやり》呼《よ》びこんで、まことしやかに申《まを》し立《た》てた中傷《ちうしやう》だつたのでした。

△　△　△

寢耳《みゝ》に水《みづ》のこの中傷《ちうしやう》を聽《き》いて、私《わたくし》は村《むら》の人達《ひとたち》の惡辣《あくらつ》さに全身《ぜんしん》戰《をのゝ》くほど怒《おこ》りましたが、何《なに》よりも良人《をつと》の誤解《ごかい》を釋《と》かねばならぬと、いろ〲申《まを》し開《ひら》きをしました。併《しか》し、良人《をつと》の歸宅《きたく》を樂《たの》しみに働《はたら》いて來《き》た甲斐《かひ》もなく、何《なん》の因果《いんぐわ》で、こんな忌《いま》しい疑《うたが》ひを受《う》けるのかと、口《く》惜《や》しさ悲《かな》しさに、一夜《や》を泣《な》き明《あか》しました。

翌朝《よくてう》、泣《な》きながら兩親《りやうしん》に訴《うつた》へましたところ、大變《たいへん》驚《おどろ》かれて、一緒《しよ》に働《はたら》いてくれた從妹《いとこ》とも〴〵、私《わたくし》の潔白《けつぱく》を保證《ほしやう》してくれましたが、良人《をつと》の誤解《ごかい》は釋《と》くに術《すべ》なく、離緣《りえん》をさへ迫《せま》る有樣《ありさま》に、今《いま》は、舅《しうと》も聲《こゑ》を荒《あら》らげて、

『としは全《まつた》く潔白《けつぱく》だ。離別《りべつ》することはできん。とし、お前《まへ》も無實《むじつ》の罪《つみ》を着《き》て悲《かな》しからうが、今《いま》に判《わか》る時《とき》が來《く》るぞ。』と申《まを》されました。

良人《をつと》も離緣《りえん》だけは思《おも》ひ直《なほ》してくれましたが、それは表面《へうめん》だけのこと、濃《こま》かな愛情《あいじやう》など、望《のぞ》んでも得《え》られる筈《はず》はありません。翌月《よくげつ》になつて、私《わたくし》は姙娠《にんしん》してゐることが解《わか》りましたが、優《やさ》しい言葉《ことば》一《ひと》つかけてくれるでなく、五月目《つきめ》に胎動《たいどう》を感《かん》じるやうになつても、夫婦《ふうふ》の仲《なか》は水《みづ》のやうに冷《つめた》く、幾夜《いくよ》泣《な》き明《あか》したことでせう。

△　△　△

忘れもせぬ昭和《せうわ》六年《ねん》の舊正《きうしやう》月《ぐわつ》、良人《をつと》が珍《めづら》しく私《わたくし》を活動寫眞《くわつどうしやしん》に誘《さそ》つてくれました。そのときの映《えい》畫《ぐわ》は、子《こ》ある婦人《ふじん》が青年《せいねん》と姦通《かんつう》し、不義《ふぎ》の子《こ》を産《う》んで、良人《をつと》に姦婦《かんぷ》呼《よば》はりをされながら、その凶刄《きようじん》に倒《たふ》れるといふ悲劇《ひげき》でした。

良人《をつと》は私《わたくし》の袖《そで》を牽《ひ》き、『姦婦《かんぷ》の末路《まつろ》はあんなものだ。不義《ふぎ》の子《こ》の始末《しまつ》はお前《まへ》がするんだぞ。』と、心臟《しんざう》を突《つ》き刺《さ》すやうな鋭《するど》い言葉《ことば》に、私《わたくし》はいきなり金鎚《かなづち》でグワンと頭《あたま》を打《う》たれたやうに感《かん》じて、眼《め》の前《まへ》が眞暗《まつくら》になつてしまひました。

あゝ私《わたくし》は、まだこれほどまでに疑《うたが》はれてゐたのか。

いつそ一思《ひとおも》ひに、我《わ》が身《み》の潔白《けつぱく》を書置《かきおき》して、自殺《じさつ》しよう、と恐《おそ》ろしい決心《けつしん》をしましたが、今《いま》死《し》んでは誰《だれ》がこの濡衣《ぬれぎぬ》を乾《ほ》してくれる、却《かへつ》て良人《をつと》を苦《くる》しめ、裏切《うらぎ》ることになるではないか。里《さと》の兩親《りやうしん》、慈愛《じあい》深《ふか》い舅《しうと》姑《しうとめ》、愛《あい》する長男《ちやうなん》にも申譯《まをしわけ》ない。この胎兒《たいじ》が不義《ふぎ》の汚《を》名《めい》を拭《ぬぐ》うてくれるだらうと、やうやく心《こゝろ》を取《と》り直《なほ》して、生甲斐《いきがひ》のない毎日《まいにち》を送《おく》りました。

月

△ △ △

滿《み》みて生《うま》れた子《こ》は、良人《をつと》に瓜二《うりふた》つの女兒《じ》でした。事情《じじやう》を知《し》らぬ産婆《さんば》さんは、

『赤《あか》ちゃんは千人《にん》に似《に》るつて言《い》ひますが、この赤《あか》ちゃんはお父《とう》さんにそつくりですね。お父《とう》さん一人《ひとり》でお産《う》みになつたのかも知《し》れませんよ。』と冗談《じやうだん》を言《い》ひながら、

朗かに笑ひました。
何《なん》の氣《き》もなく話《はな》された
この言葉《ことば》は、私《わたくし》にとつては何物《なにもの》にも代《か》へ難《がた》いお祝《いはひ》の贈物《おくりもの》でした。
このとき良人《をつと》が、靜《しづ》かに一人《ひとり》で入《はひ》つて來《き》ました。そして私《わたくし》の顏《かほ》に近々《ちかぢか》と顏《かほ》を寄《よ》せて、
『氣分《きぶん》は惡《わる》くないか。永《なが》い間苦《あひだく》勞《らう》させて濟《す》まなかつたね。』と、
無限《むげん》の愛《あい》を籠《こ》めて言《い》つて落涙《らくるゐ》されたとき、
私《わたくし》は張《は》りつめてゐた氣《き》もゆるんで、萬感交々《ばんかんこもごも》の涙《なみだ》に泣《な》き濡《ぬ》れたのでした。
良人《をつと》も無言《むごん》、私《わたくし》も無言《むごん》でした。併《しか》しお互《たがひ》の心《こころ》に堰止《せきと》められてゐた愛情《あいじやう》の一時《じ》に融《と》け合《あ》ふのが、はつきりと感《かん》じられるのでした。（賞）

35 「座談会　青年男女の交際に就て」 池田圭太郎、岩田滿寿夫、西村伊作、原信子 ほか 『婦人画報』昭和9年6月1日

座談會・青年男女の交際に就て

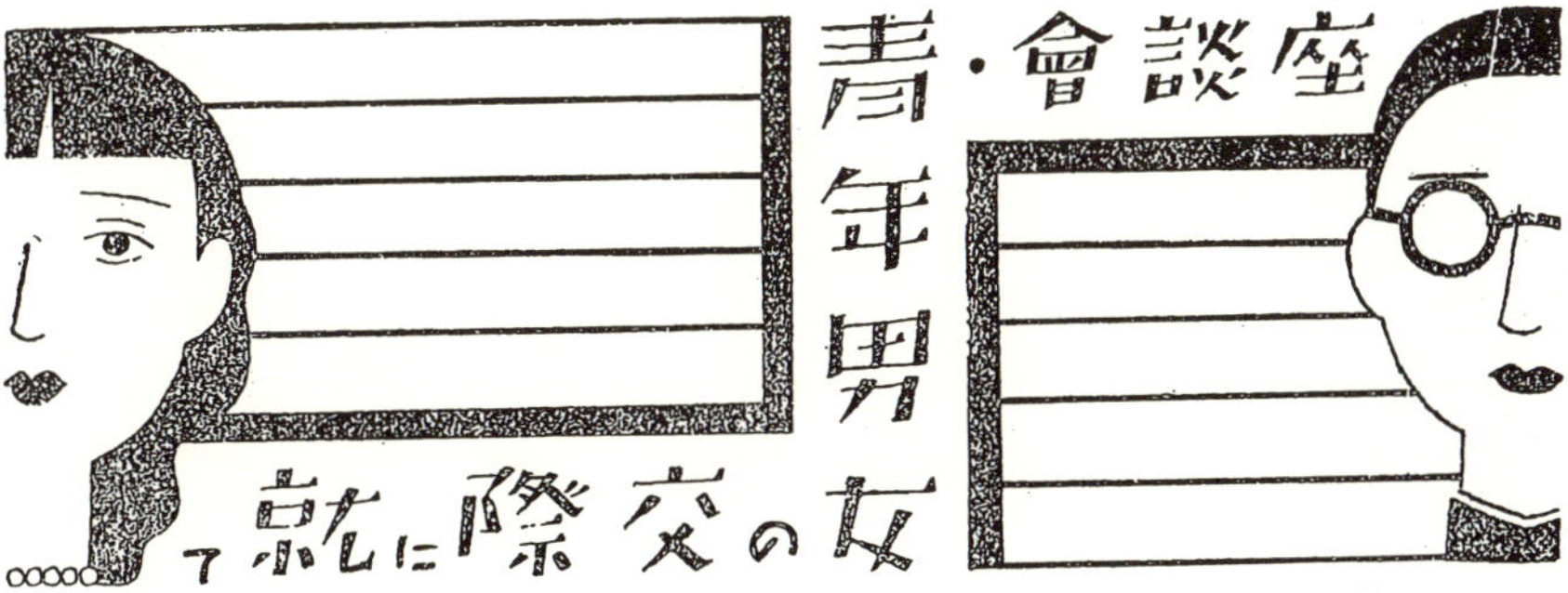

結婚をよくするための男女交際

記者 青年男女《せいねんだんぢよ》の交際《かうさい》は是非《ぜひ》共必要《ともひつえう》なことでありますが現在《げんざい》の日本《にほん》では充分《じうぶん》に行《おこな》はれて居《ゐ》ないし行《おこな》はれ得《う》る狀態《じやうたい》にもなつてゐない。男女交際《だんぢよかうさい》は結婚難《けつこんなん》を緩和《くわんわ》する上《うへ》からだけでも大變《たいへん》に結構《けつこう》なことでありますがそれ以外《いぐわい》にいろ〳〵いゝ結果《けつくわ》がある。そこでどう云《い》ふ風《ふう》に交際《かうさい》すれば最《もつと》も理想的《りさうてき》であるかと云《い》ふことについてお父《とう》さんお母《かあ》さん方《がた》の意見《いけん》ばかりでなく今夜《こんや》は特《とく》に若《わか》い方《かた》にもお出《い》でを願《ねが》ひましたから、その方《はう》の御希《ごき》望《ばう》もいろ〳〵うかゞひ度《た》いと思《おも》ひます

西村 さうですね。まあ單《たん》に男女《だんぢよ》の交際《かうさい》と云《い》ふよりも、結婚《けつこん》を好《よ》くすると云《い》ふやうな意味《いみ》に於《おい》ての男女交際《だんぢよかうさい》と云《い》ふことにすると眞面目《まじめ》になりますね、どうも唯《た》だ若《わか》い男女《だんぢよ》の交際《かうさい》と云《い》ふと浮《う》はついた（笑聲）話《はなし》になるから――でも亦餘《またあま》り眞面目《まじめ》過《す》ぎちや（笑聲）いかんかな

――

原 （西村氏に）でも眞面目《まじめ》に考《かんが》へて下《くだ》さらなかつたら親達《おやたち》が怒《おこ》りますよ。やはり眞劍《しんけん》でなきやあ――私《わたし》、交際《かうさい》と云《い》ふことに就《つい》ては自由《じいう》な氣持《きもち》でさせる方《はう》がいゝと思《おも》ふわ、それから親《おや》とも融和《ゆうわ》することが大切《たいせつ》だし、私今《わたしいま》よりもつと自由《じいう》な氣持《きもち》でね――そして親《おや》が監督《かんとく》して交際《かうさい》させる方《はう》がいゝぢやありませんの――私達《わたしたち》あの若《わか》い時分《じぶん》にはあれがありましたね、歌留多會《かるたくわい》がね――でお正月《しやうぐわつ》になると男《をとこ》の人《ひと》や女《をんな》の人《ひと》が集《あつま》つて、能《よ》く遊《あそ》んだんですけど、あゝ云《い》ふことを各家庭《かくかてい》がしたら大變《たいへん》いゝだらうと思《おも》ふんですけど――

北澤ロザリー 私《わたし》のところで毎週土曜日《まいしうどえうび》にパーテーを致《いた》して居《を》ります。いゝ所《とこ》の坊《ぼつ》ちやんや、お孃《じやう》さん方《がた》なんですが佛蘭西《フランス》語《ご》や英語《えいご》、ダンスなんかの御稽古《おけいこ》をしたり、お料理《れうり》の稽古《けいこ》なんかも致《いた》しますし、それで拵《こしら》へて出來《でき》たサンドウヰッチなんかを頂《いただ》いてパーテーを致《いた》します。午後《ごご》の七時頃《じごろ》からですが、そしてお話《はなし》をしたり、ソシアル・ダンスをしたり、ピアノを彈《ひ》いたりして色々《いろ〳〵》なことをやつて居《を》りますが、まだメムバーが限《かぎ》られて居《を》りますから、之《これ》をもつと廣《ひろ》くしたいと思《おも》つてゐます。少《すこ》し西洋式《せいやうしき》ですが、さう云《い》ふパーテーがあちらにはある譯《わけ》でございますね。

原 簡單《かんたん》にねえ、お孃《じやう》さんのある所《ところ》では若《わか》い坊《ぼつ》ちやん方《がた》をお呼《よ》びして、坊《ぼつ》ちやんのある所《ところ》ではまあお孃《じやう》さん方《がた》と云《い》ふ風《ふう》にもつと輕《かる》い氣持《きもち》で御交際《ごかうさい》したらいゝと思《おも》ひますが――パーテーと云《い》ふ風《ふう》になると堅《かた》くなつて、男《をとこ》の方《かた》は男《をとこ》の方《かた》であつちへと云《い》ふ風《ふう》に寄《よ》つて了《しま》つて。

――

北澤ロザリー えゝやはりお孃《じやう》さんは塊《かたま》りますよ、それでもうママは忙《いそが》しいんですの――（ニコニコしながら）もうねお孃《ぢやう》さん方《がた》と、男《をとこ》の方《かた》との間《あひだ》を行《い》つたり來《き》たりしてこつちへ御紹介《ごせうかい》したり、あつちへ御紹介《ごせうかい》したりとても大變《たいへん》ですよ。

出席者（イロハ順）

文化學院學生	池田圭太郎氏
同	岩田滿壽夫氏
聲樂家	原信子女史
文化學院院長	西村伊作氏
文化學院學生	富本陽子樣
同	雨谷照代樣
	北澤ロザリー夫人
同令孃	北澤和子樣

（寫眞正面は西村先生、それより右へ　北澤夫人、記者・雨谷孃、宮本孃、記者　左へ、原女史、岩田氏、北澤孃、池田氏）

原　私今迄《わたしいままで》見《み》て居《を》ります若《わか》い方《かた》の交際《かうさい》でございますね、例《たと》へば夜會《やくわい》になんか行《い》つて見《み》ましても自由《じいう》に御交際《ごかうさい》していますが、どうも日本《にほん》の若《わか》い方《かた》の交際《かうさい》は餘《あま》り嚴格過《げんかくす》ぎて、自由《じいう》に交際出來《かうさいでき》ませんが、もつと斯《か》う――

北澤ロザリー　宅《たく》のやうにメムバーになつて居《を》りますと普段色々《ふだんいろいろ》のことで顏《かほ》を合《あは》して居《を》りますから、比較的何時《ひかくてきいつ》も色々御話《いろいろおはなし》なさいますけれど――

男女共學の問題

原　先生《せんせい》（西村氏）の學校《がくかう》も共學《きようがく》でございますが、あちらの學校《がくかう》の共學《きようがく》はとてもいゝやうでございますね、それに男女《だんぢよ》の方《かた》が毎日會《まいにちあ》つて居《ゐ》るとお互《たが》ひに大變《たいへん》氣持《きもち》も分《わか》りますし、其《そ》の間《あひだ》に出來《でき》たラブは一番《いちばん》いゝ結果《けつくわ》を得《え》て居《ゐ》るやうでございます。それにあちらでは女《をんな》の方《かた》が醫科大學《いくわだいがく》に入《はい》る場合《ばあひ》は大抵《たいてい》お婿《むこ》さんを探《さが》すために入《はい》つて居《ゐ》るやうで、學校《がくかう》へ入《はい》つて居《ゐ》る間《あひだ》に結婚《けつこん》する方《かた》が定《き》まるともう學校《がくかう》を止《よ》されるんです。そして例《たと》へば家庭《かてい》に入《はい》つても自分《じぶん》で何《なん》でもされて、看護婦《かんごふ》も使《つか》はない。夫《をつと》の手助《てだす》けをすると云《い》ふ風《ふう》なんですが、私《わたし》それは非《ひ》常《じやう》に面白《おもしろ》いと思《おも》つて參《まゐ》りました。

西村　（煙草を吸ひながら）文化學院《ぶんくわがくゐん》にも

37　「座談会　青年男女の交際に就て」 池田圭太郎、岩田満寿夫、西村伊作、原信子 ほか 『婦人画報』昭和9年6月1日

（寫眞向つて左は西村先生、右は北澤夫人）

大分《だいぶん》あるらしいね、さう云《い》ふのが――

池田　大分《だいぶん》ありますね、他《た》とはどうしても違《ちが》ひますから。それに同《おな》じ生活《せいくわつ》をして居《ゐ》る人達《ひとたち》がお互《たが》ひに交際《かうさい》をする、だから性格《せいかく》の相違《さうゐ》から來《く》る悲劇《ひげき》と云《い》ふものは無《な》いと思《おも》ひますね、僕《ぼく》は――それに僕達《ぼくたち》は結婚《けつこん》しないから分《わか》らないが、さうぢやなかつたら僕《ぼく》、生活《せいくわつ》の發展性《はつてんせい》と云《い》ふものはないと思《おも》ひます。

西村　だから私《わたし》の所《ところ》では共學《きようがく》だつて、少《すこ》しも問題《もんだい》を起《おこ》さないです。好《す》きな人《ひと》は結婚《けつこん》する。それで宜《い》い譯《わけ》ですものね。

原　さうですわ、問題《もんだい》を起《おこ》す譯《わけ》はないと思《おも》ひます。男《をとこ》の兄弟《きやうだい》のあるお家《うち》のお孃《ぢやう》さんは割合《わりあひ》に問題《もんだい》を起《おこ》しませんものね、だから、『一人娘《ひとりむすめ》に虫《むし》が附《つ》く』（笑聲）とか何《なん》とか云《い》ふぢやございませんか、どうしても一人《ひとり》ぢや慣《な》れませんし、其《そ》の慣《な》れないと云《い》ふことが私《わたし》いけないだらうと思《おも》ひます。（珈琲を靜かにスプーンで混ぜながら）やはり兄《にい》さん方《がた》でもあると、どうしてもねえ――

岩田　それはさうかも知《し》れませんねえ、でも此頃《このごろ》の所謂《いはゆる》モダン・ガールなるものでも、口《くち》では隨分《ずゐぶん》新《あたら》しさうな事《こと》を云《い》つて居《ゐ》ても隨分古《ずゐぶんふる》い人《ひと》がありますね。例《たと》へば戀愛《れんあい》なんかでも古《ふる》い人《ひと》の方《はう》がはつきりしてゐます。

西村　――さうさう、さうだね、どうも昔風《むかしふう》の人《ひと》は問題《もんだい》を起《おこ》すやうに思《おも》ふが、決《けつ》してさうではない。しかしフラッパーの人《ひと》も中々賢《なかなかかしこ》くやつて居《ゐ》るやうですね。

原　私《わたし》フラッパーは嫌《きら》ひですけれど、交際《かうさい》と云《い》ふものを自由《じいう》にしたら、モダン・ガールでも古《ふる》い人《ひと》でも同《おな》じやうにいゝ結果《けつくわ》を生《う》むんぢやないんでせうか。

西村　でも箱入《はこいり》ぢや危《あぶ》ない（笑聲）

原　ですからね、私《わたし》斯《か》う思《おも》ひますわ、詰《つま》り男女交際《だんぢよかうさい》はしつかりした親《おや》の監督《かんとく》の下《もと》でなら、もつと自由《じいう》に、兩親《りやうしん》が又同情《またどうじやう》して自由《じいう》にさせた方《はう》がいゝと思《おも》ひます。樂《らく》な氣持《きもち》で交際《かうさい》さして、お子《こ》さんの所《ところ》へつまりお茶喫《ちやの》み話《ばなし》に來《く》る位《くらゐ》の輕《かる》い氣持《きもち》で交際《かうさい》さしてはどうかと私《わたし》は考《かんが》へるんですけれど――

岩田　僕達《ぼくたち》がお父《とう》さんになる時代《じだい》には、隨分明《ずゐぶんあか》るい、いゝ社會《しやくわい》が來《く》ると思《おも》ひますね。

原　いゝ社會《しやくわい》にはなりませうね、でも羞《は》づかしいなんて云《い》ふ氣持《きもち》は取除《とりのぞ》かなけりやいけませんね、大人《おとな》しいと云《い》ふのはいゝけど、羞《は》づかしいと云《い》ふ氣持はどうしてもね。

西村　社會的壓迫《しやくわいてきあつぱく》に對《たい》する極《ご》く輕《かる》い羞恥心《しうちしん》ですがね。

原　男女共學《だんぢよきようがく》と云《い》ふことは今《いま》は先生《せんせい》の所《ところ》許《ばか》りでせうけど、やはりどうしても私《わたし》（耳飾りが靜かに搖れる）、さう云《い》ふ生活《せいくわつ》をした人達《ひとたち》には結婚悲劇《けつこんひげき》はなくなると思《おも》ひますね。

北澤ロザリー　えゝ、それは確《たし》かにさうです。

西村　男女共學《だんぢよきようがく》は始《はじ》めは經濟的《けいざいてき》の理由《りいう》が主《おも》でしたよ、初《はじ》めと云《い》つちや可笑《をか》しいが、殊《こと》に亞米利加《アメリカ》邊《あた》りの共學《きようがく》と云《い》ふものは確《たし》かにさうでしたよ、何《なん》と云《い》つても經濟的《けいざいてき》にお金《かね》が要《い》らない爲《た》めに、それがまあさうした方《はう》が好《い》いと云《い》ふことが後《あと》になつて分《わか》つて來《き》た譯《わけ》だが、共學《きようがく》のクラスメートは、女《をんな》の人《ひと》と年《とし》が同《おな》じだから、結婚《けつこん》はずつと年《とし》が違《ちが》つて居《ゐ》る方《はう》がいゝと思《おも》ひますね。

原　でも年《とし》なんか問題《もんだい》ぢやないんでせう。だつて好《す》きならどうしたつて――

記者　共學《きようがく》はやはり二人《ふたり》ともお互《たが》ひに――男《をとこ》は女《をんな》を、女《をんな》は男《をとこ》を見《み》る眼《め》が訓練《くんれん》される譯《わけ》ぢやありませんか。

池田　それは非常《ひじやう》に訓練《くんれん》されると思《おも》ひますね。

記者　一人《ひとり》の女《をんな》を愛《あい》した後《あと》は、愛《あい》さない前《まへ》よりもどうしても何《なに》ものかを得《え》てゐるわけですからね。

池田　そりやあ變《かは》つて來《く》ると思《おも》ひますね、一人《ひとり》の女《をんな》を愛《あい》することは、結局《けつきよく》深《ふか》く人間性《にんげんせい》を知《し》るやうにも考《かんが》へられるけれど、それは非常《ひじやう》に難《むつか》しい問題《もんだい》ぢやありませんか。人間性《にんげんせい》だけ理解《りかい》して、男《だん》女間《ぢよかん》の交際《かうさい》と云《い》ふものは理解出來《りかいでき》ないことにもなりますからね。

北澤ロザリー　やはり斯《か》うフリーに、朗《ほが》らかにでございますね。

西村　一人《ひとり》と云《い》ふことを目的《もくてき》にしないで

詰《つま》り澤山《たくさん》の人達《ひとたち》から好《す》きだと思《おも》つて貰ひたい、さういふ氣持《きもち》になることはあると思《おも》ふがねえ。能《よ》く西洋《せいやう》にはありますねえ。（北澤さんに）

北澤ロザリー （微笑しながら） えゝ、まあそんな譯《わけ》でございませうよ。

性を超越した男女交際

記者 男女共學《だんぢよきようがく》の學校生活《がくかうせいくわつ》では、性《せい》を超《てう》越《えつ》してのお友達《ともだち》でせうね。

富本 勿論《もちろん》さうです、性《せい》の問題《もんだい》など考《かんが》へないわ。

岩田 女學校《ぢよがくかう》や中學校《ちうがくかう》の時《とき》はまあ別《べつ》として、それが文化學院《ぶんくわがくゐん》へ新《あたら》しい希望《きばう》を持《も》つて來《き》ますね。それで最初《さいしよ》の中《うち》は戀愛《れんあい》をしたいと云《い》ふ慾望《よくばう》がかなり支配《しはい》するでせうが、でも後《あと》では段々《だんだん》それが消《き》えて來《く》ると云《い》ふか――考《かんが》へないんですね、性《せい》を超越《てうえつ》すると云《い》ふんでせうね。

原 でもどう……――さう云《い》ふ無神經《むしんけい》になつて、性《せい》と云《い》ふことからかけ離《はな》れて一番《ばん》好《す》きになつた人《ひと》ね、私《わたし》、これが一番《ばん》いゝと思《おも》ふわ。

池田 それは間違《まちが》ひない譯《わけ》でせうね。

原 だから各自《かくじ》家庭《かてい》で、男女共學《だんぢよきようがく》でなくとも自由《じいう》に交際《かうさい》したら、やはり段々《だんだん》性《せい》と云《い》ふものを考《かんが》へなくなつちやうだらうと思《おも》ひますね。本當《ほんたう》に好《す》きな人《ひと》はどうしたつて好《す》きなんだし――（笑聲）

池田 でも其《そ》の好《す》きさが疑問《ぎもん》だらうと思《おも》ひますね。

原 でも戀《こひ》の一番大切《ばんたいせつ》なことぢやありませんか。勿論《もちろん》自分《じぶん》の境遇《きやうぐう》にも依《よ》りませうけれどねえ。

池田 戀愛《れんあい》だけ考《かんが》へる譯《わけ》には行《ゆ》かないと思《おも》ひますね。生活《せいくわつ》と云《い》ふものがそこに入《はい》つて來《き》ますから――

原 それは一般《ぱん》に考《かんが》へなけりやならないことでせうけど。

記者 どうしても生活《せいくわつ》は根本《こんぽん》の問題《もんだい》ですね――

原 さつきのお話《はなし》ですけど、男女共學《だんぢよきようがく》なんかやはり結婚難《けつこんなん》を避《さ》けると云《い》ふことにもなるでせうし、それはいゝと私《わたし》思《おも》ひますが、性《せい》といふことを忘《わす》れて行《ゆ》く――さう云《い》ふ風《ふう》に家庭《かてい》で子供達《こどもたち》を導《みちび》くといふやうなことは大事《だいじ》だと私《わたし》思《おも》ひますね。

記者 性《せい》を忘《わす》れると云《い》ふことは出來《でき》ないと思《おも》ひますね。

原 私共《わたしども》は出來《でき》ますよ。

池田 根本的《こんぽんてき》に忘《わす》れると云《い》ふことは出來《でき》ないかも知《し》れませんが、でもさう思《おも》つた程《ほど》の問題《もんだい》ぢやないと思《おも》ひます。それは根本的《こんぽんてき》には流《なが》れて居《ゐ》ると思《おも》ひますが

39　「座談会　青年男女の交際に就て」　池田圭太郎、岩田満寿夫、西村伊作、原信子 ほか 『婦人画報』昭和9年6月1日

――然《しか》し習慣《しふくわん》見《み》たいになつて來《く》ると、非常《ひじやう》に程度《ていど》が薄《うす》くなると思《おも》ひますね。

女性を保護する男女交際

原　亞米利加《アメリカ》の大學生《だいがくせい》が寄宿舍《きしゆくしや》に居《を》つて今晩活動寫眞《こんばんくわつどうしやしん》を觀《み》に行《ゆ》くと云《い》ふ時《とき》に一人《ひとり》ぢやなく、必《かなら》ず一緒《しよ》でなきやいけないんですけと、それが女《をんな》の友達《ともだち》ではなく必《かなら》ず男《をとこ》の友達《ともだち》と一緒《しよ》に出掛《でか》けるんですよ。これなんか女同志《をんなどうし》よりも男《をとこ》と一緒《しよ》に行《ゆ》けば色々危險《いろいろきけん》の豫防《よぼう》と云《い》ふことにも考《かんが》へられますね、さう云《い》ふことは一寸日本《ちよつとにほん》で考《かんが》へると極端《きよくたん》かも知《し》れませんが、一人《ひとり》で女《をんな》が出掛《でか》けるのは却《かへ》つて危險《きけん》かも知《し》れませんね。日本《にほん》ではまだ〴〵さうも行《ゆ》きませんでせうけど、例《たと》へば若《わか》いお孃《ぢやう》さんが何處《どこ》かへゐらつしやるとき、一人《ひとり》で行《ゆ》くよりも誰《だれ》か――それはお隣《とな》りの坊《ぼつ》ちやんでも（笑聲）一緒《しよ》に行《ゆ》くと云《い》ふ位《くらゐ》になつてそれが誰《だれ》も可笑《をか》しいとも思《おも》はないやうになればとてもいゝと思《おも》ひますわ、さう云《い》ふことは自分《じぶん》の身《み》も保護《ほご》されることになりますし、でも中々《なかなか》ねえ。

（寫眞右が原女史、左が岩田氏）

記者　日本《にほん》ぢや中々《なかなか》さうはいかないでせうね。

原　やはり日本《にほん》のやうな所《ところ》では駄目《だめ》ですね。

岩田　結局親達《けつきよくおやたち》が古《ふる》いんですね。

西村　年《とし》が古《ふる》くなる程《ほど》さう云《い》ふ性的《せいてき》な事《こと》に強《つよ》い神經《しんけい》を使《つか》ふが、然《しか》し今《いま》の新《あたら》しい人間《にんげん》の方《はう》が却《かへ》つて淸潔《せいけつ》ですよ。それに昔《むかし》の人《ひと》が若《わか》い者《もの》を想像《さうぞう》する時《とき》には、自分《じぶん》の心《こころ》で想像《さうぞう》するから非常《ひじやう》に惡《わる》くなるが、却《かへ》つて今《いま》の若《わか》い人《ひと》の方《はう》が考《かんが》へは綺麗《きれい》ですよ。

岩田　子供《こども》は自由《じいう》にさせて置《お》けば、獨《ひと》りでうまくやつて行《ゆ》きますよ。

西村　親《おや》が自分《じぶん》の子供《こども》が戀愛《れんあい》をして――誰《だれ》かを戀《こひ》して居《ゐ》るのを見《み》て、ニコッとして喜《よろこ》ぶと云《い》ふやうな氣持《きもち》を、日本《にほん》の親《おや》は持《も》てませんね。嬉《うれ》しさうに（ニコニコしながら）もうあの子《こ》も愛《あい》する人《ひと》を持《も》つやうになつたかと、ニコッとして見《み》る氣持《きもち》が無《な》い、直《す》ぐ怒《いか》る、何《なん》だそんなことをして――と云《い》ふやうな氣分《きぶん》になる、（灰を落しながら）それぢや駄目《だめ》ですね。雨谷《あめや》さん、どうかね、お友達《ともだち》は一人《ひとり》がいゝか澤山《たくさん》がいゝか――

雨谷　（靜かに低い聲で）お友達《ともだち》は澤山《たくさん》あつた方《はう》がいゝと思《おも》ひます。

北澤ロザリー　日本《にほん》では例《たと》へば結婚問題《けつこんもんだい》が出《で》るとあの人《ひと》は男《をとこ》の友達《ともだち》が澤山《たくさん》あるから不良《ふりやう》ぢやないかと云《い》ふことを直《す》ぐに申《まう》します。私共《わたしども》もう十何年《なんねん》も親《おや》になつて居《を》りますが、其《そ》の點《てん》は普段精々注意《ふだんせいぜいちうい》して居《ゐ》るのでございますよ。餘《あま》り嚴《きび》しくしてもいけませんし、と云《い》つて餘《あま》りフリーにさせても何《なん》ですし、中々《なかなか》そこが難《むづか》しうございますのねえ――

西村　私《わたし》はどうも神經質《しんけいしつ》ですから、成《な》るべく餘《あま》り考《かんが》へまいと思《おも》つて居《を》りますが、どうも私《わたし》は却《かへ》つて子供《こども》が私《わたし》の知《し》らん中《うち》に好《す》きな人《ひと》が出來《でき》たらいゝと思《おも》ひますね。自分《じぶん》で選擇《せんたく》して結婚《けつこん》する、それでいゝぢやありませんか。もう大丈夫《だいぢやうぶ》だと思《おも》ふ。昔《むかし》で云《い》ふ、一目《ひとめ》見《み》て好《す》きになつたと云《い》ふことでなく、お互《たが》ひに知《し》り合《あ》つて――もう其《そ》の當人同志《たうにんどうし》はお互《たが》ひの背景《はいけい》も何《なに》も彼《か》も知《し》つて了《しま》ふ。そしてそれを綜合《そうがふ》して交際《つきあ》つての上《うへ》だから、今《いま》の若《わか》い人《ひと》の方《はう》がずつと賢《かしこ》い。そして其《そ》の人《ひと》と交際《かうさい》して、一緒《しよ》に結婚《けつこん》したからと云《い》つても、それは何《なに》も心配《しんぱい》は無《な》い、大丈夫《だいぢやうぶ》だと僕《ぼく》は考《かんが》へますね。だから私《わたし》は子供《こども》に戀愛《れんあい》が成立《せいりつ》しても、ちつとも怖《こは》くもないし　心配《しんぱい》もない、それでいゝと私《わたし》は思《おも》ひますね。

北澤ロザリー　戀愛許《れんあいばか》りでは成立《せいりつ》しても生活難《せいくわつなん》と云《い》ふことがございますね。それに若《わか》い方《かた》は初《はじ》めはもう夢中《むちう》になつて了《しま》つて、愛《あい》し合《あ》つてさへ居《を》ればいゝと思《おも》ひますけど、佛蘭西《フランス》なんかにもさう云《い》ふ例《れい》がありますが、やはり是《これ》は考《かんが》へなければなりませんね、一緒《しよ》になつて子供《こども》が出來《でき》ても滿足《まんぞく》なことも出來《でき》ないやうぢやいけませんね。

原　本當《ほんたう》のラブならお互《たが》ひに責任《せきにん》も感《かん》じますし、決《けつ》してそれは親《おや》が心配《しんぱい》してやる迄《まで》もないんぢやございませんか。

精神と物質と何れが大切か

西村　僕《ぼく》は子供《こども》が大《おほ》きくなつたらさう子《こ》供《ども》に出世《しゆつせ》して貰《もら》ひたいなんて考《かんが》へませんよ、却《かへ》つて出世《しゆつせ》なんかしない方《はう》が（笑聲）いゝですね。まあ立派《りつぱ》に生活《せいくわつ》出來《でき》りやいゝね。

原　さうでございますね。精神的《せいしんてき》に幸福《かうふく》ならそれで――

西村　さう、精神的《せいしんてき》の幸福《かうふく》が第一《だいゝ》ですよ。

原　物質的《ぶつしつてき》の幸福許《かうふくばか》り願《ねが》つて結婚《けつこん》する方《かた》がありますが、あれは決《けつ》して幸福《かうふく》ぢやないと思《おも》ひますわ、隨分不幸《ずゐぶんふかう》な方《かた》がございますよ、私《わたし》も知《し》つてますけど――

北澤ロザリー　それはさうでせうね。

西村　『竹《たけ》の柱《はしら》に茅《かや》の屋根《やね》』と云《い》ふのも見《み》たらあれも面白《おもしろ》いと思《おも》ふね。（大笑）さう云《い》ふことを云《い》つても、人《ひと》は受容《うけい》れない、馬鹿《ばか》なことゝ云《い》ふが僕《ぼく》は好《す》きですよ。

池田　お互《たが》ひに氣持《きもち》が結《むす》び合《あ》つて居《ゐ》るのなら、それでも幸福《かうふく》でせうね。

富本　私斯《わたしか》う考《かんが》へますわ、お互《たが》ひの間《あひだ》に愛《あい》さへあればそれで構《かま》はんでせう、其《そ》の人《ひと》に何《なに》も他《た》から干渉《かんせふ》する必要《ひつえう》もないし、どうの斯《か》うの云《い》ふ問題《もんだい》ぢやないだらうと思《おも》ふわ――

池田　大抵《たいてい》の人《ひと》は愛《あい》の生活《せいくわつ》を望《のぞ》んで、それに成功《せいこう》しないと此《こ》の物質的《ぶつしつてき》な成功《せいこう》を得《え》れば非常《ひじやう》に幸福《かうふく》だと思《おも》ふ人《ひと》があります。僕《ぼく》は男女間《だんぢよかん》の交際《かうさい》なんかでも勿論《もちろん》自由《じいう》の方《はう》がいゝと思《おも》ふし、其《そ》の二つが極端《きよくたん》に走《はし》らない。並行《へいかう》して進《すゝ》む所《ところ》があればそれが理想《りさう》ぢやないかと僕《ぼく》は思《おも》ひますね。

原　それはさう行《ゆ》けば何《なに》もねえ。（笑聲）

池田　愛情《あいじやう》だけ問題《もんだい》にして、此《こ》の經濟的《けいざいてき》の問題《もんだい》を考《かんが》へなくちや駄目《だめ》でせうね。

西村　でも内《うち》に在《あ》る本能的《ほんのうてき》なものは割合《わりあひ》に強《つよ》いものと思《おも》ひますね。

原　それは割合《わりあひ》に男《をとこ》の人許《ひとばか》りぢやありません？

池田　女《をんな》の方《かた》は結婚《けつこん》してからの經濟的《けいざいてき》のことゝ、愛情《あいじやう》のことゝどつちをお考《かんが》へになりますか。

原　それは兩方《りやうはう》とも考《かんが》へますわ、大抵《たいてい》の娘《むすめ》さん方《がた》は此頃《このごろ》お金《かね》を持《も》つて居《ゐ》る方《かた》を目的《もくてき》とするんぢやござんせんか。

富本　私《わたし》お金《かね》なんかより貧乏《びんぼふ》でも愛情《あいじやう》の方《はう》が大切《たいせつ》だと思《おも》ふわ。

原　――いやそれはね、貴女《あなた》がお金《かね》の苦《く》勞《らう》をなさらないからよ。例《たと》へば上流《じやうりう》の社會《しやくわい》の人《ひと》に就《つい》て考《かんが》へて見《み》たつて、お金《かね》では苦勞《くらう》してゐないでせう。でもどうしたつてお金《かね》が無《な》いとそりや大變《たいへん》よ。（一寸途切れて）でも其《そ》の人《ひと》の氣持《きもち》にも依《よ》るわね。

西村　女《をんな》の人《ひと》は經濟的《けいざいてき》の問題《もんだい》になると、愛《あい》が變《かは》りはせんかな。

富本　私《わたし》さうぢやないと思《おも》ひます。

西村　昔《むかし》は腕力《わんりよく》の強《つよ》い者《もの》、此《こ》の力《ちから》のある人《ひと》に眼《め》が着《つ》いて居《ゐ》りましたね。（笑聲）詰《つま》り武勇《ぶゆう》だね。所《ところ》が今《いま》の人《ひと》は非常《ひじやう》に經《けい》濟力《ざいりよく》と云《い》ふものに魅力《みりよく》を持《も》つてゐるんぢやないかと思《おも》ひます。尤《もつと》もこれは今《いま》の若《わか》い人《ひと》は賢《かしこ》いと思《おも》ひますね。

原　さあどうでせう（許し氣に）私若《わたしわか》い人《ひと》だからつてさうと許《ばか》り限《かぎ》らないと思《おも》ひます。

雨谷　賢《かしこ》いと一概《がい》に云《い》へないと思《おも》ひますわ。

原　其《そ》の程度《ていど》、其《そ》の地位《ちゐ》それに依《よ》つて皆《みな》違《ちが》ふものぢやないでせうかね。

北澤ロザリー　私斯《わたしか》う思《おも》ひます。例《たと》へば愛《あい》で出來《でき》た家庭《かてい》があると致《いた》しまして、其中《そのうち》に主人《しゆじん》が失職《しつしよく》する場合《ばあひ》とか、病氣《びやうき》するとかさう云《い》ふ場合《ばあひ》に經濟《けいざい》と云《い》ふことは大切《たいせつ》でございますし、唯《た》だ愛許《あいばか》

41　「座談会　青年男女の交際に就て」　池田圭太郎、岩田満寿夫、西村伊作、原信子 ほか 『婦人画報』昭和9年6月1日

（寫眞は池田氏と北澤孃）

で進《すゝ》まれるものぢやないと思《おも》ひます。

原　進《すゝ》まれる人《ひと》と、進《すゝ》まれない人《ひと》とありませうね。

北澤ロザリー　私《わたし》は人間《にんげん》の一番《ばん》いゝことは朗《ほがら》かと云《い》ふことであると思《おも》つて居《を》りますから、能《よ》く物質《ぶつしつ》に許《ばか》り惠《めぐ》まれて居《を》つても、中々《なか／＼》思《おも》ふやうには行《ゆ》かない方《かた》も居《を》りますから、やはり家庭《かてい》では物質《ぶつしつ》よりも此《こ》の圓滿《ゑんまん》と云《い》ふことが私《わたし》一番大《ばんたい》切《せつ》だと考《かんが》へて居《を》りますの——

原　お金《かね》は危險《きけん》ですよ、直《す》ぐ破産《はさん》することがありますからねえ。

北澤ロザリー　さうでございますよ。ですから是《これ》からの婦人《ふじん》は主《しゆ》人《じん》が破産《はさん》しても、主人《しゆじん》に代《かは》つてやつて行《ゆ》く位《くらゐ》の心持《こゝろもち》を持《も》つて行《ゆ》きたいと思《おも》ひます。

西村　女《をんな》の人《ひと》でも技術《ぎじゆつ》を持《も》たなければいけませんね。

結婚悲劇をなくするために

原　日本《にほん》にも男女共學《だんぢよきようがく》の學校《がくかう》が少《すく》ないからもつとあつてもいゝと思《おも》ひます。それが出來《でき》たら結婚《けつこん》難《なん》も、結婚《けつこん》の悲劇《ひげき》もなくなると思《おも》ひます。

記者　小學校《せうがくかう》、中學校《ちうがくかう》から女學校《ぢよがくかう》大學《だいがく》までさうしたらいゝでせうね。

西村　所《ところ》がどうも中々《なか／＼》さうは行《ゆ》きませんね、私《わたし》の所《ところ》で中學部《ちうがくぶ》の時《とき》に男女《だんぢよ》一緒《しよ》にやる積《つも》りで居《を》つた、所《ところ》が二年程《ねんほど》やつて居《ゐ》る中《うち》にどうもうまく行《ゆ》かないのでやめました。

原　どう云《い》ふ譯《わけ》で——

西村　まあ色々《いろ／＼》ありましたが、男《をとこ》の上《うへ》の方《はう》に上級《じやうきふ》との學校《がくかう》の連絡《れんらく》が工合《ぐあひ》が惡《わる》いので中學《ちうがく》に認《みと》めて呉《く》れない、それと何《なに》かしら社會《しやくわい》から惡《わる》く思《おも》はれるやうな氣《き》もし、又先生方《またせんせいがた》の方《はう》でも恐怖心《きようふしん》があつて、それでは學校《がくかう》へも其《そ》の爲《た》めに生徒《せいと》が入《はい》らないんぢやないかと云《い》ふことも考《かんが》へて、殊《こと》に此《こ》の中學校《ちうがくかう》の時程性的《ときほどせいてき》の壓迫《あつぱく》の強《つよ》い時《とき》はありませんから、それにさう云《い》ふ學校《がくかう》が澤山《たくさん》あるのなら何《なん》ですけど、自分《じぶん》の所《とこ》一つだけ兩方《りやうはう》にすると云《い》ふことは非常《ひじやう》に困難《こんなん》に感《かん》じましたので——

原　亞米利加《アメリカ》の教育《けういく》は男女共學《だんぢよきようがく》ですから其《そ》の爲《ため》に結婚難《けつこんなん》と云《い》ふことには困《こま》らないでせう。詰《つま》りカトリックが尠《すく》ないからでせうし、歐羅巴《ヨーロッパ》の方《はう》はやはりカトリックが多《おほ》いからやはり結婚難《けつこんなん》があるんですよ、結婚難《けつこんなん》をなくするには、一番男女共學《ばんだんぢよきようがく》が宜《い》いと思《おも》ひますね。家庭《かてい》がもつと氣持《きもち》を樂《らく》にして、非常《ひじやう》に好《よ》き監督《かんとく》の下《もと》に、もつと柔《やはら》かい氣持《きもち》で交際《かうさい》させるやうにしたらとてもいゝと思《おも》ひます。

日本の客間に集る人

西村　私《わたし》の所《ところ》で廣《ひろ》い室《へや》を造《つく》つて、食堂《しよくだう》と客間《きやくま》を連絡《れんらく》さして時々《とき／″＼》パーテーなんか致《いた》しますが、どうもさう云《い》ふ所《ところ》に來《く》る人《ひと》はどうも女《をんな》の子供《こども》の滿足《まんぞく》するやうな人《ひと》も集《あつま》つて來《こ》ない、そんな風《ふう》に思《おも》はれますね。どうもこれは結婚《けつこん》といふことに就《つい》ては効能《かうのう》がない。

北澤ロザリー　それはお父《とう》さんの方《はう》の御《ご》交際《かうさい》の中《なか》から、年《とし》の若《わか》い有望《いうばう》な方《かた》を御《お》呼《よ》びになつたらきつといゝと思《おも》ひますが——御孃《おぢやう》さん方《がた》の御友達《おともだち》から許《ばか》りでなく——

原　亞米利加《アメリカ》の學校《がくかう》はずつと大學《だいがく》まで共《きよう》學《がく》ですけれど、其《そ》のために別《べつ》に問題《もんだい》も起《おこ》しませんね。皆《み》な一緒《しよ》にキヤムプへ行《ゆ》くとか、それでちつとも可笑《をか》しくもないんですよ。

北澤ロザリー　それはやはり國《くに》の習慣《しふくわん》でフリーな國《くに》でございます。また／＼佛《フ》蘭西《ランス》なんかではそんなことは出來《でき》ませんね。

原　佛蘭西《フランス》でも、伊太利《イタリー》でも、英國《えいこく》でも却《かへ》つて變《へん》な習慣《しふくわん》のためにいゝ結果《けつくわ》を生《う》まなかつたでせう、色々《いろ／＼》な社會的《しやくわいてき》な厭《いや》なことが出來《でき》ましたでせう、私《わたし》は何《なに》も亞米利加《アメリカ》のヤンキー——さう云《い》つちや惡《わる》いけど——の惡《わる》い所《ところ》は其《そ》のまゝ採入《とりい》れる必要《ひつえう》はないが、男女《だんぢよ》の交際《かうさい》とか、或《あるひ》はそのために結婚難《けつこんなん》をなくして幸福《かうふく》になれるやうなあの習慣《しふくわん》は一番宜《ばんい》いと思《おも》ひますけど——

富本　——でも女學校《ぢよがくかう》の先生《せんせい》がスカートがどうの、膝下《ひきした》か短《みぢか》いの、靴下《くつした》がどうのつて喧《やかま》しいことを云《い》ふ共學《きようがく》ならしない方《はう》がいゝと思《おも》ふわ——

原　着物《きもの》のことなんか云《い》ふのは隨分《ずゐぶん》馬鹿《ばか》

だと思《おも》ふわ、向《むか》ふの子供《こども》なんか、成熟《せいじゆく》させないために故意《わざ》と足《あし》を出《だ》して居《を》ります。それをどう斯《か》う云《い》ふのは可笑《をか》しいと思《おも》ふわ。そんなこと餘《あま》り着物《きもの》になんか關係《くわんけい》ありませんわ、海岸《かいがん》の海水着《かいすゐぎ》を見《み》たつてさうぢやありませんか、ねえ。

北澤ロザリー　でも、カトリックの學校《がくかう》ではみんな喧《やかま》しいです。

西村　亜米利加《アメリカ》は文明《ぶんめい》も非常《ひじやう》に新《あたら》しいしそれだけまた歐羅巴《ヨーロッパ》に比較《ひかく》してやはり理窟《りくつ》に合《あ》つて居《ゐ》ると思《おも》ひますね。建築《けんちく》にしても、住宅《ぢうたく》にしてもさう云《い》ふ所《ところ》があると思《おも》ひますね。

原　歐羅巴《ヨーロッパ》の子供達《こどもたち》は餘《あま》り室《へや》とかさう云《い》ふものゝ設備《せつび》も尠《すく》ないが、亜米利加《アメリカ》では自分《じぶん》の子供《こども》の室《へや》とか、子供《こども》の交際《かうさい》サロンとか、子供《こども》のライブラリーとかさう云《い》ふものは兎《と》に角便利《かくべんり》に出來《でき》て居《を》ります。

(寫眞は向つて右が富本嬢、左が雨谷嬢)

北澤ロザリー　私《わたし》は佛蘭西《フランス》に居《を》りました時《とき》に、殆《ほと》ど箱入娘《はこいりむすめ》でしたし、又喧《またやかま》しいので寄宿舎《きしゆくしや》に居《を》つても土曜日《どえうび》しか歸《かへ》りませんでしたが――でも歐羅巴《ヨーロッパ》人《じん》は亜米利《アメリ》加人《カじん》を貶《けな》します。

原　今《いま》はさうぢやありませんね。

私の好きな人と嫌ひな人

記者　北澤《きたざは》さんは(和子さんに)お母《かあ》さんが中々《なかなか》御理《り》解《かい》がありますから、御交際《ごかうさい》も色々《いろいろ》とありませうね。

北澤和子　(一寸ロザリーさんの方を向いて、ニッコリして)私《わたし》お友達《ともだち》に活動《くわつどう》に誘《さそ》はれても行《ゆ》きますし、家《うち》でお話《はなし》なんかも能《よ》くするんですよ、穩健《おんけん》なんか(笑際）も見《み》ますし——

北澤ロザリー　皆《みん》なとドライブなんぞもするんですよ——。

北澤和子　どうしても兄《あに》のお友達《ともだち》が來《く》れば私《わたし》も遊《あそ》んで、私《わたし》のお友達《ともだち》が來《く》れば皆《みん》なと又遊《またあそ》ぶんで、家《うち》の中《なか》が何時《いつ》もゴタ〳〵して居《を》りますの。

西村　さうして交際《かうさい》して居《を》れば能《よ》く向《む》ふの人《ひと》が分《わか》る。でも警戒《けいかい》しなければならないことがありませんか。

北澤和子　中《なか》にはありますわ。

記者　警戒《けいかい》しなければならない人《ひと》はどんな人《ひと》ですか。

北澤和子　（一寸考へて）さうですね、直《す》ぐね、何《なん》でもないことを自分《じぶん》を思《おも》つて居《ゐ》るんぢやないかと思《おも》ふんですよ、斯《か》う直《す》ぐ變《へん》に取《と》つて——

原　（卓上の活花の花瓣を一片灰落しへ撮み落して）あるわ、さう云《い》ふ人《ひと》がねえ。

記者　あなたはどんな人《ひと》がいゝと思《おも》ひますか。

北澤和子　私能《わたしよ》く分《わか》らないけど、さう何《なん》と云《い》ふのかしら、私《わたし》やはり社交家《しやかうか》見《み》たいな人《ひと》が好《す》き、それから何《なに》か一つ仕事《しごと》を持《も》つて居《ゐ》る人《ひと》。

記者　一生懸命《しやうけんめい》になつて居《ゐ》る人《ひと》ですね。

北澤和子。　私斯《わたしか》う詰《つま》んない顔《かほ》をして喋《しや》べらない人《ひと》、あゝ云《い》ふ人嫌《ひときら》ひ、誰《だれ》とでも喋《しやべ》つて社交《しやかう》の旨《うま》い人私好《ひとわたしす》きだわ。

記者　お母《かあ》さんの御教育《ごけういく》がよろしいから。（北澤ロザリーさん、ニッコリ笑はれる）

西村　（雨谷さんに）貴女《あなた》はどんな人《ひと》がいゝ？

雨谷　（困つた顔をして）私社交《わたししやかう》の餘《あま》り上手《じやうず》な人《ひと》は好《す》きぢやありませんの——

記者　段々偉《だん〳〵えら》くなるとか、末《すゑ》の見込《みこみ》があるとか云《い》ふ人《ひと》が御分《おわか》りになりますか。

北澤和子　さうね、やはりお附合《つきあ》ひをして居《ゐ》ると段々分《だん〳〵わか》つて來《き》ます。

富本　好《す》きな人《ひと》が出《で》て來《く》れば、誰《だれ》でも好《す》きになるしどう云《い》ふ人《ひと》がと聞《き》かれても分《わか》んないわね。

岩田　それは決《きま》つて居《を》りませんからね。

富本　好《す》きつて云《い》ふのも漠然《ばくぜん》とした好《す》きさよ、でも私餘《わたしあま》り社交家《しやかうか》は好《す》きぢやないわ。

記者　（池田《いけだ》、岩田《いはた》さんに向《む》つて）あなた方《がた》はどう云《い》ふ方《かた》が好《す》きですか。

池田　自分《じぶん》がこれからやつて行《ゆ》かうと云《い》ふ事《こと》を助《たす》けて呉《く》れる人《ひと》でなければ駄目《だめ》ですね。それを考慮《かうりよ》に入《い》れなきやあ—

記者　理解《りかい》を持《も》つと云《い》ふことですか。

池田　理解《りかい》と云《い》ふよりも、もつと進《すゝ》んで助《たす》けて呉《く》れると云《い》ふやうな氣持《きもち》の人《ひと》と結婚《けつこん》するとすれば、いゝ譯《わけ》です。

記者　と云《い》ふと家庭《かてい》に於《お》ける好《よ》き助力者《じよりよくしや》と云《い》ふ譯《わけ》ですね。（女《をんな》の人達《ひとたち》に）貴女《あなた》方《がた》は結婚《けつこん》されてからどう云《い》ふ妻《つま》にならうと云《い》ふ考《かんが》へですか。

富本　私平凡《わたしへいぼん》な奥様《おくさま》になりたいわ。でも家《いへ》の中《なか》に許《ばか》り居《を》つても詰《つま》らんけど。

西村　富本《とみもと》さんがまだ赤《あか》ん坊《ばう》の時《とき》に、田舎《ゐなか》にいらしたことがあつたが、御兩親《ごりやうしん》は二人《ふたり》ともあの通《とほ》り藝術家《げいじゆつか》ですから、斯《か》う普通《ふつう》の一般《ぱん》の生活《せいくわつ》と違《ちが》つて中々骨《なか〳〵ほね》を折《を》つていらつしたらしい。何《なに》か探《さぐ》り合《あ》ふと云《い》ふかね。

富本　厭《いや》な（小さい聲で、靜かに）時《とき》がありますね。

西村　藝術家同志《げいじゆつかどうし》と云《い》ふものは氣持《きもち》が合《あ》はないと一寸さうなるでせうね。

原　兩方《りやうはう》が勉強《べんきやう》しなけりやならない時《とき》には、家庭《かてい》に在《あ》るお母《かあ》さんの方《はう》が隨分苦《ずゐぶんくる》しみますね、でもさう云《い》ふのはお氣《き》の毒《どく》だわね。

富本　ですからお母《かあ》さんが可哀想《かあいさう》な時《とき》がありますわ。

男女同權の問題

西村　此頃《このごろ》の若《わか》い人《ひと》は男《をとこ》と女《をんな》の權利《けんり》とか何《なん》とかさう云《い》ふことは考《かんが》へなくなりましたね。

原　喧《やかま》しく權利《けんり》なんか得《え》やうとは思《おも》ひませんね、でも法律上《はふりつじやう》なんかで女《をんな》の人《ひと》が男《をとこ》と同《おな》じやうな地位《ちゐ》になければならないつて云《い》ふことは考《かんが》へますね。

岩田　離婚法《りこんはふ》なんか男《をとこ》に有利《いうり》に出來《でき》てゐますね。

原　ですから女《をんな》の人《ひと》で頭《あたま》のいゝ方《かた》なんかさう云《い》ふ方《はう》に働《はたら》いて頂《いただ》いたら非常《ひじやう》にいゝと思《おも》ひますね。私《わたし》さう云《い》ふ方面《はうめん》に活動《くわつどう》して居《ゐ》る女《をんな》の方《かた》にとても同情《どうじやう》してます。

原　私《わたし》倫敦《ロンドン》のパリヤメントでさう思《おも》つたんですけど、女《をんな》の代議士《だいぎし》を見《み》て、ほんとに私達《わたしたち》のお友達《ともだち》と云《い》ふことを考《かんが》へました。女《をんな》の人《ひと》でなけりや臺所《だいどころ》のことは分《わか》らないと思《おも》ひましたわ。私《わたし》なんか頭《あたま》がありませんから出來《でき》ませんけど、さう云《い》ふ方《はう》に頭《あたま》のある方《かた》の出《で》られるのを望《のぞ》んで居《を》ります。英國《えいこく》なんかさうでもありませんけど、日本《にほん》なんかぢや政治《せいぢ》的《てき》の方面《はうめん》なんかもつとねえ。

記者　それから私共《わたしども》がさう云《い》ふ方面《はうめん》に活躍《くわつやく》して居《ゐ》る婦人《ふじん》の方《かた》で男《をとこ》のやうに一生《いつしやう》懸命《けんめい》やつていて、それが飛《と》んでもない時《とき》に、女《をんな》らしい所《ところ》を出《だ》す、さう云《い》ふ時《とき》に私共《わたしども》は却《かへ》つて普通《ふつう》の女以上《をんないじやう》に女《をんな》であつたことを嬉《うれ》しく思《おも》ふことがありますね。

原　私《わたし》さう云《い》ふ人《ひと》が最《もつと》も女《をんな》らしいと思《おも》ふんですの――さう云《い》ふ時《とき》はほんとに、（昂奮して）私《わたし》、女《をんな》の――普通《ふつう》の時《とき》の女《をんな》よりも斯《か》う温《あたゝ》かい、柔《やはら》かい女《をんな》らしさを見《み》ますわ。

私たちはこんな結婚をえらびたい

記者　貴女方《あなたがた》は如何《いかゞ》ですか、御結婚《ごけつこん》は自分《じぶん》で御選《おえら》びになりますか。それとも兩親《りやうしん》に選《えら》んで頂《いただ》いて結婚《けつこん》なさいますか。

岩田　勿論《もちろん》自分《じぶん》で選《えら》びます。それは將來《しやうらい》配偶者《はいぐうしや》として正《ただ》しい理解《りかい》が出來《でき》ますから――それで第《だい》一自分《じぶん》で選《えら》んで結婚《けつこん》すれば責任《せきにん》と云《い》ふものを感《かん》ずると思《おも》ひます。どうしても私《わたし》はさうぢやなけりやならないと思《おも》ひます。

記者　お孃《ぢやう》さんの結婚《けつこん》に就《つい》てはどうお考《かんが》へですか。

北澤ロザリー　私《わたし》はやはり舊式《きうしき》の頭《あたま》かも知《し》れませんが、やはり親《おや》が選《えら》んだ方《はう》が終《をは》りまで無事《ぶじ》に行《ゆ》くと思《おも》ひます。若《わか》い方《かた》の考《かんが》へは戀愛《れんあい》になりますと夢中《むちう》になつていけませんねえ。日本《にほん》の言葉《ことば》にもありますが『手鍋《てなべ》下《さ》げても』と云《い》ふやうにお互《たが》ひの氣持《きもち》が何時《いつ》までも續《つゞ》いて行《ゆ》かなけりやなりませんから、やはり自分一人《じぶんひとり》で選《えら》んでも中々《なか／＼》難《むづか》しいと思《おも》ひますが――これは私《わたし》の老婆心《らうばしん》ですから。出來《でき》るなら親《おや》が選《えら》んだ方《はう》がいゝと思《おも》ひますね。（笑聲）

記者　どうも色々《いろ／＼》有難《ありがた》うございます。

同性心中の許婚

「銀幕《ぎんまく》の瞳《ひとみ》に捧《さゝ》ぐる乙女《をとめ》の純《じゆん》情《じやう》——女教《ぢよけう》諭《ゆ》、女専卒業生《ぢよせんそつげふせい》の悲《ひ》戀同性心中《れんどうせいしんぢう》」といふ見出《みだ》しで新聞紙上《しんぶんしじやう》を賑《にぎ》はした事件《じけん》のヒロイン京都東山女専《きやうとひがしやまぢよせん》の金田愛子《かなだあいこ》さん、親友《しんいう》明徳女學校教諭江口《めいとくぢよがくかうけうゆえぐち》幸《ゆき》さん、更《さら》に事件《じけん》のかくれたる中心人物《ちうしんじんぶつ》日活俳優宇留木浩氏《にっくわつはいいうゝるきひろし》が身《み》を以《もつ》て描《えが》き出《だ》した青春哀歌《せいしゆんあいか》！　自《みづか》ら『一介《かい》』の映畫俳優《えいぐわはいいう》、不良少年《ふりやうせうねん》と呼《よ》び、

（本文の筆者、日活俳優宇留木　浩氏）

四月七日午前一時《ぐわつかごぜんじ》——暗憺《あんたん》たる夜《よる》だ。それに春《はる》とは云《い》へない寒《さむ》さだ。愛子《あいこ》は、ウイスキーと睡眠劑《するみんざい》とで漸《やうや》く失《うしな》ひかけて來《き》た意識《いしき》と身《から》體《だ》とを引《ひ》きずる様《やう》にして、琵琶湖《びはこ》の水《みづ》の中《なか》へと蹈《ふ》み込《こ》んで行《い》つた。此處《ここ》は、湖北地方《こほくちはう》の雪《ゆき》解水《どけみづ》をたたへてゐるので、七月《ぐわつ》になつてもまだ温《あたゝ》まらない程冷《ほどつめた》い。暗《くら》い、冷《つめた》い、その水《みづ》は愛子《あいこ》の胸《むね》の邊《あたり》まで來《き》た時《とき》、忽然《こつぜん》と愛子《あいこ》を呑《の》み込《こ》んで了《しま》つた。そして愛子《あいこ》は既《すで》に亡《な》いのだ。

私《わたし》は、杉狂兒《すぎきやうじ》の家《うち》で、彼《かれ》の歸《かへ》りを長《なが》い間待《あひだま》つてゐた。今日《けふ》は、愛子《あいこ》と私《わたし》とが、驀《まつしぐ》らに戀愛《れんあい》の深《ふか》い淵《ふち》へ落《お》ち込《こ》んで行《い》つた記念日《きねんび》だつた。私《わたし》は、ぼんやりと昨年《さくねん》の今日《けふ》の事《こと》を考《かんが》へながら何《なに》もしないで座《すわ》つてゐた。去年《きよねん》の今日《けふ》は曇《くも》つてゐて暖《あたゝ》かだつた。京都驛《きやうとえき》に愛子《あいこ》を迎《むか》へ、一夜《や》を過《す》ごした今日《けふ》、丁度伊《ちやうどだ》達里子《てさとこ》主演《しゆえん》の「桃色娘《もゝいろむすめ》」の撮影《さつえい》で、私《わたし》は、戀《こひ》人《びと》を得《え》た歡喜《くわんき》に宇頂天《うちやうてん》になつて撮影《さつえい》をやつて居《ゐ》た。夕方《ゆふがた》そのロケーションが終《をは》つて歸《かへ》る

者愛子

宇留木浩

湖底に消えた金田愛子さん

また不良少女《ふりやうせうぢよ》と呼《よ》ばれた二人《ふたり》。愛子《あいこ》さんは何故《なにゆゑ》湖《こ》水《すゐ》の底《そこ》に自《みづか》らの若《わか》い肉體《にくたい》と魂《たましひ》を沈《しづ》めればならなかつたか？火《ひ》の如《ごと》き二人《ふたり》の情熱《じやうねつ》と、背負《せお》はされた現世《うつしよ》の苦《くる》しい運命《うんめい》。

と、愛子《あいこ》は親《おや》を待《ま》ちかねた子燕《こつばめ》の様《やう》に私《わたし》を待《ま》つてゐたが。

私《わたし》は段々《だんだん》と、忘《わす》れてゐた細《こま》かな點《てん》までも思《おも》ひ出《だ》してゐた。小《ちひ》さい身體《からだ》の彼女《かのぢよ》、特徴《とくちよう》のあるアクセント、圓《つぶら》なる眼《め》、白《しろ》い皮膚《ひふ》、その香《かう》水《すゐ》等《など》と……

そして投《な》げ込《こ》まれた夕刊《ゆふかん》を開《ひら》いた。佐《さ》藤次《とうじ》郎《らう》選手《せんしゆ》の自殺《じさつ》の後報《こうはう》が先《ま》づ第《だい》一に目《め》についた。私《わたし》は、それを聲《こゑ》を出《だ》して讀《よ》んだ。そして、殘《のこ》された岡田《をかだ》早苗《さなへ》さんに、深《ふか》い同《どう》情《じやう》と、悲《かな》しみとを寄《よ》せた話《はな》しを、聽《き》き手《て》だつた杉狂兒《すぎきやうじ》の妻君《さいくん》としてゐたと記憶《きおく》してゐる。

一度《とな》投《な》げ出《だ》して再《ふたゝ》び取《と》り上《あ》げたその夕《ゆふ》刊《かん》で、私《わたし》は愛子《あいこ》の痛《いた》ましい死《し》を知《し》つたのだ。

この夕刊《ゆふかん》を一讀《どく》した時《とき》の氣持《きもち》を、今正確《いませいかく》に書《か》く事《こと》は出來《でき》ない。杉狂兒《すぎきやうじ》の妻君《さいくん》が何《なに》か言葉《ことば》をかけたらしいが私《わたし》はそれには答《こた》へず何度《なんど》も〳〵その記事《きじ》を繰返《くりかへ》して讀《よ》んだが、終《しま》ひにはたゞボーツとなつてみつめてゐるだけだつた。

夕刊《ゆふかん》の記事《きじ》では、同性心中《どうせいしんぢう》としてある。原《げん》因《いん》は不明《ふめい》だが、恐《おそ》らくは對手《あひて》の江口《えぐち》と云《い》ふ人《ひと》と別《わか》れて、去《さ》るに忍《しの》びないのでやつたのだらう、と極《きは》めて漠然《ばくぜん》としか書《か》かれてなかつた。

私《わたし》は驚《おどろ》きが一時《じ》靜《しづ》まると、何故《なぜ》だか熱心《ねつしん》に原因《げんいん》を考《かんが》へ出《だ》さうと努力《どりよく》してゐた。

その時《とき》から、私《わたし》は平常《へいじやう》とすつかり打《う》つて變《かは》つた人間《にんげん》になつてゐた。愛子《あいこ》に對《たい》するあらゆる考《かんが》へが犇々《ひしひし》と心《こゝろ》を締付《しめつ》けるからだ。忘《わす》れ樣《やう》としても、次《つぎ》から次《つぎ》へと隙間《すきま》なく押《お》し寄《よ》せて來《く》る考《かんが》へは、果《は》ては幻《まぼろし》までを私《わたし》に見《み》せる。後《あと》からのは前《まへ》のよりも鮮《あざや》かに、しかも一層《そう》の重壓《ぢうあつ》となつて、浮《うか》んでは消《き》えて私《わたし》を惱《なや》ますのだ。

私達二人《わたしたちふたり》は——尠《すく》なくとも私《わたし》は、事《こと》のこゝ

に立《た》ち到《いた》るのを、どんなにか恐《おそ》れ、どんなにか警戒《けいかい》した事《こと》だらう。だから、最善《さいぜん》の方法《はうはふ》を取《と》る可《べ》く努力《どりよく》したのではなかつたか。

嘗《かつ》ての日《ひ》に、私《わたし》は、喜《よろこ》びも、苦《くる》しみも、世《よ》の中《なか》への戰《たゝか》ひにも、二人《ふたり》は助《たす》け合《あ》ひ救《すく》ひ合《あ》ふ可《べ》きだと、一つの例《たと》へ話《ばなし》をした事《こと》がある。

二人《ふたり》は、人《ひと》の世《よ》の、高《たか》い、嶮岨《けんそ》な山《やま》を登《のぼ》る一組《くみ》の登山家《とざんか》だ。二人《ふたり》は一本《ぽん》の命綱《ザイル》で身體《からだ》を結《むす》び付《つ》け、氷斧《ピッケル》を持《も》ち、鐵樏《アイゼン》を着《つ》けて、一歩《ぽ》一歩《ぽ》踏《ふ》みしめながら登《のぼ》つて行《ゆ》く。一人《ひとり》が轉落《てんらく》するのを、一人《ひとり》は、その全身《ぜんしん》の力《ちから》を以《も》つて防《ふせ》ぎ止《と》め、安全《あんぜん》な所《ところ》まで引《ひ》き上《あ》げて、さて前進《ぜんしん》するのだ。食《く》ふのも、眠《ねむ》るのも、寒暑《かんしよ》と戰《たゝか》ふのも二人《ふたり》だから出來《でき》るのだと……。

今《いま》、その命綱《ザイル》は斷《た》たれ、愛子《あいこ》は呆然《ばうぜん》たる私《わたし》を殘《のこ》して轉落《てんらく》してしまつた。

「何故《なぜ》、愛子《あいこ》よ死《し》ななければならなかつたのか？」

私達《わたしたち》は去年《きよねん》の冬《ふゆ》、愛宕山《あたごやま》のスキー場《ぢやう》で知《し》り合《あ》つた。それは、正確《せいかく》に云《い》ふと、昭和《せうわ》八年《ねん》二月《ぐわつ》十九日《にち》、日曜日《にちえうび》のことである。

この日《ひ》は珍《めづ》らしく寒《さむ》い日《ひ》で、愛宕《あたご》では零下《れいか》一〇度《ど》以下《いか》に氣溫《きをん》は下《くだ》つてゐた。それに激《はげ》しい北《きた》の風《かぜ》が、時々《ときぐ》猛烈《まうれつ》な吹雪《ふぶき》を送《おく》つてゐた。この寒氣《かんき》と吹雪《ふぶき》との中《なか》で始《はじ》めて愛子《あいこ》と知《し》り合《あ》つたのだが、それは可成《かなり》印象的《いんしやうてき》だつたと云《い》へる。

それから學年末《がくねんまつ》まで交遊《かういう》が續《つゞ》いた。そしてお互《たが》ひが夫々《それぐ》に興味《きようみ》を持《も》ち、戀愛《れんあい》に進展《しんてん》して行《ゆ》く可《べ》き萠芽《ほうが》が、その間《かん》に育《そだ》てられつゝあつたのだ。

學年末《がくねんまつ》の休暇《きうか》に、愛子《あいこ》は靜岡《しづをか》の實家《じつか》へ歸《かへ》つてゐた。そこから手紙《てがみ》で、しきりに淋《さび》しくつて堪《た》へられない、京都《きやうと》へ早《はや》く行《ゆ》き度《た》いと云《い》つて來《き》た。私《わたし》は、今《いま》となつては何《なん》とも辯解《べんかい》のし樣《やう》がない所《ところ》の不用意《ふようい》さを以《もつ》て、それに返辭《へんじ》を書《か》いたものだ。學校《がくかう》の寄宿舍《きしゆくしや》へ歸《かへ》つて來《き》ても淋《さび》しいのなら、私《わたし》の家《うち》へ來《き》ても差支《さしつか》へありません、陋屋《ろうをく》ですがよかつたら御上洛《ごじやうらく》、一緒《しよ》に遊《あそ》びませうと。

電報《でんぱう》を受取《うけと》つて、四月《ぐわつ》六日《か》の暖《あたゝか》い夜《よる》、愛《あい》子《こ》を京都驛《きやうとえき》に迎《むか》へた。

二人《ふたり》は、既《すで》に戀人同志《こひびとどうし》であるが如《ごと》くに、人《ひと》目《め》を避《さ》けて、餘《あま》り人《ひと》の居《ゐ》ない喫茶店《きつさてん》で茶《ちや》を飮《の》みながら、學校《がくかう》の始《はじ》まるまでの愛子《あいこ》の居所《ゐどころ》について、もう一度《ど》相談《さうだん》し合《あ》つた。愛子《あいこ》は私《わたし》の所《ところ》へ泊《とま》ると云《い》ふのだ。

私《わたし》は、元來《ぐわんらい》仲間同志《なかまどうし》の間《あひだ》では、所謂《いはゆる》不良《ふりやう》と稱《しよう》される部《ぶ》に屬《ぞく》してゐる。一度《ど》、大《おほ》きな戀愛《れんあい》事件《じけん》で失敗《しつぱい》してゐるし、女《をんな》の人《ひと》に對《たい》する態度《たいど》や、私《わたし》の容貌《ようばう》から受《う》ける感《かん》じやらが、そう思《おも》はせそう信《しん》じさせるのだが本人《ほんにん》は、到《いた》つて女《をんな》の人《ひと》に對《たい》しては氣《き》の弱《よわ》い、むしろいつも受動《じゆどう》的《てき》な立場《たちば》にばかり居《ゐ》る樣《やう》な人間《にんげん》なのだ。だから、此《こ》の夜《よ》も、私《わたし》は君《きみ》を戀《こ》ひ、想《おも》つてゐる、君《きみ》だつてさうならば遠慮《ゑんりよ》はせずと私《わたし》について來給《きたま》へと云《い》ふ所《ところ》だつたらう。そうせずに、私《わたし》は約《やく》一時間《じかん》の後《のち》、恐《おそ》る〳〵愛子《あいこ》を我家《わがや》へ（と云《い》つても下宿《げしゆく》へ）案内《あんない》したのである。

二人《ふたり》は、長《なが》い間《あひだ》、無言《むごん》で坐《すわ》つてゐたり、時《とき》時溜息《ときためいき》をついたり、又話《またはな》し合《あ》つて笑《わら》つたりして、その情熱《じやうねつ》を隱《かく》さうとしてゐた。が、春《はる》の夜《よ》の不思議《ふしぎ》な力《ちから》は、いつの間《ま》にか二人《ふたり》を情熱《じやうねつ》の坩堝《るつぼ》の中《なか》に投《な》げ出《だ》してしまつた。その夜《よ》から二人《ふたり》は、離《はな》る可《べ》からざる二人《ふたり》となつてしまつたのだ。

　春《はる》は夢《ゆめ》の樣《やう》に呆《あ》つ氣《け》なく過《す》ぎ去《さ》つてしまつた。夏《なつ》——。私《わたし》は、全《まつた》く夢中《むちう》になつて愛子《あいこ》を愛《あい》した。

　七月《ぐわつ》、八月《ぐわつ》の休暇《きうか》に、愛子《あいこ》は朝鮮《てうせん》の父《ちゝ》の許《もと》へ歸《かへ》る事《こと》になつてゐた。で私《わたし》は、せめて神戸《かうべ》邊《あたり》までゞも送《おく》つて行《ゆ》く心算《つもり》でゐた。所《ところ》が、會《くわい》

同性心中の相手女教諭江口幸さん

社《しや》から「大學《だいがく》の唄《うた》」へ出演《しゆつえん》、早速《さつそく》東京《とうきやう》ロケーションに出發《しゆつぱつ》せよと命令《めいれい》があつた。役《やく》は端役《はやく》で、物語《ものがた》りの一端《たん》にすら出《で》て來《こ》ないのだが、否《いな》む事《こと》は出來《でき》ない。それに會社側《くわいしやがは》では、うまく吾々《われ〳〵》の心理《しんり》を利用《りよう》して、君《きみ》でなければ出來《でき》ない役《やく》だから是非《ぜひ》やり給《たま》へと云《い》ふ。私《わたし》はそこで、愛子《あいこ》と謀《はか》つて、都合《つがふ》がついたら靜岡《しづをか》へ行《い》つて、そこから手紙《てがみ》を吳《く》れ給《たま》へ、東京《とうきやう》から歸《かへ》りは、岡山《をかやま》にジャズ・バンドの演奏《えんそう》があつて僕《ぼく》は行《ゆ》くから、一緒《しよ》の汽車《きしや》で送《おく》り送《おく》られしやうではないかと云《い》ふ風《ふう》にして、不平《ふへい》滿々《まん〳〵》で東京《とうきやう》へ行《い》つた。

　東京《とうきやう》では、妹達《いもうとたち》の仲《なか》に（細川《ほそかは》ちか子《こ》と丸山定夫《まるやまさだを》）危機《きき》が來《き》てゐて、その方《はう》で大部《だいぶ》心《こゝろ》を痛《いた》めて、物凄《ものすご》い暑《あつ》さに、立《た》つて居《ゐ》ると靴《くつ》までが溶《と》けると思《おも》ふ程《ほど》の所《ところ》で、衆人《しうじん》の環視《くわんし》のうちに、親《おや》にも見《み》せられない恥《はぢ》さらしの演技《えんぎ》をやり、泣《な》き度《た》い思《おも》ひで靜岡《しづをか》から來《く》る可《べ》き愛子《あいこ》の手紙《てがみ》を待《ま》つてゐたのだつたが、遂《つひ》に得《え》られず、不平《ふへい》、不安《ふあん》の中《うち》に岡山《をかやま》の演奏《えんそう》をすまして家《うち》へ歸《かへ》ると、愛子《あいこ》は既《すで》に朝鮮《てうせん》へ歸《かへ》つた後《あと》で、置《お》き手紙《てがみ》がしてある。それには——

　出發《しゆつぱつ》の前日《ぜんじつ》、友達《ともだち》と撮影所《さつえいじよ》に遊《あそ》びに來《き》て、杉山昌三九《すぎやましやうさく》と他一人《ほかひとり》の四五人連《にんづ》れで、夜《よる》の大津《おほつ》へドライブして、非常《ひじやう》に樂《たの》しく、よき夜《よ》を過《す》ごした事《こと》が、煽情的《せんじやうてき》に書《か》かれてあつた。杉山《すぎやま》の事《こと》は、以前《いぜん》から好《す》きだと云《い》つて居《ゐ》たが、單《たん》に演技《えんぎ》だとか其《そ》の他《た》の外面的《ぐわいめんてき》な方面《はうめん》のみでまア云《い》はゞファンに過《す》ぎないと思《おも》つてゐたのに、この手紙《てがみ》の事《こと》は全《まつた》く私《わたし》を驚《おどろ》かしてしまつた。

　私《わたし》は正直《しやうぢき》に云《い》ふと嫉妬《しつと》の思《おも》ひで燒《や》きつくされる感《かん》じがして、一生《しやう》の間《あひだ》に二度《ど》とあるまいと思《おも》ふ程《ほど》あれ程仲《ほどなか》の良《よ》い杉山昌三九《すぎやましやうさく》を憎惡《ぞうを》した瞬間《しゆんかん》は此《こ》の時《とき》だつた。後《あと》で聞《き》けば、杉山《すぎやま》は私《わたし》に遠慮《ゑんりよ》して一言《こと》も言葉《ことば》すら交《まじ》へなかつた相《さう》で、私《わたし》は非常《ひじやう》に恥入《はぢい》つた次第《しだい》だが、この時《とき》から、私《わたし》は手紙《てがみ》に返辭《へんじ》を出《だ》す事《こと》を止《や》めてしまつた。何《な》んとなく、只《たゞ》、女《をんな》が、一人《ひとり》の役者《やくしや》と知《し》り合《あ》つて、戀《こひ》した如《ごと》く見《み》せて遊《あそ》んだのだ、と

云《い》ふ氣《き》がしてならなかつたからだ。

愛子《あいこ》から、度々《たび〳〵》手紙《てがみ》が來《き》た。併《しか》し私《わたし》は沈默《ちんもく》してゐる。

そして八月《ぐわつ》、私達《わたしたち》は朝鮮《てうせん》へ行《い》つた。京城《けいじやう》で、出迎《でむか》への群集《ぐんしふ》をかき分《わ》けて自動車《じどうしや》へ乘《の》る時《とき》、後《うしろ》から肩《かた》をたゝく者《もの》が居《ゐ》る。振《ふ》り返《かへ》ると愛子《あいこ》だ。淸州《せいしう》から、私《わたし》に逢《あ》ひに出《で》て來《き》たのだと云《い》ふ。

其《そ》の夜《よ》、四回《くわい》の演奏《えんそう》でヘト〳〵に疲《つか》れた上《うへ》京城《けいじやう》の有志達《いうしたち》の招待《せうだい》で朝鮮料理《てうせんれうり》と妓生《キーサン》の御馳走《ごちそう》になつた。名月館《めいげつくわん》とか云《い》ふ宏大《くわうだい》な料亭《れうてい》だつた。私《わたし》は只一人《たゞひとり》、そこを脫《ぬ》け出《だ》して愛子《あいこ》の泊《とま》つてゐる旅館《りよくわん》を訪《たづ》ねた。

その晩《ばん》、文字《もじ》通《どほ》り一睡《すゐ》もせずに語《かた》り明《あ》かしたのだつた。もつと二人《ふたり》の間《あひだ》を深《ふか》く考《かんが》へ、省《かへりみ》る事《こと》、それが話題《わだい》の中心《ちうしん》で、後《あと》は手紙《てがみ》を出《だ》さない私《わたし》の苦《くる》しさだとか、如何《いか》に憤激《ふんげき》したとか、愛子《あいこ》が私《わたし》の沈默《ちんもく》ですつかりまいつてしまつたとかを話《はな》し合《あ》つてゐた。二人《ふたり》は、また元《もと》の戀人同志《こひびとどうし》に歸《かへ》つたのである。と云《い》ふよりは、一歩《ぽ》前進《ぜんしん》した事《こと》になつたのだ。卽《すなは》ち、私《わたし》は愛子《あいこ》を、愛子《あいこ》は私《わたし》を、第《だい》一義的《ぎてき》なものと考《かんが》へて行動《かうどう》する事《こと》、他《た》は總《すべ》て二義的《ぎてき》なものとして行《ゆ》かうと云《い》ふ事《こと》になつたのである。

この約《やく》一ケ月半《げつはん》ばかりの間《あひだ》の出來事《できごと》は、二人《ふたり》に特《とく》に愛子《あいこ》にとつて、よくものを考《かんが》へ、省《かへりみ》る、と云《い》ふ事《こと》を敎《をし》へたらしい。休暇《きうか》明《あ》けからの二人《ふたり》は今《いま》までの樣《やう》に、單《たん》に夢中《むちう》になつて遊《あそ》び廻《まは》ると云《い》ふ事《こと》よりも、重大《ぢうだい》な將來《しやうらい》へ關《くわん》しての話《はなし》を話《はな》し合《あ》ふ樣《やう》になつて來《き》た。

愛子《あいこ》は靜岡《しづをか》で生《うま》れた。多《おほ》くの兄弟姉妹《きやうだい》の中《うち》の末娘《すゑむすめ》であつたのだ。

幼《をさな》い折《をり》に、母方《はゝがた》の緣戚《えんせき》に當《あた》る金田家《かねだけ》の養女《やうぢよ》として貰《もら》はれて行《い》つた。養父《ちゝ》は退役陸軍大佐《たいえきりくぐんたいさ》と聞《き》く。幼《をさな》い愛子《あいこ》に取《と》つては深《ふか》い印象《いんしやう》となつて、この事《こと》が殘《のこ》つたらしい。兩親《りやうしん》は何故《なぜ》他《ほか》の兄弟姉妹《きやうだい》の樣《やう》に自分《じぶん》を可愛《かはい》がらないで、他家《たけ》へ追《お》ひやるのだらうと。その時《とき》から、何事《なにごと》をも信《しん》じられない懷疑的《くわいぎてき》な、虛無的《きよむてき》なものが自分《じぶん》の心《こゝろ》の、魂《たましひ》の奧底《おくそこ》に棲《す》む樣《やう》になつたと、愛子《あいこ》はよく私《わたし》に語《はな》した。

愛子《あいこ》は養父《ちゝ》に隨《したが》つて朝鮮《てうせん》に移《うつ》つた。そして養母《はゝ》は、長《なが》い病氣《びやうき》の後《あと》で、愛子《あいこ》と養父《ちゝ》とを殘《のこ》して他界《たかい》して行《い》つた。愛子に云はせると、愛子《あいこ》は母《はゝ》の愛《あい》を知《し》らずに大《おほ》きくなつたのだ。

けれども、養父《ちゝ》は、非常《ひじやう》に愛子《あいこ》を愛《あい》してゐたにちがひない。眞實《しんじつ》の親《おや》にも增《ま》して愛《あい》してゐたと想像《さうざう》される。何故《なぜ》なれば、後妻《ごさい》を貰《もら》はなかつたばかりではない。娘《むすめ》の希望《きばう》を入《い》れて、朝鮮《てうせん》に在《あ》るにもかゝはらず京都《きやうと》の專門學校《せんもんがくかう》に愛子《あいこ》を入學《にふがく》させてゐるし、家《うち》に在《あ》れば萬事《ばんじ》愛子《あいこ》を中心《ちうしん》として行《おこな》はれてゐたさうだから。

只《たゞ》、この老《お》ひたる士官《しくわん》の一ツの希望《きばう》は、立《りつ》派《ぱ》に成長《せいちやう》し、教育《けういく》されたこの娘《むすめ》に、天晴《あつぱれ》な夫《をつと》を持《も》たせ、東京《とうきやう》へ出《で》て、幸福《かうふく》な若《わか》い二人《ふたり》の家《か》庭《てい》で死《し》んで行《ゆ》き度《た》いと云《い》ふ事《こと》だつた。

私達《わたしたち》は——特《とく》に私《わたし》ははつきりとこの父《ちゝ》の希《き》望《ばう》を知《し》り、然《し》かも岡山《をかやま》には既《すで》にこの天晴《あつぱれ》な夫《をつと》となる可《べ》き男《をとこ》が居《ゐ》るのだと聞《き》いた時《とき》に、隨分《ずゐぶん》苦《くる》しんだ。

悶々《もんもん》としながらも、逢《あ》へば朗《ほが》らかに居《ゐ》られる二人《ふたり》だ。是《これ》を知《し》り、彼《かれ》を知《し》つてからはこと更《さら》に儚《はか》ない逢瀬《あふせ》だつたが、愛子《あいこ》は二人《ふたり》の爲《ため》に揃《そろ》ひの茶碗《ちやわん》と揃《そろ》ひの箸《はし》などを買《か》つて來《き》たりした。「婦夫茶碗《めをとぢやわん》と婦夫箸《めをとばし》よ」と包《つゝみ》を開《ひら》いた日《ひ》が、今眼前《いまがんぜん》に在《あ》る。そして他愛《たあい》なく月日《つきひ》は流《なが》れて行《ゆ》く。

長《なが》い間《あひだ》かゝつて、私達《わたしたち》は一つの結論《けつろん》に達《たつ》した。私《わたし》は、元《もと》より一介《かい》の映畫俳優《えいぐわはいいう》だ、自《みづか》ら卑《ひ》下《げ》する必要《ひつえう》はないが、世間的《せけんてき》な目《め》から見《み》たらそれが「只《たゞ》一介《かい》の」と云《い》ふ事《こと》が事實《じじつ》なら到《いた》し方《かた》もない。そこで、一介《かい》の映畫俳優《えいぐわはいいう》と、在學《ざいがく》中《ちう》の愛子《あいこ》との戀愛《れんあい》に關《くわん》して、その老《お》ひたる養《ち》父《ち》はどう考《かんが》へるだらうか、この事《こと》は大《おほ》きな失《しつ》望《ばう》をこの老人《らうじん》に齎《もた》らす以外《いぐわい》の何《なに》ものでもないのだ。半生《はんせい》を愛子《あいこ》の爲《ため》に捧《さゝ》げて、只老後《たゞらうご》の後《ご》生《しやう》を願《ねが》つて來《き》たこの好《この》もしい老人《らうじん》の希望《きばう》を、さうたやすく蹂躙《ふみにじ》つてしまつてい丶ものだらうか。

そして當然《たうぜん》、私《わたし》はこの問題《もんだい》から先《ま》づ第一《だい》に後退《こうたい》する人物《じんぶつ》ではないかと覺悟《かくご》をしたのである。死《し》にも勝《まさ》る苦《くる》しみが、私《わたし》を切《き》り苛《さい》なむ。私《わたし》は忽《たちま》ち、不眠性《ふみんせい》の神經衰弱《しんけいすゐじやく》にやられてしまつた。併《しか》し、この苦《く》の後《あと》には、又自《またおのづか》ら道《みち》も拓《ひら》け樣《やう》、私《わたし》にはまだ前途《ぜんと》がある。唯《たゞ》、光明《くわうみやう》を一旦失《たんうしな》つては再《ふたゝ》び見《み》る事《こと》の困難《こんなん》な愛子《あいこ》の養《ち》父《ち》とは大變異《たいへんちが》うのだ。

そこで、この決心《けつしん》を十月《ぐわつ》の或《ある》一日《にち》、愛子《あいこ》に話《はな》した。二人《ふたり》は泣《な》くと云《い》ふよりも、澁面《じふめん》で、否《いな》むしろ時々微笑《ときぐびせう》を交《かは》しながらこの問題《もんだい》について相談《さうだん》し合《あ》つたのである。

愛子《あいこ》は云《い》ふ。養父《ちゝ》は恐《おそ》らく、二人《ふたり》の話《はなし》を聞《き》いたら絶大《ぜつだい》な失望《しつばう》に打《う》ちのめされてしまふだらう。私達二人《わたしたちふたり》の事《こと》は、世間的《せけんてき》にはふしだらなあやまちと執《と》られるだらうし、軍人《ぐんじん》だつた養父《ちゝ》はどうしても二人《ふたり》には反對《はんたい》するだらし、一體《たい》どうすればい丶か判《わか》らなかつたが、貴方《あなた》が後退《こうたい》して呉《く》れるなら、私《わたし》にはそのことで行《ゆ》く道《みち》が示《しめ》された樣《やう》な氣《き》がする。私《わたし》も唯《たゞ》ひたすらに養父《ちゝ》の爲《ため》と思《おも》つて、朝鮮《てうせん》へ歸《かへ》らう。

私達《わたしたち》は十一月《ぐわつ》になると、四月《ぐわつ》に歸《かへ》る時《とき》の苦《くる》しさを思《おも》つて、お互《たがひ》に逢《あ》はない樣《やう》になつて來《き》た。

私《わたし》には非常《ひじやう》な苦《くる》しみだつたが、若《わか》い愛子《あいこ》にとつては耐《たま》らない心《こゝろ》の重壓《ぢうあつ》となつて、このことはのしかゝつて來《き》たらしい。

十二月《ぐわつ》の半頃《なかばごろ》の手紙《てがみ》で、心《こゝろ》の軌道《きだう》を失《うしな》ひさうだ。などと心細《こゝろぼそ》い事《こと》を云《い》つて來《き》てゐた。けれどもその手紙《てがみ》は、大體《だいたい》に於《おい》て悲觀的《ひくわんてき》ではなかつた。私《わたし》は、このまゝ二人《ふたり》がポツンと逢《あ》はないでゐる狀態《じやうたい》に堪《た》えられなくなつてゐた。そこでその手紙《てがみ》に、試驗《しけん》がすんだら一度《ど》逢《あ》ひ度《た》いとあるのに承諾《しようだく》の意《い》を洩《も》らしてしまつた。逢《あ》へば悲《かな》しみを新《あら》たにし、苦《くる》しみを増《ま》すのみなのに。

愛子《あいこ》も迷《まよ》つたらしい。十二月《ぐわつ》の三十日《にち》になつて私《わたし》の家《うち》へ漸《やうや》く顏《かほ》を出《だ》してゐる。この日《ひ》は運惡《うんわる》く仕事《しごと》で、その爲《ため》に年末《ねんまつ》の所用《しよよう》を片附《かたづ》けるのが後《おく》れて午後《ごご》十時《じ》半頃《はんごろ》歸宅《きたく》、愛子《あいこ》の置手《おきて》紙《がみ》がある丈《だ》けで愛子《あいこ》は既《すで》に寄宿舍《きしゆくしや》へ歸《かへ》つた後《あと》だつた。この日《ひ》の殘念《ざんねん》さは一生忘《しやうわす》れる事《こと》が出《で》來《き》ない。

婆樣《ばあさま》は手紙《てがみ》にない愛子《あいこ》からの言傳《ことづて》を私《わたし》に傳《つた》へた。

「あんたはんのスキーの道具《だうぐ》をお見《み》やして、あたしも連《つ》れて行《い》て貰《もら》をかしらんと、お云《い》やすから、さうおしやすとおすゝめしたらやナ、ほならさうしますツ、明日午前中《あしたごぜんちう》は待《ま》つてお呉《く》れやす、仕度《したく》をして來《き》ますさかいに……」

十二月《ぐわつ》三十一日《にち》の午前中程緊張《ごぜんちうほどきんちやう》した數時間《すうじかん》を經驗《けいけん》した事《こと》は、私《わたし》には嘗《か》つて無《な》かつた。私《わたし》は昨夜《ゆふべ》から、もう一切《さい》を二人《ふたり》の情熱《じやうねつ》にまかして、地位《ちゐ》も名聲《めいせい》も道德《だうとく》も、ことごとく蹂躙《ふみにぢ》つて、二人《ふたり》丈《だ》けでどこかへ逃《に》げ出《だ》して新《あたら》らし天《てん》地《ち》を拓《ひら》かうと決心《けつしん》してゐたのだ。愛子《あいこ》の手紙《てがみ》は其程《それほど》私《わたし》の心《こゝろ》をかきむしつた。病的《びやうてき》な程《ほど》の情《じやう》熱《ねつ》の文字《もじ》で埋《うづま》つてゐた。私達《わたしたち》は勇《いさ》んで世《よ》の惡《あく》評《ひやう》の的《まと》となり嘲罵《てうば》の聲《こゑ》を浴《あ》びやうと決心《けつしん》してゐたのだ。

が、この危機《きき》は去《さ》つた。愛子《あいこ》は冷靜《れいせい》さを取《と》り戾《もど》したか、逡巡《しゆんじゆん》する間《ま》に時《とき》はすぎ去《さ》つたのか、兎《と》に角午後《かくごご》二時迄《じまで》に、遂《つひ》に姿《すがた》を現《あら》はさなかつた。私《わたし》は私《わたし》で、今《いま》になつて考《かんが》へると、どうして電話《でんわ》を愛子《あいこ》にかけなかつたのだらうか、二人《ふたり》が、たとへその養父《ちゝ》を失望《しつばう》させたにしても、愛子《あいこ》を死《し》に追《お》ひやる事《こと》はなかつたらう。

私《わたし》は、京都《きやうと》を逃《にげ》る樣《やう》に、三田實《みたみのる》と井染四郎《ゐぞめしらう》との友情《いうじやう》（彼等《かれら》が旅費《りよひ》を、私《わたし》の只事《たゞごと》でない樣《やう》子《す》から作《つく》つて呉《く》れたのだ）によつて、信州菅《しんしうすが》平《だひら》の山本嘉次郎《やまもとかじらう》の後《あと》を追《お》つた。

菅平《すがだひら》では、スキーであれ程勞《ほどつか》れながら眠《ねむ》れない。私《わたし》は愛子《あいこ》に手紙《てがみ》を何度《なんど》も書《か》き、破《やぶ》り、又《また》書《か》いた。そして遂《つひ》に送《おく》つた。

その手紙《てがみ》は愛子《あいこ》の學校當局《がくかうたうきよく》の手《て》に入《はひ》つたらしい。愛子《あいこ》から返辭《へんじ》が來《き》て、養父《ちゝ》の爲《ため》に、一度決心《どけつしん》した事《こと》をお互《たがひ》に實行《じつかう》しませう。一切《さい》は、二人《ふたり》の間《あひだ》の一切《さい》はこれで終《をは》りませう。けれども私《わたし》、愛子《あいこ》は、岡山《をかやま》の許婚《いひなづけ》とは一緒《しよ》にならない心算《つもり》です。そして、あゝ、私《わたし》は、ほんとはどうしていゝのだか、暗憺《あんたん》たる心《こゝろ》で、どこか深《ふか》い淵《ふち》に落《お》ちて行《ゆ》く氣《き》がします、とあつた。

しかし、又《また》、その先《さき》にはかうも書《か》かれてあつた。

愛子《あいこ》は貴方《あなた》に逢《あ》ひ度《た》い。最後《さいご》の日《ひ》まで逢《あ》つて居度《ゐた》い。けれども、積極的《せききよくてき》に私《わたし》から貴方《あなた》の家《うち》へはどうしても行《ゆ》かれない。私《わたし》は多分《たぶん》、ちよい〱、街《まち》へ出《で》る。ヴイクター（喫茶店《きつさてん》）へ寄《よ》るから、そこで逢《あ》へたら好《い》いと思《おも》ふ。偶《ぐう》然《ぜん》の機會《きくわい》に私《わたし》はどうなるか、その機會《きくわい》に私《わたし》の運命《うんめい》を托《たく》しませう。

私《わたし》は愛子《あいこ》からの手紙《てがみ》を、この悲《かな》しむ可《べ》き戀《こひ》の片身《かたみ》の手紙《てがみ》を、愛子《あいこ》の贈《おく》つた桐《きり》の小箱《こばこ》に殘《のこ》してあつたので、その手紙《てがみ》もその小箱《こばこ》へと思《おも》つて、小箱《こばこ》を取《と》り出《だ》すと、中《なか》の手紙《てがみ》は一通《つう》も殘《のこ》つてゐない。簡單《かんたん》に、手紙《てがみ》は燒《や》きました、愛子《あいこ》。と印《しる》した紙片《かみきれ》が出《で》て來《き》た。

愛子《あいこ》はこれ程《ほど》にまで決心《けつしん》を固《かた》く守《まも》つてゐる。男《をとこ》のくせに、私《わたし》は何《な》んと意氣地《いくぢ》の無《な》い事《こと》だらう。私《わたし》は愛子《あいこ》に對《たい》して恥《は》かしく思《おも》つて、その手紙《てがみ》も火鉢《ひばち》の上《うへ》で火《ひ》をつけた。私達《わたしたち》の情《じやう》熱《ねつ》の樣《やう》にメラ〳〵と燃上《もえあが》つて、やがて果敢《はか》なく灰《はひ》となつてしまつた手紙《てがみ》。私《わたし》は私《わたし》をもう一度《ど》しつかりした精神《せいしん》に立歸《たちかへ》らす爲《ため》に、ルクサツクを背負《しよ》つて、スキーを擔《かつ》いで、淸純《せいじゆん》で嚴《おごそ》かな山《やま》へ向《むか》つた。

金田愛子さんと江口女教諭が死をえらんだ琵琶湖

それからの愛子《あいこ》はどうなつたか知《し》らない。

四月《ぐわつ》七日《か》に二人《ふたり》に取《と》つては記念《きねん》すべきその日《ひ》に彼女《かのぢよ》は原因《げんいん》を知《し》らせずに、私《わたし》を殘《のこ》して琵《び》琶《は》湖《こ》の冷《つめ》たい水《みづ》の中《なか》で眠《ねむ》つて了《しま》つた。

私《わたし》は、愛子《あいこ》と私《わたし》との戀愛《れんあい》を、ふしだらなあやまちと稱《しよう》されてもいゝ、が、二人《ふたり》は、それを養父《ちゝ》の爲《ため》に、愛子《あいこ》の爲《ため》に、どうか良《よ》い方《はう》へ良《よ》い方《はう》へと轉向《てんかう》さすべく努力《どりよく》したので、この事《こと》は正《たゞ》しいと信《しん》じてゐる。

私《わたし》は俳優《はいいう》と云《い》ふこの稼業《かげふ》が、全《まつた》く嫌《いや》でたまらない。（仲間《なかま》の諸君《しよくん》よ！　君達《きみたち》は又《また》笑《わら》ふだらう豐《とよ》こうが變《へん》な氣焰《きえん》を上《あ》げてるぜと、だが笑《わら》ひ給《たま》へ。笑《わら》はれる事《こと》が正《たゞ》しいのだから！）食《く》へるのなら外《ほか》の仕事《しごと》に入《はひ》つて行《ゆ》き度《た》い。だが、この仲間《なかま》に育《そだ》ち、この仲間《なかま》と生《い》き、この仲間《なかま》と行《ゆ》く者《もの》には、他《た》の仕事《しごと》が、やがて出來《でき》なくなつてしまつてゐる。私《わたし》も十五年《ねん》この方《かた》、この仲間《なかま》だ。嫌《いや》だが、行《ゆ》くより方法《はうはふ》がないだらう。私《わたし》は、全《まつた》く、役者《やくしや》と云《い》ふ稼業《かげふ》が嫌《いや》になつた。併《しか》し、愛子《あいこ》は既《すで》に亡《な》いのだ。

愛子《あいこ》よ！　どうか安《やす》らかに眠《ねむ》つて呉《く》れ給《たま》へ。恐《おそ》らく其處《そこ》には、惡罵《あくば》も、嘲笑《てうせう》も、義理《ぎり》も、人情《にんじやう》もないだらう。私《わたし》は、一人《ひとり》殘《のこ》つて、惡罵《あくば》と、嘲笑《てうせう》と、義理《ぎり》と、人情《にんじやう》とのこの世《よ》の中《なか》で、やがて老《お》いて朽《く》ちて行《ゆ》く！

いかに多くの少女たちが惡魔の巧妙な誘惑の手に幸福なるべき日を眞暗に塗りつぶしたことか。どうして誘惑されどうそれを處理したか？　こゝに掲げる三篇の體驗手記は若い方々への尊い警告です。

實話　少女の日の誘惑

色魔教師の犠牲に

（東京）牛田みどり

一時的《じてき》享樂《きようらく》の對象《たいしやう》に誘惑《いうわく》せられ、その犠牲《ぎせい》に哭《な》く痛《いた》ましき乙女《をとめ》の悲慘《ひさん》なる姿《すがた》——十六歳《さい》迄《まで》大切《たいせつ》に護《まも》りとほして來《き》た尊《たふと》き處女《しよぢよ》の純潔《じゆんけつ》を奪《うば》つた上《うへ》、鼻紙《はながみ》の如《ごと》く捨《す》て去《さ》つて、次々《つぎつぎ》と新《あた》らしき犠牲者《ぎせいしや》を求《もと》め、あくなき慾望《よくばう》を滿《みた》しつつある惡魔《あくま》。しかも身《み》教職《けうしよく》に有《あ》るを幸《さいは》ひとして、世《よ》にへつらひ自己《じこ》を守《まも》つて行《ゆ》く厚顔《こうがん》さ、——昭和《せうわ》四年《ねん》から五年《ねん》にかけて××高女《かうぢよ》三學《がく》年《ねん》の犠牲者《ぎせいしや》、五人《にん》のお友達《ともだち》に代《かは》つて、ハイド教師《けうし》の罪惡《ざいあく》を讀者《どくしや》の諸姉《みな》さま方《がた》に訴《うつた》へようと思《おも》ふ。

　昭和《せうわ》四年《ねん》××高女《かうぢよ》の三年《ねん》に在學中《ざいがくちゆう》でした。私《わたし》はもうすぐ夏休《なつやすみ》の近《ちか》づいた六月《ぐわつ》の日《ひ》を樂《たのし》んでゐました。「海水浴《かいすゐよく》がいゝわ」「山《やま》の方《はう》が雄大《ゆうだい》でいゝことよ」來《きた》るべき暑中休暇《しよちゆうきうか》の樂《たの》しいプランをお友達《ともだち》と心《こころ》に描《えが》いてゐた頃《ころ》、突然《とつぜん》に英《えい》語《ご》教師《けうし》の交替《かうたい》が行《おこな》はれました。今迄《いままで》の三好《みよし》先《せん》生《せい》が茨城縣《いばらきけん》の學校《がくかう》に榮轉《えいてん》され、代《かは》りに新任《しんにん》の山口先生《やまぐちせんせい》を迎《むか》へたのでした。

　その春《はる》、××大《だい》の英文科《えいぶんくわ》を卒業《そつげふ》なさつて、初《はじ》めてのお勤《つと》めて、先生《せんせい》と云《い》ふよりも、兄《にい》さんと云《い》つた感《かん》じで、神經質《しんけいしつ》らしいが、色白《いろじろ》でノーブルな容貌《ようぼう》は、すぐ生徒間《せいとかん》の人氣《にんき》の中心《ちゆうしん》となつてしまひました。そしてお友達《ともだち》の間《あひだ》には山口先生《やまぐちせんせい》を中心《ちゆうしん》とした話題《わだい》が段々《だんだん》賑《にぎ》はつて來《き》ました。新任《しんにん》されて十日《か》も經《た》つた頃《ころ》でせうか。

「山口先生牛田《やまぐちせんせいうしだ》さんにとても親切《しんせつ》ね」「さうねえ」「をかしいわ」、と云《い》つた私《わたし》に對《たい》する噂《うはさ》が、擴《ひろ》がつて參《まゐ》りました。さう云《い》はれて、自分《じぶん》を省《かへり》みると、成《な》る程山口先生《ほどやまぐちせんせい》は私《わたし》に對《たい》して、特《とく》別《べつ》な厚意《こうい》をよせてゐて下《くだ》さる樣《やう》な態度《たいど》がうかがへるのです。復習《ふくしふ》の時《とき》なども定《きま》つて一番先《ばんさき》に私《わたし》を指名《しめい》されますし、質問《しつもん》などしても私丈《わたしだ》けには側《そば》によつて親切《しんせつ》に敎《をし》へて下《くだ》さるのでした。――先生《せんせい》に厚意《こうい》を持《も》たれる生徒《せいと》――私《わたし》の心《こゝろ》は他《ほか》の人々《ひとびと》に對《たい》して、優越感《いうゑつかん》と云《い》つたうれしさで一杯《ぱい》でした。

暑中休暇《しよちうきうか》もあと二日《ふつか》でと云《い》ふ日《ひ》の最終時間《さいしうじかん》でした。放課《はうくわ》の電鈴《べる》が鳴《な》つて歸《かへ》り仕度《じたく》をしてゐる時突然山口先生《ときとつぜんやまぐちせんせい》は「牛田《うしだ》さん用事《ようじ》が有《あ》りますから一寸殘《ちよつとのこ》つて下《くだ》さい」と云《い》はれました。五十人程《にんほど》の生徒《せいと》の目《め》が一齊《せい》に私《わたし》に集《あつま》りました。そして何事《なにごと》かを囁《さゝや》き合《あ》ひ乍《なが》らも次々《つぎつぎ》と敎《けう》室《しつ》から出《で》て行《ゆ》きました。

石《いし》の樣《やう》に堅《かた》くなつて、ヂツとうつむいてゐる私《わたし》の肩《かた》に先生《せんせい》の手《て》が掛《か》けられました。「殘《のこ》つて頂《いただ》いたりなどしてすみません。牛田《うしだ》さんの英語《えいご》は全《まつ》たく天才《てんさい》ですよ。來年《らいねん》はあんたが級《クラス》の總代《そうだい》ですねえ。それにあんたは國《くに》にゐる僕《ぼく》の妹《いもうと》とそつくりで初《はじ》めて見《み》た時《とき》、妹《いもうと》ではないかと驚《おどろ》いた位《くらゐ》でしたよ。」さう云《い》ふと先《せん》生《せい》は私《わたし》の隣《となり》の椅子《いす》に腰《こし》を下《お》ろし乍《なが》ら私《わたし》の側《そば》によつて參《まゐ》りました。男《をとこ》の技巧《ぎかう》、手管《てくだ》など知《し》らう筈《はず》のない十六の私《わたし》はたゞ夢中《むちう》で、心臟《しんざう》の動悸《どうき》丈《だ》けが耳《みゝ》を打《う》つてゐるのです。そして先生《せんせい》の言葉《ことば》がたゞうれしく、音樂《おんがく》の樣《やう》に耳《みゝ》に流《なが》れ込《こ》んで來《く》るのです。「牛田《うしだ》さんは十六でしたねえ、妹《いもうと》も十六ですがあんた程美《ほどうつく》しくはないなあ、手《て》などこんなに美《うつく》しい人形《にんぎやう》の樣《やう》だもの」とキチンと膝《ひざ》の上《うへ》に置《お》いて有《あ》つた私《わたし》の手《て》をしつかり握《にぎ》りしめられました。「僕《ぼく》は今只一人《いまただひとり》で眞實《ほんと》に淋《さび》しいんです。妹《いもうと》になつて下《くだ》さいね。いゝでせう。」熱《あつ》いはずんだ息《いき》が私《わたし》の耳《みゝ》に囁《さゝや》かれました。まだ、只《ただ》の一言《ごん》も發《はつ》し得《え》なかつた私《わたし》は、先生《せんせい》の妹《いもうと》になる、魅力《みりよく》ある嬉《うれ》しさで只《ただ》うなづいてしまひました。すると、突《とつ》然先生《ぜんせんせい》のはずんだ息《いき》と共《とも》に、火《ひ》の樣《やう》な脣《くちびる》が私《わたし》の脣《くちびる》におそひかゝりました。「暑中休暇《しよちうきうか》になれば、もう一ケ月《げつ》もお逢《あ》ひ出來《でき》ませんねえ。だから當分《たうぶん》のお別《わか》れの意味《いみ》で今晩《こんばん》××座《ざ》のシネマ附合《つきあ》つて下《くだ》さい、ね。いゝでせう、そして話《はな》しませう。七時《じ》に日比谷公園《ひびやこうえん》の池《いけ》でお待《ま》ちしてゐますよ。ね、きつとですよ。」さう云《い》つて立上《たちあが》ると、何《なに》も無《な》かつた樣《やう》な平氣《へいき》な態度《たいど》で、敎室《けうしつ》から出《で》て行《ゆ》かれました。

×

馬鹿《ばか》と御笑《おわら》ひ下《くだ》さいませ。ほんとに世間《せけん》といふもの、まして男《をとこ》と云《い》ふものなど一寸《ちよつと》も識《し》らない環境《くわんきやう》に置《お》かれ、育《はぐ》くまれて來《き》た私《わたし》は、好《す》きな先生《せんせい》に可愛《かあい》がられる、といふこと、只《ただ》それ丈《だ》けの單純《たんじゆん》な考《かんが》へしか持《も》ち得《え》なかつたのです。

×

全生徒憧《ぜんせいとあこが》れの先生《せんせい》の妹《いもうと》になれるんだ。そのよろこびに震《ふる》へて、家《いへ》に歸《かへ》つてからも夕方《ゆふがた》になるのが待遠《まちどほ》しかつたのでした。そして、そのことを正直《しやうぢき》に母《はゝ》にお話《はなし》して、先生《せんせい》との御《お》附合《つきあひ》を願《ねが》つてみました。母《はゝ》も先生《せんせい》ならと、喜《よろこ》んで、安心《あんしん》して許《ゆる》して下《くだ》さいました。これが大《おほ》きな間違《まちがひ》のもとでした。

××座《ざ》がはねて、誘《さそ》はるゝまに、未《ま》だ「待《まち》合《あひ》」の如何《いか》なるものかを知《し》らなかつた私《わたし》は、築地《つきぢ》の某《ぼう》××に誘《さそ》はれ、自分《じぶん》で、アツとそれと氣附《きづ》いた時《とき》はすでに遲《おそ》く、鷲《わし》に狙《ねら》はれた小《こ》雀《すゞめ》より無慘《むざん》に、只酒《たゞざけ》の上《うへ》の興味半分《きようみはんぶん》に私《わたし》の總《す》べては奪《うば》はれて仕舞《しま》ひました。

泣《な》くに泣《な》かれず、失心《しつしん》してゐる私《わたし》に、

「誰《だれ》にも云《い》つてはいけないよ。貴女《あなた》の恥《はぢ》になるは勿論《もちろん》、若《も》し誰《だ》れかに云《い》つた時《とき》は僕《ぼく》は貴女《あなた》にどんな危害《きがい》を加《くは》へるか知《し》れないよ。」

この出來事《できごと》を、私《わたし》が總《す》べて正直《しやうぢき》に世《よ》に發表《はつぺう》してゐたならば、私《わたし》の次々《つぎ〴〵》の犧牲者《ぎせいしや》も現《あらは》れずに濟《す》んだのでしたが、最後《さいご》に刺《さ》された「どんな危害《きがい》を加《くは》へるか知《し》れないよ」の一語《ご》に恐《おそ》れて自分《じぶん》の胸《むね》に祕《ひ》め乍《なが》ら身《み》もだえてゐる私《わたし》の態《たい》度《ど》に、不審《ふしん》を抱《いだ》いた母親《はゝおや》の問《とひ》に對《たい》して總《す》べてや打開《うちあ》けたのでした。これを知《し》つた母親《はゝおや》の驚《おどろ》きも一通《ひととほ》りのことではありませんでした。思《おも》ひ悩《なや》んだ末《すゑ》「出來《でき》た事《こと》は仕方《しかた》がない。これを發表《はつぺう》すれば先生《せんせい》に對《たい》する仇打《しうち》は出來《でき》るが、それではお前《まへ》に瑕《きず》がつく。お前《まへ》の將來《しやうらい》の幸福《かうふく》の爲《ため》に、そんな事《こと》は早《はや》く忘《わす》れるのですよね。」

悩《なや》み疲《つか》れた、十六の瑕《きず》ついた小鳩《こばと》の樣《やう》な私《わたし》は、夏休《なつやす》み中《ぢう》優《やさ》しく慰《なぐさ》めて下《くだ》さる母親《はゝおや》の愛《あい》に縋つて、學校關係《がくかうくわんけい》に有《あ》つた叔父《をぢ》の圖《はから》ひで、××高女《かうぢよ》に轉校《てんかう》して、ひたすら學《まな》びの道《みち》に精進致《しやうじんいた》しましたが、時《とき》にふれ過去《くわこ》の思《おも》ひ出《で》に悩《なや》まされることは、廿一歳《さい》の今日《こんにち》もなほ同《おな》じです。只遠《たゞとほ》い昔《むかし》の惡夢《あくむ》だつたあきらめとして私《わたし》の心《こゝろ》の純潔《じゆんけつ》を信《しん》じてそれを唯一《ゆゐつ》のなぐさめに生《い》きてゐます。

私《わたし》が轉校《てんかう》した後《のち》、同《おな》じクラスのお友達《ともだち》四人《にん》が、このむごたらしい犧牲《ぎせい》の十字《じ》架《か》を背負《せお》はされ、自暴《やけ》から家出《いへで》した人《ひと》が一人《ひとり》、職業婦人《しよくげふふじん》と云《い》つても、カフエーのカクテルの中《なか》に轉落《てんらく》した方《かた》が一人《ひとり》、因果《いんぐわ》か先生《せんせい》の胤《たね》を宿《やど》し、生《うま》れた子供《こども》の爲《ため》に、今《いま》もつて一生《しやう》を獨身《どくしん》でとうさうと悲痛《ひつう》にも、健《けなげ》な決心《けつしん》で世《よ》の生活《せいくわつ》の荒波《あらなみ》と鬪《たゝか》つてゐる方《かた》、更《さら》に、白鬼《はくき》の爲《ため》に、輝《かゞや》かしき青春《せいしゆん》を悩《なや》みに變《か》へてゐる犧牲者《ぎせいしや》一人《ひとり》――私《わたし》は心《こゝろ》をこめてこれらの哀《あは》れな傷《きず》つける乙女《をとめ》の身《み》の上《うへ》に、幸《さいは》ひを祈《いの》らずにはゐられません。

その後山口先生《ごやまぐちせんせい》は、學校《がくかう》を追《お》はれはしたものゝ、只《た》だ「轉任《てんにん》」と云《い》ふ丈《だ》けの辭令《じれい》で、何《なん》等《ら》の法律的裁《はふりつてきさば》きも受《う》けず、今《いま》も尚《なほ》、どこかの土地《とち》で、更《さら》に次《つ》ぎ次《つ》ぎへと犧牲《ぎせい》の乙女《をとめ》を漁《あさ》つてゐるのではないでせうか。哀《あは》れなる乙女《をとめ》の手記《しゆき》を御笑《おわら》ひ下《くだ》さい。けれども美名《びめい》の假面《かめん》にかくれて殘虐《ざんぎやく》なる男性《だんせい》の多《おほ》い此《こ》の社會《しやくわい》に、第《だい》二、第《だい》三の私《わたし》のやうな愚《おろ》かな女性《ぢよせい》の出《で》ないことを祈《いの》つてやみません。

情熱時代の罪

（栃木）志津明枝

郷里《きやうり》の女學校《ぢよがくかう》を出《で》てすぐ上京《じやうきやう》Y高女專攻《かうぢよせんこう》科《くわ》に入學《にふがく》、寄宿生活《きしゆくせいくわつ》がしたくて自《みづか》ら進《すゝ》んで舍《しや》へ入《はい》つた私《わたし》でした。獨《ひと》りぼつちといふ寂《さび》しさもあつたけど同人詩誌《どうにんしし》で「青空《あをぞら》」といふのを毎《まい》月《げつ》とり、若《わか》い異性《いせい》が初戀《はつこひ》や失戀《しつれん》を存分《ぞんぶん》書《か》き合《あ》ふ雜誌《ざつし》でした。詩《し》をかく事《こと》は上手下手《じやうずへた》にかゝはらず當人以外《たうにんいぐわい》には解《わか》らない唯《ゆゐ》一の樂《たの》しみ、少《すこ》しは詩《し》に關心《くわんしん》を持《も》つ私《わたし》はすぐ相當大《さうたうおほ》きな文《も》字《じ》で誌上《しじやう》にのせられる樣《やう》になつたのです。

ある日《ひ》見《み》なれぬ女文字《をんなもじ》に差出人《さしだしにん》は澁谷《しぶや》にてしげ子《こ》とあつたきり。封《ふう》を切《き》れば、

初《はじ》めまして……女《をんな》の名《な》などで御許《おゆる》しな。青空《あをぞら》に於《お》ける貴女《あなた》の詩《し》をいつもお待《ま》ちしてゐる者《もの》です。お友達《ともだち》になつてほしいのです。次《つぎ》の日曜午前《にちえうごぜん》十時《じ》新宿驛《しんじゆくえき》三等待合《とうまちあひ》室前《しつぜん》でお目《め》に掛《かゝ》りたいのです、お目《め》にかゝれる事《こと》を祈《いの》りつゝ。まだ見《み》ぬ君《きみ》へ。

とありました。まあ戰《をのゝ》く胸《むね》を押《おさ》へいく度《たび》よみ返《かへ》した事《こと》か。會《あ》ひたい……まして田舍者《ゐなかもの》であつた私《わたし》には都會《とくわい》に於《おい》ての異性間《いせいかん》の親密《しんみつ》さをみてゐたから。お友達《ともだち》でいゝ一緒《しよ》に歩《ある》きたい、若《わか》かつた心《こゝろ》はそれからそれへと想像《さうぞう》するばかり。

日曜日《にちえうび》の新宿《しんじゆく》はこみ合《あ》つてゐた。約束《やくそく》の時《じ》間《かん》に驛《えき》へ着《つ》いた時《とき》スマートな×大《だい》の制服《せいふく》を着《き》たクーパー型《がた》の男性《だんせい》をみた。それが志摩茂《しましげる》（彼《かれ》の名《な》）だつたのです。はづかし相《さう》に挨拶《あいさつ》する態度《たいど》、何《なん》て素晴《すば》らしい人《ひと》なのだらう。私《わたし》はかう思《おも》つた。やがて井《ゐ》の頭《かしら》へ出掛《でか》け靜《しづ》かなベンチに腰《こし》を下《おろ》し色々話《いろいろはな》し合《あ》つたのです。

「僕今或社《ぼくいまあるしや》からたのまれて創作《さうさく》を書《か》いてゐるんです」だの「お友達《ともだち》になれて幸《しあは》せです」なぞ言《い》はれると何《なに》も解《わか》らなくなる程《ほど》の嬉《うれ》しさでした。別《わか》れる時名刺《ときめいし》を渡《わた》しながら「お便《たよ》りを

お待《ま》ちしてます」唯《たゞ》それつ切《き》りの言葉《ことば》でヂッとみつめる人《ひと》でした。あゝその瞬間《しゆんかん》私《わたし》の心《こゝろ》はもうとらへられてゐたのです。

其後《そのご》文通《ぶんつう》が始《はじ》まり寫眞交換《しやしんかうくわん》がありましたけど女《をんな》の名《な》故舎監《きしゆくしやかん》の先生《せんせい》には解《わか》りませんでした。罪《つみ》な……今考《いまかんが》へてもゾッとする私《わたし》です。

それから二三度《ど》會《あ》ふ内私《うちわたし》には茂《しげる》を戀人《こいびと》と心《こゝろ》で呼《よ》んでゐた。一番尊敬《ばんそんけい》し誰《だれ》よりも偉《えら》い樣《やう》にもみえた私《わたし》でした。

ある日《ひ》會《あ》つた時《とき》、ぜひはづかしい話《はなし》だが郷里《きやうり》が九州《しう》にある親友《しんいう》の母《はゝ》が病氣《びやうき》なので友《とも》の旅費《りよひ》がほしいのだけど拾圓《えん》都合《つがふ》してくれと言《い》はれました。翌日《よくじつ》すぐ拾圓送《えんおく》り又會《またあ》つた時茂《ときしげる》は喜《よろこ》んで禮《れい》を言《い》ひました。「いゝのよ」さう言《い》つた私《わたし》は嬉《うれ》しくて涙《なみだ》ぐんでゐたのです。その時《とき》それから銀座《ぎんざ》へ出《で》ました。その折從兄《をりいとこ》と會《あ》つてしまつたのですけど私《わたし》は少《すこ》しも氣《き》が付《つ》きませんでした。翌夜從兄《よくやいとこ》が面會《めんくわい》に來《き》、誰《だれ》も居《ゐ》なかつた應接室《おうせつしつ》でむき合《あ》つた、そして昨日見《きのふみ》知《し》らぬ大學生《だいがくせい》と銀《ぎん》ブラをしたが誰《だれ》だとせめられました。

「いゝぢやありませんか？唯《たゞ》のお友達《ともだち》なのよ」

私《わたし》はあの優《やさ》しい茂《しげる》のためなら何處《どこ》までも強《つよ》くと思《おも》つたのです。

「とんでもない!!僕《ぼく》が三越前《みつこしまへ》の交叉點《かうさてん》でGOの進號《しんがう》を待《ま》つてゐた時《とき》、『いつもの手《て》でやるのはよせよ』といふ男《をとこ》の言葉《ことば》。『相當《さうたう》なもんだらう？』の答《こた》へにフトみた時答《ときこた》へた學生《がくせい》は女《をんな》の所《ところ》へはしつて行《い》つた、その女《をんな》が君《きみ》だつたんだ。あいつはヨタモノだ、今《いま》の内《うち》だから絶交《ぜつかう》しろ」

思《おも》ひ當《あた》る事《こと》だつた、お友達《ともだち》だと言《い》つて一寸話《ちよつとはな》し合《あ》つてゐた茂《しげる》のことを。でも從兄《いとこ》の忠告《ちうこく》は、やいてゐるのだと思《おも》ひ、信《しん》じられなかつた。

「だつて今度《こんど》の日曜《にちえうび》小田急《をだきふ》で靜《しづ》かな所《ところ》へ連《つ》れてゆくつてお約束《やくそく》なのよ」

「さうか！　それぢや僕《ぼく》も行《い》く。その奴《やつ》をメンタルテストしてやる。不良《ふりやう》でなかつたなら幸《しあは》せだ。先僕《まづぼく》の父《ちゝ》が警察勤務《けいさつきんむ》だと紹介《せうかい》するんだよ」

何《なん》だか不愉快《ふゆくわい》な變《へん》なわけの解《わか》らない氣持《きもち》。嘘《うそ》だ！　かう信《しん》じたい氣持《きもち》にまぎらせながら日曜日《にちえうび》を迎《むか》へ、九時半《じはん》に新宿驛《しんじゆくえき》へといふわけだつたので従兄《いとこ》と行《い》つた時《とき》には茂《しげる》がもうゐた。私《わたし》はすぐ紹介《せうかい》した。

「私《わたし》の従兄《いとこ》ですの、お父《とう》さんは警察《けいさつ》御勤務《ごきんむ》なんですの、ぜひ一緒《しよ》にと言《い》ふもんですからカメラを持《も》たせてやつて來《き》ましたのよ」さう紹《せう》介《かい》した時何《ときなに》かあわてゝ落付《おちつ》きのない態度《たいど》をみたけど私《わたし》は矢張《やは》り信《しん》じてゐたかつたのです。私《わたし》のリーベだつたからこそ。

「さて何處《どこ》へ出掛《でか》けませう?」輕《かる》く従兄《いとこ》が茂《しげる》にきいた時《とき》、

「一寸《ちよつと》WCへ行《い》つて來《き》ますからお待《ま》ち下《くだ》さい」の言葉《ことば》。

「どうぞ」さう言《い》つて私《わたし》は従兄《いとこ》とあの告示板《こくじばん》の前《まへ》で待《ま》つてゐた。

「あやしいぜ矢張《やは》り!!」従兄《いとこ》は私《わたし》にさゝやいた。東京《とうきやう》の眞中《まんなか》に育《そだ》つただけ目《め》は明《あか》るいだらうけど……嘘《うそ》である樣《やう》にと心《こゝろ》に祈《いの》つてゐた私《わたし》。

「だがヨタ者《もの》でないと解《わか》つたら僕《ぼく》は馘《くび》がくれするからいゝよ」朗《ほが》らかに従兄《いとこ》は笑《わら》つた。

私《わたし》も笑《わら》つた。そんな時《とき》を想像《さうぞう》して心《こゝろ》から笑《わら》つた。にぎやかな驛《えき》に出入《でいり》するモダンな人々《ひとびと》をみたり従兄《いとこ》と告示板《こくじばん》の批評《ひひやう》をしたりしてゐる内《うち》、十分《ぶん》は過《す》ぎ——二十分《ぶん》もすぎてゐた。居《ゐ》ない!!従兄《いとこ》が變《へん》に思《おも》ひWCへ行《い》つてみた。居《ゐ》ない!!ぐる〳〵驛《えき》をさがし廻《まは》つたが茂《しげる》らしい姿《すがた》は見《み》當《あた》らなかつた。

もう時計《とけい》は十時《じ》十五分《ふん》はすぎてゐた。

あゝ……何《なに》もかも私《わたし》はかうした事實《じじつ》で知《し》りました。と同時《どうじ》にこの純情《じゆんじやう》をふみにじられたくやしさ! 初戀《はつこひ》の人《ひと》と遠《とほ》い未來《みらい》まで夢《ゆめ》みてゐた人《ひと》だつたのに。總《すべ》ては眞暗《まつくら》だつた。

冷靜《れいせい》な心《こゝろ》の少《すこ》しも無《な》かつた自分《じぶん》を思《おも》つた時《とき》悔《くひ》の涙《なみだ》が熱《あつ》く頬《ほゝ》を傳《つた》はつた。

「泣《な》くんぢやないよ、あいつ警察《けいさつ》ときいて逃《に》げ出《だ》したんだ。わかればそれでいゝんだ。くやしいだらうけど人生修業《じんせいしゆげふ》さ」

タクシーの中《なか》ですゝりなく私《わたし》を慰《なぐさ》めてくれた従兄《いとこ》だつた。

其後《そのご》無論《むろん》茂《しげる》から便《たよ》りはなかつたし私《わたし》も出《で》さなかつた。あきらめると言《い》ふよりもふみにじられた心《こゝろ》を思《おも》ふとくやしさで一パイだつた。恐《おそ》ろしいこんな事《こと》が幸《かう》か不幸《ふかう》か舎監《しやかん》の先生《せんせい》にもきこえずにゐました。

亂《みだ》れた心《こゝろ》もやうやく従兄《いとこ》に慰《なぐさ》められつゝ舎《しや》を退《しりぞ》き叔父《をぢ》の家《いへ》から通學《つうがく》し、まもなくひどい脚氣《かつけ》で郷里《きやうり》にもどりなごやかな郷里《きやうり》に私《わたし》の心《こゝろ》の傷《きず》も癒《い》えようと長《なが》い休學《きうがく》をし、退學《たいがく》をしてしまひました。靜《しづ》かな日本娘《にほんむすめ》の生活《せいくわつ》に入《はい》りたかつたのです。職業婦人《しよくげふふじん》への希望《きばう》も何《なに》も無《な》くなつてゐた私《わたし》だつた。東京《とうきやう》はみにくい! 私《わたし》は帝都《ていと》が大嫌《だいきら》ひになつた。

後《あと》で知《し》つたのですが茂《しげる》と言《い》ふ人物《じんぶつ》は恐《おそ》ろしくも宿新《しんじゆく》はりの××團《だん》の子分《こぶん》で無論僞學生《むろんにせがくせい》!! 純情《じゆんじやう》ぶりを發揮《はつき》して女學生《ぢよがくせい》をつるインテリ不良《ふりやう》だつたのです。新宿《しんじゆく》の××團《だん》十九名檢擧《めいけんきよ》の記事《きじ》が新聞《しんぶん》の三面記事《めんきじ》の下《した》の方《はう》に載《の》せられてあつたのを従兄《いとこ》が送《おく》つてくれた。

あゝとにかくも救《すく》はれた私《わたし》でした。あの時《とき》茂《しげる》と二人《ふたり》切《き》りで小田急《をだきふ》で出掛《でか》けたらどんな結果《けつくわ》を招《まね》いた事《こと》やら恐《おそ》ろしさに身《み》ぶるひをする樣《やう》です。世間知《せけんし》らずの夢多《ゆめおほ》い女學生《ぢよがくせい》。情熱時代《じやうねつじだい》の純《じゆん》な心《こゝろ》を、にごされた悲《かな》しみ、ふれゝばホロリとも散《ち》る心《こゝろ》だつたあの頃《ころ》——。

あれから早《はや》三ケ年後《ねんご》の今婚約《いまこんやく》も間近《まぢか》な私《わたし》です。その彼《かれ》は従兄《いとこ》の親友《しんいう》であんな事件《じけん》もよく知《し》つてゐてくれる私《わたし》の心《こゝろ》の理解者《りかいしや》なのです。

義兄の愛を逃れて

（北海道）藤田恵子

私《わたし》には二人《ふたり》の姉《あね》が居《を》りました。父《ちゝ》は私《わたし》が二《ふた》つの時《とき》亡《な》くなりました。市役所《しやくしよ》の小使《こづか》ひをしてゐた父《ちゝ》の事《こと》とて一錢《せん》の貯《たくは》へもなく、三人《にん》の女《をんな》の子《こ》を抱《かゝ》へて途方《とはう》に暮《く》れた母《はゝ》は、當時《たうじ》十二だつた長姉《ちやうし》を、世話《せわ》してくれる人《ひと》があつて、弘前《ひろさき》に養女《やうぢよ》にやりました。次姉《じし》を親類《しんるゐ》に預《あづ》けて私《わたし》を連《つ》れて母《はゝ》は現在《げんざい》の繼父《けいふ》の所《ところ》に嫁《か》したのでした。間《ま》もなく次姉《じし》は急性腦膜炎《きふせいなうまくえん》で亡《な》くなつてしまひました。一家離散《かりさん》の憂《う》き目《め》も、當時《たうじ》二《ふた》つの私《わたし》には身《み》に應《こた》へやうもありませんでしたが、人《ひと》の世《よ》の苦《くる》しみを一番深刻《ばんしんこく》に味《あぢは》つたのは何《なん》と云《い》つても長姉《ちやうし》でした。

長姉《ちやうし》の養家《やうか》は當時《たうじ》、弘前《ひろさき》で木炭屋《もくたんや》をしてゐましたが、姉《あね》が貰《もら》はれた翌年《よくねん》、優《やさ》しかつた養《やう》母《ぼ》が突然《とつぜん》亡《な》くなつて、その後《あと》に來《き》た繼母《けいぼ》に女《をんな》の子供《こども》が生《うま》れ、續《つゞ》いて男《をとこ》の子《こ》と、次々《つぎつぎ》に多産《たさん》な上《うへ》に、丁度大戰後《ちやうどたいせんご》の不況《ふきやう》で商賣《しやうばい》の方《はう》も思《おも》はしくなくなりましたので、繼母《けいぼ》は事毎《ことごと》に姉《あね》を厄介者扱《やつかいものあつか》ひに致《いた》しました。小學校《せうがくかう》も六年《ねん》までしか行《ゆ》かず小《ちひ》さい弟妹《ていまい》の世話《せわ》や臺所《だいどころ》に追《お》ひ使《つか》はれて暮《くら》しました。その姉《あね》が十九の時《とき》、當時《たうじ》弘前《ひろさき》の××銀行支店《ぎんかうしてん》に務《つと》めてゐた現在《げんざい》の義兄《あに》に嫁《か》したのでした。姉《あね》は一寸人《ちよつとひと》の目《め》につく美《び》人《じん》でした。私《わたし》はその後《ご》物質的《ぶつしつてき》にはあまり惠《めぐ》まれませんでしたが、母《はゝ》と養父《やうふ》の愛《あい》を一身《しん》に受《う》けて不自由《ふじゆう》ながらも盛岡《もりをか》の女學校《ぢよがくかう》を優等《いうとう》で卒《そつ》業《げふ》しました。その頃《ころ》の私《わたし》は、所謂世《いはゆるよ》に云《い》ふ文學少女《ぶんがくせうぢよ》でした。何《なん》とかして文學《ぶんがく》を勉強《べんきやう》したい、文學《ぶんがく》を勉強《べんきやう》して一人前《にんまへ》の小説家《せうせつか》になりたいの一念《ねん》で、東京《とうきやう》の學校《がくかう》にやつてもらふ樣《やう》にと母《はゝ》を動《うご》かし父《ちゝ》を説《と》いたのでしたが何《なん》と云《い》つても小《ちひ》さな無盡會社《むじんぐわいしや》の集金掛《しふきんがゝ》りをしてゐる養父《やうふ》では到底私《たうていわたし》を東京《とうきやう》の學校《がくかう》に出《だ》すだけの資力《しりよく》はありませんでした。その中《うち》に友人《いうじん》の誰彼《だれかれ》は女子

大《だい》には入《はひ》つたとか津田英學塾《つだえいがくじゆく》には入《はひ》つた等《など》の情報《じやうほう》を耳《みゝ》にする毎《ごと》に、居《ゐ》ても起《た》つても居《を》られない焦燥《せうさう》に胸《むね》を燒《や》き齒《は》を喰《く》ひしばるのでした。何《なん》としてもあきらめる事《こと》が出來《でき》ません。文學《ぶんがく》を勉強《べんきやう》する以外《いぐわい》に私《わたし》の進《すゝ》む道《みち》はない。それには何《なん》としても東京《とうきやう》に出《で》たい、東京《とうきやう》に出《で》さへすれば何《なん》とかなる、その時《とき》フト私《わたし》の胸《むね》に浮《うか》んだのは去年《きよねん》の暮《く》れ東京《とうきやう》に轉任《てんにん》になつた姉達《あねたち》の事《こと》でした。義兄《あに》はその後《ご》、とん〳〵拍子《びやうし》に出世《しゆつせ》して現在《げんざい》は東京《とうきやう》の××銀行《ぎんかう》の支店長次席《してんちやうじせき》になつて居《を》りました。義兄《ぎけい》の出世《しゆつせ》につれて姉《あね》の生活《せいくわつ》もようやく落《お》ち着《つ》きが出《で》て、今《いま》では二《ふた》人《り》の子供《こども》の母《はゝ》となり幸福《かうふく》なその日《ひ》を送《おく》つて居《を》りました。私《わたし》はまだ一度《ど》も義兄《あに》に會《あ》つた事《こと》がありません。何《なん》とかして東京《とうきやう》に出《で》て何處《どこ》かの學校《がくかう》の文科《ぶんくわ》には入《はひ》りたいとの野心《やしん》を捨《す》てる事《こと》の出來《でき》ない私《わたし》は一日《にち》、思《おも》ひあまつて姉《あね》に手紙《てがみ》を書《か》きました。今思《いまおも》へば齒《は》の浮《う》く樣《やう》なセンチな美文《びぶん》を連《つら》ねて我《わ》が願《ねが》ひ適《かな》へ給《たま》へとやつたのです。折《を》りかへし義兄《あに》から手紙《てがみ》が參《まゐ》りました。これが義兄《あに》から手紙《てがみ》をもらつたはじめでした。姉《あね》は自分《じぶん》の無教育《むけういく》を恥《は》じて手紙《てがみ》を書《か》かない人《ひと》でした。義兄《あに》の手紙《てがみ》は大體《だいたい》こんな意味《いみ》のものでした。これからの女《をんな》に一番大事《ばんだいじ》なものは何《なん》と云《い》つても教育《けういく》だ、文學《ぶんがく》が好《す》きなら文《ぶん》學《がく》をやるのもよからう併《しか》しそれで身《み》を立《た》てたいと云《い》ふ野心《やしん》は感心出來《かんしんでき》ない、何《なに》によらず女《をんな》がそれに依《よ》つて身《み》を立《た》てると云《い》ふにはよくよくの覺悟《かくご》がなくてはならない。殊《こと》に文學《ぶんがく》では……あらゆる社會《しやくわい》を泳《およ》ぎ廻《まは》らなければ名《な》を出《だ》す事《こと》が出來《でき》るものではない、結局女《けつきよくをんな》としての幸福《かうふく》を犧牲《ぎせい》にする事《こと》になる、だからさうした虚榮心《きよえいしん》を捨《す》てゝ田舍《ゐなか》の母《はゝ》のそばで大人《おとな》しく家事《かじ》を手傳《てつだ》ひお裁縫《さいほう》でも習《なら》つてしかるべき結《けつ》婚《こん》の準備《じゆんび》をなす方《はう》が女《をんな》として悧巧《りこう》な行《ゆ》き方《かた》ではないか――と云《い》つて來《き》たのです。

義兄《ぎけい》の云《い》ふ事《こと》はちやんと理窟《りくつ》が通《とほ》つてゐるのですが、それだけに口惜《くや》しいのです。どうか學校《がくかう》に入《い》れてほしいと姉達《あねたち》の前《まへ》に憐《あは》れみを請《こ》うた事《こと》が殘念《ざんねん》で口惜《くや》しくて何《なん》としてもをさまりません。早速手紙《さつそくてがみ》を書《か》きました。結婚《けつこん》より他《ほか》に女《をんな》に生活《せいくわつ》がないと思《おも》ふのは男《をとこ》のエゴイズムだ、笑《わら》ふべき錯覺《さくかく》だ、流《なが》しの隅《すみ》を掻《か》き廻《まは》し、お裁縫《さいほう》が出來《でき》て、お洗濯《せんたく》が上手《じやうず》になつて、背《せ》中《なか》に下《さ》げた賣《う》り物《もの》の札《ふだ》で商品價値《しやうひんかち》を上《あ》げるより自分《じぶん》は明日《あす》の時代《じだい》を目指《めざ》して斷然起《だんぜんお》き上《あが》らねばならぬ、人間《にんげん》として先《ま》づ生《い》きねばならない、女《をんな》は男《をとこ》の隷屬物《れいぞくぶつ》ではない、一人《ひとり》の人間《にんげん》として強《つよ》く正《たゞ》しく生《い》きる爲《ため》に勉強《べんきやう》がしたかつたのだ、だけど本當《ほんたう》に文學《ぶんがく》が勉強《べんきやう》したいのなら何《なに》も學校《がくかう》には入《い》らなければ出來《でき》ないわけぢやない、只《たゞ》、學校《がくかう》を出《で》れば中等教員《ちうとうけうゐん》の免許狀《めんきよじやう》が出《で》るから差《さ》しあたり食《く》ひはぐれがないと思《おも》つたからなのだ。こんな負《ま》け惜《を》しみを書《か》いて今度《こんど》は直接《ちよくせつ》義《あ》兄《に》に出《だ》しました。

それには返事《へんじ》がなく一月程《ひとつきほど》したら突《とつ》然《ぜん》義兄《あに》から、今日《けふ》の官報《くわんぽう》にお茶《ちや》の水《みづ》臨教《りんけう》の文《ぶん》科《くわ》が生徒《せいと》を募集《ぼしふ》してゐるから直《す》ぐ出《で》て來《く》る樣《やう》に、受驗《じゆけん》は四月二十日《ぐわつはつか》だからそれに間《ま》に合《あ》はせるようにと汽車賃《きしやちん》として爲替《かはせ》が二十圓《ゑん》入れてありました。さあその時《とき》の嬉《うれ》しかつた事《こと》、何《なん》と云《い》つても東京《とうきやう》に出《で》て學校《がくかう》には入《はい》れると云《い》ふ魅力《みりよく》はどんなものを犧牲《ぎせい》にしても足《た》りない程《ほど》の嬉《うれ》しさです。母《はゝ》の丹精《たんせい》て蒲團《ふとん》と行李《かうり》が荷《に》造《つく》られました。飛《と》び立《た》つ思《おも》ひで上京《じやうきやう》したのです。はじめて見《み》る義兄《ぎけい》は溫厚《おんこう》でさつぱりした男《をとこ》らしい紳士《しんし》です。二人《ふたり》の子供《こども》のよいパパで姉《あね》の家庭《かてい》生活《せいくわつ》はまことに幸福《かうふく》そのものでした。はじめて親《おや》の側《そば》を離《はな》れていさゝかしよんぼりした私《わたし》も、義兄《あに》姉《あね》の親身《しんみ》の優《やさ》しさに元氣《げんき》づけられて、二十日《はつか》の受驗《じゆけん》には見事《みごと》パスして五月二日《ぐわつふつか》からお茶《ちや》の水《みづ》に通學《つうがく》する樣《やう》になりました。憧《あこが》れの文科《ぶんくわ》の生徒《せいと》になつた私《わたし》の胸《むね》は明《あか》るく、姉《あね》の家《いへ》は早稻田《わせだ》の鶴卷町《つるまきちやう》にありましたのでそこから毎日《まいにち》市電《しでん》で通《かよ》つて居《を》りました。さて、近《ちか》く接《せつ》してみると義兄《あに》は實《じつ》に立派《りつぱ》な人《じん》格者《かくしや》です。仕事《しごと》に几帳面《きちやうめん》な半面《はんめん》家庭《かてい》ではよい夫《をつと》であり優《やさ》しい父親《ちゝおや》でありました。今年《ことし》四十になるのに童心《どうしん》を失《うしな》はず子供等《こどもら》と一緒《しよ》になつて馬《うま》になつたり、かくれん坊《ばう》をしたり、無邪氣《むじやき》に遊《あそ》んでゐる所《ところ》はまるで大《おほ》きな子供《こども》でした。日曜《にちえう》毎《ごと》に皆《みんな》で江戸《えど》川公園《がはこうえん》に散歩《さんぽ》したり動物園《どうぶつゑん》に遊《あそ》びに參《まゐ》りました。さてこのまゝでこの平和《へいわ》がせめて四五年《ねん》でも續《つゞ》いてゐたら、私《わたし》ははじめのプラン通《どほ》り學校《がくかう》を卒業《そつげふ》して何處《どこ》かの女學校《ぢよがくかう》の先生《せんせい》になるか或《あるひ》は婦人記者《ふじんきしや》位《ぐらゐ》になつてゐたかも知《し》れません。少《すく》くとも現在《げんざい》の樣《やう》に魂《たましひ》の無《な》い廢人《はいじん》にはならずに濟《す》んだと思《おも》ひます。併《しか》し運命《うんめい》とは眞《しん》に妙《めう》な惡戲《いたづら》ものです。我儘《わがまゝ》で世間《せけん》知《し》らずであつた私《わたし》は、只《ただ》生意氣《なまいき》でえら相《さう》な理窟《りくつ》だけは並《なら》べる事《こと》が出來《でき》ましてもまだ十八でほんの無邪氣《むじやき》な少女《せうぢよ》でした。私《わたし》は誰《だれ》からも愛《あい》された樣《やう》に、義兄《あに》からも非常《ひじやう》に可愛《かあい》がられました。私《わたし》が生意氣《なまいき》な氣焰《きえん》を揚《あ》げる毎《ごと》に「又《また》か、ケツ惡《あ》は(私《わたし》の愛稱《あいしよう》でした)それを云《い》はなければいゝ子《こ》なのに」と引《ひ》き寄《よ》せておでこをぽんと打《う》たれて愛撫《あいぶ》されたものです。さう云《い》ふ義兄《あに》は私《わたし》のやんちやな生意氣《なまいき》が可愛《かあい》かつたものとみえます。もと〳〵義兄《あに》は弘前《ひろさき》の高等學校《かうとうがくかう》を出《で》て居《を》りましたので姉《あね》の無教育《むけういく》なのを日頃《ひごろ》不滿《ふまん》に思《おも》つて居《を》りました。それで何《なん》かと私《わたし》を相手《あひて》に文《ぶん》學《がく》の話《はなし》とか、その當時《たうじ》の新聞《しんぶん》を賑《にぎ》はしてゐた共產黨《きようさんたう》の檢擧事件《けんきよじけん》などを義兄《あに》は義兄《あに》らしい見《けん》解《かい》のもとに面白《おもしろ》く論《ろん》じ合《あ》つたものです。私《わたし》は義兄《あに》のよい話《はな》し相手《あひて》でした。その年《とし》の六月《ぐわつ》、入《にふ》梅《ばい》には入《は》つて毎日《まいにち》いやな雨《あめ》が降《ふ》り續《つゞ》きましたがフトした風邪《かぜ》がもとで姉《あね》が病《びやう》床《しやう》に就《つ》きました。七月《ぐわつ》には入《い》つてもなか〳〵癒《よ》くならず、最初《さいしよ》は肋膜《ろくまく》と云《い》はれてゐたのがだん〳〵こじれて左《ひだり》の肺《はい》も犯《をか》されてゐるとの事《こと》で七月《ぐわつ》の二《は》十日《つか》に麴町《かうぢまち》の病院《びやういん》に入院《にふゐん》致《いた》しました。姉《あね》が病床《びやうしやう》に就《つ》いてからは學校《がくかう》も早《はや》く歸《かへ》つて幼《をさな》い甥《をひ》

や甥《をひ》のめんどうをみたり女中《ぢよちう》を指示《しじ》して食事《しよくじ》の世話《せわ》をしたり、なか〳〵大變《たいへん》でした。それに姉が入院《にふゐん》してからは餘計《よけい》責任《せきにん》も重《おも》く、主婦《しゆふ》の仕事《しごと》もかねなければなりませんでした。たのしみにしてゐた暑中休暇《しよちうきうか》を歸省《きせい》せず專心《せんしん》家政《かせい》を手傳《てつだ》ひました。一日《にち》に一度《ど》は小《ちひ》さい姪《めひ》を連《つ》れて病院《びやうゐん》を見舞《みま》ひます。兄《あに》も銀行《ぎんかう》の歸《かへ》りには必《かなら》ず病院《びやうゐん》に寄《よ》つて來《く》る事《こと》を日課《につくわ》としてゐました。その內《うち》にいつか知《し》らず〳〵義兄《あに》は私《わたし》を頼《たよ》り私《わたし》は義兄《あに》を頼《たよ》つて居《を》りました。はじめはまだ慣《な》れない私《わたし》に同情《どうじやう》して色々《いろいろ》一緒《しよ》になつてやつてくれてゐたのが今《いま》ぢや家政《かせい》の事《こと》以外《いぐわい》にも義兄《ぎけい》は私《わたし》を自分《じぶん》の側《そば》から離《はな》さない樣《やう》になりました。だん〳〵義兄《あに》の私《わたし》に對《たい》する態度《たいど》が變《かは》つて參《まゐ》りました。今《いま》まで何《なん》とも思《おも》はず受《う》けてゐた愛撫《あいぶ》も何《なん》だか不自然《ふしぜん》なものになつて來《き》ました。或《あ》る晩《ばん》、義兄《あに》の書齋《しよさい》に紅茶《こうちや》を運《はこ》んで行《ゆ》きました。「ケツ惠《ゑ》、手《て》を出《だ》してごらん、あんな綺麗《きれい》だつた手《て》がすつかり荒《あ》れちやつたぢやないの、可哀《かあい》相《さう》に——」いつもの樣《やう》に撫《な》でてゐた義兄《あに》の何《なに》か苦《くる》し相《さう》な息づきに思《おも》はずハツとして手《て》を引《ひ》き込《こ》めました。おず〳〵義《あ》兄《に》の顏《かほ》を見上《みあ》げますと、義兄の熱《ねつ》ばんだ目《め》がじつと私《わたし》を見《み》すゑてゐます。私《わたし》は只《ただ》わけもなく不安《ふあん》でした。世《よ》の中《なか》で一番尊敬《ばんそんけい》してゐた義兄《あに》、困《こま》つた事《こと》や、分《わか》らない事《こと》は一番先《ばんさき》に訴《うつた》へて安心《あんしん》して信《しん》じ頼《たよ》つてゐた義兄《あに》なのに、私《わたし》の今《いま》の不安《ふあん》は誰《だれ》にも持《も》つて行《ゆ》き場《ば》がなく、只々《たゞ〳〵》もう悲《かな》しくなるのでした。私《わたし》はいきなり、

「いやよう義兄《にい》さん！」

がばと義兄《あに》にしがみ付《つ》いて泣出《なきだ》しました。

「何《なん》でもないの、ごめん、ごめん、ケツ惠《ゑ》こそどうかしてゐるぢやないか」

あわてゝ義兄《あに》は私《わたし》を抱《だ》き起《おこ》して寂《さび》しさうに聲《こゑ》を立《た》てゝ笑《わら》ひました。私《わたし》もようやく安心《あんしん》はしましたがその後《ご》こんな事《こと》が度々《たびたび》あつて私《わたし》の不安《ふあん》は募《つの》る一方《ぱう》でした。義兄《あに》はだん〳〵無口《むくち》になつて姪《めひ》や甥《をひ》にもいゝパパではなくなりました。お務《つと》めから歸《かへ》つても書齋《しよさい》に引《ひ》き込《こ》んだまゝ出《で》て來《き》ません。時々《ときどき》伺《うかゞ》つてみても蒼《あを》い顏《かほ》をしてぼんやり天井《てんじやう》をみつめて居《ゐ》ます。姉は暑《あつ》い八月《ぐわつ》も病院《びやうゐん》で暮《くら》し、九月《ぐわつ》、十月《ぐわつ》、涼《すゞ》しい秋風《あきかぜ》が吹《ふ》いても病院《びやうゐん》のベツドを離《はな》れる事《こと》が出《で》來《き》ませんでした。秋《あき》も深《ふか》くなつた或《あ》る日《ひ》、甥《をひ》の提言《ていげん》で久《ひさ》しぶりに皆《みな》で活動《くわつどう》を見《み》に行《ゆ》く約束《やくそく》をしました。丁度《ちやうど》近《ちか》くのF館《くわん》で「謎《なぞ》の人形師《にんぎやうし》」

ゝやつて居《を》りましたので。ところが丁度《ちやうど》その夜《よ》に義兄《あに》が鶴卷町《つるまきちやう》の町會《ちやうくわい》の幹事《かんじ》になつてゐるので何《なに》かの祝賀會《しゆくがくわい》の相談《さうだん》があつて急《きふ》に行《ゆ》かれなくなりました。仕方《しかた》ないので私達《わたしたち》だけで出掛《でか》けましたが、大變面白《たいへんおもしろ》かつたので義兄《あに》にも氣分轉換《きぶんてんくわん》に是非見《ぜひみ》に行《ゆ》く樣《やう》に進《すゝ》めました。

「さう、面白《おもしろ》かつたの？　それはよかつたねおや僕《ぼく》も見《み》に行《い》つて來《こ》ようか」

氣《き》のなさ相《さう》な返事《へんじ》をして居《を》りましたが、そばにあつた紙《かみ》を取《と》り上《あ》げて、何《なん》だかすら〱書《か》いて居《を》りましたがやがて苦笑《くせう》しながら私《わたし》に渡《わた》しました。

○町會《ちやうくわい》（懲戒）の爲《ため》と思《おも》へどなさけなや
　謎《なぞ》の人形《にんぎやう》は逃れ（倩《つ》れ）なかりける

と書《か》いてありました。私《わたし》も書《か》きました。

○問題《もんだい》の謎《なぞ》の人形《にんぎやう》は土人形《つちにんぎやう》
　毀《こは》れやすきに觸《さは》るべからず

二人《ふたり》で久《ひさ》しぶりに朗《ほが》らかに笑《わら》ひ合《あ》ひました。こんな輕《かる》い茶目氣分《ちやめきぶん》の出《で》た事《こと》が嬉《うれ》しかつたのでした。併《しか》しその内《うち》に私《わたし》の義兄《あに》を勞《いた》はる氣持《きもち》がいつか心《こゝろ》の底《そこ》ではげしい愛《あい》に變《かは》つて居《ゐ》る事《こと》に氣《き》がつきました。

或《あ》る晩《ばん》、とう〱義兄《あに》は苦《くる》しさに堪《た》へられず全部《ぜんぶ》を私《わたし》にぶちまけてしまひました。生《うま》れて四十年《ねん》、はじめて知《し》つた戀《こひ》。かうなるまでには何度反省《なんどはんせい》したか知《し》れない、が、もう行《ゆ》くべき所《ところ》まで行《ゆ》かなくては後《あと》に戻《もど》る事《こと》は出來《でき》ない。自分《じぶん》はこの戀《こひ》の爲《ため》にはもとよりあらゆるものを犧牲《ぎせい》にする覺悟《かくご》で居《を》る、どうか自分《じぶん》を愚《おろか》な義兄《あに》と笑《わら》はないでくれ。

キラリと涙《なみだ》に光《ひか》つた義兄《あに》の目《め》を見《み》た私《わたし》は、思《おも》はず身《み》の引《ひ》き緊《しま》るものを感《かん》じました。私《わたし》も義兄《あに》を愛《あい》してはゐる――だけど義兄《あに》の拂《はら》ふ犧牲《ぎせい》はあまりに大《おほ》きい、それに、姉《あね》は病《や》んでゐる。小《ちひ》さい時《とき》から親《おや》の愛《あい》も知《し》らず、世《よ》の中《なか》の苦勞《くらう》を舐《な》め盡《つく》して來《き》た、可哀相《かあいさう》な姉《あね》、――その姉《あね》のようやく築《きづ》いたこのさゝやかな幸福《かうふく》を奪《うば》つてはならない。さうだ自分《じぶん》は逃《のが》れよう――逃《のが》れるより他《ほか》に道《みち》はない、このまゝでゐたら行《ゆ》く所《ところ》まで行《い》つて自滅《じめつ》するよりない私達《わたしたち》だ!!　自分一人《じぶんひとり》の瞑想《めいさう》からフイに頭《あたま》を上《あげ》た瞬間《しゆんかん》私《わたし》は意外《いぐわい》にも逞《たくま》しい義兄《あに》の兩腕《りやううで》の中《なか》に抱《だ》きすくめられてゐました。思《おも》はず聲《こゑ》を出《だ》さうとした口唇《くちびる》は、暴風《ばうふう》の樣《やう》な男《をとこ》の情熱《じやうねつ》に押《お》しかぶされて目《め》も口《くち》も耳《みゝ》も只《たゞ》、眞暗《まつくら》になつて……

無我夢中《むがむちう》で何《なに》もかもかなぐり捨《す》てゝ飛《と》び出《だ》して來《き》た私《わたし》はその夜更《よふ》けを北《きた》に驀進《ばくしん》する三等《とう》車《しや》の片隅《かたすみ》にぽつんと坐《すわ》つて居《を》りました。遠《とほ》くにすだく蟲《むし》の音《ね》も果敢《はか》なくなつた十月《ぐわつ》の末《すゑ》でした。何《なん》にも思《おも》ふまい、何《なん》にも考《かんが》へまい、弱《よわ》弱《よわ》しく首《くび》をふつては目《め》をつぶる私《わたし》の網膜《まうまく》に燒《や》き付《つ》いてゐるのは優《やさ》しい義兄《あに》の顏《かほ》でした。

あれから七年《ねん》――

文學《ぶんがく》の野心《やしん》も捨《す》てました。その後《ご》私《わたし》も胸《むね》を病《や》んで青春《せいしゆん》の希望《きばう》もたのしみも知《し》らず、盛岡《もりをか》に近《ちか》い鮎崎の海岸《かいがん》で、目前《もくぜん》に迫《せま》る死《し》の影《かげ》に直面《ちよくめん》して一日々々と黒《くろ》く塗《ぬ》りつぶれて行《ゆ》く胸《むね》の音《おと》を聞《き》いて居《を》ります。姉《あね》は一昨年死《し》にました。先日《せんじつ》、今年女學校《ことしぢよがくかう》には入《い》つた姪《めひ》から、私達《わたしたち》は寂《さび》しい〱子供《こども》になりましたと便《たよ》りがありました。

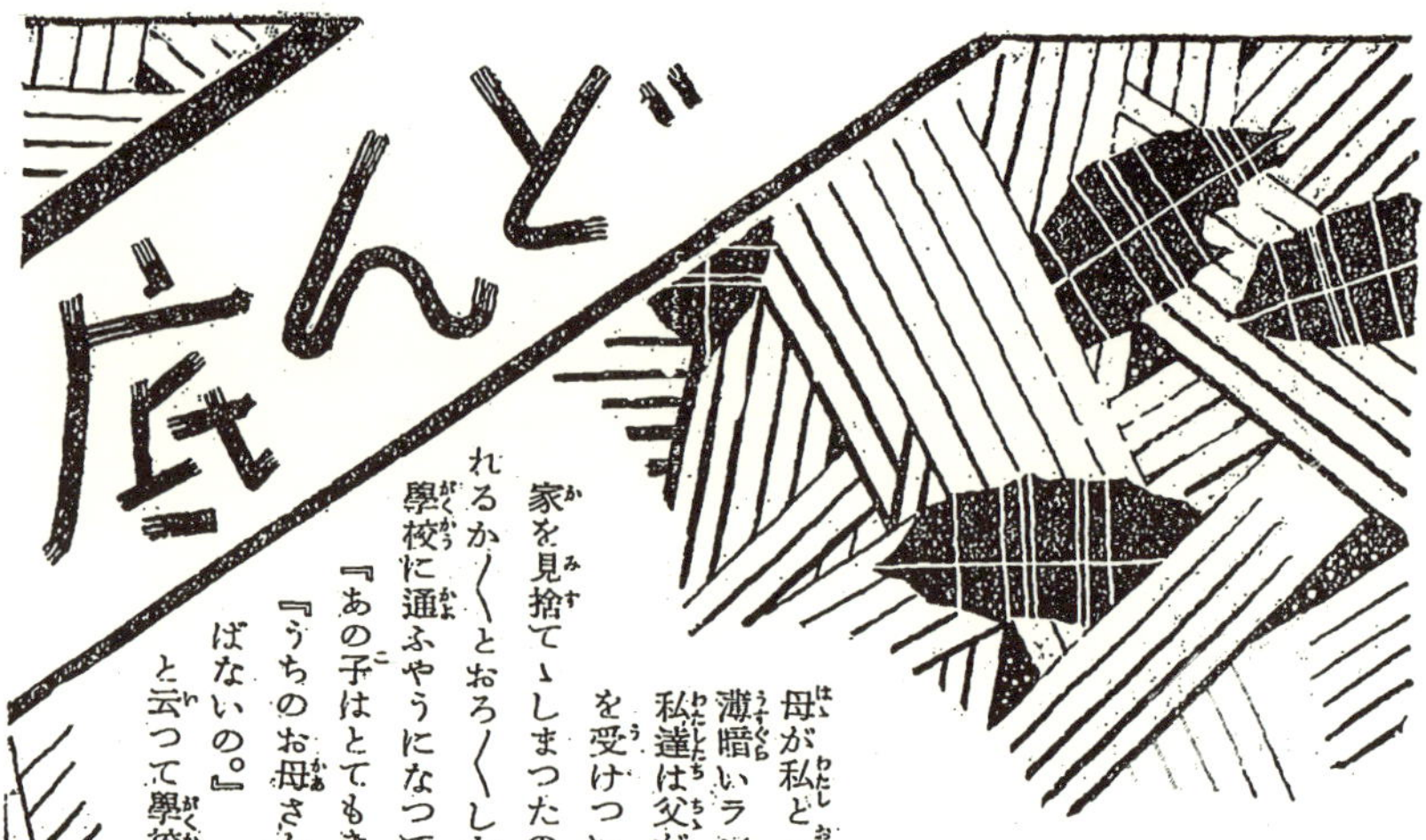

第《だい》一回《くわい》『母《はゝ》の歩《あゆ》む道《みち》』は、近來稀《きんらいまれ》にみるの熱讃《ねつさん》をもつて讀《よ》まれた。同情《どうじやう》の手紙《でがみ》憤激《ふんげき》の投書《とうしよ》は山積《さんせき》した。私共《わたくしども》は茲《こゝ》に第《だい》二回《くわい》の『虐《しひた》げられた女《をんな》の半生《はんせい》』の手記《しゆき》を皆《みな》様《さま》に送《おく》る。『どん底《ぞこ》の貞操《ていさう》』が即《すなは》ちそれである。極貧《ごくひん》と汚濁《をだく》に生育《せいいく》した少女《せうぢよ》が、母《はゝ》となるまでの――否《いな》、母《はゝ》となつてまでも依然《いぜん》として免《まぬ》がれ難《がた》い宿命《しゆくめい》のために哭《な》かねばならぬ人生苦《じんせいく》難《なん》の叫《さけ》びである。貞操《ていさう》とは果《はた》して何《なに》ものであらう、母《はゝ》と娘《むすめ》との生活《せいくわつ》を通《つう》じて、此《こ》の命題《めいだい》に解答《かいたふ》が與《あた》へられる。

けがれた血

母《はゝ》が私《わたし》と弟《おとうと》を連《つ》れて北海道《ほつかいだう》へ來《き》たのは、私《わたし》が四つの時《とき》でした。おぼろげながらに憶《おぼ》えてゐるのは、薄暗《うすぐら》いランプの下《した》で針仕事《はりしごと》をしてゐた母《はゝ》の青白《あをじろ》い横顔《よこがほ》と、弟《おとうと》の死《し》と、私《わたし》の病院通《びやうゐんがよ》ひ。

私達《わたしたち》は父《ちゝ》が放蕩《はうたう》してゐる時《とき》の子供《こども》ですから、何《なに》も知《し》らない私達《わたしたち》にまでその罪《つみ》がむくひ、にごつた血《ち》を受《う》けついだので、弟《おとうと》はそのために死《し》に私《わたし》は弱《よわ》い〳〵子供《こども》となりました。その上《うへ》父《ちゝ》はこの哀《あは》れな一家《か》を見捨《みす》てゝしまつたのでした。それからの母《はゝ》は僅《わづ》かばかりの針仕事《はりしごと》の賃銀《ちんぎん》で私《わたし》を醫者《いしや》にかけてくれ、何時《いつ》死《し》なれるか〳〵とおろ〳〵しながら育《そだ》てたといふことです。

學校《がくかう》に通《かよ》ふやうになつてからも體《からだ》が弱《よわ》くて休《やす》む日《ひ》が多《おほ》く、春秋《はるあき》には必《かなら》ず醜《みにく》い吹出物《ふきでもの》が出來《でき》ました。

『あの子《こ》はとてもきたないの、手《て》や足《あし》に何《なに》か一パイ出來《でき》てゐるの、うつるから遊《あそ》ばないでようね。』

『うちのお母《かあ》さんが、あんなきたないものうつして來《き》たら家《うち》に入《い》れないからと云《い》つたの、こはいから私遊《わたしあそ》ばないの。』

と云《い》つて學校《がくかう》では誰《だれ》も遊《あそ》んでくれません。同《おな》じ机《つくゑ》に並《なら》んでゐる子《こ》も『うつるからずつとそつちへ腰掛《こしか》けなさいよ』と云《い》ふのです。子供心《こどもごゝろ》にそれがどんなに辛《つら》かつたでせう。

手毬《てまり》をついたりお手玉《てだま》をしたりして皆《み》んな樂《たの》しさうに遊《あそ》んでゐる時《とき》でも、

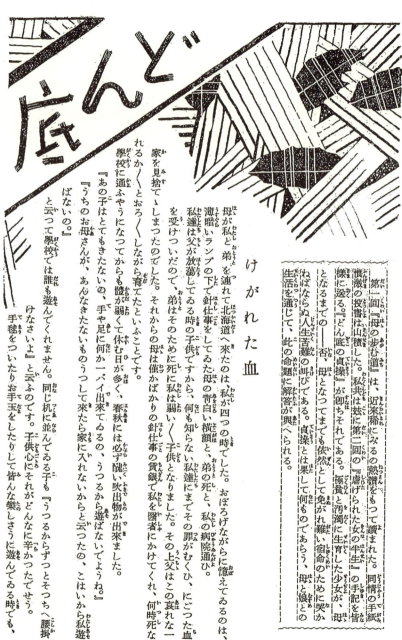

の貞操

山本岸子

私《わたし》はいつも、ひとりぼつちで隅《すみ》つこに立《た》つて眺《なが》めてゐなければなりませんでした。これが二年生《ねんせい》になつても三年生《ねんせい》になつてもいつまでも續《つゞ》きました。

五六年生《ねんせい》の頃《ころ》には、私《わたし》をあまりいぢめる人達《ひとたち》が憎《にく》らしくて、誰《だれ》かにうつして私《わたし》の苦《くる》しみを苦《くる》しましてやりたいと思《おも》ひまして、いろいろなことをしてみましたけれど誰《だれ》にもうつりませんでした。

高等科《かうとうくわ》の二ケ年《ねん》を受持《うけも》つて下《くだ》さつた先生《せんせい》だけは私《わたし》に同情《どうじやう》して下《くだ》さつて、私《わたし》をいぢめる生徒《せいと》にもよく注意《ちうい》して下《くだ》さつたが、それが却《かへ》つて『先生《せんせい》の岸《キー》ちやん、あやしい岸《キー》ちやん』と云《い》つて一層《そう》いぢめられる因《もと》になりました。

私《わたし》が五つの時《とき》、母《はゝ》は近所《きんじよ》にゐた八つも年下《としした》の人《ひと》を夫《をつと》にむかへました。その人《ひと》は親戚《しんせき》も身寄《みよ》りも何《なに》もない勞働者《らうどうしや》でした。その義父《ぎふ》も母《はゝ》も初《はじ》めは私《わたし》の醜《みにく》い病氣《びやうき》を心配《しんぱい》してくれ色々《いろ〳〵》の藥《くすり》を買《か》つて來《き》てつけてくれましたが、あまり長《なが》びくものですから『お前《まへ》が持《も》つて生《うま》れたごうだから仕方《しかた》がないよ』とあきらめて仕舞《しま》ひ、病氣《びやうき》が出《で》ても心配《しんぱい》してはくれなくなりました。私《わたし》ははづかしさと友達《ともだち》にいぢめられるのと、體《からだ》がズキズキ痛《いた》むのがとても辛《つら》くて、一人《ひとり》で泣《な》いてゐました。私《わたし》はだん〳〵いぢけた物云《ものい》はぬ子供《こども》になつてしまひ、物心《ものごゝろ》がついてからは顔《かほ》さへ知《し》

らない生《う》みの父《ちゝ》を毎日《まいにち》うらんでゐました。

賣られゆく娘たち

義兄《あに》と義姉《あね》は母《はゝ》の第《だい》一の夫《をつと》の子《こ》、私《わたし》は母《はゝ》の第《だい》二の夫《をつと》の子《こ》、今《いま》の義父《ちゝ》は第《だい》三の夫《をつと》でした。義姉《あね》はその父《ちゝ》が死《し》ぬとすぐ祖母《そぼ》の手《て》に育《そだ》てられ、義兄《あに》は私《わたし》の少《ちひ》さい時分《じぶん》から奉公《ほうこう》に出《で》てゐました。私《わたし》の十二の時初《ときはじ》めて義姉《あね》が私《わたし》の家《うち》に歸《かへ》つて來《き》ました。一人《ひとり》ポツチだつた私《わたし》はそれがどんなにうれしかつたか知《し》れません。けれども、勝氣《かちき》な義姉《あね》と私《わたし》とでは年《とし》も離《はな》れ過《す》ぎてゐましたのでけんかはしない代《かは》りに少《すこ》しも親《した》しめませんでした。

義父《ちゝ》は他人《たにん》のことにも骨《ほね》おしみしない性《たち》で近所《きんじよ》の評判《ひやうばん》もよく、母《はゝ》にも私《わたし》にも親切《しんせつ》でした。『あんなよいお父《とう》さんはないのだよ、大《おほ》きくなつたら孝行《こうかう》しなくては。』とよく人《ひと》に云《い》はれました。

その日暮《ひぐら》しの勞働者《らうどうしや》である私《わたし》の一家《か》で義父《ちゝ》が病氣《びやうき》になり、やがてやうやく働《はたら》ける位《くらゐ》になつたかと思《おも》ふと今度《こんど》は母《はゝ》が長《なが》わづらひをしまして、借金《しやくきん》はどん〳〵多《おほ》くなり、その日《ひ》の暮《くら》しにも困《こま》るやうになりました。義姉《あね》は奉公《ほうこう》に出《で》る、母《はゝ》は愚痴《ぐち》をこぼす、義父《ちゝ》は嫌《いや》な顏《かほ》をするといふ有樣《ありさま》で、無口《むくち》な私《わたし》は母《はゝ》と義父《ぎふ》の間《あひだ》でひとりで胸《むね》をいためてゐました。

△△の娘《むすめ》は女郎《ぢよらう》に賣《う》られて行《い》つた。
〇〇の娘《むすめ》は二千圓《せんゑん》で買《か》はれて行《い》つた。

こんな話《はなし》を聞《き》くと、そんなに澤山《たくさん》お金《かね》が貰《もら》へるのだつたら私《わたし》も大《おほ》きくなつたら女郎《ぢよらう》になつて孝行《こうかう》がしたいと思《おも》ひました。でもこんなきたない體《からだ》でもいゝかしらと心配《しんぱい》でした。

義父《ちゝ》の努力《どりよく》と義兄《あに》が兵隊《へいたい》から歸《かへ》つて來《き》たのとで暮《くら》しも少《すこ》しは樂《らく》になり、義姉《あね》も家《いへ》に歸《かへ》り、笑《わら》ひ聲《ごゑ》の出《で》る日《ひ》もありましたが、義父《ちゝ》と義兄《あに》とは意見《いけん》が合《あ》はないので義父《ちゝ》は暗《くら》い顏《かほ》をするやうになり、やがて義兄《あに》も家《いへ》を飛《と》び出《だ》しました。母《はゝ》より八つも年下《としした》の義父《ちゝ》は、いくら働《はたら》いても家《うち》の中《なか》が面白《おもしろ》くならないのに嫌氣《いやき》がさしたのか、毎日大酒《まいにちおほざけ》を飲《の》むやうになり、やがて私《わたし》にとつて恐《おそ》ろしい日《ひ》がやつて來《き》ました。

恐ろしき一夜

それは私《わたし》が十四の年《とし》、むし暑《あつ》い夏《なつ》の夜《よる》でした。何《なん》だか重苦《おもくる》しく壓迫《あつぱく》されるやうな氣持《きもち》がするのにびつくりして私《わたし》は眼《め》をさましますと、そこに…………………があつたのです。

私《わたし》は本能的《ほんのうてき》に力《ちから》一パイにはね起《お》きました。母《はゝ》も居《ゐ》ない、義姉《あね》も居《ゐ》ない。私《わたし》が『母《かあ》さん、母《かあ》さん』と泣《な》いてゐますと、母《はゝ》と義姉《あね》が買物《かひもの》から歸《かへ》つて來《き》て『馬鹿《ばか》な子《こ》ね、十四にもなつて一寸《ちよつと》居《ゐ》ない位《くらゐ》で泣《な》くなんて。』

私《わたし》は何《なに》も云《い》へなくなつて蒲團《ふとん》をかぶつてしひました。………その後《ご》も私《わたし》と二人《ふたり》になる時《とき》をつくるやうになり、私《わたし》の機嫌《きげん》をとつて何《なん》でも買《か》つてくれました。そのためか義姉《あね》が私《わたし》につらくあたるやうになり、私《わたし》は益々《ますます》無口《むくち》な子《こ》になるばかりでした。

　子供《こども》がゐる前《まへ》でも平氣《へいき》でみだらな話《はな》しをする勞働者街《らうどうしやがい》に育《そだ》つた私《わたし》は、割《わ》りに早《はや》くから男女間《だんぢよかん》のことを知《し》らされてゐたし、また母《はゝ》と娘《むすめ》が……子供《こども》を產《う》んだり、××××された娘《むすめ》が家《いへ》を飛《と》び出《だ》して女郞《ぢよらう》になつたりした話《はなし》はざらに見聞《みき》きもし、その度《たび》に私《わたし》は恐《おそ》ろしい思《おも》ひをしました。子供《こども》は早《はや》く寢《ね》るものと七時《じ》には寢《ね》かされるのですが、十時《じ》十一時《じ》に皆《みんな》が寢《ね》るまでは決《けつ》して眠《ねむ》らないでゐました。母《はゝ》と義姉《あね》はよく私《わたし》が寢《ね》てから買物《かひもの》や錢湯《せんたう》に行《ゆ》くので、私《わたし》はその度《たび》に起きて、つれて行《い》つてくれとたのんだのですが、それ

でも愚《おろ》かな母《はゝ》は少《すこ》しも感《かん》づかず、母《はゝ》も義姉《あね》もかまつてはくれず、私に對する義父の度はづれの愛撫も、たゞ義父《ちゝ》が老後《らうご》を見《み》て貰《もら》ひたいためにさうするのだとしか思《おも》つてくれないのでした。私《わたし》は義父《ちゝ》に對《たい》する今《いま》までの信賴《しんらい》と愛慕《あいぼ》が憎惡《ぞうを》に變《かは》り、母《はゝ》や義姉《あね》の前《まへ》で平氣《へいき》な顏《かほ》してゐる義父《ちゝ》が憎《にく》らしく恐《おそ》ろしいのでした。

　いつそ死《し》んでしまはう。いつかは又《ま》たあの恐《おそ》ろしい日《ひ》が來《く》るのだから。

　と幾度《いくど》考《かんが》へたか知《し》れません。けれど私《わたし》にとつては十年《ねん》の義理《ぎり》ある父《ちゝ》、近所《きんじよ》からは評判《ひやうばん》のよいこの義父《ちゝ》を、どうしてそんな人《ひと》だと話《はな》せませう。と云《い》つて十四の私《わたし》は恐《おそ》ろしくて死《し》ぬことも出來《でき》ないので、いつそ義父《ちゝ》が死《し》んでくれたらとそれを望《のぞ》まずには居《を》られませんでした。

　夢《ゆめ》ではないか、それとも私《わたし》が心《こゝろ》に念《ねん》じてゐたことが天《てん》に通《つう》じたのか、暮《く》れも近《ちか》づいた十三日《にち》、心臟《しんぞう》マヒで義父《ちゝ》は突然《とつぜん》死《し》んでしまひました。母《はゝ》の肩《かた》に多《おほ》くの借金《しやくきん》を殘《のこ》したまゝ。

　私《わたし》はたうとう救《すく》はれた。ホツとして世界《せかい》が明《あか》るくなつたやうな氣《き》がした。けれども一面《めん》にはやはり義父《ちゝ》の死《し》が悲《かな》しく泣《な》けて來《く》るのでした。あんなことさへなければ、どんなによい義父《ちゝ》であつたでせう。

妾と女店員

義父《ちゝ》が亡《な》くなつてからは以前《まへ》にも増《ま》した苦《くる》しい生活《せいくわつ》になりました。義兄《あに》が歸《かへ》つては來《き》ても僅《わづ》かに自分《じぶん》が食《た》べるだけしか働《はたら》けないし、借金取《しやくきんとり》は容赦《ようしや》なく毎日《まいにち》〳〵取立《とりた》てに來《く》るし、家《うち》の中《なか》の品物《しなもの》は日《ひ》に日《ひ》に失《な》くなつて行《ゆ》くし私達《わたしたち》は全《まつた》く途方《とはう》にくれてしまひました。

そこで私《わたし》もぢつとしてゐられなくなり、小學校《せうがくかう》を出《で》るとすぐ或《あ》る百貨店《ひやくくわてん》の女店員《をんなてんいん》に雇《やと》はれ、そして二十二になつた義姉《あね》は嫁《よめ》に行《い》つてしまひました。兄《あに》の働《はたら》きと私《わたし》の僅《わづ》かな給金《きふきん》では借金《しやくきん》に追《お》ひ立《だ》てられるばかりで暮《くら》しは益々《ますく》苦《くる》しいばかりでした。何《なん》ケ月《げつ》かの滯《たい》納《なう》で家主《やぬし》からは追《お》ひ立《た》てられて犬小屋《いぬごや》のやうな家《いへ》に移《うつ》り住《す》むことになりました。

田舍《ゐなか》育《そだ》ちで無智《むち》な私《わたし》の母《はゝ》は、貞操《ていさう》が何《なん》であるかも知《し》らぬ、どつちかと云《い》へば淫蕩的《いんたうてき》なところもあつたやうです、世間《せけん》や義兄《あに》に氣《き》兼《が》ねしてか幾人目《いくにんめ》かの夫《をつと》を持《も》つのを思《おも》ひ止《とゞま》り、人《ひと》の世話《せわ》で妾《めかけ》になつたのでした。でも私達《わたしたち》の處《ところ》に來《く》るやうな男《をとこ》は金《かね》のない勞働者《らうどうしや》でしかないのでした。義兄《あに》は怒《おこ》つて震災後《しんさいご》の東京《とうきやう》へ働《はたら》きに行《ゆ》き、それきり何《なん》のたよりもなくなりました。

妾暮《めかけぐら》しと云《い》へばお金《かね》がたくさん貰《もら》へて氣樂《きらく》に遊《あそ》んでゐるやうですが、その實《じつ》はある時《とき》には少《すこ》しばかりくれるが無《な》い時《とき》はくれないといふ妾暮《めかけぐら》しで、たゞ世間《せけん》からさげすまれるだけで生活《くらし》は樂《らく》にならないのでした。その上《うへ》母《はゝ》と男《をとこ》とがいつも下卑《げび》たことばかり口《くち》にするのが私《わたし》には一番《ばん》堪《た》へられない嫌《いや》なものでした。

女店員生活《ぢよてんいんせいくわつ》も辛《つら》いものです。監督《かんとく》が私達《わたしたち》の一擧《きよ》一動《どう》に目《め》をつけ、いつもいやな眼《め》でにらんでゐるので毎日馘《まいにちくび》になるのではないか、馘《くび》にでもなつたらどうしようとビク〳〵して働《はたら》いてゐなければなりませんでした。それも口《くち》のうまい人《ひと》は監督《かんとく》の機嫌《きげん》をとり監《かん》督《とく》もそれをすぐに信用《しんよう》しますが、私《わたし》のやうに無口《むくち》の者《もの》は少《すこ》しの落度《おちど》のためにもどん〳〵馘《くび》にされるのでした。『いくらでも雇《やと》はれたい人《ひと》が居《ゐ》るのですから、いやな人《ひと》は無理《むり》に居《ゐ》て貰《もら》はなくてもいゝんですよ。落度《おちど》があればこちらからもどし〳〵出《で》て貰《もら》ひますからそのつもりで。』

とよく云《い》はれました。

借金と犧牲

一日辛《にちつら》い思《おも》ひで働《はたら》いて家《いへ》に歸《かへ》ると、借金取《しやくきんと》りが來《き》て待《ま》つてゐました。

『どうしてくれる！　何《なん》とかしてくれねば歸《かへ》るわけに行《ゆ》かぬ。』

『どうだ、自分《じぶん》の身《み》を犧牲《ぎせい》にして親《おや》をたすける氣《き》はないか。』

『困《こま》る〳〵と云《い》つて、娘《むすめ》も賣《う》らないのは拂《はら》ふ氣《き》がないからだらう。この娘《むすめ》なら二千圓位《せんゑんぐらゐ》には賣《う》れるのに。』

何《なん》と云《い》はれても私達母子《わたくしたちおやこ》はだまつてゐなければならないのでした。たゞ下《した》を向《む》いて脣《くちびる》を食《く》ひしばつてゐるばかりでした。そして母《はゝ》はおろ〳〵聲《こゑ》で『いつ〳〵まで待《ま》つて下《くだ》さい、きつと幾《いく》らかでも持《も》つて行《ゆ》きますから。』

と入《はい》る當《あて》もないことを云《い》つて幾度《いくど》か頭《あたま》を下《さ》げるのでした。すると、ひどい侮辱《ぶじよく》の言葉《ことば》をありたけあびせかけてその借金取《しやつきんとり》は歸《かへ》つて行《い》きます。云《い》ひわけのしやうがなくなると、後《あと》で困《こま》ると知《し》りながら高利貸《かうりかし》の金《かね》を借《か》りては一時《じ》をしのぐものですから利《り》に利《り》が重《かさ》なり借金《しやつきん》は大《おほ》きくなるばかりでした。高利貸《かうりかし》は一層《そう》こはいのです。僅《わづ》かな私《わたし》の給金《きうきん》を店《みせ》に差押《さしおさ》へに行《い》つて、恥《はぢ》をかゝせて取上《とりあ》げるのです。

賣《う》られて行《い》つた友達《ともだち》のことを見聞《みき》きしますと私《わたし》は身《み》を賣《う》る氣《き》にはどうしてもなれませんでした。

或人《あるひと》は身受《みう》けされて妾《めかけ》になり、いゝ着物《きもの》を着《き》て親《おや》のところに遊《あそ》びに來《き》た人《ひと》も居《ゐ》ました。

眼《め》が惡《わる》くなつてお客《きやく》が取《ど》れなくなつたら、のぼせ眼《め》だと云《い》つて逃《に》げまどふ手足《てあし》をしばり上《あ》げて灸《きう》をすゑられ、滿身灸《まんしんきう》のあとで光《ひか》つてゐた人《ひと》も居《ゐ》ました。

五年《ねん》ゐて一寸《ちよつと》ひまを貰《もら》つて歸《かへ》つて來《き》たのよ。あと五年行《ねんゆ》かねばならないの、辛《つら》くてお話《はなし》にはならないわ、といふ人《ひと》もゐました。

長《なが》い五年間《ねんかん》を待《ま》ちに待つてやうやく年期《ねんき》が明《あ》けたと思《おも》つたら、すぐ千圓《せんゑん》でくらがへされ、あと十年居《ねんゐ》なければならないと嘆息《たんそく》してゐた人《ひと》も居《ゐ》ました。

苦《くる》しいのも初《はじ》めのうちだけよ、なれて仕舞《しま》へば何《なん》でもないわ、あなたみたいに眞面目《まじめ》に苦勞《くらう》するひと馬鹿《ばか》らしいわ、と云《い》つて涙《なみだ》をためてゐた人《ひと》もゐました。何《なん》の涙《なみだ》でせう。

こんな人達《ひとだち》は期限《きげん》が來《き》ても歸《かへ》つて來《く》る人《ひと》は一人《ひとり》も居《ゐ》ません。色々《いろく》の事情《じじやう》があつて一生《いつしやう》そんな暮《くら》しから拔《ぬ》けられないらしいのです。たいていは父親《ちゝおや》に死《し》なれた娘《むすめ》ばかりで、母親《はゝおや》は第《だい》二の夫《をつと》を持《も》つてゐるといふ人達《ひとたち》ばかりです。美《うつく》しい着物《きもの》を着《き》て遊《あそ》びに歸《かへ》つて來《き》てゐるのを見《み》ると羨《うらや》ましくて、自分《じぶん》もなりたいと思《おも》つたこともありましたが、もうそんな生活《せいくわつ》にふみこんで行《ゆ》く勇氣《ゆうき》が私《わたし》にはなくなりました。

大島を着た男

二《ふ》た親《おや》のある家《いへ》の娘達《むすめたち》は十七八までは女工《ぢよこう》に行《い》き、年頃《としごろ》になるとお針《はり》のけいこに通《かよ》ひます。私《わたし》にはそれが羨《うらや》ましくてなりませんでした。暑《あつ》い夏《なつ》を毎日《まいにち》うちわ一つ使《つか》へない店《みせ》に通《かよ》ひつめ、月《つき》に三度《ど》の公休《こうきう》も、出《で》れば日給《につきう》が入《はい》るので一日《にち》も休《やす》まないのでした。自《じ》分《ぶん》の着物《きもの》一つ縫《ぬ》へない私《わたし》は早《はや》く店《みせ》をやめて縫物《ぬひもの》をしたり洗濯《せんたく》したり、何《なに》か御馳走《ごちそう》をこしらへたり、さうした娘《むすめ》らしい生活《せいくわつ》がどんなにしてみたかつたことでせう。

母《はゝ》の妾暮《めかけぐら》しも不景氣《ふけいき》のために金《かね》が貰《もら》へなくなり、男《をとこ》も來《こ》なくなりました。

或《あ》る日《ひ》、店《みせ》から歸《かへ》つてみると大島《おほしま》なんか着流《きなが》した六十歳位《さいぐらゐ》の肥《ふと》つた男《をとこ》が酒《さけ》を飮《の》んでゐました。借金取《しやつきんと》りでもなささうだし、何者《なにもの》だらうと不思議《ふしぎ》に思《おも》つてゐました。家《うち》へ來《く》るお客《きやく》さんは皆《みんな》ハツピに腹掛《はらが》けなので、大島《おほしま》なんか着《き》た人《ひと》を見《み》ると何《なん》だか氣《き》おくれがして小《ちい》さくなつてしまふのでした。人《ひと》のよささうなお爺《ぢい》さんで、チビリ／＼と酒《さけ》をのみ、歸《かへ》りには十圓札《ゑんさつ》を一枚《まい》置《お》いて行《ゆ》きました。

『やつぱり母《はゝ》が、また……』

いやな／＼氣《き》がしました。母《はゝ》の顏《かほ》を見《み》るのもいやでした。でも母《はゝ》はホク／＼してゐるのでした。何《なん》でもよほどの金持《かねもち》だといふのです。『お前《まへ》にも隨分苦勞《ずゐぶんくらう》をさせたが、あの人《ひと》の世話《せわ》になるやうになれば、お前《まへ》にもいゝ着物《きもの》が買《か》つてやられるやうになるのだよ。』と母《はゝ》は喜《よろこ》んでゐました。

× × ×

一ケ月《げつ》ばかりした或《あ》る夜《よ》、店《みせ》から歸《かへ》つてみると、母《はゝ》は買物《かひもの》に行《い》つたと云《い》つて、いつかの大島《おほしま》の男《をとこ》が一人《ひとり》でゐました。男《をとこ》と二人《ふたり》きりでゐるのが不安《ふあん》になつて來《き》たので、友達《ともだち》の家《いへ》に出《で》かけようかと思《おも》ひましたが、もう九時《じ》にもなつてゐたし、今《いま》から外《そと》に出《で》るのも變《へん》なので仕方《しかた》なしにそこに坐《すわ》つてゐますと、

『いくつになるね……いゝ娘《こ》だな……いゝ着物《きもの》が欲《ほ》しいだらう。買《か》つてやらうか……大《おほ》きな珠《たま》の指輪《ゆびわ》もね。』

などゝ話《はな》しかけるのです。そして

『若《わか》い男《をとこ》は浮氣《うはき》だから、わしがほんとうに可愛《かあい》がつてやらう、お金《かね》もたくさんやるよ、お母《かあ》さんには俺《わし》からよく話《はな》して置《お》くから

心配《しんぱい》せんでもよい。』

といつて私《わたし》を引《ひき》よせようとしました。私《わたし》はどうして此《こ》の場《ば》を切《き》り抜《ぬ》けようかと思《おも》ひまどつてゐると、やがて男《をとこ》は本性《ほんしやう》を現《あら》はして來《き》たのです。

『馬鹿《ばか》！』

私《わたし》は隣家《となり》に聞《きこ》えるのが恥《はづ》かしいので低《ひく》いけれど鋭《するど》い聲《こゑ》でどなり、憎《にく》しみを込《こ》めた眼《め》で睨《にら》んだのです。彼《かれ》もそれ以上手出《いじやうてだ》しをしませんでした。もつとひどい言葉《ことば》で侮《ぶ》辱《じよく》してやりたいと思《おも》つても體《からだ》も口《くち》もたゞブル〳〵震《ふる》へるばかりで何《なに》も云《い》へなくなりました。

母《はゝ》が歸《かへ》つて來《き》ても物《もの》を云《い》ふ氣《き》にならず、母《はゝ》の言葉《ことば》を耳《みゝ》にも入《い》れずに私《わたし》は錢湯《せんたう》に出《で》て行《ゆ》きました。

無我夢中《むがむちう》に手《て》や足《あし》を動《うご》かすだけで自分《じぶん》で何《なに》をしてゐるかまるで無意識《むいしき》でした。やゝもすればあふれ出《で》ようとする涙《なみだ》を一生懸命《しやうけんめい》にこらへてゐました。

歸《かへ》つてみると母《はゝ》は家《いへ》の中《なか》に一人《ひとり》ションボリ坐《すわ》つてゐました。私《わたし》に食《た》べさせようと買《か》つて來《き》たものか、果物《くだもの》とお菓子《くわし》が置《お》いてありました。よく見《み》ると母《はゝ》は泣《な》いてゐました。

幸福な夢

私《わたし》が店《みせ》に行《い》つてゐる間《あひだ》に來《く》るのが常《つね》で、たまに夜來《よるく》る事《こと》があつても酒《さけ》を飲《の》んですぐ歸《かへ》つてゆくこの六十のお爺《ぢい》さんを私達《わたしたち》はすつかり信頼《しんらい》してゐました。これからは自分《じぶん》も母《はゝ》も幸福《かうふく》になれるものとばかり思《おも》つてゐたのに、こんなことになつたのですから母《はゝ》もガツカリしたのでせう。私《わたし》も何《なん》だか力《ちから》が抜《ぬ》けてしまひました。

私《わたし》の幸福《かうふく》な夢《ゆめ》――それはお店《みせ》をやめて、お針《はり》に通《かよ》つて、活動《くわつどう》も見《み》られ、たまには日本髪《にほんがみ》も結《ゆ》つて、廣《ひろ》い野原《のはら》に出《で》て歌《うた》を唄《うた》ふ――その私《わたし》の果《はて》しない空想《くうさう》もめちや〳〵になつてしまひ、やつぱり男《をとこ》つてものはいくら年《とし》とつても心《こゝろ》のゆるせない恐《おそろ》しいもの、野獸《やじう》のやうなものと考《かんが》へて悲《かな》しくなるのでした。

だがかうした空想《くうさう》を描《ゑが》いてゐる時《とき》が私《わたし》の一番幸福《ばんかうふく》な時《とき》でした。その空想《くうさう》があとかたもなく消《き》えてしまひ、母《はゝ》と二人《ふたり》の苦《くる》しい生活《せいくわつ》がまた續《つゞ》きました。

『いくら高利貸《かうりかし》でも、無《な》い金《かね》を殺《ころ》してまでも取《と》るとは云《い》はないだらうから』と云《い》つて母《はゝ》は私《わたし》を慰《なぐさ》めてはくれますが、かうして辛《つら》い女店員生活《ぢよてんいんせいくわつ》がいつまで續《つゞ》くことかと思《おも》ふと悲《かな》しくなるのでした。冬《ふゆ》になつても家《うち》には炭《すみ》もなく、店《みせ》へ行《い》つてはそれほど困《こま》つてゐるやうな顔《かほ》も出來《でき》ないで辛《つら》い思《おも》ひに身《み》をかまれるのでした。

母《はゝ》の青《あを》い顔《かほ》を見《み》ると可哀《かあい》さうになり、もつとお金《かね》のとれる職業《しよくげふ》は何《なに》かないものかと思《おも》ひました。けれども女給《ぢよきう》になつても貞操《ていさう》をかけねば金《かね》にならないさうだし、たゞあれを思《おも》ひこれを思《おも》ふばかりでどうすることも出來《でき》ませんでした。

店《みせ》で主任《しゆにん》によばれて『ぼんやりしてゐる』と云《い》つて嫌《いや》な顔《かほ》をされて怒《おこ》られ、いゝいゝゆううつになつて歸《かへ》つて來《く》ると、母《はゝ》が『自分《じぶん》さへ居《ゐ》なければお前《まへ》一人《ひとり》で食《く》つてゆけるのだからこんな苦勞《くらう》もないだらう、一そ死《し》んで仕舞《しま》ひたい』などゝと愚痴《ぐち》をいふ、私《わたし》も死《し》んで仕《し》舞《まひ》たいと思《おも》つたが、いざ死《し》ぬとなると色々《いろ〳〵》のことが思《おも》はれてやはり死《し》なれなかつた。母《はゝ》も同《おな》じで『お前《まへ》をお嫁《よめ》にやらねば死《し》なれもしない』と云《い》つた。

奉公《ほうこう》するには體《からだ》が弱《よわ》いし、例《たと》へ體《からだ》は無理《むり》しても毎日借金取《まいにちしやつきんと》りが來《き》ては奉公先《ほうこうさき》で困《こま》るし、義姉《あね》のうちに行《い》つてもやはり借金取《しやつきんと》りに責《せ》めて來《こ》られて夫《をつと》に氣《き》の毒《どく》だし、義兄《あに》がしつかりしてゐてくれゝば申分《まをしぶん》ないのだがと母《はゝ》はこぼすのでした。そしていつまでも辛《つら》い苦《くる》しい生活《せいくわつ》だつた。そのうちに、いつしか見知《みし》らぬ男《をとこ》がまた家《うち》に來《く》るやうになつた。來《く》る男《をとこ》も來《く》る男《をとこ》もみんな私《わたし》をねらつて來《く》る人《ひと》ばかりで、私《わたし》の危險《きけん》な日《ひ》も幾度《いくど》かあつた。野蠻《やばん》な勞働者達《らうどうしやたち》の暴力《ばうりよく》にあふと私《わたし》はそのたびに必死《ひつし》に戰《たゝか》はねばならなかつた。

呪はれた人生

私《わたし》は何故《なぜ》こんな死《し》ぬ思《おも》ひをして貞操《ていさう》を守《まも》らなければならないのでせう。くれて仕舞《しま》はうかしら、一寸《ちよつと》のすきがあれば飛《と》びつかうとして舌《した》なめずりしてゐる野獸共《やじうども》に……。骨《ほね》までしやぶられたとて誰《だれ》が泣《な》いてくれよう。世間《せけん》は笑《わら》ふだけではないか。こんなに苦《くる》しんで守《まも》り通《とほ》したとて誰《だれ》も知《し》つてはくれないばかりか私《わたし》の場合疑《ばあひうたが》はれる方《はう》が多《おほ》いではないか。いつそ一と思《おも》ひにどん底《ぞこ》まで落《お》ちて見《み》ようか。そこにはどんな生活《せいくわつ》があるだらうか。どうせ此《こ》の世《よ》で一番力強《ばんちからづよ》く自分《じぶん》を守《まも》つてくれる筈《はず》の父親《ちゝおや》にさへ捨《す》てられた私《わたし》だもの、それに父《ちゝ》から受《う》けたにごつた血《ち》にけがれたこの體《からだ》ではまともな結婚《けつこん》も出來《でき》ないのだし。

あゝ呪《のろ》はれた人生《じんせい》、自分《じぶん》のやうなものがまともな人達《ひとたち》の生活《せいくわつ》を目標《もくへう》に進《すゝ》むからこそ惱《なや》み苦《くる》しまねばならないのではないだらうか。思《おも》ひ切《き》つて捨《す》てよう。泥水《どろみづ》の中《なか》から生《うま》れた自分《じぶん》はやはり泥水《どろみづ》の中《なか》に生活《せいくわつ》し泥水《どろみづ》の中《なか》で死《し》んでゆくのが一番《ばん》ふさはしいのではないだらうか。

かう思《おも》ひ惱《なや》むことも幾度《いくたび》かあつた。だがいざとなるとどうしても死力《しりよく》をつくして戰《たゝか》ひ守《まも》るのであつた。

何故《なぜ》であらう？

母《はゝ》はこんな生活《せいくわつ》になれ切《き》つてしまつたのか、×××な生活《せいくわつ》が少《すこ》しも恥《はづ》かしいことゝ思《おも》つてゐないのです。私《わたし》が泣《な》いてたのんでも私《わたし》のいふことをどうしてもわかつてはくれないのでした。そして『だまつてゐれば誰《だれ》が一錢《せん》くれるではなし、泥棒《どろぼう》すればつかまるだけだし、かういふ暮《くら》しは世間《せけん》にいくらもあることだから惡《わる》いことではない。娘《むすめ》を賣《う》つて食《く》つてる人《ひと》のことを思《おも》へば、お前《まへ》は幸《かう》福《ふく》と思《おも》はねばならない』と母《はゝ》は云《い》ふのです。

此《こ》の世《よ》にたつた一人《ひとり》の自分《じぶん》の味方《みかた》と思《おも》つてゐた母《はゝ》さへ何《なん》のたのみにもならないとわかつた。私《わたし》は一人《ひとり》で生活《せいくわつ》と職業《しよくげふ》と獸的男性《じうてきだんせい》の慾望《よくばう》にさいなまれて血《ち》みどろに戰《たゝか》はねばならなかつた。

家出《いへで》しよう。

だが私《わたし》を迎《むか》へてくれるところが何處《どこ》にあらう。何《なん》の爲《ため》に生《うま》れて來《き》たのかわからないやうな哀《あは》れな母《はゝ》、而《し》かもその不幸《ふかう》な一生《しやう》も終《をは》らうとしてゐる病弱《びやうじやく》な母《はゝ》を見捨《みす》てゝ何處《どこ》に行《ゆ》くことが出來《でき》よう。愚《おろ》かな母《はゝ》ではあつたが、考《かんが》へてみると苦難《くなん》に滿《み》ちた不幸《ふかう》な女《をんな》の一生《しやう》だつたのですもの。

男《をとこ》に生《うま》れて來《き》たかつた。若《も》し男《をとこ》だつたらどんなことをしても母《はゝ》にこんな生活《せいくわつ》をさせはしないものを。

私《わたし》が柔道《じうだう》を覺《おぼ》えたい、ピストルが欲《ほ》しいと思《おも》つたのもその頃《ころ》でした。男《をとこ》といふ男《をとこ》が皆《みな》野蠻《やばん》な獸《けもの》のやうに見《み》え、自分《じぶん》をつけねらつてゐるやうに思《おも》へて仕方《しかた》がなかつたからです。電車《でんしや》に乘《の》つても男《をとこ》の隣《とな》りには空《あ》いてゐても絶對《ぜつたい》に腰掛《こしか》けないやうにした。

　私《わたし》には此《こ》の世《よ》があまりにも住《す》みにくいところであつた。これでも公平《こうへい》な神樣《かみさま》が造《つく》つた世《よ》の中《なか》であらうか。善《よ》いこと惡《わる》いこと皆《み》んな神樣《かみさま》が見《み》てゐると世間《せけん》の人《ひと》はいふけれど、いくら善《ぜん》をしようとしても惡《あく》の方《はう》へ絶對絶命《ぜつたいぜつめい》に追《お》ひやらうとしてゐるのが神樣《かみさま》ではないのだらうか。

家出

　十八になつても着物《きもの》らしい着物《きもの》一枚《まい》持《も》つてゐない私《わたし》だつた。セルが過《す》ぎて單衣《ひとへ》に代《かは》らうとする頃《ころ》まで袷《あはせ》を着《き》てゐなければならなかつた。セルを脱《ぬ》いで袷《あはせ》になる頃《ころ》でも單衣《ひとへ》を着《き》て震《ふる》へてゐなければならなかつた。『寒《さむ》くないの、まだ單衣《ひとへ》で』といふ親切《しんせつ》らしい同情《どうじやう》の言葉《ことば》も如何《どんな》に針《はり》を含《ふく》んだ侮辱《ぶじよく》を感《かん》じさせられたか。氣候《きこう》の變《かは》り目《め》になつて、何《なに》よりも胸《むね》を痛《いた》めるのはその事《こと》でした。冬《ふゆ》になつてもマントが無《な》かつた。朝起《あさお》きるとすぐ空《そら》を眺《なが》めた。『今日《けふ》も雪《ゆき》が降《ふ》つてゐる』獨《ひと》り言《ごと》をいつては泣《な》けてくるのです。寒《さむ》さや暑《あつ》さはいくらでも我慢《がまん》が出來《で》た。けれども店《みせ》に出《で》て友達《ともだち》があびせる毒《どく》のある同情《どうじやう》の言葉《ことば》が何《なに》よりも恐《おそ》ろしかつた。

×　　×　　×

　或《あ》る夜《よ》、店《みせ》から歸《かへ》つてみると見知《みし》らぬ若《わか》い男《をとこ》が來《き》てゐた。まさか母《はゝ》の××でもあるまいと思《おも》つてゐると、母《はゝ》が酒肴《さけさかな》の用意《ようい》をした。やがて男《をとこ》はグデ〳〵に醉《よ》つ拂《ぱら》つて母《はゝ》を相手《あひて》に話《はなし》をしてゐた。

　その時《とき》雜誌《ざつし》か何《なに》かを見《み》てゐた私《わたし》はフト氣《き》が付《つ》いて頭《あたま》をあげると、いま出《で》て行《ゆ》かうとしてゐる母《はゝ》の後姿《うしろすがた》が見《み》えた。便所《べんじよ》が外《そと》にあるので便所《べんじよ》かしらと思《おも》つた。けれども母《はゝ》はいつまでも歸《かへ》つては來《こ》なかつた。私《わたし》はだん〳〵不安《ふあん》になつた。もう十一時《じ》も過《す》ぎてゐた。早鐘《はやがね》のやうに胸《むね》がドキ〳〵と鳴《な》りだした。外《そと》に飛《と》び出《だ》さうかと思《おも》つてゐると男《をとこ》が寄《よ》つて來《き》た。

『こんな境遇《きやうぐう》の中《なか》でいくらまともに働《はたら》いたつて人《ひと》は信用《しんよう》してはくれはしない。それよりも樂《たの》しく面白《おもしろ》く暮《くら》すやうにしてはどうだ。お母《かあ》さんもさう云《い》つて奬《すゝ》めてゐるのだから。』

　とつめよつて來《き》た。その男《をとこ》の妾《めかけ》になれといふのであつた。暴力《ばうりよく》で襲《おそ》つて來《き》たら舌《した》を嚙《か》み切《き》つて死《し》んでやらうと私《わたし》は身構《みがま》へてゐた。男《をとこ》はにぢり寄《よ》つて來《き》てグツと私《わたし》を引寄《ひきよ》せた。私《わたし》は滿身《まんしん》の力《ちから》で抵抗《ていかう》したが、男《をとこ》の力《ちから》にすくめられて、身動《みうご》きが出來《でき》なくなつた。私《わたし》は思《おも》ひ切《き》つて男《をとこ》の手《て》に嚙《か》みついた。

『痛《いた》い！』

　手《て》を放《はな》した。その瞬間《しゆんかん》すばやくすり拔《ぬ》けて外《そと》に飛《と》び出《だ》した。足《た》袋《び》はだしのまゝどこをどう歩《ある》いたのか、氣《き》がついた時《とき》は鐵道線路《てつだうせんろ》の上《うへ》に立《た》つてゐた。停車場《ていしやば》の方《はう》で汽笛《きてき》が鳴《な》つた。氣《き》のせいだつたか後方《うしろ》に靴《くつ》の音《おと》がした。私《わたし》はやつぱり死《し》ねなかつた。私《わたし》は急《いそ》ぎ足《あし》で家《うち》に歸《かへ》つた。母《はゝ》はゐなかつた。一晩《ばん》家《うち》の外《そと》に立《た》つて泣《な》き明《あ》かした。母《はゝ》までが私《わたし》を裏切《うらぎ》つたと思《おも》ふとたゞもう悲《かな》しかつた。たうとう私《わたし》の去るべき時《とき》が來《き》たのだ。

夜《よ》が明《あ》けると行《ゆ》きづらかつたが義姉《あね》の家《うち》に行《い》つた。主人《あに》は居《ゐ》なかつた。意氣地《いくぢ》のない私《わたし》は云《い》はう〳〵と思《おも》ひながらどうしてもありのまゝを話《はな》すことが出來《でき》なかつた。

『店《みせ》がお休《やす》みだから、遊《あそ》びに來《き》たのよ。』

時間《じかん》はずん〳〵過《す》ぎてゆく。云《い》はねばならぬと焦《あせ》れば焦《あせ》るほど何《なに》も云《い》へなくなる。ありのまゝを話《はな》したら義姉《あね》は何《なん》といふだらう。今《いま》は憎《にく》らしい母《はゝ》ではあつたが義姉《あね》の口《くち》から母《はゝ》の悪口《あくこう》を聞《き》くのは嫌《いや》だつた。寒《さむ》い日《ひ》ですのに私《わたし》はマントも羽織《はおり》さへも着《き》てゐなかつた。それを口實《こうじつ》にして母《はゝ》と一しよに居《ゐ》たくないことを話《はなし》した。すると『あんな仕末《しまつ》の悪《わる》い母親《はゝおや》のところに歸《かへ》ることはない。こゝに居《ゐ》なさい』と云《い》つてくれた。私《わたし》は義姉《あね》の家から通勤《つうきん》することにした。

忘られぬ母の姿

次《つぎ》の朝《あさ》、店《みせ》に行《ゆ》くと、友達《ともだち》が來《き》て『あなたのお母《かあ》さんが外《そと》に來《き》てゐるわ』と云《い》つた。大《おほ》きな風呂敷包《ふろしきつゝみ》を抱《いだ》いてションボリ立《た》つてゐる母《はゝ》の姿《すがた》が眼《め》に入《はい》ると私《わたし》の胸《むね》はもう一パイになつた。昨夜《ゆうべ》は一晩《ばん》泣《な》き明《あか》したのだらう目《め》がはれてゐた。

『政一（義兄《あに》）さへしつかりしてゐてくれたらこんなことにはならないですんだのにね。お前《まへ》にはすまないことをした。許《ゆる》しておくれ。お前《まへ》にいゝ思《おも》ひをさせたいばかりにしたことだから。これからは決《けつ》してあんなことをしないから、此《こ》の母《はゝ》を見捨《みす》てないで、今《いま》すぐ義姉《あね》の家《うち》を出《で》るのも義理《ぎり》が悪《わる》いだらうから一と月位居《つきぐらゐゐ》て歸《かへ》つて來《き》ておくれ』と謝《あや》まつたり頼《たの》んだりするのだつた。

私《わたし》はうつむいてゐたが涙《なみだ》がとめどなく流《なが》れ落《お》ちた。若《も》し人《ひと》の見《み》てゐない所《ところ》だつたら私《わたし》は母《はゝ》に抱《だ》きついて思《おも》ふ存分《ぞんぶん》に泣《な》いたでせう。母《はゝ》が渡《わた》してくれた包《つゝみ》には、化粧品《けしやうしん》、足駄《げた》、ねまき、それに無《む》理《り》をして持《も》つて來《き》たのであらうマントもあつた。私《わたし》はいつまでたつてもその時《とき》の母《はゝ》をその哀《あは》れな姿《すがた》と共《とも》に永久《えいきう》に忘《わす》れることが出來《でき》ないのです。

『自分《じぶん》の家《うち》から通勤《つうきん》しないと店《みせ》がうるさいから』と義姉《あね》には話《はな》して私《わたし》は母《はゝ》の家《うち》にまた歸《かへ》つた。母《はゝ》は元《もと》の母《はゝ》になつてくれた。男《をとこ》はもう來《こ》なくなつた。貧《まづ》しいけれども安心《あんしん》の日《ひ》を送《おく》ることが出來《でき》た。

數々の迫害

私《わたし》の死守《ししゆ》して來《き》た貞操《ていさう》も、世間《せけん》ではまるで受付《うけつ》けてはくれないのでした。口《くち》にするのも恥《はづ》かしい×××といふ名《な》がいつの間《ま》にか世間《せけん》に通用《つうよう》してゐる私《わたし》の名《な》でした。私《わたし》がそれを知《し》つたのは同《おな》じ店《みせ》に働《はたら》く七十餘人《よにん》の女店員《ぢよてんいん》が皆《み》んな陰《かげ》では私《わたし》をさう呼《よ》んでるのを知《し》つた時《とき》でした。一人《ひとり》や二人《ふたり》のことなら事情《じじやう》を話《はな》してわかつて貰《もら》へる望《のぞ》みもあるけれども、かう大勢《おほぜい》では辯解《べんかい》することも出來《でき》ないのでした。

『いくらいゝ口《くち》をきいたつてね、火《ひ》のない所《ところ》に煙《けむり》は立《た》たないわ。』

何《なん》と云《い》つてみても仕方《しかた》のないことでした。それに恥《はづ》かしい母《はゝ》のこれまでの行爲《かうゐ》を思《おも》ふ時《とき》、私《わたし》は何《なに》も大《おほ》きな口《くち》がきけないのでした。朝《あさ》五人《にん》十人《にん》かたまつてゐる時《とき》は必《かなら》ず私《わたし》の噂《うはさ》をしてゐるのでした。『お早《に》やう』を言《い》つてもこつちを見向《みむ》いてくれる人《ひと》さへないのです。そして一人《ひとり》が云《い》ひます。

『教會《けうくわい》の鐘《かね》が鳴《な》つてるわね。神聖《しんせい》な朝《あさ》がけがれるから階下《した》に行《ゆ》きませうよ。』

そして皆《み》んなぞろ〳〵と下《お》りて行《ゆ》きます。部屋《へや》の隅《すみ》、廊下《らうか》、お便所《べんじよ》、物置場《ものおきば》、どこにも三四人《にん》がゐる所《ところ》からはきつとこんな言葉《ことば》が聞《きこ》えて來《き》ました。

『よくもそんなことしてゐられるわね。私《わたし》なら死《し》んでも出來《でき》ないわ。』

冷笑《れいせう》と侮蔑《ぶべつ》の眼《め》はいたるところから私《わたし》を見《み》てゐるのです。夜晩《よるおそ》く歸《かへ》る道《みち》からも男《をとこ》の聲《こゑ》が聞《きこ》えました。

『暗《やみ》に咲《さ》く女《をんな》か、フーン。』

私《わたし》は身《み》の置場所《おきばしよ》に困《こま》つてしまひました。これを我慢《がまん》してゐなければならないのは並大抵《なみたいてい》ではありませんでした。

吹き出物

こんな時《とき》、悪《わる》いことに三年《ねん》も出《で》なかつた醜《みにく》い吹出物《ふきでもの》がまた出《で》はじめました。腕《うで》と脛《すね》とに出《で》たこの恐《おそ》ろしい吹出物《ふきでもの》を人《ひと》に見《み》られるのが死《し》ぬほど辛《つら》くて、どんなに苦心《くしん》しなければならなかつたことでせう。手《て》と足《あし》の吹出物《ふきでもの》のところを削《けづ》り取《と》つたらどんなにせいせいするだらうとも思《おも》ひました。錢湯《せんたう》に行《ゆ》くのが何《なに》より恐《おそ》ろしかつた。人《ひと》が誰《だれ》も來《こ》ない朝《あさ》の間《ま》に行《ゆ》くのですけれど、一寸《ちよつと》した物音《ものおと》にもビク〳〵しなければなりませんでした。近所《きんじよ》の人《ひと》からは『お妾《めかけ》さんの朝風呂《あさぶろ》』と噂《うはさ》されました。店《みせ》に行《い》つても階段《かいだん》の上《あが》り下《お》りから手《て》の動《うご》かし方《かた》まで一々《いちいち》氣《き》を配《くば》らなければなりませんでした。

母《はゝ》の場合《ばあひ》はもつとひどいものでした。いまだに夫《をつと》をとられたと思《おも》ひ込《こ》んでゐる細君《さいくん》がどなり込《こ》んで來《く》る始末《しまつ》でした。そんな時《とき》母《はゝ》はよく『なにもしてゐなくても云《い》はれるのだから眞面目《まじめ》にして苦《く》勞《らう》ずるのは損《そん》だ』とこぼすのです。私《わたし》は自分《じぶん》の苦《くる》しみなどは母《はゝ》には知《し》らせずに、ひとりで脣《くちびる》をかんで我慢《がまん》しながら母《はゝ》をなぐさめねばなりませんでした。

私《わたし》の吹出物《ふきでもの》はだん〳〵ひどくなつて行《ゆ》きました。それだけでもどんなに苦勞《くらう》をし心配《しんぱい》をしたことでせう。

私《わたし》に世間《せけん》の噂《うはさ》と迫害《はくがい》に抵抗《ていかう》する力《ちから》がないと見《み》た彼女《かのぢよ》たちは、益《ます》益《ます》見《み》て來《き》たやうな嘘《うそ》を作《つく》り出《だ》して來《き》ては、興味《きようみ》ある一日《にち》の話題《わだい》にしてゐた。噂《うはさ》と迫害《はくがい》はつのるばかりでした。

『こんな嚴格《げんかく》な店《みせ》が何故《なぜ》あんな人《ひと》を馘《くび》にしないんでせう。をかしいわね。』なぞと聞《きこ》えよがしに云《い》ふ人《ひと》もありました。私《わたし》もたとへどんな生活《せいくわつ》をしても、どんなにやめたかつたか知《し》れません。けれども私《わたし》がやめたら母《はゝ》はどんなに嘆《なげ》くでせう。それに折角《せつかく》眞面目《まじめ》に暮《くら》してゐる母《はゝ》を又《ま》た嫌《いや》な生活《せいくわつ》に追《お》ひやらねばならないことになりはしないでせうか。

男性《だんせい》の獸慾《じうよく》には死力《しりよく》をつくして戰《たゝか》つて來《き》た。こんどは女性達《ぢよせいたち》の意地《いぢ》の惡《わる》い迫害《はくがい》の鞭《むち》を受《う》けねばならないのです。たとへどんなに虐待《ぎやくたい》されても血《ち》みどろになつて息《いき》の根《ね》が止《とま》るまでは齒《は》を食《く》ひしばつてその鞭《むち》を受《う》けねばならないのです。私《わたし》は命《いのち》にかへても七十五錢《せん》の日給《につきふ》に噛《かぢ》りついてゐなければならなかつたのでした。

人情に飢ゑて

お父《とう》さん、

私《わたし》はこんな體《からだ》で何《なん》の希望《きばう》もありません。

と云《い》つて死《し》ぬことも出來《でき》ない意氣地《いくぢ》なしです。

十何年間《なんねんかん》あなたを恨《うら》みつゞけて來《き》ました。けれども今《いま》はその恨《うら》みをすべて捨《す》てました。

お父《とう》さん、どうか歸《かへ》つて來《き》て下《くだ》さい。あなたさへ居《ゐ》て下《くだ》されば私達母子《わたしたちおやこ》はこれ程世《ほどせ》間《けん》から迫害《はくがい》されないですんだのです。どんな貧《まづ》しい暮《くら》しもいとひません。岸子《きしこ》はどんなにお父《とう》さんのお歸《かへ》りを喜《よろこ》んで待《ま》つてゐるか知《し》れないのです。

かう云《い》つて私《わたし》は毎日心《まいにちこゝろ》の中《うち》で父《ちゝ》に呼《よ》びかけてゐたのでした。

× × ×

また、私《わたし》は救世軍《きうせいぐん》の野戰《やせん》といふものに立《た》ち停《とま》つたこともありました。キリストは『人《ひと》が左《ひだり》の頰《ほゝ》を打《う》てば右《みぎ》の頰《ほゝ》をも向《む》けよ』と云《い》はれたさうです。

私《わたし》にはそれは出來《でき》ないことでした。私《わたし》をいぢめる人《ひと》が憎《にく》らしくてその人達《ひとたち》にもつと不幸《ふかう》が訪《おとづ》れゝばいゝと祈《いの》らずに居《を》られなかつたからです。

× × ×

私《わたし》の運命《うんめい》を訴《うつた》へて、心《こゝろ》から同情《どうじやう》してくれる人《ひと》とては河野《かうの》先生《せんせい》だけでした。小學校《せうがくかう》を卒業《そつげふ》する時《とき》『誰《だれ》にも云《い》へない苦《くる》しみがあつたらいつでもお出《い》でなさい』と云《い》つて下《くだ》さつた先生《せんせい》でした。人《ひと》の情《なさけ》に飢《う》ゑてゐた私《わたし》はこの先生《せんせい》から慰《なぐさ》めの言葉《ことば》を聞《き》くことをどんなに望《のぞ》んでゐたでせう。けれども先生《せんせい》は奥樣《おくさま》を亡《な》くしてから子供《こども》の愛《あい》にひかれて七年間《ねんかん》も獨身生活《どくしんせいくわつ》をしてゐる人《ひと》です。私《わたし》が訪《たづ》ねて行《い》つたら世間《せけん》から私《わたし》は何《なん》と云《い》はれるか知《し》れません。また先生《せんせい》にどんな迷惑《めいわく》をかけるかも知《し》れないのです。私《わたし》はそれさへも思《おも》ひ止《とゞま》らねばならない悲《かな》しい女《をんな》なのでした。

無明の戀

その頃店《ころみせ》の男店員《をとこてんゐん》から戀《こひ》を打明《うちあ》けれたことがありました。それは五年間祕《ねんかんひ》めてゐた戀《こひ》だといふのです。私《わたし》は生活《せいくわつ》に疲《つか》れ切《き》つてその戀《こひ》を受《う》け入《い》れる氣力《きりよく》もありませんでした。相手《あひて》は我儘《わがまゝ》な世間知《せけんし》らずのお坊《ぼつ》ちやんでした。たとへ一時《じ》の情熱《じやうねつ》にかられて結婚《けつこん》したとて何日《いつ》かは必《かなら》ず來《く》るであらう破局《はきよく》の日《ひ》も思《おも》はれるのでした。その人《ひと》は一時《じ》私《わたし》を恨《うら》んださうですが今《いま》ではそれがどんなに幸福《かうふく》であつたかを思《おも》ひ知《し》られたことゝ思《おも》ひます。

× × ×

生活《せいくわつ》に疲《つか》れ切《き》つた私《わたし》は、何《なに》か力強《ちからつよ》く抱《だ》きしめてくれる人《ひと》が欲《ほ》しかつた。さうかと云《い》つてこのけがれた血《ち》のことを思《おも》ふとどうしても結婚《けつこん》といふことは考《かんが》へられないのでした。たゞ父《ちゝ》が戀《こひ》しくなるだけでした。生《い》きてゐるか、死《し》んでゐるか、その顏《かほ》も知《し》らない父《ちゝ》が無性《なしやう》に慕《した》はしかつた。

ひよつくりと義兄《あに》が歸《かへ》つて來《き》た。不景氣《ふけいき》で仕事《しごと》がないと云《い》つて着《き》のみ着のまゝで歸《かへ》つて來《き》た。それでも私《わたし》はうれしかつた。このまゝどこへも行《ゆ》かないでくれゝばよいと思《おも》つた。

或《あ》る日《ひ》思《おも》ひがけなく××に務《つと》めてゐる一人《ひとり》の青年《せいねん》から戀《こひ》を打明《うちあ》けられた。飾《かざ》り氣《け》のないその青年《せいねん》の戀《こひ》を拒《こば》む力《ちから》は私《わたし》になかつた。そして私《わたし》の心《こゝろ》は日《ひ》に〳〵その男《をとこ》に引《ひ》かれて行《い》つた。

自分《じぶん》の心《こゝろ》が戀《こひ》であると知《し》つた時《とき》、私《わたし》は愕然《がくぜん》とした。結婚《けつこん》の出來《でき》ないこの體《からだ》でどうして戀《こひ》をしていゝだらう。自分《じぶん》には戀《こひ》をする資《し》格《かく》はないのだつた。戀《こひ》をしてはいけないのだ、負《ま》けてはならない、男《をとこ》は獸《けもの》だ、此《こ》の體《からだ》が欲《ほ》しいだけなのだ――と思《おも》ふあとから、彼《かれ》だけは、彼《かれ》だけは、と信《しん》じてしまふのであつた。

結婚へ

日《ひ》に〳〵つのる此《こ》の心《こゝろ》を、自分《じぶん》ではどうすることも出來《でき》なかつた。けれどもいつかは凡《すべ》てを打明《うちあ》けなければならないだらう。その時《とき》彼《かれ》は自分《じぶん》を捨《す》てゝ去《さ》るのではないだらうか。さう思《おも》ふとその日《ひ》が恐《おそ》ろしかつた。けれども彼《かれ》の叔母《をば》が近所《きんじよ》にゐる。いづれは知《し》れることである。私《わたし》は思《おも》ひ切《き》つて彼《かれ》に凡《すべ》てを打明《うちあ》けた。彼《かれ》は薄々《うす〳〵》は知《し》つてゐたものか、少《すこ》しも驚《おどろ》かなかつた。

『何《なに》も君《きみ》が惡《わる》いのではない。皆運命《みなうんめい》だよ。今《いま》までの不幸《ふかう》のつぐないに、これから僕《ぼく》が君《きみ》を幸福《かうふく》にしてやるのだ。君《きみ》の體《からだ》も生《うま》れる子《こ》供《ども》も最善《さいぜん》をつくせばきつと治《なほ》るだらう』と云《い》つた。

私《わたし》はどんなにうれしかつたかしれない。けれども彼《かれ》の親達《おやたち》が反《はん》對《たい》した。私《わたし》の母《はゝ》のことも知《し》れてゐたらしかつた。義姉《あね》夫婦《ふうふ》が仲《なか》に立《た》つてどんなにか待《ま》ち遠《どほ》しかつた結婚《けつこん》がやつと許《ゆる》された。幸福《かうふく》に酔《よ》ふ後《あと》からすぐ襲《おそ》ふ不安《ふあん》はいつも私《わたし》の心《こゝろ》から去《さ》らなかつた。そんなにまで私《わたし》は男《をとこ》といふものを信《しん》じ切《き》れない心《こゝろ》になつてゐたのであつた。

『結婚式《けつこんしき》なんか要《い》らない。僕等《ぼくら》は信頼《しんらい》といふ言葉《ことば》で立派《りつぱ》な結婚式《けつこんしき》が出來《でき》る』

と彼《かれ》は云《い》ふのです。私《わたし》も勿論《もちろん》それに異議《いぎ》はなかつた。私《わたし》の辛《つら》い長《なが》い七年間《ねんかん》の女店員生活《ぢよてんいんせいくわつ》にもやうやく『さよなら』をいふ日《ひ》が來《き》た。少《すこ》しばかりの店《みせ》の貯金《ちよきん》も母《はゝ》のために殘《のこ》して私《わたし》は着《き》のみ着《き》のまゝで彼《かれ》の家《いへ》に嫁《とつ》いで行《い》つた。

彼《かれ》は長男《ちやうなん》だつた。彼《かれ》の家《うち》には姑小姑《しうとこじうと》がゐる。裁縫《さいほう》一つ出來《でき》ないで嫁《とつ》いだ私《わたし》の結婚生活《けつこんせいくわつ》は決《けつ》して樂《たの》しいどころではなかつた。簞笥《たんす》のない嫁《よめ》、蒲團《ふとん》一枚《まい》持つて來《こ》ない嫁《よめ》、と二言《こと》目《め》には云《い》はれねばならなかつた。夫《をつと》が『これは何《なに》も縫《ぬ》へないのだから』と云《い》つてくれても『丹前位縫《たんぜんぐらゐぬ》へるだらう』と云《い》つてあてがはれた。そして『まだ出來《でき》ないのか』となじられて情《なさ》けなくなつて丹前《たんぜん》に顔《かほ》を埋《うづ》めて泣《な》いたこともあつた。

半年《はんとし》ばかりしてＯ市《オーし》に轉任《てんにん》した。その時夫《ときをつと》は胸《むね》の病氣《びやうき》を持《も》つてゐた。私《わたし》はよくかう云《い》つた。

『私《わたし》とあなたと二人《ふたり》の間《あひだ》に、あなたに若《も》しものことがあつたら一緒《しよ》に死《し》にませうね。男《をとこ》の子《こ》が出來《でき》てからなら、私《わたし》はどんなことをしても一人《ひとり》で育《そだ》てゝ行《ゆ》くわ。でもね、女《をんな》の子《こ》だつたら再婚《さいこん》するの。私《わたし》のやうな苦勞《くらう》をさせたくないからよ。でも私《わたし》のやうな體《からだ》では貰《もら》つてくれる人《ひと》ないわね。やつぱり一緒《しよ》に死《し》ぬわ。』

けれども夫《をつと》はだん〳〵健康《けんかう》になつて行《い》つた。そして私《わたし》は姙娠《にんしん》してゐた。

子に詫びる

女《をんな》の子《こ》でないやうに、私《わたし》の血《ち》を受《う》けないやうに、肌《はだ》のきれいな子《こ》であつてくれるやうにと毎日祈《まいにちいの》つた。

長男《ちやうなん》が生《うま》れた。あゝ男《をとこ》の子《こ》でよかつた。けれどもしばらくすると私《わたし》の一番恐《ばんおそ》れてゐたものが長男《ちやうなん》の頭《あたま》に出《で》た。私《わたし》はがつかりした。

いゝといふ藥《くすり》は自分《じぶん》でものみ、子供《こども》にも食《の》ました。どんな手當《てあて》も何《なん》の甲斐《かひ》もなく、春秋《はるあき》の候《こう》になると、きつと吹出物《ふきでもの》が出《で》た。初《はじ》めのうちは夫《をつと》も心配《しんぱい》してくれ色々《いろ〳〵》手《て》をかけてくれたけれど四年經《ねんた》ち五年經《ねんた》つた今《いま》では

『又《ま》た出《で》たのか、困《こま》つたもんだな』とか

『きたないから、こつちによるなよ』

なぞと云《い》ふやうになつた。私《わたし》はそれが胸《むね》を突《つ》き刺《さ》されるほど辛《つら》く夫《をつと》のゐない時《とき》は長男《ちやうなん》を抱《だ》きしめて泣《な》いてゐます。

『健《けん》ちやん許《ゆる》してね、皆《み》んな母《かあ》さんが惡《わる》かつたの、結婚出來《けつこんでき》ない體《からだ》で結婚《けつこん》したのがいけなかつたんだわ』

そして私《わたし》は必《かなら》ず治《なほ》してやるぞ、生命《いのち》にかへても治《なほ》さずには置《お》かないぞと心《こゝろ》に叫《さけ》ぶのでした。

男《をとこ》は我儘《わがまゝ》なもの、結婚《けつこん》する時《とき》の言葉《ことば》なぞすぐ忘《わす》れてしまひます。あんなに私《わたし》を喜《よろこ》ばしたその夫《をつと》が、今《いま》はもう別人《べつじん》のやうになり、あまりのふるまひに幾度《いくたび》か出《で》ようと思《おも》つたかわかりません。子供《こども》を思《おも》つてぢつと我慢《がまん》して一度《ど》も出《で》たことはありませんが。

次男《じなん》は三歳《さい》になりますが、一度《ど》も吹出物《ふきでもの》が出《で》ません。夫《をつと》は次男《じなん》の方《はう》ばかり可愛《かあい》がります。どうかして物心《ものごゝろ》つかないうちに治《なほ》してやりたいと思《おも》ひますが、貧《まづ》しい暮《くら》しの中《なか》から十分《ぶん》のことが出來《でき》ないのです。そして毎朝毎晩子供《まいあさまいばんこども》を裸《はだか》にしてはおそる〳〵體《からだ》を見《み》まはす私《わたし》です。そして小《ちい》さい物《もの》でも吹出《ふきで》てゐる時《とき》の私《わたし》の悲《かな》しさ、それが擴《ひろ》がつてゆく時《とき》の苦《くる》しさ。

どうすればこの體《からだ》を救《すく》へるか、一寸《ちよつと》した新聞廣告《しんぶんくわうこく》にも大《おほ》きく眼《め》をみはり、かうして私《わたし》の毎日《まいにち》は暮《く》れて行《ゆ》きます。（終）

記者《きしや》より――住所《ぢうしよ》もう一度《ど》御通知《ごつうち》下《くだ》さい。

『どん底の貞操』を批判する

餘りに慘ましい犧牲

赤松明子

誰《た》れを恨《うら》んでも今更《いまさら》取《と》り返《かへ》しのつかない呪《のろ》はれた運命《うんめい》の笞《しもと》の下《もと》に、よく忍從《にんじゆう》して惡《あく》戰苦鬪《せんくとう》を續《つゞ》けられた山本岸子《やまもときしこ》さんに、私《わたくし》は最大《さいだい》の尊敬《そんけい》と讃辭《さんじ》を惜《をし》まないものであります。極度《きよくど》の經濟的壓迫《けいざいてきあつぱく》――生活難《せいくわつなん》と借金攻《しやくきんぜ》めの眞《まつ》たゞ中《なか》に現《あら》はれて、巧言令色《かうげんれいしよく》と黄金《わうごん》の魔手《ましゆ》をもつて執拗《しつえう》に誘惑《いうわく》を試《こゝろ》みた男達《をとこたち》に對《たい》して、最後《さいご》まで自己《じこ》の貞操《ていさう》を守《まも》り通《とほ》した彼女《かのぢよ》の意志《いし》の強《つよ》さと道心《だうしん》の堅固《けんご》さには、月並《つきなみ》な言葉《ことば》ではありますが、人道未《じんだういま》だ地《ち》に墜《お》ちずといふ感《かん》を深《ふか》くいたしました。私共《わたくしども》が目《め》を一度《た》び社會《しやくわい》に轉《てん》ずるならば、女權主義《ぢよけんしゆぎ》をはきちがへた有閑《いうかん》マダムや外國映畫《ぐわいこくえいぐわ》を惡《あく》模倣《もはう》した制服《せいふく》の非處女《ひしよぢよ》が如何《いか》に多《おほ》く、性道《せいだう》徳《とく》は日《ひ》に腐敗《ふはい》しつゝあることでせう。

彼女《かのぢよ》の場合《ばあひ》第《だい》一に問題《もんだい》とされるのは、それ程《ほど》まで苦勞《くらう》をして貞操《ていさう》を守《まも》り通《とほ》す必要《ひつえう》があるかどうかといふとだらうと思《おも》ひます。現《げん》に彼女《かのぢよ》の文中《ぶんちう》でも、女郎《ぢよらう》に身《み》を賣《う》つた一友人《いうじん》は次《つぎ》のやうに言《い》つてゐます。「苦《くる》しいのも初《はじ》めのうちだけよ、なれて仕舞《しま》へば何《なん》でもないわ、あなたみたいに眞面目《まじめ》に苦勞《くらう》するひと馬鹿《はか》らしいわ」勿論《もちろん》かうした言葉《ことば》は、貧《ひん》のどん底《ぞこ》にまで追《お》ひつめられたものの自棄《じき》と諦《あきら》めの最後《さいご》の言葉《ことば》ではありますが現在《げんざい》ではそれがだん〳〵濫用化《らんようくわ》される傾向《けいかう》にあります。そして遂《つひ》には貞操《ていさう》を重大視《ぢゆうだいし》することは、封建主義《はうけんしゆぎ》の殘滓《ざんし》を脱《だつ》しきれないからだとまで極言《きよくげん》する人《ひと》が現《あら》はれてまゐりました。

しかし、私《わたし》は、貞操《ていさう》は男女《だんぢよ》に關《かゝ》はらず人間《にんげん》の守《まも》るべき根本道徳《こんぽんだうとく》の一《ひと》つであると考《かんが》へます。從來《じゆうらい》マルクス主義者《しゆぎしや》は道徳《だうとく》を二《ふた》つに分《わ》けてブルヂョア階級《かいきふ》の道徳《だうとく》と無産階級《むさんかいきふ》の道徳《だうとく》とを對立《たいりつ》させ、道徳《だうとく》の階級性《かいきふせい》を主張《しゆちやう》し貞操《ていさう》についても、貞操《ていさう》を守《まも》るといふことはブルヂョア道徳《だうとく》だと簡單《かんたん》に片付《かたづ》けてしまひますが、これは大《だい》なる誤《あやま》りであると思《おも》ひます。私《わたし》は道徳《だうとく》の基準《きじゆん》といふものは唯一《たゞひとつ》にして二《ふた》つあるべきものではないと考《かんが》へます。例《たと》へば玆《こゝ》に一組《くみ》の男女《だんぢよ》が家《か》庭《てい》を造《つく》り、その家《か》庭《てい》を圓滿《ゑんまん》に維持《ゐぢ》し、またその子女《じぢよ》に對《たい》してよき健康《けんかう》とよき影響《えいきやう》を與《あた》へるために、如何《いか》に彼等夫婦《かれらふうふ》の貞操嚴守《ていさうげんしゆ》が必要《ひつえう》であるかは贅《ぜい》言《げん》を要《えう》しないでありませう。しかし玆《こゝ》にいふ貞操《ていさう》とは、單《たん》なる結婚前《けつこんぜん》の處女《しよぢよ》、童貞《どうてい》を意味《いみ》するものではありません。自制《じせい》、責任《せきにん》、心《こゝろ》の純潔《じゆんけつ》といふやうな精神的要素《せいしんてきえうそ》を多分《たぶん》に含《ふく》んだ廣《ひろ》い意味《いみ》の貞操《ていさう》の嚴守《げんしゆ》を私《わたくし》は主張《しゆちやう》するのであります。この意味《いみ》に於《お》いて生活《せいくわつ》のどん底《ぞこ》に喘《あへ》ぎながら、また無知《むち》なる母《はゝ》の惡《あく》感化《かんくわ》にも災《わざ》はひされず、貞操《ていさう》を守《まも》り通《とほ》した山本《やまもと》さんに、私《わたし》は限《かぎ》りない尊敬《そんけい》を拂《はら》ふのであります。

次《つぎ》には遺傳《ゐでん》の問題《もんだい》であります。この手記《しゆき》を讀《よ》んで眞先《まつさ》きに私《わたくし》の頭《あたま》に浮《うか》んできたことは、遺傳《ゐでん》の問題《もんだい》を取扱《とりあつか》つたイプセンの名著《めいちよ》「幽靈《いうれい》」中《ちう》の、父《ちゝ》の梅毒《ばいどく》を身《み》に背負《せお》つて生《うま》れ出《い》でた息子《むすこ》オスワルドがそのため遂《つひ》に痴《ち》呆狀態《はうじやうたい》に陷《おちい》つて苦《くる》しむあの凄慘《せいさん》な場面《ばめん》であります。時代《じだい》は移《うつ》り處《ところ》は變《かは》れども、何《いつ》れも父親《ちゝおや》のふしだらのために、その子《こ》が如何《いか》に悲慘《ひさん》な運命《うんめい》を辿《たど》るかの好適例《かうてきれい》であります。

殊《こと》に文中《ぶんちう》、彼女《かのぢよ》が小學校《せうがくかう》に通《かよ》ふ頃《ころ》から、既《すで》に醜《みにく》い吹出物《ふきでもの》が出來《でき》て、他《た》の頑是《ぐわんぜ》ない子《こ》供達《どもたち》は人《ひと》の感情《かんじやう》を顧慮《こりよ》することなく、きたないから遊《あそ》ばないなどといつて寄《よ》りつかなかつたといふところなどは、涙《なみだ》なしには讀《よ》まれませんでした。やはり私《わたくし》が學校《がくかう》へ行《い》つてゐる頃《ころ》、友達《ともだち》の一人《ひとり》に遺傳梅毒《ゐでんばいどく》のため年《ねん》中吹出物《ぢうふきでもの》の出來《でき》てゐる子供《こども》がゐて、意地《いぢ》の惡《わる》い蔭口《かげぐち》を叩《たゝ》いてゐるのを聞《き》いて、氣《き》の毒《どく》な思《おも》ひをした記憶《きおく》がまざまざと蘇《よみがへ》つて來《き》ます。また父《ちゝ》の亡《な》くなる前本所《まへほんじよ》の贊育會病《さんいくくわいびやう》院《ゐん》へ見舞《みまひ》に行《い》つたとき、生《うま》れたばかりの赤《あか》ん坊《ばう》が、頭《あたま》に吹出物《ふきでもの》が一杯《ぱい》で、骨《ほね》と皮《かは》ばかりに痩《や》せ劣《おとろ》へてゐるのを見《み》、それが親《おや》の梅《ばい》毒《どく》のためだと聞《き》かされて胸《むね》を締《し》めつけられるやうないたましさを感《かん》じたことが一再《さい》ならずでした。

かういふやうに父親《ちゝおや》の無責任《むせきにん》なる放蕩《はうたう》が如何《いか》に子供《こども》の前途《ぜんと》を暗《くら》くするかを考《かんが》へた時《とき》に、父親《ちゝおや》の責任《せきにん》いとも重大《ぢうだい》なるを痛感《つうかん》させられます。彼女《かのぢよ》の場合更《ばあひさら》に惡《わる》いことには、彼女《かのぢよ》の子供《こども》に病《びや》氣《うき》が再現《さいげん》したとであります。うなると筆者《ひつしや》ならずとも苛酷《かこく》なる運命《うんめい》の審判《しんぱん》に慄然《りつぜん》とせざるを得《え》ません。世《よ》の中《なか》に子供《こども》の可愛《かあい》くない親《おや》は一人《ひとり》もないでせう。無責任《むせきにん》なる父親《ちゝおや》の一《ひと》つの過失《くわしつ》が其孫子《そのまごこ》に至《いた》るまで如何《いか》に不當《ふたう》な犠牲《ぎせい》を背負《せお》はせるに至《いた》るかを考《かんが》へる時《とき》に、世《よ》の多《おほ》くの男性《だんせい》は十二分《ぶん》の反《はん》省《せい》をする必要《ひつえう》があると私《わたし》は考《かんが》へます。茲《こゝ》にも貞操《ていさう》の重要性《ぢうえうせい》が實證《じつしよう》されてゐます。

かうした病毒《びやうどく》を受《う》けついだ婦人《ふにん》の結婚《けつこん》の可否《かひ》——しかしそれも出來《でき》ることなら理解《りかい》と同情《どうじやう》のあるよき配偶者《はいぐうしや》を見付《みつ》けて、彼《かれ》の庇護《ひご》の下《もと》に、徹底的《てつていてき》に病氣《びやうき》を治療《ちれう》し、後《のち》はじめて健全《けんぜん》なる子供《こども》を持《も》つべきだと思《おも》ひます。その間《あひだ》一時《じ》的産兒《てきさんじ》制限《せいげん》をすればよいでせう。自分《じぶん》の與《あづか》り知《し》らざる他人《たにん》の過失《くわしつ》のために、こんないたましい犠牲《ぎせい》に泣《な》いてゐる哀《あは》れな運命《うんめい》の兒《こ》に、社會《しやくわい》はもつと〳〵暖《あたゝか》い手《て》を差《さ》しのべてやらればなりません。

人生には光明もある、高く仰いでみよ

奥むめお

これはまた、餘《あま》りに暗《くら》すぎる人生《じんせい》の一斷《だん》面《めん》です。この氣《き》の毒《どく》な一少女岸子《せうぢよきしこ》さんに對《たい》しては、人生《じんせい》は全《まつた》く外面《そつぽ》を向《む》いてゐるやうです。有《あり》がたい、住《す》むにうれしい人生《じんせい》でもあるのに、これはまた、その暗黒面《あんこくめん》だけを以《もつ》て、人生《じんせい》は、彼女《かのぢよ》に挨拶《あいさつ》してゐるやうに思《おも》ひます。

この可哀《かはい》さうな少女《せうぢよ》を責《せ》めることは、出《で》來《き》ないと思《おも》ひますけれど、一人前《にんまへ》になつた婦人《ふじん》だつたら、もつと強《つよ》くなつて、運命《うんめい》の前《まへ》にうなだれてないで猛然《まうぜん》と反撥《はんぱつ》して返《かへ》せと云《い》ひたくなるではありませんか。

一體《たい》、われ〳〵の同性《どうせい》たちは、餘《あま》りに容《よう》易《い》に運命《うんめい》に降服《かうふく》し易《やす》いやうです。運命《うんめい》といふものは、おとなしく從《したが》つてゐれば、どこまでも增長《ぞうちやう》してのし掛《か》つて來《き》るが、相手《あひて》を手剛《てごわ》しとみたら、案外《あんぐわい》スタコラと退却《たいきやく》してしまふのが常《つね》です。

この告白書《こくはくしよ》をよんで、岸子《きしこ》さんはいつでもうなだれて、呪咀《じゆそ》と悲嘆《ひたん》と受身《うけみ》な反抗《はんかう》とに暗闇《まつくら》になつてゐる印象《いんしやう》を與《あた》へます。――『映畫《えいぐわ》をみたり、ときには日本髮《にほんがみ》にも結《ゆ》つて、廣《ひろ》い〳〵野原《のはら》に出《で》て歌《うた》を唄《うた》ふといふやうな幸福《かうふく》な夢《ゆめ》もつてゐるのに、又《また》しても又《また》してもその果《はて》しない空想《くうさう》がめちや〳〵になつてしまつて、男《をとこ》つてものは、野獸《やじう》のうやなものと考《かんが》へて悲《かな》しくなる』とありますが月《つき》に二三回《くわい》の休日《きうじつ》もあらうに、まあ、一遍《ぺん》廣《ひろ》い〳〵野原《のはら》に出《で》て大《おほ》きな深呼《しんこ》吸《きふ》をして御《ご》らんなさい、と敎《をし》へてあげたかつた。私《わたし》たちは努《つと》めて、人生《じんせい》の明《あか》るい方面《はうめん》をみ、心《こゝろ》を明《あか》るくもつやうにしたいと思《おも》ひます。それが運命《うんめい》に打《うち》かつ術《じゆつ》なのです。

又《また》、自分《じぶん》の血《ち》が濁《にご》つてゐることをあれだけ恐《おそ》れながら、ずる〳〵と結婚《けつこん》して子供《こども》に病毒《びやうどく》があらはれてから愕然《がくぜん》とし、悶々《もん〳〵》の日《ひ》を送《おく》るといふことは、そこに人間《にんげん》のいとしさ、弱《よわ》さがあるのでせうが、私《わたし》たちはいつでも科學《くわがく》の信奉者《しんぽうしや》になつて、たとへば避姙《ひにん》法《はふ》の實行《じつかう》に依《よ》つて避《さ》けえられる不幸《ふかう》は務《つと》めて避《さ》けて、人生《じんせい》を幸福《かうふく》に生《い》きるやうにしたいと思《おも》ひます。

然《しか》しまだ長《なが》い將來《しやうらい》をもつてゐるのですから、今《いま》からでも遲《おそ》すぎるといふことはありません。心機《しんき》一轉《てん》される日《ひ》が一日《にち》早《はや》ければそれだけ岸子《きしこ》さんの心《こゝろ》に早《はや》く光明《くわうみやう》が齎《もたら》されるわけで、私《わたし》は、このことを祈《いの》り願《ねが》はずにはゐられません。

実話

同《どう》性《せい》の愛《あい》情《じやう》に悩《なや》む

篇 3

同性の愛情は、青春時代の副産物であるといつても過言ではなからうほどに、誰しもが一度は經驗するものなのですが、その形式や强弱によつて、意識しないで過された方も多くあると思ひます。同性愛に惱む人たちは、どんな惱みを抱いてゐるか、私たちは大きな研究問題として、次の三篇をみなさまにお贈りしませう。

凌霄花《のうぜんかづら》の花咲けば

鬼頭弘江

東京《とうきやう》のT音樂學校《おんがくがくかう》の師範科《しはんくわ》を出《で》ると、私《わたし》は九州《しう》、それも南《みなみ》のはづれであるK市《し》の女學校《ぢよがくかう》にはじめて赴任《ふにん》することになつたのでした。私《わたし》の郷里《きやうり》は東北《とうほく》です。東北《とうほく》生《うま》れがどうして九州《しう》の涯《はて》に赴任《ふにん》するやうになつたかといふ事情《じじやう》はいろ〳〵ありますが、兎《と》も角《かく》私《わたし》はK市《し》に赴任《ふにん》することが嫌《いや》ではありませんでした。どころかまだ見《み》ぬ土地《とち》の南國的《なんごくてき》な情緒《じやうちよ》が私《わたし》の夢《ゆめ》をそゝるのでした。その私《わたし》の夢《ゆめ》は裏切《うらぎ》れはしなかつた。私《わたし》の宿《やど》はK市《し》の郊外《かうぐわい》にある素封《そほう》家《か》祝田《いはひだ》家《け》のはなれでした。窓《まど》から見《み》る畑《はたけ》と林《はやし》と道《みち》と人家《じんか》とは私《わたし》に南方《なんぱう》フランスの畫《ゑ》を想《おも》はせるのでした。女學校《ぢよがくかう》の生活《せいくわつ》も始《はじ》めての經驗《けいけん》ではあり、私《わたし》にとつては樂《たの》しいのでした。丁度《ちやうど》六月《ぐわつ》でした。南國《なんごく》はもう夏《なつ》です。林《はやし》の向《む》ふから乳色《ちゝいろ》の雲《くも》が卷《ま》き起《おこ》り、春蟬《はるせみ》は灼《や》きつけるやうに鳴《な》き出《だ》すと、私《わたし》の宿《やど》のはなれの窓《まど》の外《そと》に莢竹桃《けふちくたう》の赤《あか》い花《はな》と、それにからまつた凌霄花《のうぜんかづら》の黄赤色《くわうせきしよく》の花《はな》が一時《じ》に咲《さ》きはじめたのでした。窓邊《まどべ》のこの思《おも》ひがけない訪《おとづ》れは私《わたし》をどんなに喜《よろこ》ばしたことでせう。この肉《にく》のあつい濃艶《のうえん》な花《はな》、情熱《じやうねつ》の花《はな》、これこそ南國《なんごく》のシンボルであると思《おも》つたほどでした。ところがこの莢竹桃《けふちくたう》と凌霄花《のうぜんかづら》にはその花《はな》に相應《ふさ》はしい物語《ものがたり》が秘《ひ》められてゐるのでした。私《わたし》はそれを祝田《いはひだ》家《け》の主人《しゆじん》に聞《き》かされたのです。

『このはなれはK高女《かうぢよ》に赴任《ふにん》して來《き》た女《をんな》の先生《せんせい》が次々《つぎつぎ》に住《す》んでゐます。あなたより何人前《なんにんまへ》でしたか……何《なに》しろもう五年以《ねんい》上經《じやうた》つてゐます。その頃《ころ》やはり東京《とうきやう》の音《おん》樂學校《がくがくかう》を卒業《そつげふ》した飯島《いひじま》といふ先生《せんせい》がこのはなれに住《す》みました。その人《ひと》はお隣《とな》りの宮崎縣《みやざきけん》出身《しゆつしん》の人《ひと》でしたが、やはりあなたのやうにきれいな方《かた》でした。學校《がくかう》でも大《たい》ぶ生徒《せいと》たちに騒《さわ》がれたやうです。そら、この向《むか》ふをごらんなさい、二階建《かいだて》の大《おほ》きな家《うち》がありませう。西田《にしだ》といふ家《うち》ですがね、その頃《ころ》あの家《うち》に照子《てるこ》といふ娘《むすめ》があつて、その娘《むすめ》と飯島先生《いひじませんせい》とが同性愛《どうせいあい》だといふ噂《うはさ》が高《たか》くなりました。このはなれからあの家《うち》はごらんの通《とほ》りよく見《み》えますし、又《また》あの家《うち》からもこのはなれはよく見《み》えるのです。二人《ふたり》は窓《まど》と窓《まど》から合圖《あひづ》をし合《あ》つたり、又《また》事實《じじつ》、照子《てるこ》は夜《よる》そつとこのはなれに忍《しの》んで來《き》ては——もつとも同性愛《どうせいあい》なんてどんなものだか私《わたし》は知《し》りませんがね、どうも變《へん》なものらしいですよ。それはまあどうでもいいとして、よくないのは、その年《とし》の秋《あき》のある日《ひ》、飯島先生《いひじませんせい》が急《きふ》にひどい熱《ねつ》を出《だ》しましてね。はじめ風邪《かぜ》だつたのです。だがそれが肺炎《はいえん》になつたのです。そんなとき一番《ばん》先《さき》にとんで來《こ》なければならない筈《はず》の照子《てるこ》が姿《すがた》を見《み》せないのです。訊《き》いてみると妙《めう》なめぐり合《あは》せといひますか、照子《てるこ》も四十度《ど》の熱《ねつ》を出《だ》して家中《いへぢう》で大騷《おほさわ》ぎをしてゐるのです。照子《てるこ》のは急性《きふせい》チブスだつたさうです。二人《ふたり》とも熱《ねつ》が高《たか》いのだから囈言《うはごと》に相手《あひて》の名《な》を呼《よ》びつづける。相手《あひて》も病氣《びやうき》だといつても承知《しようち》しない、これには兩家《りやうけ》とも困《こま》りました。飯島《いひじま》さんの故鄕《こきやう》からは父母《ふぼ》と兄《あに》と三人《にん》でやつて來《き》ました。病氣《びやうき》は永《なが》びいてまる一ケ月近《げつちか》くもさういふ狀態《じやうたい》がつづきましたが、飯島《いひじま》さんはとう〳〵亡《な》くなつてしまひました。簡單《かんたん》な假葬式《かりさうしき》をして宮崎《みやざき》に歸《かへ》つたのでしたが、その夜《よ》のことです。西田家《にしだけ》に大騷《おほさわ》ぎが起《おこ》つてしまつたのです。看護疲《かんごづか》れでちよつと氣《き》をゆるしてゐる間《ま》に病人《びやうにん》の姿《すがた》が見《み》えないのです。それから上《うへ》を下《した》への大騷《おほさわ》ぎで探《さが》しましたが家《いへ》の中《なか》には何處《どこ》にもゐません。でふとみんなの頭《あたま》に泛《うか》んだのはこのはなれです。やつぱりさうでした。もうすでに主《ぬし》のないこのはなれ、燈《あかり》のついてないこのはなれの窓《まど》の外《そと》、丁度《ちやうど》この夾竹桃《けふちくたう》の下《した》で照子《てるこ》は冷《つめ》たくなつてゐましたよ。照子《てるこ》はどんなにか默《だま》つて何處《どこ》かに行《い》つてしまつた飯島先生《いひじませんせい》を怨《うら》んだことでせう。しかし又《また》、飯島先生《いひじませんせい》が照子《てるこ》を誘《さそ》つていつたとも思《おも》へます。

「この夾竹桃《けふちくたう》は先生《せんせい》、凌霄花《のうぜんかつら》はわたし――」

　さう言《い》つて、夾竹桃《けふちくたう》の根本《ねもと》に凌霄花《のうぜんかつら》を植《う》ゑたのは照子《てるこ》です。女學校《ぢよがくかう》で訊《き》いてごらんなさい。この夾竹桃《けふちくたう》と凌霄花《のうぜんかつら》は相當《さうたう》有名《いうめい》ですよ。あなたに話《はな》さないのはきつとあなたが妙《めう》な氣持《きもち》になるからです。でも到々《たう〳〵》私《わたし》が話《はな》してしまひましたね。あなたみたいに理性《りせい》の勝《か》つた人《ひと》には大丈夫《だいぢやうぶ》でせうが――』

　大丈夫《だいぢやうぶ》どころか、私《わたし》はその夜以來《よいらい》、窓《まど》をたゝかれてゐる音《おと》をきいて目《め》を覺《さ》ました。でもまる一年《ねん》私《わたし》はそのはなれに住《す》んでゐました。今頃《いまごろ》もあの夾竹桃《けふちくたう》と凌霄花《のうぜんかつら》とはからまり合《あ》つて咲《さ》き亂《みだ》れてゐることでせう。初夏《しよか》の花咲《はなさ》く頃《ころ》になれば、私《わたし》は異常《いじやう》な衝動《ショック》を受《う》けたこの話《はなし》を思《おも》ひ出《だ》します。

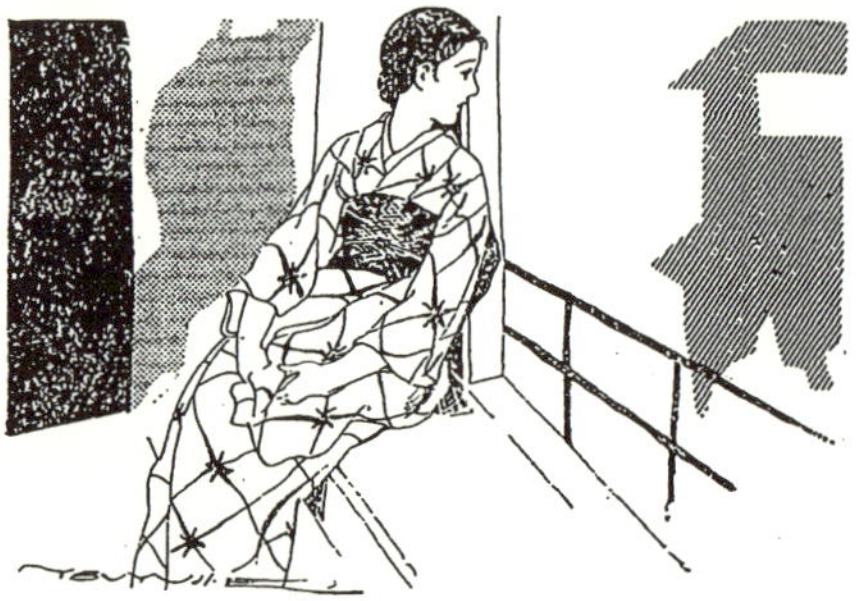

死より甦つて

金澤幸江

　死《し》といふことが、あんなにも容易《たやす》く決行《けつかう》できるものか知《し》ら、と今《いま》でもふつと思《おも》ひ出《だ》して見《み》る。苦惱《くなう》も侮蔑《ぶべつ》もない世界《せかい》への憧《あこが》れ、そんなものが、やみくもに强《つよ》い誘惑《いうわく》となつて、いつか死《し》への一步手前《ほてまへ》の堤《つゝみ》を步《ある》いてゐるのだつた。私《わたし》を殘《のこ》して天《てん》に昇《のぼ》つて行《い》つた園《その》ちやんの靈《れい》は、今《いま》どこで私《わたし》を見《み》つめてゐるだらうか。

『死《し》ぬつてことはそんなに樂《たの》しいことぢやないわよ。つてさゝやいてゐるやうだ。

二人《ふたり》で手《て》をとり合《あ》つて、段々《だん〳〵》と海峽《かいけふ》の深《ふか》みに步《あゆ》んで行《い》つてから、腰《こし》から胸《むね》、胸《むね》から頸《くび》へと冷《つめ》たい水《みづ》が浸《し》みこんで行《い》つたときは、もうカルモチンとウイスキーで氣《き》の遠《とほ》くなりかゝつてゐたせいか、案外《あんぐわい》に平靜《へいせい》な夢見《ゆめみ》るやうな心地《こゝち》だつた。それからどれほど經《た》つたか、目《め》の醒《さ》めたとき、私《わたし》は病院《びやうゐん》の白《しろ》いベッドの上《うへ》にゐた。

『もう大丈夫《だいぢやうぶ》です』

『ほんとうに色々《いろ〳〵》と御手數《おてすう》をおかけしまして……』

　醫者《いしや》と母《はゝ》の話《はな》す聲《こえ》を耳《みゝ》にしながら、私《わたし》は生《い》きたいといふ慾望《よくばう》を胸《むね》の痛《いた》くなるほど意識《いしき》した。『園《その》ちやんも、屹度《きつと》助《たす》かつてゐるんだわ』私《わたし》はそんなことを遠《とほ》い世界《せかい》のものゝやうに感《かん》じながら安《やす》らかな睡《ねむ》りにつくことが出來《でき》た。だが、助《たす》かつたのは私《わたし》だけで、園《その》ちやんの魂《たましひ》は永久《えいきう》にかへらなかつた。私《わたし》はもう決《けつ》して輕々《かる〴〵》しく死《し》んではならないと思《おも》ふ。死《し》んで行《い》つた園《その》ちやんのためにも……。

×　×　×

『敎職《けうしよく》にあるものが、それも女學校《ぢよがくかう》の敎師《けうし》ともあらうものが、カフェに出入《でいり》するなどゝは、もつての外《ほか》です。學校《がくかう》の體面《たいめん》にもかゝはることぢやから、ちと愼《つゝし》んでもらはにやならん』私《わたし》はもう一度《ど》この言葉《ことば》を嚙《か》みしめてゐた。私《わたし》が一昨年《さくねん》の春《はる》、××女專《ぢよせん》を優秀《いうしう》の成績《せいせき》で卒業《そつげふ》すると、同鄕《どうきやう》の誼《よしみ》で迎《むか》へて下《くだ》さつた、あの優《やさ》しい校長先生《かうちやうせんせい》が、今日《けふ》のやうな峻嚴《しゆんげん》な忠告《ちうこく》をなさるとは、どうして考《かんが》へられようか。敎育家《けういくか》といふものゝ何《なん》といふ窮屈《きうくつ》さよ。園《その》ちやん――どうしても離《はな》れることの出來《でき》ない園《その》ちやんに誘《さそ》はれて、ほんのちよつとカフェをのぞいて見《み》ただけのこと、女學校《がくかう》の先生《せんせい》としてそんなことは惡《わる》いことにはちがひないけれど、それほど責《せ》められねばならぬものか知《し》ら。園《その》ちやんと交《つき》際《あ》ふことも許《ゆる》されないなら、學校《がくかう》もやめてしまふ。

胸《むね》に奔流《ほんりう》する悲《かな》しみと人生《じんせい》に對《たい》する嫌《けん》惡《お》を抱《いだ》きながら、宿《いへ》に歸《かへ》つて机《つくゑ》の前《まへ》に坐《すわ》ると、急《きふ》に涙《なみだ》がこみあげて來《き》て、どうしてもとまらないのだつた。

『御免下《ごめんくだ》さい』

階下《した》で訪《おとな》ふ人聲《ひとごゑ》がする。園《その》ちやんの聲《こゑ》だ。園《その》ちやんと抱《だ》き合《あ》つてもつと泣《な》かう。

『キミ泣《な》いてるの』

二階《かい》に上《あが》つて來《き》た園《その》ちやんは、べたりと私《わたし》の傍《そば》に坐《すわ》つてきくのだつた。

『さうよ、ボクもう今日《けふ》といふ今日《けふ》は穢《けがう》はしい人生《じんせい》が、つく〴〵嫌《いや》になつたの、そして生《い》きてゐることの罪惡《ざいあく》であることを沁々《しみじみ》と感《かん》じたのよ』

『ボクも今《いま》、そんなことを考《かんが》へてゐたところよ、この世《よ》なんて實《じつ》につまらない。けふ、田舍《ゐなか》から父《ちゝ》が迎《むか》へに來《き》て、驛前《えきまへ》の××旅館《りよくわん》に泊《とま》つてるの、だけどボク歸《かへ》るのは嫌《いや》だ、それよりか、あの二人《ふたり》だけの世界《せかい》へ……』

二人《ふたり》はいつかしつかりと抱《だ》き合《あ》つてゐた。戀《こひ》に破《やぶ》れ、愛《あい》なき結婚《けつこん》につれ房されようとしてゐた園《その》ちやん、愛《あい》する園《その》ちやんとの絶縁《ぜつえん》を強要《きやうえう》されてゐた私《わたし》、――二人《ふたり》の思《おも》ひは遠《とほ》い女學校時代《ぢよがくかうじだい》まで溯《さかのぼ》つてゆく。

クレオパトラと綽名《あだな》されてゐたほどの情熱家《じやうねつか》で美人《びじん》の園《その》ちやんと、學校《がくかう》で禁《きん》制《せい》の斷髪《ボツブ》を勇敢《ゆうかん》に實行《じつかう》して、校長先生《かうちやうせんせい》に叱《しか》られたときから、意氣投合《いきとうがふ》し、持物《もちもの》、服裝《ふくさう》にいたるまで對《つひ》にして、固《かた》く將來《しやうらい》を誓《ちか》ひ合《あ》つた二人《ふたり》、喜《よろこ》びと悲《かな》しみをいつも分《わ》けあつた二人《ふたり》は、愈々《いよいよ》最後《さいご》の悲《かな》しみにつきあたつたやうな氣《き》がするのだつた。

夏《なつ》の××海峡《かいけふ》は繪《ゑ》のやうに美《うつく》しかつた。行交《ゆきか》ふ巡航船《じゆんかうせん》と停泊《ていはく》の大船舶《だいせんぱく》、それに對岸《たいがん》S市《し》の赤《あか》いネオンと幾萬《いくまん》の灯《ひ》、二《ふた》人《り》は榮町《さかへちやう》の雜沓《ざつたふ》を押流《おしなが》されるやうにして、いつか鎭西橋《ちんぜいはし》まで來《き》てゐた。

橋《はし》のたもとで、園《その》ちやんは、

『ボク、ちよつと買物《かひもの》をしてくるよ』

といつて小走《こばし》りにどこかへ行《い》つたが、すくに何《なに》か包《つゝ》みをさげて歸《かへ》つて來《き》た。

『Sに渡《わた》らない』

二人《ふたり》は默々《もくもく》とS行《ゆ》きの連絡船《れんらくせん》に乘《の》つた。赤間宮《あかまぐう》に參拜《さんぱい》して、そこから自動車《じどうしや》を拾《ひろ》つた。

それから海峡《かいけふ》に沿《そ》つた國道《こくだう》を東《ひがし》へ三十分《ぷん》。C町《まち》のはづれで降《お》りて、二人《ふたり》は手《て》を取《と》り合《あ》つて公園《こうゑん》に這入《はい》つて行《い》つた。ところ〴〵淡《あは》い電《でん》氣《き》がついてはゐるが、欝蒼《うつさう》と茂《しげ》つた木《こ》の間《ま》にこもつた闇《やみ》は凄《すご》いほどであつた。恐《きよう》怖《ふ》もない。二人《ふたり》はやがて海《かい》岸《がん》までたどりついてゐた。

『早《はや》く、一刻《こく》も早《はや》くあそこへ行《ゆ》かう』園《その》ちやんはむせるやうに私《わたし》の胸《むね》に取《と》りすがつて、用意《ようい》して來《き》た買物《かひもの》の包《つゝ》み（カルモチンとウヰスキー）を開《ひら》いた。そして、園《その》ちやんは打《うち》ふるへながらカルモチンを口《くち》に入《い》れ、ウヰスキーをぐつと流《なが》しこんだ。私《わたし》も園《その》ちやんの手《て》から奪《うば》ふやうにして、ウヰスキーとカルモチンを口《くち》にしたのだつた。

二人《ふたり》はふら〳〵と無意識《むいしき》に立上《たちあが》つた。堅《かた》く堅《かた》く手《て》を握《にぎ》りしめ、ざぶ〳〵と波打《なみうち》ぎはから海《うみ》の深《ふか》みへ、快《こゝろよ》い冷《つめ》たさが脚《あし》から腰《こし》、胸《むね》へとする〳〵と這《は》ひのぼつて行《ゆ》く。

『幸《ゆき》ちやん』

『園《その》ちやん』

二人《ふたり》は頸《くび》まで海《うみ》に浸《ひた》りながらしばらく抱《だ》き合《あ》つてゐたが、次第《しだい》に意識《いしき》は朦朧《もうろう》となつてしまつた。

泪は乾くけれども

牧里葵子

時《とき》は過《す》ぎる、蝶々《てふ〳〵》のやうに私《わたし》から凡《すべ》てが去《さ》つて行《ゆ》く——そして私《わたし》の青春《せいしゆん》もすがれた連理草《れんりさう》のやうに朽《く》ちてゆくのだ。

弘《ひろ》や、いゝえお弘《ひろ》ちやん、お前《まへ》もとう〳〵いつて了《しま》つたのね。大《おほ》きな悲《かな》しみと小《ちひ》さな喜《よろこ》びの追憶《つゐおく》とを私《わたし》の胸《むね》に殘《のこ》して、貴女《あなた》——から呼《よ》ぶことが、その始《はじ》めどんなにか怪《あや》しく胸《むね》を騒《さわ》がせたことであらう——が私《わたし》の周圍《しうゐ》から消《き》へて、もう半年《はんとし》になる。

あなたが始《はじ》めて私《わたし》の目《め》の前《まへ》に現《あら》はれたときのことを思《おも》ひ出《だ》さう。これは五年前《ねんまへ》私《わたし》が女學校《ぢよがくかう》を卒業《そつげふ》した春《はる》のある日《ひ》だ。

『さ、このお方《かた》がお嬢《ぢやう》さまよ、御挨拶申《ごあいさつまうし》上《あ》げなさい』

『……』

あなたはおど〳〵として、女中頭《ぢよちうがしら》の袖《そで》の後《うしろ》から、うるみ勝《が》ちな眸《ひとみ》をむけたかと思《おも》ふと、いそいでお辭儀《じぎ》した、何《なに》も云《い》はないで。十四の誕生《たんじやう》を迎《むか》へたばかりの時《とき》のあなたよ。

『弘《ひろ》と申《まう》しますのよ。今《いま》からお嬢様《ぢやうさま》の小《こ》間使《づかひ》にお伺《うかゞ》ひしたので御座《ござ》います』

『さう。わかつたわ、向《むか》ふへ行《い》つて、頂戴《ちやうだい》』

素氣《すげ》なく私《わたし》は云《い》つてしまつた。

その頃《ころ》、私《わたし》の日々《ひゞ》は、さく〳〵として焦《こ》げたビスケットでも噛《か》んでるやうな、味氣《あぢけ》ないと云《い》ふより、怒《いか》りに近《ちか》い感情《かんじやう》を湛《たゝ》へてゐた。——醜女《しうぢよ》——これが私《わたし》の一生《しやう》に捺《お》された刻印《こくいん》だと云《い》ふことを、しみ〳〵と味《あぢ》はされた頃《ころ》であつた。黄《きい》つぽくて、かさ〳〵して、もう只凸凹《たゞでこぼこ》があると云《い》ふだけの私《わたし》の顏《かほ》。

『あんた、人見《ひとみ》にそつくりよ』

『さうよ、すごいわよ』

と級友《きふいう》に云《い》はれて得意《とくい》だつた私《わたし》が、男性《だんせい》の前《まへ》に立《た》たされたとき、始《はじ》めて『美《うつく》しくない』自分《じぶん》を見出《みいだ》さなくてはならなかつた。

未《ま》だその頃《ころ》はお母樣《かあさま》が生《い》きてらした。優《やさ》しいお母樣《かあさま》さへ、

『女《をんな》は容貌《ようばう》よりも心《こゝろ》よ』

と仰言《おつしや》つた時《とき》など、どんなにか憎《にく》んでないたことであらう。醜女《しうぢよ》——それは私《わたし》の自尊心《じそんしん》が許《ゆる》さなかつた。喜《よろこ》んで結婚《けつこん》して呉《く》れる男性《だんせい》は無《な》いだらう！『持參金《ぢさんきん》』と、直《す》ぐに腦裡《なうり》にうかんで來《く》る。そんな男性《だんせい》と誰《だれ》が結婚《けつこん》なんかしてやるものか。こんな風《ふう》に教育《けういく》された私《わたし》の苦惱《くなう》は大《おほ》きかつた——私《わたし》は美容院《びようゐん》へ無理《むり》に連《つ》れられてゆく日《ひ》が、どんなにか嫌《い》やだつたか。そんなこと、もう試驗《しけん》ずみだつた。飾《かざ》れば飾《かざ》るほど醜《みにく》さを引立《ひきた》てるだけ、——健康《けんかう》美《び》——精神美《せいしんび》——。嘘《うそ》！　嘘《うそ》！　そんなことみんな胡麻《ごま》かしだわ、さう思《おも》つてゐた。

× × ×

お弘《ひろ》ちやん、あなたは美《うつく》しかつた。あなたが私《わたし》の世話《せわ》をして呉《く》れることは、まるで私《わたし》の醜《みにく》さをひき立《た》てるのと同《おな》じだ。私《わたし》はあなたを見《み》るたびに、始《はじ》めはいらい

らしてゐた。

『駄目《だめ》！　こんな紅茶《こうちや》！　代《かは》りを入《い》れてッ』

『はい』

『そら、埃《ほこり》がついてるわ、椅子《いす》の棧《さん》に』

『濟《す》みません』

　缺點《けつてん》を見出《みいだ》せない日《ひ》は、どんなにかじれつたかつたであらう。ある日《ひ》――あゝ私《わたし》はなんと云《い》ふいやな女《をんな》の子《こ》だらう！　買《か》つて來《き》たばかりのフランス人形《にんぎやう》に、お弘《ひろ》ちやんが見《み》とれたと云《い》ふだけで、痺《しび》れる程腹立《ほどはらだ》つた。

　その夕方《ゆふがた》、

『誰《だれ》ッ！　弘《ひろ》やッ！　お前《まへ》でせう！』

『はい、お孃《じやう》さま、何《な》んで御座《ござ》いませう』

『何《なに》がつて！　お人形《にんぎやう》を御覽《ごらん》！』

『まア！』

　お人形《にんぎやう》にはベト〳〵に靑《あを》インクがぶつかけられてゐた。八十圓《えん》もする大事《だいじ》な人形《にんぎやう》！

『お前《まへ》でしよ』

『いゝえ。あの……』

『そら、どもつたりして、噓《うそ》ついても駄《だ》目《め》、私《わたし》にはちやんと解《わか》つてるんだから！』

　あなたは首垂《うなだ》れて、手《て》を膝《ひざ》の上《うへ》にかさねたまゝ暫《しば》らくじつとしてたが、急《きふ》に、

『濟《す》みません、粗忽《そさう》しまして』

『さう、御覽《ごらん》！　わざとでせう！』

『は、はい』

　しほらしい貴女《あなた》、その細々《ほそぼそ》した美《うつく》しい襟首《えりくび》の白《しろ》さが、私《わたし》の目《め》の中《なか》で、ぼうと涙《なみだ》に滲《にじ》んで行《い》つた。思《おも》はず、私《わたし》は貴女《あなた》の手《て》をしかと握《にぎ》りしめて居《ゐ》た。身内《みうち》に熱情《ねつじやう》が走《はし》つた。

『弘《ひろ》！　御免《ごめん》ね』

『まア、お孃《じやう》さま』

　私《わたし》の泪《なみだ》を見《み》て、貴女《あなた》も、もうすゝり上《あ》げてしまつた。絨氈《じうたん》の上《うへ》に崩折《くづを》れたあなたの前《まへ》に、私《わたし》もにじりよつて泣《な》きながら低《ひく》い聲《こゑ》で叫《さけ》ばないでは居《ゐ》れなかつた。

『何故《なぜ》？　何故《なぜ》？　噓《うそ》をついてくれたの。人形《にんぎやう》にインキひつかけたのは、私《わたし》なのに！　弘《ひろ》！　弘《ひろ》ちやん！　お前《まへ》は、何《なに》もしない癖《くせ》に！』

『濟《す》みません！』

　あなたは、わッと聲《こゑ》をあげて泣《な》くのだつた。

　お弘《ひろ》ちやん、さうして私達《わたしたち》はほんとうの姉妹《きやうだい》に、いゝえ姉妹以上《きやうだいいじやう》に結《むす》ばれたのだわ。死《し》んだお母樣以上《かあさまいじやう》に、私《わたし》を理解《りかい》して吳《く》れたのは貴女《あなた》だつた。私《わたし》の淋《さび》しさ、苦《くる》しさは貴女《あなた》のものとなつた。そして私《わたし》達《たち》はどんなにか樂《たの》しかつただらう。結婚《けつこん》のことなんか、すつかり忘《わす》れて了《しま》つてゐた。

『あの小間使《こまづかひ》のお弘《ひろ》ちやん、着物《きもの》までおんなじなのね。帽子《はうし》もお對《つゐ》！　たいしたリヤンコ！』

　さう云《い》つて、あの不良《ふりやう》を賣《う》りものにしてる大人《おとな》しい禮《れい》ちやんが、リヤンコつてのは、二本差《ほんざ》しで、つまり何時《いつ》も一緒《しよ》にゐる人《ひと》のことさ、などとからかつたりしたつけ。

　甘《あま》い接吻《せつぷん》と泪《なみだ》の中《うち》に、お弘《ひろ》ちやん、わたし達《たち》は誓《ちか》はなかつたゞらうか。

『一生二人共結婚《しやうふたりともけつこん》しないのよ』

　あなたがさう云《い》つたんだわ。ぞんざいな言葉《ことば》で私《わたし》に親《した》しんでくれるあなたを見《み》てゐると、私《わたし》はこみ上《あ》げる嬉《うれ》しさにおそはれた。そのやうな日々《にちにち》だつた。あなたを飾《かざ》りたて、いやましに美《うつく》しくすることは、そして貴《あな》女《た》にフランス語《ご》を敎《をし》へることは私《わたし》の日課《につくわ》になつた。私《わたし》はまるで下僕《しもべ》のやうにあなたの美《うつく》しさに仕《つか》へてゐた。

　そして、弘《ひろ》ちやん。――

　あなたは素晴《すば》しい男性《だんせい》を見付《みつ》けた。私《わたし》を裏切《うらぎ》つて貴女《あなた》は結婚《けつこん》して了《しま》つた。いつかの始《はじ》めての言葉《ことば》を書《か》きのこして。

『濟《す》みません！』

　でもいゝわ。幸福《かうふく》になつて頂戴《ちやうだい》！　裏《うら》切《ぎ》るのは美《うつく》しい人《ひと》の特權《とくけん》だわ――フランスの詩人《しじん》の云《い》つたとほりに。

　弘《ひろ》ちやん、そして哀《あは》れな私《わたし》は、また、遲《おく》れた結婚《けつこん》の問題《もんだい》の前《まへ》に立《た》たされて、毎《まい》日《にち》を憂欝《いううつ》に過《すご》してゐますの。あなたのたつた一つのかたみ『心美《こゝろうつく》しければ亦《また》……』を一すぢの光明《くわうみやう》のやうに掻抱《かいいだ》きながら……

人氣《にんき》作家《さくか》の『現《げん》

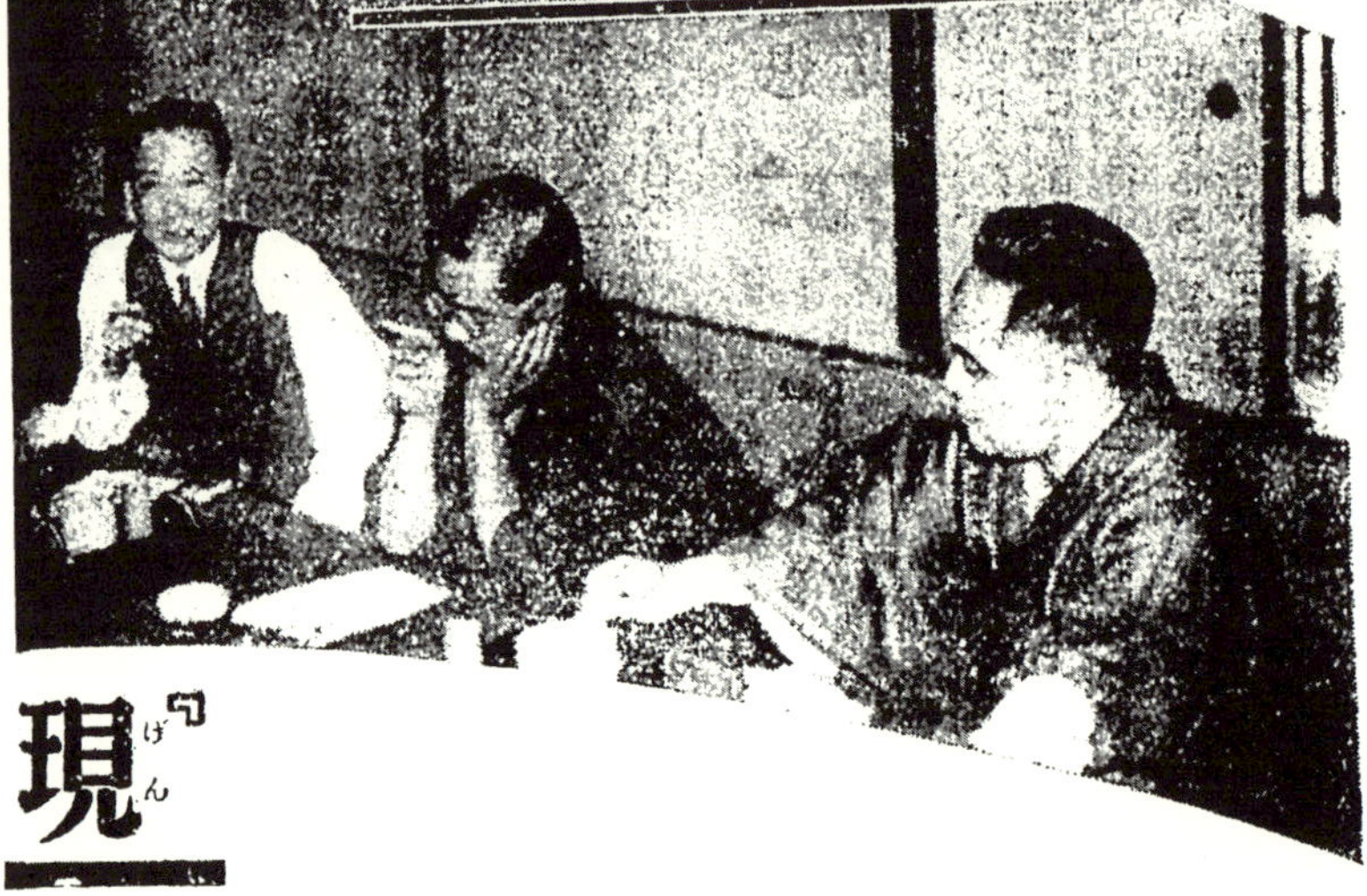

御出席の方々
（寫眞向つて右より）

大下宇陀兒
加藤武雄
三上於菟吉
吉屋信子
菊池寛
子母澤寛

男子《だんし》が魅力《みりよく》を感《かん》ずる婦人《ふじん》――古《ふる》い型《かた》、新《あたら》しい型《かた》の女《をんな》――同性戀愛《どうせいれんあい》と異性戀愛《いせいれんあい》――良《りやう》妻《さい》と惡妻《あくさい》の別《べつ》――婦人《ふじん》の服裝《ふくさう》はどうなる――婦人《ふじん》と職業《しよくげふ》の問題《もんだい》――女性《ぢよせい》と教育《けういく》の程度《ていど》

記者 これから開會《かいくわい》いたします。今日《けふ》は特《とく》に菊池《きくち》先生《せんせい》に司會《しくわい》をお願《ねが》ひいたしました。どうぞ日頃《ひごろ》の御蘊蓄《ごうんちく》を傾倒《けいたう》して、是非《ぜひ》おもしろいお話《はなし》を澤山《たくさん》お聞《き》かせ下《くだ》さいますやう、諸先生《しよせんせい》にお願《ねが》ひ申《まを》しあげ

91　「人気作家の『現代女性』座談会」 大下宇陀児、加藤武雄、三上於菟吉、吉屋信子 ほか 『婦人倶楽部』昭和9年9月1日

代《だい》女《ぢよ》性《せい》』座《ざ》談《だん》會《くわい》

ます。

男子《だんし》が魅力《みりよく》を感《かん》ずる婦人《ふじん》

少《すこ》し抜《ぬ》けた所《ところ》に魅力《みりよく》

菊池　それでは始《はじ》めよう、先《ま》づ『男子《だんし》が魅力《みりよく》を感《かん》ずる婦人《ふじん》』——これは婦人《ふじん》のどんな點《てん》に一番魅力《ばんみりよく》を感《かん》ずるか、といふ意味《いみ》だ。三上《みかみ》君《くん》どうです？

三上　そりや矢張《やは》り肉體的《にくたいてき》と氣持《きもち》と兩方《りやうはう》あるだらうね、隨分僕《ずゐぶんぼく》など魅力《みりよく》を感《かん》じ過《す》ぎる方《はう》だから……。（笑聲《せうせい》）一々どこにといふと困《こま》つちやふな。

加藤　肉體的《にくたいてき》には論《ろん》はないだらう、美人《びじん》なら——。

三上　いや、それも例《たと》へば若《わか》い時《とき》には痩《や》せた者《もの》が好《す》きだつたが、年《とし》とつてから嫌《きら》ひになつたといふやうに、始終《しじう》好《す》き嫌《きら》ひの標準《へうじゆん》が違《ちが》つてゐると思《おも》ふ。

菊池　併《しか》しさう美人《びじん》でなくとも、非常《ひじやう》に男好《をとこず》きのする女《をんな》の人《ひと》がゐるからね。さういふ人《ひと》のは何《なん》だらう？

加藤　やはり精神的《せいしんてき》に何《なに》かあるのだらう。

菊池　さういふものばかりでなく、イットといふやうなものがある。精神的《せいしんてき》なものでなくとも、さういふものがアッピールして行《ゆ》く。

大下　不良少年《ふりやうせうねん》など見《み》ると、誘惑《いうわく》に引《ひ》つかゝる女《をんな》は一見《けん》してすぐ分《わか》るさうだ。さういふものに一寸惹《ちよつとひ》かれるといふことは、ありはしませんか。

子母澤　一見《けん》利口《りこう》さうな女《をんな》には魅力《みりよく》を感《かん》じない、寧《むし》ろ反感《はんかん》をもつな。どこか少《すこ》し抜《ぬ》けてゐる女《をんな》に魅力《みりよく》を感《かん》ずる。不良少年《ふりやうせうねん》が誘惑《いうわく》し易《やす》いのもどこかその抜《ぬ》けてゐるやうな女《をんな》ださうです。

大下　さうかも知《し》れんね。

子母澤　僕《ぼく》の知《し》つてゐる奴《やつ》で、非常《ひじやう》に女《をんな》を引《ひ》つかけることが巧《うま》いのがあつたが、姿《すがた》のきちんとしてゐるのには、手《て》を出《だ》せぬといつてゐる。一種《しゆ》のだらしなさといふか、抜《ぬ》けてゐるといふか、さういふところに魅力《みりよく》を感《かん》ずるのだらうな。

大下　それはあるだらうね。すると魅力《みりよく》ある女《をんな》といふことは、みな乘《ぢやう》じ易《やす》い女《をんな》、といふことになるやうだけれども、強《あなが》ちさうばかりでもないらしい。

小股《こまた》の切《き》れ上《あが》つた女《をんな》

菊池　どこか弱々《よわ〳〵》しくて、いぢらしくて、男《をとこ》からいふと助《たす》けてやりたいとか、庇《かば》つてやりたいとかいふ女《をんな》が、魅力《みりよく》を感《かん》じさせるんだな。

加藤　さうだね。

大下　でも可成確《かなりしつか》りした女《をんな》でも、僕《ぼく》なぞ所謂《いはゆる》小股《こまた》の切《き》れ上《あが》つた女《をんな》には魅力《みりよく》を感《かん》ずるね。

菊池　それは征服慾《せいふくよく》を感《かん》ずるんぢやないかな。

三上　さつきの不良性《ふりやうせい》の話《はなし》など、道徳《だうとく》的《てき》に——女《をんな》には道徳的《だうとくてき》にも感受《かんじゆ》性《せい》の強《つよ》い女《をんな》と、弱《よわ》い女《をんな》があるね——例《たと》へば紐《ひも》の結《むす》び方《かた》でも獨特《どくとく》のものを自分《じぶん》にもつ、さういふのに魅力《みりよく》を感《かん》ずることがあるかも知《し》れぬ。

僕の知つてゐる奴で、非常に女を引つかけることが巧いのがあつたが、姿のきちんとしてゐるのには手を出せぬといつてゐる……子母澤先生談

菊池　女《をんな》は男《をとこ》に對《たい》して、男《をとこ》の中《なか》の頼《たの》もしさうな、頼《たよ》りになりさうなのに魅力《みりよく》を感《かん》ずるだらうと思《おも》ふけれども、男《をとこ》は女《をんな》の中《なか》でそれと反對《はんたい》に、いぢらしい、弱々《よわ〳〵》しいところに魅《み》力《りよく》を感《かん》ずるのぢやないかな。

子母澤　兎《と》に角《かく》自分《じぶん》より偉《えら》いやうな女《をんな》に魅力《みりよく》を感《かん》ずることはないね。

大下　それは私達《わたしたち》が強《つよ》い性格《せいかく》をもつとさうだ。弱《よわ》い性格《せいかく》なら強《つよ》い女《をんな》に魅力《みりよく》を感《かん》ずる。

菊池　さうだな、昔《むかし》から〝男《をとこ》は上﨟《じやうらふ》を好《この》む〟といつて、自分《じぶん》より目上《めうへ》の女《をんな》に魅力《みりよく》を感《かん》ずる事《こと》もあるんだね、それは征服慾《せいふくよく》だね。

加藤　さうだ。征服慾《せいふくよく》だ。

大下　今《いま》の女《をんな》を昔《むかし》の女《をんな》に比《くら》べて魅力《みりよく》はどうで

93　「人気作家の『現代女性』座談会」 大下宇陀児、加藤武雄、三上於菟吉、吉屋信子 ほか 『婦人倶楽部』昭和9年9月1日

すか　昔《むかし》より魅力《みりよく》を發揮《はつき》してゐるでせうね。

菊池　今《いま》はお化粧法《けしやうはふ》など發達《はつたつ》したからね。

三上　併《しか》し肉體的魅力《にくたいてきみりよく》は、普通《ふつう》の世界《せかい》にはやはり強《つよ》いね。昔《むかし》、下駄屋《げたや》とか、酒屋《さかや》とか、商家《しやうか》が淋《さび》れて來《く》ると、大抵若《たいていわか》いお上《かみ》さんなど、脛《すね》を丸出《まるだ》しにして坐《すわ》つてゐると、それが商賣繁昌《しやうばいはんじやう》の一つのこつになると、上方《かみがた》の作家《さくか》も、江戸《えど》の作家《さくか》も書《か》いてゐるね。また風俗《ふうぞく》の繪《ゑ》を見《み》てもさうだ。

お客が筆を買ひに來ると『工合を試して見る』といつて、一寸穗先を舐めて渡す、それが評判になつて盛に買ひに來る……大下先生談

大下　それで思《おも》ひ出《だ》しましたが、淺草《あさくさ》の菊屋《きくや》橋《ばし》の近所《きんじよ》に筆屋《ふでや》があつて、そこに非常《ひじやう》に綺《き》麗《れい》な娘《むすめ》があつた。お客《きやく》が筆《ふで》を買《か》ひに來《く》ると、『工合《ぐあひ》を試《ため》してみる』といつて、一寸穗《ちよつとほ》先《さき》を舐《な》めて渡《わた》す、それが評判《ひやうばん》になつて盛《さか》んに買《か》ひに來《く》る。(笑聲《せうせい》)今《いま》はその店《みせ》はないですがね、當時《たうじ》非常《ひじやう》に流行《はや》つたといふ話《はなし》です。

三上　萬年筆《まんねんひつ》を舐《な》めてくれる店《みせ》はないですか。(笑聲《せうせい》)

九條武子《くでうたけこ》さんの場合《ばあひ》

菊池　どうだらう、九《く》條武子《でうたけこ》さんのやうなあゝいふ顏《かほ》は魅力《みりよく》を感《かん》ずるかしら？

大下　綺麗《きれい》だと思《おも》ふし偉《えら》いとも思《おも》ふけれども、魅力《みりよく》といふ點《てん》はどうですかな。

子母澤　僕《ぼく》が會《あ》つた時《とき》の感想《かんさう》は、女《をんな》と會《あ》つてゐるといふ感《かん》じぢやなかつたな。何《なに》か別《べつ》なものと會《あ》つてゐるやうな感《かん》じだつた。

加藤　僕《ぼく》は會《あ》つたことはないが、寫眞《しやしん》を見《み》て相當魅力《さうたうみりよく》を感《かん》じた．勿論《もちろん》それは肉體的《にくたいてき》でなく――。

大下　それは人《ひと》としての魅力《みりよく》ぢやないですか。異性《いせい》としてでなく……。

加藤　やはり異性《ゐせい》としてです。

子母澤　向《む》ひ合《あ》つて坐《すわ》つてゐると、弱々《よわく》しいところもなければ、強《つよ》さうなところもなく、變《へん》な人《ひと》だつたなあ、尤《もつと》も多少《たせう》こつちが敬意《けいい》を表《へう》して話《はな》し合《あ》つたせゐもあるかも知《し》れませんが。

三上　時《とき》と處《ところ》にもよるだらうね。

菊池　吉屋《よしや》さんどうですか、貴女女《あなたをんな》の方《かた》として、かういふところに魅力《みりよく》を感《かん》ずるだらう、といふ想像《さうぞう》はあるでせう。

吉屋　何《なん》かこの頃變《ごろへん》なお轉婆《てんば》なところに魅力《みりよく》を感《かん》じないのでせうか？　青年《せいねん》などは……。

菊池　僕《ぼく》はお轉婆《てんば》の人《ひと》に感《かん》じはないですね。

吉屋　小說《せうせつ》だけでせうか。

三上　面白《おもしろ》いとか、變《かは》つてゐるとか思《おも》ふけれ

銀座などで、非常なモダンガールを見ても、一寸をかしいと思ふだけだからね……子母澤先生談

ども……。併《しか》し今《いま》の青年《せいねん》は分《わか》らぬな。

大下 年《とし》のせゐだらう。私《わたし》はこの二、三年《ねん》非常《ひじやう》に變《かは》つたやうな氣《き》がする。（笑聲《せうせい》）

子母澤 銀座《ぎんざ》などで、非常《ひじやう》なモダンガールを見《み》ても、一寸《ちよつと》をかしいと思《おも》ふだけだからね。

三上 からいふことを語《かた》り合《あ》ふには、少《すこ》し年《とし》がとり過《す》ぎたかな（笑聲《せうせい》）

菊池 そんなことをいつちや駄目《だめ》だよ。（笑《せう》聲《せい》）

八《や》重《へ》歯《は》も魅《み》力《りよく》の一つ

菊池 今《いま》の映畫女優《えいぐわぢよいう》の中《なか》ぢや誰《だれ》に一番《ばん》魅力《みりよく》を感《かん》ずる？

大下 僕《ぼく》はあまり映畫《えいぐわ》女優《ぢよいう》を知《し》らないですが『丹下左膳《たんげさぜん》』の中《なか》に出《で》る吉野朝子《よしのあさこ》とかいふ……。あそこの場面《ばめん》を見《み》て非常《ひじやう》に魅力《みりよく》を感《かん》じたね。

菊池 吉野朝子《よしのあさこ》といふのはいゝさうだね。

吉屋 臺詞《せりふ》が江戸《えど》つ子《こ》ぢやないのが惜《を》しい……。

菊池 割合《わりあひ》に巧《うま》いさうだ。

子母澤 長唄《ながうた》などやるし、それに一寸八重歯《ちよつとやへば》などあつて、口《くち》の邊《あた》りに魅力《みりよく》がある。

三上 八重歯《やへば》などいふのは魅力《みりよく》の一つだ、一《ちよつ》寸《と》普通《ふつう》と變《かは》つてゐるところに却《かへ》つて魅力《みりよく》を感《かん》ずる。九條武子《くでうたけこ》さんなどあまり整《とゝの》ひ過《す》ぎて魅力《みりよく》がなかつたのだらう。

加藤 斜視《しやし》なども魅力《みりよく》の一つだ、カチューシヤは斜視《しやし》だつた筈《はづ》だ。

子母澤 あれはロシヤでは非常《ひじやう》に尊重《そんちよう》するさうですね。

大下 僕《ぼく》の友人《いうじん》で、女《をんな》の揉上《もみあげ》の長《なが》いのを見《み》ると、堪《たま》らなくなるのがゐる。

子母澤 今揉上《いまもみあげ》を墨《すみ》で薄《うす》く長《なが》く書《か》いてゐるのがあるね。

大下 やはりそのこつを心得《こゝろえ》てゐるんですな。

加藤 イットといふものをあまり不斷《ふんだん》に發散《はつさん》されると、却《かへ》つて魅力《みりよく》を感《かん》じないね。それも意識《いしき》して發散《はつさん》すると……。

菊池 畫家《ゑかき》などモデルを裸《はだか》にして見《み》てゐてもちつとも妙《めう》な氣《き》が起《おこ》らないけれども、着物《きもの》を着《き》ようとするその瞬間《しゆんかん》に、さういふ氣持《きもち》を起《おこ》すんだつてね。

古《ふる》い型《かた》、新《あたら》しい型《かた》の女《をんな》

95　「人気作家の『現代女性』座談会」　大下宇陀児、加藤武雄、三上於菟吉、吉屋信子 ほか 『婦人倶楽部』昭和9年9月1日

結婚《けつこん》を急《いそ》がぬ傾向《けいかう》

菊池　ぢや次《つぎ》に『古《ふる》い型《かた》の女《をんな》と、新《あたら》しい型《かた》の女《をんな》』……。今古《いまふる》い型《かた》の女《をんな》といふのは澤山殘《たくさんのこ》つてゐるでせうか。

三上　この標題《へうだい》はよく分《わか》つてゐるやうでなかなか難《むつ》かしいね。

菊池　古《ふる》い型《かた》といふのはどういふ感《かん》じか、初《はじ》めから考《かんが》へてかゝらなければ分《わか》らないからね。一般《はん》に古《ふる》い型《かた》といへば貞操觀念《ていさうくわんねん》など非《ひ》常《じやう》に嚴格《げんかく》で、家庭的《かていてき》な女《をんな》が古《ふる》い型《かた》といふのでせうね。これに反《はん》して新《あたら》しい型《かた》といふのは、貞操觀念《ていさうくわんねん》に自由《じいう》な考《かんが》へをもつてをつて、結婚《けつこん》など急《いそ》がない、といふやうなのでせうね。

この頃《ごろ》やはり女子大《ぢよしだい》など出《で》た人《ひと》で、傍《はた》の者《もの》が心配《しんぱい》になるくらゐ結婚《けつこん》といふものを考《かんが》へてゐない人《ひと》がゐるね。女學校出《ぢよがくかうで》てもすぐ結婚《けつこん》しよう、と思《おも》つてゐるやうな女《をんな》はだんだん少《すく》なつて來《き》たのぢやないですか。

吉屋　私《わたし》の家《うち》に來るお嬢《ぢやう》さんに、女學校卒業《ぢよがくかうそつげふ》後或《ごあ》る女學校《ぢよがくかう》の高等科《かうとうくわ》を卒業《そつげふ》した人《ひと》がありますが、なかなか綺麗《きれい》ですけれども二十五になつてゐてどうしても結婚《けつこん》しません。すると或《ある》いゝ家《うち》の坊《ぼ》つちやんで、『是非《ぜひ》あの娘《ひと》と結婚《けつこん》したいから……』といふので、私《わたし》が間《あひだ》に立《た》つたのですが、お嬢《ぢやう》さんの方《はう》では、『厭《いや》だ』といふのです。それでゐて非常《ひじやう》に綺《き》麗《れい》で、誰《だれ》でも振返《ふりかへ》つて見《み》るやうな方《かた》です。

菊池　さういふ人《ひと》は若《わか》い時《とき》にもつと獨身《どくしん》の時《とき》の生活《せいくわつ》を樂《たの》しまう、といふはつきりした意《い》識《しき》があるのですか。

吉屋　さうでなく、私《わたし》がだんだん話《はな》したら『私《わたし》のやうなお婆《ばあ》さんをお貰《もら》ひにならなくともいゝでせう』などといふのです。相手《あひて》の坊《ぼ》つちやんをとても若《わか》いと思《おも》つたのですね。そこで『實《じつ》は先方《せんぱう》は三十です』といつたら、驚《おどろ》いてしまひました。『戀愛《れんあい》がなくちや厭《いや》ですか』と聞《き》くと、『さうでなくとも構《かま》はない』といふのです、結局《けつきよく》はやはり氣《き》に入《い》らなかつたんですね。

モダンガールは別《べつ》もの

三上　東京邊《とうきやうあた》りの年寄《としより》の女《をんな》に、その若《わか》い頃《ころ》のことを訊《き》くと、決《けつ》して今我々《いまわれわれ》が考《かんが》へてゐるやうに内輪《うちわ》ではなく、なかなか新《あたら》しかつたものだといつてゐます。家《うち》で自分《じぶん》がびしび

自分自身の享樂だけ考へて、外のことを考へないのが隨分あるね、活動寫眞へ男と行くことばかり考へてゐるのがある……菊池先生談

し働《はたら》いて、大勢《おほぜい》の使用人《しようにん》を切廻《きりまは》して、小股《こまた》が切《き》れ上《あが》つてゐないと働《はたら》けない。だから今《いま》の人《ひと》はちつとも新《あたら》しくもなければ、強《つよ》くもない、といつてをります。

菊池　それは新《あたら》しいお婆《ばあ》さんだ。(笑聲《せうせい》)

子母澤　同《おな》じ新《あたら》しい女《をんな》でも夫《をつと》の爲《ため》とか、家《いへ》の爲《ため》とか、昔《むかし》は然《さ》ういふ目標《もくへう》があつたけれども今《いま》のモダンガールはたゞ自分《じぶん》だけで、外《ほか》に何《なに》もないんですね。

菊池　それはさうだね。

三上　今《いま》のモダンガールは、一種特別《しゆとくべつ》なものでせう。働《はたら》かうとしたり、一口《ひとくち》に女《をんな》らしいと考《かんが》へてゐるのも相當多《さうたうおほ》いでせう。銀《ぎん》座邊《ざあた》り歩《ある》いてゐるフラッパーでも案外素直《あんぐわいすなほ》なのもゐるんでせう。

實際甘く見える男が多いらしいな。結婚しても女の帶を直してやるのがある……子母澤先生談

子母澤　そりやさうでせう。

菊池　併《しか》し自分自身《じぶんじしん》の享樂《けうらく》だけ考《かんが》へて、外《ほか》のことを考《かんが》へないのが隨分《ずゐぶん》ゐるね。活動寫眞《くわつどうしやしん》へ男《をとこ》と行《ゆ》くことばかり考《かんが》へてゐる連中《れんちう》もあるね。

三上　兎《と》に角《かく》ものに恐《おそ》れを感《かん》じないのが澤山《たくさん》あるね。

大下　昔《むかし》より今《いま》の女《をんな》は男《をとこ》を甘《あま》く見《み》てはゐませんか。昔《むかし》の女《をんな》は男《をとこ》を非常に尊敬《そんけい》したり、恐《こは》がつたりしたが、今《いま》は男《をとこ》は女《をんな》の爲《ため》に何《なん》でもしてくれるものと考《かんが》へてゐる。

菊池　それに女《をんな》に甘《あま》い男《をとこ》もゐるでせう。(笑聲《せうせい》)それはアメリカあたりの影響《えいきやう》ぢやないですか。あゝいふ女尊《ぢよそん》の風《ふう》が活動寫眞《くわつどうしやしん》などで自然《しぜん》に染込《しみこ》んでゐるんぢやないですか。

子母澤　實際甘《じつさいあま》く見《み》える男《をとこ》が多《おほ》いらしいな。結婚《けつこん》しても女《をんな》の帶《おび》を直《なほ》してやるのがある。

大下　それであまりをかしくないんだね。

吉屋　さうかと思《おも》ふと女學校《ぢよがくかう》を卒業《そつげふ》したお嬢さんなど、『男《をとこ》は功利的《こうりてき》なんですからね』とよくいひます。

今《いま》の女學生《ぢよがくせい》はセンチ嫌《ぎら》ひ

菊池　戀愛《れんあい》と結婚《けつこん》を別々《べつべつ》に考《かんが》へるのが、近頃《ちかごろ》の新《あたら》しい傾向《けいかう》ですね。

吉屋　頭《あたま》が良《よ》ければさうなりますね、止《や》むを得《え》ず――本當《ほんたう》は戀愛《れんあい》と結婚《けつこん》の一致《いつち》が理想《りさう》でせうが。

菊池　戀愛結婚《れんあいけつこん》といふことは、必《かなら》ずしも幸福《かうふく》でないといふことを、はつきり認識《にんしき》してゐる女《をんな》がだん〴〵殖《ふ》えてゐるんぢやないですか。

97　「人気作家の『現代女性』座談会」 大下宇陀児、加藤武雄、三上於菟吉、吉屋信子 ほか 『婦人倶楽部』昭和9年9月1日

大下　實際的《じつさいてき》ですね。

吉屋　戀愛《れんあい》の時《とき》はどうか知《し》りませんが、結婚《けつこん》の時《とき》は本當《ほんたう》に一生賴《しやうたよ》れる生活力《せいくわつりよく》ある男《をとこ》、といふことをちやんと考《かんが》へてゐるやうですね。赤《あか》ちやんなど生《う》んで捨《す》てられて身投《みな》げなどする人《ひと》が、昔《むかし》より少《すく》なくなつたのぢやないでせうか。併《しか》し身《み》の上相談《うへさうだん》を見《み》るとまだ澤山《たくさん》ゐますが……。(笑聲《せうせい》)

大下　あれは古《ふる》い型《かた》が多《おほ》いね。

菊池　併《しか》し新《あたら》しい女《をんな》は、センチメンタルぢやないやうですね。昔《むかし》の女《をんな》のセンチメンタリズムが、昔《むかし》の女《をんな》を誤《あやま》つてゐるんぢやないですか、現代《げんだい》の女《をんな》はだん〳〵センチメンタルぢやないやうですね。

吉屋　少《すく》くとも輕蔑《けいべつ》したり、反抗《はんかう》したりしますね。

菊池　僕《ぼく》の娘《むすめ》なども、センチメンタリズムはちつともないですね。

吉屋　離《はな》れてものを見《み》るやうになつてゐますわね　少《すこ》し利己的《りこてき》になつたやうですけれど、その方《はう》が身《み》を守《まも》れてい〻と思《おも》ひます。それは絶對《ぜつたい》の利己的《りこてき》でないですが……。

加藤　今《いま》の女學生《ぢよがくせい》はセンチといふのは輕蔑《けいべつ》の言葉《ことば》として使《つか》つてゐる。

菊池　そこが新《あたら》しくなつてゐる、輕蔑《けいべつ》するところがね。

吉屋　あまりに低級《ていきふ》な無智《むち》な感傷《かんしやう》を輕蔑《けいべつ》するのは、贊成《さんせい》でございますが。でも純情《じゆんじやう》から發露《はつろ》する優《やさ》しい感傷《かんしやう》や情緒《じやうちよ》を失《うしな》つた女《をんな》性《せい》はガサ〳〵した造花《ざうくわ》の花《はな》のやうで匂《にほ》ひも陰影《いんえい》もなく渇《かわ》いていやだと思《おも》ひます。やはり女性《ぢよせい》はどんなに聰明《そうめい》な方《かた》でも、心《こゝろ》の奥《おく》には清《きよ》い感傷《かんしやう》の涙《なみだ》と純《じゆん》な情緒《じやうちよ》を秘《ひ》めて居《ゐ》る人《ひと》が私《わたし》は好《す》きでございます。

三上 女《をんな》が人生修業《じんせいしゆげふ》して行《ゆ》くには、どんな荒《あら》つぽいことをしてゐても、結婚《けつこん》さへすれば男《をとこ》の羽交《はがひ》で生《い》きて行《ゆ》けるからそれが後々《のちのち》の最後迄磨《さいごまでみが》いて行《ゆ》くことが出來《でき》ないのだと思《おも》ふ。男《をとこ》の人《ひと》はいつも責任《せきにん》を持《も》たなければならぬので、人間修業《にんげんしゆげふ》を一所懸命《しよけんめい》やつて行《ゆ》くのだと思《おも》ふ。

同性戀愛《どうせいれんあい》と異性戀愛《いせいれんあい》

水《みづ》の江瀧子《えたきこ》に聲《こゑ》かける女《をんな》

菊池 同性戀愛《どうせいれんあい》は異性戀愛《いせいれんあい》の代《かは》りのやうなものだらうか、それとも全然別《ぜんぜんべつ》なものでせうか。

吉屋 女《をんな》の人《ひと》は誰《だれ》か愛《あい》せずにはゐられないのでせうね。

菊池 普通《ふつう》の異性戀愛《いせいれんあい》と反對的《はんたいてき》なものでなければいゝ譯《わけ》だけれどもね。

吉屋 私《わたし》は女《をんな》といふものは本能的《ほんのうてき》に母性的《ぼせいてき》なものでそんなに變態的《アブノーマル》なものぢやないと思《おも》ひます。

大下 私《わたし》の見《み》たところではSさん《エス》とか、親友《しんいう》とかを同性愛《どうせいあい》めかして發表《はつぺう》するのが、多《おほ》いのぢやないかと思《おも》ひます。本當《ほんたう》の同性愛《どうせいあい》まで行《ゆ》かなくとも、形《かたち》だけでも同性愛《どうせいあい》に見《み》せたいのでせう。

併し水の江瀧子に聲かけるのは女ばかりだといふですね……菊池先生談

三上 イギリスで三ケ國《こく》の女學生《ぢよがくせい》を調《しら》べた結果《けつくわ》に依《よ》ると、二百人《にん》に一人《ひとり》同性愛《どうせいあい》に陷《おちい》つてゐるさうだ。

大下 それは變態的《へんたいてき》なものだね。

吉屋 女同志《をんなどうし》は直《す》ぐ嫉妬心《しつとしん》を持《も》つて友情《いうじやう》が無《な》いといふ男《をとこ》の方《かた》のお考《かんが》へですから、女同志少《をんなどうしすこ》し仲《なか》よくすると、それが直《す》ぐに同性愛《どうせいあい》のやうに見《み》えるのぢやないでせうか。

大下 女學生《ぢよがくせい》が歌劇女優《かげきぢよいう》に熱中《ねつちう》する、あれはどういふ感情《かんじやう》です。

吉屋 女《をんな》の美《うつく》しさ、可愛《かはい》らしさが分《わか》るんぢやないですか。

菊池 併《しか》し水《みづ》の江瀧子《えたきこ》に聲《こゑ》かけるのは女《をんな》ばかりだといふですね。

三上 男《をとこ》らしい女優《ぢよいう》を好《す》きだといふのは擬似戀愛《ぎじれんあい》でせうね。

加藤 假裝男性《かさうだんせい》を好《す》きなんだね。

大下 女學生《ぢよがくせい》はあゝいふ女優達《ぢよいうたち》を自動車《じどうしや》で送《おく》り迎《むか》へするさうぢやないですか。

吉屋 そんなことをいひますけれども、女《をんな》の同性愛《どうせいあい》は皆可愛《みなかはい》らしいものですわ。(笑聲《せうせい》)

大下 僕《ぼく》のいつたのも可愛《かはい》らしい程度《ていど》です。

三上 だから男女《だんぢよ》の戀愛《れんあい》だつて、やはり可愛《かはい》

99　「人気作家の『現代女性』座談会」 大下宇陀児、加藤武雄、三上於菟吉、吉屋信子 ほか 『婦人倶楽部』昭和9年9月1日

らしい……。(笑聲《せうせい》)

菊池　あまり可愛《かはい》らしくないね。(笑聲《せうせい》)

良妻《りやうさい》と惡妻《あくさい》の別《べつ》

惡妻《あくさい》が良妻《りやうさい》の作用《さよう》をする

菊池　これはこの位《くらゐ》にして、良妻《りやうさい》と惡妻《あくさい》といふのをやりませうか。

三上　惡妻《あくさい》といふのが良妻《りやうさい》の作用《はたらき》をすることがある。例《たと》へば小村壽太郎《こむらじゆたらう》侯ですが、四十年《ねん》といふものは內面的生活《ないめんてきせいくわつ》は細君《さいくん》と決鬪《けつとう》です。それで『やけの壽太郎《じゆたらう》』といつたほどのやけくそな生活《せいくわつ》をしてゐて、而《しか》もあれだけの仕事《しごと》をしたといふことは、惡妻《あくさい》が却《かへ》つて男《をとこ》に働《はたら》かせる原動力《げんどうりよく》になるやうな氣《き》がする。

菊池　それは毒《どく》が藥《くすり》になつた場合《ばあひ》だね。

三上　それが非常《ひじやう》に多《おほ》いやうな氣《き》がする。

加藤　壽太郎《じゆたらう》侯が偉《えら》かつたからだらう。惡妻《あくさい》に禍《わざは》ひされるのが隨分《ずゐぶん》ある。大體《だいたい》どういふのが惡妻《あくさい》で、どういふのが良妻《りやうさい》か分《わか》らぬな。

三上　女《をんな》の人《ひと》が強《つよ》くなつてくれば今《いま》までの良妻《りやう》妻《さい》は當然減少《たうぜんげんせう》するとみなければならんね。家族制度《かぞくせいど》にさう忠實《ちうじつ》であり得《え》なくなるだらう。例《たと》へば先刻《さつき》いつたセンチ性《せい》などでも、昔風《むかしふう》の良妻《りやうさい》の一つの匂《にほ》ひのやうなものだけれど、センチ味《み》のない優雅《いうが》な優《やさ》しさや、正《ただ》しい柔《やは》らかさはよほどの現代美人《げんだいびじん》でなければはつきり浮《う》かばない。

吉屋　私《わたし》は惡妻《あくさい》は日本《につぽん》にないと思《おも》ひます。惡《あく》夫《ふ》——惡《わる》い良人《をつと》はゐるけれども、惡妻《あくさい》はないと思《おも》ひます。

三上　惡妻《あくさい》といふのは缺陷《けつかん》がある。道德性《だうとくせい》かないとか、判斷力《はんだんりよく》がないとか、さういふのはあります。

小說《せうせつ》に出《で》てくる惡妻《あくさい》

大下　古今《ここん》の小說《せうせつ》に出《で》て來《く》る惡妻《あくさい》といへばどんなのがありますかな。

菊池　ソクラテスの細君《さいくん》は惡妻《あくさい》だらう。

大下　淀君《よどぎみ》なんかは見方《みかた》に依《よ》つて惡妻《あくさい》にもなり、良妻《りやうさい》にもなる、實際《じつさい》はどうですか。

菊池　あれは良妻《りやうさい》でも惡妻《あくさい》でもないだらう、普通《ふつう》の女《をんな》だらう。

三上　あの時代《じだい》では家康《いへやす》の始《はじ》めの妻《つま》、築山殿《つきやまどの》

といふのが非業《ひごふ》の最期《さいご》を遂《と》げてゐるが、あれは惡妻《あくさい》だらう。

菊池　あれはいくらかヒステリーだね。家康《いへやす》があまり大事《だいじ》にしないから、不平《ふへい》であゝいふ風《ふう》になつたのだね。武田勝頼《たけだかつより》と通牒《つうてふ》して、甲州《かふしう》の何《なん》とかいふ大將《たいしやう》の奧《おく》さんになる約束《やくそく》まで出來《でき》てゐたんだね。あんなのは政略結《せいりやくけつ》婚《こん》で無理《むり》に結婚《けつこん》したんだから、あゝいふことがあつても仕方《しかた》ないね。

三上　同情《どうじやう》すべき點《てん》はあるね。家康《いへやす》が古今《ここん》無類《むるゐ》の女好《をんなず》きだからね。

吉屋　すると、『惡《わる》い夫《をつと》が惡妻《あくさい》を生《う》む』といふ結論《けつろん》になりますね。

菊池　歴史上日本婦人《れきしじやうにつぽんふじん》でいゝ人《ひと》つてのは實《じつ》に少《すく》いね。

吉屋　私《わたし》は貞女《ていぢよ》や烈婦《れつぷ》で遺《のこ》つてゐる人《ひと》よりも淫婦《いんぷ》だの妖婦《えうふ》だのといはれて遺《のこ》つてゐる方《はう》の人《ひと》が人間味《にんげんみ》があつて好《す》きです。淀君《よどぎみ》にしても。

加藤　靜御前《しづかごぜん》などいゝね。近松《ちかまつ》では、冥土《めいど》飛《ひ》脚《きやく》の『梅川《うめがは》』がいゝ。

三上　若《わか》い女《をんな》の人《ひと》が三勝半七《さんかつはんしち》の淨瑠璃《じやうるり》を讀《よ》んで、『あゝ細君《さいくん》の園《その》ほどいやな女《をんな》はない』といつて僕《ぼく》の所《ところ》へ來《き》た。無智《むち》で戀愛觀《れんあいくわん》も薄弱《はくじやく》であり、道徳觀《だうとくくわん》も少《すく》いのはいやだといつてゐる。あんなのには今《いま》の女《をんな》は屈辱《くつじよく》を感《かん》じるかも知《し》れないね。

婦人《ふじん》の服裝《ふくさう》はどうなる

日本《につぽん》の着物《きもの》の美《うつく》しさ

菊池　次《つぎ》は婦人《ふじん》の服裝《ふくさう》について……一體婦人《たいふじん》の服裝《ふくさう》は三十年《ねん》も經《た》つたら皆洋服《みなやうふく》になりはしないだらうか。

吉屋　どうでせうそれは、分《わか》らないけれど。

菊池　洋服《やうふく》は便利《べんり》ぢやないですか。

吉屋　百貨店《くわてん》なども洋服賣場《やうふくうりば》が隨分擴《ずゐぶんひろ》がつて來《き》ました。

菊池　あの率《りつ》で行《ゆ》けば皆洋服《みなやうふく》になるといふ時《じ》代《だい》は來《こ》ないですか。

吉屋　家《いへ》の生活《せいくわつ》がどうでせう。昔式《むかししき》の丸髷《まるまげ》や長火鉢《ながひばち》が好《す》きな主人《しゆじん》を持《も》つたらどうなるでせう。ですから今《いま》まで洋服《やうふく》たつた人《ひと》で、結婚《けつこん》してから和服《わふく》になる方《かた》が隨分《ずゐぶん》あります。

子母澤　銀座《ぎんざ》を歩《ある》くと今《いま》さへ裸《はだか》みたいだから十年《ねん》も經《た》つたらすつかり裸《はだか》になるだらう。(笑聲《せうせい》)

大下　女《をんな》が洋裝《やうさう》で腕《うで》を丸出《まるだ》しにして歩《ある》く。男《をとこ》から見《み》ると羨《うらや》ましいね。

吉屋　洋服《やうふく》の嫌《きら》ひな男《をとこ》の方《かた》は隨分反感《ずゐぶんはんかん》を有《も》つてゐますね。

子母澤　洋服《やうふく》の上着《うはぎ》を脱《ぬ》いぢやいけない、ネクタイを取《と》つちやいけないと、男《をとこ》は喧《やかま》しくいはれるのに、女《をんな》は裸《はだか》です、非常《ひじやう》に不公平《ふこうへい》です。(笑聲《せうせい》)さういふ不平《ふへい》は到《いた》る所《ところ》にある。

三上　變《へん》な草鞋《わらぢ》のやうな靴《くつ》を穿《は》いてね。

吉屋　冬《ふゆ》は日本《につぽん》は煖房裝置《だんばうさうち》が不完全《ふくわんぜん》で寒《さむ》いでせう、だから冬《ふゆ》の洋裝《やうさう》は少《すく》いのでせう。

大下　夏《なつ》は俄然《がぜん》多《おほ》いですね。

101　「人気作家の『現代女性』座談会」　大下宇陀児、加藤武雄、三上於菟吉、吉屋信子 ほか　『婦人倶楽部』昭和９年９月１日

吉屋　でも日本の着物《きもの》の美《うつく》しさに惹かれてゐる男《をとこ》の傳統《でんとう》が、全然《ぜんぜん》滅《ほろ》びるまで着物《きもの》は殘《のこ》ると思《おも》ひます。

加藤　僕《ぼく》などは日本《につぽん》の着物《きもの》が好《す》きな方《はう》だ。

吉屋　それに着物《きもの》は綺麗《きれい》ですもの。でも近頃《ちかごろ》のお孃《ぢやう》さんの洋裝《やうさう》はお上手《じやうず》で綺麗《きれい》だと私《わたし》は思《おも》ひます。

菊池　生活《せいくわつ》が逼迫《ひつぱく》して、經濟的《けいざいてき》に洋服《やうふく》と和服《わふく》とを作《つく》れないとなつたら、全部《ぜんぶ》洋服《やうふく》にでもなりはしないですか。

大下　洋服《やうふく》は經濟的《けいざいてき》にはどうですか。

菊池　洋服が安《やす》い。正裝の場合《ばあひ》だつて寶石の飾《かざ》りなどつけなければ安《やす》い。

吉屋　たゞ着物《きもの》のやうに、洗《あら》つて旦那《だんな》さんの丹前《たんぜん》に直《なほ》して上《あ》げることは出來《でき》ません。洋《やう》服《ふく》など流行《りうかう》が變《かは》るともう駄目《だめ》ですから。

先《ま》づ洋服向《やうふくむき》の體格《たいかく》に――

菊池　アッパッパなどといふのは一つの新《あたら》しい服《ふく》だらう。

大下　アッパッパは隨分歡迎《ずゐぶんくわんげい》されるやうですね。

三上　でも多少變つて來《き》たといふぢやないですか。

吉屋　アッパッパも一寸《ちよつと》加工《かこう》すれば洋服《やうふく》らしくなるのに――。

菊池　日本《につぽん》の女《をんな》には洋服《やうふく》はどうしても似合《にあ》はない人《ひと》がゐるね。あゝいふ人《ひと》にはやはり日本人《につぽんじん》の體格《たいかく》が改善《かいぜん》されるまで着物《きもの》が必要《ひつえう》でせう。

吉屋　それに京都《きやうと》の舞妓《まひこ》のやうな、純日本的《じゆんにつぽんてき》な顏《かほ》があります。あゝいふのはやはり着物《きもの》でないと美《うつく》しくなく、可愛《かは》いらしくないで

す。唯《たゞ》女學生《ぢよがくせい》が皆制服《みなせいふく》になりましたからね。

三上 それに胴《どう》から下《した》の恰好《かつかう》は今《いま》の女學生《ぢよがくせい》は變《かは》つて來《き》たね。

吉屋 家《うち》で坐《すわ》つてゐても、學校《がくかう》で腰掛《こしか》けますから……。

大下 家《うち》だつて坐《すわ》らないだらう。

菊池 坐《すわ》つたら大變《たいへん》な坐《すわ》り方《かた》だ。（笑聲《せうせい》）

吉屋 文化住宅《ぶんくわぢうたく》に住《す》む若《わか》い旦那樣《だんなさま》など、着物《きもの》を持《も》つてゐない方《かた》があります。歸《かへ》つて來《く》るとすぐ縕袍《どてら》でせう。

加藤 新《あたら》しい服《ふく》は出來《でき》ないかな。

菊池 國際的《こくさいてき》になるとそれは駄目《だめ》だよ。

三上 をかしいからね。

菊池 服裝改良運動《ふくさうかいりやううんどう》など駄目《だめ》だね、自然《しぜん》に任《まか》せなければ――。

吉屋 とても日本《につぽん》の男《をとこ》の方得《かたとく》だと思《おも》ふのは、外國人《ぐわいこくじん》なら洋服《やうふく》だけしか見《み》られないのを、日本人《につぽんじん》ならば着物《きもの》の綺麗《きれい》なのや、洋服《やうふく》の綺麗《きれい》なのも見《み》られるから、さぞお樂《たの》しみだらうと思《おも》ひます。（笑聲《せうせい》）

三上 それはさうですね。昔《むかし》は若《わか》い女《をんな》の腕《うで》などはなか〳〵拜見出來《はいけんでき》なかつたのが、今《いま》は外《そと》を歩《ある》けば到《いた》る所《ところ》で見《み》られるから……。

吉屋 銀座《ぎんざ》で洋裝《やうさう》を見《み》てお宅《たく》にお歸《かへ》りになると、丸髷《まるまげ》の奧樣《おくさま》が待《ま》つてゐらつしやるし……お羨《うらや》ましい次第《しだい》です。

婦人《ふじん》と職業《しよくげふ》の問題《もんだい》

結婚《けつこん》するまでの修業《しゆげふ》

菊池 その次《つぎ》に移《うつ》つて婦人《ふじん》の職業問題《しよくげふもんだい》をやらう。

大下 婦人《ふじん》の職業《しよくげふ》は、例《たと》へば學校《がくかう》を出《で》てから結婚《けつこん》するまでの間《あひだ》の職業《しよくげふ》が多《おほ》くはないですか。結婚《けつこん》して一生食《しやうた》べられるといふ程度《ていど》の職業《しよくげふ》は少《すくな》いでせうね。

菊池 さうですね。女學校《ぢよがくかう》を出《で》た女《をんな》などに訊《き》いてみると、働《はたら》いてから結婚《けつこん》しようといふ人《ひと》が多《おほ》いですね。結婚《けつこん》してまで働《はたら》きたいといふ譯《わけ》でなく、結婚《けつこん》までの間當分働《あひだたうぶんはたら》きたいといふ希望《きばう》が多《おほ》いですね。

大下 働《はたら》くことに興味《きようみ》を有《も》つのでせうか。

菊池 働《はたら》くことが好《す》きなんだね。この間或名《あひだあるめい》士《し》の娘《むすめ》がどこかデパートへ入《はい》つたら、新聞《しんぶん》の投書欄《とうしよらん》で文句《もんく》が出《で》た。あゝいふ金《かね》のある人《ひと》まで働《はたら》かれちや、金《かね》の　い人《ひと》の働《はたら》く餘地《よち》が段々少《だん〳〵すくな》くなるといふのだ。併《しか》しさういふ問題《もんだい》が起《おこ》れば、それは男《をとこ》の方《はう》にだつて起《おこ》つて、金持《かねもち》の息子《むすこ》なども職業《しよくげふ》に就《つい》てはいけないといふことになる。

大下 とにかく學校《がくかう》を卒業《そつげふ》してから結婚《けつこん》まで家《うち》に引込《ひつこ》んでゐるより、少《すこ》しは世間《せけん》を見《み》ておく方《はう》がいゝね、しつかりした思想《しさう》さへあれば。

加藤 昔《むかし》は良家《りやうか》の娘《むすめ》でも行儀見習《ぎやうぎみならひ》のため奉公《ほうこう》に行《い》つたものだ。

三上 健康問題《けんかうもんだい》、體力問題《たいりよくもんだい》があると思《おも》ふ。『どこまで女《をんな》の人《ひと》が大勢《おほぜい》の中《なか》で働《はたら》いて行《ゆ》けるか』といふ。それが出來《でき》るなら頭《あたま》があれば何《なに》やつてもいゝと思《おも》ふな。

加藤 婦人《ふじん》の職業《しよくげふ》としては何《なに》が一番多《いちばんおほ》いだら

103　「人気作家の『現代女性』座談会」大下宇陀児、加藤武雄、三上於菟吉、吉屋信子 ほか 『婦人倶楽部』昭和9年9月1日

ら？

菊池　それは女給《ウエートレス》が一番多《ばんおほ》いだらう、それは男《をとこ》に出來《でき》ないからね。

三上　あるデパートの出納係《キャッシャー》を長《なが》くしてゐた娘《むすめ》が、家《うち》の細君《さいくん》の所《ところ》へ始終《しじう》來《く》る。細君《さいくん》も可《か》愛《はい》がつて洋裁《やうさい》など習《なら》はしたから、認《みと》められて洋裁部《やうさいぶ》に入《はい》つた。すると一時非常《ひじやう》に體《からだ》の工合《ぐあひ》が惡《わる》くなつたが、それが濟《す》むと段々《だん〱》體《からだ》も太《ふと》り、食慾《しよくよく》も出《で》て來《き》た。それは長《なが》い間風《あひだかぜ》の通《とほ》らない所《ところ》にゐて體《からだ》が蝕《むしば》まれたんだ。だから職業《しよくげふ》に依《よ》つては可哀想《かあいさう》だと思《おも》ふ。

女給《ぢよきふ》、女敎師《ぢよけうし》、女巡査《をんなじゆんさ》

菊池　今《いま》の婦人職業《ふじんしよくげふ》は、大部分《だいぶぶん》婦人《ふじん》の性的魅《せいてきみ》力《りよく》を應用《おうよう》してゐる職業《しよくげふ》が多《おほ》いのぢやないですかね。

大下　バスの車掌《しやしやう》など優《やさ》しくていゝね。

三上　だがあれは疲《つか》れるだらうと思《おも》ふね。

大下　始終立《しじうた》つてゐるんだからね。

加藤　小學校《せうがくかう》の女敎師《ぢよけうし》は殖《ふ》えるだらうか。

子母澤　段々少《だん〱すくな》くなつてゐるのぢやないかしら。

大下　でも師範學校《しはんがくかう》を出《で》るんだから、やはり殖《ふ》えてゐるだらう。

吉屋　私《わたし》は中學校《ちうがくかう》に女《をんな》の先生《せんせい》があるといゝと思《おも》ひますわ。

大下　いや〱、とてもかなひません。おとなしい生徒《せいと》ばかりでないから、男《をとこ》の氣《き》の弱《よわ》い先生《せんせい》でももう駄目《だめ》です。

子母澤　中學《ちうがく》三年以上《ねんいじやう》になるととても駄目《だめ》です。親父《おやぢ》が第《だい》一扱《あつか》ひきれないから……。

(笑聲《せうせい》)

吉屋　お母《かあ》さん、お姉《ねえ》さんを慕《した》ふやうな氣持《きもち》

になりはしないでせうか。

三上　そんなことはないでせう。

大下　僕《ぼく》は高等學校《かうとうがくかう》あたりならいゝだらうと思《おも》ふ。

子母澤　學問《がくもん》で來《こ》いといふのならいゝだらう、眞面目《まじめ》で。

大下　高等學校以上《かうとうがくかういじやう》なら女《をんな》の先生《せんせい》だからといつて、同情《どうじやう》しておとなしくなるだらう。時《とき》に女巡査《をんなじゆんさ》はどうだらう？（笑聲《せうせい》）

子母澤　駄目《だめ》だらうね。

大下　一時《じ》そんな話《はなし》があつたね。

吉屋　外國《ぐわいこく》にありましたね。

三上　支那《しな》でも賛成《さんせい》してゐるね。南京政府《ナンキンせいふ》で隨分養《ずゐぶんやしな》つてゐるらしい。

子母澤　支那人《しなじん》の無智蒙昧《むちもうまい》なのを、女《をんな》で扱《あつか》へるだらうか。

三上　交通巡査《かうつうじゆんさ》らしいよ。

女性《ぢよせい》と教育《けういく》の程度《ていど》

男《をとこ》に瞞《だま》されない學問《がくもん》

大下　教育問題《けういくもんだい》といふと、今《いま》の婦人《ふじん》の職業問題《しよくげふもんだい》と關聯《くわんれん》するけれども、例《たと》へば女學校《ぢよがくかう》を出《で》た時《とき》、男《をとこ》なら何《なん》とか職業《しよくげふ》に就《つ》かねばならぬといふ考《かんが》へがある。それで中學《ちうがく》を出《で》ても勉強《べんきやう》する目當《めあて》がある。ところが女《をんな》はその目當《めあて》があまりない爲《ため》に、非常《ひじやう》に氣《き》の毒《どく》だと思《おも》ふ。女學校《ぢよがくかう》の五年《ねん》あたりになると、何《なに》を勉強《べんきやう》していゝか分《わか》らぬ。學校《がくかう》へ行《い》つてもぼんやり暮《くら》す。

菊池　それで當人達《たうにんたち》は喜《よろこ》んでゐるんだ。

大下　さうですか、目當《めあて》がないため迷《まよ》つてゐるのなど見《み》えますよ。

加藤　就職《しうしよく》を前提《ぜんてい》とした教育《けういく》はないね。

菊池　一般的《ぱんてき》の常識《じやうしき》のやうなものが出來《でき》るんだね、つまらない男《をとこ》に瞞《だま》されないといふやうなところが出來《でき》るんだらう。（笑聲《せうせい》）

吉屋　それに女《をんな》には團體生活《だんたいせいくわつ》をする機會《きくわい》がありませんから、それが女學校《ぢよがくかう》でするといふことは、大變《たいへん》いゝことだと思《おも》ひます。

菊池　女《をんな》の人《ひと》で學問《がくもん》の感心《かんしん》するほど出來《でき》る人《ひと》といふのは滅多《めつた》にないですね。僕《ぼく》はいつでもいふが、男《をとこ》と對抗《たいかう》するだけの知識《ちしき》は得《え》られずに、變《へん》な理窟《りくつ》ばかり先《さき》に立《た》つて、まともな結婚《けつこん》出來《き》ないといふのが、段々多《だんだんおほ》くなるんぢやないですか。

吉屋　女《をんな》の人《ひと》は教育《けういく》があつても、教育《けういく》を受《う》けられなくても、何《なに》か優《やさ》しい善良《グッドワイル》さを持《も》つてゐれば救《すく》はれると思《おも》ひます。叡智《えいち》のない女性《ぢよせい》は本當《ほんたう》にしやうがないと思《おも》ひます。

菊池　ぢや吉屋《よしや》さんは教育《けういく》によらないのですか。

吉屋　それでゐて女《をんな》の人《ひと》が優《やさ》しかつたら、上《うへ》の教育《けういく》を受《う》けてもさう損《そこな》はれないと思《おも》ひます。憶《おぼ》えるのは英語位《えいごぐらゐ》のものですわ。

菊池　僕《ぼく》など女學校《ぢよがくかう》の英語《えいご》はどうせ纒《まとま》らないものだから、お料理《れうり》や洋服《やうふく》に關《くわん》する單語《たんご》をよく憶《おぼ》えて欲《ほ》しいと思《おも》ふね。

女《をんな》は矢張《やつぱ》り家庭《かてい》のもの

吉屋　女《をんな》の子《こ》はよく出來《でき》るのに、どこへもや

105　「人気作家の『現代女性』座談会」大下宇陀児、加藤武雄、三上於菟吉、吉屋信子 ほか 『婦人倶楽部』昭和9年9月1日

らず、出來《でき》ない男《をとこ》の子《こ》を一生懸命上《しやうけんめいうへ》の學校《がくかう》になどやるのは、隨分無茶《ずゐぶんむちや》だと思《おも》ひますわ。

三上　女《をんな》の子《こ》は他所《よそ》へ行《い》つてしまふからでせう。

吉屋　金《かね》をかけても他所《よそ》へ行《い》つて無駄《むだ》ですからね。

菊池　やはり敎育《けういく》のある女《をんな》が、どことなくいいことは確《たし》かだからね

大下　敎育《けういく》を鼻《はな》にかけなければいゝがね。

三上　今敎育《いまけういく》を鼻《はな》にかけるやうな娘《むすめ》は少《すくな》くなつたらうね。

吉屋　ゐませんね。

子母澤　女《をんな》で非常《ひじやう》に偉《えら》いのがゐるでせう、何《なに》何研究所《なにけんきうじよ》にゐるといふやうな人《ひと》、さういふ人《ひと》に僕《ぼく》が新聞記者時代《しんぶんきしやじだい》會《あ》ひに行《い》つたが、まるで女《をんな》らしい感《かん》じがない。

吉屋　でもさういふ偉《えら》い仕事《しごと》をするのは、中性的《ちうせいてき》な人《ひと》ですね。やはり男性的《だんせいてき》なものが多《た》少《せう》ないと、出來《でき》ないのぢやないでせうかね。

大下　そこへ行《ゆ》くとマダム・キユーリーは偉《えら》いね、あれは大人物《だいじんぶつ》だつた、尤《もつと》も併《しか》しもう女《をんな》ぢやないでせうな。

吉屋　女《をんな》の人《ひと》が男《をとこ》に伍《ご》した仕事《しごと》をするといふのは極《ご》く特殊《とくしゆ》な例《れい》で、それが幸福《かうふく》かどうか分《わか》りませんし、全部《ぜんぶ》の人《ひと》がさう行《ゆ》くのでないから、例外的《れいぐわいてき》にさうであつても別《べつ》に驚異《きやうい》でないでせう。

加藤　女《をんな》の人《ひと》はやはり家庭《かてい》ですね。

吉屋　大體《だいたい》が家庭《かてい》ですわ。

子母澤　あまり敎育《けういく》のある細君《さいくん》を持《も》つ人《ひと》は、窮屈《きうくつ》でせうね。

菊池　……ではこの邊《へん》で止《や》めようか。

記者　いろ〳〵あり難《がた》うございました。

座談会 現代令嬢気質を語る

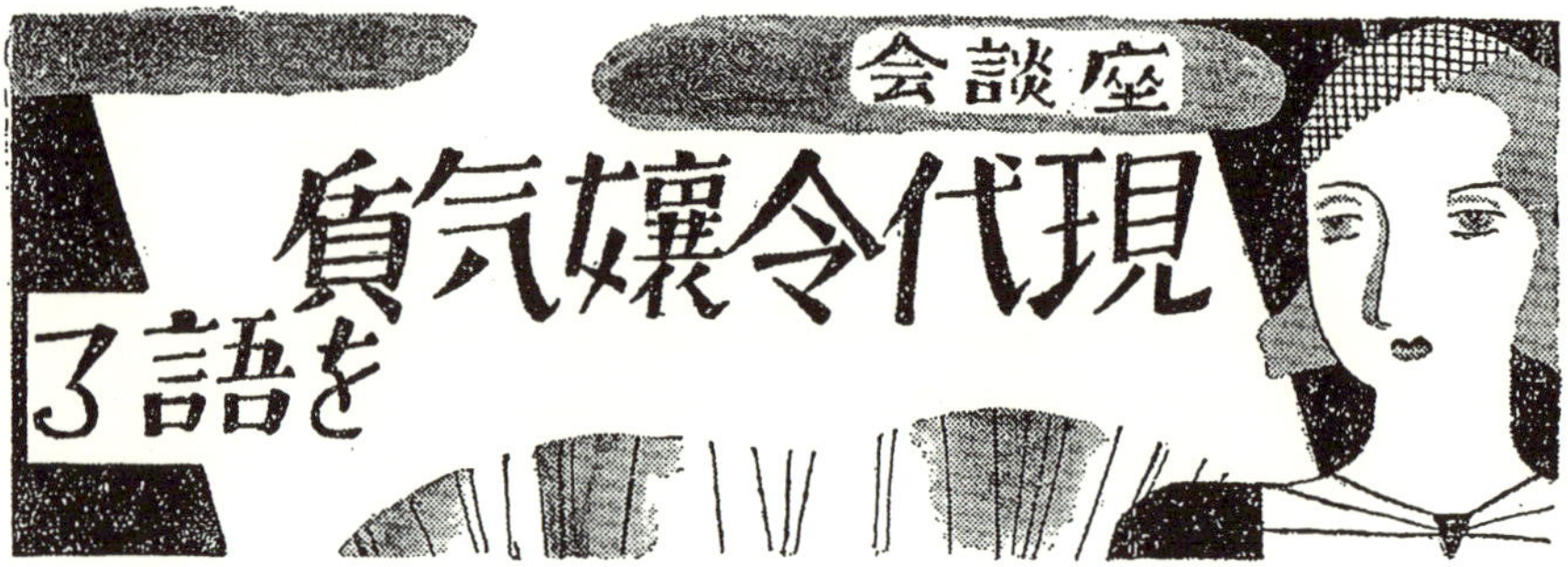

洋装の令嬢・和装の令嬢

H　お忙《いそが》しいところをお集《あつま》り下《くだ》さいまして洵《まこと》に有難《ありがた》う存《ぞん》じます、今晩《こんばん》は、廣《ひろ》く現代《げんだい》の令嬢方《れいぢやうがた》に接《せつ》する機會《きくわい》の多《おほ》い皆《みな》様方《さまがた》に『現代《げんだい》の令嬢《れいぢやう》氣質《かたぎ》』について充《じゆう》分《ぶん》にお話《はな》しをしていたゞきたく存《ぞん》じます。現代《げんだい》の令嬢《れいぢやう》氣質《かたぎ》については、賛成《さんせい》すべき點《てん》も多《おほ》いでせうし、又《また》賛成《さんせい》できぬ點《てん》も多《おほ》いでせうが、兎《と》も角《かく》、そのやうな氣質《きしつ》のよつて起《おこ》る原因《げんいん》を、父兄《ふけい》や母《はゝ》たちが認識《にんしき》することなしには、本當《ほんたう》の指導《しだう》は不可能《ふかのう》だと思《おも》ひますし、又《また》令嬢《れいぢやう》自身《じしん》に對《たい》しても自己《じこ》反省《はんせい》の期待《きたい》を持たなければ正《たゞ》しい向上《かうじやう》は困難《こんなん》だと思《おも》ひます。今晩《こんばん》の座談會《ざだんくわい》は、そのためのチャンスを讀者《どくしや》に贈《おく》らうとする趣旨《しゆし》であります。では御自由《ごじいう》にお話《はな》しをお願《ねが》ひします。

I　西村先生《にしむらせんせい》、輕井澤《かるゐざは》の令嬢方《れいぢやうがた》はいかがですか。

B　特殊階級《とくしゆかいきふ》だといふ意識《いしき》が顔《かほ》に動作《どうさ》に現《あら》はれてゐてよくないね。尤《もつと》もこの頃《ごろ》のひとはそんなことを現《あらは》してはいけないと思《おも》つてはゐても、どうしても潛在意《せんざいい》識《しき》的にそれが働《はたら》きますからね。

G　輕井澤《かるゐざは》にゆくと本當《ほんたう》に凄《すご》さうな方《かた》がゐるわね。カールした髪《かみ》がボウ〳〵に擴《ひろ》がつてゐるし、上衣《うはぎ》もスカートも短《みじか》いのをはいてゐるし、一寸《ちよつと》恐《こは》くて近《ちか》づけないやうな氣《き》がするわね。ちやんと手入《ていれ》をしてゐたらいいんでせうけど。

F　それが本當《ほんたう》はちつとも凄《すご》いのぢやなく、間違《まちが》つた氣分《きぶん》を得意然《とくいぜん》としてゐるのぢやないかしら。非常《ひじやう》に温《おと》なしいお嬢《ぢやう》さんが、眉毛《まゆげ》を細《ほそ》くして、口紅《くちべに》をコテ〳〵とつけてゐるのなんかさうですね。

G　本當《ほんたう》にさうですね。今《いま》のお嬢《ぢやう》さん方《がた》は非常《ひじやう》に威勢《ゐせい》がいいやうに見《み》えても、内心《ないしん》は可愛《かあい》い處《ところ》があるわ。

A　そんな風《ふう》に人《ひと》の目《め》に立《た》つやうにしなくて、自分《じぶん》の心《こゝろ》のまゝを——素直《すなほ》に表《あらは》してゐたらみんなから好感《かうかん》をもたれるでせうにね。

H　しかし、一概《がい》にさう言《い》へないんぢやありませんか。時代《じだい》が彼女《かのぢよ》たちにそれを要求《えうきう》してゐるといつたやうな——。

F　それはそれに違《ちがひ》ないでせうが近《ちか》頃《ごろ》はさうした個性《こせい》を無視《むし》した化粧《けしやう》も大《だい》ぶ少《すく》なくなつてまゐりましたね。

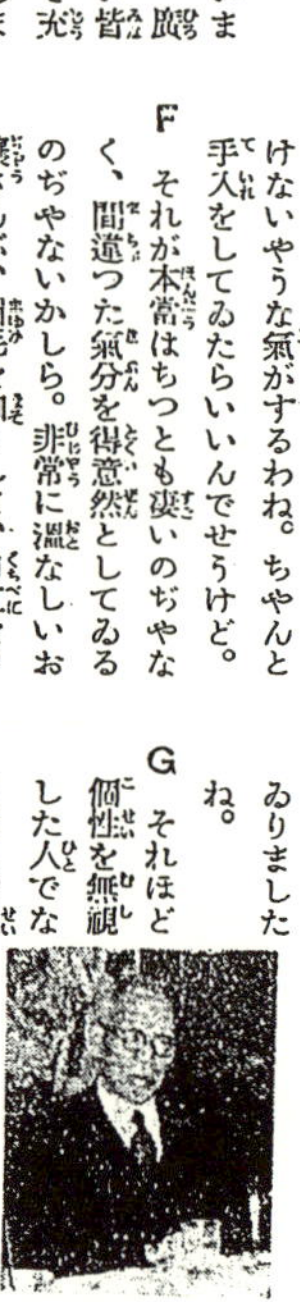

（三輪田元道先生）

G　それほど個性《こせい》を無視《むし》した人《ひと》でなくても、性格《せいかく》が快活《くわいくわつ》で自由《じいう》で、洋裝《やうさう》をしてゐるといふことだけでもまだ問題《もんだい》になりますわ。あたしの知《し》つてゐるお嬢《ぢやう》さんがこんなことを言《い》つてましたわ『本當《ほんたう》に男《をとこ》つて我儘《わがまゝ》よ、友達《ともだち》として交際《かうさい》してゐる間《あひだ》は洋裝《やうさう》の人《ひと》をほしがつて、結婚《けつこん》する相手《あひて》には、家庭《かてい》にちやんとおさまつて、丸髷《まるまげ》にでも結《ゆ》ひ、着物《きもの》を着《き》てスウッとしてゐる人《ひと》をほしがる。隨分《ずゐぶん》勝手《かつて》だわ』つてね。そりや慥《たしか》に困《こま》るわ。で青年《せいねん》の方《かた》に會《あ》つたときに訊《き》いてみる

出席者（ABC順）

銀座美容院	早見君子氏	A
文化學院院長	西村伊作氏	B
ロンモ洋裝店	中島要子氏	C
三輪田高等女學校長	三輪田元道氏	D
生活と趣味主幹	太田菊子氏	E
丸の内美容院	山野千枝子氏	F
山脇洋裁講習所	山脇敏子氏	G
記者		H I

107　「座談会　現代令嬢気質を語る」 早見君子、西村伊作、中島要子 ほか 『婦人画報』昭和9年10月1日

と大《たい》てい『洋裝《やうさう》の女《をんな》は貰《もら》ひたくない』つていふんです何故《など》つて言《い》ひますと、『フラッパーみたいだから』つて言《い》ふ位《くらゐ》で何《なに》も根據《こんきよ》はありやしないんですのよ。それで和服《わふく》を着《き》てゐる人《ひと》は何《なん》でもおとなしいと思《おも》つてゐるんですね。そんなこと言《い》つてゐたら宅《うち》のところへ來《き》てゐるお孃《じやう》さん方《がた》は一人《ひとり》もお嫁《よめ》に行《ゆ》けないことになるわ。（笑際）

A　私《わたし》が男《をとこ》の方《かた》に伺《うかゞ》つたのでは、洋裝《やうさう》でも和裝《わさう》でもどちらも似合《にあ》ふ人《ひと》がほしいつて言《い》つてゐましたわ。

G　それが本當《ほんたう》ですわね。だから私《わたし》はよく言《い》ふの――新《あたら》しいものを取入《とりい》れず古《ふる》いものばかり守《まも》つてゐるやうだつたら、それぢや母《かあ》さんになつたらどうするかつて――すると大《たい》てい考《かんが》へてしまひますわ。

H　私《わたし》たちの周圍《しうゐ》にはそんな古風《こふう》な靑年《せいねん》はあまりありません。

F　それが本當《ほんたう》でせう。

B　和服《わふく》ならさうでもないが、洋服《やうふく》は財産《ざいさん》にならないといふ氣持《きもち》があるんぢやありませんか。

G　それがさうでないんです。一年《ねん》か二年《ねん》で捨《す》ててしまふ、洋服《やうふく》はとつておけないもの、とみてゐるからいけないんです。私《わたし》のとこなんかみんな仕立直《したてなほ》して着捨《す》てるやうなことはありません。矢張《やは》り財産《ざいさん》ですわ。その方法《はうはふ》を知《し》らないのです。

（西村伊作先生）

F　さういふ考《かんが》へがまだ徹底《てつてい》しないのがいけないのだと思《おも》ひますが、家庭《かてい》をもつと、家庭《かてい》がそれを一番《ばん》よく敎《をし》へてくれますよ。ですから學校《がくかう》などでも、新《あたら》しいものを作《つく》ることばかりを敎《をし》へないで、それを直《なほ》す方法《はうはふ》も敎《をし》へるやうに

したらいいと思《おも》ひます。

G　西洋《せいやう》の方《かた》はみんなさうですよ。それだけまだ日本《にほん》では洋服《やうふく》をこなせないんですね。

物足りない『明朗』

C　現代令嬢氣質《げんだいれいぢやうかたぎ》で一番顯著《ばんけんちよ》なものはあの『明朗《めいらう》』さでせうね。

B　確《たしか》にさうですね。

G　でもあたし、あの『明朗《めいらう》』さを何《なん》だか物足《ものた》りなく思《おも》ひますわ。明《あか》るく快活《くわいくわつ》で活々《いきいき》してゐることはまことに結構《けつかう》ですが、何《なに》かが足《た》りない感《かん》じですわ。

H　その『何《なに》か』は一たい何《なん》でせう。

G　どうも一口《ひとくち》に言《い》へないが、結局《けつきよく》『何《なに》か』です。

D　自己《じこ》を律《りつ》すべき確固《かくこ》たる社會感《しやくわいかん》も人《じん》生感《せいかん》も感《かん》じられない。

G　『まごころ』といひますか『人情《にんじやう》』といひますか、人《ひと》の心《こころ》に觸《ふ》れて來《く》るものがない。それが人間《にんげん》に一番必要《ばんひつえう》なことぢやないかしら。

A　さういふものを一《ひ》口《くち》に『センチ』といつて排斥《はいせき》してゐるんぢやありませんか。

G　センチでないのは結構《けつかう》ですけど、さういふ感情《かんじやう》までをセンチとして一口《ひとくち》に排斥《はいせき》するところが輕薄《けいはく》に見《み》えますわ。

F　さういふセンチな感情《かんじやう》はあつても、それを無理《むり》に押《お》しのけやうとするところがありますね。

C　『明朗《めいらう》』さの中《なか》に味《あぢ》がない。さばさばしてゐる感《かん》じですね。何《なに》か情操教育《じやうさうけういく》を與《あた》へたらいいと思《おも》ひますね。

G　『明朗《めいらう》』さの中《なか》にちやんと情操《じやうさう》も豐《ゆた》かな方《かた》は、西村先生《にしむらせんせい》のお孃《ぢやう》さんのヨネちやんですね。ヨネちやんにニッコリ微笑《びせう》されると本當《ほんたう》にうれしくなりますわ。たゞ朗《ほが》らか一點張《てんば》りのお孃《ぢやう》さん方《がた》があゝいふ風《ふう》になられるといいんですがね……。

縁談に表れた令嬢氣質（其の一）

A　よく昔《むかし》は玉《たま》の輿《こし》に乘《の》るといひましたが、あゝした氣持《きもち》をもつてゐるお孃《ぢやう》さんは今《いま》どきはあまりございませんでせうね、でも中《なか》にはね。私《わたし》の知《し》つてゐるお孃《ぢやう》さま方《がた》は皆《みな》おとなしい方《かた》ばかりでして、多少形式張《たせうけいしきば》るところはありますが、玉《たま》の輿《こし》をどうしやうといふやうな氣持《きもち》の方《かた》はありませんね。

G　でも、上流《じやうりう》のお孃《ぢやう》さん方《がた》の間《あひだ》に話題《わだい》になるのは、相手《あひて》の家《うち》に自動車《じどうしや》があるかないかといふことですよ。それがあたかも結婚《けつこん》の第一條件《だいいちでうけん》でもあるかのやうな氣持《きもち》をもつてゐる方《かた》もありますよ。あすこのはクライスラーだ、いやシボレーだなんて大變《たいへん》ですよ。クライスラーなんかの高級車《かうきふしや》だとみんなの羨望《せんばう》の的《まと》になるといつた式《しき》です。大《たい》ていさうですつて……。

D　さうですかね。

G　それに自動車《じどうしや》を欲《ほ》しがる位《くらゐ》のお孃《ぢやう》さんは大抵運轉《たいていうんてん》も習《なら》つてゐますわ。平常《へいじやう》は溜池《ためいけ》あたりでね。結婚《けつこん》の第一要件《だいいちえうけん》も色々《いろいろ》ですよ、

C　第一《だいいち》に金《かね》とはつきりおつしやるお孃《ぢやう》さんが多《おほ》いですね。

F　又《また》それと反對《はんたい》に金《かね》は困《こま》らない程度《ていど》にあれば充分《じふぶん》で、働《はたら》きのある人《ひと》を望《のぞ》んでゐる方《かた》も多《おほ》いですね。いくら金持《かねもち》でもブラ〳〵遊《あそ》んでゐるやうな男《をとこ》は人氣《にんき》がありませんね。

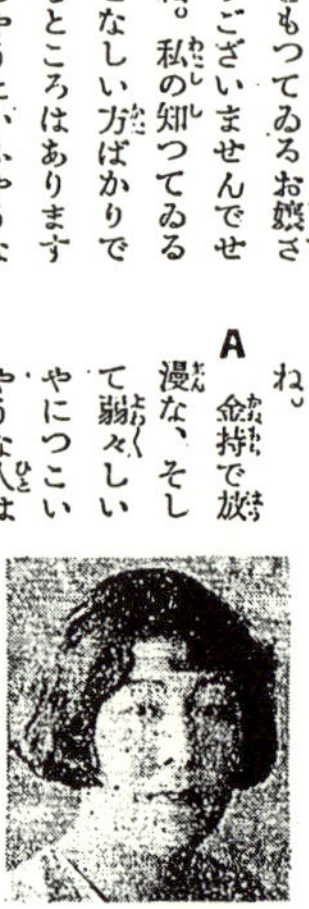

（山脇敏子女史）

A　金持《かねもち》で放漫《はうまん》な、そして弱々《よわよわ》しいやにつこいやうな人《ひと》は現代《げんだい》の令孃《れいぢやう》は大嫌《だいきら》ひですね、さうかつてコッ〳〵貧乏生活《びんぼふせいくわつ》から鍛《たた》きあげて苦學《くがく》して專門學校《せんもんがくかう》を出《で》たやうな人《ひと》も好《す》かないらしい。さういふ人《ひと》はある種《しゆ》の卑《いや》しさが一生《いつしやう》つきまとふので、それがたまらないんですね。

F　それについて面白《おもしろ》い話《はなし》がありますわ知合《しりあ》ひのお孃《ぢやう》さんの縁談《えんだん》ですが、相手《あひて》は今《いま》いふ苦學《くがく》からたゝきあげた相當《さうたう》な年配《ねんぱい》の方《かた》で、地位《ちゐ》も大《おほ》きな會社《くわいしや》の課長《くわちやう》級《きふ》で、金《かね》も大《だい》ぶある人《ひと》だつたのです。さういふ方《かた》でしたから人間《にんげん》は非常《ひじやう》にしつかりしてる。兩親《りやうしん》も大變乘氣《たいへんのりき》になつてすゝめるものですから、お孃《ぢやう》さんもその氣《き》になつたのですね。で二人《ふたり》が見《み》合《あ》ひをすることになつたのですが、初《はじ》めて會《あ》つて挨拶《あいさつ》して歸《かへ》つて來《き》たら、お孃《ぢやう》さんがどうしてもいやだといふのです。その理由《りいう》が面白《おもしろ》いのです。挨拶《あいさつ》するときに相手《あひて》の男《をとこ》の人《ひと》のお尻《しり》の上《あ》げ方《かた》が變《へん》だつたといふのです。（笑聲）そんなお尻《しり》の上《あ》げ方《かた》なんか問題《もんだい》にするには

當《あた》らないぢやないかといつて兩親《りやうしん》がすゝめるのですがお孃《じやう》さんはどうしても聞《き》き入《い》れずに破談《はだん》になつてしまひました。お孃《じやう》さんにしてみれば、お尻《しり》の上《あ》げ方《かた》は決《けつ》して小《ちひ》さな問題《もんだい》ではないのですね。相手《あひて》の苦學上《くがくあが》りの成上《なりあが》り者《もの》であるところをお尻《しり》の上《あ》げ方《かた》で見拔《みぬ》いてしまつたわけですね。

E　それに似《に》たお話《はなし》を私《わたし》も知《し》つてゐますわ。これもあるお孃《ぢやう》さんの緣談《えんだん》ですが相手《あひて》の家《うち》に行《い》つたら神壇《かみだな》があつてそれに金光樣《こんくわうさま》を祀《まつ》つてあつたといふんですね。今《いま》どき金光樣《こんくわうさま》を信《しん》ずる人《ひと》なんか嫌《きら》ひになるのは無理《むり》はありませんわ。でお孃《ちやう》さんは急《いそ》いで歸《かへ》つて來《き》てその話《はなし》を破談《はだん》にしたんださうです。そのお孃《ぢやう》さんの言《い》ふには、宗教《しうけう》は嫌《きら》ひぢやないといふのです。でもその相手《あひて》の人《ひと》と金光《こんくわう》樣《さま》を結《むす》びつけて見ると、どうにもいやで〳〵でたまらなかつたといふんです。その相手《あひて》の人《ひと》といふのがつまり貧《ひん》乏《ばふ》から鍛《きた》きあげたといふよりも、金《かね》を儲《まう》けた人《ひと》だつたのです。

B　結局自分《けつきよくじぶん》をよく理解《りかい》し、相手《あひて》を見究《みきは》めることができるやうになつたのですな。

D　男子《だんし》の大金持《おほかねもち》を喜《よろこ》ばないで、而《しか》も食《く》ふに困《こま》らぬ人《ひと》を擇《えら》ぶやうになつたのは自然《しぜん》だし、それで食《く》ふに困《こま》らない男子《だんし》が職《しよく》を求《もと》めるやうになつたのも一寸面《ちよつとおも》白《しろ》い現象《げんしやう》ですね。

緣談に表れた令孃氣質（其の二）

A　緣談《えんだん》といへばかういふ話《はなし》があるんですがね。ごく親《した》しいお孃《じやう》さんですが、以前《いぜん》から信賴《しんらい》し愛《あい》し合《あ》ひ、結婚《けつこん》の約束《やくそく》をした靑年《せいねん》があつたのです。ところが兩親《りやうしん》からのすゝめもあつて、他《ほか》の緣談《えんだん》の方《はう》に一寸心《ちよつとこゝろ》が向《む》いたのですね。それでその緣談《えんだん》が成功《せいこう》すればよかつたのですが、そのお孃《ぢやう》さんの氣《き》に入《い》らなかつたのです。他《ほか》につづけて一つ二つ見合《みあ》ひもしたらしいのです。でも結局緣《けつきよくえん》がなくみんな破談《はだん》になつたのですね。そしたらお孃《ぢやう》さんが兩親《りやうしん》にもその靑年《せいねん》のことを打明《うちあ》けて、その靑年《せいねん》とでなければどうしてもいやだと言張《いひは》つたのです。それならといふことになつて、この靑《せい》年《ねん》に話《はなし》をすると、すら〳〵と事《こと》が運《はこ》ぶとばかり思《おも》つてゐたのに、靑年《せいねん》がうんと言《い》はないのです。でもはつきりと斷《ことは》る程《ほど》でもないんです。もう少《すこ》し考《かんが》へさしてくれとか返事《へんじ》を待《ま》つてくれといつた具合《ぐあひ》なのです。お孃《ぢやう》さんは今《いま》ではもうどうしてもその靑年《せいねん》と結婚《けつこん》したい意《い》志《し》なんです。一たいどうしたものでせうとあたしに相談《さうだん》をかけられたものですから、私《わたし》は言《い》つたのです。その靑年《せいねん》は見所《みどころ》がありさうぢやありませんかつて。そして靑年《せいねん》と直接二人《ちよくせつふたり》で會《あ》つてよく話《はなし》をしてみるがよいとすゝめました。二人《ふたり》で會《あ》ふときに私《わたし》にも立會《たちあ》つてくれるやうに賴《たの》まれましたが、却《かへ》つて二人《ふたり》きりの方《はう》がよいのぢやないかと言《い》つておきました。どうでせうHさん、あなたなんか同性《どうせい》としてその男《をとこ》の方《かた》をどう思《おも》ひますか。

H　さうですね。その男《をとこ》の人《ひと》の氣持《きもち》がよくわかるやうな氣《き》がしますね。

A　それで男《をとこ》がどうしていやだと言《い》ひ出《だ》したのでせう。

H　勿論《もちろん》、自《と》分《ぶん》と結婚談《けつこんだん》がありながら他《ほか》の男《をとこ》と見合《みあ》ひをするなんていやですね。その靑年《せいねん》にしつかりやれと聲援《せいゑん》したい氣持《きもち》ですね。

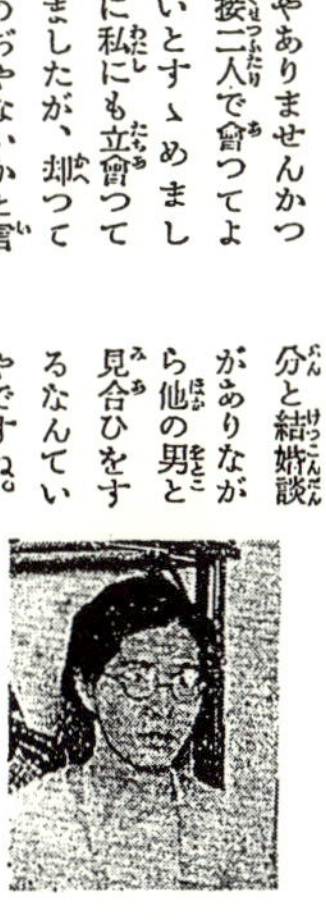
（中島要子女史）

A　私《わたし》もさう思《おも》ふんですよ。

F　でもそりや無理《むり》ですわ。普通《ふつう》のお孃《ぢやう》さん方《がた》はみんな見合《みあ》ひはいくらでもするんですもの——。

H　いやしかし、その場合《ばあひ》とは違《ちが》ひます

そのお嬢《じやう》さんと青年《せいねん》とは愛人同志《あいじんどうし》だつたんです。もし見合《みあ》ひした男《をとこ》がよかつたら、愛人《あいじん》はすてられたかも知《し》れません。それで他《ほか》の男《をとこ》がよくなかつたからといつて歸《かへ》つて來《き》たその人《ひと》を、青年《せいねん》が快《こゝろよ》く受容《うけい》れられないのは當然《たうぜん》だと思《おも》ひます。それからその青年《せいねん》が言葉《ことは》を濁《にご》してはつきりと斷《ことは》らないのは、その青年《せいねん》が、その令嬢《れいぢやう》を可成《かな》り強《つよ》く愛《あい》してゐる證據《しようこ》だと思《おも》ひます。

A　でどうしたら一番《ばん》いいと思《おも》ひますか。

H　やつぱり二人《ふたり》で會《あ》ふことですね。そして男《をとこ》の意地《いぢ》が立《た》つやうにしてやつたらどうです。その場合《はあひ》Aさんのやうな第三者《だいしや》のゐることは惡《わる》くないことだと思《おも》ひます。二人《ふたり》の氣持《きもち》はほぐれたがつてほぐれてゐられない狀態《じやうたい》ぢやありませんか。男《をとこ》の意地張《いぢは》りをほぐしてやれば問題《もんだい》は解決《かいけつ》すると思《おも》ひますね。

A　あたしここ二三日《にち》うちにその青年《せいねん》と會《あ》ふことになつてゐるのです。できるだけ問題《もんだい》を圓滿《ゑんまん》に解決《かいけつ》したいと思《おも》つてゐるのですが……。

縁談に表れた令嬢氣質（其の三）

G　私《わたし》も一つ破談話《はだんばなし》を致《いた》しませうか。その前《まへ》に一つ男《をとこ》の不作法《ぶさはふ》といふことを問題《もんだい》にしたいと思《おも》ひますわ。

H　作法《さはふ》といひますと……。

G　すべての作法《さはふ》ですわ。お食事《しよくじ》のときなんかだつてさうですわ。

B　いやこりやどうも失禮《しつれい》（笑聲）

G　外國《ぐわいこく》では男《をとこ》の子《こ》が小學校《せうがくかう》を卒業《そつげふ》するとお母《かあ》さんが女《をんな》の子《こ》に對《たい》する態度《たいど》を教《をし》へるさうですよ。日本《にっぽん》なんかでは『俺《おれ》は男《をとこ》だ、女《をんな》なんかにへらへらしてゐてはみつともない』といふ風《ふう》ですね。

F　例《たと》へば包《つゝ》み物《もの》なんか女《をんな》の人《ひと》が持《も》ちきれないほど持《も》つて、男《をとこ》の人《ひと》は空手《からて》でね。

G　こんなのを時《とき》に見《み》ますわ。電車通《でんしやどほ》りを若《わか》い男女《だんぢよ》が一緒《しよ》に通《とほ》り越《こ》さうとしても、危《あぶな》くて女《をんな》は歩《ある》けない。男《をとこ》の人《ひと》はといふと通《とほ》り越《こ》しちやつて向《むか》ふ側《がは》に行《い》つて知《し》らない顔《かほ》をしてゐる。一緒《しよ》に歩《ある》くのが恥《はづ》かしいといふのでせうが、女《をんな》としてみれば危《あぶ》ない處《ところ》は尚《な》ほ男《をとこ》の人《ひと》に側《そば》にゐてもらひたいものよ。

B　大《だい》ぶ男《をとこ》の形勢《けいせい》が非《ひ》になつたが、結局《けつきよく》破談話《はだんばなし》といふのは？

G　ごく身近《みぢ》かに起《おこ》つた話《はなし》なんですがね。相手《あひて》の男《をとこ》は帝大出《ていだいで》で、お母《かあ》さんにも氣《き》にいつて、本人同志《ほんにんどうし》婚前交際《こんぜんかうさい》をしてみるところまでなつたのですがね。それが到々《たうたう》破談《はだん》になつてしまつたんです。あるときその男《をとこ》とお友達《ともだち》も二三人《にん》交《まじ》つて、多摩川《たまがは》の温室《をんしつ》に花《はな》を見《み》にいつたのです。ところがその青年《せいねん》は温室《をんしつ》なんかつまらない。花《はな》なんか花屋《はなや》に行《ゆ》けばいくらもある。それよりも河原《かはら》に行《い》つて遊《あそ》ばうとみんなで行《い》つてしまつたのです。そのお嬢《じやう》さんは温室《をんしつ》の花《はな》と花屋《はなや》の花《はな》は違《ちが》ふといつて温室《をんしつ》に行《ゆ》くことを主張《しゆちやう》したのですが聞入《きい》れられなかつたんですね。そんなことも隨分《ずゐぶん》相手《あひて》の男《をとこ》を物足《ものた》りなく思《おも》つたらしいのです。又《また》ときどき青年《せいねん》の室《へや》を訪《おとづ》れて來《き》ては、失望《しつばう》したやうに、男《をとこ》の室《へや》の亂雜《らんざつ》さと、趣味《しゆみ》のないあぢけなさを訴《うつた》へるのです。それは獨身者《どくしんしや》だから仕方《しかた》がないだらうから、花《はな》でももつていつてさしてあげたらとすゝめておきました。ところがその通《とほ》りそのお嬢《じやう》さんは花《はな》をもつて、何《なに》かでできた鳩《はと》の置物《おきもの》をもつて青年《せいねん》の室《へや》を訪《おとづ》れ、花瓶《くわびん》に花《はな》をさし、机《つくゑ》の上《うへ》に鳩《はと》の置物《おきもの》を置《お》いて歸《かへ》つたのです。そして又《また》二三日《にち》して行《い》つてみると、花瓶《くわびん》の花《はな》はくちや／＼になつて花瓶《くわびん》の口《くち》からぶら下《さが》つてゐるし鳩《はと》の置物《おきもの》は煙草《たばこ》の吸殼《すいがら》の散《ち》らかつた灰皿《はひざら》の横《よこ》に汚《よご》れてひつくりかへつたまゝになつてゐるといふのです。そのお嬢《じやう》さんは母親《はゝおや》を信頼《しんらい》してゐましたので、母親《はゝおや》の氣《き》に入《い》つてすゝめるその青年《せいねん》と交際《かうさい》してみる氣《き》になつたのですが、その日《ひ》歸《かへ》つてから『お母《かあ》さんのすゝめることで、これまで一度《ど》も反對《はんたい》したことはありませんが、こんどの縁談《えんだん》ばかりは贊成《さんせい》することができない』といつて泣《な》くんださうです。だから母親《はゝおや》も、そんなにいやなら仕方《しかた》がないといつてその青年《せいねん》との縁談《えんだん》も破談《はだん》になつたのです。母親《はゝおや》も困《こま》つて、そんなにいやなら、あなたが一人《ひとり》で行《い》つて青年《せいねん》に會《あ》つて、はつきりと斷《ことは》つて來《く》るかといふと、何《なに》かとぐづぐづいつてゐたが到々《たうたう》決心《けつしん》して青年《せいねん》と會《あ》つたのです。どこかの喫茶店《きつさてん》だつた

（山野千枝子女史）

111　「座談会　現代令嬢気質を語る」 早見君子、西村伊作、中島要子 ほか 『婦人画報』昭和9年10月1日

さうです。お嬢《ぢやう》さんがいろ〳〵と青年《せいねん》に對《たい》する不滿《ふまん》を述《の》べたてたのださうです。じつときいてゐた青年《せいねん》は、お嬢《ぢやう》さんの長廣舌《ちやうくわうぜつ》が終《をは》つた時《とき》『で、つまり君《きみ》は僕《ぼく》を愛《あい》してゐないといふんだね』といひますと。『えゝつまりさうよ』とお嬢《ぢやう》さんが笑《わら》つたんださうです。すると『ぢや仕方《しかた》がない』と割合平氣《わりあひへいき》で二人《ふたり》は別《わか》れてしまつたんださうです。後《あと》でお嬢《ぢやう》さんの母親《はゝおや》とその青年《せいねん》が會《あ》つたとき、その青年《せいねん》は泣《な》いたさうです。やつぱりそのお嬢《ぢやう》さんを愛《あい》してゐたんですね。でもどうしてもお嬢《ぢやう》さんの方《はう》できらひだつたらしいんです。

H　どうもわからない。花瓶《くわびん》の花《はな》がしほれてゐたり、鳩《はと》がひつくりかへつてゐるのは却《かへ》つて面白《おもしろ》いぢやありませんか。

A　あたしもさう思《おも》ひますわ、そんな青年《かん》は却《かへ》つて好《この》もしい氣《き》がしますわ。

G　でもそのお嬢《ぢやう》さんにとつては青年《せいねん》の無趣味《むしゆみ》と、優《やさ》しい心《こゝろ》がなく、不作法《ぶさはふ》なことがたまらないらしいんですよ。その氣持《きもち》はよくわかると思《おも》ひますわ。

B　つまり、鳩《はと》がひつくりかへつてゐたり、花《はな》がぶら下《さが》つてゐたりした、たゞそのことだけに失望《しつばう》したのではない。それは單《たん》に一つの表《あらは》れに過《す》ぎない。その奧《おく》の方《はう》に不滿《ふまん》があるのだ。

A　さうですね。それならわかります。それは、男の不作法《ぶさはふ》といふか、在來《ざいらい》の日本《にほん》の男性《だんせい》たちが女性《ぢよせい》に優《やさ》しくすることを恥《は》ぢるかたくなゝ心《こゝろ》に關係《くわんけい》があると思《おも》ふのです。

D　自分《じぶん》の心《こゝろ》をこめた贈物《おくりもの》に對《たい》して大切《たいせつ》にしてくれないのはそれは誰《だれ》だつて不《ふ》滿《まん》ですね。

F　誠意《せいい》をこめて持《も》つていつた花《はな》に對《たい》して何等《なんら》の態度《たいど》を示《しめ》さないといふことはつまりその好意誠意《かういせいい》を尊重《そんちよう》しないといふことになるんですものね。隨《したが》つてさう見《み》られたつて仕方《しかた》がありませんね。

結婚難と令嬢氣質

（大田菊子女史）

H　で結局《けつきよく》、現代《げんだい》の令嬢《れいぢやう》の一番好《ぜんこの》もしい型《かた》はどういふんでせう？　どんな生活《せいくわつ》が一番妥當《ばんだたう》でせう。それは勿論《もちろん》個人個人《こじんこじん》の境遇《きやうぐう》によつて異《こと》なるでせうが……。さつき輕井澤《かるゐざは》階級《かいきふ》の令嬢《れいぢやう》が簡單《かんたん》に片附《かたづ》けられましたが、例《たと》へば一人《ひとり》の外交官《ぐわいかうくわん》の令嬢《れいぢやう》が、非常《ひじやう》に美人《びじん》で、趣味《しゆみ》がひろくて、明《あか》るく生《お》ひ育《そだ》つてゐる。そ

んな令嬢《れいぢやう》ですから可成《かな》りの相當《さうたう》の結婚《けつこん》ができると思《おも》ひますし……

G　その人《ひと》は、あなたが言《い》ふやうにはたして幸福《かうふく》でせうか。相當《さうたう》の結婚《けつこん》といふものができるでせうか。疑問《ぎもん》ですわ。あたし隨分《ずゐぶん》一見《けん》立派《りつぱ》な幸福《かうふく》さうな令嬢《れいぢやう》が結婚難《けつこんなん》に苦《くる》しんでゐる例《れい》を知《し》つてゐますよ。

H　どうしてそんなに結婚難《けつこんなん》に惱《なや》むのでせう。さういふ階級《かいきふ》の人《ひと》はその人《ひと》たちに相應《ふさ》はしい相手《あひて》がありさうなものですね。

G　それが無《な》いんですね。相手《あひて》に不滿《ふまん》がある程度《ていど》ならまだいいんですが、ちつとも口《くち》がかからない――。殊《こと》に有名《いうめい》なお嬢《ぢやう》さんにそれが多《おほ》いやうです。

F　名前《なまへ》を明《あ》かせばどなたも御存《ごぞん》じの有《いう》名《めい》なお嬢《ぢやう》さんですが、兩親《りやうしん》と一しよにずつと外國《ぐわいこく》で生活《せいくわつ》なさつてゐらつしやつたんですが、昨年《さくねん》お嬢《ぢやう》さんの結婚《けつこん》のお相手《あひて》をさがしに日本《にほん》にかへつたのです。財産《ざいさん》も可成《かな》り豐《ゆた》かな方《はう》です。それで體格《たいかく》がよくて美人《びじん》で、教養《けうやう》もあつてそれでさして派手《はで》なところもないのです。實《じつ》に立派《りつぱ》な代表的《だいへうてき》なお嬢《ぢやう》さまですこれなら三國《ごく》一の花嫁《はなよめ》で、こんな花嫁《はなよめ》を迎《むか》へる幸福《かうふく》な男子《だんし》は誰《だれ》になるかと、私《わたし》どもはひそかに興味《きようみ》をもつてゐたのです。お母樣《かあさま》も一しよに歸朝《きてう》されて、いろ〳〵と方々《はう〴〵》を當《あた》つたらしいのですきつと立派《りつぱ》なお婿《むこ》さんを得《え》られるに違《ちが》いないと信《しん》じてをりました。ところが本《ほん》年《ねん》になつて結婚《けつこん》されたのですが、その相手《あひて》の方《かた》のことをきいて意外《いぐわい》に思《おも》ひました。それが全然無名《ぜんぜんむめい》の貧《まづ》しい青年《せいねん》でした。私《わたし》ども存《ぞん》じ上《あ》げてゐましたのでそのお母樣《かあさま》にお會《あ》ひしたときに、まあ聞《き》いて下《くだ》さいと非常《ひじやう》に感慨深《かんがいぶか》さうに私《わたし》に精《くは》しくお話《はな》しになつたのですそのお嬢《ぢやう》さまは母《はゝ》に連《つ》れられて方々《はう〴〵》をお廻《まは》りになつたらしいのです。いやだつたでせう。娘《むすめ》を貰《もら》つて下《くだ》さいませんか、と寶物《ほうもつ》を連《つ》れて歩《ある》くやうなものですからね。お母《かあ》さまといふ方《かた》は名門《めいもん》の方《かた》を望《のぞ》んでゐたらしいのです。華族《くわぞく》の人《ひと》たちを望《のぞ》んでゐたらしいのです。さういふ生活《せいくわつ》がつゞくうちに、お嬢《ぢやう》さんがもういやだといひ出《だ》したのです。そして名門《めいもん》なんか望《のぞ》まない。裸《はだか》一貫《くわん》の青年《せいねん》と結婚《けつこん》したいといふのです。そのことを母娘《おやこ》二人《ふたり》で話《はな》し合《あ》つたときには、お母《かあ》さまも娘《むすめ》の決心《けつしん》に貰《もら》ひ泣《な》きするし、娘《むすめ》さんも泣《な》いたさうです。名門《めいもん》好《ず》きのお母《かあ》さんも娘《むすめ》の決心《けつしん》に動《うご》かされて、到々《たう〳〵》そのお嬢《ぢやう》さんの云《い》ふ通《とほ》り一人《ひとり》の裸《はだか》一貫《くわん》の青年《せいねん》と結婚《けつこん》させてしまひました名門《めいもん》を望《のぞ》んだとてそれが少《すこ》しも思《おも》ひ上《あが》りでも何《なん》でもない立派《りつぱ》なお嬢《ぢやう》さんでしたのにね。でもお嬢《ぢやう》さんは非常《ひじやう》に滿足《まんぞく》して本當《ほんたう》の人生《じんせい》の第《だい》一歩《ぽ》が始《はじ》まつたのだといつてゐられるさうです。そのお話《はなし》をきいて感心致《かんしんいた》しましたわ。あの位《くらゐ》、地位《ちゐ》も、顏《かほ》も教養《けうやう》も立派《りつぱ》な方《かた》が、よくそれまでの決心《けつしん》がついたと思《おも》ひましてね。それにつけても考《かんが》へさせられるのは、さういつた人《ひと》たちの結婚難《けつこんなん》のことですわ。

C　少《すこ》し氣概《きがい》のある男《をとこ》でしたら、我儘《わがまゝ》して來《き》てくれるお嬢《ぢやう》さんよりも、自分《じぶん》よりも少《すこ》し程度《ていど》の下《した》の喜《よろこ》んで來《き》てくれるお嬢《ぢやう》さんの方《はう》を迎《むか》へるでせうしね。

A　確《たしか》にそれがありますよ。

G　それかと思《おも》ふと、この間《あひだ》お嫁《よめ》さんを探《さが》してくれと頼《たの》まれて、ある令嬢《れいぢやう》のところに參《まゐ》りましたが、大變綺麗《たいへんきれい》な方《かた》で娘一人《むすめひとり》に婿《むこ》八人《にん》といふほどに、そりやとても申込《まうしこみ》が多《おほ》くて困《こま》つてゐらつしやいましたわ。

I　さういふ風《ふう》に縁談《えんだん》の豐富《ほうふ》なお嬢《ぢやう》さんと、ちつともないお嬢《ぢやう》さんとはどこが違《ちが》ふのでせう。何故《なぜ》さういふ風《ふう》に分《わか》れるのでせう。

D　そこですね、それには本人《ほんにん》の優劣《いうれつ》も無論《むろん》ありませうが、種々《しゆ〴〵》な原因《げんいん》がある。

H　兩親《りやうしん》の心懸《こゝろが》けのいけない場合《はあひ》もありませう。

C　ある場合《はあひ》には本人《ほんにん》の態度《たいど》が他《た》からの縁談《えんだん》を自《みづか》ら拒絶《きよぜつ》してゐることもありませう。

（早見君子女史）

B　ある令嬢《れいぢやう》なんか、いつも公然《こうぜん》と同《おな》じ男《をとこ》と街《まち》を歩《ある》いてゐるので、結婚《けつこん》したのかと思《おも》つたら、さうではなく、いまだに他《ほか》からの縁談《えんだん》を待《ま》つてゐるといふ話《はなし》なので驚《おどろ》いたことがある。

C　それぢや縁談御斷《えんだんおことわ》り申上候《まうしあげそろ》つていふ廣告《くわうこく》をしてゐるやうなものね。

G　やつぱりさつき言《い》つたやうに、朗《ほが》らかな人《ひと》はたゞ朗《ほが》らかさだけでなく、理《り》智《ち》に勝《すぐ》れた方《かた》はその理智《りち》だけでなく、おとなしい方《かた》はおとなしいだけでなくそれは何《なに》か人《ひと》の心《こゝろ》をひくものをもつてゐなければいけないのぢやないかしらやはり私《わたし》はそれは『まごころ』とでも呼《よ》びたいのです。そこから自然《しぜん》と人生《じんせい》に對《たい》する確固《かくこ》たる態度《たいど》もきまつて來《く》るでせうし、又自然《しぜん》に人《ひと》に好感《かうかん》を與《あた》へる愛嬌《あいけう》も出《で》て來《く》るでせうし、その令嬢《れいぢやう》に奥行《おくゆき》を感《かん》じさせ、從《したが》つて人《ひと》の目《め》にもとまり『あれは立派《りつぱ》な令嬢《れいぢやう》だ』といふことになるのぢやありませんか。

B　つまり情操《じやうさう》の深《ふか》みがなければいけない。

H　ではこの位《くらゐ》で……どうも有難《ありがた》うございました。

113 「座談会　女性の教育と職業と結婚の問題を中心に家族会議」 富本憲吉氏一家、良子、奥村博史、平塚明子氏一家 ほか 『婦人画報』昭和9年11月1日

右隅から右へ（富本氏と壯吉君、陽子さん、良子さん、陶ちやん、曙生さん、富本夫人、記者、速記者 奧村氏、敦史さん、平塚氏）

出席者

陶工家　富本憲吉
夫人　一枝
長男　壯吉（八歳）
長女　陽子（二十歳）
次女　陶子（十八歳）
洋畫家　奧村博史
夫人　平塚明子
長男　敦史（十八歳）
長女　曙生（二十歳）
洋畫家安宅安五郎氏令孃　良子（十六歳）

場所　東京市外砧村
奧村博史氏のアトリエ

秋季皇靈祭《しうきくわうれいさい》の日《ひ》、午後《ごご》一時《じ》から、富《とみ》本《もと》さんの御家族《ごかぞく》に奧村《おくむら》さんのお宅《たく》まで來《き》ていたゞいて、家族會議《かぞくくわいぎ》を開《ひら》いた。どちらも昔《むかし》から親《した》しい間柄《あひだがら》なので、お茶《ちや》をいたゞき乍《なが》らうちとけて話《はな》しあつた。こゝに掲《かゝ》げた寫眞《しやしん》は奧村《おくむら》さんがライカカメラで撮《と》つて下《くだ》さつたものである。

記者　今日《けふ》は曙生《あけみ》ちやんや陽子《やうこ》ちやんの職業《しよくげふ》や結婚《けつこん》に對《たい》するお考《かんが》へをうかゞひ、その考《かんが》へ方《かた》の基礎《きそ》になつてゐる教育《けういく》、學校教育《がくかうけういく》も家庭教育《かていけういく》も一應檢討《おうけんたう》し、一方《ぱう》お父樣《とうさま》お母樣《かあさま》の御意見《ごいけん》もうかゞひ度《た》いと思《おも》ひます。

結婚の問題について

記者　先日《せんじつ》長谷川時雨《はせがはしぐれ》さんの『輝《かゞや》く』で曙生《あけみ》ちやんの書《か》いた文章《ぶんしやう》を讀《よ》んだんですが、結婚問題《けつこんもんだい》について童貞《どうてい》の男子《だんし》がないからと云《い》ふやうなことが書《か》いてありましたね。

曙生　女學校《ぢよがくかう》の五年《ねん》の時《とき》、何《なに》か婦人雜誌《ふじんざつし》の何《な》んでも皆女學生《みんなぢよがくせい》ばかりでやつた座《ざ》談會《だんくわい》で、その時集《ときあつま》つた人達《ひとたち》に記者《きしや》が貴《あな》女方《たがた》は童貞《どうてい》の人《ひと》を望《のぞ》みますかつて質問《しつもん》した時《とき》に、だつてそんな人《ひと》がゐないから望《のぞ》んでもしようがないつて（笑聲）それに對《たい》して——（ふと話《はなし》が途切《とぎ》れる）本當《ほんたう》は純潔《じゆんけつ》な男子《だんし》を求《もと》めるんですが、

女性の教育と職業と結婚の問題を中心に 家族會議

無《な》いから仕方《しかた》がないと云《い》ふやうな、卑《ひ》屈《くつ》な諦《あきら》めに對《たい》する反對《はんたい》です。

記者 すると、どうしたらいゝかと云《い》ふ——

曙生 私《わたし》は斯《か》う考《かんが》へたんです。仕方《しかた》がないからと云《い》ふので、望《のぞ》んでは居《ゐ》るが、ないから仕《し》方《かた》がないと諦《あきら》めると云《い》ふのではなく、其《そ》の正《ただ》しい望《のぞ》みを生《い》かしてもつと前《まへ》へ進《すゝ》み、又《また》さうあらせやうと努力《どりよく》したいと云《い》ふ考《かんが》へです。

（富本夫人）

陽子 私《わたし》は曙生《あけみ》ちやんの意見《いけん》と何《なに》も全然《ぜんぜん》反對《はんたい》と云《い》ふ譯《わけ》ぢやないんだけど、さう思《おも》つても仕《し》方《かた》がないと思《おも》ふわ、お互《たが》ひに努力《どりよく》するといつたつて仕《し》方《かた》がないんですものさう云《い》ふ人《ひと》がないんだから、なるたけさう云《い》ふ風《ふう》にして行《ゆ》けばそれはいゝけども、然《しか》し第《だい》一さうじやうと思《おも》ふなんて、何《な》んだか私達《わたしたち》の理想《りさう》と餘《あま》りに懸離《かけはな》れて居《ゐ》るんでせう。だから何《なん》だか努力《どりよく》する氣《き》がしないと云《い》ふことになるのよ。

富本夫人（陽子《やうこ》さんに向《む》つて）理《り》想《さう》つてどんなもの。

陽子 ——（それには答《こた》へず）私達《わたしたち》、だからさう思《おも》ふのよ。男《をとこ》の人《ひと》にそれを求《もと》めるのは私《わたし》難《むつか》しい事《こと》だと思《おも》ふわ。

記者 現代《げんだい》の社會《しやくわい》狀態《じやうたい》で、男性《だんせい》に童貞《どうてい》を求《もと》めることは無理《むり》ぢやないかと思《おも》ひます。それは勿論《もちろん》童貞《どうてい》でないことは惡《わる》いに違《ちが》ひない。處女《しよぢよ》と童貞《どうてい》とが結婚《けつこん》することは勿論《もちろん》理想的《りさうてき》でせう。しかし二十五歳《さい》から三十歳《さい》の男性《だんせい》で童貞《どうてい》の人《ひと》であるとすれば、或《あ》る意《い》味《み》で感情的《かんじやうてき》不具者《ふぐしや》ではないかと考《かんが》へられるんですがね。

富本夫人 その童貞《どうてい》の問《もん》題《だい》にこだはつてゐた譯《わけ》ぢやなかつたんでせう

曙生 えゝ。たゞピユリタン的《てき》な潔癖《けつぺき》から形《かたち》の上《うへ》でばかりとらはれて云《い》ふのでは有《あり》ません。若《わか》い女《をんな》の人《ひと》が男性《だんせい》の性《せい》に對《たい》するルーズな對立《たいりつ》をゆるす、次《つぎ》の時代《じだい》に對《たい》しての無責任《むせきにん》さへの非難《ひなん》もまざつて居《ゐ》るのです。

記者 亞米利加《アメリカ》では若《わか》い大學生《だいがくせい》と女學生《ぢよがくせい》が結婚《けつこん》して、完全《くわんぜん》にバスコントロールをして居《ゐ》ると云《い》ふことを何《なに》かで讀《よ》みましたが、實《じつ》に羨《うらやま》しい。

富本（壯吉《さうきち》さんを膝《ひざ》の上《うへ》に乘《の》せながら）結婚《けつこん》をして見《み》たものゝ第《だい》一生活《せいくわつ》することが出來《でき》ないとなれば、結婚《けつこん》をしても家庭《かてい》を持《も》たない結婚《けつこん》をする。それが本《ほん》當《たう》の結婚《けつこん》ではないと云《い》ふやうなことになれば——結婚《けつこん》をすれば家庭《かてい》を持《も》つと云《い》ふ形式《けいしき》を取《と》るのは當然《たうぜん》である。さうすれば食《く》へなければどうしても結婚《けつこん》は出來《でき》ないと云《い》ふやうな時代《じだい》になつて來《く》

115 「座談会　女性の教育と職業と結婚の問題を中心に家族会議」 富本憲吉氏一家、良子、奥村博史、平塚明子氏一家 ほか 『婦人画報』昭和9年11月1日

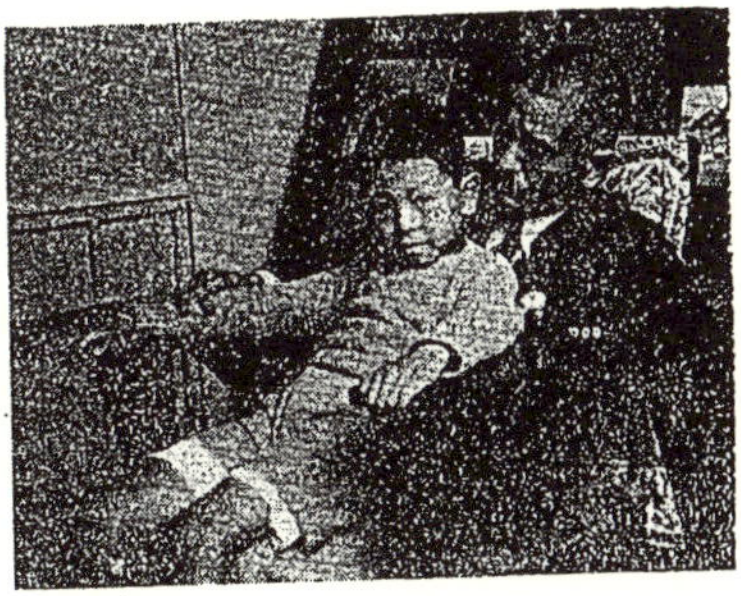

(富本氏と壯吉君)

る。するとアメリカのお話《はなし》のやうに、段々《だん〳〵》、時代《じだい》がさうなつて來《く》れば、仕方《しかた》がないから、さう云《い》ふことは許《ゆる》すと云《い》ふことになつて來《く》るだらうと思《おも》ひますね。

富本夫人　何《なん》と云《い》つても生活《せいくわつ》が當面《たうめん》の問題《もんだい》でせうね。

平塚　さうでせうね、それが出來《でき》なければ結婚《けつこん》も中々《なか〳〵》難《むつか》しいし、それが動《うご》かせない一つの大《おほ》きな問題《もんだい》だと思《おも》ひます。だから經濟的基礎《けいざいてききそ》が出來《でき》なければ、やはり結婚《けつこん》と云《い》ふことも遲《おく》れるのは止《や》むを得《え》ませんね。

富本　遲《おく》れると云《い》ふことはどうしても止《や》むを得《え》んだらうな。どんなに働《はたら》いても食《く》へない。尤《もつと》も今《いま》は働《はたら》かうと思《おも》つても働《はたら》けない。さうすると結婚《けつこん》なんか出來《でき》ないことになる。だから今《いま》の人《ひと》は男《をとこ》の人《ひと》でも女《をんな》の人《ひと》でも、結婚《けつこん》しても働《はたら》く。昔《むかし》の女《をんな》の人《ひと》とは違《ちが》ふ、さう云《い》ふことになりますね。

平塚　共稼《ともかせ》ぎと云《い》ふことを前提《ぜんてい》として結《けつ》婚《こん》する場合《ばあひ》には、童貞《どうてい》を要求《えうきう》する權利《けんり》がある譯《わけ》でせうか？

富本夫人　童貞《どうてい》と云《い》つても色々《いろ〳〵》問題《もんだい》になる譯《わけ》ね。

富本　實際《じつさい》若《わか》い人《ひと》には隨分難《ずゐぶんむつか》しい問題《もんだい》が多《おほ》くなつて來《き》た。昔《むかし》の人《ひと》とは違《ちが》ひ仲々《なか〳〵》大變《たいへん》ですね。

奥村　生活問題《せいくわつもんだい》と云《い》つても、それは程度《ていど》の問題《もんだい》であつて、其《そ》の慾望《よくばう》が大《おほ》きければ仲々《なか〳〵》實現《じつげん》が難《むつか》しいし、反對《はんたい》に慾望《よくばう》が少《すく》なければそこに可能性《かのうせい》が生《うま》れて來《く》ると思《おも》ふけれども――。

富本　いや實際《じつさい》この結婚《けつこん》と云《い》ふことに對《たい》しては、どうもよういへんね。

記者　(曙生《あけみ》さん、陽子《やうこ》さん達《たち》に)貴女方《あなたがた》は結婚《けつこん》なさるのにどんな男性《だんせい》をお選《えら》びになりますか。

陶　お母《かあ》さんの先達《せんだつ》てのどうしたの――

(ニコ〳〵しながら)

富本夫人　婦人畫報《ふじんぐわはう》からハガキで若《も》し未《み》婚《こん》でこれから結婚《けつこん》するとしたらどう云《い》ふ人《ひと》と結婚《けつこん》するかつて云《い》ふ問《とひ》なんです、(笑《わら》ひながら)だからお父《とう》さんと喧《けん》嘩《くわ》でもした時《とき》に、お前《まへ》は斯《か》う云《い》ふ人《ひと》と結婚《けつこん》したかつたんだらうなんて叱《しか》られさうだから(笑聲《せうせい》)やめましたわ。

記者　(曙生《あけみ》ちやんに)どんな人《ひと》を選《えら》ぶかと云《い》ふことの――現在《げんざい》の貴女《あなた》の考《かんが》へだけでいゝと思《おも》ひますが。

曙生　(兩手《りやうて》の指《ゆび》を組合《くみあは》せつゝ)條件《でうけん》？

記者　えゝ。

平塚　(一寸《ちよつと》席《せき》を外《はづ》してゐたので)何《なに》か難《むつか》しい問題《もんだい》が出《で》て居《ゐ》るんですか。

記者　(曙生《あけみ》さんに)今結婚《いまけつこん》するわけぢやないんだから唯《ただ》漠然《ばくぜん》でいゝんですよ

曙生　(俯向《うつむ》いて靜思《せいし》)

陽子　好《す》きな人《ひと》もなければ、特《とく》に嫌《きら》ひな人《ひと》も無《な》いし、誰《だれ》も皆《みな》同《おな》じ、其《そ》の人《ひと》でなければいけないと云《い》ふこともないから特《とく》に結婚《けつこん》したくてしようがないなんて云《い》ふ人《ひと》もない代《かは》りに、特《とく》に惡《わる》い條件《でうけん》がないならどの人《ひと》でもいゝと云《い》ふことになる譯《わけ》ですね。(笑聲《せうせい》)

平塚　でもそんな風《ふう》ならお母《かあ》さんとしては隨分樂《ずゐぶんらく》ね。

富本夫人　さうでもありませんよ。張合《はりあひ》が無《な》いですもの。(一同大笑《どうたいせう》)

記者　若《も》し假定《かてい》ですよ――陽子《やうこ》さんが斯《か》う云《い》ふ人《ひと》があるから結婚《けつこん》したいと云《い》ふ希望《きばう》が出《で》たら――

富本夫人　初《はじ》めの問題《もんだい》に戻《もど》りますが、私《わたし》は食《た》べて行《ゆ》けるかと云《い》ふことが一番《ばん》でせうね。生活力《せいくわつりよく》のことを考《かんが》へます。陽《やう》ちやんが二十四、五位《ぐらゐ》にでもなつて、どうしても此《こ》の人《ひと》でなければならないと云《い》ふ對象《たいしやう》があつたら、是《これ》は私一人《わたしひとり》の考《かんが》へでも決《き》められませんけれど、出來《でき》ることなら父親《ちゝおや》も同意《どうい》してほしいと思《おも》ひますが、子供《こども》を信用《しんよう》して結婚《けつこん》の話《はなし》は扱《あつか》ひたいと思《おも》つてます。やはり斯《か》う云《い》ふ問題《もんだい》は子供《こども》がいゝと選《えら》んだ者《もの》に對《たい》して親達《おやたち》がそれを考《かんが》へて見《み》て、やはり子供《こども》の意志《いし》と云《い》ふものを出來《でき》るだけ尊重《そんちよう》することが大事《だいじ》だと思《おも》ひます。まださう云《い》ふ相談《さうだん》も受《う》けたことがございませんが――。

陽子　生活能力《せいくわつのうりよく》の充分《じうぶん》ある人《ひと》、それから頭《あたま》の餘程《よほど》いゝ人《ひと》、細《こま》かい事《こと》を云《い》へば朝起《あさお》きする人《ひと》とか(笑聲《せうせい》)何《なん》とか云《い》ふけど問題外《もんだいぐわい》ね。條件《でうけん》としては特《とく》に退窟《たいくつ》なんでなければ、餘《あま》り可愛《かあい》がつて呉《く》れない人《ひと》の方《はう》がいゝわ、いくら可愛《かあい》がつて呉《く》れたつてどうせさう長《なが》いこと可愛《かあい》がつて呉《く》れられるものぢやなし、それにさうなつたらうるさいわね。(一同大笑《どうたいせう》)貧乏《びんぼふ》ぢやいやだわ。金持《かねもち》の人《ひと》と云《い》ふ譯《わけ》でなく生活能力《せいくわつのうりよく》のある人《ひと》よ。

曙生　(暫《しば》らく考《かんが》へてから愼重《しんちよう》な態度《たいど》でポツリ〳〵と)私《わたくし》斯《こ》んな風《ふう》に思《おも》ひますでもそれは私《わたし》が自分自身《じぶんじしん》に對《たい》して、さ

うあれと望《のぞ》んでる事《こと》ですけど。明《あか》るさと、深《ふか》さと、優《やさ》しさと強《つよ》さとを持《も》つてる人《ひと》、なぜかと云《い》ふと、ふかさのある人《ひと》はどうかすると暗《くら》いとこがあるし、優《やさ》しさを持《も》つて居《ゐ》る人《ひと》は強《つよ》いとこが缺《か》け勝《が》ちですから。それから――子供《こども》の好《す》きな人《ひと》、子供《こども》の嫌《きら》ひな人《ひと》なんかお父《とう》さんになる資格《しかく》はゼロだと思《おも》ひますけど。でも色々《いろいろ》な條件《でうけん》はあるでせうけど結局《けつきよく》は二人《ふたり》の間《あひだ》に本當《ほんたう》の愛《あい》が成立《せいりつ》しなければ何《なん》にもならないのではありませんかしら。たゞ條件《でうけん》と云《い》ふ樣《やう》なものだけで運《はこ》ばれる媒酌結婚《ばいしやくけつこん》ならともかくとして――。

記者　子供《こども》を可愛《かあい》がることの出來《でき》ない人《ひと》は、結局駄目《けつきよくだめ》な人《ひと》なんですね。

（右から良子さん、陶ちゃん、曙生ちゃん）

曙生　えゝ、大抵家庭《たいていかてい》を暗《くら》くするやうな――。本當《ほんたう》によいお父《とう》さんになる事《こと》が出來《でき》ませんものね。

記者　陶《とう》ちゃんは？

陶　私《わたし》？　まだ何《なに》も考《かんが》へて見《み》たことないわ。だつて、滿《まん》十六歳《さい》九ケ月《げつ》なんですもの。

（奥村氏）

富本　背《せい》が大《おほ》きいから損《そん》だよ。（笑聲《せうせい》）

教育と職業の問題について（一）

記者　曙生《あけみ》ちゃん、學校《がくかう》は？

曙生　小學校《せうがくかう》は成城《せいじやう》、女學校《ぢよがくかう》は自由學園《じいうがくゑん》そして今《いま》は東洋英和《とうやうえいわ》の幼稚園師範科《えうちゑんしはんくわ》です。

記者　陽子《やうこ》ちゃんは？

陽子　小學校《せうがくかう》も女學校《ぢよがくかう》も成城《せいじやう》、今《いま》は文化學院《ぶんくわがくゐん》の高等部《かうとうぶ》。

記者　幼稚園《えうちゑん》の仕事《しごと》をなさるんだつたら女學校《ぢよがくかう》を出《で》て高等《かうとう》の學校《がくかう》へ行《い》つて、もつと一般的《いつぱんてき》な勉強《べんきやう》をしてからの方《はう》が良《よ》かつたんぢやないんですか。

曙生　實際《じつさい》に幼稚園《えうちゑん》に働《はたら》き乍《なが》らでも勉強《べんきやう》は一生出來《しやうでき》ると私《わたし》考《かんが》へますけれど。

記者　私《わたし》の考《かんが》へでは成《な》るべく基礎《きそ》を作《つく》つて置《お》くためにも高等《かうとう》の學校《がくかう》へはいつた方《はう》が、將來伸《しやうらいの》びるとき大《おほ》きく伸《の》びるのぢやないかと考《かんが》へたんですがね。

曙生　唯《た》だ机《つくゑ》の上《うへ》での學問《がくもん》より實際《じつさい》の生活《せいくわつ》を持《も》つた勉強《べんきやう》が本當《ほんたう》だと思《おも》ひましたから――。

平塚　曙生《あけみ》ちやんはね、かうなんですよ。お母《かあ》さんのやうに實際《じつさい》の仕事《しごと》を持《も》たないで、唯《た》だ原稿《げんかう》を書《か》いて居《ゐ》るやうではいけないんですつて、どうしても本當《ほんたう》の仕事《しごと》に就《つい》て研究《けんきう》して行《ゆ》くのでなきやいけないつて、私《わたし》を非難《ひなん》して飛《と》び込《こ》んで行《い》つたんです。自分《じぶん》の生活《せいくわつ》と自分《じぶん》の研究《けんきう》とがぴつたりして、（曙生《あけみ》ちやんに向《むか》つて）何《なん》とか云《い》ひましたね、さうして子供《こども》と一緒《いつしよ》に生活《せいくわつ》して兒童《じどう》の研究《けんきう》と云《い》ふものをして行《ゆ》きたいと云《い》ふやうなことを云《い》つて、私《わたし》を大分非難《だいぶひなん》したんです。さうして入《はひ》つて行《い》つたんです。

記者　陽子《やうこ》ちやんはどう云《い》ふ職業《しよくげふ》に就《つい》て――何《なに》をやりたいと考《かんが》へますか。

陽子　私《わたし》はどうしていゝかさつぱり分《わか》んないわ、學校《がくかう》を出《で》て卒業《そつげふ》しても少《すこ》しも見當《けんたう》が付《つ》かないんですもの。生活《せいくわつ》の根《こん》

117　「座談会　女性の教育と職業と結婚の問題を中心に家族会議」　富本憲吉氏一家、良子、奥村博史、平塚明子氏一家 ほか　『婦人画報』昭和9年11月1日

（陽子ちやん）

本的《ほんてき》なことも分《わか》らないし——でなんにも働《はたら》くのが厭《いや》だと云《い》ふ譯《わけ》でもないのよ、だからお母《かあ》さんに望《のぞ》みが低《ひく》いから駄目《だめ》だつて云《い》はれるけど、でも私《わたし》なんかやはり働《はたら》くと云《い》ふ意志《いし》もあるし、何《なに》んにも働《はたら》く仕事《しごと》がなければ、百貨《くわ》店《てん》の仕事《しごと》でもいゝと思《おも》つて居《ゐ》るの、どうして斯《こ》うなんでせうね。望《のぞ》みはないの、自分《じぶん》の考《かんが》へて居《ゐ》ることも殆《ほとん》ど何《なに》が何《なん》だか分《わか》んないし、希望《きばう》もないし、どこを見《み》ても風《かぜ》みたいにふら〳〵して——だから曙生《あけみ》ちやんの考《かんが》へ方《かた》なんか私《わたし》として羨《うらやま》しいと思《おも》ふわ、自分《じぶん》でもどうしてあゝ云《い》ふ風《ふう》に考《かんが》へられないかと思《おも》つて、とても羨《うらやま》しいと思《おも》ふわ、毎日喧嘩《まいにちけんくわ》ばかりして——（笑聲《せうせい》）

富本夫人　陽子《やうこ》ちやんだつて、やはりあゝ云《い》ふ風《ふう》にしなければいけないとか、かうしてみた方《はう》がいゝのではないかとたとへば曙生《あけみ》ちやんの例《れい》をとつてだつて一應《おう》は考《かんが》へられるのでせう。だから風《かぜ》みたいだといふ今《いま》の陽《やう》ちやんの氣持《きもち》は氣持《きもち》としてわかるけれど、やはり苦《くる》しんでばかり居《ゐ》たところで、いつまでも一つ處《ところ》でうづくまつてゐるわけにはいかないから苦《くる》しいことを一つ〳〵取《とり》上《あ》げてみて、少《すこ》しづつでも自分自身《じぶんじしん》をそんな苦《くる》しいところに置《お》く事柄《ことがら》を掘下《ほりさ》げてつきとめて考《かんが》へてみるといふこと

（平塚さん、敦史さん）

が大事《だいじ》だと思《おも》ふし、又《また》さう努《つと》めなければいけないと思《おも》ふわね。さうして何時《いつ》迄《まで》も風《かぜ》のやうだと云《い》つてそれで居《ゐ》られるならいゝけれど、結局何時迄《けつきよくいつまで》もそんなことも云《い》つてゐられないし、——だから私《わたし》斯《か》う考《かんが》へて居《を》ります。其《そ》の爲《ため》にもやはり一つの仕事《しごと》がなければ駄目《だめ》だと思《おも》ひます。學校《がくかう》が了《を》へたらすぐに職業《しよくげふ》に就《つ》くといふ事《こと》は、そのためにもよろこんでゐることです。自分《じぶん》が責任《せきにん》と云《い》ふものを仕事《しごと》にもつやうになれば、生活《せいくわつ》にしぜん底力《そこぢから》がついて來《き》ますし、それに大體此《だいたいこ》の人《ひと》の選《えら》んだ仕事《しごと》をさせて行《ゆ》きたいと思《おも》つて居《を》りますし、主人《しゆじん》もそれに了解《れうかい》を與《あた》へて居《を》りますから。なんといつても獨立《どくりつ》して自分自身《じぶんじしん》のことをやつて行《ゆ》くことが今《いま》の場合《ばあひ》一番《ばん》いゝんぢやないんでせうか。

記者　どうしたらいゝか、自分《じぶん》でもわからない人《ひと》は隨分多《ずゐぶんおほ》いんでせうね。

富本夫人　しかしそれでもどうも困《こま》るけど——（笑聲《せうせい》）それはやはり生活《せいくわつ》は親《おや》が保證《ほしよう》してくれて居《ゐ》るし、食《た》べることにもさしづめ困《こま》らない。さういふところからも風《かぜ》が吹《ふ》くでせうね。自分一人《じぶんひとり》生《い》きるだけでなく、自分《じぶん》で稼《かせ》いで生活《せいくわつ》をたすけていかなければならない場合《ばあひ》風《かぜ》みたいだなんて計《はか》りも云《い》つて居《ゐ》られませんし——。

陽子　それはどうも私《わたし》がせつぱつまつた境遇《きやうぐう》に置《お》かれないから勿論《もちろん》さうなるんだけど——それは仕方《しかた》がないわ。私《わたし》が生活《せいくわつ》に困《こま》ると云《い》ふこともないし、又《また》さう云《い》ふ境遇《きやうぐう》に置《お》かれてあるからさう云《い》ふ風《ふう》に考《かんが》へると云《い》ふの。

記者　（陽子《やうこ》さんに向《むか》つて）何《なに》か斯《か》うやつて見《み》たいと思《おも》つたことはありませんか

陽子　不思議《ふしぎ》な位《くらゐ》に私《わたし》は生《うま》れた時《とき》から無《な》いのか知《し》ら——お友達《ともだち》でもお裁縫《さいほう》がしたいとか、洋裁《やうさい》がいゝとか、何《なに》が勉強《べんきやう》をしたいとかあるんですが、私《わたし》ちつとも考《かんが》へたことなんかないんです。女子大《ぢよしだい》へ行《い》つて勉強《べんきやう》した方《はう》が良《よ》いとか何《なん》とか考《かんが》へるでせうけど、私《わたし》はちつとも何《なに》が好《す》きだと云《い》ふことも無《な》いし、實際《じつさい》厭《いや》んなつちやうわ、向上心《かうじやうしん》はちつともないし、どうして斯《か》うなのか、自分《じぶん》でも分《わか》んないのよ。

平塚　今迄何《いままでなに》か夢中《むちう》になつたことはありませんか。

陽子　本當《ほんたう》に何《なに》も無《な》いんです。

富本夫人　やはり性質《せいしつ》から來《き》て居《ゐ》るのですね。

平塚　始終冷靜《しじうれいせい》な方《かた》ね。

富本　性質《せいしつ》ですねしようがないでせう。

陽子　色《いろ》んなものを見《み》ても、大概慾望《たいがいよくばう》を持《も》つにしても強《つよ》いものと弱《よわ》いものと云《い》ふことがありますが、私《わたし》は皆同《みんなおな》じですわ。

奥村　さう云《い》ふ人《ひと》は何《なん》でも選《えら》べる譯《わけ》ですね。

陽子　さうですね。さう云《い》ふ風《ふう》だから何《なに》が特《とく》に嫌《きら》ひと云《い》ふことはないの。

富本　僕《ぼく》もさうだつた、やはりどんな職業《しよくげふ》でも何《なん》でもやれると云《い》ふ風《ふう》でしたね。だからやらうと思《おも》へば何《なん》でもやれた。或《あるひ》はエンヂニヤーになつてゐたかも知《し》らん。今《いま》は斯《か》うして瀬戸物《せともの》なんかをやつて居《ゐ》るが、外《ほか》の人《ひと》が反對《はんたい》して居《ゐ》ればどうなつてゐたか分《わか》らない。まあ

職業《しよくげふ》に對《たい》しても好《す》き嫌《きら》ひと云《い》ふものが無《な》い譯《わけ》ですね。

平塚　陽《やう》ちやんのやうな場合《ばあひ》は斯《か》う云《い》ふことからではないでせうか。或《あ》る意味《いみ》から云《い》へば統制《とうせい》の揃《と》れない教育《けういく》、たゞ自由《じいう》で、中心《ちうしん》の無《な》い生活《せいくわつ》と云《い》ふものがさうなるのぢやないかと思《おも》ひます。それが所謂《いはゆる》自由主義《じいうしゆぎ》の新教育《しんけういく》の一つの缺陷《けつかん》であつたのではないでせうか。

富本　それもありますね。何《なに》か斯《か》う學校《がくかう》教育《けういく》をやつて、直《す》ぐぱつと一遍《ぺん》に斯《か》うして了《しま》ひたいやうな氣持《きもち》ですね。さう云《い》ふのが勿論影響《もちろんえいきやう》して來《く》るんでせう。又同《またおな》じことを何年《なんねん》も――繰返《くりかへ》してやつて居《ゐ》るよりも、此《こ》の一寸《ちよつと》で間《ま》に合《あは》すと云《い》ふやうな意味《いみ》の教育《けういく》の仕方《しかた》を取《と》る。

平塚　陽《やう》ちやんは曙生《あけみ》ちやんと違《ちが》つて女學校《ぢよがくかう》も成城《せいじやう》でずつと通《とほ》したし、今《いま》の文化學院《ぶんくわがくゐん》もまづ成城《せいじやう》と同系統《どうけいとう》の個人主義《こじんしゆぎ》的《てき》な自由教育《じいうけういく》だからずつと長《なが》い間同《あひだおな》じ傾向《けいかう》の學校教育《がくかうけういく》が續《つゞ》いて來《き》た譯《わけ》だわね。私《わたし》は學校教育《がくかうけういく》も二人《ふたり》の相違《さうゐ》に或程度《あるていど》の關係《くわんけい》があつたと思《おも》ひますね。

記者　直《す》ぐ仕事《しごと》に役立《やくだ》つと云《い》ふ教育方針《けういくはうしん》が自由學園《じいうがくゑん》のやうに思《おも》ひますが、自由《じいう》學園《がくゑん》の方針《はうしん》なんかも、曙生《あけみ》ちやんに影響《えいきやう》して居《ゐ》るのではないでせうか。

奥村　曙生《あけみ》の仕事《しごと》はもつと女《をんな》の本能的《ほんのうてき》なものぢやないかな。

平塚　さうでせうね。曙生《あけみ》ちやんは小《ち》さい時《とき》から、ものを可愛《かあい》がることが隨分《ずゐぶん》好《す》きでしたからね。私《わたし》は曙生《あけみ》を自由學園《じいうがくゑん》の高等科《かうとうくわ》に進《すゝ》ませるつもりでゐたのですけれど曙生《あけみ》自身《じしん》が自由學園《じいうがくゑん》の高等科《かうとうくわ》にはいつても何《なに》も專門的《せんもんてき》なものがない、兒童研究《じどうけんきう》をしたいと思《おも》ふけれど、高等科《かうとうくわ》のどの部《ぶ》に行《い》つてもさういふ勉強《べんきやう》は出來《でき》ないからいやだと言《い》ふのです。それで隨分長《ずゐぶんなが》い間《あひだ》考《かんが》へ込《こ》んで、憂鬱《いううつ》になつて居《ゐ》ましたが、とう〳〵保《ほ》姆《ぼ》の學校《がくかう》にはいると言《い》ひ出《だ》したのです。さうして澤山《たくさん》の保姆《ほぼ》の學校《がくかう》の中《なか》から今《いま》の學校《がくかう》を選《えら》んだのです。

奥村　何時《いつ》でもさうなんでせうが、こつちが、何《なに》をしろと云《い》ふことは一つも云《い》つたことが無《な》いんです。皆《みな》な自分《じぶん》できめて了《しま》ふのです。自由學園《じいうがくゑん》へはいつた時《とき》もさうなんです。成城《せいじやう》の女學校《ぢよがくかう》はいやだ、自由學園《じいうがくゑん》へどうしてもはいりたいと言《い》つて。親《おや》は子供《こども》を信《しん》じて追隨《つゐずゐ》して行《ゆ》くより外《ほか》ありません。いつも決定的《けつていてき》なのですから・・・。

曙生　私《わたし》、自分《じぶん》の本當《ほんたう》の仕事《しごと》がどこにあるかと云《い》ふこと、自分《じぶん》は何《なに》をなすべきかと云《い》ふことでかなり長《なが》いこと考《かんが》へもし、苦《くる》しみもしました。それが自由學《じいうがく》園《えん》を出《で》る二年位《ねんぐらゐ》前《まへ》です。それが教會《けうくわい》の日曜學校《にちえうがくかう》の子供達《こどもたち》と接觸《せつしよく》して居《ゐ》る中《うち》に私《わたし》は子供《こども》の爲《ため》に盡《つく》したいと云《い》ふ考《かんが》へがはつきりして來《き》たものですから――

記者　もつと深《ふか》い原因《げんいん》はなかつたんですか。

曙生　日曜學校《にちえうがくかう》の子供達《こどもたち》に接《せつ》して、私《わたし》、斯《か》う云《い》ふことを感《かん》じました。かうした仕事《しごと》は、たゞ自分《じぶん》は子供《こども》が好《す》きだからと云《い》ふだけの氣持《きもち》では出來《でき》ない。さうした感情以上《かんじやういじやう》の、もつとふかい、たしかなものが必要《ひつえう》だと、そして感情《かんじやう》だけで愛《あい》する事《こと》は、やさしくても一人《ひとり》々々の子供《こども》を本當《ほんたう》に愛《あい》するのはむづかしいそして其《そ》の難《むつか》しいと云《い》ふことを考《かんが》へた時《とき》に、自分《じぶん》が果《はた》してこの仕事《しごと》をやつて行《ゆ》けるかどうかと云《い》ふことに苦《くる》しんだのです。でも、子供達《こどもたち》のために働《はたら》きたいと思《おも》ふ想《おも》ひの方《はう》がやはりつよくてさういつまでも私《わたし》を自分《じぶん》の足《た》りなさにこだはらせてはゐませんでした。で、たとへ力《ちから》は足《た》りなく、仆《たふ》れてもいゝ、たゞ私《わたし》は私《わたし》の出來《でき》る限《かぎ》りをつくさう、さう云《い》ふ氣持《きもち》になつたので、最後《さいご》にこの仕事《しごと》を自分《じぶん》のもの として選《えら》んだんです。

記者　足《た》りなくともやつて居《ゐ》る間《あひだ》に貴女《あなた》自身《じしん》が進歩《しんぽ》するそれが尊《たふと》いんだと思《おも》ひます。

平塚　成城《せいじやう》に居《ゐ》つた時《とき》は筆《ふで》で立《た》ちたいと云《い》ふことを考《かんが》へてゐましたが、自由學《じいうがく》園《えん》へ行《い》つてからさう云《い》ふ風《ふう》になりましたね。やはりさうなつたのは自由學園《じいうがくえん》の教育《けういく》ですか。

曙生　筆《ふで》で立《た》ちたいと云《い》ふ考《かんが》へは隨分考《ずゐぶんかんが》へたのです。

平塚　それが自由學園《じいうがくえん》の五年《ねん》の間《あひだ》に消《き》へて了《しま》つて變《かは》つたらしいのね、どんな所《ところ》から來《き》たのか細《こま》かいことは曙生《あけみ》ちやん自分《じぶん》のことだから分《わか》つて居《ゐ》るでせう。教育《けういく》の感化《かんくわ》ぢやないの自由學園《じいうがくえん》の――、

曙生　書《か》けなくなつたのね、若《も》し今《いま》書《か》きたいものがあるとすれば、それは何《なに》か子供《こども》の事《こと》に就《つい》て書《か》いて見《み》たいと思《おも》つてます。

記者　書《か》いたものでも自分《じぶん》の生活《せいくわつ》の眞實《しんじつ》から生《う》まれて來《き》たものが尊《たふと》いので、書《か》きたいと云《い》ふ氣持《きもち》もそこから來《こ》なければ嘘《うそ》ですね、さう云《い》ふ風《ふう》に子供《こども》の仕《し》事《こと》に精神《せいしん》を打込《うちこ》んで行《ゆ》けば、そこからどうしても書《か》かなければならないものが出《で》て來《く》るでせう。

曙生　書《か》くことに就《つい》ては、私《わたし》一時はかなりな野心《やしん》を持《も》つて居たとも思《おも》ひます。でもそれも今《いま》は碎《くだ》かれてしまひました。そして子供《こども》たちのための自分《じぶん》の仕《し》事《こと》を本當《ほんたう》に生《い》かして行《ゆ》きたい、と思《おも》つてます。でも、私《わたし》、勿論《もちろん》書《か》くと云《い》ふ事《こと》を全然《ぜんぜん》しないとは云《い》ひません。たゞそれは前《まへ》の樣《やう》な氣持《きもち》からではなく子供《こども》たちとの生活《せいくわつ》の中《なか》から生《うま》れるものを筆《ふで》にすると云《い》ふやうな――。

奧村　まあさう云《い》ふ直接的《ちよくせつてき》と云《い》ひませうか、本能的《ほんのうてき》な行《ゆ》き方《かた》をして――。

記者　それが本當《ほんたう》のものぢやないでせうかね。生活《せいくわつ》から書《か》くことが生《うま》れる。それがいゝんですね。

教育と職業の問題について（二）

富本夫人　陽《やう》ちやんみたいに慾望的《よくばうてき》でない人《ひと》をみると母《かあ》さんはなにかとても惜《を》しい氣《き》がしてならないけれど――。

陽子　私《わたし》が餘《あま》りしたくないのに、お母《かあ》さんがもう勉强《べんきやう》しろ〳〵つて云《い》つたり、あんまり心配《しんぱい》されすぎるでせう。だからいつかもお母《かあ》さんが映畫《えいぐわ》の方《はう》で監督《かんとく》には女《をんな》の人《ひと》が居《ゐ》ないからその方面《はうめん》の仕《し》事《こと》がやれたらいゝのになんておつしやつてまだ考《かんが》へもはつきりつかないのに一寸《ちよつと》ばかり足《あし》を入《い》れかけた時《とき》のこと――でも何日位《なんにちぐらゐ》居《ゐ》たかしら――直《す》ぐ駄目《だめ》になつちやつて――やはりほんとに自分《じぶん》のしたいと思《おも》ふことぢやないからどうしてもいけないわ。

富本夫人　陽《やう》ちやんはあんなことを云《い》つて――さうぢやないでせう、之《これ》と之《これ》を斯《か》う（指《ゆび》を二つ出《だ》して置《お》いて）並《なら》べて置《お》いてどつちを選《えら》ぶかと云《い》つたんでせう、そして此《こ》の中《なか》から貴女《あなた》が映畫《えいぐわ》が一番《ばん》いゝつて――

富本　映畫《えいぐわ》の監督《かんとく》なんて云《い》ふものは仲々《なか〳〵》陽《やう》ちやんになれるものぢやない。

陽子　でもあゝ云《い》ふ風《ふう》な所《ところ》へ行《い》つて、あゝ云《い》ふ生活《せいくわつ》をして居《ゐ》る人達《ひとたち》のあるのにほんとにびつくりしたわ。自分《じぶん》の爲《ため》にはいゝと思《おも》ひました。

記者　お母《かあ》さんは餘《あま》り御心配過《ごしんぱいす》ぎるんぢやないでせうか。

平塚　（笑《わら》ひながら）お母《かあ》さんの慾望《よくばう》をあつちに植付《うゑつ》けて――。（笑聲）

富本夫人　餘《あま》り親《おや》の親切《しんせつ》なのは子供《こども》の迷《めい》惑《わく》になると云《い》ふことは知《し》つて居《ゐ》るんですけどね。まあ訂正《ていせい》して置《お》きませう。

富本　ずつと死《し》ぬまで一つの仕事《しごと》をやつて居《ゐ》る人《ひと》もあるしね。

富本夫人　とても（笑《わら》ひながら）陽《やう》ちやんは頑固《ぐわんこ》だからほんとに。

陽子　あらお母《かあ》さんこそよ、私《わたし》なんか何《なん》でもお母《かあ》さんのことを聞《き》いてるわ。

富本　私共《わたしども》も世間《せけん》を見《み》て何時《いつ》もさう思《おも》ひますが、何處《どこ》の學校《がくかう》へ行《い》つてもパッパッともうやつて了《しま》ふ教育《けういく》ですね。今《いま》は――自由學園《じいうがくえん》で工藝《こうげい》の方《はう》に陶器《たうき》を置《お》くと云《い》ふので、其《そ》の話《はなし》があつて行《い》つて見《み》たら、石井《いしゐ》鶴《つる》三君《くん》が此處《ここ》の主任《しゆにん》にされて居《ゐ》る、何《なに》にもない、一遍《ぺん》行つて實際《じつさい》

驚《おどろ》きましたよ（煙草《たばこ》を喫《す》ひながら）實《じつ》に勇敢《ゆうかん》ですね。

記者　（奥村氏《おくむらし》に）どうぞ寫眞《しやしん》を撮《と》つて頂《いたゞ》けませんか。部分《ぶぶん》〳〵で結構《けつこう》です。私《わたし》の方《はう》のよりも奥村《おくむら》さんのお寫眞《しやしん》の方《はう》がいゝと思《おも》ひますから――（富本夫人《とみもとふじん》に向《むか》つて）陶《とう》ちやんの方《はう》はさう云《い》ふ御《ご》心配《しんぱい》は――陽子《やうこ》さんの場合《ばあひ》のやうな御《ご》心配《しんぱい》がありませんか。

富本夫人　さあ、どうかしら――。

記者　仕事《しごと》とか將來《しやうらい》の問題《もんだい》に就《つい》て――。

富本夫人　陶《とう》ちやんはどうしてピアノへ入《はい》つたかしら――。

陶　ピアノが欲《ほ》しくてしやうがなかつたわ、とても駄目《だめ》なんだけどすることがないから――だつて、ピアノをポコ〳〵やつて居《ゐ》るだけでせう。

記者　良子《よしこ》さんは。

良子　私《わたし》何《なん》でもやりたいんだけど、お母《かあ》さんは、繪《ゑ》をやれ〳〵つて云《い》ふんですよ。

富本　中《なか》〳〵これは繪《ゑ》が巧《うま》いんですよ。

記者　敦史《あつし》さんは學校《がくかう》は。

敦史　日大中學《にちだいちうがく》の五年《ねん》です。

平塚　色《いろ》〳〵將來《しやうらい》の事《こと》を考《かんが》へて最近成城《さいきんせいじやう》から移《うつ》つたんです。

敦史　將來《しやうらい》は飛行機《ひかうき》の方《はう》に進《すゝ》みます。

平塚　隨分小《ずゐぶんち》ひさい時《とき》から變《かは》らないんですよ、小學校《せうがくかう》でせうね。何時頃《いつごろ》かしら――。

六年位《ねんぐらゐ》から。

敦史　（お母《かあ》さんの顏《かほ》を一寸見《ちよつとみ》て）よく分《わか》んない。

記者　お子《こ》さん方《かた》は幸福《かうふく》ですね。分《わか》り過《す》ぎるやうな御兩親《ごりやうしん》がいらして自分《じぶん》で進《すゝ》みたいと思《おも》ふ方《はう》に進《すゝ》まれるんですから。世《よ》の中《なか》には子供《こども》の能力以上《のうりよくいじやう》を期待《きたい》する親《おや》や、自分《じぶん》の社會的《しやくわいてき》の名譽《めいよ》とか親《おや》のプライドの爲《た》めに子供《こども》を利用《りよう》して居《ゐ》る人《ひと》が能《よ》くあるものですね。

平塚　私達《わたしたち》の娘《むすめ》の時《とき》よりも今《いま》の人達《ひとたち》は幸《かう》福《ふく》です。女子大《ぢよしだい》へ入《はい》るのにもどんなにか氣兼《きが》ねして――曙生《ちあみ》ちやんなんか自《じ》分《ぶん》でちやんと決《き》めて、こつちへ決《き》めつけて來《く》るんですから――。

富本夫人　私《わたし》は聲樂家《せいがくか》になりたいと思《おも》つて潛《ひそ》かに入學試驗《にふがくしけん》の用意《ようい》をしたり願書《ぐわんしよ》までかいたのですけれど、どうしても父《ちゝ》が繪描《ゑか》きなものですから――家《うち》を繼《つ》がなければいかんと云《い》ふので音樂《おんがく》をやる希望《きばう》は潰《つぶ》されて了《しま》つたんですが、やつて見《み》たいと思《おも》ふことをやれないと云ふことは子供《こども》の將來《しやうらい》に決定的《けつていてき》な不幸《ふかう》をもつて來《く》ると思《おも》ひました。どうしても繪《ゑ》を描《か》けと云《い》はれて描《か》いても樂《たの》しい氣《き》持《もち》で描《か》いたことはありませんね。それも油繪《あぶらゑ》なんか許《ゆる》されないで――そこへ丁度青鞜《ちやうどせいたふ》の運動《うんどう》が興《おこ》つたものですから――。

121　「座談会　女性の教育と職業と結婚の問題を中心に家族会議」　富本憲吉氏一家、良子、奥村博史、平塚明子氏一家 ほか　『婦人画報』昭和9年11月1日

記者 （壮吉《さうきち》さんに向《むか》つて）壮吉《さうきち》さんは大《おほ》きくなつてから何《なん》になるの？

壮吉 （アトリエの二階《かい》の所《ところ》の梯子《はしご》に腰《こし》を下《おろ》してニコ〳〵しながら）僕《ぼく》わかんない。

記者 平塚《ひらつか》さん、今《いま》の若《わか》い人達《ひとたち》とあなた方《がた》の若《わか》い頃《ころ》と比較《ひかく》すると――。

平塚 今《いま》の方《かた》は何《なん》でも實際的《じつさいてき》になつて。

奥村 （ライカで皆《みん》なを替《かは》る〳〵撮《うつ》しながら）悧巧《りこう》になつて居《ゐ》るんだね。

平塚 あの頃《ころ》の若《わか》い人達《ひとたち》は氣分《きぶん》の燃《も》えかたが大變《たいへん》でしたね。

平塚 今《いま》の若《わか》い人達《ひとたち》は餘《あま》り外部《ぐわいぶ》から支配《しはい》されるんですね。内部《ないぶ》から湧《わ》いて出《で》る力《ちから》、外部《そと》を征服《せいふく》し、創造《さうざう》して行《ゆ》くと云《い》ふ氣持《きもち》といふか精神力《せいしんりよく》が今《いま》の人《ひと》には尠《すく》なくなつて居《ゐ》るんぢやないかと思《おも》はれますね。まあ悧巧《りこう》になつたと云《い》へば、さうも云《い》へるでせうけれど人間《にんげん》としての威嚴《ゐげん》といふものがなく、何《なん》とでも妥《だ》協《けふ》が出來《でき》るやうですね。ほんとに私達《わたしたち》は妥協《だけふ》なんて考《かんが》へたこともありませんし、それは罪悪《ざいあく》だと云《い》ふ位《くらゐ》に考《かんが》へて居《を》りましたわ、尤《もつと》もその時代《じだい》は日本《につぽん》が勃《ぼつ》興《こう》しようと云《い》ふやうな、まあ大《おほ》きな波《なみ》に乘《の》らうとして居《を》つた時《とき》だからかも知《し》れませんが、それは若《わか》い娘《むすめ》さんの氣持《きもち》も今《いま》とは違《ちが》つて居《を》つたでせうし、ですから今《いま》の若《わか》い方々《かたがた》は餘《あま》りに外部《ぐわいぶ》の事《こと》を考《かんが》へ過《す》ぎ、自分《じぶん》と云《い》ふものが外部《ぐわいぶ》に支《し》配《はい》されて居《を》り過《す》ぎはしないかと私《わたし》なんか考《かんが》へますが――。

富本夫人 それは娘《むすめ》さんだけぢやないでせうね。

記者 教育《けういく》の御苦心《ごくしん》について、御話《おはなし》を伺《うかゞ》ひたいんですが。

富本夫人 （静《しづ》かに）何處《どこ》の母親《はゝおや》でもしたやうな心配《しんぱい》だけでせう。何《なに》か不思議《ふしぎ》のやうな氣《き》が致《いた》しますね。斯《か》う一緒《しよ》に集《あつ》まるやうな機會《きくわい》はないんですから。

平塚 斯《か》う云《い》ふ問題《もんだい》を斯《か》う云《い》ふ風《ふう》に改《あらた》まつてね。

奥村 私共《わたしども》の所《ところ》の子供《こども》は無口《むくち》で、自分《じぶん》の意見《いけん》を發表《はつぺう》するのが下手《へた》だし、やはり親《おや》に似《に》て居《ゐ》るんだね。下手《へた》なのは。

富本夫人 （皆《みん》なの顔《かほ》を替《かは》る〳〵見《み》ながら）斯《か》うして見《み》ると皆《みん》な相當《さうたう》なものだと思《おも》ひますね。云《い》ふべきことはちやんと云《い》ふし――大《おほ》きくなつたんですね。

平塚 驚《おどろ》いて了《しま》つたわ。

平塚 曙生《あけみ》ちやんが日曜學校《にちえうがくかう》で子供《こども》にお話《はなし》を聴《き》かせるんですつて、能《よ》く話《はなし》があれで出來《でき》るものかと思《おも》つて感心《かんしん》してます。

富本夫人 實《じつ》に不思議《ふしぎ》ですね。名前《なまへ》を訊《き》かれても答《こた》へられるかと思《おも》つたのに、目的《もくてき》を訊《き》かれると、ちやんと答《こた》へるしね。皆《みん》な小《ちひ》さいと思《おも》つて居《ゐ》ると大《おほ》きくなつたのね。

記者 何《なに》か御教育《ごけういく》の方針《はうしん》についてお話《はなし》はありませんか。（富本夫人《とみもとふじん》）に如何《いかゞ》ですか。

富本夫人 あちらから一《ひと》つどうぞ――。

平塚 （微笑《びせう》しながら）方針《はうしん》つて何《なに》も無《な》いんですけど、まあ結果《けつくわ》がこんな風《ふう》でーこちらから何《なに》も型《かた》を與《あた》へなかつたのです――命令《めいれい》したことも、叱《しか》つたこともないのです。

奥村 實際家位叱《しか》つたことのない所《ところ》もないね。

記者 ちつともお叱《しか》りにならなかつたんですか。

奥村 斯《か》うしていけないと云《い》ふこともないし、斯《か》うしろと云《い》つたこともありませんね。

記者 非常《ひじやう》に珍《めづ》らしいですね。

平塚 私《わたし》の所《ところ》の子供《こども》はワアーッと泣《な》くやうなことが無《な》かつたんですよ。

奥村 よその子供《こども》の泣《な》くのを聞《き》いたり、見《み》て居《ゐ》ると面白《おもしろ》かつた。

平塚 曙生《あけみ》ちやんが小《ちひ》さい時《とき》にお乳《ちゝ》が出《で》ないものですからずつと牛乳《ぎうにう》で育《そだ》ちましたから其《そ》の時《とき》は能《よ》く大聲《おほごゑ》を上《あ》げて泣《な》いたけど大《おほ》きくなつてからほんとに泣《な》いたことがないんです。餘《あま》り苦心《くしん》しなかつたものですから苦心談《くしんだん》と云《い》つてお話《はなし》するやうな事《こと》がないんです。何《なに》も無《な》かつたものですから――身體《からだ》のことを心配《しんぱい》した位《くらゐ》のことで。

富本夫人 千駄《だ》ヶ谷《や》のたしか震災前《しんさいぜん》のお家《うち》の時《とき》、誰《だれ》かゞ腸《ちやう》を毀《こわ》して――敦《あつ》ちやんでしたわ、その時《とき》に私達《わたしたち》がバナナを喰《た》べてゐたら欲《ほ》しいつて敦《あつ》ちやんが泣《な》いたんですよ、そしたら（奥村《おくむら》さんを指《さ》して）貴男《あなた》が、ほんとにお前《まへ》が喰《た》べたいか喰《た》べたくないかゞ先決問題《せんけつもんだい》だと云《い》つて敦《あつ》ちやんが貰《もら》つた時《とき》に全《まつた》く家《うち》とは反對《はんたい》でせう、ほんとに驚《おどろ》きました。隨分違《ずゐぶんちが》つて居《ゐ》ると思《おも》つて――もう覺《おぼ》えていらつしやらないでせうけど――。

奥村 ほーさうですか。

富本夫人 お母《かあ》さんはどうも叱《しか》らない親《おや》と、叱《しか》られない子供《こども》を見《み》ると何時《いつ》も羨《うらや》ましいと思《おも》つて――。

陶 だつて平塚《ひらつか》さんとこの曙生《あけみ》ちやんは大人《おとな》しいんだし――。

富本夫人 でもあなた方《がた》だつて此頃《このごろ》叱《しか》られないんぢややない――。

陶 （笑《わら》ひながら）さうでもないわ。

平塚 兄弟喧嘩《きやうだいけんくわ》もやはり男《をとこ》と女《をんな》の二人《ふたり》きりの姉弟《きやうだい》ぢや喧嘩《けんくわ》にもならないと見《み》えますね。兄弟喧嘩《きやうだいけんくわ》をした事《こと》がありません。

富本夫人 姉妹喧嘩《きやうだいけんくわ》はするし、私《わたし》が何時《いつ》も仲裁《ちうさい》の役《やく》――。

陽子 人聞《ひとぎ》きの惡《わる》い――（笑聲）

富本夫人 お母《かあ》さんなんか何時《いつ》も自分《じぶん》は母親《はゝおや》の資格《しかく》がないと思《おも》つて――。

陶子 お母《かあ》さんつたら何時《いつ》もあんなことを云《い》ふんだもの――。

陽 さう云《い》はれたら子供《こども》はどうすればいゝの――。

記者 ではこれで――どうも色々《いろ〳〵》有難《ありがた》うございました。

命がけで貞操を守る

病院長《びやうゐんちやう》に犯《をか》されようとした看護婦《かんごふ》が追放《つゐはう》されるまで死守《ししゆ》した貞操《ていさう》

大木《おほき》こずゑ（兵庫）

★下★

級官吏《きふくわんり》だつた父《ちゝ》を失《うしな》ひ、間《ま》もなく母《はゝ》もその後《あと》を追《お》ひ、涙《なみだ》と共《とも》に取《と》り殘《のこ》された私《わたし》は、十七歳《さい》の秋《あき》も深《ふか》みゆく頃《ころ》、某小兒科病院《ぼうせうにくわじやうゐん》に、看護《かんご》婦見習《みなら》ひとして住《す》み込《こ》んだのでした。

母《はゝ》の遠縁《とほえん》に當《あた》るとかで、どうにか獨立《ひとりだ》ちできるまで、引《ひ》き取《と》つて世話《せわ》してあげようといふ言葉《ことば》を眞《ま》に受《う》け、喜《よろこ》んで移《うつ》り住《す》んだ私《わたし》でした。

『君《きみ》、兩親《りやうしん》ともないのだつてね、寂《さび》しいだらう。僕《ぼく》もできるだけ力《ちから》になつてあげたいと思《おも》ふから、遠慮《ゑんりよ》なく何《なん》でも話《はな》し給《たま》へね。』

と、初對面《しよたいめん》のとき、まだ若《わか》若《わか》しい院長《ゐんちやう》は、優《やさ》しくかうおつしやつて、世馴《よな》れぬ私《わたし》を感謝《かんしや》させました。

晝間《ひるま》の勤務《きんむ》が終《をは》ると、定《さだ》められた室《へや》に入《はひ》つてノートを繰《く》る私《わたし》、成功《せいこう》の彼岸《ひがん》を目指《めざ》す願《ねが》ひのみが青春《せいしゆん》の胸《むね》を往來《わうらい》して、他事《たじ》を思《おも》ふ餘裕《よゆう》のない當時《たうじ》の私《わたし》、時々院長《ときどきゐんちやう》に對《たい》する下馬評《げばひやう》を聞《き》くことがあつても、家庭的《かていてき》にはあまり惠《めぐ》まれてをられぬやうなお話《はなし》を、折《をり》にふれて伺《うかゞ》つた私《わたし》は、これも同情《どうじやう》すべき人間《にんげん》の弱點《じやくてん》であらうかなど丶、臆測《おくそく》してゐたのでした。なぜなら、私《わたし》に對《たい》して、日毎《ひごと》に親切《しんせつ》さを深《ふか》めてくださる先生《せんせい》でしたから。『大木《おほき》さんはあまり綺麗《きれい》すぎるで、また院長樣《ゐんちやうさま》の御病氣《ごびやうき》が出《で》ねばよいが。氣《き》を許《ゆる》しちやなりませんぜ。』と言《い》うた、吉《よし》さん(下男《げなん》)の忠告《ちうこく》も、氣《き》にも留《と》めなかつたし、一緒《しよ》に働《はたら》く仲間《なかま》の人達《ひとたち》の間《あひだ》に、何《なに》か噂《うはさ》が立《た》つてゐたやうでしたが、それも何《なに》かの思《おも》ひ違《ちが》ひか、でなかつたら、嫉妬《しつと》かも知《し》れない、とさへ思《おも》つてゐました。そして、世《せ》間《けん》を知《し》らない私《わたし》だからとのハンディキャップで見《み》てくださるのだらうくらゐに考《かんが》へてゐた私《わたし》でした。

つた婦人の経験

★そ★の
年《とし》の師走《しはす》の三十
日《にち》は、朝《あさ》からの雪《ゆき》でし
た。三日《か》ほど前《まへ》から、身體《からだ》の
工合《ぐあひ》が勝《すぐ》れないからといつて、
診察日《しんさつび》の今日《けふ》も、居間《ゐま》から出《で》られ
ない院長《ゐんちやう》でした。一々呼《よ》ばれては、　そ
の世話《せわ》に母屋《おもや》へ通《かよ》ふ私《わたし》は、またベルで呼《よ》ばれました。
『御苦勞樣《ごくらうさま》。お氣《き》に入《い》りのあなたでなくては、とても御《ご》
癇癪《かんしやく》なの。早《はや》く行《い》つて。』と皆《みん》なに言《い》はれ、そゝくさと長《なが》
い冷《つめた》い廊下《らうか》を蹈《ふ》んで行《ゆ》きました。戸外《こぐわい》の雪《ゆき》が、折々《をり〳〵》サ、ッ

と音《おと》を立《た》て
て、何《なに》かに
かゝるら
しい。
『誰《だれ》ッ。』ノック
の音《おと》と同時《どうじ》にか
かる聲《こゑ》。
『大木《おほき》でございま
す。』
『君《きみ》なら早《はや》く入《はひ》
つてくれ給《たま》へ。』
『御用《ごよう》は？』
『まあお掛《か》け。少《すこ》し熱《ねつ》が出《で》てね。醫者《いしや》は
自分《じぶん》の身體《からだ》の内臓《ないざう》の樣子《やうす》が解《わか》るだけ、却《かへつ》て
いかんよ。君《きみ》、顏色《かほいろ》がよくないね。檢温器《けんをんき》を取《と》
つてくれ給《たま》へ。……實《じつ》は君《きみ》に言《い》はう〳〵と思《おも》つてゐ
たの　だが、君《きみ》のやうな細《ほそ》い體質《たいしつ》には、この職業《しよくげふ》は無理《むり》だと
思《おも》はない？　いつそ家庭《かてい》に入《はひ》つてしまふ方《はう》が、よくないかな。』
訝《いぶか》つて見《み》てゐる私《わたし》を、眼鏡越《めがねご》しに眼《め》で追《お》つた。
『あの、何《なに》かお取寄《とりよ》せするものでもございますのでせうか。誰《だれ》かお呼《よ》
びいたしませうか。』私《わたし》は何《なに》か重《おも》いやうな空氣《くうき》を感《かん》じて、かう言《い》ひまし

た。『大木《おほき》さん、僕《ぼく》はずーッと苦《くる》み通《とほ》してゐるんだ。君《きみ》が初《はじ》めてこゝへ來《き》てくれたときから。君《きみ》も聞《き》いて知《し》つてゝくれるやうに、離婚同樣《りこんどうやう》の妻《つま》、あれとの間《あひだ》の子《こ》も亡《なくな》つてゐるのだ。浮氣《うはき》と思《おも》はず聽《き》いてほしい。周圍《しうゐ》の人《ひと》は、何《なに》か不《ふ》しだら者《もの》でゞもあるかのやうに言《い》ふが、……ね、こんなに苦《くるし》んでゐるのだけれど、君救《きみすく》つてくださらないか。考《かんが》へてみてくれ給《たま》へ。中年《ちうねん》の男《をとこ》が、君《きみ》のやうな若《わか》い女性《ぢよせい》を戀《こ》ふなんてこと、許《ゆる》されないことだらうか。解《わか》つてくれる？　きつと解《わか》つてくれると思《おも》ふのだけれど。』

答《こた》へる言葉《ことば》もなく、おし默《だま》つて立《た》ち盡《つく》してゐる私《わたし》の手《て》は、いきなりグッと握《にぎ》られた。『苦《くる》しいのです。』と、白々《しらゞ》しい胸《むね》をはだけて、その胸《むね》に手《て》を持《も》つてゆかうとするのです。

ハッとして飛《と》び退《さが》ると、私《わたし》はいつかの吉《きち》さんの言葉《ことば》を想《おも》ひ出《だ》して慄《ふる》へたのでした。

『解《わか》つて貰《もら》へるね。』と拗《しつこ》い中年男《ちうねんをとこ》の淫《みだ》らな眼差《まなざし》をまともに見《み》た私《わたし》。『また、お伺《うかゞ》ひいたします。』と、ドアの方《はう》へ後《あと》ずさりました。

『開《あ》きませんよ。あなたの胸《むね》のひらくまでは。』

燃《も》える瞳《ひとみ》が私《わたし》を射《い》る。

『こずゑさん、僕《ぼく》が君《きみ》のやうな人《ひと》を欺《あざむ》くと思《おも》ふの。それは君《きみ》の誤解《ごかい》だ。それは機密《きみつ》だ。』と、言《げん》外《ぐわい》に今後《こんご》の生活《せいくわつ》を保證《ほしよう》すると言《い》はぬばかり。

『僕《ぼく》は君《きみ》も愛《あい》してゐてくれると思《おも》つてゐた。怖《おそろ》しいことでも何《なん》でもない。約束《やくそく》だけを。』と、じりじりと寄《よ》つて來《き》て、後《あと》ずさる私《わたし》の肩《かた》へ手《て》をかけました。火《ひ》のやうな息吹《いぶき》がかゝる。何《なに》が約束《やくそく》だけ。本性《ほんしやう》を現《あらは》して、唇《くちびる》をぬすまうとする。私《わたし》は逆上《ぎやくじやう》して、分別《ふんべつ》もなく、平手《ひらて》で力《ちから》一杯《ぱい》頰《ほゝ》を張《は》りました。無駄《むだ》と知《し》つてドアを推《お》しました。

『こずゑ、逃《に》げるの。』

私《わたし》は柱《はしら》に釘《くぎ》づけされたやうな姿勢《しせい》で、片手《かたて》は口《くち》に、片手《かたて》後《うしろ》に廻《まは》して、こゝらにあつたと思《おも》ふベルを探《さぐ》つてゐた。が、ありません。絶體絶命《ぜつたいぜつめい》、併《しか》し、守《まも》り通《とほ》さう、この肉體《にくたい》を。聲《こゑ》を立《た》てようとする後《うしろ》から、羽交締《はがひじ》めにされました。怒《いかり》も手《て》傳《つだ》ふかして、增《ま》してくる狂暴《きやうぼう》な男《をとこ》の手《て》の力《ちから》。男《をとこ》の大《おほ》きな胸《むね》の中《なか》で藻搔《もが》きながら、ベッド近《ちか》くまで吊《つ》り上《あ》げられました。

『恥知《はぢし》らず。』唇《くちびる》を嚙《か》みしめて絶叫《ぜつけう》しつゝ、唯《ゆゐ》一の武器《ぶき》である齒《は》を男《をとこ》の手頸《てくび》に當《あ》て、その怯《ひる》む隙《すき》にすり脱《ぬ》けた私《わたし》は、遁《のが》れる途《みち》を見《み》つけるのですが、見渡《みわた》したところ、窓硝子《まどガラス》を破壞《はくわい》するよりほかはない。

怒《いか》り狂《くる》つてまたも兩手《りやうて》を擴《ひろ》げ寄《よ》る男《をとこ》の憎《にく》さ。ベッドの下《した》にあつたベル、何《なん》の目的《もくてき》でか……。再《ふたゝ》び抱《だ》き込《こ》まれさうになつた刹那《せつな》、私《わたし》の足《あし》はよくベルを踏《ふ》んでくれました。

ベルはけたゝましく鳴《な》り響《ひゞ》いたことでせう。私《わたし》は、最後《さいご》の力《ちから》を振《ふる》つて、我《われ》から倒《たふ》れ伏《ふ》した。萬《まん》一の場合《ばあひ》、死《し》を以《もつ》て身《み》を處《しよ》すべく。呆氣《あつけ》に取《と》られた狀《かたち》で立《た》ちはだかる彼《かれ》が、のしのしと近《ちか》づいて來《き》たとき、その瞬間《しゆんかん》。ノック。

『誰《だれ》も呼《よ》びはせんよ。』

『ベルが鳴《な》りました。』

『吉爺《よしぢい》か、よいところへ來《き》た。この女《をんな》は狂人《きちがひ》ぢやよ、狂人《きちがひ》だ。早速《さつそく》どこへでも歸《かへ》しなさい。』

聲《こゑ》を顫《ふる》はせて投《な》げつけるやうに叫《さけ》ぶのを、取《とり》亂《みだ》した樣《さま》を繕《つくろ》ふ術《すべ》もなくてうつゝに聞《き》き、それでも恥《はづか》しさに全身《ぜんしん》は萎《な》えてゐました。

かうして安全《あんぜん》だと思《おも》つて乘《の》つた船《ふね》は覆《くつがへ》され、狂人《きやうじん》の名《な》さへ被《き》せられて逐《お》はれたのでした。純潔《じゆんけつ》を守《まも》るといふことは、餓《う》ゑて死《し》ねといふことかと、横暴《わうぼう》な彼《かれ》と、その周圍《しうゐ》を呪《のろ》うたのでしたが、大晦日《おほみそか》の夜《よ》も明《あ》ける頃《ころ》、希望《きばう》も何《なに》も打碎《うちくだ》かれ、悄然《せうぜん》と行李《かうり》一《ひと》つを持《も》つて病院《びやうゐん》の裏手《うらて》を出《で》ました。想《おも》ひ出《だ》すと口惜《くや》しさが込《こ》みあげて、やたら唾《つば》を吐《は》きかけたいやうな氣《き》がしました。

併《しか》し、雪《ゆき》の霽《は》れた輝《かゞや》かしい朝《あさ》は、汚《けが》れなかつた私《わたし》によい幸先《さいさき》を與《あた》へようといふのでせうか。

生くべき途を探し求めて、市中を歩《ある》き廻つた寄邊《べ》ない私《わたし》は、それから街《まち》の女《をんな》になりました。それでも、守《まも》るべきものは、見事《みごと》に守《まも》りました。

あれから何年《なんねん》か經《た》ちました。S病院《エスびやうゐん》にゐた吉《よし》さんは今《いま》の私《わたし》の舅《しうと》です。東都《とうと》に遊《あそ》んだ吉《よし》さんの息《むすこ》は、今《いま》の私《わたし》の良人《をつと》で、某商事會社《ぼうしやうじくわいしや》に課長《くわちやう》の椅《い》子《す》を占《し》めてゐます。舅《しうと》は何《なに》もかも知《し》つてゐてくれます。あの事以來《こといらい》絶えず私《わたし》を守《まも》つてゐてくださつた、有《あ》り難《がた》い存在《そんざい》であります。（賞）

▲世《よ》の中《なか》に身寄《みよ》りのない氣《き》の毒《どく》な婦人《ふじん》が、どれほど男子《だんし》の不品行《ふひんかう》の犠牲《ぎせい》となつてゐるか知《し》れませぬ。さういふことから、弱《よわ》い境遇《きやうぐう》にある婦人《ふじん》なら、誰《だれ》でも自由《じいう》になるものゝやうに思《おも》ふ男子《だんし》も、世《よ》の中《なか》にはないとは言《い》へませぬ。

▲女中、看護婦、女事務員、學校教師、その他あらゆる職業《しよくげふ》に従事《じうじ》する婦人《ふじん》が、貞操上不利《ていさうじやうふり》な立場《たちば》に置《お》かれてゐるのであります。さういふ人達《ひとたち》の中《なか》から、あなたのやうな方《かた》のあることは、ほんとに心強《こゝろづよ》いことであります。

▲貞操を守るためには、たとひ一時はどんな苦境に置かれやうとも、それは後《あと》で感謝《かんしや》の想ひ出となります。あなたの場合《ばあひ》も、その證人《しようにん》の一人《ひとり》であつたことは、ほんとに喜《よろこ》ばしいことです。（記者）

外人《ぐわいじん》の魔手《ましゆ》から貞操《ていさう》を守《まも》り得《え》た若《わか》きタイピストの經驗《けいけん》

蒔《まき》野《の》蝶《てふ》子《こ》（大阪）

まだよち／＼歩《ある》きの三歳《さい》のとき、女中《ぢよちゆう》の不注意《ふちうい》から思《おも》はぬ片輪《かたわ》となり、せめて魂《たましひ》だけでも眞《ま》つ直《すぐ》に育《そだ》てたいとの親心《おやごゝろ》のお蔭《かげ》で、特《とく》に選《えら》んだミッションスクールを出《で》て、更《さら》に將來《しやうらい》の幸福《かうふく》にもと、人《ひと》のすゝめもあつて、一年《ねん》半《はん》の修業《しゆげふ》の後《のち》、今《いま》から十四五年前《ねんぜん》ですから、相《さう》當收入《たうしうにふ》もある新職業《しんしよくげふ》とされてゐた、タイピストとなり、或《あ》る大《おほ》きな外國商館《ぐわいこくしやうくわん》に勤《つと》めることになりました。

私《わたし》がタイピストとして、初《はじ》めて職業戰線《しよくげふせんせん》に立《た》つた日《ひ》は、秋雨《あきさめ》のしと／＼と降《ふ》りそゝぐ九月《ぐわつ》の初《はじ》めでした。當時《たうじ》、歐洲大戰前後《おうしうたいせんぜんご》にうんと儲《まう》けたこの商館《しやうくわん》は、いよ／＼大《おほ》きくなり、今《いま》までの個《こ》人經營《じんけいえい》が、株式會社《かぶしきぐわいしや》になるといふ忙《いそが》しい最中《さいちゆう》でした。二三日前《にちまへ》に雇《やと》はれてきたばかりの、私《わたし》より二《ふた》つ年上《としうへ》のタイピスト桂子《けいこ》さんと私《わたし》とは、臨《りん》時《じ》雇《やと》ひとして會計課《くわいけいくわ》に働《はたら》いたのです。三階《がい》のかなり廣《ひろ》い部屋《へや》に、外人《ぐわいじん》(男子《だんし》)四人《にん》、それも、日本《にほん》語《ご》を話《はな》す人《ひと》は一人《ひとり》もなく、まるで外國《ぐわいこく》へ行《い》つたやうでした。併《しか》し隣室《りんしつ》には日本人《にほんじん》もをりましたし、他《ほか》の課《くわ》には外邦人合《ぐわいはうじんあは》せて百人近《にんちか》くもゐましたから、別《べつ》に寂《さび》しくもなく、英語《えいご》も少《すこ》しは話《はな》せましたので困《こま》りもせず、その日《ひ》からキイを叩《たゝ》いて仕事《しごと》にいそしみました。

私《わたし》の机《つくゑ》の横《よこ》には、R《アール》といふ脊《せい》の高《たか》い、若《わか》い立《りつ》派《ぱ》な外人《ぐわいじん》がゐて、私《わたし》は主《おも》にこの人《ひと》の仕事《しごと》をすることになつてをりました。桂子《けいこ》さんは向《むか》うの窓《まど》際《ぎは》で、H氏《エッチし》と共《とも》にの仕事《しごと》でした。

外人《ぐわいじん》のことゆゑ婦人《ふじん》を尊《たふと》び、殊《こと》に二人《ふたり》ともまだ若《わか》い娘《むすめ》だつたので、『ガール、ガール。』といつて親切《しんせつ》にしてくれました。ミッションスクールにゐた私《わたし》は、外人《ぐわいじん》は皆人格者《みなじんかくしや》だとばかり思《おも》つてゐましたし、その上《うへ》、何《なに》かにつけて優《やさ》しいので、心《こゝろ》からR氏《アールし》を尊敬《そんけい》してゐました。

タイプしたものゝ、讀合《よみあは》せなどする仕事《しごと》の上《うへ》で、二人《ふたり》は、知《し》らず識《し》らずに接觸《せつしよく》する機會《きくわい》が多《おほ》く、時《とき》にはR氏《アールし》の體溫《たいおん》を感《かん》じるまでに近《ちか》づいてゐたのに、はつとすることもありました。お晝《ひる》休《やす》みなどにR氏《アールし》は、音量《おんりやう》のあるバスで歌《うた》を唄《うた》つてくれたり、話《はなし》に興《きよう》じたり、時《とき》に身《み》の上話《うへばなし》に同《どう》情《じやう》し合《あ》つたりして、だん／＼親密《しんみつ》になつてゆきました。併《しか》し、いつも二人《ふたり》きりといふことはなく、桂子《けいこ》さんもゐましたし、他《た》の課《くわ》の人々《ひと〴〵》も絶《た》えず出入《ではひ》りしてゐたので、決《けつ》して親密《しんみつ》の度《ど》を越《こ》えるやうなことはなく、私《わたし》も別《べつ》にR氏《アールし》に對《たい》して、これといふ思《おも》ひを懐《いだ》いてはゐませんでした。たゞ心《こゝろ》からいゝ方《かた》だと尊敬《そんけい》してゐたのです。

やがて一ケ月《げつ》は早《はや》くも過《す》ぎ、明日《あす》は旗日《はたび》といふので、社員《しやゐん》は樂《たの》しく歸宅《きたく》の用意《ようい》をしてゐたとき、二三日《にち》中《ぢう》に會計報《くわいけいはう》告《こく》を全部《ぜんぶ》本《ほん》國《ごく》へ送《おく》らねばならないから、明日《あす》午前中《ごぜんちう》だけ出《で》てほしいと、重役《ぢうやく》から言《い》ひ渡《わた》された私達二人《わたしたちふたり》、これといふ用事《ようじ》もないので、喜《よろこ》んで承諾《しようだく》いたしました。

★神★ならぬ身《み》の、それが恐《おそろ》しい日《ひ》であらうとは。桂子《けいこ》さんと歸《かへ》り支度《じたく》をしてゐるところへ寄《よ》つて來《き》て、R《アール》氏《し》は、私《わたし》の耳近《みゝぢか》くに囁《さゝや》きました。

『今晩《こんばん》、ムーヴィーに行《ゆ》きませう。桂子《けいこ》さんと別《わか》れて、×橋《はし》の傍《そば》で待《ま》つてゐてください。』

男子《だんし》から初《はじ》めてこんなことを言《い》はれた私《わたし》は、どうしたらよいものか、たゞ驚《おどろ》きました。が、晩《おそ》くなつて小母《をば》さんに心《しん》配《はい》をかけるといふことが氣《き》になつたので、その理由《りいう》で斷《ことわ》りました。

『さう、殘念《ざんねん》だが……』と言《い》ふや、いきなり私《わたし》の手《て》を固《かた》く握《にぎ》つて、『明日《あした》の朝《あさ》、また逢《あ》ひませう。』

その晩《ばん》は事《こと》もなく別《わか》れました。併《しか》しあまりにも寂《さび》しく見《み》えたR《アール》氏《し》、日《ひ》頃《ごろ》から尊敬《そんけい》してゐるR《アール》氏《し》、異《い》國《こく》に寂《さび》しく働《はたら》いてゐる彼《かれ》。その折《せつ》角《かく》の招《まね》きを、すげなく斷《ことわ》つた自分《じぶん》。私《わたし》はどんなにかすまなく思《おも》つたことでした。でも一方《はう》、これでよかつたのだとも思《おも》ひました。

その翌日《よくじつ》！　桂子《けいこ》さんと私《わたし》、他《た》にR《アール》氏《し》を入《い》れて五人《にん》の外人《ぐわいじん》が出勤《しゆつきん》してゐました。人氣《ひとけ》の少《すくな》いせゐか、それほど大《おほ》きいとも思《おも》はなかつた建物《たてもの》がしーんとして、何《なに》か恐《おそろ》しくさへ思へました。

私達《わたしたち》はいつもの通《とほ》り、三階《がい》で仕事《しごと》をしてゐました。やがて十二時《じ》近《ちか》い頃《ころ》、一人《ひとり》の重役《ぢゆうやく》が二階《かい》の社長室《しやちやうしつ》から、これ〳〵の書類《しよるゐ》を持《も》つて來《く》るやうにと申《まを》しました。小使《こづかひ》も給仕《きふじ》もゐないので、その書類《しよるゐ》を一番《ばん》よく知《し》つてゐた私《わたし》が言《い》ひつかつて、二階《かい》へと階段《かいだん》を降《お》りました。

社長室《しやちやうしつ》兼應接室《けんおうせつしつ》の右側《みぎがは》の壁《かべ》に添《そ》うてある本棚《ほんだな》に重要書類《ぢゆうえうしよるゐ》はありました。カーテンは低《ひく》く垂《た》れて薄暗《うすぐら》く、ひそ〳〵しい感《かん》じでした。

すると、にはかに、部屋《へや》の前《まへ》に大《おほ》きな靴音《くつおと》がします。『あらッ！』思《おも》はず叫《さけ》ぶと共《とも》に、恐《おそろ》しい豫感《よかん》に私《わたし》は、そこに竦《すく》んでしまひました。靴音《くつおと》ははつたり止《とま》りました。私《わたし》は暫《しばら》く立《た》つたまゝ、消《き》え去《さ》つた足音《あしおと》に耳《みゝ》を傾《かたむ》けました。

さうだ、鍵《かぎ》は後《あと》でもよいから、と思《おも》ひつき、大急《おほいそ》ぎで廊下《らうか》に出《で》ようとしたその一瞬《しゆん》！ どうしたことであらう。R《アール》氏《し》が私《わたし》の身體《からだ》を強《つよ》く抱《だ》きしめて立《た》つてゐるのでした。そして、

『僕《ぼく》がこんなに愛《あい》してゐるのに、どうして解《わか》つてくれないか。僕《ぼく》はあなたを愛《あい》してゐる。』と迫《せま》りました。

私《わたし》の顏《かほ》には熱《あつ》い息《いき》が吹《ふ》きかゝる。彼《かれ》は猛獸《まうじう》のやうに迫《せま》つて來《き》ます。私《わたし》はあまりの驚《おどろ》きと恐《おそろ》しさに、術《すべ》もありませんでした。併《しか》しかうなつては、私《わたし》も死物狂《しにものぐる》ひです。最後《さいご》まで自分《じぶん》を守《まも》らなければならない。身體《からだ》は固《かた》く抱《だ》きしめられてゐて、自由《じいう》がきかない。ドアもいつの間《ま》にか締《し》められてゐる。その上《うへ》私《わたし》の不自由《ふじいう》な足《あし》！ 叫《さけ》んだとて上《うへ》に屆《とゞ》く筈《はず》の聲《こゑ》でもなく、今《いま》は必死《ひつし》に、ワイシャツだけのR《アール》氏《し》の胸《むね》に縋《すが》りつきました。

どうした機《はずみ》にか、右手《みぎて》の自由《じいう》がきくやうになつたので、どこといふことなく手當《てあた》り次第《しだい》、掻《か》き挘《むし》り始《はじ》めました。生《い》きてはゐない覺悟《かくご》で。

私のかうした必死《ひつし》の覺悟《かくご》が、天《てん》に通《つう》じたのでせうか。それともR《アール》氏《し》の心《こゝろ》に、私《わたし》の氣持《きもち》が讀《よ》めたのでせうか。私《わたし》は、暫《しばら》くの後《のち》、全《まつた》く自由《じいう》な身《み》となつて、R《アール》氏《し》から離《はな》されたのです。R《アール》氏《し》は何《なに》か恐《おそろ》しい言葉《ことば》を殘《のこ》して出《で》て行《い》つたやうでしたが、私《わたし》はソファーにどつかり腰《こし》をおろして、はふり落《お》ちる涙《なみだ》を、袖《そで》で拭《ぬぐ》ひ〳〵してゐました。

さう〳〵、用事《ようじ》を言《い》ひつかつてゐたのだつた。私《わたし》は元氣《げんき》を裝《よそほ》つて三階《がい》に上《あが》りました。桂子《けいこ》さんは、私《わたし》が遲《おそ》いのを氣《き》にして待《ま》つてゐた。R《アール》氏《し》は何事《なにごと》もなかつたかのやうに、重役《ぢゆうやく》と何《なに》かしきりに話《はな》してゐました。

私《わたし》は生《うま》れて初《はじ》めて、男子《だんし》の醜《みにく》さ、恐《おそろ》しさを知《し》

りました。親切に『どうかなさつたの?』としきりに尋ねてくれる桂子《けいこ》さんにも、一言《ひとこと》も話《はな》せませんでした。そして、獨《ひと》り心《こゝろ》に包《つゝ》んで家《いへ》へ歸《かへ》りました。

その晩中《ばんぢう》、あの恐《おそ》しかつたこと、とにかく自《じ》分《ぶん》を守《まも》り得《え》たこと、日《ひ》頃《ごろ》の尊敬《そんけい》に對《たい》するR氏《アールし》の裏切《うらぎ》りを思《おも》ひ、後《あと》から〳〵流《なが》れ出《で》る涙《なみだ》を止《と》めることができませんでした。翌朝《よくてう》は高熱《かうねつ》のため、床《とこ》から起《お》き上《あが》る力《ちから》もなくなつてゐました。忘《わす》れようとしても忘《わす》れられない恐怖《きやうふ》! 守《まも》るべきものを守《まも》つた我身《わがみ》への喜悦《きえつ》! この二《ふた》つの交錯《かうさく》に、身《み》も心《こゝろ》も疲《つか》れ切《き》つて、たうとう一週間床《しうかんどこ》に就《つ》きました。

商館《しやうくわん》へは病氣《びやうき》缺勤屆《けつきんとゞけ》を出《だ》しておき、全快《ぜんくわい》と共《とも》にお斷《ことわ》りするつもりでした。ところが何事《なにごと》も知《し》らなかつたのでせう、重役《ぢうやく》からその後《ご》、臨時《りんじ》の仕事《しごと》は終了《しうれう》したが、更《あらた》めて運輸課《うんゆくわ》へ採用《さいよう》する、給料《きふれう》も前《まへ》より上《あ》げるから、全快《ぜんくわい》次第《しだい》出勤《しゆつきん》するやうにとの、親切《しんせつ》な手紙《てがみ》を頂《いたゞ》きました。これが、今《いま》までならば、どんなに嬉《うれ》しかつたでせう。が今《いま》はどうしたものかと、相談《さうだん》する人《ひと》もなく、獨《ひと》り惑《まど》ひ苦《くる》しみました。とにかく一度《ど》出勤《しゆつきん》してからのことにしようと、二度《ど》と足《あし》を入《い》れまいと思《おも》つたところを、二週間後に再び見ました。何事も知《し》らなかつた皆《みな》さんは、私《わたし》の出勤《しゆつきん》を喜《よろこ》んでくれました。R氏《アールし》は、株式會社《かぶしきくわいしや》に決《き》まると共《とも》に、重《ぢう》要書類《えうしよるゐ》を携《たづさ》へて歸國《きこく》したとか。

その日《ひ》から、私《わたし》は運輸課《うんゆくわ》に勤《つと》めさせて頂《いたゞ》き、桂子《けいこ》さんは今《いま》まで通《どほ》り會計《くわいけい》に殘《のこ》られました。

かうして守《まも》り得《え》た私《わたし》の貞操《ていさう》。日本女性《にほんぢよせい》のために守《まも》り得《え》たものだとまで信《しん》じてをります。私《わたし》が克《か》ち得《え》なかつたら、不良外人《ふりやうぐわいじん》から、日本《にほん》の娘《むすめ》などうにでもなると、いつまでも〳〵思《おも》はれたのではなかつたでせうか。

今私《いまわたし》は西《にし》の都《みやこ》で、恐《おそ》しい想《おも》ひ出《で》をたぐりながらも、克《か》ち得《え》た自分《じぶん》に感謝《かんしや》しつゝ、平和《へいわ》に過《すご》してゐます。(賞)

▲正《たゞ》しい結婚《けつこん》の道《みち》をも踐《ふ》まずに、婦人《ふじん》の貞操《ていさう》を求《もと》める男子《だんし》に、ほんとの愛《あい》なんてあるものではない。あれは貞操《ていさう》の泥坊《どろばう》です。相手《あひて》が何《なん》であらうとも、さういふ魔手《ましゆ》に乘《じやう》ぜられてはなりません。

▲外人《ぐわいじん》の中《なか》にも、立派《りつぱ》な人《ひと》はあります。立派《りつぱ》な人《ひと》なら、婦人《ふじん》の貞操《ていさう》を泥坊《どろばう》しようなどゝいふとはしません。物珍《ものめづら》しさからか、それとも外人《ぐわいじん》を信用《しんよう》しすぎるためか、不良外人《ふりやうぐわいじん》の魔手《ましゆ》にマンマとかゝつて、取返《とりかへ》しのつかぬ目《め》に遭《あ》つた人《ひと》のある中《なか》に、あなたのやうな方《かた》のあつたことは、あなた一人《ひとり》の喜《よろこ》びだけでなく、日本婦人《にほんふじん》のための大《おほ》きな喜《よろこ》びであります。(記者)

御婦人《ごふじん》にお知《し》らせしたい 男《をとこ》ごころの裏《うら》おもて座談會《ざだんくわい》

記者　皆《みな》さんお忙《いそが》しいところを有難《ありがた》うございました。今日《けふ》は日頃《ひごろ》男《をとこ》の人《ひと》に接《せつ》する機會《きくわい》の多《おほ》い皆《みな》さん方《がた》から、男心《をとこごころ》の裏表《うらおもて》を腹藏《ふくざう》なくお話《はな》し頂《いただ》いて、一般《ぱん》御《ご》婦人方《ふじんがた》の參考《さんかう》に供《きやう》したいと存《ぞん》じます。

就《つ》きましては、お話《はなし》の進行《しんかう》を長田《ながた》先生《せんせい》にお願《ねが》ひすることにいたしました。どうぞよろしく——

嫌《きら》はれる男《をとこ》

長田　一體《たい》家庭《かてい》といふものと、皆《みな》さん方《がた》の享樂地帶《きやうらくちたい》といふものとの間《あひだ》には、どうも誤解《ごかい》が生《しやう》じ易《やす》く、それが爲《ため》いとも明朗《めいらう》なる或《あるひ》は又《また》いとも悲《かな》しむべき悲劇《ひげき》が時々起《ときどきおこ》る。そこをお互《たが》ひに今少《いますこ》し歩《あゆ》み寄《よ》れば、具合《ぐあひ》よく諒解《れうかい》が出來《でき》るのではないかと思《おも》ひます。で、先《ま》づ第《だい》一に私《わたし》が提供《ていきやう》したい問題《もんだい》は、『女房《にようぼう》のやくほど亭主《ていしゆ》もてもせず』（笑聲《せうせい》）といふ古《ふる》い川柳《せんりう》にある通《とほ》り、實際《じつさい》あなた方《がた》が日常《にちじやう》『この人《ひと》は始終《しじう》嫌《いや》なことばかりいふが、さぞ奥《おく》さんにも嫌《きら》はれてゐるだらう』と感《かん》じられる男《をとこ》があるだらうと思《おも》ふ。先《ま》づさういふ男《をとこ》の缺點《けつてん》を列《なら》べて戴《いただ》きたいと思《おも》ひますが——。

年郎　さあ、なかなかむづかしい問題《もんだい》でございますね。私共《わたしども》はなんといつてもさつぱりした方《かた》が一番好《ばんす》きですわ。

長田　藝者《げいしや》さんのさつぱりといふのが、甚《はなは》だ

寫眞向つて右より
田中様、文代様
桂子様、順子様
久保様、年郎様
一人おいて長田先生
鏑木様

漠然《ばくぜん》としてゐるんですよ。(笑聲《せうせい》)

年郎 變《へん》にでれ〳〵した態度《たいど》をされたりすると、今《いま》まで好《す》きだつた人《ひと》でも急《きふ》に嫌《きら》ひになつてしまひますね。

長田 つまり端的《たんてき》に、あなた方《がた》を自分《じぶん》のいゝものにしようとする男《をとこ》だね。(笑聲《せうせい》)

年郎 えゝまあさうですね。

長田 そのいゝものにしようとする男《をとこ》の考《かんが》へに、『俺《おれ》はうんと金《かね》を持《も》つてゐるぞ』といふのと、『俺《おれ》は男前《をとこまへ》がいゝぞ』といふのと、『俺《おれ》は粋《いき》な男《をとこ》だ』といふ三通《みとほ》りあると僕《ぼく》は思《おも》ふが。

年郎 さうでございませうね……。だから遊《あそ》びの初歩《しよほ》の方《かた》は、どうしても男《をとこ》で來《く》るなり、金《かね》で來《く》るなりしますわ。

長田 それから相當《さうたう》社會的《しやくわいてき》に地位《ちゐ》もあり金《かね》もある連中《れんちう》の中《なか》には『萬事《ばんじ》俺《おれ》に任《まか》せておけ』といふのがある、これが一番惡性《ばんあくせい》だね。

文代 そんな方《かた》ございますね。私達《わたしたち》いやだと思《おも》ひますことは、私達《わたしたち》の存《ぞん》じてゐるお客様《きやくさま》を『君《きみ》は誰々《だれ〳〵》を知《し》つてゐるね、彼奴《あいつ》いやな奴《やつ》だ』などとその方《かた》をさんざ惡《わる》くいつて、自分《じぶん》は傑《えら》いのだと云《い》はんばかりの方《かた》です。

長田 さういふ男《をとこ》はよくあるね。それからこ

々方の席出御

(順ハロイ)

小説家	長田幹彦
新橋・花増家	年郎
柳光亭	鏑木いと
目黒雅叙園	田中みゆき
フロリダ・ホール・ルーム	久保美智子
グランド銀座	桂子
赤坂・一芳川	文代
サロン春	順子

れは東京《とうきやう》よりもやはり上方《かみがた》に多《おほ》いが、矢鱈《やたら》に百圓札《ゑんさつ》など目《め》の前《まへ》で勘定《かんちやう》して見《み》せたり、ダイヤの指輪《ゆびわ》を見《み》せびらかせたりして、それで女《をんな》を誘惑《いうわく》しようとするのも可《か》なりありますな。

年郎 えゝございますわ、さういふのが一番淺《ばんあさ》ましいと思《おも》ひます。それと嫌《いや》なのはあまり名譽《めいよ》、地位《ちゐ》ばかりふりまはして人《ひと》を侮辱《ぶじよく》した様《やう》な態度《たいど》や、言葉遣《ことばづか》ひをする人《ひと》、こんな方《かた》きつと家庭《かてい》でも暴君《ぼうくん》ではないかしらと思《おも》ひますわ。

長田 それから『俺《おれ》の顔《かほ》はこんなに利《き》いてゐるぞ』といふやうな顔《かほ》をするのがあるね。一寸電話《ちよつとでんわ》をかけても『おい女將《おかみ》一寸《ちよつと》出て來《こ》い』といふやうな態度《たいど》をする。どうです柳光亭《りうくわうてい》さんなんかでは?

鏑木 私《わたし》どもの方《はう》へお出《いで》になる方《かた》は、大抵御《たいていご》身分《みぶん》がよく分《わか》つてをりますから……。

久保美智子樣

久保 踊《おど》りに來《く》る方《かた》で、すぐ活動《くわつどう》へ行《ゆ》かないかとか、飯食《めしく》ひに行《ゆ》かないかとか、一緒《しよ》にドライヴしようなどと誘《さそ》ふ人《ひと》がありますが、それが一番《ばん》いやですね。私《わたし》、好《す》きなのは、やつぱりあまり喋《しやべ》らない人《ひと》で、喋《しやべ》つても愉快《ゆくわい》に喋《しやべ》つてそして品《ひん》のいゝ方《かた》……。

長田 そりやさうだらう。

順子 私遊《わたしあそ》びにいらしつて奥様《おくさま》を悪《わる》くいふ方《かた》、初《はじ》めから好感《かうかん》がもてませんわ。

年郎 さうね、多少《たせう》家庭《かてい》の美《うつく》しいところを匂《にほ》はせるのは何《なん》となく床《ゆか》しいですわね。

順子 來《く》ると必《かなら》ず一度《ど》は奥様《おくさま》を讃《ほ》めて歸《かへ》る方《かた》がありますわ。(笑聲《せうせい》)

文代 でも、あまり殊更《ことさら》に奥様《おくさま》のことを讃《ほ》め上《あ》げるのも、どうかと思《おも》ひますわ。

年郎 さうね。これも程度問題《ていどもんだい》だわ。中《なか》には『この方少《かたすこ》し氣《き》が變《へん》なんぢやないかしら』と思《おも》ふ方《かた》もありますね。(笑聲《せうせい》)

順子 それからいやなのは浮氣《うはき》つぽい人《ひと》。『僕《ぼく》は自動車《じどうしや》を有《も》つてゐるぞ』といふやうな顔《かほ》をしたり、百圓札《ゑんさつ》でお釣《つり》を貰《もら》ふ人《ひと》。(笑聲《せうせい》)

順子樣

桂子 細《こま》かいお金《かね》があつてもさうする方《かた》ゐるわね。さういふ方《かた》に限《かぎ》つて明日《あす》すぐ拂《はら》ふお金《かね》ぢやないかしら……。(笑聲《せうせい》)百圓札《ゑんさつ》など一寸出《ちよつとだ》して見《み》せて『うん、まだいゝ』(笑聲《せうせい》)などといふのはいやですね。底《そこ》が知《し》れますわ。

順子 臍繰《へそく》りを眼鏡《めがね》のサックに入《い》れてゐる方《かた》や帽子《ばうし》の滑《すべ》り皮《かは》へ入《い》れていらつしやる方《かた》などあると、いやな氣持《きもち》になりますわ。(笑聲《せうせい》)

桂子 男《をとこ》の方《かた》でやたらに女《をんな》の着物《きもの》の柄《がら》を褒《ほ》めたり、髮《かみ》の恰好《かつかう》がどうだとか仰言《おつしや》る方《かた》、何《なん》だか好《す》きませんわ。

順子 さうよ、そんな小《ちい》さな事《こと》にこだはらず、やはり男《をとこ》らしく、ドッシリしてゐて而《しか》も親切《しんせつ》な方《かた》がいゝわ。

長田 なか〳〵注文《ちうもん》がむづかしいね。(笑聲《せうせい》)どうです雅叙園《がじよゑん》さんなんかで、宴會《えんくわい》で一番《ばん》困《こま》る男《をとこ》の客《きやく》は……。

田中 私共《わたしども》の方《はう》は大《おほ》きい宴會《えんくわい》が毎日《まいにち》のやうにございますが、困《こま》るといふお客樣《きやくさま》は滅多《めつた》にございません。まあ時間《じかん》に遲《おく》れずお出《いで》になつて、お酒《さけ》の上《うへ》がよろしいのが一番《ばん》よく、歸《かへ》りも餘《あま》り長尻《ながじり》といふのは困《こま》りますね。

長田 お宅《たく》などでは女中《ぢよちう》さんに對《たい》して惡巫山《わるふざ》戲《け》をするお客《きやく》なぞは無《な》いでせうな。

田中 お家族連《かぞくづれ》の方《かた》や、大《おほ》きい宴會《えんくわい》が多《おほ》うございますから、さう言《い》ふ方《かた》は少《すく》なうございます。

遊《あそ》びの目的《もくてき》は？

長田 一體《たいこ》此の頃《ごろ》の傾向《けいかう》として、どういふ氣《き》持《もち》で、又《また》どういふ目的《もくてき》で遊《あそ》びに行《ゆ》く人《ひと》が多《おほ》いか、それを研究《けんきう》して見《み》たいですな。つまり家庭《かてい》の憂晴《うさはら》しか、或《あるひ》は商賣《しやうばい》が面白《おもしろ》く行《ゆ》かない故《せゐ》か、或《あるひ》は本當《ほんたう》の遊蕩兒《いうたうじ》か——。

記者 よく世間《せけん》には何不足《なにふそく》のないやうな立派《りつぱ》な奧《おく》さんを持《も》ちながら、カフェーや料理屋《れうりや》に入《い》り浸《びた》る男《をとこ》が可《か》なりありますね。

順子 何《なに》しにカフェーへいらしつたのか分《わか》ら

ない。唯漠然《たゞばくぜん》と來《き》て、漠然《ばくぜん》と歸《かへ》るお客様《きやくさま》がありますね。而《しか》も毎日《まいにち》一度《ど》來《こ》なければ氣《き》が濟《す》まないといふ人《ひと》もゐますね。(笑聲《せうせい》)

田中 只何《たゞなん》となく氣分《きぶん》を味《あぢは》ひにいらつしやる譯《わけ》でございませうね。

鏑木 やはり家庭《かてい》の御不滿《ごふまん》からいらつしやる方《かた》が多《おほ》いでせうか。

田中 それもかなりございませうね。

長田 カフエーで澤山《たくさん》遣《つか》ふ人《ひと》で、どの位《くらゐ》なのがあるかね。

順子 百圓位《ゑんぐらゐ》使《つか》つた方《かた》を知《し》つてゐますわ、大勢連《おほぜいつ》れていらつしやればそれ位《くらゐ》かゝるでせう。

桂子 三十圓《ゑん》、四十圓位《ゑんぐらゐ》使ふ人《ひと》はざらね。

文代樣

年郎樣

長田 初《はじ》めての客《きやく》が三十圓以上《ゑんいじやう》使《つか》つたら、警察《けいさつ》に屆《とゞ》けなければならぬ義務《ぎむ》が君達《きみたち》にあるんだね。ダンス・ホールで一番使《ばんつか》ふ人《ひと》は?……。

久保 ダンス・ホールなんかで使《つか》ふ高《たか》は知《し》れてゐますわ、チケットを一枚《まい》づつやつて休《やす》みなしに踊《をど》つたら百枚位《まいぐらゐ》のものでせう。すると一枚《まい》二十五錢《せん》で二十五圓《ゑん》ですね。とてもそんな方《かた》ありませんわ。尤《もつと》も一度《ど》に澤山《たくさん》チケットをやれば切《き》りはありませんけど……。(笑聲《せうせい》)

鏑木 ダンス・ホールへ行《ゆ》く人《ひと》はどんな人《ひと》が多《おほ》いですか?

久保 まあ踊《をど》りが好《す》きで來《く》る方《かた》と、明《あか》るい朗《ほが》らかな氣分《きぶん》が好《す》きで來《く》る方《かた》と、運動《うんどう》の爲《ため》に來《く》る方《かた》と、交際《つきあひ》で來《く》る方《かた》と、誰《だれ》かゞ好《す》きで來《く》る方《かた》といろ〳〵あると思《おも》ひますわ。

年郎 私《わたし》の方《はう》なんかへも只何《たゞなん》となく雰圍氣《ふんゐき》が好《す》きでいらつしやる方《かた》、女《をんな》が好《す》きでいらつしやる方《かた》、お酒《さけ》をのむのが好《す》きでいらつしやる方《かた》、それから家庭《かてい》の不和《ふわ》でいらつしやる方《かた》もあると思《おも》ひますわ。

順子　中《なか》には初《はじ》めていらしつて直《す》ぐいろ〱と厭《いや》らしいことを仰有《おつしや》る方《かた》がございますもの――。(笑聲《せうせい》)あんな方《かた》、氣持《きもち》が分《わか》りませんわ。

桂子　大抵《たいてい》そんな方《かた》は眞劍味《しんけんみ》がないから、長《なが》續《つゞ》きはしませんね。

年郎　さういふ男《をとこ》はきつと家庭《かてい》に於《おい》ても浮薄《ふはく》ではないかしら。一體《たい》に男《をとこ》の人《ひと》つて浮薄《ふはく》ね。

長田　それは敢《あへ》て辯解《べんかい》しません。(笑聲《せうせい》)どういふ點《てん》が浮薄《ふはく》ですか。

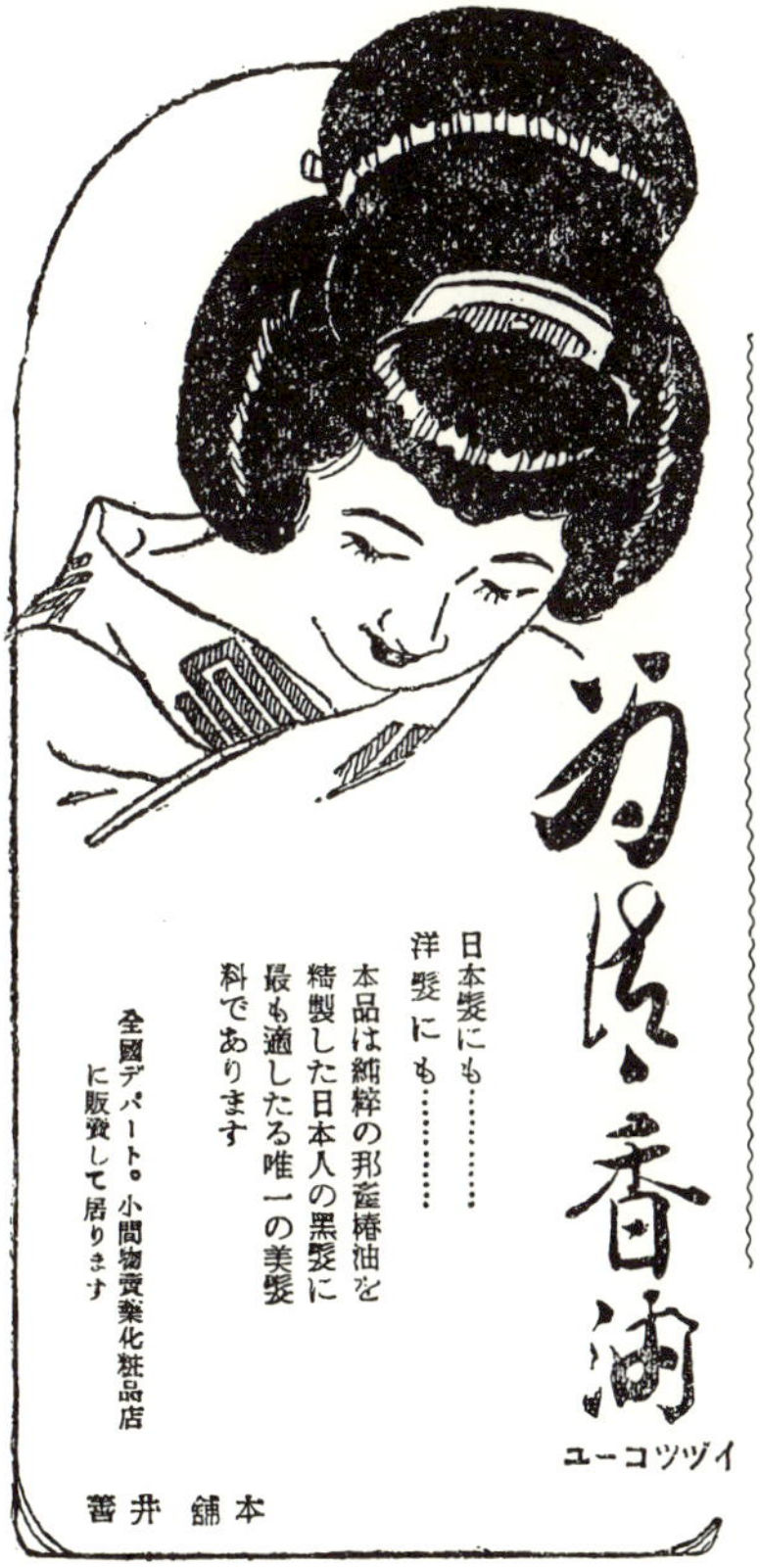
イヅツコーユ
日本髮にも………
洋髮にも…………
本品は純粹の邦產椿油を精製した日本人の黑髮に最も適したる唯一の美髮料であります
全國デパート。小間物賣藥化粧品店に販賣して居ります
本舗　井善

年郎　腹《はら》と口先《くちさき》とが一寸違《ちよつとちが》ひます。

順子　私《わたし》、男《をとこ》の人《ひと》で何《な》んでもかんでも體裁《ていさい》をつくつて噓《うそ》をつく方《かた》が一番嫌《ばんきら》ひ……。

桂子　私《わたし》もそれが一番《ばん》いや、赤裸々《せきらゝ》の方《かた》が一番《ばん》いゝですね。來《く》る度《たび》に衣裳《いしやう》を替《か》へていらつしやる方《かた》はいやです。やはり身分相應《みぶんさうおう》の服裝《なり》をして、身分相應《みぶんさうおう》のお金《かね》をお遣《つか》ひになる方《かた》がいゝですね。

長田　久保《くぼ》さんどうです。あなたは踊《おど》つてゐるのだから、話《はなし》の交渉《かうせふ》は少《すく》いだらうが、始《し》終洋服《じうやうふく》を着替《きか》へて來《く》るといふ客《きやく》はありますか？

久保　それはあります。あまり氣取《きど》りやさんは好《す》きませんわ。

長田　この頃《ごろ》どうも洋服《やうふく》の拵《こしら》へやうが荒《あら》つぽくなつて來《き》たなと思《おも》へる場合《ばあひ》には、家庭婦《かていふ》人《じん》は少《すこ》し警戒《けいかい》せねばならぬことになる。尤《もつと》も今《いま》は月賦制度《げつぷせいど》などといふうまいことが出《で》來《き》て、人目《ひとめ》につかず出來《でき》るには出來《でさ》るが。(笑聲《せうせい》)それから男《をとこ》の三十五、六が一番危機《ばんきき》だと思《おも》ひますね。その頃《ころ》からいやに洒落《しやれ》だすのと、いやに儲《まう》けたがるのとがある。これ等《ら》は危險《きけん》ですね。

順子　だけど私《わたし》、ワイシヤツやカラーなどの汚《きたな》いのはいやですね。

年郎　私《わたし》も會《あ》つた時《とき》に、先《ま》づそこを一番氣《ばんき》にしますわ。

順子　何《なん》となく汚《きたな》い感《かん》じのする人《ひと》と、ちつともかまはない癖《くせ》に、何《なん》となく小《こ》ざつぱりした方《かた》とありますね。

文代　何《なん》といつても身綺麗《みぎれい》にしてゐる方《かた》が一番《ばん》いゝですわ。

桂子　ワイシヤツやカラーなど垢《あか》じみて汚《きたな》いのを着《つ》けてゐる旦那樣《だんなさま》を見《み》るとその方《かた》の奧《おく》

さんがほゞ想像出來《さうざうでき》ますね。

順子 あまりしげ〳〵とお出《いで》になる方《かた》に、『奥《おく》樣《さま》はどうですの』とお伺《うかゞ》ひしますと、『何《なに》、家《うち》のはぼんやりだから構《かま》はんよ』などと仰《おつ》しやる方《かた》がありますわ。（笑聲《せうせい》）

年郎 それはよくありますが、あまり感心《かんしん》しませんね。

桂子 だけどお客《きやく》樣《さま》のお顏《かほ》を一目《ひとめ》見《み》れば、出難《でにく》いところをいらしつたかどうかといふことは大抵《たいてい》分《わか》りますわ。

長田 それから一體《たい》に男《をとこ》といふものは外《ほか》に好《す》きな女《をんな》が出來《でき》て通《かよ》ふやうになると、これまでよりも殊更《ことさら》に奧《おく》さんを可愛《かあい》がるのと、俄《には》かに冷淡《れいたん》になるのと二種類《しゆるゐ》あるらしいね。だが、內《うち》と外《そと》と兩方《りやうはう》に良《い》いといふのもあるな。

桂子 實《じつ》はさういふ方《かた》が可《か》成多《なりおほ》いのではないでせうか。

桂子樣

男《をとこ》の喜《よろこ》ぶサービス法《はふ》

長田 それからあなた方《がた》の經驗《けいけん》で、男《をとこ》にはどういふサービスをしたら一番喜《ばんよろこ》ぶかといふやうなことは、御商賣柄《ごしやうばいがら》一番研究《ばんけんきう》が行屆《ゆきとゞ》いてゐることと想像《さうざう》されるが、其《そ》の邊《へん》について具體《ぐたい》的《てき》な話《はなし》をしてくれませんか。これは世《よ》の奥樣方《おくさまがた》にも相當參考《さうたうさんかう》にならうと思《おも》ふから……。

順子 人《ひと》によりますわね。だけど先《ま》づ大體《だいたい》に於《おい》て女《をんな》らしい氣持《きもち》で接《せつ》することですね。それと何時《いつ》會《あ》つても可愛《かあい》らしいといふ感《かん》じを持《も》たせるといふことが一番大事《ばんだいじ》でせうね。

田中 その人《ひと》の性質《せいしつ》に逆《さから》はないで、心《こゝろ》から親《しん》切《せつ》にして上《あ》げるといふことが一番大切《ばんたいせつ》ではないでせうか。

年郎 とにかく來《く》るお客樣《きやくさま》は千差萬別《せんさばんべつ》なんですから、例《たと》へばダンスの話《はなし》も、小說《せうせつ》の話《はなし》も或《あるひ》は野球《やきう》の話《はなし》も、例《たと》へ淺《あさ》くとも廣《ひろ》く知《し》つてゐて、相手《あひて》の氣持《きもち》を素早《すばや》く認識《にんしき》して、それにばつを合《あは》せて行《ゆ》くことも一つの手段《しゆだん》でせうね。

桂子 私《わたし》お客樣《きやくさま》に長《なが》く來《き》て戴《いたゞ》くには、どうしても話《はなし》がうまく出來《でき》ねばならぬと思《おも》ひますわ。手《て》を握《にぎ》つたなどでは直《す》ぐ飽《あ》きられてしまひますもの……。

文代 私達《わたしたち》だつてさうですわ。どうしても始《し》終修養《じうしうやう》して、話《はな》せる女《をんな》になるといふことが一番《ばん》でございますね。

137　「男ごころの裏おもて座談会」　長田幹彦、年郎、鏑木いと、田中みゆき　ほか　『婦人倶楽部』昭和9年12月1日

鏑木　家庭生活《かていせいくわつ》に於《おい》てもそれと同樣《どうやう》、旦那樣《だんなさま》のよき話相手《はなしあひて》になるといふことは、奧樣《おくさま》としてもつとも大事《だいじ》なことと思《おも》ひます。

長田　さうです。だから主婦《しゆふ》たるものは新聞《しんぶん》を讀《よ》み、雜誌《ざつし》を讀《よ》みして常識《じやうしき》を廣《ひろ》め良人《をつと》に對《たい》してのよき話題《わだい》を持《も》つことに十分努《ぶんつと》めて貰《もら》ひたいと思《おも》ひますね。

田中　御家庭《ごかてい》の奧《おく》さんとしては、今主人《いましゆじん》がどんな氣持《きもち》でゐるかといふことが、一目見《ひとめみ》て察《さつ》しがつき、それに對《たい》して上手《じやうづ》にバツを合《あは》せて行《ゆ》くといふこと、是《これ》も大切《たいせつ》なことと思《おも》ひますね。

桂子　お店《みせ》が終《をは》る頃《ころ》『これから君《きみ》、おでん屋《や》へ附合《つきあ》へ』など仰言《おつしや》るお客樣《きやくさま》がありますが、『私《わたし》、濟《す》みませんが附合《つきあ》へませんから』とお辭《ことは》りしますと、もう明日《あす》の晩《ばん》からは外《ほか》の人《ひと》に番《ばん》をさす方《かた》があります。何《なん》て淺《あさ》ましいお客《きやく》だらうと、いやな氣《き》がしますわ。

順子　そんな方《かた》は惡《わる》ずれしたお爺さんに多《おほ》いわね。

桂子　私母《わたしはゝ》と一緒《しよ》にゐますから歸《かへ》りが少《すこ》し遲《おく》れても心配《しんぱい》しますもの、一日《にち》の勤《つと》めを了《を》へて家《うち》へ歸《かへ》ると其《そ》の日《ひ》嬉《うれ》しかつたこと、悲《かな》しかつたことなど皆話《みなはな》します。それが一番樂《ばんたの》しみですわ。

順子　私《わたし》だつて家《うち》に年寄《としより》が待《ま》つてゐますので、そんなお附合《つきあ》ひなんか皆《みんな》お斷《ことは》りしてゐます。

久保　私《わたし》は兩親兄弟皆《りやうしんきやうだいみな》一緒《しよ》です。勤《つと》めを終《をは》つて家《うち》に歸《かへ》る時《とき》はいゝ氣持《きも》ちですね。

桂子　世間《せけん》の堅氣《かたぎ》な奧樣《おくさま》の中《なか》には女給《ぢよきふ》とさへ見《み》ればすぐ不良《ふりやう》のやうに思《おも》つてゐらつしやる方《かた》がありますが、そりや大勢《おほぜい》の中《なか》には、

どうかと思《おも》ふ方《かた》もあつて、仲間《なかま》の信用《しんよう》を落《おと》すことも偶〻《たまたま》ありますが、凡《すべ》てを同列《どうれつ》に見《み》られては、眞面目《まじめ》に勤《つと》めてゐるものにとつて心外《しんぐわい》ですわ。

順子　全《まつた》くですね。女給《ぢよきふ》なんか金《かね》さへ出《だ》せば……といふやうな考《かんが》へを持《も》つてゐらつしやる方《かた》もあるんですから、憂鬱《いううつ》ですわね。

久保　何《なん》の商賣《しやうばい》でも同《おな》じですわ、二三の不心得《ふこゝろえ》な人《ひと》の爲《ため》に、正《たゞ》しいものまでが誤解《ごかい》されることが一番殘念《ばんざんねん》だと思《おも》ひます。

長田　大《おほ》きい料理屋《れうりや》などへは婚禮《こんれい》で行《い》つたりして或程度《あるていど》分《わか》るけれども、カフエーは數《かず》も多《おほ》いし一般家庭《いつぱんかてい》と遮斷《しやだん》されてゐるので、天《てん》から惡《わる》い所《ところ》だと思《おも》つてゐる奥《おく》さんが多《おほ》いね。

鏑木いと樣

田中みゆき樣

悋氣《りんき》は女《をんな》の禁物《きんもつ》

長田　例《たと》へば宴會《えんくわい》でもあるやうな時《とき》には『お鬚《ひげ》を剃《そ》つてお出《いで》なさいよ』といふやうにするのが、家庭婦人《かていふじん》としての一番《ばん》理想的《りさうてき》な態度《たいど》と思《おも》ふが、それどころか、今晩《こんばん》どこそこの宴會《えんくわい》にでも行《ゆ》くとなると、わざと惡《わる》い下駄《げた》を出《だ》すといふ手嚴《てきび》しい奥《おく》さんもある。(笑聲《せうせい》)

年郎　『着物《きもの》もこれで我慢《がまん》なさいよ』などといふのがあるさうですね。私《わたし》奥樣《おくさま》だつたら綺《き》麗《れい》にして出《だ》して上《あ》げたいと思《おも》ひますわ。

長田　井上正夫《ゐのうへまさを》君《くん》がいつてゐるが『女房《にようばう》は最《さい》近《きん》浴衣《ゆかた》の糊臭《のりくさ》くなつた』と、なるほどいゝことをいつてゐますよ。子供《こども》が出來《でき》るとどうも家庭婦人《かていふじん》はさうなり勝《が》ちなんです。そこで主人《しゆじん》に女《をんな》でも出來《でき》ると、慌《あは》ててお化粧《けしやう》などを始《はじ》める。(笑聲《せうせい》)

桂子　平常《ふだん》から奥樣《おくさま》は、お酒落《しやれ》といふ程《ほど》でなく、ちやんと身綺麗《みぎれい》にしていらつしやるこ

139 「男ごころの裏おもて座談会」 長田幹彦、年郎、鏑木いと、田中みゆき ほか 『婦人倶楽部』
昭和9年12月1日

とですね。

順子 子供《こども》が出來《でき》ると、異性同士《いせいどうし》といふ氣持《きもち》を忘《わす》れ勝《がち》なのね。

文代 家庭《かてい》の奥樣《おくさま》は、ある時《とき》は少《すこ》しくらゐ旦《だん》那樣《なさま》に甘《あま》えるとか、ある時《とき》はお母《かあ》さんのやうに、ある時《とき》はお友達《ともだち》のやうになるといふ風《ふう》に、氣持《きもち》を替《か》へなければなりませんね。

長田 その甘《あま》えるといふのはいゝ手《て》だが、人《ひと》によつては、それが仲々《なかなか》むづかしい事《こと》だな。

年郎 偶《たま》には旅行《りよかう》でもして新婚氣分《しんこんきぶん》に還《かへ》るといふこともいゝと思《おも》ひますわ。

長田 それはあなたの理想《りさう》ですよ。結婚《けつこん》して子供《こども》でも出來《でき》ると、仲々《なかなか》旅行《りよかう》にも連《つ》れて行《ゆ》けませんね。

年郎 旅行《りよかう》でなくとも、郊外散歩《かうぐわいさんぽ》だつていゝと思《おも》ひますわ。日曜《にちえう》なんかに御夫婦《ごふうふ》連《つ》れでお子《こ》さんのお手々《てて》をひいて郊外散歩《かうぐわいさんぽ》の風景《ふうけい》なんて素敵《すてき》ね。

桂子 さうですわ、あんな和《なご》やかないゝ氣持《きも》ちのものはありませんね。だから、奥樣《おくさま》といふものは、餘《あま》り臺所《だいどころ》にばかり燻《くすぶ》り切《き》つてゐないで、いつまでも若《わか》さを失《うしな》はず、氣持《きもち》の上《うへ》で朗《ほが》らかにして行《ゆ》くことが結局家庭圓滿《けつきよくかていゑんまん》のもとではないかと私思《わたしおも》ひますの……。

順子 旦那樣《だんなさま》の中《なか》には奥《おく》さんと一緒《いつしよ》に行動《かうどう》しようと思《おも》つてゐても、奥樣《おくさま》が變《へん》にぐづ〱して一緒《いつしよ》に出掛《でか》けられない方《かた》があります。さつさと仕度《したく》して、一緒《いつしよ》に遊《あそ》びに出掛《でか》けたらいゝと思《おも》ひますわ。

田中 それから、旦那樣《だんなさま》の方《はう》からも、家庭《かてい》にある奥樣《おくさま》を綺麗《きれい》にしてやりたいといふやうな思《おも》ひやりがほしいと思《おも》ひますね。

長田　結構《けつかう》ですな。食《た》べ物《もの》にしても自分《じぶん》が享《きやう》樂《らく》してゐる範圍《はんゐ》內《ない》のものは、必《かなら》ず家內《かない》にも享樂《きやうらく》させてやるといふことが必要《ひつえう》ですな。

鏑木　それだけの思《おも》ひ遣《や》りのある旦那《だんな》様《さま》ですと、奧様《おくさま》は幸福《かうふく》でございますね。

長田　安達謙藏《あだちけんざう》さんの奧様《おくさま》はお子《こ》樣《さま》が一人《ひとり》しかなく、今《いま》五十何歳《なんさい》ですが、いつも身綺麗《みぎれい》にしてゐて、繪《ゑ》がお上手《じやうづ》なので色紙《しきし》に繪《ゑ》を描《か》き『あなた、これに讃《さん》を書《か》いて下《くだ》さいません?』と旦那《だんな》様《さま》に仰言《おつしや》つてゐる。そんなところを見《み》ると、老後《らうご》は斯《か》くありたいものだと思《おも》ひますね。

順子　ところが、甘《あま》えるなんて、商賣人《しやうばいにん》の女《をんな》みたいでいやだ、と思《おも》つてゐらつしやる奧《おく》さんがかなりありますね。

桂子　概《がい》して餘《あま》り謹嚴《きんげん》すぎる奧様《おくさま》、嫉妬《しつと》深《ぶか》い奧様《おくさま》は旦那《だんな》樣《さま》を却《かへ》つて浮氣者《うはきもの》にするんぢやないでせうか。

田中　さうでございませうね。

文代　夫婦《ふうふ》がお互《たが》ひに信《しん》じ合《あ》ふことが第一《だいいち》に違《ちが》ひありませんが、奧《おく》さんが一寸《ちよつと》したことで脹《ふく》れたり、男《をとこ》みたいな態度《たいど》を取《と》つたりなさると、男《をとこ》の方《かた》は必《かなら》ず反抗的《はんかうてき》に遊《あそ》びに出《で》る様《やう》になつて來《く》ると思《おも》ひますね。

長田『悋氣《りんき》は女《をんな》の禁物《きんもつ》なり』と昔《むかし》から戒《いまし》められてゐるが、一般《はん》の女《をんな》はどうもプン／＼怒《おこ》りながら嫉《や》くですな。どうも怒《おこ》りながら嫉《や》いては效果《かうくわ》が薄《うす》い。笑《わら》ひながらあつさりと嫉《や》く、この方《はう》が却《かへ》つて效果的《かうくわてき》ではないかと思《おも》ふね。

文代　やきもちは狐色《きつねいろ》になどと申《まう》しますものね。それを、良人《をつと》を恥《はつ》かしめてやらうといふつまらぬ考《かんが》へから、人前《ひとまへ》でお嫉《や》きになることは、いけませんね。それは良人《をつと》ばかりの不面目《ふめんぼく》でなしに、奧様御《おくさまご》自身《じしん》の不面目《ふめんぼく》はより以上《いじやう》だと思《おも》ひますね。

長田　大體浮氣者《だいたいうはきもの》の主人《しゆじん》にはやきもち燒《やき》の奧《おく》さんがつきものだね。役者《やくしや》の細君《さいくん》なんかは嫉妬《やきもち》を嫉《や》いてゐたらきりがない。それこそ毎晩血塗《まいばんちみどろ》になつて喧嘩《けんくわ》しなければならぬ。それで昔《むかし》、かういふことをやつた實例《じつれい》がある。夫《をつと》の歸《かへ》る間《あひだ》、細君《さいくん》は晩飯《ばんめし》に餘《あま》つた御飯《ごはん》を小《ちひ》さいお握《にぎ》りにして、それを弱火《とろび》にかけて、醬油《しやうゆ》を付《つ》けてはこんがり燒《や》く。つまり燒《や》いてゐる中《うち》に嫉妬《やきもち》を米《こめ》の方《はう》へ移《うつ》すんだね。(笑聲《せうせい》)さうして亭主《ていしゆ》が歸《かへ》つて來《き》た時《とき》に、それを茶碗《ちやわん》に入《い》れ、口《くち》をつけて熱《あつ》くない程度《ていど》のお湯《ゆ》をかけて出《だ》す。役者《やくしや》にしても家《うち》へ歸《か》る頃《ころ》は非常《ひじやう》に腹《はら》が減《へ》つてゐるから、美味《おい》しく食《た》べる。同時《どうじ》に、これを燒《や》くのは大變《たいへん》だつたらうと思《おも》ひやりの氣持《きもち》になる。これが昔《むかし》の役者《やくしや》の妻《つま》の道德《だうとく》だつたんです。現代《げんだい》の新家庭《しんかてい》の奧《おく》さんにそんな事《こと》をいつたら怒《おこ》られるが、併《しか》しその位《くらゐ》の心持《こゝろもち》だけは家庭婦《かていふ》人《じん》として持《も》つてゐて貰《もら》ひたいと思《おも》ひます。

夫《をつと》の浮氣《うはき》防止《はうし》法《はふ》

141　「男ごころの裏おもて座談会」長田幹彦、年郎、鏑木いと、田中みゆき　ほか『婦人倶楽部』昭和9年12月1日

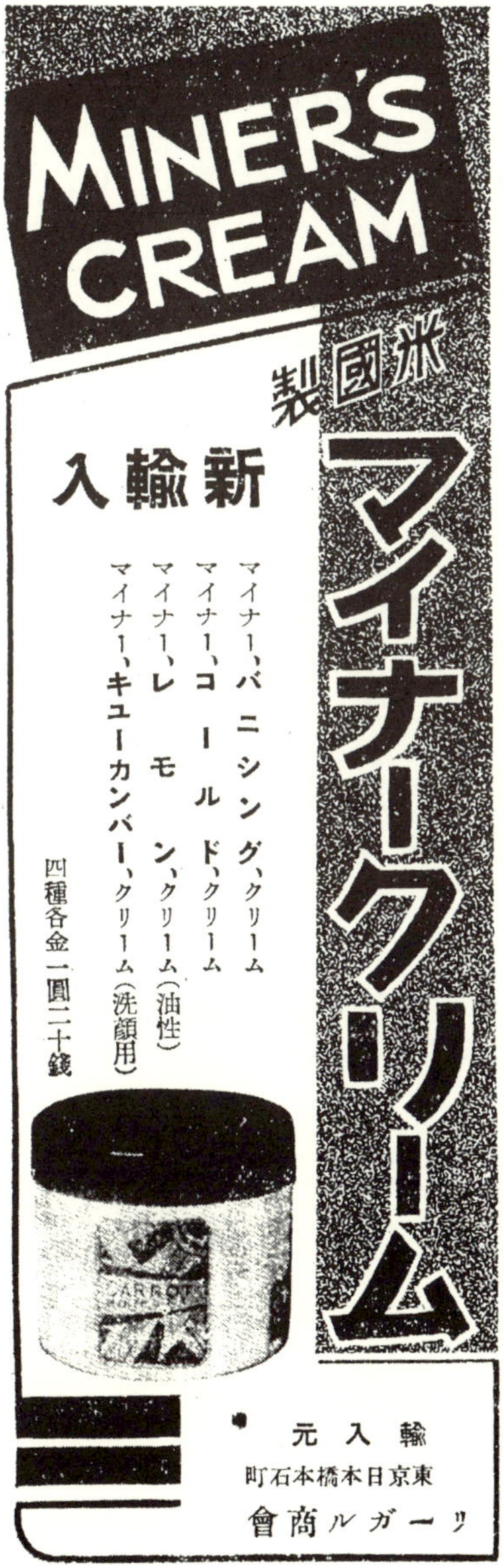

園子　中《なか》には御《ご》夫婦でとても仲《なか》よく、御《ご》一緒にいらつしやる方《かた》がありますわ。料理屋《れうりや》なり、カフエーなりへ偶《たま》には奥様《おくさま》をお連《つ》れになつて、そこの雰圍氣《ふんゐき》を知《し》らせて上《あ》げるといふことは、よいことではないかと思《おも》ひます。

長田　良人《をつと》が家庭《かてい》に落《おち》つかず、外《そと》に出《で》たがる一面《めん》には家《うち》の食事《しよくじ》の不味《まづ》い故《せゐ》もあると思《おも》ひますね。何事《なにごと》も儉約《けんやく》はしなければならないが、食物費《しよくもつひ》まで極端《きよくたん》に儉約《けんやく》することは、保《ほ》健上《けんじやう》からも考《かんが》へなければならぬことです。一般家庭では例へ同じ材料を使つても本職には及《およ》ばないから、經濟《けいざい》が許《ゆる》せば、夫婦《ふうふ》で料理屋《れうりや》へ行《い》つて、享樂《きやうらく》しながら料理《れうり》を覺《おぼ》える。これは一擧兩得《きよりやうとく》といふものですね。

田中　私《わたし》の方《はう》へも、さういふ目的《もくてき》でお見《み》えになり『この料理《れうり》はどうしてつくるのだ』とお尋《たづ》ねがありますので、よくお敎《をし》へして居《を》ります。

文代　さういふお方《かた》にお會《あ》ひしますと、私達《わたしたち》何《なん》となく親《した》しいやうな懷《なつか》しいやうな思《おも》ひがします。私《わたし》の存《ぞん》じ上《あ》げてゐるある旦那《だんな》様《さま》、とても浮氣《うはき》なんですが、その奥様が大變お利巧《りこう》なんです。その奥様《おくさま》が何《なん》とかして旦那《だんな》様《さま》に變《へん》な間違《まちが》ひを起《おこ》したくないとお考《かんが》へになつて、いろ〳〵の所《ところ》へ一緒《しよ》に行《ゆ》かれ、『好《す》きな人《ひと》があつたら仰言《おつしや》つて下《くだ》さい』といふのです。それから旦那《だんな》様《さま》に一人《ひとり》の好《す》きな人《ひと》が出來《でき》たんです。ところがその旦那《だんな》様《さま》の好《す》きな人《ひと》は、奥様《おくさま》を庇《かば》ふやうにするので、奥《おく》様《さま》の方《はう》でも御自分《ごじぶん》から進《すす》んで旦那《だんな》様《さま》との間《あひだ》を取持《とりも》つやうな風《ふう》が見《み》えるんです。それで旦那《だんな》様《さま》は却《かへ》つて非常《ひじやう》にお堅《かた》くなつてしまつ

たのですが、その奥様《おくさま》は、ほんとにお利巧《りこう》だと思《おも》ひます。

長田 浮氣《うはき》を封《ふう》じたいゝ實例《じつれい》ですね。兎《と》に角《かく》女同士《をんなどうし》といふものは妙《めう》に共鳴性《きやうめいせい》があるので男《をとこ》にどんな好《す》きな女《をんな》が出來《でき》ても、奥《おく》さんがその女《をんな》と近《ちか》づきになつたらもう駄目《だめ》です。これは浮氣《うはき》退治《たいぢ》の一番《ばん》いゝ手《て》です。

鏑木 私《わたし》の方《はう》などへは、何《なに》か餘興《よきやう》でもございますと始終《しじう》御一緒《ごいつしよ》にお出《いで》になります。とても皆様《みなさま》の御家庭《ごかてい》と、しつくりしてをりますから氣持《きもち》がよろしうございます。お勘定《かんぢやう》にしても奥様《おくさま》がお拂《はら》ひになります。

長田 奥《おく》さんはお料理《れうり》や藝者衆《げいしやしう》のことなどはあまり知《し》らなくとも、お料理屋《れうりや》の勘定《かんぢやう》は奥《おく》さんから貰《もら》ふのが一番理想的《ばんりさうてき》だと思《おも》ひます。けれどもインチキな所《ところ》へ行《ゆ》くと、それが出來《でき》ません。何《なん》といつても一番家庭《ばんかてい》で問題《もんだい》になるのは經濟問題《けいざいもんだい》です。それを奥《おく》さんにハツキリさせない主人《しゆじん》は一寸信頼出來《ちよつとしんらいでき》ません な。『僕《ぼく》は今日《けふ》グランド銀座《ぎんざ》へ行《い》つて來《き》た』とか『あそこには綺麗《きれい》な女《をんな》がゐたよ』とか『今日《けふ》はいくら使《つか》つて來《き》たよ』などと奥《おく》さんの前《まへ》で平氣《へいき》で話《はな》せる夫婦《ふうふ》は幸福《かうふく》だと思《おも》ふね。

桂子 夫婦間《ふうふかん》の眞《しん》の理解《りかい》が出來《でき》てゐるからでございますわね。

長田 これは僕《ぼく》の氣持《きもち》だが、妻君《さいくん》といふものは勿論從順《もちろんじうじゆん》でなくてはならないが、同時《どうじ》に時々《ときどき》は頭《あたま》を上《あ》げて貰《もら》ひたいと思《おも》ふ。徒《いたづら》に盲目《もうもく》の忍從《にんじう》でなく、常《つね》に愛情《あいじやう》と理智《りち》とに目《め》覺《さ》めて夫《をつと》のよき伴侶《はんりよ》であつてほしいと思《おも》ふ。自分《じぶん》の女房《にようばう》のことをいふのもをかしいが、私《わたし》は死《し》ぬ時《とき》に『彼女《かのぢよ》と俺《おれ》はよき平行線《へいかうせん》であつた』といふことを遺言《ゆゐごん》して、それを墓《はか》に刻《きざ》みつけたい位《くらゐ》に思《おも》つてゐます。

久保 理想的《りさうてき》ね。(笑聲《せうせい》)

長田 皆《みな》さんが若《も》し奥《おく》さんになつたとして、御主人《ごしゆじん》が浮氣《うはき》したら、どうします。

順子 それこそ全力《ぜんりよく》を擧《あ》げて取戻《とりもど》しますわ。例《たと》へば良人《をつと》が内《うち》にゐる時《とき》は、子供《こども》よりも良《をつと》人第一《だい》のサービスして……。(笑聲《せうせい》)

桂子 私《わたし》、主人《しゆじん》が浮氣《うはき》するのは、兎《と》に角自分《かくじぶん》に氣《き》に入《い》らないところがある筈《はず》ですから、そこを遠慮《ゑんりよ》なく云《い》つて貰《もら》つて、素直《すなほ》に改《あらた》めたいと存《ぞん》じますわ。

長田 どうも家《うち》の家内《かない》に段々《だん〳〵》浴衣《ゆかた》の糊の臭《にほ》ひ

143　「男ごころの裏おもて座談会」　長田幹彦、年郎、鏑木いと、田中みゆき　ほか　『婦人倶楽部』
昭和9年12月1日

がする。これを所謂《いはゆる》夫婦《ふうふ》倦怠期《けんたいき》といふのだが、さうなると男《をとこ》は始終《しじゆう》花園《はなぞの》にゐたいと思《おも》ふやうになる……。

年郎　男《をとこ》つてものは、始終《しじゆう》好奇心《かうきしん》に驅《か》られてゐる譯《わけ》ですね。

順子　古《ふる》いのを捨《す》てて、新《あたら》しいものに行《ゆ》かうとするんですね。一寸淋《ちよつとさび》しいわ。

長田　自分《じぶん》の香水《かうすゐ》より他人《ひと》の香水《かうすゐ》が欲《ほ》しいといふ氣持《きもち》です。たとへ、家内《かない》と同《おな》じ香水《かうすゐ》をつけてゐても、外《ほか》の女《をんな》の香水《かうすゐ》が遙《はる》かに魅力《みりよく》があるといふ譯《わけ》です。兎《と》に角性的《かくせいてき》に滿足出來《まんぞくでき》る夫婦《ふうふ》は一番《ばん》仕合《しあは》せです。

年郎　結局《けつきよく》そこへ行《ゆ》くのでせうね。

長田　それからどうも家庭婦人《かていふじん》といふものは子供《こども》が出來《でき》たら捨《す》てられないといふ安心《あんしん》が出《で》て來《く》るのです。だからいつでも朝《あさ》は主人《しゆじん》より先《さき》に起《お》きること、朝始《あさはじ》めて顏《かほ》を見《み》せる前《まへ》に、水白粉《みづおしろい》くらゐつけておくことが大切《たいせつ》です。髮《かみ》をボウ〳〵として小汚《こぎたな》い乳《ちゝ》を出《だ》して、子供《こども》を抱へ臺所《だいどころ》の方《はう》へ向《む》かつて『八百屋《やをや》さん、お勘定《かんぢやう》は來月《らいげつ》にしておくれ』などといふのは色氣《いろけ》がないですよ。（笑聲《せうせい》）

文代　男《をとこ》としては、『俺《おれ》がこれほど働《はたら》いて、これほど收入《にふ》を得《え》て、お前達《まへたち》の生活《せいくわつ》を安定《あんてい》さしてやるんだ』といふ氣持《きも》ちがあるんですから、その氣《き》持《もち》を十分察《ぶんさつ》して家《か》庭《てい》を居心地《ゐごこち》よい世《せ》界《かい》にするといふ奧《おく》樣《さま》の心遣《こゝろづか》ひが必要《ひつえう》といふ譯《わけ》ですね。

溺《おぼ》れ易《やす》い男《をとこ》は？

長田　皆《みな》さんにはさういふ經驗《けいけん》があるかどうか分《わか》らないが、どういふ男《をとこ》が一番女《ばんをんな》に溺《おぼ》れ易《やす》いと思《おも》ひますか——。

年郎　よく若《わか》い時分《じぶん》に遊《あそ》んだ人《ひと》は年取《としと》つてから締《しま》るといひ、若《わか》い中《うち》に遊《あそ》ばないで年取《としと》つてから遊《あそ》び始《はじ》めると大變《たいへん》だと申《まう》しますね。

長田　疱瘡《はうさう》と同《おな》じやうに早《はや》くやつちまつた方《はう》がいいといふ譯《わけ》か。（笑聲《せうせい》）さういふ溺《おぼ》れ易《やす》い男《をとこ》は一遍嘗《ぺんな》つても分《わか》りませうね。

年郎　よく分《わか》ります。無理《むり》なお金《かね》を使《つか》ふ方《かた》、——さういふ方《かた》が溺《おぼ》れ易《やす》いのではないかと思《おも》ひますわ。

文代　それがありますわね。

年郎　それから有産階級《いうさんかいきふ》のお坊《ぼ》つちやん——さういふ人《ひと》は、自分《じぶん》で反省《はんせい》してやめるなどといふことはないですわね。金《かね》も時間《じかん》も自《じ》由《いう》ですから……。

文代　家庭不和《かていふわ》の人《ひと》も溺《おぼ》れ易《やす》いですね。

年郎　その實例《じつれい》がございます。それは私《わたし》の處《ところ》へ一年《ねん》もの間毎晩《あひだまいばん》の樣《やう》にいらつしやいましたがその奥《おく》さんといふのが、旦那《だんな》さんが八時頃《じころ》に歸《かへ》つても、もう寢《ね》てゐる、といふんです。いろ〳〵愚痴《ぐち》ばなしを聞《き》いて見《み》ると、確《たし》かに奥《おく》さんが惡《わる》いと思《おも》ひましたわ。

長田　それから非常《ひじやう》に虛榮《きよえい》の强《つよ》い亭主《ていしゆ》、『どこそこへ行《い》つてかういふ遊《あそ》びをした』といひたがつて、次々《つぎ〳〵》と無理《むり》をして遊《あそ》ぶ。それから女《をんな》の爲《ため》に見榮《みえ》をしたくなる人《ひと》、これが一番惡性《はんあくせい》ぢやないか。遊《あそ》びといふものは金《かね》がざぶ〳〵あつて遊《あそ》ぶのでは面白《おもしろ》くないといふ妙《めう》な心理《しんり》もある。

文代　ほんとうに、無理《むり》をして遊《あそ》ぶのが面白《おもしろ》いらしいのですね。

年郎　さうでせうね。お金持《かねもち》は欲《ほ》しいものはいつでも買《か》へると思《おも》ふから買《か》ひたくない。それですわね。

長田　金《かね》があつて遊《あそ》ぶのに、金《かね》があるんだぞといふ風《ふう》で遊《あそ》ぶのと、あればあるほどケチ臭《くさ》く遊《あそ》ぶのと、二種類《しゆるゐ》あるね。それも一つの虛榮《きよえい》です。

年郎　そんなのありますわ、憎《にく》らしいわね。

順子　カフエーなんかで、隅《すみ》つこの方《はう》のテーブルに陣取《じんど》つて、お酒《さけ》なんか飲《の》みながら、ニヤ〳〵なさる方《かた》、ちよつと危險《きけん》ぢやないかしら。（笑聲《せうせい》）

桂子　さうね。そんな方《かた》性來《せいらい》內氣《うちき》で、陰性《いんせい》の方《かた》に多《おほ》いと思《おも》ふわ。やはり誰憚《たれはゞか》らず私達《わたしたち》に對《たい》して輕《かる》い冗談口《じやうだんぐち》くらゐ利《き》ける方《かた》は腹《はら》に野心《やしん》のない證據《しようこ》で、溺《おぼ》れないシツカリした方《かた》ではないかと思《おも》ひますね。

記者　どうも皆《みな》さん、お忙《いそが》しいところを長時間《ちやうじかん》有難《ありがた》うございました。ではこの邊《へん》で閉會《へいくわい》といたします。

145　「徳富蘇峰先生と吉屋信子女史の女性問答」　徳富蘇峰、吉屋信子　『婦人倶楽部』昭和10年3月1日

徳富《とくとみ》蘇峰《そほう》先生《せんせい》と吉屋《よしや》信子《のぶこ》女史《ぢよし》の女《ぢよ》性《せい》問《もん》答《だふ》

吉屋　先生《せんせい》、暫《しばら》くでございました。

徳富　よくいらつしやいました。始終《しじう》お會《あ》ひしたいと思《おも》ひながら、かういふ機會《きくわい》でもないとなか〳〵お目《め》にかゝれません。この間《あひだ》あなたは講談社《かうだんしや》で上手《うま》いテーブル・スピーチをやられたつてね。

吉屋　先生《せんせい》、何《なん》でもよく御存《ごぞん》じで——。

徳富　私《わたし》はまだ講談社《かうだんしや》の新築社屋《しんちくしやをく》へは行《い》つてみませんが、その内《うち》に是非《ぜひ》行くつもりです。先日《せんじつ》のテーブル・スピーチによると、何《なに》か皆《みんな》があなたに結婚《けつこん》を申《まう》し込《こ》むだらうとかいふことでしたね。

(註。講談社《かうだんしや》で文壇知名《ぶんだんちめい》の士《し》の招待宴《せうたいえん》があつた際《さい》のテーブル・スピーチで、吉屋先生《よしやせんせい》が、その宴席《えんせき》で女流作家《ぢよりうさくか》としてたゞお一人《ひとり》だつたから、もし今夜《こんや》地震《ぢしん》があつて、世界中《せかいぢう》の人類《じんるゐ》が滅《ほろ》び、たゞこの講談社《かうだんしや》の建築《けんちく》がよくて残《のこ》つたとしたら——野間社長《のましやちやう》を初《はじ》め、ぞく〳〵と皆私

に組織をお申込みになるだらう、と滿場を笑聲と拍手でゆるがせた、そのお嬢です。）

吉屋 あの宴會《えんくわい》で、女《をんな》は私一人《わたしひとり》だつたのですもの。

徳富 それだつたら無論私《むろんわたし》も申込《まうしこ》むね。（笑聲《せうせい》）

吉屋 ぢや今《いま》から豫約《よやく》しておいていたゞきませうか。（笑聲《せうせい》）

徳富 吉屋《よしや》さんに結婚《けつこん》を申込《まうしこ》めば養《やしな》つていただけるんだらう。

吉屋 まあ、ガッチリしていらつしやる。（笑聲《せうせい》）

徳富 どのくらゐ樂《らく》か知《し》れません。

吉屋 結婚《けつこん》したら私《わたし》は有閑夫人《いうかんふじん》で、遊《あそ》んでゐて、先生《せんせい》に稼《かせ》いでいたゞきますわ。

徳富 一月《ひとつき》あなたが稼《かせ》ぎ、一月私《ひとつきわたし》が稼《かせ》ぐといふやうなこともいいですね。（笑聲《せうせい》）いろ〳〵あなたの書《か》かれるものを讀《よ》んだりするけれども、まだ吉屋《よしや》さんの何者《なにもの》たるかを聞《き》けずにゐたが、婦人倶樂部《ふじんくらぶ》の新年號《しんねんがう》を見《み》て漸《やうや》く分《わか》つたよ。ずつとお父《とう》さんと一緒《しよ》に歩《ある》いて女學校《ぢよがくかう》など轉々《てんてん》としておいでになつたこと、例《たと》へば山口縣《やまぐちけん》の生《うま》れで、新潟《にひがた》とか栃木《とちぎ》とか、いろ〳〵な所《ところ》をお歩《ある》きになつたことをすつかり今度《こんど》覺《おぼ》えてしまつたよ。

吉屋 どうも恐《おそ》れ入《い》ります。

女性尊重論者《フエミニスト》

吉屋 さて、先生《せんせい》、今日《けふ》は私《わたし》が何《なに》か先生《せんせい》にいろ〳〵お話《はなし》を訊《き》き出《だ》して、それを婦人倶樂部《ふじんくらぶ》へ載《の》せるんですつて。

徳富 さうですか、何《なん》でもいゝから訊《き》いて下《くだ》さい。

147　「徳富蘇峰先生と吉屋信子女史の女性問答」　徳富蘇峰、吉屋信子　『婦人倶楽部』昭和10年3月1日

吉屋　ではお伺《うかゞ》ひいたしますが、先生《せんせい》は一體《たい》女性尊重論者《フエミニスト》でいらつしやいますわね。だから私《わたし》のやうな者《もの》まで大事《だいじ》にして下《くだ》さる——。

徳富　私《わたし》は先天的《せんてんてき》の女性尊重論者《フエミニスト》です。といふのは、私共《わたしども》の家族《かぞく》は昔《むかし》から女《をんな》が偉《えら》い。女《をんな》がずつと家《うち》の中《なか》のことや何《なに》かやつてゐまして、私共《わたしども》の團體《だんたい》——といつては可笑《おか》しいが、横井小楠《よこゐせうなん》といふのを非常《ひじやう》に尊敬《そんけい》した一派《は》です。その小楠《せうなん》は女性尊重論者《フエミニスト》です。男女《だんぢよ》の差別《さべつ》をつけない。その門人《もんじん》の我々《われ〳〵》も、その家内《かない》も全部《ぜんぶ》この流《なが》れを汲《く》んでをります。で當然女《たうぜんをんな》といふ者《もの》は、いろ〳〵な問題《もんだい》に口《くち》を出《だ》すべき筈《はず》といふことが決《きま》つてゐるんですだから女性尊重論者《フエミニスト》たることは當《あた》り前《まへ》のことになつてしまふ。だから、吉屋《よしや》さんだけを特《とく》に尊敬《そんけい》するんぢやないんだよ。（笑聲《せうせい》）

吉屋　あゝ、少《すこ》しガッカリした——でも、その點《てん》よく分《わか》つてをりますわ。

徳富　無論《むろん》あなたは尊敬《そんけい》してゐるけれども外《ほか》の女《をんな》もやはり尊敬《そんけい》する。普通《ふつう》の人《ひと》は自分《じぶん》の特別愛《とくべつあい》する女《をんな》は非常《ひじやう》に大切《たいせつ》にする、だが、私《わたし》はさうぢやない。女《をんな》といふ者全體《ものぜんたい》を大切《たいせつ》にする。女《をんな》は偉《えら》いといふ考《かんが》へが先天的《せんてんてき》にある。

吉屋　熊本《くまもと》や鹿兒島《かごしま》は武士《ぶし》が非常《ひじやう》に幅《はゞ》を利《き》かせた所《ところ》ですから、女《をんな》は役《やく》に立《た》たないものとされてゐたのではないでせうか。

徳富　いやさうぢやない。それは非常《ひじやう》な誤解《ごかい》です。熊本《くまもと》や鹿兒島《かごしま》では、女《をんな》といふ者《もの》は非《ひ》常《じやう》に家庭《てい》で權威《けんゐ》を振《ふる》つてゐて、一般《ぱん》に女《をんな》を大切《たいせつ》にしました。私《わたし》の郷國《くに》熊本《くまもと》に犬追物《いぬおふもの》といふのがあります。御承知《ごしようち》の通《とほ》り犬《いぬ》を追《お》うて馬《うま》から弓《ゆみ》を射《ゐ》る、これは武士道《ぶしだう》のゲームとして武士教育《ぶしけういく》に大事《だいじ》なものです。それを私共《わたしども》の國《くに》で始《はじ》める時《とき》に、齋藤芝山《さいとうしざん》といふ偉《えら》い先生《せんせい》が、すつかりそのお母《かあ》さんとか、お婆《ばあ》さんとか、妹《いもうと》とか、奥《おく》さんとか婦人《ふじん》を招《せう》待《たい》してこれを見《み》せた。すると外《ほか》の人《ひと》が皆目《みなめ》を圓《まる》くして考《かんが》へた。どうもかういふ武士《ぶし》の眞劍《しんけん》な稽古《けいこ》をやる時《とき》に、女《をんな》や何《なに》か招《よ》ぶのは可笑《おか》しいといつたら、先生《せんせい》は『默《だま》つて私《わたし》に任《まか》せて置《お》け。』といはれたが、之《これ》が爲《ため》に家庭的《かていてき》に、自分《じぶん》の息子《むすこ》は犬追物《いぬおふもの》をやつた時《とき》に騎射《きしや》が下手《へた》だとか、自分《じぶん》の夫《をつと》は馬《うま》に乘《の》るのが上《じやう》手《ず》だとか、隣《となり》の誰《だれ》はどうといふやうなことが判《わか》るから、皆競《みなきそ》ひ起《おこ》つて、それがぐん〳〵進《すゝ》んで來《き》た。やはり新《あら》たにものを興《おこ》すには、婦人《ふじん》の共鳴《きようめい》、婦人《ふじん》の協力《けふりよく》、婦人《ふじん》の協贊《けふさん》を得《え》なければならぬといふやうなことは昔《むかし》からです。ですから熊本《くまもと》では女《をんな》を相當《さうたう》に大《たい》切《せつ》にする。只併《たゞしか》しながら、外《そと》であまり威張《ゐば》らせるといふことをせないのは御承知《ごしようち》の通《とほ》りで、その時代《じだい》の空氣《くうき》で致《いた》し方《かた》がない。鹿兒島《かごしま》の女《をんな》は又偉《またえら》い。鹿兒島《かごしま》の武人《ぶじん》が強《つよ》いのは女《をんな》が偉《えら》いからです。東郷《とうがう》さんのお母《かあ》さんなど非常《ひじやう》に偉《えら》い人《ひと》でした。鹿兒島《かごしま》の女《をんな》は柔和《にうわ》にして忍從といふ徳《とく》を最《もつと》もよく有《も》つてをつた。吉屋《よしや》さん私《わたし》はどうも日本《につぽん》は人《ひと》の考《かんが》へるよりも、女《をんな》は昔《むかし》から相當《さうたう》のことをやつてゐるんだと思《おも》ふんですがね。

吉屋　どうも、そんな風《ふう》で……。

徳富　それから今日《こんにち》の吉屋《よしや》さんに至《いた》るまで、ずつと傳統《でんとう》を引《ひ》いて見《み》れば、成程《なるほど》と領《うなづ》ける。尤《もつと》も九州《しう》には女王國《をんなわうこく》があつたのですね。卑《ひ》彌《ひ》氏《し》といひましてね、支那《しな》の三國《ごく》の時分《じぶん》です。今《いま》の筑後《ちくご》の久留米《くるめ》、山川邊《やまかはあた》りでせう。あそこに女《をんな》ばかりの國《くに》があつて中々偉《なか〳〵えら》かつたのです。

吉屋 偉《えら》い人《ひと》は女《をんな》のことを認《みと》める餘裕《よゆう》がお有《あ》りになるのでせう。それで母《はゝ》とか妻《つま》とかを非常《ひじやう》に尊敬《そんけい》するんですね。

徳富 それはブレーメルでも、ナポレオンでも親孝行《おやかうかう》——親孝行《おやかうかう》といへばお母《かあ》さん孝行《かうかう》であり、細君崇拜《さいくんすうはい》です。私《わたし》非常《ひじやう》に感心《かんしん》してゐるのは、太閤《たいかふ》の御夫人《ごふじん》の北《きた》の政所《まんどころ》です。

吉屋 豐太閤《ほうたいかふ》も少《すこ》し色好《いろごの》みですが、やはり女性尊重論者《フェミニスト》ですね。

徳富 あれは女《をんな》が好《す》きなんです。あなたのいふ色《いろ》を好《この》むといふのと、女《をんな》を好《す》きといふのとは違《ちが》ふのです。女《をんな》と一緒《しよ》にゐることが好《す》きなんです。それを色好《いろごの》みといへばいへるけれども、色好《いろごの》みといふ中《うち》に徳川家康《とくがはいへやす》の色《いろ》好《この》みと、太閤《たいかふ》の色好《いろごの》みとは大變違《たいへんちが》ふですな。徳川家康《とくがはいへやす》といふ人《ひと》は、やはり本當《ほんたう》に色《いろ》を好《この》んだ人《ひと》かも知《し》れない。この人《ひと》は生理的《せいりてき》に女《をんな》といふ者《もの》は贅澤品《ぜいたくひん》でなく必要品《ひつえうひん》に感《かん》じたのでせう。品《ひん》といつちや失禮《しつれい》だけれども、太閤《たいかふ》さんのは贅澤品《ぜいたくひん》です。女《をんな》と一緒《しよ》にゐて面白《おもしろ》く話《はな》し、面白《おもしろ》く遊《あそ》んで、面白《おもしろ》くいろいろの人《ひと》を集《あつ》めて、その交際《ソサイチー》を樂《たの》しんだ、その點《てん》は少《すこ》し恕《ゆる》してやらなければならぬ。併《しか》し不良老人《ふりやうらうじん》で、隨分他所《ずゐぶんよそ》の御婦人《ごふじん》に手《て》を出《だ》したり、失禮《しつれい》なことをしたけれども……。(笑聲《せうせい》)あの人《ひと》は生《うま》れながらの不良性《ふりやうせい》を一生《しやう》失《うしな》はなかつた。

吉屋 それで豐太閤《ほうたいかふ》を繞《めぐ》る女性《ぢよせい》に淀君《よどぎみ》などの不滅《ふめつ》の女性《ぢよせい》が出《で》た譯《わけ》でございますね。

徳富 特《とく》に淀君《よどぎみ》や北《きた》の政所《まんどころ》のやうな人《ひと》がゐるから、世《よ》の中《なか》の人《ひと》はそれだけのやうに思《おも》ふけれども、周圍《しうゐ》の女《をんな》といふのは皆偉《みなえら》いのです。非常《ひじやう》に教養《けうやう》ある立派《りつぱ》な人々《ひとびと》でしたね。

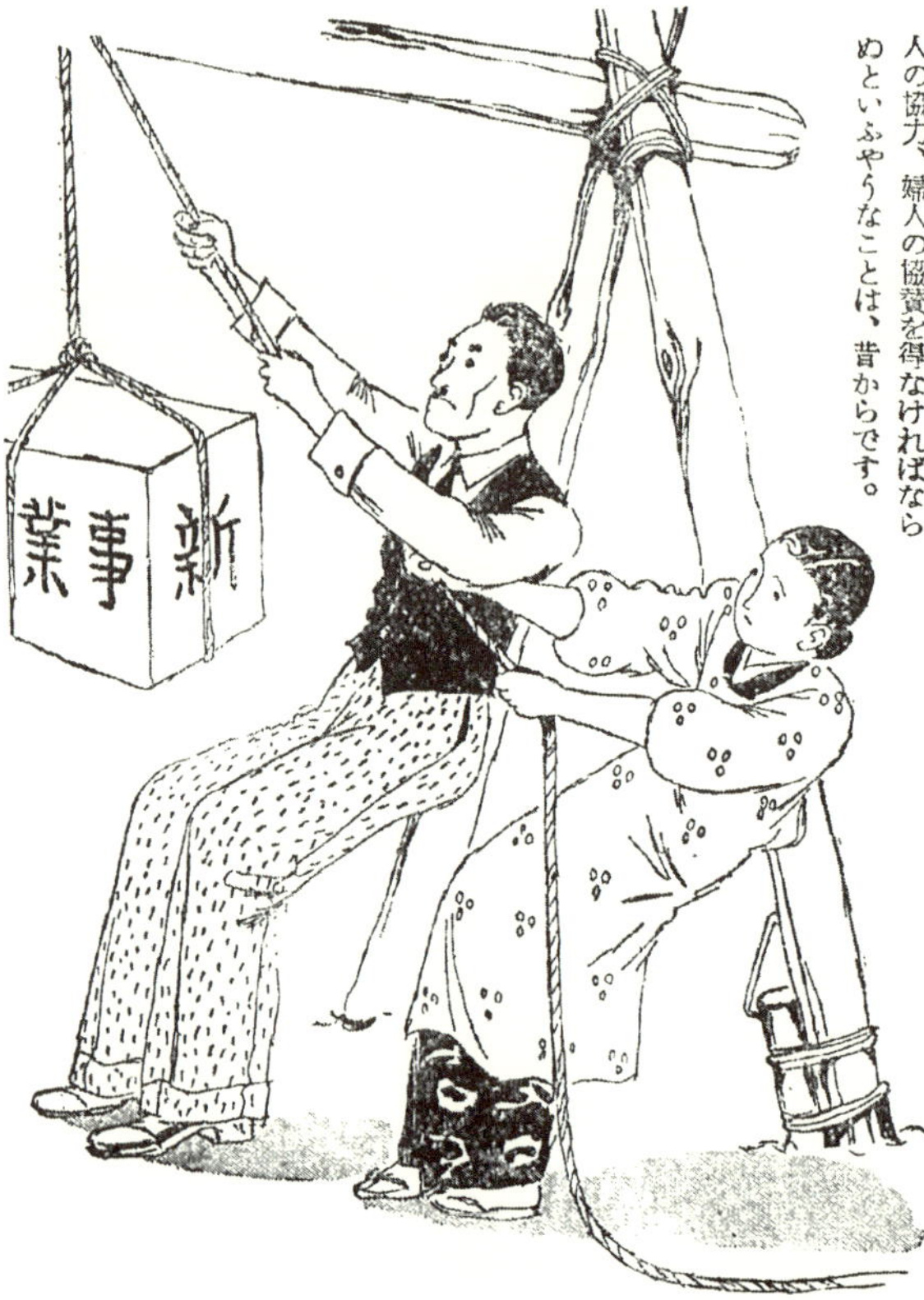

新たにものを興すには、婦人の共鳴、婦人の協力、婦人の協贊を得なければならぬといふやうなことは、昔からです。

149　「徳富蘇峰先生と吉屋信子女史の女性問答」　徳富蘇峰、吉屋信子　『婦人倶楽部』昭和10年3月1日

あれだけで内閣《ないかく》が組織《そしき》されるくらゐのものです。何《なん》でも出來《でき》る、日本《にっぽん》の最《もつと》も秀《ひい》でたる女性《ぢよせい》をあそこに集《あつ》めたんですな。

今《いま》の女性《ぢよせい》は相當のもの

吉屋　北《きた》の政所《まんどころ》、淀君時代《よどぎみじだい》から見《み》て、先生《せんせい》は現代《げんだい》の若《わか》いお孃《ぢやう》さん——女性《ぢよせい》をどうお思《おも》ひになりますか。

德富　私《わたし》は今《いま》の若《わか》い女性《ぢよせい》といふものに接觸《せつしよく》してゐないものですからね。却《かへ》つて北《きた》の政所《まんどころ》や淀君《よどぎみ》が私《わたし》に近《ちか》いやうな氣《き》がします。だから昔《むかし》の人《ひと》が近《ちか》くて、今《いま》の人《ひと》が遠《とほ》いやうな感《かん》じがするですねっけれど今《いま》の女性《ぢよせい》も、相當《さうたう》の、、ものであると思《おも》つてをります。

吉屋　相當《さうたう》のものとは——先生《せんせい》も油斷《ゆだん》がなりません。(笑聲《せうせい》)婦人倶樂部《ふじんくらぶ》でも今度《こんど》一つ若《わか》いお孃《ぢやう》さん達《たち》を集《あつ》めて、先生《せんせい》と座談會《ざだんくわい》して、いろ〳〵お孃《ぢやう》さん達《たち》とお話《はなし》していたゞくといゝのに……。

德富　私《わたし》の家《うち》にも澤山娘《たくさんむすめ》もをりますが、可成《かな》りの年《とし》を取《と》つてゐて、長女《ちやうぢよ》は多分《たぶん》今年《ことし》五十になる。それでやはりどつちかといふと、舊時代《きうじだい》に屬《ぞく》する人間《にんげん》になつてしまつた。

吉屋　お孃《ぢやう》さん達《たち》をお育《そだ》てになる時《とき》はどんな風《ふう》でした？

德富　皆家内《みなかない》がやつてくれました。私《わたし》はその時分忙《じぶんいそが》しかつたものですから……私本當《わたしほんたう》に申譯《まうしわけ》ないですがね、その時分《じぶん》の私《わたし》の忙《いそが》しさといつたら、家《うち》を大概午《たいがいご》前《ぜん》六時《じ》に飛《と》び出《だ》して、歸《かへ》るのは翌日《よくじつ》の午《ご》前《ぜん》三時《じ》になるやうなことがありまして、今日《こんにち》から見《み》ればつまらない餘計《よけい》な、何《なん》にもならない問題《もんだい》からですがね。政治上《せいぢじやう》にいろ〳〵奔走《ほんそう》してをつたものですから、それで殆《ほとん》ど總《すべ》てのことを顧《かへり》みる暇《ひま》がなかつた。さういふことが彼此《かれこれ》二十年《ねん》も續《つゞ》いて、その間《あひだ》に子《こ》供《ども》が大《おほ》きくなつて、少《すこ》し家《うち》に落着《おちつ》く頃《ころ》は、子供《こども》が大概《たいがいて》出て行《い》つてしまつた。

吉屋　先生《せんせい》の青年時代《せいねんじだい》、その時代《じだい》の現狀《げんじやう》に滿《まん》足《ぞく》していらつしやいましたか。或《あるひ》は反抗《はんかう》ですか。

德富　反抗《はんかう》ですよ。

婦人《ふじん》と宗教《しうけう》の問題《もんだい》

吉屋　先生《せんせい》のお若《わか》い時《とき》には、政治上《せいぢじやう》の不滿《ふまん》と一緒《しよ》に、キリスト教《けう》が激《はげ》しい勢《いきほ》ひで若《わか》い人《ひと》の心《こゝろ》を奪《うば》つた時《とき》ですね。若《わか》い人《ひと》が明治時代《めいぢじだい》キリスト教《けう》に飛走《とびはし》つて行《い》つた時代《じだい》から——今度《こんど》は友松《ともまつ》さんや何《なに》かで、佛教復興《ぶつけうふくこう》といふことが非常《ひじやう》に喧《やかま》しくなりましたが、先生《せんせい》は佛教《ぶつけう》には關心《くわんしん》を有《も》つてをられますか。

德富　非常《ひじやう》に有《も》つてをります。キリスト教《けう》に不平《ふへい》を懷《いだ》いたのは、キリスト教《けう》そのものと、アメリカの宣教師《せんけうし》に對《たい》してです。アメリカの宣教師《せんけうし》共《ども》が横暴《わうばう》であることを非常《ひじやう》に不愉《ふゆ》快《くわい》に思《おも》うてゐて、甚《はなは》だそれを面白《おもしろ》く思《おも》はなかつたから、同志社《どうししや》を飛《と》び出《だ》したやうな譯《わけ》です。キリスト教《けう》も亦非常《またひじやう》に窮屈《きうくつ》なものだと思《おも》つたのです。だが、私《わたし》は教會《けうくわい》や何《なに》かは止《や》めても、御承知《ごしようち》の通《とほ》り未《いま》だにお酒《さけ》も飲《の》まず、煙草《たばこ》も飲《の》まず、惡所通《あくしよがよ》ひもせず、先《ま》づ人並《ひとなみ》といつていゝか、或《あるひ》は人並《ひとなみ》より幾《いく》らか違《ちが》ふといへるかと思《おも》ひます。吉屋《よしや》さん、あなただつて私《わたし》だけは御信用《ごしんよう》になつていゝだけるだらうと思《おも》ふ。(笑聲《せうせい》)

吉屋　もう信用《しんよう》し過《す》ぎてをりますわ。(笑聲《せうせい》)

德富　私《わたし》はキリスト教《けう》そのものに全體《ぜんたい》に反抗《はんかう》

するんでない。けれども人《ひと》を無理《むり》に信仰《しんかう》させるのが宜《よろ》しくないといふ考《かんが》へであつて、キリストを人間《にんげん》であると思《おも》つてゐて差支《さしつか》へない、神様《かみさま》と思《おも》はなければならぬといふことはないと思《おも》ふのです。神様《かみさま》が人間《にんげん》に近《ちか》くなるといふことと、人間《にんげん》が神様《かみさま》に近《ちか》くなるといふことの二つの中《うち》、神様《かみさま》が人間《にんげん》になるのでなく、我々《われ／＼》がだん／＼神様《かみさま》に近《ちか》くなつたといふことが非常《ひじやう》にアッピールするのではないかと思《おも》ふ。

私《わたし》は佛教《ぶつけう》に就《つい》ては少《すくな》からず興味《きようみ》を有《も》つてゐるんです。佛教《ぶつけう》といふものは何《なに》やら好《す》きなんです。で世《よ》の中《なか》にこれ程《ほど》廣《ひろ》いものはないですね。まるで大風呂敷《おほぶろしき》です。世界《せかい》を包《つつ》んでも尚餘《なほあま》りあるやうなものなんです。キリスト教《けう》の中《なか》には佛教《ぶつけう》はあり得《え》ないけれども、佛教《ぶつけう》の中《なか》にはキリスト教《けう》はあり得《う》るですな。佛教《ぶつけう》はあなたも勝手《かつて》に信仰出來《しんかうでき》る。私《わたし》も勝手《かつて》に出來《でき》る。どういふ人《ひと》でも信仰出《しんかうで》來《き》るのだから門戸《もんこ》がない。開《あ》けつ放《はな》しです。佛教《ぶつけう》といふものは非常《ひじやう》に面白《おもしろ》いものであつて、世《よ》の中《なか》の最《もつと》も賢明《けんめい》なる人《ひと》も佛教信徒《ぶつけうしんと》たることが出來《でき》、最《もつと》も愚昧《ぐまい》な人《ひと》も佛教信徒《ぶつけうしんと》たることが出來《でき》る。最《もつと》も善人《ぜんにん》も佛教《ぶつけう》を信仰《しんかう》することが出來《でき》、最《もつと》も悪人《あくにん》もこれを信仰《しんかう》することが出來《でき》る。廣大無邊《くわうだいむへん》ですな。

吉屋　先生《せんせい》は、自分《じぶん》の死後《しご》の靈魂《れいこん》の存在《そんざい》をお信《しん》じになりますか。

徳富　インモータリテイー・オブ・ザ・ソール（靈魂不朽《れいこんふきう》）といふことは私共《わたしども》もいろ／＼研《けん》究《きう》してゐるんです。あなたどう思《おも》ふ？

吉屋　私《わたし》は今日先生《こんにちせんせい》に伺《うかゞ》つておいてから、天《てん》國《ごく》か極樂《ごくらく》かどつちでも確實《かくじつ》な力《ちから》を信《しん》じよう

151　「徳富蘇峰先生と吉屋信子女史の女性問答」　徳富蘇峰、吉屋信子　『婦人倶楽部』昭和10年3月1日

と思《おも》ひますので……。(笑聲《せうせい》)

徳富　それはどうも一寸《ちよつと》どうかと思ふね。(笑《せう》聲《せい》)只《たゞ》私《わたし》は永續《えいぞく》といふことだけは信《しん》ずるんです。私《わたし》の考《かんが》へた考《かんが》へが殘《のこ》つてゐて、私《わたし》の次《つぎ》の人《ひと》がそれを繼《つ》ぎ、その次《つぎ》の人《ひと》が又繼《またつ》いで行《ゆ》く。例《たと》へば孔子《こうし》様《さま》の考《かんが》へを私《わたし》が繼《つ》げば、孔子《こうし》の命《いのち》は私《わたし》の命《いのち》に宿《やど》つてゐる。さういふ意味《いみ》に於《お》ては不朽《ふきう》と思《おも》ふけれども、孔子《こうし》といふ者《もの》の命《いのち》が俺《おれ》であるといつて、支那《しな》の何《ど》處《こ》かを彷徨《さまよ》うてゐるとは思《おも》へない。

吉屋　先生《せんせい》のやうにお仕事《しごと》なさる方《かた》はお亡《な》くなりになつてから、魂《たましひ》は亡《な》くなつても精神《せいしん》が殘《のこ》つてをりませう。先生《せんせい》の御精神《ごせいしん》が人《ひと》の精神《せいしん》に植《う》ゑつけられて永續《えいぞく》するものと思《おも》はれますね。けれども同《おな》じ人間《にんげん》が九尺《しやく》二間《けん》の裏長屋《うらながや》などで榮養《えいやう》不良《ふりやう》で死《し》んでしまつたらそれはどうなりませうか。人類《じんるゐ》の一部分《ぶぶん》が役《やく》に立《た》てば後《あと》は放《はう》つて置《お》いていゝものでせうか。

徳富　いや自然《しぜん》といふものは非常《ひじやう》に冷酷《れいこく》なものです。人間《にんげん》の智《ち》といふものは、自然《しぜん》の足《た》らざる所《ところ》を補《おぎな》ふところにあるのであつて、自然《しぜん》といふ奴《やつ》はとても怖《こわ》い奴《やつ》である。これは何處《どこ》までも附《つ》き纏《まと》ふ暴力團《ばうりよくだん》ですな、自然《しぜん》に還《かへ》れといふのは、自然《しぜん》の蟲螻《むしけら》同様《どうやう》に還《かへ》れといふのと同《おな》じです。人間《にんげん》の偉《えら》いところは、自然《しぜん》をうまく導《みちび》いて行《ゆ》くところですな。征《せい》服《ふく》といふ言葉《ことば》は用《もち》ひたくないけれども、導《みちび》くのです。

吉屋　文化《ぶんくわ》といふのは結局《けつきよく》さうでございませう。

徳富　さうです。天然《てんねん》の法則《はふそく》に從《したが》うて、それを人間《にんげん》の方《はう》に上手《うま》く利用《りよう》するんでせうね。

人間の偉い所は自然をうまく導いて行くところですな。征服といふ言葉は用ひたくないけれども、導くのです。

婦《ふ》人《じん》參《さん》政《せい》權《けん》について

吉屋　今度《こんど》は方向《はうかう》を轉換《てんくわん》して――婦人參政權《ふじんさんせいけん》についてはどうお思《おも》ひでございますか。

德富　無論贊成《むろんさんせい》です。併《しか》しあれは、婦人參政《ふじんさんせい》權論者《けんろんしや》のいふ程有難味《ほどありがたみ》はない。

吉屋　參政權《さんせいけん》を得《え》ましてもですね?

德富　さうです。參政權《さんせいけん》を得《え》てしまへば呆氣《あつけ》なくなつて、これくらゐのことにこれ程《ほど》の努力《どりよく》しては、これは得失相償《とくしつあひつぐな》はぬではないか、といふやうな結果《けつくわ》を來《きた》します。併《しか》し私《わたし》は參政權《さんせいけん》を與《あた》へるのは當然《たうぜん》のことと思《おも》ふ。權《けん》を持《も》つといふことと、その權《けん》を行使《かうし》するといふことは別《べつ》です。例《たと》へば私《わたし》が大變《たいへん》歌《うた》が上手《じやうず》であるといふことと、その歌《うた》を歌《うた》つて歩《ある》くといふことは別《べつ》です。ですから御婦人《ごふじん》に參政權《さんせいけん》を與《あた》へるといふことは結構《けつかう》ですけれども、その方《はう》にのみ力《ちから》を盡《つく》せば、婦人《ふじん》は男子《だんし》の後《あと》を追《お》うて走《はし》つて行《ゆ》くやうなもので、一生《しやう》婦人《ふじん》は男子《だんし》とマラソン競走《きやうさう》しなければならぬのであつて、大變損《たいへんそん》です。權《けん》は取《と》つておいて、行使《かうし》する時《とき》は或《あ》る程度《ていど》男子《だんし》に任《まか》せておき、男子《だんし》の出來《でき》ないことを自分《じぶん》がやる、といゝんです。

結《けつ》婚《こん》嫌《きら》ひと産《さん》兒《じ》制《せい》限《げん》

德富　時《とき》に、私《わたし》は――甚《はなは》だ失禮《しつれい》だけれども、――吉屋《よしや》さんなどに對《たい》して一つの抗議《かうぎ》があるんです。怒《おこ》らずにゐて下《くだ》さい、一體《たい》婦《ふ》人《じん》が結婚《けつこん》しないといふことは困《こま》る……。

吉屋　私《わたし》も、もう、そろ〲それが出《で》て來《く》ると思《おも》つてゐましたわ。(笑聲《せうせい》)

德富　あなたのことぢやないが、どうも結婚《けつこん》しないといふことは一つの間違《まちが》ひ、それから例《れい》の産兒制限《さんじせいげん》などといふのも非常《ひじやう》に遺憾《ゐかん》に思《おも》ふ。

吉屋　それも伺《うかゞ》はうと思《おも》つてゐた問題《もんだい》なんですが……。

德富　産兒制限《さんじせいげん》には私《わたし》、心《こゝろ》から反對《はんたい》です。といふのは子《こ》を持《も》つといふことは女《をんな》の一つの重大《ぢうだい》なる權利《けんり》でもあれば、同時《どうじ》に又義務《またぎむ》でもある。結婚《けつこん》せないといふ人《ひと》は、これを實際《じつさい》やらない人《ひと》だから、これは女《をんな》の當然《たうぜん》の義務《ぎ》を第《だい》一著《ちやく》に破《やぶ》る、といふ人《ひと》である。何《なに》か

153　「徳富蘇峰先生と吉屋信子女史の女性問答」　徳富蘇峰、吉屋信子　『婦人倶楽部』昭和10年3月1日

の事情《じじやう》があつて、外《ほか》に償《つぐな》ふところある——例《たと》へば吉屋《よしや》さんのやうに立派《りつぱ》な文學《ぶんがく》を作《つく》つて、子《こ》の三人《にん》も四《よ》人《にん》も持《も》つ代《かは》りに自分《じぶん》はかういふものを提供《ていきよう》する、といふことをおやりになれば別《べつ》だけれども……。

吉屋　では私《わたし》なんか稍許《やゝゆる》される——、情狀《じやうじやう》酌量《しやくりやう》ですわね。（笑聲《せうせい》）

徳富　いや、そこまでいつては困《こま》る……。（笑《せう》聲《せい》）又結婚《またけつこん》しても子供《こども》は一人《ひとり》以上持《いじやうも》たないとか、二人《ふたり》より餘計《よけい》は產《う》まぬといふやうなことをやられては非常《ひじやう》に困《こま》る。私《わたし》は出來得《できう》る限《かぎ》り、双兒《ふたご》でも何《なん》でもいゝ澤山持《たくさんも》つていただきたい。その中《なか》には自《おのづか》らいゝ人間《にんげん》も澤《たく》山出《さんで》る。

吉屋　先生《せんせい》のおつしやることも御尤《ごもつと》もで、先《せん》生《せい》のやうな偉《えら》いお方《かた》は百人《にん》も二百人《にん》もお生《う》みになつていゝですけれども、生活力以上《せいくわつりよくいじやう》に子供《こども》が殖《ふ》えたら、それは悲慘《ひさん》なものでせう。少《すく》なければ受《う》けられる敎育《けういく》もそれがために受《う》けられず、攝《と》るべき榮養《えいやう》も攝《と》れず榮《えい》養不良《やうふりやう》になり、その果《はて》は世《よ》の爲《ため》にならない不良少年《ふりやうせうねん》、不良少女《ふりやうせうぢよ》が出來《でき》るといふ悲慘《ひさん》な家庭《かてい》が澤山《たくさん》あるでせう。新聞《しんぶん》の社會面《しやくわいめん》を賑《にぎ》はす親子《おやこ》心中《しんぢう》などは、お父《とう》さんが失職《しつしよく》しては一家《か》にこの先《さき》の見込《みこみ》がない、と思《おも》ひ詰《つ》めてでせう。さうだとすると、どうせ生《う》んで殺《ころ》すよりも、始《はじ》めから生《う》まない方《はう》が罪《つみ》がないと思《おも》ふんですけれど……。

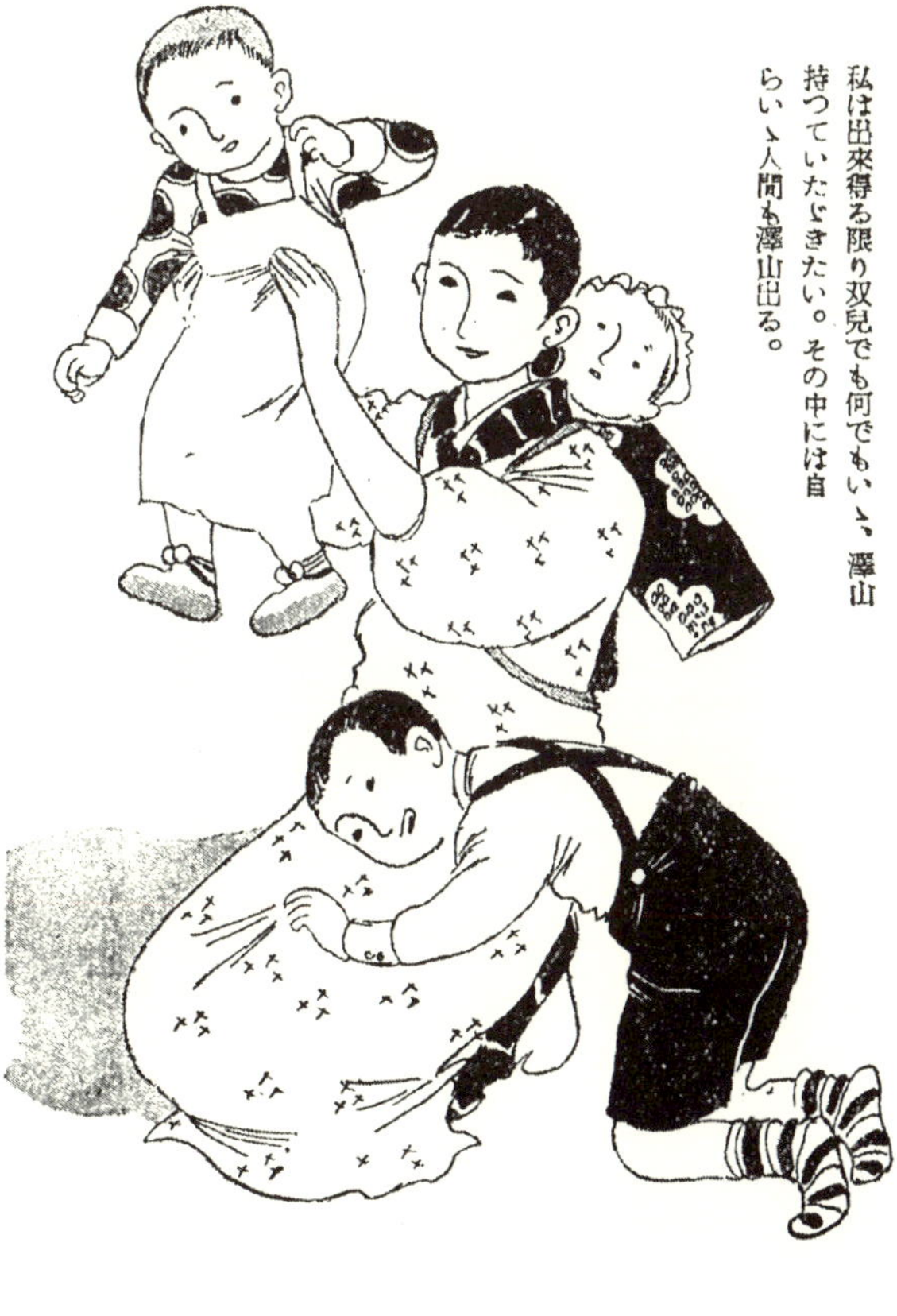

私は出來得る限り双兒でも何でもいゝ、澤山持つていたゞきたい。その中には自らいゝ人間も澤山出る。

徳富　あなた方《がた》の議論《ぎろん》は聽《き》いて居《を》りますが、私《わたし》のいふことは原則《げんそく》として聽《き》いて下《くだ》さい。今《いま》いうたやうな譯《わけ》でせう、この點《てん》に就《つい》ては私《わたし》が政治家《せいぢか》になれば、國家《こくか》の力《ちから》でそこを保《ほ》護《ご》しようと思《おも》ふ。現《げん》に御承知《ごしようち》の通《とほ》りムッソ

リーニなどは四人以上《よにんいじやう》の子《こ》を持《も》つた人《ひと》には夫々國家《それぞれこくか》で手當《てあて》を與《あた》へてをるやうです。私《わたし》はどうしてもこの點《てん》は社會政策《しやくわいせいさく》として考《かんが》へなければならぬと思《おも》ふ。

吉屋　かう人口《じんこう》が殖《ふ》えては、就職難《しうしよくなん》など決《けつ》して緩和《くわんわ》されはしないと思《おも》ひます。日本國内《につぽんこくない》だけでは納《おさ》まらず、滿洲《まんしう》あたりまで押出《おしだ》さなければならなくなつて、その爲《ため》に戰爭《せんさう》……。

徳富　部分的《ぶぶんてき》にいへばあなたの議論《ぎろん》もよく立《た》つんだよ。けれども政治上《せいぢじやう》の大《おほ》きな方針《はうしん》、大《おほ》きなる政策《せいさく》の上《うへ》から日本《につぽん》の將來《しやうらい》の國是《こくぜ》を考《かんが》へて行《ゆ》けば、產兒制限《さんじせいげん》したら、日本《につぽん》の人《じん》口《こう》といふものが段々減《だんだんへ》つてしまつて、揚句《あげく》は享樂專門《きやうらくせんもん》になつてしまふですよ。

吉屋　いゝえ、さうぢやないと思《おも》ひます。だつて無責任《むせきにん》に澤山子《たくさんこ》を生《う》んでいゝ加減《かげん》に育《そだ》てるよりも、一人《ひとり》か二人《ふたり》生《う》んで、それを立《りつ》派《ぱ》に育《そだ》てた方《はう》がいゝと思《おも》ひます。フランス人《じん》など子供《こども》が少《すく》いから、綺麗《きれい》に著飾《きかざ》らせ、可愛《かあい》がつて育《そだ》てゝゐるでせう。貧乏《びんばふ》なら貧《びん》乏《ばふ》なりに、やはりクリスマスになれば綺麗《きれい》にしてやれるでせう。だのに支那《しな》などは生《う》んだ子供《こども》を背負《しよ》ひ切《き》れずに、籠《かご》に入《い》れて賣《う》りになど行《ゆ》き、それでも尙引取《なほひきと》る者《もの》がないといふのでは本當《ほんたう》に悲慘《ひさん》な狀態《じやうたい》です。

徳富　とにかく日本《につぽん》の先《さき》を考《かんが》へてみれば、日《につ》本人《ぽんじん》の將來《しやうらい》は大和民族《やまとみんぞく》が殖《ふ》えて行《ゆ》くといふことが本當《ほんたう》の强《つよ》みなので、これを段々收縮《だんだんしうしゆく》して行《ゆ》くといふことになれば、これは大變《たいへん》國運《こくうん》の消長《せうちやう》に關《くわん》することなんです。

吉屋　でも一年《ねん》百萬人《まんにん》も殖《ふ》えて行《ゆ》くから日本《につぽん》は大變《たいへん》なんでございませう。だからさう御《ご》心配《しんぱい》にならないでも、今《いま》こんなことをいつてゐる瞬間《しゆんかん》に、もうあつちこつちに一人《ひとり》、二《ふた》人《り》生《うま》れてをりますわ。それにも一つ御《ご》心配《しんぱい》の本當《ほんたう》に自分《じぶん》から獨身《どくしん》の女性《ぢよせい》は日本《につぽん》でも、特殊《とくしゆ》の人《ひと》を數《かぞ》へるほどしかないので、たいていの女性《ぢよせい》は皆《みな》お嫁《よめ》に行《ゆ》くべき御希《き》望《ばう》なので、良緣《りやうえん》さへあれば喜《よろこ》んで結婚《けつこん》なさるでせう。それがもし婚期《こんき》を多少遲《たせうおく》らしてゐらつしやる方《かた》のは、結婚難《けつこんなん》だからでございませう。男《をとこ》の人《ひと》が大學卒業《だいがくそつげふ》しても自活出來《じくわつでき》る收入《しうにふ》が得《え》られない。お孃《ぢやう》さん方《がた》にしてみれば結婚能力《けつこんのうりよく》ある男子《だんし》が少《すく》い。それで結婚《けつこん》が遲《おく》れてゐるので、私《わたし》はまだ本當《ほんたう》の結婚否《けつこんひ》定論者《ていろんしや》といふのを伺《うかゞ》つたことがありませんその點《てん》、先生《せんせい》どうぞ御《ご》心配《しんぱい》なく――（笑聲《せうせい》）また產兒《さんじ》制限《せいげん》もある一部《ぶ》では實行《じつかう》してゐるでせうが、全般《ぜんぱん》は果《はた》してどうでせうかしら……。その事《こと》は、かなしい事《こと》に私《わたし》よく知《し》らない！

徳富　私《わたし》は今《いま》のことばかりいふんぢやない。これからさういふ獨身《どくしん》を奬勵《しやうれい》したり、產兒《さんじ》制限《せいげん》を奬勵《しやうれい》することだけは勘辨《かんべん》してもらひたいといふことをいふのです。今日《こんにち》がさうだといふのでなく、先《さき》のことを心配《しんぱい》するのです。

吉屋　まあ、先生《せんせい》もずゐぶん、取越苦勞《とりこしくらう》のわけですね。

徳富　いやこれは參《まゐ》つた……。（笑聲《せうせい》）

映畫《えいぐわ》と芝居《しばゐ》の話《はなし》

吉屋　いろ〳〵あり難《がた》うございました。これから一寸《ちよつと》話題《わだい》を變《か》へて、今度《こんど》は先生《せんせい》に不似《ふに》合《あひ》なことを申《まう》し上《あ》げて、少《すこ》しお苦《くる》しめしたいと思《おも》ひます。（笑聲《せうせい》）では――その、映畫《えいぐわ》のことはどうでございませうか。

徳富　映畫《えいぐわ》！　うむ、映畫《えいぐわ》は必要《ひつえう》です。私《わたし》は映畫《えいぐわ》の禮讃者《らいさんしや》です。日本《につぽん》の敎育《けういく》の主要《しゆえう》な部《ぶ》分《ぶん》を占《し》むるだらうと思《おも》ひます。これは國家《こくか》が非常《ひじやう》な力《ちから》を以《もつ》てこれをやるべきであらうといふことを痛切《つうせつ》に感《かん》じます。

吉屋　でも先生《せんせい》ごらんにならないでせう？　矢野《やの》さん（先生《せんせい》の女婿《ぢよせい》）がいつかトーキーにお連《つ》れしたら、居眠《ゐねむ》りばかりなすつてゐらしつたといふニユースがちやんと入《はい》つてゐますわ。（笑聲《せうせい》）

徳富　いやこれはどうも――私《わたし》は居眠《ゐねむ》りするんです。自分《じぶん》の面白《おもしろ》いところは芝居《しばゐ》でも熱《ねつ》心《しん》に見《み》るけれども、面白《おもしろ》くないところは居《ゐ》眠《ねむ》ります。それが私《わたし》の本性《ほんしやう》でね。

吉屋　ぢやお芝居《しばゐ》の方《はう》は？

徳富　それも非常《ひじやう》に好《す》きです。私《わたし》は吉右衛門《きちゑもん》など非常《ひじやう》に贔屓《ひゐき》なんですよ。

吉屋　それは初耳《はつみゝ》！

徳富　私《わたし》は吉右衛門《きちゑもん》の最高顧問《さいかうこもん》です。

吉屋　まあ！　私《わたし》もあの人《ひと》の藝好《げいず》きです。では今度《こんど》御《ご》紹介《せうかい》して戴《いたゞ》きますわ……。吉右衛《きちゑ》門《もん》のどういふところがお好《す》きなんですか？

徳富　あれは本當《ほんたう》に眞劍《しんけん》に芝居《しばゐ》します。さうしてなるべくならば自分《じぶん》が最善《さいぜん》の努力《どりよく》をしたいといふ氣《き》で人《ひと》に向《むか》つて敎《をし》へを乞《こ》うたりいろ〳〵研究《けんきう》したりする。とにかく役者《やくしや》としての態度《たいど》が非常《ひじやう》にいゝですな。そして見《み》てゐる人《ひと》に對《たい》しても眞劍《しんけん》にやる。併《しか》し彼《かれ》の長短《ちやうたん》に就《つい》ては別問題《べつもんだい》で、彼《かれ》より菊五郎《ろくだいめ》の方《はう》が偉《えら》いところもあり、彼《かれ》に偉《えら》いところもあり、銘々《めい〳〵》長短《ちやうたん》はあるけれども、とにかく役《やく》者《しや》らしい役者《やくしや》ですな。

吉屋　日本《につぽん》の音樂《おんがく》お好《す》きですか、例《たと》へば義太《ぎだ》夫《いふ》など……。

徳富　厭《きら》ひぢやありません、長唄《ながうた》の方《はう》は聞《き》くことは聞《き》きますけれども、あまりアツプリシエイトしない。どつちかといへば能《のう》が好《す》きです。とにかく能《のう》でも芝居《しばゐ》でも時間《じかん》を取《と》つてね。

吉屋　スローモーションですからね。

徳富　その爲《ため》に行《い》かないんです。私《わたし》は吉屋《よしや》さん、何《なん》でも好《す》きなんです。

吉屋　ぢや美人《びじん》もお好《す》きでせう？（笑聲《せうせい》）

徳富　一寸《ちよつと》待つて下《くだ》さい、好《す》きですけれども、好《す》きなことをやれば總《すべ》ての點《てん》に擴《ひろ》がつて一つも成《な》るところはないと思《おも》ふから、自分《じぶん》で克己《こくき》して、觀《み》たい芝居《しばゐ》も觀《み》ず、聽《き》きたい音《おん》樂《がく》も滅多《めつた》に聽《き》かずにをるのです。私《わたし》は自分《じぶん》をよく知《し》つてゐて、自分《じぶん》の力《ちから》に限《かぎ》りあるといふことをよく知《し》つてゐます。漸《やうや》く力《ちから》を一つに集《あつ》めてゐるのだから、これを飛《と》び散《ち》らしたら何《なに》も出來《でき》ないので、世間並《せけんなみ》の樂《たの》しみをしないでゐる。

吉屋　でも、先生《せんせい》は御自分《ごじぶん》のお仕事《しごと》の中《うち》に樂《たの》しみが自《おの》づとおありでせうもの……。

模範的《もはんてき》の旦那樣《だんなさま》

吉屋　失禮《しつれい》ですが先生《せんせい》の奧樣《おくさま》は大變《たいへん》いゝお方《かた》ですが、然《しか》し先生《せんせい》のやうな旦那樣《だんなさま》を持《も》つた奧樣《おくさま》は却《かへ》つてお骨折《ほねを》りで、少《すこ》しさう偉《えら》くない旦那樣《だんなさま》を持《も》つた方《はう》が却《かへ》つてお仕合《しあは》せかも知《し》れない――とさう私《わたし》は思《おも》ひますが……何《いづ》れその點《てん》は奧樣《おくさま》に伺《うかゞ》つてみませう。（笑聲《せうせい》）

徳富　ハハ、、、私《わたし》の家内《かない》は戀愛結婚《れんあいけつこん》といふのではなく、私《わたし》の父母《ふぼ》が見《み》つけてくれたので、私《わたし》に何《なに》も内顧《ないこ》の憂《うれ》ひもなくてゐるんです。

吉屋　ぢや先生《せんせい》は御結婚後《ごけつこんご》、假《かり》にも他《た》の女《をんな》に心《こゝろ》を動《うご》かしたり、或《あるひ》は良人《をつと》の貞操《ていさう》を紊《みだ》したりしたことはなかつたでせうね。

徳富　それはもう……斷《だん》じて、誓《ちか》ふ！

吉屋　ぢや全國的模範的《ぜんこくてきもはんてき》な表彰《へうしやう》されていゝ旦那樣《だんなさま》でゐらつしやいます。（笑聲《せうせい》）

徳富　良人《をつと》の貞操《ていさう》を紊《みだ》すなどいふ事《こと》、私《わたし》にはさういふことは絶對《ぜつたい》ありません。

吉屋　ぢや私《わたし》も先生《せんせい》のやうな旦那樣《だんなさま》が見《み》つかつたら、早速結婚《さつそくけつこん》して、先生《せんせい》のおつしやるやうに二十人《にん》も子供《こども》を產《う》んで褒《ほ》められますわ。（笑聲《せうせい》）

徳富　それが、いゝ、賛成《さんせい》！　で――この間《あひだ》あなたは、水谷八重子《みづたにやへこ》や、タキや、靜川夏江などといふ人々《ひとぐ》に會《あ》はれたやうですね。夏江といふ人《ひと》には確《たし》か私《わたし》も早稲田《わせだ》で會《あ》ひました。（笑聲《せうせい》）タキといふのは何《なん》ですか、大變《たいへん》女《をんな》の人《ひと》から好《す》かれてゐるらしいですね。

吉屋　タキ？　あゝターキーでせう。（笑聲《せうせい》）靜川夏江《しづかはなつえ》も訂正《ていせい》させて戴《いたゞ》くと夏川靜江《なつかはしづえ》と申《まう》します、よろしく。（笑聲《せうせい》）

蘆《ろ》花《くわ》先《せん》生《せい》のこと

吉屋　それからもう一つお負《まけ》に伺《うかゞ》ひたいのは先生《せんせい》の蘆花先生《ろくわせんせい》に對《たい》するお感《かん》じです。

徳富　私《わたし》はあれを子供《こども》のやうに思《おも》ふんです。歳《とし》が大變違《たいへんちが》ふ、私《わたし》が文久《ぶんきう》三年《ねん》に生《うま》れ、健次《けんじ》郎《らう》は多分明治元年《たぶんめいぢぐわんねん》に生《うま》れたんですな。大分《だいぶ》歳《とし》が違《ちが》ふ。間《あひだ》に一人《ひとり》ゐたんですが、それが死《し》んだものだから、弟《おとうと》といふよりもまるで子供《こども》のやうに思《おも》つてゐました。弟《おとうと》が私《わたし》に不《ふ》平《へい》を懷《いだ》いたのは、私《わたし》が弟《おとうと》を子供《こども》のやうに思《おも》つたので、俺《おれ》を相當《さうたう》な者《もの》に取扱《とりあつか》はなかつたといふことからでせう。

吉屋　お父様《とうさま》、お母様《かあさま》の先生御兄弟《せんせいごきやうだい》に對《たい》するお考《かんが》へは、やはり頼《たの》もしいと思《おも》つてゐられたでせうね。

徳富　父《ちゝ》は私《わたし》を非常《ひじやう》に尊敬《そんけい》し、健次郎《けんじらう》を非常《ひじやう》に可愛《かは》いがつてをりました。親《おや》が私《わたし》に手紙《てがみ》を寄越《よこ》す時《とき》は非常《ひじやう》に丁寧《ていねい》です。私《わたし》も亦親《またおや》にはよくしました。旅行《りよかう》などすれば一間《けん》くらゐの手紙《てがみ》を殆《ほとん》ど毎日《まいにち》書いたものです。ですから親《おや》は愛情《あいじやう》といふよりも寧《むし》ろ私《わたし》を尊敬《そんけい》し、健次《けんじ》郎《らう》は今《いま》の言葉《ことば》でいへば、親《おや》のペットだつたのです。

良人の貞操を棄すなどといふ事。私にはさういふことは絶對にありません。

吉屋　ではお母《かあ》さんのお考《かんが》へは？

徳富　兩方《りやうはう》ともさうです。健次郎《けんじらう》は隨分《ずゐぶん》親《おや》から可愛《かは》いがられた。末子《すゑつこ》だから我儘《わがまゝ》もいつたものです。私《わたし》は中々《なか〳〵》責任《せきにん》を感《かん》じてゐたから、子供《こども》の時《とき》は別《べつ》としても、十八以後《いご》は非常《ひじやう》に違《ちが》ふ態度《たいど》を執《と》つて、我儘《わがまゝ》など決《けつ》していはない。何《なに》も彼《か》も親《おや》に提供《ていきやう》してをつて、私《わたし》は親《おや》の死《し》ぬるまでは殆《ほとん》ど自分《じぶん》の財産《ざいさん》はなくて、親《おや》に總《すべ》てを差出《さしだ》してをりました。

吉屋　それも優《すぐ》れたお父《とう》さん、お母《かあ》さんをお持《も》ちになつたからで、世《よ》の中《なか》には親《おや》としての道《みち》を守《まも》らないやうな親《おや》に育《そだ》てられたりする人《ひと》が澤山《たくさん》あります。それに親《おや》に不足《ふそく》を有《も》つ人間《にんげん》が益〻《ますます》殖《ふ》えると思《おも》ひますが、先生《せんせい》のやうに親《おや》を愛《あい》し、子《こ》を愛《あい》するコンビは稀《まれ》で、今《いま》は親《おや》の理解《りかい》のないのを怨《うら》むといふやうな青年《せいねん》が多《おほ》いやうです。これはどうしたらいいでせう？　大抵《たいてい》の人《ひと》はその親《おや》に不平《ふへい》を有《も》つやうですね。

徳富　その話《はなし》は別《べつ》にして、私《わたし》は今《いま》でも親《おや》を思《おも》ふと、とてもやりきれない、親《おや》に對《たい》して涙《なみだ》が出《で》るやうです。實《じつ》に親《おや》はよくしてくれました。私《わたし》が今日《こんにち》あるのは親《おや》のお蔭《かげ》だと思《おも》ひます。健次郎《けんじらう》なども親《おや》が可愛《かは》いがつたものと思《おも》ふと、一層《そう》不便《ふびん》に思《おも》ひます。今《いま》は健次郎《けんじらう》の家内《かない》を、健次郎《けんじらう》の形見《かたみ》と思《おも》つて大切《たいせつ》にしてゐるつもりです。健次郎《けんじらう》といふのは可笑《をか》しい奴《やつ》で、私《わたし》が健次郎《けんじらう》の家内《かない》を大切《たいせつ》にした爲《ため》に燒餅《やきもち》を燒《や》いたのです。どうも分《わか》らないですね。

吉屋　それは蘆花先生《ろくわせんせい》が小説家《せうせつか》の創造的空想《さうざうてきくうさう》でロマンチックにお考《かんが》へになつたので……。（笑聲《せうせい》）蘆花先生《ろくわせんせい》の小説《せうせつ》はお讀《よ》みになりましたか。

徳富　あまり澤山《たくさん》あつて全部《ぜんぶ》は讀《よ》みませんが『不如歸《ほとゝぎす》』は十遍《ぺん》も讀《よ》みました。『富士《ふじ》』などは私《わたし》に不平《ふへい》の時書《ときが》いたのであると思《おも》うたから、さういふものを讀《よ》んだら、弟《おとうと》に對《たい》して萬一《まんいち》惡《わる》い感《かん》じを起《おこ》すかも知《し》れないと思《おも》うて決《けつ》して讀《よ》みませんでした。

吉屋　でも伊香保《いかほ》でお會《あ》ひになつた時《とき》はお嬉《うれ》しかつたのでせうね。

徳富　實《じつ》は私《わたし》はその前《まへ》にも行《い》つたのです。健次郎《けんじらう》はまだ會《あ》ふ時《とき》でないから歸《かへ》れといつて追拂《おひはら》つたんです。どうも酷《ひど》い奴《やつ》だと思《おも》ひましたけれども、併《しか》し私《わたし》の弟《おとうと》は大體《だいたい》に於《おい》て非常《ひじやう》にいゝ奴《やつ》でした。私《わたし》の病氣《びやうき》の時《とき》などは、徹夜《てつや》で看護《かんご》しました。あの看護振《かんごぶ》りは女《をんな》より以上《いじやう》です。小《ちひ》さい所《ところ》までも氣《き》が附《つ》いてね。私《わたし》は又《また》蟲枝《し》大葉《たいえふ》で、そんなことはちつとも氣《き》が附《つ》かない。

吉屋　御兄弟《ごきやうだい》は何人《なんにん》ですか。

徳富　八人《にん》です。

吉屋　その中《なか》からかういふ立派《りつぱ》な方《かた》が出《で》られたのですから、先刻《さつき》の産兒制限《さんじせいげん》に御反對《ごはんたい》になるのも當《あた》り前《まへ》ですわね。（笑聲《せうせい》）どうも長《なが》い時間《じかん》ありがたうございました。では、この邊《へん》でお話《はなし》はやめて、お茶《ちや》を戴《いたゞ》きませう……。

娘の戀愛・同性愛と母

吉田紘二郎

外國《ぐわいこく》の小說《せうせつ》に、或《あ》る一人《ひとり》の婢《をんな》が毎日戀文《まいにちこひぶみ》の代筆《だいひつ》を大學生《だいがくせい》に依賴《いらい》することが書《か》いてあつたのを讀《よ》んだことがある。大學生《だいがくせい》はそのお禮《れい》としてシャツなどの洗濯《せんたく》を婢《をんな》にして貰《もら》ふ。ところで婢《をんな》が手紙《てがみ》を出《だ》す宛名《あてな》の主《ぬし》がいつも變《かは》るので、大學生《だいがくせい》は不審《ふしん》に思《おも》つて、「いつたいお前《まへ》には幾人《いくにん》の戀人《こひびと》があるのだ？」とたづねたところ、婢《をんな》は「わたしには一人《ひとり》の情人《スヰートハート》もありません」と答《こた》へた。「では何故《なぜ》、毎日手紙《まいにちてがみ》を書《か》かせるのだ？」と學生《がくせい》はふたゝび訊《たづ》ねて見《み》た。「でも、かうやつて戀文《ラヴ・レター》を書《か》いていたゞいてポストの前《まへ》に立《た》つただけで、何《なん》だか眞《ほん》實《と》の戀人《こひびと》があるやうで嬉《うれ》しいのです」といふやうなことを婢《をんな》は應《こた》へてゐる。

この物語《ものがたり》はいかにもユウモラスなものであるが、一面《めん》から考《かんが》へると世《よ》の中《なか》の若《わか》い女《をんな》たち、殊《こと》には若《わか》い娘《むすめ》たちのほとんど誰《だれ》もが一度《ど》は通《とほ》り過《す》ぎて來《く》るであらう靑春時《せいしゆんじ》の不可思議《ふかしぎ》な心《こゝろ》の世界《せかい》を語《かた》つてゐるものである。

人間《にんげん》の一生《しやう》を通《つう》じて最《もつと》も靈的《れいてき》な、神秘的《しんぴてき》な、全我的《ぜんがてき》な、全《ぜん》か然《しか》らずんば無的《むてき》な純潔《じゆんけつ》の生活《せいくわつ》に生《い》きてゐるのも、亦處女時代《またしよぢよじだい》である。聖母《せいぼ》マリヤが處女《しよぢよ》であつたといふ傳說《でんせつ》はかういふ意味《いみ》から考《かんが》へて見《み》てもまことに暗示的《あんじてき》な物語《ものがたり》である。處女《しよぢよ》なればこそキリストのごとき神人《しんじん》を生《う》むことができたのだ。これは女性《ぢよせい》ではないが、美男《びなん》でアシシのフランシスが飜然《ほんぜん》として神《かみ》そのものゝごとき生活《せいくわつ》に更生《かうせい》し得《え》たのも十六七歲《さい》の靑春時代《せいしゆんじだい》だつたからだ。

女性《ぢよせい》にしろ、男性《だんせい》にしろ靑春時《せいしゆんじ》ほど神《かみ》に近《ちか》いものはない。ロミオとジユリエットの戀愛《れんあい》の美《うつく》しきも神《かみ》にちかき靑春時《せいしゆんじ》の物語《ものがたり》であればこそである。

しかしそれと同時《どうじ》にこの時代《じだい》の人々《ひとびと》は時《とき》として常識《じやうしき》を以《もつ》ては判斷《はんだん》することのできないやうなことをも平氣《へいき》でなし遂《と》げる。かれ等《ら》は行爲《かうゐ》の判斷《はんだん》を人間《にんげん》の地上《ちじやう》に置《お》かずして、天空自由《てんくうじいう》の世界《せかい》に置《お》くがゆゑである。かれ等《ら》は地上《ちじやう》の果實《このみ》を食《く》はずして、天上《てんじやう》の虹《にじ》を呼吸《こきふ》するがゆゑである。

あてもなき戀文《こひぶみ》を認《したゝ》めることによりて、かれ等《ら》は虹《にじ》の世界《せかい》に儼存《げんぞん》する戀人《こひびと》を信《しん》じ得《う》るほどの詩人的《しじんてき》な豐《ゆた》かな想像力《さうざうりよく》を所有《しよいう》してゐる。人間《にんげん》の心《こゝろ》に於《お》いて、その肉體《にくたい》に於《お》いて最《もつと》も麗《うるは》しきものは青春時《せいしゆんじ》の人々《ひと〴〵》である。かれ等《ら》はまつたく神《かみ》に近《ちか》い存在《そんざい》である。

しかしながらかれ等《ら》の一生《しやう》を誤《あやま》るところの危險《きけん》や誘惑《いうわく》も亦《また》この時《じ》代《だい》に於《お》いて最《もつと》も底深《そこぶか》く潜《ひそ》んでゐることを知《し》らなければならぬ。先年亡《せんねんな》くなられた日本《にほん》キリスト教界《けうかい》の先覺者内村先生《せんかくしやうちむらせんせい》の言葉《ことば》として聽《き》いたことがある。「人《ひと》は性的欲念《せいてきよくねん》の一番強《ばんつよ》い時《とき》ほど神《かみ》を求《もと》むる心《こゝろ》も強《つよ》い」と。

惡魔《あくま》と神《かみ》とはいつも對蹠的《たいせきてき》な關係《くわんけい》に置《お》かれてゐるものゝ、實《じつ》は一番近《ばんちか》いところに坐《すわ》つてゐる。

青春時《せいしゆんじ》の人《ひと〴〵》にはいつも最《もつと》も大《おほ》きな空虛《くうきよ》さを感《かん》じてゐる。その大《おほ》きな空虛《くうきよ》さを充《み》たさんがためにキリストは荒野《あれの》をさ迷《まよ》ふた。神《かみ》と惡魔《あくま》は同時《どうじ》にかれの空虛《くうきよ》さを充《み》たさんとした。キリストは惡魔《あくま》を捨《す》てゝ神《かみ》を受《う》け入《い》れた。若《わか》い日《ひ》の人々《ひと〴〵》はその魂《たましひ》の空虛《くうきよ》さを充《み》たさんがためにやゝもすれば「われは戀愛《れんあい》なき天國《てんごく》よりは、むしろ戀愛《れんあい》ある地《ぢ》獄《ごく》を選《えら》ばん」とさへ叫《さけ》ぶ。大《おほ》きな誘惑《いうわく》の穽《おとしあな》はこゝに在《あ》る。

年《とし》ごろの娘《むすめ》たちが何《なに》か知《し》ら眼《め》に見《み》えぬ世界《せかい》のものにあこがれはじめるといふことは人間《にんげん》としてきはめて自然《しぜん》なことである。何《なに》をもとめようとしてゐるのか。何《なに》にあこがれようとしてゐるのか。それはかれ等《ら》自身《じしん》にもわからない。かれ等《ら》はかの小說《せうせつ》の中《なか》の女主人公《ヒロイン》と等《ひと》しく何《なに》かを胸《むね》の中《なか》に想像《さうざう》し、描《えが》き上《あ》げることによりて生《い》き甲斐《がひ》を感《かん》じるのである。

この時期《じき》に達《たつ》すれば若《わか》い娘《むすめ》たちはしきりに友《とも》を見出《みいだ》し度《た》がる。内《うち》に意識《いしき》して來《き》たところの自分《じぶん》といふものを外《そと》に向《むか》つて押《お》しひろげて行《ゆ》かうとする本然的《ほんねんてき》な生《せい》の力《ちから》といふものは、決《けつ》して通《とほ》り一遍《ぺん》の倫理《りんり》觀念《くわんねん》や、訓戒《くんかい》のみでは押《お》し止《とゞ》めることはできない。

若《わか》い娘《むすめ》が最初《さいしよ》から若《わか》い男《をとこ》に向《むか》つてしきりに文通《ぶんつう》をはじめるといふやうなことは滅多《めつた》にあり得《え》ないことである。かれ等《ら》は最初必《さいしよかなら》ず同性《どうせい》間《かん》にその手紙《てがみ》の相手《あひて》を求《もと》める。その友《とも》を求《もと》める。母《はゝ》として、姉《あね》として最《もつと》も注意《ちうい》しなければならぬ時機《じき》である。

しかしこの時代《じだい》になつて俄《にはか》に子女《しじよ》の監督《かんとく》を嚴《きび》しくするといふことは、すでに時機《じき》を逸《いつ》してゐる。かれ等《ら》がしきりに人生《じんせい》を寂《さび》しがり、感傷的《かんしやうてき》となり、友達《ともだち》をもとめたがるずつと以前《いぜん》に、わたくしたちはその家庭《かてい》に於《お》いてかれ等《ら》の魂《たましひ》を健《すこや》かにはぐくみ上《あ》げて置《お》かなければならない。

溫《あたゝ》かな家庭《かてい》、父《ちゝ》と母《はゝ》との間《あひだ》にやさしい愛《あい》が通《かよ》つてゐる家庭《かてい》でさへあれば、そこに育《そだ》て上《あ》げらるゝ子供《こども》たちの魂《たましひ》は人生《じんせい》に對《たい》して決《けつ》して寂寞《せきばく》を感《かん》ずる筈《はず》はない。かれ等《ら》の巢《す》がいつも柔《やはら》かな居心地《ゐごゝち》よいものでさへあれば、かれ等《ら》の可憐《かれん》な魂《たましひ》は決《けつ》して遠《とほ》い未知《みち》の世界《せかい》へ冒《ぼう》險《けん》を敢《あへ》てすることはないであらう。もし若《わか》いかの女《をんな》たちがよしなき友《とも》に誘惑《いうわく》さるゝやうなことがありとすれば、その罪《つみ》の一半《ぱん》はその父《ふ》母《ぼ》、兄姉《けいし》たちが背負《せお》はねばならぬ。

子供《こども》たちの生活《せいくわつ》は要《えう》するに過去《くわこ》の父母《ふぼ》の生活《せいくわつ》の鏡《かゞみ》である。家庭內《かていない》に於《お》いて健《すこや》かな雛《ひな》を育《そだ》て上《あ》げてさへ置《お》けば、何《ど》のやうな社會《しやくわい》に放《はな》り出《だ》してやつてもかれ等《ら》は正《ただ》しい判斷《はんだん》を誤《あやま》りはしない。

　來《こ》なければならぬ靑春期《せいしゆんき》の危險《きけん》は必《かなら》ず一度《ど》は何《いづ》れの子女《しぢよ》にも來《く》る。しかし恐《おそ》れてはならぬ。人間《にんげん》の魂《たましひ》を最《もつと》も深《ふか》くし、人間《にんげん》の生活《せいくわつ》の最《もつと》も森嚴《しんげん》な一面《めん》を如實《によじつ》に實感《じつかん》し、わたくしたちの人間《にんげん》としての一番《ばん》神《かみ》にちかい生活《せいくわつ》もこの靑春期《せいしゆんき》にあるがゆゑに。

　わたくしたちは家庭《かてい》の愛《あい》によりて若《わか》い娘《むすめ》たちの魂《たましひ》を溫《あたゝ》めてやると同時《どうじ》に、かれ等《ら》の賢《かしこ》さをさらに明《あか》るくしてやらなければならぬ。わたくしたちが想像《さうざう》してゐるよりも若《わか》い人々《ひとびと》は一層《そう》賢明《けんめい》である。わたくしたちの指導《しだう》さへ宜《よろ》しきを得《う》れば、かれ等《ら》は決《けつ》して感情《かんじやう》に對《たい》して盲目《まうもく》ではない。學校敎育《がくかうけういく》はかれ等《ら》の理性《りせい》を幾分《いくぶん》助《たす》くることに與《あづか》つて力《ちから》あるにちがひないが、しかしその母《はゝ》の心《こゝろ》からなる指導《しだう》に比《くら》ぶればもの〻數《かず》ではない。母《はゝ》は先《ま》づその子供《こども》たちのために姉妹《きやうだい》の心《こゝろ》になれとは一般《ぱん》によく言《い》はる〻ことである。しかしわたくしはこの點《てん》については疑《うたが》ひを持《も》つてゐる。今日《こんにち》のやうにや〻もすれば學校《がくかう》の敎育《けういく》そのものが子弟《してい》に媚《こ》びるやうな傾向《けいかう》があり、敎師《けうし》そのものが子女《しぢよ》の歡心《くわんしん》を買《か》ふことに務《つと》めてゐるやうな社會狀態《しやくわいじやうたい》に在《あ》つては母《はゝ》は何處《どこ》までも母《はゝ》でなければならぬ。母《はゝ》の慈愛《じあい》と同時《どうじ》に母《はゝ》の强《つよ》さをも、賢《かしこ》さをも持《も》たなければならぬ。キリストは愛《あい》の權化《ごんげ》であつた。しかし同《どう》時《じ》にキリストは劍《けん》を持《も》つてゐた。

　一般《ぱん》に今日《こんにち》の子女《し》敎育《けういく》はあまりにスポイルされてはゐはしないか。若《わか》い人々《ひとびと》の魂《たましひ》は朗《ほがら》か過《す》ぎはしないか。安易《あんい》な心《こゝろ》に慣《な》らされすぎてはゐないか。

　人生《じんせい》は嚴肅《げんしゆく》だ！　といふ言葉《ことば》はいつの場合《ばあひ》にもかれ等《ら》の魂《たましひ》に餞《は》

りつけられてゐなければならぬ。人《ひと》が人《ひと》を思《おも》ふことは本然的《ほんねんてき》なことである。しかし戀愛《れんあい》のみが人生《じんせい》のすべてではない。人《ひと》を思《おも》ふやさしい心《こゝろ》はなければならぬ。しかし戀愛《れんあい》をするといふことゝ、人《ひと》を思《おも》ふやさしい心《こゝろ》とは必《かなら》ずしも何時《いつ》も同《おな》じといふわけにはゆかぬ。やさしい心《こゝろ》はいつもなければならぬ。しかし人《ひと》は戀愛以上《れんあいいじやう》に尊《たふと》い生活《せいくわつ》が存在《そんざい》してゐることを知《し》らなければならぬ。

「鳩《はと》のごとく柔和《にうわ》に、蛇《へび》のごとく賢《かしこ》く」ともキリストは教《をし》へた。人《ひと》を思《おも》ふ心《こゝろ》は鳩《はと》のごとく柔和《にうわ》でなければならぬ。けれども正《たゞ》しいこと、正《たゞ》しからざることの判斷《はんだん》に對《たい》しては蛇《へび》の賢明《けんめい》さを持《も》つてゐなければならぬ。母《はゝ》は先《ま》づその子女《しぢよ》の魂《たましひ》をはぐくむためには美《うつく》しい情操《じやうさう》を強《かう》はしむることも必要《ひつえう》であるが、同時《どうじ》に物《もの》の觀方《みかた》に對《たい》する正《たゞ》しい判斷力《はんだんりよく》を育《そだ》て上《あ》げることを考《かんが》へなければならぬ。

今日《こんにち》の若《わか》い人《ひと》たちは一般《ぱん》に都會的《とくわいてき》な生活《せいくわつ》に異常《いじやう》な興味《きようみ》を持《も》つてゐる。全然《ぜんぜん》かやうな都會的《とくわいてき》な物《もの》から遠《とほ》ざけることも不可能《ふかのう》であるとしたら、わたくしたちは適當《てきたう》な、正《たゞ》しい批判《ひはん》を加《くは》へてやらなければならぬ。

近代《きんだい》の都會的生活《とくわいてきせいくわつ》はたしかに中産生活《ちうさんせいくわつ》である。沒理性《ぼつりせい》の生活《せいくわつ》である。沒批判《ぼつひはん》の生活《せいくわつ》である。これ等《ら》の頽廢的生活裡《たいはいてきせいくわつり》から健《すこや》かな子女《しぢよ》の魂《たましひ》を育《そだ》て上《あ》げることは到底《たうてい》望《のぞ》み得《え》られない。わたしたちは自分《じぶん》の生活《せいくわつ》に對《たい》して拔本的《ばつぽんてき》な更生《かうせい》を實行《じつかう》しなければならぬ。一切《さい》の小《せう》ブルジョア的《てき》な見榮《みえ》や、偸安《ゆあん》や、幸福感《かうふくかん》を捨《す》てなければならぬ。人生《じんせい》の見方《みかた》を根本的《こんぽんてき》に改《あらた》めなければならぬ。

わたくしたちの生活《せいくわつ》が小《せう》ブルジョア的《てき》な生活意識《せいくわついしき》、生活樣式《せいくわつやうしき》の範《はん》窮《きう》を脱《だつ》しないかぎりは、その子女《しぢよ》たちは忌《い》まはしい同性愛《どうせいあい》といふがごとき、或《ある》ひは浮薄《ふはく》な戀愛遊戲《れんあいいうぎ》に青春《せいしゆん》の 魂《たましひ》を擦《す》り減《へ》らしてしまふであらう。

このやうな危機《きき》に面《めん》してはむしろ宗教的《しうけうてき》な、僧院的《そういんてき》な生活《せいくわつ》にその母自身《はゝじしん》が卒先《そつせん》して一身《しん》を委《ゆだ》ぬべきだと思《おも》ふ。適度《てきど》以上《いじやう》の肉體的《にくたいてき》な勞《らう》作《さく》、貴《たふと》い勞作《らうさく》から見出《みいだ》さるゝ田園的《でんゑんてき》な快樂《くわいらく》、隣人《りんじん》のためにさゝぐる日々《にちにち》の勞作《らうさく》を感謝《かんしや》する心《こゝろ》、自分《じぶん》の幸福《かうふく》、自分《じぶん》の甘美《かんび》な空想《くうさう》を拋《なげう》つて隣人《りんじん》のために祈《いの》り、生《い》きることの生活《せいくわつ》の貴《たふと》さを知《し》らしむべきである。

一度《ひと》人を思《おも》ふ心《こゝろ》の萌《も》えはじめたるものを俄《にはか》に刈《か》り取《と》ることは危險《きけん》でもあり、不可能《ふかのう》でもある。しかしわたくしたちは戀愛《れんあい》の如何《いか》に美《うつく》しくとも同時《どうじ》に如何《いか》にはかなきものであるかを知《し》らなければならぬ無論《むろん》世にはたぐひなく麗《うるは》しい戀愛《れんあい》もある。たとへば詩人《しじん》ダンテがビアトリチエに對《たい》して抱《いだ》きたる戀愛《れんあい》のごとく。幼《をさな》き日《ひ》のビアトリチエを路上《ろじやう》に相見《あひみ》たるダンテの心《こゝろ》は、人妻《ひとづま》となりてビアトリチエのはかなくなりし後《のち》までも、かはることなく、かの女《ぢよ》を天上《てんじやう》の星《ほし》とも念《ねん》じつゝかなしき悲戀《ひれん》の一生《しやう》を忍《しの》びつゝ過《すご》した。かくのごとき戀愛《れんあい》であれば神《かみ》の裁斷《さいだん》も奈何《いかん》ともすることはできないであらう。

まことの戀愛《れんあい》は神《かみ》の力《ちから》を持《も》つてゐる。その人《ひと》の 魂《たましひ》を淨化《じやうくわ》し、更《よみ》生《がへ》らせるものも戀愛《れんあい》である。もしわたくしたちの子女《しぢよ》がダンテであり、ビアトリチエであつたとしたら、わたくしたちは若《わか》き人々《ひとびと》の戀《れん》愛《あい》の幸福《かうふく》な成長《せいちやう》を祈《いの》るであらう。

しかしながら、もしかれ等《ら》の戀愛《れんあい》が輕薄《けいはく》なる都會的《とくわいてき》な遊戲的《いうぎてき》な小《せう》ブルジョア的《てき》なものであつたなら、わたくしたちは「さらに嚴肅《げんしゆく》なる人生《じんせい》の相《すがた》」を見《み》せしむることによつて、かれ等《ら》の危險《きけん》なる火遊《ひあそ》びを根絶《こんぜつ》させなければならぬ。

たゞくれぐれも注意《ちうい》しなければならぬことは、まことの戀愛《れんあい》の芽《め》をむげに枯《か》らしてはならぬことである。まことの戀愛《れんあい》の場合《ばあひ》には、わたくしたちが考《かんが》へてゐる以上《いじやう》に本人《ほんにん》たちは往々《わうわう》にして正《たゞ》しい歩《あゆ》み方《かた》を選《えら》んでゐる。そのやうな場合《ばあひ》に淺墓《あさはか》な考《かんがへ》からして、かれ等《ら》の正《たゞ》しい歩《あゆ》み方《かた》を阻《はゞ》むやうなことがあれば、取《と》りかへしのつかぬ悲劇《ひげき》をかもすことにもならう。要《えう》するにかの女《ぢよ》たちの生活《せいくわつ》に戀愛《れんあい》といふ翳陰《かげ》が射《さ》して來《き》たら、先《ま》づ若《わか》いかの女《ぢよ》たちを批判《ひはん》する前《まへ》に母自身《はゝじしん》、親自身《おやじしん》の生活《せいくわつ》を顧《かへり》みなければならぬ。若《わか》い者《もの》の自由《じいう》、幸福《かうふく》を何處《どこ》までも祝福《しゆくふく》するといふ深切《しんせつ》な心《こゝろ》から出發《しゆつぱつ》して批判《ひはん》し、指導《しだう》してやらなければならぬ。いささかたりとも中老年者《ちうらうねんしや》の打算的《ださんてき》な、功利的《こうりてき》な頭《あたま》を以《もつ》てかれ等《ら》の貴《たふと》い内生活《ないせいくわつ》を判斷《はんだん》してはならぬ。

母《はゝ》よやさしかれ、同時《どうじ》に賢明《けんめい》なれ、娘《むすめ》たちよ鳩《はと》のごとくやさしかれ、同時《どうじ》に蛇《へび》のごとく賢《かしこ》かれ。

たゞ昨今《さくこん》のやうにあまりに無理想的《むりさうてき》な、病的《びやうてき》な都會的《とくわいてき》な遊戲戀愛《いうぎれんあい》をしばしば耳《みゝ》にするやうな社會《しやくわい》に於《お》いては、わたくしたちは飽《あ》くまでも更《さら》に嚴肅《げんしゆく》な宗教的《しうけうてき》な、哲學的《てつがくてき》な、人道的《じんだうてき》な人間生活《にんげんせいくわつ》の存在《そんざい》を高《かう》揚《やう》しなければならぬ。

男装の麗人と西條エリ子

同性愛死未遂のいきさつ

渦中に居合はして

本誌記者　中野榮太郎

その前夜

一月《ぐわつ》廿六日《にち》の新聞《しんぶん》に男装《だんさう》の麗人《れいじん》増田爽希（本名《ほんみやう》富美子《ふみこ》）さんが女優《ぢよいう》西條《さいでう》エリ子《こ》と無軌道《むきだう》の道行《みちゆき》の途中《とちう》名古屋驛《なごやえき》で警察《けいさつ》と家人《かじん》の手《て》に取押《とりおさ》へられた、といふ記事《きじ》が出《で》てゐた。我々《われわれ》はこの道行《みちゆき》を單純《たんじゆん》な遊《あそ》びか、それとも輕《かる》い同性愛《どうせいあい》の遊戯《いうぎ》と見《み》たのであるが、モダン令孃氣質《れいぢやうかたぎ》の尖端的《せんたんてき》現《あらは》れとして興味《きようみ》を感《かん》じたので、二人《ふたり》に遇《あ》つて面會記《めんくわいき》を作《つく》らうと思《おも》つた。我々《われわれ》は早速《さつそく》關西支局《くわんさいしきよく》に電話《でんわ》して京都《きやうと》にゐる筈《はず》のエリ子《こ》さんと、自宅《じたく》に監禁《かんきん》されてゐる筈《はず》の爽希《さうき》さんに面會《めんくわい》するやうに依頼《いらい》した。翌日《よくじつ》支局《しきよく》から電報《でんぽう》があつてエリ子《こ》は代々木《よよぎ》の自宅《じたく》に引取《ひきと》つたといふことだつたので、早速《さつそく》西條《さいでう》エリ子《こ》の家《うち》を訪《おとづ》れた。エリ子《こ》の家《うち》にはすでに澤山《たくさん》の新聞記者《しんぶんきしや》がつめかけてゐた。その日《ひ》の午前中《ごぜんちう》に監禁《かんきん》を破《やぶ》つて上京《じやうきやう》して來た富美子《ふみこ》さんは、先《ま》づエリ子《こ》の家《うち》に落《お》ついたが、新聞記者《しんぶんきしや》に追《おひ》かけられたので二人《ふたり》で行先《ゆくさき》も告《つ》げずに出《で》かけたといふことだつた。

その日《ひ》の夕方《ゆふがた》、再《ふたゝ》びエリ子《こ》の家《うち》を訪《たづ》ねてみたが、まだ歸《かへ》つて來《こ》ず、何《なん》の知《し》らせもないとのことだつた。僕《ぼく》は念《ねん》の爲《た》め夜晩《よるおそ》くなつてから今一度《いちど》エリ子《こ》の家《うち》を訪《たづ》ねた。兩人《ふたり》の行方《ゆくへ》をさぐりに新聞記者《しんぶんきしや》がつめかけてゐた。僕《ぼく》は父《ちゝ》三之助《さんのすけ》氏に遇《あ》つて二人《ふたり》の行方《ゆくへ》について色々《いろいろ》と聞《き》いてみたが、三之助《のすけ》氏自身《じしん》見當《けんたう》がつかないと云《い》つて心配《しんぱい》してゐた。万平ホテルといふことをチラと聞《き》いてゐたので、さつき行《い》つて見《み》たけれどもゐなかつた。と三之助《のすけ》氏は語《かた》つた。

――男裝の増美子さん――

万平ホテル

翌朝《よくてう》、万平《まんぺい》ホテルへ行《い》つて名刺《めいし》を通《つう》じて「横尾永子《よこをえいこ》さんへ」と云《い》つた。横尾永子《よこをえいこ》といふのは西條《さいでう》エリ子《こ》さんの本名《ほんみやう》である。

僕《ぼく》は控室《ひかへしつ》で待《ま》つてゐた。ボーイが來《き》て「今《いま》お出《で》でになりますから、しばらくお待《ま》ち下《くだ》さい」と云《い》つた。僕《ぼく》は十二三分《ぶん》も待《ま》つたであらうか、茶《ちや》のオーバを着《き》たエリ子《こ》さんが降《お》りて來《き》た。

顔色《かほいろ》はひどく惡《わる》い。足《あし》どりはよろけさうに靜《しづ》かである。

「病氣《びやうき》、また惡《わる》いんですか」

「いゝえ」

「顔色《かほいろ》がひどく惡《わる》いですね」

「えゝ」

「お疲《つか》れなんですか」

「……」

「ひどく元氣《げんき》がないんですね」

「えゝ」

「ゆつくり今度《こんど》のお話《はなし》を伺《うかゞ》はうと思《おも》つて來《き》たのですが、こゝでは新聞社《しんぶんしや》がやつて來《き》ますからどこか靜《しづ》かなところへ出《で》ませんか」

「増田《ますだ》さんは、今出《いまで》られないのです」

「あなただけなら構《かま》ひませんか」

「今《いま》すぐでないと困《こま》るんです」

「では寫眞《しやしん》を撮《と》つたあと、どこかでお休《やす》みになりながら、これまでのお話《はな》しを聞《き》かせてくれますか」

「これまでのことならすつかりお話《はな》しします」

「どうも氣《き》になりますが、あなた今日《けふ》はどうかしてやしませんか」

しばらく沈默《ちんもく》の後《のち》さびしくほゝゑんで

「今《いま》のうちに話《はな》して置《お》かないと、私《わたし》たち、もうお目《め》にかゝれなくなるかも知《し》れません」

エリ子《こ》は一層蒼《そうあを》い顔《かほ》になつた。

僕《ぼく》は二人《ふたり》が異常《いじやう》な決心《けつしん》をしてゐるのではないかとあやしんだ。それをつきとめて斷然思《だんぜんおも》ひ止《と》まらせなければならぬと心《こゝろ》に思《おも》つた。

「また、どこかへいらつしやるつもりですか」

じつと一點《てん》を見《み》つめてしんとした異常《いじやう》な落《おち》つきの中《なか》にも少《すこ》し涙《なみだ》ぐんで見《み》えた。そして聞《き》きとれないほどの底聲《こごゑ》でつぶやいた。

「誰《だれ》も相談《さうだん》する人《ひと》がないので、……………實《じつ》は自殺《じさつ》してるのです」

僕《ぼく》は意外《いぐわい》な告白《こくはく》に驚《おどろ》いて彼女《かのぢよ》の顔《かほ》をみつめた。あわてゝはいけないいさわいではいけない、と心《こゝろ》に言《い》ひきかせた。

「ではもう何《なに》かのんでるんですか」

「えゝ」

「何《なに》のんだんです」

「アダリン」

「いつです」

―西條エリ子さん―

「お部屋《へや》に行きませう」

僕《ぼく》は靜《しづ》かに立上《たちあが》つて彼女《かのぢよ》の後《あと》から手《て》をさゝへてエレベーターの前《まへ》に行《い》つた。

「しかつりなさい。手當《てあて》をすれば、まだ大丈夫《だいぢやうぶ》ですよ」

「誰《だれ》にも……………」

「そんなことはいけません。今《いま》ならまだ大丈夫《だいぢやうぶ》助《たす》かるのですから、すぐに手當《てあて》をしてもらひませう。僕《ぼく》が責任《せきにん》持《も》ちます。必《かなら》ず生《い》きる道《みち》はありますよ」

「このまゝ死《し》なして下《くだ》さい。……………」

エレベーターを出《で》ると部屋《へや》に入《はひ》る前《まへ》に廊下《らうか》にゐたボーイに耳打《みゝうち》してマネヂヤーを呼《よ》んで貰《もら》つた。

二人《ふたり》は部屋《へや》に入《はひ》つた。富美子《ふみこ》さんは奥《おく》のベツドに熟睡《じゆくすゐ》してゐる。息《いき》づかひが少《すこ》しはげしいと思《おも》つた。僕《ぼく》はすぐ脈《みやく》を見《み》た。少《すこ》し早《はや》いが正確《せいかく》に打《う》つてゐた。部屋《へや》は薄暗《うすぐら》くあたりはひつそりしてゐる。

僕《ぼく》はすぐに受話器《じゆわき》をとつて今一度《いまいちど》マネヂヤーに知《し》らせた。そして誰《だれ》か知《し》らせる人《ひと》はありませんかと訊《き》いた。

「お父《とう》さんに」といふのですぐに電話《でんわ》をかけた。

「のんだのはいつですか」

「昨夜《さくや》都《みやこ》の人《ひと》が歸《かへ》つたあとです」

「どの位《くらゐ》のんだのですか」

「三《み》つ、ビンで三《み》つです」

そこにマネヂヤーが來《き》た。僕《ぼく》は事情《じじやう》を說明《せつめい》してすぐに手續《てつゞき》を依頼《いらい》した。そして「あちらの方《はう》が重《おも》いやうですから、醫者《いしや》を至急《しきふ》に」とつけ加《くは》へた。けれどもマネヂャーは少《すこ》しもあわてず、空《から》ピンはないかと云《い》つた。エリ子《こ》はすぐ前《まへ》のテーブルを指《ゆび》ざした。

僕《ぼく》は三つの引出《ひきだ》しを全部《ぜんぶ》開《あ》けてみた。一番上《ばんうへ》の引出《ひきだし》の奥《おく》からアダリンのビンが三個出《こで》た。

「これだけですね」

「えゝ」

僕《ぼく》はそれをマネヂャーに渡《わた》して、

「大丈夫《だいぢやうぶ》と思《おも》ひますが、醫者《いしや》を大急《おほいそ》ぎで願《ねが》ひます」とつけ加《くは》へた。

「これだけなら大丈夫《だいぢやうぶ》ですよ。私達《わたしたち》はいくらも經驗《けいけん》してますから、ちつともあわてないです。早《はや》くわかつてよかつたですね」

マネヂャーが落《おち》ついてゐるので僕《ぼく》も氣《き》が樂《らく》になつた。

マネヂャーと入《い》れ違《ちが》ひに社《しや》の福島君《ふくしまくん》が來《き》てくれた。

エリ子《こ》は椅子《いす》にかけたまゝ身動《みうご》きもしない。不安《ふあん》さうなので僕《ぼく》はそのすぐ前《まへ》に腰《こし》を下《おろ》した。彼女《かのぢよ》はこれまでの事情《じじやう》を細《ほそ》い聲《こゑ》で話《はな》し出《だ》した。僕《ぼく》は彼女《かのぢよ》の體《からだ》が氣《き》づかはれたが、それでも何《なに》か話《はな》しておきたいらしかつたので耳《みゝ》を傾《かたむ》けた。そこに父《ちゝ》三之《の》助氏《すけし》がY氏《し》をつれて來《き》た。Y氏《し》とは某新聞社《ぼうしんぶんしや》の人《ひと》で、三之《の》助氏《すけし》と懇意《こんい》らしかつた。僕《ぼく》は二人《ふたり》に一應《おう》説明《せつめい》して、そこにあつた遺書《いしよ》五通《つう》を渡《わた》した。遺書《いしよ》は増田家《ますだけ》宛《あて》一通《つう》、大阪《おほさか》の親友上山絹子《しんいうかみやまきぬこ》（假名本誌《かめいほんし》一八〇頁參照《ぺーじさんせう》）宛《あて》一通《つう》、三之《の》助氏《すけし》宛《あて》一通《つう》、エリ子《こ》宛《あて》一通《つう》、それに「遺書《いしよ》として」と表記《へうき》したものが一通《つう》であつた。そのうちエリ子《こ》宛《あて》の一通《つう》のみが開封《かいふう》してあつた。そこに醫師《いし》を案《あん》内《ない》してマネヂャーが入《はひ》つて來《き》た。診察《しんさつ》がすむと、

「まだ大丈夫《だいぢやうぶ》のやうです、すぐに病院《びやうゐん》に運《はこ》んだ方《はう》がいゝでせう。十五分位《ふんぐらゐ》したらつれて來《き》て下《くだ》さい。病室《びやうしつ》を用意《ようい》しておきますから」

醫者《いしや》はかう云《い》ひ殘《のこ》して歸《かへ》つた。三之《の》助氏《すけし》は娘《むすめ》の傍《そば》についてゐておろおろしてゐた。Y氏《し》もエリ子《こ》の傍《そば》に氣《き》づかはしげについてゐた。僕《ぼく》はマネヂャーに病人《びやうにん》を運《はこ》ぶ用意《ようい》を依頼《いらい》した。

「心得《こゝろえ》てゐます」

といふ返事《へんじ》だつた。やがてマネヂャーは二人《ふたり》のボーイをつれて來《き》た。靜《しづ》かに毛布《まうふ》にくるんだまゝ、呼吸《こきふ》の外《ほか》は死《し》んだやうに何《なん》の感覺《かんかく》もない病人《びやうにん》を二人《ふたり》のボーイが運《はこ》んだ。僕《ぼく》は病人《びやうにん》につきそつて病院《びやうゐん》へ行《い》つた。すぐまたホテルに引《ひき》かへして警察《けいさつ》から調《しら》べに來《く》るのを待《ま》つた。福島君《ふくしまくん》とホテルの專務《せんむ》とが部屋《へや》にゐてくれた。

麴町病院

ずいぶん待《ま》つたが、警察《けいさつ》からは來《こ》なかつた。我々《われ〳〵》は飯塚專務《いひづかせんむ》によく云《い》ひ殘《のこ》して病院《びやうゐん》に廻《まは》つた。病室《びやうしつ》に入《はひ》ると今《いま》警察《けいさつ》の方《かた》が歸《かへ》つたところだといふことだつた。ベッドには今死線《いましせん》を彷徨《はうくわう》して富美子《ふみこ》さんは昏々《こん〳〵》と深《ふか》い眠《ねむ》りを續《つゞ》けてゐた。不安《ふあん》な面持《おももち》で三之《の》助氏《すけし》は病人《びやうにん》を見守《みまも》つてゐた。二人《ふたり》の看護婦《かんごふ》が默々《もく〳〵》と看護《かんご》してゐる。エリ子《こ》さんは隣《となり》の控室《ひかへしつ》に靜《しづ》かに横《よこ》になつてゐた。

僕《ぼく》は一旦《たん》社《しや》に歸《かへ》つて、三時頃《じごろ》再《ふたゝ》び病院《びやうゐん》を見舞《みま》つた。病室《びやうしつ》は靜《しづ》かだつた。二人《ふたり》の看護婦《かんごふ》がついてゐて、間斷《かんだん》なく強心劑《きやうしんざい》の注射《ちうしや》をしてゐた。

病人《びやうにん》の口《くち》には酸素《さんそ》吸入《きふにふ》が當《あ》てがはれ水《みづ》をくゞる酸素《さんそ》の音《おと》がポコ〳〵鳴《な》つてゐた。エリ子《こ》さんと三之《の》助氏《すけし》は新聞記者《しんぶんきしや》をさけて歸宅《きたく》したとのことだつた。

病人《びやうにん》は昏睡状態《こんすゐじやうたい》を續《つゞ》けてゐる。弱《よわ》い息《いき》づかひの外《ほか》手足《てあし》は死《し》んだやうに動《うご》かない。兩腕《りやううで》には注射《ちうしや》のあとの絆創膏《ばんさうかう》が一面《めん》こんざつしてゐる。注射《ちうしや》の針《はり》が皮下《ひか》に入《はい》る時《とき》も何《なん》の感覺《かんかく》もないやうである。僕《ぼく》は少《すこ》しの苦《く》痛《つう》もないその青白《あをじろ》い横顔《よこがほ》を見《み》つめながら今《いま》どんな夢《ゆめ》を見《み》てゐるのであらうかと考《かんが》へた。

「ウーン」といふやうな聲《こゑ》がした。僕《ぼく》は病人《びやうにん》の顔《かほ》を見《み》た。アクビに似《に》た恰好《かつかう》をした。そして靜《じつ》かに首《くび》を動《うご》かした。耳《みゝ》のあたりに幾分《いくぶん》か生色《せいしよく》が出《で》た。婦長《ふちやう》が「注射《ちうしや》が利《き》いて來《き》たんですね」と云《い》つた。僕《ぼく》は何《なん》とはなしに自分《じぶん》の手柄《てがら》でゞもあるやうにうれしかつた。

その夜《よ》十二時《じ》頃《ごろ》僕《ぼく》が見舞《みま》つた時《とき》は意外《いぐわい》にも病人《びやうにん》は危險《きけん》に瀕《ひん》してゐた。院長《ゐんちやう》が心配《しんぱい》さうな顔《かほ》をして丁寧《ていねい》に診察《しんさつ》してゐた。新聞記者《しんぶんきしや》が病室《びやうしつ》の廊《らう》下《か》で婦長《ふちやう》と押問答《おしもんだふ》をしてゐたが、やがて玄關《げんくわん》の方《はう》へ出《で》て行《い》つた。昨夜《さくや》以來《いらい》心勞《しんらう》と不眠《ふみん》とで疲勞《ひらう》し切《き》つてゐる三之《の》助氏《すけし》を寢《しん》につかせ、僕《ぼく》は一《ひと》人《り》病人《びやうにん》を看《み》ることにした。病人《びやうにん》の呼吸《こきふ》は苦《くる》しさうだつた。時々《ときどき》痰《たん》が咽《のど》につまつて呼吸《こきふ》が止《と》まるかと危《あや》ぶまれた。その度《たび》に看護婦《かんごふ》が綿棒《めんぼう》でその痰《たん》を取《と》つてやつた。酸素《さんそ》吸入《きふにふ》が一層《そう》入念《にふねん》に裝置《さうち》された。

次《つぎ》の朝《あさ》病院《びやうゐん》に行《い》つてみると三之《の》助氏《すけし》が隣室《りんしつ》にゐて、もう駄目《だめ》だと云《い》つた。僕《ぼく》は婦長《ふちやう》に會《あ》つて病状《びやうじやう》を詳《くは》しく訊《たづ》ねた。心臓《しんぞう》が案外《あんぐわい》早《はや》く衰弱《すゐじやく》して強心劑《きやうしんざい》の注射《ちうしや》も十五分《ふん》と保《たも》たないこと、充分《じうぶん》警戒《けいかい》はしてゐるがもうすでに時間《じかん》の問題《もんだい》だといふこと、大阪《おほさか》の増田家《ますだけ》へも危篤《きとく》の電報《でんぽう》を打《う》つたといふことを聞《き》いた。

そこへ大阪《おほさか》から増田家《ますだけ》代表《だいへう》として武市《たけいち》辯護士《べんごし》と油谷《あぶらたに》夫人《ふじん》とが來着《らいちやく》した。來《く》るとすぐ二人《ふたり》は富美子《ふみこ》さんの實父《じつぷ》信《しん》一氏《し》へ電話《でんわ》をかけ迎《むか》へに出《で》かけた。三之《の》助氏《すけし》は新聞記者《しんぶんきしや》が待《ま》ち構《かま》へてゐて出《で》られないので僕《ぼく》はエリ子《こ》の隠《かく》れ家《が》へ行《い》つてこの事《こと》を知《し》らせた。エリ子《こ》は暗然《あんぜん》として今《いま》すぐにでも行《ゆ》きたいけれども周圍《しうゐ》の事情《じじやう》で行《ゆ》けないのが殘念《ざんねん》だと云《い》つた。晝《ひる》まではもつまいと危《あや》ぶまれた病人《びやうにん》が、奇蹟的《きせきてき》に午後《ごご》から持《も》ち直《なほ》した。夕刻《ゆふこく》にはまた元《もと》の平靜《へいせい》にかへつたが依然《いぜん》昏睡《こんすゐ》を續《つゞ》けてゐた。

その夜《よ》万平《まんぺい》ホテルにエリ子《こ》と父《ちゝ》三之《の》助氏《すけし》を呼《よ》び増田家《ますだけ》を代表《だいへう》して武《たけ》市《いち》氏が會見《くわいけん》することになり、僕《ぼく》は第《だい》三者《しや》としてそれに加《くは》はつた。

先《ま》づ武市氏《たけいちし》から自分《じぶん》と増田家《ますだけ》との關係《くわんけい》、及《およ》び托《たく》された權限《けんげん》を述《の》べ、更《さら》に腹藏《ふくざう》なき事件《じけん》の眞相《しんさう》を増田家《ますだけ》側《がは》の立場《たちば》から説明《せつめい》した。そしてエリ子《こ》に腹藏《ふくざう》なき告白《こくはく》を要求《えうきう》した。兩者《りやうしや》の陳述《ちんじゆつ》によつて双方《さうはう》は圓滿《ゑんまん》に諒解《りやうかい》を遂《と》げた。僕《ぼく》は双方《さうはう》に今《いま》や何等《なんら》のわだかまりのないことを確《たし》かめ得《え》た。話題《わだい》は富美子《ふみこ》さんの將來《しやうらい》に關《くわん》する問題《もんだい》へ移《うつ》つた。こゝでは兩者《りやうしや》の意見《いけん》が對立《たいりつ》した。増田家《ますだけ》としては今後《こんご》富美子《ふみこ》とエリ子《こ》の交渉《かうせう》を斷《た》つて貰《もら》ひたいといふのだ。エリ子《こ》はそれに反對《はんたい》し、富美子《ふみこ》さんを分家《ぶんけ》して家庭《かてい》から自由《じゆう》にして上《あ》げるのが第一《だい》だと主張《しゆちやう》

増田、西條兩家の會見、右から横尾三之助、武市辯護士、エリ子の諸氏

した。

僕《ぼく》の知《し》り得《え》たところによると、父《ちゝ》信《しん》一氏《し》はもと増田《ますだ》家《け》の婿養子《むこやうし》であつた。その經營《けいえい》する銀行《ぎんかう》が十數年前《すうねんぜん》に破産《はさん》してからは東《とう》京《きやう》に一家《か》を構《かま》へ、數人《すうにん》の子供《こども》を儲《まう》け増田家《ますだけ》の人々《ひとびと》とは全然別《ぜんぜんべつ》に生活《せいくわつ》してゐる人《ひと》であつた。母《はゝ》きよ子《こ》さんは巨萬《きよまん》の私財《しざい》を擁《よう》して二人《ふたり》の娘《むすめ》たちと孤獨《こどく》に、けれども外面華《ぐわいめんはな》やかな社交生活《しやかうせいくわつ》を送《おく》つてゐた。姉《あね》の敏子《としこ》さんは一度《ど》結婚《けつこん》したが、一子《し》を生《う》んで離縁《りえん》になり、母《はゝ》と共《とも》に孤獨《こどく》をその華《はな》やかな社交生活《しやかうせいくわつ》にまぎらしてゐるのである。

さういふどこか、空虚《くうきよ》な而《し》かも外面的《ぐわいめんてき》には華《はな》やかに滿《み》ち足《た》りた家庭《かてい》に富美子《とみこ》さんはわがまゝ一パイに成長《せいちやう》したのだ。こゝには和《なご》やかな家《か》庭的安易《ていてきあんい》さが缺《か》けてゐたであらう。外《そと》へ外《そと》へと向《む》けられた心《こゝろ》の焦燥《せうさう》が互《たが》ひの感情《かんじやう》に行《ゆ》きわたつた慰撫《ゐぶ》を與《あた》へ得《え》なかつたであらう。ましてや時代《じだい》の隔《へだ》りは母《はゝ》と娘《むすめ》との理解《りかい》を妨《さまた》げたこともあつたらう。そこにはたしかに富美子《ふみこ》さんをしていつか家庭《かてい》に失望《しつばう》させ他《ほか》に何《なに》らかの心《こゝろ》の寄《よ》せ所《どころ》を求《もと》めるやうにさせた十分《ぶん》の理由《りいう》が見出《みいだ》せる。與《あた》ふべきその人《ひと》がすでに愛《あい》に飢餓《きが》した不幸《ふかう》な人々《ひとびと》なのだから。けれども富美子《ふみこ》さんを死《し》へ導《みちび》いた理由《りいう》をそこにだけ求《もと》めようとするのは早計《さうけい》であるといふ重大《ぢうだい》な事實《じじつ》を偶然《ぐうぜん》知《し》つたのである。これは輕率《けいそつ》に口《くち》にすべき問題《もんだい》ではなかつた。けれども今《いま》の場合《ばあひ》これを考慮《かうりよ》に入《い》れないでは事件《じけん》の核心《かくしん》にふれないと思《おも》つたので武市氏《たけいちし》だけにそれも婉曲《えんきよく》に指摘《してき》したのだ。氏《し》は驚《おどろ》いたがそれによつて思《おも》ひ當《あた》る事實《じじつ》を列擧《れつきよ》して深《ふか》くうなづいたのであつた。僕《ぼく》は武市氏《たけいちし》にこの事《こと》は愼重《しんちやう》の上《うへ》にも愼重《しんちやう》を期《き》して處理《しより》しなければならぬと注意《ちうい》したのであつたが、富美子《ふみこ》さんの母姉上京《ぼしじやうきやう》の時姉《ときねえ》さんの口《くち》から公表《こうへう》せられた。僕《ぼく》はその心《こゝろ》なき言動《げんどう》を悲《かな》しんだ。のみならずこれを獵奇的記事《れうきてききじ》とした新聞《しんぶん》に遺憾《ゐかん》を禁《きん》じ得《え》なかつた。

病床に語る

次《つぎ》の日《ひ》の午後《ごご》病院《びやうゐん》を見舞《みま》つた時《とき》、父信《ちゝしん》一氏《し》が來《き》てをられた。別室《べつしつ》であいさつした時《とき》の印象《いんしやう》では、はつきりしないところはあるがおだやかな人《ひと》らしかつた。

病人《びやうにん》は順調《じゆんてう》の經過《けいくわ》をたどり、夜《よる》の九時頃《じころ》には眼《め》を開《あ》いて周圍《しうゐ》を見廻《みまは》したり、手足《てあし》をだるさうに動《うご》かしたり、口《くち》に入《い》れた氷片《へうへん》をのみ込《こ》んだりした。時《とき》には片言《かたこと》をしやべることもあつた。僕《ぼく》はそれが何《なに》か不思議《ふしぎ》なことのやうな氣《き》がした。

婦長《ふちやう》の說明《せつめい》によると、この分《ぶん》では意識《いしき》がさめるのは明朝《みやうてう》の見込《みこ》で、意識《いしき》がさめるに從《したが》つて手足《てあし》を動《うご》かし時《とき》には亂暴《らんばう》にあばれるさうであるさめてからしばらくは興奮《こうふん》し易《やす》く、興奮《こうふん》のため發狂《はつきやう》することもあるさうである。當分《たうぶん》は近親者《きんしんしや》も入室《にふしつ》しないやうにとのことだつた。僕《ぼく》は面會出來《めんくわいでき》るやうになつたら知《し》らしてくれと武市氏《たけいちし》に依賴《いらい》して歸《かへ》つた。

翌日《よくじつ》お母《かあ》さんと姉《ねえ》さんとが上京《じやうきやう》した記事《きじ》を新聞《しんぶん》で見《み》た。病院《びやうゐん》にはまだ行かないらしかつた。それから二日《か》置《お》いて二月五日《ぐわつか》の午後《ごご》だつた武市氏《たけいちし》から電話《でんわ》があつたので出《で》かけてみた。病人《びやうにん》も落《お》ちついてゐるので今日《けふ》はお母《かあ》さんだけ面會《めんくわい》した。少《すこ》し肺尖《はいせん》を起《おこ》してゐるが短《みじ》かい時間《じかん》なら會《あ》つてもよいとのことであつた。

僕《ぼく》は武市氏《たけいちし》に立會《たちあ》つて貰《もら》つて初《はじ》めて富美子《ふみこ》さんに會《あ》つた。

「よくおなりになつてよかつたですね」

「えゝありがと」とにこ〳〵笑《わら》つた。

「初《はじ》め僕《ぼく》が見《み》つけた時《とき》はびつくりしましたよ」

「さうでしたか、いろ〳〵とありがとう御《ご》ざいました」

「お母樣《かあさま》におあひになりましたね」

「えゝ、今日《けふ》はじめて、あなたは」

「僕《ぼく》も今《いま》おあひしました」

「エリ子《こ》どうしてます」

「もうすつかり元氣《げんき》でした」

「いつおあひになりました」

「おとゝひの夜《よる》です」

「あなたがホテルにいらした時《とき》はエリ子《こ》どうしてました」

「中野《なかの》さん、もうその話《はなし》しやめて下《くだ》さい興奮《こうふん》するといけませんから」

と武市氏《たけいちし》が注意《ちゆうい》した。

「いゝぢやないの、人《ひと》の話《はな》しみいたて少《すこ》しも興奮《こうふん》することはないから」

と彼女《かのぢよ》は云《い》つた。

「その話《はなし》はもつと元氣《げんき》におなりになつてからしませう」

彼女《かのぢよ》はおとなしくだまつた。そしてセキをした。

「死《し》んだつもりでゐたのがはじめて助《たす》かつた時《とき》はどんな氣持《きもち》でした」

「うるさいことになつたと思《おも》ひました、もうすつかりあきらめました」

「ではもう死《し》ぬなんてことは決《けつ》して考《かんが》へませんね」

「えゝ大丈夫《だいぢやうぶ》」

この時《とき》武市氏《たけいちし》がもうやめてくれと云《い》つた。

「あまりお疲《つか》れになるといけないからまた來《き》ます」

と云《い》つて歸《かへ》つた。彼女《かのぢよ》は非常《ひじやう》におだやかな顏《かほ》だつた。素直《すなほ》な人《ひと》なつこいところもあつた。

その夜帝國《よていこく》ホテルでお母《かあ》さんとお姉《ねえ》さんに會《あ》つて富美子《ふみこ》さんをどう見《み》るかと訊《き》いた。

お母《かあ》さんは「私《わたし》があまり甘《あま》えさしたのがいけなかつたのです」と云《い》つた。

お姉《ねえ》さんは「非常《ひじやう》に素直《すなほ》な理性的半面《りせいてきはんめん》と我《わが》まゝな半面《はんめん》とがいつも闘《たゝか》つてゐてその調和《てうわ》がとれなかつたのです」と云《い》つた。

× × × ×

★★★

男装の麗人・増田富美子の死を選ぶまで

★★

西條エリ子

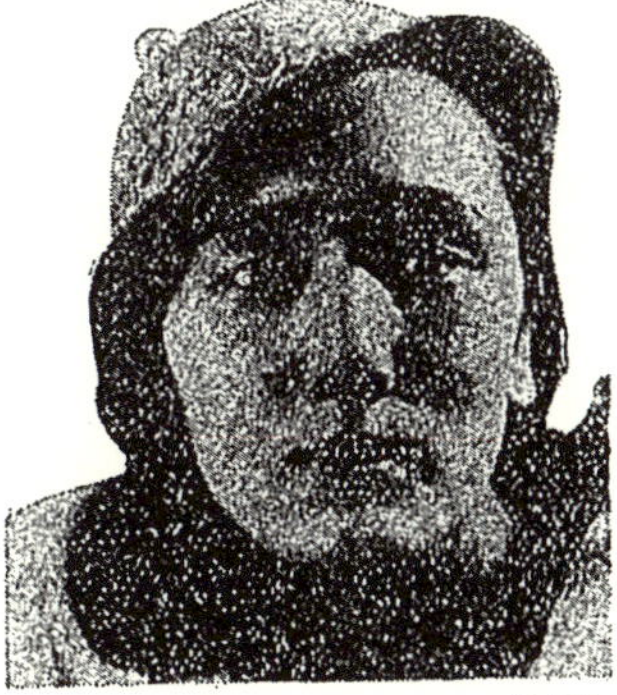

〃A〃

長《なが》い暴風雨《しけ》と闘《たゝか》ひながら、小《ちい》さな帆船《はんせん》が、やつとの思《おも》ひで港《みなと》へ辿《たど》りつくことが出來《でき》た氣持《きも》ち……今《いま》の私《わたし》は焦燥《せうさう》と不安《ふあん》の連續《れんぞく》の終點《しゆうてん》でやうやく自己《じこ》をとり戻《もど》し得《え》た安心《あんしん》で一パイです。一月《ぐわつ》二十七日《にち》の夜《よ》、爽希さんの懐《なつか》しい聲《こゑ》を電話口《でんわぐち》に聞《き》いてからホテルのベッドに服毒《ふくどく》して生死《せいし》の境《さかひ》を眠《ねむ》りつゞける姿《すがた》を見出《みいだ》すまで……そして麹町病院《かうじまちびやういん》――警視廳《けいしちやう》の警部《けいぶ》さん――新聞社《しんぶんしや》の記者《きしや》や寫眞班《しやしんはん》――四谷《よつや》の隠《かく》れ家《が》。銀幕《ぎんまく》のフラッシュ・バック以上《いじやう》に慌《あは》たゞしい事件《じけん》の廻轉《くわいてん》は、エリ子《こ》の心《こゝろ》をさんざ掻《か》きむしりました。でも、もう大丈夫《だいぢやうぶ》です。走馬燈《そうまとう》のやうな惡夢《あくむ》から醒《さ》めて、心《こゝろ》の均衡《きんかう》を取《と》り戻《もど》し得《え》た私《わたし》には、ハッキリとこれ迄《まで》の眞相《しんさう》をお傳《つた》へすることが出來《でき》るでせう。日頃《ひごろ》ペンと親《した》しみのない私《わたし》が、大膽《だいたん》にも手記《しゆき》を書《か》かうとする氣持《きも》ち――それは誤《あやま》つたいろ〳〵の報道《ほうだう》への抗議《かうぎ》と、爽希さんと私《わたし》とのほんたうの關係《くわんけい》を知《し》つて頂《いたゞ》きたいためです。

そしてそのことは、爽希さんに對《たい》して果《はた》さねばならない私《わたし》の義務《ぎむ》とも考《かんが》へて居《を》ります。

では何故《なぜ》？　自殺《じさつ》は卑怯《ひけふ》であるとあれ程《ほど》までに嘲笑《あざわら》つてゐられた爽

希《きれ》さんは、天國《てんごく》への逃避行《とうひかう》を企《くはだ》てられたか？　私《わたし》はそれをお話《はなし》する前《まへ》にまづ順序《じゆんじよ》として二人の交友《かうゆう》の第《だい》一頁《ページ》から綴《つゞ》らせていたゞきませう。

〃B〃

昨年《さくねん》の五月《ぐわつ》、私《わたし》がまだ協同映畫《けふどうえいぐわ》へ入《はい》らず松竹少女歌劇《しようちくせうぢよかげき》にゐた頃《ころ》です。關西《くわんさい》進出《しんしゆつ》の第《だい》一回公演《くわいこうえん》が大阪《おほさか》の歌舞伎座《かぶきざ》で開《ひら》かれました。水《みづ》の江瀧《えたき》子さんや小林千代子《こばやしちよこ》さんをはじめ、總勢《そうぜい》百數《すう》十名《めい》が賑《にぎ》やかに繰込《くりこ》んだので、樂屋《がくや》はもう超滿員《てうまんゐん》、ひつくり返《かへ》るやうな騒《さわ》ぎの日《ひ》がつゞきました。樂《たの》しい合宿生活《がつしゆくせいくわつ》も十日《か》すぎで、そろ〳〵東京《とうきやう》の戀《こひ》しくなり出《だ》した或《あ》る日《ひ》の事《こと》、幕合《まくあひ》にお風呂《ふろ》から、上《あが》つて來《く》ると後《あと》から『失禮《しつれい》ですが貴女《あなた》西條《さいでう》さんですか』

（病院の富美子さんを偲びつつ手記執筆中のエリ子さん）

『あたし』と差出《さしだ》した大型《おほがた》の名刺《めいし》、達筆《たつぴつ》で増田《ますだ》安希《やすまれ》と自署《じしよ》してありました。何《なん》と讀《よ》むのかわからず困《こま》つてゐましたら、ヤスマレと假名《かな》をふつて下《くだ》さいました。

非常《ひじやう》に美《うつく》しいが寂《さび》しい感《かん》じを與《あた》へる人《ひと》でした。後《あと》は何《なに》も云《い》はずに、『今日《けふ》は是《これ》で失禮《しつれい》します』つてエリ子《こ》の手《て》に小箱《こばこ》を渡《わた》されました。『又《また》どうぞいらしつて下《くだ》さい』つて聲《こゑ》をかけたのにも振返《ふりかへ》りもせずにそのまゝ歸《かへ》つた後姿《うしろすがた》は、氣《き》の故《せい》か寂《さび》しく感《かん》じられました。

（その指輪《ゆびわ》をはめて出《で》て舞臺《ぶたい》の上《うへ》から奈落《ならく》へ落《おと》して大騒《おほさわ》ぎした事《こと》がありましたつけ）

一日《にち》おいて又《また》その方《かた》がいらつしやいました。その時《とき》は一時間以上《じかんいじやう》もお部屋《へや》にゐました。お話《はなし》をするでもなく、たゞ默《だま》つてエリ子達《こたち》のする事《こと》をヂツとみてゐるだけでしたけれど……（春野《はるの》さんの事《こと》を面白《おもしろ》い良《い》い方《かた》だつて後《あと》で云《い》つてゐましたつけ）あんまりおそくなると家《うち》で叱《しか》られるからつて殘《のこ》りおしさうに歸《かへ》つてゆくその方《かた》、エリ子《こ》ゝ歸《かへ》したくない氣持《きもち》でした。それからはその方《かた》の來《く》るのをお部屋《へや》のみんなで樂《たの》しみにしてゐました。安希《やすまれ》の顔《かほ》はどんなにみてゐてもあきない顔《かほ》でした。深《ふか》みのある顔《かほ》とでもいふのかしら、とりわけ齒《は》の美《うつく》しい人《ひと》でした。女《ぢよ》學校時代《がくかうじだい》に騒《さわ》がれたのも無理《むり》はないと、時々《ときどき》その顔《かほ》をみてゐると思《おも》はれます。

樂屋《がくや》へ來《く》る日《ひ》が度重《たびかさ》なるにつれ、だん〳〵歸《かへ》るのがおそくなつてゆきます。それから殆《ほとん》ど毎日《まいにち》の樣《やう》に、樂屋《がくや》に舞臺裏《ぶたいうら》に安希《やすまれ》の姿《すがた》は、エリ子《こ》の居《ゐ》る所《ところ》にはどこにでもみられる樣《やう》になつたのです。

さうかうしてゐる内《うち》に、たうとう歌舞伎座《かぶきざ》の千秋樂《せんしうらく》の日《ひ》が來《き》ました。

(富美子さんがエリ子に贈つたサイン入り寫眞)

お別《わか》れにつてお部屋《へや》のみなさんが香水《かうすゐ》を頂《いただ》いたり、京都《きやうと》へもきつと尋《たづ》ねて來《き》てねつてお約束《やくそく》してお別《わか》れしたのです。京都南座《きやうとみなみざ》も五六日《にち》すぎてから夷希はエリ子《こ》の宿屋《やどや》へ尋《たづ》ねて來《き》てくれました。母《かあ》さんに叱《しか》られるからつて、その時《とき》も六時《じ》頃大阪《ごろおほさか》へ歸《かへ》つて行《ゆ》きました。(萬平《まんぺい》ホテルで想《おも》ひ出《で》を辿《たど》りながら、あの頃《ころ》は夷希も隨分《ずいぶん》おとなしかつたなあ、とさう云《い》つてゐましたが……)

いよ〳〵南座《みなみざ》も樂《らく》の日《ひ》『今日《けふ》は母《かあ》さんに叱《しか》られても良《い》い、決心《けつしん》して來《き》た』つて寂《さび》しさうに笑《わら》つてゐた希《まれ》。

その日《ひ》は都《みやこ》ホテルに宿《やど》をとつて、翌日《よくじつ》、驛《えき》でお別《わか》れする筈《はづ》だつたのを、靜岡《しづをか》あたりまで一緒《しよ》に來《き》て下《くだ》さいました。靜岡《しづをか》でお別《わか》れする時《とき》、希《まれ》の涙《なみだ》をみて、エリ子《こ》始《はじ》め、みんな泣《な》いてしまひました。お部屋《へや》が違つて事情《じじやう》をよく知《し》らない方《かた》まで一緒《しよ》に泣《な》いてお別《わか》れしました。後《あと》で頂《いただ》いた手紙《てがみ》には、靜岡《しづをか》の街《まち》を歩《ある》いてゐるとカフエーからやいちやんの夕ンゴ・ローザの唄《うた》が聞《きこ》えて來《く》る、樂《たの》しく大阪《おほさか》できいてゐたあの唄《うた》も、今《いま》は寂《さび》しくきこえるといふ樣《やう》な事《こと》がかいてありました。稽古場《けいこば》でやいちやんとそれを讀《よ》んで希《まれ》さんの事《こと》をどんなに考《かんが》へたか知《し》れません。想《おも》ひ出《で》しては歌舞伎座《かぶきざ》の廻《まは》りを歩《ある》くけれど、エリ子《こ》の居《ゐ》た部屋《へや》を見上《みあ》げてゐても、だん〳〵みえなくなつていくの、涙《なみだ》で……

そんな風《ふう》の手紙《てがみ》を頂《いただ》いてはあの方《かた》の身《み》の上《うへ》を想《おも》つてエリ子《こ》も共《とも》に泣《な》いたのでした。

帝劇練習場《ていげきれんしふぢやう》でのお稽古《けいこ》、東劇《とうげき》での公演《こうえん》もいつかすぎて、夏休《なつやす》みには、お別《わか》れの際《さい》の約束《やくそく》を實行《じつかう》して慌《あわただ》しい中《なか》を下阪《げはん》し一日《にち》を寶塚《たからづか》ホテルで一緒《しよ》に送《おく》りました。だがその交友《かうゆう》の第《だい》一期《き》が終《をは》ると……

〃〇〃

夏去《なつさ》つて秋來《あききた》る――澄《す》み渡《わた》る大空《おほぞら》が次第《しだい》に濃《こ》く高《たか》く、ペーヴに秋《あき》の跫足《あしおと》が刻《きざ》まれ出《だ》すと、私《わたし》の一身上《しんじやう》にも大《おほ》きな轉換《てんくわん》が行《おこな》はれました。絢爛《けんらん》のレヴューの舞臺《ぶたい》を離《はな》れて協同映畫《けふどうえいぐわ》に入社《にふしや》したのです。夷希さんもエリ子《こ》の映畫入《えいぐわい》りは心《こゝろ》から喜《よろこ》んで呉《く》れました。だがその頃《ころ》からの夷希さんの手紙《てがみ》は、だん〳〵物凄《ものすご》いものになつて來《き》て「エリ子《こ》なしでは生《い》きてゐられない」「一刻《こく》も離《はな》れてゐたくない」と云《い》つた狂《くる》ほしいものになつて來《き》ました。で心配《しんぱい》した母《はゝ》がしば〳〵取《と》り上《あ》げて仕舞《しま》つたものもあつたほどです。强《つよ》い〳〵同性愛《どうせいあい》とでもいふのでせう。だがそれ程迄《ほどまで》に愛《あい》し慕《した》つていたゞいても私《わたし》の氣持《きも》ちは「親切《しんせつ》なファン」「好意《かうい》の持てるファン」さうした程度《ていど》以上《いじやう》にはどうしても考《かんが》へられなかつたのです。同性愛《どうせいあい》の感激《かんげき》を知《し》らない人《ひと》は馬鹿《ばか》だとか何《なん》とか云《い》う人《ひと》もありますけどエリ子《こ》には全然《ぜんぜん》そんな氣持《きも》ちは受入《うけい》れる事《こと》は出來《でき》ません。「貴女《あなた》が愛《あい》して下《くだ》さる程《ほど》私《わたし》は貴女《あなた》を愛《あい》する事《こと》が出來《でき》ない」私《わたし》は率直《そつちよく》に幾度《いくたび》か私《わたし》の偽《いつは》りのない心《こゝろ》を手紙《てがみ》にして御返事《ごへんじ》しました。で、時《とき》にはしばらくの間《あひだ》御返事《ごへんじ》をしなかつた事《こと》さへありました。けれどそんな時《とき》はきまつて芝《しば》の春野《はるの》さんの許《もと》へ手紙《てがみ》や電報《でんぽう》で私《わたし》の返事《へんじ》を督促《とくそく》して來《こ》られたのです。そして何時《いつ》か秋《あき》も去《さ》り代々木《よゝぎ》のエリ子《こ》の新居《しんきよ》にも師走《しはす》の風《かぜ》が騒々しく吹《ふ》く押《お》し迫《せま》つた廿五日《にち》の夕方《ゆふがた》でした。突然《とつぜん》！ それこそ本當《ほんたう》に突然《とつぜん》でした。電報《でんぽう》も手紙《てがみ》もなく爽希さんが尋《たづ》ねて來《き》ました。

黒《くろ》いロイド眼鏡《めがね》の底《そこ》に聰明を蹟る瞳《ひとみ》をかゞやかせながら、萬平《まんぺい》ホテルに泊《とま》つてゐる事《こと》や、やつちやん（春野《はるの》さん）に會《あ》つた事《こと》などを話《はな》してから冬休《ふゆやす》みなら是非《ぜひ》一緒《しよ》に下阪《げはん》する樣《やう》にと誘《さそ》つて呉《く》れました。始《はじ》めはお斷《ことわ》りしたのですが、わざ〳〵お迎《むか》へに來《き》て頂《いたゞ》いたりしてこのまゝお歸《かへ》しするのもお氣《き》の毒《どく》ですし、嫌ひな方《かた》でもないので、兩親《りやうしん》の許《ゆる》しを得《え》て私《わたし》は元旦《ぐわんたん》の夜《よる》までのお約束《やくそく》で京都《きやうと》へ行《ゆ》く事《こと》にしました。

希《まれ》は二十六日《にち》の晩《ばん》、エリ子《こ》は二十七日朝《にちあさ》、少女歌劇《せうぢよかげき》のみなさんと同《おな》じ汽車《きしや》でそれ〴〵東京《とうきやう》をあとにしました。だがこの旅《たび》が悲《かな》しい死《し》の逃避《とうひ》行《かう》の門出《かどで》にならうとは、それこそ神《かみ》ならぬ身《み》の知《し》る由《よし》もなかつたのです。二人《ふたり》は二十七日《にち》の夕《ゆふ》、兼《か》ねて打合《うちあは》せておいた京都《きやうと》ホテルで落《お》ち合《あ》ひました。手《て》をとつて子供《こども》の樣《やう》に燥《はしや》いでくれる爽希さんを見《み》ては內氣《うちき》な私《わたし》の心《こゝろ》も浮々《うき〳〵》とするのに何《な》んの不思議《ふしぎ》がありませう。樂《たの》しい語《かた》らひにまんじりともせずホテルでの第一夜《だいいちや》を過《すご》すと、翌日《よくじつ》は大阪《おほさか》の歌舞伎座《かぶきざ》を、そして師走風景《しはすふうけい》の點描《てんべう》する道頓堀《だうとんぼり》の夜《よ》を心《こゝろ》ゆく迄歩《まである》いて、更《さ》らに翌日《よくじつ》は神戸《かうべ》へと足《あし》を延《の》ばしました。初《はじ》めてみる國際《こくさい》港《みなと》のエキゾチツクな風物《ふうぶつ》が、どんなにかエリ子《こ》の胸《むね》を幸福《かうふく》に波打《なみう》たせたことでせう。

西條エリ子

男装《だんさう》の麗人《れいじん》爽希さんと手《て》を組《く》んで港通《みなとどほ》りを歩《ある》いてゐる二人《ふたり》の姿《すがた》は知《し》らぬものゝ目《め》には戀人《こひびと》として映《うつ》つたとかも知《し》れません。いつも二人《ふたり》で歩《ある》いてゐても、なぜか樂《たの》しいと思《おも》つた事《こと》はありませんでした。後《あと》で希《まれ》に言《い》つたら、それは希《まれ》の氣持《きもち》が暗《くら》いので、それに、エリ子《こ》が感受性《かんじゆせい》が強《つよ》いので自然《しぜん》にそんな感《かん》じがつたはるのだつて云《い》つてゐました。だが須磨《すま》、明石《あかし》、奈良《なら》の旅《たび》も終つて大阪《おほさか》に歸《かへ》り、お元旦《ぐわんたん》京都《きやうと》ホテルのベツドに遊《あそ》びつかれた體を長々と横《よこ》たへた時《とき》はもうエリ子《こ》

西條エリ子さんの御寫姿

は東京《とうきやう》へ歸《かへ》りたくてたまらなくなつてゐました。でも私《わたし》の「歸《かへ》る」といふ言葉《ことば》を聞《き》いた爽希さんの蒼《あを》ざめた顔《かほ》、そしてその淋《さび》しい面持《おもも》ちをみては、私《わたし》はどうでも歸《かへ》るとは云《い》へなくなりました。撮影所《さつえいじよ》が七日《か》から始《はじ》まる。だからもう五日《か》だけ、二人《ふたり》の間《あひだ》にはこんな妥協《だけふ》がついて、私《わたし》は「キキヤウノビル」の電報《でんぱう》を兩親《りやうしん》のもとへ打《う》つと三日《か》の夕方《ゆふがた》男裝《だんさう》の爽希さんと別府《べつぷ》行《ゆ》きの紅丸《くれなゐまる》に乘船《じようせん》してゐたのです。螢《ほたる》の火《ひ》のやうに點《てん》滅《めつ》して次第《しだい》に遠《とほ》ざかつて行《ゆ》く不夜城《ふやじやう》大阪《おほさか》の夜景《やけい》を私達《わたしたち》はキャビンの窓《まど》から默《だま》つてみてゐました。それは本當《ほんたう》に死《し》への門出《かどで》の樣《やう》に寂《さび》しい二人《ふたり》でした。やがて船《ふね》は神戸《かうべ》へ、そしてドライブを樂《たの》しんだ須磨《すま》、明石《あかし》の沖《おき》を月光《げつくわう》を浴《あ》びて靜《しづ》かに進《すゝ》んで行《ゆ》きます。何《な》んといふ穩《おだ》やかな晩《ばん》なのだらう。二人《ふたり》つきりの船室《せんしつ》には、ディーゼル・エンヂンの音《おと》にまじつて船首《せんしゆ》に碎《くだ》ける波《なみ》の音《おと》だけが幽《かす》かにきこゑてくるばかりでした。やがて私《わたし》は、悲劇的《ひげきてき》なしじまを破《やぶ》つて、それまで聞《き》かうとして聞《き》くことの出來《でき》なかつたことについて口《くち》をきりました。それはいくらお金持《かねもち》のお孃《ぢやう》さんでも餘《あま》り荒《あら》すぎるお金《かね》の使《つか》ひ方《かた》と、長《なが》く家《いへ》をあけてゐることをお母樣方《かあさまがた》がお許《ゆる》しになつてゐるのかどうかといふことでした。「ネエ、ほんたうのことを話《はな》して……」

私《わたし》は眞劍《しんけん》に迫《せま》りました。こゝで爽希さんがはじめてエリ子《こ》に話《はな》して下《くだ》さつた複雜《ふくざつ》した増田家《ますだけ》の内情《ないじやう》の一部《ぶ》、それから生《う》まれる強《つよ》い厭世觀《えんせいくわん》についてはエリ子《こ》の手記《しゆき》としてこゝに書《か》くことの許《ゆる》されぬものもあります。何故《なぜ》つて、それは希が語《かた》るのをさけてゐる事《こと》ですから。が、爽希さんは、増田《ますだ》ビルブローカーが破産《はさん》して、お父樣《とうさま》と生別《せいべつ》してからは、それは嚴格《げんかく》なお母樣《かあさま》とお姉樣《ねえさま》との淋《さび》しい家庭《かてい》に育《そだ》てられて來《き》たのです。そして年長《としちやう》ずるにつれていよ〳〵聰明《そうめい》に、もちろん我儘《わがまゝ》とも云《い》へませうが、モダンな自由人《じいうじん》になつた爽希さんの考《かんが》へ方《かた》や行動《かうどう》は、お母樣《かあさま》やお姉樣《ねえさま》とこと〴〵に衝突《しようとつ》して、異《い》端者《たんしや》扱《あつか》ひにされ、爽希さんに家庭《かてい》は何《な》んの魅力《みりよく》もなくなつてゐたやうです。(爽希の小《ちい》さい頃《ころ》よりの友達《ともだち》は、富美子《ふみこ》さんは十八九位《くらゐ》まではとてもおとなしいお孃《ぢやう》さんでしたのに、どうしてこんな事《こと》になつたのかと云《い》つて驚《おど》ろいてゐられました）なほ今度《こんど》の旅行《りよかう》のお金《かね》については、株券《かぶけん》は母樣《かあさま》のだけど、それを處分《しよぶん》して後《あと》の純益金だから安心《あんしん》するやうにと云《い》つてゐました。私《わたし》には充分《じうぶん》肯《うな》づけなかつたのですが、さう云《い》は

れゝばそれ以上《いじやう》に立《た》ち入《い》つてお尋《たづ》ねすることも出來《でき》ません。

四日《か》の朝《あさ》、船《ふね》は別府灣《べつぷわん》へ入《はい》りました。

入港《にふかう》を知《し》らせるボーイさんの聲《こゑ》でデッキへ出《で》てみると、丘陵《きうりよう》の湯《ゆ》の街《まち》、別府《べつぷ》は、深《ふか》い眠《ねむ》りからやうやく醒《さ》めて、幾筋《いくすぢ》か白煙《はくえん》が澄《す》み渡《わた》つた空《そら》に立《た》ち上《のぼ》つてゐました。南歐《なんおう》の繪《ゑ》に見《み》るやうな景色《けしき》――二人《ふたり》はまた元氣《げんき》を取《と》り戻《もど》しました。そしてホテルの湯槽《ゆぶね》に疲《つか》れを休《やす》め、四日《か》の夜《よ》は、明日《あした》耶馬溪《やばけい》へゆく樂《たの》しみに床《とこ》に着《つ》きましたが、翌朝《よくてう》私《わたし》は輕《かる》いお腹《なか》の痛《いた》みに眼《め》を醒《さ》ましました。醫者《いしや》の診斷《しんだん》は輕《かる》い盲腸炎《まうちやうえん》で三日《か》ほど別府《べつぷ》に逗留《とうりう》しましたが、どうにもスタヂオや、家《うち》のことを考《かんが》へるとぢつとしてゐられない。それで醫者《いしや》の言葉《ことば》も振《ふ》り切《き》つて汽船《きせん》よりは汽車《きしや》の方《はう》が早《はや》く歸《かへ》れるので、別府《べつぷ》から門司《もじ》へ、そして門司《もじ》から下關《しものせき》へ、――京都《きやうと》ホテルへ再《ふたゝ》び旅裝《りよさう》を解《と》いたのは七日《か》でした。そしてその翌日《よくじつ》は「日本《にほん》の宿屋《やどや》さんへ」といふ私《わたし》の願《ねが》ひが容《い》れられて、三條《でう》の大文字屋《だいもんじや》へ移《うつ》りましたが、このころから私《わたし》は啞《おし》のやうに默《だま》り込《こ》んで仕舞《しま》ひました。

「歸《かへ》りたい〳〵東京《とうきやう》へ歸《かへ》りたい」一日《にち》々々と引止《ひきと》められた執拗《しつえう》な愛《あい》の手《て》からなんとか逃《のが》れたい氣持《きも》ちがだん〳〵大《おほ》きくなつて、一刻《こく》も私《わたし》を離《はな》したくない爽希さんと、一時《とき》も早《はや》く歸《かへ》りたい私《わたし》の氣持《きも》ちとは、一つのお部屋《へや》の中《なか》で沈默《ちんもく》の鬪《たゝか》ひをつゞけました。でたうとうたまらなくなつた私《わたし》は九日《か》の夜《よ》「どうしても歸《かへ》る」とハツキリと宣言《せんげん》したのです。その時《とき》の爽希さんの顏《かほ》――眞白《まつしろ》い顏《かほ》が悲《かな》しさうに歪《ゆが》んでゐました。いまでもハツキリと思《おも》ひ出《だ》せるあの時《とき》のお顔《かほ》、それは深刻《しんこく》な悲《かな》しみにゆがめられた顔《かほ》でした。そして爽希《やすまれ》さんは苦《くる》しさうに云《い》つたのです。「エリ子《こ》、ほんたうの心《こころ》を打《う》ち明《あ》けると、若《も》しエリ子《こ》が、このまゝもう五日《か》だけ希《まれ》の傍《そば》にゐてくれたなら、希《まれ》は默《だま》つてエリ子《こ》を歸《かへ》したあとで自《じ》殺《さつ》するつもりでゐたのだ」

　涙《なみだ》を一パイためて初《はじ》めて自殺《じさつ》の意志《いし》をハツキリと洩《も》らされたこの嘆《なげ》きの麗人《れいじん》をエリ子《こ》は一體《たい》どうすればいゝのだらう。そんな風《ふう》に云《い》はれても自分《じぶん》でも呆《あき》れる程《ほど》、冷《つめ》たいエリ子《こ》の心《こころ》は、この人《ひと》はまあ、何《なん》といふ我儘《わがまゝ》な人《ひと》だらう。そんな事《こと》を人《ひと》に云《い》つてどうにも身動《みうご》き出來《でき》なくさせてしまふなんて、と思《おも》つて益々《ますく》だまりこんでしまつたのです。他《た》の一方《いつぱう》には死《し》なうとまで考《かんが》へるにはよく〳〵の事《こと》だらうと思《おも》ふし、「自《じ》殺《さつ》は卑怯《ひけふ》よ」さうは勵《はげ》ましてみたものゝ、卑怯《ひけふ》でも死《し》の國《くに》へ逃避《たうひ》しようとする暗《くら》い影《かげ》に追《お》はれた麗人《れいじん》、エリ子《こ》も手《て》をとつてその夜《よ》は一緒《しよ》に聲《こゑ》をしのばせて泣《な》き明《あか》しました。そして嘆《なげ》きのお嬢樣《ぢやうさま》を捨《す》てゝゆくどころか、なんとか二人《ふたり》の上《うへ》に光明《くわうみやう》を見出《みいだ》さなければならなくなつた私《わたし》。一日《にち》、二日《か》と暗《くら》い心《こころ》の底《そこ》でもがきつゞけてゐるうち、何《な》んといふ不幸《ふかう》でせう。十三日《にち》には直《なほ》つたと思《おも》つてゐた盲腸《まうちやう》が再發《さいはつ》して病床《びやうしやう》に絶對安《ぜつたいあん》靜《せい》を命《めい》ぜられる身《み》となつて什舞《しま》ひました。そして、また幾日《いくにち》かは味氣《あぢけ》ない運命《うんめい》を見《み》つめ乍《なが》ら不安《ふあん》のうちに過《す》ぎました。そんな事《こと》で爽希《やすまれ》の自《じ》殺問題《さつもんだい》もそのまゝになつたので、エリ子《こ》は病氣《びやうき》になつた事《こと》をも喜《よろこ》びました。その内《うち》には何《なん》とかなるだらうと思《おも》つて……その頃《ころ》には爽希《やすまれ》さんが大金《たいきん》を持《も》つて家出《いへで》してゐること、増田家《ますだけ》では私立探偵《しりつたんてい》をつかつて私達《わたしたち》の行方《ゆくへ》を探《さが》してゐることなども大阪《おほさか》のお友達上山絹子《ともだちかみやまきぬこ》さんと電話《でんわ》で聯絡《れんらく》をとつてゐる爽希《やすまれ》さんの言動《げんどう》で漸《やうや》くはつきりして參《まゐ》りました。しかし聰明《そうめい》な爽希《やすまれ》さんは飽迄《あくまで》も表面朗《へうめんほが》らかさうに私《わたし》を淋《さび》しがらせまいとする心《こころ》やりか、病床《びやうしやう》に呉服屋《ごふくや》さんなどを呼《よ》んでは着物《きもの》だの帶《おび》だの衿《えり》だのと京都特有《きやうととくいう》の美《うつく》しい物《もの》を買《か》つて下《くだ》さいました。けれどもそれが私《わたし》からお願《ねが》ひして買《か》つていたゞいたものでないことは勿論《もちろん》、さうしたものを買《か》つていたゞいても、エリ子《こ》は少《すこ》しもうれしくはありませんでした。もと〳〵そんな物《もの》には子供《こども》の頃《ころ》から興味《きようみ》もなく、それに東京《とうきやう》へ歸《かへ》りたい心《こころ》が一杯《ぱい》でしたので、私《わたし》がうかぬ顔《かほ》をしてちつとも喜《よろこ》んでゐなかつたことは宿屋《やどや》のお女中《ぢよちゆう》さんも不思議《ふしぎ》がつてゐた樣《やう》です。かうして私《わたし》の盲腸《まうちやう》のいたみも按《あん》じたより輕《かる》くどうやら立《た》つて家《うち》の中《なか》を歩《ある》いて良《よ》いと云《い》はれる樣《やう》になりました。早《はや》く東京《とうきやう》へ歸《かへ》りたかつたエリ子《こ》は汽車《きしや》に乘《の》つても良《よ》いでせうか？　つてお醫者樣《いしやさま》にきゝました。先生《せんせい》は笑《わら》ひ乍《なが》ら、まあかまはないが、京都《きやうと》の良《よ》い所《ところ》を歩《ある》いてからになさい、つて云《い》つてお歸《かへ》りになりました。

　二十三日《にち》の四時《じ》すぎでした。看護婦《かんごふ》の林《はやし》さんがお藥《くすり》を病院《びやういん》からとつての歸《かへ》り、お帳場《ちやうば》の横《よこ》で赤植私立探偵社《あかうゑしりつたんていしや》の人《ひと》がゐるのを發見《はつけん》しました。「さあ大變《たいへん》」追手《おつて》が迫《せま》つた事《こと》を知《し》つた爽希《やすまれ》さんはさすがに慌《あわ》てゝゐたやうです。そして私《わたし》と一緒《しよ》に東京《とうきやう》へ逃《のが》れることになり探偵社《たんていしや》の人《ひと》が歸《かへ》るのをみとゞけて、看護婦《かんごふ》さんと三人《にん》特《とく》に京都驛《きやうとえき》をさけて石山《いしやま》まで自《じ》動車《どうしや》を走《はし》らせました。闇《やみ》の石山街道《いしやまかいだう》を走《はし》る私達《わたしたち》は不安《ふあん》のうちにも小説《せうせつ》を讀《よ》んでゐる樣《やう》にも思《おも》へました。京都《きやうと》を離《はな》れるにつれて雪《ゆき》がだん〳〵はげしく降《ふ》り出《だ》して來《き》ました。

眞暗《まつくら》な中《なか》を小走《こばし》る汽車《きしや》の窓《まど》にあたる雪《ゆき》をみて、何《なん》だか、今《いま》までの一切《きれ》の秘密《ひみつ》をうづめつくす樣《やう》にも思《おも》へたし、雪《ゆき》にとざゝれて行《ゆ》き所《どころ》もなくなる樣《やう》にも感《かん》じられました。北國《ほつこく》の街《まち》を歩《ある》いてゞもゐる樣《やう》な、何《なん》とも云《い》ひ樣《やう》のない寂《さび》しさがヒシ〳〵と身内《みうち》にせまつて來《く》るのでした。石山《いしやま》から東京行《とうきやうゆき》の一等寢臺車《とうしんだいしや》の人《ひと》となる。

だがホツと安《あん》どの胸《むね》を撫《な》で下《お》ろす間《ま》もなく私達《わたしたち》の脱走《だつそう》（？）を知《し》つた増田家《ますだけ》の手配《てはい》で乘《の》り込《こ》んだ移動刑事《いどうけいじ》の一行《かう》は米原《まいばら》を通過《つうくわ》すると間《ま》もなく私達《わたしたち》を發見《はつけん》しました。列車《れつしや》が名古屋《なごや》驛構《えきかうない》と共《とも》に私達《わたしたち》は名古屋《なごや》の警《けい》察《さつ》に連《つ》れて行《ゆ》かれたのです。警察《けいさつ》での取調《とりしら》べ、それは私《わたし》のプライドを隨分《ずゐぶん》と傷《きず》つけるものもありました。だが警察《けいさつ》の方《かた》も、エリ子《こ》に同情《どうじやう》してくれて、それからは何《なに》くれとなくよくお世話《せわ》して下《くだ》さいました。病《びやう》後《ご》のエリ子《こ》の身體《からだ》も心配《しんぱい》して下《くだ》さいましたし希《まれ》の姉樣《ねえさま》の事《こと》も心配《しんぱい》して姉樣《ねえさま》に逢《あ》はぬ樣《やう》、別々《べつべつ》の汽車《きしや》に乘《の》る樣《やう》にすつかり手配《てはい》して頂《いただ》いたのでした。（爽希《やすまれ》さんの逝《み》いが發表《はつぺう》されなければ決《けつ》して私《わたし》は、他言《たごん》しないつもりでしたがお金《かね》の勘定《かんぢやう》を合《あ》はすためにエリ子《こ》は私《わたし》が買《か》つた品物《しなもの》までも爽希《やすまれ》さんに買《か》つていたゞいた事《こと》にした位《くらゐ》ですそれなのに……希《まれ》の氣持《きもち》を考《かんが》へるとどうしても書《か》く事《こと》は出來《でき》ません。希《まれ》は家《うち》の内情《ないじやう》や、母姉《はゝあね》の事等《ことなど》はひたすらかくしてゐますから。だがこのことは書《か》くのをやめます。）なにしろ私《わたし》はその時《とき》初《はじ》めて爽《やす》希《まれ》さんの姉樣《ねえさま》にお會《あ》ひしました。率直《そつちよく》に印象《いんしやう》を申上《まをしあ》げますと隨分《ずゐぶん》ヒステリカルなわからずさんでこれでは爽希《やすまれ》さんが親《した》しめないのは當然《たうぜん》だとやう〳〵判《わか》りました。警察《けいさつ》での調《しら》べも終《をは》つて爽希《やすまれ》さんと引離《ひきはな》された私《わたし》は一先《ま》づ京都《きやうと》に歸《かへ》ることにしましたが、その車中《しやちう》同《おな》じ車《くるま》に乘《の》り込《こ》んでゐたお姉樣《ねえさま》からまたいろ〳〵な嫌味《いやみ》を聞《き》かされました。そんなにも女優商賣《ぢよいうしやうばい》などしてゐる者《もの》には人格《じんかく》がないと思《おも》はれるのでせうか。『お金《かね》を目當《めあて》に誘《さそ》ひ出《だ》したのでせう』とか身體《からだ》が心《しん》配《ぱい》なのでお腹《なか》をおさえてゐるとお芝居《しばゐ》がうまいとか役者《やくしや》が上《うへ》だとか、三等車《とうしや》の中《なか》で、みつともない名家《めいか》の令孃振《れいぢやうぶ》りでした。名古屋《なごや》から大《おほ》阪《さか》までの間《あひだ》、エリ子《こ》は口答《くちごた》へもせず默《だま》つてゐました。あんな方《かた》を相手《あいて》にする程《ほど》、エリ子《こ》は馬鹿《ばか》ではないつもりだつたので……無理《むり》におねだりしたり爽希《やすまれ》さんをお引留《ひきとめ》したりした覺《おぼ》えはエリ子《こ》には全然《ぜんぜん》ないのです。一時《じ》は口惜《くや》しいので餘《よ》つ程《ぽど》豫定《よてい》通《どほ》り京都《きやうと》で降《お》りやうかとも思《おも》ひました。けれど爽希《やすまれ》さんのお母樣《かあさま》が『一目《ひとめ》會《あ》つてエリ子《こ》へ詫《わ》びをしたい』とおことづけがあつたので私《わたし》も一度《ど》お會《あ》

櫻井たね けてエリ 子の家で

ひして康希《やすまれ》さんの氣持《きもち》をお話《はな》しゝたいと思《おも》ひそのまゝ大阪《おほさか》までお供《とも》致《いた》しました。と云《い》ふよりは無理《むり》に連《つ》れて行《ゆ》かれたのでした（あんな人《ひと》の言葉《ことば》を信《しん》じたのが殘念《ざんねん》でたまりません）そして今橋筋《いまばしすぢ》の胃腸病院《ゐちやうびやうゐん》につれられて行《ゆ》かれましたがまるで罪人《ざいにん》でも引立《ひつた》てる樣《やう》にして……エリ子《こ》へのお詫《わ》びなどゝは……それは眞赤《まつか》な嘘《うそ》でした。片山《かたやま》といふ辯護士《べんごし》と一緒《しよ》に病室《びやうしつ》に現《あら》はれた康希《やすまれ》さんのお母《かあ》さまはお金《かね》の使途《しと》について訊問《じんもん》されたのです。そして下着《したぎ》までぬがせて品物《しなもの》をしらべた上《うへ》私《わたし》のハンドバツクからすつかり調《しら》べました。こんな事《こと》をされて何故《なぜ》、エリ子《こ》だまつてゐたのかしら、親《おや》の情《じやう》として、エリ子《こ》を惡《わる》く思《おも》ふのは無理《むり》もないと思《おも》つて我慢《がまん》してゐたのです。

何《な》んといふ大《おほ》きな侮蔑《ぶべつ》でせう。私《わたし》はベツドの中《なか》で齒《は》をくひしばつて泣《な》きました。そして京都《きやうと》へ歸《かへ》して呉《く》れなければとハンストを始《はじ》め、その翌々日《よくくじつ》私《わたし》のお金《かね》で病院《びやうゐん》への支拂《しはら》ひを濟《す》ませると漸《やうや》く京都《きやうと》へ歸《かへ》る事《こと》が出來《でき》ました。（今《いま》でも、二度《ど》と大阪《おほさか》へは行《ゆ》くまいと思《おも》つてゐます）そして廿五日希の事《こと》が心配《しんぱい》でしたがどうする事《こと》も出來《でき》ず、青山杉作先生達《あをやますぎさくせんせいたち》と一緒《しよ》に歸京《ききやう》、久《ひさ》し振りに代々木《よよぎ》の家《うち》に歸《かへ》ることが出來《でき》た時《とき》はホツト我《わ》れに返《かへ》りました。だが康希《やすまれ》さんと私《わたし》との逃避行《たうひかう》はこれでおしまひにはならなかつたのです。……

〃D〃

廿七日《にち》の夜《よる》十一時頃《じごろ》電話《でんわ》で、監禁《かんきん》されてゐる筈《はず》の康希《やすまれ》さんが京橋《きやうはし》の鍛冶橋《かぢはし》ホテルにゐる事《こと》を知《し》つた私《わたし》はびつくりして父《ちゝ》と一緒《しよ》にホテルへ急行《きふかう》しました。そこには名古屋《なごや》の警察《けいさつ》でお別《わか》れしてからどうなつたかと一刻《こく》として忘《わす》れる事《こと》の出來《でき》なかつた康希《やすまれ》さんが寂《さび》しく笑《わら》つてゐるではありませんか。父《ちゝ》を歸《かへ》すとその夜《よ》は私《わたし》もホテルへ泊《とま》る、そして私《わたし》を慕《した》つて冷《つめ》たい家庭《かてい》を逃《のが》れて來《き》たこの可哀想《かはいさう》なお孃樣《ぢやうさま》のお話《はな》しを聞《き》いたのです。蒲團《ふとん》に影武者《かげむしや》のクツションを入《い》れて狹《す》ばさみでテラスへのドアを壞《こは》して二間《けん》もある塀《へい》を乘《の》りこえて手《て》を傷《きず》だらけにして寢卷《ねまき》のまゝ上山樣《かみやまさま》の家《うち》まで逃《に》げ出《だ》して行《い》つた事《こと》、そしてそこで三十圓《えん》を借《か》りて漸《やうや》く上京《じやうきやう》して來《き》たことなどをこま〴〵と打開《うちあ》けて下《くだ》さいました。そして私《わたし》がどうなさるおつもりか、とお尋《たづ》ねすると『家《うち》へは絶對《ぜつたい》に歸《かへ》らない』と固《かた》い決心《けつしん》をほのめかして母《はゝ》や姉《あね》が私《わたし》へ申譯《まをしわけ》ない事《こと》を云《い》つたと心《こゝろ》からわびて下《くだ》さつたのです。翌日《よくじつ》私達《わたしたち》は代々木《よゝぎ》の家《うち》へ一先《ま》づ落《お》ちついて善後策《ぜんごさく》を立《た》てる事《こと》になりましたが今《いま》から思《おも》ふと今度《こんど》の逃避行《たうひかう》はすでに死《し》を覺悟《かくご》して出《で》られたもので死《し》の影《かげ》は新聞記者《しんぶんきしや》に對《たい》しての朗《ほが》らかな言葉《ことば》の蔭《かげ》にも充分《じうぶん》に伺《うかゞ》はれるものがあつたやうです。で、私《わたし》の注意《ちうい》で心配《しんぱい》した父《ちゝ》や近親者《きんしんしや》の者《もの》は大阪《おほさか》へ電報《でんぽう》して引取《ひきと》り方《かた》を待《ま》つことになりましたが、希《まれ》の家《うち》からは何《なん》の返事《へんじ》もありませんでした。私《わたし》としては今《いま》更希《さらまれ》さんを大阪《おほさか》へお歸《かへ》しすることがどんなにか可哀想《かはいさう》な事《こと》か、けれど若《も》し自殺《じさつ》でもなさつたら……と小《ちい》さい胸《むね》をいためつゞけました。でも結局《けつきよく》は父《ちゝ》の言葉《ことば》に從《したが》つて引取《ひきと》りの方《かた》が見《み》えるまではお傍《そば》を離《はな》れない事《こと》にして、その日《ひ》の午後麹町《ごごかうぢまち》の萬平《まんぺい》ホテルへ移《うつ》つたのです。希《まれ》が家《うち》にゐるのは心苦《こゝろぐる》しいし、新聞記者等《しんぶんきしやなど》もうるさく來《く》るので他《た》へ移《うつ》りたいと云《い》つたので、父《ちゝ》に叱《しか》れるのも覺悟《かくご》で父《ちゝ》にはだまつて二人《ふたり》で萬平《まんぺい》ホテルへ參《まゐ》りました。そして五階《かい》の廿號室《がうしつ》に十二時《じ》近《ちか》くなつてベツドを並《なら》べて寢《やす》みましたが、翌朝《よくてう》目《め》を覺《さま》して死線《しせん》をねむりつゞけてゐる姿《すがた》を發見《はつけん》した時《とき》の私《わたし》の驚《おどろ》き、それは到底《たうてい》書《か》き表《あら》はす事《こと》が出來《でき》ません。だがどうしても、これで死《し》んでゐるとは思《おも》はれませんでした。かすかな寝息《ねいき》、平《へい》靜《せい》な顔《かほ》、しばらくヂツとみつめてゐました。そして私《わたし》へあてた遺書《ゐしよ》・・・

エリ子《こ》

貴女《あなた》とは永《なが》い様《やう》でとても短《みじか》い期間《きかん》の交際《かうさい》でした。でも私《わたし》の心《こゝろ》には貴《あな》女《た》といふ人間《にんげん》の總《すべ》てが誰《たれ》よりも一等《とう》深《ふか》く印象《いんしやう》されてゐますどういふ意《い》味《み》か自分《じぶん》でも解《わか》らないが兎《と》に角《かく》貴女《あなた》が好《す》きでした、無條件《むでうけん》で。私《わたし》は生《しやう》涯《がい》の末端《まつたん》に貴女《あなた》にまさかこんなに御世話《おせわ》にならうとは全《まつた》く豫想《よさう》すら出《で》來得《きえ》ないことでした。でもありがとう、本當《ほんたう》にありがとう。何《なん》といつて感謝《かんしや》していゝか解《わか》りません。否感謝《いなかんしや》ではない、貴女《あなた》に御世話《おせわ》になりつゝ死《し》んで行《ゆ》くことがとても嬉《うれ》しいんです。私《わたし》は自分《じぶん》の押《おさ》へきれない我儘《わがまゝ》から隨分《ずゐぶん》貴女《あなた》を苦《くる》しめました。赦《ゆる》して頂《いたゞ》き度《た》いと思《おも》ひます。私《わたし》は死《し》を覺悟《かくご》してから以後《いご》の永《なが》い間《あひだ》過去《くわこ》の貴女《あなた》との色《いろ》んな想《おも》ひ出《で》をたどつて、懐《なつか》しい貴女《あなた》と御別《おわか》れする寂《さび》しさを一人《ひとり》泣《な》いて〱泣《な》きました。やつぱり獨《ひと》り死《し》ぬ事《こと》がさみしい。本當《ほんたう》にいへば私《わたし》は貴女《あなた》が一緒《しよ》に死《し》んでほしかつたんです。だが貴女《あなた》の環境《くわんきやう》の事情《じじやう》を知《し》つてゐる私《わたし》の感情《かんじやう》はいつも理智《りち》に叱《しか》られてゐました。やつぱり私獨《わたしひと》りで行《ゆ》きます。さようなら

エリ子《こ》

爽希《やすまれ》

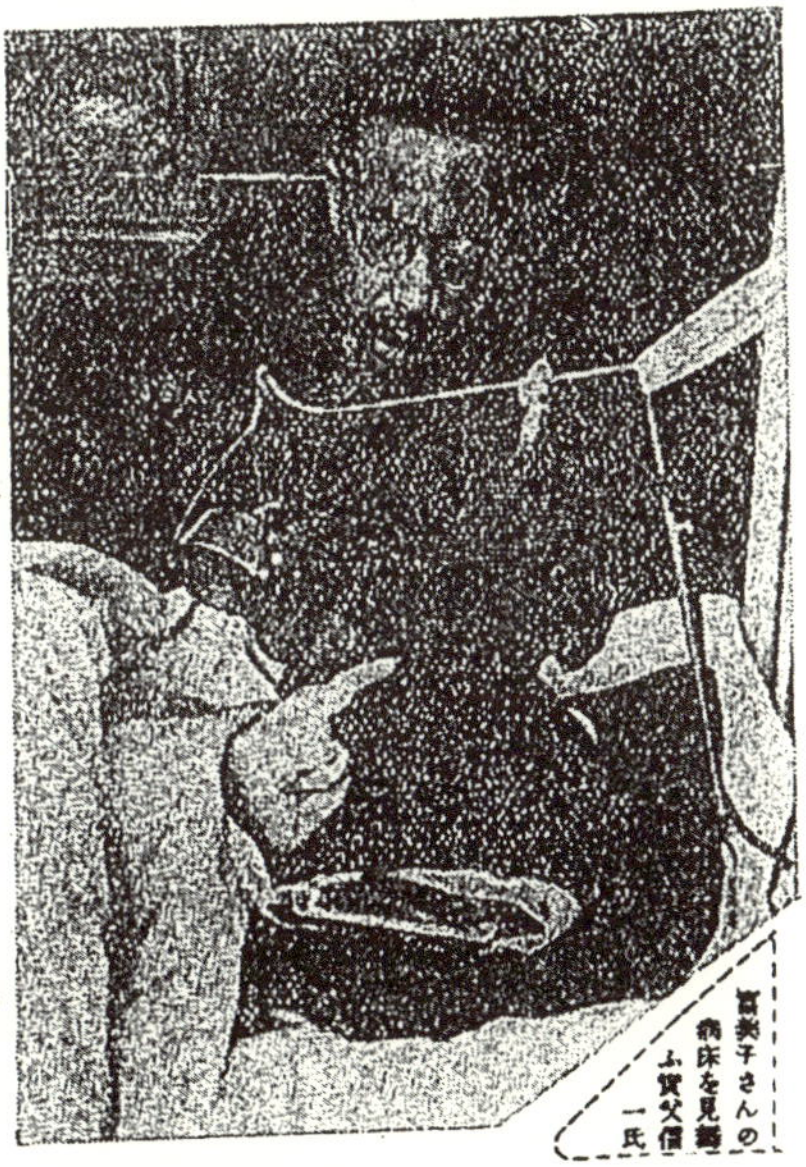

富美子さんの病床を見舞ふ實父信一氏

一月廿八日夜

私《わたし》はたゞ泣《な》きました。そして其《そ》の後《ご》は新聞紙《しんぶんし》にくわしく報道《はうだう》された様《やう》に麹町病院《かうぢまちびやうゐん》に収容《しうよう》された爽希《やすまれ》さんから引離《ひきはな》されて四谷《や》のさる知人《ちじん》の家《うち》に引《ひ》き取《と》られ、ひたすら恢復《くわいふく》をお祈《いの》り致《いた》して居《を》りました。幸《さいは》ひ爽希《やすまれ》さんの生命《せいめい》も取《と》りとめることが出來《でき》て増田家《ますだけ》の代表武市辯護士《だいへうたけいちべんごし》ともお會《あ》ひして私《わたし》のお願《ねがひ》を申《まを》しのべる事《こと》が出來《でき》たことを喜《よろこ》んでゐます。生《い》きかへられた爽希《やすまれ》さんを家庭《かてい》へ引《ひ》き戻《もど》す事《こと》はどう思《おも》つても可哀想《かはいさう》です。分家《ぶんけ》させて好《す》きな道《みち》を歩《あゆ》ましてあげてこそあの方《かた》を甦生《かうせい》させる親心《おやごゝろ》だと思《おも》ひます。私《わたし》はあの方《かた》のよき相談相手《さうだんあひて》となつて、一生微力《しやうびりよく》ながらお力《ちから》になつて行《ゆ》く決心《けつしん》で御座《ござ》います。

幸《さいは》ひ、希《まれ》の父様《とうさま》もおみえになりましたが、父様《とうさま》は何故《なぜ》、もつと早《はや》く、希《まれ》がこんなにならない前《まへ》に、希《まれ》の前《まへ》に現《あら》はれてくれなかつたのでせうか。

身體《からだ》も悪《わる》い様《やう》ですし無理《むり》もありませんが、それぱかり恨《うら》んでゐたエリ子《こ》です。

たゞエリ子《こ》は増田家《ますだけ》の母様《かあさま》、姉様《ねえさま》、父様《とうさま》。希《まれ》の今後《こんご》の行動《かうどう》を注意深《ちういぶか》くみつめてゆくばかりでござゐます。

富美ちゃん強く生きませう

上山絹子

筆者《ひつしや》は増田《ますだ》富美子《ふみこ》さんの樟蔭女學校時代《しようゐんぢよがくかうじだい》からの親友《しんいう》で、富美子《ふみこ》さんより一二級下《きふした》のお友達《ともだち》です。富美子《ふみこ》さんの過去《くわこ》を最《もつと》もよく知《し》つてゐるのはこの方《かた》で、遺書《ゐしよ》もこの方宛《かたあて》に一通《つう》ありました。上山絹《かみやまきぬ》子《こ》は假名《かめい》です。

富美《ふみ》ちゃん。

良《よ》かつたね、本當《ほんたう》に良《よ》かつた。こゝ暫《しばら》く夜《よる》もろくに眠《ねむ》らないで唯《たゞ》ひたすら貴女《あなた》の生命《いのち》を氣《き》遣《づか》つてゐたの。

長《なが》い〳〵間《あひだ》の苦《くる》しみに身《み》も心《こゝろ》も憔悴《せうすゐ》し切《き》つた貴女《あなた》の姿《すがた》が目《め》に見《み》える樣《やう》で泣《な》けて〳〵仕方《しかた》がない。

やつぱりどうでも行《ゆ》かねばならなかつた道《みち》だつたのですね。その眠《ねむ》りが始《はじ》めて貴女《あなた》の疲《つか》れた心《こゝろ》を軀《からだ》をやつと樂《らく》にしたのかと思《おも》ふと、もう何《なに》も云《い》はずにいつ迄《まで》も〳〵そつとそのまゝにして置《お》いて上《あ》げ度《た》いと思《おも》ひます。

——死《し》ぬ程《ほど》の決心《けつしん》があるならどんな事《こと》でも出來《でき》るのに——

十人《にん》が十人《にん》かうした場合《ばあひ》に云《い》ふ言葉《ことば》。

でも私《わたし》はけつしてかうは云《い》はない。さう思《おも》はないから——

貴女《あなた》がそれを決心《けつしん》した時《とき》その決心《けつしん》を必《かなら》ず翻《ひるが》へさす自信《じしん》があると立《りつ》派《ぱ》に云《い》へる人《ひと》なら兎《と》も角《かく》、死《し》ぬ程《ほど》の決心《けつしん》すらした事《こと》のない人間《にんげん》が澤《たく》山《さん》ゐる世《よ》の中《なか》だもの。

貴女《あなた》の歩《あゆ》んだ道《みち》を正常《せいじやう》だと誰《だれ》が云《い》はう。だがもし頭《あたま》から貴女《あなた》を唯《たゞ》單《たん》なる一個《こ》の獵奇的《れふきてき》存在《そんざい》として片付《かたづ》けようとするならそれは大《おほ》きな間違《まちが》ひだと抗辯《かうべん》したい。

貴女《あなた》には御兩親《ごりやうしん》がある、御姉妹《ごきやうだい》がある、富《とみ》があり、そして名《な》がある。それなら何《なに》の不足《ふそく》がある？　と云《い》ふ人《ひと》もあるでせう。いゝえ貴《あな》女《た》には肝腎《かんじん》のものが缺《か》けてゐたのです。世《よ》の中《なか》で一等大切《とうたいせつ》なものが、生《い》きて行《ゆ》くに無《な》くてはならないものが——

他人《たにん》の境遇《きやうぐう》を無暗《むやみ》と羨《うらや》ましがつた貴女《あなた》でした。

「彼《あ》の道《みち》も此《こ》の道《みち》も茨《いばら》の道《みち》、世《よ》の中《なか》に自分《じぶん》より不幸《ふかう》なものはないと思《おも》ふのは間違《まちが》ひ。まだ〳〵世間《せけん》には可哀相《かはいさう》な人《ひと》がゐると思《おも》つて我慢《がまん》して行《ゆ》くのよ」と私《わたし》は云《い》ひました。

「そりや自分《じぶん》が幸福《かうふく》だからさう思《おも》ふのぢやない？　私《わたし》は貴女《あなた》が羨《うらや》ましい」

男刈《をとこがり》に涼《すゞ》しく刈上《かりあ》げたもみあげの淋《さび》しい横顔《よこがほ》を見《み》せてぢつと遠《とほ》い所《ところ》を見《み》つめてゐた貴女《あなた》を忘《わす》れない。

（右富美子さん、左姉の鼓子さん）

自分《じぶん》には誰一人《だれひとり》頼《たよ》つて相談《さうだん》出來《でき》る人《ひと》が無《な》いと云《い》つてゐた。貴女《あなた》の身近《みぢか》に心《こゝろ》から縋《すが》れる人《ひと》が、貴女《あなた》を回護《まも》つてくれる人《ひと》がゐて上《あ》げてほしかつた。一人《ひとり》でもそんな人《ひと》があつたら貴女《あなた》をそんな所《ところ》まで押《お》し遣《や》つてはしまはなかつたでせうに。

廣《ひろ》い三千世界《せかい》のこと、身《み》の置《お》き所《ところ》は何處《どこ》にでもある筈《はず》。だが心《こゝろ》の頼《たよ》る場所《ばしよ》を持《も》たずにみじめに放浪《はうらう》してゐる人間《にんげん》が世《よ》の中《なか》に幾人《いくにん》あらう――。

富美《ふみ》ちやん、貴女《あなた》もその中《うち》の一人《ひとり》だつたのですね。

自分《じぶん》が今《いま》死《し》なうと思《おも》つた時《とき》、その人《ひと》の爲《ため》にその人《ひと》が死《し》なゝいでくれと云《い》ふばかりにどうでも死《し》ねないと云《い》ふ樣《やう》な人《ひと》を持《も》つてゐるか？と尋《たづ》ねたら「否《いゝ》」と答《こた》へた貴女《あなた》――貴女《あなた》と對《たい》する時《とき》、私《わたし》はいつも寞々《ばく〳〵》とした虚無的《きよむてき》な肌寒《はださむ》さを感《かん》じさせられてゐた――。

富美《ふみ》ちやん、御免《ごめん》なさい。貴女《あなた》の心《こゝろ》の中《うち》を少《すこ》しでも覗《のぞ》き見《み》てゐた筈《はず》の私《わたし》だつたのに貴女《あなた》が其處《そこ》まで流《なが》されて行《ゆ》く間《あひだ》の一瞬《しゆん》の止杭《とめくひ》にも役立《やくだ》たなかつた不甲斐《ふがひ》ない自分《じぶん》を謝《あやま》ります。

貴女《あなた》が最初《さいしよ》の家出《かへで》にポケットから掴《つか》み出《だ》してまいたと云《い》ふ澤山《たくさん》のお金《かね》、あれは一體《たい》どうした譯《わけ》なのでせう。これは私《わたし》の考《かんが》へ過《す》ぎかも知《し》れないけど畢竟《ひつきやう》はみんなみんな貴女《あなた》が餓《う》ゑてゐた「情《なさけ》」を、「心《こゝろ》」を購《つぐな》ひ度《た》い爲《ため》の消費《せうひ》ぢやなかつたでせうか。もしさうだつたら貴女《あなた》は許《ゆる》されてもいゝ、よしそれが十萬《まん》百萬《まん》の金額《きんがく》であらうと――。

「私《わたし》だつてこれで時々《とき〴〵》鏡《かゞみ》を覗《のぞ》き込《こ》んで髷《まげ》を結《ゆ》つてみたいなと思《おも》ふ時《とき》がある。でもかうしてゐる爲《ため》にどれだけ助《たすか》つてゐるか知《し》れない。もし私《わたし》が桃割《もゝわれ》にでも結《ゆ》つてゐてかうした生《い》き方《かた》をしてゐたらきつと五月蠅《うるさ》い人々《ひと〴〵》が五月蠅《うるさ》い事《こと》を云《い》ふだらう。こんな頭《あたま》にしてゐる爲《ため》にその人達《ひとたち》も遠卷《とほまき》にして默《だま》つて見《み》てゐるだけだから」と云《い》つたことが有《あ》りましたつけ。

貴女《あなた》の男裝《だんさう》が自分《じぶん》の好《す》きなまゝに生《い》きる爲《ため》の一つの方便《はうべん》だと云《い》ふならそれもいゝ、生《い》きると云《い》ふ大《おほ》きな問題《もんだい》に對《たい》して髮《かみ》かたちの問題《もんだい》はほんの取《と》るに足《た》らぬこと。唯《たゞ》男裝《だんさう》してゐる故《ゆゑ》にかうしなければならないと云《い》ふ樣《やう》な無理《むり》さへ無《な》ければ。

でも富美《ふみ》ちやん、貴女《あなた》は鏡《かゞみ》を見《み》て髷《まげ》を結《ゆ》つてみたいなと思《おも》つた時《とき》の自分《じぶん》の氣持《きもち》をいとしいとは思《おも》はない？　これが結局本當《けつきよくほんたう》かも知《し》れないとは思《おも》はない？

お家《うち》で貴女《あなた》を中心《ちうしん》に色々《いろ〳〵》氣まづい爭《あらそ》ひが起《おこ》ると云《い》ふ事《こと》を聞《き》きました。

「それは貴女《あなた》自身《じしん》が其《そ》の原因《げんいん》を作《つく》るのぢやないか」と云《い》つたら「家《うち》の者《もの》はそう云《い》ふ。でも私《わたし》に云《い》はせたら家《うち》が面白《おもしろ》くない爲《ため》にかうしないでは居《ゐ》れなくなると云《い》ひ度《た》い。それは結局玉子《けつきよくたまご》が先《さき》か鷄《とり》が先《さき》かの水掛論《みづかけろん》さ、とても貴女《あなた》には解《わか》らないだらう」と云《い》ひましたね。

成程《なるほど》貴女《あなた》のお家《うち》の中《なか》を少《すこ》しも知《し》らない私《わたし》、お家《うち》に於《お》ける貴女《あなた》の待遇《たいぐう》がどんなか、どの樣《やう》な毎日《まいにち》を送《おく》つてゐたのか知《し》らない私《わたし》です。が玉子《たまご》と鷄《とり》の問題《もんだい》は結局玉子《けつきよくたまご》と鷄《とり》の間《あひだ》で解決《かいけつ》しなければならない事《こと》ぢやないでせうか、お互《たが》ひがもう一歩《ぽ》づゝ寄《よ》り合《あ》つてお互《たが》ひが相手《あひて》の氣《き》持《もち》をいたわつたらいゝのぢやないでせうか。

貴女《あなた》は今社會《いましやくわい》の眼《め》の的《まと》に立《た》つてゐる。社會《しやくわい》は宗教的《しうけうてき》に或《あるひ》は道德的《だうとくてき》に所有《あらゆ》る方面《はうめん》から貴女《あなた》を批判《ひはん》し云々《うんぬん》してゐます。又《また》決《けつ》して世《よ》に有《あ》りふれた人事《じんじ》として見逃《みの》がすべき問題《もんだい》ではありません。家庭《かてい》を持《も》つもの、人《ひと》の子《こ》の親《おや》として、又親《またおや》の子《こ》として教《をし》へられねばならない大切《たいせつ》な問題《もんだい》です。だからよし世間《せけん》の批判《ひはん》がどの様《やう》に厳《げん》であり、どの様《やう》に强《つよ》い笞《むち》となつて貴女《あなた》の頭上《づじやう》に振上《ふりあ》げられようとも貴女《あなた》は當然《たうぜん》それを受《う》けるべきであり受《う》けねばならぬ義務《ぎむ》がある。

お家《うち》の方々《かたがた》が今後《こんご》貴女《あなた》を宗教的《しうけうてき》にも醫學的《いがくてき》にも靜養《せいやう》させる事《こと》が必《ひつ》要《えう》だと仰有《おつしや》つてゐる。

宗教《しうけう》、醫學《いがく》、それに依《よ》つて歪《ゆが》められた身心《しんしん》を癒《いや》し、それに依《よ》つてよりよき生活《せいくわつ》へ一歩《ぽ》でも貴女《あなた》を導《みちび》く事《こと》が出來《でき》ればそれに越《こ》した喜《よろこ》びは無《な》い。宗教《しうけう》よし、醫學《いがく》よし、が考《かんが》へてみればもつと手近《てぢか》にも貴女《あなた》を救《すく》ふ道《みち》がありはしませんか。

富美《ふみ》ちやん、いつかこんな事《こと》を話合《はなしあ》つた事《こと》がありましたね。

――一度《ど》自殺《じさつ》を企《くはだ》てた者《もの》はもう一度《ど》やるだらうか――

其《そ》の時貴女《ときあなた》は「私《わたし》なら決《けつ》してやらない。その人間《にんげん》はもうそれで死《し》んでしまつた者《もの》、又一《またひと》つから生《うま》れ變《かは》つた人間《にんげん》として更生《かうせい》して行《ゆ》かなきや嘘《うそ》だ」と立派《りつぱ》に云《い》ひましたね。

私《わたし》が今貴女《いまあなた》に會《あ》つて最初《さいしよ》に、先《ま》づ第《だい》一に云《い》ひ度《た》い事《こと》はかう云《い》つたのを覺《おぼ》えてゐるか？ と尋《たづ》ねること。

富美《ふみ》ちやん。

貴女《あなた》はもう生《うま》れ變《かは》つた人《ひと》なのです。更生《かうせい》の一歩《ぽ》を踏《ふ》み出《だ》した貴女《あなた》なのです。希望《きばう》を持《も》つて、いゝえ貴女《あなた》は又《また》いつかの様《やう》に「私《わたし》には希《き》望《ばう》がない」と云《い》ふでせう。

「貴女《あなた》は希望《きばう》を持《も》つてゐますか？」と問《と》ひかけられて「持《も》つてゐる」と即答《そくたふ》出《で》來《き》る者《もの》が一體幾人《たいいくにん》ゐるでせうか。希望《きばう》を持《も》たない人間《にんげん》はみじめです。でも人間《にんげん》は生《うま》れ乍《なが》らにして知《し》らず〳〵の内《うち》にどんな小《ちひ》さな物《もの》にでも己《おの》れの願望《ぐわんばう》をかけたい欲望《よくばう》を持《も》つてゐるもの。的《あて》が無《な》いなら無《な》いなりに運命《うんめい》にまかせて兎《と》に角《かく》生《い》きて行《ゆ》かうと思《おも》ふのもそれ自身《じしん》が一つの希望《きばう》の形《かたち》をしてやしませんか。

彼《か》の道《みち》も此《こ》の道《みち》も茨《いばら》の道《みち》、どんな苦《くる》しい辛《つら》い事《こと》があらうともこれが自分一人《じぶんひとり》しか持《も》たない苦《くる》しみだと思《おも》はないで貴女《あなた》の苦《くる》しみはみんなに、みんなの苦《くる》しみは又貴女《またあなた》に、共《とも》に分《わ》け合《あ》つて元氣《げんき》に頑張《ぐわんば》つて行《ゆ》きませう。

會《あ》へる日《ひ》を待《ま》つてゐます。

（二月三日）

若き女性の職業と結婚問題を語る

家族圓卓會議

——於雜司ヶ谷本間久雄氏宅——

出席者
早稻田大學英文科教授　本間久雄
夫人　美枝子
長女　久美子（二十三歳）
次女　清香（十九歳）
詩人小川未明氏令孃　鈴枝（二十三歳）
女流登山家　大木千枝子（二十三歳）
酒井恭子（二十歳）

女性の職業と結婚問題を主に（一）

記者　今日《こんにち》はお若《わか》い皆様達《みなさまたち》を中心《ちうしん》に女性《ぢよせい》の職業問題《しよくげふもんだい》や結婚問題《けつこんもんだい》、亦《また》それに關聯《くわんれん》した教育問題《けういくもんだい》も社會上《しやくわいじやう》から研鬪《けんとう》して戴《いたゞ》いて、皆様《みなさま》の日頃《ひごろ》のお考《かんが》へや御抱負《ごはうふ》を此處《こゝ》でざつくばらんにお伺《うかゞ》ひしたいと思《おも》ひます。では、どうぞ——

向つて右から本間氏、速記者、清香さん、久美子さん、恭子さん、記者、後向きの人は本間夫人

187　「家族円卓会議」　本間久雄氏一家、小川未明氏令嬢・鈴枝、大木千枝子、酒井恭子　『婦人画報』　昭和10年4月1日

本間夫人　千枝子《ちえこ》さんも鈴枝《すゞえ》さんも久《く》美子《みこ》さんもこの三月《ぐわつ》には卒業《そつげふ》でせう卒《そつ》業後《げふご》にはどうしようなどといろ〳〵考《かんが》へていらつしやる事《こと》と思《おも》ひますが、千枝子《ちえこ》さんはどう思《おも》つていらして？

久美子　とても千枝子《ちえこ》さんは理想《りさう》が豐《ほう》富《ふ》なのよ（笑聲）

千枝子　家《うち》では私《わたし》に職《しよく》につけと云《い》ふ事《こと》は申《まう》しませんけど、今迄《いままで》本當《ほんたう》に家庭愛《かていあい》に惠《めぐ》まれてきたものですから、唯《たゞ》ぼや〳〵過《すご》して來《き》たばかりで、學校《がくかう》を卒業《そつげふ》したら自分《じぶん》が今迄《いままで》勉強《べんきやう》した事《こと》を土臺《どだい》にして、それに自分《じぶん》がどれだけ耐《た》えられるか分《わか》りませんけど何《なに》かやつて見《み》たいと思《おも》ひますわ。矢張《やは》りどうしても人《ひと》の中《なか》で揉《も》まれてゆかなくちや大《おほ》きくならないと思《おも》ひますの　だからどんな事《こと》でもやつてみたいと考《かんが》へてゐます。

鈴枝　私《わたし》も卒業《そつげふ》して直《す》ぐ家庭《かてい》に入《はい》るといふより、矢張《やは》り今迄《いままで》學《まな》んできたそれを使《つか》つて、何《なに》か職業《しよくげふ》に就《つ》きたいと思《おも》ひますわ。

夫人（久美子《くみこ》さんの方《はう》を向《む》いて）そこで久美子《くみこ》さんはどう――。

久美子　私《わたし》だつて勿論《もちろん》よ。お父《とう》さま、お母《かあ》さまからすつかり獨立《どくりつ》してね（笑聲）

記者　英文科《えいぶんくわ》に御入《おはい》りになつたのは何《なに》か御希望《ごきばう》があつたからなんでせう。

久美子　英文學《えいぶんがく》は好《す》きだから、はいつたんですの。尤《もつと》も、これに依《よ》つて職業《しよくげふ》を得《え》ようなどいふことは大《だい》それたことで、私《わたし》などには出來《でき》ないんですけど、學校《がくかう》の先生《せんせい》がおつしやつたやうに、何時《いつ》でも女《をんな》は女《をんな》としてより先《ま》づ人間《にんげん》として立《た》つと云《い》ふ事《こと》が必要《ひつえう》なことだから、その意味《いみ》で私《わたし》も働《はたら》きたいんですの。

夫人　では皆《みな》さん結婚《けつこん》と云《い》ふ事《こと》に就《つ》いてはどんな風《ふう》に考《かんが》へていらつしやるの。

鈴枝（につこり笑《わら》つて打向乍《うつむきなが》ら）私《わたし》も實際結婚《じつさいけつこん》の事《こと》は何《なに》も考《かんが》へて居《ゐ》ないの。何《な》んだかまだそれを考《かんが》へる前《まへ》に、自分《じぶん》が考《かんが》へなくちやならない仕事《しごと》があるやうな氣《き》がして。家庭《かてい》に入《はい》る前《まへ》に一つ何《な》んでも宜《い》いから技能《ぎのう》を獲得《くわくとく》して、それから家庭《かてい》に入《はい》るのなら宜《い》いんですけれど、自分《じぶん》に困《こん》難《なん》が掛《か》つて來《き》ても負《ま》けるやうぢやいけませんし、矢張《やは》り技能《ぎのう》を結婚《けつこん》する前《まへ》に養《やしな》つて置《お》きたいと思《おも》ひますわ。

夫人　私達《わたしたち》も何《なに》かあつたら働《はたら》く事《こと》が出《で》來《き》るやうにと思《おも》ひますの。女學校《ぢよがくかう》を出《で》てから上《うへ》に進《すゝ》ませたのもそのためですけれどもいざ卒業《そつげふ》してみれば二十二、三になつてゐるでせう。さて職業《しよくげふ》につくなどゝいふ事《こと》よりも私《わたし》は結婚《けつこん》に就《つ》いて考《かんが》へなくちやならなくなりましたの。

記者　淸香《きよか》さんはどう？

淸香さん　久美子さん

淸香　でも私達《わたしたち》に取《と》つて職業《しよくげふ》と云《い》ふ事《こと》や、結婚《けつこん》と云《い》ふ事《こと》は、とても感《かん》じが出《で》て來《こ》ないやうな氣《き》がするの。何《なん》だか遠《とほ》い事《こと》のやうな氣《き》がしちやつて――

恭子　私《わたし》もまだそんな事考《ことかんが》へられないわ。

久美子　女《をんな》は男《をとこ》と違《ちが》つて大抵《たいてい》一家《か》を養《やしな》つてゆくといふ事《こと》がないから積極的《せききよくてき》に働《はたら》いてゆく氣持《きもち》に缺《か》けてゐるんぢやないかしら。何《なに》も職業《ボケーシヨン》があるから働《はたら》くといふのではなくとも獨立《どくりつ》して行《ゆ》きたいといふ氣持《きもち》から働《はたら》くのでもいゝんぢやないのかしら。獨立《どくりつ》なんて生意氣《なまいき》ですけれども。

鈴枝　能《よ》く今迄《いままで》の新聞《しんぶん》の女性相談《ぢよせいさうだん》なんかに、自分《じぶん》が結婚《けつこん》しても經濟的《けいざいてき》に獨立《どくりつ》が出來《でき》ないと、厭《いや》な生活《せいくわつ》でも仕方《しかた》がなくそれに引摺《ひきず》られてゆくといふ記事《きじ》が出《で》て居《ゐ》ませう？　矢張《やは》り女《をんな》も力《ちから》がなけりや、と考《かんが》へてゐますわ。

本間　確《たし》かにさうですね。（火鉢《ひばち》の縁《ふち》をなで乍《なが》ら）何事《なにごと》に依《よ》らず兎《と》も角《かく》身《み》に付《つ》けて居《ゐ》ると云《い》ふ事《こと》、一つの技能《ぎのう》を持《も》つて居《ゐ》る事《こと》は非常《ひじやう》な強味《つよみ》でせうね。

夫人　働《はたら》かなくちやならなくて働《はたら》くんぢやないなら男《をとこ》に較《くら》べると勿體《もつたい》ないやうなものね。まあ氣樂《きらく》なわけですね。

久美子　氣樂《きらく》な所《ところ》があるだけ氣乘《きの》りがしないんぢやないかしら――。

記者――といふほどではなく私《わたし》なんか第《だい》一働《はたら》く氣構《きがま》へが、のんびりしてましてよ。

本間　仕事《しごと》が厭《いや》だと云《い》へばそれでも女《をんな》は濟《す》むかも知《し》れないが、男《をとこ》はさうは行《ゆ》かない。

夫人　久美子《くみこ》さんなんか何時《いつ》でも親《おや》の保護《ほご》の下《もと》にあるし、何《なん》の相談《さうだん》をしても乘《の》つて吳《く》れるし、助言《じよげん》はしてくれるし、さうなるとどうしても自分獨《じぶんひと》りの生活《せいくわつ》や能《のう》力《りよく》と云《い》ふものが發見《はつけん》出來《でき》ないでせう。だから親《おや》の下《もと》を離《はな》れて自分《じぶん》の力《ちから》を試《ため》したい。さういふ意味《いみ》で獨立《どくりつ》したいといふんぢやない？

久美子　さうよ、それが第《だい》一だわ。

記者　一たん家《うち》に歸《かへ》れば甘《あま》えてゐられるでせう。それだけ家《うち》ぢや子供視《こどもし》されてゐる譯《わけ》だから、どうしても自分《じぶん》の意志《いし》を強《つよ》い物《もの》として發揮《はつき》出來《でき》ないのね。だから兩親《りやうしん》の側《そば》を離《はな》れて、誰《たれ》にも干渉《かんせふ》されない自分《じぶん》の意志通《いしどほ》りに左右出來《さいうでき》る一人《ひとり》きりの世界《せかい》をそとに作《つく》つて、小《ちひ》さいながらも暴君氣分《ばうくんきぶん》を味《あぢ》はつてみたいといふのが、今《いま》の働《はたら》きたいといふお孃《ぢやう》さん達《たち》の氣持《きもち》なのぢやないかしら？

出席者紹介

本間久美子樣、同淸香樣　お二人《ふたり》とも東京生《とうきやううま》れ。日本女子大學附屬豐明小學校《にっぽんぢよしだいがくふぞくほうめいせうがくかう》から同女學校《どうぢよがくかう》を經《へ》て、目下《もくか》同大學《どうだいがく》英文科御在學中《えいぶんくわございがくちう》で、お姉樣《ねえさま》は四年《ねん》、お妹樣《いもうとさま》は一年生《ねんせい》。

大木千枝子樣　東京生《とうきやううま》れ。大島第二《おほしまだいに》小學校《せうがくかう》から日本女子大學附屬女學校《にっぽんぢよしだいがくふぞくぢよがくかう》を經《へ》て、目下《もくか》同大學英文科《どうだいがくえいぶんくわ》四年《ねん》御在學中《ございがくちう》。女流登山家《ぢよりうとざんか》として勇名《ゆうめい》をとゞろかせておられます。

酒井恭子樣　東京生《とうきやううま》れ。足尾《あしを》の小學《せうがく》校《かう》から、女子大附屬女學校《ぢよしだいふぞくぢよがくかう》を經《へ》て、現在《げんざい》は同大學英文科《どうだいがくえいぶんくわ》一年《ねん》御在學《ございがく》、淸香樣《きよかさま》のお友達《ともだち》。

小川鈴枝樣　東京生《とうきやううま》れ。靑柳小學校《あをやぎせうがくかう》から日本女子大附屬女學校《にっぽんぢよしだいふぞくぢよがくかう》を經《へ》て、目下《もくか》同大學英文科《どうだいがくえいぶんくわ》四年《ねん》に御在學《ございがく》。

本社側出席記者、大迫倫子　大正《たいしやう》四年《ねん》一月米國《べいこく》に生《うま》る。大森第一小學校《おほもりだいいちせうがくかう》、私立成女高等女學校《しりつせいぢよかうとうぢよがくかう》を經《へ》て、今年《ことし》より婦人畫報編輯部員《ふじんぐわはうへんしふぶゐん》となる。

夫人　貴女《あなた》は學校《がくかう》を卒業《そつげふ》して直《す》ぐに職業《しよくげふ》に御就《おつ》きになつたの？

記者　いゝえ、三年《ねん》ばかり遊《あそ》びましたの。とても學校卒業《がくかうそつげふ》した當時《たうじ》はそんな眞劍《しんけん》な職業意識《しよくげふいしき》は持《も》つてませんでした。

夫人　どう云《い》ふ御氣持《おきもち》から働《はたら》かうと云《い》ふ事《こと》を――。

記者　私《わたし》は九〇パーセント編輯《へんしふ》といふ仕事《しごと》に對《たい》する興味《きようみ》からでした。生活《せいくわつ》を背負《せお》つてゐるわけぢやありませんから、どうしても遊《あそ》びのやうな氣持《きもち》や眞劍《しんけん》な職業意識《しよくげふいしき》が出《で》て來《き》ませんのよ。

夫人　御働《おはたら》きになれば色々《いろいろ》苦勞《くらう》が御《お》ありでせう。それを少《すこ》し伺《うかゞ》はせてやつて下《くだ》さいな。

久美子　本當《ほんたう》だわ。

記者　矢張《やは》り一寸《ちよつと》辛《つら》い事《こと》があると、あゝ、家《うち》でゆつくり寢《ね》てゐたい（笑聲）なんて思《おも》ひますわ。

本間　其《そ》の點《てん》に於《おい》ては矢張《やは》り婦人《ふじん》は惠《めぐ》まれて居《ゐ》ると思《おも》ふね。男《をとこ》はさうはゆかない。職業《しよくげふ》と云《い》ふものに對《たい》して眞劍《しんけん》ですからね。（頻《しき》りに火鉢《ひばち》の灰《はひ》に字《じ》を書《か》き乍《なが》ら）一家《か》を支《さゝ》へて行《ゆ》くと云《い》ふ從來《じゆうらい》の傳統的《でんとうてき》な考《かんが》へが土臺《どだい》になつて居《ゐ》る。だからどうしても、自分《じぶん》の父母妻子《ふぼさいし》を養《やしな》はなければならぬ。だから職業《しよくげふ》に對《たい》して遊《あそ》ぶと云《い》ふ氣持《きもち》がない、又《また》あり得《え》ない。

夫人　どうしても、女《をんな》よりも男《をとこ》の方《はう》が

189　「家族円卓会議」　本間久雄氏一家、小川未明氏令嬢・鈴枝、大木千枝子、酒井恭子　『婦人画報』
昭和10年4月1日

偉《えら》くなる譯《わけ》ですね。

本間　自然境遇《しぜんきやうぐう》が男《をとこ》の持《も》つて居《ゐ》る力《ちから》と云《い》ふものを發揮《はつき》させると云《い》ふ事《こと》になるかも知《し》れん。職業戰線《しよくげふせんせん》に女《をんな》が乘《の》り出《だ》すといふことは相當大《さうたうおほ》きな問題《もんだい》で、外國《ぐわいこく》なんかでも最近《さいきん》よくこの事《こと》を問題《もんだい》にしてゐる人《ひと》がある。つまり男《をとこ》が眞劍《しんけん》に職業《しよくげふ》を獲得《くわくとく》しようとする、其所《そこ》に婦人《ふじん》が割込《わりこ》んで來《く》る爲《た》めに折角得《せつかくえ》られるものが得《え》られなくなる場合《はあひ》が多《おほ》い。又其所《またそこ》に給料《きふれう》の問題《もんだい》が入《はい》つて來《き》て、雇《やと》ふものに取《と》つて好都合《かうつがふ》の場《は》合《あひ》があるね、女《をんな》を雇《やと》ふ方《はう》がまあ都合《つがふ》が良《い》いと云《い》ふやうなことだね。

久美子　男《をとこ》のサラリーだけで暮《く》らせる場合《はあひ》は良《い》いけど、さうでない場合《はあひ》は矢張《やは》り、主婦《しゆふ》も働《はたら》かなきやならないでせうね。それに男《をとこ》は家庭外《かていぐわい》の世界《せかい》があると云《い》ふ事《こと》が樂《たの》しみになるでせう、でも女《をんな》は家《か》庭《てい》だけに閉込《とぢこ》められて、本當《ほんたう》にその中《なか》だけに入《はい》つたきりなんですものね。家庭以《かていい》外《ぐわい》に關心《くわんしん》のもちどころがないでせう、實《じつ》際《さい》詰《つま》らないと思《おも》ふわ。職業《しよくげふ》でも女《をんな》だけしか理解《りかい》できないやうな、女《をんな》であるが故《ゆゑ》に分《わか》るやうな、——何《な》んて云《い》ふのかしら、女《をんな》のみが建設出來《けんせつでき》るやうな仕事《しごと》をするのが一番良《いちばんい》いんぢやないかと思《おも》ふの。女《をんな》はさう云《い》ふ方面《はうめん》を開拓《かいたく》して行《ゆ》く事《こと》が非常《ひじやう》に大事《だいじ》ぢやないかしら。例《たと》へば勞働法《らうどうはふ》と云《い》ふものが出來《でき》ても、それは本當《ほんたう》に男《をとこ》の人《ひと》ばかりに都合《つがふ》の好《い》いやうに出來《でき》て居《ゐ》るでせう。女《をんな》は賃銀《ちんぎん》が安《やす》いし又子供《またこども》が使《つか》はれる場合《はあひ》でも不利益《ふりえき》な事《こと》が多《おほ》いでせう。女《をんな》が女《をんな》の味方《みかた》になり、又母《またはは》として子供《こども》の味《み》方《かた》になれるやうな方面《はうめん》に出《で》ていつて働《はたら》くのはいゝ事《こと》だと思《おも》ひますわ。

恭子さん

本間　それは確《たし》かにさうだね、だから僕等《ぼくら》の考《かんが》へから云《い》ふと、婦人《ふじん》が職業《しよくげふ》を選《えら》ぶと云《い》ふ事《こと》は大切《たいせつ》な事《こと》だと思《おも》ふ。結局婦《けつきよくふ》人《じん》だけが、その才能《さいのう》を充分發揮《じうぶんはつき》し得《う》るやうな職業《しよくげふ》を選《えら》ぶ事《こと》が大切《たいせつ》だね。

女性の職業と結婚問題を主に（二）

久美子　民法《みんぱふ》なんか男《をとこ》の人《ひと》の領分《りやうぶん》でせう、結婚《けつこん》の問題《もんだい》にしても、離婚《りこん》の問題《もんだい》にしても何《なに》一つ女《をんな》に得《とく》になるやうな法律《はふりつ》が出來《でき》て居《ゐ》ないぢやありませんか。だから學問《がくもん》をやる女《をんな》の人《ひと》は、そんな方面《はうめん》をやつて女《をんな》の幸福《かうふく》を擴《ひろ》めるといふこともいゝことだと思《おも》ふわ。

本間　（ふと思《おも》ひ付《つ》いたやうに）どうです鈴枝《すゞえ》さん、貴女《あなた》はお父《とう》さんが文學者《ぶんがくしや》だから、文學《ぶんがく》の方面《はうめん》に就《つ》いてはどう御考《おかんが》へですか。

鈴枝　えゝ、矢張《やは》り兒童文學《じどうぶんがく》をやつて居《を》りますが、御母《おかあ》さんの教育《けういく》と云《い》ふ事《こと》は隨分考《ずゐぶんかんが》へています。先日《せんじつ》デパアートへ行《い》つた時《とき》に、お子《こ》さんを連《つ》れていらつしたお母《かあ》さんが何《なに》か本《ほん》を買《か》つてらしたの。子《こ》供《ども》の興味《きようみ》の本《ほん》はどんなのかしらと思《おも》つて見《み》て居《ゐ》たら、丹下左膳《たんげさぜん》の漫畫《まんぐわ》か何《なに》か買《か》つて、お上《あ》げになつたんですけど、その時《とき》も私《わたし》はお母《かあ》さんとしたらもう少《すこ》しその立《たち》場《ば》を考《かんが》へて、本《ほん》を選擇《せんたく》するやうな知識《ちしき》が欲《ほ》しいと思《おも》ひましたわ。

夫人　少《すこ》し話《はなし》は違《ちが》ひますけれどもやはりお母《かあ》さんの事《こと》で——うちには女《をんな》の子《こ》ばかりですから男《をとこ》のお子《こ》さんを少《すこ》し知《し》らせたいと思《おも》ひましてね、自然《しぜん》そんな心持《こゝろもち》から同《おな》じやうな家庭《かてい》の人達《ひとたち》が温泉場《をんせんば》で遊《あそ》びますの、親《おや》が先《さき》にたちましてね。子供《こども》の方《はう》でもよくそれがわかつて極《きは》めて腹藏《ふくざう》なく交際《かうさい》してゐますのよ。ところがよそのお母《かあ》さんたちがうるさくつてね。お互《たが》ひに監督《かんとく》し合《あ》つて觀察力《くわんさつりよく》を養《やしな》つてやるといふことは親《おや》の親切《しんせつ》だと思《おも》ふんですけれどもね。結局人《けつきよくひと》の口《くち》にかゝるとうるさいからと思《おも》つて引《ひ》つ込《こ》んでしまひますわ。

鈴枝　矢張《やは》り今迄《いままで》のお母《かあ》さんと云《い》ふものが餘《あま》り因習《いんしふ》に囚《とら》はれ過《す》ぎるんでせうね。

記者　お母《かあ》さんの、娘達《むすめたち》の自由《じいう》に對《たい》する理解《りかい》が十あるとすれば、それに對《たい》する警戒心《けいかいしん》と云《い》ふものが半分《はんぶん》、まあ五ッ位《くらゐ》でい〻んぢやないんでせうか。それが大抵《たいてい》の場合《ばあひ》十にまで手《て》を延《の》ばすでせう。だから衝突《しようとつ》をするんだと思《おも》ひますわ。こつちが何《なん》とも考《かんが》へて居《を》らないのに、親《おや》が手《て》を出《だ》し過《す》ぎて、靜《しづ》かな所《ところ》に變《へん》な騒《さわ》ぎを捲起《まきだ》してゐると云《い》ふことが隨分《ずゐぶん》あるんぢやないかしら。

夫人　でもね、親《おや》としての立場《たちば》から云《い》へば、どうしても子供《こども》の觀《み》た世界《せかい》と云《い》ふもの〻範圍《はんゐ》が狹《せま》いでせう、そこであ〻すればい〻のに、斯《か》う云《い》ふ時《とき》には斯《か》うしなくてはいけないとか、世間《せけん》を知《し》つてゐるだけ失敗《しつぱい》させまいと思《おも》つてね、心遣《こゝろづか》ひが大變《たいへん》ですの。其《そ》の氣持《きもち》が大《おほ》きく働《はたら》くから子供《こども》たちにはとてもうるさいんでせう。あら、みんな同感《どうかん》だと云《い》ふ顏《かほ》をしてゐるのね。（一同大笑ひ）そしてあなたのかういふ點《てん》がいけないなどと直《す》ぐ遺傳《ゐでん》だとか親《おや》の惡《わる》い所《ところ》を私《わたし》が受繼《うけつ》いだとか、云《い》ふでせう。私達《わたしたち》なんかそんなことは考《かんが》へたこともありませんわ、兎《と》も角《かく》與《あた》へられたものは皆《み》な自分《じぶん》が處理《しより》すべきだと云《い》ふ風《ふう》に考《かんが》へましたよ、今《いま》の人《ひと》は悧巧《りかう》になつて理窟《りくつ》のたて方《かた》が上手《じやうず》だから、自分《じぶん》は責任《せきにん》をのがれて人《ひと》にばかりそれを負《を》はせるでせう。だからどうしてもこちらも世話《せわ》を燒《や》いて責任《せきにん》がか〻らないやうにしなければならないぢやありませんか。

久美子　だつてお母《かあ》さま、今《いま》の人《ひと》は惱《なや》みが多《おほ》いでせう、時代《じだい》が時代《じだい》だから。生《せい》活《くわつ》が複雜《ふくざつ》になつてるんですもの。それを自分《じぶん》でみんなしよつてゐたら、神經衰弱《しんけいすゐじやく》（笑聲）になつちやうわね、結局《けつきよく》自己《じこ》瞞《まん》着《ちやく》してゐるんだわ。

千枝子さん　鈴枝さん

夫人　親《おや》だつて、そんなにしよひ切《き》れないわ。あんまり親《おや》がわかりすぎて來《き》て子供《こども》が頼《たよ》る氣持《きもち》が多《おほ》くなつたのかしら。

久美子　ブラウニングやテニスンやホイットマンなんかのものを讀《よ》んで居《ゐ》るとこれこそ現代人《げんだいじん》のもつべき理想《りさう》だと考《かんが》へるんですけど、矢張《やは》り實際問題《じつさいもんだい》になると樂觀的《らくくわんてき》なセルフリライアンス（自己依頼）ぢやなくて人《ひと》にかづけてしまふわ。

記者　職業《しよくげふ》を持《も》つてからは、矢張《やは》り自《じ》分《ぶん》の責任《せきにん》と云《い》ふものが分《わか》つてきましたけど、困《こま》り果《は》て、それを親《おや》になすり付《つ》けやうなんて氣持《きもち》は毛頭《まうとう》無くなりましたわ。

夫人　それだけ世《よ》の中《なか》を知《し》つた譯《わけ》ですね、さうでせう。

本間　（やはり灰《はひ》の中《なか》に何《なに》かしら字《じ》を書《か》いては消《け》し乍《なが》ら・其《そ》の點《てん》職業《しよくげふ》を持《も》つと云《い》ふことは、其《そ》の人間《にんげん》をより豐《ゆた》かにし、より完全《くわんぜん》にするんですね、世《よ》の中《なか》に出《で》ると云《い》ふことはやはりい〻ことですね。

夫人　結婚《けつこん》の相手《あひて》なんかに就《つい》てお考《かんが》へになつたことあつて？　千枝子《ちえこ》さん。——どう云《い》ふ人《ひと》が好《い》いとか、どんな職業《しよくげふ》が好《い》いとか。

千枝子　（ぼつり〳〵と靜《しづ》かに）まだ深《ふか》く考《かんが》へたこともありませんけど、さう云《い》ふことは人生《じんせい》の一大事《だいじ》だから、さうね、矢張《やは》り自分《じぶん》と一番趣味《ばんしゆみ》の合《あ》つた人《ひと》を選《えら》びたいと思《おも》ひますわ。

久美子　（笑《わら》ひ乍《なが》ら）さうすると登山家《とざんか》でせう。（笑聲）

記者　誰《たれ》だつて理想《りさう》の高《たか》い事《こと》を言《い》つてますわね。私《わたし》は理想《りさう》なんか持《も》つてやしないわ、つて言《い》ひ乍《なが》ら、結婚《けつこん》するには帝大《ていだい》出《で》のエンジニヤ（技師《ぎし》）だとか冷靜《れいせい》な裁判官《さいばんくわん》だのそれが既《すで》に理想《りさう》なのに氣付《きづ》かないらしいんですのよ。（笑聲）

夫人　久美子《くみこ》さんはどう？　はつきり訊《き》いたこともないから斯《か》う云《い》ふ機會《きくわい》に伺《うかゞ》つて置《お》きませうか。（笑聲）

久美子　官僚主義者《デスポツト》は大嫌《だいきら》ひ、民主主義者《デモクラツト》であれば少《すこ》し位《ぐらゐ》は我慢《がまん》するわ、だつて民主主義者《デモクラツト》は大體《だいたい》に於《おい》て女性主義者《フエミニスト》でせう、女《をんな》の氣持《きもち》も理解《りかい》して與《く》れるし、認《みと》めてもくれるでせう。

記者　——ぢや、デモクラットを御自分《ごじぶん》でお見付《みつ》けになるの？

久美子　（打向《うつむ》き乍《なが》ら）さあそれは。（笑聲）

夫人　見付《みつ》けて與《く》れ〻ばい〻んですけれども、貴女《あんた》はさういふ人《ひと》でもなささうだし。

家庭に於ける教育問題について

本間　先《さ》つきの鈴枝《すゞえ》さんのお話《はなし》だが、此《こ》の母親《はゝおや》の教養《けうやう》を高《たか》めると云《い》ふことですね、やはり兒童《じどう》に與《あた》へる書物《しよもつ》を選擇《せんたく》すると云《い》ふことは是《これ》は非常《ひじやう》に重大《ぢうだい》な問題《もんだい》でせうな。何《なん》と云《い》つても子供《こども》の靈魂《れいこん》を教育《けういく》するんだからね、どうしても純眞《じゆんしん》な感情《かんじやう》の漲《みなぎ》つて居《ゐ》るものを與《あた》へると云《い》ふことが大事《だいじ》で、さう云《い》ふものを選《えら》んで與《あた》へれば、非常《ひじやう》に子供《こども》の魂《たましひ》にはい〻んですからね。

本間　（言葉《ことば》を強《つよ》めて）いや、詰《つま》り優《すぐ》れた文學者《ぶんがくしや》の書《か》いたものでさへあればい〻のだ其《そ》の中《うち》に人間《にんげん》と云《い》ふものが滲《し》み出《で》て居《ゐ》る、所謂《いはゆる》もの〻哀《あは》れと云《い》ふものが出《で》て居《ゐ》る、淸教主義者《ピユーリタン》云々《うんぬん》と云《い》ふことは、問題《もんだい》ではないことだ。鈴枝《すゞえ》さんのお父《とう》さん　未明氏　の童話《どうわ》もい〻ね、それから鈴木三重吉《すゞきみへきち》さん、あ〻云《い》ふ作家《さくか》の童話《どうわ》は

191　「家族円卓会議」　本間久雄氏一家、小川未明氏令嬢・鈴枝、大木千枝子、酒井恭子　『婦人画報』昭和10年4月1日

今《いま》の母親達《はゝおやたち》が是非《ぜひ》選擇《せんたく》するやうになるべきだね。優《すぐ》れたものを讀《よ》めばどんな人《ひと》でも教育《けういく》されるのだ、だからいゝ作品《さくひん》を選《えら》ぶことだが、然《しか》し其《そ》の選《えら》ぶ迄《まで》の教養《けうやう》が必要《ひつえう》だね、まあそれ迄《まで》の文學的《ぶんがくてき》の教養《けうやう》がなければ出來《でき》ない譯《わけ》だがね。

本間氏

記者　久美子《くみこ》さんはずつと文學《ぶんがく》をおやりになるお氣持《きもち》?

久美子　矢張《やは》りそれは才能《タレント》の問題《もんだい》でせうね、自分《じぶん》がしたいと思《おも》つても、それがなければ——。

夫人　やはり父親《ちゝおや》がやつて居《ゐ》るところを見《み》てゐるとあんまり眞劍《しんけん》で熱心《ねつしん》だからとても自分《じぶん》なんか出來《でき》さうもないと云《い》ふやうな氣《き》が出《で》るんぢやないかしら。然《しか》し若《わか》い時《とき》にはそれだけしか出《で》來《き》ないんだから、さう思《おも》ひきるのもどうでせうかね、

久美子　駄目《だめ》だわ、とても私《わたし》なんか——。

夫人　さう云《い》ふ點《てん》が女《をんな》の缺點《けつてん》だと思《おも》ひますね、心《こゝろ》のおきどころが足《た》りないんでせう。

久美子　職業《しよくげふ》や學問《がくもん》を家庭生活《かていせいくわつ》と併立《へいりつ》させて行《ゆ》くことはとても難《むづか》しいでせう。子供《こども》なんかゞ多《おほ》くて、そこへ旦那樣《だんなさま》が面倒臭《めんだふくさ》い事《こと》を仰言《おつしや》ると何《なに》にも出來《でき》やしないわ。（笑聲）

千枝子　例《たと》へば、御飯《ごはん》を炊《た》き乍《なが》ら、いくら女《をんな》の人《ひと》がインスピレーションを受《う》けたつて、とても駄目《だめ》ですわね。（笑聲）御飯《ごはん》を焦《こが》し乍《なが》ら書《か》き出《だ》す譯《わけ》にも行《ゆ》かないから。（笑聲）

久美子　日本《にほん》の生活《せいくわつ》が餘《あま》り主婦《しゆふ》に重過《おもす》ぎるのよ。朝《あさ》から晩迄《ばんまで》何をするにも、主婦《しゆふ》の手《て》を煩《わづら》はさなければ何《なに》にも出來《でき》ないんですもの。主人《しゆじん》のお友達《ともだち》が來《き》た、お客樣《きやくさま》が來《き》た、と云《い》つちや直《す》ぐお座敷《ざしき》に出《で》て行《ゆ》かなければならないでせう。とても筆《ふで》なんか執《と》つてゐられやしないわ

本間　さうすると自分《じぶん》を發揮《はつき》する爲《ため》には結婚《けつこん》しない方《はう》が宜《い》いと云《い》ふことになるかな、今《いま》の若《わか》い女性《ぢよせい》は皆《み》なさう考《かんが》へて居《ゐ》るかしら——。

久美子　場合《ばあひ》に依《よ》つては仕方《しかた》がないでせう。自分《じぶん》が人類文化《じんるいぶんくわ》に對《たい》して盡《つく》すタレントがあるならば、結婚《けつこん》なんかしなくたつていゝと思《おも》ふわ。

夫人　さう云《い》ふ女性《ぢよせい》は獨身《どくしん》で行《ゆ》くべきでせうね、然《しか》しそれは極《ご》く稀《まれ》な人《ひと》ね——

本間　まあ選《えら》ばれた人《ひと》だね。然《しか》し概括《がいくわつ》して云《い》ふと、僕《ぼく》なんかは女性《ぢよせい》は誰《たれ》でも結婚《けつこん》すべきだと思《おも》ふね。結婚《けつこん》すれば人生《じんせい》の複雜《ふくざつ》な味《あぢは》ひが分《わか》るから、又其《またそ》の複雜《ふくざつ》な味《あぢ》はひを土臺《どだい》として、假《か》りに自分《じぶん》が何《なに》か職業《しよくげふ》に從事《じゆうじ》するにしても、それが教育事業《けういくじげふ》であらうと社會事業《しやくわいじげふ》であらうと、人生《じんせい》の味《あぢ》と云《い》ふものを土臺《どだい》として居《を》れば、仕事《しごと》乃至《ないし》職業《しよくげふ》の上《うへ》にそれが生《い》きて活《い》きかけて行《ゆ》く譯《わけ》だからね、まあ、色々《いろ〳〵》其《そ》の人《ひと》の境遇《きやうぐう》や事情《じじやう》に因《こま》るだらうから誰《たれ》にもと云《い》ふわけにはゆくまいがね。（ちよつと考《かんが》へ込《こ》んでから）學校生活《がくかうせいくわつ》と云《い》ふものはどう云《い》ふ風《ふう》であつたかね。

記者　結局《けつきよく》女學校時代《ぢよがくかうじだい》が一番《ばん》いゝんですわね。今《いま》からして職《しよく》に就《つ》いてゐますと女學校時代《ぢよがくかうじだい》のつらかつた事《こと》なんか今《いま》の苦勞《くらう》に比《くら》べると、何《なん》でもありませんわ。女學校《ぢよがくかう》では辛《つら》い事《こと》といへば試驗位《しけんくらゐ》なものでせう。（笑聲）それも勉強《べんきやう》さへすればいゝんですものね。

本間　職業《しよくげふ》に携《たづさは》つて居《を》られるとさう云《い》ふことを痛感《つうかん》されるでせうね。

記者　生《な》じつか教育《けういく》を受《う》けてますと、職業《しよくげふ》を選《えら》ぶのにも色々《いろ〳〵》難《むつか》しい注文《ちうもん》が出《で》て来《き》てその選擇《せんたく》にとても迷《まよ》はされますわ。私《わたし》はそれを經驗《けいけん》しましたわ。矢張《やつぱ》り今《いま》の時代《じだい》に生《い》きる智識階級《ちしきかいきふ》の女性《ぢよせい》としての或《あ》る程度《ていど》まで自負心《じふしん》がございますから――

本間夫人

久美子《くみこ》さんの方《はう》へ向《む》つて　久美子《くみこ》さんはお就《つ》きになるお仕事《しごと》に對《たい》して何《なに》か具體的《ぐたいてき》なお考《かんが》へをお持《も》ち？

久美子　それが困《こま》るのよ、具體的《ぐたいてき》に考《かんが》へてゐないでもありませんけど　お母《かあ》さんの方《はう》をむいて笑《わら》ひながら　どうしてもうんと仰言《おつしや》らないから――。

夫人　久美子《くみこ》さんはジャーナリストになりたいといつたことがあつたけれど、ジャーナリストは明日《みやうにち》を司《つかさど》る職業《しよくげふ》でせうし、又《また》、世《よ》と人《ひと》とをひきゐて行《ゆ》く職業《しよくげふ》でせうから。今《いま》の若《わか》い女《をんな》の人達《ひとたち》は隨分《ずゐぶん》さういふ事《こと》を望《のぞ》んでいらつしやるやうね。

本間　やはり現代《げんだい》の動《うご》きを見《み》たい、摑《つか》みたいといふ心持《こゝろもち》で、それは非常《ひじやう》に面白《おもしろ》い傾向《けいかう》だと思《おも》ふね、從來《じうらい》の因習的《いんしふてき》な氣持《きもち》から拔《ぬ》け出《で》て、何《なに》かしら摑《つか》みたいと云《い》ふ活動的《くわつどうてき》な氣持《きもち》だね、例《たと》へば登山《とざん》にしても從來《じうらい》は婦人《ふじん》の登山《とざん》など無《な》かつたやうだが此頃《このごろ》は中々《なか〳〵》どうして……つまり、どの方面《はうめん》でも、所謂《いはゆる》上《うへ》に登《のぼ》ると云《い》ふ氣持《きもち》だね。

久美子　抱負《アスピレーション》よ。

夫人　今迄《いままで》は女《をんな》は家《うち》の中《なか》にばつかり居《を》つて、家《うち》の中《なか》で仕事《しごと》許《ばか》りして居《を》りましたね。それを見《み》てゐて若《わか》い方達《かたがた》が何《なに》か動《うご》きのあることをいくらか反動的《はんどうてき》に求《もと》める樣《やう》な氣持《きもち》があるのでせうか。

千枝子　餘《あま》り家庭《かてい》の人《ひと》になり切《き》つて、それに許《ばか》り追《お》はれたくない、さういふ事《こと》を學校《がくかう》でよくいひあふんですけれども、さう云《い》ふ氣持《きもち》は誰《たれ》でも持《も》つて居《ゐ》ますわ。家庭《かてい》の事《こと》ばつかりやつて居《ゐ》るのは、非常《ひじやう》に無意味《むいみ》だと云《い》ふことを皆《み》んな云《い》ひますの。それは皆《み》な自分《じぶん》々々でお母《かあ》さんの生活《せいくわつ》を見《み》て、餘計《よけい》さう思《おも》ふかも知《し》れませんわ。

鈴枝　家庭《かてい》で女《をんな》がやつて行《ゆ》くのも男《をとこ》が外《そと》で働《はたら》いて、經濟的《けいざいてき》の基礎《きそ》を作《つく》つて行《ゆ》くのも、本當《ほんたう》の意味《いみ》から考《かんが》へたら價値《かち》が同等《どうとう》な筈《はず》ね。今《いま》では唯《た》だ經濟的《けいざいてき》に獨立《どくりつ》した方《はう》が偉《えら》いやうに思《おも》つてゐますけれど――

本間　然《しか》しそれを本當《ほんたう》に認《みと》める人《ひと》は、家庭生活《かていせいくわつ》に於《お》ける主婦《しゆふ》の努力《どりよく》と云《い》ふものをも充分《じうぶん》に認《みと》めて居《ゐ》るだらうと思《おも》ひますね。大體《だいたい》に於《おい》て婦人運動《ふじんうんどう》の方《はう》から見《み》てもそこには二つの傾向《けいかう》が流《なが》れて居《ゐ》るやうだね、今《いま》のやうに外《そと》に立《た》つて働《はたら》くことにより多《おほ》くの意味《いみ》を求《もと》めるのと、それから家庭《かてい》にあつて子供《こども》を教育《けういく》し、且《か》つ又夫《またをつと》の仕事《しごと》を完成《くわんせい》させることに力《ちから》を注《そゝ》ぐことに意味《いみ》を求《もと》めるのとまあ二通《ふたとほ》りある、それで世界的《せかいてき》に有名《いうめい》な婦人《ふじん》で、ギルマン夫人《ふじん》、エレン・ケイ女史《ぢよし》などいふ人《ひと》は、夫々《それ〴〵》の方面《はうめん》を代表《だいへう》してゐますがね、どちらが果《はた》して好《い》いかと云《い》ふことは是《これ》は實際《じつさい》大《おほ》きい問題《もんだい》でせうな。エレン・ケイの言葉《ことば》にも其《そ》の婦人《ふじん》がどんなに偉《えら》くて平和會議《へいわくわいぎ》に出席《しゆつせき》して堂々《だう〳〵》たる意見《いけん》を吐《は》かうが、或《あるひ》は廟《べう》堂《だう》に立《た》つて政治上《せいぢじやう》の意見《いけん》を吐《は》かうが、其《そ》の家庭《かてい》の子供等《こどもら》が家《うち》の中《なか》で喧嘩《けんくわ》をしたり叩《たゝ》き合《あ》ひをして居《ゐ》るやうなことでは、何《なん》の意義《いぎ》があるかと云《い》ふことを云《い》つて居《ゐ》るが、それも或《あるひ》は一つの見方《みかた》かも知《し》れませんね。

久美子　エレン・ケイは家庭《かてい》の人《ひと》とならなかつたからさういふことを尊《たふと》いものだと餘計《よけい》思《おも》つたんぢやない？

本間　いや、エレン・ケイは結婚《けつこん》はしなかつたが、詩人的《しじんてき》な洞察《どうさつ》でそんな事《こと》はよくわかつたんだよ……。つまり婦人《ふじん》が家庭《かてい》の色々《いろ〳〵》な煩雜《はんざつ》なことをやつて居《を》つて又《また》、家庭以外《かていいぐわい》に職業《しよくげふ》を求《もと》めると云《い》ふことは餘《あま》り賛成《さんせい》しないね。才能《さいのう》を持《も》つて居《ゐ》るのならば是《これ》は又別《またべつ》な問題《もんだい》だがね、何處迄《どこまで》も婦人《ふじん》は婦人《ふじん》として所謂《いはゆる》第二《だいに》の社會《しやくわい》を形《かたち》造《づく》る子供等《こどもら》の爲《ため》に婦人《ふじん》の天賦《てんぷ》を全《まつた》うすると云《い》ふことは隨分《ずゐぶん》意義《いぎ》のあることだと思《おも》ふね、さう云《い》ふ見方《みかた》を古《ふる》いと云《い》ふ人《ひと》もあるがね。

記者　さうすると結局《けつきよく》婦人《ふじん》といふものは家庭《かてい》に入《はい》るのが好《この》ましいわけになりますわね。

本間　さうですね、尤《もつと》も今《いま》までは隨分《ずゐぶん》家庭《かてい》の婦人《ふじん》の位置《ゐち》がみじめであつたが、それはやはり女《をんな》に教養《けうやう》がないために我《われ》からさうなつたところもあるでせう。しかしこれからは皆《みな》さんに女《をんな》の位置《ゐち》を大《おほ》いに高《たか》めて戴《いたゞ》くんですね。

夫人　そしてそれがためには實際《じつさい》の職業《しよくげふ》に就《つ》く就《つ》かないは別《べつ》として、一藝《げい》に秀《ひい》でて働《はたら》き得《う》る可能性《かのうせい》を持《も》ちながら結婚《けつこん》することですね。さうすれば結婚《けつこん》といふ形式《けいしき》は變《かは》りはなくとも内容的《ないようてき》には全《まつた》く違《ちが》つてゐるわけですね。そこに新《あたら》しい時代《じだい》があるといふもんでせうね。

記者　では大分時間《だいぶじかん》もたちましたからこの邊《へん》で――どうもいろ〳〵ありがたう御座《ござ》いました。

× × ×

短い感想

――家族圓卓會議について――

中條百合子

古いころから文學に關し、或はエレン・ケイの思想紹介に關し、樣々の文化的活動をされた本間さんのお家で、そのお孃さん達が友達をも交へて、親御さんをもともに座談會をもたれたといふ事は、私に何か印象を與へた。本間さんのところにいつしかもう其那に大きい娘さんがたが居られるといふこと、私の少女時代に暗いロマンチクツな作品をよんだことのある小川未明さんが今日では二十三歳になる若い女のかたの父親であられること。それらは、私に明治時代から今日までの社會生活と文學のうつりかはりをのづから思ひおこさせたのである。

いかにも屈托のよくない家庭らしい。速記錄をよんで、私はいろ〳〵の暗示をうけ面白く感じた。若い娘とその兩親とが、公人としてそれ〳〵の立場から結婚の問題や婦人と職業の問題について睦じく公然と意見を話す時代になつて來たのは、社會的に云つても、家族生活にとつて一つの積極性であると思ふ。親と子とが、ひとの前ででも、しやんと互を傷けずに各自の意見を表示し得るようになれば、多くの家庭を今日重く複雜にしてゐる面倒な氣心のさぐり合ひが減つて、樂になるだらうと考へたのであつた。

ところで、この座談會では、多くの部分が婦人と職業との問題に費されたのであるが、私は本間氏が、娘さん達が獨立して何か職業を持ちたいといふ心持はつよいが、さて自信をもつて決行するところまでは行けないで居られる心持を評して、一般的に男はその職業で一家を支へなければならないから、職業に對し熱をもつてゐるし『遊ぶといふ氣持がない』と云ひ、夫人がすぐそれについて極めて自然に『どうしても、女よりも男の方が偉くなる譯ですね』と云つてゐられる點に強い注意を喚び起された。

本間氏はつゞけて女が職業をもてば其だけ男の就職線にふみこむことになるから、問題だと考へられるに對して、二十二歳の久美子さんは、さすがに今日の社會の現實は、決して男にも夫婦が食へるだけの收入を與へてゐないこと、既に女は經濟の必要から職業を持たねばならなくなつてゐること、婦人勞働者の低賃銀と兒童搾取のことにも觸れて居られる。

私が心をうごかされたのは、その久美子さんの聰い觀察力をもつてしても、父である本間氏と母である本間夫人との間に交はされた前述の短い會話のやりとりの間に、如何に深刻な新しい歷史の擔ひ手の社會的內容が暗示されてゐるかを見やぶつて居られない事實である。

本間氏夫妻は生活の必然から職業につく男は職業に忠實であり練熟し、當然の結果として遊半分職業をもつてゐる女ょり偉くなると正しい結果論をして居られるのであるけれど、娘である久美子さんは、漠然とながら實際の必要から職業を求める女が增大して來てゐるといふ社會の事實をあげて居られる。具體的に本間さんのところのお孃さんたちは、目下食ふために職業を求めて居られないが、客觀的にひろくこの世の中を見渡せば本間氏が主として男の側の負擔としてあげられた一家の經濟的支柱といふ役割は、特に昨今激しいテムポで婦人の肩にもその重みがうつゝて來てゐる。中流生活者の經濟的窮迫は世界的な事實であり、知識階級の男女が自分のうけた教養を活かす餘地なく教養の程度としては低い勞働にも從はなければならない現實は、日本の婦人の就職率にもあらはれ、專門學校出の淑女より却つて女學校、下つて高等小學出の娘さんの方がよくはけてゐるのである。

勤勞階級の娘さん達は、殆どすべて何かの程度で生活の必要から職業についてゐる。職業について遊び半分の氣分はすくないのである。現在の社會構成は人間が一箇の人物として完成する可能性を極度に剝脫してゐるから、職業に熱心であれば人間として偉くなれるといふ簡單な結論はなり立たぬにしろ、本間氏夫妻はその會話の裏に計らずこめられた現實によつて、例へば職業についても遊び半分の氣のすくない勤勞階級の娘が、フラ〳〵して片手仕事に勤めてゐる有產階級の娘より偉くなる可能性をもつてゐるといふ重大な歷史の發展性を、私達に暗示して居られるである。

久美子さんが職業に突きすゝみ切れずにゐることに對し、本間夫人がその原因を久美子さんの性質にあるといふ意見を示して居られると思ふが、私はこの點をも、興味ふかく感じて讀んだ。一人のひとの性質といふものも生活環境の複雜な關係によつて作用されてゐるものであるのだから、久美子さんがさういふ內端な氣質であるとしても、その氣質にしたがつて、別に目下生活問題として職業につかねば食ふに困るといふことはない本間家の生活狀態が反映してゐると見られるのである。

本生氏も久美子さんたちも、職業に對する見解に忌憚なく云へば生ぬるいところを持ちつゝも、職業の選擇については、社會的な或正義感を抱いて居られることは意味ふかいことであると思つた。

私は、聰明な久美子さん達がいかなることがあらうと救世軍に入つたら、今日生產面を土臺とする社會の日々の生活において婦人と子供が受けてゐる慘苦を根絕し得るなどと愚かなことを考へられることのないことを安心してよいと信じるのである

死から甦りて女にかへる日の告白

増田富美子

憤り

眼《め》を見張《みは》つて、周圍《しうゐ》の白《しろ》つぽい壁《かべ》や天井《てんじやう》を見廻《みまは》した。

私《わたし》は死《し》んでゐない。死《し》ねなかつたのだ。……一體誰《たいたれ》が樂《たの》しい死《し》から私《わたし》を引《ひ》き戻《もど》したのだらう。邪魔《じやま》をしたな。

私《わたし》の心《こゝろ》は、忽《たちま》ちいきどほりで一杯《ぱい》になつた。蘇生《そせい》したことを喜《よろこ》んでゐる室内《しつない》の雰圍氣《ふんゐき》が、一層《そう》私《わたし》の頭《あたま》を興奮《こうふん》させた。不思議《ふしぎ》に私《わたし》の心《こゝろ》は、たゞいきどほりの感情《かんじやう》だけで、どうするといふ具體的《ぐたいてき》な考《かんが》へは何《なに》も浮《うか》ばかなつた。

それから何時間《なんじかん》たつたか、少《すこ》し心《こゝろ》が落着《おちつ》いた。私《わたし》は無意識《むいしき》に明《あか》るい光《ひかり》のさす方《はう》へ眼《め》をやつた。

灰色《はいいろ》の空《そら》。……晝《ひる》らしいな。

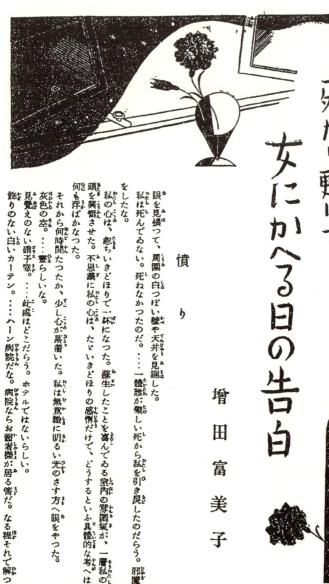

見覺《みおぼ》えのない硝子窓《ガラスまど》。……此處《こゝ》はどこだらう。ホテルではないらしい。

飾《かざ》りのない白《しろ》いカーテン。……ヘーン病院《びやうゐん》だな。病院《びやうゐん》ならお醫者樣《かしやさま》が居《ゐ》る筈《はづ》だ。なる程《ほど》それで解《わか》つだ。それにしても自殺《じさつ》の場合《ばあひ》だけは…いや、醫者《いしや》には醫者《いしや》の義務《ぎむ》がある。もう仕方《しかた》がない。諦《あきら》めて生《い》きることにしよう。

私《わたし》の心《こゝろ》は餘程《よほど》靜《しづ》かになつた。

だけど、自分《じぶん》は今後《こんご》、何《なん》の爲《ため》に生《い》きなければならないんだらう。いやそれよりも、昨夜《さくや》（意識《いしき》をとり戻《もど》す迄《まで》に三日《か》間《かん》眠《ねむ》りつゞけた事《こと》を少《すこ》しも知《し》らないから）ホテルで死《し》の床《とこ》に着《つ》く前《まへ》に、あれ程《ほど》沈着《ちんちやく》と冷靜《れいせい》を保《たも》つてゐたつもりだつたのに、死《し》ぬことだけ腦裡《なうり》にあつて、萬《まん》一蘇生《そせい》した場合《ばあひ》のことは考《かんが》へてもみなかつた。何《なん》たる不用意《ふようい》な事《こと》だ。どうしよう。もう追《おつ》つかない。うるさいことになつた。

考《かんが》へる積《つも》りで眼《め》を閉《と》ぢたが、すぐ眠《ねむ》つてしまつた。

日《ひ》が經《た》つにつれて、いろんな事《こと》が私《わたし》の耳《みゝ》に入《はい》つた。院長先生《ゐんちやうせんせい》や諸《しよ》先生《せんせい》や看護《かんご》の人々《ひとびと》の熱心《ねつしん》な處置《しよち》と看護《かんご》、皆樣《みなさま》が良《よ》いと思《おも》つたことに出來《でき》る限《かぎ》りの努力《どりよく》をして下《くだ》さつたことに對《たい》しては心《こゝろ》から感謝《かんしや》した。

その後《ご》私《わたし》を慰《なぐさ》めようと、いろんな人《ひと》が訪《たづ》ねて來《こ》られた。或《あ》る人《ひと》は私《わたし》に赤《あか》ん坊《ばう》の樣《やう》な氣持《きもち》になれといつた。けれども人《ひと》の顏《かほ》を見《み》る度《たび》に各人《かくじん》に附《つ》いてその記憶《きおく》が呼起《よびおこ》され、隨《したが》つて種々な感情《かんじやう》が起《お》きる。矢張《やは》り私《わたし》は赤《あか》ん坊《ばう》でゐられなくなつた。私《わたし》に關《くわん》する人《ひと》の批評《ひひやう》や新聞《しんぶん》、雜《ざつ》誌《し》の記事《きじ》などを人々《ひとびと》の言葉《ことば》のはしで想像《さうざう》しはじめた。

世間《せけん》では異性《いせい》との親《した》しい交《まじは》りを戀愛《れんあい》と邪推《じやすゐ》し、同性《どうせい》の場合《ばあひ》を同性《どうせい》愛《あい》と斷定《だんてい》するらしい。事實《じじつ》私《わたし》はエリ子《こ》を愛《あい》してゐた。だから同性愛《どうせいあい》とも云《い》へる。けれども決《けつ》して同性戀愛《どうせいれんあい》ではなかつた。

私《わたし》は自分《じぶん》に對《たい》する誤解《ごかい》に苦《くる》しんで、辯解《べんかい》をするつもりはない。私《わたし》にあびせられた酷評《こくひやう》に抗議《かうぎ》しようとも思《おも》つてゐない。何故《なぜ》なら私《わたし》が昨年末《さくねんまつ》、家《いへ》を出《で》て今年《ことし》一月《ぐわつ》死《し》に至《いた》るまでの私《わたし》の一擧《きよ》一動《どう》を表面《へうめん》から觀《み》たら、自分《じぶん》ながら世間《せけん》の酷評《こくひやう》を甘《あま》んじて受《う》けねばならぬと思《おも》ふから。私《わたし》はたゞ人《ひと》の語《かた》る眞相《しんさう》でなく、私自身《わたしじしん》でなければ言《い》ひ表《あら》はせない氣持《きもち》が話《はな》したい。それに依《よ》つて、この事件《じけん》の眞《しん》の眞相《しんさう》と、事件《じけん》に關係《くわんけい》ある人々《ひとびと》、そして最後《さいご》に私《わたし》といふものを一人《ひとり》でも多《おほ》く理解《りかい》して下《くだ》さる人《ひと》があれば私《わたし》は蘇生《そせい》の喜《よろこ》びを見出《みいだ》せると思《おも》ふ。

この事件《じけん》に就《つ》いて私《わたし》の立場《たちば》から言《い》ひ度《た》いことは、總《すべ》ての意味《いみ》に於《おい》て惡人《あくにん》が一人《ひとり》もゐなかつたこと、そしてたつた一人《ひとり》非常《ひじやう》に感情《かんじやう》に脆《もろ》い人間《にんげん》がゐて最後《さいご》まで事件《じけん》を引《ひ》き廻《まは》した、それが私自身《わたしじしん》だつたといふことである。酩多十二月《ぐわつ》二十日《か》に家《いへ》を出《で》て、今年《ことし》一月《ぐわつ》二十八日《にち》に自《みづか》ら

元氣になつた富美子さん、病室にて

生涯《しやうがい》の綱《つな》を斷《た》ち切《き》るまでの、道《みち》をはづれた不可思議《ふかしぎ》な私《わたし》の行動《かうどう》を説明《せつめい》するために、それ以前《いぜん》の永い年月の體驗《たいけん》から語《かた》り度《た》いと思《おも》ふ。

少女の頃

私《わたし》は姉《あね》と二《ふた》つ違《ちが》ひに生《うま》れた。私《わたし》を生《う》むとすぐ母《はゝ》は腹膜《ふくまく》で入院《にふゐん》したので、私《わたし》は乳母《うば》の手《て》に育《そだ》てられた。末《すゑ》つ子《こ》でありながら何故《なぜ》か世間《せけん》通例《つうれい》のやうに父母《ふぼ》に甘《あま》えたうれしい想出《おもひで》を持《も》つてゐない。只《たゞ》多《おほ》くの召使《めしつかひ》たちによつて、愛《あい》し慰《なぐさ》められて滿足《まんぞく》してゐた。自然《しぜん》私《わたし》は幼少《えうせう》の頃《ころ》から、人《ひと》であらうが物《もの》であらうが、愛《あい》するといふ事《こと》を好《この》んでゐたらしい。いつも自分《じぶん》に與《あた》へられた菓子《くわし》の半分《はんぶん》を召使《めしつか》ひに與《あた》へ、それをよろこんで食《た》べる顏《かほ》を見《み》るのが嬉《うれ》しかつた。

幼時《えうじ》から少女期《せうぢよき》の半分《はんぶん》を海邊《かいへん》に近《ちか》い豪莊《がうさう》な邸宅《ていたく》で幸福《かうふく》に過《すご》した。

その頃《ころ》父《ちゝ》はオーゲストラを組織《そしき》して、時々《ときどき》自分《じぶん》でタクトをとつて練習《れんしふ》したりする。そんな時《とき》私《わたし》は必《かなら》ず姉《あね》と共《とも》に隅《すみ》のソーフアで、赤《あか》い潰平を着《き》て足《あし》をブラ〳〵させながら、むづかしい管絃樂《くわんげんがく》を聞《き》いてゐた。この習慣《しふくわん》が私《わたし》を音樂《おんがく》好《ず》きにした。姉《あね》が學齡《がくれい》に達《たつ》したとき、近所《きんじよ》のブルジョア令息令孃《れいそくれいぢやう》のみ集《あつま》つて、小學校教育《せうがくかうけういく》を可成《かなり》ルーズに特《とく》殊教育《しゆけういく》された。

私《わたし》は小學校《せうがくかう》五年生《ねんせい》として、市中《しちう》の埃《ほこり》つぽい學校《がくかう》へ移《うつ》された。私《わたし》が初《はじ》めてみた世界《せかい》。學校《がくかう》が引《ひ》けるとすぐ夕刊《ゆふかん》をかゝへて、電車《でんしや》の交叉點《かうさてん》に立《た》つ少年少女《せうねんせうぢよ》もあれば、良家《りやうけ》の子女《しぢよ》其他《そのた》あらゆる階級《かいきふ》の子供《こども》が一室《しつ》で同樣《どうやう》に机《つくゑ》を並《なら》べて學《まな》んでゐた。

何《なに》も彼《か》も私《わたし》にはたゞ珍《めづ》らしいことばかりだつた。當時《たうじ》父《ちゝ》は種々《しゆく》な副業《ふくげふ》の内《うち》自動車《じどうしや》もやつてゐた。だから私達姉妹《わたしたちきやうだい》は通學《つうがく》にも自動車《じどうしや》を用《もち》ひてゐた。私《わたし》の性格《せいかく》は、決《けつ》してこんな特殊《とくしゆ》な扱《あつか》ひを好《この》んではゐなかつた。

私《わたし》はお轉婆《てんば》であつたから、男學生《だんがくせい》と喧嘩《けんくわ》をはじめることがある。するといつも『ヤーイ自動車娘《じどうしやむすめ》』と罵《のゝし》られる。そんな場合《ばあひ》、何故《なぜ》か私《わたし》は何《なん》にも口答《くちごた》へ出來《でき》ないで、暗《くら》い氣持《きもち》を味《あぢ》はつてゐた。六年生《ねんせい》になつて間《ま》もなく、財界《ざいかい》の變動《へんどう》のため父《ちゝ》の銀行《ぎんかう》は破産《はさん》した。今迄《いままで》の絹衣を脱《ぬ》ぎ、綿服《めんぷく》を着《き》て市電《しでん》で通學《つうがく》し始《はじ》めた。其時《そのとき》私《わたし》は初《はじ》めて人並《ひとなみ》の人間《にんげん》になれた樣《やう》な氣持《きもち》を、獨《ひと》り祕《ひそ》かに喜《よろこ》んでゐた。今度《こんど》は男學生《だんがくせい》のいたづら者《もの》が、私《わたし》の姿《すがた》を見《み》つけると『増田銀行潰《ますだぎんかうつぶ》れたあ』と節《ふし》をつけて大聲《おほごゑ》に唄《うた》ふ。その度《たび》に私《わたし》はわけの解《わか》らぬ煩悶《はんもん》に泣《な》いた。終《しまひ》にはブルジョアの娘《むすめ》に生《うま》れたことを恨《うら》みたい氣持《きもち》になつた。大阪《おほさか》に居《ゐ》づらくなつた父《ちゝ》は私《わたし》たち母子《おやこ》三人《にん》を殘《のこ》して東京《とうきやう》に去《さ》つた。

父《ちゝ》に別《わか》れて今日《こんにち》まで、雄々《をゝ》しくも私《わたし》たち姉妹《きやうだい》を細腕《ほそうで》に抱《かゝ》いて生活《せいくわつ》して來《き》た母《はゝ》は、今《いま》でもその額《ひたひ》の深《ふか》い皺《しわ》に相當《さうたう》大《おほ》きな苦《くる》しみを物語《ものがた》つてゐる。女學校《ぢよがくかう》、專門學校《せんもんがくかう》は、可成《かなり》平凡《へいぼん》に終《をは》つた。その間《あひだ》私《わたし》は下手《へた》の横好《よこず》きといふ言葉通《ことばどほ》り、音樂《おんがく》をもつて父《ちゝ》のゐない家庭《かてい》の物足《ものた》りなさを忘《わす》れるばかり心《こゝろ》を打込《うちこ》んだ。

かうして私《わたし》の學校生活《がくかうせいくわつ》も終《をは》つた。考《かんが》へてみると、姉《あね》は私《わたし》の見《み》た街《まち》の小學校《せうがくかう》といふものを知《し》らない。殊《こと》に破産當時《はさんたうじ》は既《すで》に靜《しづ》かな女學校《ぢよがくかう》に通《かよ》つてゐた。だから私程《わたしほど》に心《こゝろ》に大《おほ》きい衝撃《しようげき》を受《う》ける機會《きくわい》もなく、自然貴族的《しぜんきぞくてき》な趣味《しゆみ》を持《も》つてゐたのも無理《むり》はないと思《おも》ふ。

私《わたし》が專門學校《せんもんがくかう》を出《で》るまでに姉《あね》は結婚《けつこん》した。この時《とき》は既《すで》に姉《あね》と私《わたし》とは、物《もの》の見方《みかた》が表裏《へうり》のやうにちがつてゐた。

母《はゝ》は私《わたし》の思想《しさう》を不愉快《ふゆくわい》には思《おも》つてゐなかつたらしい。むしろ私《わたし》は母《はゝ》に似《に》た娘《むすめ》と自分《じぶん》でも考《かんが》へてゐた。

姉と母

姉《あね》を愛《あい》してゐた母《はゝ》と私《わたし》は、ある理由《りいう》のもとに、どうしても姉《あね》の結《けつ》婚《え》に賛成《さんせい》出來《でき》なかつた。それでも姉《あね》は、父《ちゝ》と誠意《せいい》のない親戚《しんせき》の賛同《さんどう》を得《え》て結婚《けつこん》した。父《ちゝ》と別《わか》れて、只《たゞ》さへ笑《わらひ》の少《すく》ない家庭《かてい》から、また一人《ひとり》姉《あね》が去《さ》つた。

むつまじかりし日の姉(左)と妹(右)、應接間につゞくヴェランダにて

取殘《とりのこ》された母《はゝ》と私《わたし》は、日《ひ》に〳〵語《かた》らふことも少《すく》なくなり、梅雨《ばいう》の様《やう》な濕《しめ》つぽい家《いへ》となつた。母《はゝ》は永年《ながねん》の肉體《にくたい》と精神《せいしん》の疲《つか》れに、持病《ぢびやう》の喘息《ぜんそく》が病勢《びやうせい》を増《ま》して、冬期《とうき》は殆《ほと》んど戸外《こぐわい》に出《で》られなくなつたのも此《この》頃《ころ》からだつた。私達《わたしたち》姉妹《きやうだい》の爲《ため》に、かくまで身體《からだ》を犠牲《ぎせい》にして育《そだ》てくれた。母《はゝ》に對《たい》して、私《わたし》は強《つよ》い義務《ぎむ》と敬慕《けいぼ》と感謝《かんしや》と、そして同情《どうじやう》とを持《も》つた。私《わたし》は不治《ふぢ》の病《やまひ》を持《も》つ母《はゝ》のそばを、一生涯《しやうがい》離《はな》れまいと決心《けつしん》してゐた。

半年《はんとし》ばかり過《す》ぎると、姉《あね》は自分《じぶん》の過《あやま》ちを悔《く》いて再《ふたゝ》び母《はゝ》の懐《ふところ》へ返《かへ》つて來《き》た。煩悶《はんもん》してゐるらしい姉《あね》の姿《すがた》に、私《わたし》は深《ふか》く同情《どうじやう》した。そして出來《でき》得《う》る限《かぎ》りの愛《あい》を以《もつ》て接《せつ》した。

翌年《よくねん》一月《ぐわつ》に、生《うま》れてはじめて私《わたし》を叔母《をば》と呼《よ》んでくれる男《だん》兒《じ》の顔《かほ》を見《み》た。でも不幸《ふかう》な子《こ》は六日目《かめ》に親《おや》の乳房《ちぶさ》を離《はな》されてミルクで育《そだ》たなければならぬ程《ほど》、姉《あね》の産後《さんご》の容態《ようだい》は思《おも》はしくなかつた。何《なん》といつても寒《さむ》い冬《ふゆ》のこと、母《はゝ》は肺炎《はいえん》と喘《ぜん》息《そく》で寝床《ねどこ》に苦《くる》しんでゐる。私《わたし》はこの不幸《ふかう》な三つの生命《せいめい》を守《まも》つて身《み》を粉《こ》にして働《はたら》いた。皆《み》んなの健康《けんかう》が回復《くわいふく》するまで自《じ》分《ぶん》のことは一切犠牲《ぎせい》にした。

私《わたし》はこの時《とき》から身《み》の廻《まは》り及《およ》び服装《ふくさう》を簡單《かんたん》にし初《はじ》めた。白《しろ》キヤラコのワイシヤツを着《き》て、その上《うへ》に粗末《そまつ》なジヤケツをすつぽりかむり、自分《じぶん》で縫《ぬ》つたスカートをはいてゐた。一日中《にちぢう》エプロンをぬぐ暇《ひま》がなかつた。二、三ヶ月經《た》つて春《はる》らしい風《かぜ》が吹《ふ》く様《やう》になつた。身《み》を切《き》る様《やう》な冷《つめ》たい冬《ふゆ》が去《さ》つても又酷熱《またこくねつ》にあへがねばならぬ夏《なつ》が來《く》る。私《わたし》の待《ま》つてゐた様《やう》な幸福《かうふく》な日《ひ》はいつまでも來《き》なかつた。

床《とこ》を離《はな》れてからの姉《あね》は、別人《べつじん》のやうに性格《せいかく》が變《かは》つてゐた。姉《あね》はもと〳〵やさしい心《こゝろ》の持主《もちぬし》で、明《あか》るい、にぎやかなことのすきな樂天家《らくてんか》だつた。それが日《ひ》一日《にち》と態度《たいど》があらくなつて來《き》た。病身《びやうしん》な母《はゝ》は、それを只《たゞ》オロ〳〵して傍觀《ばうくわん》してゐた。何《なに》にも知《し》らずに成長《せいちやう》して行《ゆ》く坊《ばう》や。同情《どうじやう》すべき不幸《ふかう》なこの三人《にん》に對《たい》して、私《わたし》の愛《あい》は只《たゞ》あせるばかりで、どうする方法《はうはふ》も見出《みいだ》せなかつた。召使《めしつかひ》は三日《か》にあげず變《かは》る。遂《つひ》には母《はゝ》や私《わたし》にまで、亂暴《らんばう》するやうになつた。乳母《うば》に置《お》きざりにされ、乳《ちゝ》を求《もと》めて眠《ねむ》れぬ坊《ばう》やを、やせた脊《せ》に負《お》つて、私《わたし》は泪《なみだ》で守唄《もりうた》が唄《うた》へないやうな夜《よる》が幾度《いくど》あつたか知《し》れない。勝氣《かちき》な母《はゝ》は見《み》るに見《み》かねて、病身《びやうしん》を押《お》して、出來《でき》得《う》る限《かぎ》り召使《めしつかひ》の居《ゐ》なくなつた家庭《かてい》の用事《ようじ》を手《て》使《つだ》つてくれた。その度《たび》に私《わたし》は、敵してゐた筈《はず》の父《ちゝ》を心《こゝろ》の中《うち》で恨《うら》んでゐた。『何《なに》といつても金《かね》さへあれば』といふ言葉《ことば》の通用《つうよう》しない悲《かな》しみを私《わたし》はつく〴〵知《し》つた。一年《ねん》また一年《ねん》、私《わたし》はたゞ默々《もく〳〵》として召使《めしつかひ》と姉《あね》の氣《き》をはばかりながら、堪《た》へられない心勞《しんらう》に日《ひ》を過《すご》した。

煩悶時代

「亂暴《らんばう》な家《いへ》」といふ評判《ひやうばん》は近所《きんじよ》から擴《ひろ》がつて行《い》つた。母《はゝ》の病床《びやうしやう》に看《かん》護婦《ごふ》すら來《き》てくれなくなつた。こんな生活《せいくわつ》が習慣《しふくわん》になり家風《かふう》になつて行《ゆ》くのが悲《かな》しかつた。

私《わたし》はこの家庭《かてい》を何《なん》とか改《あらた》めなければならないと感《かん》じながら、弱《よわ》い立場《たちば》でどうすることも出來《でき》なかつた。母《はゝ》と私《わたし》は、姉《あね》の困《こま》つた病氣《びやうき》に就《つ》いて、親類《しんるゐ》や知人《ちじん》や、醫者《いしや》に相談《さうだん》した。けれども、何《いづ》れも實行不《じつかうふ》可能《かのう》な空論《くうろん》に終《をは》るのだつた。忙《いそが》しく働《はたら》きながら三年《ねん》を過《す》ぎた。私《わたし》は將來《しやうらい》に不安《ふあん》を感《かん》じ始《はじ》めた。希望《きばう》のない私《わたし》の努力《どりよく》が心苦《こゝろぐる》しくなつた。でも習慣《しふくわん》は、私《わたし》を手離《てばな》してはくれない。私《わたし》は自分《じぶん》の心《こゝろ》を反省《はんせい》した。今日《こんにち》までの私《わたし》の行爲《かうゐ》は、只《たゞ》不幸《ふかう》なものに對《たい》する愛《あい》と同情心《どうじやうしん》から、自《みづか》ら喜《よろこ》んでその犧牲《ぎせい》となつたのだけれども、それは一時的《じてき》の積《つも》りで居《ゐ》たのだ。私《わたし》が弱《よわ》かつた爲今日《ためこんにち》までその生活《せいくわつ》が延長《えんちやう》されたのだ。母《はゝ》は私《わたし》のこの生活《せいくわつ》を決《けつ》して滿足《まんぞく》してはゐないだらう。私《わたし》は社會《しやくわい》へ出《で》て仕事《しごと》がしたいと思《おも》つた。その仕事《しごと》によつて母《はゝ》を安心《あんしん》させ、姉《あね》の氣持《きもち》を轉換《てんくわん》させ、我子《わがこ》の様《やう》に可愛《かあい》がつてゐる坊《ばう》やの力強《ちからづよ》い叔母《をば》になりたい。

私《わたし》は自由《じいう》がほしい。自由《じいう》さへ與《あた》へられゝば、私《わたし》は必《かなら》ずどんな仕事《しごと》でもなしとげられるといふ氣《き》がした。けれども狹《せま》い大阪《おほさか》では都合《つがふ》が惡《わる》い。家名《かめい》が通《とほ》りすぎてあまりに私《わたし》が貧弱《ひんじやく》すぎてゐるから。だけど弱《よわ》い母《はゝ》を置《お》いて私《わたし》が家《いへ》を遠《とほ》く離《はな》れることは出來《でき》ないし、また母《はゝ》も絶《ぜつ》對《たい》に許《ゆる》してくれないだらう。弱《よわ》い私《わたし》はその日《ひ》その日《ひ》に追《お》はれて、同《おな》じ生活《せいくわつ》を繰返《くりかへ》してゐた。私《わたし》の心《こゝろ》は段々《だん〳〵》焦燥《せうさう》を感《かん》じ始《はじ》めた。そしてもがいた。だけど習慣《しふくわん》に束縛《そくばく》された私《わたし》の身體《からだ》は、どうしても自由《じいう》を得《え》られなかつた。私《わたし》はこの息《いき》づまるやうな束縛《そくばく》からのがれようとして自分《じぶん》で用《よう》と用《よう》のわずかな隙間《ひま》に音樂書《おんがくしよ》を讀《よ》んだり、外國語《ぐわいこくご》を勉強《べんきやう》したり、また母《はゝ》の代理《だいり》でやつてゐた株式《かぶしき》に時間《じかん》を費《つひや》すことを、せめてもの慰《なぐさ》みとしてゐた。

姉《あね》の病的《びやうてき》な行爲《かうゐ》が生活樣式《せいくわつやうしき》にまで喰込《くひこ》んで、入浴《にふよく》は月《つき》二回《くわい》になり外出《ぐわいしゆつ》は一切許《ゆる》されなかつた。來客《らいきやく》は出來《でき》得《う》る限《かぎ》り斷《ことわ》り、從《したが》つて客《きやく》も殆《ほと》んど來《き》なくなつた。門《もん》に錠《ぢやう》を下《おろ》し、外部《ぐわいぶ》の惡評《あくひやう》が入《はい》らないやうに、召使《めしつかひ》は一歩《ぽ》も外出《ぐわいしゆつ》させなかつた。私《わたし》は母《はゝ》の使《つか》ひで、時々出かけることを何《なに》より樂《たの》しみにしてゐた。遂《つひ》には月《つき》三回《くわい》ばかり無斷《むだん》で外出《ぐわいしゆつ》してゐた。それが非常《ひじやう》に仕事《しごと》の能率《のうりつ》をあげることを發見《はつけん》した。それも、只《たゞ》郊外《かうぐわい》やデパート等《など》を散歩《さんぽ》して、夕方《ゆふがた》の忙《せわ》しい時間《じかん》には家《いへ》に歸《かへ》つて仕事《しごと》をしてゐた。叱《しか》られゝば尚更《なほさら》回數《くわいすう》が増《ま》すやうになり、歸《かへ》りの時間《じかん》もおそくなりがちになつた。

外出《ぐわいしゆつ》するにも私《わたし》は決《けつ》して服裝《ふくさう》を着飾《きかざ》らなかつた。非常識《ひじやうしき》と、やけな私《わたし》生活《せいくわつ》を表《あら》はした髮《かみ》で、亂視《らんし》と遠視《えんし》の眼鏡《めがね》をかけて、絹物《きぬもの》の嫌《きら》ひな私《わたし》はスーツを着《き》てゐた。私《わたし》は決《けつ》してズボンをはいたことはない。若《も》し私《わたし》が男裝《だんさう》をして歩《ある》いてゐたのを見《み》た人《ひと》があるなら、その人《ひと》に御目《おめ》にかかりたい。私《わたし》はスカートに茶色《ちやいろ》の絹《きぬ》ストッキング、そして靴《くつ》はハイヒールをはいてゐた。化粧《けしやう》もすれば口紅《くちべに》も用《もち》ひた。私《わたし》と同《おな》じ服裝《ふくさう》の人《ひと》は銀座《ぎんざ》でも京極《きやうごく》でも心齋橋《しんさいばし》でも神戸《かうべ》の元町《もとまち》でも澤山《たくさん》見受《みう》けられた。私《わたし》は今日《こんにち》まで一度《ど》も男裝《だんさう》した覺《おぼ》えはない。

魂ある人形
西條エリ子の舞臺姿

エリ子と私

昭和《せうわ》九年《ねん》の五月《ぐわつ》、松竹《しようちく》の少女歌劇《せうぢよかげき》が大阪《おほさか》に初公演《はつこうえん》されると傳《つた》へられた頃《ころ》、その内《うち》の一レビウガールの身《み》の上《うへ》に就《つ》いての新聞記事《しんぶんきじ》を讀《よ》んだことがある。それも何時《いつ》か忘《わす》れてしまつてゐた。ある日《ひ》家人《かじん》と一緒《しよ》に、この少女歌劇《せうぢよかげき》を歌舞伎座《かぶきざ》に觀《み》に行《い》つた。フト前《まへ》の新聞記事《しんぶんきじ》を思《おも》ひ出《だ》して、識《し》らず〳〵私《わたし》の目《め》は舞臺《ぶたい》のその子《こ》に引《ひ》かれてゐた。

その身體《からだ》には、潑溂《はつらつ》とした健康美《けんかうび》は見出《みいだ》せなかつたが、日本人《にほんじん》としては珍《めづ》らしいエキゾチックで藝術《げいじゆつ》的《てき》な美《うつく》しい線《せん》を持《も》ち、その眼《め》は過去《くわこ》になめた苦《くる》しい生活《せいくわつ》を物語《ものがた》るやうに凄《すご》いまでに光《ひか》つてゐた。

　踊《をど》りもうまいと思《おも》つた。愛嬌《あいけう》がないが智的《ちてき》で無駄《むだ》のない個性《こせい》を表《へう》徴《ちよう》してゐた。サインの流行《りうかう》した時分《じぶん》だつたから、私《わたし》ならば、あの娘《こ》だときめてゐた。一度《ど》逢《あ》つてみようかしら。逢《あ》つてみたい。どちらにしたつて大《たい》した問題《もんだい》ぢやない。と思《おも》ひながら、其後《そのご》獨《ひと》りで二度《ど》ばかり見《み》に行《い》つた。そして一週間後《しうかんご》にはとう／＼楽屋《がくや》へ通《つう》ずる階段《かいだん》を獨《ひと》りで登《のぼ》つてゐた。友人《いうじん》も一緒《しよ》でないから、私獨《わたしひと》りなら一度位《どぐらゐ》來たつて大丈夫《だいぢやうぶ》わかりやしない、そんなことを考《かんが》へながら、階段《かいだん》を登《のぼ》りつめた。私《わたし》は、澤山《たくさん》並《なら》んだどの部屋《へや》に、あの娘《こ》がゐるかわからなかつた。その時《とき》の私《わたし》の氣持《きもち》は只《たゞ》、魂《たましひ》のある美《うつく》しいお人形《にんぎやう》を見《み》ようといふ氣持《きもち》だつた。初《はじ》めて見《み》た珍《めづ》らしい場所《ばしよ》、誰《たれ》に訪《たづ》ねていゝか途方《とはう》に暮《く》れて、暫時《しばし》呆然《ばうぜん》と立《た》ちすくんでゐた。

　突然《とつぜん》、黄色《きいろ》い部屋着《へやぎ》を着《き》て、赤味《あかみ》のある美《うつく》しい髪《かみ》をした踊子《をどりこ》が、私《わたし》の前《まへ》を横切《よこぎ》つた。瞬間《しゆんかん》、射《い》る様《やう》な鋭《するど》い眼《め》でチラッと私《わたし》を見《み》て、何《なん》の感動《かんどう》も受《う》けない顔付《かほつき》で、そのまゝ行《ゆ》き過《す》ぎてしまつた。私《わたし》は機《き》を失《しつ》しなかつた。

「西條《さいでう》さん」とたんに澤山《たくさん》な髪《かみ》をはねて、彩《いろど》られた顔《かほ》が振向《ふりむ》いた。ホオきれい、私《わたし》の求《もと》めてゐたのは、こんなにきれいな娘《こ》であつたのかしら。

「失禮《しつれい》ですが貴女《あなた》、西條《さいでう》さんでせう」と云《い》つたものゝ、まだ半信半《はんしんはん》疑《ぎ》だつた。鼻筋《はなすぢ》の美《うつく》しい顔《かほ》は微笑《ほゝゑ》みもせず、返事《へんじ》の代《かは》りに細《ほそ》い顎《あご》が一度《ど》だけ頷《うなづ》いた。その表情《へうじやう》には、曾《かつ》て私《わたし》が知《し》つてゐる多《おほ》くの令孃方《れいぢやうがた》に見《み》ることの出來《でき》ない深《ふか》い沈痛《ちんつう》と、力強《ちからづよ》い眞劍《しんけん》さとが溢《あふ》れてゐた。

家庭に於ける西條エリ子さん

「サインしてくれませんか」澤山《たくさん》な髪《かみ》の毛《け》が揺《ゆ》れて、もう一度《ど》頷《うなづ》いた。私《わたし》は之《これ》がこの人《ひと》の癖《くせ》だな、と思《おも》つた。

「ちよつと待《ま》つてね」と言《い》ひすてると、愛想《あいそう》がないほどに厭味《いやみ》のない態度《たいど》で、さつさと自分《じぶん》の部屋《へや》に入《はい》つてしまつた。

踊子《をどりこ》に似合《にあ》はず暗《くら》い寂《さび》しい感《かん》じと、不思議《ふしぎ》な魅力《みりよく》を持《も》つた人《ひと》だ。あの人《ひと》の性格《せいかく》を今少《いますこ》し深《ふか》く知《し》つてみたいと思《おも》つた。

「またいらつしやい」といふ聲《こゑ》を、私《わたし》は無言《むごん》で背《せ》に受《う》けながらも強《つよ》く記憶《きおく》にとめて歸《かへ》つた。

その後《ご》逢《あ》ふ日《ひ》が度重《たびかさ》なつて行《い》つた。私《わたし》は常《つね》にこの踊子《をどりこ》の傍《そば》にゐながら、相變《あひかは》らず無言《むごん》で、この若《わか》さと元氣《げんき》とではち切れさうな部屋《へや》の中《なか》の空氣《くうき》を、物珍《ものめづ》らしく味《あぢは》つてゐた。私《わたし》は「この人《ひと》はものをいふ術《すべ》を知《し》らないのかな。それとも私同樣《わたしどうやう》、喋《しやべ》ることが嫌《きら》ひなのかしら」と思《おも》ひながらも、部屋《へや》に人《ひと》のゐない時《とき》には、互《たがひ》にポツリ〱と話合《はなしあ》つた。そして、遂《つひ》に私《わたし》は、この無口《むくち》な踊子《をどりこ》に不思議《ふしぎ》なうれしい發見《はつけん》をした。それは、この踊子《をどりこ》の心《こゝろ》の中《なか》に、私以外《わたしいぐわい》の私《わたし》といふものを見出《みいだ》したことだ。この人《ひと》の性格《せいかく》には、私《わたし》と共通《きようつう》なものがあつた。其上《そのうへ》私《わたし》が常《つね》にかうあり度《た》いと願《ねが》つてゐる強《つよ》い性格《せいかく》をも持《も》つてゐた。私《わたし》は話合《はなしあ》つてゐる内《うち》に、自分《じぶん》がこの人《ひと》であるのか、相手《あいて》が自分《じぶん》であるのか、區別《くべつ》が分《わか》らなくなつて、終《つひ》には話《はな》す話題《わだい》もきれてだまつてしまつた。私《わたし》はこの私以外《わたしいぐわい》の私《わたし》をみつめて考《かんが》へた。

私《わたし》には自由《じいう》がない。だが、も一人《ひとり》の私《わたし》であるエリ子《こ》には、それがある。私《わたし》がエリ子《こ》であれば、必《かなら》ず偉《えら》くなれる。けれども私《わたし》より優《すぐ》れた性格《せいかく》を持《も》つてゐるエリ子《こ》は、きつと私以上《わたしいじやう》に偉《えら》くなるだらう。私《わたし》はエリ子《こ》に大《おほ》きな希望《きばう》を見出《みいだ》した。その後《ご》私《わたし》はエリ子《こ》を將來有望《しやうらいいうばう》な「も一人《ひとり》の自分《じぶん》」として愛《あい》した。

それは決《けつ》してエリ子《こ》對私《たいわたし》といふ樣《やう》な感情《かんじやう》でもなければ、異性《いせい》に對《たい》する樣《やう》な感情《かんじやう》では全然《ぜんぜん》なかつた。

ある時《とき》、私《わたし》はエリ子《こ》の心《こゝろ》を試《ため》すつもりで、お小使《こづかひ》をあげようと言《い》つた。エリ子《こ》はだまつて、かむりを振《ふ》つた。私《わたし》にはそれが無暗《むやみ》にうれしかつた。そんな時《とき》のエリ子《こ》の氣持《きもち》が、私《わたし》は大好《だいす》きだつた。其後《そのご》も度々《たびたび》このいたづらをした。時《とき》には返事《へんじ》もしないで「行《ゆ》きませう」と座《ざ》を立《た》つてしまつたり、機嫌《きげん》のいい時《とき》には「いらないの」と云《い》つて、決《けつ》して一錢《せん》も受《う》取《と》りはしなかつた。ある時《とき》とう〱暗《くら》い顔《かほ》をして、

「エリ子《こ》、そんなことされるのきらひよ」と言《い》つた。それつきり私《わたし》はいたづらをやめることを誓《ちか》つた。京都《きやうと》の公演《こうえん》も終《をは》つて、名殘惜《なごりを》しい別《わか》れを沼津《ぬまづ》の驛《えき》で泣《な》いた。自由《じいう》を持《も》つた自分《じぶん》であるエリ子《こ》を失《うしな》つて、私《わたし》は又元《またもと》の自由《じいう》のない生活《せいくわつ》が續《つゞ》いた。

私の家出

私《わたし》は戀愛《れんあい》と結婚《けつこん》について考《かんが》へたことがないのではなかつた。だが私《わたし》にはその必要《ひつえう》がなかつた。なぜなら、私《わたし》を慰《なぐさ》めてくれるものは、始末《しまつ》の惡《わる》い戀人《こひびと》よりも自然《しぜん》の景色《けしき》や音樂等《おんがくなど》で滿《み》たされると思《おも》つた。結婚《けつこん》しなかつたことは、周圍《しうゐ》の事情《じじやう》もあつたが、そんな方法《はうはふ》によつて得《え》られる幸福《かうふく》が私《わたし》のみのものであり、不幸《ふかう》な家人《かじん》から離《はな》れて、自分《じぶん》だけ幸福《かうふく》になつて、氣《き》の毒《どく》な母《はゝ》をすて、他家《よそ》の人《ひと》を愛《あい》して行《ゆ》くといふことが、私《わたし》の氣持《きもち》にぴつたりしなかつたから。それに私《わたし》は當時《たうじ》肺尖《はいせん》を患《わづら》つてゐたから、家《いへ》を離《はな》れる勇氣《ゆうき》も少《すく》なかつた。相變《あひかは》らず私《わたし》は週二回《しうにくわい》ばかり外出《ぐわいしゆつ》してゐた。それでも責任感《せきにんかん》の強《つよ》い私《わたし》は、家《いへ》の用《よう》事《じ》だけは眞面目《まじめ》に果《はた》してゐた。

私《わたし》が度々外出《たびたびぐわいしゆつ》することを怒《おこ》つて、姉《あね》は私《わたし》の外出着《ぐわいしゆつぎ》を隱《かく》した。私《わたし》は平氣《へいき》で平常着《ふだんぎ》のまゝ出《で》かけた。

ある夜《よ》姉《あね》は母《はゝ》をなぐつた。鼻血《はなぢ》が火花《ひばな》の樣《やう》に散《ち》つた。怒《いか》りと驚《おどろ》きとに立《た》ちすくんでゐる私《わたし》に、母《はゝ》はかう云《い》つた。

「母《はゝ》があまりお前《まへ》に甘《あま》くして、お前《まへ》をせめない爲《ため》に姉《あね》が私《わたし》をぶつたのだ。お前《まへ》さへゐなければ、何《なに》もこんなことは起《おこ》らないのだ。お前《まへ》が家《いへ》にゐることは罪惡《ざいあく》だ。出《で》て行《ゆ》け。早《はや》く。今《いま》すぐ。早《はや》く。」

「出《で》て行《ゆ》け」とは平凡《へいぼん》な言葉《ことば》ではあつたが、それを現在母《げんざいはゝ》の口《くち》からきいた瞬間《しゆんかん》は、強《つよ》い衝撃《しようげき》を受《う》けた。思《おも》はず母《はゝ》の顔《かほ》を見《み》つめずにはゐられなかつた。

私《わたし》は心《こゝろ》で嘆《なげ》いた。私《わたし》は今《いま》まで一度《ど》も家《いへ》を離《はな》れようとは考《かんが》へてもみなかつた。否《いな》むしろ家《いへ》に居《を》り、母《はゝ》の傍《そば》に居《を》り度《た》いと思《おも》へばこそ、自分《じぶん》の身體《からだ》も希望《きばう》も犧牲《ぎせい》にしてゐたのだ。そして、この窒息《ちつそく》するやうな生活《せいくわつ》にも堪《た》へ忍《しの》ぶ爲《ため》に、私《わたし》は遊《あそ》び歩《ある》いてゐたのだ。母《かあ》さんは、それが解《わか》らないのかしら。誤解《ごかい》だ。母《かあ》さんは私《わたし》を誤解《ごかい》していらつしやるんだ。出《で》て行《ゆ》けとはあんまりだ。ひどい。ひどすぎる。私《わたし》は母《はゝ》に何《なに》か言《い》はうとしたが、胸《むね》がせまつて言《い》へなかつた。五分《ふん》、十分《ぶん》、私《わたし》は顔《かほ》を伏《ふ》せて、泪《なみだ》の内《うち》に母《はゝ》のすゝり泣《な》く聲《こゑ》をきいた。母《はゝ》は靜《しづ》かにやさしく言《い》つた。

「今《いま》のは、決《けつ》して感情的《かんじやうてき》に言《い》つたのではない。勿論《もちろん》お前《まへ》が居《ゐ》ることは、姉《あね》の神經《しんけい》を刺激《しげき》する原因《げんいん》になる。お前《まへ》もこの機《き》に家《いへ》を離《はな》れて、今《いま》の内《うち》に將來身《しやうらいみ》を立《た》てる方針《はうしん》を考《かんが》へた方《はう》がよからう。先刻《さつき》出《で》て行《ゆ》けと強《つよ》く言《い》つたのは、あれ程《ほど》に言《い》はなければ母《はゝ》の家《いへ》を離《はな》れる決心《けつしん》がつくまいと思《おも》つて……」

其夜《そのよ》私《わたし》は一睡《すい》もしなかつた。翌朝《よくてう》六時《じ》に、私《わたし》は手近《てぢか》にあつた見覺《みおぼえ》のある封筒《ふうとう》の有價證券《いうかしようけん》を持《も》つて、そつと家《いへ》を出《で》た。

「母樣《かあさま》お達者《たつしや》でゐて下《くだ》さい。お眼《め》ざめになつて、私《わたし》のゐない事《こと》にお氣付《きづ》きになつたら、きつと親不孝者《おやふかうもの》だとお憎《にく》しみになることでせう。お赦《ゆる》し下《くだ》さい。私《わたし》は母《かあ》さまのお傍《そば》をはなれ度《た》くはございません。でも私《わたし》は考《かんが》へに考《かんが》へた末《すゑ》出《で》て參《まゐ》ります。かうすることが、皆樣《みなさま》に對《たい》しての最《もつと》も大《おほ》きな愛《あい》であり、又私《またわたし》の身《み》の爲《ため》でもあると存《ぞん》じます。どんな事《こと》があらうとも、屍《かばね》にならぬ限《かぎ》り決《けつ》して再《ふたゝ》び家《いへ》には歸《かへ》つて參《まゐ》りません。」

數時間後《すうじかんご》、私《わたし》はポケットから封筒《ふうとう》を取出《とりだ》して開《ひら》いてみた。「アツ、しまつた。」私《わたし》は危《あやふ》く聲《こゑ》をあげようとした。封筒《ふうとう》の中《なか》に入《はい》つてゐたのは意外《いぐわい》、全《まつた》く意外《いぐわい》な莫大《ばくだい》な價格《かかく》だつた。見積《みつも》つて六千圓《えん》ばかり。

「惡《わる》かつた。でも私《わたし》は知《し》らなかつたんだもの。それよりも、母《はゝ》は私《わたし》の知《し》らない内《うち》にこんなものを買《か》つてゐたのか。今迄何《いままでなに》もかも私《わたし》だけには打明《うちあ》けてくれてゐた母《はゝ》が……」

私《わたし》は後悔《こうくわい》よりも母《はゝ》に裏《うら》切られた思《おも》ひが一層悲《そうかな》しかつた。

其夜《そのよ》はOホテルに宿《やど》を取《と》つた。翌日《よくじつ》、言《い》ひ知《し》れない寂《さび》しい氣持《きもち》てで私《わたし》は獨《ひと》り晝汽車《ひるぎしや》に搖《ゆ》られてゐた。

東京《とうきやう》へ着《つ》いたら、第《だい》一に持物《もちもの》を處分《しよぶん》しよう、それから住《す》まふべき適當《てきたう》な場所《ばしよ》を見《み》つけよう。それから私《わたし》の方針《はうしん》に就《つ》いて尚《なほ》よく考《かんが》へてみよう。そして落《お》ちついたら母《はゝ》に嬉《うれ》しい便《たよ》りをしよう。私《わたし》は汽車《きしや》の中《なか》でいろんなことを考《かんが》へてゐた。

東京から京都へ

私《わたし》が東京《とうきやう》へ來《き》たのは、エリ子《こ》に逢《あ》ふ爲《ため》ではなかつた。持《も》つて出《で》た有價證券《いうかしようけん》（新東《しんとう》の株券《かぶけん》）を處分《しよぶん》するのに、大阪《おほさか》よりも東京《とうきやう》の方《はう》が便《べん》利《り》だつたし、それに永住《えいぢう》の地《ち》としては東京《とうきやう》より外《ほか》に考《かんが》へつかなかつたから。不用意《ふようい》の家出《いへで》だつたので、どうするといふ心《こゝろ》の準備《じゆんび》も目《め》あてもなかつた。

　東京《とうきやう》に來《き》てみると、丁度《ちやうど》暮れてはあり、クリスマスやお正月前《しやうぐわつまへ》のにぎはひで、私《わたし》などを相手《あひて》にしてくれる人《ひと》はなかつた。私《わたし》は勿論《もちろん》遊《あそ》ぶつもりはなく、友達《ともだち》をたづねる氣持《きもち》もなかつた。けれども、通《とほ》りすがりに春野《はるの》さんの町名《ちやうめい》の停留所《ていりうじよ》を見《み》たので、つい交番《かうばん》に聞《き》いて行《い》つてみる氣《き》になつてゐた。

　エリ子《こ》に遇《あ》つたかと訊《き》かれ、まだ遇《あ》はないと云《い》つたら、なぜ行《い》かないかと訊《き》くので、それには答《こた》へずに世間《せけん》ばなしをして別《わか》れた。

　本當《ほんたう》は遇《あ》ふつもりはなかつたのだが、春野《はるの》さんが行《い》つて上《あ》げなさい。レビウを止《よ》して映畫《えいぐわ》に入《はい》つてから、とても淋《さび》しさうだ。と云《い》ふので行《い》つてもいゝと思《おも》つたのだ。そしてその翌晩《よくばん》に行《い》つた。

　エリ子《こ》の實生活《じつせいくわつ》を少《すこ》しも知《し》らない私《わたし》は、エリ子《こ》が墮落《だらく》した生活《せいくわつ》をしてゐるのではないかと思《おも》つた。そんな生活《せいくわつ》を見《み》て幻滅《げんめつ》を感《かん》じることを怖《おそ》れたが、わざとだしぬけに行《い》つてみた。エリ子《こ》は兩親《りやうしん》たちと一緒《しよ》に、女優《ぢよいう》とは思《おも》へないほど質素《しつそ》で眞面目《まじめ》な生活《せいくわつ》をしてゐた。

　私《わたし》は將來《しやうらい》の方針《はうしん》について眞劍《しんけん》に考《かんが》へてゐたが、世間《せけん》が相手《あひて》にしてもくれず時期《じき》も惡《わる》いので、しばらくは暇《ひま》をつぶす外《ほか》ないと思《おも》つてゐた。かと云《い》つて一人《ひとり》で遊《あそ》ぶ方法《はうはふ》がなかつたので、丁度《ちやうど》エリ子《こ》も暇《ひま》だつたのを幸《さいはひ》に遊《あそ》ばうといふ氣《き》になつた。金《かね》もこんなには不要《ふえう》だから半分《はんぶん》は使《つか》つてもよいと思《おも》つた。

　私《わたし》たちは京都《きやうと》に行《い》つた。自分《じぶん》では東京《とうきやう》で遊《あそ》びたい氣持《きもち》だつたがSKが京都《きやうと》に公演《こうえん》に行《ゆ》くといふので、友達《ともだち》が大勢《おほぜい》あつてエリ子《こ》には面白《おもしろ》いだらうと思《おも》つたからだつた。私《わたし》の常軌《じやうき》をはづれた浪費《らうひ》の生活《せいくわつ》が始《はじ》まつたのはそれからである。

　私《わたし》は決《けつ》して贅澤《ぜいたく》や浪費《らうひ》が面白《おもしろ》いのではない。また決《けつ》してエリ子《こ》の歡心《くわんしん》を買《か》ふ爲《ため》でもない。一寸《ちよつと》説明《せつめい》しにくいが、つまり自分《じぶん》の知《し》つてゐるさうした贅澤《ぜいたく》な生活《せいくわつ》を、此《こ》の機會《きくわい》にエリ子《こ》にさせてみたいといふ氣持《きもち》があつた。幾分《いくぶん》私《わたし》自身《じしん》も昔《むかし》の氣持《きもち》になつてゐた。

　エリ子《こ》を見《み》てゐると、自分《じぶん》がだん〳〵馬鹿《ばか》に思《おも》へて來《き》た。エリ子《こ》は一家《か》を背負《せお》つて、眞面目《まじめ》に生活《せいくわつ》と苦闘《くとう》してゐるのに、私《わたし》は親《おや》の金《かね》を持《も》ち出《だ》して、こんな生活《せいくわつ》をしてゐるのは、何《なん》といふ馬鹿《ばか》な女《をんな》だらう。私《わたし》はつく〴〵自分《じぶん》がいやになつた。これだけの金《かね》をエリ子《こ》に與《あた》へれば、したいことが出來《でき》てどんなに役《やく》に立《た》つだらう。此《こ》の金《かね》をみんなやつてもいゝ。自分《じぶん》は金《かね》に困《こま》つて苦《くる》しんでみたい。エリ子《こ》は金《かね》は決《けつ》してとらないから、エリ子《こ》のためにみんな費《つか》つてしまはう。そしてそのまゝ消《き》えてしまはないやうに、品物《しなもの》を買《か》つてやらうといふ氣《き》になつた。だから品物《しなもの》は全部《ぜんぶ》エリ子《こ》のものだつた。別府《べつぷ》に行《い》つたのもそんなつもりからだつた。エリ子《こ》はそれを少《すこ》しも喜《よろこ》びはしなかつた。それでもしたい私《わたし》の氣持《きもち》。此《こ》の氣持《きもち》は、單《たん》にエリ子《こ》の歡心《くわんしん》を買《か》ふといふのとは違《ちが》ふと私《わたし》は思《おも》ふ。

檻禁

京都《きやうと》でエリ子《こ》と別《わか》れる日《ひ》が來《き》た。一種《しゆ》云《い》ふべからざる淋《さび》しさ。もうエリ子《こ》にはこれ限《き》り會《あ》はないのだ。家《うち》にも歸《かへ》らないのだ。そしてこれからの自分《じぶん》に、どんな悲慘《ひさん》な生活《せいくわつ》が待《ま》つてゐるのであらう。その時《とき》、私《わたし》の運命《うんめい》の遠《とほ》い果《は》てに見出《みいだ》したのが「死《し》」であつた。さうだ死《し》だ。死《し》んでも家《うち》には歸《かへ》らないのだ。私《わたし》は堪《た》へがたい淋《さび》しさに、駄《だ》目《め》とは知《し》りつゝ一日《にち》でも永《なが》くエリ子《こ》を引《ひ》きとめたかつた。だがエリ子《こ》は聞《き》かなかつた。私《わたし》はだん〳〵明瞭《めいれう》に「死《し》」を見《み》つめた。センチな感情《かんじやう》は少《すこ》しもなく、底《そこ》の知《し》れない淋《さび》しさが心《こゝろ》を襲《おそ》つて來《き》た。

明日《あす》歸《かへ》るといふ日《ひ》に、エリ子《こ》は盲腸《まうちやう》にかゝつた。私《わたし》は母《はゝ》を看病《かんびやう》した時《とき》のやうに熱心《ねつしん》にエリ子《こ》の看病《かんびやう》をした。エリ子《こ》の父《ちゝ》が來《き》たが、あとをたのんですぐ歸《かへ》つて行《ゆ》かれた。それ故《ゆゑ》、秘密探偵《ひみつたんてい》の人《ひと》が宿《やど》に入《はい》り込《こ》んだことを知《し》つた時《とき》も、自分一人《じぶんひとり》ならつれ歸《かへ》られても構《かま》はないが責任上《せきにんじやう》エリ子《こ》を投《な》げ出《だ》すわけには行《ゆ》かないと思《おも》つた。家出《いへで》して一ケ月《げつ》の間私《あひだわたし》をさがさなかつた母《はゝ》を、自分《じぶん》に對《たい》する理解《りかい》のためだと信《しん》じてゐた私《わたし》には、油斷《ゆだん》があつた。それでその時《とき》はあわてゝエリ子《こ》を自《じ》動車《どうしや》にのせ、石山《いしやま》に走《はし》つた。それは京都驛《きやうとえき》をだしぬいて逃《に》げ出《だ》すといふつもりではなくて、少《すこ》しでも遠《とほ》くへ自動車《じどうしや》で行《い》つた方《はう》が遙《はるか》に樂《らく》だらうと思《おも》つて。靜岡《しづをか》までの切符《きつぷ》を買《か》つたのも途中《とちう》一休《ひとやす》みした方《はう》がいゝと思《おも》つたからで、追手《おつて》を遁《のが》れようと思《おも》つた爲《ため》ではない。

私達《わたしたち》は名古屋驛《なごやえき》で二人《ふたり》の刑事《けいじ》につかまつて、警察《けいさつ》につれて行《ゆ》かれた。警察《けいさつ》の人《ひと》は私《わたし》たちの話《はなし》をよく聞《き》いて同情《どうじやう》してくれた。姉《あね》は私《わたし》を或《あ》る辯護士《べんごし》の家《いへ》に預《あづ》けて思《おも》ひ通《どほ》りに外遊《ぐわいいう》させてやるなどと出まかせをいつて私《わたし》をつれもどした。私《わたし》は姉《あね》の言葉《ことば》を信《しん》じたわけではなく、歸《かへ》つて母《はゝ》にあやまるつもりだつた。けれども、歸《かへ》るとすぐに一室《しつ》に監禁《かんきん》せられ、母《はゝ》は會《あ》つてもくれなかつた。これは實《じつ》に意外《いぐわい》だつた。辯護士《べんごし》が入《い》れかはり入《はい》つて來《き》て、使途不明《しとふめい》の金《かね》について追求《つゐきう》した。私《わたし》は記憶《きおく》にない金《かね》の使途《しと》の辻褄《つじつま》を合《あ》はせるため、名古屋《なごや》の警察《けいさつ》でお札《さつ》を燒《や》いたとウソを云《い》つた。それはエリ子《こ》に迷惑《めいわく》のかゝるのを怖《おそ》れたからだ。出入《でい》りの者《もの》は、私《わたし》の謝罪《しやざい》や將來《しやうらい》のことには少《すこ》しも耳《みゝ》をかしてくれないで、問題《もんだい》がたゞ金錢《きんせん》のことだけであつたのが情《なさ》けなかつた。外《そと》の樣子《やうす》が少《すこ》しもわからず、エリ子《こ》の事《こと》もどうなつてゐるか心配《しんぱい》になつて頭《あたま》の中《なか》はいら〳〵するばかりだつた。

監禁《かんきん》されたことは、かつて召使《めしつかひ》の先例《せんれい》を知《し》つてゐるので、私《わたし》に壓《あつ》へがたい反抗心《はんかうしん》を燃《も》え立《た》たせ、頭《あたま》の中《なか》を混亂《こんらん》させた。その頭《あたま》の中《なか》にハツキリ意識《いしき》せられたものは死《し》であつた。私《わたし》は母《はゝ》におわびして死《し》ぬつもりだつた。けれども、おわびしたい心《こゝろ》と死《し》ぬ心《こゝろ》とは全然別《ぜんぜんべつ》であつた。おわびの爲《ため》に死《し》ぬと思《おも》はれたくなかつた。この部屋《へや》で死《し》んでは謎《なぞ》の死《し》になる。それは困《こま》ると思《おも》つた。

その時食事《しよくじ》につけて、母《はゝ》の手紙《てがみ》が入《い》れられた。それには使途不明《しとふめい》の金《かね》の行衞《ゆくへ》を白狀《はくじやう》しないと、エリ子《こ》の家宅搜索《かたくそうさく》をする。姉《あね》が上京《じやうきやう》したが明朝《みやうてう》七時《じ》迄《まで》に告白《こくはく》すれば電報《でんぽう》で取《と》り消《け》すといふ意味《いみ》だつた。それが姉《あね》のトリツクとは少《すこ》しも知《し》らなかつたので、若《も》しそんなことになれば、迷惑《めいわく》と世間《せけん》の騷《さわ》ぎを大《おほ》きくすると思《おも》ひ、焦慮煩悶《せうりよはんもん》の爲頭《ためあたま》が混亂《こんらん》した。

部屋《へや》の中《なか》には萬《まん》一を恐《おそ》れて金屬性《きんぞくせい》の物《もの》は何《なに》一つなく、薄《うす》つぺらな火箸《はし》があるだけだつた。私《わたし》はそれをストーブの火《ひ》で燒《や》いては窓《まど》を燒《や》き、異常《いじやう》な熱心《ねつしん》さを以《もつ》てそれをくりかへしてとう〳〵脱出《だつしゆつ》することが出來《でき》た。私《わたし》は部屋着《へやぎ》のまゝであつた。庭下駄《にはげた》をとりに行《い》つた時《とき》、自分《じぶん》の家《うち》と母《はゝ》にかすかな執着《しふちやく》を感《かん》じた。途中《とちう》をさまたげられないやうに方面《はうめん》を田舍《ゐなか》にして書《か》きのこしたが、その時《とき》は確實《かくじつ》に死《し》を覺悟《かくご》してゐた。エリ子《こ》におわびをし、誤解《ごかい》を明瞭《めいれう》にしてから自殺《じさつ》しようと決心《けつしん》してゐた。その時《とき》はもう淋《さび》しくも悲《かな》しくもなかつた。

退院を前にして全快の富美子さん

途中友達《とちうともだち》にあつて金《かね》を借《か》り京都《きやうと》に夜明《よあ》けに着《つ》いた。エリ子《こ》の宿《やど》に電話《でんわ》をかけるとエリ子《こ》は東京《とうきやう》に歸《かへ》つたといふことだつた。それでもまだ「家宅捜索《かたくそうさく》」のことがトリツクだとは氣《き》づかず、姉《あね》が上京《じやうきやう》してゐるものと思《おも》つたので、すぐ東京《とうきやう》へ立《た》つた。それは、家人《かじん》の誤解《ごかい》によつて迷惑《めいわく》をかけたことをおわびし、死《し》ぬ前《まへ》に一切《さい》を明瞭《めいれう》にしておきたかつた爲《ため》で、決《けつ》してエリ子《こ》を慕《した》つて上京《じやうきやう》したのではない。

上京《じやうきやう》した時《とき》はほとんど金《かね》はなくなつてゐたが、直接《ちよくせつ》エリ子《こ》の家《うち》に行《い》つては途中《とちう》でつかまつては目的《もくてき》を妨《さまた》げられると思《おも》つて一先《ひとま》づ鍛冶《かぢ》橋《はし》ホテルに入《はい》つた。電話《でんわ》をかけに近所《きんじよ》へ出《で》ようとしても勘定《かんぢやう》をすまさないうちはホテルで出《だ》してくれない。部屋《へや》で思案《しあん》した末《すゑ》に知人《ちじん》の所《ところ》に電話《でんわ》をかけたが不在《ふざい》だつた。仕方《しかた》なくエリ子《こ》の家《うち》に電話《でんわ》をかけてみた。エリ子《こ》と父《ちゝ》の横尾《よこを》氏《し》が來《こ》られ、私《わたし》の心配《しんぱい》して出《で》て來《き》たことはすつかりトリツクだつたことがわかつた。

私《わたし》はもう何時《いつ》死《し》んでもいゝと思《おも》つた。初《はじ》めは一たん家《うち》に歸《かへ》つてから死《し》ぬつもりだつたが、家《うち》では引取《ひきと》りに來《こ》ないといふことだつたので、横尾《よこを》さんの世話《せわ》になつてエリ子《こ》の家《うち》に引取《ひきと》られた。横尾《よこを》さんは私《わたし》の事《こと》を心配《しんぱい》して、私《わたし》の家《いへ》と色々交渉《いろ〳〵かうせふ》してくれると云《い》ふけれども、私《わたし》は駄目《だめ》だと思《おも》つてゐた。

事件《じけん》の解決《かいけつ》まで横尾《よこを》さんの世話《せわ》で、私《わたし》は萬平《まんぺい》ホテルにかくれてゐることになつた。

死《し》を決意《けつい》してゐた私《わたし》は、萬平《まんぺい》ホテルへ行《ゆ》く途中《とちう》、二軒《けん》の藥局《やくきよく》からアダリンを三個《こ》買《か》つた。エリ子《こ》に氣《き》づかれない爲《ため》にスマイルを一緒《しよ》に買《か》つた。

夕方《ゆふがた》エリ子《こ》が歸宅《きたく》した間《あひだ》に遺書《ゐしよ》をかいた。遺書《ゐしよ》を書《か》いて置《お》きたい人《ひと》は澤山《たくさん》あつたが、金錢《きんせん》の貸借《たいしやく》のある人《ひと》だけにした。それは死後《しご》誤解《ごかい》がないやうに明瞭《めいれう》にして置《お》きたいといふ氣持《きもち》だけだつた。これだけすませると氣持《きもち》が非常《ひじやう》に晴《は》れやかになつた。自分《じぶん》は死《し》ぬ。それを知《し》つてるのは自分《じぶん》だけだ。さう思《おも》ふと、一種《しゆ》の優越感《いうえつかん》に似《に》た喜《よろこ》びがあつた。

夜新聞記者《よるしんぶんきしや》が來《き》た時《とき》も、案外愉快《あんぐわいゆくわい》におしやべりした。一つの重大《ぢうだい》な事實《じじつ》を祕《ひ》してゐて、何《なに》も知《し》らない人《ひと》に無責任《むせきにん》な話《はな》しをしてゐるといふ氣持《きもち》が私《わたし》を愉快《ゆくわい》にした。新聞記者《しんぶんきしや》が歸《かへ》つてからは、エリ子《こ》と長《なが》い閑話《むだばなし》をしてベッドに入《はい》つた。

藥《くすり》を服《の》む心《こゝろ》――それは珍《めづ》らしいものを試食《ししよく》する氣持《きもち》だつた。をかしくはないのに、なぜか嘲笑《てうせう》に似《に》た笑《わら》ひが口《くち》に上《のぼ》つた。斷崖《だんがい》を一思《ひとおも》ひに飛《と》んだ氣持《きもち》。――それからは靜《しづ》かに自分《じぶん》の體《からだ》をいたはつてベッドに運《はこ》び、意識《いしき》が消《き》えるまで、自分《じぶん》が死《し》んだあと周圍《しうゐ》の者《もの》がどうなるかといふことは意識《いしき》にあつたが、來世《らいせ》の事《こと》や、萬一《まんいち》生《い》きかへつたらといふことは、まるで考《かんが》へに浮《うか》んで來《こ》なかつた。勿論死《もちろんし》へ導《みちび》いた凡《すべ》ての原因《げんいん》は、死《し》を摑《つか》むまでの原因《げんいん》にはなつても、死《し》を遠《とほ》くへ見出《みいだ》してからは、最早《もはや》如何《いか》なる原因《げんいん》にもしばられてはゐないで、頭《あたま》の中《なか》にはたゞ死《し》なねばならぬといふことだけ殘《のこ》つて、一つの義務《ぎむ》を果《はた》すやうな氣持《きもち》、旅行《りよかう》する時何日《ときなんにち》發《た》たうかと考《かんが》へるのと同《おな》じ氣持《きもち》、時《じ》間《かん》に乘《の》りおくれないやうに準備《じゆんび》する心《こゝろ》そのまゝであつた。

死の回想

私《わたし》は今《いま》靜《しづ》かに死《し》を回想《くわいさう》することが出來《でき》る。私《わたし》は三日《か》間眠《かんねむ》りつゞけた。その間《あひだ》に二度《ど》ほど心臟《しんざう》が止《とま》りかけたさうである。そのまゝ止《とま》つてゐれば完全《くわんぜん》に死《し》んでゐたわけだ。

その不思議《ふしぎ》な經驗《けいけん》から死《し》といふものを考《かんが》へてみると、死《し》は暗《くら》いものだ。その暗《くら》さは此《こ》の世《よ》の暗《くら》さのやうに、淋《さび》しさやいろ〳〵の感情《かんじやう》を伴《ともな》ふ暗《くら》さではなく、全《まつた》く空虚《くうきよ》な暗《くら》さであつた。それは全《まつた》くの虚《き》無《む》で、氣持《きもち》で云《い》へば一種《しゆ》の明《あか》るい感《かん》じであつた。

丁度意識《ちやうどいしき》がさめかけた時《とき》、林檎《りんご》の汁《しる》を飲《の》まされようとした。私《わたし》は無意識《むいしき》に齒《は》を喰《く》ひしばつて、それを飲《の》まうとしなかつた。はつきりした意識《いしき》はないにしろ、生《い》きかへされたことが腹立《はらだ》たしくて反抗《はんかう》してゐたらしい。すると誰《だれ》かゞ「飲《の》まなければ痛《いた》い注射《ちうしや》をしますよ」と云《い》つた。私《わたし》はすぐに飲《の》んでしまつた。

生《せい》の執着《しふちやく》が全《まつた》くなくなつた私《わたし》でも、本能的《ほんのうてき》に苦痛《くつう》の嫌はしさを知《し》つてゐたのだ。死《し》は怖《こは》いもの、いとはしいものと考《かんが》へられてゐるが、それは死《し》そのものではなく、死《し》に伴《ともな》ふ苦痛《くつう》のいとはしさではないだらうか。

私《わたし》がはじめて死《し》を遠《とほ》くへ見出《みいだ》した時《とき》（それは京都《きやうと》の十文字屋《もんじや》でだつた）たゞわけもなく淋《さび》しく悲《かな》しかつた。そして泣《な》けて泣《な》けて仕方《しかた》がなかつた。だけどその淋《さび》しさ悲《かな》しさは普通《ふつう》の意味《いみ》とは全然別《ぜんぜんべつ》なものだつた。「淋《さび》しさそのもの」と云《い》ふものであらうか、決《けつ》してそれからのがれようと欲《ほつ》してゐない感情《かんじやう》であつた。それからの行動《かうどう》は死《し》への準備《じゆんび》に無意識的《むいしきてき》に動《うご》いてゐたやうなものだ。あれも食《た》べて置《お》きたい、あの人《ひと》にも會《あ》つて置《お》きたいといふ風《ふう》に。

死《し》を覺悟《かくご》してからは、勿論《もちろん》それを誰《だれ》かに打明《うちあ》けたい氣持《きもち》もあつたが、自分《じぶん》ひとりで祕《ひ》してゐて何食《なにく》はぬ顔《かほ》で人《ひと》に接《せつ》してゐるのも一種《しゆ》の愉快《ゆくわい》であつた。その時《とき》はもう自分《じぶん》をそこへ追《お》ひ込《こ》んだ原因《げんいん》などはまるで忘《わす》れて、晴《は》れ〴〵とした氣持《きもち》になつてゐた。遺書《ゐしよ》を書《か》くのも一つの事務《じむ》を片《かた》づける氣持《きもち》。あとはもう豫定《よてい》の汽車《きしや》に乘《の》りおくれまいといふ氣持《きもち》と變《かは》りはない。

生《い》きてゐる人《ひと》が死《し》を淋《さび》しい嫌《いや》なものと思《おも》ふのは、それを見《み》た時《とき》の淋《さび》しさと死《し》ぬ時《とき》の苦痛《くつう》を想像《さうざう》するからではないだらうか。

藥《くすり》をのんでからは、たゞ「落《お》ちついてゐなければ」と思《おも》つただけだ。道《みち》づれが欲《ほ》しいといふ氣持《きもち》はあまりなかつた。あれば一層《そう》よいのかも知《し》れない。

これからさき

これからの私《わたし》は、まだどうなるかわかつてゐない。家《うち》に歸《かへ》らないことはたしかである。或《あ》る人《ひと》が母《はゝ》と相談《さうだん》して私《わたし》のことを心配《しんぱい》してくれてゐる。私《わたし》はその人《ひと》に任《まか》せられるであらう。その人《ひと》は他人《たにん》であるが、私《わたし》の希望《きばう》も容《い》れてくれると思《おも》ふ。私《わたし》は自分《じぶん》で我慢《がまん》出來《でき》る或《あ》る限界《げんかい》まではその人《ひと》の云《い》ふ通《とほ》りになるつもりだ。

私《わたし》の周圍《しうゐ》の人々《ひとびと》は私《わたし》に結婚生活《けつこんせいくわつ》に入《い》らせようか、職業《しよくげふ》を持《も》たせようかと思《おも》つてゐるらしい。私《わたし》は職業《しよくげふ》を持《も》ちたいと希望《きばう》してゐる。なぜなら私《わたし》は結婚《けつこん》しても配偶者《はいぐうしや》だけを生活《せいくわつ》の對照《たいせう》として生《い》きてゆけない性質《せいしつ》だから。結婚《けつこん》しても何《なに》か自分《じぶん》を生《い》かすやうな仕事《しごと》をしてゆきたい。それに周圍《しうゐ》の人《ひと》が私《わたし》に好適《かうてき》だと思《おも》ふやうな人《ひと》は、私《わたし》の方《はう》でいやだらうし、私《わたし》の方《はう》で好適《かうてき》と思《おも》ふやうな人《ひと》には、今《いま》の私《わたし》ではその人《ひと》にお氣《き》の毒《どく》と思《おも》ふ。

私《わたし》は自分《じぶん》を引上《ひきあ》げて、もつと優《すぐ》れた女《をんな》となる必要《ひつえう》を痛感《つうかん》してゐる。職業《しよくげふ》と云《い》つても、何《なに》が私《わたし》に適《てき》するかもわかつてゐない。社會《しやくわい》に出《で》ても自分《じぶん》に何《なに》が出來《でき》るか見當《けんたう》がついてゐない。

私《わたし》はまだ〳〵世間知《せけんし》らずの箱入娘的《はこいりむすめてき》なところがあるらしい。もつともつと世間《せけん》を知《し》り、色々《いろ〳〵》なことを勉强《べんきやう》しなければ、社會《しやくわい》に出《で》ても家庭《かてい》に入《はい》るにしても駄目《だめ》だと思《おも》ふ。金錢《きんせん》を惜《を》しむことを知《し》らなければいけない、と敎《をし》へてくれる人《ひと》もある。自分《じぶん》の生命《せいめい》さへいらないと思《おも》ふ境遇《きやうぐう》の時《とき》、どうして金錢《きんせん》を惜《を》しむ心《こゝろ》になり得《え》よう。私《わたし》は心《こゝろ》と肉體《にくたい》の健康《けんかう》をとりもどして、一個《こ》の女《をんな》としての任務《にんむ》と幸福《かうふく》を果《はた》したいと思《おも》ふ。

★手記を讀みて
富美子さんに望む
——(批判と指導)——

河崎なつ

「男裝《だんさう》の麗人《れいじん》」「うた姫《ひめ》西條《さいでう》エリ子《こ》との同性愛《どうせいあい》」「大金《たいきん》を持《も》つての家出《いへで》」「自殺《じさつ》」等々《とう〳〵》凡《およ》そヂヤーナリズムが弄《もてあそ》びたがる好題目《かうだいもく》を世間《せけん》に投《な》げかけた増田富美子《ますだふみこ》さんが、果《はた》してどんな女性《ぢよせい》なのか——眞實《しんじつ》の所《ところ》、かういふ題目《だいもく》に少《すこ》しも興味《きようみ》を持つてゐない私《わたし》は、當時《たうじ》の新聞《しんぶん》の記事《きじ》さへも委《くは》しく讀《よ》みはしなかつた位《くらゐ》なので、餘《あま》り考《かんが》へもしなかつたのだが、今度《こんど》「死《し》から甦つて」「娘《むすめ》にかへつた」富美子《ふみこ》さんの手記《しゆき》は「何《なに》が彼女《かのぢよ》をさうさせたか」を如實《によじつ》に語《かた》つて、世《よ》の多《おほ》くの娘《むすめ》さんとその母親《はゝおや》に暗示《あんじ》することの甚《はなは》だ大《おほ》きいのを私《わたし》は知《し》つた。

○

富美子《ふみこ》さんは男裝《だんさう》だ同性愛《どうせいあい》だと世間《せけん》に取沙汰《とりざた》されたのをヒドク氣《き》にして「男裝《だんさう》を好《す》きでしてゐたのではない、立《た》ち働《はたら》くのに便宜《べんぎ》な服裝《ふくさう》をしてゐたまでで、スーツを著《き》て髮《かみ》を刈上《かりあ》げた女《をんな》は、銀座《ぎんざ》にも心齋橋《しんさいばし》にも、京極《きやうごく》にも神戸《かうべ》の元町《もとまち》にも、いくらでも見《み》かけるではないか」とか、西條《さいでう》エリ子《こ》に對《たい》しても「私以外《わたしいぐわい》の私《わたし》の相《すがた》をエリ子《こ》の内《うち》に見出《みいだ》して愛《あい》してゐた、同性愛《どうせいあい》なので、決《けつ》して同性戀愛《どうせいれんあい》ではない」と寧《むし》ろ辯解《べんかい》がましいとさへ思《おも》へるほどに、こま〳〵と辯解《べんかい》してゐる。よし彼女《かのぢよ》は彼女《かのぢよ》の言ふ樣《やう》にその服裝《ふくさう》はどうあらうとも、中性的《ちゆうせいてき》な女性《ぢよせい》ではなく、從《したが》つてエリ子《こ》には、世間《せけん》の謂ふ、異《い》性的愛情《せいてきあいじやう》からではなく、濃《こま》やかな友情《いうじやう》で見《み》てゐたとしても、なほ人間《にんげん》として一個《こ》の異常性格《いじやうせいかく》者《しや》であつたことは否《いな》めない。それは彼女《かのぢよ》ばかりでなく、そのお母《かあ》さん姉《ねえ》さんもともに異常《いじやう》な言動《げんどう》をしてゐたらしい。分娩後精神《ぶんべんごせいしん》が異常《いじやう》して家《いへ》に閉《と》ぢこもつてゐた姉《ねえ》さんであり、「無斷《むだん》で家《いへ》を出歩《である》いて暮《く》れてかへると仕事《しごと》がはかゆく彼女《かのぢよ》であり、さうした「妹《いもうと》に甘《あま》すぎる」と、口論《こうろん》のはては「血《ち》を流《なが》させるまでに、お母《かあ》さんをなぐり付《つ》ける」姉《ねえ》さんであり、それをまた「富美子《ふみこ》——家《いへ》を出《で》て行《ゆ》け——お前《まへ》がゐるから家《いへ》が亂《みだ》れる——今《いま》すぐ出《で》て行《ゆ》け——」と暗雲《やみくも》に若《わか》い娘《むすめ》を追《お》ひ出《だ》さうとする母親《はゝおや》であり、それではとその夜《よ》の明《あ》けぬうちに手近《てぢか》にあつた封筒入《ふうとういり》の株券《かぶけん》を持《も》つて出《で》て行《ゆ》く若《わか》き娘《むすめ》彼女《かのぢよ》であり、早速《さつそく》その株券《かぶけん》を六千圓《えん》に賣《う》り拂《はら》つて「再《ふたゝ》び家《いへ》には歸《かへ》らないが、この先《さき》こんな大金《たいきん》は不要《いら》ない、半分《はんぶん》でよい。三千圓《えん》は遣《や》つて仕舞《しま》はう」と京都《きやうと》に、別府《べつぷ》に歌姫と遊《あそ》び歩《ある》く彼女《かのぢよ》であり、エリ子《こ》はお金《かね》を取《と》らないから、品物《しなもの》を買《か》つてやつた。「これはエリ子《こ》の歡心《くわんしん》を買《か》ふためでない。自分《じぶん》の知《し》つてゐる豪奢《がうしや》な生活《せいくわつ》をエリ子《こ》にさせて歡《よろこ》ばせたいからだ」と恬《てん》としてゐる彼女《かのぢよ》であり、更《さら》にまた、母《はゝ》の代《かは》りに「株《かぶ》」をしてゐた彼女《かのぢよ》は、(「株《かぶ》」のために此《こ》の頃《ごろ》二十萬圓《まんゑん》の損《そん》をしてゐたと――お母《かあ》さんは記者《きしや》に言《い》つてゐた)――持《も》ち出《だ》して蕩《つか》ひ果《はた》した一萬圓《まんゑん》近《ちか》い株券《かぶけん》がお母《かあ》さんによつて買《か》はれてあつたことを知《し》つて、「私《わたし》の知《し》らぬ間《ま》にお母《かあ》さんはこんなものを買《か》つてゐた。お母《かあ》さんは私《わたし》を裏切《うらぎ》つた――」と母親《はゝおや》を恨《うら》む彼女《かのぢよ》であつた、等々《とう／＼》の、母《はゝ》と二人《ふたり》の娘達《むすめたち》との如上《によじやう》の言《げん》動《どう》は何《なん》としても正常者《せいじやうしや》の仕業《しわざ》だ――とは受《う》け取《と》れぬ。少《すこ》しづゝ歪《ゆが》んだ性格者《せいかくしや》のかうした相《さう》剋《こく》し合《あ》つた生活《せいくわつ》は、一層《そう》彼女《かのぢよ》を歪《ゆが》ませ絶望《ぜつばう》させたにちがひない。

○

而《しか》も、悪《わる》いことには、彼女等《かのぢよら》が、やり取《と》りしてゐる言動《げんどう》の内容《ないよう》は、何《なん》とまた現代《げんだい》の新興《しんこう》生活感情《せいくわつかんじやう》からは遠《とほ》い――已《すで》に滅《ほろ》びようとしてゐる有産有閑生活者《いうさんいうかんせいくわつしや》の頽廢《たいはい》したあがきの一つである外《ほか》の何《なに》ものでもないことである。一萬圓《まんゑん》の拐帶《かいたい》も、六千圓《ゑん》の浪費《らうひ》も、浪費《らうひ》の對《たい》象《しやう》の歌劇女優《かげきぢよいう》も「申譯《まをしわけ》のためではない、自殺《じさつ》そのもののための自殺《じさつ》」とやらも、世間見《せけんみ》ずの金持《かねもち》のお孃《ぢやう》さんの出鱈目《でたらめ》である外《ほか》の何物《なにもの》でもないことである。手記《しゆき》によれば、彼女《かのぢよ》は相《さう》當《たう》な頭《あたま》の持主《もちぬし》である樣《やう》であり、女學校《ぢよがくかう》女子專《せん》門學校《もんがくかう》と、今日《こんにち》の女性《ぢよせい》としては、最上《さいじやう》の教育《けういく》も受《う》けてゐる、而《しか》も已《すで》に廿八歳《さい》にもなつて、また生活《せいくわつ》の軌道《きだう》を持《も》つてゐず、また持《も》たうともしない。そこから、如上《によじやう》の出鱈目《でたらめ》が生《うま》れて來《く》るらしい。これ等《ら》の出鱈目《でたらめ》と、生活《せいくわつ》の無目標《むもくへう》に、彼女《かのぢよ》を導《みちび》いて仕舞《しま》つたものは、何《なん》であらう。

富豪《ふがう》増田家《ますだけ》の娘《むすめ》「自動車通《じどうしやがよ》ひの娘《むすめ》」は「希《のぞ》んで得《え》られないもの」のないのが當《あた》り前《まへ》であり、希《のぞ》まなくてもいとはんへとうさんと出入《でいり》の諸方《しよはう》から、贈《おく》り物《もの》が山《やま》と積《つ》まれるのがその日常《にちじやう》であつてみれば、寧《むし》ろ「物《もの》」の無《な》いのが不思議《ふしぎ》であり、有る有難味《ありがたみ》を知《し》る機會《きくわい》がない、又《また》、ひしひしと生活《くらし》を考《かんが》へることもいらないので、生活《せいくわつ》に面《めん》と向《む》つて、あへぎ闘《たゝか》つてゐる人《ひと》の眞摯《しんし》な姿《すがた》が目《め》に入《はひ》りにくい。すべてが當《あた》り前《まへ》で感激《かんげき》がなく努力《どりよく》がない。而《しか》も、當《あた》り前《まへ》でないのはその父《ちゝ》と母《はゝ》とが、互《たがひ》に信頼《しんらい》せず、疑《うたが》ひ探《さぐ》り合《あ》つたあげく、母《はゝ》は家附《いへつき》の娘《むすめ》として自分名義《じぶんめいぎ》の財産《ざいさん》を固《かた》く握《にぎ》つて放《はな》さず、父《ちゝ》は第《だい》二第三《だい》の女《をんな》を漁《あさ》り歩《ある》いてかへつて來《こ》ない。かうした愛情《あいじやう》の枯渇《こかつ》と、憎惡怨恨《ぞうをえんこん》のヘンランとは、感《かん》じ易《やす》い若《わか》い娘《むすめ》を、絶望《ぜつばう》に壓倒《あつたう》するばかりであるのは謂《い》ふまでもない。いや寧《むし》ろ、生《うま》れて廿八年《ねん》の今日《こんにち》まで、父《ちゝ》と母《はゝ》と子《こ》が、一團《だん》となつて、或《あるひ》はひとりが、一個《こ》の人間《にんげん》と育《そだ》ち生《い》きぬくために、手《て》を取《と》り合《あ》つて、石《いし》を除《のぞ》き溝《みぞ》を飛《と》びこえて、一歩一歩《ぽ》、生活《せいくわつ》の軌道《きだう》をその目標《もくへう》へ踏《ふ》み占《し》めてゆく經驗《けいけん》を、自分《じぶん》に持《も》たず、周圍《しうゐ》に見《み》ることの稀《まれ》な富裕層《ふいうそう》の娘富美子《むすめふみこ》さんに取《と》つては、彼女《かのぢよ》の出鱈目《でたらめ》な生活《せいくわつ》の絶望《ぜつばう》をさへ、取《と》り立《た》てて、それを出鱈目《でたらめ》とも、絶望《ぜつばう》とも思《おも》はなかつたかも知《し》れないでは無《な》かつたらうか。それ程《ほど》に彼女《かのぢよ》の交錯《かうさく》した環境《くわんきやう》は暗鬱《あんうつ》な家庭《かてい》は、廢滅《はいめつ》の外《ほか》ない。現代富裕層《げんだいふいうそう》の放埒《はうらつ》と無氣力《むきりよく》とは、彼女《かのぢよ》の異常性格《いじやうせいかく》に、一層《そう》の拍車《はくしや》をかけて仕舞《しま》つたのだ。だからといつてさうした彼女《かのぢよ》が容《ゆる》されるわけのものでもない。

○

舞臺《ぶたい》の上《うへ》に西條《さいでう》エリ子《こ》を見《み》て、「美《うつく》しい眉《まゆ》、厚《あつ》い髮《かみ》、知的《ちてき》な額《ひたひ》」に彼女《かのぢよ》の瞳《ひとみ》は釘《くぎ》づけにされた。樂屋裏《がくやうら》に西條《さいでう》エリ子《こ》を訪《たづ》ねて、その「澄《す》んで響《ひゞ》きある聲《こゑ》」と「物靜《ものしづ》かな會話《くわいわ》」に彼女《かのぢよ》は心《こゝろ》を惹《ひ》かれた。「エリ子《こ》お金《かね》を上《あ》げようか」エリ子《こ》が受《う》け取《と》らなければ、一層《そう》、あれもこれも與へて、歡《よろこ》ぶかほを見《み》たいと、樂屋《がくや》に通《かよ》ひつめ、興行先《こうぎやうさき》に出《で》かけて行《ゆ》つた、彼女《かのぢよ》であつた。

それ程《ほど》エリ子《こ》は清《きよ》く美《うつく》しく彼女《かのぢよ》を捕《とら》へたらしい。而《しか》も後《のち》に上京《じやうきやう》した彼女《かのぢよ》はエリ子《こ》の家《いへ》を訪《と》ねた。そこで彼女《かのぢよ》は、年若《としわか》きエリ子《こ》が、映畫俳優《えいぐわはいいう》として「父母《ふぼ》を双肩《さうけん》に荷《にな》つて一家《か》の生活《せいくわつ》を立《た》てゝゐる」勇《いさ》ましい奮闘《ふんとう》の姿《すがた》を見《み》た。舞臺《ぶたい》の上《うへ》の人形《にんぎやう》エリ子《こ》の外《ほか》に自分《じぶん》の腕《うで》一本《ぽん》で生活《せいくわつ》を切《き》り拓《ひら》いてゐる人間《にんげん》エリ子《こ》の偉《えら》さを見《み》たのであつた。これこそ、エリ子《こ》の人《ひと》として女性《ぢよせい》としての本當《ほんたう》の姿《すがた》であらねばならない。さうしたエリ子《こ》に比《くら》べて病《や》める母《はゝ》と姉《あね》とを捨《す》て大金《たいきん》を持《も》ち出《だ》して當《あ》てもなくさ迷《まよ》うてゐる彼女《かのぢよ》を「なんて不甲斐《ふがひ》ない」また「劣《おと》つた」人間《にんげん》だらうと彼女《かのぢよ》は自分《じぶん》を非難《ひなん》した。彼女《かのぢよ》の長《なが》い手記《しゆき》を通《つう》じて、素直《すなほ》にズバリと正面《しやうめん》から自分《じぶん》を批判《ひはん》し、無條件《むでうけん》に反省《はんせい》してゐるのはここだけである。外《ほか》にはあつても、それは自《じ》己辯護のための反省《はんせい》であり批判《ひはん》である場合《ばあひ》が多《おほ》い。彼女《かのぢよ》の聰明《そうめい》は、かうした生活《せいくわつ》する者《もの》の眞《しん》の相《すがた》を更《さら》にいくつも身《み》にちかくまじまじと見《み》たり、また自分《じぶん》の身《み》を以《も》つて營《いとな》んでいつたら、彼女《かのぢよ》の聰明《そうめい》は、必《き》つと、彼女《かのぢよ》を、大《おほ》きく育《そだ》てたにちがひないのであるが、エリ子《こ》に見《み》たこの尊《たふと》い感激《かんげき》も、彼女《かのぢよ》に久《ひさ》しく堆積《たいせき》した無軌道《むきだう》な隋性《せい》の塵《ちり》にすぐ蔽《おほ》はれて、遂《つひ》に浪費《らうひ》と放浪《はうらう》に轉落《てんらく》していつたのであつた。

○

いまや彼女《かのぢよ》は、むづかしからうと見《み》られてゐた死《し》からも漸ぐに甦《よみがへ》つて「娘《むすめ》にかへる」日《ひ》を持《も》たうとしてゐる。これは彼女《かのぢよ》に取《と》つて輝かしい日《ひ》であらねばならない。さうした彼女《かのぢよ》へ、周圍《しうゐ》の人《ひと》は、どんな手《て》を差《さ》し延《の》べ、何《なに》を持《も》たさうとしてゐるであらうか。ある人《ひと》は、「金《かね》を惜《を》しめ！」と訓《をし》へてゐる。地獄《ぢごく》の沙汰《さた》も動《うご》かせる「金《かね》」といふものをわけもなく、手放《てばな》して仕舞《しま》ふ彼女《かのぢよ》の浪費《らうひ》を、彼女《かのぢよ》を廻《めぐ》る大阪人《おほさかじん》が唯一《ゆゐいつ》のいまはしい彼女《かのぢよ》の墮落《だらく》と思《おも》つたものらしい。「いのちをも惜《を》しまなかつた身《み》に金《かね》を惜《を》しいと思《おも》へようか」と彼女《かのぢよ》は、心《こゝろ》に言《い》つてゐる。彼女《かのぢよ》にとつてばかりでなく、誰《たれ》にしても「明日《あす》への眞實《しんじつ》の生《い》き甲斐《がひ》は」もはや個《こ》人《じん》が「金《かね》を惜《を》しみ」積《つ》むだけでは招來《せうらい》できないのであり、萬人《ばんにん》が「金《かね》」の彼方《かなた》にその生活《せいくわつ》を協力協同《けふりよくけふどう》して充足《じゆうそく》するのでなければならないことを知《し》るのでなければ、彼女《かのぢよ》は本當《ほんたう》に立《た》ち上《あが》れないであらう。或人は、また、彼女《かのぢよ》に、「結婚《けつこん》をせよ」といひ、「職業《しよくげふ》を持《も》て」といつてゐる。それにこたへて「結婚《けつこん》は否《いな》みはしないが、自分《じぶん》の様《やう》なものは相手《あひて》を幸福《かうふく》にしえないであらう」と彼女《かのぢよ》は自分《じぶん》を否定《ひてい》するか、でなければ「私《わたし》の結婚《けつこん》したい人《ひと》は周圍《しうゐ》の人《ひと》が贊成《さんせい》しないであらうし、周圍《しうゐ》の人《ひと》の希《のぞ》ましい人《ひと》は私《わたし》が好《この》まないであらう」からとためらふ彼女《かのぢよ》に、私《わたし》は反省《はんせい》を促《うなが》したい。良《よ》き戀愛《れんあい》は、人生《じんせい》への第一歩《だいいつぽ》であり、好《よ》き結婚《けつこん》は、更《さら》に第二歩第三歩《だいにほだいさんぽ》の、廣《ひろ》さ高《たか》さに、人生《じんせい》の多面《ためん》を見渡《みわた》させる。こゝからでなければ子《こ》の親《おや》といふ人間《にんげん》の至極《しごく》の世界《せかい》が開《ひら》けては來《こ》ない。廣大《くわうだい》にして無邊《むへん》なるこの大道《だいだう》を通《とほ》つてのみ、古往今來《こわうこんらい》、萬人《ばんにん》がその人生《じんせい》を眞實《しんじつ》ならしめてゐる。これに私《わたし》の附《つ》け加《くは》へるであらうことは、婦人《ふじん》も職《しよく》業《げふ》を持つてその生活《せいくわつ》を確立《かくりつ》し、世間《せけん》といふ眞《ま》顔《がほ》をまともに見据《みす》ゑることである。

だのに彼女《かのぢよ》は、どんな職業《しよくげふ》が持《も》てるか自信《じしん》がないと、そこにも蒼白《あをじろ》いお孃《ぢやう》さんの歎息《たんそく》をついてゐる。教師《けうし》としてタイピストとして、保姆《ほぼ》として、産婆《さんば》として、女工《ぢよこう》として、されば消費組合《せうひくみあひ》の婦人事務員《ふじんじむゐん》として、村の子供《こども》、町《まち》の子供《こども》のために「温《あたゝか》き母《はゝ》の手《て》」となり、村《むら》の人《ひと》、町《まち》の人々《ひとびと》の生活《せいくわつ》の共同確立《きようどうかくりつ》に役立《やくだ》つてもよい。

○

かうした方向《はうかう》へのこの確信《かくしん》は總《すべ》ての人々《ひとびと》の生活相《せいくわつさう》を見渡《みわた》して、そのどこに自分《じぶん》が立《た》つてゐるかを知《し》ることから湧《わ》き出《で》して來《く》る。家《いへ》に在《あ》つて自分《じぶん》の夫《をつと》と子《こ》との生活《せいくわつ》だけしか知《し》らない、女《をんな》の知見《ちけん》の狹《せま》さは、往々《わうわう》にして女《をんな》を痴愚《ちぐ》に追《お》ひ込《こ》み、蒙昧《もうまい》に閉《と》ぢ込《こ》めて仕舞《しま》ふ。母《はゝ》と姉《あね》との三人《にん》が「閉《と》ざした門《もん》」の中《なか》で「株《かぶ》」から儲《まう》けた金《かね》で、召使《めしつかひ》の焚《た》いた御飯《ごはん》と刺身《さしみ》をたべてゐる彼女《かのぢよ》は、五百萬人《まんにん》の小學校《せうがくかう》の女生徒《ぢよせいと》の中《なか》から四十萬人《まんにん》しか女學校《ぢよがくかう》へは行けない國《くに》にしてあり、更《さら》にその中《なか》の一萬五千人《にん》だけが女《ぢよ》子《し》の專門學校《せんもんがくかう》へやつて貰《もら》へる生活狀態《せいくわつじやうたい》で、そして彼女《かのぢよ》は、その選《えら》ばれた四十萬人《まんにん》の一人《ひとり》であり更《さら》に選《えら》ばれた一萬《まん》五千人《にん》の一人《ひとり》であつたことを見渡《みわた》した事《こと》は無《な》いにちがひない。そしてまた、彼女《かのぢよ》と同《おな》じ年頃《としごろ》の女《をんな》は、巳《すで》に三人《にん》四人《にん》の子供《こども》の母《はゝ》となり、而《しか》も夫《をつと》が病氣《びやうき》になつたり、他《た》の女《をんな》に心《こゝろ》を移《うつ》して、女手《をんなで》に三、人《にん》へ子供《こども》四人《にん》の子供《こども》を支《さゝ》へて、生活《せいくわつ》の眞只中《まつたゞなか》にあへいでもあへいでもあへぎ切《き》れずに、河《かは》に鐵道《てつだう》に母子心中《おやこしんぢゆう》をする者《もの》が四年間《ねんかん》に五百組《くみ》もあり、道連《みちづ》れになるいたいけな子供《こども》が一千人《にん》もある生活相《せいくわつさう》を知《し》るだけでも、どんなに彼女《かのぢよ》は、自《じ》分《ぶん》をはつきり反省《はんせい》することであらう。

增田富美子《ますだふみこ》さんが近《ちか》く「健《すこや》かな娘《むすめ》」にかへられたら、私《わたし》は心《こゝろ》から戀愛《れんあい》と結婚《けつこん》と職業《しよくげふ》とをおすすめする。そのためにまづ各層《かくそう》に亙《わた》る生《せい》活相《くわつさう》の見學《けんがく》をおすすめする。そしてそこから再《ふたゝ》び立《た》ち上《あが》られることを望《のぞ》んで止《や》まない。

●●● 當選批判文・増田富美子の手記を讀みて ●●●

女にかへる日の告白・批判

☆第一席（賞金五十圓）

虚無と希望の間

（東京）黑井とし

三月號《ぐわつがう》で西條《さいでう》エリ子《こ》さんの手記《しゆき》を讀《よ》んだ私《わたし》達《たち》は、四月號《ぐわつがう》に増田富美子《ますだふみこ》さんの告白《こくはく》が現《あらは》れるとの豫告《よこく》を新聞紙上《しんぶんしじやう》で見《み》たとき「激《はげ》しい」といふ形容詞《けいようし》で表現《へうげん》するより外《ほか》は無《な》い期待《きたい》に襲《おそ》はれました。そして勿論《もちろん》、お二人《ふたり》の告白《こくはく》を改《あらた》めて對照《たいせう》しながら讀《よ》むといふことが課題《くわだい》になつたのでした。

實際《じつさい》一つの事件《じけん》に二人《ふたり》以上《いじやう》の關係者《くわんけいしや》がある場合《ばあひ》、それぞれの感情《かんじやう》に基礎《きそ》を置《お》いた視角《しかく》は多樣《たやう》であります。ですから、此《こ》の人生旅行《じんせいりよかう》の一頁《ぺーじ》がエリ子《こ》さんの視角《しかく》と富美子《ふみこ》さんの視角《しかく》とから、異《こと》つた展望《てんばう》を受《う》けてゐるのは怪《あや》しむに足《た》らないと思《おも》ひます。併《しか》し、此《こ》の二つの手記《しゆき》が可《か》なりかけ離《はな》れたものとなつてゐることを見《み》るとき、そこには自己批判《じこひはん》の眞實《しんじつ》さといふことに疑問《ぎもん》を起《おこ》させるものがありはしないかと考《かんが》へさせるのです。エリ子《こ》さんによれば「英希」と名乘《なの》る男裝《だんさう》の富美子《ふみこ》さんの側《がは》に强《つよ》い同性戀愛《どうせいれんあい》の熱情《ねつじやう》があり、エリ子《こ》さんは、それに答《こた》へる感情《かんじやう》を持《も》たなかつたけれども、富美子《ふみこ》さんの苦惱《くのう》には同情《どうじやう》を禁《きん》じ得《え》なかつたと云《い》ふ事《こと》になつてゐます。所《ところ》が富美子《ふみこ》さんの手記《しゆき》では、同性戀愛《どうせいれんあい》といふやうな事《こと》は全然《ぜんぜん》無《な》い、併《しか》し家庭《かてい》の陰慘《いんさん》な空氣《くうき》から脱出《だつしゆつ》するための導《みちび》きの星《ほし》をエリ子《こ》さんに見出《みいだ》したといふ意味《いみ》の表白《へうはく》があります。どちらを信《しん》じてよいのでせうか。人間《にんげん》の意識《いしき》の底《そこ》に潜《ひそ》むものは、自分《じぶん》でもわからない場合《ばあひ》があるやうですから、第三者《だいさんしや》の推量《すゐりやう》しうる限《かぎ》りではありませんが、此《こ》の場合《ばあひ》は外面《ぐわいめん》に現《あらは》れた事柄《ことがら》からでも、エリ子《こ》さんの記述《きじゆつ》が事實《じじつ》に近《ちか》いやうに思《おも》はれます。さうすると富美子《ふみこ》さんの告白《こくはく》には、自己批判《じこひはん》として眞《ま》つ直《す》ぐな氣持《きもち》が缺《か》けてゐるといふことになりはしないでせうか。意識的《いしきてき》に粉飾《ふんしよく》しようといふ程《ほど》の努力《どりよく》は無《な》いにしても、世間《せけん》から眺《なが》められてゐる事項《じかう》に對《たい》して否定《ひてい》しやう否定《ひてい》しやうといふ潜在意識《せんざいいしき》が働《はたら》いてゐたのではないでせうか。

一讀此の疑ひを得《え》て、再讀《さいどく》に移《うつ》りますと、エリ子《こ》さんの筆《ふで》にも増《ま》して達者《たつしや》な文章《ぶんしやう》の全體《ぜんたい》が、淡々《たんたん》と綴《つゞ》られてはゐますが、何《なん》だか表面《へうめん》的《てき》な皮相《ひさう》な告白《こくはく》になつてゐるのに氣《き》がつきます。自己《じこ》を掘《ほ》り下《さ》げ、自己《じこ》を刻《きざ》んで、生命《せいめい》の燃燒《ねんせう》を眞劍《しんけん》に凝視《ぎようし》して行《ゆ》くといふ風《ふう》な態度《たいど》が見當《みあた》りません。陰慘《いんさん》な家庭《かてい》に對《たい》する反抗的《はんかうてき》な氣持《きもち》は如實《によじつ》にさらけ出《だ》されてゐませう。肉親《にくしん》とりわけ母《はゝ》と姉《あね》に對《たい》する鬱勃《うつぼつ》とした不平《ふへい》は生《い》き生《い》きと描寫《べうしや》されてゐませう。併《しか》し、その批判者《ひはんしや》としての自己《じこ》が何者《なにもの》かといふ問題《もんだい》は、全《まつた》くとばりの蔭《かげ》に隱《かく》されてゐます。どんなに富美子《ふみこ》さんが、自《みづか》ら自己《じこ》を甘《あま》やかして生《い》きて來《き》たか、完全《くわんぜん》な自己肯定《じここうてい》の立場《たちば》を「死線《しせん》を越《こ》えた」後《あと》にも清算《せいさん》してゐないといふ事實《じじつ》が明《あき》らかではありませんか。この自己肯定《じここうてい》は一種《しゆ》の力强《ちからづよ》さを持《も》つて居《を》り、道學的《だうがくてき》な批評《ひひやう》によつて片付《かたづ》けらるべきものではありませんが、告白《こくはく》そのものから深《ふか》さを奪《うば》ひ去《さ》つてゐることは明《あき》らかであります。

告白《こくはく》は自己《じこ》の行爲《かうゐ》の必然《ひつぜん》を、停車場《ていしやぢやう》から次《つぎ》の停車場《ていしやぢやう》へと辿《たど》つてゆきます。そこには反省《はんせい》といふものが無《な》いと言《い》つてよい位《くらゐ》です。死《し》の回想《くわいさう》にも、それを樂《たの》しむやうな、他《た》の人々《ひと/″\》の經驗《けいけん》したことが無《な》い或《あ》る充實《じゆうじつ》した瞬間《しゆんかん》を持《も》つたことを誇《ほこ》りとするやうな調子《てうし》が見受《みう》けられます。ですから、結末《けつまつ》の「これからさき」で案外樂天的《あんぐわいらくてんてき》な將來觀《しやうらいくわん》、あまりにイージー・ゴーイングとさへ思《おも》はれる再生《さいせい》の見透《みとほ》しが、どうかすると唐突《たうとつ》に考《かんが》へられ、少《すく》くとも過去《くわこ》の苦惱《くなう》から貴《たふと》いものを學《まな》び得《え》て、深《ふか》い自己批判《じこひはん》の上《うへ》に立《た》つて新《あたら》しいスタートを切《き》るといふ頷《うなづ》ける道筋《みちすぢ》が見當《みあた》らないのは、富美子《ふみこ》さんの爲《ため》に悲《かな》しいことです。死《し》ぬことも恐《おそ》れないといふ立場《たちば》から、反省無《はんせいな》しに今迄《いままで》の生命《せいめい》を延長《えんちやう》してゆくといふ立場《たちば》へ――その間《かん》には飛躍的《ひやくてき》な何《なに》ものも見出《みいだ》されないと斷定《だんてい》するのは僻眼《ひがめ》でせうか。

樂曲《がくきよく》のソナタ形式《けいしき》が、第一主題《だいしゆだい》と第二主題《だいしゆだい》の交錯《かうさく》によつて組立《くみた》てられてゐるやうに、富美子《ふみこ》さんの手記《しゆき》では、一方《はう》に自己批判《じこひはん》が缺《か》けてゐると同時《どうじ》に、他方《たはう》では自《みづか》らもはつきりと自覺《じかく》しては居《ゐ》られないらしい現代社會《げんだいしやくわい》の階級《かいきふ》・環境《くわんきやう》・氣分《きぶん》の中《なか》に自分《じぶん》の意志《いし》を超越《てうえつ》して生《う》れ落《お》ちた者《もの》の、脱出《だつしゆつ》する事《こと》の出來《でき》ない苦惱《くなう》が暗《くら》い影《かげ》を投《な》げかけて居《を》ります。此《こ》の無軌道《むきだう》と言《い》はれ、猟奇的《れうきてき》とされる事件《じけん》が、何《なに》か私達《わたしたち》の胸《むね》を激《はげ》しく打《う》つものがあり、同情《どうじやう》さへも起《おこ》さずに措《お》かせないのは、ひとへに此《こ》の苦悩《くなう》が何《なに》かしら、私達全體《わたしたちぜんたい》に或《あ》る共通邊《きようつうへん》を持《も》つてゐるからでは無《な》いでせうか。

優《やさ》しい叔母《をば》さんとして、また博大《はくだい》な視野《しや》を持《も》たれる進歩的《しんぽてき》な思想家《しさうか》として河崎《かはさき》なつ先生《せんせい》は、富美子《ふみこ》さんの手記《しゆき》を批判《ひはん》して「現代富裕《げんだいふゆう》層《そう》の放埓《はうらつ》と無氣力《むきりよく》とは彼女《かのぢよ》の異常性格《いじやうせいかく》に一層《そう》の拍車《はくしや》をかけて仕舞《しま》つたのだ。」と申《まを》されました。そして、選《えら》ばれた一萬五千人《にん》の富《と》める娘《むすめ》の狹隘《けふあい》な限界《げんかい》を捨《す》てて、母子心中《おやこしんぢゆう》が四年間《ねんかん》に五百組《くみ》もあるやうな生活相《せいくわつさう》への洞見《どうけん》を要求《えうきう》されて居《を》ります。この見解《けんかい》は確《たし》かに正《ただ》しいと思《おも》ひます。けれども私《わたし》は、富美子《ふみこ》さんの、環境《くわんきやう》に閉《と》ぢこめられた苦悩《くなう》が、不健全《ふけんぜん》なものではなく、その脱出《だつしゆつ》を念《ねん》じた異常《いじやう》な努力《どりよく》が奇矯《ききやう》な行動《かうどう》になつて現《あらは》れたことを、生《い》きようとする希望《きばう》の強《つよ》い現《あらは》れと見《み》、希望《きばう》そのものへの憧《いこが》れてあつたと見《み》たいのです。なぜ私達《わたしたち》の心《こころ》を打《う》つたか、それはこの虚無《きよむ》と絶望《ぜつばう》の靄《もや》の中《なか》に、ぼんやりとした紅《あか》い日《ひ》が包《つつ》まれてゐることを感知《かんち》したからに外《ほか》ならないのです。

私《わたし》は思《おも》ひます。富美子《ふみこ》さんの苦悩《くなう》は、極《きは》めて少數《せうすう》な富裕層《ふゆうそう》の頽廢《たいはい》から生《しやう》じた異常《いじやう》な、そしてセンセーションに過《す》ぎないものであるかも知《し》れない――しかし、此《こ》の苦悩《くなう》は、同時《どうじ》に私達富裕《わたしたちふゆう》で無《な》い生活層《せいくわつそう》の中《なか》に生《うま》れて、脱出《だつしゆつ》することの出來《でき》ない家庭《かてい》・環境《くわんきやう》・生活《せいくわつ》の中《なか》にもがいてゐるものの苦悩《くなう》と質的《しつてき》に異《こと》つたものでは無《な》い。富美子《ふみこ》さんが自己批判《じこひはん》無《な》しに「ブルジョア令息令孃《れいそくれいぢやう》」と周圍《しうゐ》を罵《ののし》り、絹服《けんぷく》が綿服《めんぷく》になつたことに自己滿足《じこまんぞく》を感《かん》じてゐるのを讀《よ》むと輕薄《けいはく》を感《かん》じます。併《しか》しそこには尚《なほ》、環境《くわんきやう》を否認《ひにん》する善《よ》き意志《いし》があります。

私達働《わたしたちはたら》きつゝまた富裕層《ふゆうそう》の家庭《かてい》に劣《おと》らない種々《しゆじゆ》の悩《なや》み――殊《こと》に生活問題《せいくわつもんだい》に根《ね》ざす苦悩《くなう》から前途《ぜんと》に暗影《あんえい》の伸《の》びてゐるのを感《かん》ずる者《もの》は、決《けつ》して安易《あんい》な生活《せいくわつ》に滑《すべ》りこむことを求《もと》めるのではありませんが、どうにも足掻《あが》きの取《と》れない生活《せいくわつ》の沼《ぬま》に陥《おちい》つてゐることを感《かん》じ、それから脱出《だつしゆつ》しようと焦《あせ》ります。この焦《あせ》りが、富美子《ふみこ》さんの場合《ばあひ》は富者《ふうしや》の遊戯《いうぎ》であると賤《いや》しめることは正《ただ》しくないと思《おも》ひます。で、河崎先生《かはさきせんせい》の批判《ひはん》にも此《こ》の點《てん》が指摘《してき》されれば、一層私達《そうわたしたち》を感動《かんどう》させたことと思《おも》はれます。

ただ、かうも異質的《いしつてき》で無《な》いに拘《かかは》らず、富美子《ふみこ》さんの手記《しゆき》に自己批判《じこひはん》の缺《か》けてゐることが、何《なに》かしら私達《わたしたち》と縁遠《えんどほ》く、壊敗《くわいはい》してゆく上層階級《じやうそうかいきふ》のすがたとしてのみ暴露《ばくろ》されたかのやうに見《み》えるのです。

では、私達《わたしたち》の行《ゆ》く手《て》はどんな方向《はうかう》にあるでせうか？ 明《あか》るい氣分《きぶん》で向上《かうじやう》につとめること、希望《きばう》に輝《かがや》く未來《みらい》へ力強《ちからづよ》く歩《あゆ》むこと、かういふ結論《けつろん》は簡單明白《かんたんめいはく》ですが、しかし實際《じつさい》はなかなかさうはなり兼《か》ねます。一方《ぱう》では、前《まへ》に斷崖《だんがい》の横《よこた》はつてゐるやうな虚無《きよむ》の感《かん》じ、それは稍《やや》もすれば免《まぬか》れ難《がた》いことと存《ぞん》じます。併《しか》しまた、その虚無《きよむ》の中《なか》から生《うま》れたやうな希望《きばう》も影《かげ》さしてゐることを否定《ひてい》出來《でき》ません。複雜《ふくざつ》な今日《こんにち》の社會《しやくわい》、またその中《なか》に生《い》きなければならない私達若《わたしたちわか》い女性《ぢよせい》――生活《せいくわつ》に、戀愛《れんあい》に、思想《しさう》に、苦悩《くなう》無《な》くして勝《か》ち能《あた》はない私達《わたしたち》に、此《こ》の虚無《きよむ》と希望《きばう》との間《あひだ》の動揺《どうえう》があるのは當然《たうぜん》ではないでせうか。簡單《かんたん》な人生觀《じんせいくわん》では割《わ》り切《き》れない現實《げんじつ》にぶつかるのは不可避《ふかひ》ではないでせうか。ただ私達《わたしたち》は、富美子《ふみこ》さんが選《えら》んだやうな、希望《きばう》から虚無《きよむ》への脱出《だつしゆつ》ではなく、虚無《きよむ》から希縋《すが》へと努力《どりよく》することに、生き甲斐《がひ》のある人生《じんせい》が見出《みいだ》されるのだと思《おも》ひます。私達《わたしたち》は、このやうな柔軟性《じうなんせい》を持《も》つた人生觀《じんせいくわん》を持《も》つことによつて、嶮《けは》しい現實生活《げんじつせいくわつ》をスムーズにすることが出來《でき》ればよいと思《おも》ひます。

富美子《ふみこ》さんの問題《もんだい》、將來《しやうらい》どうするかといふ點《てん》ははつきりしてゐないやうです。河崎先生《かはさきせんせい》は職業《しよくげふ》に就《つ》け、戀愛《れんあい》に結婚《けつこん》にと指導《しだう》されてゐます。勿論《もちろん》それは正《たゞ》しう御座《ござ》いますが、今《いま》までの境遇《きやうぐう》が富美子《ふみこ》さんに與《あた》へた惰力《だりよく》は、この處方箋《しよはうせん》を生《い》かすことが出來《でき》ないのではありますまいか。殊《こと》に富美子《ふみこ》さん自身《じしん》が異性《いせい》に戀愛《れんあい》を感《かん》ずることは無《な》いと云《い》つてゐられるのに、戀愛《れんあい》せよ結婚《けつこん》せよとの公式《こうしき》は果《はた》して適切《てきせつ》かどうか判《わか》りかねます。聰明《そうめい》な富美子《ふみこ》さん、能動的《のうどうてき》な實踐意思《じつせんいし》の缺《か》けてゐない富美子《ふみこ》さんとしては、まづ家庭《かてい》なり他人《たにん》なりに痛烈《つうれつ》な批難《ひなん》を浴《あ》びせかけるのをやめて、自己批判《じこひはん》を深《ふか》く掘《ほ》り下《さ》げ、自己《じこ》の中《なか》に社會《しやくわい》なり環境《くわんきやう》なりの矛盾《むじゆん》を見極《みきは》め、自己肯定《じここうてい》から自己否定《じこひてい》へと轉向《てんかう》されたならば、きつと虚無《きよむ》から脱《だつ》して朗《ほが》らかな生活視野《せいくわつしや》がひらけてくるのではないかと想像《さうざう》されます。未熟《みじゆく》な私《わたし》などが申上《まをしあ》げるのもをこがましいことながら、ひとり富美子《ふみこ》さんのみの問題《もんだい》ではなく、私達《わたしたち》に共通《きようつう》な或《あ》るものが多《た》分《ぶん》に存《そん》すると信《しん》じました故《ゆゑ》に、こんなことを述《の》べて見《み》た次第《しだい》で御座《ござ》います。

（三月十六日）

「女にかへる日の告白」批判

☆第二席（賞金二十圓）

實生活の無力を

（東京）中村靜子

人《ひと》の語《かた》る眞相《しんさう》でなく、自分《じぶん》でなければ云《い》ひ表《あら》はせない氣持《きもち》を書《か》いたと云《い》ふこの手記《しゆき》を讀《よ》んで、私《わたし》は一つの珍《めづ》らしい小說《せうせつ》を讀《よ》んだ時《とき》の樣《やう》に深《ふか》い興味《きようみ》を感《かん》じました。心《こゝろ》の動《うご》きや、その時々《ときどき》の情景《じやうけい》が、よく言《い》ひ表《あら》はされてゐるのに感心《かんしん》しました。

死《し》からめざめて、白《しろ》い壁《かべ》や天井《てんじやう》を見廻《みまは》したり、窓《まど》から明《あか》るい空《そら》を見《み》て晝《ひる》だと氣《き》がついたり、段々《だんだん》この世《よ》に引《ひ》もどされたことを意識《いしき》して來《き》て、憤《いきどほ》りから次第《しだい》にあきらめに移《うつ》つて行《ゆ》く樣子《やうす》がよく分《わか》ります。

赤《あか》い甚平《じんべい》を着《き》て、足《あし》をブラ〱させて音樂《おんがく》を聽《き》いて居《ゐ》た幼《をさな》い日《ひ》の富美子《ふみこ》さん、男《をとこ》の子《こ》をやりこめて得意《とくい》になつてゐるお轉婆《てんば》の少女《せうぢよ》が自動車娘《じどうしやむすめ》とやりこめられて參《まゐ》つてしまひ、それが、やがて「銀行《ぎんかう》つぶれた」と惡童《あくどう》に罵《のゝし》られて暗《くら》い氣持《きもち》になつたと云《い》ふ少女富美子《せうぢよふみこ》さん無邪氣《むじやき》な少女《せうぢよ》だつた富美子《ふみこ》さんに淋《さび》しい影《かげ》がさして、やがて富美子《ふみこ》さんを考《かんが》へ深《ぶか》い人《ひと》にしたやうです。

不幸《ふかう》な三人《にん》の生命《せいめい》を守《まも》つて身《み》を粉《こ》にして働《はたら》く思《おも》ひやりの深《ふか》い娘時代《むすめじだい》の富美子《ふみこ》さんに、若《わか》い同性《どうせい》の私《わたし》は涙《なみだ》ぐみたいうれしさを味《あぢは》ひました。姉《あね》の病的《びやうてき》な性格《せいかく》が生活様式《せいくわつやうしき》を變《か》へて「亂暴《らんぼう》な家《いへ》」「自由《じいう》のない家庭《かてい》」になり、守唄《もりうた》さへ歌《うた》へない悲《かな》しみの中《なか》に、たゞ默々《もく〳〵》と家庭《かてい》に踏《ふ》み止《とゞま》り、何《なん》とか改《あらた》めたいと努力《どりよく》する富美子《ふみこ》さんの姿《すがた》には誰《たれ》も同情《どうじやう》を禁《きん》じ得《え》ません。

しかし、自分《じぶん》の獻身的《けんしんてき》な努力《どりよく》もつひに「希望《きばう》のない努力《どりよく》」と思《おも》はれた時《とき》、若《わか》い女《をんな》の身《み》として誰《たれ》しも焦燥《せうさう》を感《かん》じずにはゐられないと思《おも》ひます。富美子《ふみこ》さんは音樂會《おんがくくわい》や株式《かぶしき》に氣《き》をまぎらして居《ゐ》たと云《い》つてゐます。そして外出《ぐわいしゆつ》するやうになり、段々《だん〳〵》回數《くわいすう》が増《ま》して行《い》つたやうです。郊外《かうぐわい》やデパートの散歩《さんぽ》に僅《わづ》かに自由《じいう》な空氣《くうき》を吸《す》ひながら、暗《くら》い家庭《かてい》の仕事《しごと》を忠實《ちうじつ》にして居《ゐ》たといふ生活《せいくわつ》を見《み》ますと、無斷《むだん》の外出《ぐわいしゆつ》も若《わか》い富美子《ふみこ》さんには許《ゆる》さるべきではないでせうか。

この富美子《ふみこ》さんに、母《はゝ》の「出《で》て行《ゆ》け」と云《い》ふ言葉《ことば》はどんなに强《つよ》い響《ひゞ》きをもつて迫《せま》つたてせう。河崎先生《かはさきせんせい》は「出《で》て行《ゆ》けと云《い》ふ母《はゝ》も母《はゝ》だがそれではとすぐに出《で》て行《ゆ》く娘《むすめ》も娘《むすめ》だ」と評《ひやう》されましたが、それは大《おほ》きな誤解《ごかい》だと思《おも》ひます。富美子《ふみこ》さんはその時《とき》、母《はゝ》の顏《かほ》を見《み》つめずには居《ゐ》られない强《つよ》い衝擊《しようげき》を受《う》けました。そして一語《ご》も發《はつ》することが出來《でき》ませんでした。それは單《たん》に昂奮《かうふん》の爲《ため》だつたでせうか。

私《わたし》はさうではないと考《かんが》へました。その時《とき》の五分《ふん》、十分《ぷん》の沈默《ちんもく》は富美子《ふみこ》さんに何《なに》を考《かんが》へさせたでせう。そんな時《とき》の一瞬《しゆん》は、平靜《へいせい》な時《とき》の一年《ねん》に匹敵《ひつてき》すると考《かんが》へることさへ出來《でき》ます。而《し》かも富美子《ふみこ》さんは、その夜《よ》痛恨《つうこん》と絕望《ぜつばう》の思《おも》ひに、一夜《よ》を一睡《すい》もしなかつたのではありませんか。この一夜《や》の嘆《なげ》きこそ、私《わたし》たちの胸《むね》を千々《ちゞ》に打《う》つのです。私《わたし》は富美子《ふみこ》さんが、その夜自殺《よじさつ》しなかつたことが不思議《ふしぎ》な位《くらゐ》です。

お姉《ねえ》さんの不幸《ふかう》は氣《き》の毒《どく》です。然《しか》し子供《こども》の中《なか》にそのつぐなひの出來《でき》る喜《よろこ》びを見出《みいだ》すとか何《なん》とか心《こゝろ》を持《も》ち替《か》へて、一度《ど》の不幸《ふかう》を何時《いつ》までも背負《しよ》はない、と云《い》ふ廣《ひろ》い心《こゝろ》でゐて欲《ほ》しかつたと思《おも》ひます。

この病的《びやうてき》な姉《あね》の性格《せいかく》のもたらす家庭《かてい》の空氣《くうき》の中《なか》に、若《わか》い富美子《ふみこ》さんを置《お》いて心配《しんぱい》されなかつたお母《かあ》さん、そして、世間《せけん》を知《し》らない娘《むすめ》に、將來《しやうらい》の方針《はうしん》も相談《さうだん》せず、出《で》て行《ゆ》けと云《い》ふお母《かあ》さんの、愛情《あいじやう》の足《た》りなさ、考《かんが》へなさ、こんな環境《くわんきやう》では、富美子《ふみこ》さんの家出《いへで》も無理《むり》はあ

219　「女にかへる日の告白・批判」　黒井とし、中村静子、羽山圭子、無名尼、西條エリ子　『婦人公論』昭和10年5月1日

「女にかへる日の告白」批判

りません。

　もし、あの涙《なみだ》ぐましい富美子《ふみこ》さんの努力《どりよく》に對《たい》して、お母《かあ》さんの愛《あい》と理解《りかい》があつたならば、こんな家出《いへで》もなくて濟《す》んだと思《おも》ひます。富美《ふみ》子《こ》さんはお母《かあ》さんのやさしい言葉《ことば》を受《う》けてゐたら、苦《くる》しい生活《せいくわつ》も甲斐《かひ》あるものに思《おも》つたでせう。お母《かあ》さんが富美子《ふみこ》さんに心《こゝろ》を合《あは》せて、何《なん》とか方法《はうはふ》をすれば、姉《あね》の不幸《ふかう》が他《た》の者《もの》の不《ふ》幸《かう》を持《も》ち來《きた》すこともなかつたと思《おも》ひます。

　家出後《いへでご》の富美子《ふみこ》さんの無軌道《むきだう》と浪費《らうひ》の生活《せいくわつ》——この中《なか》にも富美子《ふみこ》さんの境遇《きやうぐう》のしからしめたことをはつきり知《し》ることが出來《でき》ます。

　富美子《ふみこ》さんのそれまでの苦勞《くらう》は家庭内《かていない》のことでした。もしこの人《ひと》がブルジョアの娘《むすめ》でなく、現實《げんじつ》の世間《せけん》をはつきり認識《にんしき》してゐたならば無軌道《むきだう》とか、浪費《らうひ》とか、死《し》にさへ導《みちび》くやうなことはなかつたと思《おも》ひます。

　しかし、富美子《ふみこ》さんがあれ程《ほど》「自由《じいう》が欲《ほ》しい、自由《じいう》さへ與《あた》へられゝば、どんな仕事《しごと》でもなしとげられると思《おも》つた」と、よき生活《せいくわつ》を望《のぞ》んでゐた、その自由《じいう》を得《え》た時《とき》、よき生活《せいくわつ》の希《き》望《ばう》に燃《も》えて、エリ子《こ》を相談相手《さうだんあひて》として、力強《ちからづよ》く新《あたら》しい生活《せいくわつ》の第一歩《だいいつぽ》を踏出《ふみだ》すべきであつたのです。それなのにブルジョア娘《むすめ》らしく遊《あそ》んでしまひ、死《し》に唯一《ゆゐいつ》の解決《かいけつ》を見出《みいだ》したと云《い》ふことは、社會《しやくわい》に出《で》て初《はじ》めて實生活《じつせいくわつ》の無力《むりよく》を知《し》り、自分《じぶん》の進路《しんろ》にはつきりした目標《もくへう》を持《も》つて居《ゐ》なかつたことの證據《しようこ》で、ここにこそ悲劇《ひげき》の最大原因《さいだいげんいん》があつたと思《おも》ひます。

　しかし、家出後《いへでご》つれ歸《かへ》られた富美子《ふみこ》さんをゆるす母《はゝ》の愛《あい》があれば、自分《じぶん》の無力《むりよく》に行惱《ゆきなや》んだ弱《よわ》い心《こゝろ》も死《し》までには至《いた》らなかつた筈《はず》です。

　富美子《ふみこ》さんに缺《か》けてゐたもの、そしてそれが悲劇《ひげき》の原因《げんいん》と考《かんが》へられるのは、實生活《じつせいくわつ》に何《なん》の理解《りかい》も實力《じつりよく》を持《も》つてゐなかつたこと、その機會《きくわい》が與《あた》へられてゐなかつたこと、傷《きず》つき倒《たふ》れた心《こゝろ》を生《い》かす愛《あい》が、その母《はゝ》になかつたと云《い》ふことが考《かんが》へられます。

　エリ子《こ》との交際《かうさい》の中《なか》には、私《わたし》にははつきり解釋《かいしやく》の出來《でき》ないところもありますが、愛《あい》のない家庭《かてい》、自由《じいう》な明《あか》るさのない家庭生活《かていせいくわつ》の反動《はんどう》だと考《かんが》へてもよいのではないでせうか。エリ子《こ》に會《あ》つて、これまで知《し》つて居《ゐ》た令孃方《れいぢやうがた》に見《み》られない強《つよ》い個性《こせい》、自分《じぶん》と共通《きやうつう》の性格《せいかく》を見出《みいだ》して、強《つよ》く心《こゝろ》を引《ひ》かれたと云《い》ふのは、孤獨《こどく》な富美子《ふみこ》さんを狂喜《きやうき》させた事《こと》とうなづけます。

　それが友情《いうじやう》であつても、同性愛《どうせいあい》であつても少《すこ》しも不自然《ふしぜん》なものを感《かん》じません。けれどもこの發見《はつけん》が、それ程彼女《ほどかのぢよ》を壓倒《あつたう》したのは、富《ふ》美子《みこ》さんが今《いま》まで、あまり世間《せけん》を知《し》らなかつた爲《ため》で、もつと廣《ひろ》く世間《せけん》を知《し》つてゐたならば一エリ子《こ》にさほどまで心《こゝろ》を奪《うば》はれはしなかつたと思《おも》ひます。これは、エリ子《こ》を惡《わる》く言《い》ふのではなく、エリ子《こ》以外《いぐわい》にいくらもよい友達《ともだち》は見出《みいだ》せた筈《はず》だと思《おも》ふのです。

　私《わたし》はこの手記《しゆき》を讀《よ》んで乏《とぼ》しい愛《あい》に飢渇《きかつ》しつゞあへぎ惱《なや》む一人《ひとり》の娘《むすめ》の必死《ひつし》の姿《すがた》を見出《みいだ》して限《かぎ》りない同情《どうじやう》を感《かん》じました。

　この結果《けつくわ》を見《み》て、たゞ異常《いじやう》とか、無軌道《むきだう》とか云《い》つてしまふことは、何《なに》も知《し》らない幼《をさな》い兒《こ》に「自動車娘《じどうしやむすめ》」と惡口《わるくち》を言《い》ひ「銀行《ぎんかう》つぶれた」と罵《のゝし》る惡童《あくどう》の無意味《むいみ》な非難《ひなん》と何《なん》の變《かは》りも

ありません。
躰《からだ》の健康《けんかう》を取《と》りもどされた富美子《ふみこ》さんは、この經驗《けいけん》から靜《しづ》かに自分《じぶん》を省《かへり》みて「私《わたし》はまだ世間知《せけんし》らずの箱入娘的《はこいりむすめてき》な所《ところ》がある」と語《かた》つて居《を》られます。その反省《はんせい》はよく當《あた》つてゐると思《おも》ひます。河崎先生《かはさきせんせい》のおつしやる樣《やう》に、社會《しやくわい》の實生活《じつせいくわつ》をよく體驗《たいけん》なさることは何《なに》よりも必要《ひつえう》です。また「自分《じぶん》は社會《しやくわい》に出《で》て何《なに》が出來《でき》るかどんな職業《しよくげふ》が持《も》てるかも分《わか》つてゐない」と云はれました。よき指導者《しだうしや》を得《え》て社會《しやくわい》を知《し》り、本當《ほんたう》の自信《じしん》が出來《でき》るまで、決《けつ》して輕《かる》はづみに社會《しやくわい》に飛《と》び出《だ》してはいけません。結婚《けつこん》も自然《しぜん》にその氣《き》になるまで保留《ほりう》してもよいのではないでせうか。實生活《じつせいくわつ》の無知《むち》と無力《むりよく》を早《はや》くとりかへすことが、第《だい》一の急務《きふむ》です。放《はな》たれた鳥《とり》は、自由《じいう》の大空《おほぞら》を前《まへ》に見《み》て、少《すこ》しづゝその兩翼《りやうよく》をならさなければならないと思《おも》ひます。

☆第三席（賞金二十圓）

行間を讀め！

（東京）羽山圭子

私達《わたしたち》の「日常《にちじやう》の生活《せいくわつ》の中《なか》には、大事件《だいじけん》の中《なか》にある悲劇《ひげき》よりも一層眞實《しんじつ》で、一層切實《せつじつ》で、また一層我々《われわれ》の自我《じが》に近《ちか》い悲劇分子《ひげきぶんし》が含《ふく》まれてゐる。」と、メエテルリンクはその著《ちよ》「貧者《ひんじや》の寶《たから》」の中《なか》の一文《ぶん》に於《おい》て述《の》べてゐます。以下少《すこ》しくそれに依《よ》りますと、「併《しか》し我々《われわれ》は容易《たやす》くそれを感《かん》ずることは出來《でき》るけれど、立證《りつしよう》することは容易《ようい》でない。何故《なぜ》ならば、それらの悲劇分子《ひげきぶんし》は「單《たん》に物質的《ぶつしつてき》であり、單《たん》に心理的《しんりてき》であるよりも猶多《なほおほ》くを含《ふく》んでゐるからである。」と。更《さら》に「この分子《ぶんし》は人《ひと》と人《ひと》との、また欲望《よくばう》と欲望《よくばう》との、動《うご》きのとれない爭《あらそ》ひを越《こ》えて進《すゝ》み」、「義務《ぎむ》と情熱《じやうねつ》との不斷《ふだん》の爭鬪《さうとう》を越《こ》えて進《すゝ》むものである。」と。

而《しか》して「この境地《きやうち》は、單《たん》に生活《せいくわつ》するといふ行爲《かうゐ》が如何《いか》に眞《しん》に驚《おどろ》くべきものであるかを示《しめ》し」、「人間《にんげん》が自己《じこ》の眞實《しんじつ》、自己《じこ》の美《び》、即《すなは》ち自己《じこ》の神《かみ》に、近《ちか》づき或《あるひ》は遠《とほ》ざかる時《とき》の不確《ふたしか》な悲《かな》しげな足音《あしおと》を我々《われわれ》に示《しめ》すもので」それは「その事以上《こといじやう》に、それ等《ら》と聯關《れんくわん》した無數《むすう》の事象《じしやう》を我々《われわれ》に示《しめ》し、また我々《われわれ》に了解《れうかい》せしめる。」

「悲劇詩人《ひげきしじん》は、僅《わづ》かにこの無數《むすう》の事象《じしやう》の消え

221　「女にかへる日の告白・批判」 黒井とし、中村静子、羽山圭子、無名尼、西條エリ子 『婦人公論』昭和10年5月1日

ゆく片影《へんえい》を我々《われわれ》に示《しめ》すに過《す》ぎない。」と言《い》つてゐます。

手記《しゆき》を通《とほ》してみた増田《ますだ》富美子《ふみこ》さんの問題《もんだい》もまたこの境地《きやうち》に於《おい》て静《しづ》かに静《しづ》かに考《かんが》へる時《とき》、そこには自《おのづ》からよき反省資料《はんせいしりやう》が生々《なまなま》しい素材《そざい》として私達《わたしたち》の前《まへ》に投出《なげだ》されてゐることを感《かん》じないわけにはゆきませんでした。従《したが》つて私《わたし》は河崎先生《かはさきせんせい》やその他《た》多《おほ》くの、所謂進歩的《いはゆるしんぽてき》な或《あるひ》はそれに近《ちか》い人達《ひとたち》が物《もの》された、又《また》は今後《こんご》も何等《なんら》かの機会《きくわい》に物《もの》されるであらうところの批判《ひはん》とは恐《おそ》らく異《ことな》つた形《かたち》に於《おい》てこの問題《もんだい》を考《かんが》へてみたいと思《おも》ひます。即《すなは》ち私達《わたしたち》の内面《ないめん》に存在《そんざい》する「単《たん》に物質的《ぶつしつてき》であり、また単《たん》に心理的《しんりてき》である」ものより「猶多《なほおほ》くを」含《ふく》んでゐる一《ひと》つの境地《きやうち》に於《おい》て――

何故《なぜ》なら、今日《こんにち》一般的《いつぱんてき》な所謂進歩的《いはゆるしんぽてき》な見方《みかた》或《あるひ》は考《かんが》へ方《かた》では、この問題《もんだい》は、あまりにも他愛《たあい》なくまた明白《めいはく》に全面的否定《ぜんめんてきひてい》の外《ほか》の何物《なにもの》でもないでせうし、誰《たれ》が物《もの》しても五十歩百歩の差《さ》ではないかと思《おも》はれますから……。

男装《だんさう》の麗人《れいじん》――無軌道《むきだう》の逃避行《たうひかう》――家出《いへで》―

「女にかへる日の告白」批判

―自殺《じさつ》――蘇生《そせい》――等々《とうとう》。凡《およ》そジャーナリズムへの好題目《かうだいもく》ではありました。併《しか》し私《わたし》はこの問題《もんだい》が新聞《しんぶん》ジャーナリズムの上《うへ》に大《おほ》きく拾《ひろ》ひ上《あ》げられた当初《たうしよ》から、或種《あるしゆ》の関心《くわんしん》をもつてそれとなく注視《ちゆうし》してゐたものでありましただけに、ジャーナリズム特有《とくいう》の缺陥《けつかん》から来《く》る幾《いく》つもの誤報《ごはう》が、容易《ようい》にそれと観取《くわんしゆ》出来《でき》たにもかかはらず、相当《さうたう》知名《ちめい》の進歩的《しんぽてき》な指導者《しだうしや》たちまでも、単《たん》なるニュース以上《いじやう》には取《と》り上《あ》げようとしなかつたことは、私《わたし》には淋《さび》しい物足《ものた》りない眺《なが》めでありました。

社会情勢《しやくわいじやうせい》が複雑《ふくざつ》になり、凡《すべ》てのものが、あはただしく不安《ふあん》に往来《わうらい》し、次《つぎ》から次《つぎ》へと新《あたら》しい憂欝《いううつ》が発生《はつせい》し、それ等《ら》に包《つつ》まれて本当《ほんたう》の物《もの》の姿《すがた》も中々《なかなか》判然《はんぜん》させてもらへない時代《じだい》にはジャーナリズム以外《いぐわい》にかうした問題《もんだい》は得《え》てして閑却《かんきやく》されるのも当然《たうぜん》かも知《し》れませんが、私《わたし》はまた、かうした混沌《こんとん》たる過渡期《くわとき》にあればあるほど、その泡沫現象《はうまつげんしやう》としてもこれ等《ら》の問題《もんだい》が、一層《いつそう》切実《せつじつ》に起《おこ》り得《う》るものと思《おも》はれますから、進歩的《しんぽてき》な或《あるひ》は指導的《しだうてき》立場《たちば》にある人達《ひとたち》は、今《いま》一層《いつそう》の懇切《こんせつ》（?）な態度《たいど》で問題《もんだい》の解説《かいせつ》に当《あた》つてもらひたいものであると痛感《つうかん》してをります。従《したが》つてこの問題《もんだい》を相当《さうたう》の価値《かち》（?）に於《おい》て、切実《せつじつ》な、個人《こじん》を出発点《しゆつぱつてん》とした生々《なまなま》しい問題《もんだい》として、また人々《ひとびと》の間《あひだ》に、強《つよ》い反省《はんせい》を促《うなが》す一《ひと》つのポイントとして、人々《ひとびと》は問題《もんだい》の前《まへ》に、もう少《すこ》し冷静《れいせい》に、素直《すなほ》になる必要《ひつえう》があるのではないかと私《わたし》は思《おも》ひます。

人々《ひとびと》はヴェホノに見《み》るところの私達《わたしたち》をグングン引《ひ》つぱつてゆくあの見《み》えない力《ちから》を、遠《とほ》いかなしい姿《すがた》を、それでゐて何処《どこ》かにホツとしたものの形《かたち》や心《こころ》を、私達《わたしたち》の手《て》のとどく極《ご》く近《ちか》くに於《おい》て受取《うけと》ることの出来《でき》る境地《きやうち》を、この問題《もんだい》から学《まな》び採《と》らうとはしないでありませうか。

私《わたし》は増田《ますだ》さんの問題《もんだい》を必《かなら》ずしもヴェホノ的《てき》なとは言《い》ひませんが、少《すく》なくともそれに近《ちか》い「日

常生活中《にちじやうせいくわつちう》の「悲劇《ひげき》」的分子《てきぶんし》を容易《ようい》に見出《みいだ》せますし、また私達自身《わたしたちじしん》にとつても、日常茶飯《にちじやうさはん》の間《あひだ》に如何《いか》に多《おほ》くのこれ等《ら》の悲劇分子《ひげきぶんし》が、又《また》は悲劇的類似《ひげきてきるゐじ》が、巣喰《すく》つてゐるかを容易《ようい》に感《かん》ずることが出來るのであります。

従《したが》つて私《わたし》は、河崎先生《かはさきせんせい》の批判文《ひはんぶん》（増田《ますだ》さんの手記《しゆき》に接續《せつぞく》せるもの）の最初《さいしよ》の十行《ぎやう》あまりにみるやうな、或《あるひ》はあの逐字的《ちくじてき》な引用批判《いんようひはん》の内容《ないよう》にみるやうな、輕《かる》やかな、又一面《またいちめん》なげやりにみえる——言《い》ひかへればあまり親切《しんせつ》（？）ではない態度《たいど》や、更《さら》に末尾《まつび》に於《お》ける指導的意《しだうてきい》味《み》を含《ふく》んだ結論的文中《けつろんてきぶんちう》に於《お》ける態度《たいど》には、今《いま》少《すこ》し暖《あたゝか》いうるほつた感《かん》じのものが——増田《ますだ》さん自身《じしん》にとつても、また私達讀者《わたしたちどくしや》にとつても——あつて欲《ほ》しかつたと少《すく》なからず淋《さび》しさを感《かん》じました。

所謂《いはゆる》「女性相談《ぢよせいさうだん》」的批判《てきひはん》や指導哲學《しだうてつがく》は、當《たう》の増田《ますだ》さん自身《じしん》ぴつたりされないでありませうし、讀者《どくしや》の私達《わたしたち》にとつても同樣《どうやう》しつくりしないものがありました。そこに悲劇《ひげき》としての考《かんが》へ方《かた》の相違《さうゐ》が存在《そんざい》するのではありませうか、所詮凡《しよせんすべ》ての人《ひと》が哲人《てつじん》であり得《え》ないとすれば、日夜諸々《にちやしよしよ》の悲劇《ひげき》に直面《ちよくめん》し、また同棲《どうせい》しなければならない日常《にちじやう》生活《せいくわつ》の現實《げんじつ》なのではないでせうか？

全國《ぜんこく》に女學校《ぢよがくかう》や女子《ぢよし》専門學校《せんもんがくかう》が何程《なにほど》あらうと、情死《じやうし》や親子心中《おやこしんぢう》が統計上《とうけいじやう》何《ど》れほどの數《すう》を示《しめ》さうと、それ等《ら》より、もつともつと切實《せつじつ》に我々《われわれ》の自我《じが》に近《ちか》い悲劇分子《ひげきぶんし》と朝《あさ》から晩《ばん》まで直面《ちよくめん》してゐなければならない人達《ひとたち》にとつては、先《ま》づパンが先決問題《せんけつもんだい》である人達《ひとたち》が先《ま》づパンの問題《もんだい》を先決《せんけつ》するやうにそれの先決《せんけつ》に向《むか》ふことは必《かなら》ずしも許《ゆる》されないことでありませうか!?

時代《じだい》を正《ただ》しく認識《にんしき》するといふことは、來るべきものと同時《どうじ》に、去りゆくもの、更《さら》に現實に動かず足ぶみしつゝあるもののすべてを全《ぜん》面的《めんてき》に正《ただ》しく認識《にんしき》することであつて、單《たん》に來るべきもの、或《あるひ》は去りゆくもののみを認識《にんしき》したのでは時代《じだい》を正しく識《し》つたとは言《い》へないのではないでせうか……。

要《えう》するに、手記《しゆき》を通《とほ》してみた増田《ますだ》さんの場合《ばあひ》、その何《いづ》れのものに屬《ぞく》するかは他《た》の選《えら》ばれた人達《ひとたち》に依《よ》つて一層雄辯《いつそうゆうべん》に語《かた》られたでありませうから、私《わたし》は單《たん》に私《わたし》の幻想《げんさう》の世界《せかい》に於《お》いて、あのチエホフの描《えが》いた——理智《りち》よりも情緒《じやうちよ》に官能《くわんのう》よりも靈魂《れいこん》に、刻《きざ》みつけられるあの不思《ふし》議《ぎ》な人生《じんせい》の陰影《いんえい》に似《に》た、人間《にんげん》と人間《にんげん》とが相觸《あひふ》れた時《とき》に生《しやう》ずるあのものがなしい一つの情緒《じやうちよ》に、傷《いた》ましくも滅《ほろ》んでゆく生々《なまなま》しい現實《げんじつ》の問題《もんだい》として涙《なみだ》するものであります。

勿論《もちろん》増田《ますだ》さんの場合《ばあひ》、道徳的《だうとくてき》ではあり得《え》ないとしても必《かなら》ずしも不道徳《ふだうとく》を享樂《きやうらく》として戯《たはむ》れたのではありませんでした。そこに悲劇《ひげき》としての問題《もんだい》の發生《はつせい》があります。人間《にんげん》はみんな弱《よわ》い。女《をんな》は殊《こと》に弱《よわ》い。（をはり）

（選外）血のなせる罪？

（大阪）無名尼

223 「女にかへる日の告白・批判」 黒井とし、中村静子、羽山圭子、無名尼、西條エリ子 『婦人公論』昭和10年5月1日

「女にかへる日の告白」批判

もう十年《ねん》も經《た》ちますか？……たしか貴女《あなた》はまだ樟蔭女學校《しやういんぢよがくかう》のユニフオームを着《つ》けてゐられた、と記憶《きおく》してゐます。おカツパの房々《ふさふさ》とした驕揚《きやうやう》な、それでゐてちつとも金滿家《きんまんか》の娘《じやう》でござい、といつた樣《やう》な感《かん》じのしない、あどけないお孃《ぢやう》さんだつたその頃《ころ》の貴女《あなた》にたつた一度《ど》お會《あ》ひした印象《いんしやう》以外《いぐわい》に、貴女《あなた》に就《つ》いては何《なん》にも知《し》らない私《わたし》なのですが、あんまり世間《せけん》が貴女《あなた》ひとりを取《と》り卷《ま》いて、貴女《あなた》ひとりが罪《ざい》人《にん》かなんぞのやうに騒《さわ》ぎ立《た》て、責《せ》め立《た》てするのが（中《なか》には相當《さうたう》理解《りかい》のある眼《め》で批判《ひはん》し、貴女《あなた》の新生《しんせい》へ指導《しだう》の筆《ふで》を綴《つゞ》られる方《かた》もおありになりはしますが、それでもやはり何處《どこ》か貴女《あなた》を見《み》る眼《め》に眞實《しんじつ》の足《た》りない、いはゞ餘所行《よそゆき》言葉《げ》で叱《しか》つてゐられる程度《ていど》の親切《しんせつ》さ――私《わたし》にはさうしか思《おも》へません……）今《いま》やつと眼《め》を覺《さま》したばかりの貴女《あなた》に取《と》つては隨分《ずゐぶん》うるさい腹立《はらだ》たしいことでせう、と、思《おも》ひやられます。それにつけても、貴女《あなた》が「死《し》から甦《よみがへ》りて」の告白《こくはく》の中《なか》に「昨年末家《さくねんまつか》を出《で》て、今年《こんねん》一月《ぐわつ》死《し》に至《いた》るまでの私《わたし》の一擧《きよ》一動《どう》を表面《へうめん》から觀《み》たら、自分《じぶん》ながら世間《せけん》の酷評《こくひやう》を甘《あま》んじて受《う》けねばならぬと思《おも》ふから。」と、懺悔的《ざんげてき》に頭《あたま》を下《さ》げて、（私《わたし》が惡《わる》かつた）と、謝《あやま》つてゐられる貴女《あなた》の善良《ぜんりやう》さ、すなほさには、何《なん》ともいひやうのないあどけなさを感《かん》じさせられて胸《むね》が一杯《ぱい》になりました。しかし、私《わたし》は、前《まへ》に申《まを》しましたやうに貴女《あなた》がまだユニフオーム時代《じだい》のお孃《ぢやう》さんの頃《ころ》に一度《ど》、姉《ねえ》さんの敏子《としこ》さんと、貴女《あなた》の叔《を》母樣《ばさま》（藤本《ふぢもと》未亡人《ばうじん》さた樣《さま》）と、お三人《にん》を道頓《だうとん》堀《ぼり》の松竹座《しようちくざ》に、先年《せんねん》亡《な》くなつた高田《たかだ》雅夫《まさを》、原《はら》せい子《こ》夫妻《ふさい》の歸朝《きてう》第一回《だいくわい》舞踊公演會《ぶようこうえんくわい》へお誘《さそ》ひしたことがありました。さういふ譯《わけ》で、たつた一度《ど》でも知己《ちき》は知己《ちき》といふやうな氣持《きもち》と、さうして世間《せけん》の貴女《あなた》に浴《あ》びせる酷評《こくひやう》に對《たい》する私《わたし》の多少《たせう》憤《いきどほ》りに似《に》た氣持《きもち》とに動《うご》かされて、この一文《ぶん》を新生《しんせい》されて行《ゆ》く貴女《あなた》の上《うへ》に捧《さゝ》げたいと思《おも》ひます。文才《ぶんさい》のない私《わたし》の書《か》くやうなものでは、貴女《あなた》の心《こゝろ》にひし／＼と迫《せま》る譯《わけ》には參《まゐ》りますまいが、たとへ一行《ぎやう》でも一句《く》でも、貴女《あなた》の心《こゝろ》に何《なに》かもたらすものがありますれば、私《わたし》は、それで十分滿足《じふぶんまんぞく》して、悦《よろこ》ばせてもらひます。

「死《し》から甦《よみがへ》りて」の貴女《あなた》には、もはや過去《くわこ》の美《うつく》しかりしも、忌《いま》はしかりしも、すべては夢《ゆめ》であつた――と從《したが》つて今《いま》の貴女《あなた》には新《あたら》しい無垢《むく》な生命《せいめいい》以外《ぐわい》に過去《くわこ》なんぞあらう筈《はず》はありませんけれども、しかし、血《ち》といふものは、免《まぬが》れ得《え》ない運命的《うんめいてき》な宿命的《しゆくめいてき》なつながりをもつて、親《おや》から子《こ》へ、親《おや》から子《こ》へと絶《た》ゆることなき生命《せいめい》の流《なが》れを傳《つた》へ營《いとな》むものであることは、いふまでもありません。そこで、貴女《あなた》は、貴女《あな》た《た》の新《あたら》しい生命《せいめい》を自覺《じかく》され、さうして今日《こんにち》新生《しん》されやうとするに際《さい》して、何《なに》か血《ち》といふことについて、お考《かんが》へになつてゐられるやうなことはありませんか？――（女《をんな》にかへる日《ひ》の告白《こくはく》）の中《なか》には別《べつ》に血《ち》についてお考《かんが》へになつてゐられるやうな節《ふし》もありませんやうでしたが……。とにかく或《あ》る時《とき》の貴女《あなた》の氣持《きもち》の中《なか》に、お母《かあ》さんそのまゝのものがあつたり、お父《とう》さんそのまゝの姿《すがた》であつたりする貴女自身《あなたじしん》に出《で》會《あ》はされるやうなことはありませんか？……或《ある》ひは又《また》貴女《あなた》のお姉《ねえ》さんのなさることが（お母《かあ》さんに…………なさる敏子《としこ》さん）何處《どこ》かお母《かあ》さんのやうでもあり、お父《とう》さんのやうでもあり……と、いつたやうなものをお感《かん》じになりはしませんか……？

斯《か》ういふことをいひますと、何《なに》か貴女《あなた》の御家庭内《ごかていない》のことをおばき立《た》てたがるやうに當《あた》るかもしりませんが、私《わたし》が、貴女《あなた》に是非《ぜひ》聞《き》いて頂《いたゞ》きたい（血《ち》のなせる罪《つみ》）と、いふことを申上《まをしあ》げるに就《つ》いては、一番《ばん》貴女《あなた》の手近《てぢか》にある鏡《かゞみ》を覗《のぞ》いて頂《いたゞ》いて、そこに映《うつ》つてゐる姿《すがた》と、私《わたし》のこれから申上《まをしあ》げることゝを參照《さんせう》して頂《いたゞ》いたなら、なるほどと（血《ち》）といふことに就《つ》いてのお考《かんが》へが、向後《かうご》の貴女《あなた》の御生活《ごせいくわつ》を明《あか》るくするとも、決《けつ》して貴女《あなた》をして憂欝《いううつ》な女性《ぢよせい》に導《みちび》くやうな恐《おそ》れはない、と、信《しん》じます。貴女《あなた》の手近《てぢか》にある鏡《かゞみ》と申《まを》しますのは、貴女《あなた》の御兩親《ごりやうしん》及《およ》び御家庭《ごかてい》のことを申《まを》すのです。

これは、以前貴女《いぜんあなた》のお父《とう》さまが南海沿線《なんかいえんせん》の羽衣《はごろも》に豪華《がうくわ》な生活《せいくわつ》を誇《ほこ》つてをられた頃《ころ》、召抱《めしかゝ》へてをられた運轉手兼《うんてんしゆけん》が語《かた》つてゐたことなのですが、貴女《あなた》のお母《かあ》さんといふ方《かた》は、いつも……を離《はな》されなかつたさうで、それは護《ご》身用《しんよう》といふものよりは、殆《ほとん》ど夫婦喧嘩用《ふうふげんくわよう》といつていゝくらゐ貴女《あなた》のお母《かあ》さんは……ヒステリーの持主《もちぬし》で、深夜羽衣海岸《しんやはごろもかいがん》の松原《まつばら》の中《なか》を、……しながら、逃《に》げる良人《をつと》を追《お》ひ廻《まは》す貴女《あなた》のお母《かあ》さんの亂打には、界隈《かいわい》の人々《ひと〴〵》も恐《おそ》れをなしてゐた、と、いふことを聞《き》きました。てうどいま貴女《あなた》のお姉《ねえ》さんは、お母《かあ》さんがお父《とう》さんになされたと同《おな》じやうな狂《きやう》暴《ばう》な眞似《まね》を、お母《かあ》さんに當《あて》つけてをられるのを貴女《あなた》はどうお考《かんが》へになりますか――?

また貴女自身《あなたじしん》でなさつた六千圓《えん》といふ大金《たいきん》の浪費《らうひ》なども、たとへ死《し》の前《まへ》の無用《むよう》の黄金《わうごん》であつたにせよ、何《なん》といつても世間知《せけんし》らずのお嬢《ぢやう》さんの貴女《あなた》にして、何處《どこ》からそんな大膽《だいたん》さが湧《わ》いてくるものか? 他人《たにん》が不思議《ふしぎ》がるよりも、恐《おそ》らく貴女自身《あなたじしん》にだつてはつきり解《わか》らない氣持《きもち》なのではないですか?……

富美子《ふみこ》さん、じつと胸《むね》に手《て》を當《あ》てゝ貴女《あなた》の心《こゝろ》に問《と》うてごらんなさいませ、きつと、答《こた》へますよ、血《ち》だ、血《ち》だ―　と。――

くどくいふやうですが、姉《ねえ》さんの敏子《としこ》さんは、お母《かあ》さんの血《ち》を多分《たぶん》に負擔《ふたん》してをられ、貴女《あなた》の方《はう》は、お父《とう》さんの血《ち》を多分《たぶん》に負擔《ふたん》してをられるものと見《み》ます。それから、も一《ひと》つ容《よう》貌《ばう》の上《うへ》からいつても敏子《としこ》さんは、お母《かあ》さんの影響《えいきやう》を多分《たぶん》に受《う》けてをられ、貴女《あなた》の方《はう》は、お父《とう》さんの影響《えいきやう》を多分《たぶん》に受《う》けてをられる。ですから貴女《あなた》が、世《よ》の常《つね》の女性《ぢよせい》ではなし得《え》ない大《だい》膽《たん》なことを平氣《へいき》でやつてのけられ、さうして、ケロリと子供《こども》のやうな半面《はんめん》もあるといつた點《てん》、それを變質的《へんしつてき》なといはれる貴女《あなた》であることは、貴女《あなた》の知《し》つたことではないまでも、貴女《あなた》を生《う》んだ血《ち》のなせる業《わざ》と、いふことだけは、貴女《あなた》として認《みと》めない譯《わけ》にも參《まゐ》りますまい。といつて、貴女《あなた》が、貴女《あなた》の口《くち》から世間《せけん》に向《む》かつて、さて、肉親《にくしん》の血《ち》をあばいてまでも自己《じこ》の立場《たちば》を釋明《しやくめい》しやうとまで、さうは超然《ちやうぜん》となり得《え》ない、そこに貴女《あなた》の善良《ぜんりやう》さと、良心的《りやうしんてき》な道德的《だうとくてき》な惱《なや》みと弱《よわ》さが、貴女《あなた》の氣持《きもち》を許《ゆる》さないのでありませう、と、私《わたし》は思《おも》ふのです。

しかし、大變失禮《たいへんしつれい》なことを長々《なが〴〵》と申上《まをしあ》げました。貴女《あなた》に就《つ》いて何《なん》にも知《し》らないくせに勝《かつ》手《て》に貴女《あなた》を解釋《かいしやく》して、見當《けんたう》ちがひな饒舌《おしやべり》をならべ立《た》てまして、貴女《あなた》のお氣持《きもち》を惡《わる》くさせたかもしりませんが、さうであつても、かういふ人間《にんげん》もまた貴女《あなた》を思《おも》ふ者《もの》の一人《ひとり》といふ意味《いみ》に於《おい》て、お見《み》のがし願《ねが》へれば幸甚《かうじん》です。

富美子《ふみこ》さん、私《わたし》の饒舌《ぜうぜつ》の中《なか》に（血《ち》のなせる罪《つみ》）と、申《まを》しました意味《いみ》は、決《けつ》して貴女《あなた》をして、血《ち》を呪《のろ》はしめ、運命《うんめい》を憤《いきどほ》ろしめようなどゝする惡意的《あくいてき》なものでない、と、いふことだけ、どうぞ意味《いみ》をお取《と》りちがへ下《くだ》さらぬやうお願《ねが》ひいたします。それから、もう「たのしい死《し》」だの、「世間《せけん》の酷評《こくひやう》を甘《あま》んじて受《う》けねばならぬ」だのと、そんな弱《よわ》い氣持《きもち》から自分《じぶん》を責《せ》めたり、あたら若《わか》い生命《いのち》を嫌《きら》つたり、さういふ消極的《せうきよくてき》な人生觀《じんせいくわん》は、さらりとお捨《す》てになつて、もつと強《つよ》く自己《じこ》を認識《にんしき》なさつて、世間《せけん》が何《なん》といはうと、誰《たれ》が同情《どうじやう》してくれずとも、貴女《あなた》は、貴女《あなた》の信《しん》ずる貴女《あなた》のまゝに堂々《だう〳〵》と生《い》きて行《ゆ》かれる權利《けんり》がおありになるのですもの。——たゞ私《わたし》の恐《おそ》れます點《てん》は、これからの貴女《あなた》に、世間《せけん》の關心《くわんしん》が、どう貴女《あなた》に影響《えいきやう》するか？ 貴女《あなた》といふ人《ひと》は、單《たん》に問題《もんだい》の女性《ぢよせい》といふばかりでなく背景《はいけい》に、富《とみ》あり、教養《けうやう》あり、美貌《びばう》ありといふ貴女《あなた》であるだけに、世間《せけん》の關心《くわんしん》の中《なか》にはいろ〳〵な意味《いみ》を含《ふく》んだ相《すがた》がひそんでゐはしないか、と、思《おも》ひます。それらの點《てん》にも十分《じふぶん》心《こゝろ》を配《くば》られて、よく〳〵貴女《あなた》の信頼《しんらい》の置《お》ける方《かた》を見《み》きわめて、心《こゝろ》の相談相手《さうだんあひて》となさつて、なるべく世間《せけん》の騒音《さうおん》から離《はな》れて靜《しづ》かな環境《くわんきやう》に、魂《たましひ》の安息《あんそく》をお求《もと》めになることをおすゝめします。

まだ〳〵お若《わか》い貴女《あなた》の上《うへ》に、平凡《へいぼん》を強《し》ひることは、隨分無慈悲《ずゐぶんむじひ》な注文《ちうもん》かもしりませんが、そこをどうか平凡《へいぼん》といふ意味《いみ》を深《ふか》くお考《かんが》へになつて、平凡《へいぼん》であることを貴女《あなた》の信仰《しんかう》の一《ひと》つとして、これからの貴女《あなた》を生《い》かして頂《いたゞ》きたいものと切望《せつばう》して止《や》みません。

「女にかへる日の告白」批判

強く生きて

（東京）西條エリ子

薔薇《ばら》が芽《め》を出《だ》し初《はじ》めました。お忘《わす》れになつたかしら、五坪程《つぼほど》の小《ちひ》さい庭《には》を弟達《おとうとたち》が作《つく》つた心《こゝろ》ばかりの花壇《くわだん》を。……今《いま》、ヒヤシンスも薔薇《ばら》も生《い》き〳〵した芽《め》を出《だ》しました。縁側《えんがは》の籐椅子《とういす》に凭《よ》り乍《なが》ら、ぢツとそれを見《み》てゐると強《つよ》く生《い》きると云《い》ふことを教《をし》へられます。太陽《たいやう》の匂《にほ》ひがすると云《い》つた、この庭《には》に面《めん》した縁側《えんがは》で私《わたし》は靜《しづ》かに「死《し》から甦《よみがへ》りて女《をんな》にかへる日《ひ》の告白《こくはく》」を讀《よ》んでゐます。私《わたし》はあの日《ひ》から色々《いろ〳〵》の疑惑《ぎわく》の眼《め》をもつて監視《かんし》され、私達《わたしたち》の間《あひだ》は、鐵《てつ》の垣《かき》で隔《へだ》てられて仕舞《しま》ひました。けれど私《わたし》は貴女《あなた》が更生《かうせい》へのスタートを切《き》らうとしてゐる喜《よろこ》びに胸《むね》を躍《をど》らせてゐます。

薔薇《ばら》が芽《め》を出《だ》しました。貴女《あなた》も人生《じんせい》といふ大《おほ》きな道場《だうぢやう》へ乘《の》り出《だ》さうとしてゐます。このいとけない花《はな》さへも春《はる》を迎《むか》へる苦闘《くとう》をしてゐます。

貴女《あなた》も過《す》ぎし日《ひ》の痛々《いたく》しい家庭生活《かていせいくわつ》や矛盾《むじゆん》した生活《せいくわつ》や、それから世間《せけん》から浴《あ》びせられた冷罵《れいば》などに對《たい》して、單《たん》なるあきらめに甘《あま》んじず、奮起《ふんき》して新《あら》たなる生活《せいくわつ》への道《みち》へ實社會《じつしやくわい》へ突進《とつしん》して下《くだ》さい。

やれば出來《でき》ない貴女《あなた》ではない。いや屹度《きつと》やり通《とほ》せるに違《ちがひ》ない。……何等職業《なんらしよくげふ》を持《も》たないからと躊躇《ちうちよ》することはありません。この廣《ひろ》い社會《しやくわい》には屹度《きつと》あなたに適《てき》した職業《しよくげふ》があるにちがひないと、私《わたし》は思《おも》ひます。

思《おも》ひ起《おこ》せば去年五月《きよねんごぐわつ》、始《はじ》めて貴女《あなた》が樂屋《がくや》に訪《たづ》れて下《くだ》さつた日《ひ》、第《だい》一に感《かん》じた貴女《あなた》の印象《いんしやう》は、明《あか》るい生活力《せいくわつりよく》に充《み》ち充《み》ちた聰明《そうめい》そのものゝやうな貴女《あなた》でした。

生活《せいくわつ》に對《たい》する體驗《たいけん》はあなたよりも私《わたし》は多《おほ》くしてゐる筈《はず》ですが、今《いま》のあなたに役立《やくだ》つことを何一《なにひと》つ云《い》へないのを私《わたし》は悲《かな》しんでゐます。只《た》だ「強《つよ》く強《つよ》く生《い》きて下《くだ》さい」と云《い》ふより他《ほか》に言葉《ことば》を知《し》らないのです。

でも貴女《あなた》は屹度《きつと》私《わたくし》の期待《きたい》と信頼《しんらい》を裏切《うらぎ》らず一個《こ》の女性《ぢよせい》としての任務《にんむ》と幸福《かうふく》を果《はた》して呉《く》れることと信《しん》じてゐます。

でも、私《わたし》はあなたが今直《います》ぐ家庭《かてい》の人《ひと》として結婚《けつこん》へ入《はい》ることは賛成出來《さんせいでき》ない。生意氣《なまいき》なやうだけど、貴女《あなた》はまだ〳〵世間知《せけんし》らずのところがないでもない。だからもつともつと、世《せ》間《けん》と云《い》ふものを知《し》り、社會《しやくわい》へ出《で》て色々《いろいろ》なことを勉强《べんきやう》したら、屹度《きつと》、完成《くわんせい》された立派《りつぱ》な女性《ぢよせい》としての任務《にんむ》を果《は》たして呉《く》れることを私《わたし》は信《しん》じてゐます。

映畫人《えいぐわじん》と云《い》ふ多忙《たばう》な職業《しよくげふ》にある私《わたし》は、仲々《なかなか》自分自身《じぶんじしん》のことすら考《かんが》へる時《とき》を得《え》ない。こんなことではいけないと心《こゝろ》に鞭打《むちう》つ時《とき》もあるが、撮影《さつえい》から疲《つか》れ切《き》つた體《からだ》を支《さゝ》へて家《いへ》に歸《かへ》ると直《す》ぐ床《とこ》の中《なか》にもぐり込《こ》んで眠《ねむ》りをとる。そして生氣《せいき》を取《と》り返《かへ》して又撮影《またさつえい》へ行《ゆ》かなければならない程《ほど》、目《め》まぐるしい生活《せいくわつ》に追《お》はれてゐるのです。

だけど太陽《たいやう》の匂《にほ》ひのするこの縁《えん》に坐《すわ》して草《くさ》花《はな》の一《ひと》つ〳〵を見詰《みつ》めてゐると、しみ〴〵と生《い》きる喜《よろこ》びに滿《み》ちて來《く》ることを覺《おぼ》えます。貴女《あなた》も屹度《きつと》、生《い》きる喜《よろこ》びに胸《むね》を躍《おど》らせる時《とき》があるにちがひない。

薔薇《ばら》が芽《め》を出《だ》しました。お忘《わす》れになつたかしら、五坪程《つぼほど》の小《ちひ》さい庭《には》を……貴女《あなた》もまた薔《ば》薇《ら》のやうに更生《かうせい》といふ芽《め》を出《だ》したのです。明《あか》るい大空《おほぞら》の下《した》に踏《ふ》み出《だ》したのです。これからはお互《たがひ》に強《つよ》く強《つよ》く生《い》きませう――。

選者の言葉

意外《いぐわい》に大きな反響《はんきやう》を呼《よ》んだ増田さんの手記「死から甦《よみがへ》りて女にかへる日の告白《こくはく》」に對する批判《ひはん》原稿は、非常に多數の投稿がありました。現代女性の問題として扱つて應募《おうぼ》された皆樣に誌上から感謝いたします。

一番多數に上つたのは第二席に選んだやうな、可成《かなり》同情的な批判《ひはん》でした。河崎先生の批《ひ》判《はん》に全く同感《どうかん》のものもあり、或《あるひ》はそれに反對《はんたい》してゐるものも多くありました。第三席のものがその一つと見られます。第一席のやうな全く第三者的態度《たいど》のものが割りに少なく、漫然《まんぜん》たる罵倒《ばたう》や全面的な否定は極く稀でした

千幾百といふ投稿《とうかう》を全部讀んで、各人《かくじん》の立場から捨《す》てがたい眞實や獨自《どくじ》の見方《みかた》を披瀝《ひれき》してあるのに感心し、いづれを選《えら》ぶべきかに苦《くる》しみました。なるべく問題の核心《かくしん》を正しく捉《とら》へてあつて、批判《ひはん》される者に何等か效果的な反省《はんせい》を與へ、第三者にも考へ方に何等《なんら》かの示《し》唆《さ》となるものといふ意味から右の三篇を選びました。順位は編輯部内の總意《そうい》によりました。

今度の應募者《おうぼしや》の中には、いろ〳〵の人がありました。年齡《ねんれい》や身分や立場なども文中に記《しる》したものもありました。關西《くわんさい》や中國《ちうごく》九州の人が案外に多數でした。その中には増田家及び本人の知人や友人と名のる親しい間柄《あひだがら》の人々がずゐぶんありました。中にも以前《いぜん》増田家の女中だつたといふ人がありましたが、富美子さんに非常に同情してゐるのはわかりますが家庭内の暴露《ばくろ》となるところがあるので見合せ二篇だけを選外に掲載《けいさい》しました。無名尼《むめいに》といふのは或る有名な尼《あま》さんです。西條《さいでう》さんのは事件に密接《みつせつ》な人のものとして掲載《けいさい》しました。

女中《ぢよちう》さんの貞操《ていさう》を護《まも》れ!!

主婦《しゆふ》と女中《ぢよちう》と家庭《かてい》の平和《へいわ》のための座談會《ざだんくわい》

警視廳保安部人事相談係長　及川《おひかは》常平《つねへい》

婦人共同會々長　大和《おほわ》俊子《としこ》

愛國婦人會隣保館女中養成所主任　蒲池《かまち》すま子《こ》

井出病院長醫學博士　竹内《たけうち》茂代《しげよ》

評論家　山田《やまだ》わか

記者　最近《さいきん》女中《ぢよちう》さんの貞操《ていさう》問題《もんだい》の悲劇《ひげき》や、その生《う》れ出《で》た子供《こども》達の悲慘《ひさん》な運命《うんめい》の數々《かずかず》を、隨分澤山《ずゐぶんたくさん》見聞きいたしてをります。

これは、家庭生活《かていせいくわつ》から觀《み》ても、社會問題《しやくわいもんだい》としても、現在《げんざい》では、なか／＼大《おほ》きい問題《もんだい》であらうと思《おも》ひます。

これを具體的《ぐたいてき》に申《まを》せば、女中《ぢよちう》と主人《しゆじん》との間《かん》題《だい》、主婦《しゆふ》または息子《むすこ》、雇人《やとひにん》などゝの問題《もんだい》といふやうに、いろ／＼に分《わ》けられますが、女中《ぢよちう》さんにしてみれば、年頃《としごろ》の娘《むすめ》が、他人《たにん》の家庭《かてい》にあつて働《はたら》くのですから、まあ、いはゞ危險《きけん》に曝《さら》されてゐるやうなものですし、また、これは女中《ぢよちう》さん一人《ひとり》の危機《きき》のみならず、ひいては奥様《おくさま》の危機《きき》でもあるわけであります。

どうしたらこの危機《きき》を免《まぬか》れ、安全地帶《あんぜんちたい》に引《ひき》揚《あ》げられるか、その場合《ばあひ》の賢明《けんめい》な善處法《ぜんしよはふ》を、奥《おく》さんの立場《たちば》になり、また女中《ぢよちう》さんの立場《たちば》にもなつて、考《かんが》へて頂《いただ》きたいと思《おも》ふのです。

そして、この座談會《ざだんくわい》が、多《おほ》くの家庭《かてい》へ一《ひと》つの警告《けいこく》ともなつて、こんな忌《いま》はしい問題《もんだい》が、一日《にち》も早《はや》く影《かげ》を潜《ひそ》めるやうになれば、主催者《しゆさいしや》として、非常《ひじやう》に嬉《うれ》しいことです。

（御出席の先生方）（右より）
大和俊子先生
山田わか先生
及川常平先生
竹内茂代先生
蒲池すま子先生

及川《おひかは》さん、この問《もん》題《だい》の相談《さうだん》は、警視廳《けいしちやう》にも随分多《ずゐぶんおほ》く持込《もちこ》まれて來《き》ませうね。

△女中《ぢよちう》への警告《けいこく》五箇《か》條《でう》

及川　随分來《ずゐぶんき》ますね。この問題《もんだい》は、山田先《やまだせん》生方《がた》の、やかましく提唱《ていしやう》してをられる、母子《ぼし》保護法《ほごはふ》と關係《くわんけい》がありますよ。

私《わたし》が今《いま》まで取扱《とりあつか》つた問題《もんだい》で、廣《ひろ》く調査《てうさ》した中《うち》から總括《そうくわつ》して、その結論《けつろん》を箇條書《かでうがき》にして持《も》いて來《き》ました。

第《だい》一、女中《ぢよちう》さんの貞操觀念《ていさうくわんねん》の再認識《さいにんしき》の必要《ひつえう》

第《だい》二、女《をんな》は受身《うけみ》であることを忘《わす》れるな

受身《うけみ》の結果《けつくわ》が、もし子供《こども》でもできた場合《ばあひ》、男《をとこ》は苦《くる》しまぎれに、惡《あく》にひどい惡辣《あくらつ》なことをする。胎兒《たいじ》の父親《ちゝおや》たることを否定《ひてい》するほか、一夜《や》の夢物語《ゆめものがたり》さへ、頑強《ぐわんきやう》に否定《ひてい》する不埒《ふらち》な男《をとこ》もゐます。

かうした場合《ばあひ》、女中《ぢよちう》さんは家《うち》にも歸《かへ》れず、頼《たよ》る者《もの》もなく、胎兒諸共《たいじもろとも》、闇《やみ》から闇《やみ》に消《き》えてゆく、つまり自《じ》殺《さつ》の道《みち》を急《いそ》ぐ者《もの》が、どんなに多《おほ》いか、それは恐《おそ》ろしいほどです。

身《み》から出《で》た錆《さび》とはいひながら、あまりにも女《をんな》に對《たい》して、それは苛酷《かこく》な運命《うんめい》ではないかと思《おも》はれます。

受胎《じゆたい》といふ、絶對的《ぜつたいてき》な立場《たちば》に立《た》たされたとき、今更《いまさら》ながら、女《をんな》は弱《よわ》いもの――といふ觀念《くわんねん》がしみ〴〵起《おこ》ります。

第《だい》三、男《をとこ》の口《くち》車《くるま》に乗《の》るな

いろ〳〵調《しら》べてみると、男《をとこ》は、女《をんな》を自分《じぶん》の意《い》に從《したが》はせるまでは、あらゆる甘言《かんげん》を以《もつ》て、あの手《て》この手《て》の秘術《ひじゆつ》を盡《つく》すが、その口車《くちぐるま》に乗《の》つ

家《うち》にも歸《かへ》れず、頼《たよ》る者《もの》もなく、胎兒諸共《たいじもろとも》、闇《やみ》から闇《やみ》に消《き》えてゆく、つまり自殺《じさつ》の道《みち》を急《いそ》ぐ者《もの》が、どんなに多《おほ》いか、それは恐《おそ》ろしいほどです。（及川常平氏談）

229 「女中さんの貞操を護れ！！」 及川常平、大和俊子、蒲池すま子、竹内茂代、山田わか 『主婦之友』昭和10年6月1日

たが最期《さいご》、男《をとこ》はもう興味《きようみ》を失《うしな》つて、ポンと抛《ほう》り出《だ》してしまふ。

第《だい》四、女中《ぢよちう》は主人《しゆじん》の玩具《おもちや》では無い

女中《ぢよちう》さんの仕事《しごと》は、はつきり定《さだ》つてゐる。それ以外《いぐわい》のことをさすのは、女中《ぢよちう》を奴隷《どれい》以下《いか》に視《み》てゐるのである。

第《だい》五、不倫《ふりん》の結果《けつくわ》はどの點《てん》から見《み》ても女中《ぢよちう》に不利《ふり》であること

まづ、主婦《しゆふ》や家族《かぞく》の者《もの》一同《どう》は、主人《しゆじん》の非行《ひかう》を棚《たな》に上《あ》げて、女中《ぢよちう》の罪《つみ》をのみ責《せ》めるし、また、法律的《はふりつてき》にいつても、たとへ女中《ぢよちう》の意思《いし》でなかつたにせよ、保護《ほご》する點《てん》が、非常《ひじやう》に面倒《めんだう》になります。

よくいつて、金《きん》一封《ぷう》で決裁《けつさい》されるより他《ほか》はなくなる。つまり女《をんな》の貞操《ていさう》は、金《きん》一封《ぷう》といふことにさへなつてしまふのです。

山田 でも、まだ金《きん》一封《ぷう》でもくれるのは、いゝ方《はう》でせう。

及川 さうですとも。警視廳《けいしちやう》の人事《じんじ》相談部《さうだんぶ》に、相談《さうだん》に來《き》てくれさへすれば、何《なん》とか道《みち》の立《た》つやうにして上《あ》げられますが、そこまで問題《もんだい》を持越《もちこ》さぬうちに、闇《やみ》から闇《やみ》へと葬《はうむ》つてしまふ人《ひと》が多《おほ》いのです。新聞《しんぶん》に出《で》てゐる、若《わか》い婦人《ふじん》の原因《げんいん》不明《ふめい》の自殺《じさつ》は、大抵《たいてい》これですよ。

年頃《としごろ》の娘《むすめ》は、さうした問題《もんだい》を、公《おほやけ》の前《まへ》に出《だ》すことを、非常《ひじやう》に恥《は》ぢますからね。

大和 自殺《じさつ》しないまでも、だん／＼墮落《だらく》してゆく人《ひと》は多《おほ》いですね。

▲貞操《ていさう》にルーズな男《をとこ》二割《わり》

竹内 私《わたし》は、いつもかう思《おも》つてゐるのです。どんなことがあらうと、絶對《ぜつたい》に女《をんな》に手《て》をつけない男《をとこ》が二割《わり》、その反對《はんたい》に、その方面《はうめん》には全《まつた》くだらしがなくて、どうでも女《をんな》に手《て》をつけずにはをれない男《をとこ》が二割《わり》、あとの六割《わり》は、そのときの境遇《きやうぐう》によつてどちらにも動《うご》く、つまり、チャンスがあればやりかねない、危險性《きけんせい》を持《も》つ連中《れんちう》の、この三通《とほ》りあるのです。

蒲池 全《まつた》く、安心《あんしん》のできる男性《だんせい》は、殆《ほとん》どありません。

竹内 だから問題《もんだい》が難《むづか》しくなるのですよ。またこのことは、女《をんな》についてもいへます。どうしても許《ゆる》さぬのと、手《て》をつけて貰《もら》ひたいといふ始末《しまつ》に負《を》へないのが、同《おな》じく二割《わり》づゝ。あとの六割《わり》は、體力《たいりよく》で負《ま》かされたり、情《じやう》に絆《ほだ》されたりして、遂《つひ》に敗けてしまふのです。

及川 智慧《ちゑ》も分別《ふんべつ》もあり、相當《さうたう》の地位《ちゐ》にもある方《かた》だのに、この方面《はうめん》にのみルーズなのは、どうしたことでせうね。

竹内 それが、どうにも手《て》のつけられない二割《わり》の部類《ぶるゐ》の人《ひと》ですよ。一種《しゆ》の病氣《びやうき》です。

大和 私達《わたしたち》、派出看護婦《かんごふ》會組合《くわいくみあひ》の規定《きてい》では、男子《だんし》一人《ひとり》の家《いへ》には、四十歳《さい》以下《いか》の人《ひと》は出《だ》さないことになつてゐます。

今朝《けさ》、三十人《にん》ばかりの會員《くわいゐん》に就《つ》いて、訊いてみましたところ、四十歳《さい》以上《じやう》、五六十歳《さい》くらゐの男子《だんし》が一番《ばん》危險《きけん》で、若《わか》い人《ひと》は、割合《わりあひ》に眞面目《まじめ》ださうです。

そして、四十歳《さい》以上《じやう》といつても、教養《けうやう》のない、まあ仕事《しごと》に當《あた》つて、僥倖《げうかう》で金持《かねもち》になつたといふ階級《かいきふ》の人《ひと》が多《おほ》いさうです。

▲貞《てい》操《さう》は必《かなら》ず護《まも》れる

記者 これはもう古《ふる》い話《はなし》ですが、私《わたし》の知合《しりあ》ひの娘《むすめ》さんが、さる大官《たいくわん》のお宅《たく》に、女中《ぢよちう》お目見得《めみえ》に上《あが》つたところ、そこの女中頭《ぢよちうがしら》に、最初《さいしよ》に言《い》はれた言葉《ことば》は、——もし、御前樣《ごぜんさま》がお前《まへ》に手《て》をおつけになつたのなら、それはお前《まへ》が惡《わる》いのだ。だから當方《たうはう》では責任《せきにん》を負《お》ふことができない——といふので、吃驚《びつくり》して歸《かへ》つて來《き》たといふことがあります。

山田 始終《しじう》お手《て》がついてゐたわけですね。それ

を名譽《めいよ》とした時代《じだい》もありました。

竹内 私は醫者《いしや》の立場《たちば》から申《まを》しますと、この貞《てい》操《さう》といふものは、護《まも》らうといふ強《つよ》い意志《いし》さへあれば、必《かなら》ず護《まも》り通《とほ》せるものですよ。

解剖學的《かいぼうがくてき》にいつて、身體《からだ》の中《なか》で一番《いちばん》強《つよ》いのは腰筋《えうきん》で、これを固《かた》く引《ひ》き緊《し》めますと、一人《ひとり》と一人《ひとり》たら、容易《ようい》に負《ま》かされるものではありません。

四五歳《さい》の子供《こども》でも、診察《しんさつ》のとき脈《みやく》と頑張《ぐわんば》つたら、四人《にん》の看護婦《かんごふ》が總《そう》がゝりで、やつと膝《ひざ》を開《あ》けさせることができるほどです。

ですから、平常《へいぜい》ツロースを穿《は》き、必《かなら》ず護《まも》り通《とほ》すといふ強《つよ》い意志《いし》さへあつて、頑張《ぐわんば》れば、犯《をか》されるといふことはありません。

麻醉藥《ますゐやく》を嗅《か》がされたのならともかく、眠《ねむ》つてゐて——たゞいふことは、醫者《いしや》としては考《かんが》へられないことです。

及川 一日に犯《をか》されたといつても、法律的《はふりつてき》に觀《み》て、必《かなら》ずしも強姦罪《ごうかんざい》を構成《こうせい》するものではありません。まあ、合意《がふい》でもなし、その中間行爲《ちゆうかんかうゐ》ですね。

竹内 對手《あひて》の男《をとこ》は罰《ばつ》せられますか？

及川 まだ中間行爲《ちゆうかんかうゐ》では、罪《つみ》といふことにはなりません。

記者 では、どうしても當人《たうにん》の護《まも》らたければならない問題《もんだい》ですね。

△貞《てい》操《さう》觀念《くわんねん》のない女中《ぢよちう》

竹内 私生兒《しせいじ》を作《つく》る女中《ぢよちゆう》さんの事情《じじやう》を訊《き》いてみると、隨分《ずゐぶん》馬鹿《ばか》げてゐると思《おも》ふことがありますよ。

大和 貞操《ていさう》の何《なん》であるかを知《し》らない人《ひと》の多《おほ》いのに、吃驚《びつくり》いたします。

231　「女中さんの貞操を護れ！！」　及川常平、大和俊子、蒲池すま子、竹内茂代、山田わか　『主婦之友』昭和 10 年 6 月 1 日

隙《すき》のない人には、どんな男《をとこ》だつて手《て》が出《だ》せないでせう。（山田わか女史談）

及川　なぜ應《おう》じたかと訊ねると、氣《き》まりが惡《わる》くて大聲《おほごゑ》が出《だ》せなかつたとか、大《だい》きなお邸《やしき》で、聲《こゑ》を出《だ》しても聞《きこ》えないと思《おも》つたとか——

大和　さうです。それから、御主人《ごしゆじん》樣《さま》だから、恥《はぢ》を掻《か》かせては申譯《まをしわけ》ないと思《おも》つて、なんて言《い》ふ人《ひと》もあるのです。そんな人の頭《あたま》は、どうかしてゐるんではないかと、實《じつ》に癪《しやく》に障《さは》ります。

蒲池　女中さんの養成所《やうせいじよ》を開《ひら》いてから、丁度《ちやうど》一年《ねん》になり、一週間《しうかん》の講習《かうしふ》で今《いま》までに約《やく》六百人《にん》ほど養成《やうせい》して、世間《せけん》に送《おく》り出《だ》してゐますが、まづ第《だい》一に敎《をし》へてゐることは、さうした危險《きけん》に遭《あ》つたときの處置《しよち》です。

何《なん》でもいゝから、とにかく大聲《おほごゑ》を出《だ》しなさいと、いつも敎《をし》へてあります。

大和　大聲《おほごゑ》を上《あ》げるのが一番《ばん》いゝのです。頰《ほゝ》の一《ひと》つくらゐ引《ひ》つ叩《ぱた》いて逃《に》げていらつしやいと、いつも申《まを》してをります。

蒲池　六百人《にん》の中《うち》で、危險《きけん》に遭《あ》つて逃《に》げ歸《かへ》つたのが、十五六人《にん》もをります。

竹内　間違《まちが》ひはございませんでしたか？

蒲池　たつた一人ありました。よく訊《き》いてみますと、聲《こゑ》を上《あ》げれば、さうしたことをされようとした自分《じぶん》が恥《はづか》しい。また一方《ぱう》、怖《こは》いには怖《こは》いが、自分《じぶん》がその主人《しゆじん》に對《たい》して厭《いや》な感情《かんじやう》を持《も》つてゐない。それを拒《こば》めば、この家《うち》を出《だ》されるかも知《し》れない、それが怖《こは》い、辛《つら》い——と思《おも》つて、言《い》ふことを聽《き》いたといふのです。

大和　それぢや、問題外《もんだいぐわい》ですね。

蒲池　愛國婦人會《あいこくふじんくわい》といふ、大《おほ》きな團體《だんたい》の後楯《うしろだて》があり、萬一《まんいち》間違《まちが》ひを起《おこ》した場合《ばあひ》、ことが面倒《めんだう》になるといふことは、先方《せんぱう》でも御承知《ごしようち》でせうし、また當方《たうはう》としても、危險《きけん》と思《おも》はれる家庭《かてい》には、絶對《ぜつたい》に出《だ》さないやうにしてゐてさへ、十五六人《にん》も逃《に》げて歸《かへ》る人《ひと》があるのですから、田舍出《ゐなかで》の、身寄《みよ》りのない人《ひと》や、ちよつとした紹介《せうかい》くらゐで、家庭《かてい》を選《えら》ばずに入《はい》つた人《ひと》は、隨分《ずゐぶん》危險《きけん》に曝《さら》されるわけですね。

▲命《いのち》に代《か》へても貞操《ていさう》を護《まも》れ

記者　大和《おほわ》さんの派出婦會《はしゆつふくわい》では如何《いかゞ》ですか？

大和　さうですね。私《わたし》の耳《みゝ》に入《はい》るのはあまりあ

りません。それがと申《まを》しますと、派出婦會は大《おほ》きな一《ひと》つの團體《だんたい》で、さうしたことのあつた場合《ばあひ》、制裁《せいさい》が嚴《きび》しいのです。

　例《たと》へば、派出婦《はしゆつぷ》の不行跡《ふぎやうせき》が表面上《へうめんじやう》に現《あら》はれゝば、組合中《くみあひぢゆう》に回状《くわいじやう》が廻《まは》つて、再《ふたゝ》びもうこの仕《し》事《ごと》ができないやうになつてしまふのです。

　また、さういふ態度《たいど》を先方《せんぱう》に執《と》られるといふのは、當人《たうにん》の態度《たいど》が惡《わる》いからだと、いつも申《まを》してをります。

山田　それやさうですよ。隙《すき》のない人《ひと》には、どんな男《をとこ》だつて、手《て》が出《で》ないでせうからね。

大和　ですから、いつも隙《すき》のない身構《みがま》へで、態度《たいど》をはつきりさせておくこと、必《かなら》ずヅロースを穿《は》くこと、もし變《へん》な態度《たいど》で部屋《へや》に呼《よ》ばれたときは、咄嗟《とつさ》に心構《こゝろがま》へをして、飛《と》び寄《よ》る隙《すき》を與《あた》へないこと、萬一《まんいち》の場合《ばあひ》は、命《いのち》に代《か》へても貞操《ていさう》を護《まも》ることゝ、必《かなら》ず注意《ちうい》いたします。

　ですから會館《くわいくわん》の人達《ひとたち》も、もし變なことを言《い》はれたりした場合《ばあひ》は、自分《じぶん》の日頃《ひごろ》の態度《たいど》が惡《わる》いと取《と》られることになりますから、割合《わりあひ》に表《おもて》面《めん》には出《だ》さないやうです。

　また男《をとこ》つて、圖々《づうづう》しいものですよ。自分《じぶん》で變《へん》な態度《たいど》を執《と》つておきながら、派出婦《はしゆつぷ》が逃《に》げ歸《かへ》ると、また新《あたら》しく代《かは》りの者《もの》を寄越《よこ》せと、言《い》つて來《く》るのです。そのときは、極《ご》く年寄《としより》つた人《ひと》を廻《まは》しますけれど。

　その上《うへ》、驚《おどろ》いたですよ。六十になるお婆《ばあ》さんが、今朝《けさ》——私《わたし》にだつてさうした危險《きけん》はありますよ——と言《い》ふのです。その相手《あひて》といふのは、八十歳《さい》の中氣《ちゆうき》の爺《ぢい》さんだといふから、開《あ》いた口《くち》が塞《ふさ》がらないではありませんか。

蒲池　變態《へんたい》ですよ、そんな人《ひと》は。

竹内　いやしくも男子《だんし》たるものは、成熟男子《せいじゆくだんし》は

233 「女中さんの貞操を護れ！！」 及川常平、大和俊子、蒲池すま子、竹内茂代、山田わか 『主婦之友』昭和10年6月1日

決《けつ》して二人《ふたり》きりでおかず、子《こ》供《ども》を傍《そば》につけておくとか――それは主人《しゆじん》のみならず、女中《ぢよちう》の身《み》をも護《まも》つて上《あ》げる、主婦《しゆふ》の氣轉《きてん》と親切《しんせつ》です。（竹内茂代女史談）

無論《むろん》のこと、八九十歳《さい》に亙《わた》つても、尙《なほ》且《か》つ危險《きけん》な人《ひと》のあることを知つておくべきです。

▲危險《きけん》な場合《ばあひ》のいろ〳〵

及川 口說《くど》き方《かた》もいろ〳〵ありますね。

大和 一番《ばん》いけないのは、按摩《あんま》といふ手《て》です。

及川 それから風呂《ふろ》の流《なが》しです。

山田 醉《よ》つた紛《まぎ》れにやる人《ひと》もあります。ある銀行家《ぎんかうか》のお宅《たく》、そこは奧樣《おくさま》はないが、嫂《あによめ》のしつかりした人《ひと》がゐるので、安心《あんしん》して知《し》り合《あ》ひの娘《むすめ》を世話《せわ》したところ、その主人《しゆじん》は酒《さけ》飲《の》みで毎晩《まいばん》醉《よ》つて歸《かへ》る。たうとうある晚《ばん》、醉《よ》つた紛《まぎ》れに變《へん》な行動《かうどう》を執《と》つたので、夢中《むちう》で引《ひ》つ叩《たた》いて逃《に》げて來《き》た――と言《い》ふのです。よく逃《に》げて來《き》たと、褒《ほ》めてやりましたよ。

大和 危險《きけん》は夜《よる》に多《おほ》いやうに思《おも》はれますが、實《じつ》際《さい》は、却《かへ》つて晝間《ひるま》が多《おほ》いですよ。ある派出婦《はしゆつふ》は、某《ぼう》アパートに通勤《つうきん》してゐた折《をり》、危險《きけん》な目《め》に遭《あ》つて、窓《まど》から飛《と》び降《お》りて逃《のが》れて、大怪我《おほけが》をしたことがありました。コンクリートのアパートで、然《しか》も鍵《かぎ》をかけた西洋間《せいやうま》などでは、晝間《ひるま》だつて、ちよつとくらゐの聲《こゑ》では聞《きこ》えないでせうからね。

蒲池 ある文士《ぶんし》の宅《たく》で、やつぱりお三時《さんじ》のお茶《ちや》を持《も》つて行つて、變《へん》な素振《そぶ》りをされたので、大聲《おほごゑ》を上《あ》げて、隣《となり》に飛《と》び降《お》りて逃《のが》れた娘《むすめ》がゐました。晝間《ひるま》だと思《おも》つて、奧《おく》さんが油斷《ゆだん》するせゐですね。

及川 誘惑《いうわく》するのは、主人《しゆじん》ばかりではない。主《しゆ》人《じん》の弟《おとうと》とか、息子《むすこ》とか、さうした生活能力《せいくわつのうりよく》のない者《もの》と關係《くわんけい》した女中《ぢよちう》は、一そう慘《みじ》めですよ。子供《こども》が生《うま》れても、逃《に》げ隱《かく》れて、責任《せきにん》を女《ぢよ》中《ちう》にばかり塗《なす》りつける、とどのつまりが思《おも》ひ餘《あま》つて自《じ》殺《さつ》するなんて、隨分《ずゐぶん》あります。

竹内 その外《ほか》書生《しよせい》とか、出《で》入《いり》商人《しやうにん》とかの問題《もんだい》も隨分《ずゐぶん》ありますね。

大和 それは戀愛《れんあい》でせうが、成功《せいこう》する人《ひと》は少《すく》ないやうです。先日《せんじつ》、ある施療《せれう》の乳兒院《にゆうじゐん》を訪《たづ》ねたところ、身體《からだ》一杯《ぱい》に瘡《かさ》のできてゐる子《こ》の多《おほ》いのに驚《おどろ》きました。殆《ほとん》ど皆《みな》が女中《ぢよちう》さんの不倫《ふりん》の子供《こども》だと聞《き》いて、ぞつとしました。

竹内 何《なに》しろ私生兒《しせいじ》を生《う》むのは、女中《ぢよちう》が一番《ばん》多《おほ》いさうです。

蒲池 子供《こども》だけではなく、大抵《たいてい》性病《せいびやう》を傳染《うつ》されてゐます。この恐《おそろ》しい事實《じじつ》を、何遍《なんべん》か言《い》ひ聽《き》かせては、若《わか》い女中《ぢよちう》の誡《いましめ》としてゐます。

▲女中《ぢよちう》によつて過《あやま》る將來《しやうらい》

記者 では立場《たちば》を變《か》へて、女中《ぢよちう》が主人《しゆじん》を誘惑《いうわく》する場合《ばあひ》もありませうね。

大和 誘惑《いうわく》とまでゆかなくとも、乘《じやう》じさせるやうな機會《きくわい》を與《あた》へるやうな素振《そぶ》りをする――殊《こと》に一度《ど》男性《だんせい》を知《し》つた女《をんな》は、割合《わりあひ》に大膽《だいたん》です。

記者 それに狹《せま》い家《いへ》で、主人夫婦《しゆじんふうふ》の寢室《しんしつ》に近《ちか》い場合《ばあひ》など、いつの間《ま》にかその夫婦生活《ふうふせいくわつ》を知《し》るやうになり、半分興味《はんぶんきようみ》で、年下《としした》の息子《むすこ》などを誘惑《いうわく》したりするのではありませんか？

及川 それで、純眞《じゆんしん》な子供《こども》の將來《しやうらい》を滅茶々々《めちやめちや》にしてしまつた例《れい》があります。避暑《ひしよ》などに行《い》つて家族《かぞく》の留守《るす》の場合《ばあひ》などに、よく起《おこ》る問題《もんだい》です。これは母親《はゝおや》として、最《もつと》も注意《ちゆうい》しなくてはいけません。また中學生だからなどゝ、油斷《ゆだん》がなりませんよ。

また自分《じぶん》から誘惑《いうわく》してゐたから、慰藉料の請求《せいきう》をする、圖々しい女《をんな》もあります。今私《いまわたし》の手許《てもと》で問題《もんだい》になつてゐるのは、女中《ぢよちう》でなくダンサーですが、一萬圓請求してゐます。隨分ひどいものです。

蒲池 田舍出《ゐなかで》の女中《ぢよちう》さんでも、安心《あんしん》できない場合《ばあひ》があります。貞操觀念のない、ルーズな生活をしてきた人《ひと》だと、この方面《はうめん》にだらしがなくて、御主人《ごしゆじん》や、子供《こども》を過《あやま》たすことがありますから、よほど家庭《かてい》で氣《き》をつけなければなりません。

▲間違《まちが》ひは主婦《しゆふ》の責任《せきにん》

記者 今度《こんど》は、奧《おく》さんの立場《たちば》として、どうして家庭内《かていない》に、こんな忌《いま》はしい問題《もんだい》をなくすことができるか、御意見《ごいけん》を伺《うかゞ》はして頂《いたゞ》きたうございます。

竹内 良人《をつと》に過《あやま》ちを起《おこ》させないのは、妻《つま》として

235　「女中さんの貞操を護れ！！」 及川常平、大和俊子、蒲池すま子、竹内茂代、山田わか 『主婦之友』昭和10年6月1日

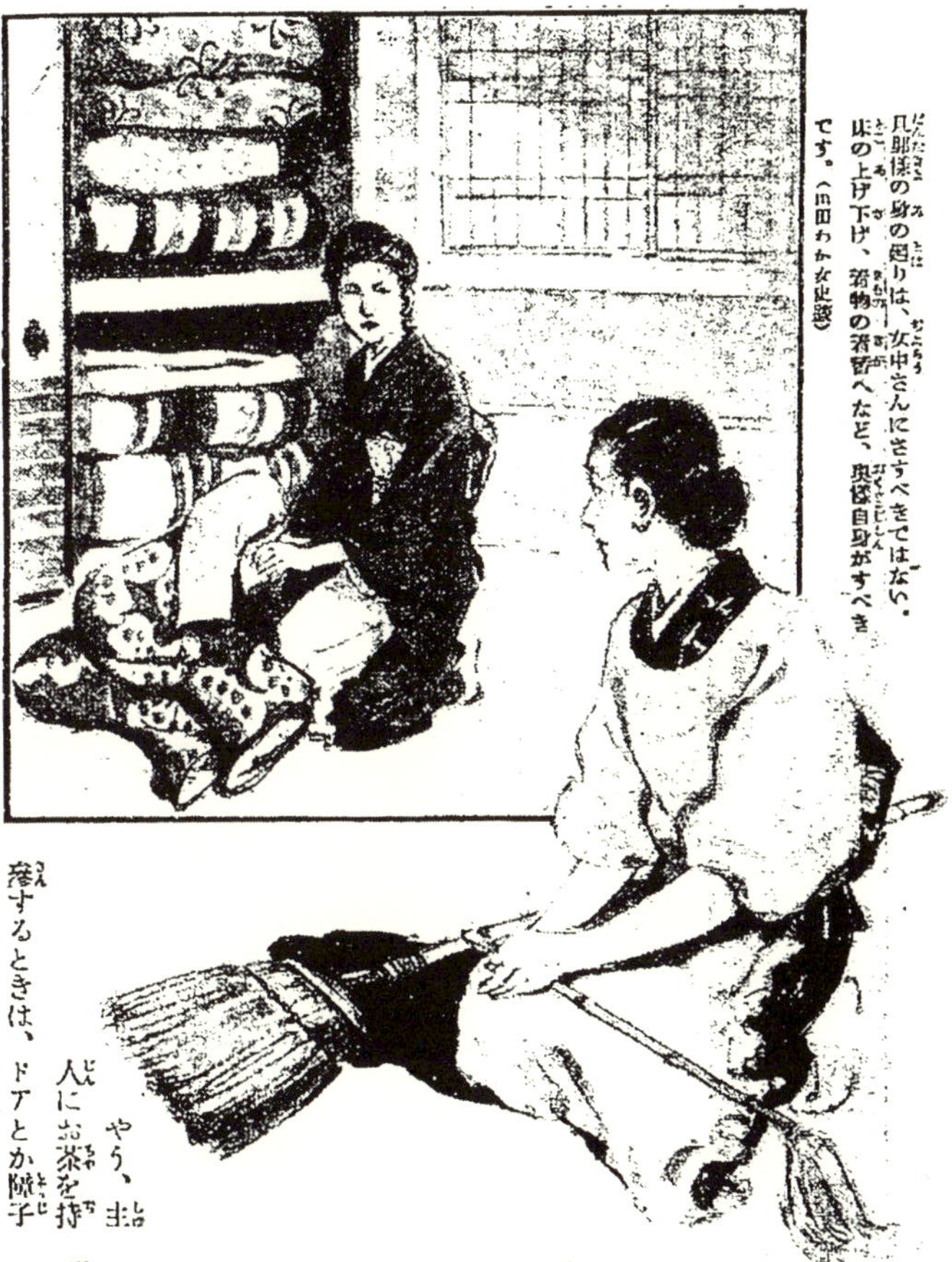

旦那様《だんなさま》の身《み》の廻《まは》りは、女中《ぢよちう》さんにさすべきではない。床《とこ》の上《あ》げ下《さ》げ、着物《きもの》の着替《きが》へなど、奥様自身《おくさまじしん》がすべきです。（山田わか女史談）

良人《をつと》への第一《だいい》の奉仕《ほうし》だと思《おも》ひます。

さうした隙《すき》を與《あた》へないことは勿論《もちろん》ですが、女中《ぢよちう》にも、主婦《しゆふ》として充分《じうぶん》言《い》ひ聴《き》かしておくべきです。

例《たと》へば、決《けつ》して二人《ふたり》きりでおくことのないやう、主《しゆ》人《じん》にお茶《ちや》を持《も》参するときは、ドアとか障子《しやうじ》を開《あ》け放《はな》ちにするとか、また、足腰《あしこし》など揉《も》ませる場合《ばあひ》は、必《かなら》ず子供《こども》を側《そば》につけておくとか——それは、主人《しゆじん》のみならず、女中《ぢよちう》の身《み》をも護《まも》つて上《あ》げる、主婦《しゆふ》の氣轉《きてん》と親切《しんせつ》といふべきものです。

大和　ほんたうに、二人《ふたり》きりでおく、つまり、その機會《きくわい》を與《あた》へるといふことがいけません。どうして、あんな立派《りつぱ》な人格者《じんかくしや》が、と吃驚《びつくり》するやうな方《かた》が、往々《わうわう》にして間違《まちが》ひを起《おこ》すことがあるのですから。

だから、最《もつと》も危險率《きけんりつ》の多《おほ》いのは、奥《おく》さんの永患《ながわづら》ひ、お産《さん》、避暑《ひしよ》などの場合《ばあひ》です。

蒲池　それから、職業婦人《しよくげふふじん》を妻《つま》に持《も》つ人《ひと》も、割合《わりあひ》に危險《きけん》です。

大和　併《しか》し、避暑《ひしよ》などで、いくら子供《こども》さん方《がた》のためとはいへ、旦那樣《だんなさま》一人《ひとり》おいてきぼりにして、奥《おく》さんが何日間《なんにちかん》も家《うち》を空《あ》けるといふことは、隨分《ずゐぶん》危《あぶな》いことだと思《おも》ひます。

お産《さん》とか、永《なが》い病氣《びやうき》のときは、これは避《さ》けられないことですから、年寄《としよ》りでも頼《たの》むとかして、若《わか》い女中《ぢよちう》、否《いな》奥《おく》さんの妹《いもうと》だつて、一緒《しよ》においてはいけません。

蒲池　こんな例《れい》があります。主婦《しゆふ》が小學校《せうがくかう》の先生《せんせい》で、御主人《ごしゆじん》は著述家《ちよじゆつか》で年中家《ねんぢゆううち》にをられる、ところが奥《おく》さんは、うちの主人《しゆじん》に限《かぎ》つてそんなことが——と、とても御主人《ごしゆじん》を信用《しんよう》してをられるのですが、奥《おく》さんが留守《るす》の間《あひだ》、殊《こと》に夜《や》分晩《ぶんおそ》くまで留守《るす》してをられるときなど、隨分《ずゐぶん》贅《ぜい》な素振《そぶ》りをされるのださうです。

併《しか》し、奥様《おくさま》があまり御主人《ごしゆじん》を信用《しんよう》してをられて、告《つ》げることもできぬので、黙《だま》つて暇《ひま》を取《と》つて來《き》てしまひました。ところが、奥《おく》さんが後《あと》を追《お》ひかけて來《き》て、あまり理由《りいう》を問《と》ひつめるので、たうとう事實《じじつ》を言《い》つてしまつたところ、『そんな不行跡《ふぎやうせき》な主人《しゆじん》とは、知《し》らなかつた。私《わたし》は今日限《けふかぎ》り別《わか》れる。』と、大變《たいへん》な騒《さわ》ぎが持上《もちあが》つたといふのです。

こんな場合《ばあひ》、奥《おく》さんに告《つ》げた方《はう》がいゝのでせうか。言《い》はなければ、後《あと》から知《し》らずに來《く》る女中《ぢよちゆう》さんに可哀《かはい》さうだし、また言《い》へば、家庭《かてい》爭議《さうぎ》が起《おこ》るし——

山田 それや言《い》つていゝことです。もと〳〵主人《しゆじん》に罪《つみ》があるのですから、そのために悲劇《ひげき》が起《おこ》つても、已《や》むを得《え》ないことです。

△女中《ぢよちゆう》には女中《ぢよちゆう》の仕事《しごと》

竹内 私《わたし》の例《れい》を申《まを》すやうですが、私《わたし》は主人《しゆじん》を十二分《ぶん》に信《しん》じてをります。ほんたうに學者肌《がくしやはだ》の人《ひと》ですから、大丈夫《だいぢやうぶ》だとは思《おも》ひますが、もし間違《まちが》ひでもあつては申譯《まうしわけ》ないと思《おも》ひ、隨分《ずゐぶん》苦勞《くらう》しました。何《なに》しろ毎日《まいにち》私《わたし》が忙《いそが》しく出歩《である》きますので、殆《ほとん》ど主人《しゆじん》の身《み》の廻《まは》りの世話《せわ》がして上《あ》げられないのです。

私《わたし》のところでは人手《ひとで》が多《おほ》いので、主人《しゆじん》の身《み》の廻《まは》りの世話《せわ》を、四人《にん》の人《ひと》にして貰《もら》つてゐます。ある者《もの》は食事《しよくじ》だけ、また一人《ひとり》は掃除《さうぢ》だけといふ風《ふう》にして、それ〳〵仕事《しごと》を定《き》めて、決《けつ》して一人《ひとり》だけにはさせません。

嘗《かつ》て石原博士《いしはらはかせ》の問題《もんだい》の起《おこ》つたとき、あれほどの方《かた》でと、ちよつと考《かんが》へられないほど吃驚《びつくり》しましたが、そこが人間《にんげん》ですからね。過《あやま》ちのできないやう、隙《すき》を作《つく》らぬやうに、注意《ちうい》するのが主婦《しゆふ》の務《つとめ》です。

山田 それが、人《ひと》を使《つか》つてゐる主婦《しゆふ》としての責任《せきにん》です。一般《はん》からいへば、旦那様《だんなさま》の身《み》の廻《まは》りは、女中《ぢよちゆう》さんにさすべきではない。床《とこ》の上《あ》げ下《さ》げ、着物《きもの》の着替《きが》へなど、奥様自身《おくさまじしん》がすべきです。

女中《ぢよちゆう》には女中《ぢよちゆう》としての仕事《しごと》がある。女中《ぢよちゆう》に奥《おく》さんの仕事《しごと》をさせるから、つい密接《みつせつ》になつて、間違《まちが》ひが起《おこ》り易《やす》くなるのです。

女中《ぢよちゆう》は奥《おく》さんの仕事《しごと》を手傳《てつだ》ふ人《ひと》だ、主人《しゆじん》の自由意志《じいうゐし》にさすべきでないことを、はつきり、主人《しゆじん》にも女中《ぢよちゆう》にも、認識《にんしき》させておく必要《ひつえう》があります。

大和 私《わたし》も會《くわい》に若《わか》い書生《しよせい》を使《つか》つてゐますが、若《わか》い女中《ぢよちゆう》と二人《ふたり》きりになることのないやう、年《とし》寄《より》の女中《ぢよちゆう》の方《はう》に、よく注意《ちうい》してゐます。

記者 萬《まん》一間違《まちが》ひのできた場合《ばあひ》は、どうしたらよいでせうか？

竹内 それは一刻《こく》も忽《ゆるが》せにできません。女中《ぢよちゆう》には即刻暇《そくこくひま》を出《だ》します。これはあまり騒《さわ》ぐと、却《かへつ》てことを荒立《あらだ》てますから、家庭内《かていない》で、前後《ぜんご》の事情《じじやう》をよく調《しら》べて、適當《てきたう》に處置《しよち》すべきです。

蒲池 教養《けうやう》のある方《かた》でも、随分騒《ずゐぶんさわ》いで、却《かへつ》て荒《あら》立てることがあります。

竹内 何《なに》しろ、過《あやま》ちを未然《みぜん》に防《ふせ》げなかつたといふのが、妻《つま》の落度《おちど》です。

良人《をつと》の態度《たいど》、女中《ぢよちゆう》の素振《そぶ》りに、幾分《いくぶん》その氣《け》配《はい》の見《み》えたとき、まだ芽《め》の出《で》ないうちに、摘《つ》み除《と》つてしまふべきです。

蒲池 女中《ぢよちゆう》が、この頃急《ごろきふ》に白粉《おしろい》をつけ始《はじ》めたと思《おも》つたら、主人《しゆじん》と變《へん》だつたといふのが、ありました。

竹内 ともかく、妻子《さいし》ある人《ひと》の言《い》ふことを聽《き》くやうな女《をんな》は、よつぽどの馬鹿者《ばかもの》、それは恐《おそ》しい罪惡《ざいあく》であることを、はつきりと知《し》らしておく必要《ひつえう》があります。

山田 女中《ぢよちゆう》さんは、萬《まん》一の場合《ばあひ》は死《し》んでも貞操《ていさう》を護《まも》るべきこと、奥《おく》さんは、機會《きくわい》を與《あた》へず、細心《さいしん》の注意《ちうい》を拂《はら》つて、同性《どうせい》を護《まも》つて上《あ》げること、間違《まちが》つた場合《ばあひ》は、それは奥様《おくさま》の恥《はぢ》だと、深《ふか》く心得《こゝろえ》て頂《いたゞ》きたい。こんな忌《いま》はしい問題《もんだい》は一日《にち》も早《はや》く一掃《さう》して、住《す》みよい社會《しやくわい》を作《つく》るやう、お互《たがひ》に努力《どりよく》したいものです。

記者 今晩《こんばん》はお忙《いそが》しい中《なか》をお集《あつま》り頂《いたゞ》き、有益《いうえき》なお話《はなし》をいろ〱と有《あ》り難《がた》うございました。

（昭和十年四月二十三日、濱のやにて）

（さしゑ・・吉邨《よしむら》二《じ》郎《らう》畫《ぐわ》）

婚《こん》期《き》の青《せい》年《れん》が
『妻《つま》にしたい女性《ちよせい》』を語《かた》る座談會《ざだんくわい》

記者　今晩《こんばん》は、婚期《こんき》にある皆《みな》さん方《がた》から近頃《ちかごろ》の女性《ちよせい》について、忌憚《きたん》ない日頃《ひごろ》のお考《かんが》へをお聞《き》かせ願《ねが》ひたいと存《ぞん》じます。どうぞ御遠《ごゑん》慮《りよ》なく十分《ぶん》のお話合《はなしあ》ひを願《ねが》ひます。

明《あか》るく朗《ほが》らかな女性《ぢよせい》

記者　一般的《はんてき》の大《おほ》きな傾向《けいかう》として、若《わか》い女性《ぢよせい》が總《そう》じて明《あか》るく朗《ほが》らかになりましたね、これは非常《ひじやう》に良《よ》いことだと思《おも》ひます。

御出席の方々

内閣資源局調査課	今井千秋
漫畫家	石川義夫
小說家	田村泰次郎
不動貯金銀行	中尾隆治
株式會社日本製鋼所	長濱顯夫
津久戸小學校訓導	植松弘敎
服部時計店圖案部	宮川敏助

今井　言葉《ことば》遣《づか》ひなども隨分《ずゐぶん》明晰《めいせき》になつて來《き》たやうですね。

植松　われ〳〵若《わか》い男《をとこ》は何《なん》と云《い》つても朗《ほが》らかな女性によりより魅力《みりよく》を感《かん》じますな。(笑聲《せうせい》)

長濱　自分《じぶん》の心持《こゝろもち》を率直《そつちよく》に云《い》ひ現《あらは》すことが出《で》來《き》る女《をんな》の多《おほ》くなつたことは確《たし》かにいゝです。

今井　しかし、只《たゞ》それが過《す》ぎると、どうかと

239 「婚期の青年が『妻にしたい女性』を語る座談会」 今井千秋、石川義夫、田村泰次郎 ほか 『婦人倶楽部』昭和10年6月1日

寫眞向つて右より
長濱氏　植松氏　中尾氏　田村氏　宮川氏　今井氏

思ひますね。

長濱　やはりその邊《へん》は程度《ていど》問題《もんだい》でせう、だが都會生《とくわいせい》活《くわつ》をするには男《をとこ》でも女《をんな》でもあんまりしなく〳〵と廻《まは》りくどい事《こと》ぢや、どうも壓倒《あつとう》され勝《が》ちですからね、自己保存《じこほぞん》の意味《いみ》でもテキパキと……。

今井　だが、その反面《はんめん》には日本婦人特有《にっぽんふじんとくいう》の優《やさ》しさが失《うしな》はれつゝあるんぢやないかなア。

中尾　さうですね、やつぱり何《なん》と云《い》つても閑雅《しとやか》な中《うち》に女《をんな》らしさがあるんですからね。

石川　例《たと》へば服裝《ふくさう》などもさうです、飛《と》び離《はな》れた洋裝《やうさう》をして、コテ〳〵と濃《こ》く塗《ぬ》つたのなんぞ一目《ひとめ》見《み》ただけで厭《いや》になります。

植松　同感《どうかん》です。

中尾　しかもぐつと膝を組《く》んだりなどしてね。

今井　それも丈《せい》でも高《たか》くスッキリしたのがやつて居《ゐ》るならまだしも、ずんぐりしたのが大根《だいこん》のやうな足《あし》を組《く》んで居《ゐ》るのなぞ、見《み》ちやゐられない……。(笑聲《せうせい》)

石川　見《み》るから大儀《たいぎ》さうですね。(笑聲《せうせい》)

記者　それから近頃《ちかごろ》の女性《ぢよせい》は餘程生活的《よほどせいくわつてき》に目覺《めざ》め、總《すべ》てが實際的《じつさいてき》になつたといふことも動《うご》かすべからざる事實《じじつ》ですね。

田村　ですが、結婚《けつこん》の條件《でうけん》に夫《をつと》の收入《しうにふ》は最低《さいてい》月《つき》に百五十圓《えん》だなどと云《い》ふのがありますが、こんなのは困《こま》ります、これなどは若《わか》い男《をとこ》の收入《しうにふ》にちつとも認識《にんしき》が無《な》いといふものですね。

今井　百五十圓《えん》ぢや、三十五、六、下手《へた》をすりや四十先《さき》でないと結婚出來《けつこんでき》ないですよ。(笑聲《せうせい》)

植松　さうなつちやこの座談會《ざだんくわい》は婚期《こんき》を外《はづ》れた男《をとこ》ばかりの座談會《ざだんくわい》になつてしまふ。(笑聲《せうせい》)

記者　然《しか》し今日《こんにち》だつて財產《ざいさん》よりは力量《りきりやう》と云《い》ふ健氣《けなげ》な方《かた》も隨分澤山《ずゐぶんたくさん》ありませう。

今井 さあ、どうでせうかなあ――。(笑聲《せうせい》)

石井 思《おも》ひあたるところはありませんか。(笑聲《せうせい》)

田村 口《くち》ぢやさう云《い》つても、その實《じつ》なかく\〱ね、親讓《おやゆづ》りの財產《ざいさん》をたんまり持《も》つた男《をとこ》なんて惡《わる》くないでせうからね。

今井 それは確《たし》かだ。

記者 どうも一般《ぱん》にさう見《み》られては御婦人《ごふじん》の方《かた》にお氣《き》の毒《どく》ですね、男《をとこ》にだつてさう云《い》ふ氣持《きもち》は相當《さうたう》あるんぢやないですか、何時《いつ》だつたか或《あ》る博士《はくし》が、その弟子《でし》達《たち》に『からいふ財產家《ざいさんか》に養子《やうし》の口《くち》があるが行《ゆ》かないか』と云《い》つたら、殆《ほとん》ど全部《ぜんぶ》が行《ゆ》きますと云《い》つたさうです。昔《むかし》は小《こ》糠《ぬか》三合《がふ》あつたら云々《うんぬん》と云《い》つたものですが、今《いま》ぢや全《まつた》く變《かは》つたものですね。

今井 何《なに》しろ食《く》つて行《ゆ》くことそれ自《じ》身骨《しんぼね》が折《を》れるんですからね、相當惚込《さうたうほれこ》んだのでも、いよく\〱といふ一歩手前《ほてまへ》で考《かんが》へると思《おも》ひますね。

田村 然《しか》しそれが餘《あま》り打《だ》算的《さんてき》になると困《こま》りますな。

宮川 全《まつた》くですね。

職業《しよくげふ》を持《も》つた女《をんな》
持《も》たない女《をんな》

記者 職業《しよくげふ》を持《も》つた婦人《ふじん》と持《も》たない婦《ふ》人《じん》に就《つい》てはどうお考《かんが》へですか。

中尾 どちらかといふと僕《ぼく》は職業《しよくげふ》を持《も》たない人《ひと》が好《す》きですね。

今井 全然《ぜんぜん》持たないといふよりも、職業《しよくげふ》は持《も》つて居《ゐ》ても女《をんな》らしさを失《うしな》はない婦《ふ》人《じん》ならいゝと思《おも》ひます。

長濱 どうも一口《ひとくち》に職業婦人《しよくげふふじん》といふと、男《をとこ》の良《よ》いとこ惡《わる》いとこを知《し》り拔《ぬ》いて居《ゐ》るので何《なん》となく煙《けむ》つたい氣《き》はしますが、然《しか》し一面《めん》よく男《をとこ》を理解《りかい》してゐるといふことは結婚《けつこん》してから非常《ひじやう》に有利《いうり》な場合《ばあひ》が多《おほ》いと思《おも》ひますね。

宮川 さうですな、職業《しよくげふ》を持《も》つた女《をんな》性《せい》が一概《がい》にどうとは勿論《もちろん》いへないですね。

中尾 結局《けつきよく》その人《ひと》の性質《せいしつ》次第《しだい》でせう、お孃《ぢやう》さんだからつて利己的《りこてき》な非常《ひじやう》に感《かん》じの惡《わる》い人《ひと》もあり、職業婦人《しよくげふふじん》でもしとやかさを失《うしな》はない感《かん》じの良《よ》い人《ひと》も澤山《たくさん》ありますから――。

今井 この頃《ごろ》は概《がい》して職業《しよくげふ》を持《も》ちたがる婦人《ふじん》が多《おほ》くなつて來《き》たやうですね。

植松 職業《しよくげふ》を持《も》つことが一つの誇《ほこ》りになつてゐるやうでは無《な》いですか。

田村 時代の空氣《き》ですね。

241　「婚期の青年が『妻にしたい女性』を語る座談会」　今井千秋、石川義夫、田村泰次郎 ほか　『婦人倶楽部』昭和 10 年 6 月 1 日

宮川　洋裝したいせゐもありますね。（笑聲）

中尾　家庭《かてい》から解放《かいはう》された自由《じいう》をもちたいといふ氣持《きもち》もあるのでせう。

宮川　僕等《ぼくら》の店《みせ》へも女學校《ぢよがくかう》を出《で》た人《ひと》が頼《たの》みに來《く》るのですが、お働《はたら》きにならないで濟《す》むお家《うち》なら働《はたら》かない方《はう》がいゝでせう、と申《まう》して居《を》ります。

記者　實際問題《じつさいもんだい》として、あなた方《がた》はたゞ女學《ぢよがく》校《かう》を出《で》て家庭《かてい》にあつた人《ひと》と、適當《てきたう》な職業《しよくげふ》を一年なり二年なりもつたのとどちらを希望《ばう》になりますか。

今井　僕《ぼく》は職業《しよくげふ》を持《も》つた人《ひと》を取《と》ります。

宮川　さつきの話《はなし》のやうに百五十圓《ゑん》ぐらゐ取《と》らなくつちやと云《い》ふのでは、僕等《ぼくら》手《て》も足《あし》も出《で》ないですからね。（笑聲《せうせい》）その點《てん》は職業婦人《しよくげふふじん》の方《はう》が理解《りかい》があると思《おも》ひます。

今井　結婚生活《けつこんせいくわつ》といふものは何《なん》といつても經《けい》濟《ざい》が基調《きてう》となるのですから、どうしても經《けい》濟的《さいてき》の意識《いしき》のハッキリした人《ひと》でなくては困《こま》ると思《おも》ひます。その意味《いみ》で職業《しよくげふ》を持《も》つたことのある婦人《ふじん》は、自分《じぶん》の夫《をつと》は相當《さうたう》努力《どりよく》もして一ケ月《げつ》どの位《くらゐ》の給料《きふれう》といふ風《ふう》に、收入《しうにふ》の程度《ていど》を察《さつ》してゐるので、さういふ點《てん》は却《かへ》つてよくはないかと思《おも》ひますね。

田村　金《かね》の値打《ねうち》を知《し》つてゐる、そこがいゝところですね。

長濱　僕等《ぼくら》のやうに安《やす》サラリーマンの妻《つま》としては尚更《なほさら》金錢的觀念《きんせんてきくわんねん》のない者《もの》では困《こま》りますからね。

植松　けれども職業《しよくげふ》についた爲《ため》に結婚《けつこん》を嫌《いや》がる女《をんな》もありますね。

宮川　さういふのは結局《けつきよく》その人《ひと》よりずつと馬《ば》鹿《か》な旦那樣《だんなさま》か或《あるひ》はずば拔《ぬ》けて偉《えら》い旦那樣《だんなさま》でないと納《をさ》まりませんね。

僕等《ぼくら》の見《み》る美《び》人《じん》

記者　美人《びじん》といつても、これは各自《かくじ》の主觀《しゆくわん》ですから一概《がい》にも言《い》へませんが、一つ皆《みな》さんの美人觀《びじんくわん》を聞《き》かせて戴《いただ》きませう――。

宮川　單《たん》に顔《かほ》の美《うつく》しさだけでは必《かなら》ずしも美人《びじん》とは言《い》へませんね。

今井　だが、顔《かほ》の美《うつく》しいのは何《なん》といつてもいいぢやないですか。（笑聲《せうせい》）

石川　ところが所謂《いはゆる》お人形《にんぎやう》のやうな、型《かた》に嵌《はま》りすぎて、卵《たまご》に目《め》鼻《はな》といふ樣《やう》なのはあまり感心《かんしん》しませんね。

今井　顔《かほ》ばかり美《うつく》しくても持扱《もちあつか》ひに骨《ほね》の折《を》れ

さうなのは感心《かんしん》しないですね。

石川 僕《ぼく》は平凡《へいぼん》な顔《かほ》よりも、ちやんと獨自性《どくじせい》といふか、印象的《いんしやうてき》といふか、どこか特徴《とくてう》を備《そな》へた顔《かほ》が好《す》きですね。それと愛嬌《あいけう》のある婦人《ふじん》——。

長濱 體《からだ》の大《おほ》きいのが僕《ぼく》はいゝと思《おも》ひますな。

中尾 大《おほ》きいつてこれもこちら本位《ほんゐ》ぢやないですか、自分《じぶん》より大《おほ》きくては連《つ》れて歩《ある》くにしても一寸工合《ちよつとぐあひ》が悪《わる》いですよ。(笑聲《せうせい》)

石川 僕《ぼく》も太《ふと》つてゐるのがいゝが、たゞ手《て》と脚《あし》のあまり大《おほ》きいのは困《こま》りますね。

今井 しかしこの頃《ごろ》の女《をんな》の人《ひと》の脚《あし》は、大抵《たいてい》大《おほ》きいですよ。(笑聲《せうせい》)

中尾 あまり痩《や》せてゐてもいけませんし、太《ふと》つてゐるといつても女相撲《をんなずまふ》のやうでも困《こま》るし。(笑聲《せうせい》)要《えう》するに均整《きんせい》のとれた健康美《けんかうび》でなくてはいけませんね。

石川 體格《たいかく》がいゝといふ以外《いぐわい》に、例《たと》へば目《め》がいゝとか、鼻《はな》がいゝとか、或局部的《あるきよくぶてき》の美《び》に僕等《ぼくら》は魅力《みりよく》を感《かん》じますね。

植松 さういふ點《てん》から云《い》ふと、この頃婦人《ごろふじん》の化粧《けしやう》などあまりに一般的で、誰《だれ》を見《み》ても同《おな》じやうな感《かん》じがするぢやありませんか。

石川 そこが大衆的《たいしうてき》に誰《だれ》にでも向《む》く樣《やう》にと考《かんが》へてゐる所《ところ》なんでせう。

宮川 斷髪《だんぱつ》にも斷髪《だんぱつ》の美《び》があり、日本髪《にほんがみ》にも日本髪《にほんがみ》の美《び》がありますが、僕《ぼく》は大體《だいたい》に於《おい》て日本髪《にほんがみ》に魅力《みりよく》を感《かん》じますね。

記者 娘時代《むすめじだい》は斷髪《だんぱつ》も結構《けつかう》か知《し》れませんが、さて奥様《おくさま》となると、一寸考《ちよつとかんが》へる人《ひと》があるでせうね。

宮川 それも若《わか》い時《とき》にはいゝが子供《こども》でも出來《でき》てからのことを考《かんが》へると、どうかと思《おも》ひますね。(笑聲《せうせい》)

中尾 僕《ぼく》は洋裝《やうさう》より、寧《むし》ろ振袖姿《ふりそですがた》が好《す》きです。

今井 所謂國粹美《いはゆるこくすいび》といふ譯《わけ》ですね。

植松 僕《ぼく》はどつちでもいゝ、たゞその人《ひと》にピツタリしたものであれば結構《けつかう》です。

宮川 自分《じぶん》の體格《たいかく》を主《しゆ》として髪《かみ》を結《ゆ》はなければならんと思《おも》ひますね。大《おほ》きい人《ひと》は丸髷《まるまげ》にしたら特大型《とくだいがた》、一號型《がうがた》といふのですか大《おほ》きいのを結《ゆ》ひ、小《ちひ》さい人《ひと》は小《ちひ》さいのを……。

石川 小《ちひ》さい人《ひと》が大《おほ》きな丸髷《まるまげ》を結《ゆ》つてゐるのには滑稽《こつけい》なのがありますね。僕《ぼく》は結婚《けつこん》しても丸髷《まるまげ》を結《ゆ》はせる氣持《きもち》はありませんね。

中尾 さうですかね、僕《ぼく》は結《ゆ》はして見《み》たいです。(笑聲)

243　「婚期の青年が『妻にしたい女性』を語る座談会」 今井千秋、石川義夫、田村泰次郎 ほか 『婦人倶楽部』昭和10年6月1日

田村　やつぱり日本髪の優雅なのはいゝところがありますね。

宮川　僕《ぼく》はなるべく日本髪《にほんがみ》ですね。

今井　始終日本髪《しじうにほんがみ》ぢやとても經濟的《けいざいてき》にやり切《き》れませんよ。(笑聲《せうせい》)

宮川　始終《しじう》ぢやないです、時偶《ときたま》に……。

今井　僕《ぼく》は和裝《わさう》でも洋裝《やうさう》でも、恰好《かつかう》のいゝのを見《み》ると、あゝいふ人《ひと》もいゝなと思《おも》ひますね。(笑聲《せうせい》)

中尾　僕《ぼく》はやつぱり古風《クラシカル》な女性《ぢよせい》に心《こゝろ》を惹《ひ》かれるな。(笑聲《せうせい》)

好きな性質、嫌ひな性質《せいしつ》

記者　では今度《こんど》は、どんな性質《せいしつ》の女性《ぢよせい》が好《この》ましいか、好《この》ましくないかについてうかゞひませう。

石川　これはむづかしいですね。實物《じつぶつ》を見《み》ると分《わか》りいゝが……。(笑聲《せうせい》)

宮川　先《ま》づ第《だい》一貞操觀念《ていさうくわんねん》の强《つよ》い女《をんな》。

記者　これには皆《みな》さん御異議《ごいぎ》はないでせう。(笑聲《せうせい》)

中尾　それは第一ですが、漠然といへば僕は女らしい、そして温かい感《かん》じのする女《をんな》が好《す》きですね。

今井　僕《ぼく》は明朗《めいらう》な女《をんな》、時《とき》には冗談《じやうだん》もいへるしユーモアを解《かい》せる女《をんな》がいゝと思《おも》ひますね。しかし朗《ほが》らか過《す》ぎては困《こま》りますが……。

中尾　いゝいおきやんになつてはいけませんね。

今井　ところが此《こ》の頃《ごろ》おきやんなのが相當多《さうたうおほ》いんぢやないですか。

石川　斷髪《だんぱつ》してゐても丸髷結《まるまげゆ》つてみたいといふやうな氣持《きもち》の女《をんな》がいゝですね。

記者 金錢《きんせん》の方面《はうめん》に於《お》いても、趣味《しゆみ》の方面《はうめん》に於《お》いても、始終《しじう》ゆとりのある女《をんな》でないと困《こま》りますね。

今井 どんな境遇《きやうぐう》になつても、氣持《きも》ちの上《うへ》でゆとりを持《も》てる女《をんな》はたしかに頼《たの》もしいですね。

田村 收入《しうにふ》が少《すく》なければ少《すくな》い、多《おほ》ければ多《おほ》いで變通自在《へんつうじざい》に、顏色《かほいろ》を變《か》へないでいつも朗《ほが》らかに生活《せいくわつ》し得《う》る女《をんな》、かうした女《をんな》を妻《つま》に持《も》つた夫《をつと》は幸福《かうふく》だらうと思《おも》ひますね。

石川 僕等《ぼくら》の樣《やう》に今月《こんげつ》は金《かね》が入《はい》つても來月《らいげつ》は當《あて》にならないといふ生活《せいくわつ》をしてゐる者《もの》にとつてはその點《てん》を一番痛切《いちばんつうせつ》に感《かん》じますね。それと僕《ぼく》は無暗《むやみ》に家計簿《かけいぼ》をつけたがる女《をんな》は嫌《きら》ひですね。古新聞《ふるしんぶん》を賣《う》つちやつて何錢也《なんせんなり》などと一々書《か》き入《い》れるなんて腐《くさ》つてしまひますね。(笑聲《せうせい》)

田村 しかし默《だま》つてそれをやつてゐるのはいゝぢやありませんか。

石川 どうもね。亭主《ていしゆ》の鼻先《はなさき》に家計《かけい》簿《ぼ》を持《も》ち出《だ》して、今月《こんげつ》はいくら足《た》りないとか何《なん》とか愚痴《ぐち》られちや……。

中尾 しかし經濟統制《けいざいとうせい》をとる上《うへ》にそれも必要《ひつえう》なことぢやないですか。

宮川 お金《かね》がなくなつた場合《ばあひ》に、プン〳〵怒《おこ》つてあたり散《ち》らす樣《やう》ぢやとてもたまりませんね。それと主《しゆ》人《じん》の友達《ともだち》など來《き》た樣《やう》な時《とき》に誠意《せいい》を持《も》つて出《で》來《き》るだけ歡待《くわんたい》して呉《く》れる女《をんな》はいゝですね。これは僕等《ぼくら》が他所《よそ》を訪問《はうもん》した時《とき》にいつも感《かん》じることですが。

中尾 同感《どうかん》ですね。人附合《ひとつきあひ》の惡《わる》いしめつぽい女《をんな》ですと、そのために主人《しゆじん》の友人《いうじん》などに氣《き》まづい思《おもひ》をさせるやうな例《れい》はよくあると思《おも》ひます。たとへ御馳走《ごちさう》がなくとも心《こゝろ》から朗《ほが》らかに接《せつ》して呉《く》れるのは嬉《うれ》しいものですね。

245　「婚期の青年が『妻にしたい女性』を語る座談会」　今井千秋、石川義夫、田村泰次郎 ほか　『婦人倶楽部』昭和 10 年 6 月 1 日

宮川　僕は人情味豐かな女、つまり笑《わら》ふ時《とき》には一緒《しよ》に笑《わら》ひ、泣《な》くときには一緒《しよ》に泣《な》いて吳《く》れるやうな女《をんな》が好《す》きですね。そしておしやべりでなく、それでゐて必要《ひつえう》なことだけは誰《だれ》の前《まへ》でもハッキリ言《い》ひ得《う》る女《をんな》が好《この》ましいですね。

田村　從順《じうじゆん》といふことは無論必要《むろんひつえう》ですが、餘《あま》りに個性《こせい》のない女《をんな》は困《こま》りますね。

植松　女の人《をんなひと》には過《す》ぎ去《さ》つたことをいつまでもくよ〳〵したり、つまらない取越《とりこ》し苦勞《くらう》をする人《ひと》が男《をとこ》に比《くら》べて多《おほ》いやうですが、或《あ》る程度さば〳〵して現在を娛しむといふ方がいゝですね。

石川　それから餘《あま》り派出好《はです》きも困《こま》るが、さうかといつて餘《あま》り地味《ぢみ》つぽ過《す》ぎる女《をんな》、流行《りうかう》などについても全然無關心《ぜんぜんむくわんしん》な女《をんな》も僕《ぼく》は感心《かんしん》しない。

宮川　さうですね。流行《りうかう》を逐《お》はないでも、流行《りうかう》を理解《りかい》してゐる女《をんな》はいゝですね。

今井　それから僕《ぼく》なんか街頭《がいとう》を歩《ある》いてゐても、小《ちい》さい弟《おとうと》や妹《いもうと》なんかの手《て》を引《ひ》いて勞《いたは》りながら歩《ある》いてゐるやうな女性《ぢよせい》には好感《かうかん》が持《も》てますね。

宮川　そんな人《ひと》には、きつとどこかによさがあると思《おも》ひますね。それから僕《ぼく》は商賣柄《しやうばいがら》婦人《ふじん》の服裝《ふくさう》なんかに或《あ》る程度關心《ていどくわんしん》を持《も》つのですが、脊《せ》の低《ひく》い足《あし》の短《みじ》かい當然和服《たうぜんわふく》がいゝと思《おも》はれる人《ひと》が、いやな色《いろ》の洋服《やうふく》で、不調和《ふてうわ》な飾《かざ》りなんかつけて得意然《とくいぜん》と歩《ある》いてゐるのを見《み》ると嫌《いや》になります。自分《じぶん》を知《し》らな過《す》ぎる女《をんな》は困《こま》りますね。

石川　自分《じぶん》にはどういふものが似合《にあ》ふか位《くらゐ》を研究《けんきう》して、自分《じぶん》の缺點《けつてん》を補《おぎな》ひ得《う》ることの出來《き》る女《をんな》は好《この》ましいですね。

私《わたし》が妻《つま》を選《えら》ぶとしたら？

記者　それでは皆《みな》さんが今結婚《いまけつこん》の相手《あひて》を選《えら》ぶとしたら先《ま》づどんな女性《ぢよせい》がいゝと思《おも》ひますか？

長濱　まあ多少夢《たせうゆめ》もありませうけれども、私《わたし》の理想《りさう》を申《まう》しますと、健康《けんかう》でちんちくりんでなく、時《とき》には洋裝《やうさう》、時《とき》には和裝《わさう》、自由《じいう》に着《き》こなし得《う》る位《くらゐ》の嗜《たしな》みを持《も》つた人《ひと》。これは私《わたし》の特定《とくてい》の好《この》みかも知《し》れませんが、眼鏡《めがね》な

「婚期の青年が『妻にしたい女性』を語る座談会」 今井千秋、石川義夫、田村泰次郎 ほか 『婦人倶楽部』昭和10年6月1日

どかけて理智的《りちてき》過ぎて情《じやう》の動《うご》かない女《をんな》は嫌《きら》ひ。そして、香《かう》の物《もの》一つの生活《せいくわつ》も厭《いと》はない人《ひと》――。

石川　相當慾《さうたうよく》ばつてゐますね。(笑聲《せふせい》)

長濱　いや、まだあるんですよ。僕等《ぼくら》は當分《たうぶん》人《ひと》に使《つか》はれる身分《みぶん》とすれば、まあボーナスの時《とき》くらゐがニコ／＼顔《がほ》で……。(笑聲《せふせい》)後《あと》は大體疲《だいたいつか》れ顔《がほ》で歸《かへ》る。そんなとき夫《をつと》の氣持《きも》ちを素早《すばや》く察《さつ》して朗《ほが》らかに氣分轉換《きぶんてんくわん》をさせて呉《く》れる女《をんな》がほしいですね。

田村　所謂《いはゆる》、世話女房《せわにようばう》といふ譯《わけ》ですな。

長濱　つまり母性的《ぼせいてき》の人《ひと》であつてほしい譯《わけ》です。それと『女房《にようばう》』といはれる事《こと》を嫌《きら》つて『奥《おく》さん』と呼《よ》ばれたがる樣《やう》な女《をんな》は好《この》みませんね。(笑聲《せふせい》)

中尾　僕《ぼく》の友達《ともだち》に結婚《けつこん》の條件《でうけん》として、三だて主義《しゆぎ》といふのを唱《とな》へてゐる人《ひと》があります。先《ま》づ第《だい》一が氣立《きだて》、次《つぎ》が顔立《かほだち》、最後《さいご》が後楯《うしろだて》。

山崎　後《うしろ》だてといふのは？

中尾　つまり實家《じつか》が相當《さうたう》に財産家《ざいさんか》といふのですよ。(笑聲《せふせい》)

田村　ではもう一つ加《くは》へて献立《こんだて》といふのはどうです。(笑聲《せふせい》)

記者　それは傑作《けつさく》ですね。

中尾　我々サラリーマンとしては、家政を巧《うま》くやつて呉《く》れる女《をんな》でないといけませんね。

石川　同感《どうかん》ですね。僕《ぼく》は一度《ど》結婚《けつこん》に失敗《しつぱい》した女《をんな》なんかどうかと思《おも》ふのです。無論《むろん》よい意味《いみ》の失敗《しつぱい》ですが……。

今井　失敗《しつぱい》したつて同情《どうじやう》に値《あたひ》するものもあるのですから、必《かなら》ずしも惡《わる》くはないと思《おも》ひますね。それに僕《ぼく》は裁縫《さいはう》が上手《じやうず》な女《をんな》がいゝと思《おも》ひますね。

長濱　今《いま》の女學校《ぢよがくかう》を出《で》ただけでは駄目《だめ》ですね。

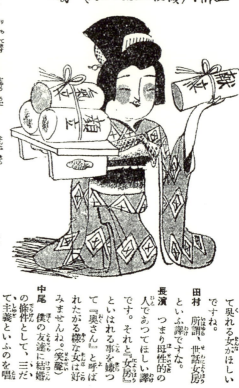

247 「婚期の青年が『妻にしたい女性』を語る座談会」 今井千秋、石川義夫、田村泰次郎 ほか 『婦人倶楽部』昭和10年6月1日

今井 だから、無理に女學校出を望みませんよ。それと僕《ぼく》これだから（自分《じぶん》の顔《かほ》を指《さ》して）せめて色《いろ》の白《しろ》い人《ひと》……。（笑聲《せうせい》）

長濱 『色《いろ》の白《しろ》いは七難《なん》かくす』ですからね。

今井 さつき長濱《ながはま》さんのお話《はなし》の様《やう》に眼鏡《めがね》をかけない人《ひと》――これは遺傳《ゐでん》しますからね。身長《しんちやう》は僕《ぼく》より一寸位低《すんくらゐひく》い人《ひと》で顔《かほ》の美醜《びしう》は問題《もんだい》ではないですね。それと自分《じぶん》ながら面白《おもしろ》いと思《おも》ふ條件《でうけん》は、生活程度《せいくわつていど》が僕《ぼく》よりずつと低《ひく》い人《ひと》か、ずつと高《たか》い人《ひと》、つまり高《たか》い人《ひと》ならさつきの後楯《うしろだて》がありますし、低《ひく》く育《そだ》つた人《ひと》なら現在の收入でも十分やつて行けるといふ譯《わけ》です。

中尾 なるほど、考《かんが》へましたね。（笑聲《せうせい》）

植松 僕《ぼく》、酒《さけ》の燗《かん》の上手《じやうず》な人《ひと》がいゝですね。

石川 それは面白《おもしろ》い。相當《さうたう》いける方《はう》ですね。

植松 いや、さういふ譯《わけ》ではないですが……

宮川 僕《ぼく》の様《やう》にずつと母《はゝ》と一緒《しよ》に暮《くら》してゐる者《もの》は、老先短《おひさきみじか》い母《はゝ》を先《ま》づ大切《たいせつ》にして呉《く》れる女《をんな》でないと困《こま》ります。例《たと》へば齢《とし》とつて來《く》ると本《ほん》を讀《よ》むのも億劫《おくくう》になつて來《く》るので、さういふ時《とき》に親切《しんせつ》に讀《よ》んで聞《き》かせ一々說明《せつめい》してやつてゐる様な光景を僕は見たいですね。

中尾 それは僕《ぼく》も同感《どうかん》です。

宮川 それと無論健康《むろんけんかう》でなくては、サラリーマンとしては災難《さいなん》です。學歷《がくれき》なんか女學校《ぢよがくかう》を出《で》ないでも結構《けつかう》。あまり敎育《けういく》が高《たか》くて母《はゝ》に慊《あきた》らないところを發見《はつけん》するやうでは却《かへつ》て母《はゝ》に氣《き》の毒《どく》です。

今井 女學校出《ぢよがくかうで》にもピンからキリまでありますが、女學校《ぢよがくかう》を出《で》ないでも、誰《だれ》が見《み》ても女《ぢよ》學校位出《がくかうくらゐで》てゐると思《おも》はれる婦人《ふじん》はいくらでもゐます。要《えう》は素質《そしつ》の問題《もんだい》ですね。

植松 僕《ぼく》は借金取《しやくきんと》りの擊退《げきたい》の巧《うま》いやうなのはいゝと思《おも》ひますね。（笑聲《せうせい》）

中尾 面白《おもしろ》いね、だがそれをさせる様《やう》ぢや夫《をつと》たるものいけませんがね。（笑聲《せうせい》）

記者 どうです。趣味《しゆみ》なんかについては……

中尾 趣味《しゆみ》なんか貰《もら》つてから仕込《しこ》みます。

今井 仕込《しこ》むつて事《じ》實骨《じつほね》ぢやないですか。

中尾 結局趣味《けつきよくしゆみ》でも夫《をつと》に同化《どうくわ》して呉《く》れない様《やう》な女《をんな》なら初《はじ》めから好《す》きになれないと思《おも》ひますね。同化《どうくわ》して呉《く》れる様《やう》な女《をんな》なら相當仕込《さうとうしこ》めるでせう。

田村　素直《すなほ》な人《ひと》なら同化《どうくわ》して來《く》るでせう。

植松　『展覧會《てんらんくわい》に行《ゆ》かう』といつても、『いや、お芝居《しばゐ》……』といふ風《ふう》に、てんで興味《きようみ》を持《も》たうとしない女《をんな》は嫌《いや》ですね。

宮川　全《まつた》く、夫《をつと》の趣味嗜好《しゆみしかう》に調和《てうわ》して行《ゆ》きたいと努《つと》めない女《をんな》はいやですね。趣味《しゆみ》の合《あ》はないのは不和《ふわ》の本《もと》ですから……。

田村　夫《をつと》の世話《せわ》をするといふことに趣味《しゆみ》を持《も》つ女《をんな》で、美人《びじん》だと文句《もんく》はないですがね。(笑聲《せうせい》)

記者　相當風變《さうたうふうがは》りな趣味ですね。

田村　料理《れうり》、裁縫《さいほう》、赤《あか》ン坊《ばう》を育《そだ》てる趣味《しゆみ》はいいですね。ダンスや、野球《やきう》や、映畫《えいぐわ》などに趣味《しゆみ》を持《も》ち過《す》ぎるのは困《こま》ります。

中尾　スポーツにしても、ラヂオを聽《き》いて分《わか》る程度《ていど》の理解《りかい》がほしいと思《おも》ひます。

石川　さうですね。何《なん》をいつても少《すこ》しも分《わか》らない一向話相手《いつかうはなしあひて》になれないといふのも困《こま》りますが、さうかといつてあまり理解《りかい》があり過《す》ぎて試合毎《しあひごと》に何《なに》はおいても行かないと承《しよう》知《ち》しないといふやうなのも困《こま》りますね。

長濱　映畫《えいぐわ》にしても今時《いまどき》の女性《ぢよせい》としては或《あ》る程度《ていど》知《し》つてゐるといふことは一種《しゆ》の常識《じやうしき》ではないですか。

田村　映畫俳優《えいぐわはいいう》など、今《いま》の女學生《ぢよがくせい》は一人《ひとり》や二《ふた》人《り》必《かなら》ず贔負《ひいき》にしてゐますが、結婚後《けつこんご》男優《だんいう》の話《はなし》ばかりされては亭主《ていしゆ》たるもの氣持《きもち》よくないでせうね。(笑聲《せうせい》)

中尾　兎《と》に角《かく》家庭《かてい》の人《ひと》になつた以上《いじやう》は、餘《あま》り狂氣《きちがひ》じみた趣味《しゆみ》を持《も》つことは困《こま》りますね。

記者　今夕《こんゆう》はどうもいろ〳〵愉快《ゆくわい》なお話《はなし》をうがかひました。では此《こ》の邊《へん》で閉會《へいくわい》どいたします。(完)

結婚前に處女を失つた場合

醫學博士　竹内茂代

輝《かゞや》かしい幸福《かうふく》な結婚生活《けつこんせいくわつ》を夢《ゆめ》見てゐたあなたの目前《めのまへ》に突然《とつぜん》、降《ふ》つて湧《わ》いた災難《さいなん》！災難《さいなん》といつても、それは夏《なつ》の雷雨《らいう》のそれのやうに、突然襲《とつぜんおそ》つて來《き》て、すぐに後《あと》は清々《すがすが》しい微風《そよかぜ》の吹《ふ》いてゐるやうなものですが、あなたにとつてはそれが一生《しやう》拭《ぬぐ》ふことのできない汚點《をてん》であると、獨《ひと》り思《おも》ひ惱《なや》んでゐられるのですね。

一體《たい》に、處女《しよぢよ》を失《うしな》ふ場合《はあひ》に二つの道《みち》があります。一つは眞《しん》に已《や》むを得《え》ない災難《さいなん》。それは思《おも》ひがけない街路《とほり》で暴漢《ばうかん》が出《で》て來《き》たとか、或《あるひ》は家人不在《かじんふざい》のとき、家《うち》の中《なか》へ闖入者《ちんにふしや》があつて、抵抗《ていかう》ができなかつた場合《はあひ》です。もう一つは、よく所謂《いはゆる》強姦《がうかん》されたといふ申出でがありますが、その實《じつ》は和姦《わかん》なのです。豫《かね》て顏見知《かほみし》りの間柄《あひだがら》であつたので拒《こば》みきれなかつたとか、或《あるひ》はこちらから心《こゝろ》を寄《よ》せてゐて、機會《きくわい》があつたら近《ちか》づきたいといふ下心《したごころ》のもとに接《せつ》して、自分《じぶん》から處女《しよぢよ》を失《うしな》ふといふ場合《はあひ》であります。

その場合《はあひ》、男性《だんせい》は常《つね》に女性《ぢよせい》を永久《えいきう》に妻《つま》にするなどといふ氣持《きもち》はすこしもなく、結婚《けつこん》などは思《おも》ひもよらないのに、とにかく自分《じぶん》の慾《よく》を滿《み》たす對象《たいしやう》として女性《ぢよせい》に近《ちか》づき貞操《ていさう》を奪《うば》つてしまへば、後《あと》は食《く》ひ殘《のこ》しの果物《フルーツ》のやうに捨《す》ててしまふのです。こんな男《をとこ》の甘《あま》い言葉《ことば》にのせられて、男《をとこ》の本質《ほんしつ》を見破《みやぶ》ることができずに許《ゆる》してしまふといふ場合《はあひ》が、數《かず》の上《うへ》からはかなり多《おほ》いのです。

逃《に》げられて、はじめて貞操《ていさう》を奪《うば》はれたと口惜《くや》しがるのですが、かういふ場合《はあひ》はすくなくとも、自分《じぶん》に責任《せきにん》があるのです。處女《しよぢよ》を欺《あざむ》いて捨《す》てるといふ男《をとこ》は、盜賊《たうぞく》に等《ひと》しい男《をとこ》で、物質《ぶつしつ》の盜《ぬす》みよりも、遙《はる》かに罪《つみ》が深《ふか》いのです。

ですから、女性《ぢよせい》は常《つね》にいかなる條件《でうけん》に置《お》かれても、正《たゞ》しい結婚《けつこん》をしない前《まへ》に、少《すこ》しでも男性《だんせい》に心《こゝろ》を許《ゆる》してはいけません、ふとした心《こゝろ》の隙《すき》につけ入《い》られて、貞操《ていさう》を失《うしな》つた人《ひと》が、非常《ひじやう》に煩悶《はんもん》して神經衰弱《しんけいすゐじやく》になつたり、憂鬱症《いううつしやう》になつたりするのですが、前《まへ》に述《の》べたやうに眞《しん》に已《や》むを得《え》なかつた場合《はあひ》ならば、之《これ》は街上《とほり》で狂犬《きやうけん》に嚙《か》みつかれたのと同《おな》じで、災難《さいなん》ですから精神的《せいしんてき》に苦《くる》しむ必要《ひつえう》はありません。たゞこの場合《はあひ》、性病《せいびやう》に感染《かんせん》してゐないかを調《しら》べてみて、病氣《びやうき》がなかつたならば、これは全《まつた》く手足《てあし》に負傷《ふしやう》をして、時日《じじつ》が經《た》てば傷《きず》が癒《い》えるのと同《おな》じことですから、一刻《こく》も早《はや》く忘《わす》れてしまふ方《はう》がいゝのです。

和姦《わかん》の場合《はあひ》は自《みづか》ら許《ゆる》して處女《しよぢよ》を失《うしな》ふのですから、丁度《ちやうど》再婚者《さいこんしや》と同《おな》じ氣持《きもち》でゐればいゝと思《おも》ひます。再婚者《さいこんしや》が結婚《けつこん》するときは、過去《くわこ》の經歷《けいれき》をはつきり相手《あひて》に承諾《しようだく》を得《え》てするものですが、これと同《おな》じで過去《くわこ》のことを相手《あひて》に話《はな》して置《お》くべきだと思《おも》ひます。病氣《びやうき》さへなければ過去《くわこ》のことを承知《しようち》してくれる人《ひと》と結婚《けつこん》すればいゝのです。

しかし、已《や》むを得《え》ずして處女《しよぢよ》を失《うしな》つた場合《はあひ》は、病氣《びやうき》のない限《かぎ》り、話《はな》して惱《なや》ませる必要《ひつえう》はないと思《おも》ひます。しかし、その場合《はあひ》でも、大體《だいたい》に已《や》むを得《え》なかつたといふことをいはないやうにして欲《ほ》しいと思《おも》ひます。命《いのち》にかへても守《まも》るといふ決心《けつしん》さへあれば、易々《やす〳〵》と貞操《ていさう》を破《やぶ》られることはないものです。處女《しよぢよ》が貞操《ていさう》を破《やぶ》られるのは、身體《からだ》ではなく心《こゝろ》が弱《よわ》いのです。男性《だんせい》の暴力《ばうりよく》の前《まへ》に、恐怖《きやうふ》し、驚愕《きやうがく》

し、瞬間《しゆんかん》の諦《あきら》めから、殺《ころ》されるよりはましだと觀念《くわんねん》するのが間違《まちが》ひで、守《まも》らうと思《おも》へば命《いのち》を捨《す》てなくとも守《まも》れるものです。

大體《だいたい》、婦人《ふじん》の骨盤筋肉《こつばんきんにく》と大《ふと》腿《もゝ》の筋肉《きんにく》の力《ちから》は非常《ひじやう》に强《つよ》いものですから、ほんたうに力《ちから》一ぱい引緊《ひきし》めてゐて、ズロース一つしてゐれば、男一人《をとこひとり》に女《をんな》一人《ひと》が負《ま》けて犯《をか》されるといふことはないと思《おも》ひます。小《ちひ》さい七八歳《さい》の子供《こども》でも、例《たと》へば膣淋《ちつりん》などといふ病氣《びやうき》のために診察《しんさつ》に來《く》ることがありますが、看護婦《かんごふ》四人《にん》の力《ちから》でも容易《ようい》に股間《こかん》を開《ひら》くことはできないものです。

三人《にん》の男《をとこ》が一人《ひとり》の婦人《ふじん》にといふやうな場合《はあひ》が若《も》しあつたとしたら仕方《しかた》ないとして、一人《ひとり》に一人《ひとり》の場合《はあひ》ならば、要《えう》するに心《こゝろ》の置《お》き方《かた》で、已《や》むを得《え》なかつたといふのは後《あと》から作《つく》つた申《まう》しわけに過《す》ぎないものだと思《おも》ひます。

ですから、女性《ぢよせい》はいかなることがあつても、さういふ場合《はあひ》を作《つく》らないといふことが一番《ばん》いゝのです。たとへ、相手《あひて》が誰《だれ》であらうとも、男女二人《だんぢよふたり》きりの機會《きくわい》を作《つく》るといふことは、絶對《ぜつたい》に婦人《ふじん》に責任《せきにん》があるのです。さういふ機《き》會《くわい》を作《つく》るといふことは、既《すで》に瓜田《くわでん》に履《くつ》の疑《うたがひ》を免《まぬが》れることはできません。さういふ心《こゝろ》がまへで尚《なほ》かつ、貞操《ていさう》を奪《うば》はれたならば、それこそ眞《しん》に已《や》むを得《え》ない災難《さいなん》であります。

茲《こゝ》で一言《ごん》いつて置《お》かなければならないのは、よく犯《をか》されたと思《おも》つて、犯《をか》されてない場合《はあひ》が非常《ひじやう》に多《おほ》いのです。例《たと》へば、眞夜《しんや》街上《とほり》を歩《ある》いてゐると、突如《とつじよ》暴漢《ばうかん》が出《で》て來《き》て倒《たほ》され、その暴漢《ばうかん》は股間《こかん》に手《て》を入《い》れた。折惡《をりあ》しく、その婦人《ふじん》はズロースをしてゐなかつた。だから、てつきり貞《てい》操《さう》を奪《うば》はれたものだと、暗《くら》い煩悶《はんもん》に日《ひ》を送《おく》つてゐる婦人《ふじん》があります。しかし、この場合《はあひ》に暴漢《ばうかん》がとつた位《くらゐ》の動作《どうさ》は簡單《かんたん》にできるかも知《し》れませんが、それだけで處女《しよぢよ》を失《うしな》つたと嘆《なげ》くのは少《すこ》し粗忽《そこつ》であるといはなければなりません。極端《きよくたん》なのは、接吻《せつぷん》されたことを以《もつ》て、處女《しよぢよ》を失《うしな》つたと考《かんが》へてゐる人《ひと》さへもあります。かういふ惱《なや》みを訴《うつた》へて來《く》る女性《ぢよせい》がよくあります。しかし、診察《しんさつ》して見《み》ると、その形跡《けいせき》が一向《かう》にないのです。それを長《なが》い間《あひだ》、惱《なや》み拔《ぬ》いて遂《つひ》に診察《しんさつ》を受《う》けに來《き》たといふのです。こんな場合《はあひ》には、

はつきりと醫師《いし》に診《み》て貰《もら》つてその上《うへ》で煩悶《はんもん》しても遲《おそ》くはないのです。女性《ぢよせい》が男性《だんせい》の暴力《ばうりよく》の前《まへ》に必死《ひつし》に抵抗《ていかう》して、拳《こぶし》を擧《あ》げ、非常《ひじやう》に鬪《たゝかひ》を挑《いど》む場合《ばあひ》には、男性《だんせい》も目的《もくてき》を果《はた》さない場合《ばあひ》が多《おほ》いのです。しかも、さういふことに遭遇《さうぐう》した婦人《ふじん》は貞操《ていさう》を失《うしな》つたものとして惱《なや》むのです。

話《はなし》が少《すこ》し横道《よこみち》に逸《そ》れますが、ぜひいつて置《お》きたいことは、よく新婚《しんこん》間《ま》もない夫婦《ふうふ》の間《あひだ》に起《おこ》るいざこざなのです。それは、男《をとこ》は自分《じぶん》の妻《つま》がほんたうに處女《しよぢよ》であつたかどうかを、確《たし》かめたがるものなのです。結婚前《けつこんぜん》から相當《さうたう》知合《しりあひ》の間《あひだ》柄《がら》であつても、何《なん》となく疑《うたがひ》をもつて、若《も》しや處女《しよぢよ》でなかつたのではないかといふ、一種《しゆ》の嫉妬心《しつとしん》から、妻《つま》に過去《くわこ》のことを告白《こくはく》させて見《み》たいといふ念《ねん》に驅《か》られるのです。例《たと》へば、自分《じぶん》は學生時代《がくせいじだい》にかういふ戀人《こひびと》があつたとか、或《あるひ》は若《わか》氣《げ》の過《あやま》ちで遊里《いうり》に足《あし》を踏《ふ》み入《い》れたとかいつて、お前《まへ》にはそんなことはなかつたかと鎌《かま》をかけるのです。すると女《をんな》は、窮地《ヂレンマ》に陷《おちい》つて、思《おも》はぬことまで口《くち》にしてしまふのです。結婚《けつこん》した現在《げんざい》では、たとへ夫《をつと》が過去《くわこ》にどんな過失《くわしつ》を犯《をか》してゐても、現在何《げんざいなん》でもなければ自分《じぶん》は許《ゆる》せるといふ氣持《きもち》になるのです。自《じ》分《ぶん》が許《ゆる》せるくらゐだから、夫《をつと》も自分《じぶん》の過去《くわこ》のことは許《ゆる》してくれることゝ思《おも》つて、實《じつ》は女學校時代《ぢよがくかうじだい》にこんな男《をとこ》があつたなどと、大《たい》したことでもないのに、少《すこ》しの事《じ》實《じつ》をうつかりいひ出《だ》してしまふのです。

ところが、男《をとこ》といふものは、その場合《ばあひ》にガラリと心《こゝろ》が變《かは》つて來《き》て、不愉快《ふゆくわい》を感《かん》じ、遂《つひ》にはそのためにその結婚《けつこん》生活《せいくわつ》にひゞが入《はい》つて破綻《はたん》になることがよくあるのです。

一般《ぱん》に貞操《ていさう》のことゝなると、男性《だんせい》の場合《ばあひ》は許《ゆる》されても、女性《ぢよせい》には絶對《ぜつたい》に許《ゆる》されないのです。男性《だんせい》がいかにうまく誘《さそ》ひをかけて、過去《くわこ》のことを喋《しやべ》らせようとしても、自分《じぶん》に不利《ふり》な過去《くわこ》の事實《じじつ》を絶對《ぜつたい》にいふ必要《ひつえう》はありません。いふまいと決心《けつしん》したならば、たとへどんな人《ひと》でも過去《くわこ》のことは、いはない方《はう》がいゝのです。實《じつ》にいゝ配遇《はいぐう》である新《しん》婚夫婦《こんふうふ》が、妻《つま》が過去《くわこ》のことを不用意《ふようい》に口走《くちはし》つたために、朗《ほが》らかな家庭《かてい》が破滅《はめつ》に至《いた》つた場合《ばあひ》をよく見《み》うけるのです。

ですから、已《や》むを得《え》ずして處女《しよぢよ》を失《うしな》つた人《ひと》などは、過《くわ》去《こ》のことを相手《あひて》に話《はな》して、惱《なや》ませる必要《ひつえう》はありません。過去《くわこ》の事實《じじつ》を一々數《かぞ》へ上《あ》げて、くよ〱と惱《なや》むのは愚《ぐ》のいたりで、それよりも、再《ふたゝ》びかゝる災難《さいなん》の機會《チヤンス》を起《おこ》さないといふ固《かた》い覺悟《かくご》を持《も》つのこそ、賢明《けんめい》な女性《ぢよせい》であると思《おも》ふのです。

大切《たいせつ》なのは現在《げんざい》の心《こゝろ》です。過去《くわこ》の傷手《いたで》はさつぱりと忘《わす》れてしまつて、朗《ほが》らかな明日《あす》の生活《せいくわつ》に力強《ちからづよ》い第《だい》一歩《ぽ》を踏《ふ》み出《だ》されることを祈《いの》つて筆《ふで》を擱《お》きませう。

令嬢群の待合座談會

寫眞——向つて右から關さん・本誌記者・中島女史・速記者・宗之助さん・米菊さん・奧田さん

憶へばそのかみのこと、卒業を間近に控へて懐しい學期末、今日は工場よ明日は裁判所よ、さては百雅よと見學に目もまわらんばかりの時、『近度は待合見學に連れてつて下さアい！』と叫んで先生をして涙さんぜんたらしめた當時のやんちや坊主共—今は花も恥じらうばかりの妙麗可憐な令嬢達—昔懐しいあの頃の憶ひ出の糸をたぐつて、今こそ長年の念願を實現する事が出來たのでした。興味の滿足ではなくそれはむしろ現代に生きる女性の常識の一ツとして、どれだけ大きな勉強をした事だつたか。餘りにその日の收穫は大きな物でした—後學の爲に、全女性の爲に、社會學の爲に、義理人情の世界はまたゝく間に私共を深いなぞの淵に引きづり込んでしまひました。以下、當日、待合和合の欧間二十疊のお座敷で紅唇亂れ飛ぶ一問一答録を御讀み下さい。

×　　×

待合とはどんな處？

（何處もちつも變つてやしないワ）

記者　何《なに》しろ解《わか》らない事《こと》ばかりなんですもの、どし〳〵質問《しつもん》してよ。先《ま》づ第《だい》一にその組織から——（一同大笑ひ）

宗之助（笑ひ乍ら）一口《ひとくち》にはちよつと。

記者　あのね、四《よ》ッ谷《や》の藝者《げいしや》が築地《つきぢ》に呼《よ》ばれてゆくのはどういふ譯《わけ》？

宗之助　それは遠出と云《い》ふんですよ。

記者　さうすると、どんな處《とこ》からでも誰《だれ》でも呼《よ》べるんですね？

宗之助　えゝ、行先《ゆくさき》が解《わか》つてゐれば構《かま》はないんですよ。その代《かは》り遠出《とほで》の時《とき》はお客樣《きやくさま》がお花《はな》をつける譯《わけ》ね。

中島　それ〳〵、みんなお花が何《なん》だか知《し》らないお孃《じやう》さん達《たち》なんですよ。今日《けふ》こちらへ御伺《おうかゞ》ひするのにお花を付《つ》けないといけませんねと此《こ》の人《ひと》に（記者）話《はな》したら、『お花《はな》つてなあに？』つて訊《き》くんですもの呆《あき》れましたよ。

小さん　一時《じ》間《かん》幾《いく》らつていふ事《こと》よ。

野口　お線香とどう違《ちが》ふんですか。

宗之助　昔時計《むかしとけい》の無《な》い頃《ころ》、お線香《せんかう》を一本《ぽん》立《た》てそれが消《き》へる迄《まで》の時間《じかん》を幾《いく》らと云《い》つて取《と》つたんですよ。

ミミ　その間《あひだ》唯《たゞ》お話《はな》してるだけ？　ぢや詰《つま》んないわねえ。（笑聲）

千代駒　今《いま》は一時間幾《じかんいく》らつて事《こと》になつてゐるんですよ。

野口　まだよく解《わか》らないんですけどお花を貰《もら》ふつて事《こと》は外《そと》へ行《い》つて居《ゐ》る人《ひと》が貰《もら》ふの？

宗之助　つまりね、例《たと》へば小《こ》さんちやんが甲《かふ》の家《うち》に行《い》つて居《ゐ》て今度《こんど》は乙《おつ》のお客《きやく》樣から掛《か》つて來《き》ますね。さうすると小《こ》さんちやんが甲《かふ》のお客樣《きやくさま》に賴《たの》んで乙《おつ》の

出席者

令嬢

大矢美子樣

奧田靖子樣

西澤邦子樣

野口幸子樣

關芳枝樣

横田ミミ樣

襲撃  藝者衆との一問一答

向つて右から　千代駒さん・大矢さん・ミミさん・小さんちやん・野口さん・西澤さん・力枝さん

藝妓衆　宗之助さん　千代駒さん　峯菊さん　小さんさん　力枝さん

司會　中島要子氏

本誌側　大迫倫子

於・四ツ谷・待合和合《わがふ》

方《はう》へ行《ゆ》くんです。さうするとお座敷《ざしき》が別々《べつべつ》になる譯《わけ》ですからそれだけ稼《かせ》げた譯《わけ》でせう。矢張《やは》り一時間位《いちじかんぐらゐ》は居《ゐ》ないと後口《あとくち》が貰《もら》へないのよ。

闘　その時《とき》甲《かふ》のお客様《きやくさま》が断然《だんぜん》行つちやいけないつて怒《おこ》つたら？（笑聲）

宗之助　その時《とき》はそれまでよ。普通《ふつう》は一《ひと》座敷《ざしき》二時間と云《い》ふ事《こと》になつてゐます。

奥田　賣《うれ》つ子《こ》によつて違《ちが》ふんでせう？

宗之助　さあそんな譯《わけ》でもありませんけど、矢張《やは》り多《おほ》く稼《かせ》がなければならない人《ひと》はさうなりますね。

記者　内箱つてなあに？

宗之助　檢番《けんばん》の箱屋《はこや》は男《をとこ》でせう……

大矢　箱屋つて？（笑聲）

千代駒　藝者《げいしや》について三味線《しやみせん》持つて歩《ある》く男《をとこ》の事《こと》ですよ。

宗之助　つまり内箱つてのはそれが男《をとこ》でなく女《をんな》を言《い》ふんですよ。荒木町《あらきちやう》には檢《けん》番《ばん》があるから箱屋《はこや》もありますが、普通《ふつう》お座敷《ざしき》が掛《かか》つて來《く》ると檢番《けんばん》の無《な》い所《ところ》は三味線《しやみせん》を持《も》つて行《ゆ》きますね——あゝ云《い》ふ小《ちい》さい女《をんな》の子《こ》のことなんですよ、まあね。

北澤　その檢番が解《わか》らないわ。

峯菊　（笑ひ乍ら）藝者《げいしや》の取次所《とりつぎしよ》みたいな所《ところ》ね。

大矢　ぢや三業組合つてのは？

宗之助　料理屋《れうりや》、藝者屋《げいしやや》と待合《まちあひ》の三《みつ》ッをさう云《い》ふんですよ。

大矢　一體《たい》待合つてどういふ處《ところ》で、なんで、どんな事《こと》をする處《ところ》かしら？（藝妓衆顔を見合せて笑ひました）

ミミ　（邊りを見廻し乍ら）何《なん》でもない處《ところ》ぢやないの——。（一同大笑ひ）ぢや待《まち》合《あひ》は全部《ぜんぶ》四疊半《でふはん》ばつかりなの？（笑聲）

千代駒　厭《いや》だわ。

宗之助　四疊半《でふはん》ぢや四、五人《にん》お客様《きやくさま》があつたら、三味線《しやみせん》なんか彈《ひ》けやしませんよ。此《こ》のお部屋《へや》なんかこんなに廣《ひろ》いぢやありませんか。

記者　こんなに廣《ひろ》くちや感《かん》じが出《で》ないことない？（笑聲）

宗之助　皆《みな》さんはよく小説《せうせつ》で、狭《せ》まい四疊半《でふはん》で男《をとこ》と女《をんな》がお互《たが》ひに手《て》を握《にぎ》り合《あ》つて、（一同恥しさうに笑ひました）一緒《しよ》になれないのなら死《し》にませうなんてのをお讀《よ》みになつてゐらつしやるんでせうから無理《むり》もありませんね。

大矢　東京《とうきやう》ぢや何處《どこ》がいいの？

宗之助　新橋《しんばし》、柳橋《やなぎばし》、赤坂《あかさか》でせう。

關　どういふ事《こと》でさういふの？

宗之助　税金《ぜいきん》が違《ちが》ひますから。

記者　お茶屋つて夏《なつ》になつてスダレを軒《のき》下《した》にかける處《ところ》だらうと想像《さうざう》してたんですけど――。

ミミ　バカね、貴女《あなた》は――。（笑聲）

宗之助　お料理屋《れうりや》や待合《まちあひ》をお茶屋《ちやや》つて言《い》ふんですよ。今《いま》は皆傳票制度《みなでんぺうせいど》になつてゐて十四日勘定《かんぢやう》になつてゐるんです。藝者屋《げいしやや》に控《ひか》へがありますから十四日晦日で檢番《けんばん》が取立《とりた》てる譯《わけ》ですね。

大矢　玄關《げんくわん》の處《ところ》へお鹽《しほ》を撒《ま》くわけは？

峯菊　あれは惡《わる》い人《ひと》が這入《はい》つて來《こ》ない樣《やう》に淸《きよ》めるものです。花柳界《くわりうかい》の習慣《しふくわん》ね。

記者　（歎息をついて）それでもまだ待合《まちあひ》つてどんな事《こと》する處《ところ》かはつきり解《わか》らないの。解《わか》つた樣《やう》で結局《けつきよく》やつてみなくちや見當《けんたう》がつかないわ。（笑聲）

峯菊　待合《まちあひ》は、お料理屋《れうりや》とは違《ちが》ふんですよ。待合《まちあひ》は外《そと》からお料理《れうり》をとる處《ところ》で、之《これ》を時間《じかん》に依《よ》つて席料《せきれう》を取《と》るんです。お料理屋《れうりや》には席料《せきれう》なんてないんですよ。

ミミ　だから待合《まちあひ》つて處《ところ》は食《た》べてお三味《しやみ》線《せん》ひいて遊《あそ》んで――唯《たゞ》それだけぢやないんでせう？（一同大笑ひ）目的《もくてき》があるのよきつと！　さうでせう？

峯菊　扇で顏を隱して）さあそこまではちよつと言《い》へないわねえ。（笑聲）

藝者とはどんな者なの？

（收入だけは惡くはないわネ）

大矢　本當《ほんたう》に藝者《げいしや》さんはお行儀《ぎやうぎ》がいゝのね。ちやあんと坐《すわ》つてられるんですもの。

峯菊　足《あし》を崩《くづ》すと餘計《よけい》苦《くる》しいんですよ。

西澤　どうやつて坐《すわ》つてゐるの？（力枝さんに訊いてゐます）

大矢　半玉つてどんな人ですか？

宗之助　見《み》た事《こと》あるでせう、袖《そで》の長《なが》い三《しや》味線《せん》を彈《ひ》かない女《をんな》の子《こ》ですよ。踊《をど》るだけで――。

奥田　幾《いく》つ位《ぐらゐ》から大人《おとな》になれるの？

宗之助　大低《たいてい》十八、九で一本《ぽん》になれます。さうなると、すつかり着物《きもの》が變《かは》りますね。友禪《いうぜん》の振袖《ふりそで》なんか着《き》て――。

ミミ　ぢや舞子と同《おな》じね。

宗之助　さうです。姐《ねえ》さん方《がた》にならなければ三味線《さみせん》は彈《ひ》きません。一本《ぽん》になるとお座敷《ざしき》に三味線《さみせん》を持《も》つて行《ゆ》きますけどお酌《しやく》の中《うち》は全然《ぜんぜん》彈《ひ》かないんです。

野口　ぢや何時《いつ》か新聞《しんぶん》に出《で》てゐた人《ひと》は、二十八とかで三味線《しやみせん》を彈《ひ》けないで死《し》んだつてのはまだお酌《しやく》だつた譯《わけ》なの？

宗之助　さうぢやなかつたんでせう。純《じゆん》情《じやう》だつたんですよ。二十一、二で綺麗《きれい》な人《ひと》でお酌《しやく》をしてゐる人《ひと》が無《な》いとも限《かぎ》りませんけど、大低《たいてい》は十八、九で一本《ぽん》になりますね。（一寸話が途切れて）どうも斯《か》う女《をんな》の方《かた》がゐらつしやるときまりが惡《わる》いのかしら、男《をとこ》ばかりお相手《あひて》してゐますから、女《をんな》の方《かた》のお附合《つきあひ》は厭《いや》ですねえ、かう固《かた》くなつちやつて――。

ミミ　さうよ、だから男《をとこ》の人《ひと》が喜《よろこ》ぶのよ。（笑聲）

千代駒　男《をとこ》の人《ひと》だつたら幾人《いくにん》でも平氣《へいき》ですけど。

宗之助　宴會《えんくわい》なんかでも結婚式《けつこんしき》とか忘年《ばうねん》會《くわい》とか女《をんな》の方《かた》のゐらつしやる時《とき》はどうしても側《そば》へ行《ゆ》くのが厭《いや》ですねえ。なんだかひけ目《め》を感《かん》じるんですよ。

西澤　嘘《うそ》よ、綺麗《きれい》だから見《み》るのよ。

野口　年齢《とし》の下《した》の人《ひと》でも**姐**さんて呼《よ》ぶの？

小さん　いゝえ違《ちが》ひましてよ。先《さき》に出《で》た人《ひと》とかそんな先輩《せんぱい》をさう呼《よ》ぶんです。

宗之助　花柳界《くわりうかい》はそれや禮儀《れいぎ》が割合《わりあひ》正《ただ》しいんですよ。だから姐《ねえ》さんていふのは一番敬意《ばんけいい》を表《へう》してゐる譯《わけ》ね。

野口　同《おな》じ年齢《とし》の人《ひと》なんかはどつちを姐《ねえ》さんて云《い》ふのかしら？

小さん　さういふのは名前《なまへ》を呼《よ》びますね。

記者　お互《たが》ひに姐《ねえ》さんなんでせう。（笑聲）

關　貰《もら》つ子《こ》が姐《ねえ》さんぢやないんですか？

峯菊　いゝえ、先《さき》に出《で》てゐる人《ひと》が姐《ねえ》さんです。

宗之助　商賣《しやうばい》が忙《いそが》しいとか忙《いそが》しくないとかで、何《なに》も姐《ねえ》さんとか姐《ねえ》さんでないとか云《い》ふんぢやありませんね。おばちやんだのお婆《ばあ》さんだのつて口《くち》の惡《わる》い人《ひと》は言《い》ひますよ。でもおばちやんは一番《ばん》厭《いや》よ。

千代駒　おいッおばさん！　なんて學生《がくせい》さんなんかに言《い》はれると厭《いや》ねえ。

奥田　あの學校《がくかう》はどの位《くらゐ》――

宗之助　尋常《じんじやう》六年《ねん》だけです。唯《たゞ》社會學《しやくわいがく》が多《おほ》いんですね。字《じ》は書《か》けませんよ。讀《よ》

255　「座談会　令嬢群の待合襲撃　藝者衆との一問一答」 中島要子、大迫倫子、大矢美子、奥田靖子 ほか 『婦人画報』昭和 10 年 8 月 1 日

むのは大概《たいがい》むづかしいんでもわかりますね。此頃《このごろ》ニュースがありますから夢《む》中《ちう》できくんですよ。

關　覺《おぼ》えやうとする慾《よく》はずつとあるでせうね。教育《けうゐく》が無《な》いと思《おも》はれたくないから――。

峯菊　だから省線《しやうせん》なんかで隣《とな》りへ女學生《ぢよがくせい》が腰《こし》掛《か》けると、能《よ》くきいて居《ゐ》るんですよ。それで幾《いく》らか解《わか》る事《こと》もありますね。

宗之助　負惜《まけを》しみが強《つよ》いから、知《し》らないと云《い》ふと癪《しやく》なのよ。

關　一月《ひとつき》どの位《くらゐ》の收入《しうにふ》ですか？

宗之助（考へ乍ら）さうですね、私《わたし》の標《へう》準《じゆん》では一月《ひとつき》百七、八拾圓位《じふゑんぐらゐ》ですね。

（一同、まあ惡くはないわねえ！と嘆聲を發しました）

ミミ　時間つてなあに？

宗之助　普通《ふつう》二時間《じかん》で一座敷《ひとざしき》で二圓《ゑん》五十九錢《せん》です。隨分《ずゐぶん》お附合《つきあひ》が大變《たいへん》ですからねえ、親《おや》がかりはそこへゆくといゝ譯《わけ》です。

記者　此處《こゝ》は全部《ぜんぶ》で何人《なんにん》？

宗之助　藝者屋《げいしやや》が八十軒《けん》ばかりありますゞ一人《ひとり》づつとしても八十人《にん》ですわね。まあ百五六十人位《にんくらゐ》でせう。それがしよつちゆう轉《てん》々としてゐる譯《わけ》です。将來《しやうらい》はあつちへ行《い》つたりこつちへ行《い》つたり、お茶屋《ちやや》のお女中《ぢよちう》さんになつたり

堅氣《かたぎ》の奥《おく》さんになつたり、とんでもない所《ところ》で藝者《げいしや》をしてゐる可哀相《かはいさう》な人《ひと》もありますね。

大矢　お妾《めかけ》さんと藝者《げいしや》さんとどつちがいいかしら？

宗之助　それやお妾《めかけ》さんなんて厭《いや》ですよ。何《なん》にもしないでいつ來《く》るか解《わか》らない御主人《ごしゆじん》の來《く》るのを待《ま》つてゐるなんて――そんなのよりは藝者《げいしや》の方《はう》が氣樂《きらく》ですね。自分《じぶん》で働《はたら》いて居《ゐ》るのは何《なん》と言《い》つても強味《つよみ》でせう。

ミミ　かう火鉢《ひばち》のふちにひぢなんかついて待《ま》つてゐるのね。（笑聲、

記者　ミミなんかそんな柄《がら》ぢやないから安心《あんしん》してあげるわ。（笑聲）

ミミ　こらッ！（記者をにらみ付ける）

宗之助　藝者《げいしや》の年齢《とし》は解《わか》らないでせう。

（そこでみんな年齢の當つこをしまし

た）

力枝 私《わたし》幾《いく》つに見《み》えて？（關さん、野口さん、北澤さん三人で一生懸命考へてゐます）

野口 十八、九でせう。

西澤 違《ちが》ふわよ。

力枝 二十一です。

叢菊 一本《ぽん》になると急《きふ》に地味《ぢみ》になるんですよ。

宗之助 そこで區別《くべつ》がはつきり付《つ》いちやう譯《わけ》ね、昨日《きのふ》迄《まで》お下《さげ》さんだつたのが、一本《ぽん》になると髮《かみ》の結《ゆ》ひ方《かた》から着物《きもの》から何《な》んでも違《ちが》つちやうのよ、一本《ぽん》になると云《い》ふのは其《そ》の事《こと》ですね。例《たと》へば貴女方《あなたがた》が今日《けふ》迄《まで》はお孃《じやう》さんでも明日《あす》結婚《けつこん》なさると奥《おく》さんになるでせう。それと同《おな》じですよお酌《しやく》が一本《ぽん》になると云《い》ふのは——

ミミ （宗之助さんに向つて）ぢや貴女《あなた》は二本《ほん》でせう。（笑聲）

叢菊 二本位《ほんぐらゐ》どころか、もう五本位《ほんぐらゐ》でせう。

宗之助 夏《なつ》は厭《いや》ですから斯《か》う云《い》ふ髮《かみ》を結《ゆ》つて（束髮を指し乍ら）ますけど、花柳界《くわりうかい》ぢや洋髮《やうはつ》ぢやいけないんですよ、ですからお正月《しやうぐわつ》は全然《ぜんぜん》島田《しまだ》ですね。

奥田 でも夏《なつ》は涼《すゞ》しいと云《い》ふぢやありませんか。

千代駒 でも油《あぶら》が垂《た》れてね。

宗之助 洋髮《やうはつ》で出《で》ちやいけない事《こと》になつてゐるんですね。それは藝者讀本《げいしやとくほん》にも書《か》いてあります。

千代駒 藝者讀本《げいしやとくほん》を半分位《はんぶんぐらゐ》讀《よ》んだんですけど、藝者《げいしや》はどう云《い》ふ風《ふう》にしなければならないとか何《なん》とか色《いろ》んな事《こと》が書《か》いてありますよ。

宗之助 まあ頭《あたま》を改良《かいりやう》しなければならないと云《い》ふのね。

千代駒 又《また》或《あ》る一方《ぱう》の人《ひと》は洋裝《やうさう》して出《で》ると云《い》ふことも書《か》いてありますね。

宗之助 私《わたし》は藝者《げいしや》と云《い》ふものは日本家屋《にほんかをく》で疊《たゝみ》が敷《し》いてある限《かぎ》りは必要《ひつえう》だと思《おも》ひますね。私達《わたしたち》と今《いま》のお酌《しやく》さんとはすつかりもう頭《あたま》も變《かは》つて來《き》て居《ゐ》るでせう。それは隨分《ずゐぶん》藝者《げいしや》も變《かは》つて來《き》て居《を》りますよ。皆《みな》さんは花柳界《くわりうかい》の事《こと》を知《し》りたいとやはり思《おも》ひますか。

記者 そりや知《し》りたいわ。泉鏡花《いづみきやうくわ》や永井荷風《ながゐかふう》なんかの小說《せうせつ》を讀《よ》んでも分《わか》らない言葉《ことば》が出《で》て來《き》て駄目《だめ》ね。

どんなお客様が來るの？

（實業家にはオヨメにゆくな！）

記者 全然《ぜんぜん》知らないお客樣《きやくさま》なんか來《く》る事《こと》ありますか？

宗之助 さう知《し》らないお客《きやく》さんにはおめにかゝりませんわ。

記者 どんな人《ひと》が來《き》ます？

宗之助 さあ千差《さ》萬別《ばんべつ》ですね。

記者 禿茶瓶《はげちやびん》でせう大抵《たいてい》は。（笑聲）

千代駒 四十柄《がら》みの人《ひと》が一番多《ばんおほ》いでせうね。

ミミ 厭《いや》だわ、私達《わたしたち》の一番嫌《ばんきら》ひな年齡《とし》だわ。

關 いはゆる中年《ちうねん》の豚《ぶた》みたいな紳士《しんし》でせう。

宗之助 餘《あま》り知《し》らないお客樣《きやくさま》は或《あ》る程度《ていど》まで注意《ちうい》しますよ。厭《いや》な風采《ふうさい》の人《ひと》なんか來《き》た時《とき》はお座敷《ざしき》が一杯《ぱい》ですつて斷《ことわ》るんです。

ミミ ぢや折角《せつかく》お鹽《しほ》を撒《ま》いても役《やく》に立《た》たない事《こと》になつちやうわ。（笑聲）

奥田 實業家《じつげふか》が一番多《ばんおほ》いでせう？　私《わたし》實業家《じつげふか》つて大嫌《だいきら》ひよ。

記者 實業家《じつげふか》だけにはオヨメにゆくな！（笑聲）

大矢 お客《きやく》さんに對《たい》してどんな時《とき》が厭《いや》？

宗之助 矢張《やつぱ》り醉《よ》つぱらつてゐる時《とき》ですね。

關 （力枝さんに）貴女《あなた》はどんな時《とき》？

力枝 矢張《やつぱ》り醉《よ》つぱらつて嘲《から》り付《つ》かれたりすると厭《いや》ですね。

野口 だらしがないなア！（笑聲）

關 男《をとこ》つてみんなそんな者《もの》よ。だから尊敬《そんけい》出來《でき》る人《ひと》なんて居《ゐ》ないわ。

記者 學生《がくせい》も來《き》ます？

小さん さう行《い》らつしやいませんよ。

大矢 お客《きやく》さんは何時間位《なんじかんぐらゐ》遊《あそ》んでゆくの？

叢菊 二時間《じかん》ですね。

宗之助 三日間位《かかんぐらゐ》續《つゞ》ける人《ひと》があるんですよ、さう云《い》ふ人《ひと》のお相手《あひて》に見立《みたて》られると隨分災難《ずゐぶんさいなん》ですね。でも借金《しやくきん》の爲《ため》に働《はたら》く人《ひと》はどうしても厭《いや》でも歸《かへ》れないでせう。

西澤 お氣《き》の毒《どく》ね。

記者 此處《こゝ》へは有名《いうめい》な方《かた》が行《い》らつしやいますか？

叢菊 見《み》える方《かた》はみんなお尾行《しつぴ》ですね。割合《わりあひ》さういふ方《かた》が多《おほ》い樣《やう》ですね。

宗之助 さう云《い》ふ有名《いうめい》な方程《かたほど》、こんな處《ところ》へ來《こ》られると女《をんな》にかけてはだらしがないんですよ。

叢菊 普段《ふだん》頭《あたま》を使《つか》つてゐるから寛《くつろ》ぎ過《す》ぎちやうぢやないかしら？

ミミ 男《をとこ》の人《ひと》が待合《まちあひ》で相談《さうだん》するつてどんな事《こと》なの？

257 「座談会　令嬢群の待合襲撃　藝者衆との一問一答」 中島要子、大迫倫子、大矢美子、奥田靖子 ほか 『婦人画報』昭和 10 年 8 月 1 日

峯菊　仕事《しごと》の相談《さうだん》でせう。

宗之助　お話《はなし》が済《す》んでから藝者《げいしや》を呼《よ》んで遊《あそ》ぶんですよ。

關　どういふお客様《きやくさま》が感《かん》じがいゝ？　クラアク・ゲイブル型《がた》？　それともクーパー型《がた》？

關　あゝ、ゲイブルなら斷然《だんぜん》いゝわあ！

關　エヘン！（笑聲）

ミミ　若《も》しそんなの來《き》たら知《し》らせて頂戴《ちやうだい》ね。（笑聲）

記者　厭《いや》よミミ、恥《はじ》かゝせないでね。（笑聲）

大矢　お客様《きやくさま》はどんな藝者《げいしや》が好《す》きなの？　サーヴイスでもなんでも——

小さん　それは色々《いろ／＼》あるわ。おとなしさうなのとか、お轉婆《てんば》なのとか、すき／＼ですからいろ／＼違《ちが》ひますけど。

峯菊　御夫婦御揃《ごふうふおそろ》ひのお客様《きやくさま》は一番困《こま》りますよ。旦那様《だんなさま》はそのまゝにして奥様《おくさま》の方《はう》にばかり行《い》つちやうんです。歪《ひが》まれたくない様《やう》な氣《き》がしますから——。それに藝者《げいしや》はなんか惡《わる》い事《こと》ばつかりしてゐる様《やう》に變《へん》に思《おも》はれたくないし。

宗之助　どうしても藝者《げいしや》は家庭《かてい》の事《こと》と言《い》ひますと日常《にちじやう》の家庭生活《かていせいくわつ》の事《こと》を知《し》りたいと思《おも》ひますしね。

（小さんちやん誰かに呼ばれて出て行きました）

記者　誰《たれ》が呼《よ》びに來《き》たの？　掛《かゝ》つて來《き》たのかしら——。

中島（記者の肩を叩き乍ら）いゝのよ、氣《き》にしないでも——（笑聲）

大矢（宗之助さんに）お客《きやく》さんは貴女《あなた》の事《こと》何《なん》て呼《よ》ぶの？

宗之助　どうも此頃《このごろ》は婆《ばゝ》あ！　が多《おほ》いのよ。でも宗《そう》ちやんとか、宗之《そうの》とか、そんな風《ふう》なのもありますね。

ミミ　ぢやそんな時《とき》は返事《へんじ》してやらなければいゝわ。（笑聲）

奥田　藝名はどこから探《さが》して來《く》るんですか？

宗之助　別《べつ》にそんなに意味《いみ》もありませんしね、唯《たゞ》ふら／＼と付《つ》けてしまふんですよ。男《をとこ》の名前《なまへ》の方《はう》が受《う》けるらしいんです。印象《いんしやう》が深《ふか》いんでせうね。

大矢　お客《きやく》さんと歩《ある》く事《こと》は出來《でき》ますか？

宗之助　なか／＼警察《けいさつ》が喧《やかま》しいんですよ。十二時《じ》過《す》ぎですと餘《あま》りだらしのない事《こと》をして歩《ある》くといけませんね。

峯菊　だらしのないのが惡《わる》いんですけど、普通歩《ふつうある》いてゐるのは惡《わる》くないと思《おも》ひますわ。藝者《げいしや》だつて人間《にんげん》ですもの。

（一同うなづいて同感の意をしめしました）

好きな人が居るの？

（あるやうな無いやうな氣をもませる事です）

記者　勿論《もちろん》お好《す》きな人《ひと》がお有《あ》りなんでせう。

宗之助（笑ひ乍ら）そちらの方《はう》からどうぞ！（笑聲）

小さん　割合《わりあひ》にありませんわ。

關　割合《わりあひ》に無《な》いつてのは、あるつて意味《いみ》よ。（笑聲）

ミミ　それやきまつてるわ。

記者　かくしちやつまらないからちやん

と仰有《おつしや》いよ。

宗之助（記者に向つて）貴女達《あなたたち》だつていゝ人《ひと》があるんでせう。おんなじ人間《にんげん》ですもの、お互《たが》ひ様《さま》よ。

記者　ところが無《な》いから……。

中島　どうだかね。（笑聲）

記者　でも無《な》くつても有《あ》る様《やう》に思《おも》はせ振《ぶ》りするのが女《をんな》ですつてね。（笑聲）お客《きやく》さん以外《いぐわい》の人《ひと》ならお好《す》きな人《ひと》がおありでせうね。

力枝　そんな事《こと》ないわ。

ミミ　今迄《いままで》好《す》きになつた人《ひと》はどんな人《ひと》？

小さん　顏を隱して）そんなの無《な》いのよ。だけど私達《わたしたち》はお客《きやく》さん以外《いぐわい》の男《をとこ》の人《ひと》の方《はう》が好《す》きですわ。お客《きやく》さんは本當《ほんたう》に好《す》きになれません。奥《おく》さんの有《あ》る方《かた》が多《おほ》いんですものね。藝者《げいしや》だつてお客《きやく》さん以外《いぐわい》の男《をとこ》だつて知《し》つてゐるんですもの、好《す》きになる人《ひと》もあるわ。

中島　藝者《げいしや》さんは役者《やくしや》とかお相撲《すまふ》さんとかに關係《くわんけい》が多《おほ》いやうですね。

峯菊　昔《むかし》は總見《そうみ》（後押《あとお》し）なんかありましたからね。

記者　商賣《しやうばい》が商賣《しやうばい》だから好《す》きな人《ひと》が無《な》くちや淋《さび》しいと思《おも》ひますけど――。

千代駒　貴女《あなた》は辛辣《しんらつ》ね。（笑聲）

峯菊　そりや皆《みな》さんだつてゐらつしやるんでせう。

關　訊《き》ぐだけ野暮《やぼ》よ！（笑聲）

記者　そんな事言《ことい》ふから峯菊《みねぎく》さん達白状《たちはくじやう》しないのよ。（笑聲）

宗之助　どうせ男《をとこ》の人《ひと》なんかの言《い》ふ事《こと》は少《すこ》しも本當《ほんたう》にしませんよ。男《をとこ》なんて甘《あま》い言葉《ことば》を掛《か》けたつて、どうせ嘘《うそ》にきまつてゐますから、いゝ加減《かげん》なものですよ。

ミミ　さうよ、本當《ほんたう》だわ。

峯菊　此處《こゝ》には男《をとこ》が居《ゐ》ないからいゝけど――（笑聲）

關　さうすると本當《さんたう》に好《す》きだと言《い》はれてもわからないんぢやありませんか？

峯菊　でも態度《たいど》で解《わか》りますわ。本當《ほんたう》に好《す》きな人《ひと》はね、それや解《わか》りますよ。藝者《げいしや》なんかしてゐると人《ひと》を觀《み》る眼《め》がありますものね、その點《てん》とても旨《うま》いわ。惡口《わるくち》を言《い》ふとかへつて喜《よろ》こぶお客《きやく》さんもあつてよ。

記者　好《す》きな人《ひと》が出來《でき》たらどうしたらいゝんでせう？

好きになつたらば！

（あゝ結婚は餘りに遠き！）

峯菊　貴女《あなた》はいやに好《す》きな人《ひと》の話《はなし》をなさいますのね。今日《けふ》踊りに銀座《ぎんざ》でどなたかとお約束《やくそく》が出來《でき》てゐるんぢやない？

（一同大笑ひ）

記者　あゝ今《いま》の貴女《あなた》の眼《め》つきはとてもきれいだつたわ。（笑聲）

野口　――とかなんとかうまくごまかしちやつてるわ。（笑聲）

記者　それでやつぱりほつたらかして置《お》くんですか？

ミミ　それや結末《けつまつ》が付《つ》くわよ。

記者　つまりどうなるの？　結婚《けつこん》できる？

關・さうスムースにゆきやあ……

小さん　大低《たいてい》は駄目《だめ》ね。うまくゆかないわ。

ミミ　失戀《しつれん》しちやうのね。（笑聲）

奥田　好《す》きな人《ひと》が出來《でき》るとお座敷《ざしき》へ出《で》るのがつらいでせうね？

峯菊　結婚《けつこん》したいと思《おも》ふ相手《あひて》なら厭《いや》でせうね。

關（小さんちやんに）貴女《あなた》は結婚《けつこん》したいと思《おも》ひませんか？

小さん　さうね、結婚《けつこん》したいと思《おも》ふ時《とき》も

259　「座談会　令嬢群の待合襲撃　藝者衆との一問一答」中島要子、大迫倫子、大矢美子、奥田靖子 ほか 『婦人画報』昭和10年8月1日

あるのよ。でも駄目《だめ》だと思《おも》つてあきらめちやうわ。

中島　お孃《ぢやう》さん達《たち》はみんな戀人《こひびと》があるらしいんですよ。（あらマダムこそ！　ひどいわ。と一同《どう》やり返《かへ》す事蜂《ことはち》の巢《す》をつゝいた樣《やう》な騷《さわ》ぎ）

宗之助　どもかく女《をんな》の方《かた》つて男《をとこ》の方《かた》より勇敢《ゆうかん》なのに驚《おどろ》いちやいましたよ。まあ此《こ》のお孃《ぢやう》さん達《たち》の圖々しい事《こと》つたら——（一同大笑）

宗之助　とても深刻《しんこく》な質問《しつもん》をなさるんですもの。

大矢　だつて夕《ゆふ》べ寢《ね》ないで考《かん》へたんですもの。（笑聲）

奥田　好《す》きな人《ひと》から電話《でんわ》がかゝつてきた時《とき》お座敷《ざしき》にゐるのはつらいでせう。

小さん　それはさうですね。

ミミ　さては？（と小さんちやんの背を叩く。一同大笑ひ）

記者　なんとも感《かん》じないお客《きやく》さんてある？　好《す》きでも嫌《きら》ひでもないお客《きやく》さんとして興味《きようみ》の持《も》てないのが——。

峯菊　さう云《い》ふ型《かた》の人《ひと》が多《おほ》いですわ。さうぢやなかつたらとても身《み》が持《も》てないわ。一々皆《いち〳〵みんな》好きになつちやつたら耐《たま》らないぢやありませんか。（笑聲）

大矢　でも峯菊《みねぎく》さんなんかとてもお綺麗《きれい》だからどうも持《も》つてゐさうね。（——と一同眼と眼でしめし合せます）

關　野暮《やぼ》な質問《しつもん》よ！（笑聲）

記者　パトロンは誰《たれ》でも持《も》つてゐるの？

峯菊　さうとも限《かぎ》りませんわ。借金《しやくきん》のある人《ひと》はだから厭《いや》でも稼《かせ》がなくちやならない以上《いじやう》はパトロンを持《も》つでせうね。

記者　小說《せうせつ》なんか、きつとそんな場合《はあひ》、純情可憐《じゆんじやうかれん》な若者《わかもの》がその藝者《げいしや》さんと仲《なか》が良《よ》くつて愛《あい》し合《あ》つてゐるくせに、女《をんな》は女《をんな》で商賣《しやうばい》だからつて、嫌《きら》ひな旦那《だんな》にくつついて働《はたら》いてゐるでせう？　『これも商賣《しやうばい》だからカンニンして』（笑聲）なんて靑年《せいねん》の所《ところ》に電話《でんわ》までしておいて、それで旦那《だんな》のお相手《あひて》してるなんて——第一《だい》、その靑年《せいねん》が本當《ほんたう》に好《す》きなんなら幾《いく》ら貧乏《びんばふ》だつてそんな旦那《だんな》にくつついてゐる筈《はず》はないと思《おも》ふんです。靑年《せいねん》にしたつて少《すこ》し變《へん》ですわね。

峯菊　（眞劍な面持ちで）たしかにそれはさうですわ。本當《ほんたう》に愛《あい》してゐるものなら飛《と》び出《だ》して一緒《しよ》に行《ゆ》くべきですわ。矢張《やは》り少《すこ》しお金《かね》に未練《みれん》があるからなんでせう。

宗之助　それは小說《せうせつ》ですもの。（笑聲）

野口　（小さんちやんに耳打ちして）本當《ほんたう》に好《す》きな人《ひと》居《ゐ》るの？（笑聲）

小さん　さうめつからないんですよ。

關　ぢや、小《こ》さんちやんの今《いま》ちよつと好《す》きな男《をとこ》は？

峯菊　（小さんちやんにウインクを使つて）ほら〳〵花柳章太郎《はなやぎしやうたらう》よ！（笑聲）

小さん　（赧くなつて）舞臺《ぶたい》で見《み》てゐて好《す》きになつて、お會《あ》ひして餘計《よけい》好《す》きになつちやつたの。とてもさつぱりして面《おも》白《しろ》い方《かた》ですもの——。（一同やんやとはやし立てます）とても顏《かほ》が眞黑《まつくろ》で男《をとこ》らしくつて。

記者　みんなお笑《わら》ひになるけど、結局《けつきよく》こんな商賣《しやうばい》の方《かた》は、第一《だい》に好《す》き嫌《きら》いつて事《こと》が問題《もんだい》だらうと思《おも》ふんです。

ミミ　まあ此《こ》の人《ひと》は！

關　今日《けふ》はどうかしてゐるのよ。（笑聲）

記者　だつてこれも私《わたし》の仕事《しごと》ですもの。（笑聲）寂《さび》しいと感《かん》じる事《こと》はあるでせう？

力枝　樂《たの》しいと感《かん》じる方《はう》が多《おほ》いわ。割合《わりあひ》樂《たの》しいんですよ。

宗之助　力枝《りきえ》さんや小《こ》さんちやんは兩親《りやうしん》の傍《そば》で働《はたら》いてゐるんですから、さう寂《さび》しいと感《かん》じる事《こと》は少《すくな》いでせう。

關　將來《しやうらい》の事《こと》考《かんが》へませんか？

小さん　あんまり考《かんが》へないけど。

峯菊　小《こ》さんちやん位《くらゐ》の頃《ころ》はさうでせうけど私達位《わたしたちくらゐ》になると泌々《しみ〴〵》考《かんが》へます。（淋しい顏付きをしてうつ向く）

ミミ　泣《な》かせちやいやよ。（笑聲）

千代駒　好《す》きな人《ひと》から電話《でんわ》だと思《おも》つて、後口《あとくち》を貰《もら》つて『今晩《こんばん》は——』つて行《い》つてみたら違《ちが》つてゐたなんてのは隨分癪《ずゐぶんしやく》にさわつちやうわね。（笑聲）

峯菊　さういふ時《とき》のお客樣《きやくさま》こそ災難《さいなん》ね。

中島　そろ〳〵みんな正體《しやうたい》を現《あらは》して來《き》たわ。（笑聲）

奥田　藝者《げいしや》さんなんか矢張《やつぱ》り長唄《ながうた》なんか敎へる男《をとこ》の人《ひと》が好《す》きでせうね。

三味線のお話

（お孃樣達は長唄も淸本も常盤津も解りません）

宗之助　まあかりにやつて居《ゐ》る人《ひと》ならいゝでせうけど、義太夫《ぎだいふ》なんかで『三《みつ》ッ違《ちが》ひの——』なんてやられたら大變《たいへん》ですわ。それがちつとも彈《ひ》けなくつて汗《あせ》ばかり出《で》てね。お客樣《きやくさま》に叱《しか》られるのが厭《いや》だし、最近《さいきん》は特殊《とくしゆ》な物《もの》がはやつて來《き》て、レコードの歌《うた》なんかどん〳〵覺《おぼ》へてゆかなくちやなりませんのよ。とても覺《おぼ》へ切《き》れやしないわ。

記者　今花柳界《いまくわりうかい》ぢやどんな歌《うた》がはやつてゐます？『私《わたし》のダイナ』なんかは？

宗之助　さあ知《し》りませんね。

ミミ　ぢや此處《こゝ》へはまだ來《こ》ないのよ。他所《よそ》で廢《すた》る頃《ころ》になつてやつて來《く》るんでせう。

宗之助　なかには三味線《しやみせん》につかない物《もの》が出來《でき》て來《き》ますね。

記者　それはさうでせう。『クカラチヤ』なんてのは三味線《しやみせん》でひけるかしら。（笑聲）お客《きやく》さんが彈《ひ》けつて云《い》ふのが彈《ひ》けなかつた場合《ばあひ》はどうして？

小さん　面倒臭《めんだうくさ》いからこまかしちやうわ。

ミミ　三味線《しやみせん》はいつでもひけるんですか？

宗之助　三味線《しやみせん》のひける時間《じかん》は朝《あさ》の九時《じ》から夜《よる》の十二時《じ》迄《まで》です。夜中《よなか》にやられたら安眠防害《あんみんばうがい》でせう。

千代駒　此頃《このごろ》はでもお三味《しやみ》の方《はう》よりお話《はなし》を交《かは》すお部屋《へや》の方《はう》が多《おほ》いのよ。

中島　しつとりとして來《き》ましたナ。（笑聲）レコードに合《あは》せて踊《をど》る人《ひと》もおありでせうね。

宗之助　えゝとてもダンスはやりますね。然《しか》しお酒《さけ》を召《め》し上《あが》つてからになるとどうしても三味線《しやみせん》になつちやひますね。

ミミ　私《わたし》、長唄《ながうた》も清本《きよもと》も常盤津《ときはづ》もみんなごつちやで區別《くべつ》がつかないわ。

一同　私《わたし》もさう。

落籍といふ事

大矢　落籍《みうけ》するつてどういふ事《こと》？

峯菊　藝者屋《けいしやや》で御主人《ごしゆじん》に抱《かゝ》へられてゐるでせう。それがどつかの方《かた》にみうけされるといふのは、たとへば自分《じぶん》の奥《おく》さんにしたいと思つてその方《かた》が借金《しやくきん》を拂つてくれて、藝者《げいしや》を自分《じぶん》の物《もの》にするんです。

宗之助（卓上のお煎餅を指して）たとへば煎餅《せんべい》が欲《ほ》しくつてもお金《かね》を出《だ》して買《か》はなくちや自分《じぶん》の物《もの》にならないでせう。それと同《おな》じですよ。藝者《げいしや》なんて體《てい》の良《よ》い品物《しなもの》です。どんな藝者《げいしや》だつて大《たい》低借金《ていしやくきん》はありますからね、それを必《かなら》ず返《かへ》さなければいけません。何年《なんねん》といふ年《とし》を決《き》めてその期間中《きかんちう》に出《で》やうとすればどうしてもお金《かね》を拂《はら》はなければなりません。だから藝者《げいしや》が借金《しやくきん》するのは大低誰《たいていだれ》でも好《す》きでなる人《ひと》はないし、借《しやく》金は拂《はら》へなければ、着物《きもの》を拵《こしら》へるにも稼《かせ》がなくちやなりません。だから幾《いく》ら自分《じぶん》で稼《かせ》がうと思《おも》つてもお客《きやく》が付《つ》かない限《かぎ》りは駄目《だめ》でせう。

大矢　お座敷《ざしき》に出《で》るのはお金《かね》がとれる譯《わけ》なんですね。

宗之助　さうです。御主人《ごしゆじん》が頭《あたま》の先《さき》から足《あし》の先《さき》まで全部《ぜんぶ》やつて呉《く》れるんですから其《そ》の收入《しうにふ》は主人《しゆじん》の物《もの》になるんです。

藝者さんの泌々話

關　辛《つら》いと思《おも》ひませんか？（藝妓衆默つた儘《まゝ》です）

（お座がうるみさうです）

ミミ　逃《に》げるなんて事《こと》ないんですか？小説《せうせつ》で讀《よ》むと、カフエーの女給《ぢよきふ》ならともかく藝者《げいしや》になると恐《おそ》ろしい事《こと》になるからやめた方《はう》がいゝつて書《か》いてありますけど。

奥田　藝者《けいしや》さんに出《で》るには難《むつか》しいんですか？

峯菊　全然無藝《ぜん〳〵むげい》ぢや出《で》られませんわ。

宗之助　お座敷《ざしき》のサーヴイスも考《かんが》へなくちやならないし、顔《かほ》、形《かたち》、頭《あたま》も要《い》ります。藝者《げいしや》なんていゝ着物《きもの》をきてお客《きやく》さんのお相手《あひて》してゐる者《もの》だと思《おも》つたら違《ちが》ひますよ。つらいですね。

峯菊　私達此《わたしたちこ》のまゝの島田《しまだ》で外《そと》を歩《ある》いてますと、素人《しろうと》の奥様《おくさま》やお嬢様達《ぢやうさまたち》がじろ〳〵と御覧《ごらん》になるんです。藝者《げいしや》だと思《おも》はれてあんな風《ふう》に見下《みくだ》られるのは嫌《いや》でなりません。

小さん　私《わたし》も……。

奥田　貴女方《あなたがた》が綺麗《きれい》だから見《み》るんですわ。

關　さうよ、それにきまつてゝよ。

記者　だつて今更《いまさら》藝者《げいしや》だナ、なんてぢろぢろ見《み》る事《こと》もないぢやありませんか。

峯菊　藝者《げいしや》は歪《ひが》み根性《こんじやう》が多《おほ》いから……。自分《じぶん》が綺麗《きれい》だと思《おも》つて見《み》られてゐるとは思《おも》ひませんものね。（笑聲）

奥田　そんな振《ふ》り返《かへ》つてみる人《ひと》は會《あ》つてよく話《はなし》をすれば解《わか》る事《こと》だわ。

西澤　私《わたし》は、藝者《げいしや》さんの衿足《えりもと》がとても好《す》きで後《あと》をついてつちやふのよ。

大矢　まともに藝者《げいしや》さんを見《み》たのは今日《けふ》が始《はじ》めてよ。

西澤　長年《ながねん》の念願《ねんがん》が叶《かな》つたわ。

宗之助　かうお話《はなし》してみると想像《さうぞう》ですけど、私達《わたしたち》の方《はう》がずつと色《いろ》んな事《こと》を知《し》つてゐる樣《やう》ですね。

關　男《をとこ》の人《ひと》は矢張《やは》り綺麗《きれい》な人《ひと》が好《す》きだから峯菊《みねぎく》さんなんか本當《ほんたう》にいゝわねえ。

峯菊　嘘《うそ》よ、藝者《げいしや》の朝起《あさお》きた顔《かほ》なんか見《み》

261　「座談会　令嬢群の待合襲撃　藝者衆との一問一答」 中島要子、大迫倫子、大矢美子、奥田靖子 ほか 『婦人画報』昭和10年8月1日

られやしないわ。暴飲暴食でせう。

ミミ　晝間《ひるま》は汚《きたな》くつて見《み》られないつて言《い》ふけど綺麗《きれい》ぢやないの。

峯菊　今《いま》はとても御化粧《おけしやう》してゐるんですもの。

記者　將來《しやうらい》の事《こと》を考《かんが》へると淋《さび》しいでせうね。どうなさるんですか？

小さん　矢張《やは》りかうしてゆくより外《ほか》に。

峯菊（泌々と佗しさうに）將來《しやうらい》の事《こと》なんか考《かんが》へてゆくと、もうどうしていゝんだか解《わか》らなくなつてしまひますの。思《おも》ひ詰《つ》めてしまつて……。

ミミ　どう云《い》ふ動機《どうき》で藝者《げいしや》になつたの？

力枝　私《わたし》は好《す》きでなつたの。

宗之助　今日《けふ》はかういふ處《ところ》に居《ゐ》らして考《かんが》へてゐらした事《こと》と違《ちが》ひましたか？

奥田　隨分違《ずゐぶんちが》ふわ。

宗之助　小説《せうせつ》にはまるで藝者《げいしや》を毒婦《どくふ》の樣《やう》に書《か》いて出《で》てゐますが、さういふ意味《いみ》から親《した》しまれないんですね。

大矢　本當《ほんたう》に。だから藝者《げいしや》は惡《わる》い事《こと》ばつかりしてゐる者《もの》の樣《やう》に思《おも》はれて――。

關　奥《おく》さん達《たち》はみんな藝者《げいしや》が嫌《きら》ひね。

（笑聲）

宗之助　花柳《はなやなぎ》の『二人妻《ふたりづま》』でしたかね、喜多村《きたむら》のお妾《めかけ》さんに、河合《かはひ》の本妻《ほんさい》でした。あれなんか矢張《やは》り結婚《けつこん》しない中《うち》は自分《じぶん》お妾《めかけ》に同情《どうじやう》してゐたんですがね、自分《じぶん》が結婚《けつこん》してから心境《しんきやう》が變《か》つてしまつて――。あのお芝居《しばゐ》なんか見《み》ても、貴女《あなた》方《がた》だつて今《いま》はお嬢《ぢやう》さんで私共《わたしども》と仲良《なかよ》くして下《くだ》さつても、結婚《けつこん》なさるとすつかり世間《せけん》を見《み》る眼《め》が違《ちが》つて來《き》ますよ。

（お嬢樣達異口同音に反對を唱へました）

記者　ぢやあ映畫《えいぐわ》なんか御覽《ごらん》になりますか、日本物《にほんもの》なぞ。

峯菊　西洋物《せいやうもの》を見《み》ます。

關　誰《たれ》がお好《す》き？

峯菊　名前《なまへ》はてんで覺《おぼ》へられないわ。

宗之助　皆《みな》さん、野球《やきう》なんかおすきでせう。

關　あんなの野蠻《やばん》だわ。

宗之助　大河内《おほかうち》の『丹下左膳《たんげさぜん》』はいゝですねえ！

野口　あゝ大河内傳次郎《おほかうちでんじらう》はいゝわあ！

何《なに》しろあの眼玉《めだま》をギョロリと動《うご》かすと相手《あひて》が死《し》んぢやうんですもの。

宗之助　私達《わたしたち》何《なに》か知《し》つた振《ふ》りをして話《はなし》をしても駄目《だめ》ね。直《ぢ》き話《はなし》の繼穗《つぎほ》がなくつて——。

千代駒　何《なに》か話《はなし》してゐても、『え？』なんて訊《き》かれると駄目《だめ》ね、誤魔化《ごまくわ》せないの。

宗之助　蒲鉾《かまぼこ》は板《いた》にくつついたまゝ泳《およ》いでゐる（笑聲）ものだと思《おも》つて——。考《かんが》へて言《い》はないと突拍子《とうぴやうし》もないことを言《い》つちやうのね。

峯菊　一本《ぽん》になると袂《たもと》が短《みぢか》くなるんですよ。大低《たいてい》五寸位《すんぐらゐ》で、短《みぢか》い人《ひと》になると四寸位《すんぐらゐ》、素人《しろうと》の方《かた》は六、七寸位《すんぐらゐ》でせうね。

大矢　とても全體《スタイル》から違《ちが》ひますね。腰付《こしつ》きが違《ちが》ふ樣《やう》だし、お化粧《けしやう》も違《ちが》ふし。

峯菊　えゝ歩《ある》いても違《ちが》ふし、話《はなし》をしてゐても（手を使ひ乍ら）から云《い》ふ風《ふう》に手《て》を動《うご》かすでせう。之《これ》はどうしても踊《をど》る關《くわん》係《けい》ですね。ちよつとお孃《ぢやう》さんの樣《やう》な恰《かつ》好《かう》をしてみようと思《おも》つても板《いた》につきませんわ。

記者　かうして見《み》ると私達《わたしたち》の方《はう》がずつとだらしがない樣《やう》よ。（笑聲）ちやんと坐《すわ》れないし——。

宗之助　お酌《しやく》から一本《ぽん》になる時《とき》はとても寂《さび》しいものですよ。袂《たもと》が急《きふ》に短《みぢか》くなつて・・・。

記者　一本《ぽん》になれて嬉《うれ》しいのぢやないの？

小さん　それは貴女達《あなたたち》がお孃《ぢやう》さんから奥《おく》樣《さま》におなりになる時《とき》の氣持《きもち》と同《おな》じでせう。

關（小聲で）あら、好《す》きで結婚《けつこん》した時《とき》は違《ちが》ふわ。（笑聲）

峯菊　どうも御馳走樣《ごちさうさま》！　お酌《しやく》の時《とき》には袂《たもと》を兩手《りやうて》で（仕種宜敷く）かういふ風《ふう》にして上《あ》げてゐるもんですから、一本《ぽん》になつてからも、うつかりして袂《たもと》を持《も》つた儘《まゝ》階段《かいだん》などで裾《すそ》を足《あし》にからみつけて落《お》ちることがあるんですよ。

奥樣のあるお客樣の事ども

（全ては將來のお孃樣達の賢明な夫君操從法によります）

宗之助　旦那樣《だんなさま》に對《たい》する希望《きばう》とか、旦那《だんな》樣《さま》を持《も》つてからの事《こと》で何《なに》か質問《しつもん》でもありませんか？

大矢　それやあるわ。とても訊《き》きたいわ。

宗之助　道樂《だうらく》されたら惱《なや》むでせう、さう云《い》ふ事《こと》を訊《き》きたいでせうね。

記者　遊《あそ》ぶ位《くらゐ》ならいゝんですけど、別《べつ》に圍《かこ》ふのなんかは嫌《いや》でせうね。そうなるとやきもちを妬《や》くでせう。經驗《けいけん》がないからよく解《わか》らないけど。

峯菊　それや當《あた》り前《まへ》ね。でも遊《あそ》ぶ位《くらゐ》の旦《だん》那樣《なさま》ぢやなけりや話《はな》せませんよ。

記者　その代《かは》り、こつちも少《すこ》しは自由《じいう》に遊《あそ》ばせてくれるだけ話《はな》せる人《ひと》かしら？（笑聲）

宗之助　男《をとこ》は男《をとこ》で勝手《かつて》に待合《まちあひ》なんかへ遊《あそ》びに行《い》つてゝも、奥《おく》さんがダンス・ホールなんかへ行《い》つて、踊《をど》つてたら、きつと男《をとこ》は何《なん》とか云《い》ふにきまつてますよ。

大矢　ぢやそんな人《ひと》と結婚《けつこん》しなければいゝんでせう。（宗之助さんに）あのね、奥《おく》さんのある人《ひと》が好《す》きな藝者《げいしや》と遊《あそ》んでゐて、その奥《おく》さんが藝者《げいしや》に別《わか》れて呉《く》れつて賴《たの》んだら貴女《あなた》はどうなさいます？

宗之助　それや別《わか》れますわ。

峯菊　奥《おく》さんに言《い》はれゝば大低《たいてい》別《わか》れますね。花柳界《くわりうかい》の人《ひと》はさばけてゐますから。

記者　きつと思《おも》ひ當《あた》る事《こと》があつて十年後《ねんご》に此處《こゝ》へ泣《な》き込《こ》んで來《く》るかも知《し》れなくつてよ。（笑聲）

宗之助　その時《とき》は今日《けふ》此處《こゝ》に集《あつ》つた人達《ひとたち》みんなで助《たす》け合《あ》つて相談《さうだん》に乘《の》りませうよ。（笑聲）夜待合《よるまちあひ》でお泊《とま》りになる方《かた》へは、『奥《おく》さんがお家《うち》でお待《ま》ちになつてゐらつしやるんでせうからお歸《かへ》りなさい』と一應《おう》はこつちが言《い》ふんですよ。でも仲々《なかなか》駄々《だゞ》をこねてお歸《かへ》りにならないんですが、堅氣《かたぎ》の方《かた》はさうは思《おも》はないでせうね。藝者《げいしや》が無理《むり》に泊《と》めると思《おも》ふんぢやなくて？

中島　さうですわね。

記者　遊《あそ》ぶならカフエーなんかへ遊《あそ》びにゆく人《ひと》よりは待合《まちあひ》へ行《ゆ》く人《ひと》の方《はう》がいゝわ。

一同　それや勿論《もちろん》だわ。

峯菊　結婚《けつこん》なすつたら旦那樣《だんなさま》と、御一緒《ごいしよ》に行《い》らつしやいよ。

記者　ハズが遊《あそ》ぶなら四《よ》ッ谷《や》の荒木橫町《あらきよこちやう》へつて事《こと》になるんでせう。（笑聲）

力枝　お相手《あひて》して差《さ》し上《あ》げますわ。（笑聲）

關　唯今《たゞいま》主人《しゆじん》がそちらへ伺《うかゞ》ひましたからどうぞ宜敷《よろし》く、なんて先《さき》にお電話《でんわ》しておいて。

西澤　さうすれば安全《あんぜん》だわ。

野口　やきやうがないわ。

記者　こちらは御蔭《おかげ》でゆつくり眠《ねむ》れる。

中島　そんなのつてありますか！（笑聲）

峯菊　でも今《いま》はさう思《おも》つてらしても、結婚《けつこん》なすつたらどうしたつてやきもちを妬《や》くわ。

記者　でも意地《いぢ》が先《さき》に立《た》つと思《おも》ふの。やきもちを燒《や》く程《ほど》そんなに愛《あい》してゐるのかつて思《おも》はれるのが癪《しやく》ぢやないの。（笑聲）

峯菊　でも少《すこ》しは燒《や》かなくちやいけませんよ。

小さん　程《ほど》よくこんがりと狐色《きつねいろ》にね。

ミミ　むづかしいわねえ。

大矢　ちよつとお訊《き》きしたい事《こと》があるんですけど、たとへば戀愛結婚《れんあいけつこん》なんかして自分《じぶん》の奧《おく》さんをとても愛《あい》してゐてそれが二、三年續《ねんつゞ》いた後《あと》で、奧《おく》さんを愛《あい》してゐながら待合《まちあひ》なんかへ行《い》つて藝者《げいしや》さんと關係《くわんけい》の出來《でき》る樣《やう》になるのはどう云《い》ふ譯《わけ》なんでせう？

宗之助　それは日本人《にほんじん》には何處迄《どこまで》もお米《こめ》は附《つ》き物《もの》でせう。そのお米《こめ》に附《つ》いてゐる副食物《ふくしよくぶつ》が藝者《げいしや》ぢやありませんか。たとへば男《をとこ》の人《ひと》が鯛《たひ》を食《た》べるでせう、毎《まい》日《にち》鯛《たひ》ばかり食《た》べてゐると矢張《やは》り何《なに》か赤《あか》味《み》のお魚《さかな》のお料理《れうり》が食《た》べてみたくなると思《おも》ひますね。さういふ氣持《きもち》ぢやないでせうか。

峯菊　でも結局《けつきよく》、奧《おく》さんを愛《あい》してゐるんですから、それは一時の出來心位《できごころぐらゐ》でまた元《もと》の巣《す》へお歸《かへ》りになりますね。

關　若《わか》い時《とき》に少《すこ》しは遊《あそ》んだ人《ひと》と結婚《けつこん》した方《はう》がいゝんでせうか？

野口　その方《はう》がいゝつて言《い》ふわ。

峯菊　そりやさうらしいですね。前《まへ》に堅《かた》い人《ひと》で後《あと》で隨分惡《ずゐぶんわる》い遊《あそ》びをする人《ひと》がゐますよ。年取《としと》つてからの遊《あそ》びは駄目《だめ》ね、一生續《しやうつゞ》くわ。よく男《をとこ》の人《ひと》は二人《ふたり》一緒《しよ》に愛《あい》する事《こと》が出來《でき》るつて言《い》ひますね。

大矢（笑ひ乍ら）餘裕《よいう》があるのね。

峯菊　五、六人《にん》も自分《じぶん》の物《もの》にしてゐらつしやる方《かた》がありますよ。八人《にん》もお妾《めかけ》さんを持《も》つてゐる人《ひと》が――（と言つて宗之助さんと何事か耳打ちをしました）

ミミ　きがしれないわ、そんな男《をとこ》の――

記者　まるで男《をとこ》つて下等動物《かとうどうぶつ》ね。女《をんな》は何《なに》かしら？

中島　神樣《かみさま》でせう。（笑聲）

峯菊　女《をんな》はどうしても一度《ど》に二人《ふたり》を愛《あい》せませんね。

大矢　男《をとこ》つてどうしてそんな餘裕《よいう》があるのかしら。矢張《やは》り女《をんな》に會《あ》ふ機會《きくわい》が多《おほ》いからかしら。

中島　だつてさういふのは本當《ほんたう》の愛《あい》ぢやないでせう。

大矢　一度《ど》に幾人《いくにん》も愛《あい》せる人《ひと》はそれは上面《うはつら》だけよ。

奧田　かう云《い》ふ處《ところ》へはお酒《さけ》の飮《の》めない人《ひと》でも來《く》るんですか？

峯菊　えゝ無理矢理《むりやり》に引《ひ》つ張《ぱ》り込《こ》まれてはじめの方《はう》でおサイダー許《ばか》り飮《の》んでゐらつしやいますね。

記者　小說《せうせつ》だときつとさう云《い》ふ人《ひと》に藝者《げいしや》さんは參《まゐ》つちやうのね。（笑聲）

峯菊　奧樣《おくさま》が餘《あま》り家庭《かてい》で子供《こども》さんの事許《ことばか》りかまつて居《ゐ》るのは氣《き》を付《つ》けなければいけませんね。よく行《い》らつして『俺《おれ》のハンケチは、ワイフが子供《こども》の事《こと》ばかりかまつてゐるもんだからちつとも取替《とりか》へてくれないンでこんなに汚《きたな》い』と仰有《おつしや》る方《かた》がありますが、矢張《やは》り幾《いく》つになつてもお爺《ぢい》さんになつても自分《じぶん》の旦那《だんな》樣《さま》のことは面倒《めんだう》みて上《あ》げる事《こと》が大事《だいじ》ですね。

大矢　夫《をつと》の遊《あそ》ぶ半分《はんぶん》の罪《つみ》は奧樣《おくさま》にある譯《わけ》ね。

宗之助　學校《がくかう》なんかでも先生《せんせい》が仰有《おつしや》るでせう。

關　旦那樣《だんなさま》は大《おほ》きな坊《ぼう》やと思《おも》つて――。

記者　遊《あそ》んでやつて――。

關　よき友達《ともだち》であり、妹《いもうと》であり、母親《はゝおや》であり、戀人《こひびと》であれと言《い》ふ事《こと》ね。

宗之助　男《をとこ》つて禦《ぎよ》し難《がた》いものね。

記者　男《をとこ》の惡口《わるくち》が始《はじ》まりさうだからもうおしまひにしませう。

お別れ

宗之助（聲色仕種宜敷く）ねえ／＼またきつといらして頂戴《ちやうだい》ね――つてこんな調子《てうし》で言《い》ふのよ。

ミミ　さうすると大抵《たいてい》の男《をとこ》の人《ひと》はふらふらとなつちやうのね。（笑聲）

宗之助　貴女《あなた》のお父《とう》さんなんかから言《い》はれると喜《よろこ》んで來《く》るわよ。（笑聲）

ミミ　厭《いや》よ、ママがやくから。（笑聲）

峯菊　本當《ほんたう》にまたどうぞ。

一同　また來《き》たいわ。（笑聲）

×　　×

藝妓衆に送られて、三々伍々打連れだつての歸途、實地に檢番や箱屋さんを見せて頂いて、一同大いに見聞を擴めた事でした。その夜、お孃さん達の御家庭では思ひ出話が盡きなかつたさうでございます。

女心は女にしかわからない密談事《ひそひそばなし》

吉屋女史を圍んで令孃達の座談會

出席者紹介（イロハ順）

大藪喜美子樣
名古屋の有數實業家大藪外十氏の令孃。名古屋高女御卒業で唯今はお一人東京にお住ひ。御趣味は洋裁。とても情熱家です。大正四年生れの今年廿一歳。

坂本　米子樣
劇通家坂本猿冠者氏の令孃。跡見高女御出身。父君に似て歌舞伎方面に御造詣深く、劇評などものしてゐられる文才豐かな方。勿論專ら日本趣味で御家庭で御稽古事に專念中。大正三年生れの廿二歳。

森　久　江樣
實業家森謙氏の令孃。フレンド高女御卒業で、御家庭にあつて洋裁とピアノを御勉强中。純情屋さんでとても常にロマンティックな美しい氣持を持つてゐらつしやいます。大正三年生れの廿二歳。

關根　靜子樣
實業家關根要八氏の令孃。森さんとフレンド高女の御同窓で、お母樣亡き後の廣いお邸をきり盛りしてゐらつしやるしつかりした方で、御趣味は洋裁、ピアノ、お料理。常に朗らかで思つた事は何でもパキ〳〵と仰言ひます。大正二年生れの廿三歳。

本誌側出席者　大迫倫子

私達の愚痴

記者　今夜《こんや》お集《あつま》り頂《いただ》きましたのは、まあ一口《くち》に言《い》へば若《わか》い人達《ひとたち》の身《み》の上相談《うへさうだん》なんです。若《わか》い私達《わたしたち》は寄《よ》ると觸《さわ》るともう愚痴《ぐち》より他《ほか》に何《なに》も言《い》はないんですよ。唯《たゞ》もうわけもなくもや〳〵としてゐて、――だけど家《うち》の者《もの》には言《い》ひたくはない、また言《い》へない事《こと》はざらにある事《こと》ですし、今日《けふ》はそんなもろ〳〵の愚痴《ぐち》のきゝ手《て》になつて頂《いただ》かうと思《おも》つて先生《せんせい》に。

吉屋　（笑《わら》ひ乍《なが》ら）恰度《ちやうど》婦人身上相談《ふじんみのうへさうだん》の臨時出張所《りんじしゆつちやうじよ》みたいね。でも高級《かうきふ》にしておきませうねえ。（笑聲《せうせい》）誰《だれ》でも何《なに》かしようつて意志《いし》はあるんでせう。大藪《おほやぶ》さんはどんなゝの？

大藪　えゝ、したい事《こと》がみんな出來《でき》れば何《なん》でもないんですけど……。

吉屋　いつの世《よ》にもあるわね。具體的《ぐたいてき》にどんな事《こと》がお厭《いや》？

大藪　（うつむいて）女《をんな》だからつて言《い》はれるのが厭《いや》なんです。

關根　私《わたし》のはかうなんです。――例《たと》へばドレスメーカーに成《な》つて將來《しやうらい》お店《みせ》を持《も》ちたいと思《おも》つてゐるでせう。さう云《い》ふ意氣込《いきご》みで一生懸命《しやうけんめい》になつて勉强《べんきやう》して、卒業《そつげふ》したらお店《みせ》を持《も》たうと思《おも》つてゐると、職業婦人《しよくげふふじん》になるとお嫁《よめ》に貰《もら》ひ手《て》が無《な》いつてみんなが言《い》ふんです。自分《じぶん》が之《これ》なら之《これ》をやりたいと思《おも》つてそれに凡《すべ》ての希望《きばう》と熱情《ねつじやう》をかたむけても、そんな事《こと》になるのなら、どうしたつて色々《いろ〳〵》な事《こと》を考《かんが》へた揚句《あげく》、默《だま》つておとなしくしてゐるより仕樣《しやう》がないんです。働《はたら》いてみたい事《こと》があつてもそれぢやあんまり私《わたし》、自分《じぶん》が可哀相《かはいさう》ですわ。

吉屋　お察《さつ》しますわ。男《をとこ》つて小《ちい》さい誇《ほこ》りがあつて女《をんな》に稼《かせ》がせて暮《くら》すのは恥《はぢ》な樣《やう》に考《かんが》へてゐるでせう。奧《おく》さんは何處《どこ》へも出《で》ないで家庭《うち》で自分《じぶん》の事《こと》だけにサーヴイスして貰《もら》つてればそれでいゝんでせうね。だから妻《つま》の才能《さいのう》を認《みと》め、その職業《しよくげふ》を援助《えんじよ》して結婚《けつこん》する旦那樣《だんなさま》はないでせう。まるで自分《じぶん》の道具《だうぐ》にしちやつてね。――それを認《みと》めて吳《く》れる旦那《だんな》樣《さま》はいゝ旦那樣《だんなさま》ですね。

大藪　私《わたし》のお父《とう》さんやお母《かあ》さんは、もう色々《いろ〳〵》な意味《いみ》で望《のぞ》みがないから嫁《ゆ》かない方《はう》がいゝつて言《い》つてま

265　「女心は女にしかわからない密談事　吉屋女史を囲んで令嬢達の座談会」　吉屋信子、大藪喜美子、坂本米子、森久江 ほか　『婦人画報』昭和10年9月1日

寫眞向つて右から本誌側大迫・關根さん・大藪さん・吉屋女史・森さん・坂本さん

すわ。

記者　大藪《おほやぶ》さんはそこまで來《く》るまでに、とてもすつたもんだなさつたんでせう。

大藪　（淋《さび》しく頷《うなづ》いて笑《わら》ふ）さうね。

關根　本當《ほんたう》よ。私《わたし》嫁《しゆ》きたくないわ。

森　家庭《うち》を持《も》つて自分達《じぶんたち》が生《い》きてゆくと云《い》ふ事《こと》に對《たい》して、とても自信《じしん》が持《も》てなくなつちやうんですわ。

關根　だから結婚《けつこん》なんかいやだつて言《い》ふのよ。

坂本　ね先生《せんせい》、私《わたし》にお友達《ともだち》が三人《にん》ゐるんですけど、みんな性格《せいかく》が違《ちが》ふんです。假《かり》に偶然《ぐうぜん》ですが、何處《どこ》かの喫茶店《きつさてん》で其處《そこ》が滿員《まんいん》だつたとしたら、第一番《だいいちばん》目《め》の人《ひと》は、好《す》きな男性《ひと》があつても他《た》の異性《いせい》が飲《の》んでゐる傍《そば》へ行《い》つて平氣《へいき》で飲んでゐるんです。何《なに》も拘泥《かうでい》しないんですよ。その人《ひと》がその三人《にん》の中《なか》では一番幸福《ばんかうふく》な結果《けつくわ》になつだんです。それから次《つぎ》の人《ひと》は、自分《じぶん》は思《おも》つてゐるんですけど先方《せんぽう》は自分《じぶん》を思《おも》つてゐるのかどうか解《わか》らないんです。さういふ場《ば》合《あひ》にそこへ相手《あひて》の人《ひと》が來《き》てゐる事《こと》を意識《いしき》してゐても、自分《じぶん》の傍《そば》にゐる人《ひと》は全然見《ぜんぜんみ》知《し》らない人《ひと》なのに自分《じぶん》の連《つ》れの樣《やう》に見《み》せかけるやうな人《ひと》なんですよ。とても勝氣《かちき》で、どうせ結果《けつくわ》に於《おい》て一緒《しよ》になれないのならばさういふ所《ところ》をわざと見《み》せつけてやらうつていふ樣《やう》な人《ひと》なんです。三番目《ばんめ》の人《ひと》は、自分《じぶん》の愛《あい》してゐる人以外《ひといぐわい》の人《ひと》とかりにも同席《どうせき》する位《くらゐ》ならば——まあ連《つ》れのやうに見《み》られる位《くらゐ》ならばお茶《ちや》を飲《の》まないで歸《かへ》つてしまふ樣《やう》な型《かた》の人《ひと》なんですけど（ハンケチで涙《なみだ》を拭《ふ》き乍《なが》ら）結果《けつくわ》に於《おい》て一番不幸《ばんふかう》な人《ひと》だつたんです。本當《ほんたう》に心《こころ》から純情《じゆんじやう》を立《た》てた人《ひと》が……

吉屋　（暗然《あんぜん》とした面持《おもも》ちで）どうしても思《おも》ひ切《き》れないでせうけど、くよくよ思《おも》つても仕樣《しやう》がないでせう。大變《たいへん》それはお氣《き》の毒《どく》ですわねえ。さうなつたら、自分《じぶん》が更《さら》に別《べつ》な人《ひと》を探《さが》してやらうといふ積《つも》りでお進《すゝ》みになつたら？　純情《じゆんじやう》であつても必《かな》らずしも惠《めぐ》まれない事《こと》が幾《いく》らもあるんですものね。よくは解《わか》りませんけど、今《いま》の第《だい》一番目《ばんめ》の方《かた》は樂天家《らくてんか》でせう——餘《あま》り戀愛《れんあい》に夢中《むちゆう》になつてゐない方《かた》ね。二番目《ばんめ》の方《かた》は片想《かたおも》ひで意地《いぢ》を張《は》つたりなんかして自《じ》分《ぶん》を强《つよ》がつてみせる人《ひと》ですね。一番《ばん》おしまひの人《ひと》は本當《ほんたう》に重大視《ちようだいし》したけれどその結果《けつくわ》が好《よ》くなかつた。その戀愛《れんあい》が悲劇《ひげき》に終《をは》つた方《かた》で、さう云《い》ふ境遇《きやうぐう》はほんとに御同情《ごどうじやう》するんですけど、矢張《やは》り何《なに》かさうなるまでのプロセスがあるんでせうね？——ね、おありなんでせう？（坂本《さかもと》さん默《だま》つた儘《まゝ》うつ

むいてゐる）

小兒性戀愛病患者

記者 （關根《せきね》さんを指《さ》して）此《こ》の人《ひと》には共《きよう》鳴《めい》してゐる人《ひと》があるんですよ。もう三年位《ねんぐらゐ》にもなるのに、お互《たがひ》に結婚《けつこん》したくないんですつて。どうして結婚《けつこん》しないんだか私《わたし》には解《わか》らないのよ。結婚《けつこん》しない間《あひだ》は何時《いつ》までもお互《たが》ひに美《うつく》しいものが、結婚《けつこん》すると美《うつく》しい物《もの》もみんな幻滅《げんめつ》に變《かは》つちやうので好《す》きでも結婚《けつこん》しないづて言《い》つてるんです。

吉屋 ロマンチツクねえ。でも結婚《けつこん》したくなりますよ。

記者 そんなのは少《すこ》しアブノーマルよ。

關根 あらそんなのぢやないわ。だつて好《す》きならどうしたつて一緒《しよ》に居《ゐ》たいのは當《あた》り前《まへ》でせう？ でも別《べつ》に結婚《けつこん》しなくても何時《いつ》も逢《あ》つてゐればいゝぢやないの。それだけでも嬉《うれ》しいわ。（笑聲《せうせい》）

吉屋 別《わか》れてくると會《あ》ひたくなるんでせう。

關根 さう〳〵、さういふものらしいわ。（笑聲《せうせい》）

吉屋 まあ〳〵やり切《き》れないわねえ。

記者 靜子《しづこ》ちやん、さう手放《てばな》しぢやー。

（一同《どう》、やんやとばかりにひやかす）

吉屋 ね、毎日《まいにち》逢《あ》つてゐなければならなくなつたら、毎日《まいにち》家庭《かてい》に一緒《しよ》に居《ゐ》たくなるものよ。サヨナラをして歸《かへ》つて來《く》るともうその人《ひと》の事《こと》ばかり考《かんが》へてゐるものよ。だから矢張《やは》り一緒《しよ》にゐた方《はう》がいゝ事《こと》になるでせう。今《いま》に貴女《あなた》だつてさうなるわよ。貴女《あなた》は小兒性戀愛病患者《せうにせいれんあいびやうかんじや》よ！（笑聲《せうせい》）

大藪 そんなのは愛《あい》が足《た》りないんぢやないかしら？

坂本 さうと許《ばか》り限《かぎ》らないでせう。

吉屋 矢張《やは》り貴女達《あなたたち》の考《かんが》へは古風《こふう》なのね

森 ほら、あのジイドの「女《をんな》の學校《がくかう》」がさうでせう。婚約時代《こんやくじだい》にはもう許婚者《いひなづけ》としての絶體的《ぜつたいてき》な素晴《すば》しい相手《あひて》だつたのが、一たん結婚《けつこん》したら夫《をつと》としてのみじめな姿《すがた》を初《はじ》めて眼《め》の前《まへ》に見《み》て、そこで過去《くわこ》の夫《をつと》と現在《げんざい》の夫《をつと》を竝《くら》べて歎《なげ》くとこが——。

吉屋 關根《せきね》さんなんかは、カルシユウムの注射《ちうしや》をして段々《だん〳〵》大人《おとな》になる必要《ひつえう》があるわ。戀愛小兒病《れんあいせうにびやう》なのよ。

關根 私《わたし》ゆきたくないけど、どういふ風《ふう》にして理想《りさう》の旦那樣《だんなさま》を探《さが》せるのかしら？

吉屋 さうなればもう神樣《かみさま》の領分《りやうぶん》よ。貴女《あなた》の運命《うんめい》を解決《かいけつ》して下《くだ》さるのは神樣《かみさま》一《ひと》人《り》。さういふ男《をとこ》を百萬人《まんにん》の中《うち》から選《えら》ばなければならないでせう。

愛され甲斐のある愛され方

森 頼《たの》もしい男《をとこ》の人《ひと》つてあるかしら？

大藪 無《な》いと思《おも》ふわ。

吉屋 惡《わる》く言《い》ふと男《をとこ》はとても功利的《こうりてき》でせう。なぜなら女《をんな》は何時《いつ》でも捧《さゝ》げること許《ばか》りでせう。ところが男《をとこ》ときたら、やれ陸軍大臣《りくぐんだいじん》になりたいとか、月給《げつきふ》を百圓《ゑん》とりたいとか、いゝ女房《にようばう》を貰《もら》ひたいとか、みんな自分《じぶん》がかつこむ事許《ことばか》りでせう。女《をんな》はあべこべに捧《さゝ》げる方《はう》許《ばか》り、でせう？ ですから男《をとこ》の方《かた》の功利的《こうりてき》はいゝ意味《いみ》になれば電氣《でんき》の發明《はつめい》とかお醫者《いしや》さんの發見《はつけん》とか、學理的《がくりてき》の發明《はつめい》とかにもなりますね。

關根 さういふのが男の特徴かしら？

森 さうだから頼《たの》もしいんぢやないこと？

記者 あげたりさげたり——（笑聲《せうせい》）

吉屋 そ　頼《たの》もしい理由《りいう》を一席《せき》どうぞ！

森 私《わたし》が或《あ》る人《ひと》を全身全靈《ぜんしんぜんれい》で愛《あい》したとしましたら、その人《ひと》の心《こころ》の一部《ぶ》に住《す》んでゐたいんです。そしてその人《ひと》がそれ以外《いぐわい》に勉強《べんきやう》をして世《よ》の中《なか》に偉《えら》くなつてくれたらとても嬉《うれ》しいと思《おも》ひますわ。

267　「女心は女にしかわからない密談事　吉屋女史を囲んで令嬢達の座談会」 吉屋信子、大藪喜美子、坂本米子、森久江 ほか 『婦人画報』昭和 10 年 9 月 1 日

吉屋　その一部說《せつ》にも理窟《りくつ》はある事《こと》ですし贊成《さんせい》しておきませう。

大藪　私《わたし》そんなのいやだわ。全部《ぜんぶ》を愛《あい》してその上《うへ》お仕事《しごと》も出來《でき》る人《ひと》でなきや厭《いや》だわ。

坂本　まあ貴女《あなた》は情熱家《じやうねつか》ね。

森　だけどね。その全部《ぜんぶ》といふのは勿《もち》論自《ろんじ》分《ぶん》の全部《ぜんぶ》をとても熱愛《ねつあい》してくれてゐるんですよ。唯《たゞ》その愛《あい》を心《こゝろ》の一部《ぶ》に置《お》いといて貰《もら》へばそれで私《わたし》は滿足《まんぞく》だつていふのよ。男《をとこ》つて戀愛《れんあい》よりお仕事《しごと》の方《はう》が大事《だいじ》よ。

記者　大藪《おほやぶ》さんは、人間戀愛《にんげんれんあい》せんが爲《ため》に生《うま》れて來《き》て戀愛《れんあい》に生《い》きて戀愛《れんあい》に死《し》んでまるで戀愛《れんあい》が全部《ぜんぶ》だつて言《い》ふんでせう？

坂本　そんなの厭《いや》だわ。男《をとこ》のくせに女々《めゝ》しいわ。

記者　だから愛《あい》してゐても仕事《しごと》は忘《わす》れずにやる人《ひと》―　まあ學者《がくしや》みたいなのね。

森　(大藪《おほやぶ》さんに)例《たと》へば卑近《ひきん》な例《れい》をとれば、今夫《いまをつと》が外國《ぐわいこく》へ行《ゆ》かなければ研究《けんきう》出來《でき》ないテーマを持《も》つたとするのよ。そしてその研究《けんきう》に何年《なんねん》もあちらへ行《い》つてゐなければならない時《とき》に奧樣《おくさま》を置《お》いてゆくのが可哀想《かはいさう》だつて言《い》つて外國《ぐわいこく》に行《ゆ》かないとすれば、研究《けんきう》も發見《はつけん》も出來《でき》ないでせう？　さうすると奧《おく》さん一人《ひとり》の爲《ため》に大事《だいじ》な研究《けんきう》も出來《でき》ないといふ場《ば》合《あひ》に、私《わたし》は何年待《なんねんま》つてゐても矢張《やは》り勉《べ》強《きやう》して歸《かへ》つて來《く》る人《ひと》の方《はう》がいゝし、私《わたし》だつたらさうするわ。――何年《なんねん》でも待《ま》つてるわ。

吉屋　ぢや意地惡《いぢわる》を言《い》ひますけど、ずつと男《をとこ》が外國《ぐわいこく》へ行《い》つてる間《あひだ》、貞操《ていさう》といふものを守《まも》らないと云《い》ふ事《こと》を認《みと》めますか？

大藪　私《わたし》は認《みと》めます。

森　だつて先生《せんせい》、私《わたし》の父《ちゝ》や兄《あに》なんか見《み》てもそれは信《しん》じられないわ。とても外《ぐわい》國《こく》へ行《い》つても模範《もはん》でしたわ。

吉屋　いゝえ貴女《あなた》の所《ところ》ぢやなく、一體男《たいをとこ》つてさうですね。例《たと》へば外國《ぐわいこく》にゐて、國《くに》に居《ゐ》る奧《おく》さんから手紙《てがみ》なんかを貰《もら》ふと、もう涙《なみだ》なんか流《なが》して奧《おく》さんを愛《あい》してゐながら夜《よる》になるとふら〳〵とさういふ處《ところ》へ出《で》て行《ゆ》くのね。

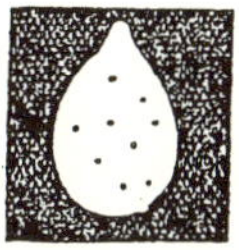

吉屋さんの結婚しない理由

坂本　先生《せんせい》、私達《わたしたち》が精神的《せいしんてき》に結《むす》ばれてゐる人《ひと》でも、お互《たが》ひの境遇《きやうぐう》や事情《じじやう》が二人《ふたり》の結《けつ》婚《こん》に不幸《ふかう》を豫測《よそく》したら、矢《や》張《は》り親《おや》の探《さが》して呉《く》れる人《ひと》と結婚《けつこん》すべきでせうか？

吉屋　えゝ結婚《けつこん》するより他《ほか》ないでせうね。

大藪　あのう、お互《たが》ひに好《す》きでも男《をとこ》の兩《りやう》親《しん》の許《ゆる》さない場合《ばあひ》なんか……。

吉屋　男《をとこ》の人《ひと》に眞面目《まじめ》な氣持《きもち》があつたら自由結婚《じいうけつこん》も出來《でき》るし、向《むか》ふが責任《せきにん》を持《も》つて將來《しやうらい》を考《かんが》へてゐるんでせうから誠《せい》意《い》さへあれば結婚《けつこん》すべきだと思《おも》ひます。例《たと》へばさういふ場合《ばあひ》に、お互《たが》ひに本當《ほんたう》に愛《あい》し合《あ》つてゐて、最初《さいしよ》は親《おや》が反《はん》對《たい》してゐても、それが十年經《ねんた》つても二十年經《ねんた》つても愛情《あいじやう》が變《かは》らない事《こと》が親《おや》に解《わか》れば、親《おや》も自分《じぶん》の間違《まちが》つてゐた事《こと》に氣《き》が付《つ》くでせう。さういふ場合《ばあひ》は親《おや》の反對《はんたい》があつても結婚《けつこん》してもいゝと思《おも》ひます。それがさういふ反對《はんたい》を押切《おしき》つて結婚《けつこん》したものゝ、一年《ねん》で別《わか》れるとか何《なん》とかいふ事《こと》になると、親《おや》に嘆《なげ》きをかける事《こと》になりますから非常《ひじやう》な決心《けつしん》が要《い》る譯《わけ》ですね。勿論責任《もちろんせきにん》は持《も》つべきですよ。ですから相手《あひて》の男《をとこ》の人《ひと》さへ卑怯《ひけふ》でなければさういふ結婚《けつこん》をしても決《けつ》して不幸《ふかう》ぢやないし、また不幸《ふかう》な女性《ぢよせい》もなくなると思《おも》ひます。

大藪　第三者《だいさんしや》が入《は》るからいけないんですね。

吉屋　えゝ、當事者同志《たうじしやどうし》でやれば間違《まちが》ひはないんですね。例《たと》へば菊池寛氏《きくちくわんし》が言《い》つてゐられる樣《やう》に、自分《じぶん》がいゝと思《おも》つて結婚《けつこん》したとする。眞面目《まじめ》な結婚《けつこん》をす

る。所《ところ》がどうしてもそれが駄目《だめ》な時《とき》には離婚《りこん》する。離婚《りこん》なんかすると疵物《きずもの》の樣《やう》になつて益々《ますます》悲慘《ひさん》に思《おも》はれるが、然《しか》しそんな虐待《ぎやくたい》された生活《せいくわつ》なんか續《つゞ》けるより斷然《だんぜん》止めて離婚《りこん》したらいゝと思《おも》ふつて仰有《おつしや》つてゐられますが、それもいゝと思《おも》ひます。幸福《かうふく》な結婚生活《けつこんせいくわつ》だと思《おも》つて結婚《けつこん》したらそれがいけなかつた場《ば》合《あひ》はあきらめて――さうでせう？ 偶《ぐう》然《ぜん》の結果相手《けつくわあひて》が惡《わる》かつたんですから、その爲《ため》に自分《じぶん》の一生《いつしやう》を滅茶苦茶《めちやくちや》にするのはどうでせう。何《なに》も自分《じぶん》の罪《つみ》ぢやないんでせう？ それからこんな事《こと》もありますね。それは或《あ》る女《をんな》の方《かた》が娘時代《むすめじだい》に戀愛《れんあい》をして處女《しよぢよ》でなくなつたんです。その人《ひと》がやがて或《あ》る男《をとこ》の人《ひと》の所《ところ》へ嫁《か》つたんですけど、男《をとこ》の人《ひと》はそれを知《し》らないでとても愛《あい》して呉《く》れるんですよ。そして結婚生活《けつこんせいくわつ》も幸福《かうふく》だつたんです。ところがその女《をんな》の人《ひと》は夫《をつと》に愛《あい》されゝば愛《あい》される程《ほど》なんだか過去《くわこ》の事《こと》を告《こく》白《はく》しないと惡《わる》いと思《おも》つてそれを言《い》つてしまつたんですね。そしたら夫《をつと》はもう氣狂《きちが》ひの樣《やう》になつて了《しま》つたといふ事《こと》ですが、そんな事《こと》は心《こゝろ》にしまつておいた方《はう》がいゝんですね。まあ神樣《かみさま》には濟《す》まないと思《おも》つて、どうぞ神樣《かみさま》、私《わたし》は此《こ》の夫《をつと》に對《たい》して肉體的《にくたいてき》にも處女《しよぢよ》に勝《まさ》る愛情《あいじやう》を持《も》つて接《せつ》してゐますからどうぞ御宥《おゆる》し下《くだ》さい、といふ樣《やう》に自分《じぶん》の胸《むね》の中《なか》に入《い》れておくのがいゝと思《おも》ひます。私達《わたしたち》はワシントンの正直《しやうぢき》を學校《がくかう》で敎《をし》へられたものですから（笑聲《せうせい》）すぐパッと言《い》つちやうんですね。ですから過去《くわこ》に於《おい》て戀愛《れんあい》をしたからつてそれは決《けつ》して何《なに》も愧《は》づかしい事《こと》ぢやありませんものね。人《ひと》を愛《あい》したけど旨《うま》く行《ゆ》かなかつたと云《い》ふだけで、恥《はぢ》ぢやないし、不道德《ふだうとく》ぢやないでせう。

大藪　不道德《ふだうとく》ぢやないんですか？

吉屋　遊戲《いうぎ》をなすつたら別《べつ》ですよ。そんなら不道德《ふだうとく》よ。だから過去《くわこ》の事《こと》は却《かへ》つて忘《わす》れた方《はう》がいゝんぢやありませんか？ そして新《あたら》しい生活《せいくわつ》に入《はい》つても前《まへ》の事《こと》ばかり思《おも》ひ出《だ》してしよんぼりしてゐるんぢやその男《をとこ》の人《ひと》に慘酷《ざんこく》だと思《おも》ひますわ。

大藪　でも、一旦全身的《いつたんぜんしんてき》に愛《あい》した事《こと》のある人《ひと》が又《また》二度《ど》と愛《あい》せるかしら？

吉屋　ところがさうでもないんですよ。例《たと》へば長《なが》い間同棲《あひだどうせい》して子供《こども》まであつて三十年《ねん》も四十年《ねん》も勞苦《らうく》を共《とも》にした配偶《はいぐう》者《しや》に別《わか》れた場合《ばあひ》なんかは純情《じゆんじやう》な女房《にようばう》程忘《ほどわす》れる事《こと》が出來《でき》ないんですね。さういふのは再婚出來《さいこんでき》ないでせうけど、若《わか》い時代《じだい》の初戀《はつこひ》とかなんとかはそれ程《ほど》ぢやないでせう？ 結婚《けつこん》の場合《ばあひ》は生理的《せいりてき》に變化《へんくわ》して赤《あか》ちやんが生《うま》れるとか色々《いろ〳〵》ありますが、初戀《はつこひ》の痛手《いたで》はなんて言《い》ふんでせうか――から美化《びくわ》されて、そんなに苦痛《くつう》ぢやないと思《おも》ひます。悲《かな》しいけれども女性《ぢよせい》といふ者《もの》は、妻《つま》として母《はゝ》としての義務《ぎむ》がありますね。それをしないで初戀《はつこひ》に戀々《れん〳〵》としてゐるのは間違《まちが》つた生活《せいくわつ》だと思《おも》ひます。國民《こくみん》として社《しや》會《くわい》に貢獻《こうけん》する事《こと》がより大事《だいじ》な事《こと》でせう？ 何時迄《いつまで》も去年《きよねん》の事《こと》を思《おも》つて今年《ことし》の成長《せいちやう》を止《と》めてはいけないわ。ですからよく〳〵考《かんが》へないで結婚《けつこん》する事《こと》ですよ。

關根　ぢや先生《せんせい》の御結婚《ごけつこん》のチャンスを失《うしな》はれた譯《わけ》は？

吉屋　（笑《わら》ひ乍《なが》ら）私《わたし》も小兒病患者《せうにびやうくわんじや》なのよ。貴女達《あなたたち》はその後輩《こうはい》よ。（笑聲《せうせい》）私《わたし》はもう骨《ほね》が堅《かた》くなつて了《しま》つたからいゝんですけど、貴女方《あなたがた》は今《いま》のうちに病院《びやうゐん》があつたら行《ゆ》かなきや……（笑聲《せうせい》）

親の子としての不満

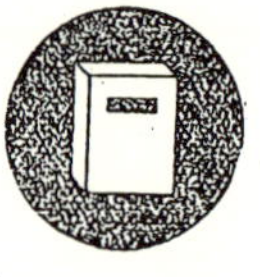

記者　それから一身上《しんじやう》の事以外《ことゐぐわい》で惱《なや》む場《ば》合《あひ》、ほとんどそれが自分以外《じぶんゐぐわい》の內輪《うちわ》の事《こと》で惱《なや》まされるでせう。そんな場合《ばあひ》はどうしたらいゝんでせう。

269 「女心は女にしかわからない密談事　吉屋女史を囲んで令嬢達の座談会」 吉屋信子、大藪喜美子、坂本米子、森久江 ほか 『婦人画報』昭和10年9月1日

吉屋 さう云《い》ふわづらわしさは隨分《ずいぶん》あるのね。樹《き》の股《また》から生《う》れたんぢやないから親兄弟《おやきやうだい》もあるでせう。すると兄弟《きやうだい》にしても多《おほ》くある中《うち》にはよくない者《もの》も居《ゐ》るでせうし、さういふ厭《いや》な家庭生活《かていせいくわつ》の惱《なや》み、家族《かぞく》の煩らしさは矢《や》張《は》り私達《わたしたち》の生活《せいくわつ》には誰《だれ》だつてあるでせう。

記者 本當《ほんたう》なら親《おや》が子供《こども》の爲《ため》に考《かんが》へるべき事《こと》が隨分《ずいぶん》あるのに、今《いま》では反對《はんたい》に子《こ》供《ども》が親《おや》の爲《ため》に苦勞《くらう》しちやつて……。

吉屋 娘《むすめ》を三百圓《えん》で賣《う》る親《おや》もあるんですものね。君《きみ》に忠《ちう》に親《おや》に孝《かう》にと敎《をそ》はつてゐながら――本當《ほんたう》にさういふ親《おや》に對《たい》しても何《なに》か制裁《せいさい》がなければいけないと思《おも》ひますわ。

記者 えゝ、親《おや》のやる事《こと》が子供《こども》から見《み》て正《ただ》しくない事《こと》でも、子供《こども》だからつて何《なん》にも言《い》へないで默《だま》つて居《ゐ》なければならないとしたら隨分矛盾《ずゐぶんむじゆん》してゐますわ。

吉屋 これはデリケートな問題《もんだい》に屬《ぞく》するので具體的《ぐたいてき》には言《い》へませんけれど、まあ皆《みな》さんもお解《わか》りでせう。家庭内《かていない》の事《こと》は世間《せけん》にばらして恥《はぢ》をかきたくはないし、まあ言へない事《こと》は幾《いく》らもあります。餘《あま》りお母《かあ》さんにしても自分《じぶん》の子供《こども》に求《もと》め過《す》ぎる事《こと》はいけませんね。矢張《やは》り是《これ》はフランスの樣《やう》に産兒制限《さんじせいげん》して、適當《てきたう》な程度《ていど》に家庭《かてい》で育《そだ》つ位《くらゐ》の所《ところ》を考《かんが》へる事《こと》が必要《ひつよう》ね。それが親《おや》にしても子供《こども》にしてもお互《たが》ひの幸福《かうふく》でせう。

關根 それでは私達《わたしたち》が將來親《しやうらいおや》になつた場《ば》合《あひ》に、自分《じぶん》の子供《こども》と同《おな》じ樣《やう》に勉強《べんきやう》して新舊《しんきう》の衝突《しようとつ》のない樣《やう》に理想的《りさうてき》の親子《おやこ》をこれから心掛《こころが》けてゆかなくちやならない譯《わけ》ですね。先生《せんせい》はこれから結婚《けつこん》なすつてお子樣《こさま》を育《そだ》てゝこれからの一生《しやう》をさういふ結婚生活《けつこんせいくわつ》で送《おく》らうといふ事《こと》はお考《かんが》へになりますか？

吉屋 (笑《わら》ひ乍《なが》ら)世《よ》の中《なか》にはこれ位《くらゐ》で御《ご》勘辨《かんべん》をして頂《いただ》いて、お子《こ》さんをお育《そだ》てになる事《こと》は貴女方《あなたがた》におまかせして、どうぞいゝ御子樣《おこさま》を御見《み》せ下《くだ》さい。自分《じぶん》の子供《こども》はなくても貴女方《あなたがた》の御子樣《おこさま》を自《じ》分《ぶん》の子供《こども》の樣《やう》に思《おも》つて、さういふ方《かた》に捧《さゝ》げたい精神《せいしん》は持《も》つてゐますから、ナイチンゲールの樣《やう》に廣《ひろ》い意味《いみ》での何《なに》か人類《じんるゐ》の爲《ため》になるやうな事《こと》をしたいと思《おも》つてゐます。

記者 あんまりさばけ過《す》ぎたパパなんかは、お前達《まへたち》が好《す》きな人《ひと》を探《さが》して來《き》たら何時《いつ》でも一緒《しよ》にしてやるつて言《い》つてますけど、ほんとにそんなのは困《こま》つちやうわねえ。

吉屋 「極力探《きよくりよくさが》して來《き》て頂戴《ちやうだい》」つて仰言《おつしや》いよ。「でなかつたら不品行《ふひんかう》するわよ」つて言《い》つとくのよ。(笑聲《せうせい》)何《なん》と言《い》つてもそれは生活能力《せいくわつのうりよく》のある人《ひと》をえらぶのよ。

記者 だからあんまりうるさいパパも厭《いや》だけれど、さうかと言《い》つてそんな「見《み》付《つ》けて來《こ》い」なんてのも困《こま》つちやひますわ。だつて探《さが》したつて一生經《しやうた》つても見付《みつ》からなかつたらどうするの？

一同 そんな事《こと》ないわア。

記者 だからね、本當《ほんたう》に子供《こども》に理解《りかい》があつて近代的《きんだいてき》にハイカラなパパだつたらそんな「探《さが》して來《こ》い」なんてのではなく、子供《こども》がお嫁《よめ》にゆきたくなつた時《とき》、「もう散々遊《さんざんあそ》んであきましたからそろ〳〵結婚《けつこん》したいと思《おも》ひます。相手《あひて》を探《さが》して下《くだ》さい」つて始《はじ》めて言《い》ふ時《とき》まで待《ま》つてゐて面倒《めんだう》をみてくれるお父《とう》さんが一番《ばん》モダーンだと思《おも》ふわ。今時《いまどき》あんまり變《へん》にさばけたパパは駄目《だめ》でせう。

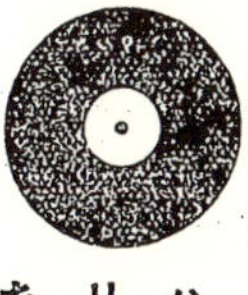

ハズにはデリカシイのある人を

吉屋 でもね、結婚《けつこん》は一生《しやう》に一度《ど》か二度《ど》

——二度《ど》もあつちや大變《たいへん》だけど（笑聲《せうせい》）その結婚生活《けつこんせいくわつ》に入《はい》るのに、パパママの仰言《おつしや》る事《こと》を守《まも》る事《こと》はいけない事《こと》だゝ我《が》を張《は》つて、自分《じぶん》は正《たゞ》しいと思《おも》つても神《かみ》ならぬ身《み》には解《わか》らないでせう。結婚《けつこん》なんて物《もの》はとても常識《ぢやうしき》が手傳《てつだ》ふもので、パパやママの仰言《おつしや》る事《こと》が能《よ》く當《あた》る場合《ばあひ》があるんですよ。

坂本　人間《にんげん》ですから誰《だれ》でも缺點《けつてん》があるでせう。その缺點《けつてん》をも愛《あい》せるやうになるかしら？　その人《ひと》が好《す》きになつた場合《ばあひ》——。

吉屋　色々《いろいろ》な場合《ばあひ》があると思《おも》ふのよ。男《をとこ》ならどんな男《をとこ》にでもぼうつと好《す》きになつて了《しま》ふんぢやいけないでせう？　缺《けつ》陷があれば理性《りせい》がありますから何《なん》でも無條件《むでうけん》で受容《うけい》れる場合《ばあひ》は大抵《たいてい》ありませんね。殊《こと》に缺點《けつてん》なんかは——癇癪持《かんしやくも》ちの人《ひと》もあるし、怱々《そゝ》つかしい人《ひと》もありますものね。だからさう完全無缺《くわんぜんむけつ》な男《をとこ》つてありませんけれど、九十五點《てん》いや七十五點主義《てんしゆぎ》で、本質的《ほんしつてき》に、その人《ひと》が厭《いや》でなかつたら勿論自分《もちろんじぶん》にも缺點《けつてん》があるんですから結婚《けつこん》してもいゝと思《おも》ひますわ。まあ缺點《けつてん》は缺點《けつてん》なりに愛《あい》せるのね。

森　全身全靈《ぜんしんぜんれい》を捧《さゝ》げて愛《あい》せる人《ひと》があつたらいゝと思《おも》ふわ。さういふ人《ひと》ある？

坂本、關根　（異口同音《いくどうおん》に）あると思《おも》ふわ。

記者　男《をとこ》つて變《へん》ですよ。獨身時代《どくしんじだい》の遊《あそ》び相手《あひて》には專《もつぱ》ら洋裝斷髮《やうさうだんぱつ》の女性《ぢよせい》が好《す》きで一度結婚《どけつこん》すると、まるで日本風《にほんふう》な奧樣《おくさま》にしたがつちやつて。

吉屋　矢張《やは》り日本趣味《にほんしゆみ》なんでせうね。會《くわい》社《しや》から歸《かへ》つてどてらを着《き》て奧《おく》さんのお酌《しやく》で一杯《いつぱい》といふのがいゝんでせう。二重生活《ぢうせいくわつ》も却《かへ》つて變化《へんくわ》があつていゝでせう。ハズにとつてはね——。

記者　ハズが自分《じぶん》の嫌《きら》ひな日本髮《にほんがみ》を結《ゆ》へつて言《い》つたとしたら、私《わたし》だつたら厭《いや》な物《もの》は厭《いや》だわ、そんなの。

關根　かつらがあるわよ。（笑聲《せうせい》）

吉屋　あんまりうるさいハズも厭《いや》ねえ。

記者　自分《じぶん》の言《い》ふなりにならんと物指《ものさし》で叩《たゝ》いたり……（笑聲《せうせい》）

吉屋　物指《ものさし》しならまだよかつたわね。（笑聲《せうせい》）だけど全然無關心《ぜんぜんむくわんしん》なハズよりはましですよ。奧《おく》さんがどんな凝つたキモノをきても一向解《いつかうわか》らないで無干渉《むかんせふ》なのはつまらないわ。矢張《やは》りうるさくつてもかまつてくれる間《あひだ》は自分《じぶん》を愛《あい》してゐ

271　「女心は女にしかわからない密談事　吉屋女史を囲んで令嬢達の座談会」　吉屋信子、大藪喜美子、坂本米子、森久江 ほか　『婦人画報』昭和10年9月1日

るんですからその方《はう》がいゝでせう。

記者　何《なに》を言《い》つても・何《なに》を着《き》てもどんな事《こと》をしても感《かん》じて呉《く》れない樣《やう》なハズはデリカシイに缺《か》けてゐて厭《いや》よ。

一同　それやさうね。

こんな話あんな話

森　戀愛《れんあい》には嫉妬《しつと》はきつと付《つ》き物《もの》ですか。

吉屋　さうでもないでせう。嫉妬《しつと》する隙《すき》間《ま》がない樣《やう》な場合《ばあひ》は――。

坂本　隙間《すきま》があつてもちつとも心配《しんぱい》しないでもいゝ場合《ばあひ》もありますわ。

記者　私《わたし》此《この》頃《ごろ》戀愛《れんあい》と結婚《けつこん》は付《つ》き物《もの》だと思《おも》ふ樣《やう》になつてきました。戀愛《れんあい》を感《かん》じたら結婚《けつこん》したくなるのが本能《ほんのう》らしいわ。

關根　今頃《いまごろ》悟《さと》つた?（笑聲《せうせい》）

記者　バカ!（笑聲《せうせい》）そんな笑《わら》ひ事《こと》ぢやないわ。眞劍《しんけん》よ。だから戀《れん》愛《あい》をしたら直《す》ぐ結婚《けつこん》出來《でき》なくても戀愛《れんあい》をした以上《いじやう》は將來《しやうらい》に結婚《けつこん》の出來《でき》る可能性《かのうせい》のある人《ひと》と戀愛《れんあい》しなくちや。

吉屋　旨《うま》くゆくならそれに越《こ》した事《こと》はないでせう。

大藪　こち〳〵の人《ひと》が三十過《す》ぎてから遊《あそ》ぶのに恐《こは》いんですつてね。だから結婚《けつこん》するなら若《わか》い時《とき》少《すこ》しは遊《あそ》んだ人《ひ》がいゝさうですわ。

記吉　私《わたし》の知《し》つてゐる人《ひと》ですけど、廿二の許嫁《いひなづけ》で相手《あひて》が三十七の初婚《しよこん》なんです。とても神經質《しんけいしつ》で一寸《ちよつと》した事《こと》でも直《ぢ》き怒《おこ》つたりして、三十七になるまで全《ぜん》然淸敎徒《ピユウリタン》なんですつて。もう結婚《けつこん》しない前《まへ》からそんな有樣《ありさま》で、「だから若《わか》い時《とき》あんまりこち〳〵で遊《あそ》んだ經驗《けいけん》がないからだ」つて、その女《をんな》の人《ひと》が愚痴《ぐち》をこぼしてますわ。

吉屋　まあ!（びつくりした顏付《かほつき》をして）でも幸福《かうふく》ぢやありませんか!　純《じゆん》潔《けつ》でゐて呉《く》れるんならその方《はう》がいゝぢやありませんか。少《すこ》し位野暮《くらゐやぼ》だらうが世事《せじ》に疎《うと》からうが、貴《さい》潔《たく》だわそんなの。

森　變《へん》ぢやない?　その男《をとこ》の人《ひと》――。

吉屋　私《わたし》の戀人《こひびと》はちつとも浮氣《うはき》をしません、て悲《か》しむ人《ご》がありますか?（笑聲《せうせい》）

貴女《あなた》（記者《きしや》）はおのろけをきかされてゐるんですよ。そんなのきいてやる必要《ひつえう》ないわ。（笑聲《せうせい》）

大藪　男《をとこ》の人《ひと》に幾《いく》ら信頼《しんらい》しても遊《あそ》ばない人《ひと》は絶體《ぜつたい》にないつて事《こと》になると、男《をとこ》の人《ひと》つてなんだか恐《おそろ》しくなるわ。

森　女《をんな》の人《ひと》の方《はう》がずつと上等《じやうとう》でせうね。

吉屋　本當《ほんたう》ね。女《をんな》の方《はう》が淸《きよ》らかで美《うつく》しくて尊敬《そんけい》されなければならない筈《はず》ですね。まあ〳〵ともかく、戀愛《れんあい》は苦難《くなん》ですね。

記者　みんなすごいわねえ。（笑聲《せうせい》）でも來年《らいねん》あたりはみんな片附《かたづ》いちやう組《くみ》らしいわ。感慨無量《かんがいむりやう》!（笑聲《せうせい》）

（於新宿佛蘭西屋）

ヒステリーの家庭療法

婦人《ふじん》の血《ち》の道《みち》、氣欝症《きうつしやう》などのことでひどくなるとひきつけることがある。すべて神經衰弱《しんけいすゐじやく》と同《おな》じものである。

○樟腦《しやうのう》を少《すこ》しづゝ内服《ないふく》すると發作《ほつ》を豫《よ》防《はう》する。

○かのこ草《くさ》の乾《は》した根《ね》をふり出《だ》して飮《の》む。

○「活璽《くわつえん》」を入《い》れた湯《ゆ》で坐浴《ざよく》を續《つゞ》けても效果《かうくわ》がある。

奥《おく》様《さま》軍《ぐん》のカフェー突《とつ》撃《げき》挺《てい》身《しん》隊《たい》

▲見《み》よ!! 家《か》庭《てい》擁《よう》護《ご》のために
奮《ふる》ひ起《た》つた挺《てい》身《しん》隊《たい》の足《そく》跡《せき》を!!

井出欽一氏夫人 山《やま》田《だ》わか
醫學博士 井《ゐ》出《で》ひろ子《こ》
漫畫家 麻《あさ》生《ふ》なつ子《こ》
麻生豊氏夫人
(案内者《ガイド》) 吉《よし》川《かは》正《まさ》雄《を》

世間《せけん》の奥様方《おくさまがた》に、『お宅《たく》の旦那様《だんなさま》はカフェーへいらつしやいますか。』とお訊《たづ》ねしたなら、『とんでもない、家《うち》の主人《しゆじん》に限《かぎ》つて、そんなことはありませんよ。とても堅人《かたじん》ですから。』とばかり憤然《ふんぜん》となさるでせう。併《しか》し奥様《おくさま》、都會《とくわい》の盛《さか》り場《ば》には軒並《のきなみ》に、地方《ちはう》の小《ちひ》さな田舎町《ゐなかまち》にさへ、それと思《おぼ》しきネオンの輝《かゞや》く店《みせ》の一軒《けん》や二軒《けん》、あるぢや

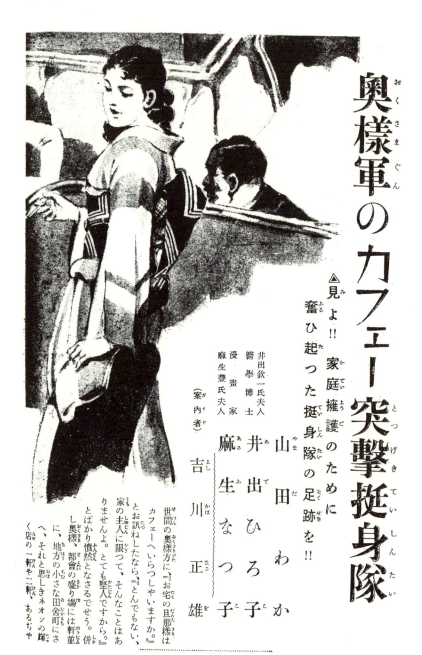

273 「奥様軍のカフェー突撃挺身隊」 山田わか、井出ひろ子、麻生なつ子、吉川正雄 『主婦之友』 昭和10年12月1日

ありませんか。これほど、根強い力をもつて發展《はつてん》するカフェーの存在《そんざい》を、無視《むし》することはできないでせう。

然《しか》も、そのカフェーは、たゞ、お酒《さけ》を飲《の》ませ、美味《おい》しい物《もの》を食《た》べさせるばかりぢやないのです。特別《とくべつ》サーヴィスと稱《しよう》して、紅紫《こうし》とり〳〵、美《うつく》しい女給《ぢよきふ》さん達《たち》が多勢《おほぜい》で、下《した》へもおかず奉仕《ほうし》し、面白可笑《おもしろをか》しくお相《あい》手《て》をしてくれるのですもの、男《をとこ》たるもの、あんまり惡《わる》い氣持《きもち》はいたさないでせう。

彼女達《かのぢよたち》は、その男心《をとこごころ》の弱《よわ》さを充分心得《じふぶんこころえ》て、あの手《て》、この手《て》の使《つか》ひ分《わ》け。どうしたら、一人《ひとり》でも多《おほ》く男《をとこ》を誘《さそ》ひ込《こ》み、お金《かね》を澤山《たくさん》使《つか》はせることができるかと、日夜《にちや》、腕《うで》を磨《みが》いてゐるといふのですから、家庭《かてい》にとつては、正《まさ》しくムッソリニ以上《いじやう》の

恐《おそ》るべき存在《そんざい》です。

殊《こと》に十二月《ぐわつ》、待望《たいばう》のボーナス月《づき》を控《ひか》へては、彼女等《かのぢよら》の書入《かきい》れ時《どき》です。平常《ふだん》の月《つき》でも廿一日《にち》、官廳《くわんちやう》の月給日《げつきふび》から、目立《めだ》つて客足《きやくあし》が繁《しげ》くなるといふに、況《いは》んやボーナス月《づき》をやです。手《て》ぐすね引《ひ》いて待機《たいき》してゐるといふのも、むしろ當然《たうぜん》のことです。『男《をとこ》つて、かうもお金《かね》を持《も》つてゐられないものでせうか。』と、取上《とりあ》げるのが商賣《しやうばい》の彼女《かのぢよ》等《ら》でさへ呆《あき》れてゐるほど、男《をとこ》には浪費癖《らうひへき》と、誘《さそ》はれゝば否《いな》めない弱《よわ》さがあるのです。そこに家《か》庭《てい》の悲劇《ひげき》も生《うま》れるのです。

浮氣《うはき》つぽい良人《をつと》を持《も》つ奥樣《おくさま》は勿論《もちろん》のこと、堅《かた》いからなどゝ、安閑《あんかん》としてゐるべきではありません。危機《きき》をはらむ家庭《かてい》の非常時《ひじやうじ》に直面《ちよくめん》して、狼狽《らうばい》しないやう、心《こゝろ》の準備《じゆんび》をなさいませ。我等《われら》は、神聖《しんせい》なる家庭擁護《かていようご》のために、直《たゞ》にカフェー突撃挺身隊《とつげきていしんたい》を募《つの》りませう。

かくして組織《そしき》された挺身隊《ていしんたい》は、山田《やまだ》わか先生《せんせい》を先頭《せんとう》に、醫博《いはく》井出《ゐで》欽《きん》一氏《し》夫人《ふじん》で同《おな》じく醫學博《いがくはか》士《せ》の井出《ゐで》ひろ子《こ》先生《せんせい》、漫畫家《まんぐわか》の麻生豐《あさふゆたか》氏夫人《しふじん》なつ子樣《こさま》、從軍記者《じゆうぐんきしや》の面々《めん〳〵》――といふ、何《いづ》れ劣《おと》らぬ猛者揃《もさぞろ》ひ。それに、この道《みち》の通人《つうじん》、吉川正雄《よしかはまさを》氏《し》が特《とく》に案内役《あんないやく》を引受《ひきう》けてくださつたので、鬼《おに》に金棒《かなぼう》の心强《こゝろづよ》さです。

どこまで、敵城深《てきじやうふか》く忍《しの》び入《い》つて、敵《てき》の情勢《じやうせい》を探《さぐ》り得《う》るか、マイクロフォンを移動《いどう》して、刻々《こく〳〵》にその情況《じやうきやう》を報告《はうこく》いたします。どうぞ、それによつて、攻《こう》、防《ばう》、何《いづ》れとも、戰備《せんび》を着々《ちやく〳〵》とお進《すゝ》めなさいませ。

學生《がくせい》のカフェー街《がい》

まづ本營《ほんえい》に近《ちか》く、學生街《がくせいがい》に巣《すく》ふカフェー街《がい》、神田《かんだ》の新天地《しんてんち》を衝《つ》く。

一足踏《ひとあしふ》み込《こ》んだ細《ほそ》い路地《ろぢ》の兩側《りやうがは》は、アルプスの山小屋《やまごや》を思《おも》はせるやうな山莊《さんさう》、さては豆蔦《まめづた》を絡《から》ませたバンガローもどき、或《あるひ》は夢《ゆめ》みるやうな小鳥《ことり》のお家《うち》、昔《むかし》のオランダ屋敷《やしき》を偲《しの》ばせる古風《こふう》なランターンを吊《つる》した家等々《いへとう〳〵》、ロマンチックな若人《わかうど》の夢《ゆめ》に似《に》つかはしく、意匠設計《いしやうせつけい》を凝《こ》らした店《みせ》が、軒《のき》を列《つら》ねてゐる。そして、夢《ゆめ》みるやうな桃色《もゝいろ》の照明《せうめい》が、室《へや》の中《なか》を一層情緒的《そうじやうしよてき》に包《つゝ》んでゐます。高《たか》く低《ひく》く流《なが》れる甘《あま》いメロディーが、若《わか》い彼等《かれら》の足《あし》を――圖書館《としよくわん》へ急《いそ》ぐ筈《はず》の足《あし》を、家《うち》へ歸《かへ》る筈《はず》の足《あし》を、釘《くぎ》づけしてしまふのです。

山田　まあ御覽《ごらん》なさい。學生《がくせい》ですよ。晝間《ひるま》からこんなところへ入《い》り浸《びた》つてね。

吉川　學生相手のこの邊は、朝《あさ》から入つてます。

山田　へえ、學校《がくかう》へ顏出《かほだ》しもしないで。

吉川　つまり一時間目《じかんめ》があつて、二時間目《じかんめ》、三時間目《じかんめ》が休講《きうかう》になる、そんなときの時間《じかん》つぶしに入《はい》るんですよ。尤《もつと》も、初《はじ》めは一人《ひとり》ぢや行《ゆ》かない。友達《ともだち》に誘《さそ》はれて行《ゆ》くんですよ。

井出　喫茶店《きつさてん》でお茶《ちや》を飲《の》んでゐる。たゞそれだけなら、許《ゆる》せますね。

吉川　さうです。ところが、度重《たびかさな》れば馴染《なじみ》ができる、他《ほか》の店《みせ》へも行《い》つてみたいで、だん〳〵大膽《だいたん》になつてゆくんです。

山田　困《こま》りましたね。

吉川　警視廳《けいしちやう》でも、かなり神經過敏《しんけいくわびん》に取締《とりしま》つて、今年《ことし》の夏頃《なつごろ》から、喫茶店《きつさてん》は照明《せうめい》を明《あか》るくさせ、窓《まど》を開《あ》けさせて内部《ないぶ》が見《み》えるやうにさせてゐるんです。窓《まど》から覗《のぞ》いて御覽《ごらん》なさい。

ほんの五六人《にん》も入《はい》れば一ぱいになりさうな狹《せま》い室《へや》。安直《あんちよく》な飾《かざ》りも色電燈《いろでんとう》も美《うつく》しく見《み》せてはゐるが、濛々《もう〳〵》と籠《こも》つた煙草《たばこ》の煙《けむり》と人《ひと》いきれが、如何《いか》にも不衞生的《ふゑいせいてき》。その中《なか》に、學生《がくせい》がコーヒーを前《まへ》に頑張《ぐわんば》り、美少女《びせうぢよ》が數人《すうにん》、蓄音器《ちくおんき》の前《まへ》に陣取《ぢんど》つてゐる――これが、どこも變らぬ喫茶店風景《きつさてんふうけい》ですよ。

山田　冷害《れいがい》だ、凶作《きようさく》だと、農産物《のうさんぶつ》の出來《でき》の惡《わる》いのを零《こぼ》しながらも、可愛《かはい》い息子《むすこ》のためには四方入方《はう》工面《くめん》して送金《そうきん》する、親達《おやたち》が見《み》たらね。

（思はず長嘆息なさる。）

井出 全《まつた》く、嘆《なげ》くでせうね。息子《むすこ》を持《も》つ身《み》は、他人《ひと》事《ごと》とは思《おも》へませんよ。

麻生 おや あそこは、入口《いりぐち》に『學《がく》生《せい》、未成年者《みせいねんしや》お斷《ことわ》り』と書《か》いてありますよ。

（勢揃ひした挺身隊）
左より山田わか先生、麻生なつ子夫人、井出ひろ子博士

山田 そこが、彼等《かれら》の手《て》なんですよ。見《み》ちやいけないと言《い》はれゝば、なほ見《み》たい。殊《こと》に未知《みち》の世界《せかい》を多分《たぶん》に持《も》つ若《わか》い人達《ひとたち》は、好奇心《かうきしん》が強《つよ》いですからね。

つまり、そこを煽《あふ》るのが狙《ねら》ひなんですよ。併《しか》し學生《がくせい》といつたつて、專門《せんもん》學校《がくかう》や大學《だいがく》ともなれば、年《とし》も相當《さうたう》ですから、制服《せいふく》を背廣《せびろ》に替《か》へて、ソフトでも被《かぶ》れば、それでもう立派《りつぱ》に一人前《にんまへ》、サラリーマンやら何《なに》やら判《わか》りませんからね。

吉川 だから、上衣《うはぎ》だけ學校《がくかう》の近所《きんじよ》へ預《あづ》けておいて、ちよつと着換《きか》へては行《ゆ》くといひますからね。つまり、バーやカフェーは、學生《がくせい》が入《はひ》れないんです。先刻《さつき》見《み》た、窓《まど》を開《あ》ける方《はう》は喫茶店《きつさてん》に限《かぎ》られてゐて、舊態《きうたい》依然《いぜん》たる、うす暗《くら》い照明《せうめい》で、酒《さけ》もあり、女《をんな》もありといふのが、この『學生《がくせい》お斷《ことわ》り』の方《はう》なんですよ。この邊《へん》は、警視《けいし》廳《ちやう》の取締《とりしまり》が相當《さうたう》嚴重《げんぢう》ですから、最近《さいきん》は、さうひどいのもないんですが、すべてが物珍《ものめづら》しい時代ですし、小遣は親からせびれる氣樂《きらく》な身分《みぶん》ですから、學生《がくせい》のうちに遊《あそ》び癖《ぐせ》が附いたら堪《たま》りませんね。

麻生 私《わたし》も二人《ふたり》預《あづか》つてゐますが、心配《しんぱい》になつて來《き》ましたわ。

山田 遊《あそ》びの面白さを覺《おぼ》えないうちに、病氣の恐《おそろ》しさを充分吹《じうぶんふ》き込《こ》んでおくんですよ。遊《あそ》びが面白《おもしろ》くなつてから狼狽《あわ》てゝ騷《さわ》ぎ出《だ》しても、燒石《やけいし》に水《みづ》で、火《ひ》の手《て》は高《たか》くなるばかりです。何《なん》といつても、若《わか》いうちは御《ぎよ》し易《やす》いんですから、惡《あく》に染《そま》らないうちに、ぴたつと、釘《くぎ》を差《さ》しておくことです。

豪《がう》華《くわ》版《ばん》G《ジー》の展《てん》望《ばう》

肥《ふと》つた人《ひと》なら、やつと通《とほ》るくらゐの細い路地《ろぢ》を、右《みぎ》に折《を》れ左《ひだり》に曲《まが》つて覗《のぞ》き歩《ある》くうち、に晩秋《ばんしう》の日《ひ》はすつかり暮《く》れて、はや六時《じ》半《はん》。こゝはこのくらゐにして、いよいよ敵《てき》の本據《ほんきよ》、銀座《ぎんざ》へ。かねて聞《き》くカフェーの豪華版G《がうくわばんジー》を目《め》ざして……

赤《あか》、青《あを》、黄《き》の色《いろ》とりどりに、明滅《めいめつ》するネオンの華《はな》やかさ。光《ひかり》の波《なみ》に浮《う》いた豪華《がうくわ》なブリテン號《がう》——銀座《ぎんざ》の一角《かく》に王《わう》者《じや》の如《ごと》く君臨《くんりん》するG《ジー》。こゝが目《め》ざす敵《てき》の本城《ほんじやう》かと思《おも》へば、頰《ほゝ》は早《はや》くも紅潮《こうてう》し、全神經《ぜんしんけい》は針《はり》のやうに尖《とが》つて、一瞬《しゆん》戸口《とぐち》に躊躇《ちうちよ》する。

吉川 ハヽヽヽ、大丈夫《だいぢやうぶ》。そんなに硬《かた》くならなくつても、取《と》つて食《く》はうとは言ひませんから。さあいらつしやい。

吉川《よしかは》さんの聲《こゑ》に、一同《どう》ぞろぞろ續《つゞ》く。『いらつしやいませ。』忽《たちま》ち起《おこ》る嬌聲《けうせい》。思《おも》はず、たじろぐところを、『誰《だれ》をお呼《よ》びしませうか。』と來《き》た。レヴューの男裝《だんさう》の麗人《れいじん》のやうな、優形《やさがた》のボーイだ。『お馴染《なじみ》はないから綺麗《きれい》な女《ひと》を頼《たの》むよ。』吉川《よしかは》さんが場馴《ばな》れた調子《てうし》であつさり頼《たの》むと、すぐボックスへ案内《あんない》される。立《た》たなければ、隣《となり》が覗《のぞ》けない、くらゐ高《たか》い仕切《しき》りで圍《かこ》まれ、他人《と》を氣《き》にせずに遊《あそ》べるやうに工夫《くふう》した、つまり四疊半《よでふはん》の洋式化《やうしきくわ》といつたところ。清香《きよか》、たみや、白糸《しらいと》などゝいふ美《うつく》しい人達《ひとたち》か、我等《われら》の係《かゝり》。博多人形《はかたにんぎやう》のやうな可《か》

（カフェー陣）
あまり飲《の》めさうもない善良《ぜんりやう》な彼氏《かれし》も、彼女《かのぢよ》の戀手《きしゆ》で修業《しゆげふ》させられる。決《けつ》して迷惑《めいわく》さうな顔《かほ》はしてゐませんね

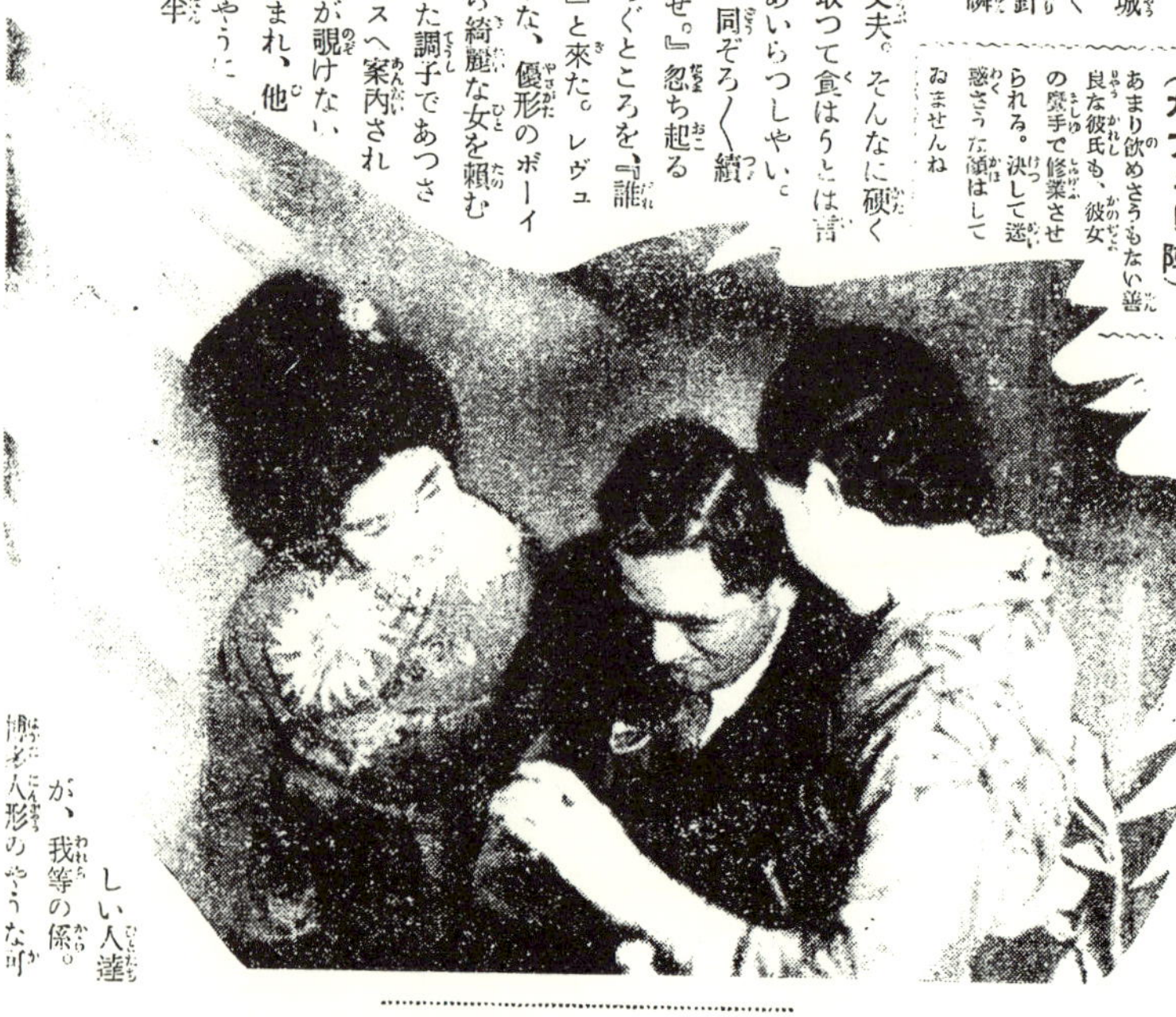

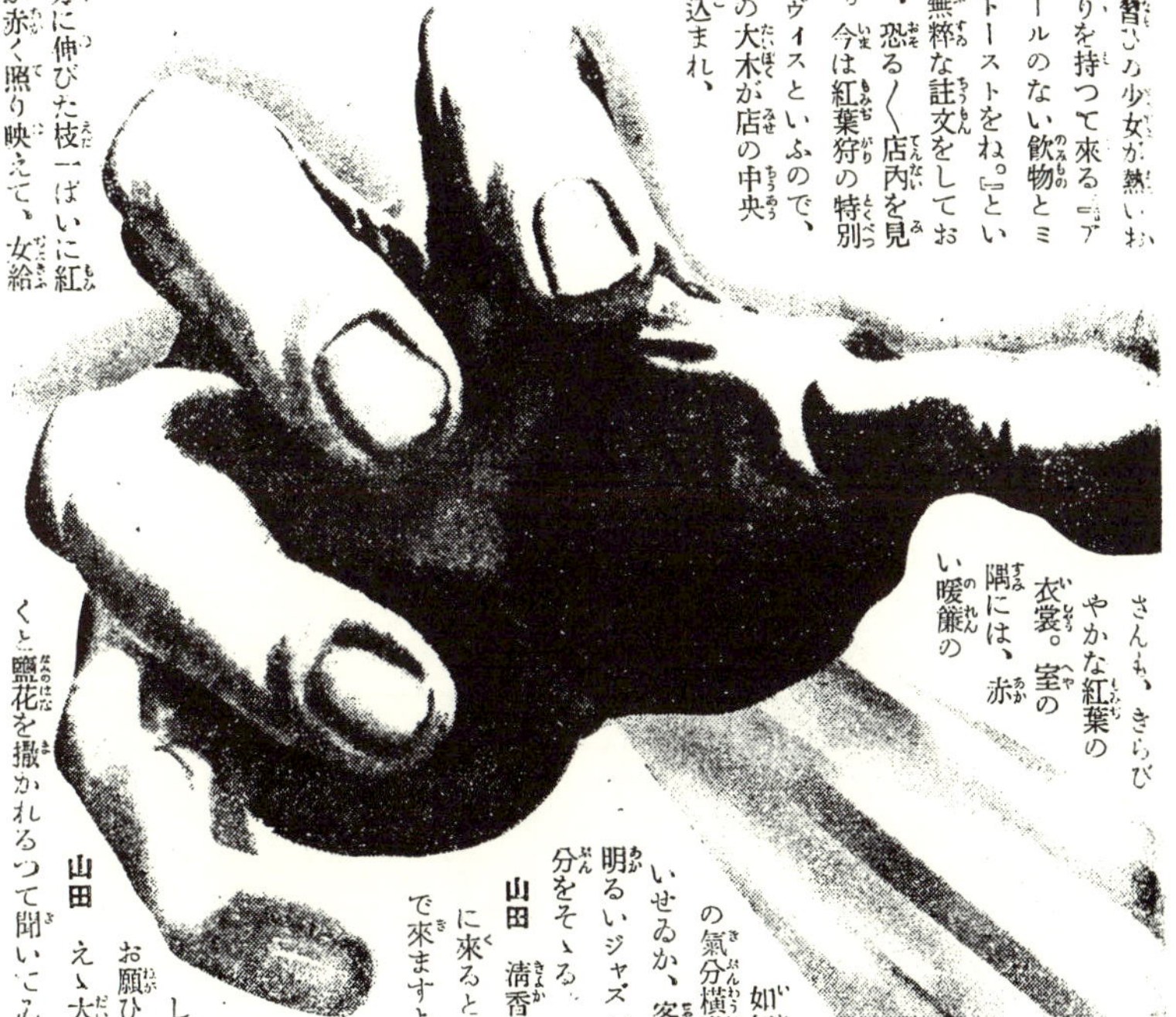

姿見習ひの少女が熱いおしぼりを持《も》つて來る。「アルコールのない飲物《のみもの》とミルクトーストをね。」といふ、無粋《ぶすゐ》な註文《ちうもん》をしておいて、恐《おそ》る〳〵店内《てんない》を見《み》廻《まは》す。今《いま》は紅葉《もみぢ》狩《がり》の特別《とくべつ》サーヴィスといふので、紅葉《もみぢ》の大木《たいぼく》が店《みせ》の中央《ちうあう》に持込《もちこ》まれ、四方《しはう》に伸《の》びた枝《えだ》一ぱいに紅《もみ》葉《ぢ》が赤《あか》く照《て》り映えて、女給《ぢよきふ》さんも、きらびやかな紅葉《もみぢ》の衣裳《いしやう》。室《へや》の隅《すみ》には、赤《あか》い暖簾《のれん》の屋臺《やたい》壽《ず》司《し》、等々《とう〳〵》、如何《いか》にも紅葉《もみぢ》狩《がり》の氣分横溢《きぶんわういつ》。時間《じかん》が早《はや》いせゐか、客《きやく》の影《かげ》も疎《まば》ら。明《あか》るいジャズが、徒《いたづ》らに氣《き》分《ぶん》をそゝる。

山田 清香《きよか》さん、この次《つぎ》に來《く》るときは、名指《なざ》しで來《き》ますよ。（敵に覺られまいと、先生一生懸命です。）

清香 まあ嬉《うれ》しい。屹度《きつと》ね、お願《ねが》ひしますわ。

山田 えゝ大丈夫《だいぢやうぶ》。女《をんな》が行《ゆ》くと鹽花《なんのはな》を撒《ま》かれるつて聞《き》いてゐたのに、こんなに歡迎してくださるのだから、味《あぢ》を占《し》めてね。（大笑ひ）

清香 ホゝゝ。こちらへは、奥樣連《おくさまづ》れの方《かた》も多《おほ》いんですのよ。

井出 だけど、名指《なざ》しで來《き》ても、早出《はやで》、中出《なかで》、晩出《おそで》とかつて、時間《じかん》が變《かは》るつていふのぢやないの。

清香 えゝ、でも入口《いりぐち》で、××組《ぐみ》の清香《きよか》つておつしやつてくだされば、飛《と》んで來《き》ますわ。（この手なんですよ。男ならこゝで、ふらつとしさうですね。お通し物が運ばれる。）

麻生 全部《ぜんぶ》で何人《なんにん》くらゐですか。

たみや 小《ちひ》さい人《ひと》も混《ま》ぜて二百人《にん》ほどです。

井出 へえ、そんなに澤山《たくさん》。

たみや こちらは、昨日《きのふ》まで日本髪《にほんがみ》にして、極《ご》く粋《いき》な方《はう》ですが、二階《かい》は全部洋服《ぜんぶやうふく》ですの。御《ご》覽《らん》になりません。御案内《ごあんない》しますわ。

物《もの》は參考《さんかう》と、少《すこ》し照《て》れ臭《くさ》いが勇氣《ゆうき》を出《だ》して、たみやさんの後《うしろ》から、ぞろ〳〵續《つゞ》いて二階《かい》へ。

なるほど、こゝはまたがらつと趣《おもむき》が變《かは》つて、エキゾチックだ。丁度《ちやうど》ダンスホールへ行《い》つたやうに、階段《かいだん》を上《あが》つたところに、ずらりと並《なら》んでお客《きやく》を待《ま》つてる姿《すがた》は、偉觀《ゐくわん》だ。濃厚《のうこう》なメイキャップで、背《せ》も露《あら》はなイヴニング姿《すがた》。照明《せうめい》も、ぐつ

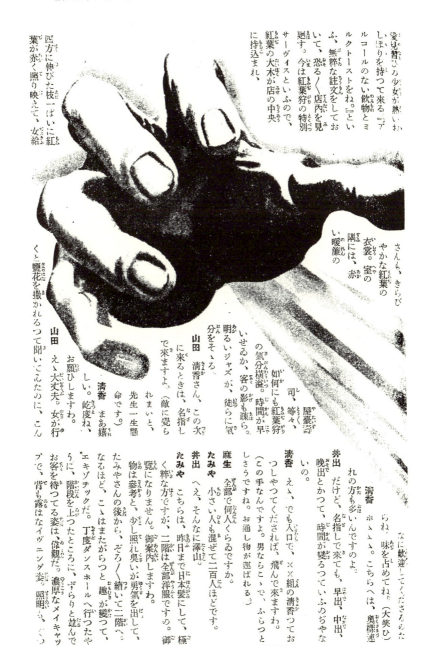

と暗《くら》い。下《した》で遊《あそ》び飽《あ》いたら二階《かい》へ、といふ趣向《しゆかう》か。獨《ひと》りで合點《うなづ》きながら降《お》りて來《く》れば、頭《あたま》も相當《さうたう》に禿《は》げた紳士《しんし》が、綺麗《きれい》な舞妓《まひこ》さんを相手《あひて》に、お壽司《すし》の屋臺《やたい》でやにさがつてゐる。全《まつた》くどこからどこまでお金《かね》を使《つか》はせるやうに、上手《うま》く出來《でき》てゐるのに、敵方《てきがた》ながら感心《かんしん》してしまふ。この舞妓《まひこ》さんも、サーヴィスの一《ひと》つとか。高《たか》いぽい、くりを、ぽく／＼言《い》はせながら、お客《きやく》からお客《きやく》へと渡《わた》り歩《ある》く可愛《かはい》い京人形《きやうにんぎやう》です。

店《みせ》の中《なか》が、だん／＼活氣《くわつき》づいて來《き》た。あちこちのボックスが塞《ふさ》がつたらしい。清香《きよか》さん白糸《しらいと》さんも名指《なざ》しのお客《きやく》に呼《よ》ばれて、ふいりの我等《われら》一行《かう》は、暫《しばら》く忘《わす》れられた形《かたち》。

吉川 ほら／＼、あんなのを奥《おく》さん方《かた》に見《み》せて上《あ》げたいですね。こゝのお馴染《なじみ》らしいですよ。

吉川《よしかは》さんの指す方《はう》を見《み》ると、なるほどゐました。美《うつく》しいところを兩脇《りやうわき》に引《ひ》きつけて、肘突《ひぢつ》き代用《だいよう》にしなだれかゝり、前《まへ》にも三人《にん》ほど据《す》ゑて、いゝ氣持《きもち》さうに、ちびりちびり赤《あか》い酒《さけ》を舐《な》めてゐる中老紳士《ちうらうしんし》が。

山田 あゝ、だらしがないね。あんな人《ひと》に限《かぎ》つて、家《うち》へ歸《かへ》ると、けち／＼いふ人《ひと》ですよ。

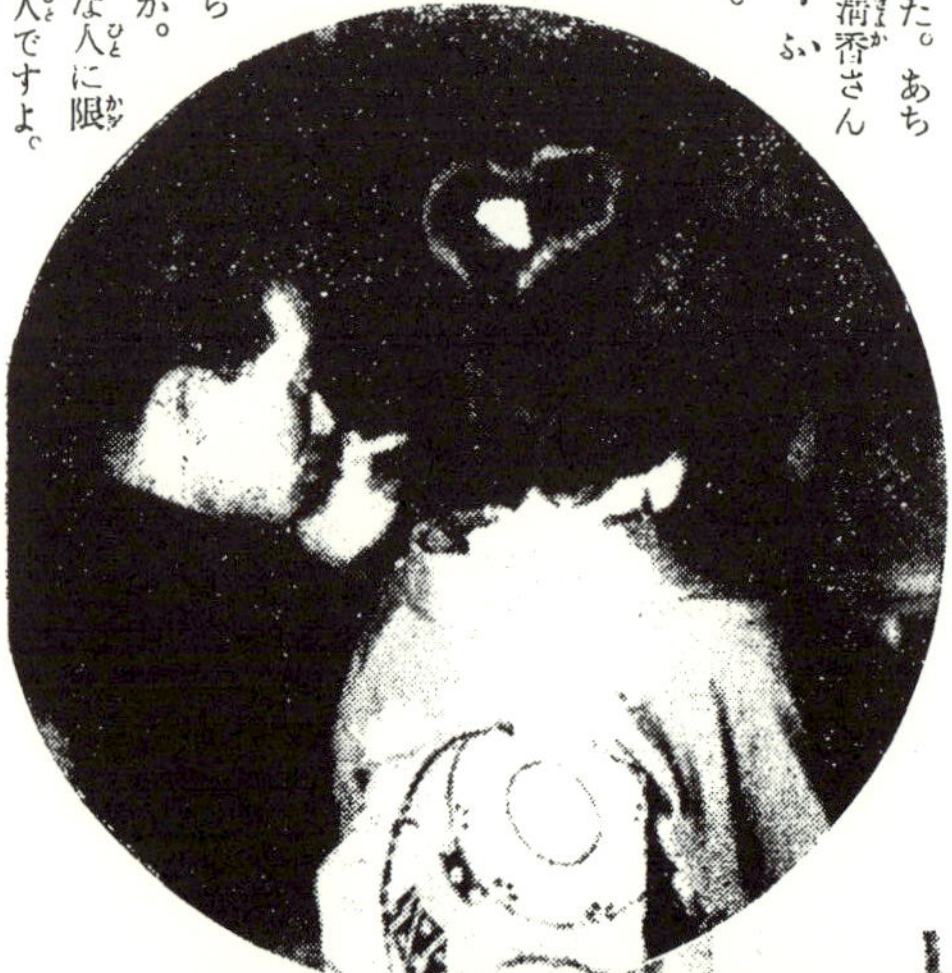

（バー風景）
何《なん》と、しつぽりやつてゐるぢやありませんか。こんなのが却《かへつ》て危險《きけん》です。しんみり身《み》の上話《うへばなし》など聽《き》かせる手《て》です。

自分《じぶん》が、こんなところへ使《つか》ふお金《かね》は一向考へないで。

井出 大分《だいぶ》辛辣《しんらつ》ですね。だけど、實際《じつさい》のところ、想像《さうざう》して來《き》たほど、デカダンな空氣《くうき》もなく、サーヴィスだつて割合上品《わりあひじやうひん》で、クッションの坐《すわ》り心地《ごこち》もいゝし、お酒《さけ》も飲《の》まないのに、何《なん》となくい

（學生街の喫茶店）
こんなのは、まだ／＼よい方《はう》です。室内《しつない》が明《あか》るくつて廣《ひろ》いですから、さう氣分《きぶん》も出《で》ないでせう。

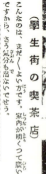

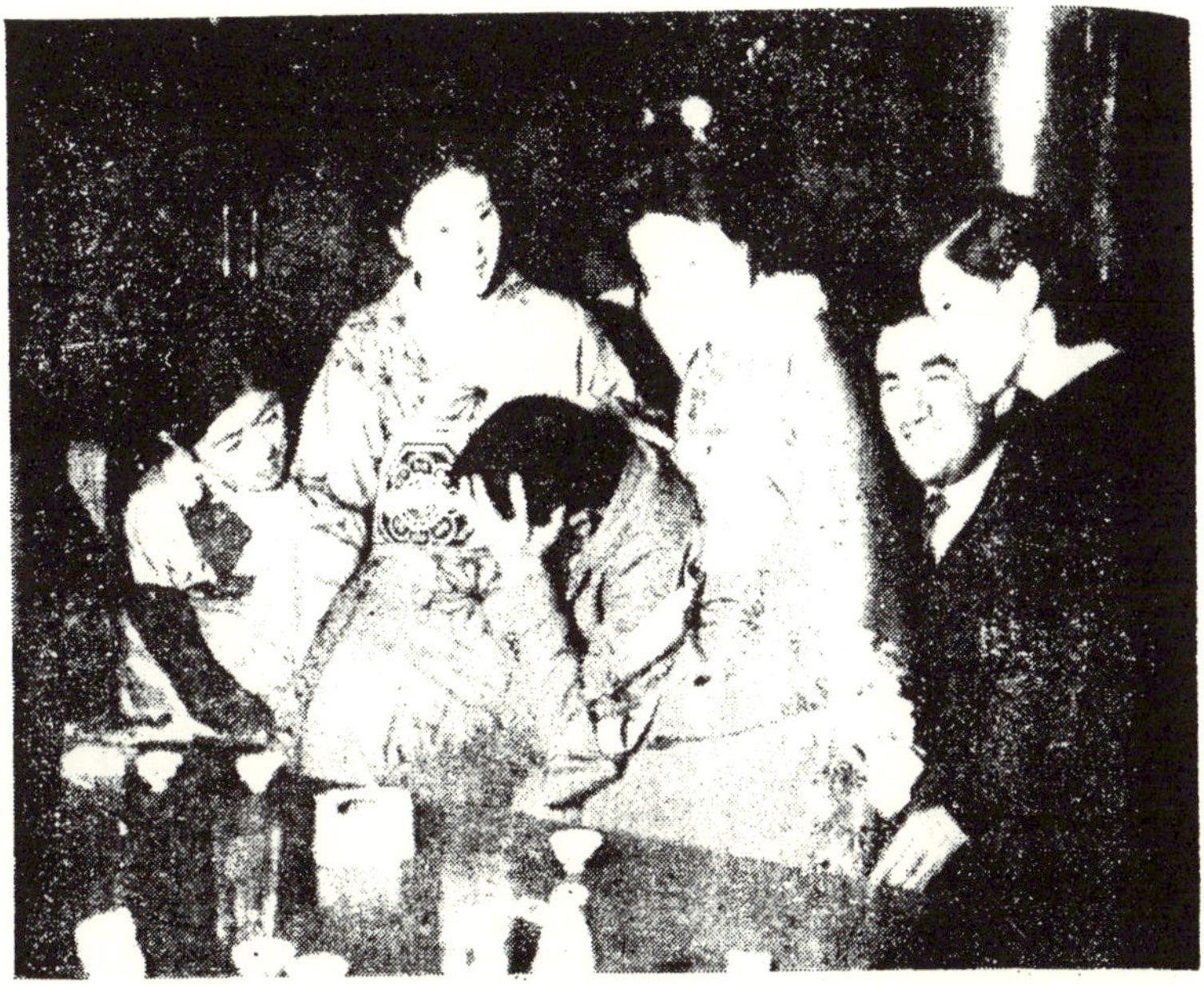

（カフェー陣）　大《だい》分《ぶ》メートルが上《あが》つてゐる。すつかり絡《から》まれて間《ま》の伸びしたお顔《かほ》を御《ご》覧《らん》ください。

い氣持になつて、歸《かへ》りたくなくなつたから不思議《ふしぎ》ね。さては、敵《てき》の術中《じゆつちう》に陥《お》ちたかな。

吉川　本音《ほんね》ですな。こゝなどはカフェーとしては割合《わりあひ》に上品《じやうひん》な方《はう》ですが、それだけに相當《さうたう》ぼるので、安月給《やすげつきふ》取りぢや寄《よ》りつけないんですよ。だから禿《はげ》さんでも、金《かね》廻《まは》りのよい人《ひと》なら持《も》てる、といふことになりますね。ねえ君《きみ》。

白糸　ホヽヽ、こちらよく御存しね　そんな厭味《いやみ》をおつしやらないで、末長《すゑなが》く、どうぞ

山田　ハヽヽ、皆《みな》さん、靜《しづ》かだと思《おも》つたら、看視《かんし》づきのせゐね。お氣《き》の毒樣《どくさま》。盛《さか》り時《どき》といふのは何時《なんじ》頃《ごろ》？

たみや　十時《じ》半頃《はんごろ》から十二時《じ》の看板《かんはん》まで、賑《にぎや》かですよ。以前《いぜん》は椅子《いす》やテーブルを片附《かたづ》けて、レコードに合《あは》せて踊《をど》るやら、大變《たいへん》な騒《さわ》ぎ、皆《みんな》夢《む》中《ちう》になつてゐますから、喧嘩《けんくわ》をしたりしました。でもこの頃《ごろ》ぢや、ポリ（警察官のこと）が喧《やかま》しくつて、手《て》が出《で》ませんわ。店《みせ》によつちや、今《いま》でも大變《たいへん》なとこがありますよ。こちら（吉川さんを指しながら）御存《ごぞん》じでせう。新橋《しんばし》のS《エス》、随分《ずゐぶん》濃厚《のうこう》なんですつて。

山田　ぢやあ、そこへ行《い》つてみたいですね。そろそろお神輿《みこし》を上《あ》げて。

たみや　あら、いやにお見限《みかぎ》りね。もう少《すこ》し、いゝぢやありませんか。

このところ、如何《いか》にも殘《のこ》り惜《を》しさうに、幾《いく》分《ぶん》恨《うら》みを籠《こ》めた表情《へうじやう》たつぷりに、お勘定書《かんぢやうがき》を出《だ》し澁《しぶ》るなど、甘《あま》い男《をとこ》なら忽《たちま》ちころりとまゐりさう。敵《てき》ながら天晴《あつぱ》れの戰術《せんじゆつ》です。暫《しばら》く、すつたもんだの末《すゑ》、やつと持《も》つて來《き》たつけは？オレンジ・ジュース、フレンチ・トースト、果《くだ》

物《もの》——六人分《にんぶん》で、正《まさ》に十六圓《えん》なにがし。勿論《もちろん》、チップを含《ふく》めてゞすが、四十分間《ぶんかん》の遊興費《いうきようひ》としては、相當《さうたう》なものです。お正月着《しやうぐわつぎ》ぐらゐ、優《いう》に買《か》へるぢやありませんか。考《かんが》へれば、馬鹿《ばか》らしいことです。

『どうぞ、またね。お待《ま》ちしてゐますわ。』甘《あま》つたるい聲《こゑ》に送《おく》られて——これで、背中《せなか》の一《ひと》つもぼんと叩《たゝ》かれゝば、それが忘《わす》れられないで通《かよ》つて來《く》るといふのですから、男《をとこ》つて全《まつた》くいゝ氣《き》なものですね。とはいふものゝ、女《をんな》だてらに我《わ》が挺身隊《ていしんたい》も、相當《さうたう》いゝ氣持《きもち》になつてゐるところをみれば、恐《おそ》るべきは敵《てき》の戰術《せんじゆつ》です。

特別《とくべつ》サーヴィスとは

第三《だい》の敵陣《てきぢん》へ、吉川《よしかは》さんを先頭《せんとう》に、暫《しば》く進《す》むと、あつた〳〵。船《ふね》のやうな家《うち》が、敎《をし》へられたS《エス》です。屋根《やね》から周圍《しうゐ》から全體《ぜんたい》に、赤《あか》いネオンで包《つゝ》まれた強烈《きやうれつ》さ。思《おも》ひきつて扉《ドア》を推《お》すと、一《ひと》癖《くせ》あり氣《げ》な顏《かほ》した水兵服《すゐへいふく》のボーイが、いきなり頭《あたま》の上《うへ》でガーンとドラを打《う》つ。一歩《ほ》踏込《ふみこ》んだ室《しつ》の仄暗《ほのぐら》さ、搔《か》きむしるやうなジャズ、ジャズ。エロとグロと交錯《かうさく》した、惡《あく》どいメイキャップの女《をんな》、酒《さけ》と煙草《たばこ》と甘《あま》い體臭《たいしう》と情熱《じやうねつ》が、あやし氣《げ》な興奮《こうふん》で蒸《む》し上《あ》げられて、むせるやうな溫氣《うんき》が忽《たちま》ち鼻《はな》を衝《つ》く。一種《しゆ》の妖氣《えうき》に當《あ》てられて、ふら〳〵と腰《こし》を下《おろ》すと、忽《たちま》ち現《あらは》れた女軍《ぢよぐん》。

『まあ、いらつしやいませ。お久《ひさ》し振《ぶ》りね。』いきなり白《しろ》い手《て》を目《め》の前《まへ》へつきつけて、握手《あくしゆ》を求《もと》められたのに、まづ度膽《どぎも》を拔《ぬ》かれる。『私《わたし》、白《ホワイト》中隊《ちうたい》の照江《てるえ》つていひますの。どうぞよろしく。』とばかり、ぺたりと傍《そば》へ腰掛《こしか》ける。と、また一《ひと》人《り》、二人《ふたり》と、次々《つぎ〳〵》に現《あらは》れて、たうとう六人《にん》も割《わり》込《こ》んで來《き》てしまつた。

『おビール上《あが》るでせう。』と返事《へんじ》も待《ま》たず、さつさと二本《ほん》持《も》つて來《き》て、景氣《けいき》よくポン〳〵拔《ぬ》く。『飮《の》めないから。』と言《い》へば、『ぢや、私《わたし》頂《いただ》きますから、お酌してね。』としなだれかゝる。吉川《よしかは》さんが、こゝぞとばかりお酌《しやく》をしてやれば、立《た》てつゞけにぐつ〳〵と呷《あほ》り、そのコップをそのまゝつきつけて、吉川《よしかは》さんに飮《の》ます。肴《さかな》に持《も》つて來《さ》たチーズやクラッカーは、一口《ひとくち》食《た》べさせては、さつさと、自分達《じぶんたち》のお腹《なか》へ片附《かたづ》けてしまふ素早《すはや》さ。口《くち》の周《まは》りへだら〳〵こぼせば、自分《じぶん》のハンカチで、さつと拭《ふ》く。すべてがこの調子《てうし》。男《をとこ》はたゞ、諾々《だく〳〵》として、なすがまゝに任《まか》せておく、いゝ氣《き》なものです。私共《わたしども》が見《み》てゐる前《まへ》でさへ、これくらゐ厚《あつ》かましくサーヴィスするんですから、他《ほか》は大變《たいへん》です。

向《むか》う隅《すみ》では先刻《さつき》から、頭《あたま》もやう〳〵禿《は》げかゝつた中老紳士《ちうらうしんし》が、膝《ひざ》へ女給《ぢよきふ》を抱《だ》いて、得意《とくい》らしく百面相《めんさう》の實演中《じつえんちう》。奧《おく》さんや子供《こども》もあるでせうに、こんな圖《づ》見《み》たら、泣《な》くでせう。

こつちの隅《すみ》では、腕相撲《うでずまう》か押《お》しつこか、わあわあ、きやつ〳〵、大變《たいへん》な騷《さわ》ぎです。さうかと思《おも》へば、ジャズに合《あは》せて、足拍子《あしびやうし》とり〳〵合唱《がつしやう》だ。肩《かた》を抱《だ》き、腕《うで》を組《く》み、見《み》るも恥《はづか》しい醜態《しうたい》の連續《れんぞく》だ。美《うつく》しい女《をんな》を侍女《じぢよ》の如《ごと》く引《ひ》きつけて、今宵《こよひ》一夜《や》を王者《わうじや》の如《ごと》く、いゝ氣持《きもち》で醉《よ》ひ痴《し》れる男《をとこ》心《ごゝろ》の一面《めん》を、まざ〳〵と見《み》せつけられて、目先《めさき》が暗《くら》くなりました。

吉川 照江《てるえ》さんは住込《すみこ》み？

照江 いゝえ。こゝは、皆通《みなかよ》ひなんですの。だから晚出《おそで》のときなど、體《からだ》のやり場《ば》に困《こま》るんですの、暇《ひま》で。（暗に、連れ出してくれと、言はんばかりに。）

吉川 こんだ一緒《しよ》に散步《さんぽ》しようぢやないか。

照江 どうぞ、忘《わす》れないで誘《さそ》つてね。（言《い》ひながら、甘《あま》えるやうに上衣《うはぎ》を引張《ひつぱ》る。これが手《て》で、巧《たくみ》に裏《うら》に縫《ぬ》つたネームを見《み》て名前《なまへ》を覺《おぼ》え、ようさんとか何《なん》とか、親《した》しさうに持《も》ちかけて來《く》るのだ。中《なか》には、今度《こんど》お會《あ》ひするときまで、なんて

281 「奥様軍のカフェー突撃挺身隊」 山田わか、井出ひろ子、麻生なつ子、吉川正雄 『主婦之友』 昭和10年12月1日

言《い》つて、さつさと自分《じぶん》の時計《とけい》を男《をとこ》のと取換《とりか》へ、男《をとこ》を喜《よろこ》ばせる手《て》もあるんです。それとも知《し》らず覺《おぼ》えてゝくれたなんて有頂天《うちやうてん》になるのは、だらしなさ過《す》ぎますよ。

尾籠《びろう》な話《はなし》で恐縮《きようしゆく》ですが、ちよつと御不浄《ごふじやう》へ立《た》つても、すぐ後《あと》からついて來《き》て、世話《せわ》してくれるんです。尤《もつと》も、連出《つれだ》しの相談《さうだん》なども、便所《べんじよ》で纏《まと》まるとか聞《き》きましたが。煙草《たばこ》をつまめば、すぐマッチを擦《す》るし、全《まつた》く至《いた》れり盡《つく》せりのサーヴィスです。併《しか》し、如何《いか》にも頽廢的《たいはいてき》な、濁《にご》つた空氣《くうき》が充滿《じうまん》してゐるやうな氣《き》がして、折角註文《せつかくちうもん》した飲物《のみもの》さへ、何《なん》となく不潔《ふけつ》で咽喉《のど》を通《とほ》らず、これ以上《いじやう》頑張《がんは》る勇氣《ゆうき》もなく、吉川《よしかは》さんを促《うなが》して、早々《さうさう》退散《たいさん》の準備《じゆんび》。やつとの思《おも》ひで立上《たちあが》ると、また握手攻《あくしゆぜ》め。投《な》げキッスまで貰《もら》ひ、逃《に》げるやうに外《そと》へ出《で》て、冷《つめた》い夜《よる》の大氣《たいき》の中《なか》で思《おも》はず深呼吸《しんこきふ》をして、やつと我《われ》を取戻《とりもど》す。——こゝの拂《はら》ひが十一圓《えん》なにがし。『今晩《こんばん》は。』と、ひつきりなしに握手《あくしゆ》をしに來《き》た連中《れんぢう》まで、チップの頭割《あたまわり》になつてゐるといふから、ちやつかりしてゐます。

吉川 ハヽヽ、驚《おどろ》いたでせう。名《な》にし負《お》ふ奥《おく》様軍《さまぐん》も、毒氣《どくき》を拔《ぬ》かれたかたちですな。毒花《どくはな》の發散《はつさん》する妖氣《えうき》に、當《あ》てられたやうな顔色ですよ。暫《しばら》く歩《ある》いて、もう一段惡《だんあく》どいところを外《そと》から見學《けんがく》しませう。

カフェー戰術《せんじゆつ》の種々相《しゆ〴〵さう》

井出 いつか、宅《たく》の主人《しゆじん》が、宴會《えんくわい》の崩《くづ》れでカフエーへ行《い》つたことがありました。すると、どうして名《な》を知《し》つたか、電話《でんわ》がかゝるんです。院長《ゐんちやう》といふので、四谷《よつや》の姉《あね》(竹内茂代先生)が出《で》ると、先方《せんぱう》で困《こま》つて、院長《ゐんちやう》に直接《ちよくせつ》お願《ねが》ひし

たい、と頑張《がんば》るんです。女《をんな》だから奥《おく》さんだと思《おも》つたんでせう、大笑《おほわら》ひしましたよ。さつきおやらに上衣《うはぎ》を引張《ひつぱ》つたりしてゐるうちに、名刺《めいし》を抜《ぬ》き出《だ》したりして、住所《ぢうしよ》を知《し》り、電話《でんわ》をかけたり、手紙《てがみ》を寄越《よこ》したりする手《て》も、あるんですね。

吉川 よくある手《て》ですよ。念《ねん》の入《い》つたのは、電《でん》話帳《わちやう》や興信録《こうしんろく》を調べて、知《し》りもしないのに肉《にく》筆《ひつ》の手紙《てがみ》を寄越《よこ》す。カフェーなんか覗《のぞ》いたこともない男《をとこ》が、却《かへつ》て引《ひ》つかゝり易《やす》く、十人《にん》のうち二人《ふたり》までは『どうして僕《ぼく》を知《し》つてゐるのだらう。』などゝ好奇心《かうきしん》に驅《か》られて、それとなく友達《ともだち》を誘《さそ》つて出《で》かける。それで病《や》みつきになるのも、少《すく》なくないんですよ。

麻生 先日《せんじつ》も銀座《ぎんざ》で、若《わか》い女《をんな》が、お茶《ちや》を飲《の》んでらつしやいと、頻《しき》りに勸《すゝ》めるんです。すると、主人曰《しゆじんいは》く『今日《けふ》は内儀《かみ》さんと一緒《しよ》だから、この次《つぎ》に寄《よ》るよ。』ですつて。女《をんな》は、私《わたし》が一緒《しよ》だと知《し》ると、びつくりして行《い》つてしまひましたが、あゝして客引《きやくひき》してゐるんですね。

吉川 新宿《しんじゆく》や上野《うへの》あたりから、銀座《ぎんざ》まで客引《きやくひき》に出《で》てゐるさうですからね。網《あみ》は、どこに張《は》られてゐるか判《わか》りませんよ。

さあ、この八丁目《ちやうめ》(銀座裏《ぎんざうら》)から一丁目角《ちやうめかど》までの短《みじか》い間《あひだ》に、何軒《なんげん》あるか、殆《ほとん》ど軒並《のきなみ》ですね。表《おもて》から見《み》たのでは、大《たい》したこともありませんが、内部《ないぶ》はひどいもんです。さつき見《み》た程度《ていど》ぢやないんですよ。全《まつた》く、男《をとこ》の獵奇的《れふきてき》な本能《ほんのう》を満足《まんぞく》させるやうな場面《ばめん》が、展開《てんかい》されてゐるんですから、男《をとこ》でも恐《おそろ》しくなりますよ。

井出 私《わたし》はパリーで、研究《けんきう》のために、さういふ場所《ばしよ》を見《み》たことがありますが、それが日本《にほん》にもあるんですか。

吉川 さうです。浅草《あさくさ》の駒形邊《こまがたへん》に、一番《ばん》ひどいのがあるさうですが、刺戟《しげき》を求《もと》めて飽《あ》くことを知《し》らぬ人間《にんげん》の本能《ほんのう》は、恐《おそろ》しいものですよ。警視廳《けいしちやう》でも、かなり嚴《きび》しく手《て》を廻《まは》し、營業停《えいげふてい》止《し》を食《く》ふ店《みせ》も、かなりあるやうですが、後《あと》から後《あと》から、できるんですからね。たまりません。さあ、こゝへ入《はひ》つてみませう。

こゝはまた、がらりと變《かは》つた靜《しづ》かな世界《せかい》。室《しつ》内《ない》の様子《やうす》、調度《てうど》、すべてが古典的《クラシツク》で、なか〳〵凝《こ》つた趣味《しゆみ》の物《もの》ばかり。新橋際《しんばしぎは》のバーB《ビー》です。バーテンが振《ふ》るシエーカーの音《おと》だけ、あとは、ひつそり靜《しづ》まり返《かへ》つて、本當《ほんたう》の酒好《さけず》きが、ちびりちびりお酒《さけ》を味《あぢ》ふにふさはしいところ。併《しか》し美《うつく》しいマダムやウェイトレスが二三控《ひか》へてゐるのを見《み》れば、こゝへ集る連中《れんぢゆう》も、満更野心《まんざらやしん》のない人《ひと》ばかりでもないらしい。

山田 なか〳〵凝《こ》つてゐますね。こんな家《うち》なら割合好感《わりあひかうかん》が持《も》てますよ。(御註文を通すと、呼ぶまで寄つて来ない、あつさりしたサーヴィスも、却て魅力があります)。

吉川 こゝだつて、好《す》きな女《をんな》を張《は》りに来《く》るといふのが少《すく》なくないんですよ。男《をとこ》は、その點《てん》にかけては、全《まつた》く野心満々《やしんまんまん》ですからね。

奥《おく》様《さま》は誠《まこと》と愛《あい》をもつて

山田 カフェーやバーは社會《しやくわい》の黴菌《ばいきん》ですね。家《か》庭《てい》を持《も》ちながら、こんな場所《ばしよ》でなけりや慰安《ゐあん》を求《もと》められないなんて、全《まつた》く不健全《ふけんぜん》な、情《なさけ》ない人間《にんげん》ですよ。

藝者《げいしや》は藝《げい》を賣《う》る、内面《ないめん》はどうか判《わか》らないが看板《かんばん》はさうでせう。娼妓《しやうぎ》は、初《はじ》めつから目的《もくてき》がはつきりしてゐるが、女給《ぢよきふ》は、藝《げい》もなければ何《なに》もない。つまりは、男《をとこ》にべたつくその氣《き》分《ぶん》を賣《う》るんです。周圍《しうゐ》のすべてが挑發的《てうはつてき》で、男《をとこ》の本能《ほんのう》をそゝるやうに出來《でき》てゐるぢやありませんか。新橋《しんばし》のS《エス》など、大《おほ》きくもない店《みせ》で女給《ぢよきふ》が二百六十人《にん》からゐるといふから、驚《おどろ》くぢやありませんか。然《しか》も、その女給《ぢよきふ》には、亭《てい》

283　「奥様軍のカフェー突撃挺身隊」　山田わか、井出ひろ子、麻生なつ子、吉川正雄　『主婦之友』
昭和 10 年 12 月 1 日

主持ちが多いとか。

吉川　娼妓《しやうぎ》は金《かね》で目的《もくてき》を達《たつ》するんですが、女給《ぢよきふ》は、表面金《へうめんかね》でなく、戀愛《れんあい》の形式《けいしき》で進《すゝ》み、關係《くわんけい》に入《はひ》るまで相當《さうたう》のあやがある。その面白味《おもしろみ》が現代人《げんだいじん》の複雜《ふくざつ》な心理《しんり》に適合《てきがふ》するんですよ。それだけに、厄介《やくかい》でもあるんですがね。

井出　公娼《こうしやう》が全廢《ぜんはい》されたら、カフェーが殖《ふ》えるでせうか。廢《はい》されたからつて、男《をとこ》が急《きふ》によくなるものではありませんからね。

山田　私娼《ししやう》が殖《ふ》えるでせう。併《しか》し、公娼《こうしやう》がある間《あひだ》は、金《かね》さへ出《だ》せば、さういふことをしてもいゝと、國家《こくか》が認《みと》めてゐるやうなものですからね。それがいけないんです。

麻生　公娼《こうしやう》でなければ、もし自分《じぶん》が厭《いや》なら、そんな要求《えうきう》に應《おう》じなければよいでせう。それだけ女《をんな》にも自由《じいう》が與《あた》へられるわけですもの。

吉川　ところが、さうしなければ生活《せいくわつ》ができないのです。だから、女《をんな》の方《はう》から持《も》ちかけて來《く》る場合《ばあひ》も澤山《たくさん》あるんですよ。この人《ひと》は金《かね》になりさうだと思《おも》へば、女《をんな》の方《はう》から、猛烈《まうれつ》にモージヨンかけて來《き》ます。どんな男《をとこ》だつて、もてゝりや惡《わる》い氣持《きもち》はしませんからね。

山田　結局《けつきよく》、男《をとこ》は火《ひ》遊《あそ》びが好《す》きだといふことに決着《けつちやく》するんです。だが、その火《ひ》には、臭《くさ》い石《せき》炭《たん》のいぶつたのもあれば、上等《じやうとう》な櫻炭《さくらずみ》の。眞《ま》赤《か》に熾《おこ》つたのもあります。氣《き》紛《まぐ》れに臭《くさ》い石炭《せきたん》に迷《まよ》つても、必《かなら》ず櫻炭《さくらずみ》のよさは想《おも》ひ出《だ》すんです。ところが、その櫻炭《さくらずみ》に寛大《くわんだい》さがなかつたら、臭《くさ》くても、やはり石炭《せきたん》がいゝ、といふ悲《かな》しい結果《けつくわ》にもなる。といふわけで、良人《をつと》がカフェーが好《す》きだからつて、妻《つま》が何《なに》も女給《ぢよきふ》の眞《ま》似《ね》をする必要《ひつえう》はありません。妻《つま》らしい誠《まこと》と愛《あい》と聰明《そうめい》さをもつて、良人《をつと》を溫《あた》かく抱擁《はうよう》する、この心《こゝろ》があつたら、如何《いか》なる強敵《きやうてき》が現《あらは》れようとも、家庭《かてい》は安全《あんぜん》です。つまり、奥《おく》さんが聰明《そうめい》にさへ立廻《たちまは》れば、家庭《かてい》は、いつも明《あか》るく圓《ゑん》滿《まん》にゆくんですよ。

吉川　全《まつた》くです。それを伺《うかゞ》つて、大《おほ》いに意《い》を強《つよ》うしました。ぢや、今夜《こんや》の打留《うちどめ》に、新宿《しんじゆく》を御《ご》案内《あんない》いたしませう。こゝは、地廻《ぢまは》りと稱《しよう》する無頼漢《ぶらいかん》が多《おほ》いから、氣《き》をつけてください。

カフエー街《がい》らしくネオンは華《はなや》かだが、いかにも裏街《うらまち》らしい、不潔《ふけつ》な臭氣《しうき》がぷんと鼻《はな》を衝《つ》く。流《なが》しが通《とほ》る。騒々《さうぐ》しいジャズ、流行歌《りうかうか》、酒《さけ》の香《かをり》、醉《よひ》どれ、すべてが雑然《ざつぜん》として、裏《うら》ぶれた感《かん》じ。どうして、歡樂鄕《くわんらくきやう》どころか、淫樂《いんらく》の陋巷《ろうかう》です。覗《のぞ》く氣《き》にもなれないが、勇氣《ゆうき》を揮《ふる》つて、O《オー》といふ店《みせ》の扉《ドア》を推《お》しました。

酒《さけ》と女《をんな》と客《きやく》と喧騒《けんさう》が、ぐる〳〵渦卷《うづま》いて、美《うつく》しさどころか、恐《おそろ》しく雑然《ざつぜん》とした店《みせ》の様子《やうす》は、今《いま》まで見《み》て來《き》た世界《せかい》とは品變《しなかは》り、すつと不氣味《ぶきみ》な恐《おそろ》しさが脊筋《せすぢ》を走《はし》る。とんだところへ飛込《とびこ》んだものだといふ思《おも》ひが、一瞬《しゆん》、皆《みな》の胸《むね》を掠《かす》めたやうな氣《き》がします。さすがの吉川《よしかは》さんも困《こま》つた様子《やうす》で、澁々《しぶ〳〵》二階《かい》へ上《あが》つて、やつと場所《ばしよ》を見《み》つけたとたん、がら〳〵つといふ凄《すさ》まじい物音《ものおと》。あつ、あの聲《こゑ》は女《をんな》の聲《こゑ》、上衣《うはぎ》もシャツも引《ひ》きちぎられ、髪《かみ》をおどろ〳〵に亂《みだ》した男《をとこ》が、押《おさ》へられて蔭《かげ》へ入《はひ》る。女給《ぢよきふ》でせうか、帯《おび》も解《ほど》け、泣《な》き喚《わめ》きながら、これも急《いそ》いで消《き》える。凄《すご》い喧嘩《けんくわ》です。

お客總立《きやくそうだ》ちになるのを、こゝのマネージャアらしい男《をとこ》が、必死《ひつし》に引止《ひきと》めて、やつと納《をさ》まつたらしいものゝ、まご〳〵してゐて、胡散臭《うさんくさ》い闖入《ちんにふ》者《しや》と睨《にら》まれたら、大變《たいへん》です。さあ、今《いま》のうちにと、大狼狽《おほあわて》に狼狽《あわ》てゝ、チップだけおいて逃《に》げ出《だ》しました。こんな恐《おそ》ろしい中《なか》で、何《なん》の歡樂《くわんらく》が求《もと》められるものですか。酒《さけ》に荒《すさ》んだ男《をとこ》や、女《をんな》の醜《みにく》さを、あまりにもはつきり見《み》せつけられて、情《なさけ》なくなりました。

×　×　×

彼女等《かのぢよら》が、いかに美《うつく》しく装《よそほ》はうとも、所詮《しよせん》は毒《どく》の花《はな》、觸《ふ》れゝば身《み》を破《やぶ》る、鋭《するど》い棘《とげ》があるのです。それを知《し》らずに吸《す》ひ寄《よ》る雄蝶《をてふ》が、明日《あす》は脆《もろ》くも果《はか》ない亡骸《なきがら》となつて、拋《はふ》り出《だ》される——それと同《おな》じ運命《うんめい》が、歡樂《くわんらく》の蔭《かげ》につきまとつてゐるのです。そんな悲慘《ひさん》な運命《うんめい》に突《つ》き落《おと》されないために、奥様方《おくさまがた》よ、眞《しん》の愛《あい》と誠《まこと》をもつて、あなたの良人《をつと》をお守《まも》りなさいませ……と胸深《むねふか》く祈《いの》りつつ、家庭擁護《かていようご》のために奮《ふる》ひ起《た》つた挺身隊《ていしんたい》も、今《いま》は戰《たゝか》ひ疲《つか》れて、更《ふ》けた夜道《よみち》を默々《もく〳〵》と家路《いへぢ》につきました。

（カット・吉《よ》邨《むら》二《じ》郎《らう》畫《ゑ》）

ダンスホール

婦《ふ》人《じん》記《き》者《しや》
宮《みや》本《もと》三《さぶ》郎《らう》畫《ぐわ》

とあるビルディングの裏側《うらがは》に、薄暗《うすぐら》く口《くち》を開《あ》いてゐる狹《せま》い入口《いりぐち》から、忍《しの》ぶやうに暗《くら》い階段《かいだん》を上《のぼ》つて行《ゆ》くと、やがて目《め》の前《まへ》がぽうつと明《あか》るくなつて、そこに開《ひら》かれたのは？

男《をとこ》も女《をんな》も、輕快《けいくわい》なリズムに乘《の》つて踊《をど》る、ジャズの世界《せかい》？ トロット、ワルツ、ブルースと、めつき

を密偵《スパイ》するの記《き》

りなしにまくしたてるバンドに、追《お》ひかけ
れるやうに踊《をど》る、踊《をど》る——背《せ》もあらはな、
イヴニングの女を抱いて踊る男達の、
陶然《たうぜん》とした顔《かほ》、顔《かほ》——
踊《をど》り場《ば》の周圍《しうゐ》にずらつと並《なら》んで、
踊《をど》り手《て》を待《ま》つダンサー達《たち》、右手《みぎて》
寄《よ》りのスタンドには、踊《をど》り
疲《つか》れた人達《ひとたち》が、煙草《たばこ》を燻《くゆ》
らし、コーヒーをすゝ
つて、樂《たの》しげに笑《わら》
ひさんざめく。
その間《あひだ》を、レ
ヴューに出《で》
てく*

*るやうな、
ブリューの
コスチウ
ムも可愛《かはい》いボ
ーイ達《たち》が、銀盆《ぎんぼん》に熱《あつ》いお
しぼりを載《の》せて、サーヴィス
して廻《まは》る。

淡《あは》いシャンデリアの光《ひかり》に、何《なに》もかも美《うつく》
しく、やんはり包《つゝ》まれた謎《なぞ》の世界《せかい》、映畫《えいぐわ》に、レ
ヴューに見《み》る、踊《をど》り場《ば》の情景《じやうけい》そのまゝが、大東京《だいとうきやう》の夜《よる》の狂想《ラプソデ》
曲《イ》を奏《かな》でるといふダンスホールの姿《すがた》です。

ホールへ出入《でい》りする動機《どうき》は、カフェーのそれとは違《ちが》ひ、不純《ふじゆん》なものぢやないと
ふ人《ひと》が多《おほ》いんですが、併《しか》し、あの濃厚《のうこう》な氣分《きぶん》が醸《かも》し出《だ》す危險《きけん》は、あまりにも明《あきら》かで

す。それにダンサーとの關係《くわんけい》も、カフェーの女《ぢよ》給《きふ》のやうに單純《たんじゆん》にはゆかない。その複雜《ふくざつ》さも現《げん》代人《だいじん》には一《ひと》つの魅力《みりよく》なんです。

警視廳《けいしちやう》では殖《ふや》すまいと嚴重《げんぢう》に制限《せいげん》してゐて、市内《しない》だけに八軒《けん》、管轄外《くわんかつぐわい》を狙《ねら》つて、千葉《ちば》、市川《いちかは》、川口《かはぐち》、蕨《わらび》、川崎《かはさき》等々《とう／＼》、東京近縣《とうきやうきんけん》に新《あたら》しい設備《せつび》のものが續々《ぞく／＼》できてゆく隆盛《りうせい》さ。ダンサーの數《かず》も全國《ぜんこく》では千數百《すうひやく》を超《こ》えるとか。カフエーを憎惡《ぞうを》する婦人《ふじん》も、現代人《げんだいじん》であるゆゑに、ダンスホールには特殊《とくしゆ》の魅力《みりよく》を感《かん》じると聞《き》いては、どうしてダンスホールの存在《そんざい》を無視《むし》することができませう。

先月《せんげつ》、カフェーを突撃《とつげき》して、家庭擁護《かていようご》のために大《おほ》いに氣《き》を吐《は》いた奥樣軍《おくさまぐん》は、つゞけて敵《てき》の第《だい》二陣《じん》ダンスホールを衝《つ》くべく、マダムX《エツクス》二十七號《がう》を氣取《きど》つて、單身敵情《たんしんてきじやう》をスパイすることになりました。その重任《ぢうにん》を背負《せお》つて、今《いま》、ホールF《エフ》へ紛《まぎ》れ込《こ》んで來《き》たのです。それなのに、こゝへ一歩《ぽ》踏込《ふみこ》んだ刹那《せつな》に、もう浮《う》き／＼してくる心《こゝろ》に驚《おどろ》きあわて、胡散《うさん》臭《くさ》い奴《やつ》と見《み》とがめられないうちにと、スタンドの中《なか》へもぐり込《こ》む。

『ダンサーにお馴染はなし、踊れもしないぞ』★

ールへ行《ゆ》くほど馬鹿氣《ばかげ》てゐることはない。』と、この道《みち》の猛者《もさ》が忠告《ちうこく》してくれた言葉《ことば》を、もう一度《ど》胸《むね》に浮《うか》べながら、

『隨分禿《ずゐぶんは》げた親爺《おやぢ》さんも踊《をど》つてゐる。あんな人《ひと》が危《あぶな》いんだな。あら〳〵、ダンサーの足《あし》ばかり踏《ふ》んで、だらしがないなあ。』

『はゝあ、あちらは相當《さうたう》らしい。ステップも輕《かる》いし、リードもうまい。』

『おや〳〵、あの子《こ》はちつとも踊《をど》り手《て》がつかない。氣《き》の毒《どく》に。』

一人《ひとり》で氣《き》ばかりもんでみたところで一向始《かうはじ》まらない。カフエーのやうに單純《たんじゆん》でないだけに、たゞ眺《なが》めてゐたくらゐで、ホールの祕密《ひみつ》がわからう筈《はず》がない。

よし、出直《でなほ》さう。

×

たかをくゝつて、見事《みごと》背負《せお》ひ投《な》げを喰《く》つた記者《きしや》は、闘志滿々《とうしまん〳〵》、一《ひと》つダンスから習《なら》つてその鄕《がう》に入《い》り、ねこそぎ洗《あら》つてやれと、決心《けつしん》しました。

敎習所《けうしふじよ》の生徒《せいと》になつて

東京《とうきやう》だけでも五十何軒《なんけん》とかあるといふダンス敎授所《けうじゆじよ》、インチキが多《おほ》いのもこれが一番《ばん》とか。毎日《まいにち》の新聞《しんぶん》のよろづ案内欄《あんないらん》に、びつしり竝《なら》ぶダンス敎授《けうじゆ》の小廣告《せうくわうこく》の中《なか》から、一番大《ばんおほ》きさうな所《ところ》をと拾《ひろ》ひ出《だ》したのが、こゝI橋《アイはし》の某《ぼう》ビルにある××敎授所《けうじゆじよ》、天晴《あつぱ》れ有閑《いうかん》マダムになりすまして來《き》はしたものゝ、敵地《てきち》へ乘込《のりこ》む心地《こゝち》で胸《むね》がをどる。靜《しづ》かに押《お》したつもりのドアが、ばたんと開《あ》いて、夢中で飛び込んでしまつた。

『お習《なら》ひになるんですか。』

『えゝ。』

『ぢやあ、月謝《げつしや》を納《をさ》めて頂《いたゞ》きます。』

言《い》はれるまゝに金《きん》三圓也《ゑんなり》の月謝《げつしや》を納《をさ》めると、やがて通《とほ》された室《へや》は、お稽古《けいこ》の眞最中《まつさいちう》。がらんとした室《へや》に蓄音器《ちくおんき》があるきり、レコードのリズムに乘《の》つて、『遲《スロー》く、遲《スロー》く、速《クイツク》く、速《クイツク》く、遲《スロー》く』と、敎師《けうし》が手《て》をとつて敎《をし》へてゐる。たゞこれだけだつたら、何《なん》でもないでせう。が、警視廳《けいしちやう》のリストに女敎師《ぢよけうし》九十何人《なんにん》、男敎師《だんけうし》二百人《にん》あまりと載《の》つてゐるその殆《ほとん》どが、三十になるやならずの若《わか》い人《ひと》だといふんです。

ダンスを習《なら》ふ氣持《きもち》に不純《ふじゆん》はなくとも、こゝへ來《く》る人達《ひとたち》の大部分《だいぶぶん》が、夫婦生活《ふうふせいくわつ》に倦怠《けんたい》を感《かん》じてゐる有閑《いうかん》マダムや、留守勝《るすが》ちの良人《をつと》を持《も》つ奧樣《おくさま》や、さては、年若《としわか》く責任《せきにん》のない未亡人《みばうじん》などであることを考《かんが》へ、人目《ひとめ》のない室《へや》に、若《わか》い敎師《けうし》と二人《ふたり》きりで踊《をど》ることによつて釀《かも》し出《だ》される雰圍氣《ふんゐき》が作《つく》る、危險《きけん》さを思《おも》ふとき、間違《まちが》ひが出來《でき》ないと、誰《だれ》が斷言《だんげん》し得《え》られるでせうか。

『ホールでボーイをしたり、マットを押《お》しながら床拭《ゆかふ》きしてゐた連中《れんぢう》が、見樣見眞似《みやうみまね》で踊《をど》るく少《すこ》し上手《じやうず》になれば敎師《けうし》にと進出《しんしゆつ》して行《ゆ》くんだか

ら、ダンス教師《けうし》に質《しつ》の惡《わる》いのが多《おほ》いのは當然《たうぜん》ですよ。』と、ダンス通《つう》を以て自任《じにん》するT《ティ》さんが話《はな》してゐたが、それも一理《り》です。

ダンサーや女の教師を、男《をとこ》が誘惑《いうわく》して行《ゆ》くやうに、男《をとこ》の教師《けうし》は、奥《おく》さんが誘惑《いうわく》するといふのです。しかも、この關係《くわんけい》は戀愛《れんあい》でなく、女《をんな》からいへば好奇心《かうきしん》と氣紛《きまぐ》れから、男《をとこ》は金《かね》にからんでくるといふ。だから、一度《ど》でも關係《くわんけい》ができれば、惡《わる》い事件屋《じけんや》などがつき纏《まと》ひ、ぬきさしならないところへ落《お》ちて、破滅《はめつ》して行《ゆ》くのは、やはり奥《おく》さん方《がた》なんです。

今踊《いまをど》つてゐるのが、東京《とうきやう》一女客《をんなきやく》が多《おほ》いといふS《エス》教師《けうし》とか。至《いた》つて風采《ふうさい》の上《あが》らない小《ちひ》さい人《ひと》。へえ、この人《ひと》のどこにそんな魅力《みりよく》があるかわからない。教《をし》へ方《かた》が特《とく》に上手《じやうず》だとも思《おも》へないし、たうとうたまりかねて、こゝの常連《じやうれん》だといふ中年《ちうねん》の奥《おく》さんに訊《き》いてみた。その返事《へんじ》に曰《いは》く、

『リードすることが上手《じやうず》なのね。あの人《ひと》と踊《をど》つてゐると、つい夢中《むちう》になつて、幾番《いくはん》でも疲《つか》れるまで踊《をど》つてしまふんですよ。どんなときでも、ぴつたり意氣《いき》を合《あは》せてくれる、そこが魅力《みりよく》なんでせう。』と。この奥《おく》さん、四十も二《ふた》つ三《み》つは大《だい》丈夫《ぢやうぶ》出《で》てゐるだらうと思《おも》はれるお年頃《としごろ》でありながら、踊《をど》ることは三度《ど》の食事《しよくじ》より好《す》きらしい。どういふ境遇《きやうぐう》の方《かた》か、飾《かざ》りたてゝ、皺《しわ》の寄《よ》つた顔《かほ》へ白粉《おしろい》をつけて、ホールを廻《まは》る姿《すがた》を見《み》ては、なんとなく悲《かな》しくなりました。

まあ、新聞《しんぶん》のよろづ案内《あんない》を見《み》て御覽《ごらん》なさい。『ダンス教授《けうじゆ》』とずらりと並《なら》んだ廣告中《くわうこくちう》に、特《とく》に『男子專門《だんしせんもん》』と銘打《めいう》つてるのがありませう。これが怪《あや》しいんです。戀《ラヴ》の獵人《ハンター》が出沒《しゆつぼつ》するのも、多《おほ》くはこんな所《とこ》でせう。女人禁制《によにんきんせい》とばかり寄《よ》せつけてくれない祕密主義《ひみつしゆぎ》、男裝《だんさう》して、とも思《おも》ひましたが、まあこゝは御想像《ごさうざう》にまかしておいて、本陣《ほんぢん》を探《さぐ》りませう。

彼女《かのぢよ》がホールへ現《あらは》れるまで

前《まへ》に懲《こ》りて、戰鬪準備《せんとうじゆんび》を整《ととの》へ、大分《だいぶ》自信《じしん》はついて來《き》たが、やつぱり相當勇氣《さうたうゆうき》がいる。氣分《きぶん》が濃厚《のうこう》だといふので、K《ケイ》ホールへやつて來《き》たのだが、入口《いりぐち》の一二間《けん》手前《てまへ》で、そつとあたりを見廻《みまは》し、一《ひと》つ深《ふか》い呼吸《いき》をしておいて、一氣《き》に走《はし》り上《あが》つて切符《ティケット》を買《か》つた。

時は九時《じ》半《はん》、やう／＼クライマックスに近《ちか》く、人《ひと》の溫氣《うんき》とジャズの渦《うづ》に、忽《たちま》ち卷《ま》きこまれて、する／＼とホールへすべり出《で》た。テムポの早《はや》いトロットで、する／＼すべつて行《ゆ》くが、うつかりすると背中《せなか》がぶつかりさう。夢中《むちう》で一《ひと》つ終《をは》つて、つゞいてブルースを踊《をど》りながら、やつと話《はな》しかける。

▲何《なん》ていふの、あなたは？

○吉野葉子《よしのえふこ》よ。どうぞよろしく。

▲お家《うち》は東京《とうきやう》？

○いゝえ、私遠《わたしとほ》いの。青森《あをもり》よ。

國《くに》の女學校《ぢよがくかう》を出《で》て、働《はたら》きながら洋裁《やうさい》でもやりたいと思《おも》つて出《で》て來《き》たんだけれど、學校《がくかう》へ通《かよ》つたのは一ケ月《げつ》きり。とゞのつまりがこゝへ流《なが》れ込《こ》んぢまつたつてわけよ。だけど私《わたし》には心《しん》からダンサーになりきれない。そこが惱《なや》みなのよ。

(自嘲《じてう》するやうに冷《つめた》く笑《わら》ふ彼女《かのぢよ》の顏《かほ》の淋《さび》しいこと。身《み》の上話《うへばなし》を持出《もちだ》して、男《をとこ》の氣《き》を惹《ひ》く手《て》もあるといふけれど、ダンサーらしくない、割《わり》にごつい顏《かほ》の彼女《かのぢよ》を見守《みまも》りながら、スパイ意識《いしき》がむく／＼頭《あたま》をもたげたとたんに、音樂《おんがく》がぴちつと止《とま》つて、彼女《かのぢよ》はさつさと自分《じぶん》の席《せき》へ。もう一度《ど》話《はな》してみたいけれど、もう他《ほか》の男《をとこ》の腕《うで》で踊《をど》つてゐる彼女《かのぢよ》を、暫《しばら》く待《ま》つてやつと摑《つか》まへた。)

▲何時《いつ》からこゝへ來《き》て？

○六月《ぐわつ》から。まだ駈《か》け出《だ》しですわ。私《わたし》の家《うち》つていふのが、田舎《ゐなか》ではまあ相當《さうたう》にやつてるんですが、母《はゝ》が死《し》んでから二度目《どめ》の母《はゝ》が來《き》て、それからおきまりのごた／＼に、すつかりくさつて、たうとう飛《と》び出《だ》しちまつたんですよ。別《べつ》に東京《とうきやう》に知合《しりあ》ひがあるわけぢやなし、東京《とうきやう》を知《し》つてたわけでもないんといふ題《だい》で、學校《がくかう》が責任《せきにん》もつて女中《ぢよちう》に世話《せわ》し、夜《よる》だけ時間《じかん》を貰《もら》つて洋裁《やうさい》を教《をし》へるといふ廣告《くわうこく》が、妙《めう》に頭《あたま》へこびりついちまつたんです。

これでも、家《うち》にゐる時分《じぶん》は用心深《ようじんぶか》かつたんで、家《うち》の者《もの》にはこつそりと問合《といあは》せたりなんかして、すつかり信《しん》じきつて出《で》て來《き》たんです。勿論無斷《もちろんむだん》で。後《あと》から追駈《おひか》けられるやうな氣持《きもち》で、それでもどうやら牛込《うしごめ》の學校《がくかう》まで辿《たど》りついたんですが、それからの一月《ひとつき》、お話《はなし》にならないわ。校主《かうしゆ》といふのが校長《かうちやう》と變《へん》な關係《くわんけい》にあるとかで、校主の奧《おく》さんが泣込《なきこ》んで來《き》たり、生《せい》徒《と》だつていい加減《かげん》なんですもの。すつかり厭《いや》になつてしまつたのよ。それに學校《がくかう》で世話《せわ》してくれた家《うち》がインチキな家《うち》で、變《へん》なことばかりすゝめる。たまらなくなつて逃《に》げ出《だ》したはいゝが行《ゆ》く先《さき》もない。友達《ともだち》を賴《たよ》つてアパートへ落着《おちつ》いたものゝ、明日《あす》から食《た》べる當《あて》もないといふ始末《しまつ》でね。でもかうなつちや、今《いま》更家《さらうち》へも歸《かへ》れないし、世《よ》の中《なか》が味氣《あぢき》なくなるわ。ホヽヽヽ、いやにしめつぽくなつて……

またどうぞいらしてね。

(女學校《をんながくかう》まで出《で》てゐながら、一度《ひとたび》軌道を踏《ふ》み外《はづ》したら、どこまで轉落《てんらく》して行《ゆ》くのか。涙《なみだ》を押《お》しかくして、明日《あす》のパンのために踊《をど》る可哀《かはい》さうな彼女《かのぢよ》よ。)

パーティーの種々相《じゆく〳〵さう》

教習所《けうしふじよ》であれほど見《み》かけたマダム達《たち》も、ホールへは一向《かう》姿《すがた》を現《あら》さない。さては、何時《いつ》かの伯《はく》爵夫人《しやくふじん》の事件以來《じけんいらい》、恐《おそ》れをなして別方面《べつはうめん》へ發展《はつてん》してゐるのか。消息通《せうそくつう》を叩《たゝ》いてみると、

『さう、確《たし》かに少《すく》なくなりましたね。併《しか》し、これは何《なに》も謹愼《きんしん》してゐるんぢやなくて、グループだけで發展《はつてん》してゐるんです。つまりパーティーといふのがそれで、土曜《どえう》、日曜《にちえう》の午後《ごご》、ホールを借切《かりき》つてメンバーだけで踊《をど》るんですが、何處《どこ》のホールもパーティーの申込殺到《まをしこみさつたう》して、八月《ぐわつ》申込《まをしこ》んだのが今《いま》やつと借《か》りられるといふ盛況《せいきやう》さ。一圓《ゑん》か二圓《ゑん》の會費《くわいひ》でお茶《ちや》は飲《の》める、ダンサーは特別《とくべつ》サーヴィスで無料《むれう》と聞《き》いては、下宿《げしゆく》に燻《くすぶ》つてゐる獨《ひと》り者《もの》には大福音《だいふくいん》ぢやありませんか。

それがもう少《すこ》し高級《かうきふ》になると、グループだけで、床《ホール》を持《も》つてゐる家庭《かてい》を巡《めぐ》り歩《ある》くのもあり、ホテルを借《か》りてするのもあるんです。ところがインチキなのもあつて、場所《ばしよ》はいへないが×倶《く》樂部《らぶ》といふので、待合《まちあひ》のやうに狹《せま》い室《へや》で、床《ホール》だけ貸《か》すつていふのがありますよ。一時間《じかん》五圓《ゑん》くらゐで、鍵《かぎ》までかけられるつていふんだから、凡《およ》そ想像《さうぞう》もつきませう。この頃《ごろ》ぢや、こんなのが大分《だいぶ》殖《ふ》えたさうですよ。

併《しか》し豪華《がうくわ》さに於《おい》ては斷然關西《だんぜんくわんさい》ですよ。大阪《おほさか》のホールが彈壓《だんあつ》を受《う》けて閉鎖《へいさ》されてから、阪急沿線《はんきふえんせん》のホールの賑《にぎは》ひは凄《すご》いもんですよ。それに家庭《かてい》で床《ホール》を持《も》つてゐる人《ひと》も多《おほ》いですね。

この春《はる》、床開《ホールびら》きにわざ〳〵招《まね》いてくださつた家《うち》といふのが、豪勢《がうせい》なもんで、門《もん》から玄關《げんくわん》までの遠《とほ》いこと。やつと着《つ》いたところは一見純日本《けんじゆんにほん》建築《けんちく》でありながら、床《ホール》は實《じつ》に落着《おちつ》いた洋式《やうしき》で、その壁《かべ》には、一枚少《まいすくな》くも數萬圓《すうまんゑん》を投《とう》じた油繪《あぶらゑ》がずらりと竝《なら》び、そこゝに置《お》かれた蘭《らん》も、一鉢《ひとはち》二三千圓《ゑん》もするつていふんですから、驚《おどろ》きましたよ。東京人《とうきやうじん》には、これだけ思《おも》ひきつて金《かね》がかけられませんよ。パーティといつても、こんなにぴんからきりまであるんですからね。まあ見《み》て御覽《ごらん》なさい。』

と言《い》はれて、メンバーではないが、會費《くわいひ》さへ納《をさ》めればよいといふので、出《で》かけた。

男女取混《だんぢよとりま》ぜて三四十人《にん》、大分年《だいぶとし》をとつた人《ひと》もゐるが、女《をんな》の人達《ひとたち》は相當飾《さうたうかざ》りたてた身《み》なりから見《み》ても、謂《いは》ゆる二號《がう》や有閑《いうかん》マダムではないかしら。男《をとこ》は安《やす》サラリーマンか、あまりりゆうとしたところはゐない。皆《みな》親《した》しい同志《どうし》らしく、嬉《うれ》しさうに踊《をど》つてゐるが、晝間《ひるま》のホールの醜醒《さ》めなこと。疲《つか》れたやうなダンサーの顏《かほ》、薄汚《うすよご》れたドレス、擦《す》れた靴《くつ》が物哀《ものあは》れに目《め》について、踊《をど》つて貰《もら》ふ氣《き》もしない。翻《ひるがへ》る袂《たもと》、裾《すそ》から上《あが》る埃《ほこり》も妙《めう》に鼻《はな》について、夜《よる》とシャンデリヤにカムフラージュされないホールは情《なさけ》ない。所詮《しよせん》は夜《よる》の世界《せかい》にあつてこその魅力《みりよく》です。

何《いつ》れのパーティーも『家族《かぞく》デー』と銘打《めいう》つて、家族同伴《かぞくどうはん》を歡迎《くわんげい》してゐるが、奧樣《おくさま》連れの御主人《ごしゆじん》が、そつと言《い》ふことには、

『自分《じぶん》の女房《にようばう》が他《ほか》の男《をとこ》と踊《をど》つてゐるのは、あんまりいゝ氣持《きもち》ぢやありませんね。』ですつて。ところがこの御主人《ごしゆじん》、自分《じぶん》では盛《さか》んに他《ほか》の奧樣《おくさま》と踊《をど》り、『今度《こんど》二人《ふたり》きりでホテルへ、踊《をど》りに行《ゆ》きませんか。』なんてことを平氣《へいき》で言《い》ふ種類《しゆるゐ》の男性《だんせい》なんですから、驚《おどろ》くでせう。ねえ奧樣《おくさま》、男《をとこ》はこんなにも我儘《わがまゝ》で暴君《タイラント》なんです。御用心《ごようじん》なさいませ。

ダンスホールの裏《うら》の裏《うら》

『嚴重《げんぢう》な警視廳《けいしちやう》の監視《かんし》から逃《のが》れて、埼玉《さいたま》にできたホールは、お酒《さけ》も飲《の》めるキャバレー式《しき》になつてゐるのがいゝね。』『あゝ、何時《いつ》行《い》つても滿員《まんゐん》さ。』等々《とう〳〵》、踊《をど》り仲間《なかま》では相當評判《さうたうひやうばん》のC《シイ》とはどんなところかしら。W驛《ヴアブリツえき》から眞暗《まつくら》な田舍道《ゐなかみち》を少《すこ》

し行つたところに、この邊《へん》には珍しい汽車《しや》のやうな建物《たてもの》、入口《いりぐち》にずらつと竝《なら》んだ自動車《じどうしや》は自家用《じかよう》か。評判以上《ひやうばんいじやう》だと思《おも》ひながらドアを推《お》す。

ナンバーワンから順《じゆん》に目《め》ぼしいダンサーの寫眞《しやしん》か、まづ目《め》につく。切符《ティケット》を買《か》はなければ入《はひ》れないやうに、狹《せま》い入口《いりぐち》に切符《きつぷ》の賣場《うりば》が頑張《ぐわんば》つてゐる。まあこゝのホールの暗《くら》いこと。踊《をど》り場《ば》の周圍《まはり》は丁度《ちやうど》テラスの感《かん》じに、籐椅子《とういす》と小《ちひ》さいテーブルの配置《はいち》もよく、小《ちひ》さなスタンドがテーブルの上《うへ》でゆらいでゐる。リズムに合《あは》せて暗轉《あんてん》し、明轉《めいてん》するホール。アルゼンチン・タンゴが靜《しづ》かに始《はじ》まれば、ホールは暗轉《あんてん》して滿天《まんてん》に星《ほし》を戴《いただ》く夜《よる》の景《けい》。踊《をど》り疲《つか》れた人達《ひとたち》は、椰子《やし》の葉蔭《はかげ》ならぬ棕櫚《しゆろ》の木蔭《こかげ》のテーブルで、ビールをあほつてゐる情景《じやうけい》は、異國情緒《いこくじやうしよ》たつぷりの濃厚《のうこう》なもの。

△酒《さけ》を飲《の》んでは踊《をど》る連中《れんぢう》が多《おほ》いので、氣分《きぶん》が濃厚《のうこう》ですよ。それに暗《くら》いのをいゝことにしてふざける連中《れんぢう》が多《おほ》いんでね。あんなひどいのがゐますよ。(なるほどゐます。一《ひと》つ所《ところ》へ止《とま》つたまゝ、タップかなんかを入《い》れて、一人《ひとり》で悅《えつ》に入《い》つてゐるが、あんなのにつき合《あ》ふダンサーはたまらないだらうと、思《おも》はず同情《どうじやう》する。)

△馬鹿《ばか》にダンサーに同情《どうじやう》するんですね。ダンサーだつて腕達者《うでだつしや》な古猛者《ふるもさ》の中《なか》には、踊《をど》りながら、不良老年《ふりやうらうねん》なんかゞ喜《よろこ》びさうなテクニックを、巧《たく》みに使《つか》ふのがゐるんですよ。えツ、ターン(廻轉《くわいてん》すること)をするときにそれをやるとか、踊《をど》りながら相手《あひて》へ體《からだ》をぴつたり押《お》しつけて、氣分《きぶん》を出《だ》すとかね、男《をとこ》はいゝ氣《き》なもので、うんなか〳〵味《あぢ》をやるよ、とかなんとか言《い》つて、それに釣《つ》られて通《かよ》ひつめるつていふのも少《すく》なくないんですよ。

學生《がくせい》も市内《しない》は禁止《きんし》ですが、こゝは天下御免《てんかごめん》

ですからね。相當入《さうたうはい》つてますね。ほら〳〵あれなんか大分《だいぶ》やられて、夢《ゆめ》みてゐるやうな顏《かほ》してゐるぢやありませんか。あんなの全《まつた》く罪《つみ》だな。あの學生《がくせい》、病《や》みつきになつちまひますよ。きつと。

　橫濱《よこはま》へ行《ゆ》くと、ひどい所《ところ》があるの御存《ごぞん》じでせう。變《へん》なことをするのが目的《もくてき》なんですからね。ダンスは氣分《きぶん》を味《あぢ》へばいゝんですよ。十回《くわい》も踊《をど》つたら歸《かへ》らうと思《おも》つて來《き》ても、意氣《いき》がぴつたり合《あ》ふダンサーにぶつかると、すつかりいゝ氣持《きもち》になつて、思《おも》はずラストまで頑張《ぐわんば》りますからね。それに自分《じぶん》のくせを吞込《のみこ》んでぴつたり合《あは》せてくれる娘《こ》を、他《ほか》の人《ひと》と踊《をど》らせたくないなんて、妙《めう》な意地《いぢ》から、一晚中放《ひとばんぢゆうはな》さず踊《をど》り拔《ぬ》くなんてことがありますよ。男《をとこ》の心《しん》理《り》なんて氣狂《きちが》ひじみてゐるでせう。

　併《しか》し大《おほ》いに意氣込《いきご》んで來《き》た日《ひ》でも、踊《をど》りのコンディションが惡《わる》いと、妙《めう》に氣分《きぶん》が乘《の》つて來《こ》ないで、すぐ歸《かへ》つちまふこともありますからね。こゝなんかはパートナーを連《つ》れて來《く》る連《れん》中《ぢう》が多《おほ》いんで、ダンサーは上《あが》つたりですよ。市內《しない》のホールぢやたとへ奧《おく》さんを連《つ》れて行《い》つても、踊《をど》る度《たび》に切符《ティケット》を箱《はこ》へ入《い》れるんですが、こゝぢや日件券（一人《ひとり》五十錢《せん》）を買《か》へばラストまで頑張《ぐわんば》れるんですよ。ダンサーと踊《をど》るんなら、勿論別《もちろんべつ》に切符《ティケット》を渡《わた》すんですがね。

（もうこれだけ聞《き》けば澤山《たくさん》だ。こゝのナンバーワンを紹介《せうかい》して貰《もら》ふ。年《とし》はまだ十八か九か、均《きん》整《せい》のとれた彈力《だんりよく》のある體《からだ》つきは素晴《すば》しい。）

ホールから見《み》た男性觀《だんせいくわん》

▲一晚何回《ひとばんなんくわい》くらゐ踊《をど》つて？

●さあ、普通《ふつう》百回《くわい》くらゐかしら。晝間《ひるま》五十回《くわい》くらゐ踊《をど》るし、まあ、この頃《ごろ》は世智辛《せちがら》くつて、一回《くわい》踊《をど》つて十枚《まい》も切符渡《ティケットわた》す人《ひと》なんか、ないことよ。一人《ひとり》一枚《まい》とすれば、どんなに澤山踊《たくさんをど》つたつて、一晚《ひとばん》百十回《くわい》より多《おほ》く踊《をど》れないわ。三時《じ》にやホールへ入《はひ》るんですからね、ラスト近《ちか》くなると體《からだ》が利《き》かなくなつちまひますのよ。

△あなた達《たち》の手《て》に入《はひ》るのは四分《ぶ》六くらゐ？

㊦ホールによつて違《ちが》ふんですけど、二十五錢《せん》のところで八錢《せん》五厘《りん》が私達《わたしたち》の手《て》へ入《はひ》るの。お腹《なか》は減《へ》るし、靴《くつ》と洋服代《やうふくだい》には追《お》はれるし、いゝときばつかりはありませんからね。

▲ラストまで一回《くわい》も踊《をど》らないでしまふつて人《ひと》はないでせう。

●ないですね。うんと閑《ひま》なときで五回《くわい》しか踊《をど》らなかつたなんて人《ひと》はあるけれど。

△そんな人《ひと》は、何《なに》か別《べつ》のことでお金《かね》とつてるんでせう。

●中《なか》にはあるさうよ。ホールぢや、何《なに》しろ切符《ティケット》を賣《う》らなけりや儲《まう》けにならないし、この頃《ごろ》ぢや警察《けいさつ》がやかましくつて、すぐ營業停止《えいげふていし》ですからね。ホールだつて相當神經過敏《さうたうしんけいくわびん》になつてゐるわ。變《へん》な素振《そぶ》りが見《み》えればすぐくびにするし、ダンサーは割合《わりあひ》よくなつてるでせう。お客《きやく》に變《へん》なのが多《おほ》くつて泣《な》かされるわ。

▲まあ、踊《をど》りながら變《へん》なことするんですか。

●いゝえ、誘《さそ》ふのよ。『明日《あす》はお晝食《ひる》をつき合《あ》はないか。』とか、『お天氣《てんき》がよかつたらドライヴしよう。』なんて。中《なか》にはラストまで頑張《ぐわんば》り、歸《かへ》りを戶口《とぐち》で待伏《まちぶ》せしては、『送《おく》つて上《あ》げようか。』なんていふ御親切《ごしんせつ》なのがゐますわ。私達《わたしたち》だつて馬鹿《ばか》ぢやなし、大抵《たいてい》わかりますもの。必《かなら》ずお友達《ともだち》と一緒《しよ》に乘《の》せて貰《もら》ふの。すると彼《かれ》氏《し》、あてが外《はづ》れて困《こま》るから面白《おもしろ》いのよ。

　この間《あひだ》もね。いゝ年《とし》をして、いきなりキスさせてくれつて言《い》ふの。何故《なぜ》つて訊《き》いたら、友達《ともだち》と賭《か》けて、もし私《わたし》がさせたら五百圓貰《ゑんもら》ふんですつて。失禮《しつれい》ね。私《わたし》、思《おも》はずカッとして、張《は》り飛《と》ばしちやつたわ。そのときの彼氏《かれし》の顏《かほ》つたら、へゝゝゝ。

▲あなたはお兄さんや弟さんの學費を助けてゐなさるんですつてね。感心《かんしん》してよ。

●そんなこと何《なん》でもないわ。こゝにゐる人大抵《ひとたいてい》はお家《うち》のために眞面目《まじめ》に働《はたら》いてゐますのよ。

▲本當《ほんたう》の戀愛《れんあい》もあるでせうね。

●勿論《もちろん》、私達《わたしたち》だつて若《わか》いんですもの。純粹《じゆんすゐ》な氣《き》持《もち》で愛《あい》し合《あ》ふこともあるわ。だけど相手《あひて》が金《かね》持《もち》の坊《ぼつ》ちやんだつたりすると、世間《せけん》ぢや、ダンサーと金持《かねもち》の坊《ぼん》ち、釣合《つりあ》はぬは何《なん》とやら、はたから水《みづ》をさす。それだけでなく、ホールへ出入《ではひ》りする地廻《ちまは》りにでも嗅《か》ぎつけられたらおしまひ、これをねたにしちや强請る。とゞのつまりは捨《す》てられるのがおちよ。私達《わたしたち》が、どんなに眞面目《まじめ》にしたところで、ダンサーぢやないかつて、世間《せけん》ぢや一口《ひとくち》に片《かた》づけてしまふわ。だから、長《なが》くやつてゐると先《さき》に望《のぞ》みはなし、結局《けつきよく》お金《かね》でも澤山《たくさん》とらなくちやあといふことにもなるのよ。

札《ふだ》つきの男《をとこ》たらしだなんていはれる女《ひと》も、大抵《たいてい》は純情《じゆんじやう》の温和《おとな》しい女《ひと》だつたのよ。それが男《をとこ》に一度《ど》ひどい目《め》に遭《あ》はされると、生《うま》れ更《かは》つて凄《すご》くなるんだわ。私《わたし》にはそんな女《ひと》を憎《にく》めないわ。惡の報は、いつだつて男が擔いて行くんだから。

さう申《まを》しちや失禮《しつれい》ですが、踊《をど》りに來《く》る連中《れんちう》で、賴《たの》もしい人《ひと》なんかお生憎樣《あいにくさま》ね。

シャンデリアの光《ひかり》を浴《あ》びて踊《をど》るダンサー、辛《つら》い涙《なみだ》を胸《むね》に祕《ひ》めて笑《わら》ふダンサー、彼女《かのぢよ》もまた職《しよく》業婦人《げふふじん》です。早《はや》くから浮世《うきよ》の辛酸《しんさん》をなめて、明《めい》暗《あん》二樣《やう》の生活《せいくわつ》を持《も》つ彼女《かのぢよ》の男性觀《だんせいくわん》は、相當深刻《さうたうしんこく》なものであり、辛辣《しんらつ》なものであります。たとへ、歪《ゆが》められた男性觀《だんせいくわん》にせよ、何《なに》か敎《をし》へられるところがあるぢやありませんか。

女學生《ぢよがくせい》の行狀《ぎやうじやう》を密偵《スパイ》する記《き》

親《おや》や先生《せんせい》の目《め》のとゞかぬところで 彼女達《かのぢよたち》は何《なに》をしてゐるか？

本《ほん》誌《し》記《き》者《しや》

明《めい》朗《らう》風《ふう》景《けい》

新宿驛《しんじゆくえき》の構内《こうない》二ケ所《しよ》にある告知板《こくちはん》ほど、若《わか》い男女《だんぢよ》の樂《たの》しい逢瀨《あふせ》を多《おほ》く取り持《も》つたものはあるまい。もの〻一時間《じかん》もこの前《まへ》に立《た》つてゐると、僅《わづ》か一行《ぎやう》の傳言《でんごん》で、さま〴〵な組合《くみあは》せが出會《であ》ひ、また待《ま》ち呆けを食《く》つた者《もの》が、これに怨《うら》みの一言《ごん》を記《しる》して立《た》ち去《さ》るといふ、悲《ひ》喜《き》交《こもご》〻の情景《じやうけい》が、入《い》り代《かは》り立《た》ち代《かは》り見《み》られるのである。

氷雨《ひさめ》でも降《ふ》りさうな、或《あ》る寒《さむ》い日《ひ》の午後《ごご》二時《じ》頃《ごろ》、記者《きしや》はこの告知板《こくちはん》の前《まへ》に立《た》つて、あまり感心《かんしん》できぬ意味《いみ》での典型的《てんけいてき》な昭和《せうわ》の女學生《ぢよがくせい》はなくもがなと、鵜《う》の目鷹《めたか》の目《め》で物色《ぶつしよく》してゐた。見《み》ると、——K様《ケイさま》、二時半《じはん》まで一時間《じかん》もお待《ま》ちしました。R子《アールこ》——といふのがある。十二時《じ》半《はん》にこ〻で出會《であ》ふ約束《やくそく》をしたK《ケイ》といふ青年《せいねん》が、一時間經《じかんた》つても遂《つひ》に來《こ》なかつたのに、無限《むげん》の怨《うら》みをこめた走《はし》り書《が》きである。K君《ケイくん》とR《アール》さんの上《うへ》に無用《むよう》の想像《さうざう》を馳《は》せる暇《いとま》もなく、赤《あか》いオーヴァーをひるがへして、チョークを摘《つま》み上《あ》げた二十《はた》歳《ち》くらゐの女學生《ぢよがくせい》が、

——T《ティ》に二時《じ》半《はん》までゐます、スグお越《こ》しを、菫《すみれ》——と、あまり上手《じやうず》でない字《じ》を書《か》きつけて行《ゆ》かうとする。T《ティ》とは、この界隈《かいわい》で名《な》の賣《う》れたフルーツ・パーラーである。記者《きしや》もつゞいて、T《ティ》の二階《かい》に上《あが》つた。

〝菫《すみれ》〟といふ古風《こふう》な名《な》のこのお孃《ぢやう》さんは、どつかとボックスに腰《こし》を下《おろ》すと、ホットレモンを註文《ちうもん》した。記者《きしや》もつい釣込《つりこ》まれて、ホットレモンと言《い》つてしまつたが、菫《すみれ》さんはハンドバッグの小《こ》鏡《かゞみ》を覗《のぞ》いて、脂取《あぶらと》りで鼻《はな》の頭《あたま》や額《ひたひ》をこすつた。この寒空《さむぞら》に、この人《ひと》は汗《あせ》ばむのであらうか、見《み》れば頰《ほゝ》は紅潮《こうてう》して、いかにも身内《みうち》に青春《せいしゆん》の漲《みなぎ》るのをどうしようと言《い》ひたい風情《ふぜい》である。

右手《みぎて》の小指《こゆび》を器用《きよう》に曲《ま》げて、豐《ゆた》かにうねつたボッブの頭《あたま》髮の鬢《びん》をかきあげるやうな手《て》つきをする。斷髮《だんぱつ》でもあ〻いふことをするのかと、珍《めづら》しく思《おも》つて見《み》てゐたが、心《こゝろ》の彈《はず》みを、意味《いみ》のない科《しぐさ》で發散《はつさん》させてゐるのである。

何《なん》となくそは〳〵と嬉《うれ》しさうな菫《すみれ》さんは、オーヴァーのポケットから、薄茶色《うすちやいろ》の小《ちひ》さな本《ほん》を取《と》り出《だ》した。岩波文庫《いはなみぶんこ》の二十錢本《せんぼん》だが、内容《ないよう》は

判《わか》らない。頁《ぺーじ》は繰《く》つてゐるが讀《よ》んではゐない。來《く》る人《ひと》のことを思《おも》へば、本《ほん》など落着《おちつ》いて讀《よ》んでをられないのであらう。

記者《きしや》は、待人《まちびと》が男性《だんせい》であることを願《ねが》ひつゝ、間近《まぢか》に展《てん》開《かい》されようとする情景に、大きな期待をかけて待《ま》つてゐた。

十五分ばかり經つたと思《おも》ふ頃《ころ》、たうとうやつて來《き》た

（新宿驛の告知板）

は、年《とし》の頃《ころ》はこの菫《すみれ》さんとあまり違《ちが》はない、地《ち》元《もと》の大學《だいがく》の高等學院《かうとうがくゐん》の生徒《せいと》である。まだ子供《こども》子供《こども》して、薄色《うすいろ》のオーヴァーにスポーツで鍛《きた》へた精悍《せいかん》な身體《からだ》を包《つゝ》んでゐる。

『待《ま》つた？』

『そんなでもないわ、告知板《こくちばん》見《み》て？』

『うん、ショウ公來《こうこ》ないのか？』

『來《こ》ない方《はう》がいゝわ、あれお世辭《せじ》に言《い》つたのよ。あんた何《なに》？』

『君《きみ》は？』

『わたし、ホットレモンよ、あんたも？』

若《わか》い人達《ひとたち》の彈《はず》んだ會話《くわいわ》はこれだ。次《つぎ》から次《つぎ》へ、質問《しつもん》の形式《けいしき》で進《すゝ》められて、息《いき》つく暇《ひま》もない。菫《すみれ》さんは彼氏《かれし》のために、かひぐ\しく給《きふ》仕《じ》を呼《よ》んで、半《なか》ば強制的《きやうせいてき》に、自《じ》分《ぶん》の飲《の》んだものと同《おな》じ、ホットレモンを註文《ちうもん》するのである。

彼氏《かれし》は滿《み》ち足《た》りた顔《かほ》つきで、オーヴァーのかくしから、バットを出《だ》して火《ひ》を點《つ》ける。菫《すみれ》さんは彼氏《かれし》の一擧《きよ》一動《どう》を、何《なに》か素晴《すば》らしいものゝやうに胸《むね》を膨《ふく》ませて、眩《まぶ》しさうに見《み》てゐる。

彼氏《かれし》が表紙《へうし》を伏《ふ》せた岩波文庫《いはなみぶんこ》を取《と》らうとする

と、菫《すみれ》さんは大袈裟《おほげさ》な身振《みぶ》りで取《と》らせまいとする。とゞ、彼氏《かれし》は手中《しゆちう》に收《をさ》め内容《ないよう》を點檢《てんけん》して、

『難《むづか》しいものを讀《よ》んでゐるんだね。』といふ顏《かほ》をすると、また菫《すみれ》さんは取《と》り上《あ》げようとする。

いさゝか傍若無人《ばうじやくぶじん》な振舞《ふるまひ》であるが、若《わか》きが故《ゆゑ》に許《ゆる》される無作法《ぶさはふ》で、見《み》てゐて惡《わる》い感《かん》じは起《おこ》らなかつた。まだ若《わか》いつもりでゐる記者《きしや》は、或《あ》る種《しゆ》の羨望《せんばう》を感《かん》じたものである。

なほ聽耳《きゝみゝ》を立《た》てゝゐると、今日《けふ》はショウ公《こう》と一緒《しよ》に來《く》る筈《はず》のところをうまく瞞《だま》して連《つ》れて來《こ》なかつたこと、ショウ公《こう》が來《く》ると、深刻《しんこく》がるので面白《おもしろ》くなくなること、ショウ公《こう》は今頃《いまごろ》いゝさめをしてゐるだらうと話《はなし》の落《お》ちをつけておいてから、次《つぎ》は、これからどこへ行《ゆ》かうかといふ相談《さうだん》である。彼氏《かれし》は、ムーラン・ルージュへ行《ゆ》かうといふ。菫《すみれ》さんは、こんどのはさう面白《おもしろ》くないから、伊勢丹《いせたん》で一時間《じかん》ほどスケートをしてから銀座《ぎんざ》へ行《ゆ》かうといふ。

『また僕《ぼく》に恥《はぢ》をかゝせるつもりだな。』

『ひがむもんぢやないわよ、指導《コーチ》してあげるつていふんぢやないの。』

『をかあしくつて、女《をんな》に指導《コーチ》されてたまりますかつてんだ。』

『そんなだから、いつまで經《た》つても欄干《てすり》磨《みが》きで見《み》つともないわ。』

『とにかくスケートは今日《けふ》はお斷《こと》わりだよ、それにズボンがこれだから——』

『まあ、男《をとこ》のくせにおしやれね。ならいゝわ、そいでどこへ行《い》くのよ。』

『僕《ぼく》はやつぱりムーランへ行《ゆ》きたいな。』

『まだそれ言《い》つてゐるの。ぢや、いつそシネマにしませうよ。』

『いつそ小田急《をだきふ》で逃《に》げましよか、だ。』

『それもいゝわ。』

およそ朗《ほが》かな二人《ふたり》である。押《お》し問答《もんだふ》の擧句《あげく》、三時頃《じごろ》漸《やうや》く武藏野館《むさしのくわん》へ行《ゆ》くことに相談《さうだん》が決《きま》つて、御輿《みこし》を上《あ》げて外《そと》に出《で》た。

記者《きしや》は武藏野館《むさしのくわん》の前《まへ》まで尾《つ》いて行《い》つたが、それ以上《いじやう》の追隨《つゐずゐ》は打《う》ち切《き》つた。

×

——菫《すみれ》さん、私《わたし》が一時間《じかん》に亙《わた》つて、あなたの身邊間近《しんぺんまぢか》で、失禮《しつれい》な觀察《くわんさつ》の目《め》を向《む》けてゐたことを、あなたは全《まつた》く氣《き》づかれなかつたやうです。私《わたし》はあなたを通《とほ》して、昭和《せうわ》の女學生氣質《ぢよがくせいかたぎ》を、目《ま》のあたり寫《うつ》し出《だ》さうとしてゐます。朗《ほが》かなあなたは、もしこの密偵記《スパイき》をお讀《よ》みになるやうなことがあつても『あら、あら、これ私《わたし》のことらしいわ。』と、そのつぶらな瞳《ひとみ》を瞠《みは》つて、笑《わら》ふだけでおすましになると思《おも》ひます。

あなたのお化粧《けしやう》は、露骨《ろこつ》な惡《あく》どさはありませんでしたが、よく見《み》れば、ずゐぶん念入《ねんい》りのお化粧《けしやう》でしたね。眉《まゆ》も剃《そ》りをあてゝゐたし、青《あを》い頸筋《くびすぢ》、口紅《くちべに》、爪《つめ》の先《さき》まで、大變行《たいへんゆ》き屆《とゞ》いたものと感心《かんしん》しました。あなたの學校《がくかう》は、お化粧《けしやう》や服裝《ふくさう》には、全《まつた》く干渉《かんせふ》しない、自由《じいう》な學校《がくかう》なのでせう。東京《とうきやう》にはさういふ學校《がくかう》が澤山《たくさん》あるやうですね。あまり干渉《かんせふ》すると生徒《せいと》が退學《たいがく》してしまふため、たゞでさへ苦《くる》しい學校《がくかう》の經濟《けいざい》が立《た》ち行《ゆ》かなくなるので、見《み》て見《み》ぬふりをしてゐる學校《がくかう》もあるといふことを聞《き》きました。

あなたはまだ上品《じやうひん》に粧つてゐましたが、中《なか》には女給《ぢよきふ》だかダンサーだか判《わか》らぬやうな惡《あく》どい化粧《けしやう》をして、よくあれで先生《せんせい》や親達《おやたち》が許《ゆる》しておくものだと、不思議《ふしぎ》に思《おも》はれるのがありますね。あんなのは、折角學校《せつかくがくかう》が許《ゆる》してくれた自由《じいう》を瀆《けが》すものではないでせうか。あなたの場合《ばあひ》にしても、ちやんとした制服《せいふく》を着《き》て、鼻《はな》の下《した》や頸筋《くびすぢ》に、生毛《うぶげ》を一ぱい生《は》やした白粉《おしろい》ぬきの女學生《ぢよがくせい》と較《くら》べると、大變《たいへん》なちがひです。私《わたし》は皮肉《ひにく》を言《い》つてゐるのではなくて、尖端的《せんたんてき》な昭和《せうわ》の女學生《ぢよがくせい》の風俗《ふうぞく》と、昔《むかし》ながらの、保守的《ほしゆてき》な制服《せいふく》の處女《しよぢよ》との對照《たいせう》を、面白《おもしろ》いと思《おも》つて言《い》ふのです。

ショウ公《こう》とかいふ人《ひと》をすつぽかしてまで、二《ふた》人《り》きりで會《あ》つたあの背《せい》の高《たか》いお友達《ともだち》とは、初《はじ》めどうして知《し》り合《あ》ひになつたのかを知《し》りたく思《おも》ひます。併《しか》し、聞《き》いてしまへば、クラスメートのお兄様《にいさま》とか、兄様《にいさま》のお友達《ともだち》とか、案外平凡《あんぐわいへいぼん》なものかも知《し》れませんね。ずゐぶん朗《ほが》かな拘《こだ》らないお交際《つきあひ》らしいですが、お父様《とうさま》やお母様《かあさま》は、今日《けふ》のことを知《し》つていらつしやるんですか？ どうせ遊《あそ》ぶくらゐなら、氣拙《きまづ》い思《おも》ひをしたくないと思《おも》つて、ショウ公《こう》をすつぽかしたのでせうが、さうしてゐる中《うち》に、戀人同志《こひびとどうし》になるのぢやないかと思《おも》つて、ちよつと心配《しんぱい》になります。

今日《けふ》の様子《やうす》では、あなた方《がた》は幼友達《をさなともだち》からそのまゝ大人《おとな》になつたといふ風《ふう》な交際《つきあひ》ぶりですが、それが家《うち》の人《ひと》に祕密《ひみつ》の交際《つきあひ》でなくて、大《おほ》つぴらなものだつたら、結構《けつこう》なことだと思《おも》ひます。

T《ティ》でのお茶代《ちやだい》も、武藏野館《むさしのくわん》の入場券《にふぢやうけん》も、みんなあの人《ひと》が拂《はら》つてゐたやうですが、いつもさういふことになつてゐるのでせう。

男《をとこ》といふものは、女《をんな》の人《ひと》と一緒《しよ》だと、少々無《せうくむ》理《り》をしても會計《くわいけい》を受持《うけも》ちたくなるものです。あなたがさういふ下劣《げれつ》な人《ひと》だといふのではありませんが、お茶《ちや》を喫《の》んだりシネマを觀《み》たりする費用《よう》を出《だ》して貰《もら》ふために、男友達《をとこともだち》を欲《ほ》しがるといふ女學生《ぢよがくせい》が少《すく》ないさうですね。二人《ふたり》が眞面目《まじめ》に愛《あい》し合《あ》つてゐるといふのなら、そんなことは問題《もんだい》ではありませんが、さうでない場合《ばあひ》は、知《し》らぬうちに恐《おそ》ろしい陷穽《かんせい》に近《ちか》づいて行《ゆ》く危險《きけん》があると思《おも》ひます。こんな例《れい》は、あなたのお友達《ともだち》の中《うち》にもきつとあるでせう。私《わたし》も澤山《たくさん》の實例《じつれい》を聞《き》いてゐます。特《とく》に東京《とうきやう》のやうに、遊《あそ》び場所《ばしよ》の多《おほ》い土地《とち》の女學生《ぢよがくせい》は、その欲求《よくきう》が激《はげ》しいやうです。またさういふ男友達《をとこともだち》を持《も》たない人《ひと》は、それを羨《うらや》ましがつて、何《なん》とかして男友達《をとこともだち》を持《も》ちたいものと、友達《ともだち》に紹介《せうかい》を頼《たの》んだりする人《ひと》があるといふことです。東京《とうきやう》の或《あ》る專門學校《せんもんがくかう》では、全生《ぜんせい》徒《と》の半分以上《はんぶんいじやう》が、男友達《をとこともだち》を持《も》つてゐるといふことも聞《き》きました。

あの人《ひと》とは、とき〴〵あゝして一緒《しよ》にシネマを觀《み》たり、お茶《ちや》を喫《の》んだりするくらゐの交際《かうさい》なのでせう。それ以上《いじやう》の想像《さうざう》は、ふさはしくないと思《おも》ふほど、あなた方《かた》は屈託《くつたく》なさゝうでした。自然《しぜん》の青春《せいしゆん》の溢《あふ》れを堰《せ》くことは、却《かつ》て危險《きけん》の多《おほ》いものです。過《あやま》ちなき男女《だんぢよ》の交際《かうさい》が、昭和《せうわ》の女《ぢよ》學生《がくせい》の誇《ほこり》と責任《せきにん》とによつて、なし遂《と》げられたならば、それを誰《だれ》が干渉《かんせふ》しませう。

今《いま》のあなたのその明朗《めいらう》さに、暗《くら》い影《かげ》の宿《やど》らぬことを祈《いの》ります。

頽《たい》廢《はい》風《ふう》景《けい》

銀座裏《ぎんざうら》歌舞伎座《かぶきざ》近《ちか》くに、M《エム》といふ喫茶店《きつさてん》がある。こゝは、コーヒーの味《あぢ》と、上品《じやうひん》な調度《てうど》で知《し》られた店《みせ》であるが、近頃《ちかごろ》、女客《をんなきやく》の多《おほ》いことでも評判《ひやうばん》になつてゐる。

或《あ》る日《ひ》の午後《ごご》二時《じ》頃《ごろ》、記者《きしや》は、M《エム》に入《はひ》つてみた。見《み》れば、どのボックスも、どのボックスも、女連《をんなづ》れの客《きやく》ばかりで、男一人《をとこひとり》ではいかにも野《や》暮《ぼ》くさく見《み》えるほどだ。男《をとこ》はみな學生《がくせい》であることは、一見《けん》して判《わか》るが、女《をんな》の身分《みぶん》は明瞭《めいれう》ではない。併《しか》し、時間《じかん》を考《かんが》へ顔《かほ》を見《み》れば、やはり大抵《たいてい》は女《ぢよ》學生《がくせい》らしい。その中《なか》の一組《ひとくみ》に目星《めぼし》をつけて、二《ふた》人《り》の姿《すがた》が見《み》えるやうな位置《ゐち》に席《せき》を取《と》つた。

男《をとこ》は金《きん》ボタンであるが、中折《ソフト》を被《かぶ》つてゐる。仕立下《したておろ》しの柔《やはら》かいオーヴァーを着《き》てゐるところを見《み》ると、金廻《かねまは》りのよい大學生《だいがくせい》らしい。白《しろ》と黒《くろ》との格子《かうし》のマフラーが學生《がくせい》らしくない粋《いき》さを見《み》せてゐる。神經質《しんけいしつ》な蒼白《あをじろ》い指《ゆび》に煙草《たばこ》を挾《はさ》んで、しきりと煙《けむり》を吹《ふ》かしてゐる。

女《をんな》はと見《み》れば、これは廿一二歳《さい》であらうか、美容院《びようゐん》で、本格的《ほんかくてき》に化粧《けしやう》したかと思《おも》はれるくらゐ、水際立《みづぎはだ》つた美《うつく》しさである。黒《くろ》いオーヴァーと白《しろ》い手《て》と、紅《べに》をさした眞紅《しんく》の爪《つめ》が、寧《むし》ろ凄艶《せいえん》である。知《し》らぬ人《ひと》はダンサーと間違《まちが》へるかも知《し》れないが、これが正眞正銘《しやうじんしやうめい》の女學生《ぢよがくせい》であることは、側《そば》にある赤革《あかがは》のケースが物語《ものがた》つてゐる。

男《をとこ》は天井《てんじやう》に煙《けむり》を吹《ふ》きかけてゐるが、女《をんな》は前《まへ》こごみになつて、灰皿《はひざら》に煙草《たばこ》の吸殻《すひがら》をこすりつけこすりつけして、訴《うつた》へるやうな口調《くてう》で話《はな》し込《こ》んでゐるのである。聴耳《きゝみゝ》を立《た》てゝゐるのだが、話《はなし》の内容《ないよう》は聴取《きゝと》れない。男《をとこ》は返事《へんじ》もしないで、忙《せは》しげに煙草《たばこ》を吹《ふ》かしてゐるばかりだ。

この二人《ふたり》の今日《けふ》の會見《くわいけん》は、ありふれた若《わか》い男《だん》女《ぢよ》のランデヴーではないらしい。嬉《うれ》しい會見《くわいけん》は今《いま》までに過《す》ぎ去《さ》つて、一《ひと》つの危機《きき》に直面《ちよくめん》してゐるといふ姿《すがた》である。男《をとこ》を詰《なじ》つてゐるやうにも見《み》えるし、どうしても和解《わかい》することのできない不《ふ》一致《ち》をさらけ出《だ》して、一切《さい》を清算《せいさん》しようとしてゐるやうにも見《み》える。有閑學生《いうかんがくせい》の戀愛生活《れんあいせいくわつ》の、不生産的《ふせいさんてき》な場面《ばめん》の一《ひと》つである。

記者《しや》は、この長帳場《ながちやうば》に厭《あ》いて、他《た》の組《くみ》に觀察《くわんさつ》の目《め》を向《む》けようとしたトタン、二人《ふたり》は席《せき》を立《た》つたので、これを尾《つ》ける氣《き》になり、記《き》者《しや》もつゞいてM《エム》を出《で》た。

二人《ふたり》の後姿《うしろすがた》は、なか〳〵颯爽《さつさう》たるものであるが、甘《あま》い戀人同志《こひびとどうし》のやうな纏綿《てんめん》たるところはない。語《かた》る言葉《ことば》も少《すく》く銀座通《ぎんざどほ》りに出《で》て、服部時計《はつとりとけい》店《てん》の前《まへ》から、數寄屋橋《すきやばし》の方《はう》に向《むか》つて歩《ある》いた。

日比谷《ひびや》の方《はう》に行《ゆ》かうとしたが、途中《とちう》で氣《き》が變《かは》つたのか、引《ひ》き返《かへ》して有樂町驛《いうらくちやうえき》に入《はひ》つた。記者《きしや》は急《いそ》ぎ新宿行《しんじゆくゆき》の切符《きつぷ》を買《か》つて後《あと》を追《お》つた。櫻木《さくらぎ》町行《ちやうゆき》に乘《の》つたところを見《み》ると、この二人《ふたり》は大森《おほもり》あたりに下宿《げしゆく》する學生《がくせい》らしい。

並《なら》んで腰《こし》かけながら、二人《ふたり》の間《あひだ》には、何《なん》となく冷《つめた》い空氣《くうき》が流《なが》れてゐた。

この二人《ふたり》の關係《くわんけい》は、どの程度《ていど》まで深《ふか》くなつてゐるかといふことを考《かんが》へてみたが、私《わたくし》の知識《ちしき》と印象《いんしやう》とでは、既《すで》に超《こ》ゆべからざる一線《せん》を超《こ》えてゐると察《さつ》せられる。そして、これは何《なに》も珍《めづら》しいことではないのだ。

二時間近《にじかんちか》くに亙《わた》つて觀察《くわんさつ》したこの二人《ふたり》に、記《き》者《しや》は最後《さいご》の一瞥《べつ》をくれて、品川驛《しながはえき》で山手《やまて》線《せん》に乘《の》り換《か》へた。

×

近頃《ちかごろ》の女學生《ぢよがくせい》は、(といつても、この場合《ばあひ》は多《おほ》く專門學校程度《せんもんがくかうていど》の生徒《せいと》である。)男友達《をとこともだち》ができると、その相手《あひて》にもよるけれども、急速《きふそく》に一線《せん》を超《こ》えてしまふ場合《ばあひ》が少《すく》くないといふことを、その間《かん》の消息通《せうそくつう》に聞《き》いた。男友達《をとこともだち》があつてその一線《せん》を超《こ》えない者《もの》は、後《あと》の肉體的《にくたいてき》の重《おも》い負擔《ふたん》を恐《おそ》れてのことで、もしそれさへなければ、その數《すう》はもつと多《おほ》いであらうと、極言《きよくげん》する者《もの》がある。私《わたし》はそれを、否定《ひてい》することも肯定《こうてい》することもできない。まさかそんなことはあるまいと、否定《ひてい》したい心《こゝろ》は強《つよ》いのであるけれども、顏《かほ》や動作《どうさ》を見《み》てゐると、その否定《ひてい》したい氣持《きもち》を覆《くつがへ》すやうな想像《さうざう》が、次々《つぎつぎ》と起《おこ》つて來《く》るのをどうすることもできない。純潔《じゆんけつ》であつたならば、あんな態度《たいど》はできない。男《をとこ》と向《む》ひ合《あ》つて、あゝいふ素振《そぶ》りはできないであらうと思《おも》はれるやうな有樣《ありさま》を、よく見受《みう》けるのである。

男友達《をとこともだち》が出來《でき》る。對手《あひて》は多《おほ》く大學生《だいがくせい》である。大學生《だいがくせい》は殆《ほとん》ど純潔《じゆんけつ》ではない。そして親《おや》の膝下《ひざもと》を離《はな》れて、下宿住《げしゆくずま》ひかアパート借《か》りをしてゐる者《もの》が多《おほ》い。女《をんな》の方《はう》も專門學校《せんもんがくかう》の生徒《せいと》ほどになると、それが多《おほ》いとすれば、互《たが》ひの住《すま》ひを訪問《はうもん》し合《あ》ふことは、部屋住《へやずみ》の者《もの》に較《くら》べて容易《ようい》であらう。それがどういふ結果《けつくわ》になるか。結局《けつきよく》は最後《さいご》の一線《せん》を超《こ》えてしまふことは自明《じめい》の理《り》、この實情《じつじやう》を知《し》らめ教育者《けういくしや》や親達《おやたち》は、まさかそれほどでもあるまいと、否定《ひてい》に傾《かたむ》き、多《おほ》くの實例《じつれい》を知《し》つてゐる者《もの》は、そのあまりに多《おほ》いのに驚《おどろ》くのである。

精神的《せいしんてき》な戀愛《れんあい》から、ついさうなつたものは別《べつ》として、慾情《よくじやう》の嵐《あらし》に負《ま》けた者《もの》、または深《ふか》い考《かんが》へもなく、遊戲的《いうぎてき》な享樂氣分《きやうらくきぶん》からさうなつた者《もの》、そして現在《げんざい》それをつゞけてゐるものは、本人《ほんにん》の氣《き》づかぬところに、純潔《じゆんけつ》を破《やぶ》つてゐるといふことが、明《あきら》かに現《あらは》れてゐるものである。

昭和《せうわ》の女學生《ぢよがくせい》の行狀《ぎやうじやう》も、こゝまで來《く》ると甚《はなは》だ明朗《めいらう》を缺《か》くものといはなければならない。

そしてそれが、銀座《ぎんざ》、新宿《しんじゆく》の街頭《がいとう》に、無數《むすう》に見《み》られるのである。

頽廢《たいはい》した女學生《ぢよがくせい》の群《むれ》は、どこへ行《ゆ》くのか？女給《ぢよきふ》とダンサーと、それから――それはいふに忍《しの》びない暗黒街《あんこくがい》が、彼女達《かのぢよたち》の來《く》ることを待《ま》ち構《かま》へてゐる。

併《しか》し、一般《はん》の女學生《ぢよがくせい》は、今流行《いまりうかう》の言葉《ことば》でチャッカリしてゐるといふのか、よほど確《しつか》りして來《き》たことは事實《じじつ》である。昔《むかし》のやうに、惡《わる》い男《をとこ》に甘《あま》い汁《しる》を搾《しぼ》られて抛《はふ》り出《だ》されるといふやうな、慘《みじ》めなことは滅多《めつた》になくなつた。自分《じぶん》が損《そん》しない範《はん》圍《ゐ》で享樂《きやうらく》して、後《あと》くされのないやうに身《み》を退《ひ》くことを、ちやんと心得《こゝろえ》てゐるのである。

近頃女學生氣質《ちかごろぢよがくせいかたぎ》

女學生《ぢよがくせい》に限《かぎ》らず、近頃《ちかごろ》の學生《がくせい》の風俗《ふうぞく》を語《かた》るには、喫茶店《きつさてん》は、どうしても閑却《かんきやく》することのできない存在《そんざい》である。

高《たか》くとも二十錢《せん》のコーヒー代《だい》を奮發《ふんぱつ》すれば、視覺《しかく》と聽覺《ちやうかく》と味覺《みかく》と、その上《うへ》に觸覺《しよくかく》までも滿足《まんぞく》させてくれる。香《かを》りの高《たか》いコーヒーをすゝりながら、高級蓄音機《かうきふちくおんき》から流《なが》れ出《で》る洋樂《やうがく》のメロディーに若《わか》い心《こゝろ》を彈《はず》ませ、貴夫人《きふじん》のやうに肘掛椅子《アームチエヤー》に、深々《ふかぶか》と身體《からだ》を埋《うづ》めて、しばし豪華《がうくわ》な思《おも》ひに浸《ひた》ることもできる。

卓《テーブル》の間《あひだ》を、美《うつく》しい魚《さかな》のやうに、長《なが》い振袖《ふりそで》やドレスの袖《そで》をひるがへして、泳《およ》ぎまはる美女《びぢよ》、幸福《かうふく》のシンボル寶船《たからぶね》の向《むか》うから、仄《ほの》かな光《ひかり》が洩《も》れる――あらゆる色調《しきてう》と感觸《かんしよく》が、若《わか》い男《をとこ》や女《をんな》の心《こゝろ》を高揚《かうやう》させずにはおかない。

さればこそ、學校《がくかう》の歸《かへ》り途《みち》に、散歩《さんぽ》のついでに、喫茶店《きつさてん》に立《た》ち寄《よ》ることは、若《わか》いものゝ間《あひだ》の一《ひと》つの常識《じやうしき》となつてゐる。

男《をとこ》の學生《がくせい》のことはしばらく措《お》いて、近頃女學《ちかごろぢよがく》生《せい》が喫茶店《きつさてん》に頻繁《ひんぱん》に出入《でい》りすることは驚《おどろ》くばかりだ。昭和《せうわ》の女學生《ぢよがくせい》の行狀《ぎやうじやう》の一端《たん》は、喫茶店《きつさてん》を一時間《じかん》視察《しさつ》することによつて充分《じふぶん》だと言《い》つても言《い》ひ過《す》ぎではない。

試《こゝろ》みに、新宿《しんじゆく》のN《エヌ》喫茶店《きつさてん》の二階《かい》に一時《ひとゝき》を過《すご》してみる。數人《すうにん》の女學生《ぢよがくせい》が、男《をとこ》の子《こ》のやうにドヤドヤと繰《く》り込《こ》んで來《く》るのを待《ま》つには、十分《ぶん》とはかゝらないであらう。

彼女達《かのぢよたち》は腰《こし》かけると、スンナリした脚《あし》を西洋《せいやう》婦人《ふじん》のやうに組《く》む。中《なか》には細卷《ほそまき》の煙草《たばこ》を出《だ》すものがある。その眉《まゆ》はガルボの眉《まゆ》、その脣《くちびる》はディートリッヒの脣《くちびる》だ。

煙草《たばこ》も、好《す》きで喫《の》んでゐるのでないことは、煙《けむり》を喉《のど》へ入《い》れずに吹《ふ》かしてをり、とき〴〵むせたり、自分《じぶん》の吐《は》いた煙《けむり》を煙《けむ》たがつてゐることでも判《わか》る。虚榮《きよえい》で喫《の》んでゐるといふよりも、虚榮《きよえい》で喫《の》む眞《ま》似《ね》をしてゐると言《い》つた方《はう》が適切《てきせつ》だ。

話題《わだい》は、いづれシネマかレヴューか、先生《せんせい》の噂《うはさ》か、まことに他愛《たわい》もない話《はなし》に笑《わら》ひ興《きよう》ずるのである。まさかキミボクは滅多《めつた》に使《つか》はないけれども、亂雜《らんざつ》な話《はなし》のやりとりを蔭《かげ》で聽《き》いてゐると、到底女學生《たうていぢよがくせい》とは受《う》けとれぬやうな、徹底《てつてい》した露《ろ》骨《こつ》な話《はなし》をしてゐる。併《しか》し、これも本心《ほんしん》からではなくて、強《し》ひて不良《ふりやう》じみた言動《げんどう》をして面白《おもしろ》がつてゐるといふところが多分《たぶん》にある。

お茶《ちや》を喫《の》んで一《ひと》しきり雜談《ざつだん》が終《をは》ると、やをら立《た》ち上《あが》つて、こんどはデパートだ。

流行《りうかう》のハンドバッグを手《て》に取《と》つて、中《なか》の小《ちひ》さな鏡《かゞみ》に顏《かほ》を寫《うつ》して見《み》る。そしてちよつと小脇《こわき》に抱《かゝ》へてみて、『女給《ぢよきふ》さんみたいね。』の一語《ご》を殘《のこ》して、次《つぎ》はマネキンが宣傳《せんでん》する化粧水賣場《けしやうすゐうりば》の前《まへ》に立《た》ち、『ちよつとお手《て》を…』と誘《さそ》はれるまゝに手《て》を差《さ》し伸《の》べて、化粧水《けしやうすゐ》を塗《ぬ》つて貰《もら》つて、印刷《いんさつ》物《ぶつ》を持《も》つて立《た》ち去《さ》る。

豪華《がうくわ》な毛皮《けがは》の賣場《うりば》の前《まへ》では、たゞ羨望《せんばう》と驚異《きやうい》のみ。千幾《いく》百圓《ゑん》の銀狐《シルヴアー・フオックス》が素晴《すば》らしい。見《み》てゐる間《あひだ》に買《か》つた氣持《きもち》になつて、だん〳〵眼《め》が輝《かゞや》いて來《く》るが、夢《ゆめ》が醒《さ》めて所詮自分《しよせんじぶん》のものではないと悟《さと》ると、また次《つぎ》の賣場《うりは》だ。

彼女等《かのぢよら》は、かうして念入《ねんい》りに各階《かくかい》の賣場《うりは》を廻《まは》つて、遂《つひ》に何《なに》も買《か》はずに昇降機《エレベーター》に乘《の》つて一氣《き》に降《お》り、出《で》て行《い》つてしまつた。これは平凡《へいぼん》な女學《ぢよがく》生達《せいたち》の、ありふれた道草《みちくさ》の食《た》べ方《かた》である。

×

年頃《としごろ》の娘《むすめ》さんを持《も》たれる、世《よ》のお父樣《とうさま》やお母《かあ》樣方《さまがた》、そして女學校《ぢよがくかう》の先生方《せんせいがた》は、あなた方《がた》の監《かん》督《とく》の目《め》のとゞかぬところでの、彼女等《かのぢよら》の生活《せいくわつ》を御存《ごぞん》じですか。

今《いま》の女學生《ぢよがくせい》は一般《はん》に賢《かしこ》くなつたと言《い》はれてゐます。賢《かしこ》くなつたことは確《たし》かに事實《じじつ》ですが、その賢《かしこ》さを恃《たの》んで、火《ひ》遊《あそ》びを恐《おそ》れなくなつたといふことも事實《じじつ》です。婦人《ふじん》は、もと〳〵情《じやう》に脆《もろ》いといふことが美徳《びとく》になつてゐます。その美徳《びとく》が禍《わざはひ》して、つい深《ふか》みに落《お》ちて行《ゆ》くことが少《すくな》くありません。婦人《ふじん》の一時《じ》の過《あやま》ちは、一生《しやう》の運命《うんめい》を支配《しはい》するやうな致命的《ちめいてき》なものが多《おほ》いのです。樂《たの》しい家庭《かてい》のよき妻《つま》となり母《はゝ》ともなつて、人生《じんせい》の花《はな》を美《うつく》しく咲《さ》かせ得《う》る身《み》を持《も》ちながら、青春《せいしゆん》の日《ひ》の假初《かりそめ》の過《あやま》ちが、すべてを臺《だい》なしにしてゐる實例《じつれい》は、カフエーにダンスホールに、それよりももつと甚《ひど》い手近《てぢか》なところに見《み》られます。

我《わ》が子《こ》を信頼《しんらい》するのはよろしいが、眞相《しんさう》を知《し》らぬ盲目的《まうもくてき》な信頼《しんらい》は、愛《あい》なき心《こゝろ》と同《おな》じです。我《わ》が子《こ》を疑《うたが》つてはなりませんが、目《め》のとゞかぬところを見極《みきは》めてこそ、本當《ほんたう》の信頼《しんらい》がかけられるのではありませんか。

今記者《いまきしや》は、極《ご》くありふれた實例《じつれい》を二三お目《め》にかけたのに過《す》ぎませんが、これより甚《ひど》いのも東《とう》京《きやう》の盛《さか》り場《ば》ではいくらでも見《み》られます。

たとへそれが無邪氣《むじやき》な戲《たはむ》れに過《す》ぎないものにしても、いづれは遠《とほ》からず家庭《かてい》の主婦《しゆふ》となり母《はゝ》となることでせうが、その曉《あかつき》に、女學生時代《ぢよがくせいじだい》のはしたない言動《げんどう》が、『習性《しふせい》となる』といふ諺《ことわざ》通《どほ》りに、これが常識《じやうしき》となつて家庭《かてい》に入《い》り込《こ》まないといふことを、誰《だれ》が保證《ほしよう》できませう。

再びとり返せぬ若

かつての戀人《こひびと》が夫《をつと》の異母弟《いぼてい》とは！

福岡縣　川崎久恵

スポーツマンへの憧《あこが》れ

私《わたし》たち姉弟《きやうだい》三人《にん》は、幼《をさな》い時《とき》に兩親《りやうしん》を失《うしな》つて淋《さび》しい孤兒《みなしご》になりましたが、幸《さいは》ひにも溫《あたゝか》い祖父《そふ》の手《て》に育《そだ》てられ、美《うつく》しい大自然《だいしぜん》に抱《いだ》かれて、何不自由《なにふじゆう》なく健《すこや》かに生《お》ひたちました。やがて私《わたし》は憧《あこが》れの都會《とくわい》、F《エフ》市《し》の縣立第《けんりつだい》一高女《かうぢよ》に入《はい》り、祖父《そふ》の家《いへ》から樂《たの》しい汽車通學《しやつうがく》を始《はじ》めました。

いつか月日《つきひ》は夢《ゆめ》と過《す》ぎて、私《わたし》は第四學年《だいよんがくねん》の春《はる》を迎《むか》へました。その頃《ころ》から汽車《きしや》がO町《オーまち》に停車《ていしや》すると、いつも九州帝大《きうしうていだい》の學生《がくせい》が乘込《のりこ》んでくるやうになりました。ひきしまつた脣《くちびる》、熱情《ねつじやう》のあふれるやうな眼差《まなざし》、色《いろ》の淺黒《あさぐろ》い男性的《だんせいてき》なその姿《すがた》は、戀知《こひし》らぬ乙女《をとめ》の心《こゝろ》をひくのに充分《じうぶん》でした。いつとはなしに私《わたし》はその學生《がくせい》が妙《めう》に意識《いしき》され、O町《オーまち》の事《こと》が心《こゝろ》にかゝるやうになりました。彼《かれ》が、K《ケイ》といふ九《きう》州帝大《しうていだい》の野球選手《やきうせんしゆ》であることが判《わか》つたのは、それから間《ま》もなくの事《こと》です。

スポーツマンと知《し》つて、私《わたし》の憧憬《あこがれ》ごころはなほ更《さら》かきたてられました。そして、いつとなくK《ケイ》の熱情的《ねつじやうてき》な瞳《ひとみ》が私《わたし》に向《む》けられてゐるのを感《かん》じて、私《わたし》の胸《むね》はあやしくときめくのです。いつか二人《ふたり》は、視線《しせん》があふと輕《かる》くほゝゑみを交《かは》す仲《なか》となりました。

やがて卒業《そつげふ》も迫《せま》つた或日《あるひ》、K《ケイ》からお友《とも》だちの手《て》を經《へ》て愛《あい》の手紙《てがみ》を受取《うけと》つた時《とき》の私《わたし》の嬉《うれ》しさ……今思《いまおも》へば、ほんとうに輕《かる》はずみな行爲《かうゐ》ですけれど、青春《せいしゆん》の夢《ゆめ》に醉《よ》つてゐたその時《とき》の私《わたし》は、K《ケイ》に誘《さそ》はれるまゝに、たび〳〵手紙《てがみ》をとり交《かは》したり、放課後《はうくわご》待合《まちあは》せては黄昏《たそがれ》の郊外《かうぐわい》を散歩《さんぽ》したりしました。

けれど、私《わたし》のK《ケイ》への感情《かんじやう》は、動《うご》かされ易《やす》い乙女《をとめ》の憧憬《あこがれ》ごころに過《す》ぎなかつたのでせう、卒業《そつげふ》すると同時《どうじ》に、いつとはなくK《ケイ》のことが腦裏《のうり》から消《き》えてゆき、やがて文通《ぶんつう》も絶《た》えてしまひました。

そのうちに、優《やさ》しい祖父《そふ》も私《わたし》が二十歳《さい》の時《とき》なくなつて、私《わたし》たち姉弟《きやうだい》はF《エフ》市《し》の叔母《をば》の家《いへ》に引取《ひきと》られましたが、やがて私《わたし》は、ふとした緣《えん》で、叔母《をば》の遠緣《とほえん》にあたるO町《オーまち》のY家《ワイけ》に嫁ぐ

305　「再びとり返せぬ若き日の過に泣く私」　川崎久恵、野村夏子　『婦人倶楽部』昭和11年2月1日

き日の過に泣く私

身となりました。

夫は長男でF市のM會社に汽車《きしや》で通勤《つうきん》してゐる温厚《おんこう》な青年《せいねん》でした。平凡《へいぼん》な見合《みあひ》結婚《けつこん》でしたが、家庭《かてい》を愛《あい》し兩親《りやうしん》を敬《うやま》ひ、又妻《またつま》を最愛《さいあい》のものとして下《くだ》さる夫《をつと》に、心《こゝろ》から仕《つか》へることの出來《でき》た私《わたし》はどんなに幸福《かうふく》な妻《つま》だつたでせう。

夫《をつと》のアルバムにあるK《ケイ》の寫《しや》眞《しん》!!

ところが或日《あるひ》、何《なに》げなく夫《をつと》のアルバムを見《み》てゐるうちに、ふと、見憶《みおぼ》えのある男《をとこ》の寫眞《しやしん》が目《め》について、ハツとしながらよく見直《みなほ》しますと、何《なん》とそれが曾《かつ》てのK《ケイ》の寫眞《しやしん》ではありませんか。どうしてこんな所《ところ》に……と息《いき》を詰《つま》らせてゐますと、何《なに》も知らない夫《をつと》は、優《やさ》しく、

『それが、いつか話《はな》した僕《ぼく》の義弟《ぎてい》だ。九大《きうだい》へ行《い》つてたんだが、少《すこ》しぐれてね、學校《がくかう》も出《で》ずに一昨年《おとゝし》滿洲《まんしう》へ飛出《とびだ》しちやつたよ。』

あゝ、その時《とき》の愕《おどろ》き！　夫《をつと》は先妻《せんさい》の子《こ》であり、現在《げんざい》の母《はゝ》にも一人《ひとり》の息子《むすこ》があり、或事《あるじ》情《じやう》から祖父《そふ》の家《いへ》の相續人《さうぞくにん》となつて姓《せい》も違《ちが》つてゐるとは聞《き》いてゐましたが、その異母弟《いぼてい》があのK《ケイ》であらうとは、何《なん》といふ皮肉《ひにく》な運命《うんめい》でせう。私《わたし》は、人知《ひとし》れず惱《なや》みに惱《なや》みました。けれど、最愛《さいあい》の夫《をつと》に、私《わたし》の過《す》ぎし日《ひ》の過失《あやまち》を打明《うちあ》け、共《とも》に惱《なや》ますことが、どうして出《で》來《き》ませう。私《わたし》はたゞ、ひた隱《かく》しに隱《かく》してゐるよりほか仕樣《しやう》がなかつたのです。

ところが或日《あるひ》、突然K《とつぜんケイ》が歸《かへ》つてきたのです兄《あに》の妻《つま》が私《わたし》だと知《し》つたK《ケイ》の驚《おどろ》き……然《しか》しその驚《おどろ》きはやがて嫉妬《しつと》に、そして怖《おそ》ろしい復讐《ふくしう》へと變《かは》つてゆきました。家人《かじん》の留守《るす》を見計《みはから》つて私《わたし》の居間《ゐま》に來《き》て、過去《くわこ》の事《こと》を云《い》ひだしては脅《おど》

しつけるやうに私《わたし》からお金《かね》を搾《しぼ》るのです。

そのお金《かね》を持出《もちだ》しては放蕩《はうとう》三昧《まい》に耽《ふけ》るK《ケイ》……それが度重《たびかさ》なるにつれ、私《わたし》の身《み》の廻《まは》りの品《しな》は次第《しだい》に減《へ》つてゆき、私《わたし》の朗《ほが》らかさは影《かげ》だに失《た》くなつてしまひました。餘《あま》りの苦《くる》しさに、思《おも》ひ切《き》つて夫《をつと》に何《なに》もかも打明《うちあ》けてお許《ゆる》しを乞《こ》はうと何度《なんど》も思《おも》ひながら、氣《き》の弱《よわ》い私《わたし》にはそれさへ出來《でき》ず、たゞ悶々《もん〳〵》の中《うち》に悲《かな》しい日々《ひゞ》を送《おく》り迎《むか》へしてをりました。

弱味《よわみ》に附込《つけこ》んでます〳〵惡《あく》を募《つの》らせるK《ケイ》

すると或日《あるひ》K《ケイ》は、改《あらた》まつたやうに私《わたし》に向《むか》ひ、『永《なが》い間貴女《あひだあなた》を煩《わづら》はして濟《す》まなかつた。僕《ぼく》はもうすべてを諦《あきら》め、再《ふたゝ》び自由《じゆう》の天地《てんち》滿洲《まんしう》へ出《で》かけようと思《おも》ふ。ついては三百圓《えん》だけ今日中《けふぢう》に都合《つがふ》して、午後《ごご》五時《じ》頃《ごろ》F《エフ》市《し》のS《エス》待合《まちあひ》に待《ま》つてゐてくれ。兩親《りやうしん》や兄《あに》に云《い》へば留《と》められるから、秘密《ひみつ》に頼《たの》む』と云殘《いひのこ》して出《で》てゆきました。

三百圓《えん》！ そんな大金《たいきん》が、まだ新妻《にいづま》の身《み》にどうしていい〳〵それと出來《でき》ませう。でも、もしこしらへなければ、K《ケイ》は故國《ここく》を去《さ》らず、いつまでも私《わたし》を惱《なや》まし續《つゞ》けるでせう。あゝ、どうしたものか……と、とつおいつ思案《しあん》に暮《く》れた私《わたし》は、ふと思《おも》ひついて、今日《けふ》一日《にち》だけ御兩親《ごりやうしん》のお金《かね》を無斷《むだん》拜借《はいしやく》する決心《けつしん》をしたのです。ある事情《じじやう》で五百圓《えん》ばかり現金《げんきん》が藏《しま》つてありましたので、その中《なか》から三百圓《えん》ソツと持出《もちだ》し、暗《くら》い心《こゝろ》でF《エフ》市《し》へ出《で》かけました。そのお金《かね》は、明《みやう》日《にち》Y《ワイ》市《し》の叔母《をば》の所《ところ》へ行《い》つて（其頃《そのころ》叔母《をば》はF《エフ》市《し》からY《ワイ》市《し》に越《こ》してゐました）都合《つがふ》して貰《もら》ふつもりだつたのです。

七時頃《じごろ》、やつとK《ケイ》が來《き》ました。默《だま》つて三百圓《えん》渡《わた》し、私《わたし》の過去《くわこ》の手紙《てがみ》などを受取《うけと》つて、いざ歸《かへ》らうとした時《とき》、故意《こい》か偶然《ぐうぜん》か、突然《とつぜん》の停《てい》電《でん》で部屋《へや》が眞暗《まつくら》となつたのです。あゝ、そして、遂《つひ》に私《わたし》は妻《つま》としての操《みさを》をK《ケイ》に奪《うば》はれてしまひました。

身《み》も心《こゝろ》もうち碎《くだ》かれた私《わたし》は、一そ一思《ひとおも》ひに死《し》んでしまはうと思《おも》ひましたが、まだ學窓《がくさう》にある弟妹《ていまい》のことを考《かんが》へると、どうしても死《し》に切《き》れず、その晩《ばん》おそく、Y《ワイ》市《し》の叔母《をば》の家《いへ》を訪《おとづ》れました。そして、泣《な》く〳〵叔母《をば》にすべてを打明《うちあ》け、夫《をつと》の家《うち》に詫《わ》びて頂《いたゞ》きました。

けれど、女中《ぢよちう》の口《くち》から『若奥《わかおく》さんはいつも弟《おとうと》さんを居間《ゐま》に呼《よ》んではふざけてゐた』などと傳《つた》へられたゝめ、遂《つひ》に離緣《りえん》になつてしまつたのです。それから幾年《いくねん》、何《なに》も裏面《りめん》を知《し》らぬ世間《せけん》から、不義者《ふぎもの》よ淫奔女《いんぽんをんな》よと嘲《あざけ》られつゝ、泣《な》く〳〵生《い》きのびてきた私《わたし》……あゝ、若《わか》い時《とき》のふとした躓はずみか、こんなにも悲慘《ひさん》な破《は》闇を告《つ》げようとは！　若《わか》い皆《みな》さま、どうぞ、くれぐ〳〵も心《こゝろ》して青春《せいしゆん》の日《ひ》をお過《すご》しなさるやうに。

純眞《じゆんしん》な少年《せうねん》を自殺《じさつ》させた私《わたし》

野村夏子

芝居《しばゐ》の眞似事《まねごと》が口火《くちび》となつて

三年前《ねんまへ》のあの怖《おそろ》しい思《おも》ひ出《で》——それは今思《いまおも》ひ出《だ》すさへ血《ち》の失《う》せるやうな氣《き》が致《いた》します。いかに若《わか》かつたとは云《い》へ、あの大《おほ》きな過失《くわしつ》を思《おも》ふと、時《とき》には生《い》きてゐる空《そら》もないやうな身《み》震《ぶる》ひを覺《おぼ》えます。

それは私《わたし》が二十一歳《さい》の時《とき》でした。全《まつた》くの世《せ》間《けん》知らずのまゝ結婚《けつこん》した私《わたし》は、夫《をつと》と唯二人《たゞふたり》、狹《せま》いながらも樂《たの》しい吾家《わがや》を作《つく》つて幸福《かうふく》に暮《くら》してをりましたが、唯《たゞ》一つ、勤人《つとめにん》の夫《をつと》を送出《おくりだ》した留守《るす》の間《あひだ》を一人《ひとり》ぼつちで送《おく》るのが、淋《さび》しくて〳〵堪《たま》りませんでした。で、お隣《となり》のお醫者《いしや》樣《さま》の奧樣《おくさま》が御親切《ごしんせつ》にして下《くだ》さるのをいゝ事《こと》にして、毎日《まいにち》のやうにお邪魔《じやま》させて頂《いたゞ》いてをりました。

そのお宅《たく》には、十八になる中學生《ちうがくせい》の坊《ぼつ》ちゃんがありましたが、この坊《ぼつ》ちゃん（假《か》りに敬《けい》治《ぢ》さんとして置《お》きます）と私《わたし》とは、不思議《ふしぎ》なくらゐ氣《き》が合《あ》つて、まるで姉弟《きやうだい》のやうに仲《なか》よくしてをりました。

或日《あるひ》、いつもの通《とほ》り隣《となり》で話《はな》しこんで、いざ歸らうとしてゐる所《ところ》へ、敬治さんが學校から歸《かへ》つて來《き》ました。明日《あした》から學校《がくかう》が冬休《ふゆやす》みだと云《い》つて朗《ほが》らかさうにしてゐます。

『ぢや、遊《あそ》んでもいゝのね。うちへいらつしやらない？』

と誘《さそ》ふと、さつそく鞄《かばん》を投出《なげだ》して、跟《つ》いて來《き》ました。あゝ、それがあんなにも怖《おそ》ろしい運命《うんめい》の口火《くちび》にならうとは……神《かみ》ならぬ身《み》の知《し》るよしもありませんでした。

私《わたし》たちは炬燵《こたつ》をこしらへて、お菓子《くわし》を食《た》べ

たり歌《うた》つたり、無邪氣《むじやき》に遊《あそ》んでをりましたが、やがて何《なん》の事《こと》からか、話《はなし》が『ロメオとジユリエツト』の事《こと》になりました。二人《ふたり》とも口角泡《こうかくあわ》をとばして議論《ぎろん》した後《のち》、敬治《けいぢ》さんが少年《せうねん》らしい夢想的《むさうてき》な目《め》をして、

『今《いま》の女《をんな》たちはみんなお轉婆《てんば》で、ジユリエツトのやうなロマンチツクな人《ひと》がないから、戀愛《れんあい》する氣《き》にもなれないよ』などと、おませな事《こと》を云《い》ひ出《だ》したので、私《わたし》は吹出《ふきだ》しながら日頃《ひごろ》の茶目《ちやめ》ぶりを發揮《はつき》して、

『ようし、われ〳〵女性《ぢよせい》を馬鹿《ばか》にしたわね』

とばかり、敬治《けいぢ》さんを炬燵櫓《こたつやぐら》の上《うへ》に腰《こし》かけさせ、自分《じぶん》はその前《まへ》に跪《ひざま》づいて、芝居《しばゐ》の臺詞《せりふ》もどきに、

『おゝ、ロメオ！ 私《わたし》の愛《あい》する〳〵ロメオ！』

と、大《おほ》げさな身《み》ぶりで敬治《けいぢ》さんの手《て》に接吻《せつぷん》の眞似《まね》をしたのです。

と、その途端《とたん》、玄關《げんくわん》とその部屋《へや》との間《あひ》の障子《しやうじ》が、ガラ〳〵ッと開《あ》いたので、吃驚《びつくり》して振返《ふりかへ》ると、いつの間《ま》に歸《かへ》つてきたのか、夫《をつと》がこはい顔《かほ》で立《た》つてゐます。私《わたし》は一寸《ちよつと》恥《はづか》しくなつて笑《わら》ひながら、

『今《いま》、お芝居《しばゐ》の眞似《まね》をしてたの』と申《まう》しますと、夫《をつと》は大《おほ》きな聲《こゑ》で、

『馬鹿《ばか》ッ！』

と怒鳴《どな》りつけ、今度《こんど》は敬治《けいぢ》さんの方《はう》を向《む》いて、

『敬治《けいぢ》さんももう子供《こども》ぢやないから、大《たい》てい解《わか》らなければいけないね』と、靜《しづ》かな口調《くてう》で云《い》ひました。

あゝ、その時《とき》の敬治《けいぢ》さんの顔《かほ》！ 今《いま》の今《いま》まで微笑《ほゝゑ》んでゐた顔《かほ》が、サツと物凄《ものすご》いほど眞靑《まつさを》になつたかと思《おも》ふと、寸時《しばらく》脣《くちびる》をワナ〳〵と震《ふる》はせてゐましたが、そのまゝ、何《なに》か云《い》はうとする夫《をつと》の手《て》を振切《ふりき》つて、轉《ころ》ぶやうに家《うち》を飛出《とびだ》してしまつたのです。

あとで私《わたし》はひどく叱られました。

『敬治《けいぢ》さんとどうとか愆《か》うとか馬鹿《ばか》げたことを云《い》ふのではない。あんな所《ところ》を他人《ひと》が見《み》たらどう思《おも》ふか、解《わか》らないのか。人樣《ひとさま》の坊《ぼつ》ちやんに何事《なにごと》だ。あんまり愼《つゝ》しみが無《な》さすぎ

309　「再びとり返せぬ若き日の過に泣く私」 川崎久恵、野村夏子 『婦人倶楽部』昭和11年2月1日

るぞ。』

全《まつた》くそれに相違《さうゐ》ないので、私《わたし》は平謝《ひらあやま》りに謝《あやま》り、夫《をつと》もそれきり別《べつ》に何《なに》も云《い》ひませんでした。それにしても、先刻《さつき》敬治《けいぢ》さんだけあんな風《ふう》にきめつけられて行《い》つたのが氣《き》になつて、晩《ばん》にでもお詫《わ》びに行《ゆ》かうと思《おも》つてゐたのですが、どうしてあの時《とき》すぐ行《ゆ》かなかつたかと今《いま》更口惜《さらくや》しくて〳〵なりません。

遂《つひ》に取《と》りかへせぬ大事《だいじ》になつて

その晩《ばん》、食事《しよくじ》をすまして洗物《あらひもの》などしてをりますと、お隣《となり》の奥様《おくさま》が血相變《けつさうか》へて飛《と》んでいらしたのです。『一寸《ちよつと》、一寸《ちよつと》……』と慄《ふる》へる聲《こゑ》で私《わたし》の袖《そで》を引張《ひつぱ》られる樣子《やうす》が、只事《ただごと》ではありません。私《わたし》は、ハッと胸《むね》を衝《つ》かれ、歯《は》の根《ね》もあはぬほどガク〳〵しながら、奥様《おくさま》についてお隣《となり》へ驅込《かけこ》みました。

何《なん》といふ不吉《ふきつ》なざわめき……その中《なか》を慄《ふる》へながら一室《しつ》に入《はひ》つた私《わたし》は、アッとばかりその場《ば》にくづ折《を》れてしまひました。あゝ、何《なん》といふこと！　敬治《けいぢ》さんは自殺《じさつ》してしまつたのです。その變《かは》り果《は》てた痛《いた》ましい姿《すがた》にとり縋《すが》つてしばらくは口《くち》もきけず、唯《ただ》オロ〳〵と泣《な》き咽《むせ》ぶばかり……。

やゝあつて、これが遺書《かきおき》ですと示《しめ》された紙《し》片《へん》に『奥《おく》さんをうたがはないで下《くだ》さい。隣《となり》の兄《にい》さんへ』と短《みじか》く書《か》かれたのを見《み》て、私《わたし》は又《また》してもワッと泣出《なきだ》しました。激《はげ》しい悔《くい》に身《み》もだえしながら、泣《な》く〳〵一部始終《ぶしじう》のことをお話《はな》しますと、じつと聞《き》いてゐらした旦那様《だんなさま》と奥様《おくさま》は、却《かへ》つて私《わたし》を憐《あは》れむやうに、

『いたし方《かた》ありません。みんな運命《うんめい》だと思《おも》へば、誰《だれ》をもお恨《うら》みする事《こと》はありません。それよりも、貴女《あなた》がこのために無分別《むふんべつ》なことをしないやうにお願《ねが》ひしますよ。』

と、優しく仰有るのです。それが却つて、責《せ》められるよりもどんなに辛《つら》かつたことでございませう。……

あれから三年《ねん》……あんなに朗《ほが》らかだつた私《わたし》が、それ以來心《いらいこころ》の明《あか》るい日《ひ》とては一日《にち》もありませんでした。十七八の少年《せうねん》を見《み》る度《たび》に、過《す》ぎし日《ひ》の怖《おそ》ろしい過失《くわしつ》が生々《なま〳〵》しく甦《よみがへ》つてきて、どうにもならないのです。夫《をつと》は夫《をつと》で『自分《じぶん》が一番悪《ばんわる》かつた。敬治《けいぢ》さんへあんな事《こと》を云《い》ひさへしなければ……』と暗《くら》い顔《かほ》をして嘆息《たんそく》することもありますが、あゝ誰《だれ》でもない、私《わたし》です。私《わたし》が悪《わる》いのです。一寸《ちよつと》した悪戯《いたづら》から、有爲《いうゐ》の少年《せうねん》の身《み》を殺《ころ》し、御兩親《ごりやうしん》に一生消《しやうき》えぬ悲《かな》しみを植《う》ゑつけたこの私《わたし》――私《わたし》が、死《し》ぬまで遣瀬《やるせ》ない悔恨《くわいこん》の年月《としつき》を送《おく》らねばならないのは、當《たう》然《ぜん》の報《むく》いでございませう。

◇野村夏子樣御住所と本名を編輯局宛にお知らせ下さいませ。（但し原稿と同一筆蹟の事）

☆令孃の語る私の矛盾☆

春を待つ」

小山恭子
實業家令孃

矛盾《むじゆん》なら其處《そこ》らあたりにざらに轉《ころ》がつてゐる。大《おほ》きな矛盾《むじゆん》、小《ちひ》ざな矛盾《むじゆん》、そして、ちつともそれを矛《む》盾《じゆん》と感《かん》じさせない矛盾《むじゆん》、形《かたち》に現《あらは》れない心理的《しんりてき》な矛《む》盾《じゆん》、形《かたち》になつた具體的《ぐたいてき》な矛盾《むじゆん》e、t、c——

特《とく》に之《これ》をと申《まう》し述《の》べることは出來《でき》さうもないし、結局《けつきよく》、落《お》ちてゆく先《さき》は、自分《じぶん》と自分《じぶん》の矛盾《むじゆん》にはさまつて、生《い》きてゐる自分《じぶん》以外《いぐわい》に、その爲《ため》に死《し》ぬやうな苦《くる》しみを持《も》つ程《ほど》のものはない。

時々《ときどき》、私《わたし》はスラムプになつてひどくもだえる。

或《あ》る人《ひと》に言《い》はせると、今《いま》の娘《むすめ》たちが等《ひと》しく持《も》つてゐる、週期的《しうきてき》に襲《おそ》ひ來《く》る一種《しゆ》のヒステリーなんださうである。よく言《い》へば神經衰弱《しんけいすゐじやく》。

ところが原因《げんいん》の判然《はんぜん》としないヒステリーや神經衰《しんけいすゐ》弱《じやく》があるかしら？　と思《おも》ふ事《こと》がある。

スラムプなら何《なん》の原因《げんいん》にも寄《よ》らない。

不自由《ふじいう》ない身《み》に仕事《しごと》を持《も》つこと、それ自身《じしん》が既《すで》に形式的《けいしきてき》にも矛盾《むじゆん》であらう。そんな矛盾《むじゆん》なら今《いま》の社會《しやくわい》では誰《だれ》でも認《みと》めてゐてくれる。矛盾《むじゆん》でも何《なん》でもない事《こと》になつた。仕事《しごと》に大《おほ》きな熱情《ねつじやう》を持《も》つて接《せつ》してゐても、その爲《ため》にパンを得《う》る人間《にんげん》でない者《もの》は、往々《わう／＼》にして、ひどくわれとわが內《うち》をかへりみて、大《おほ》きな／＼矛盾《むじゆん》を感《かん》じ、不鮮明《ふせんめい》で不得領《ふとくりやう》な自分《じぶん》の態度《たいど》にいらいらするのだ。不眞面目《ふまじめ》だと思《おも》ふ。贅澤《ぜいたく》だと思《おも》ふ。も

わたくしの矛盾

小島洋子
工學博士令孃

わたくしの矛盾《むじゆん》、それは數《かぞ》へてゐたら本當《ほんたう》にきりがございません。だつてそれこそ、私自身《わたしじしん》が矛盾《むじゆん》から成《な》り立《た》つて出來上《できあが》つてゐる人間《にんげん》ですし、その上《うへ》、私《わたし》の生活《せいくわつ》そのものが既《すで》に矛盾《むじゆん》だらけなのですもの。

その矛盾《むじゆん》を列擧《れつきよ》してましたら、またきりがないだらうと思《おも》ひます。ですから、わたくしの矛盾《むじゆん》の中《なか》でも殊《こと》にその矛盾《むじゆん》に、腹立《はらだ》しくイラ／＼させられてゐる大《おほ》きな目下《もつか》の矛盾《むじゆん》を一ッだけ申《まう》しあげて、今更《いまさ》ら、自分《じぶん》の馬鹿《ばか》を御披露《ごひろう》しやうと言《い》ふのです。

びつくりなさらないで。あんなにハイカラ振《ぶ》つた娘《むすめ》なのに、馬鹿《ばか》だなア、あんなくだらない事《こと》にくよ／＼したりして——等《など》ときつとお笑《わら》ひになりますわ、それ覺悟《かくご》で申《まう》しあげやうと思《おも》ひますの。

もう大分《だいぶ》前《まへ》になりますけど、ヘプバーンの『若草《わかくさ》物語《ものがたり》』の中《なか》で、ヘプバーンの扮《ふん》したジヨーが、ジオン・ビールの扮《ふん》した幼友達《をさなともだち》から求婚《きうこん》されるシーンがございましたツけ。求婚《きうこん》とまでは具體的《ぐたいてき》でなかつたかも知《し》れませんけど、とも角《かく》、愛《あい》してゐるといふ氣《き》持《もち》を告白致《こくはくいた》しました。そしたらジヨーは、さツと顏《かほ》色《いろ》を變《か》へて、とても冷淡《れいたん》な態度《たいど》で彼《かれ》の申《まう》し出《で》をことはつたと思《おも》ひます。その夜《よ》、お床《とこ》の中《なか》でぢつと考《かんが》へ乍《なが》ら、お母樣《かあさま》が娘《むすめ》を案《あん》じての言葉《ことば》に對《たい》して、『わたしは親友《しんいう》を無《な》くした樣《やう》な寂《さび》しい氣持《きもち》だ』と呟《つぶや》いて笑《わら》

お父樣への矛盾

村山喜譽子
政治家令孃

わたくしの矛盾《むじゆん》は、對《たい》お父樣《とうさま》との場合《ばあひ》に起《おこ》る問題《もんだい》なのです。それ以外《いぐわい》に、對《たい》家《か》庭《てい》とか對生活《たいせいくわつ》とか、取《と》り立《た》てゝ之《これ》はと書《か》く程《ほど》の矛盾《むじゆん》はございませんけれど、對《たい》お父樣《とうさま》との矛身《むじゆん》が、引《ひ》いては對家庭《たいかてい》、對生活《たいせいくわつ》との矛盾《むじゆん》にもなるやうでございます。

お父樣《とうさま》への矛盾《むじゆん》——あんまり、このやうなプライヴエトなことは言《い》ひたくありませんし、さうかと言《い》つて、はつきりしないと勿論《もちろん》わかつて頂《いただ》けないでせうし、でも、矢張《やは》り御想像《ごさうぞう》におまかせします。

お父樣《とうさま》は社會的《しやくわいてき》にはもう大《おほ》きな地位《ちゐ》をお持《も》ちですし、財產《ざいさん》も相當《さうたう》お溜《た》めになつてゐらつしやいます。子《こ》供《ども》のわたくしにはとてもお優《やさ》しく申《まう》し分《ぶん》ないお父《とう》樣《さま》です。だのに此《こ》のお父樣《とうさま》にたゞ一つの缺點《けつてん》は、お母樣《かあさま》を愛《あい》しておやりにならないこと、——そして、つまらぬ女《をんな》の方《かた》をお愛《あい》しになつてゐらつしやることなのです。

何《なに》も言《い》ひますまい、胸《むね》につかへた悲《かな》しみや寂《さび》しみや苦《くる》しさは、やさしい言葉《ことば》をかけられると、どつと涙《なみだ》と共《とも》にこらへかねてわたくしを絕望《ぜつばう》のとりこにしてしまひます。お父樣《とうさま》の不身持《ふみも》ちは、お母樣《かあさま》とわたくしを長《なが》い間《あひだ》、どれだけ苦《くる》しめたでせう。信《しん》じ切《き》つてゐた、お父樣《とうさま》に、全幅《ぜんぷく》の愛情《あいじやう》と尊敬《そんけい》を捧《さゝ》げてきた私《わたし》のお父樣《とうさま》、『親《おや》』として絕對的《ぜつたいてき》な位置《ゐち》にあるお父《とう》

☆令孃の語る私の矛盾☆

つたいない話《はなし》である。

　正直《しやうぢき》なところ、仕事《しごと》に支障《ししやう》を來《き》たしたとする。スムースに仕事《しごと》がはかどらない。すると忽《たちま》ち、面倒臭《めんだうくさ》い、こんなにも仕事《しごと》に精力《せいりよく》を費消《ひせう》するなんて馬鹿《ばか》々《ば》々《か》しい、私《わたし》には不必要《ふひつえう》だ。

　やめたい！と直《す》ぐかうなのだ。やめたければやめるがいゝさ、何《な》にも惱《なや》んでまでもお前《まへ》は働《はたら》かねばならぬ身分《みぶん》ぢやなし、結構《けつこう》、遊《あそ》んでゐても誰《だれ》も何《なん》とも言《い》ひやしない、――とかう來《く》る。だら〳〵と氣持《きもち》がひねくれてしまつて、整理《せいり》が出來《でき》なくなる。忽《たちま》ちスラムプである。餘《あま》りに自分勝手《じぶんかつて》でありすぎる。さうわかつて居乍《ゐなが》ら、有閑的氣分《いうかんてききぶん》から拔《ぬ》け出《で》られないで、自分《じぶん》の内《うち》に大《おほ》きな矛盾《むじゆん》を生《しやう》じて苦《くる》しんでしまふ。多少馬鹿《たせうばか》でもいゝ、女《をんな》は早《はや》く結婚《けつこん》するに越《こ》した事《こと》はない。なまじ、偉《えら》い自分《じぶん》でありたいと思《おも》ふばつかりに、『自己《じこ》』に對《たい》して大《おほ》きな嫌惡《けんを》と懷疑《くわいぎ》と、拭《ぬぐ》つても拭《ぬぐ》へない矛盾《むじゆん》に苦《くる》しめられてしまふ。

　早《はや》く、暖《あたゝか》い春《はる》がきて、こんなしめつぽい思《おも》ひから拔《ぬ》け出《で》たい。


いゝものでせうか、お愛《あい》ししていゝものでせうか！わたくしの心《こゝろ》の中《なか》で鬪《たゝか》ひ續《つゞ》けてゐる苦《くる》しみ、それはどんなに辛《つら》いわれとわが心《こゝろ》の矛盾《むじゆん》でございませう。

　お父樣《とうさま》への數限《かずかぎ》りないうらみごとはやめませう。ジレムマに陷《おちい》つて考《かんが》へまどふわたくしの苦痛《くつう》こそ、お父樣《とうさま》の踏《ふ》み違《ちが》へられた一生《しやう》の大《おほ》きなあやまちが、その娘《むすめ》にまで及《およ》んで來《き》た罰《ばち》だとあきらめてゐます。

　愛《あい》すまい、思《おも》ふまい、とちかふかげから、お父樣《とうさま》の面影《おもかげ》は私《わたし》の心《こゝろ》に一杯擴《いつぱいひろ》がつて、わたくしをいぢめます。


つたジョーでした。あの時《とき》のあの氣持《きもち》、親友《しんいう》を無《な》くした樣《やう》なその空虚《くうきよ》な心《こゝろ》、――私《わたし》はあの時《とき》、暗《くら》がりの帝劇《ていげき》の觀客席《くわんかくせき》で一人《ひとり》そツと泣《な》いてしまつたのです。親友《しんいう》をなくした！こんなにも切實《せつじつ》にぴつたりと來《く》る言葉《ことば》つてさうございません。

　もう此處《こゝ》まで申《まう》し上《あ》げれば御解《おわか》りでせう。私《わたし》も、ジョーと全《まつた》く同樣《どうやう》な立場《たちば》で、日頃信《ひごろしん》じ頼《たよ》つてゐた者《もの》から思《おも》ひがけぬ求婚《きうこん》をされて以來《いらい》、わたくしは全《ぜん》然《ぜん》、顏《かほ》を見《み》るさへ、勿論《もちろん》、口《くち》をきく事《こと》さへ厭《いや》になりました。その當時《たうじ》、そんなむしやくしやした氣持《きもち》で彼《かれ》を輕蔑《けいべつ》し切《き》つてゐましたが、あれから丸《まる》一年《ねん》、現《げん》在《ざい》では、本當《ほんたう》に親友《しんいう》をなくした寂《さび》しさ、を沁々味《しみ〴〵あぢは》つて、何故《なぜ》あの時《とき》もつと眞面目《まじめ》な態度《たいど》で彼《かれ》の申《まう》し出《で》を一應《おう》はきいてやらなかつたのかしら？と今《いま》では自《じ》分《ぶん》を堪《たま》らなく輕蔑《けいべつ》したくなるのです。

　やがてその幼友達《をさなともだち》も、此《こ》の春《はる》はお嫁《よめ》さんを貰《もら》つて結婚生活《けつこんせいくわつ》に這入《はい》るとかきかされて、居《ゐ》ても立《た》つても居《ゐ》られない思《おも》ひで一杯《ぱい》です。

　愛《あい》してゐるんでせうか？いゝえ、愛《あい》してやしない、ほんのちよツぴりのセンチメントだ、と思《おも》ひ乍《なが》ら、あの人《ひと》が結婚《けつこん》の曉《あかつき》、私《わたし》はどうなるものか？と苦《くる》しい思《おも》ひです。

　平氣《へいき》さ、なんでもないぞ！

　さう思《おも》ふとまた、如何《いか》にも何《なん》でもなく思《おも》へて、へツペツと嘲笑《てうせう》してやりたくなつたり、だけど、一人《ひとり》でゐる時《とき》の寂《さび》しさは到底《たうてい》、その心《こゝろ》の沈《しづ》んでゆくさまは堪《た》へられません。

　私《わたし》の矛盾《むじゆん》よ、自分自身《じぶんじしん》掘《ほ》つた穴《あな》にはまつて馬鹿《ばか》をみてゐる私《わたし》の矛盾《むじゆん》のおろかなこと。


樣《さま》、これだけの娘《むすめ》の全身的《ぜんしんてき》なあなたへの熱情《ねつじやう》を美事《みごと》に裏切《うらぎ》つてしまつたお父樣《とうさま》。

　せめて娘《むすめ》が可愛《かあい》いいと思召《おぼしめ》すならば、何卒《なにとぞ》、お母《かあ》樣《さま》とわたくしの元《もと》にお歸《かへ》り下《くだ》さい、と朝《あさ》に夕《ゆふべ》に祈《いの》つてはお母樣《かあさま》を泣《な》かせたわたくし。

　それすらも、今《いま》では、お父樣《とうさま》のお耳《みゝ》には馬耳東風《ばじとうふう》なのでございませうか、いゝえ、きこえてきこえないふりをしてゐるお父樣《とうさま》、わたくしはどれだけそのお父樣《とうさま》をお恨《うら》み續《つゞ》けてゐるでせう。

　華《はな》やかな陰《かげ》に、此《こ》の家庭的《かていてき》な惱《なや》みの絶《た》えないわたくし。お父樣《とうさま》の爲《ため》に、何度肩身《なんどかたみ》の狹《せま》い思《おも》ひをし、お父樣《とうさま》の爲《ため》に何度恥《なんどはづか》しい思《おも》ひをしたでせう。御自分《ごじぶん》の娘《むすめ》をこんなにも苦《くる》しませて、それで平氣《へいき》でゐらつしやるお父樣《とうさま》。

　泣《な》いて歎《なげ》いて、御飯《ごはん》もろくにのどに通《とほ》らなかつた四年《ねん》前《ぜん》の、裏切《うらぎ》られたと知《し》つた時《とき》の悲《かな》しみ。わたくしも二十三になりました。

　ですけど、お父樣《とうさま》、お元氣《げんき》をお出《だ》し遊《あそば》して。あなたを恨《うら》み、殺《ころ》しても殺《ころ》し足《た》りない、とまで思《おも》ひ詰《つ》めたわたくしも、今《いま》では、唯一筋《たゞひとすぢ》に、『お父樣《とうさま》の御《ご》不幸《ふかう》』と、あきらめ得《う》るところまできました。

　お父樣《とうさま》の踏《ふ》みはずした不幸《ふかう》、それは矢張《やは》りわたくしの不幸《ふかう》でもございます。かうなつたらもうあきらめませう。でもお父樣《とうさま》、お父樣《とうさま》を見知《みし》らぬ女《をんな》に奪《うば》はれた悲《かな》しみ以外《いぐわい》に、わたくしは矢張《やは》りお父樣《とうさま》の娘《むすめ》ですわ、あなたを思《おも》ふまいとしても矢張《やは》り、何《なに》かにつけ思《おも》ひ、心配《しんぱい》してゐます。

　私《わたし》の心《こゝろ》に、こんな大《おほ》きな矛盾《むじゆん》を持《も》たせておしまひになつたお父樣《とうさま》、一體《たい》わたくしは、あなたを恨《うら》んで

（上段へ）

阿部眞之助氏 令嬢 世間ばなし

出席者

東京日日新聞社 阿部眞之助氏
令嬢 阿部 光子樣
令嬢 大泉 和子樣
令嬢 大木 伴子樣
令嬢 北川よし江樣
本誌記者

記者　今晩《こんばん》は御忙《おいそが》しいところを有難《ありがた》うございます。話題《トピツク》はなるべく擴《ひろ》げて頂《いたゞ》いて、それからそれへと進行《しんかう》させたいと思《おも》ひますから、どうぞ自由《じいう》にお話《はな》し願《ねが》ひたいと存《ぞん》じます。總選擧《そうせんきよ》が終《をは》つたばかりですから、一つこの邊《へん》から……。

婦人《ふじん》の選擧權《せんきよけん》と婦人《ふじん》の幸福《かうふく》

A　外國《ぐわいこく》で婦選《ふせん》を行《おこな》つて居《ゐ》るのは……。

阿部　英吉利《イギリス》もやつてるし……。

記者　日本《につぽん》でもやつて好《い》いと思《おも》ひますか。今迄《いままで》は餘《あま》り問題《もんだい》になる可能性《かのうせい》が無《な》かつたやうですが、今《いま》からはどんな工合《ぐあひ》でせう。日本《につぽん》では駄目《だめ》でせうか。

阿部　ところがね、此《こ》の間《あひだ》××大臣《だいじん》に會《あ》つた時《とき》に、××大臣《だいじん》としての立場《たちば》では云《い》へないでせうが、個人《こじん》として婦人《ふじん》に選擧權《せんきよけん》を與《あた》へることはどうかと訊《き》いたところが、個人《こじん》としてはやつても好《い》いだらうと云《い》ふことを云《い》つて居《を》りましたよ。何故《なぜ》そんな風《ふう》になつたかと云《い》ふと、女《をんな》は非常《ひじやう》に保守的《ほしゆてき》なのが一般《はん》の傾向《けいかう》ですね、さうするとその婦人達《ふじんたち》に選擧權《せんきよけん》をやつても女《をんな》と云《い》ふものは、保守的《ほしゆてき》な作用《さよう》をして居《ゐ》るから、保守的《ほしゆてき》な政治家《せいぢか》はそんなことになるなら、女《をんな》にも選擧權《せんきよけん》を與《あた》へて宜《よ》からうと云《い》ふらしいんですね。だから今《いま》ぢや女《をんな》は自分達《じぶんたち》の味方《みかた》に拵《こしら》へる意味《いみ》で、却《かへ》つて保《ほ》守的《しゆてき》な政治家《せいぢか》がさうなつて來《き》たんですね。今迄《いままで》は進歩的《しんぽてき》な政治家《せいぢか》が云《い》つて居《を》つたが、今《いま》では逆《ぎやく》になつて了《しま》つたんですね。

A　個人的《こじんてき》に、先生《せんせい》のお考《かんが》へは。

阿部　私《わたし》は進歩的《しんぽてき》な積《つも》りなんですがね。保守的《ほしゆてき》と一緒《しよ》にされると、一寸體裁《ちよつとていさい》が惡《わる》いが、若《も》し女《をんな》に代議士《だいぎし》と云《い》ふものが出來《でき》たら、女《をんな》の立場《たちば》と云《い》ふものが餘程《よほど》考《かんが》へられて、色々《いろいろ》法律上《はふりつじやう》、社會上《しやくわいじやう》にも好《よ》くならないかと思《おも》ひますがね。今迄《いままで》女《をんな》の立場《たちば》と云《い》ふものは無視《むし》されて居《を》つたが、女《をんな》が一票《べう》持《も》つと云《い》ふことになると、女《をんな》の味方《みかた》を作《つく》る爲《た》めに女《をんな》の利益《りえき》になり、女《をんな》を幸福《かうふく》にする爲《た》めに、女《をんな》を無視《むし》することが出來《でき》ない、政黨《せいたう》と云《い》ふものも今迄《いままで》のやうに押《おし》付《つ》けちやつて知《し》らん顔《かほ》は出來《でき》ないでせう。眞先《まつさき》に考《かんが》へなけりやならんでせう。さう云《い》つた意味《いみ》で僕《ぼく》は女性主義者《フエミニスト》なんだが……（笑聲《せうせい》）

B　政治問題《せいぢもんだい》だけでなく、もつと他《た》の方《はう》面《めん》でも女性主義者《フエミニスト》……例《たと》へば家庭《かてい》のですね。

阿部　（笑《わら》ひ乍《なが》ら）結局《けつきよく》一緒《しよ》になれば、男と女は感情的《かんじやうてき》にも、理智的《りちてき》にも違《ちが》ふから、男《をとこ》が幸福《かうふく》になる爲《た》めには女《をんな》が幸福《かうふく》にならなけりやならんし、女《をんな》が幸福《かうふく》になる爲《た》めには男《をとこ》が幸福《かうふく》にならんけりやならんと云《い》ふことになるんですよ。自己主義的《エゴイスチツク》なやうですが、逆《ぎやく》に云《い》へば同《おな》じことですよ。さう云《い》つた意味《いみ》ではね。だから男《をとこ》と女《をんな》とは喧嘩《けんくわ》して居《を》つて仇同志《かたきどうし》見《み》たいなものですが、仇《かたき》にしても可愛《かあい》い仇《かたき》ですね。
（笑聲《せうせい》）

C　女《をんな》を不幸《ふかう》にして置《お》くから男《をとこ》の方《はう》が手《て》を燒《や》くんで、女《をんな》の人《ひと》がもう少《すこ》し進《すゝ》むと、男《をとこ》の人《ひと》も幸福《かうふく》になれると思《おも》ひますね。

結婚難《けつこんなん》を切拔《きりぬ》けるには

記者　大《おほ》いにさうですね。それから結婚《けつこん》難《なん》は世界中《せかいぢう》何處《どこ》でもさうでせうか。

阿部　さうですね。斯《か》う生活《せいくわつ》が苦《くる》しくてはね。

313　「世間ばなし」 阿部真之助、阿部光子、大泉和子、大木伴子、北川よし江
『婦人画報』昭和 11 年 4 月 1 日

A　やはり總《すべ》ては暮《くら》しからが一番《ばん》の原因《げんいん》でせうね。

D　さうすると男《をとこ》の生活標準《せいくわつへうじゆん》を下《さ》げるんだから、女《をんな》の人《ひと》も下《さ》げないと何《なん》にもなりませんね。

阿部　詰《つま》り今《いま》の人《ひと》は『手鍋《てなべ》下《さ》げても――』と云《い》ふ生活《せいくわつ》をしなくなつたんですね。最近《さいきん》の結婚生活《けつこんせいくわつ》と云《い》ふものは、何《なに》か斯《か》う天國《てんごく》の暮《くら》しのやうな風《ふう》に考《かんが》へるんですね。さう云《い》ふ傾向《けいかう》がありませんか。月給《げつきふ》六十圓《えん》で夫婦暮《ふうふくら》すと云《い》ふことは一寸出來《ちよつとでき》ないから、それぢや待《ま》たうと云《い》ふことになる、昔《むかし》は六十圓《えん》でも詰《つ》めてやつて來《き》た、今《いま》はそれが變《かは》つて來《き》た、それで男《をとこ》も青春《せいしゆん》を樂《たの》しまうと云《い》ふことになる。女《をんな》の人《ひと》だつてさうでせう、折角《せつかく》まだ若《わか》いのに、嫁入《よめいり》をして手《て》に皹《あかぎれ》を切《き》らすのは馬鹿《ばか》々々しいですからね。

記者　（Dさんに）　御結婚《ごけつこん》はまだなさらないんでせうが、遲《おそ》いやうでもないやうですが、やはり青春《せいしゆん》を樂《たの》しみたいと云《い》ふことはありませんか。

D　えゝやはり樂《たの》しみたいと思《おも》ひますわ。

記者　然《しか》しどう云《い》ふことを樂《たの》しむことになりますかな。

阿部　具體的《ぐたいてき》に云《い》へば家庭《かてい》を持《も》てば活動寫眞《くわつどうしやしん》だつて見《み》に行《ゆ》くのは大變《たいへん》でせう、それ一つだつて執着《しうちやく》ですよ。お茶《ちや》を飲《の》みに行《ゆ》くことだつて一つの樂《たの》しみですからね。スキーもある、スケートもある。實《じつ》に文化的《ぶんくわてき》のアミューズメントが多《おほ》くなつてますからね。私達《わたしたち》の時《とき》にはミルクとカステラしか樂《たの》しむものはなかつたんですからね。早《はや》く嬶《かゝあ》でも貰《もら》つて、夫婦《ふうふ》で樂《たの》しまうと云《い》ふ氣《き》にもなりますよ。近頃《ちかごろ》はそれが幾《いく》らでもあるんですからね。ダンスホールもある、麻雀倶樂部《マージヤンくらぶ》もある、夏《なつ》になれば水泳《すゐえい》もある、山《やま》へ登《のぼ》る、吾々《われわれ》の時代《じだい》には夢《ゆめ》にも知《し》らんものが澤山《たくさん》あるんですものね。娘《むすめ》にしたつてさうですよ。結婚《けつこん》なんかさう急《いそ》いでする氣《き》になれませんよ。

記者　結婚《けつこん》に對《たい》して夢《ゆめ》は持《も》つと思《おも》ひますがね。だからその夢《ゆめ》を早《はや》く實現《じつげん》さしてやりたいと思《おも》ふんですがね。

B　相手《あひて》も何《なん》にもないのに、自分《じぶん》の理想《りさう》の人《ひと》でもあるんならだけど、そんな空想《くうさう》に近《ちか》いやうな……。

記者　その前《まへ》に戀愛《れんあい》かな。

B　まだ結婚《けつこん》なんて必要《ひつえう》が無《な》いから考《かんが》へないわ。

記者　戀愛《れんあい》と云《い》ふものは結婚《けつこん》に先行《せんかう》するものですかね。

B　戀愛《れんあい》が成功《せいこう》するか、不成功《ふせいこう》に終《をは》るか、それが形造《かたちづく》られて初《はじ》めて結婚《けつこん》と云《い》ふものが考《かんが》へられて來《く》るんでせう。

記者　普通《ふつう》の娘《むすめ》さんなんかで家《うち》に許《ばか》り居《ゐ》る人《ひと》なんかは、早《はや》く結婚《けつこん》した方《はう》が樂《たの》しみがあるやうな人《ひと》があるでせう。

C　さう云《い》ふ人は戀愛《れんあい》は微《かす》かなものぢやないんですか、案外間近《あんぐわいまぢか》にあるんだけど……。

記者　僕《ぼく》は婦人雜誌記者《ふじんざつしきしや》になつた途端《とたん》フエミニストになつたんだが、何《なに》かお孃《ぢやう》さんの顏《かほ》を見《み》ると、戀愛觀《れんあいくわん》や結婚觀《けつこんくわん》を訊《き》きたくてね……。

B　若《わか》い人《ひと》なんかキユウ〱云《い》つてどうして好《い》いか分《わか》んないなんて云《い》つてるくせに、結局《けつきよく》それが亦樂《またたの》しみなんですね。

C　無軌道娘《むきだうむすめ》さんのことがあつた時《とき》、長谷川時雨《はせがはしぐれ》さんが社交室《しやかうしつ》のやうなものが日本《にほん》には無《な》いし、お客《きやく》さんと云《い》へば、もうお父《とう》さんのお客樣許《きやくさまばか》りで……。

阿部　さう云《い》ふチヤンスは作《つく》つてやつた方《はう》がいゝと思《おも》ふ　東洋流《とうやうりう》にどうも接觸《せつしよく》する機會《きくわい》が尠《すく》なくて、選擇《せんたく》する範圍《はんゐ》が狹《せま》いから、それを廣《ひろ》〱することはいゝことですよ。男《をとこ》でもさうですよ。

C　男《をとこ》の人《ひと》がカフエーの女給《ぢよきふ》なんかにのぼせるのは、やはりそんなことも……。

記者　男女共學《だんぢよきようがく》なんかもいゝですね。

阿部　それはいゝでせう。初《はじ》めは弊害《へいがい》があるでせうがね。家庭《かてい》の監督《かんとく》の下《もと》にでもですね、交際《かうさい》すればいゝんですよ。

阿部　昔《むかし》の話《はなし》ですが、新聞記者《しんぶんきしや》に成《な》りたてに神近市子《かみちかいちこ》、青山菊榮《あをやまきくえ》、（山川菊榮《やまかはきくえ》さんですね）あの人達《ひとたち》に會《あ》つた時驚《ときおどろ》きましたよ。兎《と》も角接觸《かくせつしよく》した女《をんな》と云《い》へば藝者《げいしや》とか、まあさういつた女許《をんなばか》りでしたから、あゝ云《い》ふインテリの婦人《ふじん》に會《あ》つた時《とき》、女《をんな》かと思《おも》ひましたね　實際驚《じつさいおどろ》きましたよ。どうも女《をんな》のやうな氣《き》がしないで交際《かうさい》して居《ゐ》つたが、死《し》んだ大杉榮《おほすぎさかえ》と神近市子《かみちかいちこ》のあの事件《じけん》で、やはり女《をんな》だと思《おも》つたんですが（笑聲《せうせい》）ね。

A　先生《せんせい》、結婚難《けつこんなん》を切拔《きりぬ》けるいゝ方法《はうはふ》はないものでせうか。

阿部　さうですねえ。私《わたし》の知《し》つてゐる娘《むすめ》さんで、いつの間《ま》にか婚期《こんき》を逸《いつ》し、結《けつ》婚《こん》したくて仕方《しかた》がないが、結婚《けつこん》の相手《あひて》が見《み》つからないといつて、働《はたら》いてゐる人《ひと》がありますが、私《わたし》がよく見《み》るに、どうもその娘《むすめ》は色《いろ》つぽさがないんですね。これが結婚《けつこん》に緣《えん》の遠《とほ》い第《だい》一の原因《げんいん》だと考《かんが》へましたね。

C　その色《いろ》つぽさといふのは、どうも生《うま》れついたのが多《おほ》いんであつて、色《いろ》つぽさを示《しめ》さうと努力《どりよく》したつて駄目《だめ》なのではないでせうか。

阿部　さうですね。色《いろ》つぽいといふのは、どうも言葉《ことば》が惡《わる》くて、すぐ變《へん》に聞《き》こえるが、性的《せいてき》な色《いろ》つぽさではなく、理性《りせい》と感情《かんじやう》が圓滿《えんまん》に融合《ゆうがふ》したとでもいつたらいゝでせうね。

A　さうですね。ほんとうに女《をんな》はさういつた色《いろ》つぽさといふことを忘《わす》れてはいけませんのね。

記者　先生《せんせい》などは、人物《じんぶつ》評論《ひやうろん》を一目《ひとめ》お會《あ》ひになつた瞬間《しゆんかん》の氣持《きもち》でお書《か》きになるんですか。

阿部　一遍《ぺん》會《あ》ふと此頃《このごろ》は長年《ながねん》の經驗《けいけん》でどう云《い》ふ種類《しゆるゐ》の人《ひと》か見分《みわ》けが着《つ》くやうになりましたね。好《す》き嫌《きら》ひが多《おほ》いと他人《ひと》から云《い》はれますが、好《す》き嫌《きら》ひは新聞記者《しんぶんきしや》の持《も》つて居《ゐ》る何《なん》と云《い》ふか、神經質《しんけいしつ》なね、どうも人《ひと》の云《い》ふことを逆《ぎやく》に取《と》つたりするんですよ、一種《しゆ》のヒステリーですね。政治家《せいぢか》などの話《はなし》なんかでも、何時《いつ》でも逆《ぎやく》に取《と》つたり、又《また》さう取《と》つた方《はう》が當《あた》るんですね。女《をんな》の人《ひと》なんかもさうでせう。初《はじ》めて會《あ》つた時《とき》はね。どうもほんとのことは云《い》はんでね。だから僕《ぼく》が今結婚《いまけつこん》するとなつたら隨分《ずゐぶん》いゝ女《をんな》と結婚出來《けつこんでき》ると思《おも》ふがね。

記者　さうすると結論《けつろん》として先生《せんせい》の御話《おはなし》は、感情《かんじやう》と理性《りせい》の調和《てうわ》が家庭生活《かていせいくわつ》の根本《こんぽん》になるんですね。

阿部　一體日本《たいにつぽん》の亭主《ていしゆ》と云《い》ふものはものをさせ過《す》ぎますよ。羽織《はおり》を着《き》るのにもわざ〱掛《か》けさしたり實際馬鹿《じつさいばか》なことをする、自分《じぶん》で着《き》ればいゝのに、ネクタイなんかを結《むす》ばしたりね。

C　甘《あま》いんですよ。

記者　これには暴君《ばうくん》の場合《ばあひ》と兩方《りやうはう》の種類《しゆるゐ》がありますね。

阿部　だから亭主《ていしゆ》が自分《じぶん》の出來《でき》ることを自分《じぶん》でやつたら隨分妻君《ずゐぶんさいくん》の手《て》は空《あ》くと思《おも》ひますね。もう洋服位《やうふくぐらゐ》自分《じぶん》で疊《たた》んでもいゝと思《おも》ふな。どうも靴下《くつした》の破《やぶ》れは（笑聲《せうせい》）出來《でき》んが、男《をとこ》の出來《でき》ることはね。さうすれば女《をんな》は讀書《どくしよ》も出來《でき》るし、（笑聲《せうせい》）例《たと》へば玄關《げんくわん》まで送《おく》らんでもですね、嫁に送《おく》られたつて嬉《うれ》しくもないんだから、それがくせになるから送《おく》られないと物足《ものた》りないのでね。

記者　それは初《はじ》めの中《うち》は澁《おく》つて出《で》たくなるでせうけどね。（笑聲《せうせい》）

斷《だん》種《しゆ》法《はふ》の話《はなし》

記者　先生《せんせい》何時《いつ》か斷種法《だんしゆはふ》の事《こと》に付《つ》いて何《なに》か書《か》いてゐられたやうですが、何《なに》かそれについてお話《はな》し下《くだ》さいませんか。

阿部　簡單《かんたん》に云《い》へば斷種法《だんしゆはふ》と云《い》ふのは西洋《せいやう》では隨分前《ずゐぶんまへ》から問題《もんだい》になつて居《を》つたと思《おも》ひます。今《いま》から四、五十年前《ねんまへ》から問題《もんだい》になつてゐたんでせう。日本《にっぽん》で問題《もんだい》になつたのは優生學《ユーゼニツクス》ですね。是《これ》が唱《とな》へ出《だ》されてから彼是《かれこれ》二十五六年位《ねんぐらゐ》になりますかな。それが社會的《しやくわいてき》の問題《もんだい》になつたのは、今度《こんど》が初《はじ》めぢやないでせうかね。是《これ》は產兒制限《バスコントロール》と聯關《れんくわん》して考《かんが》へた方《はう》がいゝでせう。勿論《もちろん》バスコントロールとは意味《いみ》が違《ちが》ひますがね。バスコントロールの方《はう》は人口問題《じんこうもんだい》に關係《くわんけい》して來《く》るし、救貧問題《きうひんもんだい》を防《ふせ》ぐ爲《ため》にバスコントロールをするんですから勿論《もちろん》それは違《ちが》ふ、然《しか》し一脈《みやく》の聯《れん》關《くわん》は持《も》つて居《ゐ》る、斯《か》う云《い》ふ事《こと》が起《おこ》つて來《き》たんですが、例《たと》へば遺傳《ゐでん》の學問《がくもん》が段々《だんだん》此《こ》の世《よ》に出《で》て來《き》て、此《こ》の兩親《りやうしん》の惡《わる》い性質《せいしつ》が子孫《しそん》に遺傳《ゐでん》すると云《い》ふことがある。だから、さう云《い》ふ惡《わる》い兩親《りやうしん》からの種《たね》を取去《とりさ》つて、その子供《こども》の生《う》まれないやうにすると云《い》ふのが斷種法《だんしゆはふ》の一つの觀方《みかた》です。それが隨分日本《ずゐぶんにつぽん》でも最近調査《さいきんてうさ》が行《おこな》はれて來《き》たやうですが、亞米利加《アメリカ》や歐羅巴《ヨーロッパ》の方《はう》へ行《ゆ》くと學者《がくしや》が此《こ》の遺傳《ゐでん》の經路《けいろ》を辿《たど》つて、何《なん》とか云《い》ひましたが名前《なまへ》は忘《わす》れたんですが、何《なん》とか家系《ファミリー》と云《い》つて、家系《ファミリー》の惡《わる》い者《もの》は其《そ》の本《もと》の三代《だい》、四代《だい》と辿《たど》つて行《い》つてそこへ行《ゆ》くと一對《つゐ》の夫婦《ふうふ》になりませう。その方面《はうめん》を觀《み》れば精神病者《せいしんびやうしや》とか犯罪者《はんざいしや》とか自殺《じさつ》する者《もの》、殺人《さつじん》と云《い》ふさう云《う》ふやうな惡質《あくしつ》の者《もの》がある。數代《すうだい》の後《のち》には數《すう》百人《にん》の惡質者《あくしつしや》が統計的《とうけいてき》に出《で》て來《く》るんです。丁度《ちやうど》犬《いぬ》が獵《れふ》をして鳥《とり》やなんか色《いろ》んな物《もの》を追《おひ》出《だ》すやうに、嗅付《かぎつ》けてさう云《い》ふ調査《てうさ》をすると出《で》て來《く》る。それで國家《こくか》が甚大《じんだい》な經費《けいひ》を掛《か》けてその初《はじ》めの一對《つゐ》の夫婦《ふうふ》を探《さが》すんですね。そこで斷種《だんしゆ》したならば、數代《すうだい》の後《のち》には數《すう》百人《にん》の危險《きけん》な分子《ぶんし》が出《で》ないで之《これ》を除《のぞ》くことが出來《でき》る。斯《か》う云《い》ふことになるんです。今亞米利加《いまアメリカ》でも二、三種行《しゆおこな》はれてゐますがね。

記者　獨逸《ドイツ》でもありますね。

阿部　さうです。所《ところ》が是《これ》は犯罪《はんざい》の方《はう》から行《ゆ》くとなると裁判官《さいばんくわん》がそこに問題《もんだい》になつて來《き》ますが、果《はた》して是《これ》は斷種《だんしゆ》した方《はう》がいゝかしないかと云《い》ふことは醫者《いしや》でなければ分《わか》りません。それで結局今度醫師會《けつきよくこんどいしくわい》で決《き》めたと云《い》ふのは、斷種《だんしゆ》の方法《はうはふ》を男《をとこ》の方《はう》では輸精管《ゆせいくわん》を結《むす》付《つ》けて精液《せいえき》が出《で》ないやうにする。女《をんな》の方《はう》では卵巢《らんさう》かなんかを切《き》るかして孕《はら》まないやうにする。さうすると是《これ》は非人道的《ひじんだうてき》ではないんです。一番《ばん》いゝんですね。

記者　それは別《べつ》に身體《からだ》に影響《えいきやう》はないでせうか。

阿部　いや若返《わかがへ》りと云《い》ふのがそれなんですよ。鴈治郞《ぐわんぢらう》なんかゞやりましたね。方々《はうばう》でやつたぢやありませんか、あの若返《わかがへ》りの手術《しゆじゆつ》と云《い》ふのは輸精管《ゆせいくわん》を結《むす》ぶだけです。詰《つま》りホルモンを外《そと》へ出《で》る奴《やつ》を中《なか》へ貯藏《ちよざう》するから自然若返《しぜんわかがへ》る譯《わけ》ですよ。

記者　さうするとそれを實施《じつし》する場合《ばあひ》には法律《はふりつ》で強制的《きやうせいてき》にする譯《わけ》ですか。

阿部　所《ところ》がそれが問題《もんだい》なんです。どう云《い》ふ者《もの》にそれを實施《じつし》するか、茲《こゝ》に醫者《いしや》と裁判官《さいばんくわん》の先きの話《はなし》が又出《またで》て來《き》ますが、例《たと》へば惡質《あくしつ》の遺傳《ゐでん》があるかどうかと云《い》ふことは結局醫者《けつきよくいしや》の問題《もんだい》になつて來《く》る。どうも是《これ》は專門家《せんもんか》でなければ裁判官《さいばんくわん》には分《わか》らない。父親《ちゝおや》が惡《わる》い奴《やつ》であるとか、酒飲《さけの》みだとか云《い》つても、果《はた》して醫者《いしや》の方《はう》から考《かんが》へて見《み》てそれがどうかと云《い》ふことが問題《もんだい》になる譯《わけ》です。だからこゝでは二つに分《わ》けて居《ゐ》る。それは先天的《せんてんてき》の犯罪者《はんざいしや》と、もう一つは後天的《こうてんてき》の犯罪者《はんざいしや》と斯《か》う二つに分《わ》けて居《ゐ》る譯《わけ》ですね。先天的《せんてんてき》の犯罪《はんざい》と云《い》ふのは遺傳的《ゐでんてき》のものと見《み》て、後天的《こうてんてき》と云《い》ふのはさう惡《わる》い奴《やつ》ぢやない、例《たと》へば社會《しやくわい》の環《くわん》境《きやう》とか云《い》ふやうな理由《りいう》からさうなつたので、是《これ》は遺《ゐ》傳《でん》しない、だから斷《だん》種《しゆ》する必《ひつ》要《えう》はない。所《ところ》が先《せん》天《てん》的《てき》の方《はう》はどうしても惡《わる》い犯《はん》罪《ざい》が遺《ゐ》傳《でん》すると云《い》ふやうなことがあるし、例《たと》へば病《びやう》氣《き》なんかでも非《ひ》常《じやう》に惡《わる》い惡《あく》質《しつ》は斷《だん》種《しゆ》した方《はう》がいゝんですね。

記者　さうでせうね。惡《あく》質《しつ》の天《てん》才《さい》にしても利《り》益《えき》よりも害《がい》が多《おほ》いと云《い》ふことは確《たし》かでせうね。やはりそこに制《せい》限《げん》を付《つ》けて實《じつ》行《かう》するやうな問《もん》題《だい》になりますね。

阿部　やはり制《せい》限《げん》を限《げん》定《てい》してやれば丸《まる》つきり空《くう》想《さう》ぢやないんですね。

C　それで斯《か》う云《い》ふ事《こと》を一寸《ちよつと》お伺《うかゞ》ひしたいんですが、普《ふ》通《つう》の結《けつ》婚《こん》の時《とき》に相《あひ》手《て》の血《ち》筋《すぢ》と云《い》ふことを見《み》る場《ば》合《あひ》に、普《ふ》通《つう》どの位《くらゐ》のところ迄《まで》見《み》たらいゝでせう。

阿部　是《これ》も厄《やく》介《かい》なんです。どうしてかと申《まを》しますと、隔《かく》世《せい》遺《ゐ》傳《でん》と云《い》ふことがありますからね。一寸《ちよつと》分《わか》りつこありませんよ。二《ふた》親《おや》は何《なん》でもなくとも、其《そ》の三代《だい》とか四代《だい》とか遡《さかのぼ》つて行《ゆ》けば、或《あるひ》はそこに何《なに》かあるか知《し》れない、何《なに》か難《むつか》しいことがありますね。劣《れつ》勢《せい》、優《いう》勢《せい》の二つあつて、何《なん》でも此《こ》の劣《れつ》勢《せい》同《どう》志《し》が夫《ふう》婦《ふ》になると、其《そ》の特《とく》徴《ちやう》が現《あらは》れないが、優《いう》勢《せい》の家《か》族《ぞく》の處《ところ》へ外《ほか》の人《ひと》がぶつかると惡《わる》い質《しつ》が現《あらは》れて來《く》ると云《い》ふ、現《げん》在《ざい》なくとも何《なん》代《だい》か先《さき》に現《あらは》れて來《く》ると云《い》ふ、是《これ》なんか一寸《ちよつと》分《わか》り難《にく》いでせう。近《きん》眼《がん》とか、色《しき》盲《まう》とか、八《や》重《へ》歯《ば》が出《で》るとか云《い》ふことは能《よ》くありますね。ですから此《こ》の遺《ゐ》傳《でん》も其《そ》の時《とき》の組《くみ》合《あは》せでどうなるか分《わか》らない。是《これ》は遺《ゐ》傳《でん》の研《けん》究《きう》者《しや》にお訊《き》きになれば能《よ》く分《わか》ることですが、八《や》重《へ》歯《ば》位《くらゐ》のところなら構《かま》はないが、それがもつと惡《あく》質《しつ》の病《びやう》氣《き》だつた時《とき》に劣《れつ》勢《せい》同《どう》志《し》が夫《ふう》婦《ふ》になるとか、優《いう》勢《せい》がどうとか云《い》ふことになると非《ひ》常《じやう》に厄《やく》介《かい》なんです。その例《れい》で色《しき》盲《まう》ですが、是《これ》は男《をとこ》の方《はう》の血《けつ》統《とう》からは現《あらは》れて來《こ》ないが、女《をんな》の色《しき》盲《まう》は遺《ゐ》傳《でん》して來《く》るんです。

D　さうするとやはり血《ち》筋《すぢ》と云《い》ふことはどうも特《とく》殊《しゆ》な惡《わる》い條《でう》件《けん》がふれば……。

阿部　さうです。眼《め》で見《み》てその家《か》族《ぞく》に惡《わる》い人《ひと》がなければそれでいゝんでせう。若《も》し嚴《げん》密《みつ》に云《い》つたら親《しん》戚《せき》から何《なん》代《だい》前《まへ》とか云《い》ふことになりますが、然《しか》しさう迄《まで》云《い》つちや際《さい》限《げん》がありませんからね。

戀《れん》愛《あい》に殉《じゆん》ずるといふ感《かん》情《じやう》

B　例《たと》へば能《よ》く世《せ》間《けん》でありますが、戀《れん》愛《あい》とか何《なん》とか云《い》ふ問《もん》題《だい》がそれに絡《からま》つて……

阿部　戀《れん》愛《あい》のことですが、極《きよく》端《たん》な事《こと》を云《い》へば、茲《こゝ》に非《ひ》常《じやう》に惡《わる》い肺《はい》病《びやう》の人《ひと》があるとする、その人《ひと》が若《も》し夫《ふう》婦《ふ》になると云《い》ふことは一つの戀《れん》愛《あい》と云《い》ふことからだけ觀《み》れば、何《なに》かしら英《えい》雄《ゆう》的《てき》な行《かう》爲《ゐ》に見《み》えますね。戀《れん》愛《あい》に殉《じゆん》ずると云《い》ふことは何《なに》かしらヒロイックに見《み》えるが、然《しか》し此《こ》の弱《よわ》い者《もの》と結《けつ》婚《こん》して、それから生《う》まれて來《く》る子《こ》供《ども》、その子《し》孫《そん》の事《こと》を考《かんが》へる、それが終《しま》ひにはどうにもならなくなると云《い》ふやうな不《ふ》幸《かう》と云《い》ふことを考《かんが》へたならば、僕《ぼく》は何《なん》でも彼《か》でも感《かん》情《じやう》に殉《じゆん》ずる、理《り》性《せい》と云《い》ふものを少《すこ》しも考《かんが》へないで結《けつ》婚《こん》すると云《い》ふことは必《かなら》ずしも英《えい》雄《ゆう》的《てき》な行《かう》爲《ゐ》ぢやないと思《おも》ふ。理《り》性《せい》が尊《たふと》いか、感《かん》情《じやう》が尊《たふと》いかと云《い》ふことは一《いち》概《がい》に決《き》められない問《もん》題《だい》でせう。それは僕《ぼく》も能《よ》く分《わか》つてゐますが……僕《ぼく》は何《なに》も理《り》性《せい》萬《ばん》能《のう》を唱《とな》へるのぢやないが、然《しか》し何《な》でも感《かん》情《じやう》にばかり走《はし》ると云《い》ふことは僕《ぼく》は英《えい》雄《ゆう》的《てき》ぢやないと思《おも》ふ。現《げん》在《ざい》及《およ》び未《み》來《らい》の事《こと》迄《まで》本《ほん》當《たう》に考《かんが》へて、さうして感《かん》情《じやう》を征《せい》服《ふく》すると云《い》ふことが……即《すなは》ち理《り》性《せい》に依《よ》つて感《かん》情《じやう》を征《せい》服《ふく》すると云《い》ふことが僕《ぼく》は人《にん》間《げん》の文《ぶん》化《くわ》を進《すゝ》める所《ゆ》以《えん》ではないかと思《おも》ふ。さう云《い》ふ人《ひと》こそ本《ほん》當《たう》の文《ぶん》明《めい》人《じん》ぢやないかと思《おも》ひますがね。感《かん》情《じやう》に殉《じゆん》ずると云《い》ふことは、例《たと》へば萬《まん》葉《えふ》なんかを見《み》ても能《よ》くありますよ。感《かん》情《じやう》ばかりで理《り》性《せい》がない、だからあの歌《うた》は理《り》窟《くつ》を云《い》つても面《おも》白《しろ》くないでせう。勿《もち》論《ろん》感《かん》情《じやう》の曖《あたゝ》かさはいゝ、不《ふ》必《ひつ》要《えう》とは云《い》はない。然《しか》し本《ほん》當《たう》の文《ぶん》明《めい》人《じん》と云《い》ふものは理《り》性《せい》にコントロールされた感《かん》情《じやう》でなければいゝ感《かん》情《じやう》ではないと僕《ぼく》は思《おも》ふ。

記者　然《しか》し近《ちか》頃《ごろ》それが問《もん》題《だい》になると思《おも》ひますがね。非《ひ》常《じやう》に感《かん》情《じやう》的《てき》であるか、理《り》性《せい》的《てき》であるか……實《じつ》は相《さう》當《たう》の家《うち》の娘《むすめ》さんですが、其《そ》の娘《むすめ》さんが感《かん》情《じやう》に走《はし》つて好《す》きな人《ひと》と一《いつ》緒《しよ》になつたんです。第《だい》三者《しや》から見《み》ると客《かく》觀《くわん》的《てき》にですね。實《じつ》に下《くだ》らない男《をとこ》だと思《おも》ふんですが、全《ぜん》部《ぶ》を捨《す》てゝ行《い》つた、それが立《りつ》派《ぱ》だと批《ひ》評《ひやう》する人《ひと》もあるんです

317　「世間ばなし」　阿部真之助、阿部光子、大泉和子、大木伴子、北川よし江
『婦人画報』昭和 11 年 4 月 1 日

が、斯《か》う云《い》ふことは近頃《ちかごろ》非常《ひじやう》に必要《ひつえう》だと思《おも》ふんですが……。

B　眞實《しんじつ》に生《い》きると云《い》ふんでもないんですよ。

阿部　純粹《じゆんすゐ》な感情《かんじやう》に生《い》きるばかりが人間《にんげん》ぢやありませんからね。それぢや困《こま》る、理性《りせい》と云《い》ふものは眞實《しんじつ》に徹《てつ》したものが理《り》性《せい》だと思《おも》ふ、理性《りせい》と感情《かんじやう》と云《い》ふものはさう仇同志《かたきどうし》のものぢやないでせう。それは感情《かんじやう》ばかりで動《うご》くと云《い》ふことを禮讃《らいさん》することは實際人類《じつさいじんるゐ》の文化《ぶんくわ》を進《すゝ》めるかどうかと云《い》ふことは問題《もんだい》だらうと思《おも》ひます。現《げん》在《ざい》の教養《カルチャー》とか文化《シビリゼーション》とか云《い》ふものは勿論《もちろん》理性《りせい》ばかりぢやないかも知《し》れないが……然《しか》しその理性《りせい》と云《い》ふものを全部排斥《ぜんぶはいせき》したならば人間《にんげん》は動物《どうぶつ》と同《おな》じやうな生活《せいくわつ》になるんぢやありませんか、感情《かんじやう》ばかりで行《い》つたらね。

記者　今《いま》の阿部《あべ》さんのお話《はなし》は有力《いうりよく》な社《しや》會人《くわいじん》の言《げん》として非常《ひじやう》に間違《まちが》ひのないことだと思《おも》ひますが、又《また》Bさんの話《はなし》にも何《なに》かしらそれに對《たい》して不滿《ふまん》があるやうに思《おも》ふんですが。

阿部　さうでせう。僕《ぼく》のさう云《い》ふのに對《たい》して不滿《ふまん》はあるだらうと思《おも》ひます。僕自《ぼくじ》身《しん》も不滿《ふまん》がありますからね。吾々《われ〳〵》はやはり人間《にんげん》なんだから……神樣《かみさま》にはなり切《き》れない、まだ動物《どうぶつ》の殼《から》は背負《せお》つて居《ゐ》るんですからね。唯抽象的《たゞちうしやうてき》にさう云《い》ふ風《ふう》に云《い》ひますがね。

B　例《たと》へば先月片岡鐵兵《せんげつかたをかてつぺい》さんがそれを批《ひ》評《ひやう》して、その事件《じけん》に對《たい》して實《じつ》に感心《かんしん》したと云《い》ふことを云《い》つて居《ゐ》るんです。斯《か》く迄《まで》強《つよ》い本能的《ほんのうてき》に殉《じゆん》ずると云《い》ふことは褒《ほ》むべきこと、稱讃《しようさん》すべきことぢやないかと云《い》つてゐらつしやるんですが、成程《なるほど》とも思《おも》ふんですが、何《なん》だかまだ……。

阿部　然《しか》しそれだけぢや物足《ものた》らんでせう。本能《ほんのう》にばかり殉《じゆん》じて居《ゐ》るんぢやね。

C　どちらも割《わ》り切《き》れないと云《い》ふ譯《わけ》ですね。本能《ほんのう》に殉《じゆん》じたと云《い》ふのは勇敢《ゆうかん》のやうにも思《おも》へるし……。

阿部　此《こ》の議論《ぎろん》は何《なん》としても水掛論《みづかけろん》になつちやいますよ。結局《けつきよく》ね。

B　その主人公《しゆじんこう》はやはり知合《しりあひ》なんですが、果《はた》して鐵兵《てつぺい》さんが感激《かんげき》し過《す》ぎて居《ゐ》る程《ほど》立派《りつぱ》な人《ひと》でもなければ、私本人《わたしほんにん》に會《あ》つて話《はなし》は聽《き》かない迄《まで》も本人《ほんにん》を知《し》つて居《ゐ》るでせう。何《なん》だか餘《あま》り周《まは》りでは騷《さわ》ぎ立《た》てゐるやうに思《おも》ひますが、そんなに偉《えら》い人《ひと》ぢやないんです。私餘《わたしあま》り大袈裟《おほげさ》に讃嘆《さんたん》してるので少《すこ》し厭《いや》になつちやつたわ。

記者　今彼《いまか》の女《ぢよ》は不幸《ふかう》でせう。

B　自分《じぶん》はとても幸福《かうふく》なんです。結婚《けつこん》する前《まへ》は向《むか》ふが非常《ひじやう》に積極的《せききよくてき》だつたんですけど、結婚《けつこん》してからとても消極的《せうきよくてき》になつ

ちやつたんですつて、さうしたら今度《こんど》はこつちが積極的《せつきよくてき》になつちやつて、毎日《まいにち》喧嘩《くわ》をするやうな日《ひ》を送《おく》つてゐるのに少《すこ》しも不幸《ふかう》ぢやないつて云《い》ふのよ。話《はなし》を聞《き》くと何《なん》だか可哀《かあい》さうな氣《き》もするんですけど、自分《じぶん》では決《けつ》して不幸《ふかう》ではないつて云《い》ふんです。

阿部 どうも此《こ》の生活內容《せいくわつないよう》と云《い》ふものは側《そば》から見《み》ても分《わか》りませんね。客觀的《かくくわんてき》に觀《み》れば非常《ひじやう》に幸福《かうふく》なやうに見《み》えても、中《なか》へ入《はい》つて見《み》ると不幸《ふかう》なのもあります。又《また》その反對《はんたい》もありますし、それは分《わか》りませんよ、理窟《りくつ》ぢや分《わか》りませんよ。まあ水掛論《みづかけろん》になりますな。

記者 先《さつ》き出《で》掛《かけ》る時《とき》社長《しやちやう》が、自分《じぶん》は非常《ひじやう》に戀愛讚美者《れんあいさんびしや》だが、近頃《ちかごろ》『手鍋下《てなべさ》げても……』の思想《しさう》が古《ふる》くなつたが、昭和《せうわ》十一年《ねん》から新《あたら》しくなると云《い》ふやうなことを云《い》つてるんですが、手鍋下《てなべさ》げてもと云《い》ふ心になると非常《ひじやう》に幸福《かうふく》ぢやないかと云《い》ふんですが、どうでせう。

阿部 （笑《わら》ひ乍《なが》ら） 然《しか》し戀愛《れんあい》は讚美《さんび》してもしなくてもいゝでせう。皆《みな》するんですからね。惡《わる》く云《い》つてもするし、良《よ》く云《い》つてもするのが事實《じじつ》なんだから……（笑聲《せうせい》）だから僕《ぼく》は戀愛《れんあい》を讚美《さんび》したり惡《わる》く云《い》つたりするのは意味《いみ》が無《な》いと思《おも》ふ、丁度《ちやうど》人間《にんげん》に鼻《はな》が付《つ》いてゐるのを讚美《さんび》したり惡《わる》く云《い》ふのと（笑聲《せうせい》）同《お》なじことで、もうさう云《い》ふ風《ふう》に出來《でき》て居《ゐ》るのを……是《これ》は事實《じじつ》なんだから、見《み》れば分《わか》ることだし、いゝも惡《わる》いもないと思《おも》ふんですよ。唯《たゞ》善惡《ぜんあく》は問題《もんだい》でなく、すべきか、すべからざるかと云《い》ふのではなく、倫理的《りんりてき》、道德的《だうとくてき》の判斷《はんだん》ではありませんよ。（一同大笑《いちどうたいせう》）

記者 （笑《わら》ひ乍《なが》ら） どうも阿部《あべ》さんにかゝつちや是《これ》も到頭《たうとう》割切《わりき》れて了《しま》ひましたね一と口《くち》で說明《せつめい》がついちやうんだから、女《をんな》の人《ひと》は一と口《くち》で云《い》へることを何年《なんねん》もかゝつて論議《ろんぎ》してる譯《わけ》ですね。

阿部 さうですよ。女《をんな》は樂《たの》しんでさうやつてゐるんですよ。そりや鼻《はな》の長《なが》さを測《は》つてゐるやうなものですよ。（笑聲《せうせい》）

記者 近頃令孃《ちかごろれいぢやう》の無軌道《むきだう》と云《い》つたやうなことがありましたね。あれは可《か》なり誇張《こちやう》されたところも、ありましたやうですが……。

阿部 どうも吾々《われわれ》には分《わか》りませんな、無軌道《むきだう》の讚美論者《さんびろんしや》が無軌道《むきだう》々〳〵と云《い》つて惡《わる》く云《い》ふが、あれだつて本能《ほんのう》に殉《じゆん》じたんぢやないでせうか、一人《ひとり》の男《をとこ》に殉《じゆん》ずると云《い》ふのも本能《ほんのう》ならば、無軌道的《むきだうてき》に殉《じゆん》ずるのも本能《ほんのう》ぢやありませんかね。鼻《はな》の恰好《かつこう》がいゝか惡《わる》いかを判斷《はんだん》する者《もの》は、やはり理性《りせい》より外《ほか》にありませんからね。戀愛《れんあい》だつて一人《ひとり》限《かぎ》りと云《い》ふ譯《わけ》ぢやないでせう。二人《ふたり》の時《とき》もあるし、三人《にん》の時《とき》もありますからね。眞間《まま》の手古奈《てこな》は二人《ふたり》あつたでせう。それでどうしていゝか分《わか》らないで死《し》んで了《しま》つた。それですよ、三人《にん》でも無軌道《むきだう》になると云《い》ふことはないんで、すがね。もう一人《り》増《ふ》へれば又《また》四人《にん》で……（笑聲《せうせい》）

記者 扨《さ》てさう云《い》ふことになりますね。又《また》こゝで割切《わりき》れちやつた。

A それぢや如何《どう》でせうか、隨分今《ずゐぶんいま》の若《わか》いお孃《ぢやう》さん方《がた》は戀愛問題《れんあいもんだい》で惱《なや》んで居《を》りますが、先生《せんせい》の處《ところ》のお孃《ぢやう》さん 戀愛《れんあい》を打明《うちあ》けなすつたらどう云《い》ふ風《ふう》になさいます。

阿部 （笑《わら》ひ乍《なが》ら） 仕樣《しやう》がない奴《やつ》だと思《おも》ひます。然《しか》し仕方《しかた》がないと思《おも》ひますね。唯理性《たゞりせい》のコントロールがなければいけないと云《い》ふことは云《い》ひますよ。女《をんな》は兎角《とかく》目的《もくてき》な感情《かんじやう》に殉《じゆん》ずると云《い》ふ昔《むかし》の考《かんが》へ方《かた》はいけないでせう。何度《なんど》も云《い》ふやうに理性《りせい》でコントロールされた戀愛《れんあい》でなければいけませんね。それが本當《ほんたう》の進《すゝ》んだ婦人方《ふじんがた》の探《と》るべき態度《たいど》だと思《おも》ひますね。

いゝ夫婦《ふうふ》といふもの

記者 如何《いかゞ》ですか、非常《ひじやう》にいゝなあと、感嘆《かんたん》された夫婦《ふうふ》を御存知《ごぞんじ》ですか。

阿部 さう云《い》ふ夫婦《ふうふ》は知《し》りませんね……然《しか》し私共《わたしども》が見《み》て居《を》つて、此《こ》の夫婦《ふうふ》の中《なか》で非常《ひじやう》に仲《なか》の好《い》いたんて云《い》ふのを見《み》ますと厭《いや》だと思《おも》ひますね。何《なん》だか甘《あま》ちやんのやうな氣《き》がして、此《こ》の夫婦《ふうふ》なんかは可《か》なり角突合《つのつきあ》つても困《こま》るが、喧嘩《けんか》なんかしてる家庭《かてい》の方《はう》が人間的《にんげんてき》に面白味《おもしろみ》があつていいんぢやありませんか。

A さうすると普通《ふつう》一般《ぱん》の內助《ないじよ》の功《こう》とか何《なん》とか云《い》ふのは工合《ぐあひ》が惡《わる》い譯《わけ》ですね。

阿部 甘《あま》ちやんでのろ助《すけ》のやうなのは厭《いや》ですね。

319　「世間ばなし」　阿部真之助、阿部光子、大泉和子、大木伴子、北川よし江
『婦人画報』昭和11年4月1日

B　でも女《をんな》に云《い》はせると奥《おく》さんに親切《しんせつ》な旦那《だんな》さんがいゝんですけど……。

記者　阿部《あべ》さんは經驗派《けいけんは》だし、私《わたし》も能《よ》くさう云《い》ふ感《かん》じがしますがね。經驗《けいけん》から云《い》ふとどうもさう思《おも》ひます。

阿部　僕《ぼく》はどうもさう云《い》ふのは實《じつ》に輕蔑《けいべつ》する氣《き》がするな。

記者　さう云《い》ふ男《をとこ》は、若《も》し男《をとこ》と女《をんな》と敵味《てきみ》方《かた》とすると可《か》なり女性《ぢよせい》から侵略《しんりやく》されたやうに思《おも》ひますね。斯《か》う軟弱《なんじやく》な……。

阿部　事實《じじつ》さうです。まあ支那《しな》に對《たい》する滿洲國《まんしうこく》みたいなもんですよ。事實《じじつ》滿洲國《まんしうこく》は敵《かな》ひませんからな。家庭生活《かていせいくわつ》でどんな事《こと》したつて男《をとこ》は女《をんな》に負《ま》けてゐますね。女《をんな》には敵《かな》ひませんよ。僕《ぼく》はどうもでれ〱してゐる男《をとこ》は……女《をんな》でも嫌《きら》ひだ。

記者　尤《もつと》も二通《ふたとほ》りあるでせう。取《と》られたやうな顔《かほ》をしてゐるのと本當《ほんたう》に取られたのと……。

阿部　そりやさうですね。

家庭《かてい》は安息所《あんそくじよ》でなく戰場《せんぢやう》なり

記者　結局《けつきよく》ですね、女《をんな》の人《ひと》から見《み》たつてさう云《い》ふ亭主《ていしゆ》は終《しま》ひには食足《くひた》らなくなるだらうと思《おも》ふんですよ。やはりお互《たが》ひが反抗的《はんかうてき》になつて、女房《にようばう》の方《はう》は亭主《ていしゆ》を屈服《くつぷく》さしてやらうと云《い》ふ反抗的態度《はんかうてきたいど》を以《もつ》て行《ゆ》くやうな家庭《かてい》でなかつたら面白《おもしろ》くないと思《おも》ふな。だから僕《ぼく》は斯《こ》う思《おも》ふんですがね。家庭《かてい》が安息所《あんそくじよ》だなんて云《い》ふのは嘘《うそ》ですよ家庭《かてい》こそ最《もつと》も嶮《けは》しい戰場《せんぢやう》ですよ。

記者　戰場《せんぢやう》は好《よ》かつたな（笑聲《せうせい》）その觀《み》方《かた》は面白《おもしろ》いですね。

阿部　僕《ぼく》は家庭《かてい》は決《けつ》して安息所《あんそくじよ》ぢやないと思《おも》つてゐますよ。だから外國邊《ぐわいこくあた》りには能《よ》く倶樂部《くらぶ》と云《い》ふのがありますね。家庭《かてい》の闘爭《とうそう》に堪《た》えられなくなると倶樂部《くらぶ》へ行《い》つて新聞《しんぶん》を讀《よ》んだり、色《いろ》んな事《こと》をして遊《あそ》んで、嬶《かゝあ》が寢靜《ねしづ》まつてから歸《かへ》つて寢《ね》る人《にん》間《げん》の爲《ため》に倶樂部《くらぶ》と云《い》ふ奴《やつ》は出來《でき》てゐるんですよ。實《じつ》に倶樂部《くらぶ》と云《い》ふ奴《やつ》は發達《はつたつ》してゐますよ。だが日本《にほん》にはさう云《い》ふのがない、だから僕《ぼく》なんかはさう云《い》ふ安息所《あんそくじよ》を新聞社《しんぶんしや》のオフイスに置《お》く譯《わけ》です。外《ほか》の人《ひと》は皆《みな》カフエーなどに行《ゆ》くのは其《そ》の安息所《あんそくじよ》を求《もと》めに行《ゆ》くんですがね。

記者　それに付《つ》いて如何《いかゞ》です。逆襲《ぎやくしふ》はありませんか、僕《ぼく》は男性《だんせい》だから逆襲《ぎやくしふ》する譯《わけ》に行《い》かんし……。

C　さうするとカフエーへお酒《さけ》を飲《の》みに行《ゆ》くのは……。

阿部　それは目的《もくてき》ぢやないんで。まあ敗戰爭《いくさ》の創痍《きず》を慰《いや》してゐる譯《わけ》ですよ。其處《そこ》で……。

記者　成程《なるほど》、さうですか。

阿部　動物《どうぶつ》だつて大抵《たいてい》負《ま》けて居《ゐ》るぢやありませんか。家庭《かてい》に於《おい》ちや男《をとこ》は女《をんな》に負《ま》けるに決《きま》つて居《を》りますよ。蟷螂《かまきり》だつて、××を濟《す》ますと食《く》はれて了《しま》ふんですからね。女《をんな》には食《く》はれて了《しま》ひますよ。

記者　食はれ乍《なが》ら安息《あんそく》してゐるんですね。（笑聲《せうせい》）それも情《なさけ》ないでせう。

C　食《く》はれるから安息所《あんそじよ》になるんぢやありませんか。

阿部　非常《ひじやう》に家庭《かてい》なんかで暴君《ばうくん》の人《ひと》がありますね。亭主顔《ていしゆがほ》して叱《しか》りつけたり、非《ひ》常《じやう》に暴虐《ばうぎやく》な人《ひと》がね。あれなんか傍《はた》から見《み》ると勝《か》つて居《ゐ》るやうに見《み》えるが、それ程《ほど》勝《か》つちやいないんですよ。

記者　分《わか》るやうな氣《き》もするんですけど、ぴんと來《こ》ないんですがね。Bさんなんか、さう云《い》ふ暴虐《ばうぎやく》に負《ま》けて居《ゐ》るやうな感《かん》じは、ぴんと來《こ》ないでせう。一種《しゆ》の割《わ》り切《き》れない感《かん》じですね。

阿部　實際問題《じつさいもんだい》として此《こ》の夫婦喧嘩《ふうふげんくわ》には甘《あま》いのと、深刻《しんこく》なのがありますからね。その仕方《しかた》にね。

A　甘《あま》い喧嘩《けんくわ》つて云《い》ふと……。

阿部　甘《あま》い喧嘩《けんくわ》をする中《うち》はいゝでせう。本當《ほんたう》に世帯《しよたい》が實《み》を結《むす》ばない、世帯《しよたい》に花《はな》が咲《さ》いて居《ゐ》る時分《じぶん》の喧嘩《けんくわ》ですね。それが生《せい》活《くわつ》と云《い》ふもの、世帯《しよたい》の中《なか》に入《はい》つて來《く》ると

喧嘩《けんくわ》は深刻《しんこく》になつて來《き》ますよ。吾々位《われ〳〵くらゐ》になると、もう實《み》が落《お》ちる時《とき》になると喧嘩《けんくわ》も深刻《しんこく》になりませんよ。

B 先生《せんせい》なんかのお年《とし》で、喧嘩《けんくわ》つてネタは……。

阿部 馬鹿《ばか》々々しくて、何《なに》も彼《か》もなくなつて了《しま》ふんですよ。

A やはり生活的《せいくわつてき》の問題《もんだい》から出《で》る喧嘩《けんくわ》ですか。

阿部 すればやはり生活《せいくわつ》の問題《もんだい》ですね。

記者 此《こ》の間《あひだ》若妻《わかづま》を殺《ころ》したのがありましたね。まだ分《わか》らないやうですが、あの眞相《しんさう》は何《なに》か夫婦間《ふうふかん》の秘密《ひみつ》があつたんでせうが……。

阿部 あの銀行員《ぎんかうゐん》のね。一寸《ちよつと》犯人《はんにん》だと云《い》ふことはつきりしませんね。だからそれに對《たい》して何《なん》ともはつきりしたことは云《い》へませんね。犯人《はんにん》だとすれば分《わか》らない事《こと》だらけだね。痴話喧嘩《ちわげんくわ》と云《い》ふものは、實《じつ》際肉《さいにく》を食《く》つても承知《しようち》が出來《でき》ん程憎《ほどにく》いことがありますからね。男女《だんぢよ》の喧嘩《けんくわ》になつて來《き》ますとね。殺《ころ》してもまだ慊《あきた》らないと云《い》ふ氣持《きもち》がね。

A 可愛《かあい》さ餘《あま》つて憎《にく》さ百倍《ばい》なんでせう。

記者 そこへ行《ゆ》くと實子殺《じつしごろ》しは相當永續《さうたうえいぞく》して居《を》りますね。保險《ほけん》のことから云《い》つても氣持《きもち》が永續《えいぞく》してゐますね。

記者 僕《ぼく》は親《おや》が子供《こども》を殺《ころ》したのは分《わか》るが妹《いもうと》が手傳《てつだ》つて殺《ころ》したと云《い》ふのはどうも分《わか》らんな。

B それは分《わか》るわ。却《かへ》つてお母《かあ》さんが殺《ころ》すのが分《わか》んないわ。

A 妹《いもうと》の氣持《きもち》なんか日本婦人《にほんふじん》の缺點《けつてん》ぢやありませんか。お母《ふくろ》が何《なに》かするとなると、その感情《かんじやう》の中《なか》へ捲込《まきこ》まれて行《い》つて。

阿部 どうも娘《むすめ》も大《おほ》きくなると、お母《かあ》さんとは姉妹見《きやうだいみ》たいになるらしいんですね。

A だから共謀《きようぼう》すると云《い》ふことはあるでせう。

B でも大《おほ》きくなると、お母《かあ》さんも自分《じぶん》と同性《どうせい》だと云《い》ふ感《かん》じがして、年《とし》が若《わか》い時《とき》はさうでもありませんけど、やはり何《なに》か厭《いや》な氣持《きもち》がすることがありますね。

阿部 戀愛《れんあい》なんかあつた場合《ばあひ》ですね、兩《りやう》親《しん》に打明《うちあ》けるとすると、父親《ちゝおや》ですか、母親《はゝおや》ですか。

B 私《わたし》はお父《とう》さん。打開《うちあ》けるんなら……。

記者 まあ家庭《かてい》の事情《じじやう》で、違《ちが》ふでせうがね。

B どうしてもお母《かあ》さんぢや自分《じぶん》の考《かんがへ》より先《さき》に行《い》つて呉《く》れる思想《しさう》を持《も》ちませんものね。

阿部 まあ相談相手《さうだんあひて》には足《た》らんと云《い》ふ譯《わけ》ですね。それはさうですね。實《じつ》際問題《さいもんだい》として、母親《はゝおや》も此《こ》の次位《つぎくらゐ》になると大分相談相手《だいぶさうだんあひて》になる母親《はゝおや》も出《で》て來《く》るけど、今《いま》の所《ところ》ぢや母親《はゝおや》は娘《むすめ》に押《お》されてるからね。

消費組合《せうひくみあひ》と小賣商人《こうりしやうにん》

記者 （Cさんに） 臺所《だいどころ》の方《はう》ですが、消《せう》費組合《ひくみあひ》も段々發展《だん〳〵はつてん》して行《ゆ》きますか。

C えゝ、今《いま》のところは……。

記者 安《やす》いんですか。

C 初《はじ》めは市價主義《しかしゆぎ》を採《と》つて居《ゐ》るんですが、安《やす》い物《もの》もあります。

記者 市價主義《しかしゆぎ》を採《と》ると、發展《はつてん》の餘地《よち》が餘《あま》りないんぢやありませんか。

C 品質《ひんしつ》なんか相當保證《さうたうほしよう》が出來《でき》ます。吟味《ぎんみ》してやりますから……。砂糖《さたう》なんかでも惡《わる》い物《もの》を交《ま》ぜませんし、保證《ほしよう》されて居《を》ります。それに値段《ねだん》に噓《うそ》がありませんし、お米《こめ》なんかでも無砂搗《むさつき》でございます。精米所《せいまいじよ》を持《も》つて居《を》りますから……。

記者 これからはどんなものでせう反産運動《はんさんうんどう》なんかも旺《さか》んですが……。

阿部 それは組合《くみあひ》をやる人《ひと》の熱心《ねつしん》さと熟練《じゆくれん》さとですね、それがあればいゝでせう。それがないと仕入《しい》れの時《とき》に騙《だま》されて了《しま》ひますからね。もう一つ困《こま》ることは、欲《ほ》しいと思《おも》ふ品數《ひんすう》が尠《すく》ないことですよ、小賣商《こうりしやう》なら氣《き》に入《い》らないものなら何處《どこ》かと云《い》ふことが出來《でき》るが、あれは氣《き》に入《い》らんでもそれにしなけりやならんと云《い》ふことが出《で》て來《き》ますね。炭《すみ》にしたつて、酒《さけ》にしたつてさうですものね。

321　「世間ばなし」 阿部真之助、阿部光子、大泉和子、大木伴子、北川よし江
『婦人画報』昭和 11 年 4 月 1 日

身《う》の上《うへ》相《さう》談《だん》に現《あらは》れた婦《ふ》人《じん》生《せい》活《くわつ》

記者 （阿部氏《あべし》に） 身《み》の上《うへ》相談《さうだん》と云《い》ふのは、繁昌《はんじやう》しますか。

阿部 取扱《とりあつか》つてゐないから、分《わか》りませんが、實《じ》に驚《おどろ》く程《ほど》澤山《たくさん》來《き》ますね。あれなんか見《み》ると女《をんな》は正直《しやうぢき》ですね。吾々《われわれ》なんかとても羞《はづか》しくて叶《かな》はないやうな事《こと》を露骨《ろこつ》に綿々《めんめん》として訴《うつた》へて來《く》るんですからね。それも一生懸命《しやうけんめい》だからですよ。やはり女《をんな》があれだけ苦《くる》しい狀態《じやうたい》に追《お》ひ込《こ》まれて居《ゐ》るんぢやないかと云《い》ふことをつくづく考《かんが》へさせられますね。あれなんかもつと新聞《しんぶん》社《しや》だけの仕事《しごと》ぢやなく、本當《ほんたう》の社會事業《しやくわいじげふ》として、女《をんな》の味方《みかた》として、相談《さうだん》になつてやるやうな設備《せつび》が欲《ほ》しいと思《おも》ひますよ。警察《けいさつ》や警視廳《けいしちやう》の相談《さうだん》ぢや駄目《だめ》ですよ。役《やく》所《しよ》の役人《やくにん》ぢやなく、苦勞人《くらうにん》で、人格《じんかく》のある人《ひと》でね。さう云《い》ふ人《ひと》が相談《さうだん》するんならいゝんですね。あれは初《はじ》め大阪《おほさか》に出來《でき》て、それが效果《かうくわ》があるのでその眞似《まね》をして京《きやう》都《と》、東京《とうきやう》と出來《でき》たんですが、あゝ形式的《けいしきてき》になつて組織《そしき》してやるとなると、本當《ほんたう》の意義《いぎ》を盡《つく》さないんですね。あれなんか新《しん》聞社《ぶんしや》で惡用《あくよう》しようと思《おも》へば、大變《たいへん》なことが起《お》きて了《しま》ひますからね。

記者 發表《はつぺう》されるのは一部分《ぶぶん》でせうが、後《あと》は直接解答《ちよくせつかいたう》なんですか。

阿部 それをやつたらとても係《かゝり》をうんと殖《ふ》やしてやらなけりやなりませんよ。

記者 類型《るゐけい》がある譯《わけ》でせうね、どうもあの解答《かいたう》は足袋《たび》の上《うへ》から痒《かゆ》いのを掻《か》く感《かん》じですが……。

阿部 占《うらなひ》を見《み》て貰《もら》ふ位《くらゐ》の氣《き》なんですね。自分《じぶん》はお嫁《よめ》に行《い》つた方《はう》がいゝか、どうでせうなんて云《い》ふ時《とき》に行《ゆ》きなさいと云《い》はれると、その氣《き》になつて行《ゆ》くと云《い》ふ位《くらゐ》のその程度《ていど》でせうね。ですからね、男《をとこ》なら少《すこ》しも問題《もんだい》にならずに濟《すま》し得《う》ることも、女《をんな》であるが故《ゆゑ》に苦《くる》しんで居《ゐ》ると云《い》ふことはありますね。斯《こ》んな面倒臭《めんだうくさ》いことなら飛《と》び出《だ》して了《しま》へと男《をとこ》なら思《おも》ふが、女《をんな》はさうは行《ゆ》かない。子供《こども》のある時《とき》もある。どうにも拔《ぬ》き差《さ》しがならない、女《をんな》なるが故《ゆゑ》にどうにもならん狀態《じやうたい》に在《あ》ると云《い》ふことはありますね。

記者 先刻《せんこく》の惡用《あくよう》すると云《い》ふのは……。

阿部 それはですね、非常《ひじやう》に愧《は》づかしい、吾々《われわれ》には云《い》へない自分《じぶん》の一身上《しんじやう》の秘密《ひみつ》を云《い》つて來《き》ませう。それには住所《ぢうしよ》も書《か》いてあるからその秘密《ひみつ》を握《にぎ》つて脅迫《けふはく》することもあり得《う》ることだと思《おも》ひますね。何時《いつ》かありましたね、和歌山縣《わかやまけん》の相談所《さうだんじよ》で相談《さうだん》を引受《ひきう》けた人《ひと》が女《をんな》と駈落《かけお》ちをした、あれは惡用《あくよう》したかどうか知《し》らんが、惡《わる》く云《い》へば惡用《あくよう》でせうね。惡《わる》い新聞記者《しんぶんきしや》がそれを利用《りよう》したら、隨分怖《ずゐぶんこは》いことだと思《おも》ひますね。新聞《しんぶん》を信用《しんよう》してるから出來《でき》るんです。

記者 どうも有難《ありが》うございました。

× × ×

特輯 秘密 NO KYODAI

白木蓮の香

湊千三子

晝間《ひるま》の騷《さはぎ》を忘《わす》れ、廣《ひろ》い校庭《かうてい》に夕陽《ゆふひ》の淡《あは》い光《ひかり》が匂《にほ》ふばかりに漂《たゞよ》ふてゐた。青《あを》い芝生《しばふ》の築山《つきやま》のふもとに一もと高《たか》い白木蓮《しろもくれん》の花《はな》が眞盛《まつさかり》で、

　おほらかにこゝを樂土《らくど》と咲《さ》く如《ごと》き
　　白木蓮《しろもくれん》の高《たか》き一《ひと》もと

與謝野《よさの》先生《せんせい》のその歌《うた》を、この花《はな》あるが故《ゆゑ》に愛誦《あいしよう》して止《や》まない乙女《をとめ》の頃《ころ》の自分《じぶん》だつた。

五十のお年《とし》も程近《ほどちか》いときゝ乍《なが》ら、色《いろ》の白《しろ》い肌《はだ》の細《こま》かい美《うつく》しさ故《ゆゑ》に何處《どこ》やら、若《わか》い自分達《じぶんたち》にさへ、折々氣になる位《くらゐ》の色《いろ》つぽさを感《かん》じさせる家事《かじ》の先生《せんせい》が趣味《しゆみ》でやつてをられたときく畫《ゑ》を今日《けふ》も畫架《ぐわか》を立《た》てゝひつそりした校庭《かうてい》に餘念《よねん》ない筆《ふで》を走《はし》らせてをられるのが見《み》えた。云《い》はずと知《し》れた眞盛《まつさか》りの木蓮《もくれん》を專念《せんねん》にうつしてをられるのだつた。

彼女《かのぢよ》は默《だま》つて私《わたし》の傍《そば》に腰《こし》かけてゐた。先刻《せんこく》からどの位《くらゐ》の時間《じかん》が經《た》つてゐるのだらう。

同性愛《どうせいあい》と、今《いま》は云《い》ふ。その頃《ころ》も何處《どこ》の學校《がくかう》にも上級《じやうきふ》生《せい》と下級生《かきふせい》との間《あひだ》に手紙《てがみ》のやりとりの盛んな頃《ころ》で、朝《あさ》學校《がくかう》へ行《い》つて運動靴《うんどうぐつ》にはきかへその下駄箱《げたばこ》の中《なか》に小《ちい》さな封筒《ふうとう》を見出《みいだ》したり、特別時間《とくべつじかん》で他《た》の教室《けうしつ》から歸《かへ》つて來《く》ると机《つくえ》の中《なか》に小《ちい》さくたゝんだ紙《かみ》きれが、何時《いつ》の間《ま》にか這入《はい》つてゐて胸《むね》をとゞろかせたり、今《いま》にして思《おも》へば何《なん》といふ他愛《たあい》のない事《こと》に心《こゝろ》をさはがせてゐたものだつたらう。然《しか》もさうした心《こゝろ》ごゝろを人知《ひとし》れず持《も》ち合《あ》つて、それとなく見交《みかは》す眼《め》に魂《たましひ》を投《な》げ込《こ》んだ喜《よろこ》びや悲《かな》しみを惜《を》しげもなく費《つひや》してゐたのだつた。

「三年《ねん》のMさん、この頃怪《ころあや》しいわね、紫《むらさき》づくめよYさん」

ポンと肩《かた》を叩《たゝ》かれて、顏《かほ》をあからめ乍《なが》ら、さうした事《こと》を二三度《ど》きかされる中《うち》に何時《いつ》か自分《じぶん》の眞心《まごゝろ》が短《みじか》いお下《さ》げに紫《むらさき》の細《ほそ》いリボンを結《むす》んで恥《はづか》しさうに横《よこ》を向《む》いてかけぬけて行《ゆ》

入選実話

HIMITSU の姉妹

くKの姿《すがた》に引《ひ》きつけられて行《ゆ》くのだつた。

何色《なにいろ》は誰《たれ》さんの色《いろ》、何色《なにいろ》は誰《たれ》の色《いろ》とよくその頃《ころ》は持物《もちもの》から着《き》るものなどに到《いた》る迄《まで》、さうした事《こと》が流行《はや》つてゐた。

矢張《やは》り三年《ねん》のMが公然《こうぜん》のスクールシスタになつてゐて、何《なに》もかも同《おな》じ様《やう》に紫《むらさき》の占領《せんりやう》をしてゐた。

五年《ねん》になるとすぐに始《はじ》める卒業製作《そつげふせいさく》のコレクションの下繪《したゑ》を放課後《はうくわご》殘《のこ》つて描《か》いてゐる中《うち》に何時《いつ》か外《そと》は春《はる》の雨《あめ》が音《おと》もなく降《ふ》り出《だ》してゐた。たつた一人《ひとり》歸《かへ》り仕度《じたく》をして階段《かいだん》を下《お》りて校門《かうもん》へ出《で》ると扉《ドアー》によりかゝつて兩脚《りやうあし》をチヾツと眺《なが》めてゐるKの姿《すがた》を見出《みいだ》した。恥《はづか》しさうにおじぎをされて傍《そば》に誰《たれ》もゐない氣安《きやす》さから

「今《いま》お歸《かへ》り、傘《かさ》ないのね。一緒《しよ》にそこまで入《はい》つていらつしやい」

無理《むり》に半分《はんぶん》さしかける傘《かさ》の中《なか》に肩《かた》を並《なら》べて停留場《ていりうぢやう》へ向《むか》つた。

色々《いろいろ》な噂《うはさ》を耳《みゝ》にしてゐるだけに、何《なに》やらぎごちなくやがてA町《まち》へ電車《でんしや》が止《と》まると、さよならと唯《たゞ》一言《ことば》云《い》つたばかりで別《わか》れて來《き》た。

お姉様《ねえさま》、Mさんに惡《わる》いからと今迄《いままで》出來《でき》るだけ我慢《がまん》をして來《き》ましたけれどもう耐《た》えられません。何卒《なにとぞ》、Mさんと同《おな》じ様《やう》に私《わたし》も妹《いもうと》だと思《おぼ》し召《め》して下《くだ》さい。

そんな意味《いみ》の手紙《てがみ》をKから受取《うけと》つた時《とき》、私《わたし》はどうしたものかと本當《ほんたう》に心《こゝろ》をなやませた。そして結局《けつきよく》逢《あ》つてよく話《はな》して、お友達《ともだち》としてお交際《つきあひ》をしませうと話《はな》す事《こと》が最《もつと》も名案《めいあん》であると、けふ午后《ごご》一度《ど》學校《がくかう》へ出《で》てみんな歸《かへ》つてしまつた頃《ころ》お山《やま》のベンチの處《ところ》で待《ま》つていらつしやいと傳《つた》へた。それは小《ちひ》さなあひゞきと等《ひと》しい秘密《ひみつ》な樂《たの》しみで待《ま》たれたのだつた。

K子《こ》は待《ま》つてゐた。そして私《わたし》が近《ちか》づいた時《とき》黑《くろ》い瞳《ひとみ》をにこつとほゝえませて少《すこ》しベンチの端《はし》の方《はう》へよつた。その時《とき》私《わたし》はK子《こ》に對《たい》するはげしい愛情《あいじやう》が急《きふ》に泉《いづみ》の樣《やう》に湧《わ》き起《おこ》つたのにわれ乍《なが》らまごつく許《ばか》りだつた。

校庭《かうてい》に眼《め》をやつたまゝ私達《わたしたち》は多《おほ》く語《かた》らなかつた。K子《こ》にとつては逢《あ》ふ機會《きくわい》を作《つく》つて貰《もら》つた事《こと》が、既《すで》に自分《じぶん》の愛情《あいじやう》を受入《うけい》れてくれたものと思《おも》へたであらうし、私《わたし》も今更《いまさら》何《なに》も云《い》ふ氣《き》はなかつた。さん〳〵と夕陽《ゆふひ》に輝《かゞや》いた白木蓮《はくもくれん》の萬朶《ばんだ》の姿《すがた》を今《いま》もまざ〳〵と見《み》る心地《こゝち》がする陽《ひ》が一きは、餘映《よえい》を殘《のこ》して沈《しづ》む許《ばか》りの頃《ころ》、私《わたし》達《たち》はソツと立上《たちあが》つて裏門《うらもん》を出《で》た。

M子《こ》がその反抗《はんかう》から私《わたし》の友《とも》の一人《ひとり》へ心《こゝろ》を移《うつ》して行《い》つた事《こと》は、私達《わたしたち》の愛情《あいじやう》に迫害《はくがい》をかけた

も同然《どうぜん》だつた。

　からかはれるのがイヤさに人前《ひとまへ》では口《くち》もきかない樣《やう》にしてゐながら、私《わたし》の心《こゝろ》は不思議《ふしぎ》にグン〲とK子《こ》の方《はう》へかたむいて行《い》つた。卒《そつ》業製作《げふせいさく》などで歸《かへ》りのおそい日《ひ》がつゞいた。友《とも》達《だち》に別《わか》れて一人《ひとり》乘換場所《のりかへばしよ》のK町《まち》に降《お》りると電《でん》柱《ちう》の影《かげ》にシヨンボリ佇《たゝず》んでゐる彼女《かのぢよ》を見出《みいだ》す。そんな時私《ときわたし》は涙《なみだ》がこみ上《あ》げる樣《やう》ないぢらしさを感《かん》じた。

「先へ歸《かへ》らなけりや駄目《だめ》よ、早《はや》い日《ひ》は何《なん》とかして知《しら》せてあげるから、お家《うち》で心配《しんぱい》なさるぢやないの」

　さう云《い》ふ私《わたし》の傍《そば》に、ホツとした顏付《かほつき》で彼女《かのぢよ》はだまつてよりそつた。わづか、十分《ぷん》か十五分《ふん》一緒《いつしよ》に電車《でんしや》に乘《の》る爲《ため》だけに二時間《じかん》も三時間《じかん》も待《ま》ちわびて佇《たゝず》んでゐたであらう、K子《こ》のいぢらしさに私《わたし》は自分《じぶん》の降《お》りるK町《まち》を乘越《のりこ》して彼女《かのぢよ》を家《いへ》の近《ちか》くまで送《おく》つて行《ゆ》かねばならなかつた。

「A町《まち》――」

　車掌《しやしやう》の呼《よ》ぶ聲《こゑ》に彼女《かのぢよ》は私《わたし》の顏《かほ》を見上《みあ》げる。私《わたし》が動《うご》かずにだまつてゐると、彼女《かのぢよ》は嬉《うれ》しさうにそしてそつとほゝえんだりした。

　日曜日《にちえうび》にはよく連立《つれだ》つて散歩《さんぽ》に出《で》たり或時《あるとき》は公會堂《こうくわいだう》の椅子《いす》に膝《ひざ》を並《なら》べて音樂《おんがく》にきゝほれたり、そんな日《ひ》が他愛《たあい》なくつゞいて卒業《そつげふ》も間《ま》近《ぢか》かつた。

　彼女《かのぢよ》は殘《のこ》る日數《につすう》を惜《を》しさうに數《かぞ》へてゐた。

　冷《つめ》たいみぞれが降《ふ》りつゞいて二三日《にち》M子《こ》の姿《すがた》が見《み》えなかつた。「風邪《かぜ》でもひいたのかしら」と氣《き》にはなりながら、卒業前《そつげふまへ》の忙《せは》しさにそして初《はじ》めて訪《おとづ》れる彼女《かのぢよ》の家《いへ》の何《なん》となく氣《き》のおけるまゝに、たづねもせずにすぎて行《い》つた。

「一寸《ちよつと》お話《はなし》したい事《こと》があるんですけど」

　K子《こ》の一番《ばん》仲《なか》よくしてゐるAがさう云《い》つて私《わたし》を呼《よ》びに來《き》たのは、うす日《び》の洩《も》れる寒《さむ》い午《ご》後《ご》だつた。友達《ともだち》のいたづらつぽい意味《いみ》ありげな笑顏《えがほ》をにらむで廊下《らうか》へ出《で》るとAが窓《まど》の外《そと》を見《み》ながら立《た》つてゐた

　K子《こ》の言《こと》づてでも頼《たの》まれて、と私《わたし》は思《おも》つた

「K子《こ》さん大變《たいへん》お惡《わる》いのです。風邪《かぜ》から肺炎《はいえん》を起《おこ》して昨日私《きのふわたし》が伺《うかゞ》つたらお醫者樣《いしやさま》がむづかしいつておつしやつたんですつて」

　私《わたし》は足許《あしもと》のくづれる樣《やう》な氣《き》がした。

「であなたは逢《あ》つていらした」

　辛《かろう》じて氣《き》をとゝのえてきくと、

「一寸《ちよつと》だけのぞいてお顏《かほ》はみたんですけどK子《こ》さんは御存《ごぞん》じないの。それでお母樣《かあさま》がK子《こ》さんがうは言《ごと》に、お姉《ねえ》さん〱つて云《い》ふんだけれど、それが誰《たれ》の事《こと》だかわからない、逢《あ》ひたがつてゐるのが可哀《かあい》さうだからもし知《し》つてゐたらお連《つ》れして來《き》てつておつしやつたの」

　言葉《ことば》もしどろもどろなAだつた。

　今《いま》は亡《な》いK子《こ》。

　あの日《ひ》あの廊下《らうか》で身《み》のふるえの止《と》まらなかつた私《わたし》が放課後《はうくわご》彼女《かのぢよ》の枕元《まくらもと》へとんで行《い》つた時《とき》、K子《こ》ははつきりと私《わたし》を見《み》とめて涙《なみだ》ぐんだ眼《め》を何時《いつ》までも私《わたし》からはなさなかつた。

　熱《ねつ》つぽい手《て》を握《にぎ》つて、

「わかるK子《こ》さん」

涙《なみだ》を見《み》せまいと必死《ひつし》に聲《こゑ》をかけた時《とき》、彼女《かのぢよ》

はかすかに首《くび》を動《うご》かした。

「昨夜《さくや》から誰《たれ》の事《こと》もわからなかつたんですのに」

と彼女《かのぢよ》の母《はゝ》は泣《な》きはれた眼《め》を、又《また》してもうるませて小聲《こごゑ》で私《わたし》にさゝやいた

枕元《まくらもと》のカーネーションが私《わたし》の頭《あたま》をツキ〳〵刺《さ》す様《やう》に赤《あか》かつた。

「なほらなけりや駄目《だめ》よ、早《はや》く治《なほ》つて卒業式《そつげふしき》に出《で》て頂戴《ちやうだい》」

耳許《みゝもと》でさゝやくと、彼女《かのぢよ》はぱつちりと眼《め》をあけた。

歸《かへ》つちやいけないとその眼《め》が私《わたし》に云《い》ふのがはつきりわかつた。

「大分《だいぶ》元氣《げんき》が出《で》て來《き》た様《やう》だ」と人《ひと》の云《い》ふのもともしびの消《き》えんとして一きは明《あか》るむと同《おな》じく、それは最後《さいご》に近《ちか》い前兆《ぜんてう》で、夜更《よふ》けて容體《ようだい》はかはつた。

「今夜《こんや》一晩《ばん》もてば」と醫者《いしや》の言葉《ことば》に、私《わたし》は心《こゝろ》の中《なか》に必死《ひつし》に祈《いの》りつゞけた「どうぞ早《はや》くこのまゝ夜《よ》が明《あ》けます様《やう》に」と

「Kちやん―K子《こ》さん」

亂《みだ》れた聲《こゑ》の中《なか》に夜《よ》のしら〳〵あけ、彼女《かのぢよ》は意識《いしき》もとり戻《もど》さず、餘《あま》りにあつけなく息《いき》を引《ひ》とつてしまつた。

告別式《こくべつしき》の日《ひ》、私《わたし》は彼女《かのぢよ》の日記《につき》を、K子《こ》の母《はゝ》から渡《わた》された。とびらに――

『お姉様《ねえさま》と私《わたし》との日記《につき》』と書《か》いてあつた。

それを讀《よ》んで私《わたし》は私《わたし》の知《し》らない間《ま》に、彼女《かのぢよ》がどんなに私《わたし》の爲《ため》に心遣《こゝろづかひ》をしてゐたかを知《し》つて、更《さら》に限《かぎ》りない愛憐《あいれん》を、今《いま》は注《つ》ぐべき人《ひと》のないのを、どの様《やう》に悲《かな》しく思《おも》つた事《こと》だつたらう。

私《わたし》が風邪《かぜ》をひいて二三日《にち》學校《がくかう》を休《やす》んだ日《ひ》には、けふも歸《かへ》りにお家《うち》の前《まへ》まで行《ゆ》く、どうしても、ベルを押《お》す勇氣《ゆうき》が出《で》ない。しばらく御門《ごもん》の前《まへ》に佇《たゝず》んで、唯《たゞ》お姉様《ねえさま》がこのお家《うち》の中《なか》にいらつしやると思《おも》ふだけで我慢《がまん》をして歸《かへ》つて來《き》た。明日《あす》こそ學校《がくかう》へ行《い》つたら、あの背《せ》の高《たか》い紫《むらさき》の羽織《はおり》を召《め》したお姿《すがた》がある様《やう》に――

涙《なみだ》のつきる處《ところ》のない文字《もじ》がつらねてあつた。

「寂《さび》しさうねYさん」

誰《たれ》からも云《い》はれ乍《なが》ら、私《わたし》はつとめてその悲《かな》しみを人《ひと》に知《し》られまいと努力《どりよく》した。休《やすみ》の時間《じかん》廣《ひろ》い校庭《かうてい》一ぱいにかけ廻《まは》つてゐる多勢《おほぜい》の同《おな》じ様《やう》な少女《せうぢよ》の中《なか》に唯一人《たゞひとり》あつた筈《はず》の私《わたし》の大事《だいじ》な

姿《すがた》は消《き》えてしまつた。どこを探《さが》し求《もと》め樣《やう》と空《むな》しい努力《どりよく》にすぎなくなつてしまつた

或《あ》る放課後《はうくわご》、友《とも》の一人《ひとり》とひとけのない校庭《かうてい》の芝生《しばふ》に腰《こし》を下《お》して、稍《やゝ》春《はる》めいて來《き》た風《かぜ》に吹《ふ》かれ乍《なが》ら、殘《のこ》り少《すく》ない學校生活《がくかうせいくわつ》の名殘《なごり》をしみ〴〵と味《あぢは》つてゐた。

花壇《くわだん》のわきに、先生《せんせい》の畫架《ぐわか》に向《むか》つた後姿《うしろすがた》を見出《みいだ》した時《とき》、私《わたし》は涌《わ》き出《で》る感慨《かんがい》に胸《むね》もつぶれるばかりだつた。

「私《わたし》はもうこの學校《がくかう》に未練《みれん》はない」

思《おも》はずもつぶやいた私《わたし》を振《ふ》り向《む》いた友《とも》は

「忘《わす》れられないのね」

と、低《ひく》く云《い》つて眼《め》を落《おと》した。唯一人心許《たゞひとりこゝろゆる》したこの友《とも》は、こま〴〵した事《こと》を全《すべ》て知《し》り、又《また》その日記《にっき》も讀《よ》んだ唯一人《たゞひとり》だつた。

「けどYさん何年《なんねん》かたつて、その悲《かな》しみが血《ち》を吐《は》かない樣《やう》になるときがあるでせう。その時《とき》には何《なに》もかもが唯《たゞ》なつかしい夢《ゆめ》の樣《やう》に思《おも》ひ出《だ》される時《とき》が來《く》ると思《おも》ふわ」

私《わたし》は友《とも》の手《て》を握《にぎ》り〆《し》めたまゝ、睫毛《まつげ》でたまつた涙《なみだ》をこぼすまいと、そつと横《よこ》を向《む》いた。

十八《じふはち》の乙女《をとめ》の感傷《かんしやう》は聲《こゑ》をあげて泣《な》き度《た》い許《ばか》り迫《せま》つてゐたのだつた。

今已《いますで》に人《ひと》の妻《つま》となり母《はゝ》となり型通《かたどほ》り幸福《かうふく》とも見《み》られる生活《せいくわつ》に這入《はい》つて久《ひさ》しい、さり乍《なが》らその昔痛《むかしいた》み易《やす》い白紙《はくし》の心《こゝろ》に泣《な》いて泣《な》いて泣《な》きつくしたその思《おも》ひ出《で》は今《いま》も尚殘《なほのこ》つて——思《おも》ひ出《で》を追《お》ふ一とき、五ケ年《かねん》の學窓《がくさう》の一つ〴〵がヴェールをへだてた繪絹《ゑぎぬ》の如《ごと》く浮《う》んで思《おも》はずも時《とき》を忘《わす》れるのであるけれども、そこには常《つね》に、子《こ》の在《あ》りし日《ひ》の姿《すがた》が校門《かうもん》の傍《かたは》に、或《あるひ》は鈴懸《すゞかけ》の幹《みき》にもたれて又《また》は思《おも》ひ出《で》のベンチに、まざ〴〵と見《み》えるのである。今《いま》あらば又《また》とない心《こゝろ》の話相手《はなしあひて》ともなり、力強《ちからづよ》い味方《みかた》ともなつてくれたであらうものを——

短《みじ》かい縁《えにし》なるが故《ゆゑ》にかくまでも淸《きよ》く美《うつく》しい姿《すがた》を殘《のこ》したのであらうか。

「さう云《い》ふ氣持《きもち》は男《をとこ》の欲《ほ》しくなる前提《ぜんてい》さ」

私《わたし》がしみ〴〵その話《はなし》をし終《を》へると良人《をっと》は、さう云《い》つて一笑《せう》した。良人許《をっとばか》りではない今《いま》の女學生達《ぢよがくせいたち》、殊《こと》に眼《め》ざましく變《かは》つた母校《ぼかう》の生徒《せいと》達《たち》も恐《おそ》らくは、餘《あま》りにセンチな、と聲《こゑ》をあげて笑《わら》ふだらう。わづか五六年《ねん》の間《あひだ》に眼《め》をみはる許《ばか》りに氣風《きふう》の變《かは》つて來《き》た女學生達《ぢよがくせいたち》。

今《いま》は亡《な》い人《ひと》を思《おも》ふ事《こと》はほの〴〵と心《こゝろ》にともる灯《ひ》を見《み》る樣《やう》な思《おも》ひがするのを、おそらくは誰《たれ》もわかつてはくれないらしい。

少女《せうぢよ》の日《ひ》の喜《よろこ》びも悲《かな》しみもそこに見殘《みのこ》して學窓《がくさう》を出《で》て久《ひさ》し。親《した》しみ馴《な》れたすべてのものが今《いま》はたとへば、白木蓮《しろもくれん》の香《か》の樣《やう》に、フト、浮《う》んでフト消《き》える遠《とほ》い日《ひ》の思《おも》ひ出《で》とこそはなつた。所詮《しよせん》は古《ふる》い女學生《ぢよがくせい》、その古《ふる》い女學生《ぢよがくせい》だつたなつかしい人達《ひとたち》、幸《かう》も不幸《ふかう》もかゝはりなくあの頃《ころ》の思《おも》ひ出《で》を追《お》ふ人々《ひと〴〵》は、怖《おそ》らく誰《たれ》もが甘《あま》い涙《なみだ》をかみしめてゐる事《こと》だらう。

蒼白き青春

水原桂子

小學校《せうがくかう》から、ずつと同《おな》じクラスであつたTを、知《し》るやうになつたのは、女學校《ぢよがくかう》の三年《ねん》の頃《ころ》からであつた。人《ひと》よりも大人《おとな》びた私《わたし》には、運動《うんどう》に夢中《むちう》になつてる人達《ひとたち》が、何《な》んだか頼《たよ》りなく、一人《ひとり》で笹舟《さゝぶね》を作《つく》つては小川《をがは》に流《なが》して、運命《うんめい》も笹舟《さゝぶね》にあるかのやうな氣持《きもち》でながめたり、時《とき》には解《わか》りもしない哲學《てつがく》の本《ほん》を一生懸命《しやうけんめい》に讀《よ》んでみたりして、とにかく寂《さび》しい氣持《きもち》で理窟《りくつ》ばかり考《かんが》へて居《ゐ》た。

或日《あるひ》バスケツトボールに、夢中《むちう》になつてる人達《ひとたち》を、どうしてあんなに、はしやげるのかしらと、ぼんやり考《かんが》へてる時《とき》、後《うしろ》から優《やさ》しく肩《かた》に手《て》をかけた人《ひと》があつた。振《ふ》り向《む》いた時《とき》にそれは思《おも》ひもかけないTであつた。

瞬間《しゆんかん》私《わたし》は恥《はづ》かしいのと、嬉《うれ》しいのと、ゴチヤゴチヤした感情《かんじやう》が一杯《ぱい》になつて、何《なに》を話《はな》されたか、Tの言葉《ことば》さへも聞《き》き取《と》れなかつた。一人《ひとり》ぼつちの私《わたし》に、こんな清《きよ》く美《うつく》しい人《ひと》が、どうして優《やさ》しくしてくれるのかしら、それからの私《わたし》は毎《まい》日登校《にちとうかう》するのに、嫌《きら》ひだつたクリームさへつけて、早《はや》くから校門《かうもん》をくゞり、いつまでも紫《むらさき》の銘仙《めいせん》の羽織《はおり》に、白《しろ》い衿巻《えりまき》をかけたTの姿《すがた》を待《ま》つやうになつた。

間《ま》もなくTが隣《となり》に机《つくゑ》をならべるやうになつてからは、淡《あは》い憧《あこが》れと、何《な》んとも云《い》へない寂《さび》しさに、勉強《べんきやう》さへも虚《うつろ》になり、不思議《ふしぎ》な愛慕《あいぼ》の情《じやう》に、しみじみ自分《じぶん》が情《なさけ》なくなり、人《ひと》が運動《うん》する休《やす》みの時間《じかん》も、Tの横顔《よこがほ》を遠《とほ》くからスケツチしたりして樂《たの》しんで居《ゐ》た。

暫《しばら》くしてTには戀人《こひびと》があり、彼《かれ》が肺病《はいびやう》である事等《ことなど》をきかされた。心《こゝろ》なしかTの顔《かほ》も段々《だんだん》蒼《あを》くなり、寂《さび》しさうに清《きよ》らかな眼《め》には涙《なみだ》さへにじんで居《ゐ》る事《こと》があつた。

私達《わたしたち》には彼《かれ》を中心《ちゆうしん》に、いつの間《ま》にか涙《なみだ》する日《ひ》が多《おほ》くなり、日曜日《にちえうび》等《など》も寫生《しやせい》に行《い》くと云《い》つては共《とも》に語《かた》らうのを樂《たの》しみとする樣《やう》になつた。

その暮《くれ》の日《ひ》二十三夜樣《やさま》に私《わたし》は、姉《あね》と實母《じつぼ》と三人《にん》でお參《まゐ》りに出《で》かけた。歸《かへ》りには友人《いうじん》の所《ところ》で本《ほん》を借《か》りて、九時《じ》近《ちか》く養家《やうか》に歸《かへ》つた。

勿論嚴格《もちろんげんかく》な養母《やうぼ》には言傳《ことづて》したのだつたが、「只今《たゞいま》」と云《い》つても、床《とこ》についた養母《やうぼ》は起《お》きてくれず、種々《しゆじゆ》辯明《べんめい》しても、「好《す》きで夜遊《よあそ》びする子供《こども》に起《お》きてはやれない」と云《い》つて三十分《ぷん》も待《ま》つてるうちに雪《ゆき》は積《つも》るし、風《かぜ》は出《で》て來《く》るし、近《ちか》くにある中學校《ちゆうがくかう》の電線《でんせん》が切《き》れるやら、私《わたし》は恐《おそ》さに顫《ふる》えてしまつた。幾度《いくど》かお願《ねが》ひしたが「今《いま》まで居《ゐ》た家《うち》に泊《とま》つて來《き》なさい」と云《い》ふ。實家《じつか》に歸《かへ》るのは近《ちか》いけれど、こんな事《こと》で母《はゝ》に心配《しんぱい》をかけたり、近《ちか》くに嫁《とつ》いでる姉《あね》に云《い》へば、一人《ひとり》の子供《こども》をと叔母《をば》に當《あた》る養母《やうぼ》を惡《わる》く云《い》ふだらう。途方《とはう》に暮《く》れた後《のち》、Tの家《いへ》にと急《いそ》いだ。Tが戸《と》を閉《し》めきる所《ところ》に「今晩《こんばん》は」と泣聲《なきごゑ》で云《い》つたので、吃驚《びつくり》して戸《と》を開《あ》けてくれた。

Tもお母樣《かあさま》も話《はなし》をきくと驚《おどろ》いて、すぐに一緒《しよ》に行《い》つてお詫《わ》びをして下《くだ》さると申《まを》されたが到底《たうてい》駄目《だめ》だと思《おも》つてる私《わたし》は、結局《けつきよく》暖《あたゝか》い夜具《やぐ》の中《なか》に寢《ね》かされた。生《うま》れて初《はじ》めての暖《あたゝか》い空氣《くうき》に浸《ひた》つた樣《やう》な私《わたし》は仲々《なかなか》眠《ねむ》れなかつた。

いつしか學校《がくかう》の卒業《そつげふ》も近《ちか》づいた頃《ころ》、私《わたし》はもう此上《このうへ》に養家《やうか》にとゞまつて、上《うへ》の學校《がくかう》に行《い》くのも厭《いと》はしく、實社會《じつしやくわい》に出《で》て多《おほ》くの家庭《かてい》を見《み》習《なら》つたらと思《おも》つてる矢先《やさき》に、看護婦《かんごふ》になつたらと云《い》ふ人《ひと》の世話《せわ》で、養母《やうぼ》にもうまく相談《さうだん》して、東京《とうきやう》に出《で》る事《こと》を許《ゆる》して戴《いただ》いた。

その日《ひ》Tは學校《がくかう》を休《やす》んだので、歸《かへ》りに立寄《たちよ》ると風引《かぜひ》きの氣味《きみ》で休《やす》んでゐた。

「私今度東京《わたしこんどとうきやう》に行《ゆ》くの」Tは不思議《ふしぎ》さうに、「だつてあんた東京《とうきやう》は嫌《きら》ひだと云《い》ふのに何《なに》しに行《ゆ》くの」私《わたし》は決心《けつしん》を話《はな》した。

二十三日卒業《にじふさんにちそつげふ》の日《ひ》には、泣《な》いたり、笑《わら》つたり、寫眞《しやしん》を撮《と》つたり、偏窟《へんくつ》な私《わたし》も一《ひと》つのお菓子《くわし》を二人《ふたり》で食《た》べ合《あ》つたりした。

やがて別《わか》れの二十八日《にはち》は來《き》た。母《はゝ》や近所《きんじよ》の方達《かたたち》に送《おく》られて驛《えき》に着《つ》いたが、Tの姿《すがた》は見《み》えず、不安《ふあん》のままに乘車《じようしや》した。これが最後《さいご》の別《わか》れではないのに養母《やうぼ》やTの事《こと》を思《おも》ふと涙《なみだ》ばかりが先《さき》に立《た》つ。ピヨウと一笛《ひとふえ》汽車《きしや》が滑《すべ》り出《だ》した時《とき》寂《さみ》しさうな、それでも元氣《げんき》なTの姿《すがた》が見《み》えた。何《なに》も云《い》へない二人《ふたり》だつたが、共《とも》に涙《なみだ》の瞳《ひとみ》で別《わか》れの挨拶《あいさつ》をするのだつた。プラットホームを離《はな》れても、白《しろ》いハンカチがいつまでも見《み》えて居《ゐ》た。

姉妹《しまい》なんて誓《ちか》はなくとも二人《ふたり》はいつまでも姉妹《きやうだい》よ。手紙《てがみ》は時々下《ときどきくだ》さいね。といつか話《はな》した言葉《ことば》が今更《いまさら》に身《み》にしみて、しばらくは腰《こし》を下《おろ》さうともしなかつた。上京後《じやうきやうご》は心配《しんぱい》をかけまいとは思《おも》ひながらも、手紙《てがみ》を出《だ》すと、Tの返事《へんじ》は定《きま》つたやうに、貴女《あなた》は何事《なにごと》にでも辛抱《しんばう》できる人《ひと》だと云《い》ふ信《しん》じきつた便《たよ》りだつた。

Tに勵《はげ》まされながら、やがて私《わたし》も目的《もくてき》の免状《めんじやう》を取《と》り、どうにか一人前《にんまへ》らしくなつて歸郷《ききやう》した。

Tの愛人《あいじん》は既《すで》に亡《な》き人《ひと》となり、前《まへ》にも増《ま》して寂《さみ》しさうなTは、ほんとうに喜《よろこ》んでくれて早速《さつそく》お墓參《はかまゐ》りをするのであつた。

線香《せんかう》の煙《けむり》の中《なか》に在《あ》りし日《ひ》の人《ひと》の事《こと》を話《はな》し合《あ》つて、只涙《ただなみだ》にむせぶのであつた。私《わたし》もその後《ご》、上京《じやうきやう》せずに田舍《ゐなか》で働《はたら》いて、Tを慰《なぐさ》めてゐた。

「近頃《ちかごろ》二階《かい》から少《すこ》しも下《お》りて來《こ》ないのですよ」とのTの母《はゝ》の言葉《ことば》に、そつと二階《かい》の様子《やうす》を見《み》ると、降《ふ》る程《ほど》ある縁談《えんだん》を斷《ことは》つて、私《わたし》と同《おな》じ看護學《かんごがく》の勉强《べんきやう》をしてる事《こと》がわかつた。こんなお孃《ぢやう》さんがと一時《じ》は驚《おどろ》いたけれども、熱心《ねつしん》さに引《ひ》かされて、私《わたし》も決心《けつしん》し、單獨《たんどく》で上京《じやうきやう》し、恩師《おんし》を尋《たづ》ねて、苦學《くがく》の道《みち》を探《さが》して戴《いただ》いた。しかし仲々《なかなか》搾取多《さくしゆおほ》き都會《とくわい》の人《ひと》は六ケ月とは云《い》へ、すぐに學校《がくかう》に出《だ》してくれる人《ひと》もなく、年《とし》も取《と》つてるのだし、家《いへ》の世話《せわ》になりたくないとのTの言葉《ことば》もあるので、私《わたし》も一奮發《ひとふんぱつ》しやうと、患家《くわんか》にあたる青年《せいねん》Sに頼《たの》つて學校《がくかう》の手續《てつゞき》をして戴《いただ》き、すぐに田舍《ゐなか》に行《い》つてTにこの事《こと》を話《はな》した。

Sからは試驗《しけん》の前日都合《ぜんじつつがふ》が良《よ》かつたらすぐに上京《じやうきやう》するやうにとの手紙《てがみ》で、初《はじ》めてT家《け》の御兩親《ごりやうしん》に打明《うちあ》けた所《ところ》が、私《わたし》が一諸《しよ》ならばとの御言葉《おことば》に早速《さつそく》その夜《よ》のうちに仕度《したく》をして、明朝《みやうてう》一番《ばん》で上京《じやうきやう》しなければならなかつた。

學校《がくかう》についたのか十一時《じ》で、十二時《じ》から試驗《しけん》があると云《い》ふのに、Tの顔《かほ》は初《はじ》めての上京《じやうきやう》を急《きふ》の出發《しゆつぱつ》ですつかり蒼《あを》くなつてゐた。若《も》しやと蔭《かげ》に念《ねん》じる私《わたし》の心《こゝろ》は例《たと》へやうもなく、一時間《じかん》といふ間手《あひて》を合《あ》はせたきりだつた。

329　「特輯・秘密の姉妹」　湊千三子、水原桂子、北原由美子、伊地知ゆき、植村敏子　『婦人公論』昭和11年4月1日

次《つぎ》の日《ひ》は發表《はつぺう》を見《み》るまでもなく、合格《がふかく》し、恩師《おんし》の家《いへ》の近《ちか》かくに落《お》ついたのは、夜《よ》も十時《じ》に近《ちか》かつた。二人《ふたり》で一生懸命《しやうけんめい》に袴《はかま》を縫《ぬ》ひ、次《つぎ》の日《ひ》學校《がくかう》まで送《おく》つて行《い》つた私《わたし》は、又就職《またしうしよく》を探《さが》さなければならなかつた。學資《がくひ》を送《おく》らねばならぬ私《わたし》に、仲々都合《なかなかつがふ》の良《よ》い所《ところ》はなく、Tには心配《しんぱい》をかけたくないとは思《おも》ひながらも氣《き》のもめるままに事情《じじやう》を話《はな》しに行《い》つた。Tはしばらく考《かんが》へてたが、私《わたし》の樣《やう》な意氣地《いくぢ》なしを頼《たよ》りにしたのが後悔《こうくわい》されたやうに、Tはすすりあげてしまつた。何《な》んと慰《なぐさ》めてよいのか「心配《しんぱい》しないでね」と同《おな》じやうな事《こと》をくり返《かへ》して、車《しや》中《ちう》も夢中《むちう》で泣《な》く泣《な》く夕方《ゆふがた》まで就職《しうしよく》を探《さが》した。何不自由《なにふじいう》なく育《そだ》つたTを私故《わたしゆゑ》に苦《くる》しませてはと思《おも》へば働《はたら》くと云《い》ふより外《ほか》に何《なん》の樂《たの》しみもなく、人《ひと》の皮肉《ひにく》な笑《わら》ひも、卒業《そつげふ》さへすればと心《こゝろ》に希《ねが》ふ私《わたし》だつた。

Tは優等《いうとう》で卒業《そつげふ》し、本試驗《ほんしけん》にも成績《せいせき》良《よ》く、パスしてくれた。私達《わたしたち》は喜《よろこ》び勇《いさ》んでSに見送《みおく》られながら田舍《いなか》に歸《かへ》つたのは、それからすぐであつた。T家《け》でも喜《よろこ》んで下《くだ》さつて樂《たの》しい幾日《いくにち》かの後《のち》に私達《わたしたち》は上京《じやうきやう》した。

Tの勤先《つとめさき》はSの家《いへ》のすぐ近《ちか》くだつたので、Sのお母樣《かあさま》にもお願《ねが》ひして、やつと安心《あんしん》の幾《いく》月《つき》か續《つゞ》いた或《あ》る日《ひ》、TとSとは友情以上《いうじやういじやう》に愛《あい》し合《あ》つてる事《こと》を知《し》つた。

私《わたし》は野邊《のべ》の捨石《すていし》にも似《に》た遣瀨《やるせ》なき焦燥《せうさう》にかられたが、でも二人《ふたり》が幸福《かうふく》になれるのならばと進《すゝ》んでS家《け》に話《はなし》をした。初《はじ》めは許《ゆる》されさうもなかつたが、常々我子《つねづねわがこ》を信《しん》じてる兩家《りやうけ》では、時機《じき》を見《み》て許《ゆる》された。Tは私《わたし》の家庭《かてい》も知《し》つてるし、T以外《いぐわい》には私《わたし》を理解《りかい》して呉《く》れる者《もの》のないやうにしか思《おも》へぬ私《わたし》は谷底《たにそこ》にでも突落《つきおと》されるやうな焦慮《せうりよ》の幾日《いくにち》かを過《す》ごした。

貴方《あなた》なしには生活《せいくわつ》の出來《でき》ない程《ほど》に、想《おも》ひつめてた私《わたし》の心《こゝろ》を貴方《あなた》は知《し》つては居《ゐ》なかつたでせう。立《た》ち返《かへ》つて觀《み》た社會《しやくわい》は、矛盾《むじゆん》した事《こと》ばかり多《おほ》く、人間性《にんげんせい》の本能《ほんのう》に對《たい》する疑問《ぎもん》が、結《けつ》局個人《きよくこじん》の欠陷《けつかん》である事等《ことなど》を悟《さと》つた時《とき》、宗教《しうけう》さへも消極的《せうきよくてき》な理想《りさう》の樣《やう》に想《おも》へて、世《よ》の中《なか》が厭《いや》はしくなり、自分《じぶん》の樣《やう》な者《もの》が何《な》んの爲《ため》に生《い》きてるのか頼《たよ》りなく、無意味《むいみ》のやうに思《おも》はれて、遂《つひ》に死《し》を選《えら》んでしまつた。入院《にふゐん》して三日目《みつかめ》、生《い》きてる自分《じぶん》に氣付《きづ》いて、腹立《はらだゝ》しいのか、悲《かな》しいのか、只不思議《たゞふしぎ》な氣持《きもち》だつた。樣子《やうす》を聞《き》くと自分《じぶん》の兩親《りやうしん》には見向《みむ》きもせず、Tのお母《かあ》樣《さま》に泣《な》きながらお詫《わ》びしてたとか。

驚《おどろ》いて飛《と》んで來《き》たTに連《つ》れられて上京《じやうきやう》した。恥《は》づかしい徹底的自己主義《てつていてきじこしゆぎ》になり下《さが》つた私《わたし》も、クリスチヤンの友《とも》に導《みちび》かれて教會《けうくわい》にも行《ゆ》くやうになつた。使命《しめい》あれば生《うま》れ、死《し》なうとしても殺《ころ》しては下《くだ》さらない宇宙《うちう》の神秘《しんぴ》に驚異《きやうい》を感《かん》じ、誠《まこと》の人生《じんせい》は私《わたし》の考《かんが》へてるやうなものではなく、もつと嚴肅《げんしゆく》であり又《また》ユーモラスな、實《じつ》に興味《きようみ》あるものである事《こと》を知《し》つた。

Tよ、然《しか》し私《わたし》は一個《こ》の弱《よわ》い人間《にんげん》である。貴女《あなた》はその後《のち》私《わたし》が宗教的《しうけうてき》に轉向《てんかう》したのを喜《よろこ》んでて下《くだ》さるとか、蔭《かげ》ながらそれを聞《き》いて、どんなに嬉《うれ》しかつたか。

私《わたし》の心《こゝろ》を知《し》つて、不自然《ふしぜん》から二人《ふたり》を救《すく》ふために絶交《ぜつかう》まで進《すゝ》めて下《くだ》さつたS氏《し》の前《まへ》にも、今《いま》ある幸福《かうふく》を感謝《かんしや》し、新《あたら》しい家庭《かてい》に芽生《めば》へつつある貴女《あなた》の上《うへ》に幸福《かうふく》を願《ねが》ひ、逆境《ぎやくきやう》にゆがめられつつ、儚《はかな》い同性愛《どうせいあい》に歎《なげ》く人々《ひとびと》の上《うへ》に、大自然《だいしぜん》の審《はか》ある事《こと》を一刻《こく》も早《はや》く悟《さと》られん事《こと》を祈《いの》りつゝペンを置《お》く。

永遠のシルエット

北原由美子

妹《いもうと》と愛《あい》し、姉《あね》としたふ優《やさ》しい女同士《をんなどうし》の純《じゆん》愛《あい》、やるせなさも悩《なや》ましさも總《すべ》て同性愛《どうせいあい》なればこそ美《うつく》しいと思《おも》へるのだらうけれどそれ故に亦《また》もつれ易《やす》い心《こゝろ》と心《こゝろ》——尊敬《そんけい》、憧憬《どうけい》、友情《いうじやう》そして其等《それら》が何時《いつ》とはなし何《なに》にもかも忘《わす》れ果《は》てゝ熱烈《ねつれつ》な同性戀愛《どうせいれんあい》へ變《かは》つて行《ゆ》くのである。

私《わたし》も學生時代《がくせいじだい》に幾《いく》つかの同性戀愛《どうせいれんあい》を經驗《けいけん》して來《き》たが不思議《ふしぎ》と其《そ》の多《おほ》くは私自身《わたしじしん》を悲劇《ひげき》のヒロインにさせてしまつてゐる。だが異性間《いせいかん》の戀愛《れんあい》の樂《たの》しさ、悩《なや》ましさとは又違《またちが》つた何所迄《どこまで》もデリケートな乙女《をとめ》同士《どうし》の戀愛《れんあい》を素晴《すば》らしい心境《しんきやう》だと讃美《さんび》したら人《ひと》は笑《わら》ふだらうか？

私《わたし》は其《そ》の日《ひ》も眞弓《まゆみ》から淡桃色《うすもゝいろ》の可愛《かはい》らしい封筒《ふうとう》をそつと渡《わた》された。毎日會《まいにちあ》つて居《ゐ》ながら手紙《てがみ》の交換《かうくわん》をするといつて先生《せんせい》に叱《しか》られた事《こと》もあるが私達夢多《わたしたちゆめおほ》き女《ぢよ》學生《がくせい》にとつて其《そ》れは唯《ゆゐ》一《いつ》の樂《たの》しみであつたものだ。私《わたし》はよくいろんな友達《ともだち》からもらふ樣々《さまざま》の手紙《てがみ》を花園《はなぞの》の脇《わき》の靜《しづ》かなベンチで讀《よ》むのが癖《くせ》だつた。家《うち》へ歸《かへ》つてから、落付《おちつ》いて開《あ》けて見《み》る樂《たの》しさもないではないけれど燃《も》え上《あが》る樣《やう》な情熱《じやうねつ》を押《おさ》へ切《き》れない時《とき》、私《わたし》はいつもたつた一人《ひとり》そうつとベンチに行《い》つて讀《よ》んでしまふのだつた。其《そ》んなに夢中《むちう》に好《す》きでもない眞弓《まゆみ》からの手紙《てがみ》だつたけれどいつになく氣《き》になるので其《そ》の日《ひ》も急《いそ》いで庭《には》へおりて讀《よ》んでしまつた眞弓《まゆみ》の手紙《てがみ》は今迄《いままで》にない眞劍《しんけん》なものだつた。

〃由美《ゆみ》ちゃんに今日《けふ》は私《わたし》の大事《だいじ》な事《こと》を聞《き》いて戴《いただ》きたいのです。御分《おわか》りになるかも知《し》れませんが私《わたし》は貴女《あなた》を美紗《みさ》ちゃんに奪《うば》はれてしまふ樣《やう》な氣《き》がして心配《しんぱい》で夜《よる》なんかも寢《ね》られません。三人仲好《にんなかよ》くとあれ程《ほど》いつたのにこんな事《こと》書《が》いたら貴女《あなた》は怒《おこ》るかもしれないけれど私《わたし》は美紗《みさ》ちゃんが意地惡《いぢわる》の樣《やう》に思《おも》へます。私《わたし》は永久《えいきう》に貴女《あなた》に愛《あい》されたい。私《わたし》を忘《わす》れないで欲《ほ》しいんです、こんな事今更云《こといまさらい》ふのはおかしいけれど一寸約束《ちよつとやくそく》して戴《いただ》き度《た》い事《こと》がありますの、それはね、貴女《あなた》が前《まへ》から戀《こひ》しがつてゐた五年《ねん》の白《しろ》バラの君《きみ》ね、私偶然《わたしぐうぜん》家《いへ》が側《そば》なので知《し》る樣《やう》になりましたの、それで私貴女《わたしあなた》を紹介《せうかい》して上《あ》げ樣《やう》と思《おも》ひますがそれについていつまでも私《わたし》と仲好《なかよ》くして下《くだ》さる事《こと》を御約束《おやくそく》して頂《いただ》きたいのです。あの方《かた》も貴女《あなた》に紹介《せうかい》してくれとおつしやいます。ですからきつと私達二人《わたしたちふたり》の大事《だいじ》なお姉樣《ねえさま》として崇拜《すうはい》する事《こと》を誓《ちか》つて下《くだ》さいね、いゝでせう？　きつと〳〵嬉《うれ》しい御返事《ごへんじ》をね——

最愛《さいあい》なる由美子樣《ゆみこさま》

眞弓《まゆみ》〃

讀《よ》み終《をは》つた私《わたし》は輕《かる》い興奮《こうふん》に溜息《ためいき》をついた。三年《ねん》の三羽鳥《さんばがらす》——私《わたし》と眞弓《まゆみ》と美紗《みさ》の三人《にん》は皆《みな》にさう呼《よ》ばれる人氣者《にんきもの》のグループだつた。三人《にん》はいつも一緒《しよ》、オシヤレでモダンで三人《にん》とも成績《せいせき》には相當自信《さうたうじしん》があつた。必《かなら》ず三人《にん》で朗《ほが》らかな姿《すがた》を現《あらは》す私達《わたしたち》を下級生《かきふせい》も上級生《じやうきふせい》も素《す》的《てき》なグループだと云《い》つてくれた。無邪氣《むじやき》な三人《にん》だつたが、いつの間《ま》にか三つの心《こゝろ》が妖《あや》しく縺《もつ》れ出《だ》してゐた。三人《にん》はいつか離《はな》れる、そんな言葉《ことば》が氣《き》になり出《だ》した私《わたし》だつた。私《わたし》はやつぱり一番苦《ばんくる》しまなければならなかつたのだ。

美紗《みさ》も眞弓《まゆみ》も心《こゝろ》から私《わたし》を愛《あい》してくれたけれど私《わたし》はどつちかと云《い》へば内氣《うちき》な眞弓《まゆみ》よりスペインの舞姫《まひひめ》の樣《やう》な情熱《じやうねつ》をあふれる樣《やう》に持《も》つてゐる美紗《みさ》がたまらなく好《す》きだつた。仲善《なかよ》しであつてもおとなしい眞弓《まゆみ》に對《たい》して戀愛《れんあい》らしい感情《かんじやう》は少《すこ》しも起《おこ》らなかつたのに反《はん》して美紗《みさ》には生《うま》れて初《はじ》めて戀《こひ》をしてしまつた。戀《こひ》するものの歡《よろこ》びも苦《くる》しさもやるせなさも、みんな美《み》紗《さ》によつて味《あぢは》はされた私《わたし》だつた。男《をとこ》の子《こ》の樣《やう》に活潑《くわつぱつ》でモダンで甘《あま》つたれた言葉《ことば》の端々に不思議《ふしぎ》な魅力《みりよく》を持《も》つ美紗《みさ》を想《おも》つて私《わたし》は夜床《よどこ》に入《はひ》つてからも寢《ね》つかれない事《こと》が度々《たびたび》あつた。そして美紗《みさ》もやつぱり私《わたし》を本當《ほんたう》に愛《あい》してゐてくれた。空《そら》の美《うつく》しく澄《す》んだ日《ひ》、私《わたし》はだまつて愛《あい》する美紗《みさ》から小《ちひ》さい紙切《かみき》れをもらつた。開《ひら》いて見《み》るとこんなことが書《か》いてあつた。

〃由美《ゆみ》、今何《いまなに》してる？　若《も》しかしたら私《わたし》の事《こと》を想《おも》つてゐてくれるかも――私《わたし》は御部屋《おへや》のコバルトのスタンドで由美《ゆみ》を想《おも》ひながらペンをとつてゐます。優《やさ》しい由美《ゆみ》、美《うつく》しい由美《ゆみ》、私《わたし》は貴女《あなた》を想《おも》つてたまらなくなつてしまふの。

私《わたし》のこの頃《ごろ》の心境《しんきやう》は淺《あさ》ましい樣《やう》だけれどあのおとなしい眞弓《まゆみ》がうるさいの、いけないわね。惡《わる》いと思《おも》ひながら私《わたし》には眞弓《まゆみ》が私達《わたしたち》二人《ふたり》の仲《なか》を割《さ》く小《ちひ》さい惡魔《あくま》の樣《やう》に思《おも》へます。私《わたし》は由美《ゆみ》の變《かは》らない愛情《あいじやう》を信《しん》じます。何《な》んだか思《おも》ふ存分《ぞんぶん》由美《ゆみ》を抱《だ》きしめてやりたくなつた――又《また》おそくなるから御休《おやす》みしませう

又明日學校《またあしたがくかう》でね　オヤスミ

一番愛《ばんあい》する

由美《ゆみ》へ

美紗子《みさこ》〃

私《わたし》の小《ちひ》さい頭《あたま》を樣々《さまざま》の幻想《げんさう》がかけ廻《まは》つてゐた。美紗《みさ》と眞弓《まゆみ》と白《しろ》バラの君《きみ》の三つの顏《かほ》がほほえみながら通《とほ》り過《す》ぎて行《ゆ》く。私《わたし》は皆《みんな》を愛《あい》したい。だのに二人《ふたり》は私《わたし》を奪《うば》はうとあせつてゐる。美紗《みさ》を愛《あい》し白《しろ》バラの君《きみ》を想《おも》つてゐてもおとなしい眞弓《まゆみ》を悲《かな》しませるのは可愛想《かはいさう》だつた。眞弓《まゆみ》は二人《ふたり》のお姉樣《ねえさま》として白《しろ》バラの君《きみ》を紹介《せうかい》するといつてゐる。妄想《まうさう》に疲《つか》れ果《は》てゝフラフラになつた頭《あたま》をかゝへて翌日學校《よくじつがくかう》へ出《で》て行《い》つた私《わたし》にもう來《き》てゐた眞弓《まゆみ》は走《はし》り寄《よ》つて私《わたし》の耳《みゝ》もとに囁《さゝや》くのだつた。

〃ねえ、あの白《しろ》バラの君《きみ》今日《けふ》紹介《せうかい》するわ。お晝休《ひるやす》みにあのベンチへ來《き》てつて……〃

〃さう――〃案外《あんぐわい》嬉《うれ》しがりもしないで默《だま》りこくつて居《ゐ》る私《わたし》の肩《かた》を搖《ゆ》すぶつて眞劍《しんけん》な眞弓《まゆみ》の瞳《ひとみ》がのぞき込《こ》んだ。

其《そ》の晝休《ひるやす》みに私《わたし》は二年《ねん》の時《とき》からあこがれてゐた白《しろ》バラの君《きみ》と呼《よ》ぶKさんに紹介《せうかい》された。優《やさ》しくうるんだKさんの澄《す》んだ瞳《ひとみ》にジツと見《み》つめられて急《きふ》に心《こゝろ》の扉《とびら》をたゝかれた樣《やう》な戀《こひ》しい狼狽《らうばい》を心《こゝろ》に感《かん》じながら私《わたし》は下《した》を向《む》いてしまつた。私《わたし》は本當《ほんたう》に幸福《かうふく》だつた。

それから時々《ときどき》Kさんから手紙《てがみ》が屆《とゞ》けられ、時《とき》には愛《あい》らしい花《はな》が贈《おく》られた。私《わたし》も又《また》Kさんの大好《だいす》きなフリーヂヤをかゝへて登校《とうかう》する日《ひ》は樂《たの》しかつた。さうして少《すこ》しづゝKさんを知《し》つて行《ゆ》く中《うち》私《わたし》は心《こゝろ》からKさんを姉《あね》の樣《やう》に敬愛《けいあい》する樣《やう》になつて行《い》つた。清《きよ》い純《じゆん》な友情《いうじやう》が續《つゞ》けられて三ケ月《げつ》もたつた頃《ころ》もうクラスの人達《ひとたち》はKさんと私《わたし》をS《エス》だ／＼と騷《さわ》ぎ出《だ》してゐた。私《わたし》はいつか眞弓《まゆみ》よりもKさんと親《した》しくなりながら相變《あいかは》らず美紗《みさ》を愛《あい》し續《つゞ》けてゐる自分《じぶん》に氣《き》が付《つ》いた。〃それぢや約束《やくそく》が違《ちが》ふぞ〃と私《わたし》の良心《りやうしん》は私《わたし》を責《せ》めるのだつた。だが深《ふか》い／＼愛情《あいじやう》を今更《いまさら》どうして曲《ま》げ得《え》よう。

　其《そ》の頃《ころ》朝《あさ》登校《とうかう》するのが眞弓《まゆみ》よりも私《わたし》の方《はう》が早《はや》いのを美紗《みさ》は知つてゐてよく私《わたし》を誘《さそ》ひに來《き》た。黒《くろ》い瞳《ひとみ》がいたづらさうに笑《わら》つて私《わたし》を見《み》つめると私《わたし》は眞弓《まゆみ》に惡《わる》いとは知《し》りつゝいつか引《ひき》づられる樣《やう》に教室《けうしつ》を出てしまふのだつた。そんな日《ひ》が一週間《しうかん》も續《つゞ》くと眞弓《まゆみ》は寂《さび》しくなつたのかあきらめたのか外《ほか》の友達《ともだち》と遊《あそ》び初《はじ》めてゐた。美紗《みさ》は一人《ひとり》で丁度《ちやうど》いゝわと喜《よろこ》んでゐたが私《わたし》にけ惱《なや》みの種《たね》だつた。さうかといつてこれ程《ほど》深《ふか》く心《こゝろ》に刻《きざ》みつけられてゐるあの瀟洒《せうしや》なKさんのシルエットをなんで拭《ぬぐ》ひ去《さ》る事《こと》が出來《でき》やう。Kさんも私《わたし》を一番《ばん》愛《あい》してゐるといふ。だがふり返《かへ》つて考《かんが》へれば大事《だいじ》な眞弓《まゆみ》との約束《やくそく》を今《いま》はすつかり忘《わす》れてしまつた樣《やう》に私《わたし》はいつの間《ま》にか親友《しんいう》の眞弓《まゆみ》から美《うつく》しい御姉樣《おねえさま》を奪《うば》つてしまつてゐたのだつた。二人《ふたり》の御姉樣《おねえさま》よとあれ程《ほど》眞弓《まゆみ》に賴《たの》まれて置《お》きながら何《なん》といふ自分《じぶん》だらうと、幸福《かうふく》の中《なか》に惱《なや》みのたえぬ生活《せいくわつ》が續《つゞ》いてもう校庭《かうてい》にも優《やさ》しい春《はる》の風《かぜ》が吹《ふ》き初《はじ》めてゐた。眞弓《まゆみ》の好《す》きな春《はる》が來《き》たのに眞弓《まゆみ》の瞳《ひとみ》は日《ひ》に〳〵冷《つめ》たくなつて行《ゆ》く樣《やう》だつた。それと同時《どうじ》に人《ひと》の噂《うはさ》はます〳〵私《わたし》の心《こゝろ》に刻《きざ》まれて私《わたし》を苦《くる》しめるのだつた。私《わたし》はたまらなくなつてしまつた。〃由《ゆ》美《み》は眞弓《まゆみ》から御姉樣《おねえさま》を横《よこ》取《ど》りしちやつたのよ、綺麗《きれい》なもんでうぬぼれてゐるのよ、眞弓《まゆみ》さんは可哀《かはい》さうだワ〃等々《とう〳〵》冷《つめ》たく默《だま》りこくつてゐる私《わたし》に美紗《みさ》はきれいな瞳《ひとみ》をうるませてKさんをあきらめろといふのだつた。二人《ふたり》つきりいつまでも愛《あい》し合《あ》はうと泪《なみだ》さへ浮《うか》べて約束《やくそく》を促《うなが》す美紗《みさ》――私《わたし》の心《こゝろ》はもつれもつれて今《いま》はどうしてよいのか分《わか》らなかつた。春《はる》、美《うつく》しい花《はな》の咲《さ》きそめた日《ひ》、自分《じぶん》で書《か》いたばらの花《はな》の油繪《あぶらゑ》を私《わたし》に贈《おく》つてくれたKさんは懷《なつか》しがる私《わたし》に永久《えいきう》に變《かは》らぬ愛情《あいじやう》を盟《ちか》つて卒業《そつげふ》して行《い》つた。あきらめられもしない私《わたし》だつたけれどたとへ今《いま》になつてあきらめ樣《やう》と其《それ》が何《なに》にならう。私《わたし》は自分《じぶん》の感情《かんじやう》を持《も》て餘《あま》して困《こま》つてゐる自分自身《じぶんじしん》が口惜《くや》しかつた。私《わたし》はとうとう親《しん》友《いう》を無慘《むざん》にも踏《ふ》みにぢつた惡《わる》い友達《ともだち》だつたのだ。もう眞弓《まゆみ》は決《けつ》して私《わたし》を愛《あい》さうとはしなかつたらう。だがKさんが卒業《そつげふ》してから見受《みう》ける眞弓《まゆみ》の顏《かほ》は返《かへ》つて前《まへ》の樣《やう》な暗《くら》い灰色《はいいろ》の樣《やう》な影《かげ》が消《き》えて美《うつく》しく輝《かゞや》いてゐるかの樣《やう》に思《おも》はれた。

　私達《わたしたち》が五年《ねん》に進級《しんきふ》した時《とき》三人《にん》は別々《べつ〳〵》のクラスに編入《へんにふ》されてしまつた。だん〳〵美紗《みさ》とも離《はな》れて行《ゆ》く樣《やう》にまた私《わたし》を愛《あい》してくれる新《あたら》しい友達《ともだち》が出來《でき》て來《き》た。私《わたし》はいつも愛《あい》を訴《うつた》へてくる可憐《かれん》な下級生達《かきふせいたち》を皆等分《みなとうぶん》に愛《あい》してやつた。いつの間《ま》にか月日《つきひ》は流《なが》れて私達《わたしたち》も夫々《それ〴〵》の想《おも》ひを胸《むね》にたゝんでサヨナラをする日《ひ》が遂《つひ》に來《き》た。私《わたし》は私《わたし》をどんなに愛《あい》してくれる友達《ともだち》が別《わか》れを惜《を》しんでも美紗《みさ》と別《わか》れる程《ほど》悲《かな》しいとは思《おも》はなかつた。だが普通《ふつう》の挨拶《あいさつ》をして默《だま》つて握手《あくしゆ》して別《わか》れてしまつた美紗《みさ》と私《わたし》。離《はな》れてからもう三年《ねん》の月日《つきひ》が流《なが》れ去《さ》つて今《いま》では希望《きばう》ある本當《ほんたう》に倖《しあは》せな結婚生活《けつこんせいくわつ》に入《はひ》つてゐる私《わたし》だが振《ふ》り返《かへ》つて思《おも》へば何《なに》もかも昔《むかし》の事《こと》は霧《きり》の樣《やう》に美《うつく》しいベールに掩《おほ》はれてたゞ美《うつく》しく懷《なつか》しい。だが本當《ほんたう》に美紗《みさ》は私《わたし》にとつて初戀《はつこひ》の人《ひと》だつた初戀《はつこひ》は忘《わす》れ得《え》ぬといふ。夫《をつと》に限《かぎ》りなく愛《あい》されながら亦《また》私《わたし》も同《おな》じ樣《やう》に愛《あい》しながら私《わたし》は今《いま》でもやつぱり美紗《みさ》をそうつと愛《あい》してゐる。

職場に芽ばえて

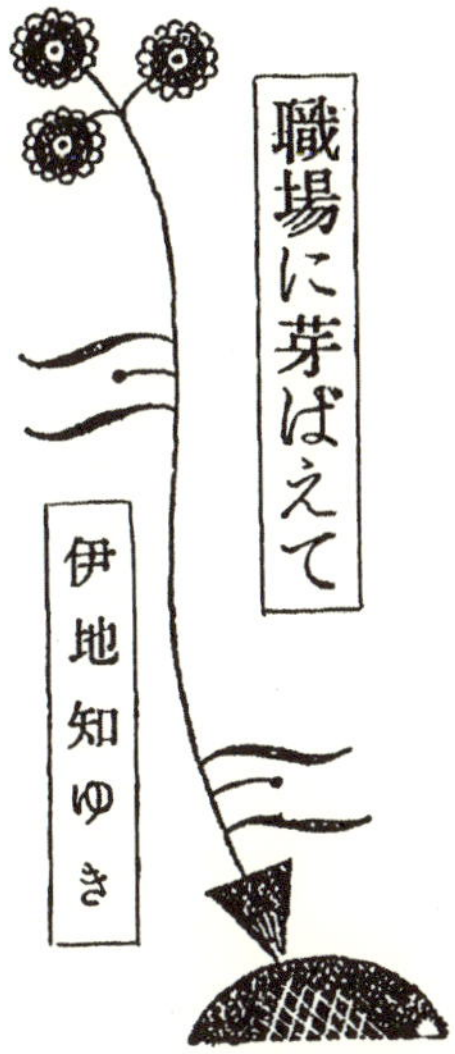

伊地知ゆき

肌《はだ》をさす様《やう》な寒風《かんぷう》が吹《ふ》いてチラチラ小雪《こゆき》が町《まち》の屋根《やね》を道《みち》を白《しろ》くする頃《ころ》は直《す》ぐ其所《そこ》に新《あたら》しい手《て》の歩《あゆ》みを感《かん》ずるのでした。軈てクリスマス!! 私《わたし》はほつと溜息《ためいき》を吐《は》いた、愈々今日《けふ》なのだ。甦《よみがへ》つて來《き》た現實《げんじつ》の前《まへ》には女《をんな》なるが故《ゆゑ》に奈樣《どう》する事《こと》も出來《でき》ず涙《なみだ》を浮《うか》べるより仕方《しかた》がありませんでした。私《わたし》の前《まへ》には悲哀《ひあい》だけの一條《すぢ》の道《みち》が展《ひろ》がつてゆくのを感《かん》じない譯《わけ》にいかなかつた。

希望《きばう》——そんなものありはしない。健康《けんかう》! 八ケ月《げつ》もの病床《びやうしやう》生活《せいくわつ》ではないか絶望《ぜつばう》にふたぐ心《こゝろ》にも一度《ど》過去《くわこ》の追憶《つひおく》がさかのぼつて青春《せいしゆん》の夢《ゆめ》あこがれ多《おほ》き日《ひ》に別《わか》れ來《く》る迄《まで》の姿《すがた》を描《えが》いて見《み》よう。それはまだ生々《なまなま》しい忘《わす》れ切《き》れない、私《わたし》の記録《きろく》なのです。嬉々《きゝ》として樂《たの》しく生活《せいくわつ》する現實《げんじつ》と素晴《すば》らしい空想《くうさう》を抱《いだ》いて私《わたし》は社會《しやくわい》の閾て息吹《いぶき》する一人《ひとり》となりました。しかし此間《このあひだ》をよく知《し》らない女《をんな》の描《えが》く空想《くうさう》と現實《げんじつ》は餘《あま》りに隔《へだた》つていました。

エゴイズムな人《ひと》の心《こゝろ》。自《じ》分《ぶん》の爲《ため》と云《い》へばある事《こと》ない事《こと》同輩《どうはい》の事《こと》を主任《しゆにん》に告《つ》げ畜《ちく》生《しやう》の様《やう》な淺間《あさま》しい心《こゝろ》が成績《せいせき》を競《きそ》ふ限《かぎ》りは温情《おんじやう》もなければ勞《いた》はりもない此《こ》の社會《しやくわい》・希望《きばう》は段《だん》段頽《すた》れて行《ゆ》きました。表面明《へうめんあか》るさうに見《み》えて淋《さび》しがりやの私《わたし》は默々《もくもく》として一人《ひとり》歩《あゆ》む途《みち》がなかつたのでした。

女《をんな》には長過《ながす》ぎる勤務時間《きんむじかん》と汚濁《をだく》の空氣《くうき》は丈《ぢやう》夫《ぶ》だつた私《わたし》を三ケ月胸《げつむね》の病《やまひ》に押《お》し込《こ》んで再《ふたゝ》び立《た》つ頃《ころ》は、野《の》も山《やま》も紅《あか》く彩《いろど》られて梢《こずゑ》には眞赤《まつか》に熟《う》れた柿《かき》が二ツ三ツ一入深《ひとしほふか》みゆく秋《あき》を思《おも》はしめた。

その頃入社《ころにふしや》した俊子《としこ》、何《なに》かしら寂《さび》しい翳《かげ》をもつ此《こ》の方《かた》と言葉《ことば》を多《おほ》く交《かは》す様《やう》になつて肉親《にくしん》の愛《あい》に薄《うす》くて泣《な》く俊子《としこ》を知《し》り孤獨《こどく》でゆけない性格《せいかく》をも知《し》つたのです。

矛盾《むじゆん》した世《よ》なればどれだけ多《おほ》くの人《ひと》が喘《あへ》ぎ續《つゞ》けてゐる事《こと》だらう。悲《かな》しみ涙《なみだ》する人《ひと》の世《よ》の相《すがた》であればこそ愛《あい》し愛《あい》されもしよう。佗《わび》しさに耐《た》へ切《き》れない私達《わたしたち》の心《こゝろ》が觸合《ふれあ》つたのも當然《たうぜん》かも知《し》れなかつた。

惠《めぐ》まれなかつた友《とも》との生活《せいくわつ》に初《はじ》めて深《ふか》い友情《いうじやう》をかんじる様《やう》になつた私達《わたしたち》の悦《よろこび》を思《おも》ふとき悩《なや》みも苦《くる》しさも忘《わす》れたのでした。

毎日《まいにち》が嬉《うれ》しかつた。今迄《いままで》の長《なが》いと思《おも》つた一日《にち》が此《こ》の頃《ころ》では早《はや》く過《す》ぎてしまふのが惜《を》しいのでした。そして友情《いうじやう》だけしか感《かん》じてならない筈《はず》の私達《わたしたち》が戀《こひ》に似《に》た秘《ひそ》かな愛《あい》をいつか感《かん》じてゐました。不可《いけ》ないと思《おも》いつゝも如何《どう》しても忘《わす》れる事《こと》が出來《でき》なかつたのです。

街路樹《がいろじゆ》の梧桐の花《はな》が咲《さ》く頃《ころ》、かねて病床《びやうしやう》にあつた俊子《としこ》の姉様《ねえさま》が亡《な》くなられてその爲兩《ためりやう》親《しん》ながら上京《じやうきやう》されてしまつた。そんな肉親《にくしん》の斷切《たちき》れがたい愛着《あいちやく》の絆《きづな》に直面《ちよくめん》した事《こと》のある私《わたし》はなぐさめの言葉《ことば》もなく不幸《ふかう》な似通《にかよ》つた私《わたし》達《たち》を嘆《なげ》くばかりでした。親子《おやこ》三人《にん》暮《ぐら》しだつた俊子《としこ》の口《くち》から淋《さび》しいから泊《とま》つて……と頼《たの》まれる儘《まゝ》に私《わたし》はその夜《よ》から泊《とま》る事《こと》にした。

晝《ひる》の騒音《さうおん》に引《ひ》きかえ何《なん》と云《い》ふ靜寂《せいじやく》さ! 二人《ふたり》丈《だけ》と云《い》ふ感《かん》じが若《わか》き日《ひ》の感《かん》じ安《やす》い心《こゝろ》をいやが上《うへ》にも募《つの》らせるのだつた。窓《まど》を明《あ》くれば明《あか》るい月光《げつくわう》がなれ込《こ》んだ。山《やま》の麓《ふもと》の方《はう》に點々《てんてん》と灯《ひ》が明滅《めいめつ》する。森閑《しんかん》として物音《ものおと》一つしないのだ。嵐《あらし》の様《やう》な社會《しやくわい》は晝間《ひるま》の疲《つか》れにぐつすりと死《し》の靜寂《せいじやく》に返《かへ》るのだつた。詩《し》の様《やう》な美《うつく》しい國《くに》を覗《のぞ》き見《み》する心地《ここち》でした俊子《としこ》は姉《あね》の死《し》も忘《わす》れた様《やう》に二人《ふたり》だけになつた事《こと》を喜《よろこ》んで不思議《ふしぎ》に思《おも》ふ位《くらゐ》に燥《はしや》ぎました。初《はじめ》て斯《か》うして信頼《しんらい》し合《あ》つた友《とも》と夜《よ》を明《あか》すと云《い》ふ事《こと》が恥《はづ》かしくもあり嬉《うれ》しくもあつたのです。

湧上《わきあが》る情熱《じやうねつ》に私達《わたしたち》は何時《いつ》までも話《はな》し續《つゞ》けた夜《よ》の白《しら》む頃《ころ》まで話合《はなしあ》つても語《かた》らひの種《たね》はつきなかつた。

そんな二人《ふたり》丈《だけ》の樂《たの》しい生活《せいくわつ》が續《つゞ》いた私達《わたしたち》は遂々《とう〳〵》言葉《ことば》の上《うへ》の愛情《あいじやう》…………。あゝ此《こ》の思出《おもひで》の日《ひ》、胸《むね》は波打《なみう》ち心《こゝろ》は幸福《かうふく》に顫《ふる》へました。身體《からだ》は火《ひ》の様《やう》に燃《も》えてその時《とき》は理性《りせい》もありませんでした。

灯《あかり》を消《け》した中《なか》でいつまでも此《こ》の歡《よろこ》びに浸《ひた》り熱《あつ》い息吹《いぶき》に醉《よ》ふて私達《わたしたち》は時《とき》を忘《わす》れた。俊子《としこ》故《ゆゑ》に希望《きぼう》を知《し》り意義《いぎ》ある生活《せいくわつ》だと思《おも》つたのです。同《おな》い年《どし》でありながら私《わたし》より早生《はやうま》れの俊子《としこ》を姉《あね》の様《やう》にし慕《した》ひ俊子《としこ》は又私《またわたし》を妹《いもうと》の如《ごと》くひどく愛《あい》して與《く》れました。どんな事《こと》があつても離《はな》れちや厭《いや》私世界中《わたしせかいぢう》で貴女《あなた》一人《ひとり》が頼《たよ》りなの私《わたし》を眞實《ほんと》に愛《あい》してゐる？ 誓《ちか》つて愛《あい》してゐるつて云《い》ふ事《こと》。俊子《としこ》は私《わたし》に永久《えいきう》の愛《あい》を誓《ちか》はした同時《どうじ》に俊子《としこ》の心《こゝろ》は私《わたし》の心《こゝろ》でもありました。

例《たと》へ一日でも逢《あ》へぬと寂《さみ》しさに泣《な》き出《だ》しさうでどちらとも離《はな》す事《こと》の出來《でき》ぬ存在《そんざい》となつた。一度《ど》は別離《べつり》も屹度《きつと》來《く》る筈《はず》だけど俊子《としこ》のゐない生活《せいくわつ》、考《かんが》へるだけでもその日《ひ》が怖《おそ》ろしい。

「どちらかに生活能力《せいくわつのうりよく》があると結婚《けつこん》なんてしないんだけど……一生離《しやうはな》れ度《た》くないわ」と云《い》ひあつたものだつた。

弱《よわ》い女心《をんなごゝろ》でした。同性《どうせい》を超越《てうえつ》した燒《や》きつく様《やう》な愛情《あいじやう》の前《まへ》には斯うした感情を持つ事も恥《は》じなかつた私達《わたしたち》は愛《あい》してゐるのだ、それ以上《いじやう》何《なに》を思索《しさく》する必要《ひつえう》があらうと思《おも》ひました。

その頃身體《ころからだ》の弱《よわ》かつた私《わたし》は職業《しよくげふ》に倦怠《けんたい》を覺《おぼ》えて身《み》をひいてしまいました。俊子《としこ》も勿論《もちろん》前後《ぜんご》して止《や》めたのは當然《たうぜん》です。シネマ、ハイキング、旅行《りよかう》と許《ゆる》される限《かぎ》りの思出《おもひで》の日《ひ》が續《つゞ》いて二人《ふたり》丈《だけ》の世界《せかい》を何度《なんど》感《かん》じた事《こと》か。さうする内《うち》に疲勞《ひらう》を熱《ねつ》を、頭痛《づつう》を感《かん》じる様《やう》になつた私《わたし》は自分《じぶん》でも分《わか》る程《ほど》瘦《や》せてゆくのをしりました。心棒《しんぼう》してゐたけどもう駄目《だめ》と悟《さと》つた時《とき》は遲《おそ》い胸《むね》の再發《さいはつ》を聞《きか》され身心共《しんしんとも》に安靜《あんせい》である様《やう》に强《し》ひられました。屹度死《し》の宣告《せんこく》をうけた罪人《ざいにん》の様《やう》に力《ちから》もなかつた。樂《たの》しい時《とき》もひよつとしたらと云《い》ふ再發《さいはつ》の氣持《きもち》が通《とほ》り魔《ま》の様《やう》に過《す》ぎて行《ゆ》く事《こと》があつたけど、矢張《やは》り……深淵《しんえん》に突落《つきおと》されて泣《な》く私《わたし》を勵《はげ》まし、勞《いた》はつてくれたのは俊子《としこ》だつた。俊子《としこ》との生活《せいくわつ》も之《これ》で如何《どう》なるか分《わか》らない。今《いま》まで懸《か》けた希望《きばう》も夢《ゆめ》も滅茶《めちや》〳〵に潰《つぶ》されてしまつた。「涙《なみだ》の運命《うんめい》かしら」と樂《たの》しかつた歡《よろこ》びの日《ひ》に較《くら》べて苦痛《くつう》の病床《びやうしやう》は私《わたし》を絶望的《ぜつばうてき》に追《お》ひやつてしまいました。俊子《としこ》は毎日《まいにち》の様《やう》に訪《おとづ》れた。苦惱《くなう》を忘《わす》れ様《やう》とする爲《ため》離《はな》さうとはしなかつたのです。過《す》ぎ行《ゆ》く時《とき》の歩《あゆ》みいつ知《し》らず暮《くら》す青春《せいしゆん》、越《こ》えて來《き》た過去《くわこ》は如何《どう》して生涯《しやうがい》忘《わす》れる事《こと》が出來《でき》よう。二度《ど》とあんな友《とも》との生活《せいくわつ》も來《こ》ないかもしれない。熱《あつ》いものが人《ひと》知《し》れず頬《ほゝ》を傳《つた》はつた。それは私《わたし》の杞憂《きいう》だつたらうか。旅人《たびびと》の心《こゝろ》の、哀愁《あいしう》そのもの、様《やう》な秋風《かぜ》が梢《こずゑ》を渡《わた》る頃《ころ》は少《すこ》し快《よ》くなつて行《ゆ》く様《やう》に見《み》えたのです。寝《ね》たり起《お》きたりの私《わたし》は俊子《としこ》とある夜《よ》シネマを見《み》ました。スクリーンの上《うへ》の情熱《じやうねつ》は閉ねた後《のち》も私達《わたしたち》を詩《し》の國《くに》に連《つ》れて行《い》つたのです。蟲《むし》の音《ね》を秋《あき》の挽歌《ばんか》とも聞《き》ながら暗《くら》い道《みち》をいつしか暖《あたゝ》かい俊子《としこ》の胸《むね》の中《なか》に抱擁《はうよう》されて歩《ある》いてゐました。そして息苦《いきぐる》しいほどに抱《だ》かれた私《わたし》は、俊子《としこ》の熱《あつ》いそれを感《かん》じてゐました。こんな時《とき》は愛《あい》されてゐると云《い》ふ嬉《うれ》しさ一杯《ぱい》で不幸《ふかう》の言葉《ことば》を思出《おもひだ》しもしませんでした、「すべてが貴女《あなた》のものよ」といつゝ私《わたし》は恍惚《くわうこつ》として俊子《としこ》に囁《さゝや》きました。

　あれから幾月《いくつき》、立上《たちあが》る事《こと》さへも出來《でき》ない程《ほど》になつて寝《ね》たつきり、初《はじめ》ての長《なが》い病床《びやうしやう》夏《なつ》が去《さ》り秋《あき》が逝《ゆ》き灰色《はひいろ》の多《おほ》は大手《おほて》を振《ふ》つて迎《むか》へた。胸《むね》の拵く運命《うんめい》は皮肉《ひにく》だつた。人《ひと》は何時《いつ》も幸《さいはひ》ばかりでない。病床《びやうしやう》に喘《あへ》ぐ私《わたし》。俊子《としこ》の愛《あい》によつて希望《きばう》を繋《つな》いでゐた私《わたし》に不幸《ふかう》の鐵槌《てつつゐ》が下《くだ》されたのです。何《なに》と云《い》ふ慘酷《ざんこく》、俊子《としこ》の突然《とつぜん》の結婚《けつこん》!!　それは當然《たうぜん》かも知《し》れないのに、毎日《まいにち》失《うしな》はれた過去《くわこ》に晝《ひる》となく夜《よる》となく泣《な》き續《つゞ》けました。恐《おそ》れてゐたものがやつて來《き》たこの現實《げんじつ》に何度《なんど》おびやかされた事《こと》か、暗《くら》い運命《うんめい》の蹤と纏りついても崩《くづ》れてゆく、不幸《ふかう》に泣《な》いたのです。もう私《わたし》の空虚《くうきよ》な病　床《びやうしやう》を尋《たづ》ねてくれた俊子《としこ》は去《さる》のだ。そのやるせなさこんな激《はげ》しかつた私《わたし》達《たち》の愛《あい》も墓場《はかば》に葬《はうむ》らなければならないのか！　宿命《しゆくめい》づけられた女《をんな》の運命《さだめ》の檻に茫然《ばうぜん》として涙《なみだ》でみつめるより仕方《しかた》もない。此《こ》の苦《くる》しい愛《あい》を誰《だれ》に告《つ》げられよう。人知《ひとし》れず涙《なみだ》の限《かぎ》りに自分《じぶん》の儚《はかな》い運命《うんめい》に咽《むせ》び泣《な》いたのでした。全快なつたら俊子《としこ》とあゝもしようこうもしてと持《も》つた希《き》望《ばう》はもう何《なん》にもならない。俊子《としこ》故《ゆゑ》に人間《にんげん》としての限《かぎ》りない愛情《あいじやう》を得《え》た私《わたし》は又《また》その人故《ひとゆゑ》に懊《あう》惱《なう》と悲哀《ひあい》を感《かん》じなければならないのです。

　あゝその日《ひ》！　別離《べつり》を告《つ》げに來《き》た俊子《としこ》の晴《はれ》姿《すがた》を見《み》た時《とき》判然《はんぜん》と友《とも》の道《みち》と私《わたし》の行《ゆ》くべき道《みち》をしつた。俊子《としこ》は云《い》つた。「どんな事《こと》があつても貴女《あなた》の事は忘《わす》れ切《き》れないの、いつまでも姉妹《きやうだい》の様《やう》に交際《かうさい》してよ。貴女《あなた》の心《こゝろ》の中分り過《す》ぎる程《ほど》に分《わか》るわ、ね力《ちから》を落《おと》さないで早《はや》く快《よ》くなつて頂戴《ちやうだい》」と……。

　唯熱《たゞあつ》い涙《なみだ》がいゝ甲斐《かひ》もなくて頬《ほゝ》を流《なが》れて嗚咽が胸先《むなさき》からこみ上《あ》げて來《き》さうになつた私《わたし》は默《だま》つてうなづいた。太陽《たいやう》のない街《まち》の様《やう》に暗《くら》い精神《こゝろ》は何時《いつ》まで續《つゞ》くのだらふ。

　女同志《をんなどうし》の愛《あい》なんて眞個《ほんと》に儚《はかな》いものと痛ましく繰返《くりかへ》すばかりでした。

　散《ち》り行《ゆ》く青春《せいしゆん》を追《お》はんとする心《こゝろ》。その心《こゝろ》に泣《な》けながら總《あら》ゆる夢《ゆめ》を忘却《ばうきやく》しなくてはならない。愛《あい》も歡喜《よろこび》もなくなつた此《こ》の後《のち》の生活《せいくわつ》はいつそ俊子《としこ》をしらなかつた以前《いぜん》の私《わたし》を懐《なつ》かしめるのでした。

　最愛《さいあい》の人《ひと》を乗《の》せた自働車《じどうしや》のエンヂンの響《ひゞき》が微《かす》かに私《わたし》から遠《とほ》ざかりゆくのを凝然《じつ》と寝《ね》て聞《き》きながら今度《こんど》こそ私《わたし》は心《こゝろ》から泣《な》いたのでした。唇《くちびる》を噛《か》みしめて怺《こら》へてゐた涙《なみだ》が止《と》め度《ど》なく傳《つた》はつて枕《まくら》を濡《ぬ》らす程《ほど》に……。

　心《こゝろ》の傷手《いたで》を受《う》けた私《わたし》は病魔《びやうま》と闘《たゝか》ふ勇氣《ゆうき》もない、なる様《やう》にしかならないのだ、殘《のこ》された者《もの》の前《まへ》には自然《しぜん》の死《し》も悪《わる》い事《こと》ではないと思《おも》ふ。はか〳〵しくない胸《むね》の病《やまひ》と心《こゝろ》の憂愁《いうしう》は私《わたし》を自棄的《じきてき》な方《はう》に向《む》けさせるけれど……。「時《とき》」の流《なが》れは總《すべ》てを解決《かいけつ》して呉《く》れるだらう。

×　　×

封建的《ほうけんてき》な家族《かぞく》の因習《いんしふ》に苦勞《くらう》の多《おほ》い生活《せいくわつ》をする俊子《としこ》よ。

讃美歌《さんびか》の清《きよ》き流《ながれ》の中《なか》に溶《と》け込《こ》んでいつた私《わたし》の幼《をさな》き日《ひ》よ、みんな懐《なつ》かしい……。

　こんな感情《かんじやう》を持《も》つ様《やう》になつた私《わたし》の青春《せいしゆん》を呪《のろ》ひ度《た》い。

師の君への思慕

植村敏子

もう十年《ねん》にもなる、この十年《ねん》の永《なが》い間《あひだ》たつた一人《ひとり》の人《ひと》を想《おも》ひ續《つゞ》けてゐるのだ。そして今《いま》も尚愛《なほあい》すると云《い》ふ氣持《きもち》に變《かは》りはない「乙女《をとめ》らしい甘《あま》い感傷《かんしやう》」か「變則的愛《へんそくてきあい》」と笑《わら》はゞ笑《わら》へ私《わたし》にとつてはたつた一度《ど》のたつた一人《ひとり》への愛《あい》なのだ。純愛《じゆんあい》とは私《わたし》の爲《ため》に存在《そんざい》する言葉《ことば》なのだ。

崇拜《すうはい》する先生が慕《した》はしい先生となる頃《ころ》はまだ樂《たの》しかつた。然《しか》しやがて愛《あい》する事《こと》の苦《くる》しみを知り初《はじ》めてからの私《わたし》は慘《みじ》めだつた。若《わか》さと潑溂《はつらつ》、樂《たの》しかる可《べ》き女學生時代《ぢよがくせいじだい》を惱《なや》み通《とほ》しに惱《なや》んで身《み》も心《こゝろ》も疲《つか》れ果《は》てた殘骸《ざんがい》に自《みづか》らの涙《なみだ》をふり注《そゝ》ぐ時《とき》、漸《やうや》くにして悟《さと》りらしい光明《くわうみやう》を見出《みいだ》して一段高《だんたか》き愛《あい》に目醒《めざ》める迄《まで》、隨分長《ずゐぶんなが》い年月《としつき》だつた。

思春期時代《ししゆんきじだい》、何《なに》ものかに向《むか》つて戀《こ》ふる心《こゝろ》を自然《しぜん》の感情《かんじやう》の發達《はつたつ》とするならば、私《わたし》の場合《ばあひ》、それは當然許《たうぜんゆる》されてよい感情《かんじやう》の動《うご》きであつた。この戀《こ》ふる心《こゝろ》が初《はじ》めは同性《どうせい》に向《む》けられ、やがて發達《はつたつ》するに及《およ》んで異性《いせい》を對象《たいしやう》とし遂《つひ》に結婚《けつこん》によつて完《くわん》成《せい》されると識者《しきしや》は云《い》ふ。

幸《かう》か不幸《ふかう》か私《わたし》の場合《ばあひ》異《い》性《せい》を對象《たいしやう》とするに到《いた》らず依然《いぜん》として若《わか》き少女《せうぢよ》時代《じだい》に經驗《けいけん》せる同性《どうせい》に對《たい》する激《はげ》しい思慕《しぼ》の情《じやう》の延長《えんちやう》を未《いま》だに心《こゝろ》の底《そこ》に抱《いだ》き續《つゞ》けてゐるからとて、それを不完全《ふくわんぜん》とか、變則的《へんそくてき》とか云《い》ふ冷《れい》酷《こく》な言葉《ことば》で一蹴《しう》し得《う》るだらうか？ 私《わたし》にとつては何處迄《どこまで》も清《きよ》らかな愛以外《あいいぐわい》の何《なん》でもない。

Ｋ先生《せんせい》、その當時《たうじ》は美《うつく》しいと思《おも》つた。然《しか》し今《いま》となつて考《かんが》へれば決《けつ》して目立《めだ》つ程《ほど》の美《うつく》しさではない、むしろ理智的《りちてき》な聰明美《そうめいび》だ。だが當《たう》時《じ》Ｔ女學校《ぢよがくかう》に於《おい》ては若《わか》さに於《おい》て美《うつく》しさに於《おい》てＫ先生《せんせい》の存在《そんざい》は學校中《がくかうちゆう》の人氣《にんき》と憧《あこが》れの的《まと》だつた。私《わたし》が十四の時《とき》女學校《ぢよがくかう》に入《はひ》つてから一週間《しうかん》目《め》初《はじ》めて先生《せんせい》の教《をし》へを受《う》けた、その時《とき》は單《たん》に「良《よ》い先生《せんせい》」と思《おも》つた、それが何時《いつ》の間《ま》にか學校《がくかう》へ來《く》る樂《たの》しみはＫ先生《せんせい》に逢《あ》へる爲《ため》の樂《たの》しみとなり、やがてはどうしても忘《わす》れる事《こと》の出《で》來《き》ない先生《せんせい》となつてしまつた。樂《たの》しみが苦《くる》しみとなり、朗《ほが》らかだつた私《わたし》もすつかり憂鬱《いううつ》に閉《とざ》されてしまつた、それは丁度《ちやうど》二年《ねん》の末《すゑ》から三年《ねん》にかけての頃《ころ》だつた。

「敏子《としこ》さんはＫ先生《せんせい》が好《す》きなのよ」と云《い》ふ噂《うはさ》は學校中《がくかうちゆう》の評判《ひやうばん》になつた、何事《なにごと》に依《よ》らず心《こゝろ》に思《おも》つてゐる事《こと》を言葉《ことば》や態度《たいど》に現《あらは》さずにはゐられぬ私《わたし》は、平氣《へいき》で人《ひと》にも話《はな》したり休《やす》み時間《じかん》になると急《いそ》いで職員室《しよくゐんしつ》の前《まへ》へ飛《と》んで行《ゆ》き、色々《いろ\/》の用事《ようじ》の爲《ため》に絶《た》えず開閉《かいへい》されるドアから眞正面《ましやうめん》に見《み》える先生《せんせい》の後姿《うしろすがた》をとみつめてゐた。

そして亦放課後《またはうくわご》なども獨《ひと》りきりになつても先生《せんせい》の歸《かへ》るまでは歸《かへ》らなかつた。こんな有樣《ありさま》だつたのでやがてこの事《こと》が主任《しゆにん》の先生《せんせい》に知《し》れて遂《つひ》に呼《よ》び附《つ》けられてひどく叱責《しつせき》された。額《ひたひ》に青筋《あをすぢ》を立《た》てゝ怒《おこ》つた先生《せんせい》の氣持《きもち》も、後《あと》になつて考《かんが》へてみれば成《な》る程《ほど》と頷《うなづ》かれて苦笑《くせう》を禁《きん》じ得《え》ない、そんな風《ふう》だから家《うち》に歸《かへ》つても勉強《べんきやう》など手《て》に附《つ》かず机《つくゑ》に向《むか》つても只空虚《たゞくうきよ》な瞳《ひとみ》を壁《かべ》になげつけてゐる丈《だけ》なので成績《せいせき》など驚《おどろ》く程落《ほどお》ちてしまつた。今《いま》は私《わたし》にとつてK先生《せんせい》は一刻《こく》も離《はな》れられぬ存在《そんざい》となつてしまつた。だから日曜日《にちえうび》の來《く》る事《こと》がたまらなく嫌《いや》だつた。何《なん》とかして日曜日《にちえうび》にも逢《あ》ふ事《こと》が出來《でき》る様《やう》にと色々考《いろいろかんが》へた。幸《さいはひ》に先生《せんせい》の家《うち》は學校《がくかう》からあまり遠《とほ》くなかつたので、それからの日曜日《にちえうび》には屹《きつ》度《と》K先生《せんせい》の家《うち》の前迄行《まへまでい》つては「若《も》しかしたら出《で》て來《く》るかも知《し》れぬ」と云《い》ふ淡《あは》い望《のぞみ》をかけて一時間《じかん》でも二時間《じかん》でも立《た》ち盡《つく》した、通行人《つうかうにん》がどんなに思《おも》ふだらうなど〻云《い》ふ事《こと》は考《かんが》へてもゐなかつた。そのくせ一寸《ちよつと》でも家《うち》の中《なか》から出《で》て來《き》さうな氣配《けはい》でもあれば一散《さん》に逃《に》げ出《だ》す程《ほど》の弱《よわ》い氣持《きもち》だつた。こんなに迄想《までおも》つてゐるのに先生《せんせい》は……と思《おも》ふと胸《むね》を締《し》めつけられる様《やう》な思《おも》ひだつた。

その中《うち》に私《わたし》を悲《かな》しみのドン底《ぞこ》に突落《つきおと》す様《やう》な事實《じじつ》が起《お》きた。それはK先生《せんせい》の突然《とつぜん》の退職《たいしよく》だつた、私《わたし》にとつて正《まさ》に青天《せいてん》の霹靂《へきれき》だつた。涙《なみだ》の枯《か》れる迄泣《までな》いた。理由《りいう》はK先生《せんせい》の人望《じんばう》をねたむ古參《こさん》の古株連中《ふるかぶれんちう》の意地惡《いぢわる》い仕打《しうち》に我慢《がまん》の出來《でき》なかつた先生《せんせい》の痛《いた》ましい覺悟《かくご》だつた。それに退職《たいしよく》と同時《どうじ》に何處《どこ》かへ引越《ひつこ》された事《こと》に氣附《きづ》いて私《わたし》は啞然《あぜん》としてなす事《こと》を知《し》らなかつた。

それからの私《わたし》は空虚《くうきよ》な味氣《あぢけ》ない月日《つきひ》を送《おく》つた。涙《なみだ》も今《いま》は枯《か》れ盡《つ》きて泣《な》く事《こと》さへ出來《でき》なかつた。苦《くる》しくとも毎日逢《まいにちあ》ふ事《こと》の出來得《できえ》た頃《ころ》を思《おも》ひ出《だ》して獨《ひと》り悶々《もんもん》の日《ひ》を過《すご》した。やがて卒業《そつげふ》も間近《まぢか》に迫《せま》つた或《あ》る日《ひ》、この或《ある》一刻《こく》が私《わたし》を失望《しつばう》の底《そこ》から光明《くわうみやう》の世界《せかい》へ引出《ひきだ》された程《ほど》の喜《よろこ》びと驚《おどろ》きを與《あた》へた。その時《とき》の張《は》りさけるばかりの心臓《しんぞう》の動悸《どうき》を今《いま》も尚《なほ》はつきりと思《おも》ひ出《だ》す事《こと》が出來《でき》る。

その日《ひ》母《はゝ》から三越《こし》に買物《かひもの》を賴《たの》まれてゐたので學校《がくかう》が終《をは》るとすぐ三越《こし》へ寄《よ》つての歸《かへ》り、ラツシユアワーに滿員《まんゐん》の電車《でんしや》は大《おほ》きな荷物《にもつ》を膝《ひざ》にのせた私《わたし》を片隅《かたすみ》に申譯《まをしわけ》に腰《こし》かけさせる餘裕《よゆう》しか與《あた》へなかつた。それでも私《わたし》は體《からだ》を無理《むり》にねぢらせて刻々《こく／＼》暮《く》れ行《ゆ》く街《まち》や、反對《はんたい》に夜《よる》を彩《いろど》る廣告燈《くわうこくとう》をみつめてゐた。丁度電車《ちやうどでんしや》が春日町《かすがちやう》へ來《き》た時《とき》だつた、一しきり揉《も》まれてそれでも降《お》りる人《ひと》を降《お》ろし新《あた》らしく乘《の》る人《ひと》を乘《の》せた電車《でんしや》が再《ふたゝ》び動《うご》き出《だ》した。その時《とき》ふと前《まへ》の吊皮《つりかは》にもたれてゐる人《ひと》を何氣《なにげ》なく見上《みあ》げた時私《ときわたし》は聲《こゑ》を發《はつ》せんばかりに驚《おど》ろいた。じつと瞶《みつ》めた儘暫《まゝしばら》くは茫然《ばうぜん》としてしまつた。夢《ゆめ》にさへ忘《わす》れる事《こと》の出來《でき》なかつたK先生《せんせい》、私《わたし》は喜《よろこ》びの爲《ため》に呼吸《いき》さへ苦《くる》しくなつた。熱《あつ》いものが胸《むね》の底《そこ》からこみ上《あ》げて來《き》て涙《なみだ》が出《で》さうになつた。

先生《せんせい》は「珍《めづ》らしい人《ひと》に逢《あ》ふものね」と云《い》ふ顔附《かほつき》で私《わたし》を見《み》てゐた。先生《せんせい》から何《なに》か言《い》はれる迄自分《までじぶん》からは言《い》ひたくとも口《くち》が訊《き》けなかつた

「先生《せんせい》は今《いま》どちらにゐらつしてますの？」と漸《やうや》くの思《おも》ひで尋《たづ》ねた。

「私《わたし》？　M女學校《ぢよがくかう》の方《はう》に……」と笑《わら》ひながら答《こた》へた。言《い》ひたい事《こと》訊《き》きたい事《こと》は山程《やまほど》あるけれども、一寸《ちよつと》でもものを言《い》へば涙《なみだ》が出《で》さうなので默《だま》つてゐた。先生《せんせい》はその間《ま》も絶《た》えずあの柔《やさ》しい微笑《びせう》をもつて私《わたし》と向《む》ひ合《あ》つてゐた。電車《でんしや》が大塚《おほつか》近《ちか》くまで來《き》た時先生《ときせんせい》は、

「私《わたし》の家《うち》はすぐそこよ、お暇《ひま》の時《とき》には遊《あそ》びにゐらつしやいね」と云《い》つてその方向《はうかう》を指《ゆび》した。惜《を》しい別《わか》れを告《つ》げた、短《みじか》い刻《とき》だつた。然《しか》しこ

の偶然《ぐうぜん》の一刻《こく》が私《わたし》をどんなに興奮《こうふん》と感激《かんげき》に顫《ふる》へさせたか。「遊《あそ》びにゐらつしやい」この先生《せんせい》の好意《かうい》は私《わたし》ならずとも誰《だれ》にも爲《な》した好意《かうい》であうたらうけれどその時《とき》の私《わたし》には「やつぱり先生《せんせい》は私《わたし》の氣《き》持《もち》を知《し》つてゐて下《くだ》さつたのだ」と解釋《かいしやく》してゐた。

その時以來《ときいらい》、私《わたし》の先生《せんせい》に對《たい》する思慕《しぼ》の情《じやう》は以前《いぜん》にも增《ま》して激《はげ》しくなつてゐた。めぐり逢《あ》はねば自然《しぜん》の間《うち》に或《あるひ》は解消《かいせう》する事《こと》が出來得《できえ》たかも知《し》れぬと思《おも》はれる程落付《ほどおちつ》いてゐた私《わたし》の感情《かんじやう》も、あの偶然《ぐうぜん》のめぐり合《あ》はせに今《いま》は焰《ほのほ》の樣《やう》に燃《も》えてゐた。私《わたし》は今《いま》こそ先生《せんせい》にこの永《なが》い間《あひだ》の惱《なや》みを知《し》つた頃《ころ》から、今《いま》こそ私《わたし》ははつきりすべてを告白《こくはく》しやうと決心《けつしん》した。その晩《ばん》は遂《つひ》に一睡《すい》もせず考《かんが》へ明《あ》かした。そして翌日《よくじつ》は學校《がくかう》をやすみ上野《うへの》圖書館《としよくわん》に行《い》つて終日《しうじつ》書《か》きつゞけた。そしてM女學校《ぢよがくかう》宛《あて》の先生《せんせい》への手紙《てがみ》をポストに投《とう》ずると同時《どうじ》に今迄張《いままではり》りつめてゐた氣《き》もゆるんで急《きふ》に頭《あたま》が痛《いた》んで來《き》て家《うち》へ歸《かへ》り着《つ》くとすぐ部屋《へや》に入《はい》つてねてしまつた。然《しか》し到底《とうてい》ねむる事《こと》は出來《でき》なかつた。

返事《へんじ》はなか〳〵來《こ》なかつた。この間《ま》に私《わたし》は思《おも》ひ出《で》多《おほ》き學生生活《がくせいせいくわつ》にアディユを告《つ》げ、更《さら》に家《うち》の者《もの》の奬《すゝ》めでと云《い》ふよりは自分《じぶん》の意志《いし》から專門學校《せんもんがくかう》に行《い》つてゐた。返事《へんじ》の無《な》い事《こと》が絶《た》えず氣《き》に懸《かゝ》つてゐた「屹《きつ》度《と》先生《せんせい》は怒《おこ》つてゐられるのだ、あんな不躾《ぶしつけ》な手紙《てがみ》をみては誰《だれ》だつて怒《おこ》るに違《ちが》ひない」と思《おも》ふと激《はげ》しく後悔《こうくわい》された。そして怒《おこ》つてゐられるなら怒《おこ》られた手紙《てがみ》が欲《ほ》しいと思《おも》つた。返《へん》事《じ》のないのは何《なん》としても不安《ふあん》だつた。

初夏《しよか》を想《おも》はせる汗《あせ》ばんだ肌《はだ》に微風《びふう》が心地《こゝち》よい感觸《かんしよく》を與《あた》へる頃《ころ》の日曜日《にちえうび》、久《ひさ》しぶりに早《はや》く起《お》きた私《わたし》は朝《あさ》の淸々《すが〳〵》しい空氣《くうき》を胸《むね》一ぱいに吸《す》ひ乍《なが》ら門《もん》の邊《あた》りを掃除《さうぢ》してゐた。その時《とき》一通《つう》の手紙《てがみ》を受《う》け取《と》つた。西洋封筒《せいやうふうとう》で私宛《わたしあて》だつた遂《つひ》ぞ見馴《みな》れぬ筆蹟《ひつせき》なのでオヤツと思《おも》つて裏《うら》を返《かへ》してみた、思《おも》はず手紙《てがみ》を抱《だ》きしめた。K先《せん》生《せい》から來《き》たのだ。私《わたし》は自分《じぶん》の部屋《へや》にかけ込《こ》むなり机《つくえ》に突伏《つゝぶ》して泣《な》いてしまつた。男《をとこ》の樣《やう》な文字《もじ》で達筆《たつぴつ》に書《か》かれてあつた、意味《いみ》を判然《はつきり》とのみ込《こ》む迄《まで》二三度《ど》讀《よ》み返《かへ》した。

先生《せんせい》は決《けつ》して怒《おこ》つてはゐなかつた。否《いな》むしろ感謝《かんしや》して下《くだ》さつたそして終《をは》りに一度《ど》ゆつくりお目《め》にかゝり度《た》いと存《ぞん》じますとあつた。

之《これ》で私《わたし》の何年《なんねん》もの永《なが》い間《あひだ》の苦《くる》しみも惱《なや》みも今《いま》は完全《くわんぜん》に報《むく》いられたのだ。涙《なみだ》がとめどもなく流《なが》れた、その午後《ごご》私《わたし》は先生《せんせい》の家《うち》を訪《おとづ》れた。然《しか》し恥《はつ》かしさの爲勇氣《ためゆうき》が出《で》なかつたが思《おも》ひ切《き》つて門《もん》を開《あ》けた。

思《おも》へば電車《でんしや》の中《なか》で逢《あ》つた時《とき》から半年近《はんとしちか》く再《ふたゝ》びかうして逢見る日《ひ》が來《き》たのだ、もう何時《いつ》死《し》んでも幸福《かうふく》だと思《おも》つた。それから後《のち》の私《わたし》に就《つ》いては最早《もはや》語《かた》る必要《ひつえう》はない、お互《たがひ》に理解《りかい》し合《あ》ひ心《こゝろ》の底迄《そこまで》觸《ふ》れ合《あ》つた二人《ふたり》、今《いま》はもう二人《ふたり》は師弟《してい》としてではなく姉妹《きやうだい》として或《あるひ》は愛人《あいじん》として、お互《たがひ》の間《あひだ》に幸福《かうふく》を見出《みいだ》しつゝ今日迄《けふまで》ずつと淸《きよ》い友情《いうじやう》を續《つゞ》けてゐる。過去《くわこ》の苦《くる》しみも今《いま》は懷《なつか》しい想《おも》ひ出《で》となつて過《す》ぎし昔《むかし》を振《ふ》り返《かへ》つては笑《わら》つて語《かた》り合《あ》つてゐる。

身の上相談に表はれた性の惱み

醫學士 大田武夫

新聞《しんぶん》や雜誌《ざつし》の身上相談《みのうへさうだん》も、どうやら少《すこ》しあきられて來《き》た感《かん》があります。これには、いろいろな理由《りいう》が考《かんが》へられるでせうが、近頃《ちかごろ》のやうにどの新聞《しんぶん》を見《み》ても大《たい》した變《かは》りがなく、つまらない記事《きじ》が多《おほ》くて讀《よ》むところがなくなつたのでは、相談欄《さうだんらん》がまだかなり重要《ちようえう》な地位《ちゐ》を占《し》めてゐるといへませう。相談《さうだん》は生活《せいくわつ》の眞劍《しんけん》な惱《なや》みの訴《うつた》へであり、生《い》きた文學《ぶんがく》であるとさへいへるのですから、讀《よ》んで行《ゆ》くと何《なに》か打《う》たれるものを感《かん》じないでは居《を》られません。

身上相談《みのうへさうだん》には性《せい》の惱《なや》みが非常《ひじやう》に多《おほ》く性《せい》に關係《くわんけい》のない相談《さうだん》は極《きは》めて少《すく》いといつていゝぐらゐです。家庭生活《かていせいくわつ》、個人生活《こじんせいくわつ》は性《せい》を度外《どくわい》して考《かんが》へられないのですから、性《せい》の惱《なや》みが大《おほ》きな役割《やくわり》を演《えん》じてゐるのも不思議《ふしぎ》ではありませんが。なぜこんなに多《おほ》くの惱《なや》みがあるのか、どうしてかうもいたいたしい樣々《さまざま》の姿《すがた》が見《み》られるのか、靜《しづ》かに考《かんが》へて見《み》る必要《ひつえう》があると思《おも》ひます。

多《おほ》くの新聞《しんぶん》、雜誌《ざつし》にあらはれてゐる惱《なや》みの種々相《しゆ〴〵さう》は、裕福者《ゆうふくしや》、インテリ、勞働《らうどう》者《しや》、農民《のうみん》、學生《がくせい》によつて各々《おの〳〵》その特徴《とくちよう》を社會的《しやくわいてき》に反映《はんえい》してゐるし、新聞《しんぶん》によつて又《また》その取扱《とりあつか》はれてゐる階級《かいきふ》もちがつてゐます。解答者《かいたふしや》の態度《たいど》も一樣《よう》でないことはいふまでもありません。私《わたし》はこの雜多《ざつた》な相談《さうだん》を分類的《ぶんるいてき》、統計的《とうけいてき》に示《しめ》して、現在《げんざい》に於《お》ける性《せい》の惱《なや》みの傾向《けいかう》を具體的《ぐたいてき》につかみたいと考《かんが》へたのですが、間《ま》に合《あ》はなかつたので、他日《たじつ》更《あらた》めてこの責《せめ》を果《はた》すことにして、こゝでは大《おほ》ざつぱな批判《ひはん》だけにとゞめることにしました。

○

少女《せうぢよ》の惱《なや》みは淡《あは》いものです。性《せい》といつても實際《じつさい》は本當《ほんたう》に性《せい》を意識《いしき》してゐないことが多《おほ》く、性慾《せいよく》と切《き》りはなされた純《じゆん》な戀愛《れんあい》の惱《なや》みが大部分《だいぶぶん》を占《し》めてゐる樣《やう》です。

『私《わたし》は或日《あるひ》、電車《でんしや》で向《むか》ひあつた青年《せいねん》が、忘《わす》れられないで、又《また》してはその顏《かほ》を思《おも》ひ出《だ》し、又會《まあ》ひたい氣持《きもち》にかられて仕方《しかた》がありませんが、これは戀愛《れんあい》でせうか』なんて少女雜誌《せうぢよざつし》などに出《で》てゐるのはその極《きよく》端《たん》な例《れい》で、その次《つぎ》は、

『始《はじ》めてあつた時《とき》からさう感《かん》じてゐましたが、度々《たび〳〵》あふ内《うち》に、遂《つひ》に話《はな》しかけたい氣持《きもち》になつて來《き》ました。幸《さいは》ひその青年《せいねん》は私《わたし》のお友達《ともだち》のお兄《にい》さんの友人《いうじん》A氏《し》だといふことがわかつたのです。お友達《ともだち》に私《わたし》の心《こゝろ》を打明《うちあ》けてA氏《し》と交際《かうさい》出來《でき》るやうにしたいと思《おも》ひますが、これはみだらな考《かんが》へでせうか』とある。これなどはまだ愼《つゝま》しやかですが、も少《すこ》し勇敢《ゆうかん》になると、相手《あひて》の素性《すじやう》もわからないで、たゞ勤先《つとめさき》とか、住所《ぢうしよ》がわかつたから、當《あた》つて見《み》たいと思《おも》ふが、どういふ風《ふう》に運《はこ》んだらよいか、と來《く》る。したはしく思《おも》ふ異性《いせい》が二人《ふたり》も三人《にん》もあるが、どうしやうか、などといふのもあります。

かうした相談《さうだん》が見《み》られるのは、現代《げんだい》の少女《せうぢよ》が戀愛《れんあい》に對《たい》していかに認識《にんしき》がかけてゐるかのよい證據《しようこ》ですが、戀愛《れんあい》は性慾《せいよく》とはなされては存在《そんざい》しないこと、戀愛《れんあい》はさうした文學少女的《ぶんがくせうぢよてき》なものでなく、人間生《にんげんせい》活《くわつ》の、夫婦生活《ふうふせいくわつ》のスタートであることをもつとはつきり敎《をし》へたければならないことを痛感《つうかん》します。

又《また》、少女《せうぢよ》の訴《うつた》へではないが、親《おや》が物心《ものごころ》ついて來《き》た娘《むすめ》に對《たい》して、どういふ態度《たいど》をとるべきか、性《せい》の敎育《けういく》をどんなにしたらよいかなど、大《おほ》きな問題《もんだい》が投《な》げかけられてゐます。父親《ちゝおや》だけの場合《ばあひ》など次《つぎ》の例《れい》でわかるやうに實《じつ》に深刻《しんこく》な惱《なや》みを訴《うつた》へてゐます。『五年前《ねんまへ》に妻《つま》を失《うしな》ひ長女《ちやうぢよ》が女學校《ぢよがくかう》三年《ねん》になりましたので、その性敎育《せいけういく》について困《こま》つて居《を》ります。母親《はゝおや》のない家庭《かてい》であり、學校《がくかう》でもあまり氣《き》をつけてくれないのか非常《ひじやう》に無智《むち》であることを知《し》りました。未《いま》だに初潮《しよてう》もないらしく思《おも》はれます。父《ちゝ》として今《いま》まで氣付《きづ》かずに居《ゐ》たのは汗顏《かんがん》の至《いた》りですが、適當《てきたう》な正《たゞ》しい性敎育《せいけういく》を如《い》何《か》にして施《ほどこ》すべきか迷《まよ》つて居《を》ります』

性《せい》と戀愛《れんあい》に關《くわん》する敎育《けういく》の正《たゞ》しい方向《はうかう》を示《しめ》してもらふことは、今日《こんにち》總《すべ》ての親達《おやたち》の希望《きばう》するところでせうが、性敎育《せいけういく》は學校《がくかう》ではもちろん、家庭《かてい》でもまだ殆《ほとん》ど無方針《むはうしん》

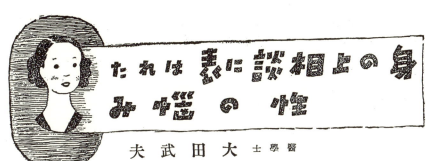

の有様《ありさま》です。しかも、具體的《ぐたいてき》に適當《てきたう》な書物《しよもつ》も著《あら》はされてゐないのです。『異性《いせい》に接吻《せつぷん》されたが、處女性《しよぢよせい》を失《うしな》つてはいないでせうか』ぐらゐは無難《ぶなん》な方《はう》でヴエデキントの『春《はる》のめざめ』に出《で》て來《く》るヴエンドラのやうに、無智《むち》から姙娠《にんしん》した例《れい》は、今日《こんにち》でも決《けつ》して珍《めづ》らしくはありません。

○

もつとも近頃《ちかごろ》の娘《むすめ》さんは、殊《こと》に都會《とくわい》では大《たい》さう早《はや》く性《せい》にめざめてゐるといはれてゐます。彼女達《かのぢよたち》にはもはや性《せい》と戀愛《れんあい》は一致《ち》してゐるが、その戀愛《れんあい》は正《ただ》しく認識《にんしき》されてゐるとはいへません。多分《たぶん》に享樂的《きやうらくてき》であり、肉感的《にくかんてき》でさへあるといへませう。そして甚《はなはだ》しいのになると、極東《きよくとう》オリンピック選手《せんしゆ》の女學生事件《ぢよがくせいじけん》のやうなことまでひき起《おこ》してゐるのです。この傾向《けいかう》は身上相談《みのうへさうだん》にもよくあらはれ、しかもその結果《けつくわ》を惱《なや》んでゐるのが少《すく》ないことは注目《ちうもく》に値《あたひ》すると思《おも》ひます。

近來《きんらい》は男女關係《だんぢよくわんけい》が昔《むかし》のやうに窮屈《きうくつ》でなく、とたんに愛《あい》したり、あつさり別《わか》れたり、實《じつ》にくつたくのないのが目立《めだ》ちますから、その結果《けつくわ》を惱《なや》むなんて、やぼなことはないやうに考《かんが》へられますが、もともとはつきりした認識《にんしき》の上《うへ》に行《おこな》はれたものでないために、或點《あるてん》に逢着《はうちやく》すると迷《まよ》ふのです。『姙娠《にんしん》してしまつたのですが、私《わたし》はもはや、彼《かれ》をそんなに愛《あい》してはゐません。それでも結婚《けつこん》すべきでせうか、どうしたらよいかお教《をし》へ下《くだ》さい』とか、『私《わたし》は彼《かれ》の意氣地《いくぢ》なしであることを知《し》つてサヨナラをしやうと持《も》ち出《だ》したのですが、彼《かれ》はどうしても別《わか》れないといひます。どうかいい智惠《ちゑ》をかして下《くだ》さい』といふことになります。

もちろん娘《むすめ》さんの戀愛《れんあい》がすべてこんなにフラッパなものばかりではありません眞劍《しんけん》なのもあります。しかし、たゞ眞劍《しんけん》なだけで現實性《げんじつせい》をかいでゐるために、男性《だんせい》にだまされたと氣《き》が付《つ》いて惱《なや》むのも少《すく》くないのです。『私《わたし》は彼《かれ》を本當《ほんたう》に愛《あい》してゐますが、彼《かれ》には前《まへ》から私以外《わたしいぐわい》に愛人《あいじん》があるのです。しかも彼《かれ》は私《わたし》を愛《あい》してゐるといひますし、私《わたし》も確《たし》かに愛《あい》してくれてゐると思《おも》ひます。これは私《わたし》のうぬぼれでせうか、私《わたし》の弱味《よわみ》からだまされてゐるのでせうか、私《わたし》はどうしても彼《かれ》と別《わか》れる氣《き》にはなりません』といふ程度《ていど》から、全《まつた》く惡意《あくい》からだまされるのなど限《かぎ》りがないほどです。

かうした男性《だんせい》にだまされた女性《ぢよせい》の惱《なや》みが、身上相談《みのうへさうだん》の大部分《だいぶぶん》を占《し》めてゐるでせう。これは、主《しゆ》として女性《ぢよせい》が容易《ようい》に男性《だんせい》を信《しん》じることから來《き》てゐますが、戀愛《れんあい》の

341　「身の上相談に表はれた性の悩み」　大田武夫　『婦人画報』昭和11年5月1日

本質《ほんしつ》を知《し》らず、この世《よ》の男性《だんせい》を理解《りかい》せず異性《いせい》との交際《かうさい》が公然《こうぜん》と行《おこな》はれない不自然《ふしぜん》な生活《せいくわつ》に追《お》ひ込《こ》められてゐる女性《ぢよせい》が、うつかり異性《いせい》の口車《くちぐるま》にのせられ、親切《しんせつ》さうな態度《たいど》に難《なん》なく魅《み》せられてしまふのも無《む》理《り》からぬことです。罪《つみ》は女《をんな》にばかりあるのではなく、無責任《むせきにん》な男性《だんせい》にあり、かうした男性《だんせい》や、だまされ易《やす》い女性《ぢよせい》を生《う》む社《しや》會《くわい》に本當《ほんたう》の罪《つみ》があるといはねばなりますまい。

今日流行《こんにちりうかう》しつゝある輕々《かるがる》しい戀愛《れんあい》は、いふまでもなく無責任《むせきにん》な戀愛《れんあい》です。これは男女共通《だんぢよきようつう》ですが、男性《だんせい》は姙娠《にんしん》といふ生《せい》理的《りてき》な負擔《ふたん》のないことや、從來《じうらい》の男子《だんし》專《せん》制《せい》の勢《いきほ》ひで、この無責任《むせきにん》さが女性《ぢよせい》よりもひどいのは當然《たうぜん》です。妻子《さいし》がありながら獨身《どくしん》だといつて結婚《けつこん》の約束《やくそく》をし、同棲《どうせい》までするのは、よくあることで、後《あと》でこれを知《し》つた女性《ぢよせい》の惱《なや》みは又《また》しても相談欄《さうだんらん》にあらはれて良心的《りやうしんてき》な人々《ひとびと》の眉《まゆ》をひそめさせてゐます。これは明《あきら》かに二重結婚《ぢうけつこん》であり、しかも結婚詐欺《けつこんさぎ》ですが、それほどでなくても、瞬間的《しゆんかんてき》にしか愛《あい》しない男性《だんせい》はだます氣《き》ではなかつた、永久《えいきう》に愛《あい》する氣《き》であつたといつても、結婚《けつこん》を豫定《よてい》しない限《かぎ》りは、始《はじ》めから瞬間戀愛《しゆんかんれんあい》を目的《もくてき》としてゐたといへますから、だます氣《き》であつたのだといはれても仕方《しかた》がありますまい。

かうした男性《だんせい》は、女性《ぢよせい》を人格《じんかく》ある人間《にんげん》として、愛《あい》の對照《たいせう》にするのではなく、異《い》性《せい》の肉體《にくたい》を愛《あい》するのが目的《もくてき》です。從《したが》つてこれは戀愛《れんあい》ではなく、女性《ぢよせい》を弄《もてあそ》ぶにすぎません。これに對《たい》して女性《ぢよせい》が本當《ほんたう》に戀愛《れんあい》を感《かん》じてゐるとすれば、だまされてゐるのでなくて何《なん》でせう。

○

女性《ぢよせい》がだまされるのにはかうした戀愛《れんあい》詐欺《さぎ》の外《ほか》にまだいろいろな形《かたち》があります。多《おほ》くの男性《だんせい》はたゞ好奇心《かうきしん》から、愛《あい》なくして女性《ぢよせい》を得《え》やうとさへします。その爲《ため》に最《もつと》も多《おほ》く利用《りよう》されるのは、女性《ぢよせい》の性《せい》的無智《てきむち》ですが、淺《あさ》はかな女《をんな》の虛榮心《きよえいしん》や、貧困《ひんこん》などもその隙《すき》に乘《じよう》ぜられます。地位《ちゐ》や金《かね》の力《ちから》をみせびらかして、女《をんな》を釣《つ》る男《だん》性《せい》の如何《いか》に多《おほ》いかは今更《いまさら》いふまでもありますまい。

從《したが》つて、だまされた女性《ぢよせい》の惱《なや》みも種々《しゆじゆ》樣々《さまざま》であり、人《ひと》によつて又惱《またなや》み方《かた》もちがひます。新奇《しんき》を好《この》む男性《だんせい》に處女《しよぢよ》を奪《うば》はれた女性《ぢよせい》にも、つゝましやかに『だまされたとわかつても、一度純潔《いちどじゆんけつ》を捧《さゝ》げた彼《かれ》のために一生《しやう》を淸《きよ》く職業婦人《しよくげふふじん》として尼僧的《にそうてき》生活《せいくわつ》をしようと思《おも》ひますが、女《をんな》が一人《ひとり》で立《た》つて行《ゆ》くことはそんなにむづかしいことでせうか、何《なに》か適當《てきたう》な方法《はうはふ》を敎《をし》へていたゞきたいと存《ぞん》じます』とか、『ふみにじられても、飽《あ》くまでも彼《かれ》にすがりついて行《ゆ》き度《た》いと思《おも》ひますが、妾《わたし》のやうな生《せい》活《くわつ》は避《さ》けなければなりますまいか』とか封建的《ほうけんてき》な婦人道德《ふじんだうとく》を固守《こしゆ》しやうとするのがあります。それは例《たと》へ舊《ふる》い思想《しさう》にとらはれてゐるとはいへ、悲壯《ひさう》なものです。又《また》、反抗的《はんかうてき》なもの、不良《ふりやう》になる危險性《きけんせい》のあるものがあり、姙娠《にんしん》して盲目的《まうもくてき》な母性《ぼせい》愛《あい》に惱《なや》むのもあります。中《なか》には、だまされたことによつて、現實《げんじつ》を知《し》り、新《あたら》しく生活《せいくわつ》を立《た》て直《なほ》さうと決心《けつしん》して、正《たゞ》しい方《はう》針《しん》をたづねるのもあります。相談欄《さうだんらん》にかうした質問《しつもん》を出《だ》す女性《ぢよせい》には、不幸《ふかう》から正《たゞ》しい社會的認識《しやくわいてきにんしき》を得《う》るに至《いた》つてはむしろ少《すく》いやうですが、實際《じつさい》にはかうした女性《ぢよせい》がポツ／＼現《あら》はれ出《だ》してゐることを示《しめ》したもので、たのもしいことといはねばなりません。

しかし、この反面《はんめん》には大《おほ》きな問題《もんだい》として考《かんが》へねばならない相談《さうだん》があります。性《せい》的《てき》に無智《むち》な田舍娘《ゐなかむすめ》が賣《う》られて行《い》つてからはじめて賣笑婦《ばいせうふ》の何《なん》であるかを知《し》つて惱《なや》む哀《あは》れな有樣《ありさま》を見《み》て、世《よ》の識者達《しきしやたち》はどう思《おも》つてゐるのでせう。家《いへ》のため、親《おや》のために身《み》を賣《う》る娘《むすめ》は、親《おや》にだまされてゐるのではありませんか。これでは娘《むすめ》を賣《う》る親《おや》は、女《をんな》をだます不良靑年以上《ふりやうせいねんいじやう》に罪深《つみふか》いものといはねばなりますまいが、それと知《し》りつゝ娘《むすめ》を賣《う》らねばならなくなつた親《おや》達《たち》が果《はた》して鬼《おに》でせうか。世《よ》の中《なか》が鬼《おに》でせうか。

さて、私《わたし》はだまされる女性《ぢよせい》として、性《せい》的《てき》に無智《むち》な娘《むすめ》や、戀愛《れんあい》を認識《にんしき》しない若《わか》い女《をんな》を引合《ひきあ》ひに出《だ》して來《き》ましたが、だまされるのは處女《しよぢよ》に限《かぎ》られてはゐません。幾《いく》度《ど》も幾度《いくど》もだまされ、遂《つひ》には賣《う》りとばされたりします。人妻《ひとづま》でありながら、不良《ふりやう》な男性《だんせい》に弄《もてあそ》ばれ、今更《いまさら》ながら後悔《こうくわい》して相談《さうだん》をもちかけるのもあります。この場《ば》合《あひ》も女性《ぢよせい》の無智《むち》、社會的認識《しやくわいてきにんしき》の足《た》りないことが原因《げんいん》しますが、今日《こんにち》の結婚《けつこん》、家庭《かてい》生活《せいくわつ》の矛盾《むじゆん》が大《おほ》いに影響《えいきやう》してゐることを見逃《みのが》すことは出來《でき》ません。人妻《ひとづま》がだまされるときは、その異性《いせい》に對《たい》して好意《かうい》をもつてゐたからで、こゝに夫婦生活《ふうふせいくわつ》のひゞがいつてゐたことが考《かんが》へられます。これを一概《がい》の不《ふ》しだらに歸《き》することは殘酷《ざんこく》です。

人妻《ひとづま》が第二《だい》の異性《いせい》に眞劍《しんけん》な戀愛《れんあい》を感《かん》ずるのも同《おな》じ矛盾《むじゆん》から來《き》てゐますが、この戀愛《れんあい》によつてはじめて人生《じんせい》を知《し》りながら心《こゝろ》ひそかに惱《なや》んでゐるのは實《じつ》に多《おほ》いものです。殊《こと》に近來《きんらい》かうした惱《なや》みは益〻《ます〳〵》ふえて來《き》てゐます。これは女性《ぢよせい》が人間的《にんげんてき》な感《かん》情《じやう》を自由《じいう》に働《はたら》かせ出《だ》した證據《しようこ》ですが、こゝでもまだ戀愛《れんあい》が正《たゞ》しく認識《にんしき》されてゐることは稀《ま》れで、しばしば小娘《こむすめ》の無思慮《むしりよ》な態度《たいど》と變《かは》りないものです。それだけに既《すで》に母《はゝ》となつてゐる場合《ばあひ》の惱《なや》みは強烈《きやうれつ》です。相談欄《さうだんらん》の解答《かいたふ》などで方針《はうしん》を立《た》てるやうなことは恐《おそ》らくないかも知《し》れません。そして人妻《ひとづま》の心中事件《しんちうじけん》には、誰《だれ》も關心《くわんしん》をもたないほどになつてゐます。

同《おな》じやうに愛《あい》のない夫婦生活《ふうふせいくわつ》から、夫《をつと》は他《ほか》の女性《ぢよせい》を愛《あい》しますが、男性《だんせい》は決《けつ》してそんなに惱《なや》みません。妻《つま》が夫《をつと》のこの行爲《かうゐ》を惱《なや》むことはさう問題《もんだい》にならないとは何《なん》といふ悲《かな》しむべき現象《げんしやう》でせう。

○

この他《ほか》、女性《ぢよせい》の惱《なや》みはつきません。養《やう》父《ふ》に強要《きやうえう》されたとか、されさうだが、何《なに》かよい工夫《くふう》を敎《をし》へて下《くだ》さい。とかいつて相談《さうだん》する。姉《あね》の産後《さんご》や、病氣《びやうき》の時《とき》に手傳《てつだ》ひに行《い》つて、義兄《ぎけい》に強要《きやうえう》されてから、親《した》しみを覺《おぼ》えたが、どうしたらよいか、と心《こゝろ》をいため、友人《いうじん》の夫《をつと》に戀《こひ》して、どうにもならなくなつたりします。妻子《さいし》ある男性《だんせい》に根強《ねづよ》い戀《こひ》を感《かん》じ、いけない〳〵と思《おも》ひつつ、幾年《いくねん》かを過《すご》して、婚期《こんき》を失《うしな》つてしまつたなど、どうしてかうも性《せい》は惱《なや》ましいものかと考《かんが》へさせられます。

又《また》、夫《をつと》が昔《むかし》の戀文《こひぶみ》を見《み》つけて、或《あるひ》はつまらない噂《うはさ》をきいて來《き》て、處女性《しよぢよせい》を疑《うたが》ひ辨解《べんかい》してもきき入《い》れられず、とう〳〵嫌《きら》はれるやうになつてしまつたが、別《わか》れるより途《みち》のないものでせうか、といふ相談《さうだん》があり、反對《はんたい》に、夫《をつと》に疑《うたが》はれ、或《あるひ》は疑《うたが》はれもしないのに、『過去《くわこ》のこと一切《さい》を打《うち》明《あ》けた方《はう》がよいか、それともかくして夫《をつと》の心《こゝろ》を靜《しづ》かにしておくべきか敎《をし》へて下《くだ》さい』と考《かんが》へあぐんでゐるのもあります。

たまには、男性《だんせい》の方《はう》から、妻《つま》の貞操《ていさう》を疑《うたが》つて苦《くる》しみ、或《あるひ》は妻《つま》の不品行《ふひんかう》を知《し》りつつ、子《こ》あるがために離縁《りえん》しやうかどうしやうかと迷《まよ》つて相談《さうだん》してゐます。なほ、性性《せいびやう》のこと、多産《たさん》の惱《なや》み、不感症《ふかんしやう》、夫《をつと》の性的不能《せいてきふのう》など拾《ひろ》ひ上《あ》げると切《き》りのないほど樣々《さまざま》の相談《さうだん》がぶちまかれてゐます。しかも惱《なや》みは益〻《ます〳〵》多《おほ》く、深《ふか》くなるばかりです。一體《たい》これはどうしたことなのでせう。

○

相談欄《さうだんらん》のかうしたいろいろな性《せい》の惱《なや》みに對《たい》して、親切《しんせつ》な、そして優《すぐ》れた解答者《かいたふしや》達《たち》は一々丁寧《ていねい》に批判《ひはん》し何《なん》らかの方針《はうしん》をさずけてゐます。もつとも、中《なか》には腑《ふ》に落《お》ちない解答《かいたふ》もありますが、成程《なるほど》と肯《うなづ》かされる場合《ばあひ》が少《すくな》くありません。しかし、個《こ》々の惱《なや》みに方向《はうかう》を與《あた》へるだけでなく、進《すゝ》んでその全體的《ぜんたいてき》な原因《げんいん》を考《かんが》へ、どうしたら惱《なや》みを少《すくな》くすることが出來《でき》るかを檢討《けんたう》することは、更《さら》に必要《ひつえう》なことです。

もちろん性的《せいてき》な惱《なや》みの原因《げんいん》は單一《たん》ではありません。その人《ひと》の性格《せいかく》も大《おほ》きな原因《げんいん》をなします。多情《たじやう》な女性《ぢよせい》は事件《じけん》をひき起《おこ》し易《やす》いし、小心《せうしん》な人《ひと》はつまらないことをひどく惱《なや》みますが、性格《せいかく》は生《うま》れつきの素質《そしつ》によつてのみきまるのではなく、環境《くわんきやう》の影響《えいきやう》によつていろいろな性格《せいかく》に變《か》へて來《く》るものであることを忘《わす》れてはならないのです。又《また》、既《すで》に述《の》べた通《とほ》り、性教育《せいけういく》の不足《ふそく》、結婚制度《けつこんせいど》の矛盾《むじゆん》があり、經濟的《けいざいてき》な關係《くわんけい》が重要《ちようえう》な原因《げんいん》になつてゐます。從《したが》つて根本的《こんぽんてき》な原因《げんいん》は社會的《しやくわいてき》なもので、それによつてひき起《おこ》された、今日《こんにち》の性的無方針《せいてきむはうしん》、性的混亂《せいてきこんらん》が惱《なや》みの種《たね》をまいてゐるのであります。そこで、私《わたし》は今《いま》、この混亂《こんらん》の社會的根據《しやくわいてきこんきよ》を具體的《ぐたいてき》に批判《ひはん》して見《み》ることにしました。

○

人間《にんげん》は誰《だれ》でも自分《じぶん》の生活《せいくわつ》に目的《もくてき》と、方針《はうしん》をもつてゐます。殊《こと》に若《わか》い時分《じぶん》は、理想《りさう》を抱《いだ》いてゐなければ生《い》きて行《ゆ》けないものです。たとへ、それが單《たん》なる個人的《こじんてき》なものであらうとも、とに角《かく》めざす處《ところ》がなければなりません。もし、その方向《はうかう》を見《み》失《うしな》へば、眞劍《しんけん》に物《もの》を考《かんが》へることも出來《でき》なければ、仕事《しごと》に熱中《ねつちう》することも出來《でき》ません。昔《むかし》の學生《がくせい》は學問《がくもん》をすることによつて人生《じんせい》の疑問《ぎもん》を解決出來《かいけつでき》るといふ考《かんが》への下《もと》に勉強《べんきやう》しました。又學校《またがくかう》を卒業《そつげふ》さへしたら、必《かなら》ず出世《しゆつせ》の緒口《いとぐち》をつかむことが出來《でき》たので、それを目的《もくてき》に一生懸命《しやうけんめい》に勉強《べんきやう》したものです。ところが、世《よ》の中《なか》が不景氣《ふけいき》になると、大學《だいがく》は出《で》てもそこには就職困難《しうしよくこんなん》がひかえてゐるだけで、大《たい》した望《のぞみ》がない。まじめに人生《じんせい》を考《かんが》へたつてまるで見當《けんたう》がつかないし、社會《しやくわい》の矛盾《むじゆん》はますますひどくなる一方《ぱう》で、これもどうなるか見《み》透《とほ》しがつかず、個人的《こじんてき》にも社會的《しやくわいてき》にも不《ふ》安《あん》に滿《み》ちてゐます。

これでは學生《がくせい》は何《なに》を目的《もくてき》に勉強《べんきやう》するのか、わからなくなつて來《き》ます。決《けつ》して學《がく》問《もん》に精《せい》を出《だ》すはずがありません。それでもとに角卒業《かくそつげふ》しなければ、なほ困《こま》ることが目《め》に見《み》えてゐるので、學校《がくかう》をやめる氣《き》にもなれない。現在多《げんざいおほ》くの學生《がくせい》が無方針《むはうしん》な生活《せいくわつ》をしてゐるのはかうした現實《げんじつ》のためであつて、殆《ほと》んどすべてがニヒリストになつてゐます。一時《じ》社會運動《しやくわいうんどう》の旺《さか》んであつた時代《じだい》にはまじめな學生《がくせい》は命《いのち》を賭《と》して運動《うんどう》に參加《さんか》しました。そのことの善《よ》し惡《あ》しは別《べつ》として、眞劍《しんけん》であつたことは萬《ばん》人《じん》の認《みと》めてゐるところで、さうした學生《がくせい》には今日《こんにち》の學生《がくせい》のやうなだらしなさは見《み》られなかつたものです。高等學校《かうとうがくかう》で赤化《せきくわ》思想《しさう》を嚴重《げんちう》に取締《とりしま》つたのはよかつたが、學生《がくせい》がちつとも勉強《べんきやう》しなくなつて、酒《さけ》や女《をんな》に走《はし》るものが續出《ぞくしゆつ》して學校當局《がくかうたうきよく》は困《こま》りました。文部省《もんぶしやう》は學生《がくせい》のカフエーやハートに行《ゆ》くことを禁《きん》じたが、今度《こんど》は喫茶店《きつさてん》へ流《なが》れ込《こ》みました。

それはとも角《かく》、生《い》きることの方向《はうかう》を失《うしな》つた學生《がくせい》が、カフエーや漫才《まんざい》やナンセンスな映畫《えいぐわ》に大部分《だいぶぶん》の時《とき》を過《すご》すやうになつたことは事實《じじつ》です。そしてそれに倦《あ》きると、生《なま》やさしい刺戟《しげき》ではたえられなくなり、その次《つぎ》には酒《さけ》とエロに走《はし》るより外《ほか》はありません。性的《せいてき》に成熟《せいじゆく》してゐて、しかも滿足《まんぞく》を與《あた》へられないので、美人《びじん》の顔《かほ》を見《み》てゐるだけでいつまでもごまかしては居《ゐ》られなくなれば、異性《いせい》と交《まじは》るといふ刺《し》戟《げき》の多《おほ》い享樂《きやうらく》を追《お》ふやうになるのも自然《しぜん》の勢《いきほひ》だといへませう。といつて結婚《けつこん》といふやうなことは經濟的《けいざいてき》にも到底考《たうていかんが》へられません。

この現象《げんしやう》はただ學生《がくせい》だけのことではなく、卒業《そつげふ》してやつと就職《しうしよく》したサラリーマンも結婚《けつこん》しては喰《く》へないし、苦《くる》しい暮《くら》しを覺悟《かくご》で結婚《けつこん》するなんて眞平《まつぴら》だ。その上《うへ》大《たい》した出世《しゆつせ》の見込《みこ》みもなし、何時《いつ》馘《くび》になるとも知《し》られぬ身《み》の上《うへ》で、本氣《ほんき》で仕事《しごと》も出來《でき》ず、馬鹿《ばか》らしいと思《おも》ひつゝ、上役《うはやく》の前《まへ》だけお上手《じやうず》をいつてゐる幇間的生活《はうかんてきせいくわつ》に我《われ》ながら相愡《あいそ》がつきてゐます。だが、世《よ》の中《なか》は一向彼等《かうかれら》の樂《たの》しい時代《じだい》になりさうにもありません。くさるのも無理《むり》はないと思《おも》ひます。

　サラリーマンばかりでなく、小商人《せうしやうにん》から勞働者《らうどうしや》へとこの傾《かたむ》きが蔓《ひろ》がつて行《ゆ》きつゝあり、又《また》、未婚者《みこんしや》だけがこの憂鬱《いううつ》を感《かん》じてゐるのではなく、妻《つま》も子《こ》もある者《もの》にも同《おな》じやうな灰色《はひいろ》の惱《なや》みが蔽《おほ》ひかぶさつて來《き》たのです。かうした人間《にんげん》が、安易《あんい》なエロを好《この》むのは自然《しぜん》の勢《いきほひ》です。

　女性《ちよせい》の方《はう》も開放《かいはう》を目《め》ざして突《つ》き進《すゝ》んで見《み》たものの、職業戰線《しよくげふせんせん》は多難《たなん》であり、月《げつ》給《きふ》はひどい差別待遇《さべつたいぐう》で男性《だんせい》の半分《はんぶん》にも達《たつ》しない、彼女等《かのぢよら》の逃《に》げ場《ば》は、結婚《けつこん》の豫定《よてい》しない戀愛《れんあい》であり、性生活《せいせいくわつ》の混亂《こんらん》であります。恐《おそ》らくこの狀態《じやうたい》はこゝ暫《しばら》くはつゞくでせう。

　性《せい》の惱《なや》みは決《けつ》してなくなるものではないと、きめ込んでゐる人《ひと》も少《すく》なくないでせう。しかし、性《せい》の惱《なや》みが永久《えいきう》に續《つゞ》くと考《かんが》へるのは、社會的不安《しやくわいてきふあん》が永久的《えいきうてき》だといふのと同《おな》じことです。誰《だれ》がこんなことを信《しん》じて生《い》きてゐられませう。人類《じんるゐ》は、社會《しやくわい》は、不安《ふあん》を除《のぞ》かうとして不斷《ふだん》の努力《どりよく》をつゞけてゐます。その努力《どりよく》は今日《こんにち》のやうに大部分《だいぶぶん》むだに終《をは》つて却《かへ》つて不安《ふあん》を深《ふか》める事《こと》もありますが、そこに今日《こんにち》の社會《しやくわい》の矛盾《むじゆん》、資本主義社會《しほんしゆぎしやくわい》の惱《なや》みがあるのです。

　それはさうと、私《わたし》は餘《あま》り、性《せい》の惱《なや》みは社會不安《しやくわいふあん》が除《のぞ》かれない限《かぎ》りなくならない、といふことを强調《きやうてう》しすぎたかも知《し》れません。皆《みな》さんは、社會《しやくわい》が安定《あんてい》すれば直《たゞ》ちに性《せい》の惱《なや》みも消《き》える、と私《わたし》が考《かんが》へてゐるやうに誤解《ごかい》されたかも知《し》れません。又《また》不安《ふあん》な時代《じだい》には性的混亂《せいてきこんらん》はやむを得《え》ないから、放置《はうち》するより仕方《しかた》がないといふのかと詰問《きつもん》されるかも知《し》れないが、私《わたし》は決《けつ》してさう簡單《かんたん》に考《かんが》へてはゐないのです。性的混亂《せいてきこんらん》の激化《げきくわ》しつゝある今日《こんにち》、敢《あへ》て性《せい》の秩序化《ちつじよくわ》を持《も》ち出《だ》したのは現在《げんざい》このことをまじめに問題《もんだい》にされる必要《ひつえう》があると考《かんが》へてのことです。このためには、新《あたら》しい性道德《せいだうとく》が確立《かくりつ》されねばなりません。が、こゝにいふ、新《あたら》しい性道德《せいだうとく》とは、從來《じうらい》の性道德《せいだうとく》のやうに男性《だんせい》に自由《じいう》と專橫《せんわう》を與《あた》へ女性《ちよせい》を奴隷《どれい》とするためのものではなく、道德《だうとく》といふ言葉《ことば》さへふさはしくないものと高《たか》い人間的《にんげんてき》、社會的《しやくわいてき》なものを指《さ》してゐるのですが、ついでには大《おほ》きすぎる問題《もんだい》であり餘《あま》りわき道《みち》へそれるのでこれでよすことにしました。（一九三六、三、二〇）

嬢《とう》さん小嬢《こい》さん放談會

新しき大阪の女性はかく云ふ

出席者

上（向つて右より）

河井治子
實業家河井新耳氏令嬢　先年巴里に遊學された方。

中村フジ
『そごう』寫眞室主山澤榮子女史のよきアシスタントであり、又シルエット・トーキーの研究家。

中村恒子
女性ばかりで組織されてゐる服飾品『中村屋』の支配人。

内野照子
醫學博士内野淺次郎氏令嬢、上野出のピアニスト。

下

川瀬美子
舊女人藝術同人、現在桃谷順天堂宣傳部に勤務。

若原綾子
一昨年市立高女を卒業した典型的な大阪の下町娘。

武岡彌榮
有名なインテリ喫茶店『タケオカ』のマダム武岡美惠女史の令妹、今春府立生野高女卒業

窮窟な大阪

川瀬　こゝにお集《あつま》りの皆《みな》さんは、年齢《ねんれい》から見《み》ても、又境遇《またきやうぐう》にしても、有閑《いうかん》、無閑《むかん》半閑《はんかん》といろ〳〵あるわけですけれど、それ〴〵の立場《たちば》から見《み》て、日々《にち〳〵》の生活《せいくわつ》の中《なか》で特《とく》に、始終感《しじゆうかん》じてゐらつしやるのは？――』

河井　窮窟《きうくつ》なんですとても――私《わたし》なんか外國《ぐわいこく》へ行《い》つて來《き》たりして、弟《おとうと》や妹《いもうと》が結婚《けつこん》して了《しま》つたのに一人《ひとり》殘《のこ》つてゐるんですが、母《はゝ》なんか全然干渉《ぜんぜんかんせふ》しませんのに他《た》人《にん》の方《かた》が何《なに》やかやとね――照子《てるこ》さんなんかどうですの？』

内野　私《わたし》も親類《しんるゐ》が一番申《ばんまか》します。だもんで母《はゝ》も今年中《ことしぢう》に嫁《い》つてもらひたいなんて云《い》ひますけれどさう云《い》はれたつてね……。（笑聲）東京《とうきやう》でしたら、そんな事《こと》やかましく云《い》ふ人《ひと》もないでせうけれど――』

若原　ほんとにさうですわ。ひよつと氣《き》がむいて日本髮結《にほんがみゆ》ふたりしやうものなら、じきに縁談《えんだん》が決《きま》つたといふやうな噂《うはさ》をたてゝね。實際《じつさい》氣しんどやわ』

河井　私《わたし》なんか、まるで遊《あそ》んでばかりゐるやうに思《おも》はれてますけどこれでも、前《まへ》にはよく聲樂《せいがく》のお弟子《でし》でも少《すこ》しとらうかなんて考《かんが》へましたのよ。そしたら家《うち》で叱《しか》られて了《しま》つて――東京《とうきやう》だつたら經濟的《けいざいてき》な必要《ひつえう》とか、何《なん》とかさう云《い》ふ事《こと》とは切《き》りはなして仕事《しごと》を持《も》つと云《い》ふ事《こと》に皆《みな》さん理解《りかい》があるのぢやないでせうか』

中村恒　それはたしかにあるわね。

河井　だから窮窟《きうくつ》だつて云《い》ふのよ。叱《しか》られてまでそんな事《こと》せんでも、そんならまあ遊《あそ》んでよか――つて事《こと》になるのだわ。

川瀬　有閑令孃《いうかんれいぢやう》たる又難《またにく》いかな――ですわね。（笑聲）

中村フ　窮窟《きうくつ》なのは有閑階級《いうかんかいきふ》だけぢやないですよ。やつぱり社會全體《しやくわいぜんたい》が東京《とうきやう》に比《くら》べて封建的《ほうけんてき》なのね。私達《わたしたち》働《はたら》いてゝも、十人《にん》の中《うち》八人位迄《にんぐらゐまで》は女《をんな》のくせに――と云《い》ふ見方《みかた》をされるので何《なん》だか萎縮《ゐしゆく》するやうですわ』

東京の男・大阪の男

中村恒　インテリの男《をとこ》の人達《ひとたち》がさうなのね。當然理解《たうぜんりかい》して、育《そだ》てゝくれるべき層《そう》の人達《ひとたち》が――』

川瀬　第《だい》一ジャーナリストからしてさうぢやありません？　全部《ぜんぶ》が全部《ぜんぶ》さうとは限《かぎ》らないけれど女《をんな》の仕事《しごと》を眞面目《まじめ》に觀《み》やうとしないで何《なに》かしら茶化《ちやくわ》さうとする。笑殺《せうさつ》しやうとする。あのエゲツナイおばはんとか何《なん》とか云《い》つて――。（笑聲）

中村恒　さうよ、さうよ。こちらの男《をとこ》の人《ひと》はたゞ生物學的《せいぶつがくてき》な女《をんな》としてより認《みと》めないわね。若《わか》いとか若《わか》くないとか、キレイだとかキレイでないとかと云《い》ふ事《こと》ばかりを標準《へうじゆん》にして――例《たと》へば長谷川時雨女史《はせがはしぐれぢよし》なんか、私《わたし》とても尊敬《そんけい》してるんだけれど、大阪《おほさか》のジャーナリストにかゝると、今《いま》さらあのお婆《ばあ》さんでもないだらうなんてやられちやふ。――東京《とうきやう》だつたら、時《しぐ》雨《れ》女史《ぢよし》のいゝところをちやんと理解《りかい》して尊敬《そんけい》してるわね批判《ひはん》はするけれど――』

内野　排他的《はいたてき》なんでせうね。

川瀬　それに東京《とうきやう》でヤイノ〳〵云《い》ふとかへつてそつぽむくのでせう。新聞《しんぶん》はこちらの方《はう》が本家《ほんけ》だからと云《い》ふので――、成《なる》程部數《ほどぶすう》は多《おほ》く出《で》てるでせうけど。（笑聲）

中村恒　そりやあ東京《とうきやう》のジャーナリズムはたへず何《なに》か求《もと》めてゐるわ、そして感受性《かんじゆせい》が鋭《するど》いと思《おも》ふわ。又《また》、人《ひと》の噂《うはさ》になるけれど田中千代《たなかちよ》さんなんか東京《とうきやう》にゐらしたらもつと〳〵ジャーナリズムに迎《むか》へられる方《かた》ぢやないかしら――あれだけの方《かた》ですもの』

河井　この頃東京《ごろとうきやう》の鐘紡《かねぼう》へゐらつしやるやうになつたんでとても有名《いうめい》におなりになつたんぢやない――』

川瀬　あの方《かた》はとても素晴《すば》しい方《かた》ね。何《なん》て例《たと》へていゝかわからないくらひ』

武岡　私《わたし》なんか深《ふか》いことはわかりませんが、姉《あね》の店《みせ》を手傳《てつだ》てゝお客樣《きやくさま》を見《み》てます

347　「嬢さん小嬢さん放談会」　河井治子、中村フジ、中村恒子、内野照子、川瀬美子 ほか 『婦人画報』昭和11年7月1日

と、東京《とうきやう》の男《をとこ》の方《かた》つて何やら初《はじ》めはぶつきら棒《ぼう》ですのね。

中村フ　表面的《へうめんてき》にはたしかに野蠻《やばん》よ。關《くわん》西人《さいじん》の方《はう》が柔《やはら》かい、でも近頃《ちかごろ》の若《わか》い男《をとこ》の人《ひと》つて東西《とうざい》を問《と》はず、何《なに》かしらたよりない、氣力《きりよく》がないのね。

川瀨　何《なに》しろ十萬圓財産《まんゑんざいさん》があれば相手《あひて》はどんな人《ひと》でも養子《やうし》に行《ゆ》くなんて云《い》ふのだから――それがちやんとしたインテリよ。（笑聲）

刺戟は欲しいけれど

內野　でもやつぱり藝術的《げいじゆつてき》な勉強《べんきやう》は東《とう》京《きやう》に限《かぎ》りますわね。

河井　御《ご》一緒《しよ》に卒業《そつげふ》なすつた方《かた》で樂壇《がくだん》に出《で》てらつしやるのは?』

內野　ポピユラーなのはミス・コロムビアの松原《まつばら》さんでせうね。田中路子《たなかみちこ》さんも御《ご》一緒《しよ》でした。途中《とちう》であちらへゐらつしやいましたけれど、一體《たい》私達《わたしたち》のクラスは、音樂學校《おんがくがくかう》始《はじ》まつて以來《いらい》の美人《びじん》クラスだつて云《い》はれてたくらゐでとても絶世《ぜつせい》の美人揃《びじんぞろ》ひでしたのよ。だから男《をとこ》の人達《ひとたち》がとても私達《わたしたち》のクラスへ來《き》たがつて――』

中村恒　さうでせうね。照子《てるこ》さんも隨分《ずゐぶん》おきれいだから』

內野　あらいやだ。（笑聲）でも御《ご》一緒《しよ》に卒業《そつげふ》した皆《みな》さんでも東京《とうきやう》にゐらつしやる方《かた》はとてもお上手《じやうづ》になつてらつしやいますわ、こちらですとどうしても勉強《べんきやう》に不自由《ふじいう》ですから――殊《こと》に音樂《おんがく》なんかは―』

中村恒　やはり刺戟《しげき》がありませんからね、お互《たがひ》に啓發《けいはつ》し合《あ》ふと云《い》ふ事《こと》もないし――』

川瀨　その代《かは》り餘計な刺戟もないからいゝわね。おつき合《あ》ひとか何《なん》だとか末梢神《まつせうしん》經《けい》を疲《つか》れさせるやうな事《こと》が――』

中村恒　それはあるわね、先程《さきほど》のジャーナリズムの話《はな》しに關聯《くわんれん》してるけれど餘《あま》り敏感《びんかん》すぎてやり切《き》れない。こちらの一擧《きよ》一動《どう》、目《め》に角立《かどだ》てゝ看視《かんし》されるやうで、手《て》も足《あし》も出《で》ない、私《わたし》なんかおしまひには何《なに》も出來《でき》なくなつて了つたわ

中村フ　そら又《また》、あんたは特別《とくべつ》やさかい。（笑聲）

川瀨　たゞでさへ、大阪《おほさか》に比《くら》べたら書《か》きたがる事《こと》なのに、東京《とうきやう》は新聞《しんぶん》の數《かず》が多《おほ》いから――一週間位恒子《しうかんぐらひつねこ》さんの名《な》が新聞《しんぶん》に出《で》ない日《ひ》つてなかつた事《こと》があつたわね。七つも八つもの新聞《しんぶん》が書《か》きたてるのだから――何《なん》でもあなたが本鄕《ほんがう》だかのアパートにゐらした時《とき》、留守中《るすちう》にアパートの人《ひと》達《たち》が闖入《ちんにふ》して部屋《へや》の中《なか》を見《み》るんで、あなたが外出《ぐわいしゆつ》する時《とき》は窓《まど》からドアから全部封《ぜんぶふう》蠟《らふ》したなんて事《こと》も聞《き》いたわ。

中村恒　そら嘘《うそ》や。（笑聲）

川瀨　ともかくあなたの名《な》も古《ふる》いものだけれど何時《いつ》までも若《わか》くてキレイね。

中村フ　しかし又《また》一面《めん》、さう云《い》ふ風《ふう》に次《つぎ》から次《つぎ》へとトピックにはなるけれど割《わり》に實現性《じつげんせい》がないのと違《ちが》ふ? 實行力《じつかうりよく》が乏《とぼ》しいのかしら?

中村恒　云《い》つただけで滿足《まんぞく》するのでせう。

川瀨　前《まへ》ぶればかりいやに花々《はなばな》しくつて、仕事《しごと》はさつぱりだと云《い》ふのがよくあるわね』

有閑對無閑

河井　私《わたし》ね、働《はたら》いてらつしやる方達《かたたち》がね、そりやあ働《はたら》くつて事《こと》はいゝ事《こと》なんですから誇《ほこ》らしくお思《おも》ひになるのはもつともでせうけれど、職場《しよくば》を離《はな》れた時《とき》はその意識《いしき》をなくしてほしいと思《おも》ひますわ、でないと何《なん》だか乾《ほし》からびたやうな感《かん》じがしますの』

中村フ　働《はたら》いてゐて乾《ほし》からびるつて事《こと》はたしかに考《かんが》へなきやいかんけれど、でも職場《しよくば》を離《はな》れたからつて働《はたら》いてゐるといふ意識《いしき》をなくするつて事《こと》は出來《でき》ないでせうね。

河井　何《なん》だかとてもコセ〱コセ〱してゐらつしやるやうに思《おも》へますの』

中村フ　私《わたし》なんか普通《ふつう》のお孃《ぢやう》さんとか奧《おく》さんとかは何《なん》だつてあんなにノロ〱してゐるのかと思《おも》ひますよ。お化粧《けしやう》に半日《はんにち》

かゝつたりして――』

若原　よう云《い》はんわ、半日《はんにち》もかゝりますかいな。

河井　ねえ、あんまりなおつしやり方《かた》だわ。（笑聲）

中村フ　要《えう》するに生活《せいくわつ》の違《ちが》ひですね。

川瀬　おフジさんなんかでも、職業《しよくげふ》即《すなはち》趣味《しゆみ》であり勉強《べんきやう》であるんだから幸福《かうふく》よ。世間《せけん》には生活《せいくわつ》の爲《ため》だつたらどんな事《こと》でもしなきやならない人《ひと》が多《おほ》いんだから』

中村フ　えゝそれはとても感謝《かんしや》してます。結局《けつきよく》山澤《やまざは》さんがえらいからなんです』

武岡『二三ヶ月前《げつまへ》の婦人畫報《ふじんぐわはう》に片岡鐵兵《かたをかてつぺい》氏《し》がとてもほめていらつしやいましたわね。中村屋《なかむらや》の方《はう》も山澤《やまざは》さんがやつてゐらつしやいますの？』

中村恒　えゝ、大株主《おほかぶぬし》です。今兩方《いまれうはう》で女《をんな》ばかり六人《にん》働《はたら》いてます。

内野　ほんとにうまくやつてらつしやいますのねえ、女《をんな》の方《かた》ばかりでお仕事《しごと》なすつてそんなにうまく行《ゆ》くなんて――幸福《かうふく》だと思《おも》ひますわ』

若原　遊《あそ》ぶだけでもすぐ喧嘩《けんくわ》しますのに。（笑聲）

河井　中村《なかむら》さん佛蘭西《フランス》へ寫眞《しやしん》の勉強《べんきやう》にゐらつしやるんですつてね――。

中村フ　まだはつきり解《わか》りません――でも女《をんな》の人同志《ひとどうし》の仕事《しごと》つてそんなにうまく行《ゆ》かないものなのでせうか？　何故《なぜ》かしら？

川瀬　廣《ひろ》い日本中《にほんぢう》で、あなたのところだけが鐵兵氏《てつぺいし》に隨喜《ずゐき》の涙《なみだ》を流《なが》させてゐるところを見《み》ると、やつぱりうまく行《ゆ》かないのが多《おほ》いのでせうね。（笑聲）

中村恒　それに傍《そば》から、うまく行《ゆ》くもんかとか何《なん》とか云《い》つて暗示《あんじ》を與《あた》へるから――。（笑聲）

武岡　でも近頃女學校《ちかごろぢよがくかう》を卒業《そつげふ》して就職《しうしよく》するのはとてもむづかしいですのね。

中村恒　紹介狀《せうかいじやう》が八枚《まい》ないといけないつて――。（笑聲）

川瀬　この三月頃《ぐわつごろ》ね、うちの主人《しゆじん》のところへ映畫好《えいぐわず》きな女學生《ぢよがくせい》が遊《あそ》びに來《き》ましてね、私《わたし》は卒業《そつげふ》したら就職《しうしよく》してお小遣《こづか》ひをとり自由《じいう》にどん〴〵活動《くわつどう》を見《み》るんだつて勇《いさ》んでゐるんです。女中《ぢよちゆう》さん一人位《ひとりぐらゐ》あるやうな中産階級《ちうさんかいきふ》の娘《むすめ》さんなんですけれど、私達《わたしたち》、非常《ひじやう》に幸福《かうふく》だと思《おも》ふと云《い》ふんです。もつと金持《かねもち》だつたら働《はたら》いて自由《じいう》にさせてはくれないだらうし、もつと貧乏《びんばふ》でどうしても働《はたら》かなければいけない家《いへ》だつたらいゝところへ就職出來《しうしよくでき》ないしなんてね。

中村フ　デパートや大《おほ》きなところは大《たい》ていさうですね。それに女學校《ぢよがくかう》の卒業生《そつげふせい》が一番《ばん》に望《のぞ》むのは先《ま》づデパートでせう。

中村恒　大體《だいたい》、デパート・ガールは東京《とうきやう》と大阪《おほさか》ぢや一寸違《ちよつとちが》ひますね。東京《とうきやう》では割《わり》合地味《あひぢみ》な職業《しよくげふ》ですけれど。

川瀬　デパート・ガールの資格《しかく》を女學校《ぢよがくかう》卒業以上《そつげふいじやう》と決《き》めたのも、專門學校《せんもんがくかう》を出《で》た人《ひと》を使《つか》ひだしたのもこちらが先《さき》でせう。

若原　四年《ねん》の女學校《ぢよがくかう》と五年《ねん》の女學校《ぢよがくかう》ではお給金《きふきん》がちがひますとね。

河井　照子《てるこ》さんは今《いま》、お弟子《でし》さん何人《なんにん》ですの？

内野　十人《にん》ばかり――母《はゝ》のお友達《ともだち》のお子《こ》さんやなにかお知合《しりあひ》の方《かた》ですけれど、でもやはりたゞ自分《じぶん》の勉強《べんきやう》だけしてゐた時《とき》より氣持《きもち》に張《は》りがありますわ。

モード東西

川瀬　皆《みな》さん洋服《やうふく》おつくりになる時《とき》は、やはり自分《じぶん》でモード雜誌《ざつし》なんかごらんになつてから？

内野　えゝ、私《わたし》には可愛《かあい》い型《かた》しか似合《にあ》ひませんからその範圍《はんゐ》で探《さが》して大丸《だいまる》でつくりますの。

河井　私《わたし》は松坂屋《まつざかや》のエレヌさんがお友達《ともだち》なので近頃《ちかごろ》はあの方《かた》ばかりです。

川瀬　一體《たい》、和服《わふく》の方《はう》のモードは傳統的《でんとうてき》に東京《とうきやう》と對立《たいりつ》した個性《こせい》をもつてゐるでせう。店《みせ》にしても、東京《とうきやう》のゑり圓《えん》に對《たい》して

349 「嬢さん小嬢さん放談会」 河井治子、中村フジ、中村恒子、内野照子、川瀬美子 ほか 『婦人画報』昭和11年7月1日

こちらでは小大丸《こだいまる》といつた風《ふう》に――でも洋服《やうふく》はまだ〳〵これと云《い》ふ専門店《せんもんてん》がない程《ほど》で、おくれてゐるんぢやないかしら?

中村恒　一般《ぱん》はたしかにおくれてゐます。でもベスト・ドレッサーをもつて任《にん》じてゐる特殊《とくしゆ》な人達《ひとたち》は阪神《はんしん》の方《はう》がずつと個性的《こせいてき》で私《わたし》は好《す》きよ。東京《とうきやう》のは何《なん》て云《い》ふか、所謂《いはゆる》アラ・モードなんでせうけど、みんながみんなおんなじな風《ふう》を平氣《へいき》でするわね、雜誌《ざつし》に出《で》てたり、ショウ・ウインドに飾《かざ》つてあつた型《かた》をみんながそのまゝ平氣《へいき》で着《き》てるぢやないの。

武岡　私《わたし》なんか阪神《はんしん》の特殊《とくしゆ》な方《かた》を知《し》らないからか、東京《とうきやう》の方《かた》はみなシックに思《おも》へます。

内野　それにみんなキヂがきれいですね。空氣《くうき》がいゝからかしら――。

中村恒　あーら、そんな事《こと》ないわ。東京《とうきやう》の人《ひと》は肌《はだ》はキタナクてよ、淺黑《あさぐろ》いのがいゝなんて昔《むかし》から云《い》ふのはあれはやせがまんでせう。ともかく肌《はだ》は關西《くわんさい》の方《かた》がキレイよ。白《しろ》くてキメが細《こま》かくて――。

内野　さうかしら?

中村恒　それは確《たし》かにさうよ。でも東京《とうきやう》ぢややつぱり美《び》の感《かん》じ方《かた》が全體的《ぜんたいてき》だから、肌《はだ》がキタナイなんて部分的《ぶぶんてき》な事《こと》、問題《もんだい》にしないのね。肌《はだ》がキタナイなんて事《こと》一寸《ちよつと》も目立《めだ》たないわ。

川瀬　皮膚《ひふ》は關西人《くわんさいじん》の方《はう》がキレイらしいですね。所謂《いはゆる》、モチ肌《はだ》で――でも體《からだ》は東京《とうきやう》の方《かた》が恰好《かつかう》がいゝつて事《こと》になつてるんでせう、小股《こまた》がキリ、と切《き》れ上《あが》つてなんてよくあるぢやないの、足《あし》が長《なが》いつて云《い》ふんでせうし。

中村恒　さうでもないわア。(笑聲)

若原　足《あし》と云《い》ふので思《おも》ひ出《だ》しましたが、東京《とうきやう》の人《ひと》つてよう素足《すあし》で歩《ある》きやはりますわね、他所《よそ》へ行《ゆ》く時《とき》でも――。

川瀬　よく云《い》ふ事《こと》だけど、下駄《げた》は實際《じつさい》大阪人《おほさかじん》は無關心《むくわんしん》ね。私《わたし》、大阪《おほさか》で生《う》れて育《そだ》ちもやはり關西《くわんさい》でせう。それが時雨女史《しぐれぢよし》みたいな江戸《えど》つ子《こ》の生活《せいくわつ》を觀《み》て來《き》て、又大阪《またおほさか》で住《す》んで見《み》ると、服裝《ふくさう》の事《こと》で何《なに》よりも目《め》につくのは下駄《げた》、相當盛裝《さうたうせいさう》に近《ちか》いナリしてゝも裸下駄《はだかげた》だし――。

内野　それに足袋《たび》もきたないでせう。私《わたし》の母《はゝ》は東京育《とうきやうそだ》ちなので、よく申《まう》します。

川瀬　私自身《わたしじしん》やつぱり自覺症狀《じかくしやうじやう》として足元《あしもと》にはかまひませんね。(笑聲)近頃《ちかごろ》は着《き》ませんけれど和服《わふく》を着《き》てどこかへ出《で》かける時《とき》でも、十錢《せん》ストアの足袋《たび》にこれも安物《やすもの》の下駄《げた》で平氣《へいき》よ。足袋《たび》だの下駄《げた》だのつて、少《すこ》し着物《きもの》を長《なが》く着《き》ればわからへんやないか。(笑聲)

中村フ　見《み》えないところに凝《こ》るのが江戸《えど》つ子《こ》の意氣《いき》だつてね。

川瀬　あれは見榮坊《みえばう》の一《ひと》つの現《あらは》れよ。東《とう》

「嬢さん小嬢さん放談会」 河井治子、中村フジ、中村恒子、内野照子、川瀬美子 ほか 『婦人画報』昭和11年7月1日 350

京人《きやうじん》は實《じつ》に見榮坊《みえばう》だから——。

中村恒　手《て》の込《こ》んだ方《はう》の見榮坊《みえばう》ね。（笑聲）

武岡　それでも着物《きもの》に執着《しうちやく》するのは大阪《おほさか》の方《かた》がひどいでせう、女學校《ぢよがくかう》へ行《ゆ》くより着物《きもの》をどん／＼つくつてもらつた方《はう》がいゝと云《い》ふ人《ひと》もあります。

内野　彌榮《やえ》ちやんはいかゞ？

武岡　私《わたし》はみんなお姉《ねえ》さんまかせ。

若原　私《わたし》らでも着物《きもの》はようつくります。訪問着《はうもんぎ》々々《〳〵》つて、あんなもん着《き》て訪問《はうもん》するやうな家《いへ》もないのに。（笑聲）

河井　こちらは東京《とうきやう》に比《くら》べて、附屬品《ふぞくひん》がばかに高《たか》くありません？　一寸《ちよつと》した小《こ》ものが——。

武岡　とても高《たか》いですわ。

川瀬　河井《かはゐ》さんでも高《たか》いなんてお思《おも》ひになる事《こと》あるの？

河井　そらありますわ。私《わたし》、フランスでいろんなもの見《み》て來《き》てるでせう。だから餘《あま》りバカ／＼しく高《たか》いと——。

中村フ　そら高《たか》い筈《はず》よ。大阪商人《おほさかしやうにん》はね、變《かは》つたものを賣《う》りたいとか、買《か》ひ手《て》を驚《おどろ》かせたいとかいふ洒落氣《しやれけ》が一《ひと》つもないでせう、たゞ大量《たいりやう》に賣《う》ればよいといふ主義《しゆぎ》で——それに一方《ぱう》、とても摸倣性《もはうせい》が強《つよ》くて一寸變《ちよつとかは》つたものであたつたものがあると、すぐそれと一分《ぶ》一厘《りん》ちがはないものを少《すこ》し安《やす》くして賣《う》り出《だ》すのよ。（笑聲）だからなか／＼變《かは》つたものに手《て》をつけないが、もし賣《う》り出《だ》す時《とき》には、すぐマネられて自分《じぶん》の方《はう》のが賣《う》れなくなるといふ見《み》込《こ》みをつけておくからとても高《たか》く賣《う》るソケよ。

中村恒　デザイン料《れう》を高《たか》くとるのね。

河井　だから私《わたし》、大阪《おほさか》でそんなものを外《ぐわい》國《こく》から持《も》つて來《き》てさう高《たか》くしないで賣《う》つたら歡迎《くわんげい》されると思《おも》ひますわ。

中村フ　私《わたし》もさう思《おも》つてます。カタログに出《で》てるのは所謂大衆向《いはゆるたいしうむ》きのものでせう。こちらからこんなものつて手紙《てがみ》で云《い》つてやつたつてわからんし——やつぱり行《い》つて見《み》んとあかんな。

川瀬　あなたもうじき行くのでせう、しつかり頼《たの》みます。（笑聲）

中村恒　それから靴《くつ》が大阪《おほさか》は高《たか》いでせう。

内野　まあさうですの。私《わたし》、東京《とうきやう》にゐました間《あひだ》ずつと和服《わふく》でしたので知《し》りませんけれど、安《やす》いつてどれ位《くらゐ》ですの？

中村恒　十圓位《ゑんぐらゐ》でパリよ（笑聲）殊《こと》にヨシノヤが安《やす》いのでせう。

河井　こちらだつたらどうしても十五六圓《えん》ね。でも、こちらでもいゝ靴《くつ》は東京《とうきやう》の職人《しよくにん》にさせるらしいですよ。私の靴《くつ》は大《だい》丸《まる》ですけれど、あそこも職人《しよくにん》は東京《とうきやう》よ。だからあつらへてから出來上《できあが》るまで一月《ひとつき》もかゝります。

内野　私《わたし》は又《また》、大丸《だいまる》の靴《くつ》はどうしても合《あ》はないの、木型《きがた》もとらせたのですけれど——だから南海高島屋《なんかいたかしまや》ばかりです。

河井　靴《くつ》でも洋服《やうふく》でも、もつとレデイ・メイドが發達《はつたつ》するといゝのですね。

中村フ　ほんとにね、うちの山澤《やまざは》さん、あんなに小《ちい》さいでせう。でもアメリカではちやんと合《あ》ふレデイ・メイドがあつたさうですよ。

河井　外國《ぐわいこく》は何所《どこ》でもさうよ。はじめ店《みせ》へ行《ゆ》くと寸法《すんぱふ》とつてくれて、これだつたら、マネキンの何號《なんがう》つてきめますでせう。そしたら次《つぎ》から次《つぎ》へと、はい、何號《なんがう》さんといふ具合《ぐあひ》でちやんと合《あ》ふのを見《み》せてくれます。（笑聲）とても便利《べんり》ですわ。

武岡　そんなでしたら、賣《う》る方《はう》も買《か》ふ方《はう》も便利《べんり》ですわね。

河井　大阪《おほさか》であんな店《みせ》をやつたらどうで

351　「嬢さん小嬢さん放談会」 河井治子、中村フジ、中村恒子、内野照子、川瀬美子 ほか 『婦人画報』昭和11年7月1日

せうね。

内野　資本《しほん》がたくさん要《い》りますでせう、ストツクをうんとこしらへておかなきやいけないんですから——。

空想令孃

川瀬　やつぱり、皆《みな》さん見《み》たり聞《き》いたりするものゝ中《なか》では映畫《えいぐわ》が一等《とう》親《した》しいでせうね。

中・恒　そらさうよ。映畫《えいぐわ》ぬきの生活《せいくわつ》なんて考《かんが》へられないわ。

川瀬　日本映畫《にほんえいぐわ》は?

中村恒　見《み》ない。

中村フ　洋畫《やうぐわ》だつたらどんなつまらんものでも、何《なに》か知《し》ら新《あたら》しいものが得《え》られるでせう。洋服《やうふく》でも自動車《じどうしや》でも食物《しよくもつ》でも音《おん》樂《がく》でも。

川瀬　小説《せうせつ》は?

中村フ　一體《たい》に大阪《おほさか》は雜誌《ざつし》より單行本《たんかうほん》の方《はう》がよく賣《う》れるさうですね。私《わたし》なんか小《せう》説《せつ》でも新聞《しんぶん》や雜誌《ざつし》に出《で》てた時《とき》より單行本《たんかうほん》で讀《よ》む方《はう》が多《おほ》いわ。

川瀬　近頃《ちかごろ》、盛《さか》んに大阪《おほさか》の女《をんな》の人《ひと》を主題《しゆだい》にした小説《せうせつ》があらはれるでせう。まあ谷《たに》崎《ざき》さんのものはみんなさうだし、『花嫁《はなよめ》學校《がくかう》』にしろ『家族會議《かぞくくわいぎ》』にしろ今《いま》、朝《あさ》日《ひ》に出《で》てる『朱《しゆ》と緑《みどり》』にもボツ〱大阪《おほさか》が出《で》て來《き》ましたけれど、あんなお孃《ぢやう》さん果《はた》して實際大阪《じつさいおほさか》にゐるかしら?

中村フ　私《わたし》もさう思《おも》つたけれど、例《たと》へば『花嫁學校《はなよめがくかう》』の登枝《とえ》ですね。鐵兵氏《てつぺいし》にあれはかういふ少女《せうぢよ》がゐるといふのぢやなくて、あゝ云《い》ふ大阪《おほさか》のお孃《ぢやう》さんが、あゝ云《い》ふ風《ふう》な境遇《きやうぐう》に置《お》かれたらあゝもなるだらうと云《い》ふ想像《さうぞう》だつて云《い》つておられました。そして結局《けつきよく》は平凡《へいぼん》にね。

若原　えらい、むつかしいこと——。

川瀬　私《わたし》、谷崎《たにざき》さんの『卍《まんじ》』のヒロインなんかはゐさうな氣《き》がするんですけれど——まああれは大分《だいぶん》アブノーマルですがね、でもゐさうな氣《き》がする、しかし『家《か》族會議《ぞくくわいぎ》』の忍《しのぶ》はどうでせう! 東京《とうきやう》の人《ひと》はあの小説《せうせつ》の中《なか》で忍《しのぶ》が一番《ばん》よく書《か》けてゐる。新《あたら》しい大阪《おほさか》のブルジョワのお孃《ぢやう》さんがとてもよく出《で》てるつて感心《かんしん》してますけれど——。

内野　實際《じつさい》にあんな人《ひと》はゐないと思《おも》ひますね。こんなお孃《ぢやう》さんもあつてほしいと云《い》ふ作者《さくしや》の理想《りさう》かも知《し》れませんけれど。

若原　あないにお金《かね》が自由《じいう》になるもんですか。(笑聲)

武岡　少《すこ》しうまく行《ゆ》きすぎてますね。

中村恒　大阪《おほさか》だからどう變《かは》つてるつて事《こと》はないわ。結局生活《けつきよくせいくわつ》によつて決《き》まる事《こと》ですもの。

於心齋橋ドンバル

夏にある女の危

女は何故狙はれ易いか？

出席者

鈴木賀一郎氏 東京少年審判所長として氏は不良少年少女の犯罪については斯界の權威者です。

長谷川瀏氏 東京區裁判所次席檢事として氏は犯罪研究の第一人者です。特異な、豐富な氏のお話は定評のあるものです。

尾後貫莊太郎氏 刑事地方裁判所判事。女性犯罪についての氏の御研究は斯界の第一人者として定評のあるものです。

吉岡一行氏 警視廳防犯係長の現職にあられる氏は實際研究家としての權威。最も聞くべきものがある方です。

渡邊和十郎氏 警視廳捜査第一課の不良少年、少女係主任として實際捜査の第一線に御活躍の權威者です。

池田菊太郎氏 東京日日新聞記者として氏は長年警視廳係りを勤め極めて豐富な犯罪に關する材料話題をもつてゐられる方です。

夏《なつ》は解放的《かいはうてき》な季節《きせつ》です。羅《うすもの》をまとひ、戸締《とじま》りをおこたり、緣日《えんにち》の人盛《ひとざか》りに、堀川《ほりかは》のボートに涼《りやう》を追《お》つて解放期《かいはうき》の生活《せいくわつ》を享樂《きやうらく》する隙《すき》を覘《ねら》つて、女性《ぢよせい》に對《たい》する犯罪《はんざい》が激增《げきぞう》する時季《じき》です。夏季《かき》の犯罪《はんざい》の特徴《とくちよう》の一《ひと》つは性的犯罪《せいてきはんざい》が極《きは》めて多《おほ》いことです。精神的《せいしんてき》な弛みに乘《じよう》じて恐《おそ》るべき犯罪《はんざい》の犠牲者《ぎせいしや》となり一生《いつしやう》を思《おも》はぬ不幸《ふかう》に泣《な》き暮《くら》さなければならない婦人《ふじん》の數《すう》は驚《おどろ》く程《ほど》多《おほ》いと、その道《みち》の專門家達《せんもんかたち》は言《い》つてゐます。

どういふ手段《しゆだん》で犯罪《はんざい》は行《おこな》はれるか。どうすれば兇暴《きようばう》な犯行《はんかう》から逃《のが》れることが出來《でき》るか。それを是非《ぜひ》必要《ひつえう》な讀者諸姉《どくしやしよし》には知《し》つていたゞき不幸《ふかう》な災難《さいなん》に罹《かゝ》られぬ樣《やう》にといふのがこの座談會《ざだんくわい》の主旨《しゆし》です。出席者諸氏《しゆつせきしやしよし》のお話《はなし》を讀《よ》んで頂《いただ》けばその結論《けつろん》は自《おのづか》ら出《で》て來《き》ますが、判《わか》りよくする爲《ため》に先《さき》に夏《なつ》の犯罪《はんざい》の豫防法《よばうはふ》をひとまとめにしてみます。婦人《ふじん》に對《たい》する夏《なつ》の犯罪中《はんざいちう》、婦人《ふじん》一般《いつぱん》に共通的《きようつうてき》なものとその豫防方法《よばうはうはふ》とを擧《あ》げてみますと、

掏《す》摸《り》

夏《なつ》は着衣《ちやくい》が薄《うす》く、蟇口《がまぐち》、財布《さいふ》などを無雜作《むざうさ》に帶《おび》や懷《ふところ》へちよつと差込《さしこ》み、外部《ぐわいぶ》から容易《ようい》に手《て》が觸《ふ》れ易《やす》い爲《た》めに被害《ひがい》が多《おほ》い。蟇口《がまぐち》や財布《さいふ》は帶《おび》の間《あひだ》にすつかり藏ひ込《こ》むとか 懷《ふところ》の奥《おく》に入《い》れるとかして下《くだ》さい。

家《か》宅《たく》侵《しん》入《にふ》

夏《なつ》の夜《よ》は暑《あつ》い爲《た》めに戸口《とぐち》、障子《しやうじ》、襖《ふすま》などを開《あ》け放《はな》しにして寢《ね》ることがありますが、その爲《ため》

機を護る會

寫眞は向つて右より　長谷川　瀏氏　尾後貫荘太郎氏　鈴木　賀一郎氏　池田　藤太郎氏　渡邊　和十郎氏　吉岡　一行氏

竊盜《せつたう》、强盜《がうたう》又《また》は痴漢《ちかん》などが容易《ようい》に家宅内《かたくない》に侵入《しんにふ》する。之《これ》を防《ふせ》ぐ爲《た》めには、暑《あつ》くとも戸締《とじまり》を嚴重《げんぢう》にして下《くだ》さい。そして成《な》るべく消燈《せうとう》して寢《ね》る方《はう》がよいのです。街路《がいろ》などから婦人《ふじん》の寢《ね》姿《すがた》が見《み》える樣《やう》な不體裁《ふていさい》は愼《つゝし》んで下《くだ》さい。通《つう》行《かう》の醉漢《すゐかん》などが偶發的《ぐうはつてき》に不心得《ふこゝろえ》を起《おこ》して、思《おも》ひも懸《か》けぬ犯罪《はんざい》をさせてしまつた實例《じつれい》は澤山《たくさん》あります。

痴漢《ちかん》の暴行《ばうかう》

薄衣《うすぎ》、羅《うすもの》の爲《た》め痴漢《ちかん》の劣情《れつじやう》を挑發《てうはつ》して臀部《でんぶ》などを斬《き》られたといふことがあります。又《また》行水《ぎやうずゐ》をしてゐるところを見《み》て、劣情《れつじやう》を起《おこ》し夜間《やかん》迄《まで》待《ま》つて夜《よる》になつてから襲《おそ》つたとか、涼《すゞ》みに一人《ひとり》で出《で》て歩《ある》いたり、一人《ひとり》で留守居《るすゐ》をしてゐたりしてゐたので之《これ》を襲《おそ》はれたとかいふ例《れい》は澤山《たくさん》あります。之等《これら》の危險《きけん》に曝《さら》されぬやうにすることが肝要《かんえう》です。萬一《まんいち》痴漢《ちかん》の暴行《ばうかう》を受《う》けるやうなことがあつたら之《これ》と極力《きよくりよく》爭鬪《そうとう》して下《くだ》さい。それには平素《へいそ》から唐手術《からてじゆつ》や護身術《ごしんじゆつ》位《ぐらゐ》は覺《おぼ》えてゐて、いざといふ場合《ばあひ》に役立《やくだ》ち得《う》るやうにするのも一方法《はうはふ》です。從來《じうらい》の例《れい》から考《かんが》へると日本《にほん》の婦人《ふじん》は斯樣《かやう》な危險《きけん》に遭遇《さうぐう》した際《さい》、餘《あま》りに消極《せうきよく》的《てき》な態度《たいど》を取《と》り過《す》ぎる。もつと積極的《せききよくてき》且《か》つ反擊的《はんげきてき》に出《で》て下《くだ》さい。家宅内《かたくない》に侵入《しんにふ》したる痴漢《ちかん》に對《たい》しては、貞操《ていさう》に對《たい》する現在《げんざい》の危險《きけん》を排除《はいぢよ》する爲《た》め犯人《はんにん》を殺傷《さつしやう》しても、それが已《や》むを得《え》ない行爲《かうゐ》であれば罰《ばつ》せられない。（盜犯等防止法第一條、刑法第三十六條參照）痴漢《ちかん》の暴行《ばうかう》

を默視《もくし》する必要《ひつよう》は毫《がう》もないのです。

詐《さ》欺《ぎ》

婦人《ふじん》は一般《ぱん》に事物《じぶつ》を正《たゞ》しく批判《ひはん》する能力《のうりよく》に缺《か》けてゐるやうに思《おも》はれます。もつと冷靜《れいせい》に中庸《ちうよう》を得《え》た判斷《はんだん》をして下《くだ》さい。婦《ふ》人《じん》が詐欺《さぎ》にかゝり易《やす》いのは判斷力《はんだんりよく》の缺乏《けつぼふ》の爲《た》めです。それと同時《どうじ》に經驗知識《けいけんちしき》が足《た》りない。殊《こと》に犯罪に對する知識がない。

婦人《ふじん》に對《たい》する夏《なつ》の犯罪《はんざい》を少女時代《せうぢよじだい》、求婚時《きうこんじ》代《だい》、主婦時代《しゆふじだい》といつた風《ふう》に分《わ》けて、その犯罪《はんざい》と豫防方法《よばうはうはふ》とを申《まを》しますと、

少《せう》女《ぢよ》時《じ》代《だい》

海水浴《かいすゐよく》、避暑《ひしよ》、登山《とざん》などに出掛《でか》けて、誘《いう》惑《わく》に陷《おちい》り、とりかへしのつかないことになつた例《れい》は尠《すくな》くありません。刑法上《けいはふじやう》の罪《ざい》名《めい》で云《い》へば猥褻誘拐《わいせついうかい》、結婚誘拐《けつこんいうかい》といつた犯罪《はんざい》の被害者《ひがいしや》になることです。之等《これら》は適《てき》當《たう》な監督者《かんとくしや》と共《とも》に出掛《でか》けなかつたといふことに大《おほ》きな過《あやまち》があるのです。父母《ふぼ》又《また》は先生《せんせい》其《そ》の他《た》信賴《しんらい》するに足《た》る人《ひと》の監督《かんとく》の下《もと》に行《ゆ》くことにして下《くだ》さい。

求《きう》婚《こん》時《じ》代《だい》

夏期《かき》單獨旅行《たんどくりよかう》して汽車中《きしやちう》で知《し》り合《あ》ひとなつた男《をとこ》から結婚《けつこん》の申込《まをしこみ》を受《う》け單獨《たんどく》に承諾《しようだく》し、話《はなし》にもならぬ程《ほど》の酷《ひど》い目《め》にあはされたといふ樣《やう》な例《れい》は澤山《たくさん》ある。所謂結婚詐《いはゆるけつこんさ》欺《ぎ》などのキツカケは夏《なつ》に多《おほ》い。緣談《えんだん》や、プロポーズは自分獨《じぶんひと》りで受《う》けて勝手《かつて》に承《しよう》諾《だく》などはしてはならぬ。必《かな》らず父母其他《ふぼそのた》立派《りつぱ》な監督者《かんとくしや》に打明《うちあ》けて、其《そ》の人達《ひとたち》の判《はん》斷《だん》や調査《てうさ》を待《ま》つて解決《かいけつ》すべきです。

主《しゆ》婦《ふ》時《じ》代《だい》

良人《をつと》に內證《ないしよう》で株《かぶ》などをやつて大《おほ》きな被害《ひがい》にかゝつた例《れい》は非常《ひじやう》に多《おほ》い。ウスバリ、下駄穿《げたばき》、ノミ、證據金詐欺《しようこきんさぎ》といつたものに引懸《ひつかゝ》る。之等《これら》は婦人《ふじん》が一人《ひとり》で退屈《たいくつ》してゐるときなどにうまく話込《はなしこ》んで持《も》ち懸《か》けるのです。其《そ》の機會《きくわい》は夏《なつ》に多《おほ》い。良人《をつと》には何事《なにごと》も隱《かく》さぬといふことが犯罪豫防《はんざいよばう》の一《ひと》つの方法《はうはふ》です。

未知《みち》の人《ひと》の來訪《らいはう》には注意《ちうい》をして下《くだ》さい。俗に『頼まれ詐欺』などといふのが、主《しゆ》人《じん》や子供達《こどもたち》で避暑地《ひしよち》にでも出掛《でか》けてゐる時《とき》に、その留守宅《るすたく》に行《い》つて主婦《しゆふ》に、「御《ご》主人《しゆじん》に賴《たの》まれましたが、避暑地《ひしよち》へ外《ぐわい》出着《しゆつぎ》を一揃《ひとそろひ》へ屆《とゞ》けて吳《く》れと賴《たの》まれましたので今日《けふ》これから參《まゐ》りますから持《も》つて行《ゆ》きませう」などと云《い》つて外出着一揃《ぐわいしゆつぎひとそろひ》を失敬《しつけい》する。夫婦《ふうふ》の間《あひだ》には平素《へいそ》から合言葉《あひことば》を作《つく》つておくと種々《しゆじゆ》な場合《ばあひ》、便宜《べんぎ》です。

以上《いじやう》がそれ〴〵專門的立場《せんもんてきたちば》から犯罪《はんざい》を見《み》てゐられる方々《かた〴〵》の犯罪豫防《はんざいよばう》の結論《けつろん》です。これから夫々《それ〴〵》實際《じつさい》に諸氏《しよし》の手掛《てが》けられた實例《じつれい》をお話《はな》しゝて頂《いたゞ》きます。

吉岡　これは昭和《せうわ》八年頃《ねんごろ》だつたと思《おも》ひます。長唄師匠《ながうたししやう》とか生花師匠《いけばなししやう》の未亡人《みばうじん》を專門《せんもん》に詐欺《さぎ》を働《はたら》いて前科《ぜんくわ》十犯《はん》といふ凄《すご》い奴《やつ》がゐました。帝大《ていだい》の教授《けうじゆ》だとか高商教授《かうしやうけうじゆ》だとか判事《はんじ》だとかいふ振《ふ》れ込《こ》みで、これと目星《めぼし》を付《つ》けた家《いへ》に行き「私《わたし》の家内《かない》は亡《な》くなりましたが、娘《むすめ》が年頃《としごろ》になりましたのでそろ〳〵緣付《えんづ》ける爲《ため》に色々《いろ〳〵》作法《さはふ》を仕込《しこ》まなければならない――（その時は長唄の師匠ですがね）――一つ長唄《ながうた》を教《をし》へてやつて下《くだ》さい。今病氣《いまびやうき》をして寢《ね》てるからいづれ後《あと》から寄來《よこ》しますから」と言《い》つて歸《かへ》る。暫《しばら》くしてまたやつて來《き》て「病氣《びやうき》が大分快《だいぶんよ》くなつたからいづれ近《ちか》い中《うち》に寄來《よこ》します」こんな調子《てうし》で二三回足《くわいあし》を運《はこ》んですつかり心易《こゝろやす》くなるのです。判事《はんじ》だといふのでその師匠《しゝやう》は未亡人《みばうじん》でしたがすつかり氣《き》を許《ゆる》してしまつたのです。どうして未亡人《みばうじん》といふことが分《わか》つたかといふと佛壇《ぶつだん》がありますからね。すると「この佛壇《ぶつだん》はいゝ佛壇《ぶつだん》ですね、一《ひと》つ拜《をが》まして下《くだ》さい」といふ譯《わけ》でお經《きやう》を上《あ》げる。お經《きやう》なんか上《あ》げたりして段々心易《だん〳〵こゝろやす》くなつて二階《かい》に上《あが》つたりするやうになる。その中《うち》に今度《こんど》は師匠《しゝやう》が指環《ゆびわ》なんかしてるとそれに目《め》を着《つ》けるんですよ。「私《わたし》の亡妻《ばうさい》はダイヤの指環《ゆびわ》を持《も》つてゐたが、これから色々御厄介《いろ〳〵ごやくかい》にならなければならないから記念《きねん》に差上《さしあ》げたいが寸法《すんぱふ》が分《わか》らないから一寸貸《ちよつとか》して下《くだ》さい」なんて言《い》ふと、うつかり師匠本氣《しゝやうほんき》にしてしまひましてね。そんなことを言《い》つて詐欺《さぎ》して歩《ある》いてゐたのです。品物《しなもの》をとられたばかりか、大事《だいじ》な貞操《ていさう》までその男《をとこ》に奪《うば》はれた婦人《ふじん》が相當《さうたう》ありました。最近《さいきん》はかういふ犯罪《はんざい》が非常《ひじやう》に多《おほ》い樣《やう》ですね。

その男《をとこ》暫《しばら》く入獄《にふごく》してゐましたが出《で》て來《き》てまた三月《さんがつ》に大井《おほゐ》で捕《つかま》つたんです。今度《こんど》も亦大學《またたいがく》教授《けうじゆ》とか、高等商業《かうとうしやうげふ》の教授《けうじゆ》とか言《い》つて婦人《ふじん》を詐欺《さぎ》して歩《ある》いてゐる。さういふ方法《はうはふ》だけで他《ほか》の方法《はうはふ》は知《し》らないんですよ。女《をんな》はやはり引《ひつ》掛《かゝ》り易《やす》いんですね。尤《もつと》も風彩《ふうさい》も仲々《なか〳〵》いい男《をとこ》でした。詐欺犯《さぎはん》は强盜《がうたう》と違《ちが》つて皆容貌《みなようぼう》は相當《さうたう》なものがゐます。尤《もつと》もそれが商賣道具《しやうばいだうぐ》の一つですから。

渡邊　大森《おほもり》で司法主任《しはふしゆにん》をしてゐた時分《じぶん》に僕《ぼく》もあいつはやりましたよ。とても巧《たく》みでした。一年《ねん》を通《つう》じて一番戸《ばんど》の開《あ》いてゐる時期《じき》、夏《なつ》の方《はう》が家《うち》の中《なか》の樣子《やうす》が見《み》えるから、未亡人《みばうじん》かどうかといふとを物色《ぶつしよく》するに都合《つがふ》がいゝ。又家《またいへ》の中《なか》がゆたかかどうかを見《み》るにも都合《つがふ》がいゝなんてことを言《い》つて居《を》りました。私《わたし》がやつたのは三犯《ぱん》ぐらゐのときでした。面白《おもしろ》かつたのは校長《かうちやう》さんの未亡人《みばうじん》を騙《だま》したときに、その校長《かうちやう》さんの奥《おく》さんはとても氣《き》の强《つよ》い人《ひと》でして、騙《だま》されたと知《し》ると薪《まき》ざつぽを持《も》つて警察《けいさつ》まで追《お》つかけて來《き》ました（笑聲）實《じつ》に愉快《ゆくわい》だつたんですよ。「口惜《くや》しいツ」なんて言《い》つてましてね。女《をんな》の名前《なまへ》の出《で》てる所《ところ》ばつかり狙《ねら》つて、十何回《なんくわい》もやつてましたよ。女《をんな》つてものは弱《よわ》いんですね。

長谷川　これは矢張《やはり》今《いま》みたいな女獨《をんなひと》りの家《いへ》に行《い》つて行《おこな》ふ犯罪《はんざい》ですが俗《ぞく》にチバシと言《い》ひます方々《はう〴〵》女《をんな》の人《ひと》の家《いへ》をまがいい物《もの》みたいな物《もの》を持《も》つて行《い》つて高《たか》く賣《う》つて歩《ある》く商賣《しやうばい》です。夏蚊帳《なつかや》を賣《う》つて歩《ある》くチバシが獨《ひと》り者《もの》の按摩《あんま》の家《いへ》に行《い》つたんです、さうして甘《うま》いことを言《い》つて按摩《あんま》に蚊帳《かや》を賣《う》りつけたんです。「近江《あふみ》の蚊帳商《かやしやう》だが店《みせ》じまひだから安《やす》くして行《ゆ》きます」なんて言《い》ふのですね。すつかり信用《しんよう》した按摩《あんま》さんは其場《そのば》で蚊帳《かや》を調《しら》べてみないで、夜《よる》になつて吊《つ》つたんです。自分《じぶん》が中《なか》に這入《はひ》つて寢《ね》たところが、どうも何《な》んだか蚊《か》が喰《く》つてしやうがない。おかしいから起《お》きて手《て》さぐりで蚊帳《かや》の裾《すそ》をさぐつて見《み》るとまくれてゐない。又寢《またね》たけれど蚊《か》が襲《おそ》つて來《く》るんですね。「起《お》きて見《み》つ寢《ね》て見《み》つ」の加賀千代《かがのちよ》ではないけれども、どうもおかしいので立《た》つて見《み》たんです。さうすると普《ふ》通《つう》ならば頭《あたま》が觸るのに觸《さは》らない。さすがに近《あふ》江《み》の蚊帳《かや》は立派《りつぱ》な物《もの》で丈《たけ》が高《たか》いと思《おも》つて手《て》を擧《あ》げて見《み》るとやつぱり手《て》が屆《とゞ》かない。縁《ふち》から手《て》さぐりでずつとさぐると縁《ふち》はあつたけれども上《うへ》がない天井拔《てんじやうぬ》けの蚊帳《かや》だつたんです。（笑聲）それで大變《たいへん》怒《おこ》りまして警察《けいさつ》へ訴《うつた》へる、その中《うち》に他《ほか》からも澤山《たくさん》被害《ひがい》が出《で》てくるので探《さが》して少《すこ》し離《はな》れたところで捕《つか》まりました。

このチバシといふ犯人《はんにん》のコツは一押《お》し、二たち、三下足《げそく》と言《い》ひまして、一は押《お》しの强《つよ》い奴《やつ》であること。二たち、これは辯《べん》の達者《たつしや》な者《もの》三下足《げそく》、これは逃《に》げ足《あし》の早《はや》いことです。いつも嗅付《かぎつ》けて遠《とほ》くへパツと逃《に》げてしまふ、これの巧《うま》い者《もの》がチバシとして最《もつと》も腕《うで》のいい奴《やつ》といふことになるのです。これは女《をんな》の被害《ひがい》が相當《さうたう》多《おほ》いんですね。

尾後貫　古《ふる》い話《はなし》ですけど、男《をとこ》は田舍《ゐなか》の中學《ちうがく》を出《で》て一高《かう》の入學試驗《にふがくしけん》を受《う》けに出《で》て來《き》まして、二度《ど》か三度落第《らくだい》をして豫備校《よびかう》へ行《い》つてゐたんです。その中《うち》に淺草《あさくさ》の刀《かたな》の鍔《つば》を賣《う》る店《みせ》、その娘《むすめ》に非常《ひじやう》な別嬪《べつぴん》がゐた。それを友達《ともだち》が目《め》を着《つ》けてるのを俺《おれ》がきつと手《て》に入《い》れて見《み》せるといふ譯《わけ》で、車坂《くるまざか》あたりの鍔屋《つばや》に行《い》つて、うちの親爺《おやぢ》が鍔《つば》を集《あつ》めてゐるとか何《な》んとか言《い》つてそこで鍔《つば》の知《ち》識《しき》を得《え》まして、今度《こんど》淺草《あさくさ》のその店《みせ》に行《い》つてはその知識《ちしき》を述《の》べる。さうして鍔《つば》を買《か》ふやうな風《ふう》をして結局親爺《きよくおやぢ》と親《した》しくなつて娘《むすめ》さんを手《て》に入《い》れて養子《やうし》に這入《はひ》りこんでしまつた。大學生《だいがくせい》だと稱《しよう》して學校《がくかう》へ通《かよ》つてるやうな風《ふう》をして毎日家《まいにちいへ》を出《で》るんです。時間表《じかんへう》なんかも机《つくゑ》の前《まへ》にはつてある。さうして自分《じぶん》は圖書館《としよくわん》へ行《い》つたり途《と》中《ちう》でブラ〳〵したりして夕方歸《ゆふがたかへ》つて來《く》る。結《けつ》婚式《こんしき》なんかちやんと擧《あ》げてゐるんですね。ところが友達《ともだち》がしまひに怖《こは》くなつて、その友達《ともだち》が警察《けいさつ》へ訴《うつた》へたので擧《あ》げられたんです。さうしたら今度《こんど》は女《をんな》の方《はう》が惚《ほ》れてしまつて、とも角縁《かくえん》があつて一緒《しよ》になつたんだから別《わか》れないつて言出《いひだ》した。（笑聲）女《をんな》を騙《だま》す奴《やつ》は先《ま》づ親《おや》爺《ぢ》から騙《だま》して、娘《むすめ》さんに手《て》を付《つ》ける。

それからこれもさういふ手《て》ですが、荒井花《あらゐはな》といふ女《をんな》の引懸《ひつか》つた話《はなし》、これは公文書僞造《こうぶんしよぎざう》ですよ。大學《だいがく》の卒業證書《そつげふしようしよ》、それから司法官試驗《しはふくわんしけん》の合格證書《がふかくしようしよ》まで僞造《ぎざう》したんですが、實《じつ》に達筆《たつぴつ》なんだ。荒井花《あらゐはな》といふ女《をんな》は品川《しながは》の天理教《てんりけう》の布敎師《ふけうし》の娘《むすめ》で、神田《かんだ》の職業紹介所《しよくげふせうかいじよ》の女事務員《をんなじむゐん》。その男《をとこ》は學生《がくせい》でしたが、カウンターに坐《すわ》つてゐる娘《むすめ》を見《み》て手《て》に入《い》れた。大學《だいがく》を近《ちか》い中《うち》に卒《そつ》業《げふ》するんだと言《い》つて親《した》しくなつてしまつて、到頭《たうとう》そこに這入《はひ》りこんでしまつた。さうして卒業證書《そつげふしようしよ》を僞造《ぎざう》し、卒業《そつげふ》すると今度《こんど》は就職《しうしよく》しなければならん。大藏省《おほくらしやう》に勤《つと》めたつていふ節《ふし》令《れい》を僞造《ぎぞう》し、司法官試驗《しはうくわんしけん》の合格證書《がふかくしようしよ》を僞造《ぎぞう》しそれを家《うち》へ持《も》つて歸《かへ》つて見《み》せた。本當《ほんたう》にお婿《むこ》さんは大學《だいがく》を出《で》て勤《つと》めることになつたと思込《おもひこ》んでたんですね。ところがそれが暴露《ばくろ》されたのは、××教《けう》の布教師《ふけうし》だから毎月《まいげつ》一度《ど》づゝ丹波《たんば》市《いち》へ行《ゆ》くんです。それに無賃乘車《むちんじようしや》してゐたんですね。自分《じぶん》の友達《ともだち》で品川驛《しながはえき》に勤《つと》めて居《ゐ》る奴《やつ》から昔無賃乘車證《むかしむちんじようしやしよう》を貰《もら》つたことがある。それを僞造《ぎぞう》をして二三回丹波市《くわいたんばいち》に出張《しゆつちやう》して、三度目《どめ》かに品川驛《しながはえき》で捕《つかま》つた。それは少《すこ》し前《まへ》に無賃乘車證《むちんじようしやしよう》の形式《けいしき》が變《かは》つたんだ。それを知《し》らないで前《まへ》のを使《つか》つたので擧《あ》げられた。ところが警察《けいさつ》の證據物件《しようこぶつけん》に來《き》てるのは判《はん》コまで僞《ぎ》造《ぞう》してゐるんですよ。公文書僞造《こうぶんしよぎぞう》の爲《ため》に司法《しはう》大臣《だいじん》だとか、大審院判事《だいしんゐんはんじ》の印《いん》を彫《ほ》つて持《も》つてゐるんです。女《をんな》は大學生《だいがくせい》とか、工學士《こうがくし》とかいふと釣《つ》られるんですね。

宮岡　古《ふる》い頃《ころ》で名前《なまへ》は忘《わす》れましたが、ある竊《せつ》盜犯《たうはん》を捕《つかま》へた。さうすると非常《ひじやう》に大《おほ》きな邸宅《ていたく》を構《かま》へて、勤人《つとめにん》かなにかを裝《よそほ》ふて居《ゐ》つたんですよ。それを檢擧《けんきよ》したら明日《あす》が結婚《けつこん》といふ譯《わけ》、どつかいゝところから來《き》たのでせう。もう嫁《よめ》さんの調度品《てうどひん》も入《い》れたし、自分《じぶん》も新《あたら》しく家《いへ》を持《も》つて家具《かぐ》なんかも買《か》つたりしてあつた、それはみんな泥棒《どろばう》をした金《かね》で買《か》つたんですよ。（笑聲《せう》）それが結婚《けつこん》しないうちに捕《つかま》つたんですが、前科《ぜんくわ》が數犯《すうはん》あつた。結婚《けつこん》のときには口《くち》車《ぐるま》に乘《の》らないで餘程《よほど》調《しら》べて見《み》る必要《ひつえう》がありますね。その家《いへ》では喜《よろこ》んでゐましたよ。もう少《すこ》しで結婚《けつこん》するとこでしたから。

長谷川　昨年夏頃《さくねんなつごろ》でしたが、臺灣《たいわん》にゐる人《ひと》と婚約《こんやく》の出來《でき》た婦人《ふじん》がお嫁《よめ》になつて行《ゆ》く汽車《きしや》の中《なか》で主計《しゆけい》の制服《せいふく》を着《き》た男《をとこ》と隣《とな》り合《あ》つて座《すわ》つた男《をとこ》は主計《しゆけい》でも何《なん》でもない結婚詐欺《けつこんさぎ》の常習犯《じやうしふはん》だつたが巧《たく》みに話《はな》しかけて女《をんな》に自分《じぶん》が嫁《よめ》になつて行《ゆ》く先《さき》の男《をとこ》よりもこの男《をとこ》の方《はう》がいゝと思《おも》ひこまし名古屋《なごや》で途中下車《とちうげしや》し、溫泉《をんせん》へ行《い》つて關《くわん》係《けい》をつけてしまつた。その女《をんな》は非常《ひじやう》に金《かね》を持《も》つてゐるんです。それに目《め》をつけた譯《わけ》で同棲《どうせい》生活《せいくわつ》をはじめ自分《じぶん》は繪《ゑ》が巧《うま》いんだと言《い》つて、借《か》りてたアトリエに連《つ》れて行《い》つて、この繪《ゑ》は註文《ちゆうもん》されて描《か》くんだなんて一寸《ちよつと》描《か》いて見《み》せる少《すこ》しは繪《ゑ》を描《か》くんですよ。女《をんな》は繪《ゑ》のことはよく分《わか》らないもんだからすつかり騙《だま》されて、さんざん金《かね》を絞《しぼ》られてすつからかんになつてからおつぽり出《だ》されて騷《さわ》ぎだした。その男《をとこ》は中《なか》中立派《なかなかりつぱ》な風彩《ふうさい》でした。

鈴木　房州《ばうしう》の海岸《かいがん》の避暑地《ひしよち》での話《はなし》ですが、良《よ》い家《うち》の令孃《れいぢやう》が夏休《なつやす》みに海水浴《かいすいよく》に行《ゆ》くといふ。親《おや》は一人《り》では危險《きけん》だといふので友人《いうじん》の家《いへ》に預《あづ》けて置《お》いたんです。そこで遊《あそ》んでゐる中《うち》に矢《や》張東京《はりとうきやう》から來《き》た良家《りやうけ》の坊《ぼつ》ちやんといふのと知《し》合《あ》ひになつたんですよ。有名《いうめい》な醫學博士《いがくはくし》の坊《ぼつ》ちやんだと言《い》ふんです。親《した》しくなつてる中《うち》に女《をんな》の方《はう》も二人《り》の友達《ともだち》を紹介《せうかい》する。男《をとこ》の方《はう》も二人《り》紹介《せうかい》したんです。もう一人《り》の男《をとこ》は非常《ひじやう》に有名《いうめい》な文士《ぶんし》の弟《おとうと》だつて言《い》ふし、一人《り》は或《あ》る重役《ぢゆうやく》の息子《むすこ》だつていふことなんです。だから皆《み》んな良《よ》い家《うち》の坊《ぼつ》ちやんだといふ譯《わけ》で安心《あんしん》して交《つき》際《あ》つてました。一夏海岸《なつかいがん》で懇意《こんい》にして東京《とうきやう》へ歸《かへ》つてからも交際《つきあ》つてゐたんですよ。その中《うち》に親達《おやたち》も感付《かんづ》いて聞《き》いて見《み》ると有名《いうめい》な人《ひと》の息《むす》子《こ》や弟《おとうと》だつていふから、まあ親達《おやたち》も虚榮《きよえい》ですね、博士《はくし》の家《いへ》の細君《さいくん》になればいゝとか男爵《だんしやく》のお嫁《よめ》さんになればいゝなんて考《かんが》へて默認《もくにん》して居《を》つたんです。さうしてる中《うち》に或《あ》る事件《じけん》でその男《をとこ》の子等《こら》が檢擧《けんきよ》されました。捕《とら》へて見《み》ると醫學博士《いがくはくし》の息子《むすこ》だつていふのが桶屋《をけや》の子《こ》で、もう一人《り》は煎餅屋《せんべいや》の子《こ》だね。(笑聲)それからもう一人《り》は煉瓦職工《れんぐわしよくこう》の息子《むすこ》だつたんですよ。(笑聲)それで令孃達《れいぢやうたち》も親《おや》もびつくりして騷《さわ》いだことがあるが、要《えう》するに親《おや》も子《こ》も虚榮《きよえい》心《しん》から騙《だま》されてしまつた譯《わけ》ですね。

池田　渡邊《わたなべ》さん、不良《ふりやう》の――ズベ公《こう》の女《をんな》が華族《くわぞく》の坊《ぼつ》ちやんとか富豪《ふがう》の息子《むすこ》さんといふやうなのを逆《ぎやく》に騙《だま》すつていふやうなのはないのですか。避暑地《ひしよち》に行《い》つてわざと今《いま》にも溺《おぼ》れるやうなふりして助《たす》けて貰《もら》つて、それをきつかけに男《をとこ》をたらしこんで金《かね》でも捲上《まきあ》げやうといふ所謂《いはゆる》發當といふやうなそんな、ズベ公《こう》の面《おも》白《しろ》いのはありませんか。

渡邊　今《いま》までの記錄《きろく》を調《しら》べますとズベ公《こう》の手《しゆ》段《だん》も昔《むかし》と今《いま》とでは大分《だいぶん》變《かは》りました。昔《むかし》は硬派《かうは》の脅喝事件《けふかつじけん》なんか相當《さうたう》あつたのですが最近《さいきん》の傾向《けいかう》は殆《ほと》んど色仕掛《いろじか》け、軟派《なんぱ》の手段《しゆだん》で男《をとこ》を瞞《だま》したり、女《をんな》を瞞《だま》したりするやうな傾向《けいかう》になつてきました。昨年千葉《さくねんちば》の銚子海岸《てうしかいがん》であつた事《じ》件《けん》ですが、海水浴場《かいすゐよくぢやう》で男《をとこ》と知合《しりあひ》になつて非常《ひじやう》に愉快《ゆくわい》に話込《はなしこ》んで、私《わたし》は海《うみ》は危險《きけん》だから嫌《いや》だ荷物《にもつ》を私《わたし》が持《も》つてゐて上《あ》げますから貴方《あなた》泳《およ》いでいらつしやい、なんて言《い》ふので、男《をとこ》はすつかりいい氣《き》になつてこの女俺《をんなおれ》に氣《き》があるな、一つ泳《およ》ぎの巧《うま》いところを見《み》せてやらうてんで(笑聲)一生懸命泳《いつしやうけんめいおよ》いでゐる。その間《あひだ》に預《あづか》つた所持金《しよぢきん》を掻《か》つ拂《ぱら》つて逃《に》げるんです。(笑聲)

長谷川　暴力團檢擧《ばうりよくだんけんきよ》のときはそれが隨分出《ずゐぶんで》て來《き》ましたね。バーのマダムとかカフエーのマダムなんかで美人局《つゝもたせ》ですね。來《き》たお客《きやく》さんと女《をんな》が出《で》て行《ゆ》くと、直《す》ぐ後《あと》を亭主《ていしゆ》が跟《つ》けて行《い》つて突止《つきと》めて、それから男《をとこ》の家《うち》へ行《い》つて細君《さいくん》に會《あ》ふ、實《じつ》は貴女《あなた》の御亭主《ごていしゆ》と私《わたし》の女房《にようばう》とかういふことをした、とかういふ風《ふう》に話《はなし》をして細君《さいくん》を通《つう》じて脅喝《けふかつ》をするんですね。

池田　最近《さいきん》はたしかに女《をんな》の子《こ》の貞操觀念《ていさうくわんねん》が薄《うす》くなつたんですね。十二社《そう》の運轉手事件《うんてんしゆじけん》なんか調《しら》べて見《み》ても、あの女《をんな》の子《こ》の行跡《ぎやうせき》には僕等《ぼくら》がびつくりしましたがね、割合《わりあひ》に良《よ》い家庭《かてい》で相當《さうたう》の教育《けういく》ある女《をんな》が殆《ほと》んど何等《なんら》の自省《じせい》もなしにあゝしたことをする。

長谷川　騙《だま》され易《やす》いといふのがそれでせうね昔《むかし》のことは知《し》らないけれど、婦人《ふじん》も相當教育《さうたうけういく》を受《う》けてゐるんだから色々《いろいろ》新聞《しんぶん》や雜誌《ざつし》を見《み》てさういふ豫備《よび》知識《しき》は持《も》つてゐると思《おも》ふけれどあまりに簡單《かんたん》に口車《くちぐるま》に乘《の》つて誘惑《いうわく》される。

それから上流夫人《じやうりうふじん》の貞操觀念《ていさうくわんねん》の薄《うす》くなつたのは、一つは旦那《だんな》が自分勝手《じぶんかつて》なとをして細君《さいくん》を押《お》へつけることが出來《でき》ない、これが原因《げんいん》ですね。さういふ傾向《けいかう》はたしかにあるんですね。

渡邊　それはこの前私《まへわたし》の方《はう》でやりました有閑《いうかん》マダム賭博檢擧《とばくけんきよ》。あの事件《じけん》のときに色々《いろいろ》感謝《かんしや》の手紙《てがみ》が來《き》てますよ。全然關係《ぜんぜんくわんけい》のない人《ひと》からです「實《じつ》は僕《ぼく》はある會社《くわいしや》の社長《しやちやう》だが故《ゆゑ》あつて養子《やうし》になつた。どうも兎角妻《とかくつま》が我儘《わがまま》で困《こま》る。幾《いく》ら叱言《こごと》を言《い》つてもダンスに夢中《むちう》になつて、友達《ともだち》だと稱《しよう》しては男《をとこ》を連《つ》れて來《き》て、酷《ひど》く叱言《こごと》を言《い》ふと、それでは別《わか》れませう。理想《りさう》が違《ちが》ふから……なんて脅《おど》かされて泣寢入《なきねい》になつて默《だま》つてしまふ。（笑聲）ところが今度《こんど》は非常《ひじやう》にいゝことをして呉《く》れた。自分《じぶん》の家庭《かてい》を自分《じぶん》で取締《とりしま》れないのはお恥《はづ》かしいが、多少《たせう》なりともこの節《せつ》は外出《ぐわいしゆつ》するのも遠慮勝《えんりよが》ちで出《で》ない、非常《ひじやう》に有難《ありがた》い」といふやうなのが大分來《だいぶんき》ました。そんなやうに亭主《ていしゆ》でありながら自分《じぶん》の妻《つま》を監督《かんとく》することが出來《でき》ない家庭《かてい》も相當《さうたう》にあるんぢやないかと思《おも》ふんですがね。

吉岡　これは親《おや》の責任《せきにん》と私《わたし》は思《おも》ふですが、二十三ぐらゐの役所《やくしよ》の事務員《じむいん》をしてゐた娘《むすめ》……それが家出《いへで》をした。段々調《だんだんしら》べて見《み》ると親爺《おやぢ》さんが十八ぐらゐの女《をんな》を家《うち》に入《い》れる。娘《むすめ》はそれを傚《なら》ふんですな。親爺《おやぢ》はそんなことをしてゐながら子《こ》に對《たい》してやかましい。だけど娘《むすめ》は親《おや》父《ぢ》の行跡《ぎやうせき》を見《み》てゐるので親父《おやぢ》の意見《いけん》なんか耳《みゝ》にしない。ところがおつ母《かあ》さんまで娘《むすめ》の肩《かた》を持《も》つて、何《なに》も意見《いけん》なんかしないでもいゝぢやないかつて言《い》ふから子供《こども》の監督《かんとく》が出來《でき》ない、ところが娘《むすめ》は四十八かになる職人《しよくにん》と通《つう》じて姙《にん》娠《しん》三箇月《かげつ》か四箇月《かげつ》で家出《いへで》した。その爲《ため》に家出《いへで》した譯《わけ》ぢやあない。家庭《かてい》の色々《いろいろ》な錯綜《さくそう》からですがね。そんなのは親父《おやぢ》に責任《せきにん》がある。

渡邊　この間軟派專門《あひだなんぱせんもん》の不良《ふりやう》を捕《とら》へて、どんなのをお前物色《まへぶつしよく》して誘惑《いうわく》するか、と聞《き》いたところ、先《ま》づ相手《あひて》の職業《しよくげふ》を調《しら》べるんですね。第《だい》一番《ばん》にカフエーとか喫茶《きつさ》とか、玉突《たまつき》の女給《ぢよきふ》、待合《まちあひ》の女中《ぢよちう》とか藝者《げいしや》、かういふのは物質的《ぶつしつてき》に釣《つ》れる。金《かね》を澤山《たくさん》持《も》つてゐるやうなふりをすればついて來《く》る。それからショップガールのやうな職業婦人《しよくげふふじん》を誘惑《いうわく》しようと思《おも》へば、先《ま》づ自分《じぶん》が不良《ふりやう》であるといふことを示《しめ》した方《はう》が、いゝ。何故《なぜ》かつていふと、あゝいふ店員《てんゐん》なんてものはとかく大勢《おほぜい》のお客《きやく》に行合《ゆきあ》つて色々《いろいろ》のことを見《み》てゐる。品物《しなもの》を買《か》つても金《かね》のある人《ひと》はどん／＼高價《かうか》の物《もの》を買《か》つて行《ゆ》くから、欲《ほ》しいといふやうな觀念《くわんねん》がさう强《つよ》くない。それに一般《ぱん》に人擢《ひとず》れがしてゐて、なんとなく變《かは》つた氣《き》分《ぶん》を味《あぢは》ひたい――現《げん》にその不良《ふりやう》なんぞの關《くわん》係《けい》した女《をんな》でもショップ・ガールが大部分《だいぶぶん》ですがどうして君《きみ》はあんな男《をとこ》に騙《だま》されたのか、と言《い》ふと、非常《ひじやう》に自分《じぶん》に熱心《ねつしん》で毎日《まいにち》のやうに買《かひ》物《もの》に來《く》る。しまひには買物《かひもの》をしないでも一遍《ぺん》づゝ顏《かほ》を見《み》せるやうな熱心《ねつしん》さ、それに氣《き》分《ぶん》がいゝ。後《あと》で不良《ふりやう》だつてことが分《わか》つたから一層《そう》戀《こひ》しくなつた。（笑聲）どうしてだつて聞《き》くと、不良《ふりやう》の雰圍《ふんゐ》氣《き》が知《し》りたかつた（笑聲）といふので、つまり不良《ふりやう》の雰圍氣《ふんゐき》を味《あぢは》ふべく、あべこべに釣《つ》られてしまつた形《かた》ですね。

それから素人女《しろうとをんな》だつたら先《ま》づ家庭《てい》の事情《じじやう》から喰込《くひこ》んでいく。若妻《わかづま》ならば半年《はんとし》とか、一年《ねん》とか經《た》つた新婚《しんこん》後の多少《たせう》情氣が來《き》て、夫《をつと》も友達《ともだち》なんかからさう妻《ワイフ》のそばにばかりゐるな、と言《い》はれて無理《むり》に誘《さそ》ひだされては外出《ぐわいしゆつ》する。それを若《わか》い細君《さいくん》は不平不滿《ふへいふまん》を持《も》つてゐる。それをおさへて喰《く》ひいればいゝといふんですね多少《たせう》眞理《しんり》があるんぢやないかと思《おも》ひます。

尾後貫　若《わか》い女《をんな》といふのは批判力《ひはんりよく》がないから自分《じぶん》の氣《き》持《もち》がぐつと喰入《くひい》つていくとまゐつてしまふんですね。

吉岡　この間《あひだ》文部省《もんぶしやう》の役人《やくにん》で良家《りやうけ》の娘《むすめ》さんを數人《すうにん》も誘惑《いうわく》したのがゐますね。あれは家庭《かてい》の缺陷《けつかん》ですね。親爺《おやぢ》さんが中學校《ちうがくかう》の校長《かうちやう》をして居《ゐ》つて、あまりに頑固《ぐわんこ》なんですなあ。ものを言《い》ふにも一々手《いちいちて》をついて言《い》はなければならんそれにおツ母《か》さんが十四五のときに亡《な》くなつたゝだ。それから五人《にん》もおツ母《か》さんが變《かは》つたんだから、家庭《かてい》が非常《ひじやう》に冷《つめた》い。それで妻《つま》を持《も》つたんだけれども、なんとなくかう他《ほか》の女《をんな》に接《せつ》して見《み》たい、といふ氣《き》分《ぶん》になつたらしいんです。七八人《にん》の女《をんな》を誘惑《いうわく》といふ程《ほど》ではないけれど一緒《しよ》に散歩《さんぽ》したりしましてね。婦人雜誌《ふじんざつし》の口繪《くちゑ》に出《で》てる女《をんな》に手紙《てがみ》なんか出《だ》したりね。誘惑《いうわく》した女《をんな》にはどの女《をんな》にも貴女《あなた》は自分《じぶん》の臉《まぶた》の母《はゝ》に似《に》てるといふんですよ（笑聲）だけど、まあ一緒《しよ》に散歩《さんぽ》するとか、接吻《せつぷん》する程度《ていど》でした。お茶《ちや》なんか飲《の》めば自分《じぶん》が拂《はら》ふんで金《かね》を搾《しぼ》つたりなぞはしないんです。

尾後貫　それが女《をんな》たらしの初歩《しよほ》ですね。進《すゝ》んでくると大變《たいへん》な奴《やつ》になるんです。

吉岡　檢擧《けんきよ》される最後《さいご》の婦人《ふじん》には二度《ど》も三度《ど》も手紙《てがみ》なんか出《だ》して會《あ》ひたいといふんだ。それで娘《むすめ》のお父《とう》さんが驚《おどろ》いて警察《けいさつ》に相談《さうだん》に來《き》た。日曜《にちえう》でしたが新宿驛《しんじゆくえき》で待《ま》ち合《あは》さうと僞《いつは》の返事《へんじ》をしてたうとう新宿驛《しんじゆくえき》で待《ま》つてゐるところを捕《とら》へた。ところが新宿驛前《しんじゆくえきまへ》あたりで二時《じ》間《かん》ぐらゐ待《ま》つてると女《をんな》がずゐぶん待《ま》つてますね。女《をんな》の友達《ともだち》を待《ま》つてるのもあるかもしれませんが中《なか》にはさういふ手《て》があるから、これはなんとかしなければとそのとき思《おも》ひました。

長谷川　近頃《ちかごろ》一體《たい》女《をんな》の子《こ》が男《をとこ》の子《こ》と一緒《しよ》に平《へい》氣《き》で歩《ある》いてゐますなあ、昔《むかし》は一緒《しよ》に歩《ある》かなかつたですがね。

渡邊　こんな女《をんな》がゐました。二十三の女《をんな》ですが、別《べつ》に深《ふか》い關係《くわんけい》があるわけぢやないけれども、銀座《ぎんざ》をぶらつくのにどうしても男《をとこ》がなくちや歩《ある》いたやうな氣《き》がしないといふんですね「君《きみ》は變《かは》つた人間《にんげん》だね」と言《い》ふと「それはあなた方《がた》が銀座《ぎんざ》を歩《ある》く女《をんな》の心持《こゝろもち》をよく知《し》らないからです。一人《ひとり》歩《ある》く人《ひと》があるか行《い》つて見《み》てごらんなさい、連《つ》れだつて歩《ある》いてたつてべつに不思議《ふしぎ》はないでせう」と言《い》ふから「どうしてだ」と言《い》ふと「自分《じぶん》より年下《としした》のものを連《つ》れて歩《ある》くんだから、なにも差支《さしつか》へない」と言《い》ふ。又中學生《またちうがくせい》の四五年《ねん》くらゐのものを連《つ》れて歩《ある》くんですよ。「ところが僕《ぼく》たちの方《はう》から言《い》ふと、君《きみ》はなんでもなくてゐても、男《をとこ》の子《こ》は若《わか》いのだから、さういつたやうな場合《ばあひ》は男《をとこ》の方《はう》が夢《む》中《ちう》になつて取返《とりかへ》しのつかんやうなことになるぢやないか」「そんなことはありませんよ、近《ちか》頃《ごろ》の學生《がくせい》は理解《りかい》があります」「さうすると君《きみ》は誰《たれ》と誰《たれ》と歩《ある》いたんだ」「それは澤山《たくさん》あります。その日《ひ》その日《ひ》で違《ちが》ひます」「そんなに相手《あひて》が出《で》來《き》るのか」「えゝ、お友達《ともだち》から紹介《せうかい》され、紹介《せうかい》されたお友達《ともだち》がまた紹介《せうかい》してくれていろ〳〵出《で》來《き》ます。銀座《ぎんざ》へ出《で》れば誰《たれ》かに逢《あ》ふ。それとたゞ話《はなし》ながら歩《ある》くのが愉快《ゆくわい》なんです」と言《い》ふんですね。とてもわれわれが解釋《かいしやく》に苦《くる》しむやうな心理《しんり》をもつてゐるのですなあ。あゝいつた機會《きくわい》が非常《ひじやう》に危險《きけん》なんだと思《おも》ふんですけれども。

尾後貫　ちよつと話《はなし》が違《ちが》ひますがこの頃《ごろ》年《とし》のゆかぬ少女《せうぢよ》に對《たい》する事件《じけん》が多《おほ》いですね。

渡邊　えゝ、非常《ひじやう》に多《おほ》いんです。けれどもねやはり子供《こども》の體面《たいめん》を思《おも》ひますし、屆《とゞ》けないからその數《すう》が少《すくな》い、私《わたし》の方《はう》でもいま大《おほ》いにさういふ方面《はうめん》は注意《ちうい》してゐるんですけれども、小《せう》學校《がくかう》の校庭《かうてい》に遊《あそ》びにゆく不良《ふりやう》が多《おほ》うございますな。さうして理科室《りくわしつ》は何處《どこ》ですかとか言《い》つて、人《ひと》の餘《あま》り行《ゆ》かない室《へや》を放課後《はうくわご》に訊《き》くんです。さうすると、掃除《さうぢ》などに殘《のこ》つて居《ゐ》る子供《こども》があすこですよと言《い》つて教《をし》へる。ちよつと一緒《しよ》に行《い》つて呉《く》れませんかと言《い》つて連《つ》れて行《い》つてドアーを閉《し》める。それで大《おほ》きな事件《じけん》が出《で》來《き》る。さういふやうな事件《じけん》を調《しら》べてみると、何《なん》百といふ樣《やう》な被害《ひがい》を受《う》けた學校《がくかう》があるんです。ところがさういふことは子供《こども》の方《はう》からも申告《しんこく》をしないし、親《おや》も默《だま》つてをるから表面《へうめん》にならない。

尾後貫　放課後《はうくわご》小學校《せうがくかう》の便所《べんじよ》へ行《い》つて待《ま》つてるんです。さうして掃除當番《さうぢたうばん》なんかの子供《こども》の來《く》るのを摑《つか》へる。

池田　大井《おほゐ》の巡査《じゆんさ》の子供《こども》がやられたのがありましたね。あの時《とき》なんかあすこで擧《あ》つたのが二百人近《にんちか》いでせう。それから品川《しながは》の八ツ山《やま》にありましたね。油屋《あぶらや》の小僧《こぞう》がやつた、あの時《とき》だつてあの界隈《かいわい》だけでやつぱり百何人《なんにん》。

渡邊　親《おや》の氣《き》のつかない少年《せうねん》の猥褻行爲《わいせつかうゐ》といふのは多《おほ》いですね。とにかく鬼《おに》ごつこにしても隠《かく》れ場所《ばしよ》が二階《かい》だとか一人《ひとり》の處《ところ》だし、またお飯事《ままごと》をしてもお醫者《いしや》さんになると兎角《とかく》さういふ方《はう》へもつてゆくといふやうなことで、親《おや》は少《すこ》しもそれに氣付《きつ》かない、子供《こども》はよく遊《あそ》んでるといふふうに思《おも》つてゐるかも知《し》れないけども、かげではだん／＼さういふことが發達《はつたつ》してゆく。今年《ことし》は幸《さいはひ》にまだありませんけれども、夏《なつ》になりますと薄物《うすもの》を着《き》るので臀部《でんぶ》斬《き》りや、着物《きもの》や帯《おび》を切《き》つたり、髪《かみ》の毛《け》を切《き》つたりするのが多《おほ》くなります。これも困《こま》つたものです。餘《あま》り徴發的《ちやうはつてき》な服装《ふくさう》は女《をんな》の方《かた》につゝしんでいただきたいものです。

尾後貫　横濱《よこはま》で女《をんな》の強盗《がうたう》といふのがありましたね。先月中央公論《せんげつちうあうこうろん》へ書《か》いたけれども、めづらしいですね。出刃庖丁《でばばうちやう》をもつていつて嚇《おど》してゐるんですよ。

池田　この間賽君《あひだまかん》は強盗《がうたう》に入《はひ》られたと言《い》ふし警察《けいさつ》では狂言《きやうげん》だといつてゐる強盗事件《がうたうじけん》、新聞《しんぶん》で幻《まぼろし》の強盗事件《がうたうじけん》といふのがありましたね。

長谷川　あれが本當《ほんたう》の強盗《がうたう》だとすると實《じつ》に氣《き》の毒《どく》ですね…女《をんな》で、夏《なつ》ぢやないけれども女中《ぢよちう》を酷《ひど》い目《め》にあはせるのが隨分《ずゐぶん》ゐますね。或《あ》る會社《くわいしや》の重役《ぢうやく》の娘《むすめ》さんで、二十三ですが、女中《ぢよちう》が返事《へんじ》が遲《おそ》いといつちや鋏《はさみ》で斬《き》つたり…：お母《かあ》さんがないんですね、お父《とう》さんは氣《き》が付《つ》かなかつたといつてゐますが踏《ふ》んだり蹴《け》つたりしてしまひに胃袋《ゐぶくろ》をつかみだして殺《ころ》してやると言《い》はれたのでいよいよ女中《ぢよちう》がこわくなつて家《うち》に歸《かへ》つちやつた。こんなのは珍《めづ》らしいが繼子《まゝこ》虐《いぢ》めは隨分《ずゐぶん》ありますね。箱《はこ》の中《なか》へ入《い》れたりして。それから嫉妬《やきもち》で面白《おもしろ》いのはそれは嫉妬《しつと》のもう一つ上《うへ》なんですよ。つまり結婚詐欺《けつこんさぎ》なんですな、金持《かねもち》と結婚《けつこん》しまして、うんと嫉妬《やきもち》をやくんですよ。さうしてむかふが厭《いや》になつてむかふから離《はな》れてゆくやうにしちやつて別《わか》れるときに、どうしても私《わたし》から離《はな》れるなら手切金《てぎれきん》を呉《く》れといつて金《かね》を捲《ま》きあげてゐるんですね。そのやき方《かた》が實《じつ》に面白《おもしろ》いんです。

渡邊　夏《なつ》の屋外《をくぐわい》の犯罪《はんざい》でよくあるやつですがこんなのがありますよ。多摩川《たまがは》の土堤《どて》でしたが、そこで或《あ》る女子專門學校《ぢよしせんもんがくかう》の學生《がくせい》と大《だい》學生《がくせい》とが寢《ね》そべつて話《はなし》をしてをつた。それを強請《ゆす》つたんですよ、學校《がくかう》へ話《はな》すとか家《うち》へ通知《つうち》

するとかいつて。それを片方《かたはう》は名譽《めいよ》に關《くわん》するものだからどうしたら許《ゆる》してくれるかといろいろときく。さうすると男《をとこ》はけふは赦《ゆる》してやるから一先《ま》づ歸《かへ》れと言《い》つて歸《か》へしておいて女《をんな》だけを警察《けいさつ》に來《こ》いと言《い》ふので連《つ》れて行《ゆ》くんです。さうして途中《とちう》でもつて、君《きみ》たちもかつされちや困《こま》るだらう、あゝされちや困《こま》るだらうといつて痛《いた》いところを突《つゝ》いておいて、けふは赦《ゆる》してやるから明日《あした》何時《なんじ》までにどこへ來《こ》い。その樣子《やうす》を見《み》て赦《ゆる》すか赦《ゆる》さんかきめてやる――贋刑事《にせけいじ》ですね。言《い》ひつけられた時間《じかん》に女《をんな》が行《い》つてみると男《をとこ》は警察《けいさつ》の者《もの》としてはあまりに寛大《くわんだい》すぎたり變《へん》に思《おも》はれるので、實《じつ》は體裁《ていさい》が惡《わる》いから刑事《けいじ》と言《い》つたけれども俺《おれ》は新聞記者《しんぶんきしや》だ。これを書《か》くといくらいくらになるから書《か》かうと思《おも》つてゐるといふやうなことで金《かね》を吹《ふ》つかけて來《く》るんです。さうして金《かね》がないなんと言《い》ふと結局《けつきよく》言《い》ふことをきけと關係《くわんけい》してしまふ、さうして今度《こんど》は自分《じぶん》と關係《くわんけい》したことを理《り》由《いう》にして吹《ふ》つかけて、月謝《げつしや》を取《と》つたり終《しま》ひには學校《がくかう》の本《ほん》まで質《しち》に入《い》れさせて捲りあげた。こんな惡辣《あくらつ》な奴《やつ》が相當《さうたう》ゐるのです。だから散《さん》歩《ぽ》などに出《で》た若《わか》い男女《だんぢよ》が話《はなし》してをるのを何《なん》でもないのに、ただ二人《ふたり》連《づ》れだといふので强請《ゆす》られた場合《ばあひ》、名譽《めいよ》のために自分《じぶん》の手《て》で解決《かいけつ》しようとするとひどい目《め》に會《あ》はされることが多《おほ》いのですよ。

吉岡　家庭《かてい》で山出《やまだ》しの女中《ぢよちう》などが餘程《よほど》氣《き》をつけなくちやならん、この間《あひだ》かういふことがありました。或《あ》る奥《おく》さんが或《あ》る銀行《ぎんかう》のどこかの支店《してん》で七十五圓《えん》の小切手《こぎつて》を取《と》りにやつたんですな。ところがそれを覗《ねら》つた奴《やつ》が受取《うけと》るところを見《み》てゐたらしいんですね。銀行《ぎんかう》から二十間《けん》ばかり離《はな》れたところで、自分《じぶん》は銀行《ぎんかう》のものだが今《いま》あなたのところに寄《よ》つたら二百七十圓《えん》の小切手《こぎつて》をもう一遍《ぺん》受取《うけと》つて前《まへ》の七十五圓《えん》と交換《かうくわん》してくれといふことだからちよつと待《ま》つとつてくれと言《い》ふので露路《ろぢ》へ待《ま》たしておいて銀行《ぎんかう》へはひつて出《で》て來《き》て袋《ふくろ》に紙を入れましてね。これを持《も》つて歸《かへ》ればいゝんだ。その七十五圓《えん》と換《か》へてくれといふわけで換《か》へたわけです。これは大切《たいせつ》にするんだよ。落《おと》しちやいかんよと念《ねん》を押《お》されて、女中《ぢよちう》さん大事《だいじ》にその袋《ふくろ》を持《も》つて歸《かへ》つた、勿論《もちろん》中《なか》は空《から》といふわけです。

渡邊　つい最近《さいきん》こんな奴《やつ》がありました。金《きん》といふ男《をとこ》ですが手段《しゆだん》はとても單純《たんじゆん》なんですけれども、婦人《ふじん》が相當多勢騙《さうたうおほぜいだま》されてるんです。それは帝大生《ていだいせい》の制服制帽《せいふくせいばう》を着《き》て金《かね》のありさうな家《いへ》の貸間《かしま》を借《か》りに行《い》くんです。さうして間借《まが》りをしたいんだけれども見《み》せてくれといつて見《み》る。あゝ非常《ひじやう》に結構《けつかう》な家《うち》だ。それぢや自分《じぶん》ひとりで決《き》めるわけにゆかんから伯父《をぢ》さんに相談《さうだん》してくると言《い》つて出《で》て一時間位經《じかんくらゐた》つてからまた行《い》くんですね。いよ〳〵お借《か》りすることになりました。いま伯父《をぢ》さんが荷物《にもつ》を運《はこ》ばして來《き》ますから、それまでこゝに待《ま》たして下《くだ》さい、と言《い》ふと大抵《たいてい》の家《うち》がさうか、それはといふので直《す》ぐその室《へや》を掃除《さうぢ》にかゝるんですね。そして、待《ま》つてゐる間《ま》に家《いへ》の中《なか》の貴金屬《ききんぞく》や金《かね》を盗《と》つてくるんです。三犯同じ手口《てぐち》でやつてたんですよ。今度《こんど》は四犯目《はんめ》ですが、三千圓《えん》ばかり盗《と》つたんです。ほとんど現金《げんきん》と郵便貯金《いうびんちよきん》でして、その日《ひ》に郵便局《いうびんきよく》へ行《い》つちまふので堪《たま》らんですよ。檢擧《けんきよ》されて取《と》り調《しら》べに當《あた》つても、私《わたし》は××伯爵《はくしやく》の甥《おい》ですと。あすこから學《がく》校《かう》へ行《い》つたんだから行《い》つて調《しら》べていらつしやいと言《い》ふんですよ。そんなことがあるものかと言《い》ふと、刑事《けいじ》さん、頭《あたま》がどうかしてますなあといふやうなことを言《い》つてあべこべに啖呵《たんか》を切《き》るんです。はじめ伯爵《はくしやく》の家族《かぞく》を無條件《むでうけん》に留置《りうち》するわけにもゆかんし、そのうち夜《よる》になつちまふし、いさゝか處置《しよち》に困《こま》つてしまひました。大阪《おほさか》にお母《かあ》さんが二百萬圓《まんゑん》の身上《しんしやう》で貿易商《ぼうえきしやう》をやつてゐるとか、逗子《づし》に別莊《べつさう》があるとか、借《か》りた家《うち》はあれは僕《ぼく》の叔母《をば》さんの家《うち》だとか――刑事《けいじ》が捕《とら》へる前《まへ》に調《しら》べに行《い》つたところがやはり立派《りつぱ》な家《いへ》なんです。ところがそれが詐《いつは》つてあつて、叔母《をば》さんといふのが婆《ばあ》さんですが、伯爵《はくしやく》の甥《をひ》でもつて男爵《だんしやく》といふものだからすつかり信用《しんよう》してその男《をとこ》のためにあらゆる犧牲《ぎせい》を拂《はら》つてかばつてゐた譯《わけ》ですね。われわれに對《たい》しても嘘《うそ》を吐《つ》いたんですよ。どうも伯《はく》爵《しやく》の甥《をひ》でないといふ確證《かくしよう》がその日《ひ》にはあがらない。隨分苦《ずゐぶんくる》しかつたがえゝ責任《せきにん》を負《お》へといふので泊《と》めたんですよ、寢起《ねお》きに××さんに遣《や》つた、ところが親戚《しんせき》にも知人《ちじん》にもさういふ者《もの》は絶對《ぜつたい》にないと言《い》はれる。しめたといふわけで調《しら》べたところが前科三犯なんですよ。昭《せう》和《わ》八年《ねん》に出《で》まして貸間專門にやつてた。五百圓《ゑん》、七百圓《ゑん》といふ大《おほ》きな被害《ひがい》があるんですね。金《かね》のある間《あひだ》は細《こま》かいのはやらないんです。それだから捕《つか》まらない。それで東京中《とうきやうぢう》のダンスホールは勿論《もちろん》、埼玉《さいたま》の川口《かはぐち》から蕨《わらび》、神《か》奈川《ながは》の方《はう》のダンスホールはみんな行《い》つて御前《ごぜん》樣御前樣《さまごぜんさま》で踊《をど》つてたんですよ。實《じつ》に手際《てぎは》のいいのに驚《おどろ》くですね。常《つね》に何濟澄に、もう一つは何一麿といふ僞名《ぎめい》を使《つか》つてゐた。貸間《かしま》の妻《さい》君《くん》は帝大生《ていだいせい》だと言《い》ふんでその瞬間《しゆんかん》に信用《しんよう》して、これは三日《か》ばかり貸間《かしま》に入《はひ》つてゐた家《いへ》のことですが、家《うち》の娘《むすめ》をといふやうな氣持《きもち》になつちやつた親《おや》があるんですね。尤《もつと》も彼《かれ》は仲々男振《をとこぶ》りがよくて愛嬌《あいけう》があるんです。これはよくある例《れい》ですが、貸間人《かしまにん》に手紙《てがみ》が澤山《たくさん》來るでせう。あれは奇體《きたい》に家《いへ》の者《もの》が見《み》るんですよ。あの男《をとこ》は帝大生《ていだいせい》だなんていふと親達《おやたち》が娘《むすめ》より先《さき》に參《まゐ》つちやつて、どんな家庭《かてい》の息子《むすこ》か調《しら》べて來《こ》いといつて、間借人《まがりにん》の遊《あそ》びに行《い》つた留守《るす》などに娘《むすめ》を部屋《へや》にやつて手紙《てがみ》を調《しら》べさせるんです。男《をとこ》の方《はう》では手紙《てがみ》を見《み》せるべく作《つく》つておく、さうすると華族《くわぞく》さんから手紙《てがみ》が來《き》てをつたり大官連《たいくわんれん》から來《き》てをつたりするので、あの人《ひと》は偉《えら》い家《うち》の人《ひと》だといふやうなとで三錢切手《せんきつて》で釣《つ》られちやふんですな。又《また》八十錢《せん》も出《だ》せば百枚《まい》も出來《でき》る名刺《めいし》を直《たゞ》ちに信用《しんよう》しちやうんです。さうして僞な地位《ちゐ》とか名譽《めいよ》とかいふものが書《か》き立《た》てゝあると娘《むすめ》よりも親《おや》が參《まゐ》つちやふ。それで誘惑《いうわく》の被害《ひがい》にかゝる。あゝいふことは新聞《しんぶん》などで書《か》き立《た》てゝあるんだからそれを見《み》ても少《すこ》し目覺《めざ》めてもいい筈《はず》です。

長谷川　見《み》ないんですね。要《えう》するに犯罪《はんざい》の被《ひ》害者《がいしや》といふものは無智《むち》ですね。

尾後貫　不良《ふりやう》といふと若《わか》い者《もの》ばかりのやうに取《と》られるけれども中年者《ちうねんもの》や老年《らうねん》でも油斷《ゆだん》は出《で》來《き》ません。

吉岡　或《あるひ》は老年《らうねん》が多《おほ》いかも知《し》れないですね。（笑聲）昨年《さくねん》の秋頃《あきごろ》でした、お父《とう》さん同士《どうし》が親《しん》友《いう》なんですよ。埼玉縣《さいたまけん》ですが、自分《じぶん》の娘《むすめ》を女《ぢよ》學校《がくかう》を卒業《そつげふ》してから東京《とうきやう》の專門學校《せんもんがくかう》へ出《だ》したそれでその友達《ともだち》の所《ところ》へ監督《かんとく》を頼《たの》んで下宿《げしゆく》させてをつたところが、その男《をとこ》の妻君《さいくん》が亡《な》くなつたので何時《いつ》しかとんでもない監督《かんとく》になつて十九のその娘《むすめ》さんは姙娠《にんしん》をした。さうして夫婦《ふうふ》にならうといふわけて、自分《じぶん》の子供《こども》が十七と十五と、もう一人《ひとり》小《ちひ》さい子《こ》と三人《にん》あつたがそれを他所《よそ》へ預《あづ》けてしまつて、新生活《しんせいくわつ》をしようといふので家出《いへで》したんですよ。娘《むすめ》の親父《おやぢ》さん吃驚《びつくり》して頼《たの》んで來《き》たので捕《とら》へたら娘《むすめ》はどうしても嫁《とつ》ぎたいと言《い》ふ。男《をとこ》も、こんなことをした以上《いじやう》は責任《せきにん》があるからどこまでも一緒《しよ》になると言《い》ふ。親父《おやぢ》さんは絶對《ぜつたい》にそんなことはさせないといつて連《つ》れ歸《かへ》りましたが結局《けつきよく》どうしましたか。

渡邊　さういふ點《てん》になると家庭教師《かていけうし》とか游泳《いうえい》教師《けうし》とかダンス教師《けうし》とかは、實《じつ》に危險《きけん》な者《もの》が多《おほ》いですね。あゝいつた個人《こじん》々々の家《いへ》へ入《はひ》つてその空氣《くうき》を知《し》るやうな立場《たちば》にある教師《けうし》といふのはよくそこを注意《ちうい》して雇《やと》はぬと問題《もんだい》が出《で》來《き》るですな。

吉岡　そこを氣《き》をつけて雇《やと》つてもそんなことがあるんだから……（笑聲）結局男女間《けつきよくだんぢよかん》といふのは甚《はなは》だ遠《とほ》くて近《ちか》いといふことになります

な。

尾後貫　女《をんな》の姦通罪《かんつうざい》といふのは亭主《ていしゆ》が道樂者《だうらくもの》とか女房《にようばう》を顧《かへり》みないといふのが多《おほ》かつたが、この頃《ごろ》はさうでもないですね。愛《あい》されてゐながら男《をとこ》を作《つく》るといふやうなのが出《で》てきましたね、さういふところは女《をんな》の貞操觀念《ていさうくわんねん》が低下《ていか》してきた證據《しようこ》だと考《かんが》へられます。

渡邊　ちよつと話《はなし》がそれますが、今《いま》は世智辛《せちがら》くなつて少《すくな》い間數《まかず》の家《いへ》に親《おや》も子《こ》も一緒《しよ》に寢《ね》るといふやうな關係《くわんけい》から、知《し》らずしらずに子供《こども》が早熟《さうじゆく》になる。さうした早熟《さうじゆく》の子供《こども》の性的犯罪《せいてきはんざい》は相當《さうたう》な數《すう》で、一寸考《ちよつとかんが》へさせられる問題《もんだい》ですね。現《げん》に統計《とうけい》が出《で》てゐますが船頭《せんどう》の子供《こども》に軟派《なんぱ》の不良《ふりやう》が非常《ひじやう》に多《おほ》いことも參考《さんかう》になります。

尾後貫　吹上佐太郎《ふきあげさたらう》といつて少女《せうぢよ》ばかり追《お》つかけて死刑《しけい》になりましたね。あの男《をとこ》が監獄《かんごく》で「娑婆《しやば》」といふ本《ほん》を書《か》いて、辯護士《べんごし》が出版《しゆつぱん》したんですよ。無論發賣禁止《むろんはつばいきんし》になつたですが、それを見《み》るとちやんとさういふことを告白《こくはく》してゐますよ。だから餘程親《よほどおや》は子供《こども》の前《まへ》で注意《ちうい》しなくちやいけないですね。

鈴木　夏《なつ》の性的犯罪《せいてきはんざい》で考《かんが》へるのですが洋裝《やうさう》といふものはやつぱりいけないですね。どうも不良少年《ふりやうせうねん》の眼《め》につくらしいですね。

池田　殊《こと》に最近《さいきん》の腕《うで》をニユツと出《だ》した奴《やつ》はいかんですよ。

鈴木　どうも日本《につぽん》の古來《こらい》からの帶《おび》を締《し》めて尻《しり》を隱《かく》すところは、故意《こい》にあゝなつてきたかどうか知《し》らんけれども、非常《ひじやう》にいんだらうと思《おも》ふですね。

池田　最近《さいきん》は帶《おび》を高《たか》く結《ゆ》つちやふ、尻《しり》を丸出《まるだ》しにするやうに、それから襟《えり》をV字《じ》型に詰《つ》めて。

渡邊　お化粧《けしやう》がけば〳〵しく實《じつ》にいろ〳〵の工夫《くふう》をやるもので、この頃《ごろ》の婦人連《ふじんれん》の携帶品《けいたいひん》を見《み》ると靴墨《くつずみ》など入《はひ》つてゐるですな。どうするんだと訊《き》くと睫《まつげ》をピリツと立《た》てゝ眼《め》を美《うつく》しくするためださうですね。これは化粧品《けしやうひん》だらう、いや靴《くつ》へつける靴墨《くつずみ》ですよといふんですから呆《あき》れますよ。（笑聲）

そこで諸氏《しよし》の綜合《そうがふ》した御意見《ごいけん》としてかうした犯罪《はんざい》を未然《みぜん》にふせぐ爲《ため》にも被害《ひがい》を被《かうむ》らない爲《ため》にも、是非女性達自《ぜひぢよせいたちみづか》ら戒心《かいしん》して餘《あま》り挑發的《ちようはつてき》な服裝《ふくさう》などしない樣《やう》に又出來《またで》きるだけ、犯罪《はんざい》に對《たい》する知識《ちしき》をえて、一應自分《おうじぶん》で看破《かんぱ》しうる知識《しき》をもつてゐて貰《もら》ひたいといふことです。

× × ×

迷信の悲劇

呪よ我にかへれ

星野雪子

醫者《いしや》は精神病《せいしんびやう》と診斷《しんだん》し、近所《きんじよ》の人々《ひとびと》はヒステリーだと笑《わら》ひます。それほど私《わたし》の頭《あたま》は混亂《こんらん》して居《ゐ》ります。

ことの起《おこ》りは一昨昨年《さくさくねん》の春《はる》私《わたし》が東京《とうきやう》のK專《せん》門學校《もんがくかう》に在學中《ざいがくちう》のことです。お友達《ともだち》のHさんOさんと三人《にん》で土曜日《どえうび》の午後《ごご》S池《いけ》にボートを漕《こ》ぎに行《ゆ》きました。その時《とき》ふとした事《こと》から知《し》つたのがAで、AはHさんの兄さんの友人《いうじん》でK大學《だいがく》の學生《がくせい》でした。

以後《いご》私《わたし》はそのAがどうしても忘《わす》れられなくなつてしまひました。れに私《わたし》には小《ちひ》さい時《とき》から許婚《いひなづけ》のやうに親しくしてゐるYがありました。YはU高校《かうかう》からT大學《だいがく》に在學《ざいがく》して居《ゐ》た非常《ひじやう》に眞面目《まじめ》な秀才《しうさい》でした。

其《そ》の年《とし》の暑中休暇《しよちうきうか》を箱根《はこね》で過《す》したAから郷《きやう》里の私《わたし》へ毎日《まいにち》の樣《やう》に便《たよ》りが來《き》ました。母《はゝ》は後妻《ごさい》で繼母《けいぼ》でしたが、私《わたし》の不心得《ふこゝろえ》を懇々《こんこん》とさとしました。が迷《まよ》つた私《わたし》の心《こゝろ》を目醒《めざ》すことは出《で》來ませんでした。朴訥《ぼくとつ》なガツチリ屋《や》のKはスマートな秀才肌《しうさいはだ》のAの、敵《てき》ではありませんでした。

やがて、一切《さい》は父《ちゝ》の耳に這入《はい》り嚴格《げんかく》なそしてYを大層《たいそう》可愛《は》いがつて居《ゐ》た父《ちゝ》は非常《ひじやう》に憤《おこ》つてしまひました。その爲《ため》私《わたし》は休暇《きうか》が過《す》ぎても、上京《じやうきやう》することは出來《でき》ませんでした。そして母《はゝ》や父《ちゝ》を恨《うら》む心《こゝろ》が一日《にち》一日募《つの》つて行《ゆ》くのでした。秋祭《あきまつり》も近《ちか》づいた頃《ころ》私《わたし》はふと村《むら》の願滿稻荷《ぐわんまんいなり》を思《おも》ひ出《だ》しました。昔《むかし》の願《ぐわん》をかける女《をんな》は、自分《じぶん》の髮《かみ》を神樣《かみさま》に上《あ》げたと云《い》ふことを、雜誌《ざつし》で讀《よ》みました。そんなことは勿論迷信《もちろんめいしん》だらうと思《おも》ひましたが、戀《こひ》に狂《くる》つて居《ゐ》た私《わたし》は早速《さつそく》髮《かみ》を少《すこ》し切《き》つて其《そ》の夜《よ》稻荷樣《いなりさま》に上《あ》げてしまひました。半月《はんつき》も經《た》つた日《ひ》のことです女中《ぢよちう》が顔色《かほいろ》を變《か》へて飛《と》び込《こ》んで來《き》て稻荷樣《いなりさま》に髮《かみ》が上《あが》つて、今村《いまむら》の人達《ひとたち》が大騷《おほさわ》ぎをして居《ゐ》ると話《はな》しました。髮《かみ》を神樣《かみさま》に上《あげ》ると言《い》ふことは人《ひと》を呪《のろ》ふのだと云《い》ふことです。私《わたし》は恐《おそ》ろしくてもう稻荷《いなり》樣《さま》へは近《ちか》つくことが出來《でき》ませんでした。

何時《いつ》か年《とし》も變《かは》つて私《わたし》の心《こゝろ》も次第《しだい》に落着《おちつ》きかけた二月《ぐわつ》の初《はじ》め、外出《ぐわいしゆつ》先《さき》から歸《かへ》つて來《き》た母《はゝ》は少《すこ》し氣分《きぶん》が惡《わる》いと言《い》つて坐《すわ》つたまゝ心臟《しんぞう》麻痺《まひ》で亡《な》くなつてしまつたのです。私《わたし》は全《まつた》く、うち拉《ひし》がれ、恐《おそろ》しいやら悲《かな》しいやら到底《たうてい》言《い》ふことの出來《でき》ない、複雜《ふくざつ》な感情《かんじやう》に鎖《とざ》されてしまひました。Aのことから母《はゝ》を恨《うら》みはしたものゝ、どうして呪《のろ》ひなどしませう。もう此《こ》の村《むら》にとゞまり此《こ》の家《いへ》に住《す》むことは堪《た》へられない苦痛《くつう》でした。とう〳〵四月初《ぐわつはじ》め家《いへ》を出《で》て上京《じやうきやう》してしまひました。

上京《じやうきやう》した私《わたし》はすぐAの下宿《げしゆく》を訪《おとづ》れました。Aは若《わか》い女教員《ぢよけういん》と共同生活《きやうどうせいくわつ》をして居《ゐ》ました。全《まつた》く打《う》ちひしがれた私《わたし》はその足《あし》でHさんを訪《たづ》ねました。が此處《こゝ》でも驚《おどろ》く事實《じじつ》を發見《はつけん》しました。Hさんも亦Aの甘言《かんげん》に誘惑《いうわく》された一人《ひとり》だつたのです。

それから三月程經《つきほどた》て七月《ぐわつ》の末又恐《すゑまたおそ》ろしい事《じ》實《じつ》に出《で》會《くは》しました。

Yが脊髓《せきずゐ》カリエスで入院《にふゐん》しました。其《そ》の日《ひ》から夜《よ》となく晝《ひる》となく願滿稻荷《ぐわんまんいなり》と變《かへ》と老人《らうじん》の言葉《ことば》との呪《のろ》はしい妄想《まうさう》に惱《なや》み苦《くる》しみ出《だ》したのです。母《はゝ》の死《し》、Yの病《やまひ》、變《かへ》、呪《のろひ》、そんなことが有《あ》り得《う》るでせうか。ほんとに私《わたし》は氣《き》も狂《くる》はんばかりです。

祈禱師の犧へとなりて

細川花江

思《おも》ひかへせとて返《かへ》らぬことながら、昭和《せうわ》七年《ねん》の春《はる》もまだ淺《あさ》い三月末《ぐわつまつ》のことでした。女學《ぢよがく》校卒業試驗《かうそつげふしけん》を前《まへ》にして、私《わたし》は勉强《べんきやう》の過勞《くわらう》と夜《よ》ふかしから、遂《つひ》にいまはしい病氣《びやうき》の兆候《てうこう》を見《み》るやうになり、微熱《びねつ》と體《からだ》のだるさがつゞきましたが、父《ちゝ》の事業《じげふ》の失敗《しつぱい》につぐ一家《か》の悲慘《ひさん》、加《くは》へて繼母《けいぼ》の故《ゆゑ》に、十分《ぶん》の醫療《いれう》を受《う》けることも出來《でき》ず、卒業試驗《そつげふしけん》だけはどうにか無理押《むりお》しに押《お》し通《とほ》しましたが、修了《しうれう》の翌日《よくじつ》からばつたり倒《たふ》れ込《こ》んで了《しま》ひました。

私《わたし》の倒《たふ》れたのを見《み》て、「困《こま》つたやつ！」と、母《はゝ》の不機嫌《ふきげん》さは一層加《そうくは》はりましたが、

「お前《まへ》の病氣《びやうき》は醫者《いしや》では治《なほ》らない。神樣《かみさま》のお蔭《かげ》をうけるより外《ほか》に方法《はうはふ》はない。母《はゝ》の知《し》り合《あひ》いでお蔭《かげ》をうけた人《ひと》があるが、××山《やま》におこもりの行者《ぎやうじや》で、神通力《じんつうりき》と云《い》ふか、靈驗《れいげん》あらたかなる神《かみ》の仲介者《ちうかいしや》があるから、それを呼《よ》んで祈禱《きたう》して上《あ》げよう……」

とのことでした。私《わたし》はそんなものと頭《あたま》から問題《もんだい》にしませんでしたが、母《はゝ》の好意《かうい》に反對《はんたい》も出來《でき》ず、數日《すうじつ》その祈禱師《きたうし》を迎《むか》へました。不思議《ふしぎ》なことに幾《いく》らか氣持《きもち》が樂《らく》になつたのです。これを見《み》てよろこんだのは母《はゝ》です。

「お前《まへ》もお蔭《かげ》をいただいたのだから、一層信《そうしん》心《じん》しなくてはならない。一つ行者《ぎやうじや》についてお山《やま》に籠《こも》つてお蔭《かげ》をいただいて來《こ》ないか」

とのことで、こればかりは反對《はんたい》しましたが、家《いへ》にゐて不愉快《ふゆくわい》な思《おも》ひをするより、山《やま》の淸淨《せいじやう》な空氣《くうき》と自然《しぜん》に觸《ふ》れて見《み》たく、それに承諾《しようだく》を與《あた》へて了《しま》ひました。

それが私《わたし》の間違《まちが》ひだつたのです。それまで聖者《せいじや》の如《ごと》く成《な》り濟《すま》した祈禱師《きたうし》が、山《やま》の生活《せいくわつ》にかへつてからはどうでせう。普通《ふつう》の人間《にんげん》よりもあさましい、日日《にち〳〵》の生活《せいくわつ》、幾人《いくにん》かのお籠《こも》りの人《ひと》がゐましたが、彼等《かれら》は祈禱師《きたうし》の歡心《くわんしん》を買《か》ひ、男《をとこ》は下男《げなん》、女《をんな》は女中《ぢよちゆう》で私《わたし》はただあきれるばかりでしたが、それでは濟《す》まない日《ひ》が來《き》ました。

或夜《あるよ》遂《つひ》に私《わたし》は、無理無態《むりむたい》に、處女《しよぢよ》の誇《ほこ》りを奪《うば》はれて了《しま》ひました。なんらの知識《ちしき》もなかつた私《わたし》は、變《へん》な夢《ゆめ》に脅《おそ》はれたやうでしたが、相《あひ》次《つ》いで執拗《しつえう》なる彼《かれ》の態度《たいど》に、泣《な》かうにも泣《な》けなくなつた身《み》の上《うへ》をどうすることも出來《でき》ず、逃《のが》れるやうにして家《いへ》にかへり全快《ぜんくわい》したからと母《はゝ》に告《つ》げてゐますが、全快《ぜんくわい》した上《うへ》は、遊《あそ》んでゐる譯《わけ》にも行《ゆ》かず、それかと云《い》つて無理《むり》をして體《からだ》をこはせば、又恐《またおそ》ろしい山《やま》に追《お》ひやられるのは明《あきら》かなことで、私《わたし》はいつそ死《し》んでしまひたいと思《おも》ひ煩《わづら》つてゐます。

住家なき丙午生れの女

佐野たま子

私《わたし》は丙午生《ひのえうまうま》れの女《をんな》で、田舍《ゐなか》の郵便局《いうびんきよく》に女事《をんなじ》務員《むゐん》をしてゐるものですが、今《いま》から十八年前《ねんぜん》土地《とち》の女學校《ぢよがくかう》を優秀《いうしう》な成績《せいせき》で卒業《そつげふ》し、父母《ふぼ》と

姉一人妹二人《いもうとふたり》、弟二人《おとうとふたり》の大家族《だいかぞく》の中《なか》に幸福《かうふく》な夢《ゆめ》に明《あ》け暮《く》れてゐました。姉《あね》が嫁《とつ》いで次《つぎ》は私《わたし》の番《ばん》といふことになり、伯母《をば》の世話《せわ》で縁談《えんだん》は何《なん》の障碍《しやうがい》もなく運《はこ》びましたが、相手《あひて》の男《をとこ》が、學生時代《がくせいじだい》下宿《げしゆく》の娘《むすめ》に子《こ》を孕《はら》ましたことが分《わか》つて、頑固《ぐわんこ》な父《ちゝ》の反對《はんたい》から、中止《ちうし》となりました。その時《とき》私《わたし》は大《たい》したショックも受《う》けませんでしたが、それを契機《けいき》として次々《つぎ〳〵》に持上《もちあが》る縁《えん》談《だん》のどれもこれもが、皆先方《みなせんぱう》から斷《ことわ》られるのです。理由《りいう》にならない理由《りいう》からして不成立《ふせいりつ》に終《をは》る私《わたし》の縁談《えんだん》、初《はじ》めて私《わたし》は丙午《ひのえうま》の生《うま》れ年《どし》に氣《き》がつきました。裕福《いうふく》な家庭《かてい》でもなし、婚期《こんき》を一年《ねん》一年《ねん》と遲《おく》らして、ぐづ〳〵してゐることも出來《でき》ず、職《しよく》を求《もと》めて、現在《げんざい》の勤《つと》めに就《つ》きました。

所《ところ》が或日《あるひ》××新聞《しんぶん》に丙午《ひのえうま》の女《をんな》の記事《きじ》が、でかでかと掲載《けいさい》され、「嫁《か》しても娶《めと》つても八人《にん》の相手《あひて》を殺《ころ》す、呪《のろ》はれたる宿命《しゆくめい》云々《うんぬん》」の文字《もんじ》を見《み》て、新聞《しんぶん》を局員《きよくゐん》に見《み》られるのが恐《おそ》ろしく、その頁《ペーヂ》だけ切取《きりと》つてしまひました。が、こんなことが一層《いつそう》惡《わる》い結果《けつくわ》をよんで、勤《つと》めに出《で》ても友《とも》の顔色《かほいろ》を薄氣味《うすきみ》惡《わる》く覗《のぞ》き見《み》るやうになりました。以來《いらい》、どんなに丙午《ひのえうま》と云《い》ふ言葉《ことば》を耳《みゝ》にするだに、身《み》の毛《け》のよだつ思《おも》ひをしたことでせう。

私《わたし》がかうしてゐる内《うち》に、妹二人《いもうとふたり》はそれぞれに嫁《とつ》いで行きました。皆逃《みなに》げるうやにして嫁《とつ》いで行くのも私《わたし》といふ不快《ふくわい》な存在《そんざい》があるからだらうと思《おも》ふと、我家《わがや》にも居《を》ることは出來《でき》ません。弟《おとうと》さへも、滿洲《まんしう》に志願《しぐわん》して入營《にふえい》してしまひました。

此《こ》の世《よ》に住《す》み家《か》のない丙午生《ひのえうまうま》れの女《をんな》は、果《はた》して宿命《しゆくめい》と云《い》ふ運命《うんめい》に呪《のろ》はれねばならないのでせうか。

迷信の悲劇

批判

迷信の悲劇に答へて

高島米峰

一、呪咀

正《たゞ》しい神《かみ》や佛《ほとけ》は人間《にんげん》の幸福《かうふく》をこそ誓願《せいぐわん》して下《くだ》さるが、人間《にんげん》を不幸《ふかう》に陷《おとしい》れるといふやうなことは、絶對《ぜつたい》にありません。又《また》、僞《いつは》りの神《かみ》や佛《ほとけ》……それは、人間《にんげん》が勝手《かつて》に作《つく》つたもの、そんなものに、人間《にんげん》の運命《うんめい》を左右《さいう》する力《ちから》なんか、あらう筈《はず》がありません。

假令《たとひ》、自分《じぶん》の身邊《しんぺん》に、どんな不幸《ふかう》が、連續《れんぞく》的《てき》に起《おこ》つたところで、それは、佛教《ぶつけう》で申《まを》す業《ごふ》の所感《しよかん》でありまして、決《けつ》して、呪咀《じゆそ》の結果《けつくわ》ではありません。呪咀《じゆそ》が、功果《こうくわ》のあるものなどといふ考《かんが》へは、科學《くわがく》の進歩《しんぽ》しなかつた、未開《みかい》時代《じだい》の遺風《ゐふう》であつて、さういふのを、迷信《めいしん》といふのであります。

あなたの業《ごふ》、少《すくな》くとも、戀愛問題《れんあいもんだい》に關《くわん》する限り、正《たゞ》しくは無《な》かつた。許婚者《いひなづけ》のある身《み》で他《ほか》の男《をとこ》に心《こゝろ》を寄《よ》せたといふことは、何《なん》としても正《たゞ》しくありません。正《たゞ》しくない戀愛《れんあい》が成立《なりた》たないで、戀人《こひびと》に捨《す》てられたのは、寧《むし》ろ當然《たうぜん》であります。しかし、それは、お母《かあ》さんの急《きふ》死《し》や、許婚者《いひなづけ》の發病《はつびやう》とは、全然無關係《ぜんぜんむくわんけい》であり沒交渉《ぼつかうせふ》であります。

二、祈禱

祈《き》禱《たう》の正《たゞ》しい意《い》義《ぎ》は、世《せ》俗《ぞく》の欲《よく》望《ばう》に拘《こう》泥《でい》せず、成佛《じやうぶつ》のための、資《し》糧《りやう》を求《もと》めるといふのであります。即《すなは》ち、人間向上《にんげんかうじやう》の方便《はうべん》であつて、佛《ほとけ》と我《われ》と、入我《にふが》々入《にふ》の觀《くわん》に住《ぢう》し、佛《ほとけ》の三密《みつ》（身《しん》口《く》意《い》）我《われ》に入《い》り、我《われ》の三業《ごう》佛《ほとけ》に入《い》り、相渉入《あひしようにふ》すること、即《すなは》ち、衆生即佛《しゆじやうそくぶつ》といふ境地《きやうち》に、到《たう》達《たつ》するのが目的《もくてき》であります。ですから、祈《き》禱《たう》は、人間《にんげん》の心《こゝろ》の病氣《びやうき》を癒《なほ》すことは出來《でき》るが、體《からだ》の病氣《びやうき》は、祈《き》禱《たう》で癒《なほ》るものではありません。

人間《にんげん》の弱點《じやくてん》に乘《じよう》じて、金《かね》を儲《まう》けたり、貞操《ていさう》を蹂躙《じうりん》したりするやうなのが、祈《き》禱《たう》師《し》の中《なか》に少《すく》なくないのであつて、そんな奴等《やつら》の祈《き》禱《たう》が、何《なん》の役《やく》に立《た》つものではありません。病氣《びやうき》になつたら、信用《しんよう》の出來《でき》る醫師《いし》に相談《さうだん》して、養生《やうじやう》するのが、一番《ばん》正《たゞ》しい方法《はうはふ》であります。

三、丙午

丙午《ひのえうま》といふ符號《ふがう》は、十干《かん》と十二支《し》とを組合《くみあは》せて出來《でき》るところの、六十種《しゆ》の符號《ふがう》の一つです。物《もの》の數《かず》を記《しる》すのに便利《べんり》だといふので、用《もち》ゐるやうになつたといふだけのもので、そんなものに、人間《にんげん》の生涯《しやうがい》の吉凶禍福《きつきようくわふく》がつき纏《まと》ふなどゝいふことは、絶對《ぜつたい》にありません。例《たと》へば、下足札《げそくふだ》に『いノ一』とか『へノ九』とかいふのがあると同《おな》じです『いノ一』だから目《め》出度《でた》いとか『へノ九』だから臭《くさ》いとか、そんな馬鹿《ばか》氣たことを、誰《だれ》が信《しん》じますか。

石黒忠篤子爵《いしぐろたゞあつしゝやく》の奥樣《おくさま》も丙午《ひのえうま》生れ、加藤弘之《かとうひろゆき》男爵《だんしやく》の奥樣《おくさま》も丙午《ひのえうま》生れ、森村市左衛門《もりむらいちざゑもん》男爵《だんしやく》の奥樣《おくさま》も丙午《ひのえうま》生れ、どうも、丙午《ひのえうま》生れの女《をんな》と結《けつ》婚《こん》した方《はう》が、立身出世《りつしんしゆつせ》もするし、長命《ちやうめい》もするし、一家《か》も繁昌《はんじやう》するといふ事實《じじつ》を澤山《たくさん》知つて居《ゐ》ます。

十干《かん》を五行《ぎやう》に配當《はいたう》し、十二支《し》を動物《どうぶつ》に配當《はいたう》したのは、一時《じ》の便宜《べんぎ》からであり、記憶《おく》を容《よう》易《い》ならしめる手段《しゆだん》であつたので、昔《むかし》の支那人《しなじん》の細工《さいく》であります。それに、學問的《がくもんてき》な何等《なんら》の根據《こんきよ》も無《な》いことは、申《まを》すまでもありません。現《げん》に、日本《にほん》で、丙午《ひのえうま》を問題《もんだい》にしたのは、八百屋《やほや》お七からでありまして、それより前《まへ》には、そんなことを、問題《もんだい》にはしなかつたのであります。六十年目《ねんめ》に一度《ど》づゝある丙午《ひのえうま》です。八百屋《やほや》お七の前《まへ》にも、何回《なんくわい》も丙午《ひのえうま》があつたのですが、誰《だれ》も何《なん》とも言《い》はなかつたのであるといふところに重點《ぢゆうてん》を置《お》いて、考《かんが》へ直《なほ》すべきであります。

妻の資格

S・T子

初婚《しよこん》に破《やぶ》れ再婚《さいこん》に破《やぶ》れ、そして現在《げんざい》三度目《どめ》の結婚生活《けつこんせいくわつ》に入《はひ》つたばかりの三十三歳《さい》の妻《つま》ですが、今度《こんど》こそは堅實《けんじつ》な家庭《かてい》の主婦《しゆふ》になりたいと希《ねが》ひながら、妻《つま》として當然《たうぜん》夫《をつと》の要求《えうきう》に應《おう》ずべき、それが惡感を伴ふ程《ほど》に厭《いや》で厭《いや》でならないのです。

初婚《しよこん》では一子《し》を擧《あ》げました。再婚《さいこん》では調節《てうせつ》を計《はか》つた爲《た》め、子供《こども》は惠《めぐ》まれませんでしたが、その爲《た》めにこんな結果《けつくわ》を招《まね》いたのではなからうかと思《おも》ひます。現在《げんざい》の夫《をつと》は私《わたし》より二つ年下《としした》の初婚《しよこん》です。そして酒《さけ》も煙草《たばこ》も嗜《たしな》まない眞面目《まじめ》な夫《をつと》です。この夫《をつと》に結婚《けつこん》の幸福《かうふく》を失《うしな》はしたくないと努《つと》める私《わたし》が、體質的《たいしつてき》に斯《か》う云《い》ふ状態《じやうたい》では明日《あす》にも明後日《あさつて》にも、二人《ふたり》の間《あひだ》を不幸《ふかう》にしないとも限《かぎ》りません。一般《ぱん》に聽《き》く如《ごと》く私《わたし》は倦怠期《けんたいき》の年齢《ねんれい》にあるのでせうか。或《あるひ》は又苦《またくる》しさをまぎらす爲《た》めに喫《す》つてゐた煙草《たばこ》がいけないのでせうか。よき方法《はうはふ》を御教示《ごけうじ》下《くだ》さい。

不自然な三角關係

岡麻耶子

留美《るみ》を知《し》つたのは一年半《ねんはん》ばかり前《まへ》でした。彼女《かのぢよ》は二十三歳《さい》、私《わたし》は二十九歳《さい》でしたが、彼女《かのぢよ》はK市《し》に於《お》いても有數《いうすう》な資産家《しさんか》の娘《むすめ》で、不自由《ふじいう》のない身《み》でありながら、降《ふ》るやうな結婚《けつこん》を片《かた》つぱしから斷《ことわ》つてゐました。ふとした機會《きくわい》で知合《しりあ》ひ、親《した》しさが高《かう》じるにつれ、私《わたし》は引止《ひきと》められて彼女《かのぢよ》の家《うち》へ泊《とま》るやうになりましたが、友情《いうじやう》の垣《かき》を越《こ》えて強《つよ》い彼《かれ》の求愛《きうあい》にひきづられて行《ゆ》くやうになりました。一度結婚《どけつこん》に失敗《しつぱい》した私《わたし》は五年來職業婦人《ねんらいしよくげふふじん》として獨身《どくしん》でやつて來《き》ましたが、留美《るみ》を知《し》つてからは、曾《かつ》ての結婚《けつこん》とは別《べつ》な幸福感《かうふくかん》にひたることが出來《でき》ます。そして彼女《かのぢよ》は「もし貴女《あなた》とわかれるやうなことがあつたら死《し》んでしまふ」と云《い》つて、すべての縁談《えんだん》をことわつて、ひたむきな愛《あい》を私《わたし》に注《そゝ》ぎます。

所《ところ》が一方私《ぱうわたし》は、つい二三ケ月前《げつまへ》から、同《おな》じ會社《くわいしや》で、初《はじ》めて理想《りさう》の男性《だんせい》（K）を知《し》りました。理解《りかい》と同情《どうじやう》と親切《しんせつ》と、そして男《をとこ》らしい男《をとこ》を知《し》つて、私《わたし》も女故《をんなゆゑ》にやつぱり男性《だんせい》の魅力《みりよく》に引《ひ》きつけられて行《ゆ》くことが多《おほ》くなりました。だが彼《かれ》はまだ薄給《はくきふ》で生活力《せいくわつりよく》が十分《ぶん》でありません。留美《るみ》から受《う》ける生活《せいくわつ》の補助《ほじよ》を思《おも》ひ、私《わたし》が去《さ》つたあとの留美《るみ》を思《おも》ふと、私《わたし》はどうしていいか途方《とはう》にくれてしまひます。

かうした不自然《ふしぜん》な三角關係《かくくわんけい》（？）を、私《わたし》は何日《いつ》までつゞけて行《い》つたらいいのでせう。

Kと結婚《けつこん》すべきか又留美《またるみ》と生涯《しやうがい》を共《とも》にして獨身《どくしん》で行《ゆ》くべきか、私《わたし》を幸福《かうふく》にする道《みち》が分《わか》らないのです。

七歳で處女を失ふ

坂上よし子

私《わたし》は十七歳《さい》です。今年《ことし》女學校《ぢよがくかう》を卒業《そつげふ》しました。でも處女性《しよぢよせい》を失《うしな》つてゐます。これがどんなに悲《かな》しいことでせう。七歳《さい》の時《とき》です、夏濱《なつはま》へ遊《あそ》びに行《い》つて、高等《かうとう》二年《ねん》の男《をとこ》の子《こ》と遊《あそ》んでゐましたが、油斷《ゆだん》をしてゐた私《わたし》の處女《しよぢよ》を奪《うば》つて了《しま》ひました。泣《な》き泣き家へ歸《かへ》りましたが母《はゝ》にも云《い》へませんでした。でも處女《しよぢよ》を失《うしな》つたことを知《し》つたのは女學校《ぢよがくかう》三年《ねん》の時《とき》でした。それ以來《いらい》惱みつゞけて、幾度《いくたび》か死《し》なうとまでも思《おも》ひました。なほ最近《さいきん》になつて白《しろ》い下《お》り物《もの》がします。そして下腹《したはら》が痛《いた》みますが母《はゝ》にも打明《うちあ》けられません。もう結婚《けつこん》しても處女《しよぢよ》でないと子供《こども》は出來《でき》ないものでせうか。又下り物《もの》がしてはなほさらでせうか。

多產の惱み

大島千代

多產故《たさんゆゑ》に惱《なや》む母《はゝ》、貧《まづ》しい中《なか》に息《いき》をつく間《ま》もなく押寄《おしよ》せる身心《しんしん》の苦《くる》しみと經濟的《けいざいてき》の苦《くる》しみに泣《な》く慘《みじめ》な母《はゝ》が世《よ》にどれ程多《ほどおほ》い事《こと》でせうか。生《う》めぬ惱《なや》みに比《くら》べたら此《こ》の惱《なや》みもまた幸《さいはひ》の部《ぶ》に屬《ぞく》すかも知《し》れませんけれど、多產貧故に惱《なや》む母《はゝ》、私《わたし》も其《そ》の中《うち》の一人《ひとり》です。二十四歳《さい》伯父《をぢ》の世話《せわ》で、當時《たうじ》三十歳《さい》の夫《をつと》と結婚《けつこん》しました。そして翌《よく》二十五歳の二月《ぐわつ》、長男《ちやうなん》を分娩《ぶんべん》し、相當重《さうたうおも》い、お產で產醫《さんい》の手《て》にかゝりました。

一般交際費《いつぱんかうさいひ》の他《ほか》に、借金及《しやくきんおよ》び利息金《りそくきん》への入《にふ》金《きん》、宴會費《えんくわいひ》、夫《をつと》の里《さと》への送金等《そうきんとう》々に物質的《ぶつしつてき》に苦《くる》しみつゝも、どうやら切拔《きりぬ》けて長男《ちやうなん》の誕生《たんじやう》もすぎ、ほつとする間《ま》もなく二十六歳《さい》の三月《ぐわつ》早々《さう／＼》姙娠《にんしん》、餘《あま》りの慌《あはたゞ》しさに只呆然《たゞばうぜん》としてしまひました。其《そ》の年《とし》の十二月《ぐわつ》初《はじめ》に次男《じなん》を分娩《ぶんべん》、此《こ》の時《とき》もやつぱり產醫《さんい》の手《て》に掛《かゝ》りました。

私《わたし》は體質《たいしつ》から云《い》つて丈夫《ぢやうぶ》ではないのです。胸巾《むねはゞ》せまく顏色《かほいろ》蒼《あを》く骨《ほね》の上《うへ》に皮《かは》が張《は》つてゐるだけの、ゴツゴツの體《からだ》に成《な》つて居《を》ります。

次男出產後今度《じなんしゆつさんごこんど》こそ充分注意《じうぶんちゆうい》して自分等《じぶんら》の爲《ため》にも子供達《こどもたち》の爲《ため》にも、當分《たうぶん》子《こ》が出來《でき》ぬ樣《やう》にと、夫《をつと》と相談《さうだん》しまして、少《すく》ない小使《こづかひ》を割《さ》いてはコンドームを使用《しよう》して來《き》ました。

運命《うんめい》の皮肉《ひにく》と云《い》はうか生《う》まぬ事《こと》を切《せつ》に切《せつ》に希《こひねが》ふ私等《わたしら》でしたのに、一寸《ちよつと》の不注意《ふちゆうい》から又《また》今年《ことし》の三月姙娠《ぐわつにんしん》してしまひました。

結婚後滿《けつこんごまん》四年餘《ねんよ》にして三人《にん》の子持《こも》ち、エツキス光線法《くわうせんはふ》、喇叭管《らつぱくわん》の結紮法等《けつさつはふとう》、良《よ》き避姙法《ひにんはふ》が發明《はつめい》されたと云《い》ふに、貧《まづ》しい母親《はゝおや》にはどんな方法《はうはふ》が與《あた》へられるのでせう。何《なん》とかよき方法《はうはふ》をおさづけ下《くだ》さいませ。

批判

性問題に答へて

鈴木甚吉

S・T子さんの場合——

倦怠期《けんたいき》ではありません。寧《むし》ろ新《あらた》に出發《しゆつぱつ》した新婚興奮期《しんこんこうふんき》ではありませんか。

貴女《あなた》の不感症《ふかんしやう》の原因《げんいん》は二回《くわい》の結婚生活《けつこんせいくわつ》の失敗及《しつぱいおよ》び喫煙《きつえん》の惱《なや》み等《など》の精神的分子《せいしんてきぶんし》も多少《たせう》は有《あ》りませうが、最《もつと》も大《おほ》きなことは初婚《しよこん》、再婚《さいこん》二回の性生活《せいせいくわつ》の經驗者《けいけんしや》が長《なが》き間《あひだ》の獨身禁慾生活《どくしんきんよくせいくわつ》

性の問題

によるものと存《ぞん》じます。こんな方《かた》は結婚後《けつこんご》短《たん》時日《じじつ》に幸福《かうふく》を感《かん》じようとするのは無理《むり》です。二三ヶ月後今回《げつごこんくわい》の生活《せいくわつ》に馴れる様《やう》になれば別《べつ》に治療《ちれう》せずとも自然《しぜん》に治《なほ》ります。

岡さんの場合――

何等《なんら》迷《まよ》ふことなくKと結婚《けつこん》なさいませ。三十一歳《さい》の圓熟《ゑんじゆく》した貴女《あなた》が性《せい》の内容《ないよう》の貧弱《ひんじやく》な娘《むすめ》時代《じだい》に多《おほ》い同性愛《どうせいあい》に滿足《まんぞく》する譯《わけ》がありませんKに魅力《みりよく》を感《かん》ずるのもその一《ひと》つの現《あらは》れです。今後《こんご》貴女《あなた》はKを知《し》れば知《し》る程近《ほどちか》づきます。物《ぶつ》質的方面《しつてきはうめん》は問題《もんだい》でなくなると存《ぞん》じます。

殘《のこ》るは留美《るみ》樣《さま》の扱《あつか》ひ方《かた》ですが彼女《かのぢよ》も最早《もはや》二十五歳《さい》、ある機會《きくわい》を與《あた》へたなら、貴女《あなた》と同樣《どうやう》な經過《けいくわ》を取《と》るのではないかと考《かんが》へられますから、貴女《あなた》は充分適當《じうぶんてきたう》な結婚《けつこん》の相手《あひて》を探《さが》してやり、それに近づく機會《きくわい》を作《つく》つてやる責任《せきにん》があると存《ぞん》じます。さすれば四方《はう》八方圓《はうまる》くおさまり目出度《めでた》い譯《わけ》です。

坂上さんの場合――

通常《つうじやう》十二歳少《さいすくな》くとも十歳以下《さいいか》の幼女《えうぢよ》の性《せい》の戯《たはむ》れは醫學上《いがくじやう》から見《み》て全《まつた》く處女性《しよぢよせい》に關係《くわんけい》ないと私《わたし》は常《つね》に確言《かくげん》いたしてをります。それは該《がい》年齢《ねんれい》では處女性《しよぢよせい》に關係《くわんけい》のある行爲《かうゐ》は全《まつた》く不可《ふか》能《のう》であるからであります。貴女《あなた》の場合《ばあひ》は七歳《さい》と高等《かうとう》二年《ねん》の男《をとこ》の子《こ》、全《まつた》く問題《もんだい》ではありません。性病等《せいびやうとう》の感染《かんせん》も考《かんが》へられません。處女期《しよぢよき》の帶下《こしけ》と下腹痛《かふくつう》は神經質《しんけいしつ》に考《かんが》へるから起《おこ》る症《しやう》状《じやう》で病氣《びやうき》ではありません。朗《ほが》らかな氣分《きぶん》で結婚《けつこん》なさいませ。

大島さんの場合――

四人以上《よにんいじやう》の子供《こども》を産《う》みなさい。それ以上子《いじやうこ》供《ども》を欲《ほつ》しない理由《りいう》があつたら喇叭管避妊法《らつぱくわんひにんはふ》をなさい。これが私《わたし》の簡單《かんたん》な御答《おこた》へです。子供《こども》は缺《か》けることもあります、最低《さいてい》四人《にん》は必要《ひつえう》でせう。避妊法《ひにんはふ》には種々《しゆじゆ》ありますが次《つぎ》の結論《けつろん》に達《たつ》します。即《すなは》ち完全確實《くわんぜんかくじつ》にして無害《むがい》のものは唯喇叭管《ただらつぱくわん》避妊法《ひにんはふ》あるのみ。次《つぎ》に確實《かくじつ》なれど身《しん》體《たい》に害《がい》なしと言《い》はれないのがX光線法《くわうせんはふ》。以上《いじやう》二法《はふ》とは段違《だんちが》ひなるも比較的確實《ひかくてきかくじつ》なる順序《じゆんじよ》はコンドーム法《はふ》、ペツサリウム法《はふ》、周期的禁慾《しうきてききんよく》法《はふ》。その他《た》の方法《はうはふ》に到《いた》つては用《もち》ひざるに優《まさ》ると謂《い》ふ程度《ていど》であります。

特殊問題

わが醜貌故に

狩野北江

鏡《かゞみ》！　めざめる頃《ころ》の少女《せうぢよ》にとつて、一つの大《おほ》きい驚異《きやうい》は鏡《かゞみ》である。鏡《かゞみ》の中《なか》の顔《かほ》——泣《な》いても笑《わら》つても、動《うご》きのとれぬ我《わ》が顔《かほ》である。唯《ゆゐ》一無《む》二、絶對《ぜつたい》の存在《そんざい》！　幼《をさな》い時《とき》から愛《あい》らしい娘《むすめ》ではないと知《し》つてゐた。學校《がくかう》の先生《せんせい》が何故《なぜ》自分《じぶん》より出來《でき》ないあの少女《せうぢよ》を可愛《かあい》がるかと云《い》ふことも知《し》つてゐる。併《しか》しそれすら、尚《なほ》切實《せつじつ》な感慨《かんがい》を以《もつ》て迫《せま》つて來《き》なかつた。鏡《かゞみ》は現實《じつ》を敎《をし》へる。お前《まへ》は、お前《まへ》は決《けつ》して綺麗《きれい》でない。誰《たれ》もお前《まへ》の顔《かほ》をみるとを愉快《ゆくわい》としない—

　私《わたし》は反抗《はんかう》することを知《し》つた。すべてに、己《おの》れに不利《ふり》なるすべてに——。變《かは》つた性格《せいかく》がほしかつた。道《みち》の右側《みぎがは》を行《ゆ》かうと思《おも》ふ。學校《がくかう》を卒業《そつげふ》してからも、わざと白粉《おしろい》を付《つ》けなかつた。

　併《しか》しながら、幼《をさな》い頃《ころ》からほしいまゝにひろげてきた空中樓閣《くうちゆうろうかく》、夢想《むさう》の國《くに》が、一朝《いつてう》にして消《き》ゆるべくもない。逆《ぎやく》に、現實《げんじつ》の己《おの》れに失望《しつばう》すればする程《ほど》、空想《くうさう》の彼方《かなた》に逃避《たうひ》して行《ゆ》く。萬《まん》が一……萬《まん》が一、私《わたし》にも、愛《あい》と、光《ひかり》と、花《はな》が咲《さ》かぬか？……

　誘《さそ》はるゝまゝに、世《よ》にも愚《おろ》かなる戀《こひ》を知《し》つたのもこの頃《ころ》である。不具者《ふぐしや》——跛者《びつこ》で頭《あたま》でいゝかちの彼《かれ》。私《わたし》は彼《かれ》と共《とも》に死《し》ぬべく決心《けつしん》した。しかしそれも未遂《みすゐ》に終《をは》り、たゞ私《わたし》の心《こゝろ》の中《なか》に一つの暗《くら》い翳《かげ》を、おとしたに過《す》ぎなかつた。

　誰《たれ》を責《せ》めることが出來《でき》よう、誰《たれ》を憎《にく》み得《え》よう—自分《じぶん》だ、犯人《はんにん》は自分《じぶん》だ。境遇《きやうぐう》、環境《くわんきやう》のせゐで不幸《ふかう》に沈《しづ》む人《ひと》を私《わたし》はまだ幸《しあは》せだと思《おも》ふ。その人達《ひとたち》には「より良《よ》き自分《じぶん》」が殘《のこ》されてある。自分《じぶん》を如何樣《いかやう》にも美《うつく》しく磨《みが》くことが出來《でき》る。私《わたし》は自分《じぶん》の顔《かほ》が厭《いや》だ。運命的《うんめいてき》な「我《わが》顔《かほ》」が厭《いや》だ。私《わたし》は自身《じしん》の精神《こゝろ》を、魂《たましひ》を呪《のろ》ふ。底《そこ》なしの泥沼《どろぬま》に落《お》ちこんだ魂《たましひ》——もがいてもどうしてもとれつこないだらう。泥《どろ》まみれとなつて——誰《たれ》のでもない、私自身《わたしじしん》の魂《たましひ》だ。

　私《わたし》は我《わ》が爲《ため》に涙《なみだ》する。

　結婚問題《けつこんもんだい》がある。誰《だれ》だつて、どうせ銘々《めいく》勝《かつ》手《て》に生《い》きてゐるのだ、若《わか》い叔母《をば》の縁談《はなし》も此程《このほど》決《きま》つてみると、病《やまひ》の母《はゝ》が、お前《まへ》をかたづけてから死《し》にたいと口癖《くちくせ》にいふのを聞《き》くと、かまふものか、それで皆安心《みなあんしん》してすべて落着《おちつ》くのなら、結婚《けつこん》してみてやれ、と思《おも》ふ折《をり》もある。が、こんな氣《き》の持《も》ち方《かた》では第《だい》一、相手《あひて》の人《ひと》に罪《つみ》である。結婚《けつこん》は一つの新《あたら》しい苦惱《くなう》の出發《しゆつぱつ》とならう。大《おほ》きい重荷《おもに》とならう。結婚《けつこん》を否定《ひてい》すれば、私《わたし》には身《み》に財産《ざいさん》はない、職《しよく》もない。私《わたし》の樣《やう》な女《をんな》が生《い》きて行《ゆ》つてもいゝのだらうか？

前科者の汚名に泣く

山谷ヨシ子

私《わたし》は北國《ほくこく》の或町《あるまち》の郵便局《いうびんきよく》に勤《つと》める女事務員《をんなじむゐん》

特殊問題

ですが、局長《きよくちやう》のY氏《し》とは遠《とほ》い血緣《けつえん》に當《あた》りましたので仕事《しごと》もらくに出來《でき》ました。その後《ご》奧《おく》樣《さま》が病氣《びやうき》で入院《にふゐん》されましたが、それから局長《きよくちやう》のいやらしい眼《め》が私《わたし》に向《む》けられるやうになり危《あやふ》く蹂躙《じうりん》されようとし、辛《から》くも處女《しよぢよ》の誇《ほこ》りを守《まも》りましたが、その後《ご》は何《なに》かにつけ、つらく當《あた》られるやうになつてしまひました。それからしばらくして、三月《ぐわつ》の、春《はる》には淺《あさ》い或朝《あるあさ》のことでした。突然《とつぜん》三人《にん》の警官《けいくわん》が、私共《わたしども》の郵便局《いうびんきよく》を訪《おとづ》れて、何事《なにごと》かを調《しら》べ始《はじ》めました。

蒼《あを》い顏《かほ》をした局長代理《きよくちやうだいり》のTに伺《うかゞ》ひますと『二月《ぐわつ》二十一日《にち》に此處《こゝ》の局から隣《となり》の局へ送《おく》つた筈《はず》の二百五十圓《えん》の價格表記《かかくへうき》の郵便物《いうびんぶつ》が、途《と》中《ちう》で紛失《ふんしつ》した。』とのことでした。

遂《つひ》に私《わたし》の番《ばん》となりました。巡査部長《じゆんさぶちやう》は突然《とつぜん》私《わたし》に、『盗《ぬす》んだ金《かね》を出《だ》せ』、『金《かね》を隱《かく》した場所《ばしよ》を言《い》へ』と迫《せま》ります。『犯《をか》してしまつたことは最早《もはや》仕方《しかた》ありません、金《かね》のあり場所《ばしよ》を言《い》つて謝《あやま》りなさい。』と、Yは斯《か》う言《い》ひました。何《なん》といふ口惜《くや》しいことでございませう。

私《わたし》は夢中《むちう》になつてその罪《つみ》の無實《むじつ》であることを申立《まをした》てました。然し凡ては徒勞《とらう》でした。その夜《よ》、私《わたし》は留置所《りうちしよ》へ放《はふ》り込《こ》まれてしまひました。

取調《とりしら》べを受《う》けてから六日目《かめ》の夕方《ゆふがた》、あゝ私《わたし》は遂《つひ》に、苦《くる》しいまゝに、虚僞《きよぎ》の申立《まをしたて》をして了《しま》つたのです。

『……一時《じ》の氣《き》の迷《まよ》ひから盗《ぬす》みはしましたが良心《りやうしん》の苛責《かしやく》に堪《た》へかねて、ストーブに入《い》れて燃《も》してしまひました。』

遂《つひ》に私《わたし》は公金横領罪《こうきんわうりやうざい》として六ケ月間《げつかん》の懲役《ちようえき》を言《い》ひ渡《わた》され、汽車《きしや》でA監獄《かんごく》に送《おく》られました。長《なが》いやうに思《おも》はれた六ケ月《げつ》の獄中生活《ごくちうせいくわつ》も無《ぶ》事《じ》に濟《す》まして九月《ぐわつ》に出獄《しゆつごく》しました。だが明《あか》るい世《よ》の中《なか》に出《で》てから世間《せけん》の眼《め》は何《なに》を私《わたし》に與《あた》へたでせう。

人々《ひと〴〵》の誹《そし》りを怺《こら》へ、世《よ》の迫害《はくがい》に堪《た》へ忍《しの》んで私《わたし》は何時《いつ》かは來《く》るであらう、疑《うたが》ひの晴《は》るゝ日《ひ》を、心《こゝろ》にかけて念《ねん》じ且《か》つ祈《いの》りました。

嗚呼《あゝ》！ 遂《つひ》にその日《ひ》は來《き》ました。一昨年《さくねん》の三百圓《えん》の盗人《ぬすびと》は、局《きよく》の事務員《じむゐん》のNといふ人《ひと》であつたことが、本人《ほんにん》の自白《じはく》によつて判明《はんめい》しました。私《わたし》は嬉《うれ》し泣《な》きに泣《な》きました。地方裁判《ちはうさいばん》所《しよ》から私《わたし》に呼出狀《よびだしじやう》がまゐりました。そして私《わたし》は無實《むじつ》の罪《つみ》を證明《しようめい》されました。

その結果檢事《けつくわけんじ》の起訴《きそ》となり、當時《たうじ》の巡査部《じゆんさぶ》長《ちやう》は官使用人毆打《くわんしようにんおうだ》といふ罪名《ざいめい》で、懲役《ちようえき》四ケ月《げつ》Yは無罪《むざい》といふことになりました。だがそれが私《わたし》にとつて何《なん》になりませう。世《よ》の中《なか》は前科《ぜんくわ》者《もの》よと指彈《しだん》して、温《あたゝか》い言葉《ことば》一つかけてはくれません。

中《なか》には、『名譽恢復《めいよくわいふく》の訴訟《そしよう》を起《おこ》せ』『損害賠《そんがいばい》償《しやう》の訴《うつた》へをしろ』などと言《い》つて下《くだ》さる方々《かた〴〵》もございますが、私《わたし》にはその勇氣《ゆうき》もございません。ただ今《いま》の私《わたし》は、結婚話《けつこんばなし》もありますが、一生獨身《しやうどくしん》で自活《じくわつ》しようか、結婚生活《けつこんせいくわつ》に入《はひ》らうかと迷《まよ》ふて居《を》ります。先生《せんせい》どうぞ私《わたし》の進《すゝ》むべき道《みち》を教《をし》へて下《くだ》さいませ。

細紐の恐怖

吉山美子

私《わたし》は現在《げんざい》、どうにもならない宿命《しゆくめい》に身《み》を託《たく》して運命《うんめい》の裁斷《さいだん》を待《ま》つてゐる母《はゝ》です。私《わたし》の母《はゝ》の兄弟《きやうだい》（女一人、男《をとこ》五人《にん》）は、母《はゝ》と母《はゝ》の兄《あに》を遺《のこ》して四人《にん》とも自《みづか》ら刄物《はもの》をもつて命《いのち》を絶《た》つてゐます。せめて生《い》き殘《のこ》つた母《はゝ》だけが尋常《じんじやう》の往生《わうじやう》を遂《と》げてくれるやうにと願《ねが》つてゐたのに、宿命《しゆくめい》は遂《つひ》に、母《はゝ》をも捕《とら》へて了《しま》ひました。母《はゝ》は死《し》すべき原因《げんいん》もないのに、細《ほそ》い絹《きぬ》の腰紐《こしひも》で、人生《じんせい》を自《みづか》らの手《て》で絶《た》つてしまひました。

「血統《けつとう》だ！　血統《けつとう》だ！」と口煩《くちうるさ》はしい村人《むらびと》は噂《うはさ》します。父《ちゝ》と兄《あに》との悲嘆《ひたん》は一通《ひとほ》りではありませんでした。代々《だい〳〵》土地《とち》の名望家《めいばうか》として知《し》られた母《はゝ》の實家《じつか》が、何《なに》に呪《のろ》はれたのか。わづかに原因《げんいん》らしいものを尋《たづ》ねれば祖父《そふ》が大酒家《たいしゆか》であつたといふだけです。それ以外《いぐわい》に何《なん》の思《おも》ひ當《あた》ることもありません。それのみか私《わたし》の兄弟《きやうだい》は皆秀才揃《みなしうさいぞろ》ひで、すぐ弟《おとうと》など中學《ちうがく》は特待生《とくたいせい》で×大《だい》を首席《しゆせき》で卒業《そつげふ》してゐます。若《も》し遺傳《ゐでん》であつたら、初《はじ》めは秀才《しうさい》であつても段々《だん〳〵》成績《せいせき》は低下《ていか》する筈《はず》ではないでせうか。私《わたし》は弟《おとうと》のこの一事《じ》を見《み》ても世間《せけん》の惡罵《あくば》を見《み》かへしてゐました。所《ところ》が突然襲《とつぜんおそ》つたのが父《ちゝ》の死《し》。それは腦溢血《なういつけつ》でしたが、その時初《ときはじ》めて父《ちゝ》が幼少《えうせう》の頃腦膜炎《ころなうまくえん》を患《わづら》つた事實《じじつ》を知《し》りました。母《はゝ》に次《つ》ぐ父《ちゝ》の死《し》——その大《おほ》きな衝撃《しようげき》が子供達《こどもたち》に及《およ》ばずにはゐませんでした。遂《つひ》に兄《あに》と弟《おとうと》が揃《そろ》つて酒《さけ》と煙草《たばこ》を嗜《たしな》むやうになりました。祖父《そふ》から引《ひ》いた血《ち》のなせる業《わざ》！　私《わたし》は恐怖《きようふ》にゾッとしました。だが心配《しんぱい》する程《ほど》のことはなく、兄《あに》の事業《じげふ》は益々隆盛《ます〳〵りうせい》になり、弟達《おとうとたち》も皆就職《みなしうしよく》して、一家《か》は表面的《へうめんてき》には平穩無事《へいおんぶじ》をつゞけてゐます。やれやれと安心《あんしん》したのが私《わたし》でしたが、何《なん》と云《い》ふ恐《おそ》ろしいことでせう。その私《わたし》が最近妙《さいきんめう》な衝動《しようどう》に驅《か》られて皆《みな》のものを驚《おどろ》かすのです。生《い》きよう生《い》きよう、二人《ふたり》の子《こ》の母《はゝ》だもの……と努力《どりよく》しながらも、細紐《ほそひも》をいつの間《ま》にか首《くび》に捲《ま》きつけて、ニツコリ笑《わら》つたりするのです。そして時々母《とき〴〵はゝ》の死《し》の姿《すがた》がハツキリ映《えい》じて、拂《はら》ひ除《の》けようとすればする程《ほど》、腦裏《なうり》に蘇《よみがへ》つて私《わたし》を苦《くる》しめるのです。恐《おそ》ろしくて〳〵細紐《ほそひも》を見《み》るのをさけてゐますが、知《し》らぬ間《ま》に、それを摑《つか》んで、じツと何《なに》かを凝視《ぎようし》してゐる自分《じぶん》に、ハツと氣付《きづ》くのです。二人《ふたり》の母《はゝ》だもの……死《し》ぬものか！　私《わたし》は恐《おそ》ろしい幻惑《げんわく》を拂《はら》ひのけようと氣《き》を引締《ひきし》めるのですが、萬《まん》一を恐《おそ》れて、紐《ひも》を用《もち》ひない洋裝《やうさう》に改《あらた》めてしまひました。

神經衰弱《しんけいすゐじやく》、さう感《かん》じることもあります。一度《ど》醫師《いし》の診斷《しんだん》を乞《こ》はうかしらと思《おも》ひつゝ、若《も》し、遺傳性《ゐでんせい》の變質《へんしつ》と判《はつ》きり診斷《しんだん》されたら、どうしよう。それが恐《おそ》ろしくて醫師《いし》の門《もん》をくゞることが出來《でき》ずにゐます。

母《はゝ》の死《し》の細紐《ほそひも》が、あの強《つよ》い恐怖《きようふ》の印象《いんしやう》が、こんなにも私《わたし》をして細紐《ほそひも》に恐怖心《きようふしん》を起《おこ》させるのでせうか。變質《へんしつ》か？　精神病《せいしんびやう》か？　遺傳《ゐでん》の業《わざ》か？　神經衰弱《しんけいすゐじやく》か？　それとも私自身《わたしじしん》の精神修養《せいしんしうやう》が足《た》りないせゐでせうか？　この惱《なや》みいや宿命《しゆくめい》の諦《あきら》めをもう一度《ど》引《ひ》きもどす方法《はうはふ》は無《な》いものでせうか。

批判

不正確な人生觀

福島貞子

三様《やう》の悩《なや》みを抱《いだ》いて居《ゐ》られる三人《にん》の方《かた》に、不思議《ふしぎ》にも共通《きようつう》のものを感《かん》じます。自己《じこ》を甘《あま》やかさない生活態度《せいくわつたいど》の貴《たふと》さ、其眼《そのがん》光《くわう》の鋭《するど》さに比《くら》べて、人生觀《じんせいくわん》が不正確《ふせいかく》である爲《ため》に、水平《すゐへい》が保《たも》たれてゐない事《こと》です。

お三人《にん》とも第《だい》一義に、御自分《ごじぶん》を順直《じゆんちよく》に愛《あい》する事《こと》、眞摯《しんし》に自己《じこ》を認識《にんしき》なさる事《こと》に努力《どりよく》なさいませ。我子《わがこ》の可愛《かはい》さから、人間《にんげん》の子《こ》に神《かみ》様を要求《えうきう》したり、いとしさに夢《ゆめ》を實現《じつげん》せよと命《めい》じたりする親《おや》の無理《むり》が、子《こ》を縛《ばく》し、損《そこ》ずる相は、世間《せけん》によく示《しめ》されてゐます。それは、自分自身《じぶんじしん》にも同《おな》じ心理《しんり》で働《はたら》いてゐるものです。

狩野《かの》さんは鏡をもつて鏡《かゞみ》にお親《した》しみなさる事《こと》をお勸《すゝ》めします。神様《かみさま》や、夢《ゆめ》のあなたでなく、人間《にんげん》として眞實《しんじつ》の自分《じぶん》をお求《もと》めなさい。

神《かみ》と惡魔《あくま》のモデルが同一《どういつ》の人《ひと》であつた話《はなし》はあまりにも有名《いうめい》です。自分《じぶん》の眼《め》に映《えい》じる鏡面《きやうめん》の自分《じぶん》は、昨日《きのふ》と今日《けふ》、朝《あさ》と夕《ゆふべ》と、決《けつ》して同《おな》じではありません。徳《とく》が高《たか》まり眼識《がんしき》が進《すゝ》み、愛《あい》が、親《した》しみが増《ま》して來《く》れば、ます〳〵其異《そのちが》ひがハツキリして來《き》ます。其時《そのとき》、其場合《そのばあひ》の内生《ないせい》活《くわつ》、心身《しんしん》の疲勞《ひらう》してゐる状態《じやうたい》を見《み》つめて御覽《ごらん》なさると必《かなら》ず思《おも》ひ當《あた》られる點《てん》がある筈《はず》です。洋《やう》の東西《とうざい》を問《と》はず、美術《びじゆつ》として高位《かうゐ》を占《し》めてゐる彫刻《てうこく》などが、いはゆる美男《びなん》、美女《びぢよ》の像《ざう》と限《かぎ》らず。一見醜惡《けんしうあく》をおぼえるものゝ中《なか》に、魂《たましひ》を大《おほ》きくゆすぶられる力《ちから》を認《みと》めます。要《えう》するに靈《れい》の問題《もんだい》です。内生活《ないせいくわつ》の價値《かち》です。實在《じつざい》の人《ひと》でも、中年以後《ちうねんいご》の美《うつく》しさは、容姿《ようし》では決《けつ》して無《な》く、其人《そのひと》の精神生活《せいしんせいくわつ》の程度《ていど》に比例《ひれい》してゐるのは事實《じじつ》です。まづ鏡《かゞみ》に親《した》しむ勇氣《ゆうき》と順直《じゆんちよく》さとをお持《も》ちなさいませ。

山谷《やまたに》さん、Y氏《し》の憎《にく》むべき行爲《かうゐ》に對《たい》しては鬪《たゝか》ひ抜《ぬ》いた勇者《ゆうしや》であつたのに、竊盜《せつたう》の無實《むじつ》を承認《しようにん》する弱者《じやくしや》になつたと言《い》ふ事《こと》は、自身《じしん》への愛《あい》と責任《せきにん》が不足《ふそく》であるからだと思《おも》ひます。前《まへ》の場合《ばあひ》は傳統的《でんとうてき》の潔癖《けつぺき》からであり、後《あと》の場合《ばあひ》は「事實《じじつ》は無《な》いのだから」と、自分《じぶん》への責任《せきにん》をごまかし甘《あま》やかした卑《いや》しむべき生活態度《せいくわつたいど》ですが、過《す》ぎての今日《こんにち》では誠《まこと》に尊《たふと》い御體驗《ごたいけん》でした。家庭以外《かていいぐわい》に生活《せいくわつ》する事《こと》の多《おほ》くなつた今後《こんご》の女性《ぢよせい》、後《のち》から來《く》る人達《ひとたち》の爲《ため》に、貴《たふと》い光明《くわうみやう》として御自愛《ごじあい》なさいませ。前科者《ぜんくわもの》なぞと自《みづか》ら卑《いや》しめる事《こと》の間違《まちが》ひは、社會人《しやくわいじん》をまで大《おほ》きな誤謬《ごびう》に誘《さそ》ひます。御結婚《ごけつこん》は本當《ほんたう》に結構《けつこう》です

吉山《よしやま》さんは、神經衰弱《しんけいすゐじやく》でおありなさる事確《ことたしか》だらうと思《おも》はれます。よしや遺傳性《ゐでんせい》による特質《とくしつ》がおありだつたとしても、否《いな》それならば、一層《そう》強《つよ》い神經《しんけい》が必要《ひつえう》です。「幽靈《いうれい》を如實《によじつ》に創作《さうさく》し得《う》る人間《にんげん》は神樣《かみさま》をも完全《くわんぜん》に想像《さうぞう》出來《でき》る筈《はず》だ」と言《い》つた人《ひと》があります。そうビク〳〵なさらないで、お自分《じぶん》をシツカリ抱《いだ》いて、地上《ちじやう》の生物《せいぶつ》別《わ》けても人間《にんげん》を見廻《みまは》して御覽《ごらん》なさい。遺傳《ゐでん》の法則《はふそく》から逃《のが》れてゐる存在《そんざい》は無《な》く、同時《どうじ》に、三代《だい》四代《だい》以前《いぜん》更《さら》に遠《とほ》い祖先《そせん》の中《なか》に、惡《わる》い血《ち》が交《まじ》つてゐないと保證《ほしよう》出來《でき》る人《ひと》が一人《ひとり》もありませうか。其爲《そのため》に精進向上《しやうじんかうじやう》を援《たす》けられる事《こと》もあります。自身《じしん》を白《しろ》い眼《め》で見《み》る事《こと》を止《や》め生《う》れ現《あらは》れた意義《いぎ》の認識《にんしき》をお努《つと》めなさいませ。世界《せかい》は一人《ひとり》一物《ぶつ》に安價《あんか》な喜《よろこ》びを渡《わた》す處《ところ》では無《な》く吾等《われら》の喜《よろこ》びは互《たがひ》に手《て》を組《く》み、過去未來《くわこみらい》と呼應《こおう》しながら、大自然《だいしぜん》の活動《くわつどう》に參《さん》ずる働手《はたらきて》であることを知《し》つた時《とき》です。

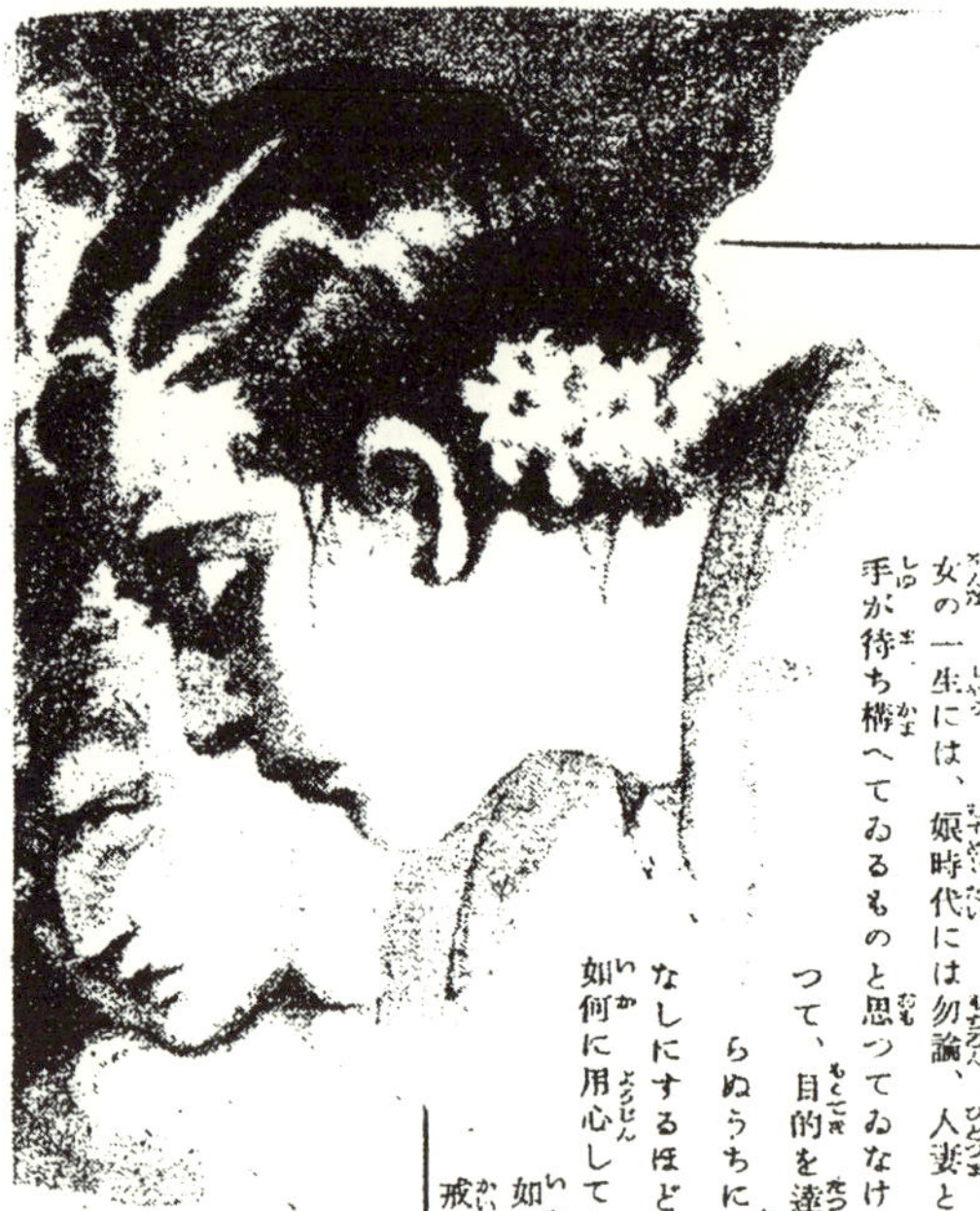

多勢《おほぜい》の女《をんな》を誘惑《いうわく》した男《をとこ》の懺悔《ざんげ》

——今様好色一代男のあの手《て》この手《て》の紹介《せうかい》——

倉本英範（假名）

女《をんな》の一生《しやう》には、娘時代《むすめじだい》には勿論《もちろん》、人妻《ひとづま》となつても、未亡人《みばうじん》となつても、あらゆる機會《きくわい》に誘惑《いうわく》の魔《ま》手《しゆ》が待ち構《かま》へてゐるものと思《おも》つてゐなければなりません。誘惑《いうわく》する側《がは》は、有《あ》りつたけの智慧《ちゑ》を絞《しぼ》つて、目的《もくてき》を達《たつ》するために秘術《ひじゆつ》を盡《つく》すので、よほど確《しつか》りしてゐても、知《し》らぬうちに罠《わな》にかゝつてゐます。そして、女《をんな》の過《あやま》ちは殆《ほとん》ど生涯《しやうがい》を臺《だい》なしにするほどの致命傷《ちめいしやう》になるものが多《おほ》いのですから、この道《みち》ばかりは如何《いか》に用心《ようじん》しても、し過《す》ぎるといふことはありません。この懺悔錄《ざんげろく》は、如何《いか》に多《おほ》くの婦人《ふじん》が脆《もろ》くも誘惑《いうわく》に陷《おちい》るかを示《しめ》すもので、警《けい》戒《かい》の上《うへ》にも警戒《けいかい》されるやう切望《せつばう》いたします。（記者）

家《いへ》出《で》して苦《く》學《がく》

私《わたし》は今年《ことし》四十三歳《さい》になりますが、過去《くわこ》凡《およ》そ二十年《ねん》の間《あひだ》に誘惑《いうわく》した女《をんな》の數《かず》は、五十人《にん》の上《うへ》を超《こ》すでせう。今《いま》、ぢつと目《め》を瞑《つぶ》つて、罪《つみ》の過去《くわこ》帳《ちやう》を繰《く》ると、さまざまな女《をんな》の悲痛《ひつう》に歪《ゆが》められた顏《かほ》が、怨《うら》むやうに、訴《うつた》へるやうに、瞼《まぶた》の裏《うら》に映《うつ》ります。

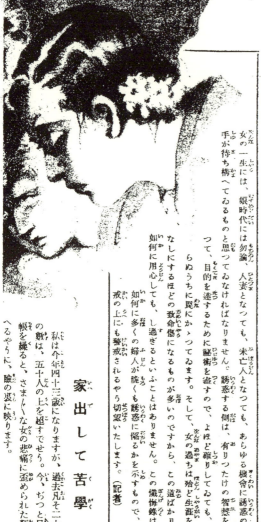

一昨年《をととし》、刑務所《けいむしよ》を出《で》てからは、すつかり改心《かいしん》して、半生《はんせい》の放埒《はうらつ》の酬《むく》いで、妻《つま》もなく子《こ》もない、孤獨《こどく》の身《み》を、こんなしがない、いやしい屋臺店《やたいみせ》で、その日《ひ》〳〵を過《すご》してゐますが、

この私《わたし》のために生命《いのち》を捨《す》てた女《をんな》も、少《すく》なくないので、私《わたし》は近《ちか》く、元《もと》の僧籍《そうせき》に還《かへ》つて、不幸《ふかう》な女達《をんなたち》の冥福《みやうふく》を祈《いの》つてやりたいと思《おも》つてゐます。

私《わたし》の過去《くわこ》を語《かた》れ、と仰《おつ》しやるのですか。

以前《いぜん》の私《わたし》ならば、一《ひと》かど自慢話《じまんばなし》のつもりで、お話《はな》したかも知《し》れませんが、今《いま》はもう、想《おも》ひ出《だ》すさへ、自分《じぶん》の犯《をか》した罪障《ざいしやう》の恐《おそ》ろしさに、身《み》慄《ふる》ひを覺《おぼ》えます。

併《しか》し、世《よ》の女《をんな》に警《けい》告《こく》するためにと仰《おつ》しやるならば、勇氣《ゆうき》を出《だ》してお話《はな》しいたしませう。

私《わたし》の父《ちち》は、奈良《なら》で或《あ》る寺《てら》の住職《ぢゆうしよく》をして居《を》りました。小《ちひ》さな寺《てら》でしたが、檀家《だんか》に裕《ゆう》福な家《うち》が多《おほ》かつたので、非常《ひじやう》に金廻《かねまは》りがよく、そのためばかりではないでせうが、父《ちゝ》は僧侶《そうりよ》のくせに極道者《ごくだうもの》で、よく大阪《おほさか》へ行《い》つて外泊《ぐわいはく》し、それが原因《もと》で、母親《はゝおや》と醜《みにく》い夫婦喧嘩《ふうふげんくわ》をしてゐたのを、子供心《こどもごゝろ》によく憶《おぼ》えてゐます。

父《ちゝ》は、私《わたし》が十五のとき母《はゝ》を離縁《りえん》して、どこからか代《かは》りの女《をんな》を引《ひ》き入《い》れました。その年《とし》、廿歳《はたち》になる兄《あに》が、この女《をんな》と衝突《しようとつ》して家《うち》を飛《と》び出《だ》し、以來《いらい》三十年《ねん》、杳《えう》として行方《ゆくへ》が知《し》れません。

それから五年後《ねんご》、私《わたし》もやはり廿歳《はたち》のときに、紊《みだ》れた家《うち》の空氣《くうき》に厭氣《いやき》がさして、自分《じぶん》だけはまい、ともな人間《にんげん》にならうと思《おも》つて、東京《とうきやう》で苦學《くがく》をするつもりで、家出《いへで》をしました。

そのときは本當《ほんたう》にさう考《かんが》へてゐたもので、上京《じやうきやう》後《ご》は神田《かんだ》で牛乳配達《ぎうにうはいたつ》をしながら、私立大學《しりつだいがく》の夜學《やがく》に通《かよ》つて法律《はふりつ》を勉强《べんきやう》してゐました。併《しか》し、勞働《らうどう》と學問《がくもん》とは、なか〳〵兩立《りやうりつ》し難《がた》いものでした。私《わたし》を激勵《げきれい》する精神的《せいしんてき》な支持《しぢ》は何《なに》もなく、却《かへ》つて奈良《なら》の厭《いや》な情報《じやうほう》が私《わたし》の心《こゝろ》を暗《くら》くし、だん〳〵と眞面目《まじめ》に働《はたら》いたり勉强《べんきやう》したりすることに厭《あ》いて來始《きはじ》めました。奈良《なら》の田舍者《ゐなかもの》が、東京《とうきやう》の華《はなや》かさに眩《くら》まされたといふことも爭《あらそ》へません。

墮《だ》落《らく》の第《だい》一步《ほ》

或る日、惡友《あくいう》に誘《さそ》はれて、初《はじ》めて吉原《よしはら》に遊《あそ》びに行《ゆ》きました。これが、私《わたし》を惡《あく》の道《みち》に走《はし》らせた第《だい》一步《ぽ》であつたのです。

そのときの初會《しよくわい》の女《をんな》が、不思議《ふしぎ》にも奈良《なら》生《うま》れの者《もの》で、私《わたし》より一《ひと》つ年上《としうへ》であつたが、あつけなく魂《たましひ》を奪《うば》はれてしまひ、一度《ど》が二度《ど》、二度《ど》が三度《ど》となり、割《わり》ない仲《なか》になつてゆきました。かういふ泥水《どろみづ》の中《なか》に、私《わたし》は生《うま》れて初《はじ》めて、人間《にんげん》らしい情味《じやうみ》を知《し》つたのです。

併《しか》し、靑《あを》二才《さい》の私《わたし》に、さういふところへたびたび通《かよ》ふ資本《もとで》のつゞく筈《はず》がありません。私《わたし》の境遇《きやうぐう》を知《し》つた女《をんな》は、自分《じぶん》の借金《しやくきん》にして私《わたし》を通《かよ》はせてくれました。

あゝいふ世界《せかい》では、女《をんな》が一人《ひとり》の客《きやく》に夢中《むちう》になることを、樓主《ろうしゆ》の方《はう》で大《たい》へん嫌《きら》ふもので、たうとうおはきものにされてしまひました。（おはきものは履物《はきもの》で、座敷《ざしき》へは上《あ》げないといふ意《い》。）

堰《せ》かれると募《つの》るのが戀《こひ》の習《なら》ひで、女《をんな》は自廢《じはい》するといつて樓主《ろうしゆ》を脅《おど》し、私《わたし》は盜《ぬす》みを働《はたら》いて金《かね》の工面《くめん》をしてゐたのです。併《しか》し破滅《はめつ》は早《はや》く來《き》ました。半年目《はんとしめ》には入質《にふしち》した盜品《たうひん》から足《あし》がついて檢擧《けんきよ》され、懲役《ちやうえき》八ヶ月《げつ》に處《しよ》せられました。

東京《とうきやう》の刑務所《けいむしよ》を出《で》たときは、女《をんな》は既《すで》に誰《だれ》かに**身請《みうけ》されて、もうそこにはをりませんでした。**

罪《つみ》を犯《をか》すまでに思《おも》ひを寄《よ》せてゐた女《をんな》が、他人《ひと》の胸《むね》に抱《だ》かれてゐるといふ想像《さうざう》は、私《わたし》を更《さら》に邪道《じやだう》に追《お》ひやらねばおかなかつたのです。

自分《じぶん》の口《くち》から言《い》ふのも妙《めう》ですが、私《わたし》は生來《うまれつき》上品《じやうひん》に見《み》えたうへに、多少《たせう》容貌《ようばう》に自信《じしん》を持《も》つてゐたものです。出獄後《しゆつごくご》、二階借《かいがり》をして職《しよく》を探《さが》してゐましたが、その家《いへ》に出入《でい》りする人《ひと》の中《なか》に、或《あ》る物持《ものも》ちの奧《おく》さんがあつて、この女《ひと》と、自然《しぜん》と親《した》しく口《くち》を利《き》くやうになつてゆきました。

この女《ひと》の主人《しゆじん》といふのは始終《しじう》旅行勝《りよかうが》ちで、そのうへ小學《せうがく》五年生《ねんせい》の一人《ひとり》息子《むすこ》の成績《せいせき》が思《おも》はしくないので、家庭敎師《かていけうし》兼用心棒《けんようじんぼう》に、宅《うち》の二階《かい》へ來《き》てはどうかといふので、私《わたし》は得《え》たり賢《かしこ》しと、その客分《きやくぶん》のやうになつて行《ゆ》きました。

それから一月《ひとつき》も經《た》たぬ間《ま》に、この女《ひと》と主人《しゆじん》の目《め》を偸《ぬす》む仲《なか》となつて、不義《ふぎ》の快樂《けらく》に耽《ふけ》つてゐましたが、半年目《はんとしめ》には主人《しゆじん》の嗅《か》ぎつけるところとなつて、斬《き》るのはつるの騷動《さうどう》になり、居堪《ゐたゝ》まれなくなつて逃《に》げ出《だ》してしまひました。

破《は》・戒《かい》坊《ばう》主《ず》

生活《せいくわつ》の實力《じつりよく》を持《も》たぬ私《わたし》は、友達《ともだち》の家《うち》を渡《わた》り步《ある》いた後《のち》、**中央線沿線《ちうあうせんえんせん》の或《あ》る寺《てら》に泣《な》きつき、書記《しよき》坊主《ばうず》として厄介《やくかい》になることになりました。**

寺《てら》の生《うま》れですから、聞《き》き憶《おぼ》えでお經《きやう》ぐらゐは讀《よ》めるので、忙《いそが》しいときには法事《ほふじ》に招《まね》かれて行《ゆ》きましたが、この頃《ころ》から私《わたし》は、惡辣《あくらつ》な計畫《けいくわく》を始《し》終胸《じうむね》の中《うち》に祕《ひ》めるやうになりました。

尤《もつと》もらしい顏《かほ》つきでお經《きやう》を上《あ》げながら、その眼《め》は家内《かない》の樣子《やうす》を探《さぐ》り、黑《くろ》い法衣《はふえ》の下《した》で、いろいろと惡《わる》い企《たく》みを廻《めぐ》らせてゐたのです。

良人《をつと》を失《うしな》つて悲《かな》しみに沈《しづ》んでゐる若《わか》い未亡人《みばうじん》などは、決《けつ》して見逃《みのが》さない獲物《えもの》で、悲《かな》しい心《こころ》を搖《ゆ》り動《うご》かすやうな有《あ》り難《がた》い法話《はふわ》で、未亡人《みばうじん》の胸《むね》を搔《か》き立《た》て、まるで痲藥《まやく》をかけたやうにして、容易《たやす》く自由《じいう》にしました。併《しか》し、私《わたし》は愛慾《あいよく》の虜に於《おい》てさへ、冷靜《れいせい》に奸智《かんち》を働《はたら》かせて、金《かね》を搾《しぼ》ることを考《かんが》へてゐたのです。

自分《じぶん》がやがて住職《ぢうしよく》になることを匂《にほ》はせ、佛《ほとけ》の名《な》によつて金錢《きんせん》をせしめ、神樂坂《かぐらざか》や道玄坂《だうげんざか》で、酒色《しゆしよく》に身《み》を持《も》ち崩《くづ》してゐました。

この寺《てら》で、私《わたし》の魔手《ましゆ》にかゝつた女《をんな》は六人《にん》で、一年半《ねんはん》の間《あひだ》、うまくボロを出《だ》さずに濟《す》みましたが、ちよつとした不注意《ふちうい》から、私《わたし》の不在中《ふざいちう》に馴染《なじみ》の藝妓《げいしや》に電話《でんわ》をかけられ、それが運惡《うんわる》く住職《ぢうしよく》の耳《みみ》に入《はい》つて、逐《お》ひ出《だ》されてしまひました。女《をんな》から取《と》つてゐた金《かね》が、ざつと千圓《えん》ばかりあつたので、半月《はんつき》ほど旅館住《りよくわんずま》ひをして、適當《てきたう》な下宿《げしゆく》を探《さが》してゐるうちに、本鄕《ほんがう》の帝大附近《ていだいふきん》に、母娘《おやこ》二人《ふたり》暮《ぐら》しで・賄附《まかなひつき》の間貸《まがし》をする家《うち》を見《み》つけたので、そこに引越《ひつこ》しました。それは私《わたし》が二十六歲《さい》で、米騷動《こめさうどう》のあつた時分《じぶん》のことでした。

假面《かめん》の大學生《だいがくせい》

この家《うち》の亡《な》き主人《しゆじん》は、高等官《かうとうくわん》四等《とう》まで昇《のぼ》つた遞信官吏《ていしんくわんり》で、二三萬《まん》の財產《ざいさん》と扶助料《ふじよれう》とで暮《くら》してをり、母親《はゝおや》は三十九歲《さい》、娘《むすめ》は二十歲《さい》で、丁度《ちやうど》婿《むこ》探《さが》しをしてゐるところだつたのです。

　下心《したごゝろ》ある私《わたし》の觸込《ふれこ》みは、東大《とうだい》の宗教哲學《しうけうてつがく》を專攻《せんこう》した文學士《ぶんがくし》で、現在《げんざい》は副手勤務中《ふくしゆきんむちう》、といふのでした。宗教哲學《しうけうてつがく》と言《い》つたのは、私《わたし》が僧籍《そうせき》に身《み》をおいて聞《き》き噛《かじ》つた佛教知識《ぶつけうちしき》は、素人《しろうと》を瞞《だま》すに充分《じうぶん》の自信《じしん》を持《も》つてゐたからです。

　まだ殘《のこ》んの色香《いろか》ふゐる姥櫻《うばざくら》の母親《はゝおや》と婚期《こんき》の娘《むすめ》、この絶好《ぜつかう》の機會《きくわい》に、惡運強《あくうんつよ》い私《わたし》は會心《くわいしん》の笑《ゑ》みを洩《もら》してゐたものです。

　かういふ場合《ばあひ》に私《わたし》は、積極的《せきゝよくてき》に、早急《さつきふ》に手出《てだ》しするやうな拙《まづ》いことは決《けつ》してしません。もつと深慮遠謀《しんりよゑんぼう》を廻《めぐ》らせて、向《むか》うに深《ふか》い信用《しんよう》を持《も》たせ、私《わたし》でなければならぬやうに仕向《しむ》けて、責任《せきにん》を分擔《ぶんたん》させるのです。

　例《たと》へば、角帽《かくばう》を被《かぶ》つた寫眞《しやしん》を机《つくゑ》の上《うへ》にそれとなく抛《はふ》り出《だ》しておいて、掃除《さうぢ》のときに自《おの》づと目《め》に觸《ふ》れるやうにしておきます。『これが、私《わたし》の大學生時代《だいがくせいじだい》の寫眞《しやしん》です。』と言《い》つて見《み》せるよりも、この方《はう》がよほど效果《かうくわ》が多《おほ》いのです。

　毎週三日《まいしうみつか》、二時間《じかん》づゝ大學《だいがく》に出《で》ればよいことにしておいたので、とき〴〵外出《ぐわいしゆつ》して母娘《おやこ》の目《め》を晦《くら》ませ、經濟《けいざい》は、書記坊主時代《しよきばうずじだい》關係《くわんけい》のあつた女《をんな》から、半《なか》ば脅喝的《けふかつてき》に百圓《ゑん》二百圓《ゑん》とせびつては、賄《まかな》つてゐたのです。

　或《あ》る日《ひ》、私《わたし》は母親《はゝおや》に呼《よ》ばれ、婿《むこ》になつてほしいと懇望《こんまう》されました。正《まさ》に私《わたし》の思《おも》ふ壺《つぼ》にはまつて來《き》たわけですが、故意《わざ》と鷹揚《おうやう》に構《かま》へて、考《かんが》へておくと、返事《へんじ》をしておいたところ。それから母親《はゝおや》は、何《なん》とかして私《わたし》に承諾《しようだく》させようとし、さま〴〵に好意《かうい》を示《しめ》してもてなし始《はじ》め、娘《むすめ》と接近《せつきん》する機會《チャンス》を作《つく》つてくれたりしました。

　半年經《はんとした》たぬうちに、娘《むすめ》は私《わたし》の自由《じいう》になつてゐました。併《しか》し、身分《みぶん》を僞《いつは》つてあるので、どうせいつかは暴露《ばくろ》するに決《きま》つてゐますから、如何《いか》にして金《かね》を出《だ》させ、如何《いか》にして娘《むすめ》を捨《す》てるかに、智慧《ちゑ》を絞《しぼ》つてゐたものです。

　私《わたし》は、母娘二人《おやこふたり》だけの生活《せいくわつ》に同情《どうじやう》したゝめといふ風《ふう》な態度《たいど》で、婿入りを承諾《しようだく》し、その代《かは》り、式《しき》は助教授《じよけうじゆ》になつてから擧《あ》げることにしておきました。そして、研究費《けんきうひ》だとか原書《げんしよ》を外國《ぐわいこく》に註文《ちうもん》するとか言《い》つて、少《すく》からぬ金《かね》を出《だ》させて、それを遊興《いうきよう》の資《し》にしてゐたのです。

　併《しか》し私《わたし》は、この純眞《じゆんしん》な娘《むすめ》に對《たい》して、だん〴〵愛情《あいじやう》らしいものを感《かん》じ始《はじ》め、自分《じぶん》の行爲《かうゐ》の儚《はかな》さをつく〴〵情《なさ》けなく思《おも》ひました。けれども、そんな感傷的《かんしやうてき》な氣持《きもち》は禁物《きんもつ》と、心《こゝろ》を鬼《おに》にして逃走《たうそう》を決意《けつい》し、或《あ》る日《ひ》私《わたし》が留守番《るすばん》をするからといつて、母娘《おやこ》を觀劇《くわんげき》にやり、その間《あひだ》に債券《さいけん》、現金《げんきん》など二千餘圓《よゑん》を持出《もちだ》して行方《ゆくへ》を晦《くら》しました。

人妻《ひとづま》を不倫《ふりん》へ

　落着《おちつ》いた先《さき》は、中野附近《なかのふきん》の或《あ》る小間物屋《こまものや》の二階《かい》。主人《しゆじん》は三十五歳《さい》で、病身《びやうしん》のため始終轉地《しじうてんち》や醫者通《いしやがよ》ひをしてをり、二十六歳《さい》の確《しつか》り者《もの》の細君《さいくん》が、雇人と一緒《しよ》に男勝《をとこまさ》りの働《はたら》きしてゐる、小金《こがね》を持《も》つた家《うち》でした。

　この家《うち》でも私《わたし》は、大學《だいがく》の研究室《けんきうしつ》に週《しう》に二三度《ど》通《かよ》つて佛教《ぶつけう》を研究《けんきう》してゐるといふことにし、例《れい》の債券《さいけん》を金《かね》に代《か》へて、熱心《ねつしん》に勉強《べんきやう》してゐるらしく見《み》せかけておきました。

　主人《しゆじん》は重症《ぢうしやう》の肺病《はいびやう》のためか、一種《しゆ》の厭世感《えんせいかん》を持《も》つてゐるので、私《わたし》の佛教思想《ぶつけうしさう》の話《はなし》がピッタリ來《く》るらしく、よく二人《ふたり》で語《かた》り合《あ》つたものです。病身《びやうしん》で家内《かない》には濟《す》まなく思《おも》つてゐると言《い》ひながらも、強健《きやうけん》な妻《つま》に對《たい》して、嫉妬《しつと》と疑心暗鬼《ぎしんあんき》抑《おさ》へ難《がた》しといふ心持《こゝろもち》が、伺《うかゞ》はれました。

　私《わたし》はこの夫婦《ふうふ》の離間策《りかんさく》を思《おも》ひついたのです。主人《しゆじん》に對《たい》しては、『生身《いきみ》の人《ひと》は、信《しん》ずるに足《た》りない、どんなに信頼《しんらい》してゐても、いつ裏切《うらぎ》られるかも知《し》れない、信《しん》ずべきは結局自分《けつきよくじぶん》の心《こゝろ》だけである。』といふやうな消極的《せうきよくてき》なことを言《い》ひ、細君《さいくん》に對《たい》しては、死後《しご》の安樂《あんらく》を願《ねが》ふといふのは舊《ふる》い時代錯誤の教《をし》へで、人間は現世で幸福と快樂とを得《え》なければ、いつどこで得《え》られるか――などと出鱈目《でたらめ》を言つて、孤閨《こけい》を守《まも》つて馬車馬《ばしやうま》のやうに働《はたら》いてゐる細君《さいくん》を、刺戟《しげき》したのです。

眞夏《まなつ》の寢《いね》がたない夜更《よふ》け、私《わたし》はこの妻《つま》を不倫《ふりん》の道《みち》に引入《ひきい》れました。主人《しゆじん》が湘南《しやうなん》の療養所《れうやうじよ》に行《い》つてゐる間《あひだ》に、二人《ふたり》の爛《ただ》れた情痴《じやうち》の生活《せいくわつ》は店《みせ》の者《もの》の目《め》にさへあまるやうになり、遂《つひ》に親戚《しんせき》の耳《みゝ》に入《はひ》つて、逐《お》ひ出《だ》されることになりました。

私《わたし》は、細君《さいくん》を唆《そゝのか》して、一萬《まん》六千圓《ゑん》の大金《たいきん》を拐帶《かいたい》して二人《ふたり》でドロンを極《き》め、大森《おほもり》で祕密《ひみつ》の世帶《しよたい》を持ちました。

勿論《もちろん》このときは、私《わたし》の佛教研究云々《ぶつけうけんきううんぬん》の出鱈目《でたらめ》はバレてゐましたが、今《いま》となつてはどうにもしやうがないので、女《をんな》は、毒食《どくく》はゞ皿《さら》までの捨鉢《すてばち》氣味《きみ》になつて、私《わたし》と一緒《しよ》に罪《つみ》の道行《みちゆき》を共《とも》にすることを厭《いと》はぬといふ風《ふう》が見《み》えました。

坐《ざ》して食《くら》へば山《やま》も空《むな》しで、持出《もちだ》した一萬《まん》六千圓《ゑん》の中《うち》、半年《はんとし》の間《あひだ》に三分《ぶん》の一費消《ひさう》してしまつたので、私《わたし》は相場《さうば》を研究《けんきう》して鞘取《さやとり》を始《はじ》めました。

ところが、儲《まう》けたり損《そん》したりしてゐるうちに、一年目《ねんめ》にはスッカラカンにすつてしまつて、賣《うり》食ひをするまでになりました。そして惡《わる》いことに、女《をんな》は姙娠《にんしん》してしまつたのです。

かうなれば、この女《をんな》を連《つ》れてゐることは足手《あして》纏《まと》ひなので、置《お》き去《ざ》りにする決意《けつい》を固《かた》め、使《つか》に出《だ》したその留守中《るすちゆう》に、目《め》ぼしいものを賣拂《うりはら》つて、淺草《あさくさ》の安宿《やすやど》に身《み》を隱《かく》しました。

罠《わな》を張《は》る大道易者《だいだうえきしや》

そしてテキ屋《や》(香具師《やし》)の仲間《なかま》に入《はひ》り、八卦《け》を習《なら》ひ、公園《こうゑん》の一隅《ぐう》に陣取《ぢんど》つて、毎晩《まいはん》出鱈目《でたらめ》な卦《け》を立《た》てゝ、若干《じやくかん》の金《かね》を儲《まう》けてゐました。

それまでにいろ／＼な女《をんな》を苦《くる》しめて來《き》てゐるので、鼻《はな》の下《した》に髭《ひげ》を蓄《たくは》へ、髪《かみ》の刈方《かりかた》を改《あらた》め、聲《こゑ》まで抑揚《よくやう》を變《か》へて、萬《まん》一の場合《ばあひ》に看破《みやぶ》られないやうにすることを怠《おこた》らなかつたのです。

お客《きやく》は、女給《ぢよきふ》や藝妓《げいしや》や、下町《したまち》のお内儀《かみ》さんなどで、やがて私《わたし》は、よく十錢玉《せんだま》一《ひと》つ持《も》つて八卦《け》を觀《み》て貰《もら》ひに來《く》る女給《ぢよきふ》と、同棲《どうせい》を始《はじ》めました。併《しか》し、これで滿足《まんぞく》する筈《はず》はなく、毎晩《まいばん》、よい鴨《かも》の網《あみ》にかゝるのを待《ま》ち構《かま》へてゐたのです。

女《をんな》は、實《じつ》に氣迷《きまよ》ひの多《おほ》いもので、良人《をつと》を失《うしな》つた女《をんな》が、それとなく再婚運《さいこんうん》を占《うらな》つて貰《もら》ひに來《き》たり、若《わか》い娘《むすめ》が想《おも》ふ人《ひと》との行末《ゆくすゑ》を占《うらな》つて貰《もら》ひに來《き》たりする者《もの》が多《おほ》く、さういふのには、態度《たいど》や顔《かほ》つきや服裝《ふくさう》を見《み》て物《もの》を言《い》へば大抵當《たいていあた》るもので、私《わたし》は、彼女等《かのぢよら》を喜《よろこ》ばせたり、悲觀《ひくわん》させたりしながら、大《おほ》きな獲物《えもの》を物色《ぶつしよく》してゐました。

或《あ》る夏《なつ》の夜《よ》、二十四五の、珍《めづら》しく上品《じやうひん》な女《をんな》が、母親《はゝおや》に連《つ》れられて私《わたし》の前《まへ》に立《た》ちました。この娘《むすめ》は、今《いま》までに二度《ど》結婚《けつこん》して二度《ど》とも主人《しゆじん》に死別《しにわか》れて、今《いま》また三度目《どめ》の縁談《えんだん》が起《おこ》つてゐるが、どうしたものであらうかと言《い》ふのです。

私《わたし》は、娘《むすめ》の手《て》を觀《み》たり人相《にんさう》を觀《み》たりした後《のち》、さも沈痛《ちんつう》な顔《かほ》つきで、

『これは容易《ようい》ならぬ相《さう》が現《あらは》れてゐる。こゝでは言《い》へぬから、明日《あした》でも私《わたし》の家《うち》へ來《く》るか、都合《つがふ》で自分《じぶん》の方《はう》から出《で》かけて行《い》つてもよろしい。』

と言《い》つて、易《えき》の師匠《ししやう》の名刺《めいし》を渡《わた》しておきました。翌日《よくじつ》、女《をんな》は母親《はゝおや》と一緒《しよ》にやつて來《き》たので、いゝかまをかけて、境遇《きやうぐう》や財産程度《ざいさんていど》をあらかた聞《き》き出《だ》し、家相《かさう》に難癖《なんくせ》をつけ、改《あらた》めて女《をんな》の家《うち》を訪問《はうもん》することにしました。

女《をんな》の家《うち》には、中風《ちうぶう》で口《くち》も利《き》けない父親《ちゝおや》がゐたが、相當《さうたう》の暮《くら》しをしてをり、これが縁《えん》で、以後《いご》たび／＼出入《でい》りするやうになりました。

そして例《れい》によつて、先《ま》づ母親《はゝおや》に『自分《じぶん》はこんなしがない職業《しよくげふ》に身《み》を落《おと》してゐるが、實《じつ》は由緒《ゆゐしよ》ある寺《てら》の息子《むすこ》で、末《すゑ》は住職《ぢうしよく》か學者《がくしや》になるつもりで大學《だいがく》まで行《い》つたが、繼母《まゝはゝ》と折合《をりあひ》が惡《わる》く、世《よ》が厭《いや》になつて中途退學《ちうとたいがく》した。併《しか》し、いつまでもかうしてゐられないので、もう一度《ど》志《こゝろざし》を立《た》てゝ、所期《しよき》の目的《もくてき》を達成《たつせい》したいと思《おも》ふ。』と、虚實《きよじつ》取り混《ま》ぜて同情《どうじやう》を求《もと》めたものです。

人《ひと》のよい老母《らうぼ》は、良人《をつと》や娘《むすめ》が不幸《ふかう》を見《み》なければならないのは自分《じぶん》に徳《とく》がないためで、人助《ひとだす》けをしたならば運《うん》も向《む》いて來《こ》ようと、私《わたし》の前途《ぜんと》に望《のぞ》みをかけて、食客《しよくかく》にして世話《せわ》してくれることになりました。

研究《けんきう》の本《ほん》を買《か》ひ入《い》れたり、大學《だいがく》に再入學《さいにふがく》する手續《てつゞき》をすると見《み》せかけて、歡心《くわんしん》を買《か》ひ、不幸《ふかう》な娘《むすめ》は私《わたし》がきつと幸福《かうふく》にして見《み》せるといふやうなことを言《い》つて、夫婦氣取《ふうふきど》りで暮《くら》してゐました。

求婚《きうこん》廣告《くわうこく》で釣《つ》る

或《あ》る日《ひ》、赤坊《あかんばう》を負《おぶ》つた女《をんな》が、さんばら髪《がみ》で、狂人《きちがひ》のやうにがなり立《た》てゝ來《き》ました。どうしてこゝを知《し》つたか、大森《おほもり》で置《お》き去《さ》りにして來《き》た女《をんな》です。巡査《じゆんさ》も一緒《しよ》に來《き》てゐて、私《わたし》はその場《ば》で拘《こう》引《いん》され、舊惡《きうあく》を洗《あら》ひ浚《ざら》ひにされたうへ、未決《みけつ》百日《にち》の後《のち》、姦通《かんつう》、脅喝《けふかつ》、詐欺《さぎ》、文書僞造《ぶんしよぎぞう》、横領《わうりやう》といふ恐《おそ》ろしく長《なが》い罪名《ざいめい》の下《もと》に、懲役《ちようえき》五年《ねん》の刑《けい》に處《しよ》せられ、再度《さいど》の刑務所《けいむしよ》勤《づと》めをしたのです。

出所《しゆつしよ》したのは三十六歳《さい》の夏《なつ》で、刑務所《けいむしよ》の中《なか》で稼《かせ》いだ三百圓《ゑん》あまりの金《かね》を持《も》つて、このときはさすがに前途《ぜんと》のことを考《かんが》へさせられましたが、五年《ねん》に亙《わた》る禁慾生活《きんよくせいくわつ》は忽《たちま》ち私《わたし》を驅《か》つて遊廓《いうくわく》に走《はし》らせたのです。更生《かうせい》の氣力《きりよく》は一堪《ひとたま》りもなく消《き》えて、日毎《ひごと》の遊興《いうきよう》に三百圓《ゑん》は瞬《またゝ》く間《ま》になくなり、再《ふたゝ》び惡事《あくじ》を重《かさ》ねるやうになりました。

その頃《ころ》の夜《よる》の日比谷公園《ひびやこうゑん》は、媾曳《あひびき》が多《おほ》かつたもので、そこに目《め》をつけた私《わたし》は、今度《こんど》は僞刑事《にせけいじ》を企《たく》んだのです。

それも、さま／＼な組合《くみあは》せの中《なか》で、相當外聞《さうたうぐわいぶん》

を憚《はゞか》るやうな手合《てあひ》ばかりを覘《ねら》ひ、その場《ば》は住所を控《ひか》へ説諭《せつゆ》するだけで釋放《しやくはう》し、翌日《よくじつ》家《うち》へ押《お》しかけて脅喝《けふかつ》するといふ方法《はうはふ》をとりました。中《なか》には貞操《ていさう》を捧《さゝ》げさせた者《もの》も少《すくな》くなく、皆世間體《みなせけんてい》を恥《は》ぢて泣寢入《なきねい》りにするので、これに味《あぢ》を占《し》めた私《わたし》は、上野公園《うへのこうゑん》まで出張《では》つて、一時《じ》は六人《にん》の女《をんな》を操《あやつ》つてゐたこともありました。

そんなことをして貯《た》めた金《かね》が一萬圓《まんゑん》に達《たつ》したので、相當《さうたう》に門戸《もんこ》の張《は》れる家《いへ》を借《か》り、新聞《しんぶん》の案内廣告《あんないくわうこく》を利用《りよう》して、結婚詐欺《けつこんさぎ》を目論《もくろ》みました。

『求妻《きうさい》、當方獨身《たうはうどくしん》の醫學博士《いがくはかせ》、病院開設《びやうゐんかいせつ》のために出資《しゆつし》できる婦人《ふじん》、未亡人《みばうじん》にても可《か》』といふ匿名《とくめい》の三行廣告《ぎやうくわうこく》を出《だ》しましたが、希望者《きばうしや》が來《く》るは〱、さま〲の境遇《きやうぐう》のさま〲の年《とし》頃《ごろ》の女《をんな》が集《あつま》つて來《き》て、その效果《かうくわ》の大《おほ》きいのに一驚《きやう》を喫《きつ》してしまひました。

集《あつま》つて來《き》た女《をんな》の中《なか》で、これは甘《あま》い汁《しる》を搾《しぼ》れると見込《みこ》みをつけた者《もの》を三人候補《にんこうほ》に選《えら》びました。そしてその一人《ひとり》に、豫《あらかじ》め用意《ようい》してあつた博士《はかせ》の學位證《がくゐしよう》を見《み》せて信用《しんよう》させ、同棲《どうせい》しました。

この女《をんな》は、三十歳《さい》の金持《かねもち》のオールドミスで、次々《つぎ〱》に二萬圓《まんゑん》ばかりの金《かね》を出《だ》させながら、適當《てきたう》な場所《ばしよ》が見《み》つからぬのを口實《こうじつ》に、だら〱と一年間《ねんかん》ほど遊《あそ》び暮《くら》してゐたが、或《あ》る日《ひ》、この女《をんな》の遠縁《とほえん》に當《あた》る本物《ほんもの》の醫者《いしや》が、臺灣《たいわん》から上京《じやうきやう》して來《き》て、遂《つひ》に化《ばけ》の皮《かは》を剝《は》がれ、告訴《こくそ》されて、三度《みたび》刑務所《けいむしよ》の飯《めし》を食《く》ひ、出所《しゆつしよ》したのが一昨年《さくねん》、四十一歳《さい》の年《とし》の暮《くれ》です。

×

もうこれで勘辨《かんべん》してください。その間《あひだ》には、まだ〱ありますが、話《はな》してゐるうちに我《わ》れながら女《をんな》の死靈《しりやう》や生靈《いきりやう》が恐《おそ》ろしくなりました。

（カット……吉邨《よしむら》二郎《じらう》畫《ぐわ》）

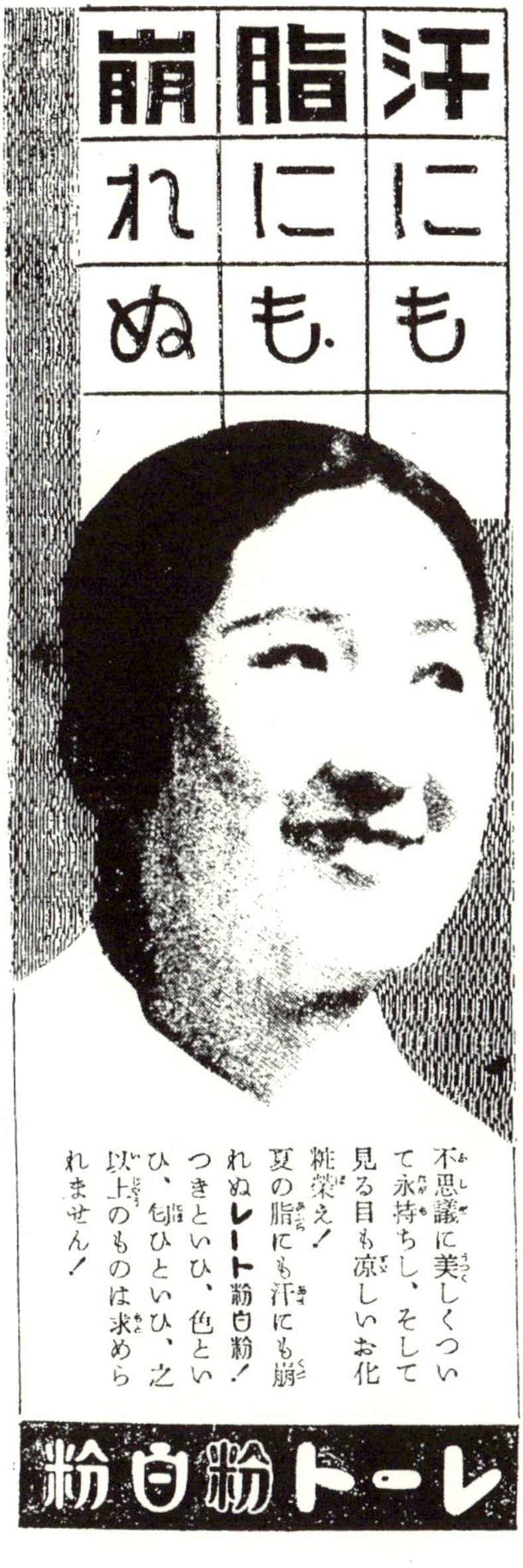

□岡邦雄氏を圍んで令孃方の□

青春懇談會

岡邦雄氏は文化學院の敎授で、ユニイークな評論家として多彩な活躍をつづけて居る。

出席者

文化學院敎授　岡　邦雄先生

新居格氏令孃　新居好子さん

新居みち子さん

小城基氏令孃　小城ルネさん

森田たま氏令孃　森田麗子さん

スキートガール　中津マサコさん

本誌側　南　美子

A記者

寫眞右　岡邦雄氏

同左上　小城ルネ様

岡先生に『新戀愛論』の御說明を

記者　先生《せんせい》、遲《おそ》かつたですね、今《いま》文化學院へ御電話《おでんわ》したんですよ。

岡　いやア、すまん。一寸《ちよつと》ね、朝日《あさひ》講堂《かうだう》をのぞいてたんだよ。ホラ、優良赤《いうりやうあか》ん坊《ばう》の賞品授與式《しやうひんじゆよしき》、あれがあつたのさ、大《おほ》きな御褒美《ごはうび》をもらつたぜ。僕《ぼく》もあんな賞《しやう》品《ひん》今《いま》までにもらつた事《こと》なかつたナ、小學《せうがく》校《かう》時代《じだい》は優等生《いうとうせい》だつたけど。

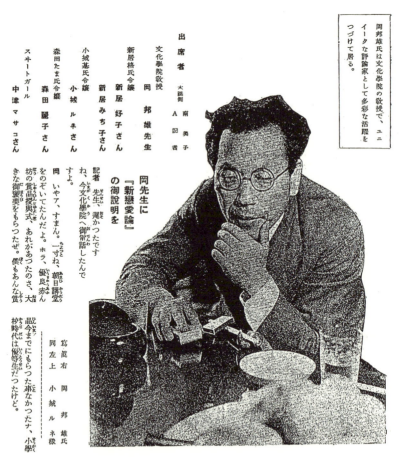

387　「青春懇談会」岡邦雄、新居好子、新居みち子、小城ルネ ほか『婦人画報』昭和11年8月1日

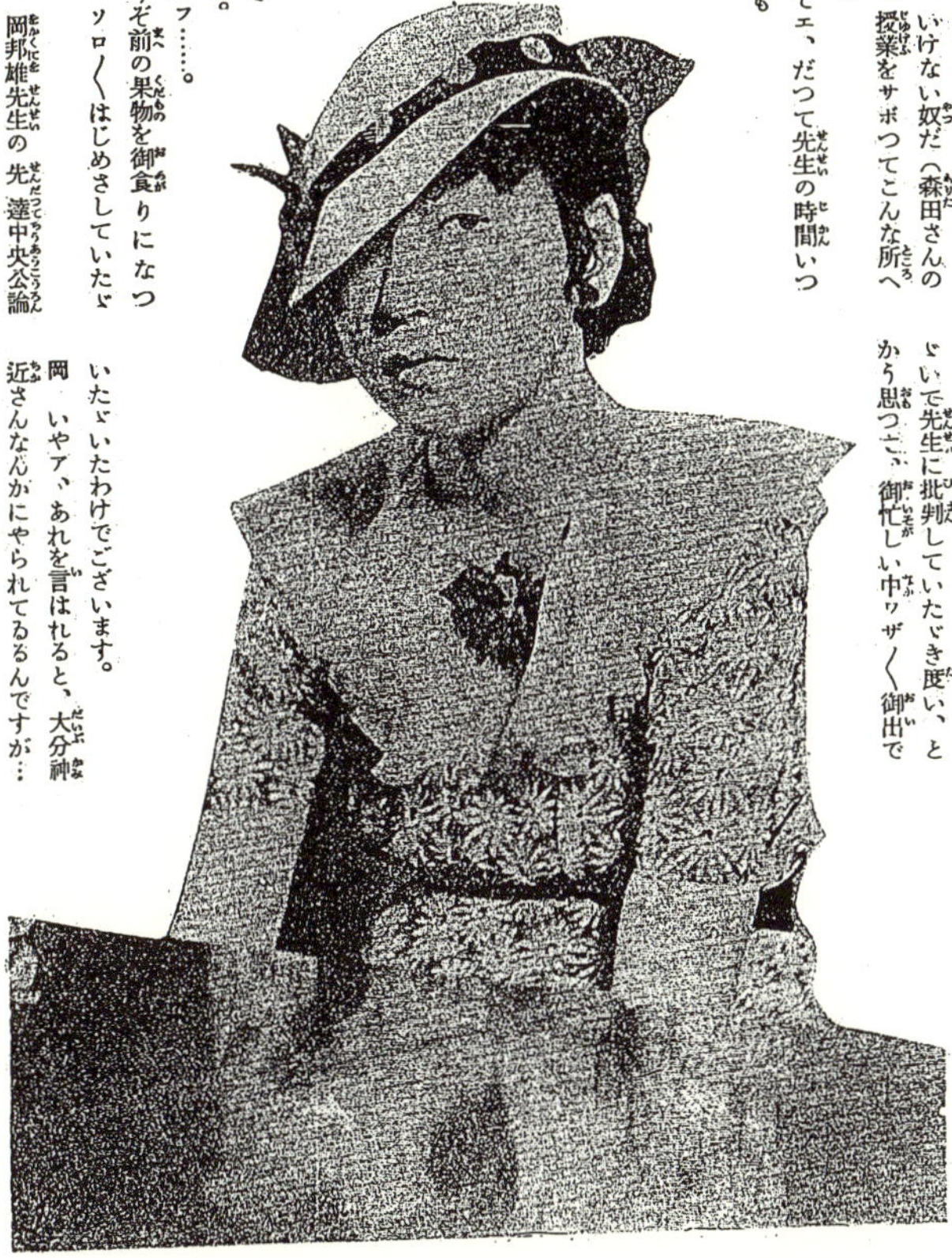

令嬢方 ホホホ。

記者 それぢやどうぞ皆様《みなさま》、御席《おせき》におつきになつて。森田《ありた》さん、先生《せんせい》の側《そば》へいらしたら……。

森田 (一寸《ちよつと》照れて) 先生《せんせい》、ごめんなさい、今日《けふ》の先生《せんせい》の授業《じかん》に出《で》ないで。

岡 こいつ、いけない奴《やつ》だ (森田《ありた》さんのお頭《つむ》を押《お》す) 授業《じゆげふ》をサボつてこんな所《ところ》へ來《き》てやがる。

森田 だつてェ、だつて先生《せんせい》の時間《じかん》いつも早《はや》いんだもん。起《お》きらんないのよオ。

岡 さうだナ僕《ぼく》も大《たい》ていおくれる。だけどおくれたつてきつと行《ゆ》くぜ。

森田 フフフ……。

記者 どうぞ前《まへ》の果物《くだもの》を御食《おあが》りになつて。ぢや、ソロ〳〵はじめさしていたゞきます。

今日《けふ》は、岡邦雄《をかくにを》先生《せんせい》の先達《せんだつて》中央公論《ちうあうこうろん》にお書《か》きになりました『新戀愛論《しんれんあいろん》』あれを先生《せんせい》に御《ご》面倒乍《めんだうなが》らこゝで又一通《またひととほ》り御話《おはなし》いたゞきまして、そしてそれに對《たい》する御《お》嬢《ちやう》さん方《がた》の御《ご》感想《かんさう》や又御嬢《またおぢやう》さん方《がた》にも戀愛《れんあい》や結婚《けつこん》その他《た》について色々《いろ〳〵》問題《もんだい》がおありでせうから、それをおつしやつていたゞいて先生《せんせい》に批判《ひはん》していたゞき度《た》い、とから思《おも》つて、御忙《おいそが》しい中《なか》ワザ〳〵御出《おい》でいたゞいたわけでございます。

岡 いやア、あれを言《い》はれると、大分《だいぶ》神《かみ》近《ちか》さんなんかにやられてるんですが……。皆讀《みなよ》んだんですか?

新居好 まだの方《かた》もいらつしやるでせうから先生《せんせい》、是非《ぜひ》こゝでわかり易《やす》くもう一遍《ぺん》。

岡 わかりやすく、か。ハハヽヽ。僕《ぼく》はその、話《はなし》が下手《へた》でネ。

森田 そんなことないわ。

岡 まあ大體《だいたい》かいつまんで話《はな》すとなると——近頃《ちかごろ》は社會科學的論究《しやくわいくわがくてきろんきう》がとかく『論理的《ろんりてき》』よりは『心理的《しんりてき》』に傾《かたむ》いて行《ゆ》きつゝあつてね、まあ同《おな》じ社會的《しやくわいてき》な問題《もんだい》にしても今《いま》までのは政治的《せいぢてき》、大衆的《たいしうてき》な問題《もんだい》が多《おほ》く取《と》りあげられてゐたのが、それが此《こ》の頃《ごろ》では、今《いま》まではむしろ意識的《いしきてき》にさへ排除《はいぢよ》さるべきものとされてゐた私的な個人的《じんてき》な身邊問題《しんぺんもんだい》が盛《さかん》に頭《あたま》をもたげて來《き》たんです。その中《なか》で僕《ぼく》の取上《とりあ》げたのが戀愛《れんあい》の問題《もんだい》なんだが、戀愛《れんあい》と云《い》ふものは皆《みな》さんも御承知《ごしようち》の如《ごと》く、人間《にんげん》の自然的《しぜんてき》な性本能《せいほんのう》を基礎《きそ》とする非常《ひじやう》に純粹《じゆんすゐ》な自然的《しぜんてき》なしかも個人的《こじんてき》なもんです。單位《たんゐ》は一人《ひとり》の男《をとこ》と一人《ひとり》の女《をんな》、肉體《にくたい》をその行動《かうどう》の對象《たいしやう》としてゐる——ところがこれは又同時《またどうじ》に純粹《じゆんすゐ》に重大《ぢうだい》な社會問題《しやくわいもんだい》なんですね。

中津 どう云《い》ふわけですか。

岡 一口《くち》に云《い》へば、性道徳乃至道徳規範《せいだうとくないしだうとくきはん》つてものによつて社會的《しやくわいてき》な條件《でうけん》を受《う》けるんです。戀愛《れんあい》つてものが性行爲《せいかうゐ》を基礎《きそ》としてゐる以上《いじやう》ね。戀愛《れんあい》と云《い》ふものはあくまでも社會的歴史的《しやくわいてきれきしてき》なものである、と云《い》ふ事《こと》は此《こ》の事《こと》で云《い》へると思《おも》ふ。

中津 昔《むかし》だつて戀愛《れんあい》あつたんでしよ?

小城 戀愛《れんあい》つて言葉《ことば》つかはなくつてもネ。

中津　內容《ないよう》は同《おな》じだつたと思《おも》ふわ。
新居好　男《をとこ》と女《をんな》が好《す》きあふッて內容《ないよう》は同《おな》じでも隨分色々《ずゐぶんいろ〳〵》と變《かは》つてますネ、先生《せんせい》。
岡　花柳界《くわりうかい》なんかどうだらう?
新居好　やつぱりあるでせう。
記者　多《おほ》いと思《おも》ひます。

新居好子様

新居みち子様

たゞそんな言葉《ことば》で表現《へうげん》されてゐない丈《だけ》でかへつて眞劍《しんけん》なのがあるんぢやないですか。
岡　戀愛《れんあい》は社會的歷史的《しやくわいてきれきしてき》なものだつて事《こと》はそこで云《い》はれるんだけどね。道徳規範《だうとくきはん》殊《こと》に性道徳《せいだうとく》だが、さう云《い》ふものの規定《きてい》がその時代《じだい》〳〵の社會狀態《しやくわいじやうたい》の影響《えいきやう》によるとすれば、したがつて戀愛《れんあい》の持《も》つ內容《ないよう》なり形態《けいたい》はちがつて來《く》るのが當然《たうぜん》だネ。
記者　結婚《けつこん》の制度《せいど》もですネ。
岡　大《だい》たいに於《おい》て一夫《ぶ》一婦制度《ぶせいど》と云《い》ふ事《こと》になつてゐるが實際《じつさい》に於《おい》てこれが上手《うま》く行《い》つてるかどうか。エンゲルズなんかも云《い》つてゐるね、一夫《ぶ》一婦制《ぶせい》なんてものは賣笑《ばいせう》と姦通《かんつう》によつて辛《かろ》うじて保《たも》たれてゐる、と云《い》ふ樣《やう》な事《こと》を。
記者　いや、一夫《ぶ》一婦制《ぶせい》つてのはほんとのもんぢやないんですか。
岡　だからこそ、これから僕《ぼく》の云《い》ふ戀愛《れんあい》のユニーク性《せい》、戀愛《れんあい》の醇化《じゆんくわ》つて事《こと》がそこに起《おこ》るんでね。――一人《ひとり》の男《をとこ》と一人《ひとり》の女《をんな》が、この人《ひと》こそは、と思《おも》つて打《う》ちこみ合《あ》ふ、それがマア戀愛《れんあい》なんだけど、たゞあの人《ひと》が好《す》きだ、と云《い》ふ丈《だけ》のものは戀愛《れんあい》なんぢやない。僕《ぼく》に云《い》はせれば戀愛《れんあい》は結婚《けつこん》と同《おな》じものだ。こゝまでが戀愛《れんあい》でそれから先《さき》が結婚《けつこん》だなんて、區別《くべつ》は全然《ぜんぜん》云《い》へないし、又《また》そんな區別《くべつ》は全然《ぜんぜん》ないんだ。眞《ま》面目《じめ》な一ッの戀愛《れんあい》がはじまるとそれはもうその出發點《しゆつぱつてん》に於《おい》て結婚《けつこん》と同《おな》じ意義《いぎ》をもつものと認《みと》めなければならん。
中津　ぢやウッカリと遊《あそ》び半分《はんぶん》に戀愛《れんあい》なんか出來《でき》ないわね。
新居好　そんなの戀愛《れんあい》つて名《な》はつけられないのヨ。
岡　だから戀愛關係《れんあいくわんけい》に入《はい》れば或時期《あるじき》を經《へ》れば同棲《どうせい》と云《い》ふ形式《けいしき》に入《はい》らなければならない事《こと》は勿論《もちろん》で――
令孃方　アラ、いやだ。
岡　よく、結婚《けつこん》は戀愛《れんあい》の墓場《はかば》だなんて云《い》はれてゐるが、そんなのは戀愛《れんあい》は戀愛《れんあい》で甘《あま》い他愛《たあい》もないものと概念化《がいねんくわ》してゐるからで、結婚《けつこん》つてものは只合法的《たゞがうはふてき》な形態《けいたい》に入《はい》つた丈《だけ》で、本當《ほんたう》の戀愛《れんあい》つてものは一生《しやう》死《し》ぬまで續《つゞ》くものだと云《い》ふ事《こと》を知《し》らないんだ――さて、戀愛《れんあい》のユニイク性《せい》と云《い》ふ事《こと》だが、これがないからこそ、今《いま》までの『戀愛《れんあい》は結婚《けつこん》の墓場《はかば》』だとか何《なん》とか云《い》ふ言葉《ことば》が出來《でき》るので、結《むす》ばれた一人《ひとり》の男《をとこ》と一人《ひとり》の女《をんな》はあくまでもお互《たが》ひを互《たが》ひにたゞ一人《ひとり》のものとしてきづきあげて行《ゆ》かなきやならないので。第《だい》一、その相手《あひて》をえらぶ時《とき》には必《かなら》ず自分《じぶん》と同《おな》じ職場《しよくば》でこれをえらばなければいけない。
小城　職場《しよくば》つて?
岡　自分《じぶん》と同《おな》じ仕事《しごと》をもつ人《ひと》の居《ゐ》るところと云《い》ふ意味《いみ》で、も一つ云《い》ひかへれば同一《どういつ》の階級的立場《かいきふてきたちば》の事《こと》なんです。そこで選《えら》ん

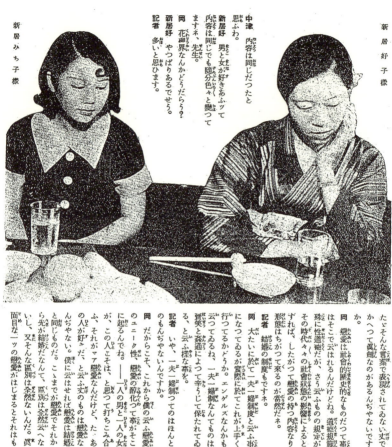

389　「青春懇談会」　岡邦雄、新居好子、新居みち子、小城ルネ ほか　『婦人画報』昭和11年8月1日

だ相手《あひて》を充分《じうぶん》よく見《み》きはめた上《うへ》で、これは大切《たいせつ》ですな、いくら後《あと》で努力《どりよく》をしてもスタアトで誤《あやま》つたのは矢張《やは》りいけないんです。

記者　でも大變《たいへん》ですネ。自分《じぶん》では充分見《じうぶんみ》きはめたつもりでも手落《てお》ちはきつとあるでせうから……それに私達《わたしたち》まだ何《なん》にも知《し》らないから……

岡　それには女《をんな》の人《ひと》は出來《でき》る丈澤山《だけたくさん》の男《をとこ》の人《ひと》を見《み》る機會《きくわい》を持《も》つんです。經驗《けいけん》の多《た》角性《かくせい》が、先《ま》づ見《み》きはめの第《だい》一歩《ほ》ですね。

——僕《ぼく》が今度云《こんどい》つてるのはそこからの話《はなし》なんだが、この一對《つゐ》の男女《だんぢよ》がですネ、お互《たが》ひに對《たい》するユニイク性《せい》の存在《そんざい》を强調《きやうてう》して行《ゆ》かなければならないと云《い》ふところが、これからの戀愛《れんあい》の方向《はうかう》だと思《おも》ふんです。ちがつた階級意識《かいきふいしき》の所有者《しよいうしや》の間《あひだ》には、絶《ぜつ》對《たい》に互《たが》ひに他《た》に對《たい》してユニイク性《せい》は持《も》ち得《え》ないものなので、これは第《だい》一義《ぎ》に重大《ちうだい》な事《こと》だと思《おも》ふ。次《つぎ》はその戀愛當事者同志《れんあいたうじしやどうし》が各ゝ《おのおの》相手《あひて》の人格《じんかく》を尊重《そんちよう》し、立場《たちば》を理解《りかい》し、個有《こいう》な生活圏《せいくわつけん》に獨立《どくりつ》を許《ゆる》す、その結《けつ》果《くわ》、相互《さうご》の生活圏《せいくわつけん》の擴大《くわくだい》、教養《けうやう》の高《たか》まり即《すなは》ち生活力《せいくわつりよく》が强化《きやうくわ》するにしたがつて互《たが》ひに相手《あひて》をなくてはならぬものと考《かんが》へるその考《かんが》へ方《かた》が高《たか》まつて來《く》る、かう云《い》ふのを戀愛《れんあい》の醇化《じゆんくわ》と云《い》ふのですが……。

新しいユニイク性への移渡

新居好　それぢやネ、先生《せんせい》、何年《なんねん》か經《た》つ中《うち》にそのユニイク性《せい》が片方《かたはう》で感《かん》じられなくなる時《とき》もあるでせうね。

岡　それはあるね。

新居好　さう云《い》ふ時《とき》は、どうするんですか、どうしても協同性《けふどうせい》を感《かん》じられなくなつた時《とき》は?

岡　古《ふる》きものより新《あたら》しきものに多大《ただい》のユニイク性《せい》を感《かん》じた時《とき》は、多少《たせう》の犠牲《ぎせい》——いやこんな言葉《ことば》は封建的《ほうけんてき》だナ——多少《たせう》の反撥的《はんぱつてき》な條件《でうけん》をも打破《だは》して古《ふる》いものから新《あたら》しいものへの移渡《いと》を敢行《かんかう》すべきだらうね。

中津　結婚《けつこん》してゝ、先生《せんせい》、他《た》の人《ひと》の方《はう》が好《す》きになつちやつた時《とき》ですか。

新居好　ハッキリおつしやるわね。

中津　さう云《い》ふ時《とき》ほんとにサッサと離《はな》れちやつていゝんですか?

岡　ユニイク性《せい》をもち得《え》ない同志《どうし》が一緒《しよ》に居《ゐ》る事《こと》はかへつて不幸《ふかう》だからね。

中津　でも、先生《せんせい》、チャンと籍《せき》が入《はい》つて小供《こども》なんかあつてもですか?

岡　ハハハ、籍《せき》の事《こと》はまたこれは手續《てつゞき》の問題《もんだい》で、この場合《ばあひ》そんな事《こと》は心配《しんぱい》しなくてもいゝ。

新居みち　先生《せんせい》、同《おな》じ仕事《しごと》をもつてゐると、かへつて惡《わる》いつて云《い》ひますけど……

岡　仕事《しごと》の性質《せいしつ》にもよるけれど。本當《ほんたう》は一番階級的解放《ばんかいきふてきかいはう》の仕事《しごと》がいゝのだけれど——今《いま》すぐ皆《みな》にこれを望《のぞ》むわけには行《い》かないから、そりやあ同《おな》じ仕事《しごと》をもつた男《をとこ》と女《をんな》が上手《うま》く行《い》かない事《こと》もあらうが、問《もん》題《だい》は理解力《りかいりよく》の事《こと》ですよ、協同力《けふどうりよく》の事《こと》、性《せい》格《かく》やその他色々《たいろ〳〵》の問題《もんだい》で上手《うま》く行《ゆ》かない事《こと》もタマにはある。だけど、大《たい》ていは上《う》手《ま》く行《ゆ》く筈《はず》なんだがね。窪川御夫婦《くぼかはごふうふ》だつて、内容《ないよう》をよく知《し》らない一般《ぱん》の人《ひと》は、それの標本《へうほん》みたいに云《い》つてゐるが、あれは何《なん》でもない一寸《ちよつと》した故障《こしやう》で、今《いま》では前《まへ》よりも上手《うま》くいつてるんだらう。

新居好　まアアッサリした言葉《ことば》で言《い》へば相手《あひて》に飽《あ》きが來《き》たらそして他《ほか》の方《はう》に新《あたら》しいのが出來《でき》ちやつたら遠慮《ゑんりよ》なくそつちの方《はう》へ行《い》つちやつていゝつてみたいで、何《なん》だか私《わたし》みたいな戀愛《れんあい》、結婚忌避症《けつこんきひしやう》にはマス〳〵おつかなくなつて來《く》るわ。

岡　そんなアッサリ云《い》つてのけちや困《こま》るよ、飽《あ》きが來《く》る、なんて。そんなもんぢやないさ、今《いま》までみたいに、無責任《むせきにん》な接《せつ》觸《しよく》、交渉《かうせふ》、對立《たいりつ》から戀愛《れんあい》、結婚《けつこん》とすゝんだものならいざ知《し》らず、お互《たが》ひが充分《じうぶん》に見《み》きはめユニイク性《せい》を計算《けいさん》して一緒《しよ》になつたものに、飽《あ》きなんて事《こと》はないさ。ます〳〵ユニイク性《せい》を高度《かうど》にする爲《ため》の努《ど》

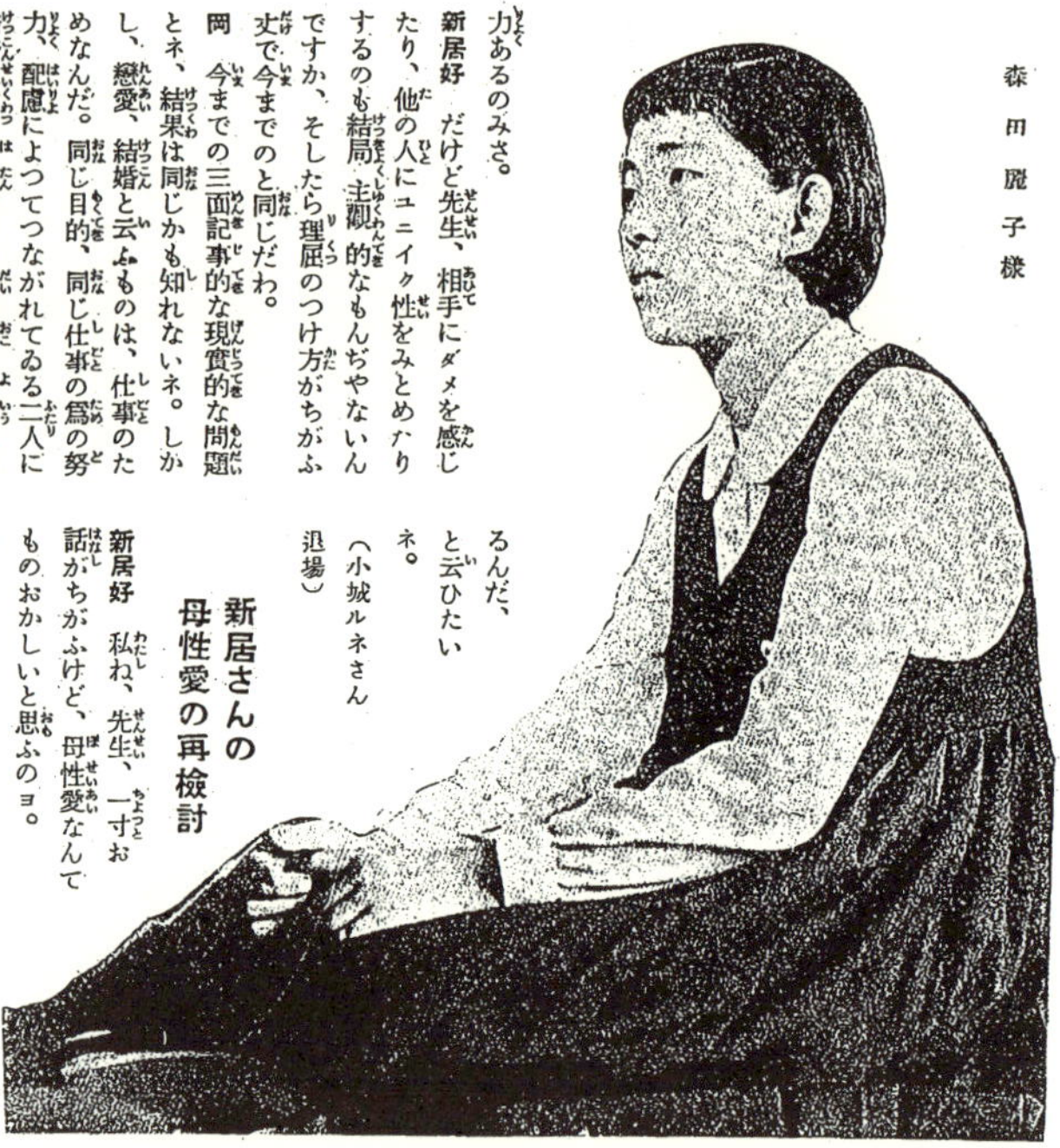

森田麗子様

力《りよく》あるのみさ。

新居好 だけど先生《せんせい》、相手《あひて》にダメを感《かん》じたり、他《た》の人《ひと》にユニイク性《せい》をみとめたりするのも結局《けつきよく》主觀的《しゆくわんてき》なもんぢやないんですか、そしたら理屈《りくつ》のつけ方《かた》がちがふ丈《だけ》で今《いま》までのと同《おな》じだわ。

岡 今《いま》までの三面記事的《めんきじてき》な現實的《げんじつてき》な問題《もんだい》とネ、結果《けつくわ》は同《おな》じかも知《し》れないネ。しかし、戀愛《れんあい》、結婚《けつこん》と云《い》ふものは、仕事《しごと》のためなんだ。同《おな》じ目的《もくてき》、同《おな》じ仕事《しごと》の爲《ため》の努力《どりよく》、配慮《はいりよ》によつてつながれてゐる二人《ふたり》に結婚生活《けつこんせいくわつ》の破綻《はたん》なんか第《だい》一起《おこ》る餘裕《よいう》はない筈《はず》で、これがどうにもならないと云《い》ふ時《とき》は即《すなは》ち一生《しやう》の仕事《しごと》の破綻《はたん》の時《とき》なんだから、今《いま》までの顔《かほ》が好《す》きで戀愛《れんあい》した、金《かね》があるから戀愛《れんあい》したの柄《やから》があきたり幻滅《げんめつ》したりするのとは基底《きてい》から全然《ぜんぜん》ちがつてゐるんだ、と云《い》ひたいネ。

（小城ルネさん退場）

新居さんの母性愛の再検討

新居好 私《わたし》ね、先生《せんせい》、一寸《ちよつと》お話《はなし》がちがふけど、母性愛《ぼせいあい》なんてものおかしいと思《おも》ふのヨ。

岡 フン。

新居好 あれはゴマかし物《もの》だと思《おも》ふわ。

岡 その言葉《ことば》はいゝね。たしかにあれはゴマかし物《もの》だね。母性愛《ぼせいあい》なんてものは第《だい》一精神分析的《せいしんぶんせきてき》にも、ありや性慾《せいよく》のなしくづしさ。ワイニンゲルなんかが、女性《ぢよせい》には母型《はゝがた》と娼婦型《しやうふがた》がある、なんて言《い》つてるけれ、少《すく》なくともそんな事《こと》は云《い》へないね。赤《あか》ん坊《ばう》を可愛《かはい》がつてるお母《かあ》さんなんてのはたしかにさうだよ。

新居好 よくあるわね、子《こ》供《ども》があぶなつかしく縁側《えんがは》かなんか歩《ある》いてゐる、それを見《み》て『危《あぶな》い、あぶない』つてやかましく云《い》ふお母《かあ》さんがあるでせう、あんなのどうかと思《おも》ふわ。もし歩《ある》いて轉《ころ》んだり落《お》ちたりする事《こと》があつたらそれは自然現象《しぜんげんしやう》なんだから、むしろ一邊位落《いつぺんくらゐお》ちさせちやつてもいゝと思《おも》ふの。そしたら本能的《ほんのうてき》にも次《つぎ》から子供《こども》は自分《じぶん》で氣《き》をつける樣《やう》になると思《おも》ふわ――

岡 縁側《えんがは》から落《お》ちるのを見《み》てるのか、ハハハ、えらいお母《かあ》さんがあるもんだナ。

新居好 と云《い》ふと隨分甚《ずゐぶんはなは》だしいみたいだけど、極度《きよくど》の危險《きけん》に行《ゆ》くまでは放《ほ》つておいてこつちで見守《みまも》る程度《ていど》でいゝんぢやないかと思《おも》ふわヨ。母性愛《ぼせいあい》よりも干渉《かんせふ》の範圍《はんゐ》よ、もう。

岡 日本《にほん》のお母《かあ》さんには特《とく》にその傾向《けいかう》が大《おほ》きいネ。家族制度《かぞくせいど》の、弊害《へいがい》かも知《し》れない。お母《かあ》さんばかりにかぎらず家中《うちぢう》がよつてたかつて干渉《かんせふ》のしあひつこだ。しよつちゆうゴチヤゴチヤと顔《かほ》をつきあはしてるからね。ましてや日本《にほん》のお母《かあ》さんつてものは、子供《こども》を育《そだ》てる事《こと》と御飯《ごはん》をこしらへる丈《だけ》が、今《いま》まで仕事《しごと》だつたからね。

新居好 私《わたし》なら放《はふ》つておくわね、泣《な》いたつて少《すこ》し位《ぐらゐ》は泣《な》かせておくわ。

森田 おつかないお母《かあ》さんね、だけど、そんな事《こと》出來《でき》つこないわヨ、もしかしたら誰《だれ》よりもズッとハラ〳〵するお母《かあ》さんになつちやふわヨ。

新居好 大丈夫《だいぢやうぶ》よ、私《わたし》とても神經《しんけい》が太《ふと》いんだから……。

貞操つて何てせうか

記者 もとへ戻《もど》つて。戀愛《れんあい》とか結婚《けつこん》の御《お》話《はなし》になりますと、どうしても婦人《ふじん》の貞操《ていさう》つてものを考《かんが》へなくちやいけないと思《おも》ひますけど。先生《せんせい》、貞操《ていさう》つて一體《たい》なんでせうか？

岡 フフ。

新居好 自分《じぶん》の良心《りやうしん》の問題《もんだい》だと思《おも》ふわ。

岡 良心《りやうしん》つて何《なん》だネ？

新居好 えゝと、ホラ、あれよ、その何《なに》かして後《あと》でわるかつたナとか何《なん》とか、その悔《くや》むこと、あの悔《くや》みをする心《こゝろ》。

岡 第《だい》一、わるかつたナ、とか、よかつ

391　「青春懇談会」　岡邦雄、新居好子、新居みち子、小城ルネ ほか　『婦人画報』昭和11年8月1日

たナ、とかと云《い》ふ標準《へうじゆん》はどこ？

新居好　まあ大體《だいたい》あるぢやありませんか。こんな事《こと》はわるいこと、こんな時《とき》はいけないこと、とか云《い》ふ風《ふう》にさ。小學校《せうがくかう》の修《しう》身《しん》でもならふわヨ。

岡　良《い》い、惡《わる》い、つて事《こと》は、その時《じ》代《だい》の道徳規《だうとくき》範《はん》によるんだ。だから歴史《れきし》的《てき》に見《み》て、良心《りやうしん》の内容《ないよう》は大分《だいぶ》ちがつてるわけだナ。今日《けふ》良心《りやうしん》に恥《は》づべき事《こと》でも明日《みやうにち》になればむしろ堂々《だうく》とやるべき事《こと》になるかも知《し》れない、社會《しやくわい》の狀勢《じやうせい》によつて己《みづか》ら道徳《だうとく》規《き》範《はん》も變化《へんくわ》するわけだから……。その時《じ》代《だい》の社會《しやくわい》の道徳《だうとく》規《き》範《はん》を意《い》識《しき》する氣《き》持《もち》、良《りやう》識《しき》とでも云《い》ふかな……。

マサコ・モリナガ

新居好　良識《りやうしき》ね。

記者　やつぱり貞操《ていさう》つてものは、唯一人《たゞひとり》の相手《あひて》に丈《だけ》許《ゆる》さない事《こと》を云《い》ふんでせうか。

岡　戀愛《れんあい》がはじまり相互《さうご》にユニイク性《せい》を感《かん》じ合《あ》つた以上《いじやう》、結婚《けつこん》と云《い》ふ結合形式《けつがふけいしき》に入《はい》つて何のこだはりもなく許しあふ、それも貞操《ていさう》だし、又《また》相手以外に絶對に許さぬと云《い》ふ事《こと》も貞操《ていさう》なんだ。

記者　さうすると守《まも》るばかりが貞操《ていさう》だと云《い》ふわけには行《ゆ》かないんですね。

中津　今《いま》までは何《なん》でもかでもガンばるのが貞操《ていさう》を守《まも》る、みたいに思《おも》つてゐたわ。

一同　大笑《おほわら》ひ。

結婚したいけどする氣が起らない

岡　話《はなし》が後先《あとさき》になるが、中津《なかつ》さん、失《しつ》禮《れい》だけど御幾《おいく》つです？

中津　あたしあの、もう四年《ねん》もおつとめしてるの、學《がく》校《かう》を出《で》てから……。

新居好　マアよくそれ丈《だけ》つゞいたわネ、私《わたし》なら一年《ねん》もつゞかないわヨ、きつと。飽《あ》きつぽいから。

森田　あら、私《わたし》ならはじめつから迚《とて》も駄《だ》目《め》だわ。

岡　學校《がくかう》つて云《い》つても、小學校《せうがくかう》もあるし女學校《ぢよがくかう》もあるし……。

中津　ホホ、あのネ、私《わたし》、二十二。

岡　新《に》居《ゐ》さんとこのみち子《こ》さんは？

新居みち　十九。

岡　森田《もりた》さんと同《おな》じだネ。皆《みな》まだ、結婚《けつこん》前《まへ》だらうが……。

一同　クスくく。

森田　いやアなの、先生《せんせい》。

岡　結婚《けつこん》の事考《ことかん》がへてゐるかね？

森田　一寸《ちよつと》もそんな事考《ことかん》がへてやしないわおかしくつて。

記者　戀愛《れんあい》も？

森田　アラ、いやだ。

岡　どんな風《ふう》に考《かん》がへてゐるかな？

新居好　私《わたし》は全然《ぜんぜん》ものぐさで、どうしてもそんな事考《ことかん》がへられないの。色《いろ》んなクダくした事《こと》おこると面倒《めんだふ》だから、一その事結婚《ことけつこん》なんかしないの。平和《へいわ》主義者《しゆぎしや》よ。

岡　平和主義《へいわしゆぎ》と結婚《けつこん》しない事《こと》とどう結《むす》びつくかね。

新居好　だつて、結婚《けつこん》するでしよ、さうすると子供《こども》が生《うま》れるでしよ、人口《じんこう》が増《ふ》えると戰爭《せんさう》が起《おこ》るから……フフ……。

岡　ホオ、えらい論法《ろんぱふ》だね、どうかと思《おも》ふね。

一同　大笑《おほわら》ひ。（先生《せんせい》の『どうかと思《おも》ふね』の御言葉《おことば》に）

新居好　だけどね、私《わたし》、お嫁《よめ》に行《ゆ》くのな

ら見合結婚《みあひけつこん》だつてなんだつておしうとさん、小姑《こじうと》さんウジヤ〳〵してゐる所《ところ》へ行《い》つてもみたいわ。

中津　あら、そんな家族《かぞく》の多《おほ》いとこへ行《い》つたら大變《たいへん》だわ、うるさくて、平和主義《へいわしゆぎ》どこぢやアないわョ。

岡　さうだネ、さつきから、ものぐさだからだとか、事《こと》なかれ主義《しゆぎ》だとか云《い》つてるのと一寸矛盾《ちよつとむじゆん》してるぢやないか？

新居好　何《なに》がそばにあつたつて私《わたし》それに左右《さいう》なんかされないから……。

岡　エライ自信《じしん》だナ。はじめつから身《み》を投《な》げてかゝつてる……。

新居好　アラ、自信《じしん》なんかないわ。だけどね先生《せんせい》、一面《めん》から云《い》へば、家族制度《かぞくせいど》つて云《い》ふ垣《かき》は又結婚當事者《またけつこんたうじしや》をガッキと圍《かこ》んでくづれさせない様《やう》にするもんぢやなくて、今《いま》までの女《をんな》の人《ひと》が、いえ、結婚《けつこん》が、相互《さうご》のユニイク性《せい》をみとめてゐないにもかゝはらず形態的《けいたいてき》に離反《りはん》が少《すく》なかつたのはこのおかげぢやないの？

岡　そりや確《たし》かにさう云《い》ふ事實《じじつ》は今《いま》まで續《つゞ》いて來《き》たと云《い》へるね。だからこそそれから目覺《めざ》めなくつちや。第《だい》一、ウカ〳〵と垣《かき》の中《なか》へ連《つ》れこまれたり、出《で》たいのにいつまでたつてもとじこめられたりしてるのは全《まつた》くどうかと思《おも》ふね、どころの笑《わら》ひ事《ごと》ぢやない。皆女《みなをんな》の人《ひと》が好《よし》さん位《くらゐ》にエライ人《ひと》なら問題《もんだい》はないが。

新居好　私《わたし》はどこへおかれても私《わたし》よ。

岡　今《いま》、お家《うち》で主《おも》に何をしてるの？

新居好　それを云《い》はれると首《くび》がすつこんぢやふのよ。色《いろ》んなもの習《なら》つてるの。でも片《かた》ッ端《ぱし》からあきちやふの。困《こま》るわ、これこそはと思《おも》つてやり出《だ》すんだけど、ネエ（と、みち子《こ》さんを見《み》る）

新居みち　フフ……。

新居好　結婚《けつこん》してもかうあきつぽかつたら困《こま》るわね。

岡　オヤ、先刻《さつき》は確固不抜《かくこふばつ》みたいな事《こと》云《い》つてゝ、今度《こんど》はいやに悲觀的《ひくわんてき》にグラついて來《き》たネ。

新居好　私《わたし》の云《い》ふこと、一寸變《ちよつとへん》でせう、フフフ……。家《うち》でも云《い》はれてるわ。變《へん》だ變《へん》だ、つて。時々《ときどき》に思《おも》つた事《こと》をパッパ云《い》つちやうもんで。外《ほか》の人《ひと》には隨分矛盾《ずゐぶんむじゆん》してるみたいに聞《きこ》えると思《おも》ふわ。

岡　いや、いゝよ、わかる。

中津　結婚《けつこん》までの間《あひだ》に、女學校出《ぢよがくかうで》てから色《いろ》んなもの習《なら》ふ人《ひと》あるでしよ、趣味《しゆみ》つて云《い》ふよりいはゆる、お稽古《けいこ》つてもの、お花《はな》、お茶《ちや》、お琴《こと》、ピアノ……なんてもの。あんなのどうなのかしら？　バカ〳〵しいと思《おも》ふけど。

森田　ほんとネ、だけどあんな事《こと》でもしてなきや退屈《たいくつ》で困《こま》るんぢやないかな。あゝ云《い》ふ人《ひと》たちつて、お嫁《よめ》に行《ゆ》く事《こと》ばかし考《かんが》へたり話《はな》したりしてんぢやない。

岡　痛烈《つうれつ》だナ。

森田　そんな事《こと》ばつかり考《かんが》へてんのに、中々《なか〳〵》もらひ手《て》がないもんで、しまひにヒステリーになつちやつて。

一同　ホホ、、、。

記者　看板丈《かんばんだけ》あげてたゞジッと待《ま》つてるナンテ、氣《き》の毒《どく》みたいネ。待《ま》つてる丈《だけ》ぢや誰《たれ》も來《き》やしないのに。

新居好　全《まつた》く、だけど、中々《なか〳〵》いゝ相手《あひて》つてものは見《み》つかんないもんね、きつと、近《ちか》づき易《やす》いものにロクなものはないし、此方《こつち》が近《ちか》づきたい人《ひと》は中々遠《なか〳〵とほ》くて近《ちか》づけないし……。

岡　ヤア、本音《ほんね》を吐《は》いたォ。ぢや、結婚《けつこん》しないで平和主義《へいわしゆぎ》だナンテ、ありや方便《はうべん》だナ、まだ脈《みやく》ありだナ、ひそかに高《たか》きものを狙《ねら》つてると云《い》ふわけ……。

新居好　いやだワ、先生《せんせい》。――エ、、さう、さうですョ。――だけど先生《せんせい》、日本《にほん》の女《をんな》は損《そん》ネ、いくら外《そと》へ出《で》て接觸面《せつしよくめん》を廣《ひろ》くして多《おほ》くの男《をとこ》とつきあつてその中《なか》からいゝものをえらべつて云《い》つたつて、つきあふ範圍《はんゐ》が限《かぎ》られてるんですものォ、どしたつて視野《しや》がせまい事《こと》よ。自分《じぶん》の思《おも》ふ通《とほ》りやつたら、何《なん》て云《い》はれるかわかんないわ。

岡　だからさ、その接觸面《せつしよくめん》つて云《い》ふのは下《くだ》らない社交的《しやかうてき》な方面《はうめん》の接觸面《せつしよくめん》つて意味《いみ》ぢやないんだよ。そんな方《はう》はいくら廣《ひろ》く

393　「青春懇談会」　岡邦雄、新居好子、新居みち子、小城ルネ　ほか　『婦人画報』昭和11年8月1日

つたつて何《なん》にもならない。

新居好　さうね、私《わたし》なんか家《うち》にすつこんでても結構何《けつこうなん》でもわかつてよ。フフ、、威《い》ばつたでショ。

將來ある社會へ向つて

中津　先刻《せんこく》おきゝしようと思《おも》つたんだけど、先生《せんせい》、同《おな》じ樣《やう》な仕事《しごと》つて云《い》つても、仕事《しごと》によつては同《おな》じものを持《も》てない事《こと》もあるでせう？

岡　それは僕《ぼく》も云《い》はうと思《おも》つて誰《だれ》も別《べつ》に何《な》にもきかなかつたんで言《い》ひ忘《わす》れた。こないだも笑《わら》つたんだが、帝大《ていだい》の法科《はふくわ》の人《ひと》たちと話《はな》したんだがね『僕《ぼく》たちは裁判官《さいばんくわん》になる、官吏《くわんり》になる、妻《つま》も裁判官《さいばんくわん》、官吏《くわんり》になる……つて事《こと》は一寸《ちよつと》求《もと》められませんね』と云《い》ふんだネ。これは一例《れい》だが、もし、かう云《い》ふ夫《をつと》を持《も》つたら奥《おく》さんたるものはたゞ家《うち》に居《ゐ》て、夕方《ゆふかた》お風呂《ふろ》に入《はい》つてお化粧《けしやう》して女中《ぢよちう》と一緒《しよ》に御飯《ごはん》をこさへて待《ま》つてゐる丈《だけ》ぢやいけない、何《なに》か自分《じぶん》も習《なら》ふか何《なに》かするんだ、決《けつ》して何《なに》も職業《しよくげふ》をもつ必要《ひつえう》はないがね。旦那樣《だんなさま》がフランス語《ご》に關係《くわんけい》した何《なに》かの仕事《しごと》をしてゐたら自分《じぶん》もフランス語《ご》を習《なら》ふとか、たとへ刺繍《ししう》でも洋裁《やうさい》でもいゝ、それを通《とほ》して夫《をつと》と提携《ていけい》できるものを、又《また》できる樣《やう》な方法《はうはふ》でやることだ。それが社會的《しやくわいてき》な意義《いぎ》をもてれば猶《なほ》一層《そう》いゝ。

新居好　たゞ、ボッと習《なら》つてたり、ボッと無意識《むいしき》につとめたり、してるのが、一等《とう》いけないのね。

岡　さう、將來《のぞみ》のない仕事《しごと》、將來性《しやうらいせい》のない人間《にんげん》なんてものはゼロさ。將來《のぞみ》のない社會《しやくわい》なんてものが駄目《だめ》なのと同《おな》じにネ。

新居好　オヤ〳〵、ぢや私《わたし》みたいに何《なに》をやつてみてもつゞかないのはどうなんでせう。

岡　まだ、ユニイク性《せい》をもつたものにぶつからんのだらう、マア、とつくりと見《み》きはめたまへ。

新居好　いつになつたら見《み》つかるかな、一生こんならしいわ。

岡　ユニイク性《せい》つてのは外部《ぐわいぶ》の社會狀態《しやくわいじやうたい》の流《なが》れと共《とも》に常《つね》に變化《へんくわ》し移動《いどう》するもんだからね。好子《よしこ》さんの言葉《ことば》も又眞《またしん》なり、だ。

記者　どうも色々《いろ〳〵》ありがたう存《ぞん》じました、ぢや、こゝいらでおひらきにいたします。どうぞ御《ご》ユックリ御飯《ごはん》を召《め》しあがつて。

岡　こゝの料理《れうり》は中々《なか〳〵》美味《うま》いね、それに大變御馳走《たいへんごちそう》で……。

森田　先生《せんせい》、よく召食《めしあが》るわネ、アラ、又《また》私《わたし》のキユウリたべるの……。

（文責—南美子）

夕涼放談會

出席者御紹介

田邊孝次先生
上野美術學校教授。お茶の水時代の女高師の先生もつとめた方、當世座談の大家で、サウトウなフエミニスト。

林芙美子女史
今更御紹介にも及ばない今をさかりの女流作家、隠し藝はどじよう掬ひ。

佐藤美子女史
最も身の高き聲樂家、佐藤敬氏新夫人で、先月號の本誌にも見えたやうに目下ホヤ〳〵の新婚氣分にひたりきつていらつしやいます。

藤川榮子女史
故帝展會員藤川勇造氏夫人、御自身も一流の閨秀畫家で、最近は一層おきれいだと評判の高い輝かしき未亡人です。

武藤叟先生
人生のふり出しが禪寺の小僧さん、若い頃からパリー通ひ、しる人には知られたローマンスの持主で、今は巴里會の幹事さん。今夜の司會者。

場所
あけひろげた障子ごしに、下町好みの浴衣を干した物干臺など見える、濱町の醍醐。

田邊 い丶氣分《きぶん》だな。あの物干臺《ものほしだい》のむかふに大川端《おほかはばた》にふさはしい上弦《じやうげん》の月《つき》でもかゝるとなほい丶のだが――。

武藤 今日《けふ》は僕《ぼく》が進行係《しんかうがゝり》で、皆《みな》さんの口《くち》八丁《ちやう》ぶりを發揮《はつき》していたゞくことになつてゐますから、せい〴〵しやべつて下《くだ》さい。

藤川 口《くち》八丁《ちやう》といへば、長谷川《はせがは》(春子《はるこ》)さん見《み》えないわね。

武藤 やむを得《え》ない用事《ようじ》で出《で》られないと、大變殘念《たいへんざんねん》がつた葉書《はがき》が來《き》てゐました、しやべるといへばあれほど達者《たつしや》な人《ひと》も珍《めづら》しいな。

藤川 毎朝《まいあさ》チーズを食《た》べて、牛乳《ぎうにう》をのんで、レモンジュースを半分平《はんぶんたひら》げて、人參《にんじん》をのんで……さうしてその精力《せいりよく》を何《なに》に使《つか》ふかといふと、みんな口《くち》から泡《あは》にしてとばしてしまふんだから恐《おそろ》しいわ。

武藤 あの人《ひと》がパリーで或《あ》るジュルナリストに酒《さけ》を飲《の》まされた、それほどきつい酒《さけ》とは思《おも》はないから例《れい》の調子《てうし》でグイ〳〵飲《の》んだところが、それがきつい〳〵やつだつたんですね。こゝでまゐつては一生《しやう》のなをれ、とばかり力《りき》んで見《み》ても、クタ〳〵とくづをれてしまひさうに醉《よ》つぱらつた。でもまあ、何《なん》とか醉態《すゐたい》をさらさずにどうやらさめ心地になるところまでこぎつけたが、さあ、しやくにさはる。この野郎酒《やらうざけ》で來《く》るなら、こつちは舌《した》で行《い》つてやらう、といふわけで、しやべるわ〳〵立《た》てつゞけに何時間《なんじかん》とやらしやべりつゞけて、相手《あひて》をすつかり降參《かうさん》させた、といふ話《はなし》がありますからね。

田邊 しやべるのも一種《しゆ》のものゝはけ口《くち》だからな。獨身《どくしん》の藝術家《げいじゆつか》には色々《いろ〳〵》の妙《みやう》な癖《くせ》があるもんだ。

佐藤　久野《くの》（久子《ひさこ》）さんなんかも結婚《けつこん》をあせつていらしたといふ噂《うはさ》がありますね。

田邊　料理屋《れうりや》や待合《まちあひ》にそれとなく嫁入口《よめいりぐち》がたのんであつたとか、ベルリンで男《をとこ》を追《お》ひまはして、日本《にほん》から持《も》つて來《き》たキモノの裾《すそ》まはしがみんな切《き》れてしまつたが、追《お》かけられる方《はう》は、何《なん》といふこともなく、摑《つか》まつては大變《たいへん》だといふので皆《みな》逃《に》げまはつた、などといふ話《はなし》があるね。

藤川　まあ、何故《なぜ》でせう、足《あし》こそびつこでも隨分《ずゐぶん》きれいな人《ひと》だつたのに……。

田邊　天才肌《てんさいはだ》の人《ひと》によくある性癖《せいへき》だなあの人《ひと》は音樂《おんがく》は餘興《よきよう》ぢやない、とはつきり云《い》ひ出《だ》した人《ひと》でプログラムの餘興《よきよう》の部《ぶ》に入《い》れられたりすると恐《おそろ》しく憤慨《ふんがい》したといふがそれだけに非常《ひじやう》に強《つよ》い燃《も》えるやうな心《こゝろ》を持《も》つてゐた人《ひと》だね。

しやべるのも一種のもののはけ口だからな

田邊孝次先生

藤川　結婚《けつこん》してゐたら、あんなこと（自《じ》殺事件《さつじけん》）もなかつたでせうにねえ。

田邊　いや、あの人《ひと》は結婚《けつこん》したら、あれほど情熱《じやうねつ》を捧《さゝ》げてゐた音樂《おんがく》をめちや／＼にして、一層《そう》惱《なや》むことになつたかも知《し》れない。

佐藤　だつて……。

田邊　あれだけの情熱《じやうねつ》できつと男《をとこ》にひかされてしまふにきまつてるからな。

佐藤　ぢや、藝術《げいじゆつ》と戀《こひ》とは兩立《りやうりつ》しないわけ？

藤川　そんな筈《はず》はないわねえ。

田邊　大體《だいたい》に於《お》てさう云《い》へるね、藤川《ふぢかは》さん、あなたの繪《ゑ》がまづくなつたら戀《こひ》をはじめたと思《おも》ひますよ。

藤川　そんな……ひどい。私《わたし》にはさうは思《おも》へないわ。

武藤　戀《こひ》が糧《かて》になる場《ば》合《あひ》と、戀《こひ》が一切《さい》で、外《ほか》のものが犧牲《ぎせい》にされる場合《ばあひ》とがありませうね。

田邊　さういふことはいへる。例《たと》へば宇野千代《うのちよ》さんなんか、東郷靑兒《とうがうせいじ》との戀愛《れんあい》を噛《か》んで飲《の》んで消化《せうくわ》して、自分《じぶん》の肥料《こやし》にしてしまつてゐる。だが、あれは例外《れいぐわい》のうちで、大體《だいたい》は、女性《ぢよせい》は只一人《たゞひとり》の人《ひと》をおもふものだ。口《くち》ぢやいろ／＼云《い》ふが、一人《ひとり》の男《をとこ》に何《なに》もかも吸《す》ひとられるやうに傾倒《けいたう》してしまふものだ。

藤川　それはさうね。インテリの女《をんな》つて戀《こひ》を戀《こひ》してゐるだけだわ。もし本當《ほんたう》にそれらしきものにぶつつかつたら——

田邊　トタンにいやらしくなるだらう？

藤川　さう、それに違《ちが》ひないわ。

田邊　そこが人生《じんせい》の面白《おもしろ》みだ。戀《こひ》をしさうでしない時《とき》、それから完成《くわんせい》されない戀《こひ》——さういつた狀態《じやうたい》が一番美《ばんうつく》しいともいへるんだ。藝術《げいじゆつ》なんて所詮物《しよせんもの》のあはれだからね。

武藤　田邊《たなべ》さんは愛妻家《あいさいか》でね、どんな樂《たの》しさうな風景《ふうけい》が展開《てんかい》してゐても、十一時《じ》が來《く》るとサツとお引上《ひきあ》げになる——

田邊　そりやさうだよ、三人《にん》の子《こ》の母《はゝ》にしておいて、その成育《せいいく》を一手《て》に引受《ひきう》けて家《うち》を守《まも》つてゐる女房《にようばう》を不安《ふあん》がらせるやうぢや君《きみ》、男《をとこ》の顏《かほ》にかゝるぢやないか。

藤川　こりやたまらん……。

田邊　だからだね、僕《ぼく》はよく家内《かない》に云《い》つてきかせるんだが、日本《にほん》の女《をんな》はとかく男

林芙美子さん

大いに飲みませう

が威張《ゐば》つてゐることを批難《ひなん》するが、西洋《せいやう》の女《をんな》が外《そと》であんなに男《をとこ》にツン〳〵出來《でき》るのは何故《なぜ》だと思《おも》ふか、一歩部屋《ほへや》に入《はひ》り、ドアに鍵《かぎ》をピーンとかけたあとの濃厚《のうかう》なサービスは、ま、日本《にほん》の女《をんな》には想像《さうざう》も及《およ》ばん、そのインドアの秘義《ひぎ》も知《し》らずに男《をとこ》を責《せ》めるのはちと虫《むし》がよすぎやせんか、とね。西洋《せいやう》の男《をとこ》は、ゆうべの女《をんな》の待遇《たいぐう》を思《おも》へば、その有難《ありがた》さにせめて車《くるま》にはさきにのせ、靴《くつ》の紐《ひも》でも結《むす》んでやらう、といふ心持《こゝろもち》にもなるわけだ。

佐藤 先生《せんせい》、そのインドアの秘義おしへて頂戴《ちやう》。

田邊 敎《をし》へてもいゝが……速記《そつき》をよせば話《はな》してもいゝな。

武藤 何《なに》しろ、そのみちでは山田耕筰氏《やまだかうさくし》と並《なら》び稱《しよう》される大家《たいか》だから……

速記《そつき》中止《ちうし》……
約《やく》三十分《ぶん》

田邊 ……といふやうなわけで……

佐藤 支那人《しなじん》でも古《ふる》い型《かた》の人《ひと》たちの中《うち》には、西洋人《せいやうじん》も及《およ》ばない油《あぶら》のやうにねばつこい狀景《じやうけい》があるらしいですね。

田邊 とにかく日《に》本《ほん》では昔《むかし》から『女《をんな》わらべの知《し》ることならず、控《ひか》へおらう』といつた氣風《きふう》があつて道德的《だうとくてき》に閨房秘義《けいばうひぎ》を蔑視《べつし》した、その爲《ため》に支那《しな》や西洋《せいやう》に較《くら》べて徹底《てつてい》しないうらみがあるね。

林 あなた、モデルを雇《やと》つたつて、どんなの。

藤川 いやね、女《をんな》の子《こ》よ。

田邊 何故男《なぜをとこ》を雇《やと》はないのです。

藤川 やはり恐《こは》いのよ。

林 春子女史《はるこぢよし》みたいに大《おほ》きな鼻《はな》と、背嚢《はいなう》のやうな肩《かた》を持《も》つた男《をとこ》を雇《やと》へばいゝのに……

田邊 春子《はるこ》女史《ぢよし》はあんな繪《ゑ》ばかり書《か》くね、あれは繪ではなくて詩《し》だ。

藤川 あれが彼女《かのぢよ》の理想《りさう》の男《をとこ》よ。

武藤 そしていふには、『老婦人《らうふじん》たちも同《おな》じね。あんな油《あぶら》ぎつた勇壯《ゆうさう》な男《をとこ》を見《み》せると、はあアッと心《こゝろ》をとろかすのよ』だつて……

田邊 女《をんな》はもつと大膽《だいたん》に男《をとこ》を撰《えら》ぶべきだな、どんな條件《でうけん》でもいゝ、個性《こせい》をもつて……例《たと》へばカラーは十七吋《インチ》半以上《はんいじやう》、胸《むね》のガッシリした……

藤川 あらいやだ、御自《ごじ》分《ぶん》のことぢやないの。

武藤 確《たし》かに女《をんな》が男《をとこ》をえらぶ眼《め》も變《かは》つて來《き》たが、女《をんな》の美《うつく》しさも、大分《だいぶ》違《ちが》つて來《き》たやうですね。顏《かほ》から姿《すがた》の美《び》の焦點《せうてん》がうつつて來《き》た。それから皮膚《ひふ》の美《うつく》しさよりも內容《ないよう》の美《うつく》しさが目《め》について來《き》た。紅《べに》を塗《ぬ》るより、書物《しよもつ》をよめ、といふ方《はう》で……もつとも之《これ》は年齢《とし》にもよることで、若《わか》い人《ひと》にはわからんと思《おも》ふが――

田邊 歌麿《うたまろ》はいかんかね。

武藤 あれはあれでいゝのですが、今《いま》いふのは新《あたら》しい女性美《ぢよせいび》で……

田邊 もう一度《ど》あれを見《み》なほしてもいゝぢやないか……

林 古《ふる》い支那《しな》の女《をんな》のよさも、やはり歌麿《うたまろ》風《ふう》の美人《びじん》と相通《あひつう》ずるものがあるんですね。

田邊 君《きみ》の國《くに》ぢやないか、あの、それ、『歩《あゆ》む姿《すがた》が柳腰《やなぎごし》』といふ歌《うた》があるのは。

武藤 いや、どうも、さういはれるとそつちがよくなりさうで……。併《しか》し銀座《ぎんざ》を歩《ある》くお孃《ぢやう》さん達《たち》にのぞましい美《うつく》しさは、上半身《じやうはんしん》の硬直《かうちよく》した、いはゞ上半身《じやうはんしん》に定規《ぢやうぎ》を入《い》れたやうな美《うつく》しさですね。

藤川 歩《ある》き方《かた》にも注文《ちうもん》が多《おほ》いんでせう。

武藤 勿論《もちろん》、裾《すそ》さばきは大膽《だいたん》で、鮮《あざ》やかでなくては……。

田邊 上半身《じやうはんしん》の動作《どうさ》の多《おほ》いのは、幾分《いくぶん》そ

397　「夕涼放談会」 田辺孝次、林芙美子、佐藤美子、藤川栄子、武藤叟 『婦人画報』 昭和11年8月1日

の人《ひと》を卑屈《ひくつ》に見《み》せるね。

佐藤　さういへば確《たし》かにさうね。

藤川　腰《こし》がひぐいのもよしあしね。

武藤　それからビチ〱してゐても、心《こゝろ》掛《が》けとしてはスローモーションであること。

林　どういふことなの。

田邊　武藤君《むとうくん》は品格《ひんかく》を強調《きやうてう》しすぎてゐるよ、角砂糖《かくざたう》はさみ、みたやうな女《をんな》だね、そんな女《をんな》は……。

武藤　いや、僕《ぼく》だつて女《をんな》がたゞ愛感《あいかん》の放《はう》散器《さんき》である場合《ばあひ》は、そりや歌麿《うたまろ》を推賞《すゐしやう》しますよ、しかし、男《をとこ》と相對的《さうたいてき》な美《うつく》しさを求《もと》める場合《ばあひ》は、今《いま》いつたやうなのを固持《こじ》しますね。

田邊　大體《だいたい》女《をんな》には顔《かほ》が二つあるんだよ、一つは顔《かほ》、も一つはお尻《しり》だね。あのお尻《しり》の表情《へうじやう》といふものが、近代女性美《きんだいぢよせいび》のすぐれた特徴《とくちよう》だよ。

武藤　も一つの顔《かほ》にもやつぱり眉《まゆ》を引《ひ》いたりするんですか。

藤川　茶々《ちやく》を入《い》れちや駄目《だめ》よ。

田邊　そこだよ。コルセットなどは、さしづめも一《ひと》つの顔《かほ》の化粧料《けしやうれう》だね。コルセットは大《おほ》きいものをしめつけて、小《ちひ》さく見《み》せる道具《だうぐ》だと思《おも》つとる人《ひと》もあるが、あれはかうなんだ。コルセットはだね、小《ちひ》さいスルメ的存在《てきそんざい》をして、人間《にんげん》らしい女《ちよ》性的存在《せいてきそんざい》にする唯《ゆゐ》一の道具《だうぐ》なんだ。第《だい》一お尻《しり》をも少《すこ》し上《うへ》の方《はう》におかなくては、近《きん》代女性美《だいぢよせいび》もないよ。

藤川　そんなこと出來《でき》ないぢやありませんか。

田邊　出來《でき》るさあ君《きみ》、それをコルセットで作《つく》るのさ、も一《ひと》つお尻《しり》を作《つく》つて、本當《ほんたう》のお尻《しり》の上《うへ》にくつつけるんだ。

藤川　へーえ、あきれたもんね。

佐藤　フランスの女《をんな》の子《こ》、内緒《ないしよ》でそれをよくやつてるのよ。

田邊　只今《たゞいま》作《つく》りましたるお尻《しり》は、鯨《くじら》

藤川榮子さん

資生堂で
待つてるのよ

佐藤美子さん

の骨《ほね》と、馬《うま》の毛《け》でございますといふわけさ。

林 先生《せんせいなん》何でもよく御存《ごぞん》じね。

田邊 それを、何《なん》のことはない、諸君《しよくん》が日本服《にほんふく》の時《とき》に帶《おび》を背負《せお》ふやうにして腰《こし》にくつつける……その上《うへ》にスリップを着《き》て見給《みたま》へ、忽《たちま》ち上半身《じやうはんしん》が縮《ちぢ》まつて、腰《こし》から下《した》の線《せん》が美《うつく》しくなるといふわけですね。

武藤 實際《じつさい》、體格《たいかく》の整《とゝの》はない日本人《にほんじん》が、コルセットなしに洋裝《やうさう》するなんて冒險《ばうけん》だね。

藤川 でもこの間藤田《あひだふぢた》（嗣治《つぐぢ》）畫伯《ぐわはく》が云《い》つてゐたわ、『日本《にほん》の男《をとこ》は洋服《やうふく》を着《き》はじめて五十年《ねん》になるが、未《いま》だかつて振《ふ》りかへるやうな着《き》こなしのうまい男《をとこ》に出《で》くはさない。だのに、日本《にほん》の女《をんな》は五年《ねん》そこそこで、時々《ときどき》ハッと思《おも》ふやうないゝのに遇《あ》ふことがある』つて……

武藤 それは確《たし》かにさう云《い》へますね。だがこんなことも考《かんが》へられる、さつき田邊《たなべ》さんが歌麿《うたまろ》の再認識《さいにんしき》といはれたが、例《たと》へばあの、宮川曼魚《みやがはまんぎよ》さんの娘《むすめ》さんのやうな、黄八丈趣味《きはちやうしゆみ》が、今日《こんにち》の銀座《ぎんざ》を歩《ある》くと、トレザラモードの洋裝《やうさう》より、更《さら》にウルトラモダンに感《かん》じられるですが……

佐藤 それは着物《きもの》の線《せん》が出《で》るやうな歩《ある》き方《かた》？ それとも、脚《あし》の線《せん》が露《あら》はれるやうな歩《ある》き方《かた》？

武藤 ？

佐藤 その娘《むすめ》さんには藝者《げいしや》のやうな歩《ある》き方《かた》がいゝかしら、それとも現代風《げんだいふう》の歩《ある》き方《かた》がいゝかしら。

武藤 さうですね。藝者《げいしや》になつてしまつては別段新《べつだんあたら》しみがなくなるし、かと云《い》つて、あまり裾《すそ》さばきの新《あたら》しすぎるのも困《こま》るし……

田邊 歩《ある》き方《かた》を重要視《ちようえうし》しないのは、確《たし》かに日本人《にほんじん》の缺點《けつてん》だね。

武藤 後《うしろ》からだけでなく、前《まへ》に廻《まは》つて見《み》て幻滅《げんめつ》を感《かん》じない娘《むすめ》さん……

田邊 いゝねえ。

武藤 僕《ぼく》たちは、この頃洋裝《ごろやうさう》の、よさよりも、アンサンブルされた和服《わふく》の方《はう》に、より以上新鮮味《いじやうしんせんみ》を感《かん》じますね。

田邊 それは何《なん》と云《い》つても、和服《わふく》の方《はう》がエロだからな、帶《おび》の上《うへ》にもり上《あが》つた乳《ちゝ》の線《せん》や、えりあしの美《うつく》しさといふものはどうも……

林 コクトーもそれをしきりに云《い》つてゐましたね。

田邊 これは男女共通《だんぢよきようつう》だが、脚《あし》もとの美《うつく》しいことが第《だい》一だね、女《をんな》の足袋《たび》は頭《あたま》のお化粧《けしやう》よりもものを云《い》ふ……

武藤 素《そ》にして潔《けつ》ですね、いゝのは『野《や》性《せい》』も一《ひと》つの近代美《きんだいび》でせうね。『智的化《ちてきくわ》された野性《やせい》』とでも云《い》ふやうな……

田邊 しかし家庭《かてい》を考《かんが》へると、女《をんな》の美《うつく》しさはやはりしとやかさに終始《しうし》するね。

林 古《ふる》いネバ〳〵した道徳《だうとく》を洗《あら》ひ流《なが》して來《き》た女《をんな》……

武藤 燃《も》える心《こゝろ》をやはらかに包《つゝ》んでゐる女《をんな》、四十位《くらゐ》になつて、靜《しづ》かに光《ひか》りはじめて來《く》る女《をんな》……

藤川 むづかしくなつて來《き》たわね。

399　「夕涼放談会」　田辺孝次、林芙美子、佐藤美子、藤川栄子、武藤叟　『婦人画報』
昭和11年8月1日

田邊　林《はやし》さん、少《すこ》し飲《の》まうぢやありませんか。

林　大《おほ》いに飲《の》みませう。

この時《とき》、榮螺《さざえ》の鹽釜燒《しほがまやき》が運《はこ》び込《こ》まれる。直徑《ちよくけい》一尺位《しやくぐらゐ》の皿《さら》の中《なか》で、鹽《しほ》が青《あを》い焔《ほのふ》をあげて燃《も》え、その中《なか》で榮螺《さざえ》がジユウ〳〵音《おと》をたてゝゐる。

藤川　あれッ、狐《きつね》の嫁入《よめい》り見《み》たいね。

佐藤　電燈《でんとう》を消《け》して運《はこ》んで來《く》ると面白《おもしろ》いのに……

武藤　巴里《パリー》ではアイスクリームを運《はこ》ぶ時《とき》に、よく電燈《でんとう》を消《け》しますね。巴里《パリー》といへばこの頃《ごろ》の巴里《パリー》ではもつと面白《おもしろ》い料理《れうり》が出《で》るさうだ。テーブルの上《うへ》に飾《かざ》られてゐた鳥《とり》の煮物《にもの》が、宴《えん》もたけなはになつて、いざ刀をあてようといふ頃《ころ》になると、むつくり起《お》き上《あが》つて、ココココッと歩《ある》き出《だ》すといふやつで、これは、最初《さいしよ》から時間《じかん》を計《はか》つて假睡劑《かすゐざい》を注射《ちうしや》した鳥《とり》にうまさうなソースなどかけておいとくんださうだが……どう女學校《ぢよがくかう》の同窓會《どうそうくわい》なんかで受《う》けはしませんかね。

佐藤　この間《あひだ》教育者《けういくしや》の座談會《ざだんくわい》で、子供《こども》に裸體畫《らたいぐわ》を見《み》せることの善惡《ぜんあく》が問題《もんだい》になつてゐたやうですが……

藤川　とかく、物事《ものごと》をきれい事《ごと》に、かくすことを第《だい》一義《ぎ》と考《かんが》へてる人《ひと》が多《おほ》いのね。

おのろけきいてあげますよ

武藤叟氏

田邊　しかし、かくすから、ショックもあるわけだ。

武藤　ヘブライズムが、ヘレニズムを修正《しうせい》しなければならなかつた理由《りいう》がそこにあるんだね。

藤川　それはさうね。

田邊　ギリシヤ時《じ》代《だい》はあまり裸形《らぎやう》に接《せつ》しすぎた爲《ため》に、裸形《らぎやう》に對《たい》するショックが充分《じうぶん》でなくなつたんだね。そこでローマでは、單《たん》に女《をんな》の裸形《らぎやう》だけでは必要《ひつえう》な××もしなくなつて、犬《いぬ》のやうに嗅《か》ぎ合《あ》つたり、男色《だんしよく》などが流行《りうかう》するやうになつた。そして遂《つひ》には強制的《きやうせいてき》に結婚《けつこん》させばねならない狀態《じやうたい》になつたんだだからその後《ご》文化《ぶんくわ》が進《すゝ》むにつれ、肉體《にくたい》の露出部分《ろしゆつぶぶん》を少《すく》くして行《い》つたのは、裸形《らぎやう》そのものに對《たい》して、充分《じうぶん》に發情《はつじやう》するやうに習慣《しふくわん》づける爲《ため》だつたとも云《い》へるわけだね。

武藤　さうすると裸形《らぎやう》を見慣《みな》れることはよしあしだといへるな。

田邊　ローマ時代《じだい》は、だから肉體美《にくたいび》が絶頂《ぜつちやう》だつた代《かは》りに、思想的《しさうてき》には變態《へんたい》だつた。

武藤　丁度女房《ちやうどにようぼう》の刺戟《しげき》がなくなると同《おな》じわけですね。

藤川　これ、獨身者《どくしんしや》何《なに》をいふ！

武藤　いや、僕《ぼく》だつてその位《くらゐ》のことは解《わか》るさ、男《をとこ》には放浪性《はうらうせい》があるんだ、その放浪性《はうらうせい》なしには男《をとこ》といふものが完成《くわんせい》しない。女《をんな》が男《をとこ》にひかされるのは、ともすれば浮《う》かれ出《で》さうな、男《をとこ》の放浪性《はうらうせい》に魅力《みりよく》があるのですよ。

佐藤　男《をとこ》つて勝手《かつて》ね。

田邊　それは男《をとこ》の勝手《かつて》とばかりはいへないね。何故《なぜ》なら、純血《じゆんけつ》の馬《うま》に駄馬《だば》をかけると、たつた一度《ど》でその馬《うま》は駄馬《だば》になるといふからね。女《をんな》といふものはその組織《そしき》が純潔《じゆんけつ》に出來《でき》て居《ゐ》るし、男《をとこ》の方《はう》は、どんな條件《コンデイシヨン》に於《おい》ても、その本質《ほんしつ》を變化《へんくわ》されないやうになつてゐる。

武藤　女房《にようぼう》は定食《ていしよく》で、時々《ときどき》はア・ラ・カルトが欲《ほ》しくなるといふ……

林　武藤《むとう》さん、そんなことがわかりますか？

武藤　女房《にようぼう》のは眠《ねむ》り藥《ぐすり》だ、といふぢやあ

「夕涼放談会」 田辺孝次、林芙美子、佐藤美子、藤川栄子、武藤叟 『婦人画報』 400
昭和11年8月1日

りませんか、なれることがいけないんですよ。

田邊　西洋《せいやう》の社交《しやかう》にダンスがつきものなのは、つまりその『定食《ていしよく》』に對《たい》して、新《あたら》しい刺戟《しげき》を感《かん》じよう、といふこともあるね。他《た》の男《をとこ》の胸《むね》に抱《いだ》かれた妻《つま》の姿《すがた》には、きつと何《なに》かしら新《あたら》しいショックを受《う》けるだらうからね。

林　それも慣《な》れつこになつちや駄目《だめ》でせう。（笑聲）

佐藤　林《はやし》さん、この、このわたあげませうか。

林　えゝ／＼頂《いただ》きます。私《わたし》はこれが好《す》きでね。鼻血《はなぢ》が出《で》る位《くらゐ》たべなくては承知《しようち》が出來《でき》ないのよ。

佐藤　この隣《となり》にあるの御存《ごぞん》じ？　これ、次郎長漬《じろちやうづけ》つていふの、大根《だいこん》を山葵漬《わさびづけ》にしたのよ。

藤川　佐藤《さとう》さんなか／＼通《つう》ね。

林　それ／＼、この次郎長漬《じろちやうづけ》！　私《わたし》はこれに恨《うら》みがあるのよ。本當《ほんたう》に口惜《くや》しいつたらないんですよ。こないだ子供《こども》を連《つ》れた女《をんな》の人《ひと》がやつて來《き》た、そして『お忘《わす》れでございますか、これ／＼かういふわけで……』といふのをきくと、八年前《ねんまへ》甲州《かふしう》に講演《かうえん》に行《い》つた時《とき》に會《あ》つたことのある清《きよ》香《か》といふ藝者《げいしや》なの、男《をとこ》に捨《す》てられかゝつてゐるから……と上手《じやうず》に口說《くど》かれて私《わたし》すつかり同情《どうじやう》してしまつたのよ。一晩《ひとばん》泊《と》めて翌《あく》る朝《あさ》、その男《をとこ》にかけ合《あ》つてやらう、といふと、それには及《およ》ばない、といふ、結局《けつきよく》用件《ようけん》は五百圓《えん》の金《かね》を貸《か》してくれ、といふわけだつたのよ。すつたもんだの擧句《あげく》、とう／＼三十圓《えん》やつて歸《かへ》つて貰《もら》つたんだけど、その時《とき》のお土產物《みやげもの》が次郎長漬《じろちやうづけ》一折《ひとをり》、見《み》るだけでも恨《うら》めしいわよ。

田邊　なるほど、こりやいゝことをきいた。これからその手《て》で行《ゆ》くかな。（笑聲《せうせい》）

武藤　林《はやし》さん、お酒《さけ》をもつと……隱《かく》し藝《げい》は速記《そつき》しないから安心《あんしん》してのんで下《くだ》さい。

林　私《わたし》はどうも、食慾《しよくよく》の方《はう》が旺盛《わうせい》で……

藤川　それはどうだかね。

林　實《じつ》によくたべるのよ。だからめつたに疲《つか》れない、この位《くらゐ》の年齡《とし》でホルモンの注射《ちうしや》をするのしないのと騷《さは》いでる人《ひと》を見《み》ると、私《わたし》のを少《すこ》しあげたい位《くらゐ》よ。

田邊　併《しか》し、仕事《しごと》は相當《さうたう》忙《いそが》しいでせう。

林　三日位《かくらゐ》徹夜《てつや》することは度々《たびたび》ですわ、そんな時《とき》はさすがに疲《つか》れるけど、すぐなほりますね。

藤川　羨《うらや》ましいわね、仕事《しごと》をするにはまづ何《なに》より精力《せいりよく》がなくてはねえ……

佐藤　どうしてさうなんでせう。

田邊　秘訣《ひけつ》がありますか。

林　常《つね》に眠《ねむ》るといふのが秘訣《ひけつ》ですね。お客《きやく》が歸《かへ》つたあと、椅子《いす》にもたれて寢《ね》たり、三十分《ぷん》でも時間《じかん》があれば一寸《ちよつと》横《よこ》になる……

藤川　でも横《よこ》になつたつて、さう思《おも》ひ通《どほ》り眠《ねむ》れるもんぢやないでせう。

林　ところが私《わたし》、石《いし》の上《うへ》だつて眠《ねむ》るわよ、横《よこ》になりさへすれば必《かなら》ず……

藤川　神經太《しんけいぶと》いのね。

林　私《わたし》は方々《はう／＼》旅行《りよかう》して歩《ある》くでせう。そして大抵《たいてい》女一人《をんなひとり》で宿屋《やどや》に泊《とま》る、そして地酒《ぢざけ》をたのんで女中相手《ぢよちうあひて》に飮《の》んで寢《ね》るのよ、グッスリそれは熟睡《じゆくすゐ》してしまふ……

田邊　地方《ちはう》ぢや女一人《をんなひとり》の泊《とま》り客《きやく》は珍《めづ》しいでせうね。

林　さう、何者《なにもの》だか一向《かう》見當《けんたう》がつかないんですね。まづ玄關《げんくわん》を入《はい》るとおかみが、私《わたし》を上《うへ》から下《した》まで、見上《みあ》げ見下《みおろ》す、それから『松《まつ》の五番《ばん》へ』なんてどなるのよ、トボ／＼と私《わたし》が女中《ぢよちう》について行《い》つて見《み》れば、大抵《たいてい》それがアンドン部屋《べや》みたいな薄《うす》汚《きた》ない部屋《へや》にきまつてゐるの、でも歸《かへ》る時《とき》には、はじめの待遇《たいぐう》なんかケロリと忘《わす》れて、女中《ぢよちう》たちが皆《みな》で名殘《なごり》をおしんでくれるのは嬉《うれ》しいわ。だから私《わたし》『この次《つぎ》に來《き》た女客《をんなきやく》ははじめから大切《たいせつ》になさいよ』と云《い》ひおいてくるのよ。

田邊　なるほど、さうだらうな、西洋《せいやう》で

は避暑地《ひしよち》のホテルに男《をとこ》が一人《ひとり》で行《ゆ》くと、丁度《ちやうど》さういふ待遇《たいぐう》を受《う》ける。

武藤　佐藤《さとう》さん、よくお一人《ひとり》で來《こ》られましたね。

佐藤　資生堂《しせいだう》で待《ま》つてるのよォ。

武藤　これですからね、皆《みな》さん。

藤川　旦那樣《だんなさま》お元氣《げんき》、おのろけきいてあげますよ。

佐藤　とても元氣《げんき》、結婚《けつこん》してから、さうね、……三貫目位肥《くわんめくらゐふと》つたわ。

藤川　あゝあ、助《たす》からない……

武藤　何故《なぜ》さう肥《ふと》るんだらうな。

佐藤　食物《たべもの》のせいもあるわきつと、私《わたし》お料理大好《れうりだいす》き……

林　私《わたし》もよ、フランス料理《れうり》は自信《じしん》があるのよ。中《なか》でも鳥《とり》の丸《まる》むしなんか堂《だう》にいつたものよ。

武藤　どうだかね。

林　宅《たく》の主人《しゆじん》は、外《そと》でものは食《た》べられないと申《まを》します。

田邊　いゝ、これは御馳走《ごちそう》さま。

林　人《ひと》に美味《おい》しくたべて貰《もら》ふのは何《なに》よりうれしいな。

藤川　あゝあ、私《わたし》お料理《れうり》は面倒《めんだう》くさくてきらひ、第一《だいいち》、誰《たれ》によろこんで食《た》べて貰《もら》へるわけではなし……

武藤　しやべりながら食《く》ふと、實《じつ》にうまいな、お蔭《かげ》で面白《おもしろ》かつたです。醉《よひ》もまはつたし滿腹《まんぷく》もしたし、言《い》ひたい放《はう》だいしやべつたし、こゝらで速記《そくき》の方《かた》に歸《かへ》つていたゞいて、あとはあとで御相談《ごさうだん》しませう。

田邊　ぢや僕《ぼく》がこれから珍《めづら》しいところに案内《あんない》しよう。

藤川　珍《めづら》しいところつて……？

田邊　まあみんな默《だま》つてついていらつしやい。

これで座談會終《ざだんくわいをは》り。それから富士見町《ふじみちやう》の菊《きく》の屋《や》、栗林《くりばやし》の中《なか》にしつらへられた田舍家《ゐなかや》で、凉《すゞ》み氣分《きぶん》を滿喫《まんきつ》して十一時散會《じさんくわい》。

コドモノクニ　八月號

本誌《ほんし》六月號《ぐわつがう》の令孃隨筆選《れいぢやうずゐひつせん》の中《なか》で、目黑《めぐろ》の、某幼稚園《ぼうえうちゑん》で、保母《ほぼ》をなさつて居《ゐ》られる。平塚雷鳥女史《ひらつかいてうぢよし》の、御令孃《ごれいぢやう》の曙生樣《あけみさま》が、『小《ちい》さいあどけない子供達《こどもたち》と一緒《しよ》に居《ゐ》る時《とき》ほど、悦《うれ》しいものはない。子供達《こどもたち》の居《ゐ》る世界《せかい》は、なにかしら、パット明《あか》るい、この明《あか》るさに勝《まさ》るものは、どこにもないであらう』と。コドモ達《たち》にコドモノクニを。赫《かゞや》きは、いや增《ま》すであらう。

慕ひ寄る姉妹愛・破れた初戀の姉と死を選ぶ姉妹心中の誨へるもの

死を選んだ姉と妹

夏の眞晝、香り高き白百合の花を枕に、姉と妹とが堅く手を握り合つて、いとはしきこの世をそつと逃れる如く、ひたぶるに死の道へと急いだ。相思の縁談が解消され、眞ごころの一途さから人生に絶望した姉と、この傷心の姉に心の底から同情した妹とが、世をはかなんでの自殺といふのが外面の事實であるが、こゝに到る原因には單に傷心の傷心とのみ片づけられぬ複雜なものがあるのだ。筆者は一命をとりとめた姉文代さんの弟で、死んでしまはれた妹加奈子さんのたつた一人の兄さんで、高等學校在學中の方である。

實弟　二　村　四　郎

妹《いもうと》の加奈子《かなこ》は八月《ぐわつ》十九日《にち》に死《し》んだ。姉《あね》は未《ま》だ病篤《やまひあつ》く私《わたし》がこの手記《しゆき》を書《か》いてゐる今《いま》でも、未《いま》だに妹《いもうと》の死《し》を知《し》らせる事《こと》も出來《でき》ずにゐる。

妹《いもうと》を失《うしな》つた悲《かな》しみが姉《あね》の看護《かんご》の爲《ため》に少《すこ》しは紛《まぎ》れるとはいへ、私《わたし》の頭《あたま》はかういふ餘《あま》りに現實的《げんじつてき》な事《こと》に思《おも》ひ潜《ひそ》めるには混亂《こんらん》し過《す》ぎてゐる。

たゞ、かうした二人《ふたり》の姉妹《きやうだい》が自殺《じさつ》を選《えら》ぶに至《いた》つた原因《げんいん》の究明《きうめい》が、或《あるひ》は廣《ひろ》い視野《しや》をもつて現實《げんじつ》の世態《せたい》を眺《なが》める時《とき》に必要《ひつえう》な事《こと》であるかも知《し》れないといふ事《こと》と、餘《あま》りに性急《せいきふ》な新聞《しんぶん》ジヤーナリズムによつて歪《ゆが》められたる眞相《しんさう》とそれに伴《ともな》ふ不徹底《ふてつてい》な批判《ひはん》に對《たい》する危惧《きぐ》が混沌《こんとん》とした私《わたし》の心《こころ》を驅《か》つて此《こ》の手記《しゆき》を續《つゞ》けさせるのである。

私《わたし》は今《いま》になつて漸《やうや》く眞實《しんじつ》の原因《げんいん》と呼《よ》ばれるべき事柄《ことがら》について少《すこ》しづつ解《わか》りかけて來《き》た様《やう》な氣《き》がする。しかし誰《だれ》が惡《わる》かつたのだとかあゝした事《こと》が惡《わる》かつたのだとか云《い》つて妹《いもうと》の死《し》に對《たい》して他《た》を責《せ》める氣《き》には到底《たうてい》なれないし又《また》そんな事《こと》をした所《ところ》で一體何になるであらうかといふ心持《こころもち》である。

新聞《しんぶん》に發表《はつぺう》された直接《ちよくせつ》の原因《げんいん》である姉《あね》の婚約解消《こんやくかいせう》といふ事《こと》は勿論《もちろん》有力《いうりよく》な動機《どうき》であつたに違《ちが》ひない。しかし私《わたし》はそれ以前《いぜん》のものとして生活《せいくわつ》の環境《くわんきやう》を考《かんが》へる。家庭《かてい》の問題《もんだい》の事《こと》を考《かんが》へなければならないと思《おも》ふ。

父《ちゝ》と娘《むすめ》との間《あひだ》のどうしても割《わ》りきれなかつた隔《へだゝ》りである。

父《ちゝ》はどちらかといふと嚴格《げんかく》の人《ひと》であり、自分《じぶん》の信念《しんねん》をもつて子弟《してい》の教育《けういく》に從《したが》ふといふ事《こと》が自由《じいう》を渇望《かつばう》する若《わか》い少女《せうぢよ》にとつて或《あるひ》は重《おも》い束縛《そくばく》の樣《やう》に思《おも》はれその結果《けつくわ》として姉妹《きやうだい》にとつて家庭《かてい》といふ生活《せいくわつ》の重要《ぢうえう》な環境《くわんきやう》が不愉快《ふゆくわい》なるもの、自分《じぶん》の求《もと》めるものを妨《さまた》げるものとなつてゐたのかも知《し》れない。又《また》ツルゲーネフの「父《ちゝ》と子《こ》」に見《み》る樣《やう》な父《ちゝ》と娘《むすめ》との間《あひだ》の世代《せだい》の相違《さうゐ》が、時代《じだい》の差《さ》が父母《ふぼ》と娘《むすめ》との間《あひだ》の意思《いし》疏通《そつう》の妨《さまた》げとなつてかういふ悲慘事《ひさんじ》を結果《けつくわ》したのかも知《し》れないと思《おも》ふ。過日《くわじつ》、「讀賣《よみうり》」の婦人欄《ふじんらん》で丸岡秀子《まるをかひでこ》氏《し》が家《か》庭教育《ていけういく》の二つの方向《はうかう》と題《だい》して峻嚴《しゆんげん》な教育方法《けういくはうはふ》を自由《じ》解放的教育《かいはうてきけういく》に對立《たいりつ》させて、論《ろん》じられてゐるのを見《み》て、尤《もつと》もな事《こと》だとは思《おも》つたが、私《わたし》が先《さき》に不徹底《ふてつてい》な批判《ひはん》と云《い》つたのは、實《じつ》はかういふ一面的《めんてき》見方《かた》を云《い》つたのである。

ともあれ、ひたすらな父母《ふぼ》の愛《あい》とても、父《ちゝ》と娘《むすめ》の間《あひだ》の性格的差《せいかくてきさ》異《い》、世代的《せいだいてき》な溝《みぞ》に打《う》ち克《か》つ事《こと》が出來《でき》ず、到々《たう〳〵》一人《ひとり》の妹《いもうと》を失《うしな》ふに至《いた》つて了《しま》つた事《こと》はたゞ悲《かな》しい事《こと》だといふより外《ほか》はない。

姉《あね》と妹《いもうと》は本當《ほんたう》に仲《なか》がよかつた。姉《あね》はどちらかといふと靜《しづ》かな思索《しさく》を好《この》む性格《せいかく》であり、物《もの》に對《たい》する執着性《しふちやくせい》が強《つよ》かつた。例《たと》へば着物《きもの》にしても、新《あたら》しい柄《がら》のちがつたものを次々《つぎ〳〵》と作《つく》つて貰《もら》ふよりは、いくら古《ふる》くなつても、自分《じぶん》の氣《き》に入《い》つたものであれば、痛《いた》んだところを繕《つくろ》ひつゝも悦《よろこ》んでこれを着《き》るといふ風《ふう》であつた。何事《なにごと》に對《たい》しても、用心深《ようじんぶか》く、愼重《しんちよう》で、容易《ようい》に心《こゝろ》を動《うご》かさぬかはりに、一旦《たん》心《こゝろ》に決《き》めたことは、あくまでやり通《とほ》さねば氣《き》がすまぬといふ性質《せいしつ》であつた。

今度《こんど》の結婚問題《けつこんもんだい》以前《ぜん》に起《お》きた縁談《えんだん》などに關《くわん》しても、いつまでもぐづぐづしてゐる方《はう》で、そんなところにも、持前《もちまへ》の愼重《しんちよう》さがよく現《あら》はれてゐた。そしてはつきりした返辭《へんじ》をのばしてゐては、結局《けつきよく》斷《ことわ》つてしまふのであつた。要《えう》するに、近代娘《きんだいむすめ》の明朗《めいらう》さはなく、問題《もんだい》をいつまでも自分《じぶん》

死を選ぶ直前七月中旬に撮影した姉愼文代さんの寫眞

の心《こころ》の中《なか》だけてくすぶらせてゐるといふやうな、やゝ古《ふる》いタイプに屬《ぞく》する女性《ぢよせい》であつた。妹《いもうと》は寧《むし》ろ之《これ》と對蹠的《たいしよてき》な明快《めいくわい》な性質《せいしつ》であつた。氣《き》まぐれで、情熱的《じやうねつてき》で、映畫《えいぐわ》にでも、レヴユーにでも、スポーツにでも、文學《ぶんがく》にでも、或《あるひ》は茶《ちや》の湯《ゆ》とか活花《いけばな》とか、さういふものに對《たい》してすらも、ある程度《ていど》まで、やすくと打込《うちこ》んで行《ゆ》くくせに、しかもその情熱《じやうねつ》は永續性《えいぞくせい》のない情熱《じやうねつ》であつた。典型的《てんけいてき》な近代娘《きんだいむすめ》といふことが出來《でき》やう。姉妹二人《きやうだいふたり》で世界文學全集《せかいぶんがくぜんしふ》を讀破《どくは》したりした事《こと》もあつた程讀書《ほどどくしよ》を好《この》む性質《せいしつ》であつたといふ事《こと》も一《いち》がいに文學少女《ぶんがくせうぢよ》として片付《かたづ》けられない事《こと》であると思《おも》ふ。私《わたし》は今年《ことし》の三月頃女學校卒業《ぐわつごろぢよがくかうそつげふ》の頃《ころ》の妹《いもうと》を思《おも》ふと丁度《ちやうど》私《わたし》がその頃讀《ころよ》んだ林芙美子氏《はやしふみこし》の短篇《たんぺん》「市立女學校《しりつぢよがくかう》」を思《おも》ひ出《だ》す。既《すで》に自我《じが》に眼《め》ざめつゝある少女達《せうぢよたち》の前《まへ》には、女學校卒業《ぢよがくかうそつげふ》と共《とも》に新《あたら》しい眞實《しんじつ》の人生《じんせい》が展開《てんかい》し始《はじ》めて少女達《せうぢよたち》は若々《わかく》しさに燃《も》えてゐるのである。

妹《いもうと》も今年《ことし》は十九であつた。十九は女《をんな》の厄年《やくどし》であるといはれてゐる。十九の厄《やく》といへば單《たん》に數字的《すうじてき》に惡《わる》いといふ許《ばか》りでなく、女性《ぢよせい》の精神發展《せいしんはつてん》の段階《だんかい》での一つの過渡期《くわとき》或《あるひ》は危險期《きけんき》といふのではないかと思《おも》ふ。女學校《ぢよがくかう》四年《ねん》の頃《ころ》から妹《いもうと》は姉《あね》と共《とも》に、何《なに》かを求《もと》めて盛《さか》んな讀書《どくしよ》し靜《しづ》かな思索に耽《ふけ》つてゐる事《こと》があつた。自我《じが》の覺醒《かくせい》である。

私《わたし》は先《さき》に姉《あね》は思索型《しさくがた》で妹《いもうと》は明朗《めいらう》な性質《せいしつ》であつたと云《い》つたものの、之《これ》とて勿論明白《もちろんめいはく》なものでなくたゞ一寸《ちよつと》そういつた感《かん》じがするといふ位《くらゐ》のものなのである。姉《あね》と妹《いもうと》との間《あひだ》の涙《なみだ》ぐましい程《ほど》の姉妹愛《きやうだいあい》が二人《ふたり》の性格《せいかく》を貫《つらぬ》いてゐたのは明瞭《めいれう》であつたが、或時《あるとき》は全《まつた》く對蹠的《たいしよてき》に見《み》える姉《きやう》妹《だい》の性格《せいかく》であり、或時《あるとき》には全《まつた》く性質《せいしつ》までが同《おな》じに見《み》える姉妹《きやうだい》であつたのも今《いま》にして思《おも》へば、多面的性格《ためんてきせいかく》といふより、寧《むし》ろ明瞭《めいれう》に性格《せいかく》と呼《よ》ばるべき特質《とくしつ》を持《も》たないといふ近代型《きんだいがた》であつた爲《ため》であらう。父《ちゝ》や母《はゝ》がその思想感情《しさうかんじやう》に於《おい》て結局明治大正《けつきよくめいぢたいしやう》の人間《にんげん》であつた通《とほ》り、娘達《むすめたち》は所詮近代《しよせんきんだい》人《じん》の數《かず》をぬける事《こと》は出來《でき》ず、又近代女性《またきんだいぢよせい》であつたが故《ゆゑ》にこそ後《あと》に述《の》べる樣《やう》な現實《げんじつ》の醜《みにく》さに接《せつ》して之《これ》と敢然《かんぜん》と戰《たゝか》ひ之《これ》を退《しりぞ》ける意欲《いよく》に缺《か》けてゐたのであらうと思《おも》ふ。

姉《あね》は昭和《せうわ》十年《ねん》の七月《ぐわつ》に父《ちゝ》の高等學校時代《かうとうがくかうじだい》の同窓《どうそう》で、今《いま》だに親交《しんかう》をつづけてゐる大阪《おほさか》の實業家某氏《じつげふかぼうし》の宅《うち》へ行儀見習《ぎやうぎみならひ》といふ名《な》で遊《あそ》びに行《い》つてゐた。その家《いへ》には、某氏《ぼうし》の世話《せわ》で學校《がくかう》を卒業《そつげふ》させて貰《もら》ひ、今《いま》は一人前《にんまへ》のサラリーマンとなつてゐる青年達《せいねんたち》が三四人出入《にんでい》りしてゐたさうであるが、姉《あね》はその青年《せいねん》の一人《ひとり》と戀愛關係《れんあいくわんけい》に入《はい》つた。某氏《ぼうし》も非常《ひじやう》に贊成《さんせい》して、進《すゝ》んで仲人《なかうど》の役《やく》を買《か》つて出《で》られ、向《むか》ふの親達《おやたち》の諒解《りやうかい》を求《もと》めてくれられたり、私《わたし》の父《ちゝ》のところへ手紙《てがみ》をよこしてくれられたり、いろ〳〵と奔走《ほんそう》して下《くだ》すつた結果《けつくわ》、父《ちゝ》なども「〇〇君《くん》の世話《せわ》なら……」といふので、すぐさま悦《よろこ》んで承諾《しようだく》するし、この縁談《えんだん》は、そのまゝ幸福《かうふく》な實《み》を結《むす》ぶものと私達《わたしたち》は考《かんが》へてゐた。

今年《ことし》の正月《しやうぐわつ》に、姉《あね》は大阪《おほさか》から歸《かへ》つて來《き》て、十日間《かかん》ほど私達《わたしたち》と一緒《しよ》に暮《くら》して行《い》つたが、その時《とき》の姉《あね》は、大變《たいへん》に幸福《かうふく》さうに見《み》えた。

女學校卒業當時の妹訓加奈子さん

ところが、四月《ぐわつ》の初《はじ》めに、突然姉《とつぜんあね》から東京《とうきやう》へ歸《かへ》りたいと訴《うつた》へて來《き》た。詳《くは》しい事情《じじやう》は書《か》いてなかつたが、とにかく某《ぼう》氏《し》の家庭《かてい》にゐにくくなつたから、早《はや》く家《うち》へ歸《かへ》れるやうに計《はか》らつて欲《ほ》しいといふやうな文面《ぶんめん》であつた。

私達《わたしたち》には、この「ゐにくゝなつた事情《じじやう》」なるものを、うす〳〵推察《すゐさつ》することが出來《でき》た。といふのは、大阪《おほさか》の某氏《ぼうし》のところには、夫人《ふじん》の姪《めひ》に當《あた》る中年《ちうねん》の婦人《ふじん》がゐた。その人《ひと》は上流《じやうりう》の家庭《かてい》に生《うま》れ、上流《じやうりう》の家庭《かてい》に縁《えん》づき、子供《こども》まで出來《でき》たのであつたが、どうしたわけか破鏡《はきやう》の憂目《うきめ》に遭《あ》つて、いまこの某氏《ぼうし》の許《もと》に身《み》を寄《よ》せてゐるのであつた。この大變《たいへん》に不《ふ》幸《かう》な過去《くわこ》を持《も》つてゐる婦人《ふじん》と、いさゝかの屈託《くつたく》も摩擦《まさつ》もなしに同《おな》じ家《いへ》に暮《くら》して行《ゆ》くことは、世間知《せけんし》らずの姉《あね》には、可《か》なりの辛抱《しんぼう》が要《い》つたらしい。姉《あね》は、正月《しやうぐわつ》に家《いへ》に歸《かへ》つた時《とき》にも、その辛《つら》さを妹《いもうと》や母《はゝ》や父《ちゝ》にまで、屢々訴《しばしばうつた》へたさうである。

しかし父《ちゝ》は、自分《じぶん》と某氏《ぼうし》との親交關係《しんかうくわんけい》からのみこれを律《りつ》して、「〇〇君《くん》のところがゐづらいなんてぜいたくだ」と頭《あたま》から受付《うけつ》けなかつた。

姉思《あねおも》ひの妹《いもうと》が心配《しんぱい》して下阪《げはん》したのはその手紙《てがみ》が來《き》た數日後《すうじつご》、四月《ぐわつ》の五日《か》であつた。父《ちゝ》もその翌々日《よくよくじつ》に下阪《げはん》した。父《ちゝ》は、某氏《ぼうし》に逢《あ》つて仲《ちう》介《かい》の勞《らう》を謝《しや》し、かた〳〵娘《むすめ》の婿《むこ》になるべき青年《せいねん》とも逢《あ》つて見《み》やうといふつもりで出掛《でか》けたものらしい。

　青年《せいねん》は、姉《あね》と一緒《しよ》に、親《した》しさうに肩《かた》をならべて、父《ちゝ》を驛《えき》まで迎《むか》へに來《き》てくれたさうである。そして、眞面目《まじめ》な態度《たいど》で、

「文代《ふみよ》さんとの結婚《けつこん》を許《ゆる》して頂《いたゞ》きたい」

と申出《まをしで》たので、父《ちゝ》もすつかり安心《あんしん》し、二人《ふたり》の將來《しやうらい》を祝福《しゆくふく》したのであつた。

　父《ちゝ》は親類《しんるゐ》などを廻《まは》つてゐたので、すこし遲《おく》れ、姉《あね》と妹《いもうと》は四月《ぐわつ》十五日《にち》に一緒《しよ》に歸《かへ》つて來《き》た。

　七月《ぐわつ》には、結婚式《けつこんしき》の日取《ひど》りや『その他《た》細《こま》かいことを決《き》めるために、相手《あひて》の青年《せいねん》が某氏《ぼうし》につれられて上京《じやうきやう》することになつてゐた。すべては、非常《ひじやう》にすら〳〵と順調《じゆんてう》に運《はこ》んだ。あとは結婚《けつこん》の日《ひ》を待《ま》つばかりであつた。

　しかし、その七月《ぐわつ》が終《をは》らうとするのに、相手《あひて》の青年《せいねん》は姿《すがた》も見《み》せず、某氏《ぼうし》からも何《なん》の便《たよ》りもなかつた。姉《あね》は焦《あせ》つて、問合《といあは》せの手紙《てがみ》を青年《せいねん》に書《か》いた。青年《せいねん》からは、すぐに返事《へんじ》が來《き》た。上京《じやうきやう》しやうとすると、Aさん（某氏《ぼうし》宅《たく》に同居《どうきよ》してゐる例《れい》の中年《ちうねん》の婦人《ふじん》）が、とてもイヤな顔《かほ》をなさるので、出《で》て行《ゆ》くことが出來《でき》ない、といふ簡單《かんたん》な文面《ぶんめん》であつたらしい。

　どういふわけで、その婦人《ふじん》が青年《せいねん》の上京《じやうきやう》を牽制《けんせい》したのか、それは私《わたし》の臆測《おくそく》の限《かぎ》りではない。しかし、その青年《せいねん》の意氣地《いくぢ》のない態度《たいど》に姉《あね》が非常《ひじやう》に不滿《ふまん》と絶望《ぜつばう》を感《かん》じたであらうことは、私《わたし》にも十分想像《じうぶんさうざう》することが出來《でき》る。

　次《つ》いで、八月《ぐわつ》のはじめに、某氏《ぼうし》から、都合《つがふ》により、この結婚《けつこん》は解消《かいせう》したいからといふ手紙《てがみ》が來《き》た。しかも、をかしなことには、それから二日《ふつか》ほど過《す》ぎると、まるで某氏《ぼうし》の手紙《てがみ》を追《お》ひ掛《か》けるやうにして、相手《あひて》の青年《せいねん》の父《ちゝ》である人《ひと》から來《き》た直接《ちよくせつ》の手紙《てがみ》には、この度《たび》の結婚《けつこん》をよろこぶといふやうな意味《いみ》が書《か》かれてあつたことである。

　察《さつ》するに、純眞《じゆんしん》な二人《ふたり》は愛《あい》し合《あ》つてゐるものゝ、結婚《けつこん》を妨《さまた》げやうとする複雜《ふくざつ》な事情《じじやう》が伏在《ふくざい》してゐたのであらうと思《おも》ふ。二人《ふたり》の間《あひだ》に介在《かいざい》する何者《なにもの》かゞ、故意《こい》にやつたことではあるまいとは私《わたし》も信《しん》ずるのであるが、相手《あひて》の青年《せいねん》の性格《せいかく》の弱《よわ》さとか、或《あるひ》は

うるさい人《ひと》の世《よ》の掟《おきて》とか、いろ〳〵のものが重《かさ》なり合《あ》つて、その結果《けつくわ》において婚約《こんやく》の破局《はきよく》をもたらしたものであらうと思《おも》ふ。

娘時代《むすめじだい》の誰《だれ》もが持《も》つてゐるやうな、結婚生活《けつこんせいくわつ》に對《たい》する明《あか》るく樂《たの》しかるべき夢《ゆめ》を、實《じつ》は姉《あね》は持《も》つてゐなかつたのかも知《し》れない。前《まへ》にも書《か》いたやうに、父《ちゝ》は長《なが》く獨逸《ドイツ》に行《い》つてゐた故《せゐ》か、すべてを事務的《じむてき》にきちん〳〵と片《かた》づけなければ氣《き》がすまぬやうな、ゆとりのない、堅苦《かたくる》しい性質《せいしつ》の人《ひと》であり、從《したが》つて家庭《かてい》も亦《また》それほど温《あたゝ》かいものではなかつた。この家庭《かてい》を通《つう》じてのみ世《よ》の家庭《かてい》なるものを想像《さうざう》し、この父《ちゝ》を通《とほ》してのみ世《よ》の男性《だんせい》なるものを想像《さうざう》するしかなかつた姉《あね》の胸《むね》に、それほど華《はな》やかな空想《くうさう》の湧《わ》かう道理《だうり》はないと私《わたし》は考《かんが》へるのだ。家庭《かてい》とは皆家《みなうち》のやうなもの、男《をとこ》とは皆父《みなちゝ》のやうなもの、夫婦《ふうふ》とは皆父《みなちゝ》と母《はゝ》のやうなものと世《せ》間《けん》を知《し》らぬ姉《あね》が一途《づ》に考《かんが》へたとて、誰《だれ》が笑《わら》ふことが出來《でき》やう。

その姉《あね》にとつて、今度《こんど》の青年《せいねん》の出現《しゆつげん》は、まさしく一つの、唯《ゆゐ》一つの光《ひかり》であつたに違《ちが》ひない。しかも、今《いま》や、その一つのものすらも失《うしな》つてしまつたのだ。しかも、さうした現實《げんじつ》に打《う》ち克《か》つ意力《いりよく》をもたない弱《よわ》い姉《あね》であつて見《み》れば、それから後《のち》の生活《せいくわつ》は、たゞ人《ひと》の世《よ》の憂《う》さ暗《くら》さを思《おも》はせるだけであつたのだ。そして、とう〳〵その現實《げんじつ》に負《ま》けてしまつた姉《あね》の姿《すがた》が今度《こんど》の事件《じけん》である。

妹《いもうと》は、この間《かん》の事情《じじやう》を、よく知《し》つてゐたらしい。今《こ》年《とし》の五月頃《ぐわつごろ》、姉《あね》の結婚話《けつこんばなし》が一時《じ》不和《ふわ》になつたと聞《き》いた時《とき》、わざわざ大阪《おほさか》まで行《い》つた妹《いもうと》も、またこの姉《あね》の現實《げんじつ》に直面《ちよくめん》して當惑《たうわく》したのだ。人《ひと》と人《ひと》との煩《わづら》はしい葛藤《かつとう》を、その葛藤《かつとう》の渦《うづ》の中《なか》に捲《ま》き込《こ》まれてゐる姉《あね》の苦《くる》しい心《こゝろ》を、妹《いもうと》は、はじめてその時《とき》に知《し》つたのだ。

女學校《ぢよがくかう》を卒業《そつげふ》したばかりで、若々《わか〳〵》しい希望《きばう》に滿《み》ち〳〵て、人生《じんせい》に巣立《すだ》つたばかりの妹《いもうと》が、はじめて直面《ちよくめん》した生《い》きた現實《げんじつ》が、かういふ醜《みにく》い一面《めん》であつたのだ。

少女《せうぢよ》の生《い》くる喜《よろこ》びも、のぞみも、夢《ゆめ》も、一ぺんに打《う》ちひしやいでしまつた横着《わうちやく》な現實《げんじつ》の力《ちから》である。それからの妹《いもうと》は、何《なん》となく深《ふか》い憂愁《いうしう》に閉《と》ざゝれて、その悲《かな》しみは、むしろ當事者《たうじしや》である姉以上《あねいじやう》にいた〳〵しいものであつた。さうして、人《ひと》の氣《き》をかきむしるやうな東京《とうきやう》の夏《なつ》の暑《あつ》さも加《くは》はつて、かうした悲慘《ひさん》な結果《けつくわ》となり、妹《いもうと》はその十九の悲愴《ひさう》なる人生《じんせい》を終《をは》つたのである。

この姉《あね》と妹《いもうと》が同時《どうじ》に自殺《じさつ》をくはだてたといふことの原因《げんいん》としては、とまれ、涙《なみだ》ぐましいほどの姉妹愛《きやうだいあい》、肉親愛《にくしんあい》しか私《わたし》には思《おも》ひつかない。

妹《いもうと》に對《たい》する兄《あに》としての私《わたし》は、いかに私《わたし》が學校《がくかう》の關係《くわんけい》で家《いへ》を離《はな》れてゐたとはいへ、すこしでも兄《あに》と妹《いもうと》の間《あひだ》に氣持《きもち》の隔《へだ》たりがあつたといふことは、妹《いもうと》に對《たい》しても何《なん》とも申譯《まをしわけ》ないと思《おも》ふし、また自分《じぶん》としても實《じつ》に殘念《ざんねん》である。

死《し》の前日《ぜんじつ》、姉《あね》と妹《いもうと》は、つれ立《だ》つて、親《した》しい叔母《をば》さんを訪《たづ》ねた。その時《とき》は、何等《なんら》變《かは》つた樣子《やうす》もなかつたといふけれども、すでに死《し》を覺悟《かくご》してゐたものらしい。また××××は何錠位《なんぢやうくらゐ》飮《の》めば死《し》ねるかといふやうなことは、日頃《ひごろ》家《うち》へ遊《あそ》びに來《く》る父《ちゝ》の友人《いうじん》の醫師《いし》の方《かた》からの話《はなし》などでよく知《し》つてゐたらしい。

その日《ひ》は、――姉《あね》は父《ちゝ》と私《わたし》とが行《い》つてゐた千葉縣柏《ちばけんかしは》の別墅《べつしよ》に來《く》る事《こと》になつてゐた。母《はゝ》は姉《あね》にお小遣《こづかひ》と汽車賃《きしやちん》として十圓《えん》を渡《わた》して、長姉《ちやうし》の家《いへ》に急用《きふよう》があつたので出《で》て行《い》つた。その留守中《るすちう》姉《あね》は貯金帳《ちよきんちやう》から三圓《えん》五十錢《せん》引出《ひきだ》してその十圓《えん》に足《た》した。これが全部《ぜんぶ》自殺《じさつ》に用ひた藥品《やくひん》と、死《し》の床《とこ》を飾《かざ》るべく買《か》はれた白百合《しらゆり》の代金《だいきん》に費消《ひせう》された。

あゝ、白百合《しらゆり》！　私《わたし》は一生涯《しやうがい》この花《はな》を見《み》る度《たび》に、この花《はな》によつて象徴《しやうちよう》された妹《いもうと》の純潔《じゆんけつ》な魂《たましひ》を憶《おも》ひ出《だ》すことであらう。

二人《ふたり》は正午《しやうご》のサイレンを合圖《あひづ》に服毒《ふくどく》したさうだ。麥湯《むぎゆ》に溶《と》かした××××を、姉《あね》は×××××、妹《いもうと》は×××××、嚥下《えんか》したのだ。これは、今《いま》や幸《さいは》ひにも意識《いしき》を取《と》り戻《もど》した姉《あね》の告白《こくはく》である。

二人《ふたり》の自殺《じさつ》は、午後《ごご》一時半頃《じはんごろ》に發見《はつけん》された。すでに他家《たけ》へ嫁《とつ》いでゐる長姉《ちやうし》が、母《はゝ》を送《おく》つて偶然《ぐうぜん》訪《おとづ》れて來《き》たので、苦悶《くもん》してゐる二人《ふたり》の姿《すがた》を發見《はつけん》したのである。

急報《きふはう》によつて、取《と》るものも取《と》りあへず驅《か》けつけて來《き》た父《ちゝ》は、この慘狀《さんじやう》を一目《ひとめ》見《み》るやいなや、餘《あま》りのことに氣《き》を失《うしな》つて倒《たふ》れてしまつた。私《わたし》は卒倒《そつたう》した父《ちゝ》に代《かは》つて、萬事《ばんじ》處置《しよち》しなければならなかつた。驚《おどろ》きと悲《かな》しみとのために、ぼんやりしてしまつた私《わたし》は、それでも夢中《むちう》で働《はたら》いた。醫師《いし》が二人《ふたり》來《き》た。妹《いもうと》は大丈夫《だいぢやうぶ》だが、姉《あね》の方《はう》はあぶないといふ診察《しんさつ》だつた。そこで、私達《わたしたち》は全力《ぜんりよく》を姉《あね》の方《はう》につくした。そのために、却《かへ》つて大丈夫《だいぢやうぶ》と云《い》はれた妹《いもうと》の方《はう》が手《て》おくれになつてしまつた。妹《いもうと》はその日《ひ》から三日目《かめ》の朝《あさ》九時《じ》十五分《ふん》に息《いき》を引取《ひきと》つた。私達《わたしたち》は遺骸《ゐがい》を二階《かい》に運《はこ》んだ。姉《あね》は四日目《かめ》の朝《あさ》意識《いしき》を恢復《くわいふく》した。

私達《わたしたち》は今度《こんど》は意識《いしき》を恢復《くわいふく》した姉《あね》に妹《いもうと》の死《し》を知《し》らさぬために、家内《かない》中《ぢう》で苦心《くしん》しなければならなかつた。お葬式《さうしき》は勿論《もちろん》、お經《きやう》を上《あ》げることすら出來《でき》なかつた。姉《あね》は、妹《いもうと》の遺骸《ゐがい》の置《お》いてある部屋《へや》のすぐ下《した》の階下《かいか》の病室《びやうしつ》で、意識《いしき》を恢復《くわいふく》するとすぐに妹《いもうと》のことを訊《たづ》ねた。私達《わたしたち》は涙《なみだ》をかくして、加奈子《かなこ》はもうよくなつて病院《びやういん》にゐるよ、と答《こた》へなければならなかつた。

これから先《さ》き私達《わたしたち》に殘《のこ》された問題《もんだい》はたゞ一つの姉《あね》の更生《かうせい》だけである。幸《さいは》ひにも生命《せいめい》をとり止《と》めた姉《あね》は、これから一人《ひとり》の人間《にんげん》として生《い》きて行かなければならない。姉《あね》が今度《こんど》妹《いもうと》の死《し》によつて受《う》けるであらう精神的打撃《せいしんてきだげき》は、大《おほ》きく且《か》つ深《ふか》い。だが耐《た》へて貰《もら》はねばならぬ。踏《ふ》み越《こ》えて貰《もら》はねばならぬ。

私《わたし》は姉《あね》の再生《さいせい》のためには、いかなる努力《どりよく》も惜《を》しまぬつもりである。姉《あね》よ、元氣《げんき》を出《だ》して生《い》き拔《ぬ》いてくれ！　そして妹《いもうと》の靈《れい》よ、安《やす》らかに眠《ねむ》れ！（八月二十八日夜）

谷川嶽同性心中の原榮子

死の手記

森幸六

梅雨《つゆ》が霽《は》れると、やうやく夏《なつ》は本格的《ほんかくてき》な暑《あつ》さでやつて來《き》た。木々《きぎ》の梢《こずゑ》もその綠《みどり》を溶《と》かすかと思《おも》はれる程燒《ほどや》けついた七月《ぐわつ》二十七日《にち》、銀《ぎん》座《ざ》トリコロールの片隅《かたすみ》に、眼《め》のさめるやうな登山服《とざんふく》に身《み》を固《かた》めた二人《ふたり》の若《わか》い女性《ぢよせい》を見《み》かけた人《ひと》はなかつたゞらうか。テーブルの上《うへ》に運《はこ》ばれたアイスクリームがすつかり溶《と》けてしまつたのに彼女等《かのぢよら》はスプーンを取《と》り上《あ》げやうともしない。暗《くら》い愁《うれ》ひをひめたその明眸《めいぼう》を時々《ときどき》あげてぢつと見交《みか》はしては又《また》、深《ふか》い沈默《ちんもく》に彼女等《かのぢよら》は落《お》ちて行《ゆ》くのであつた。

この二人《ふたり》が云《い》ふまでもなく原榮子《はらえいこ》さんと井《ゐ》口《ぐち》よし子《こ》さんだつたのだ。

原榮子《はらえいこ》さんは軍人《ぐんじん》の次女《じぢよ》として、慈愛深《じあいふか》い母《はゝ》ゆう子《こ》さんとやさしい姉光子《あねみつこ》さんに愛《あい》された明朗《めいらう》な娘《むすめ》だつた。

千葉縣市川《ちばけんいちかは》に住《す》む榮子《えいこ》さん一家《か》は娘二人《むすめふたり》を入《い》れた四人暮《にんぐら》しの小《ちひ》さい家族《かぞく》ながら幸福《かうふく》な毎《まい》日《にち》を迎《むか》へてゐた。

どうせ女《をんな》の子《こ》は他家《たけ》に嫁《とつ》ぐ身《み》だからと、軍人《ぐんじん》らしい單純《たんじゆん》な考《かんが》へから、父親《ちゝおや》は次女《じぢよ》の榮子《えいこ》さんを三つの時親戚《ときしんせき》へ養女《やうぢよ》にやつてしまつた。

可愛《かあい》い盛《さか》りの榮子《えいこ》さんのゐなくなつた原家《はらけ》は急《きふ》に淋《さび》しい家庭《かてい》に變《かは》つてしまつた。更《さら》にそれに拍車《はくしや》を加《くは》へたのが父《ちゝ》の死《し》だつた。

實家《じつか》の父《ちゝ》に死別《しべつ》した榮子《えいこ》さんの身《み》に待《ま》ち構《かま》へてゐたやうにやつて來《き》た第《だい》二の不幸《ふかう》、第《だい》三の不幸《ふかう》、それは養父母《やうふぼ》の死《し》だつた。死《し》に絶《た》へた養家先《やうかさき》から榮子《えいこ》さんは本當《ほんたう》の母《はゝ》の手許《てもと》に戻《もど》つて來《き》た。

親《した》しい人々《ひと〲》の三つの死《し》に遭《あ》つて榮子《えいこ》さんはすつかり淋《さび》しい娘《むすめ》になつて了《しま》つた。

この悲《かな》しみの月日《つきひ》のうちに彼女《かのぢよ》は澁谷《しぶや》の常《とき》盤《は》松高女《まつかうぢよ》を卒業《そつげふ》した。かうして榮子《えいこ》さんを再《ふたゝ》び迎《むか》へた母子《おやこ》三人《にん》は昨年《さくねん》の七月大森《ぐわつおほもり》の馬込へ居《きよ》を移《うつ》した。重《かさ》なる不幸《ふかう》に原家《はらけ》は危《あやふ》く打《う》ちのめされさうになつたが、勝氣《かちき》な母《はゝ》ゆう子《こ》さんは二人《ふたり》の娘《むすめ》を抱《かゝ》えて辛《から》くも踏《ふ》み止《とゞま》り、大森《おほもり》の新居《しんきよ》で更生《かうせい》の生活《せいくわつ》が立《た》て直《なほ》された。淋《さび》しいが母子《おやこ》三人水入《にんみづい》らずのなごやかな生活《せいくわつ》がつゞけられた。榮子《えいこ》さん姉妹《しまい》は母《はゝ》の翼《つばさ》の庇護《ひご》を受《う》けて、ピアノを稽《なら》ひ、母《はゝ》の生計《せいけい》の手隙《てすき》に生花《いけばな》を敎《をそ》はつた。やがて榮子《えいこ》さんは次第《しだい》に昔《むかし》のやうな明朗《めいらう》な娘《むすめ》に返《かへ》つた。

併《しか》し、此《こ》の時《とき》、三度《さんど》榮子《えいこ》さんに致《ち》命的《めいてき》な打《だ》撃《げき》を與《あた》へ、るやうな悲《かな》しい出《で》來事《きごと》が惹《ひ》き起《おこ》された。それは榮子《えいこ》さんが女學校《ぢよがくかう》時代《じだい》、級友《きふいう》から羨《うらやま》しがられる程《ほど》の仲《なか》よしだつた春子《はるこ》さん（假名《かめい》）が、愛《あい》する友達《ともだち》にこの世《よ》の暇乞《いとまご》ひを述《の》べる間《ま》もないくらゐ、あつけなく、倉皇《さうくわう》として天國《てんごく》へ旅立《たびだ》つた。春子《はるこ》さんは所謂榮子《いはゆるえいこ》さんのSさんであつた。この同性《どうせい》の愛人《あいじん》の死《し》は榮子《えいこ》さんから生《い》きる喜《よろこ》びと希望《きばう》を全《こつた》く奪《うば》つてしまつた。

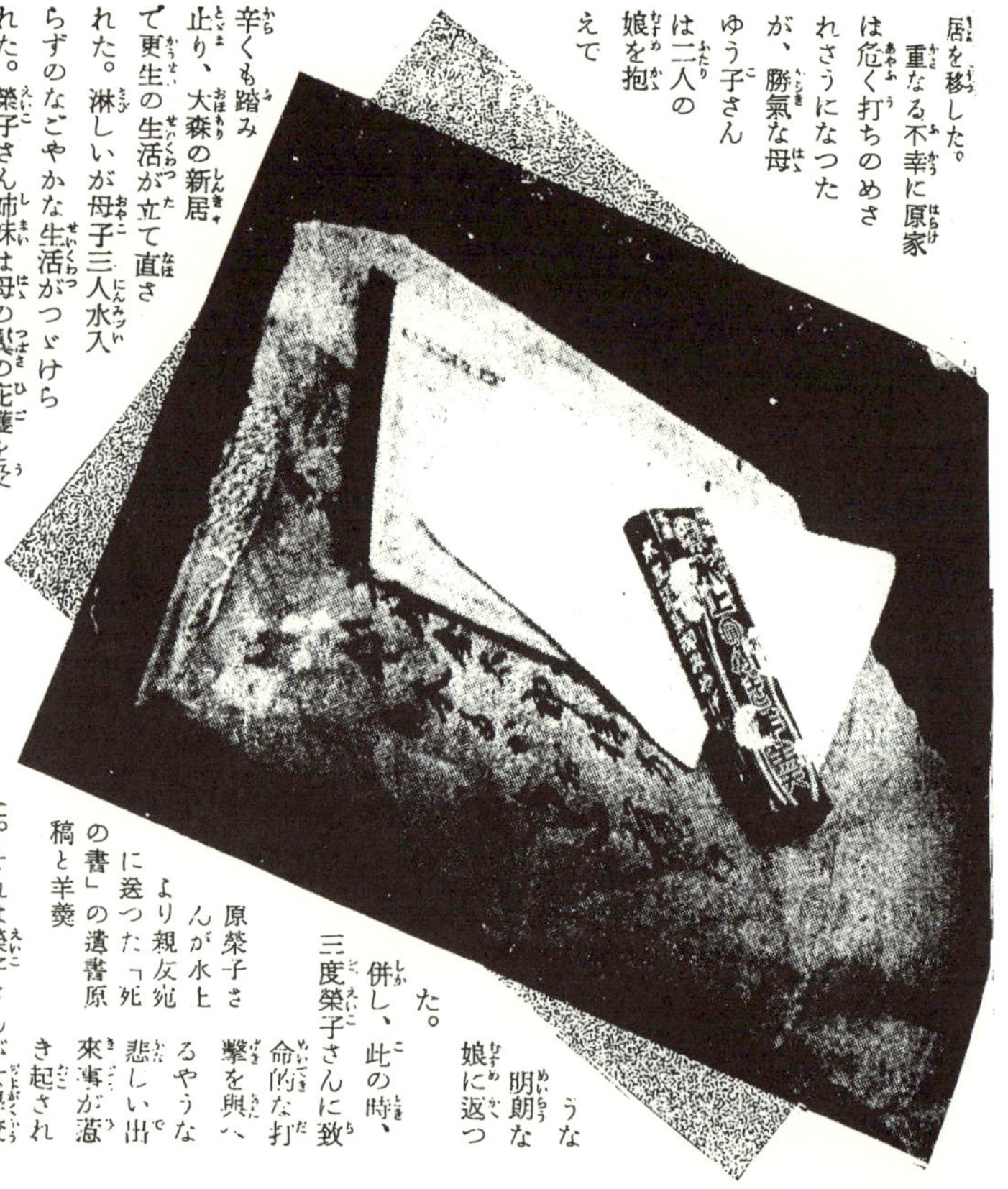

原榮子さんが水上より親友宛に送つた「死の書」の遺書原稿と羊羹

榮子《えいこ》さんの此度《このたび》の情死行《じやうしかう》の最《もつと》も大《おほ》きい誘因《いういん》をなした程《ほど》、春子《はるこ》さんの死《し》は彼女《かのぢよ》に取《と》つて傷《いた》手《で》だつた。再《ふたゝ》び求《もと》めて得《え》られない友情《いうじやう》。その同性《どうせい》への激《はげ》しい熱愛《ねつあい》の故《ゆゑ》に、彼女《かのぢよ》は二十六の今日《こんにち》まで世《よ》の常《つね》の女性《ぢよせい》の歩《ある》く結婚《けつこん》への道《みち》を取《と》らなかつたくらゐであつた。その彼女《かのぢよ》の青春《せいしゆん》の血潮《ちしほ》の最後《さいご》の一滴《てき》までも注《そゝ》ぎつくした對照《たいせう》が一塊《くわい》の土《つち》と化《くわ》したとすれば、彼女《かのぢよ》をこの世《よ》につなぎ止《とゞ》めるよすがゞ彼女《かのぢよ》から取《と》り去《さ》られたのと同《おな》じだつた。彼女《かのぢよ》は悲歎《ひたん》のどん底《ぞこ》で、天《てん》を仰《あふ》ぎ、地《ち》に伏《ふ》して絶叫《ぜつけう》した。

生ける屍《しかばね》のやうな空《うつ》ろな魂《たましひ》を抱《いだ》いた榮《えい》子《こ》さんを擁《よう》して、彼女《かのぢよ》の家庭《かてい》は再《ふたゝ》び暗雲《あんうん》に閉《とざ》された。母《はゝ》や姉《あね》の悲《かな》しみを見《み》た榮子《えいこ》さんは自《じ》分《ぶん》の責任《せきにん》をつくゞ感《かん》じて、幾度《いくど》か思《おも》ひ直《なほ》さうとつとめたが、彼女《かのぢよ》の胸深《むねふか》く崩《きざ》した憂鬱《いううつ》は拂《はら》ふすべもなかつた。

彼女《かのぢよ》はレヴュー、スケート、登山《とざん》などの刺《し》

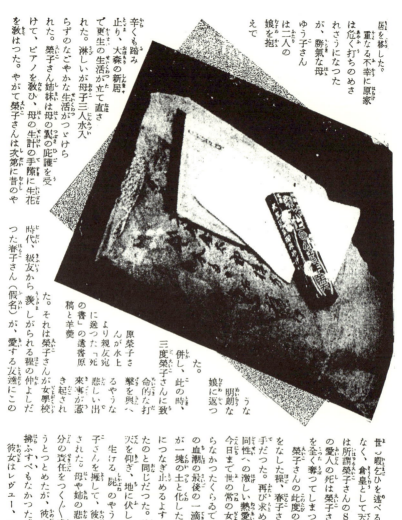

戟《げき》の強《つよ》さによつて辛《から》うじて、悲《かな》しい思《おも》ひ出《で》を忘《わす》れる瞬間《しゆんかん》を持《も》つに過《す》ぎなかつた。

月日《つきひ》の流《なが》れは過去《くわこ》を運《はこ》び去《さ》る。

いつの間《ま》にか榮子《えいこ》さんも少《すこ》しづゝ心境《しんきやう》の變《へん》化《くわ》を來《きた》らすやうになつた。

『結婚《けつこん》は嫌《いや》だし、といつて遊《あそ》んでゝもつまらないから働《はたら》くわ』

ある日《ひ》榮子《えいこ》さんは姉《あね》の光子《みつこ》さんにさう呟《つぶや》いたが、間《ま》もなく、知人《ちじん》を頼《たよ》つて、蒲田《かまだ》の東京《とうきやう》計器株式會社《けいきかぶしきくわいしや》の製圖係《せいづがかり》に採用《さいよう》された。

お孃《ぢやう》さんの安逸《あんいつ》な生活《せいくわつ》から、職業婦人《しよくげふふじん》というあわたゞしい境遇《きやうぐう》に自身《じしん》を置《お》き變《か》へてまで、どうしやうもない悲《かな》しみを忘《わす》れやうとする彼女《かのぢよ》の哀《あは》れな努力《どりよく》であつた。

東京計器會社《とうきやうけいきくわいしや》に入社《にふしや》した榮子《えいこ》さんは貪《むさぼ》るやうに友《とも》を求《もと》めた。同性《どうせい》の友《とも》を——百人《にん》のうち、いや千人《にん》のうちに、或《あるひ》は亡《な》き春子《はるこ》さんの俤《おもかげ》を宿《やど》した友《とも》がゐるかも知《し》れないと、彼女《かのぢよ》は儚《はか》ない夢《ゆめ》を求《もと》めた。そして彼女《かのぢよ》は井口《ゐぐち》よし子《こ》さんを得《え》た。榮子《えいこ》さんの熱愛《ねつあい》によつて、二人《ふたり》は固《かた》く結《むす》ばれた。

井口《ゐぐち》よし子《こ》さんに就《つ》いては、筆者《ひつしや》は多《おほ》く語《かた》る事《こと》を好《この》まない。榮子《えいこ》さんの道連《みちづ》れとなつて谷川嶽《たにがはだけ》で恐《おそろ》しい死線《しせん》を越《こ》え、その一歩《ぽ》手《て》前《まへ》で辛《から》くも生命《せいめい》を取《と》り止《と》めた生々《なま〳〵》しい記憶《きおく》の未《ま》だ新《あら》たなる今日《こんにち》である。而《しか》も彼女《かのぢよ》には未《ま》だ〳〵華《はな》やかな人生《じんせい》が遠《とほ》い未來《みらい》に約束《やくそく》されてゐる筈《はず》であるとすれば、よし子《こ》さんの今後《こんご》を祝福《しゆくふく》する事《こと》に吝《やぶさ》かでない筆者《ひつしや》は一切《さい》を沈默《ちんもく》したい。

E・S・S、これは榮子《えいこ》さんの手記《しゆき》の中《うち》にもあるやうに、彼女《かのぢよ》が主唱《しゆしやう》して組織《そしき》された同《どう》僚間《れうかん》の登山《とざん》の會《くわい》であるが、情死行《じやうしかう》の直前《ちよくぜん》榮子《えいこ》さんをリーダーとして三峠《たうげ》へ登《のぼ》つた。その際《さい》榮子《えいこ》さんの失敗《しつぱい》から彼女《かのぢよ》は同僚《どうれう》と激《はげ》しい口論《こうろん》をした。樂《たの》しかるべき山《やま》の旅《たび》もこんな事《こと》から、彼女《かのぢよ》を非常《ひじやう》に淋《さび》しくさせた。

危《あぶな》つかしい足取《あしど》りを踏《ふ》み直《なほ》し〳〵して來《き》た彼女《かのぢよ》である。この取《と》るにも足《た》りないやうな小《ちひ》さい衝激《しようげき》は傷《きず》つき易《やす》い彼女《かのぢよ》をすつかり鬱《ふさ》ぎ込《こ》ませてしまひ、三峠《たうげ》から歸《かへ》ると、彼女《かのぢよ》はとうとう會社《くわいしや》を休《やす》んでしまつた。

缺勤《けつきん》して三日《か》目《め》の七月《ぐわつ》二十五日《にち》、榮子《えいこ》さんの安否《あんぴ》を氣《き》づかつた井口《ゐぐち》よし子《こ》さんが見舞《みまひ》にやつて來《き》た。

井口《ゐぐち》さんのなつかしい顏《かほ》を見《み》ると、榮子《えいこ》さ

んは急《きふ》に元氣《げんき》を取《と》り戻《もど》した。

併《しか》し、若《わか》い二人《ふたり》の女性《ぢよせい》はこの時《とき》、死《し》の誓《ちか》ひを交《か》はしてゐたのだつた。

二日置《お》いて二十七日《にち》の朝《あさ》、朝食《てうしよく》の仕度《したく》に追《お》はれてゐる母親《はゝおや》のゆう子《こ》さんの前《まへ》に氣嫌《きげん》のいい榮子《えいこ》さんが立《た》つた。

『お早《はや》う』

白《しろ》の半袖《はんそで》のシヤツにグリーンのスカート、ギヤバヂンの帽子《ぼうし》といふ颯爽《さつさう》とした登山姿《とざんすがた》の愛娘《まなむすめ》の様子《やうす》にゆう子《こ》さんは吃驚《びつくり》して、眸《ひとみ》を見《み》張《は》つた。

『病氣《びやうき》だつて云《い》ふのに、そんな恰好《かつこう》をして』

『もう治《なほ》つたの、ボク、よし子《こ》さんと山《やま》へ行《ゆ》く約束《やくそく》したから、ちよつと行《い》つて來《く》るわ』

この前山《まへやま》から歸《かへ》つてすつかり悄氣《しよげ》込《こ》んで床《とこ》に就《つ》いてゐた榮子さんの様子《やうす》に人知《ひとし》れず心《こゝろ》を痛《いた》めてゐたゆう子《こ》さんと姉《あね》の光子《みつこ》さんは、榮《えい》子《こ》さんのこの意外《いぐわい》の元氣《げんき》に、すつかり安心《あんしん》して、思《おも》はず微笑《ほゝゑ》んで、彼女《かのぢよ》を氣持《きもち》よく山《やま》の旅《たび》へ逡《おく》り出《だ》した。

可愛《かあい》い娘《むすめ》が、妹《いもうと》が、山《やま》の懐《ふところ》に抱《いだ》かれて死《し》にに行《ゆ》くとは知《し》らず、榮子《えいこ》さんが山《やま》が好《す》きなのを知《し》りすぎるほど知《し》つてゐた二人《ふたり》であつた。それ故《ゆゑ》にこそ、死《し》の旅立《たびだち》を見逡《みおく》つたのである。

胸深《むねふか》く死《し》の誓《ちかひ》を祕《ひ》めて、それを肉親《にくしん》に見破《みやぶ》られまいとしての誇張《こちやう》したつけ元氣《げんき》、そして彼女《かのぢよ》の眼《め》にはひそかに光《ひか》るものがあつたのだが、只《たゞ》榮子《えいこ》さんの表面《へうめん》だけの元氣《げんき》にすつかり心《こゝろ》を奪《うば》はれて、みす〳〵娘《むすめ》を悲《かな》しい旅《たび》に出《だ》したことは、榮子《えいこ》さんに先立《さきだ》たれたゆう子《こ》さん母子《おやこ》には泣《な》いても泣《な》き切《き》れぬ恨事《こんじ》であらう。

翌《よく》二十八日《にち》、靜《しづ》かな大森《おほもり》の原家《はらけ》の玄關《げんくわん》、硝《がら》子《す》戸《ど》の隙間《すきま》から上《あが》り込《こ》んだ一枚《まい》の端書《はがき》、それは母子《おやこ》に取《と》つて正《まさ》に青天《せいてん》の霹靂《へきれき》だつた。

上野《うへの》にてと記《しる》された榮子《えいこ》さんからのたよりであつた。

『お母様《かあさま》、お姉様《ねえさま》、私《わたし》が四五日《にち》鬱《ふさ》ぎ込《こ》んでゐたのは本當《ほんたう》に身體《からだ》の具合《ぐあひ》が惡《わる》かつたのです。私《わたし》は吐血《とけつ》しました。あまりの甘《あま》もの好《ず》きから胃《ゐ》をこわしたのかも知《し》れません。マネーは心《しん》配《ぱい》りません。二三日《にち》したら居所《きよしよ》を知《し》らせますから、騒《さわ》がないで下《くだ》さい』

吐血《とけつ》！　家出《いへで》！　そして若《も》しや死《し》!!　母親《はゝおや》ゆう子《こ》さんの全身《ぜんしん》の血《ち》はそのまゝ凍《こほ》りつくかと思《おも》はれた。

これと同時《どうじ》に横濱市鶴見區北寺尾町《よこはましつるみくきたてらをちやう》の井口《ゐぐち》よし子《こ》さんの兄兼雄《あにかねを》氏《し》宅《たく》にも同様《どうやう》の端書《はがき》が配《はい》達《たつ》された。

藏王山《ざわうざん》へ行《ゆ》くと云《い》つて出《で》た二人《ふたり》だつた。

時《とき》を移《うつ》さず井口兼雄《ゐぐちかねを》氏《し》から蒲田署《かまたしよ》に出《だ》された捜索願《そうさくねがひ》によつて、捜索《そうさく》の網《あみ》は直《たゞち》に藏王《ざわう》へ張《は》られた。

五時間《じかん》、十時間《じかん》、遂《つ》ひに危憂《きいう》の一日《にち》は暮《く》れた。彼女等《かのぢよら》の消息《せうそく》は依然《いぜん》として不明《ふめい》。

生《い》きてゐてくれ！　唯《たゞ》、唯《たゞ》、生《い》きてゐてくれ！　必死《ひつし》に彼女等《かのぢよら》の生《せい》を念願《ねんぐわん》する兩家《りやうけ》の人《ひと》人《びと》。

噫《あゝ》！　併《しか》し、此《こ》の時《とき》、既《すで》に、既《すで》に、二人《ふたり》の身《み》には決定的《けつていてき》な運命《うんめい》の槌《つち》が振《ふ》り下《おろ》されてゐたのであつた。

三十日《にち》、榮子《えいこ》さんの友人某氏《いうじんぼうし》のもとへ、榮《えい》子《こ》さん達《たち》の家出後最初《いへでごさいしよ》の、さうしてこの世《よ》に於《お》ける最後《さいご》の消息《せうそく》が送《おく》られて來《き》た。

　水上《みなかみ》にてと毛筆《まうひつ》で認《した》められた小包《こづつみ》。その中《なか》には水上《みなかみ》の羊羹《やうかん》と名物《めいぶつ》の圓扇《まるうちは》とノートが一册《さつ》包《つゝ》まれてあつた。

　ノートの表紙《へうし》には『原《はら》ますみ、死《し》の手記《しゆき》』と記《しる》されてゐた。

『東京市大森區馬込東《とうきやうしおほもりくまごめひがし》二丁目《ちやうめ》九七九生花師匠《いけばなししやう》原《はら》ゆう子次女《こじぢよ》、蒲田《かまた》、東京計器株式會社員《とうきやうけいきかぶしきくわいしやゐん》原《はら》榮子《えいこ》（二六）と横濱市鶴見區北寺尾町《よこはましつるみくきたてらをちやう》二一一四六井口《ゐぐち》兼雄妹井口《かねをいもうとゐぐち》よし子《こ》（二二）は水上溫泉《みなかみをんせん》から友人宛《いうじんあて》に同性情死《どうせいじやうし》の遺書《ゐしよ》を送《おく》つたので、家族《かぞく》から捜索願《さうさくねがひ》が出《で》て居《ゐ》たが、三十日朝谷川《にちあさたにがは》嶽富士淺間神社境内《だけふじせんげんじんじやけいだい》で登山姿《とざんすがた》で睡眠劑《すゐみんざい》を飲《の》んで昏睡狀態《こんすゐじやうたい》に陷《おちい》つてゐるのを發見《はつけん》された。』

　都下《とか》の新聞《しんぶん》はかう報《はう》じた。

　次《つ》いで榮子《えいこ》さんの絕命《ぜつめい》、よし子《こ》さんの蘇生《そせい》が傳《つた》へられ世《よ》の母親達《はゝおやたち》を暗然《あんぜん》とさせた。

　つひに榮子《えいこ》さんは第二《だい》の愛人《あいじん》よし子《こ》さんを死《し》の同伴者《どうはんしや》とする事《こと》にも破《やぶ》れて、ひとり寂《さび》しく二十六年《ねん》の短《みじか》い生涯《しやうがい》の幕《まく》を自《みづか》らの手《て》で閉《と》ぢたのだつた。

　如何《いか》なる場合《ばあひ》にも子《こ》に幸多《さちおほ》かれと祈《いの》る母《はゝ》の手《て》を振《ふ》りほどいてまで死《し》へ急《いそ》いだ榮子《えいこ》さん。

　そしてその『死《し》の手記《しゆき》』。それは固《もと》より一個《こ》の同性愛情死《どうせいあいじやうし》に他《ほか》ならぬ。併《しか》し、最近新聞《さいきんしんぶん》は頻《ひん》頻《ぴん》として同性心中《どうせいしんぢう》を傳《つた》へてゐる。この現象《げんしやう》は何《なに》を語《かた》るのであらうか。讀《よ》み捨《す》てられぬ何《なに》かが其處《そこ》にあるのではなからうか。

　世《よ》の年頃《としごろ》の娘《むすめ》を持《も》つ多《おほ》くの母親《はゝおや》と若《わか》い女性《ぢよせい》達《たち》に齎《もたら》された社會問題《しやくわいもんだい》として、敢《あ》えて原榮子《はらえいこ》さんの『死《し》の手記《しゆき》』の一部《ぶ》を提供《ていきやう》する事《こと》も意義《いぎ》のない事《こと》ではないと考《かんが》へる。

その死の手記

目的地《もくてきち》に參《まゐ》りました。私《わたし》の最後《さいご》の品《しな》をお送《おく》り致《いた》します。内田《うちだ》さんにうちわを上《あ》げて下《くだ》さい。

此の間書《あひだか》いて頂《いただ》いた封筒《ふうとう》は間《ま》に合《あ》はなくて捨《す》てゝ仕舞《しま》つた爲御《ためご》住所《ぢうしよ》を忘《わす》れ、私《わたし》の家《いへ》へ送《おく》つて來《き》ましたと小包《こづゝみ》を會社《くわいしや》へ出《だ》すと、又貴女《またあなた》の上《うへ》に迷惑《めいわく》がかゝると思《おも》ひましたからお宅《たく》へお出《だ》しゝます。

もう事件《じけん》はすつかり明《あか》るみへ出《だ》されたでせうか。未《ま》だ若《も》し何《なん》の事《こと》もない樣《やう》でしたら此《こ》のノートはもう少《すこ》し發表《はつぺう》を見合《みあは》せて下《くだ》さい。

一ケ月位《げつぐらゐ》のあと、私《わたし》が遭難《さうなん》であつた事《こと》に全部《ぜんぶ》（新聞《しんぶん》）解決《かいけつ》した後《のち》に必《かなら》ずこれを事務《じむ》の方々《かたがた》に發表《はつぺう》して下《くだ》さい。

平工さんに原《はら》さんのお友達《ともだち》（井口《ゐぐち》さんではない）から昨日《きのふ》送《おく》つて來《き》た位《くらゐ》にあつさりと上《あ》げて下《くだ》さい。

私《わたし》からのお願《ねがひ》は必《かなら》ずお守《まも》り下《くだ》さい。私《わたし》はあくまで遭難《さうなん》にいたしたいのですから。

いよいよ最後《さいご》のお別《わか》れです。さようなら。

たかをさんや私《わたし》の家《いへ》へも默《だま》つて置《お》いて下《くだ》さいませ。谷川岳《たにがはだけ》にて

榮子

空《そら》は蒼《あを》い、そして廣《ひろ》い。

日《ひ》は早《は》や西《にし》の山《やま》の端《はし》にかゝつたのであらう。小鳥《ことり》はねぐらに急《いそ》ぎ歸《かへ》つて行《ゆ》く。私《わたし》の乘《の》つてゐる急行列車《きうかうれつしや》は今《いま》上越國境《じやうえつこくきやう》をひた走《はし》りに走《はし》つてゐる。

空《そら》の一角《かく》にほうきでゝもはいた樣《やう》なうすい雲《くも》が空《そら》の蒼《あを》さに染《そま》つてゐる。空《そら》は高《たか》くどこまで澄《す》んでゐるだらう。美《うつく》しい空《そら》の蒼《あを》さよ。

五時《じ》はもう過《す》ぎたかしら、私《わたし》は早《は》や時計《とけい》の必要《ひつえう》もなかつたので置《お》いて來《き》てしまつた事《こと》が一寸淋《ちよつとさび》しかつた。時間《じかん》のない呑氣《のんき》な旅《たび》を何時迄《いつまで》もして見《み》たい。

懷《なつか》しい會社《くわいしや》の方々《かたがた》は皆《みな》お家《うち》の人《ひと》となつたであらうか、今日《けふ》の私《わたし》の出《で》來《き》事《ごと》がきつとトピックになつてゐるに違《ちが》ひない。

樂《たの》しい旅《たび》です。再《ふたゝ》び歸《かへ》る事《こと》のない美《うつく》しい旅《たび》です。私《わたし》はもう泣《な》いてはゐない。

熱《あつ》い熱《あつ》い心《こゝろ》から出《で》る涙《なみだ》は昨日《きのふ》と今日《けふ》、此處《ここ》一週間《しうかん》の間《あひだ》に枯《か》れて、只《たゞ》うす氣味《きみ》惡《わる》い笑《わら》ひのかすかにもれるのみ。

私《わたし》は氣《き》が狂《くる》つたのです。大《おほ》きな精神的打撃《せいしんてきだげき》に耐《た》へかねて――。私《わたし》の心臟《しんざう》は餘《あま》りにも弱《よわ》りきつてふるへてゐます。

内田《うちだ》樣《さま》、鈴木《すずき》樣《さま》、光田《みつだ》樣《さま》。

本當《ほんたう》にありがたう。今日《けふ》までこんなに御心配《ごしんぱい》下《くだ》さいました事深《ことふか》く御《お》禮申上《れいまをしあ》げます。

いろいろ會社《くわいしや》の事《こと》で御願《おねが》ひもしたい事《こと》が澤山《たくさん》ありました。でも今日《けふ》の私《わたし》には何《なに》も語《かた》れなかつた。

E・S・S（私《わたし》と内藤《ないとう》さん、河村《かはむら》さんで作《つく》つた樂《たの》しい山《やま》の會《くわい》）の想《おも》ひ出《で》のサックを背負《せお》つて、トボトボと私《わたし》は北《きた》の山《やま》を指《さ》して行《ゆ》く。

私《わたし》は一週間食《しうかんしよく》をとらなかつた。本當《ほんたう》に食《た》べられなかつたのだ。朝《あさ》の牛乳《ぎうにう》一合《がふ》でさへやつとの事《こと》の思《おも》ひで呑《の》んだもの、さうしなければ私《わたし》の

母《はゝ》がとても心配《しんぱい》するから。

私《わたし》の一番好《ばんず》きな羊羹《やうかん》も皆様《みなさま》と一緒《しよ》に食《た》べたかつたけれど機會《きくわい》も今日《けふ》は與《あた》へられない。

私《わたし》は死《し》にそうに心臓《しんぞう》が苦《くる》しかつた。心《こゝろ》が餘《あま》りにも亂《みだ》れてゐたために。

しめつぽい夜《よる》の香《かほり》、夕映《ゆふばへ》の空《そら》は何時《いつ》しか夜《よる》の帳《とばり》の中《うち》に泊《とま》つて、空《そら》には星《ほし》が美《うつく》しく冴《さ》え、汽車《きしや》は倘《たゞ》まつしぐらに走《はし》つてゐる。外《そと》は判《わか》らないが、あと僅《わづ》かで目的地《もくてきち》につく事《こと》が出來《でき》やう。車中《しやちう》の人々《ひとびと》の面《おもて》は皆希《みなき》望《ばう》に滿《み》ちてゐる。私一人《わたしひとり》は絶望《ぜつばう》の淵《ふち》に落《お》ちて明日《あす》の生命《いのち》もあやぶまれる。

暗夜《やみよ》の中《うち》にくつきり浮《うか》び出《で》る北《きた》アルプス連峰《れんぽう》、谷川《たにがは》の流《なが》れに耳《みゝ》かたむけて樂《たの》しかりし日《ひ》の追憶《つゐおく》にふける。

あゝ、私《わたし》の果敢《はか》ない人生《じんせい》、それはまるで夢《ゆめ》のやうであつた。

あやしいまでに冷《ひ》へてゐた私《わたし》の肉體《にくたい》、喜《よろこ》びがやつてきたと思《おも》ふ間《ま》もなくその喜《よろこ》びが返《かへ》つて今日《こんにち》の悲《かな》しい結果《けつくわ》となつた。心弱《こゝろよわ》きものゝ哀《あは》れな末路《まつろ》です。會社《くわいしや》の人々《ひとびと》は私《わたし》について何《なん》と語《かた》るでせう。

私《わたし》の今日《こんにち》のすべては内藤《ないとう》、河村《かはむら》さんが知《し》つてゐるでせう。

私《わたし》は唯口惜《たゞくや》しいと繰返《くりかへ》すのみ。後《あと》は何《なん》の言葉《ことば》もない。泣《な》いても泣《な》ききれない切《せつ》ない想《おも》ひです。

仕事《しごと》は最後迄忠實《さいごまでちうじつ》でありたかつた。それだけに今日《けふ》の午前中《ごぜんちう》の半日《はんにち》がどんなに切《せつ》なかつた事《こと》か。――大《おほ》きな心《こゝろ》の痛手《いたで》に語《かた》るさへいとしい。

今日《けふ》ある事《こと》は××さんも××さんも知《し》つてゐたのに、止《と》めてくれなかつた事《こと》が如何《いか》にも殘念《ざんねん》です。原因《げんいん》は自分達《じぶんたち》にあつたのに。若《も》しもう少《すこ》し早《はや》いうちに泣《な》いて止《と》めて下《くだ》さつたら私《わたし》もこれ程迄《ほどまで》せずにも考《かんが》へる餘地《よち》はありましたのに、考《かんが》へ出《だ》してもゾツとする。私《わたし》は唯口惜《たゞくや》しい、口惜《くや》しい。

普通《ふつう》のお友達《ともだち》の貴女《あなた》でさへあんなに迄《まで》して下《くだ》さつたのに、何故《なぜ》、御《ご》自分《じぶん》の爲《ため》死《し》んで行《ゆ》く私《わたし》に、もう少《すこ》し哀《あは》れみをかけてくれなかつたらうと。

午後《ごご》二時《じ》約束《やくそく》した方《かた》がありました。それ迄《まで》には何《ど》うしても會社《くわいしや》を出たいとね。私《わたし》は約束《やくそく》の時間《じかん》をたとへ一分《ぶん》でも違《たが》へた事《こと》はなかつたから、若《も》し少《すこ》しでも遲《おそ》くなつた場合《ばあひ》は都大路《みやこおほぢ》を圓《えん》タクで疾走《しつそう》する程《ほど》。

私《わたし》は心臓《しんぞう》が弱《よわ》つてゐるから母《はゝ》が迎《むか》へにやつたとか、それ迄歸《かへ》つてはいけないと言《い》ふ看護婦《かんごふ》の話《はな》しでヂレンマに私《わたし》は苦《くる》しみました。

増田《ますだ》さんは門證《もんしよう》を下《くだ》さらないし、事務室《じむしつ》の時計《とけい》は二時《じ》十五分前《ふんまへ》、十五分《ふん》で大森驛《おほもりえき》、どんなに苦《くる》しかつたでせう。

私《わたし》は今日《こんにち》の爲大切《ためたいせつ》な荷物《にもつ》をかゝへ夢中《むちう》で門《もん》を出《で》ましたの。勿論許可《もちろんきよか》證《しよう》もありませんでした。豫期《よき》の如《ごと》く『原《はら》さん一寸待《ちよつとま》つて』危《あぶ》ふかつたシーンでした。安宅《あたか》の關《せき》を義經《よしつね》が通過《つうくわ》する時《とき》のやうに御《ご》想像下《さうぞうくだ》さい。大森驛《おほもりえき》はヂヤスト、ほつとした。

×　×　×　×

内田《うちだ》さん羊羹召上《やうかんめしあが》つて下《くだ》さつたか知《し》ら、鈴木《すゞき》さん朝《あさ》いたゞいた羊羹《やうかん》いまだに殘《のこ》つてゐる樣《やう》です。

羊羹食《やうかんた》べる時《とき》の私《わたし》の顔嬉《かほうれ》しさうでせう。元氣《げんき》で歸《かへ》つたら山《やま》の話《はなし》をして羊羹《やうかん》を食《た》べませうよ。

私《わたし》は今《いま》ほゝ笑《ゑ》んでゐる。

恐《おそ》らくこれが最後《さいご》とは想像《さうぞう》もつかない程《ほど》、えゝ本當《ほんたう》に元氣《げんき》です。

窓にて

雨《あめ》の樣《やう》なはげしい水《みづ》の音《おと》に安眠《あんみん》を妨《さまた》げられた。蛙《かへる》がいゝ聲《こゑ》で泣《な》いてゐる。あゝ恐《おそ》らく今《こん》夜《や》は最後《さいご》。日夜《にちや》の嘆《なげ》きも苦《くる》しみも消《き》えるのだ。

もつと會社《くわいしや》に居《ゐ》たかつた。せめて五年《ねん》。三十まで生《い》き度《た》かつた。でもそれも空《むな》しい事《こと》になりました。オリンピックのある頃《ころ》は私達《わたしたち》はここで又《また》お話《はなし》することがあるか知《し》ら。

私《わたし》は我儘《わがまゝ》だつた。人《ひと》一倍《ばい》、でも人《ひと》の爲《ため》には泣《な》きました。人樣《ひとさま》にはなるべく打《う》ち溶《と》けたいと努力《どりよく》しましたが、私《わたし》の心《こゝろ》のやるせなさ、つい無言《むごん》のまゝ過《すご》して仕舞《しま》います。小《ちひ》さい時《とき》お友達《ともだち》からお化粧《けしやう》を習《なら》つて、實際《じつさい》トイレツトでやつて頂《いたゞ》いた程《ほど》の變《かは》り方《かた》お笑《わら》ひ下《くだ》さい。そして私《わたし》は道具《だうぐ》を整《とゝの》へ樂《たの》しんでゐたのもつかの間《ま》でした。

これ迄思《までおも》ひつめる間苦《あひだくる》しかつた。いざ實行《じつかう》に移《うつ》れば簡單《かんたん》であらう。むりに會社《くわいしや》を休《やす》んだ三日《か》間《かん》どんなに辛《つら》かつたか、夜《よる》も晝《ひる》も悶《もだ》へ悶《もだ》へてゐた若《わか》き日《ひ》の、いゝえ喜《よろこ》びの日《ひ》の餘《あま》り僅《わづ》かだつた感《かん》でした。

鈴木《すゞき》たかをさんお親切《しんせつ》ありが度《た》う。感謝《かんしや》を捧《さゝ》げます。

内田《うちだ》、光田《みつだ》、渡部《わたなべ》さん、お世話《せわ》になりました。

增田主任《ますだしゆにん》さん、感謝《かんしや》。

齋藤《さいとう》さん、再《ふたゝ》び音樂《おんがく》を語《かた》れず殘念《ざんねん》、私《わたし》はメヌエツトを口《くち》ずさみ乍《なが》ら。

中島勝治《なかじまかつぢ》、森《もり》さんにもよろしく、今人氣《いまひとけ》のない山《やま》で聲高《こえたか》らかに歌《うた》ひました。三峠《たうげ》の思出《おもひで》をリンデンベルグの歌《うた》を、惡《わる》い聲《こゑ》でも、山《やま》にこだましてよかつたこと。

私《わたし》はミユジツクマニヤです。一時《じ》は音樂《おんがく》に生《い》きた事《こと》もあつたのです。人《ひと》は生《せい》を受《う》ければ必《かなら》ず死《し》に逢《あ》はねばなりません。何時《いつ》か死《し》なねばならないのなら、やつぱり若《わか》い内《うち》に死《し》に度《た》かつた。若《も》し境遇《きやうぐう》が（十五字不明《じふめい》）生《い》きる事《こと》になりました。でも私《わたし》の場合《ばあひ》はサラリーはもらつても、全部《ぜんぶ》養《やしな》はれてゐる身分《みぶん》です。故《ゆゑ》に氣持《きもち》もいくらか樂《らく》でせう。皆樣《みなさま》誤解《ごかい》はなさらないでね。私《わたし》は、戀愛等超越《れんあいなどてうえつ》してゐると言《い》ふ事《こと》を、唯毎《たゞまい》日會社《にちくわいしや》で受《う》ける苦《くる》しみを弱《よわ》い心《こゝろ》の私《わたし》が耐《た》へられなかつたゞけなのです。

細腕《ほそうで》にカンフル注射《ちうしや》の針《はり》が痛《いた》かつた。お醫者《いしや》さんと看護婦《かんごふ》さんは、何故私《なぜわたし》が××××を呑《の》んだのだなど、とんでもない誤解《ごかい》をしたゞらう。

美《うつく》しい淸《きよ》い死《し》は、工場《こうば》の中《なか》では出來《でき》ない。これはやつぱり山《やま》でなければならない。朝《あさ》になりました。遂《つひ》に時《とき》が來《き》たのです。七月《ぐわつ》二十八日《にち》、私《わたし》は午前《ごぜん》北《きた》の山《やま》を指《さ》して行《ゆ》く。

流《なが》れの音《おと》に蟬《せみ》の聲《こゑ》、朝《あさ》の空《そら》は美《うつく》しく明《あ》けて、谷川岳《たにがはだけ》の莊嚴《さうごん》な姿《すがた》、毎年幾人《まいねんいくにん》かの遭難者《さうなんしや》を出《だ》すであらう此《こ》の山《やま》、未《ま》だ雪《ゆき》が殘《のこ》つてゐる。これが私《わたし》には限《かぎ》りなく懷《なつか》しい。

物質的《ぶつしつてき》には何《なん》の苦《くる》しみもない私《わたし》だつた。欲《ほ》しいと思《おも》ふものは何《なん》でも買《か》へる私《わたし》だつた。見度《みた》いと思《おも》ふものは直《すぐ》に見《み》る事《こと》の出來《でき》る私《わたし》だつた。でも精神的《せいしんてき》には如何《いか》に苦《くる》しんでゐたかといふ事《こと》を。

私《わたし》のＳは死《し》んだ。そうして今年《ことし》で七年目《ねんめ》、私《わたし》はよく今日《けふ》まで一人《ひとり》で危《あぶな》かしい道《みち》を歩《ある》いて來《き》た事《こと》に感心《かんしん》した。結局私《けつきよくわたし》の行《ゆ》く道《みち》はこれだつたのだ。

毎日私《まいにちわたし》は樂《たの》しみを求《もと》めて會社《くわいしや》に行《い》つた。そして少《すこ》しの間《あひだ》でも、親《した》しい友《とも》と語《かた》つて喜《よろこ》んでゐたかつた。自分《じぶん》を忘《わす》れる事《こと》は本當《ほんたう》に嬉《うれ》しい事《こと》だつた。

私《わたし》は孤獨《こどく》を愛《あい》してゐた。私《わたし》の好《す》きな人《ひと》はもうとうに死《し》んで仕末《しま》つたから。

私《わたし》がお嫁《よめ》に行《ゆ》かないと言《い》つては母《はゝ》を苦《くる》しめた事《こと》も幾度《いくたび》か。愛《あい》のない私《わたし》に何《ど》うしてこんな事《こと》が出來《でき》るだらう。私《わたし》はそれよりもつともつとヘイラーテンなんて超越《てうえつ》した淸《きよ》い淸《きよ》い尼僧《にそう》の樣《やう》な生活《せいくわつ》を願《ねが》つてゐたから。

危《あや》ふく會社《くわいしや》のオバサンになるところだつた。私《わたし》は同性《どうせい》の共鳴者《きようめいしや》を求《もと》めてゐた。凡《すべ》ての點《てん》に於《おい》て共鳴出來《きようめいでき》る。でもこれけ何年何十年《なんねんなんじふねん》、金《かね》のわらぢで世界中《せかいぢう》を探《さが》し求《もと》めても不可能《ふかのう》な事《こと》だ。私《わたし》は普通《ふつう》の友達以外《ともだちいぐわい》に釣《と》しい異性《いせい》は嫌《きら》いだつた。でも或點共鳴《あるてんきようめい》すれば次第《しだい》にその愛《あい》に惹《ひ》かれて行《ゆ》く樣《やう》な氣《き》もする。私《わたし》はこれを恐《おそ》れて普通以外《ふつういぐわい》の人《ひと》には皆絶交《みなぜつかう》して仕舞《しま》つたのだつた。

異性《いせい》なんて超越《てうえつ》した時《とき》は何《な》んといふ靜《しづ》かな心《こゝろ》。この樣《やう》になれた自分《じぶん》を少《すこ》しは喜《よろこ》びはしたものゝ、他《た》の方面《はうめん》の苦《くる》しみに、私《わたし》は耐《た》えられなかつた。

昔《むかし》の若《わか》さが欲《ほ》しい。一ケ月前《げつまへ》のほがらかさが欲《ほ》しい。茶目《ちやめ》を盛《さか》んに發揮《はつき》した當時《たうじ》が戀《こひ》しい。げつそりやせた。

つい十日前迄《かまへまで》は十一貫《くわん》七八百あつた私《わたし》だつたのに、ほゝの極度《きよくど》におちたのに氣付《きづ》いて、今日《けふ》計《はか》つて見《み》たら僅《わづ》か十貫《くわん》七百しかなかつた。恐《おそ》らく曾《かつ》てこんなにまでやせた事《こと》はなかつた。母《はゝ》よ、もう歩《ある》く勇氣《ゆうき》もない。あゝ、又忘《またわす》れかけてゐた涙《なみだ》が、涙《なみだ》がほゝを傳《つたは》つて來《き》た。歩《ある》くのは止《や》めよう。私《わたし》は悲《かな》しくなるから。友《とも》よ、親《した》しい友《とも》よ、御幸《ごかう》福《ふく》を祈《いの》ります。

サヨナラ皆《みな》さん、元氣《げんき》に暮《くら》して下《くだ》さい。私《わたし》は高《たか》らかにリンデンベルグの歌《うた》を歌《うた》ひながら。

二十八日午後

母《はゝ》よ、お赦《ゆる》し下《くだ》さい。

日夜《にちや》の御恩《ごおん》に報《むく》ゆる事《こと》なくこんなにならなければならないことに、人《ひと》の噂《うはさ》も七十五日《にち》、何時《いつ》か皆《みな》から忘《わす》れられてゆくでせう。私《わたし》の切《せつ》ない胸《むね》をお察《さつ》し下《くだ》さい。次第《しだい》に弱《よわ》つてゆく私《わたし》の身體《からだ》、私《わたし》の心《こゝろ》、生《い》きるに耐《た》へられなくなつたのです。

私《わたし》のものは親《した》しいお友達《ともだち》に上《あ》げて下《くだ》さい。私《わたし》の品《しな》も一つ二つなくなつて行《い》つたら、想出《おもひで》も次第《しだい》に忘《わす》れられるでせう。

附記《ふき》――文字不《もじふ》明《めい》の點《てん》もあり、亦《また》現在者《げんざいしや》に差支《さしつか》へる個所《かしよ》もあるので、三十枚《まい》のうちより、榮子《えいこ》さんの俤《おもかげ》を傳《つた》へる部分《ぶぶん》を拔萃《ばつすゐ》した。

× ×

× ×

（批判）二村・原さんの手記をよみて しみじみ感ずる死を追ふ

娘ごころの秘密

森田たま

春《はる》は曙《あけぼの》。やう〳〵白《しろ》くなりゆく山《やま》ぎは、すこしあかりて、紫《むらさき》だちたる雲《くも》の細《ほそ》くたなびきたる。——知《し》らぬ人《ひと》もない枕草子《まくらのさうし》の書《か》きだしだけれど、私《わたし》はこの句《く》を口誦《くちずさ》むたび、いまさらのやうにその大《おほ》らかな美《うつく》しさと、すがすがしさのなかにつつまれた一點《てん》のなまめかしさに驚《おどろ》きを新《あたら》しくするのである。さうして同時《どうじ》にいつも私《わたし》のまぶたのうらには、曙《あけぼの》染めの振袖《ふりそで》を着《き》た一人《ひとり》の美《うつく》しい令孃《れいぢやう》のすがたが彷《はう》彿《ふつ》と浮《うか》んでくるのである。それはどこの誰《だれ》ともわからない。また、その髪《かみ》のかたちや顔《かほ》のつくりなどもはつきりとはしないのだけれど、その一人《ひとり》の姿《すがた》を思《おも》ひ浮《うか》べるたび、自分《じぶん》の心《こゝろ》の底《そこ》まで洗《あら》はれたやうに、せいせいと澄《す》みとほるおもひがするのは、つまりその令孃《れいぢやう》が自分《じぶん》の心《こゝろ》のなかに住《す》む永遠《えいえん》の女性なのであらう。私《わたし》のあこがれはいつまでたつても、いまさらに返《かへ》らぬ若《わか》きをとめの日《ひ》にあるらしい。

ああ誰《だれ》かかへりみて若《わか》きをとめの日《ひ》を戀《こ》ひ慕《した》はぬものがあるであらうか。春《はる》は　曙《あけぼの》と清少納言《せいせうなごん》の言葉《ことば》をそのまま、ほのぼのと明《あ》けてゆく春《はる》の山《やま》のやうなをとめの姿《すがた》。長《なが》い冬《ふゆ》の眠《ねむ》りからさめて、いまやうやく新《あたら》しいのび支度《じたく》をしようとする山《やま》の樹々《きぎ》のやうに、すくすくと生《お》ひたつた少女《せうぢよ》たちも、そのつぶらな瞳《ひとみ》をみひらいて、新《あたら》しくひろい世界《せかい》を眺《なが》めやうとしてゐる。さうして清純《せいじゆん》な少女《せうぢよ》の胸《むね》にはあらゆるものがやはり清純《せいじゆん》に映《うつ》つてくるのである。新《あたら》しい世界《せかい》は紫《むらさき》の霞《かすみ》のなかうに、やはらかいベエルをかぶつて美《うつく》しく横《よこ》たはつてゐるのである。

この世《よ》の中《なか》がさまざまの忌《いま》はしい罪《つみ》や汚《けが》れや不人情《ふにんじやう》で一ぱいになつてゐるなどとは、夢《ゆめ》にもおもはれなかつたあの頃《ころ》。人《ひと》の心《こゝろ》にもし鬼《おに》がすむなら、自分《じぶん》の心《こゝろ》できつとそれを追《お》ひ出《だ》してしまはうと思《おも》ひつめてゐたあの頃《ころ》。だが朝霧《あさぎり》の霽《は》れてゆくやうに、山《やま》にたなびく紫《むらさき》の雲《くも》が消《き》えると、眩《まぶ》ゆい朝《あさ》の光《ひかり》の中《なか》にまともにてらし出《だ》された己《おの》れのすがた。汚濁《をだく》は人《ひと》よりもまづ己《おの》れのうちにある事《こと》を見出《みいだ》でた私《わたし》の驚愕《きやうがく》と嘆《なげ》きと失望《しつばう》と——若《わか》い二十歳《はたち》の頃《ころ》をふりかへつたある日《ひ》の日記《にき》に、私《わたし》はつぎのやうな事《こと》を書《か》いてゐる。

……石《いし》にかぢりついても生《い》きてゐたいと内藤千代子《ないとうちよこ》が云《い》つた。牛込見附《うしごめみつけ》のくらい橋《はし》の上《うへ》であつた。時々省線電車《ときどきしやうせんでんしや》が土手《どて》の上《うへ》をとほり、神樂坂《かぐらざか》は人出《ひとで》が賑《にぎ》やかだつたが、その橋《はし》の上《うへ》はへんに靜《しづ》かで、闇《やみ》の中《なか》からせせらぎの音《おと》がせんけんときこえてくるのであつた。私達《わたしたち》は橋《はし》のてすりによりかかつて、お濠《ほり》の水《みづ》をながめながら話《はな》してゐた。水《みづ》の面《おもて》はくらくて何《なに》もわからず、ただ流《なが》れの音《おと》ばかりが耳《みゝ》につたはるのである。それを涼《すゞ》しい音《おと》だとおもつてきいてゐたのだから、時候《じこう》は夏《なつ》の初《はじ》めかそれとも終《をは》り頃《ごろ》かであつたらしい。

石《いし》にかぢりついてもと云《い》はれて、私《わたし》はすぐその川底《かはぞこ》の石《いし》くれを思《おも》ひ浮《うか》べてゐた。大《おほ》きな石《いし》の事《こと》はあたまに上《のぼ》つてこないで、その無數《むすう》の小石《こいし》がまるで食糧品《しよくりやうひん》のやうに想像《さうざう》されてすこしをかしかつたのである。そんな事《こと》をいふ友《とも》だちの氣《き》もちはまつたく私《わたし》にわからなかつたし、私《わたし》の氣《き》もちもまた——死《し》にたいといふ私《わたし》の氣《き》もちはやはりその友《とも》だちにはわからなかつた。あなたは苦勞《くらう》をしらないから……とまたその友《とも》だちは云《い》つた。

私《わたし》は苦勞《くらう》を知《し》らなかつたらうか。わたしにはまたわたしで、人《ひと》の知《し》らない苦勞《くらう》があつたのだが、わたしはそれを誰《たれ》にも訴《うつた》へたくなかつたし、といつて自分一人《じぶんひとり》でつきぬけて進《すゝ》まうとする勇氣《ゆうき》にはかけてゐた。自分《じぶん》の日常《にちじやう》の生活《せいくわつ》はよそ目《め》には幸福《かうふく》であり、自分《じぶん》もべつに不幸《ふかう》とは思《おも》はなかつた。だがその不幸《ふかう》と考《かんが》へなかつたところに、ほんたうの不幸《ふかう》があつたとも云《い》へる。……

さういふ時《とき》にもし相手《あひて》のお友《とも》だちが、自分《じぶん》の死《し》にたいとおもふ氣《き》もちに同情《どうじやう》してくれたなら、あるひは二人《ふたり》ながら死《し》んでゐたかもしれないけれど、幸《さいは》ひにして内藤《ないとう》さんは、石《いし》にかぢりついても生《い》きてゐたいといふ强《つよ》い生活者《せいくわつしや》であつたため、二人《ふたり》の話《はなし》は盲目《めくら》とつんぼでおしまひになつた。内藤《ないとう》さんは私《わたし》よりほんの一つ二つ年《とし》長《かさ》にすぎなかつたが、いはゆる天才少女《てんさいせうぢよ》の一人《ひとり》で、その頃《ころ》もう幾《いく》冊《さつ》かの單行本《たんかうぼん》を出《だ》してゐた。さういふ眼立《めだ》つ人《ひと》であるだけ、世間《せけん》の噂《うはさ》もいろいろとたちやすかつたが、内藤《ないとう》さんは敢然《かんぜん》として、石《いし》にかぢりついても生《い》きたいと云《い》はれたのである。えらい人《ひと》であつたとおもふ。わづか二十歳《はたち》の若《わか》さで、生《い》きてゐたいとはつきり云《い》へるのは、自分《じぶん》といふものを實《じつ》にしつかりと、把握《はあく》してゐた證據《しようこ》であらう。

私《わたし》などはいまから思《おも》へばまつたく内藤《ないとう》さんの言葉《ことば》のとほり、世《せ》間《けん》しらずのお嬢《ぢやう》さんにすぎなかつた。死《し》にたいなどとは何《なん》といふ贅澤《ぜいたく》な望《のぞ》みかと内藤《ないとう》さんはたしなめたが、その時分《じぶん》の私《わたし》には、それがどうしても贅澤《ぜいたく》とはおもへなかつた。自分《じぶん》のやうな生《い》きて甲《か》斐《ひ》なきものは、自分《じぶん》の手《て》で命《いのち》を絶《た》つ方《はう》が社會的《しやくわいてき》にみてもむしろ正《たゞ》しいのではあるまいかと、ひたすらに思《おも》ひこんでゐたのである。ではそれほどに思《おも》ひつめる原因《げんいん》は何《なに》かと問《と》はれても、私《わたし》には答《こた》へられない。これこれかういふ譯《わけ》で死《し》にますとはつきり云《い》へるほどなれば死《し》なないでもすむであらう。若《わか》い娘《むすめ》の死《し》にたいと思《おも》ふ氣《き》もちは、幾何《きか》や代數《だいすう》のやうにいつもはつきりと計算《けいさん》のできるものではなかつた。

　さういふ娘《むすめ》ごころはむかしもいまも變《かは》りなく、少女《せうぢよ》から大人《おとな》へうつらうとする一歩手前《ほてまへ》の、殆《ほとん》ど生理《せいり》的《てき》な現象《げんしやう》といつていいほど、すべてのをとめたちが一度《ど》はぜひ浴《あ》びねばならぬ波《なみ》ではなからうかとも思《おも》はれる。云《い》はうとして云《い》へぬおもひ、語《かた》らうとして語《かた》れぬ感情《かんじやう》蜘蛛《くも》の巣《す》にもがくとんぼの姿《すがた》を見《み》てさへすぐさしぐまれてくるやうなふしぎな涙《なみだ》もろさ、それはいつもおなじ時代《じだい》のおなじ年頃《としごろ》の娘《むすめ》たちのあひだにのみ、云《い》はずとも語《かた》らずともおたがひにうなづきあへる一つの流《なが》れではないであらうか。

　あらゆる娘《むすめ》といふ娘《むすめ》は、かならず一度《ど》はその心《こころ》の中《なか》に、死《し》にたいといふ願望《ぐわんばう》を經驗《けいけん》するにちがひない。それはまるでやはらかな春風《はるかぜ》のやうにをとめたちの心《しん》の髓《ずゐ》をくすぐつてゆく感情《かんじやう》で、その風《かぜ》に吹《ふ》かれてゐるあひだぢゆう、をとめたちは甘《あま》い酒《さけ》に醉《よ》つたやうに幸福《かうふく》であるし、また戀人《こひびと》の息吹《いぶ》きを吸《す》うてゐるやうになやましくもある。五十六十の老年者《らうねんしや》が生活《せいくわつ》につかれて自《みづか》ら死《し》をえらむ時《とき》のやうな悲《ひ》慘《さん》な事情《じじやう》とはまるでちがつて、若《わか》い娘《むすめ》の死《し》にたいとおもふ氣《き》もちは春《はる》の野《の》に出《で》てうらうらと雲雀《ひばり》のうたをきいてゐるやうな長閑《のどか》さなのである。死《し》け娘《むすめ》たちにとつて一つの麗《うる》はしい音樂《おんがく》にすぎない。

じつさい娘《むすめ》たちにとつては、死《し》なねばならぬ事情《じじやう》といふやうなものは、いついかなる時《とき》にも決《けつ》して存在《そんざい》しないのであつた。あらゆる事情《じじやう》らしく見《み》えるものは、ただ口火《くちび》をつけるマッチにすぎないのである。娘《むすめ》たちのあたたかい心《こゝろ》の壺《つぼ》に、もしその時《とき》死《し》の油《あぶら》がたたえられてあつたなら、火《ひ》はたちまち燃《も》えあがつて、その少女《せうぢよ》を焼《や》いてしまふが、心《こゝろ》の壺《つぼ》にたたえたものが水《みづ》であつた場合《ばあひ》には、何事《なにごと》もおこらず無事《ぶじ》にすんでしまふであらう。原因《げんいん》はいつもそとにはなくて、彼女自身《かのぢよじしん》の心《こゝろ》のうちにあるのであつた。若《わか》い娘《むすめ》が死《し》をおもふ第《だい》一の原因《げんいん》は、現代《げんだい》の不安《ふあん》や、大《おほ》きな世界苦《せかいく》や、さういふ大《おほ》まかなものよりもまづさきに、身《み》もたましひもゆすぶるやうな、そこはかとなくとらへどころのない深《ふか》い哀愁《あいしう》——それは自分《じぶん》が女《をんな》である事《こと》を強《つよ》く知《し》れば知《し》るほど、泉《いづみ》のやうにふきいでてくるやるせないたましひの嘆《なげ》きとでも云《い》はうか。あくまで清《きよ》らかなもの、純潔《じゆんけつ》なものばかりもとめてやまぬをとめごころが、初《はじ》めて知《し》つた自分《じぶん》の肉體《にくたい》の秘密《ひみつ》に思《おも》はずおもてをそむけ、それを激《はげ》しく厭惡《けんを》する潔癖性《けつぺきせい》が、一途《づ》に死《し》をおもはせるのではないであらうか。汚《けが》れの多《おほ》い肉體《にくたい》をほろぼして、清浄《せいじやう》な死《し》の世界《せかい》に永遠《えいゑん》の樂《らく》土《ど》を見《み》出《いだ》さうとする、——つまり肉體《にくたい》に對《たい》する可憐《かれん》な精神《せいしん》の反逆《はんぎやく》が、娘《むすめ》ごころに芽《め》ばえる死《し》の願望《ぐわんまう》なのではないかと思《おも》はれる。

死《し》を願《ねが》ふ娘《むすめ》ごころは、それ故《ゆゑ》決《けつ》して消極的《せうきよくてき》なものではなく、むしろ積極的《せききよくてき》なものであつたと云《い》つても過言《くわごん》ではないであらう。一見自己否定《けんじこひてい》のやうにみえながら、それはあくまで己《おの》れを樹《た》てとほさうとする自己肯定《じここうてい》の一つのゆがんだ現《あら》はれである。それは生活《せいくわつ》力《りよく》の稀薄《きはく》さではなくて、かへつてたくましい生活力《せいくわつりよく》の過剰《くわじよう》になやむたましひが、すすむべき正當《せいたう》な道《みち》をふみ迷《まよ》うて、思《おも》はぬえだ道《みち》へ出《で》てしまつたのである。大《おほ》ぜゐの娘《むすめ》たちの中《うち》には、一度《ど》も死《し》にたいなどと思《おも》はないで過《す》ぎる人《ひと》もあるかもしれないが、だからといつて、その娘《むすめ》さんの方《はう》が強《つよ》い生活者《せいくわつしや》だとは、決《けつ》して斷言《だんげん》できないのである。ある意味《いみ》では、死《し》の音樂《おんがく》を耳《みゝ》にする事《こと》なくして過《す》ぎた娘《むすめ》さんは、女《をんな》としての感受性《かんじゆせい》がすこしにぶいのではあるまいかと、云《い》つて云《い》へない事《こと》もないのである。

二村海軍中佐《ふたむらかいぐんちうさ》のお嬢《ぢやう》さんが二人《ふたり》、姉妹心中《きやうだいしんぢう》を計《はか》られた事件《じけん》はこのごろの新聞紙上《しんぶんしじやう》で、何《なに》よりも世《よ》の親《おや》たちの胸《むね》を激《はげ》しく打《う》つたしらせであつた。事情《じじやう》はここにくり返《かへ》してしるすまでもないが、どこまでもただ一すぢに娘《むすめ》の幸福《かうふく》をねがふ親心《おやごころ》は、初戀《はつこひ》の人《ひと》との婚約《こんやく》もすすんでゆるしてやつたにもかかはらず、どういふ譯《わけ》か先方《せんぱう》の心《こゝろ》變《がは》りから、お姉《ねえ》さんは世《よ》を儚《はか》なみ、それに同情《どうじやう》した妹《いもうと》さんは、若《わか》い身空《みそら》でただ一人《ひとり》大阪《おほさか》まで出掛《でか》けていつて、相手《あひて》の人《ひと》に婚約《こんやく》の復《ふく》活《くわつ》を願《ねが》つてさへみたのにどうしても相手《あひて》はききいれず、姉《ねえ》さんの不《ふ》幸《かう》は一そう妹《いもうと》さんの身《み》にもこたへてきて、たうとう一しよに死《し》の道《みち》をえらんでしまつたのであつたが、しかもお姉《ねえ》さんは生命《いのち》があつて、妹《いもうと》さんの方《はう》はそのまま返《かへ》らぬ旅路《たびぢ》にのぼつてしまはれたのである。

どうしてやればよかつたのであらう。……世《よ》の親《おや》たちは他人事《ひとごと》ならず心《こゝろ》をゆすぶられて、ただ茫然《ばうぜん》となすところを知《し》らぬおもひがする。娘《むすめ》の初戀《はつこひ》を、よくある氣難《きむつか》しい親《おや》のやうにへだてたのではなくて、こころよくゆるしてやつたのである。不幸《ふかう》はただ先方《せんぱう》の心變《こゝろがは》りにすぎないのだが、その痛《いた》みとて時《とき》が經《た》てば新《あたら》しい肉《にく》がもりあがつて傷口《きずぐち》のあともないやうに、なめらかな初《はじ》めの皮膚《ひふ》にかへるだらうとおもふのは當然《たうぜん》の親《おや》ごころである。よりよい夫《をつと》の許《もと》に縁《えん》づけたいとおもふのは、ひたすら娘《むすめ》の仕合《しあは》せを念《ねん》ずる親《おや》ごころである。ありがたい親《おや》の心《こゝろ》に何《なん》の手落《てお》ちもなかつた筈《はず》であるのに、姉妹二人《きやうだいふたり》ながらそろつて死《し》の道《みち》をいそがうとは！　まして當事者《たうじしや》でない妹《いもうと》さんの方《はう》がそれに殉《じゆん》じようとは！　若《わか》い娘《むすめ》の心《こゝろ》のへやには、一たいどんな妖精《えうせい》がすんでゐるのかと、のぞいてみないではゐられない。

おなじやうに、谷川岳《たにがはだけ》で死《し》んだ原榮子《はらえいこ》さんと井口《ゐぐち》よし子《こ》さんの事《じ》件《けん》もまた、娘《むすめ》をもつ親《おや》のこころを脅《おびや》かす出來事《できごと》であつたが、つきつめて死《し》なねばならぬ原因《げんいん》は何《なに》一つ見當《みあた》らぬのに、一人《ひとり》が死《し》なうと云《い》へば一方《ぱう》もまた唯唯《ゐゐ》としてそれにしたがふ心《こゝろ》もちは、やはりおたがひの若《わか》さだけが理解《りかい》しあふ心理《しんり》であらう。これらの娘《むすめ》さんの行動《かうどう》を、一がいに自分勝手《じぶんかつて》とかたづけてしまふのはむろんできないが、といつてをとめごころの清《きよ》らかさだにあこがれた美《うつく》しい感情《かんじやう》のほとばしりとほめる譯《わけ》にもいかないのである。その氣《き》もちはうつくしい。だがその行動《かうどう》はあくまでもゆがんでゐる。

さきにも記《しる》したやうに、死《し》を望《のぞ》む娘《むすめ》ごころは決《けつ》して消極的《せうきよくてき》なものではなく、反對《はんたい》に生活力《せいくわつりよく》の過剩《くわじよう》からくる一つの逃《に》げ道《みち》である事《こと》は、二村中佐《ふたむらちうさ》の娘《むすめ》さんの方《はう》の場合《ばあひ》にもあきらかで、加奈子《かなこ》さんはわづか十九のうら若《わか》さて、お姉《ねえ》さんのためにはただ一人《ひとり》大阪《おほさか》まで出掛《でか》けていつて、姉《あね》を裏切《うらぎ》つた婚約者《こんやくしや》にもう一度《ど》考慮《かうりよ》をたのむほどの、しつかりした性格《せいかく》であつた。姉《ねえ》さんの悲運《ひうん》に同情《どうじやう》して、ただいたづらに嘆《なげ》き悲《かな》しんでばかりゐるやうな心弱《こころよわ》い人《ひと》ではなくて、自分《じぶん》自《みづか》らもできるだけ姉《ねえ》さんのために道《みち》を拓《ひら》かうと努力《どりよく》してみた。これはなかなか十九や廿歳《はたち》の少女《せうぢよ》にできる事《こと》ではない。それだけに又不調《またふてう》に終《をは》つた時《とき》の加奈子《かなこ》さんの屈辱感《くつじよくかん》は、實《じつ》に耐《た》へられぬものがあつたであらう。あるひはその時《とき》、加奈子《かなこ》さんは身《み》にしみじみと女《をんな》である事《こと》の儚《はか》なさを痛感《つうかん》されたのであつたかもしれない。豐《ゆた》かな感受性《かんじゆせい》を持《も》てば持つ程《ほど》、若《わか》い娘《むすめ》は自《みづか》らの力《ちから》に負《ま》かされてしまひやすいのである。

死《し》にゆく娘《むすめ》は、だがほとんどすべてが最後《さいご》の一瞬《しゆん》までまだ生《い》きる望《のぞ》みを失《うしな》はないといふ事實《じじつ》は、老年《らうねん》の自殺者《じさつしや》とくらべて一ばん眼《め》だつ特徴《とくちやう》である。あるひは本人自《ほんにんみづか》らは自覺《じかく》しないかも知《し》らないけれど、自分《じぶん》の平和《へいわ》をみださないでくれといふ遺書《ゐしよ》のかげに、いつも私達《わたしたち》は、その平和《へいわ》な眠《ねむ》りからよびさます力強《ちからづよ》い手《て》を待《ま》ち受《う》けてゐる匂《にほ》ひをかぎだす事《こと》ができるのである。原榮子《はらえいこ》さんの遺書《ゐしよ》にもそれは

殘《のこ》つてゐて、もしも自分《じぶん》が生《い》きてかへつたらどうであらうと書《か》いてあるのは、本人《ほんにん》は冗談《じようだん》のつもりでゐるかもしれないのに、案外《あんぐわい》そこに自分《じぶん》の氣《き》づかぬ眞實《しんじつ》がひよいと僞《いつは》らぬ顔《かほ》を出《だ》してゐる。もともと生活《せいくわつ》の過剩力《くわじようりよく》が驅《か》つてはしらせる逃《に》げ道《みち》であれば、追《お》はれながら驅《か》けながら人間本來《にんげんほんらい》の心《こころ》のすがたは、すこしのすきにもふりかへつて生《い》きる手《て》だてをもとめたいと、焦慮《せうりよ》するのが當然《たうぜん》であらう。若樹《わかぎ》の折《を》れるのが不自然《ふしぜん》なやうに、若《わか》い娘《むすめ》の死《し》んでゆくのは此上《このうへ》もなく不自然《ふしぜん》である。

何處《どこ》かに活路《くわつろ》を見《み》いだして生《い》きたいと願《ねが》ふ心《こころ》と、しやにむに一すぢに死《し》へ驅《か》りたてる心《こころ》とが、爭《あらそ》ひながら最後《さいご》までゆきつくして

しまふ娘《むすめ》ごころは、さながら賭博者《とばくしや》が、全財産《ぜんざいさん》をただ一つの賽《さい》の目《め》にかけて、身《み》もたましひもそれ一つに打《う》ちこんだ瞬間《しゆんかん》の、しんとしたスリルとおそろしいほどよく似《に》てゐる。奇數《きすう》が出《で》れば生《せい》が勝《か》ち、偶數《ぐうすう》が出《で》れば死《し》の魔神《まじん》がいまはしい凱歌《がいか》をあげるのである。そこまでいけば心《こゝろ》もからだも、最早《もはや》自分《じぶん》の自由《じいう》にはならぬのである。

たしか夏目漱石先生《なつめそうせきせんせい》のお話《はなし》と記憶《きおく》するけれど、ある時先生《ときせんせい》のところへある若《わか》い女《をんな》の人《ひと》がたづねていつた事《こと》があつた。その人《ひと》は何《なに》かの事情《じじやう》から、死にたいとおもふ氣《き》もちを先生《せんせい》のところまで訴《うつた》へにいつたのである。女《をんな》の人《ひと》が歸《かへ》る時《とき》に先生《せんせい》はその人《ひと》を送《おく》つて靜《しづ》かな深《ふか》い夜《よる》の中《なか》へ一しよに出《で》てゆかれた。女《をんな》の人《ひと》は恐縮《きようしゆく》して、また感激《かんげき》してありがたうございますと心《こゝろ》から御禮《おれい》をのべた。

「ほんたうにありがたいとおもひますか」と先生《せんせい》がお問《と》ひになつた。

「はい」と若《わか》い女《をんな》の人《ひと》はつつましやかにお答《こた》へした。

「ありがたいとおもふなら、生《い》きていらつしやい」

言葉《ことば》はすこしちがつたかもしれないけれど、私《わたし》はそれを讀《よ》んだ時《とき》にその光景《くわうけい》のうつくしさが、深《ふか》い夜《よる》の中《なか》にくつきりと浮《うか》みあがつて、先生《せんせい》のお聲《こゑ》までがありありと自分《じぶん》の耳《みゝ》へひびいてくるやうに感動《かんどう》した。生《い》きるといふ眞實《しんじつ》の美《うつく》しさを見失《みうしな》ふある時期《じき》の娘《むすめ》ごころは、ただ自分《じぶん》ひとりの事《こと》にのみ一心《しん》で、人《ひと》にも天《てん》にも感謝《かんしや》のおもひを忘《わす》れさつてゐるのである。さうしてさういふ娘《むすめ》ごころに、しんから「ありがたう」と云《い》はせるおもひを、そそいでやるのは親《おや》なり教師《けうし》なり社會《しやくわい》なり、まはりの者《もの》の責任《せきにん》である。

聴《き》け!!生《いき》神《がみ》様《さま》と崇《あが》め

『ひとのみち』教祖《けうそ》に貞操《ていさう》を蹂躙《じうりん》された少女《せうぢよ》の父《ちゝ》は語《かた》る

本《ほん》誌《し》特《とく》派《は》記《き》者《しや》

『ひとのみち教團大檢擧《けうだんだいけんきよ》』

『ひとのみち教祖御木徳一《けうそみきとくはる》氏《し》の少《せう》女暴行發覺《ぢよばうかうはつかく》』

このニュースを摑《つか》んだ記者《きしや》は、時《とき》を移《うつ》さず、旅客機《りよかくき》を驅《か》つて下阪《ひはん》した。

教祖《けうそ》は既《すで》に罪《ざい》狀《じやう》を認《みと》めて、北區刑務《きたくけいむ》支所《ししよ》に收容《しうよう》され、大阪市外小阪《おほさかしぐわいこさか》の本部《ほんぶ》では、教《けう》團《だん》の崩壞《ほうくわい》を食《く》ひ止《と》めるために必死《ひつし》の警戒《けいかい》で、その筋《すぢ》の者《もの》と信徒《しんと》以外《いぐわい》は一歩《ほ》も寄《よ》せつけない。

事件《じけん》の眞相《しんさう》を知《し》るためには、大檢擧《だいけんきよ》の導火線《だうくわせん》となつた少女《せうぢよ》の父《ちゝ》、大塚厚《おほつかこう》一氏《し》を捉《とら》へることが急務《きふむ》と考《かんが》へたが、果《はた》して何處《どこ》にゐるのか？　記者《きしや》は西《にし》に尋《たづ》ね東《ひがし》に訊《き》くこと二晝夜《ちうや》、遂《つひ》に十月《ぐわつ》二日《ふつか》深更《しんかう》、京阪沿線吹田町《けいはんえんせんすゐたまち》に、その所在《しよざい》を確《たしか》めることができた。併《しか》し、まだ大阪《おほさか》から歸《かへ》らぬとのこと。

翌三日《よくみつか》朝《あさ》七時半《じはん》、記者《きしや》は七度《たび》、大塚氏《おほつかし》を求《もと》めて吹田《すゐた》に自動車《くるま》を走《はし》らせた。途中《とちう》、長柄橋《ながらはし》の上《うへ》から見《み》ると、前夜來《ぜんやらい》の豪雨《がうう》に、淀川《よどがは》は濁流渦《だくりううづ》を巻《ま》いて流《なが》れ、颱風《たいふう》を含《ふく》むかと疑《うたが》はれる亂雲《らんうん》か、遠《とほ》くの空《そら》を、高《たか》く速《はや》く飛《と》んでゐた。記者《きしや》の心《こゝろ》も

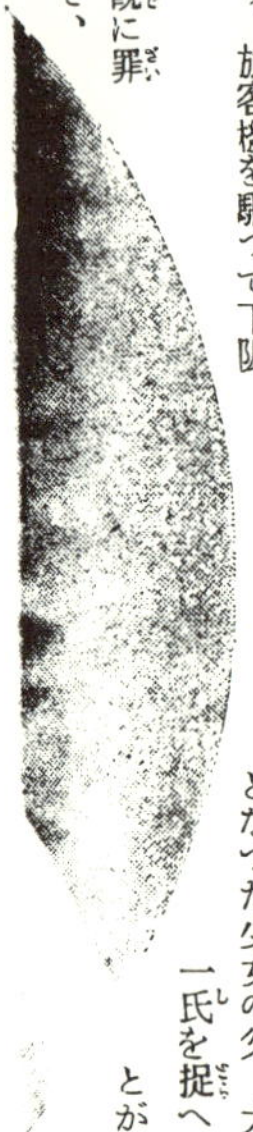

教《をしへ》祖《おや》に我《わ》が子《こ》の純《じゆん》潔《けつ》を奪《うば》はれた父《ちち》の苦《く》惱《なう》を!!

逸《はや》りに逸《はや》つてゐたのである。傷心《しやうしん》の人々《ひとびと》を匿《かくま》つてゐるN《エヌ》家《け》の白壁《しらかべ》は、雨《あめ》に濡《ぬ》れて、思《おも》ひなしか愁《うれ》ひに沈《しづ》んでゐた。

（初代教祖御木徳一氏）（六十七歳）

（豪華を誇る假本殿）

この門《もん》を叩《たゝ》くこと幾度《いくたび》、今日《けふ》は早《はや》くも十月《ぐわつ》三《みつ》日《か》である。祈《いの》りたいやうな氣持《きもち》で、呼鈴《ベル》を鳴《な》らした。

『では、お會《あ》ひいたすと申《まを》してをります。どうぞ——』

あゝ、大塚氏《おほつかし》はゐたのだ。記者《きしや》は何《なに》かしら、感激《かんげき》の涙《なみだ》を禁《きん》じ得《え》なかつた。秋草亂《あきぐさみだ》れ咲《さ》く庭《には》に面《めん》した、奥《おく》まつた一室《しつ》で待《ま》つほどに、過去《くわこ》二ケ月《げつ》の苦惱《くなう》に、面窶《おもやつ》れした大《おほ》塚氏《つかし》の姿《すがた》が現《あらは》れた。

大塚　私大塚《わたしおほつか》です。

記者　この度《たび》は御心痛《ごしんつう》のこと〻、深《ふか》くお察《さつ》し申《まをし》上《あ》げます。かういふ折柄《をりから》、御面談《ごめんだん》をお願《ねが》ひするのはまことに心苦《こゝろぐる》しい次第《しだい》ですが——

大塚　いや、こちらこそ御心配《ごしんぱい》おかけします。別《べつ》に、逃《に》げ隠《かく》れしてゐたわけではありませんが、この際《さい》、自分《じぶん》の立場《たちば》を公《おほや》けに説明《せつめい》するやうな態度《たいど》は愼《つゝし》みたいと思《おも》ひまして——

一昨日《をとゝひ》、大阪朝日《おほさかあさひ》の記者《きしや》をしてゐる永年《ながねん》の友人《いうじん》にちよつと話《はな》したゞけで、まだ雜誌《ざつし》や新聞《しんぶん》の方《かた》には、誰《だれ》にも會《あ》つてはゐません。今後《こんご》も避《さ》けたいと思《おも》つてゐます。警察《けいさつ》の方《はう》では、取調《とりしら》べはもう山《やま》が見《み》えたし、『ひとのみち』でいろ〳〵デマを飛《と》ばしたりしてゐるから、君《きみ》ももう聲明《せいめい》でも出《だ》してはどうかと言《い》つてくれますが、私自身《わたくしじしん》がさういふことをする必要《ひつえう》はないと考《かんが》へてをります。すべてが司直《しちよく》の手《て》に移《うつ》つて、いづれは正《たゞ》しい判斷《はんだん》が下《くだ》されることでせうから——むしろ私《わたし》は謹愼《きんしん》してをりたいのです。

そんな氣持《きもち》で、せつかく東京《とうきやう》からお越《こ》しになられたのに、御無禮《ごぶれい》いたしました。惡《あ》しからず——

記者　お心持《こゝろもち》、よく解《わか》つてをります。申《まを》すまでもなく私共《わたしども》は、この意外《いぐわい》な出來事《できごと》をたゞ興味《きようみ》本位《ほんゐ》に扱《あつか》はうといふのではなく、大《おほ》塚《つか》さんの口《くち》から、最《もつと》も正確《せいかく》な經緯《いきさつ》を承《うけたまは》つて、世間《せけん》の正《たゞ》しい判斷《はんだん》に資《し》さうと思《おも》ふのです。あなたを前《まへ》にしてゞすが、警察《けいさつ》でも、大塚《おほつか》さんは正《たゞ》しい人《ひと》だと言《い》つてゐましたから——

(嗣祖御木道正氏)

(二代目教祖御木徳近氏)

大塚　理解《りかい》して頂《いたゞ》けて、有《あ》り難《がた》く思《おも》ひます。私《わたし》も、『主婦《しゆふ》之《の》友《とも》』を信頼《しんらい》して、一伍《ぶ》一《し》什《じふ》をお話《はな》ししようと、昨夜來《さくやらい》決心《けつしん》してゐたのです。何分《なにぶん》口《くち》下手《べた》ですから、意《い》の盡《つく》さないところは、よろしく御推察《ごすゐさつ》ください。

記者　どうぞ、お話《はな》しください。

大塚　八月《ぐわつ》七日《か》のことでした。その頃私《ころわたし》は、

429 「『ひとのみち』教祖に貞操を蹂躙された少女の父は語る」 本誌特派記者 『主婦之友』昭和11年11月1日

『ひとのみち教團』の函館支部長をしてをりましたが、吹田の姉《あね》から電報《でんぱう》が來《き》ました。それは、本部《ほんぶ》にゐた長女《ちやうぢよ》が突然《とつぜんに》逃《に》げて歸《かへ》つて來《き》たといふだけで、何《なん》のことか判《わか》らないので、氣《き》にしながら後便《こうびん》を待《ま》つてゐると、翌々日手紙《よくくじつてがみ》が來《き》ました。

記者 それはお孃さんからですか？

大塚 いゝえ、やはり姉《あね》からで、その手紙《てがみ》を讀《よ》んで、私《わたし》ども夫婦《ふうふ》は、言《い》ひ知《し》れぬ困惑《こんわく》の淵《ふち》に突《つ》き落《おと》されてしまひました。

記者 貞操《ていさう》に關《くわん》することが、書《か》いてあつたのですね。

大塚 それが書《か》いてあつたのです。

記者 教祖《けうおや》のことは書《か》いてありましたか？

大塚 いゝえ、それは書《か》いてありませんでした。私《わたし》もそのときは、教祖《けうおや》のをゝの字《じ》も頭《あたま》に浮《うか》びませんでした。何分《なにぶん》、アッパッパ一枚《まい》で姉《あね》の家《うち》に逃《に》げて來《き》て、もうどんなことがあつても本部《ほんぶ》には歸《かへ》らないと、泣《な》いて言《い》つたといふのですから、そのとき初《はじ》めて、私《わたし》は容易《ようい》ならんことが出來《でき》たといふ氣《き》がしたのです。

それでも、對手《あひて》が誰《だれ》かといふことは書《か》いてなかつたので、私《わたし》は、本部《ほんぶ》には多勢《おほぜい》の男《をとこ》が雜居してゐるから、多分《たぶん》その中の誰かに惡戯されたのだらうと想像《さうざう》してゐました。

（初代教祖夫人御木靜子氏）（三十八歳）

とにかく、捨《す》てゝおくことはできませんので、更《さら》に眞相《しんさう》を確《たしか》めるために、私《わたし》は直接《ちよくせつ》子供《こども》に手紙《てがみ》を出《だ》して、お父《とう》さんやお母《かあ》さんには何《なに》も祕《かく》さずに全部《ぜんぶ》言《い》つてしまひなさいと言《い》つてやつたところ、十一日附《にちつけ》で、子供《こども》から詳《くは》しい手紙《てがみ》がとゞきました。

私《わたし》はそれを讀《よ》んでも、尙《な》ほ信《しん》ずることができなかつた。まさか教祖《けうおや》が、日頃《ひごろ》、生神樣《いきがみさま》として崇《あが》めてゐる教祖《けうおや》が、まだ十六やそこらの年端《としは》もゆかない子供《こども》に、そんな馬鹿《ばか》な――と、どうしても信《しん》じられないのです。

併《しか》し、子供《こども》の、悲《かな》しげな顔《かほ》で訴《うつた》へるやうな手紙《てがみ》を、幾度《いくど》も〳〵讀《よ》み返《かへ》すとき、子供《こども》の言《い》ふことが、眞實《ほんたう》と思《おも》はれてならなくなつて來《く》るのです。

尤《もつと》もらしく道《みち》を説《と》く教祖《けうおや》の顔《かほ》と、蹈《ふ》みにじられた子供《こども》のみじめな顔《かほ》が、私《わたし》たち夫婦《ふうふ》を、懊惱《あうなう》のどん底《そこ》に突《つ》き落《おと》して、私《わたし》は憤激《ふんげき》のあまり、直《たゞ》ちに手續《てつゞ》きを取《と》らうとしましたが、多《おほ》くの信者《しんじや》のことを思《おも》ふと、躊躇《ちうちよ》しないわけにはゆかなかつたのです。

二十一日《にち》には、函館《はこだて》で支部長會議《しぶちやうくわいぎ》がありま

したのでそれに出席《しゆつせき》しましたが、ともかくも念《ねん》のために、一應本人《おうほんにん》に會《あ》つて、もう一度《ど》確《たしか》めたいと思《おも》つて、二十三日《にち》の夜《よ》、盛岡《もりをか》を發《た》ちました。

記者　そのときまでは、まだ本部《ほんぶ》には何《なに》もお話《はな》しにならなかつたのですか？

大塚　子供《こども》のことは、まだ話《はな》してゐませんでした。盛岡《もりをか》から歸《かへ》つて、こゝで世話《せわ》になつてゐる子供《こども》に會《あ》つたわけですが、私《わたし》は子供《こども》の顏《かほ》を見《み》ると、事《こと》が事《こと》なので、なか〳〵口《くち》に出《だ》して訊《き》くことはできなかつたのです。親《おや》として訊《き》けないのが人情《にんじやう》ぢやありませんか。

併《しか》し私《わたし》は、子供《こども》の起居振舞《たちゐふるまひ》や顏色《かほいろ》に、悲《かな》しい事實《じじつ》を打消《うちけ》すことができず、親《おや》として忍《しの》び難《がた》い苦悶《くもん》に、夜《よる》も碌々眠《ろくくねむ》られませんでした。けれども、かりそめにも嘘《うそ》が混《まじ》つてゐてはいけないと思《おも》つて、私《わたし》は、心《こころ》を勵《はげま》して子供《こども》に問《と》うたのです。聞《き》けば聞《き》くほど、ます〳〵奇怪《きくわい》な教祖《をしへおや》の行動《かうどう》が判《わか》つて、最早《もはや》動《うご》かすことのできない事實《じじつ》だと、信《しん》じなければならなくなりました。

これをどう處置《しよち》したものか、私《わたし》はたゞ惱《なや》み憤《いきどほ》るばかりで、迷《まよ》つてゐましたが、先輩《せんぱい》に相談《さうだん》すると、或《あ》る人《ひと》は、それは泣寢入《なきねい》りにする問題《もんだい》とは、問題《もんだい》が違《ちが》ふ。教團刷新《けうだんさつしん》のためにも、敢然《かんぜん》と鬪《たたか》へ、と言《い》ふし、或《あ》る人《ひと》は、なるべく穩便《をんびん》に濟《す》ました方《はう》がよい、事《こと》を荒立《あらだ》てたら、娘《むすめ》の前途《ぜんと》を葬《はうむ》らなければならないし、第《だい》一、家族《かぞく》の生活《せいくわつ》をどうするかと言《い》つて、痛《いた》いところを衝《つ》きました。

『ひとのみち』では、私《わたし》ども教師《けうし》は、全生活《ぜんせいくわつ》を投《な》げ出《だ》してその中《なか》に入《はひ》つてゐるため、出《で》るとなると、その日《ひ》から、茶碗《ちやわん》一つから買《か》はなければならないのです。

教團《けうだん》では、大塚《おほつか》は無《む》一物《ぶつ》で『ひとのみち』に轉《ころが》り込《こ》んだ男《をとこ》だと言《い》つてゐるやうですが、生《せい》活《くわつ》は樂《らく》ではなかつたが、神戸《かうべ》の須磨《すま》で書店《しよてん》を開《ひら》いて、一家《いつか》を持《も》つてゐたのです。

子供《こども》は教團《けうだん》の學校《がくかう》で無料《たゞ》で教育《けういく》してやる、衣食住《いしよくぢう》は保證《ほしよう》するといふので、家財《かざい》一切《さい》を整《せい》理《り》して入教《にふけう》し、布教《ふけう》の前線《ぜんせん》に立《た》つて働《はたら》いてゐたのです。

退職金《たいしよくきん》の制度《せいど》はなし、こんなことで緣《えん》を切《き》つては、一文《もん》の涙金《なみだきん》も貰《もら》へる筈《はず》はなし、その日《ひ》から親子《おやこ》六人《にん》が生活《せいくわつ》に窮《きう》しなければならないのは、目《め》に見《み》えてゐることです。

併《しか》し、信仰《しんかう》の中心《ちうしん》である教祖《をしへおや》の、さういふ神人《かみひと》共《とも》に許《ゆる》さない所行《しよぎやう》を知《し》りながら、どうして信者《しんじや》に對《たい》して、『教祖樣《をしへおやさま》は……』と道《みち》を說《と》くことができますか、私《わたし》にはそれができない。

私《わたし》は或《あ》る決心《けつしん》を抱《いだ》いて盛岡《もりをか》に歸《かへ》つて、八月《ぐわつ》三十一日《にち》に、子供《こども》からの手紙《てがみ》の寫《うつ》しを添《そ》へて、かゝることが起《おこ》つた以上《いじやう》は教職《けうしよく》にゐることはできない、この事實《じじつ》を何《なん》と見《み》るか……といふ詰問狀《きつもんじやう》を、嗣祖《つぎおや》の德近氏《とくちかし》(現《げん》二代目《だいめ》教祖《けうそ》)に宛《あ》てゝ出《だ》しました。

記者　そのときあなたは、解決《かいけつ》の條件《でうけん》とか、要求《えうきう》とかいふものはお出《だ》しになりましたか。

大塚　いゝえ、何《なに》も要求《えうきう》は出《だ》しません。私自身《わたしじしん》これを何《ど》う解決《かいけつ》するといふ點《てん》までは、實《じつ》は考《かんが》へ及《およ》んでゐなかつたのです。この事實《じじつ》を何《ど》う見《み》るか、意見《いけん》を聞《き》きたかつたのです。

ところが九月《ぐわつ》の四日《か》です、私《わたし》は手紙《てがみ》で返事《へんじ》が來《く》るだらうと思《おも》つてゐたところが、意外《いぐわい》にも德近氏夫妻《とくちかしふさい》が、橋本鄉見準祖《はしもときやうみじゆんそ》と一緒《しよ》に盛岡《もりをか》の支部《しぶ》にやつて來《き》ました。

嗣祖《つぎおや》とか準祖《じゆんそ》とかいふ最高幹部《さいかうかんぶ》が、東北地《とうほくち》方《はう》に來《き》たことは初《はじ》めてゞあり、殊《こと》に、あまり勢力《せいりよく》の大《おほ》きくない一支部《しぶ》へ、何《なん》の前觸《まへぶ》れもなく突然《とつぜん》來《き》たことは、信者《しんじや》を大《おほ》いに驚《おどろ》かせました。大體《だいたい》さういふときには、土地《とち》の信者《しんじや》が揃《そろ》つてお出迎《でむか》へするやうになつてゐますので、信者《しんじや》は不思議《ふしぎ》がつて、これは何《なに》か盛岡支部に不正《ふせい》か事件《じけん》が起《おこ》つたのに違《ちが》ひないと思《おも》つて、多勢《おほぜい》詰めかけて來《き》ました。

私《わたし》どもは、夜《よる》八時頃《じごろ》から支部《しぶ》の二階《かい》で話《はなし》を始《はじ》めました。嗣祖《つぎおや》の言《い》ふのはかうです。

『教祖《きへおや》は全然否定《ぜんぜんひてい》してゐるし、自分《じぶん》も、教祖《きへおや》がそんな馬鹿《ばか》な眞似《まね》をしたとは思《おも》はれない。教祖《きへおや》は、さういふ點《てん》では、よく冗談《じようだん》を言《い》ふ人《ひと》で、天人合一《てんじんがふ》の人《ひと》だから、たとへ言《い》つても、それは單《たん》なる冗談《じようだん》に過《す》ぎない。恐《おそ》らく、子供《こども》がからかはれて恐怖心《きようふしん》を起《おこ》したのだらうと思《おも》ふ。大體《だいたい》、あの、子供《こども》が書《か》いたといふ手紙《てがみ》は、子供《こども》にしては文章《ぶんしやう》が上手《うま》すぎる。背後《はいご》に何《なに》かあつて、誰《だれ》かゞ書《か》かしたものに違《ちが》ひない——』

から言《い》ふのです。私《わたし》は憤激《ふんげき》のあまり嗣祖《つぎおや》に向《むか》つて、思《おも》はず大聲《おほごゑ》で呶鳴《どな》りました。嗣祖《つぎおや》はまた、こんなことも言《い》ひました。

『それは、親《おや》として子供《こども》の言《い》ふことを信《しん》ずるのは尤《もつと》もだが、教祖《きへおや》の辯明《べんめい》も聞《き》いてみてはどうか。教《きへ》祖《おや》は、近頃身體《ちかごろからだ》が弱《よわ》くなつて、性的不能《せいてきふのう》である。「ひとのみち」では、性的不能《せいてきふのう》は生命《いのち》の終焉《しうえん》であると言《い》つてゐるので、我々《われわれ》は一日《にち》も早《はや》く回復《くわいふく》されることを祈《いの》つてゐるくらゐである。ともかく、子供《こども》と一緒《しよ》に、半田《はんだ》(愛知縣《あいちけんか》下の教祖隱居《きへおやいんきよ》の地《ち》として、大規模《だいきぼ》な施設《しせつ》の行《おこな》はれつゝある所《ところ》)まで來《き》て、教祖《きへおや》と會《あ》つてほしい——』

私《わたし》は、子供《こども》を連《つ》れて行《ゆ》く必要《ひつえう》はないと考《かんが》へました。教祖《きへおや》の前《まへ》に出《で》れば、子供《こども》のことだから、きつと言《い》ひくるめられるに違《ちが》ひない、自《じ》分一人《ぶんひとり》で行《ゆ》くと言《い》つて、遂《つひ》に水掛論《みづかけろん》に終《をは》つてしまひました。

（ひとのみち小學校の兒童）
〔若い女の先生達は純眞な子供達に對し、これから何を以て教育しようとするのだらうか？〕

（教師のアパート）
〔假本殿裏にあり〕

記者 そのとき嗣祖《つぎおや》が、妻《つま》を連《つ》れて來《き》たといふのは、どういふ意味《いみ》でせう。

大塚 それは、教祖《おしへおや》の性質《せいしつ》を證明《しようめい》するためであつたと思《おも》ひます。

教祖《おしへおや》は、息子《むすこ》の嫁《よめ》に對《たい》してさへ『お前《まへ》はわしに○○か？』と平氣《へいき》で言ふ。『○○ます。』と答《こた》へると『朗《ほが》かでよろし。』といふわけで、教祖《おや》は天人合《てんじんがふ》一の境《さかひ》にある人《ひと》だから、そんな猥《わい》褻《せつ》なことでも嫁《よめ》に平氣《へいき》で言《い》へるほど、磊落《らいらく》な淡泊《たんぱく》な人《ひと》であるといふことを言《い》ふためであつたのです。

記者 嗣祖《つぎおや》が妻《つま》と一緒《しよ》に來《き》て、そんなことを言《い》つたのですか？

大塚 言《い》ひました。教祖《おしへおや》はそんな人《ひと》だから子供《こども》に冗談《じやうだん》を言《い》ふくらゐのことはするだらうが、それは罪《つみ》のない戯《たはむ》れに過《す》ぎないといふ、論法《ろんぱふ》のつもりだつたのでせう。

嗣祖《つぎおや》は翌日歸《よくじつかへ》りましたので、その翌日私《よくじつわたし》たち夫婦《ふうふ》は、荷造《にづく》りして預《あづ》けたまゝ、盛岡《もりをか》を發《た》つて吹田《すゐた》の姉婿《あねむこ》の家《いへ》に入《はひ》りました。

するとその日《ひ》に大阪《おほさか》の扶《ふ》桑教教務聽長《きやうけうけうむちやう》をしてゐる清水芳次郎《しみづよしじらう》氏が來《き》ました。この人《ひと》は、『ひとのみち』が御嶽教《みたけけう》から扶桑教《ふさうけう》に移《うつ》つたとき仲介《ちうかい》をした人《ひと》で、現在《げんざい》『ひとのみち』に對《たい》しては監督《かんとく》の地位《ちゐ》にあり、私《わたし》には姻戚關係《いんせきくわんけい》に當《あた》つてゐます。

清水《しみづ》氏は、教團《けうだん》から一任《にん》されて來《き》たが、どういふ風《ふう》にして圓《ゑん》滿《まん》に解決《かいけつ》したらよいかと言《い》ふ。自分《じぶん》は、あなたが教團《けうだん》から一任《にん》されたといふことは聞《き》いてゐない、教《をしへ》祖《おや》が辯明《べんめい》するから、といふので來《き》たのだから、あなたに交渉《かうせふ》する必要《ひつえう》はないと言《い》ひました。

翌日《よくじつ》また、清水氏《しみづし》がやつて來《き》て、教祖《おしへおや》は會《あ》ひたくないらしいと、傳《つた》へました。併《しか》し、向《むか》うから會《あ》ひたいと言《い》つたのだから、ともかく私《わたし》は半《はん》田《だ》に行《ゆ》きました。

ところが半田《はんだ》には、教長《けうちやう》の道正氏《みちまさし》(現嗣祖)だけしかゐませんでした。教長《けうちやう》は、これを大《おほ》袈裟《げさ》にすると大動搖《だいどうえう》が起《おこ》る、何《なん》とかして圓滿《ゑんまん》に濟《す》ませたいと言《い》つて、暗《あん》に私《わたし》の腹《はら》を探《さぐ》りました。私《わたし》にすればたゞ憤激《ふんげき》してゐるだけで、具體的《ぐたいてき》な要求《えうきう》はなかつたので、それよりも、徳近氏《とくちかし》の言《い》つたことを改《あらた》めて、事實《じじつ》を認《みと》めるのか認《みと》めないのか、ハッキリして欲《ほ》しいと言《い》ふと、教長《けうちやう》は、教祖《をしへおや》はそんなことはしないと思《おも》ふ、たとへそんなことがあつたとしても、追求《つゐきう》はできないと言《い》ふ。ともかく十一日《にち》にもう一度《ど》會《あ》ふことになつて、その日《ひ》も物別《ものわか》れになつてしまひました。

約束《やくそく》の十一日《にち》の朝《あさ》、本部《ほんぶ》の教長《けうちやう》のところに行《ゆ》くと、そこに清水氏《しみづし》が來《き》てゐて、教長《けうちやう》は滿《まん》洲《しう》に行《ゆ》くから、清水氏《しみづし》と交渉《かうせふ》してくれとのことでした。清水氏《しみづし》が仲《なか》に入《はひ》るのなら、私《わたし》の方《はう》でも、兄《あに》を入《い》れた方《はう》がよいと思《おも》つて、その日《ひ》の午後《ごご》二時《じ》に、この家《うち》の二階《かい》で、三人鼎坐《にんていざ》して話《はな》し合《あ》つたのです。

そのとき清水氏《しみづし》は、具體的《ぐたいてき》な條件《でうけん》を携《たづさ》へて來《き》てゐました。教祖《をしへおや》が、『清水《しみづ》さん頼《たの》む。』と言《い》つたのは、結局事實《けつきよくじじつ》を認《みと》めたことになるのではないか。そして、三千圓《ゑん》で治《をさ》めてくれと頼《たの》んだのだから、これで圓滿《ゑんまん》に解決《かいけつ》してはどうかと言《い》ふ。

私《わたし》は、その誠意《せいい》のない出方《でかた》に、呆《あき》れ且《か》つ憤《ふん》慨《がい》して、席《せき》を蹴《け》つて階下《した》に降《お》りました。溫厚《をんこう》な兄《あに》は直《す》ぐ後《あと》から降《お》りて來《き》て、あまり荒立《あらだ》てずに話《はなし》をつけたらどうか、そんな喧嘩腰《けんくわごし》になつて、四人《にん》の子供《こども》を連《つ》れて明日《あす》からの生活《せいくわつ》をどうするかと、說得《せつとく》しようとした。生活《せいくわつ》のことを言《い》はれると、私《わたし》もつい苦《くる》しまぎれに、せめて五千圓《ゑん》欲《ほ》しいが、もう一度《ど》教長《けうちやう》に會《あ》ひたいと言《い》ふと、清水氏《しみづし》は、五千圓《ゑん》といふのは鐵則《てつそく》か、それならそれは向《むか》うに傳《つた》へるが、教長《けうちやう》が滿洲《まんしう》から歸《かへ》るまで待《ま》つてくれと言《い》つて、歸《かへ》りました。

私《わたし》ども夫婦《ふうふ》は本部《ほんぶ》で待《ま》つことになつて、教《けう》師《し》のアパートに入《はひ》らうとすると、お前《まへ》はもう教師《けうし》ではないのだから入《はひ》つてはいけないといふ。見《み》ると、『ひとのみち小學校《せうがくかう》』に預《あづ》けてあつた私《わたし》の二人《ふたり》の子供《こども》が、見《み》すぼらしい姿《なり》をして應接室《おうせつしつ》の隅《すみ》つこにゐる。どうしたのかと訊《き》くと、前日學校《ぜんじつがくかう》から出《だ》されたといふ。學校《がくかう》に訊《き》くと、泣《な》いてしやうがないし、教師《けうし》の子《こ》でないからこゝには置《お》かぬといふ。私《わたし》は、この罪《つみ》のない子《こ》供《ども》への冷酷《れいこく》な待遇《たいぐう》に、悲憤《ひふん》の淚《なみだ》を禁《きん》じ得《え》ませんでした。

やがて清水氏《しみづし》がやつて來《き》て、私達《わたしたち》を大阪《おほさか》の天下茶屋《てんかちやや》附近《ふきん》のアパートへ連《つ》れて行《い》つて、教《けう》長《ちやう》が歸《かへ》るまで一週間《しうかんま》待《ま》つてくれと言《い》つて、間《ま》代《だい》を支拂《しはら》つてくれました。

私《わたし》は待《ま》つつもりでゐましたが、どうも教團《けうだん》の遣口《やりくち》に誠意《せいい》が認《みと》められない、うつかりすると、教團《けうだん》の術中《じゆつちう》に陷《おちい》るやうになるかも知《し》れないと思《おも》ひましたから、東京《とうきやう》の先輩《せんぱい》に手紙《てかみ》を出《だ》して相談《さうだん》しました。

すると、君《きみ》が却《かつ》て法《はふ》に觸《ふ》れるやうなことになつてはならんから、合法的《がふはふてき》にやれと言《い》つて來《き》ましたので、たうとう私《わたし》は決心《けつしん》して、大阪《おほさか》府警察本部《ふけいさつほんぶ》に行《い》つて、宗教係《しうけうがかり》の本多警部《ほんだけいぶ》に口《こう》頭《とう》で訴《うつた》へたのです。

記者 こんなに騷《さわ》ぎが大《おほ》きくなつたことに就《つい》て現在《げんざい》のあなたの心境《しんきやう》は——

大塚 私《わたし》はこの問題《もんだい》の結末《けつまつ》を考《かんが》へてゐません。たゞ子供《こども》の前途《ぜんと》をどうするかといふことで一杯《はい》です。今《いま》は、かうして兄《あに》の家《うち》に厄介《やくかい》になつてゐますが、先《ま》づ親子《おやこ》六人《にん》が生活《せいくわつ》を新《あたら》しく建《た》て直《なほ》さなければなりません。

教團《けうだん》では、再《ふたゝ》び大塚《おほつか》を起《た》てなくしてやると言《い》つてゐましたが、私自《わたしみづか》ら起《た》たないつもりです。子供《こども》と共《とも》に埋《うも》れたい——この事件《じけん》のために英雄《えいゆう》にはなりたくない。それよりも私《わたし》は、子供《こども》に對《たい》して甚《はなは》だ相濟《あいす》まんと思《おも》つてゐます。

記者 新聞《しんぶん》には『侍女《じよ》』と書《か》いてありましたが、あゝいふ制度《せいど》があつたのですか。

大塚 あれは、新聞《しんぶん》が勝手《かつて》に作《つく》つた言葉《ことば》で、侍女《じよ》とは呼《よ》んでゐません。教團《けうだん》では今女學校《いまぢよがくかう》を建設中《けんせつちう》で、それが出來上《できあが》るまで、『ひとのみち小學校《せうがくかう》』を卒業《そつげふ》した女《をんな》の子《こ》を集《あつ》めて、塾《じゆく》のやうにして教育《けういく》してゐるのです。學課《がくくわ》を少《すこ》し教《をし》へて、奥向《おくむき》の仕事《しごと》を手傳《てつだ》はせてゐたのです。それを女學生組《ぢよがくせいぐみ》と呼《よ》んでゐますが、大抵《たいてい》十四、十五、十六の年頃《としごろ》で、教祖《をしへおや》に暴行《ばうかう》された十五人《にん》は、この女學生組《ぢよがくせいぐみ》であつたわけです。

記者 あなたのお孃《ぢやう》さんは、何時《いつ》から女學生組《ぢよがくせいぐみ》になつてゐましたか。

大塚 昨年《さくねん》からです。

記者 すると、暴行《ばうかう》は何度《なんど》も繰返《くりかへ》されたわけですね。

大塚 さうです。そして、今《いま》にして思《おも》へば妙《めう》なことがあります。教團《けうだん》では、獨身《どくしん》の教師《けうし》はよく教祖《をしへおや》の命《めい》によつて、教師《けうし》の娘《むすめ》と殆《ほとん》ど強制的《きやうせいてき》に結婚《けつこん》させられてゐますが、それが皆《み》な早婚《さうこん》です。例《れい》の十五人《にん》の中《うち》には、さうして既《すで》に夫《ふう》婦《ふ》になつてゐる者《もの》が何人《なんにん》かあります。教祖《をしへおや》の權威《けんゐ》で、神《かみ》の名《な》で暴行《ばうかう》を加《くは》へ、それを神《かみ》の名《な》で押《お》しつけてゐるのです。

さういふ問題《もんだい》に就《つい》ては、今《いま》まで教師《けうし》に對《たい》しては極《きは》めて峻嚴《しゆんげん》な態度《たいど》を執《と》つてゐたもので、さういふ噂《うはさ》のために、下積《したづ》みになつてゐる有《いう》爲《ゐ》な教師《けうし》もありますし、ちよつと冗談《じようだん》を言《い》つたゞけで、馘首《くび》になつた者《もの》さへあります。そして信者《しんじや》に對《たい》しては、『お前《まへ》たちが、いつ何處《どこ》でどんなことをしてゐても、教祖樣《をしへおやさま》には何《なに》もかも見通《みとほ》しであるぞ。併《しか》し教祖樣《をしへおやさま》は反省《はんせい》の機《き》會《くわい》を與《あた》へるために、いち〳〵お叱《しか》りはなされない——』と言《い》つて、説《と》いてゐたのです。その教祖自《をしへおやみづか》らが、かういふことを起《おこ》したのですから、流石《さすが》教團《けうだん》の幹部《かんぶ》も、辯解《べんかい》の言葉《ことば》に窮《きう》してゐるやうです。

併《しか》し私《わたし》は、何《なに》も『ひとのみち教團《けうだん》』の破壞《はくわい》されることを願《ねが》つてゐる者《もの》ではありません。あらゆる汚濁《をじよく》が洗《あら》ひ清《きよ》められて、更生《かうせい》してくれることを、心《こゝろ》から望《のぞ》んでゐるのです。

記者 よく解《わか》りました。眞相《しんさう》をお洩《もら》しくださいまして、厚《あつ》く御禮《おんれい》申上《まをしあ》げます。大塚《おほつか》さんの今《こん》度《ど》の犠牲《ぎせい》は、必《かなら》ず無意義《むいぎ》には終《をは》るまいと信《しん》じます。私《わたし》どもは、今後《こんご》御《ご》一家《か》によき生活《せいくわつ》が展《ひら》けるやう、祈《いの》つてをりますが、御自愛《ごじあい》のほどを願《ねが》ひます。

大塚氏《おほつかし》と別《わか》れた記者《きしや》は、その足《あし》で、『ひとのみち教團《けうだん》』本部《ほんぶ》に急行《きふかう》した。丁度《ちやうど》檢事《けんじ》の一行《かう》が、捜《そう》査《さ》に乘込《のりこ》んでゐて、多數《たすう》の新聞社《しんぶんしや》の自動車《じどうしや》が、待機《たいき》してゐた。

名刺《めいし》を出《だ》して幹部《かんぶ》に面會《めんくわい》を申込《まをしこ》むと、記者禁《きしやきん》制《ぜい》の折柄《をりから》、特《とく》に教祖室《けうそしつ》の内玄關《ないげんくわん》に通《とほ》された。暫《しば》くして出《で》て來《き》たのは、羽織袴《はおりはかま》の威儀《ゐぎ》を正《ただ》した、信徒章《しんとしやう》を胸《むね》につけた人物《じんぶつ》。

『せつかくの御來訪《ごらいはう》ですが、幹部《かんぶ》の者《もの》は今《いま》非常《ひじやう》に取込《とりこ》んでゐまして、とても御面會《ごめんくわい》の暇《ひま》はありませんし、またその時期《じき》でもありません。いづれ機會《きくわい》が來《き》ましたら——』

『直接《ちよくせつ》教團《けうだん》の方《かた》から眞相《しんさう》を承《うけたま》りたいと思《おも》つて來《き》たのですが—— では今度《こんど》の事件《じけん》に就《つい》て、教《けう》團側《だんがは》の對策《たいさく》と見通《みとほ》しは？』

『教祖《をしへおや》に關《くわん》しては、あんなことは絶對《ぜつたい》にありません。何《なに》か目的《もくてき》あつての策動《さくどう》と見《み》てゐます。よしあるにしても、それは初代教祖個人《しよだいをしへおやこじん》の問題《もんだい》で、教團《けうだん》の問題《もんだい》ではありません。いづれ司直《しちよく》の手《て》によつて黒白《こくびやく》は明《あき》かにされませうが、教團《けうだん》としては、たゞ信徒《しんと》の動搖《どうえう》を防止《ばうし》することに努《つと》めるのみです。』

『それは幹部《かんぶ》の御意見《ごいけん》ですか。』

『さうです。』

遂《つひ》に教團《けうだん》の人《ひと》からは、信仰《しんかう》の人《ひと》らしい反省《はんせい》の言葉《ことば》を聞《き》くことができなかつた。『ひとのみち』のために、まことに惜《を》しむべき限《かぎ》りであつた。社會《しやくわい》の判斷《はんだん》は、非《ひ》は教祖《けうそ》にありと斷定《だんてい》して憚《はゞか》らぬまでに、事態《じたい》が明瞭《めいれう》であるにも拘《かゝは》らず、何故《なにゆゑ》に顧《かへり》みて他《た》を言《い》ふやうな態度《たいど》に出《で》るのか。

よし百歩《ぽ》を讓《ゆづ》つて、大塚氏等《おほつかしら》の言《げん》が皆《み》な虚僞《きよぎ》で、教祖《きやうおや》に一點《てん》の非《ひ》なしとするも、もし眞《しん》に道《みち》を說《と》く者《もの》ならば、謹愼《きんしん》して不德《ふとく》を天下《てんか》に謝《しや》するのが、神を口にする者の態度ではあるまいか。

然《しか》るに、初代教祖《しよだいきやうおや》の私行《しかう》に過《す》ぎずと言《い》ひ、斷然《だんぜん》大塚《おほつか》を告訴《こくそ》すると言《い》つて力《りき》んでゐる有樣《ありさま》は、實《じつ》に醜態《しうたい》の極《きは》みで、『ひとのみち』に一人《にん》の人物《じんぶつ》無しと、歎息《たんそく》しないわけにはゆかない。

『ひとのみち』では、眞理《しんり》はすべて、天人合一《てんじんがふ》の教祖一人《きやうおやひとり》から發《はつ》してゐると、常々信徒《つねづねしんと》に說《と》いて來《き》たのであるから、今更《いまさら》、教祖《きやうおや》の私行《しかう》に過《す》ぎずと言《い》ひくるめてしまふのは、あまりにも人《ひと》を食《く》つた話《はなし》であるが、十幾名《いくめい》の少女《せうぢよ》を犯《をか》した罪《つみ》は固《もと》より、百萬《まん》と稱《しよう》する夥《おびたゞ》しい信徒《しんと》の信仰《しんかう》を瞞《まん》着《ちやく》し、裏切《うらぎ》つた罪《つみ》を、教團自《けうだんみづか》らの手《て》で償《つぐの》ふ方法《はうはふ》を考へないのは、諒解に苦しむ次第だ。

恐《おそ》らくは、豪華《がうくわ》な殿堂《でんだう》その他物質的《たぶつしつてき》なものゝ破滅《はめつ》を恐怖《きようふ》するのあまりと察《さつ》せられるが、よし殿堂《でんだう》は崩壞《ほうくわい》して、形《かたち》を留《とゞ》めなくなつても、その中《なか》から燃《も》え上《あが》る信仰《しんかう》の餘燼《よじん》があるならば、『ひとのみち』は新《あたら》しい生命《せいめい》を以《もつ》て、蘇《よみがへ》ることができるであらう。もしそれができなければ、『ひとのみち』の潰滅《くわいめつ》は何等《なんら》惜《を》しむに當《あた》らない。

×

十月三日《みつか》、秋雨《あきさめ》の寒々《さむ〴〵》と降《ふ》る夜《よ》、六十七歳《さい》の老軀《らうく》を獄窓《ごくさう》の中《なか》に横《よこた》へた初代教祖《しよだいきやうおや》の身《み》の上《うへ》を想《おも》ひながら、記者《きしや》は大阪《おほさか》の地《ち》を離《はな》れた。

いつ姙娠《にんしん》するか　お腹《なか》の子供《こども》は男《をとこ》か女《をんな》か　必《かなら》ず姙娠《にんしん》する法《はふ》

「產《さん》科《くわ》醫《い》と產《さん》」に就《つい》て

記者　では、これからおはじめ頂《いたゞ》きたいと存《ぞん》じます。今日《こんにち》は姙娠《にんしん》に關係《くわんけい》して有益《いうえき》なしかも興味深《きようみふか》いお話《はなし》をいろいろ承《うけたま》はりたいのでございますが、一般《ぱん》の御婦人方《ごふじんがた》は勿論《もちろん》、時期《じき》としましてもこれから盛《さか》んに結婚《けつこん》が行《おこな》はれ、從《したが》つていつ姙娠《にんしん》するものかとか、お腹《なか》の子供《こども》は男《をとこ》だらうか女《をんな》だらうか？などといふやうなことに就《つい》ては可成《かな》り關心《くわんしん》を持《も》つてゐるのではないかと思《おも》ひます。又《また》、結《けつ》婚後《こんご》中々《なか〳〵》姙娠《にんしん》しない方《かた》もありますし、さういふ人《ひと》にはかうすれば姙娠《にんしん》するといふ方法《はうはふ》などを敎《をし》へて頂《いたゞ》けましたら非常《ひじやう》に參考《さんかう》にならうかと思《おも》ひます。どうぞ十分《ぶん》お話合《はなしあ》ひ頂《いたゞ》きたうございます。

はじめに、いつ姙娠《にんしん》するかといふやうなところからお願《ねが》ひいたします。

いつ姙娠《にんしん》するか

石崎　お產婆《さんば》さんの方《はう》は統計上《とうけいじやう》、いつが一番《ばん》分娩《ぶんべん》が多《おほ》いかが出《で》て來《き》ませうな。

政所　さうでございますね。四、五月頃《ぐわつごろ》は割《わり》合暇《あひひま》で、十月頃《ぐわつごろ》からポツ〳〵忙《いそが》しくなつて一月《ぐわつ》、二月《ぐわつ》、三月《ぐわつ》が大變多《たいへんおほ》うございます。

山田　何《なに》かの統計《とうけい》にも姙娠《にんしん》は五月《ぐわつ》あたりを中《ちう》心《しん》にして、其《そ》の頃《ころ》が一番多《ばんおほ》いと出《で》てをりましたね。鼹鼠《もぐら》のやうに冬眠期《とうみんき》の長《なが》い動物《どうぶつ》は二月《ぐわつ》から五月《ぐわつ》までの間《あひだ》に盛《さか》んに接觸《せつしよく》するんですが、人間《にんげん》もズッと昔《むかし》に姙娠する一定《てい》の

御出席の方々（寫眞右より）

醫學博士　山田尚允
醫學博士　石崎仲三郎
產婆　渡邊ふみ
產婆　政所たか子

婆《ば》さんの座《ざ》談《だん》會《くわい》

期《き》間《かん》があつたんぢやないかと思《おも》ひます。何故《なぜ》かと申《まう》しますと、お乳《ちゝ》の澤山《たくさん》ある婦人《ふじん》を見《み》たり、子宮《しきう》などいろいろ調《しら》べて見《み》るとどうもそんな風《ふう》に思《おも》はれます。まあ、春《はる》が一番《ばん》姙娠《にんしん》し易《やす》いといふのは事實《じじつ》ですけれども、いつでも姙娠《にんしん》するといふのが人間《にんげん》の特長《とくちやう》でせう。

石崎　それから月《げつ》經《けい》を基準《きじゆん》とした姙娠《にんしん》の時期《じき》、これはよく雜誌《ざつし》などに發表《はつぺう》されますが、これにはいろ〳〵の說《せつ》があつて、月經後《げつけいご》一週間位《しうかんぐらゐ》が一番《ばん》姙娠《にんしん》し易《やす》いといふ昔《むかし》からの說《せつ》がありますが、統計《とうけい》から見《み》ると根據《こんきよ》があるやうですね。歐洲大戰《おうしうたいせん》の時《とき》に獨逸《ドイツ》のジーゲルといふ人《ひと》が細《こま》かに調《しら》べたのがあります。戰爭《せんさう》で男《だん》子《し》がなくなり二十年後《ねんご》の兵隊《へいたい》をどうするかといふので廢兵《はいへい》を利用《りよう》して、利用《りよう》といふとをかしいのですが、分娩《ぶんべん》させるために利用《りよう》して、いつ姙娠《にんしん》したかを統計《とうけい》にとつたんです。

それによると、月經直後《げつけいちよくご》七日《なのか》乃至《ないし》十日《とをか》といふのが五〇%《パーセント》以上《いじやう》を占《し》め、十三日位《にちぐらゐ》になると四〇%《パーセント》で、更《さら》に二十二日《にち》を過《す》ぎると三%《パーセント》乃至《ないし》四%《パーセント》になつたといふんですね。

政所　實《じつ》は昨晩《さくばん》たつた一度《ど》で姙娠《にんしん》されたといふ方《かた》がお見《み》えになりましたので、今日《けふ》の座《ざ》談會《だんくわい》のことがあるものですから、參考《さんかう》のためにおきゝしましたところ、やはり月經後《げつけいご》一週間位《しうかんぐらゐ》だつたとのことでございました。

山田　私《わたし》も極《ご》く最近《さいきん》診《み》た患者《くわんじや》に、はつきりした事實《じじつ》に當《あた》つたことがあります。その方《かた》は五ケ年《ねん》ほどはじめの主人《しゆじん》と夫婦生活《ふうふせいくわつ》をしてゐたのです。ところが、たうとう姙娠《にんしん》しなかつたといふので、昨年夫婦別《さくねんふうふわか》れをして、今年《ことし》の二月《ぐわつ》に再婚《さいこん》されたのですが、今度《こんど》の御主人《ごしゆじん》は出張勝《しゆつちやうが》ちだつたので、三月中に二度《ど》しか關係《くわんけい》しなかつたといふのです。それでその日《ひ》もはつきりしてゐて、月經後《げつけいご》十二日《にち》から十六日《にち》といふことになつてをり、つまり月經《げつけい》と月經《げつけい》の中間期《ちうかんき》だつたのですが、立派《りつぱ》にはじめての姙娠《にんしん》だつたのです。只今《たゞいま》私《わたし》のところに十一人結婚《にんけつこん》の其《そ》の月《つき》に姙娠《にんしん》した姙婦《にんぷ》がをりますが、いづれも月經後《げつけいご》九日《こゝのか》から十七、八日《にち》までの間《あひだ》です。

渡邊 結婚《けつこん》して、そのまゝ月經《げつけい》を見《み》ないといふやうな方《かた》もございますが、一番姙娠《ばんにんしん》し易《やす》いのはどの位經《くらゐた》つてからでせう。

山田 元《もと》は結婚後《けつこんご》六ケ月《げつ》から一年《ねん》の間《あひだ》に姙娠《にんしん》し易《やす》いといはれてをりましたが、この頃《ごろ》は二ケ月目《げつめ》、三ケ月目《げつめ》が多《おほ》いやうです。

記者 少《すこ》し年取《としと》つてから結婚《けつこん》すると姙娠《にんしん》が早《はや》いやうですね。

政所 身體《からだ》が成熟《せいじゆく》してゐるせゐでせうね。

渡邊 御夫婦仲《ごふうふなか》のよい時《とき》と、仲《なか》のよくないやうな時《とき》とではどちらが姙娠率《にんしんりつ》が高《たか》いものですか。

石崎 あまりよ過《す》ぎてもどうかと思《おも》はれますが、しかし仲《なか》のいゝ方《はう》がどうしたつて――(笑聲《せうせい》)男《をとこ》と女《をんな》の心理狀態《しんりじやうたい》は一寸異《ちよつとちが》つてゐて男《をとこ》は一氣呵成《きかせい》に急進的《きふしんてき》ですが、婦人《ふじん》は漸進《ぜんしん》的《てき》ですから、その間《あひだ》の夫婦《ふうふ》の氣持《きもち》がピッタリした場合《はあひ》と、さうでない、まあ止《や》むを得《え》ず應《おう》ずるといつたやうな時《とき》とでは大分違《だいぶちが》ひますね。

こんなことをいふとどうかと思《おも》ひますが御夫婦《ごふうふ》が意氣投合《いきとうがふ》して極點《きよくてん》に達《たつ》した場合《はあひ》には、一種《しゆ》の作用《さよう》を起《おこ》すんです。ところが、その反對《はんたい》に、單《たん》に要求《えうきう》に應《おう》ずるといつたやうな時《とき》だと、その微妙《びめう》な運動《うんどう》が起《おこ》りませんからね。どうしても夫婦仲《ふうふなか》がうまく行《い》つた時《とき》の方《はう》が姙娠《にんしん》する可能性《かのうせい》が多《おほ》いといふことになります。

山田 暴行《ばうかう》されても姙娠《にんしん》するといふ場合《はあひ》もありますが、やはり和合《わがふ》した時《とき》の方《はう》がいろいろの條件《でうけん》が備《そなは》つてをりますからね。

必《かなら》ず姙《にん》娠《しん》する法《はふ》

記者 お話《はなし》がだんだん姙娠《にんしん》する方法《はうはふ》の領域《りやうゐき》の方《はう》に入《はい》つて來《き》たやうですから、この邊《へん》でお子樣《こさま》の欲《ほ》しい人《ひと》はどうしたらいゝかといふやうなことを伺《うかゞ》はせて下《くだ》さい。

山田 金《かね》がなくて其《そ》の日《ひ》の生活《せいくわつ》に追《お》はれてゐるやうな境遇《きやうぐう》で、碌々風呂《ろくろくふろ》にも入《はい》らないやうな家庭《かてい》に子供《こども》が出來易《できやす》くて、上流《じやうりう》のいつも清潔《せいけつ》にしてゐるやうな家庭《かてい》には割合少《わりあひすくな》い傾向《けいかう》がありますから、結局不潔《けつきよくふけつ》だといふ方《はう》が姙娠率《にんしんりつ》は高《たか》いわけですね。(笑聲《せうせい》)

石崎 それは醫學的《いがくてき》にも理由《りいう》があります。又《また》事實《じじつ》、現《げん》に本所《ほんじよ》とか深川方面《ふかがははうめん》は非常《ひじやう》に出產《しゆつさん》

439 「産科医と産婆さんの座談会」 山田尚允、石崎仲三郎、渡辺ふみ、政所たか子 『婦人倶楽部』昭和11年11月1日

率《りつ》が高《たか》い。

記者 食事《しよくじ》なども關係《くわんけい》するんではないでせうか、あまり美食《びしよく》だと姙娠《にんしん》しないといふやうに――。

山田 それはビタミンE《イー》の關係《くわんけい》もありませうビタミンE《イー》は餘《あま》り御馳走《ごちそう》とはいへない、どつちかといへばつまらない食物《しよくもつ》に多《おほ》く含《ふく》まれてゐるやうですから――。まあ、姙娠《にんしん》をしたいといふのでしたら、まづ健康《けんかう》を保持《ほぢ》する食事《しよくじ》を攝《と》ることが一番大切《ばんたいせつ》ではないかと思《おも》ひます。それには、今《いま》のビタミンE《イー》がないと姙娠《にんしん》しないのです。

ある人《ひと》が、動物實驗《どうぶつじつけん》であらゆる榮養食《えいやうしよく》を與《あた》へて姙娠《にんしん》させようとしたが姙娠《にんしん》しなかつた。ところが萵苣《ちさ》を混ぜて與《あた》へたら姙娠《にんしん》したといふ報告《はうこく》をしてをります。つまり萵苣《ちさ》にはビタミンE《イー》が澤山《たくさん》に含《ふく》まれてゐるからなのです。

このビタミンE《イー》といふ名前《なまへ》は今《いま》から十三年前《ねんまへ》にはじめてつけられたもので、卵巣《らんさう》の卵《らん》の働《はたら》きをよくするとか、卵巣《らんさう》のホルモンの分泌《ぶんぴつ》をよくするとか、受胎《じゆたい》の能力《のうりよく》を高《たか》めるとか、胎兒《たいじ》の發育《はついく》をよくするとかいろいろ大切《たいせつ》な働《はたら》きをもつてゐて、たとへ姙娠《にんしん》してもビタミンE《イー》がなくなると流產《りうざん》してしまふといふくらゐです。

記者 そんなに大事《だいじ》なビタミンE《イー》は、どういふ食物《しよくもつ》に多《おほ》く含《ふく》まれてをりますか。

山田 ビタミンE《イー》のことを繁殖性《はんしよくせい》ビタミンといつてをりますが、一番含《ばんふく》まれてゐるものは麥芽《ばくが》です。小麥《こむぎ》の芽《め》を潰《つぶ》すと、とても綺麗《きれい》な油《あぶら》が出《で》ますが、この油《あぶら》をスカンヂナビヤの人《ひと》が十八人《にん》の不姙《ふにん》の女《をんな》に服《の》ませたところ

十五人《にん》も子供《こども》が出來《でき》たといふことが米國《べいこく》の雜誌《ざつし》に出《で》てをりました。

それに米《こめ》の胚芽《はいが》、玉子《たまご》、牛《うし》や豚《ぶた》の肝臟《かんざう》と腎臟《じんざう》、糖蜜《たうみつ》、オリーブ油《ゆ》、野菜《やさい》、野菜《やさい》のうちでも前《まへ》に申上《まうしあ》げた萵苣《ちさ》、蕪菁《かぶら》の葉《は》などに澤山含《たくさんふく》まれてをります。果實《くわじつ》ではバナナ、椰子《やし》の實《み》、落花生《らくくわせい》などです。

石崎　臟物《ざうもつ》はずつと前《まへ》から精力《せいりよく》がつくものだといつてをりましたが、實際《じつさい》あれはいゝですよ。

政所　ホルモン注射《ちうしや》をするとお子様《こさま》が出來《でき》ると申《まう》しますね。

石崎　それはもういくらもあります。一體《たい》、不姙症《ふにんしやう》の原因《げんいん》は卵巣《らんさう》の働《はたら》きが惡《わる》いとか、子宮《しきう》の發育《はついく》が惡《わる》いとか、つまりホルモンの分泌《ぶんぴつ》のよくない人《ひと》に多《おほ》いのですから――。

政所　やはり氣永《きなが》に續《つゞ》けなければ駄目《だめ》なんでせうね。

石崎　さうです。私共《わたしども》の實驗《じつけん》でも量《りやう》を少《すくな》くして數多《かずおほ》くやつた方《はう》が効果的《かうくわてき》です。

渡邊　御夫婦《ごふうふ》一緒《しよ》になさる方《はう》がよろしいのでせうね。

石崎　男《をとこ》は男性《だんせい》ホルモンを、女《をんな》は女性《ぢよせい》ホルモンをすればいゝわけです。

渡邊　私共《わたしども》がよく耳《みゝ》にしますのは、溫泉《をんせん》へ奧《おく》さんが行《い》つていらつしやつて、久振《ひさしぶ》りで御《ご》一緒《しよ》になつたらお出來《でき》になつたといふのがございますね。

石崎　しばらく別《わか》れてゐて、會《あ》つた瞬間《しゆんかん》の氣《き》持《もち》といふものは又格別《またかくべつ》ですからな。(笑聲《せうせい》)つまり、奧《おく》さんの身體《からだ》が丈夫《ぢやうぶ》になつたといふことゝ、久振《ひさしぶ》りに會《あ》つたといふ條件《でうけん》が姙《にん》娠率《しんりつ》を高《たか》めるのではないかと思《おも》ひます。何《なに》も湯《ゆ》に入《はい》つたからといつて急《きふ》に姙娠《にんしん》するわけがありません。

又《また》、夫婦《ふうふ》一緒《しよ》に行《い》つたやうな場合《ばあひ》には、こんな風《ふう》にもいへるかと思《おも》ひます。實《じつ》は私《わたし》ある溫泉《をんせん》へ行《い》つて一昨夜《さくや》歸《かへ》つたばかりですが、そこに子持湯《こもちゆ》といふのが川緣《かはべり》にあつて子供《こども》のない夫婦《ふうふ》が何組《なんくみ》か入《はい》つてをりました。そこに私《わたし》の身體位《からだぐらゐ》な石《いし》があつて、細君《さいくん》らしい人《ひと》がそれを抱《だ》いたりしてゐるんですが、あれは一つの神經作用《しんけいさよう》とでもいふか、これで子供《こども》が授《さづ》かるんだといふ氣持《きもち》が姙娠《にんしん》し易《やす》い狀態《じやうたい》にするんではないかと思《おも》ふんです。

記者　渡邊《わたなべ》さんや政所《まんどころ》さんのところで、中々《なかく》お子《こ》様《さま》が出來《でき》なかつたが、何年振《なんねんぶ》りかで子寶《こだから》に惠《めぐ》まれたといふやうな珍《めづ》らしいお產《さん》に出會《であ》つたことはありませんか。

政所　つい最近《さいきん》お產《さん》した方《かた》に、後屈《こうくつ》の手術《しゆじゆつ》をなさいましたがお出來《でき》にならず、ホルモン注射《ちうしや》を一ケ月半《げつはん》ほど續《つゞ》けたら四年振《よねんぶ》りで、はじめてお出來《でき》になつたといふ方《かた》がございました。

石崎　子宮《しきう》の後屈《こうくつ》を手術《しゆじゆつ》して姙娠《にんしん》した實例《じつれい》は隨分澤山《ずゐぶんたくさん》ありますが、簡單《かんたん》に內膜《ないまく》を搔把《さうは》しただけで姙娠《にんしん》した方《かた》もあります。

山田　それから細《ほそ》い棒《ぼう》で子宮内《しきうない》を探《さぐ》つて見《み》ただけで姙娠《にんしん》したといふ例《れい》もありますから、永《なが》い間子供《あひだこども》の出來《でき》ないやうな場合《ばあひ》は、一應《おう》專門醫《せんもんい》に診《み》て貰《もら》ふやうにすると割合早《わりあひはや》く不《ふ》姙《にん》の悩《なや》みが解決出來《かいけつでき》るんですね。不姙《ふにん》の原《げん》因《いん》もいろ〳〵ですが一番多《ばんおほ》いのは喇叭管炎《らつぱくわんえん》で約《やく》四〇%《パーセント》を占《し》めてをります。

記者　その原因《げんいん》は何《なん》ですか。

石崎　淋毒《りんどく》から來《く》るのが半分《はんぶん》です。

記者　さうしますと半分《はんぶん》は男に罪《つみ》があるわけですね。

石崎　さうです〳〵。よくお嫁《よめ》さんを貰《もら》つて子供《こども》が出來《でき》ないと、家《うち》の嫁《よめ》は子供《こども》が出來《でき》ないなどと嫁《よめ》さんばかりを責《せ》めたがりますがあれは可哀想《かあいさう》です。その原因《げんいん》の殆《ほと》んどは旦《だん》那様《なさま》にあるんです。ですから私《わたし》は嫁《よめ》さんが一人《ひとり》で診察《しんさつ》に來《き》ますと、旦那様《だんなさま》も御《ご》一緒《しよ》に連《つ》れて被來《いらつしや》いといつてやります。

山田　お説《せつ》の通《とほ》りですね。なほ、不姙《ふにん》の原因《げんいん》には內膜炎《ないまくえん》、後屈《こうくつ》、子宮筋腫《しきうきんしゆ》、喇叭管炎《らつぱくわんえん》、卵巢《らんさう》機能《のう》の不《ふ》全《ぜん》や子《し》宮發育不全《きうはついくふぜん》などがあります。

渡邊　人工姙娠法《じんこうにんしんはふ》などはどういふものでせう。

石崎　人工姙娠《じんこうにんしん》をやるには旦那様《だんなさま》にも奧《おく》さんにも何等缺陷《なんらけつかん》はないけれども、どうしても姙娠《にんしん》しないといふやうな場合《ばあひ》に試《こゝろ》みるのはいゝと思《おも》ひますね。

記者　何《なに》か民間的《みんかんてき》の方法《はうはふ》で姙娠《にんしん》する、例《たと》へばお灸《きう》でどうといふやうなお話《はなし》は——。

政所　私《わたし》の近所《きんじよ》の酒屋《さかや》のお內儀《かみ》さんは、店番《みせばん》をしながら毎日《まいにち》お灸《きう》を据《す》ゑてをりましたら、六年振《ねんぶ》りかで男《をとこ》の子《こ》が出來《でき》たと大變喜《たいへんよろこ》んでをられました。お灸《きう》のためばかりとはいへないでせうけれど——。

山田　お灸《きう》も一つの刺戟《しげき》にはなりますね。つまり蛋白《たんぱく》の注射《ちうしや》と同《おな》じやうな意味《いみ》になるんです。ですから、炎症《えんしやう》のあまり急性《きふせい》なのにはいけませんが、二、三ケ月程度《げつていど》のものにお灸《きう》を据《す》ゑると、非常《ひじやう》に血行《けつかう》をよくしてそのために姙娠《にんしん》することがあります。

記者　冷《ひ》え性《しやう》が原因《げんいん》で出來《でき》ないといふものもありませうね。

石崎　冷《ひ》え性《しやう》には藥湯《やくたう》もいゝが、ホルモンの溫浴療法もいゝです。それからホルモンが足《た》りないで冷えるのもありますから、さういふ方《かた》はホルモン浴《よく》とホルモン注射《ちうしや》をするとよろしいのです。

お腹《なか》の子供《こども》の男女別《だんぢよべつ》を知《し》る法《はふ》

記者 次《つぎ》に、妊娠《にんしん》したお腹《なか》の赤《あか》ちゃんの性別《せいべつ》を知《し》る法《はふ》、これは勿論《もちろん》百發《はつ》百中《ちう》といふわけには行《い》かないでせうが、まあ、大體論《だいたいろん》で結《けつ》構《こう》ですから——。

石崎 これは中々《なか〳〵》六《むつ》ケしい問題《もんだい》ですぞ。

渡邊 私《わたし》の經驗《けいけん》では男《をとこ》の赤《あか》ちゃんは心音《しんおん》がとても低《ひく》くて、しかもがつしりしたやうに感《かん》じる時《とき》が多《おほ》いやうに思《おも》ひますし、お孃《ぢやう》ちゃんの時《とき》にはトン〳〵と輕《かる》く透《す》くやうに聞《きこ》えますけれど——。

石崎 多年《たねん》の御經驗《ごけいけん》ですね。

渡邊 それから、胎位《たいゐ》で分《わか》ると申《まう》しますね。赤《あか》ちゃんの背中《せなか》が左《ひだり》にあるやうな時《とき》は男《をとこ》の子《こ》が多《おほ》いなどと……。

石崎 さうですね。右《みぎ》の方《はう》へ向《むか》つてゐれば男《をとこ》の子《こ》、左《ひだり》へ向《むか》つてゐれば女《をんな》の子《こ》だといふやうなことをいひますが、永《なが》い間《あひだ》の言《い》ひ傳《つた》へです。

政所 妊娠《にんしん》のはじめから終《をは》りまで第《だい》一胎向《たいかう》ばかり續《つゞ》いてをりますのは坊《ぼつ》ちゃんが多《おほ》いやうですが、第《だい》二胎向《たいかう》ばかり續《つゞ》いてゐるのはお孃《ぢやう》ちゃんが多《おほ》いやうですね。尤《もつと》も右《みぎ》になつたり左《ひだり》になつたりしますと分《わか》らなくなりますけれど——。

山田 非常《ひじやう》に下腹《したはら》が前《まへ》に出張《では》つてゐると男《をとこ》で

443　「産科医と産婆さんの座談会」　山田尚允、石崎仲三郎、渡辺ふみ、政所たか子　『婦人倶楽部』　昭和11年11月1日

さうでなくてだらつとしてゐるのは女《をんな》だといふやうなこともいひますね。

石崎　誰《だれ》だつたかこんなことをいつてをりましたよ。つまり、胎兒《たいじ》の心音《しんおん》を百四十を基《き》準《じゆん》として、それより多《おほ》い時《とき》は男《をとこ》で、少《すく》い時《とき》は女《をんな》だといふやうなことを――。

山田　杉浦博士《すぎうらはくし》は心音《しんおん》だと百四十から百四十九の方《はう》が男《をとこ》で、百二十から百二十九までは女《をんな》が多《おほ》いといつてをりますが、普通《ふつう》一般《ぱん》には百二十から百二十九、百三十から百三十九も男《をとこ》だし、百四十から百四十九までも男《をとこ》が多《おほ》く、百五十以上《いじやう》は女《をんな》が多《おほ》いといふんです。結局《けつきよく》、心音《しんおん》とか胎位《たいゐ》とかいろ／＼綜合《そうがふ》して見《み》ないと見當《けんたう》がつきませんね。

政所　よく、夫婦《ふうふ》の年齢《ねんれい》がどうとか申《まう》しますね。

山田　夫婦《ふうふ》の年《とし》の數《かず》を合《あは》せ、それに子供《こども》の年《とし》を加《くは》へて三で割《わ》り、割切《わりき》れると男《をとこ》だと申《まう》しますが、まあ半分《はんぶん》は當《あた》りませう。（笑聲《せうせい》）又《また》姙婦《にんぷ》の年《とし》が二十五、六歳《さい》を過《す》ぎた場合《はあひ》は男《をとこ》を孕《はら》み、十八、九歳《さい》から二十四、五歳《さい》までは女《をんな》の子《こ》を孕《はら》むといふやうなことはいひませんか。

政所　さういふやうなことも申《まう》しますね。姙《にん》婦《ぷ》の顔《かほ》に險《けん》が出《で》て參《まゐ》りますと坊《ぼつ》ちやんだと申《まう》しますけれど、たしかに分娩後《ぶんべんご》男《をとこ》のお子《こ》さんだと窶《やつ》れがひどいやうでございますね。それにはじめてのお子様《こさま》は女《をんな》の子《こ》が多《おほ》いのではないでせうか。

記者　一姫《ひめ》二太郎《たろう》と申《まう》しますからね。

渡邊　お腹《なか》の痛《いた》みがはげしい時《とき》とかお腹《なか》が多《た》少膨滿《せうばうまん》してゐるやうな時《とき》は坊《ぼつ》ちやんだらうなどと申《まう》しますね。

山田　さういふこともいひますが、男《をとこ》の子《こ》だと前《まへ》に突出《つきで》るやうですね。

政所　お孃《じやう》ちやんですと幅廣《はゞひろ》ですね。

記者　生《うま》れる時《とき》は女《をんな》の子供《こども》の方《はう》が樂《らく》ぢやございませんか。

渡邊　一般《ぱん》にはさうのやうです。坊《ぼつ》ちやんですと、身體《からだ》は小《ちい》さくてもお頭《つむり》が大《おほ》きいから苦《くる》しいのでせう。

記者　よく、御《ご》夫婦《ふうふ》の體力《たいりよく》の相異《さうい》でどうとか申《まう》しますが――。

石崎　それは統計《とうけい》からでせう。男《をとこ》の方《はう》が精力《せいりよく》が旺盛《わうせい》だと男《をとこ》の子《こ》で、女《をんな》の方《はう》が旺盛《わうせい》だと女

の子《こ》だとか、男《をとこ》の年《とし》が多《おほ》いと男《をとこ》の子《こ》で、同年《どうねん》か女《をんな》の方《はう》が年上《としうへ》だと女《をんな》の子《こ》だなどといひますが、果《はた》してどうか。

渡邊 あまり當《あて》にはなりませんね。

記者 何度《なんど》もお産《さん》したことのあるやうな方《かた》ですと、御自分《ごじぶん》の經驗《けいけん》で今度《こんど》生《うま》れる子供《こども》は男《をとこ》だとか女《をんな》だとか、割合《わりあひ》に分《わか》るんではないでせうか。

渡邊 さういふ方《かた》もございますね。それから面白《おもしろ》いのは生《う》み月《づき》の一日《ついたち》の日《ひ》に一番早《ばんはや》く訪《たづ》ねて來《き》た方《かた》が男《をとこ》の方《かた》ですと、そこの赤《あか》ちゃんは男《をとこ》だといふやうなことを申《まう》しますね。

記者 若《も》し、男《をとこ》の子《こ》でも欲《ほ》しいといふやうな家《うち》へ女《をんな》の方《かた》が一番《ばん》はじめに訪《たづ》ねて行《い》つたら怨《うら》まれてしまひますね。(笑聲《せうせい》)

政所 月《つき》のはじめに生《うま》れる兒《こ》は男《をとこ》のお子《こ》さんで、月末《つきずゑ》は女《をんな》のお子《こ》さんだなどとも申《まう》しますね。

渡邊 それから、月《つき》によつて坊《ぼつ》ちゃんが馬鹿《ばか》に多《おほ》い月《つき》と少《すくな》い月《つき》とがございます。先月《せんげつ》なんか男《をとこ》のお子《こ》さんが三分《ぶん》の二以上《いじやう》でした。

田山 一般《ぱん》には三月《ぐわつ》に女《をんな》が多《おほ》くて、十一月《ぐわつ》に男《をとこ》が多《おほ》いといふ統計《とうけい》が出《で》てをります。

石崎 先刻《せんこく》のホルモンの話《はなし》になりますが、男《をとこ》でも女《をんな》でも胎兒《たいじ》ではまだホルモンの分泌《ぶんぴつ》はないだらうが、血液檢査《けつえきけんさ》で分《わか》りやしないかと思《おも》ひます。

山田 木内博士《きうちはくし》は尿診斷《ねうしんだん》で男女《だんぢよ》の性別《せいべつ》を研究《けんきう》されてゐますが確實《かくじつ》には行《ゆ》かぬらしい。アメリカのエドワード・シューガーマンといふ人《ひと》の發表《はつぺう》によると、雄《をす》の兎《うさぎ》に妊婦《にんぷ》の尿《ねう》を注射《ちうしや》して、睪丸《かうぐわん》の精子形成《せいしけいせい》を起《おこ》し睪丸《かうぐわん》が腫《は》れ上《あが》つて來《く》る時《とき》は、その尿《ねう》をとつた妊婦《にんぷ》の胎兒《たいじ》は女《をんな》の子《こ》だといふのです。それで八十何人《なんにん》とか試驗《しけん》して九四%《パーセント》は確實《かくじつ》だつたと

445　「産科医と産婆さんの座談会」　山田尚允、石崎仲三郎、渡辺ふみ、政所たか子　『婦人倶楽部』
昭和11年11月1日

いひますが、これは姙娠《にんしん》五ケ月《げつ》からの姙婦《にんぷ》の尿《ねう》でないと駄目《だめ》らしいのです。それから姙娠《にんしん》五ケ月《げつ》からだとレントゲンに照射《せうしや》して見《み》れば分《わか》ることがあります。

記者　男女兒《だんぢよじ》を自由《じいう》に生《う》むことは六《むつ》ケしいでせうね。

山田　何《なに》かの雜誌《ざつし》に重曹《ぢうさう》とか乳酸《にうさん》で男女兒《だんぢよじ》を自由《じいう》に生《う》むことが出來《でき》るなどと發表《はつぺう》したのがありましたが、自由《じいう》でないところにいゝところがあるんではありませんか。世《よ》の中《なか》が男《をとこ》ばかりになつても困《こま》るでせう。（笑聲《せうせい》）

記者　では、序《ついで》にお腹《なか》の子供《こども》が正常《せいじやう》か異常《いじやう》かが素人《しろうと》に分《わか》るやうでしたら簡單《かんたん》にお教《をし》へ頂《いたゞ》きたいと思《おも》ひますが――。

石崎　中々《なか〳〵》六《むつ》ケしいけれども必要《ひつえう》なことです。まあ、姙婦《にんぷ》の氣遣《きづか》ふのは双生兒《さうせいじ》とか子《し》宮外姙娠《きうぐわいにんしん》だとか葡萄狀鬼胎《ぶだうじやうきたい》などでせう。

渡邊　姙娠《にんしん》してから出血《しゆつけつ》があつたり、おりものが多量《たりやう》だつたり、お腹《なか》の痛《いた》むやうな時《とき》は異常《いじやう》ではないかと一應《おう》お醫者《いしや》さんに診《み》て頂《いたゞ》くやうにしたいものでございますね。

政所　若《も》し姙娠月數《にんしんつきすう》よりお腹《なか》が大《おほ》きいと思《おも》はれるやうな時《とき》もさうですね。

記者　双生兒《さうせいじ》はお分《わか》りになりますか。

政所　御姙婦《ごにんぷ》には、お腹《なか》が大《おほ》きいといふだけしか分《わか》りませんが、一般《ぱん》に浮腫《ふくみ》が多《おほ》いやうでございますね。

石崎　心音《しんおん》が二つ聞《きこ》えるし、手《て》とか足《あし》が四本《ほん》觸《ふ》れたり、頭《あたま》が二つあつたりしますから分《わか》りますが、素人《しろうと》ではお腹《なか》が大《おほ》きいことゝ、お腹《なか》の方々《はう〲》が動《うご》くやうだといふ位《くらゐ》でせう。

それから、姙娠月數《にんしんつきすう》に比較《ひかく》してお腹《なか》が大《おほ》きかつたら羊水過多症《やうすゐくわたしやう》ではないかと疑《うたが》つて見《み》ることですね。又《また》、下腹《したはら》が張《は》つて苦《くる》しいとか、食慾《しよくよく》が減退《げんたい》して吐氣《はきけ》があるとか、呼吸困難《こきふこんなん》だといふやうな時《とき》は早《はや》く醫者《いしや》や産婆《さんば》さんに相談《さうだん》することが大切《たいせつ》です。

山田　普通《ふつう》の姙娠《にんしん》では出血《しゆつけつ》はないものですが姙娠中《にんしんちう》に出血《しゆつけつ》があるやうでしたら氣《き》をつけなければなりません。特《とく》に姙娠後半期《にんしんこうはんき》の出血《しゆつけつ》はさうです。

それから、喇叭管炎《らつぱくわんえん》を患《わづら》つたことのあるやうな方《かた》は、子宮外姙娠《しきうぐわいにんしん》になり易《やす》いから月經《げつけい》が止《とま》つたら早《はや》く專門醫《せんもんい》に診《み》て貰《もら》ふこと、又《また》、惡阻《つはり》の强《つよ》いやうな時《とき》も注意《ちうい》することが大切《たいせつ》です。

記者　それではこの邊《へん》で、大變晩《たいへんおそ》くまでありがたうございました。

「婦人雑誌」がつくる大正・昭和の女性像　第8巻

セクシュアリティ・身体3

二〇一五年三月二十五日　第一版第一刷発行

監　修　岩見照代
発行者　荒井秀夫
発行所　株式会社ゆまに書房
〒一〇一－〇〇四七　東京都千代田区内神田二－七－六
電話　〇三－五二九六－〇四九一／ＦＡＸ　〇三－五二九六－〇四九三

印刷　株式会社平河工業社
製本　東和製本株式会社

ISBN978-4-8433-4683-9　C3336
定価　本体一八、〇〇〇円＋税